JOHN KEEGAN

DER ZWEITE WELTKRIEG

AUS DEM ENGLISCHEN
VON HAINER KOBER

ROWOHLT · BERLIN

1. Auflage September 2004

Die Originalausgabe erschien unter dem Titel
The Second World War bei Hutchinson, London

Redaktion Bernd Klöckener, Berlin
Karten Peter Palm, Berlin
Satz Plantin PostScript InDesign
bei Pinkuin Satz und Datentechnik, Berlin
Druck und Bindung Clausen & Bosse, Leck
Printed in Germany
ISBN 3 87134 511 3

Von Deutschland besetzte Gebiete
Von Deutschland annektierte Gebiete
Von Italien besetzte Gebiete
Von Italien annektierte Gebiete
Von Ungarn annektierte Gebiete
Von Bulgarien annektierte Gebiete
Von Deutschland besetzte Gebiete, an andere Länder abgegeben:
Finnland
Rumänien
dem Generalgouvernement angeschlossen
unter deutscher Zivilverwaltung
unter deutscher Militärverwaltung
0 100 200 300 400 500 km
FINNLAND
Karelien
Petrosawodsk
Leningrad
Helsinki
Narva
Tallinn
ESTLAND
Nowgorod
Jaroslawl
Pskow
Moskau
LETTLAND
Riga
Kaluga
Tula
Wjasma
Polozk
Witebsk
LITAUEN
Memel
Kaunas
Wilna
Königsberg
Mogiljow
Brjansk
Orjol
Woronesch
Minsk
Ost-preußen
Suwalki
UdSSR
WEISSRUSSLAND
Stalingrad
Bialystok
Belgorod
Tschernigow
Pinsk
Brest
Charkow
Astrachan
Warschau
POLEN
Kiew
Woroschilowgrad
Lublin
Rowno
Schitomir
General-gouvernement
UKRAINE
Dnepropetrowsk
Rostow am Don
Asow
Saporoshje
Krakau
Lemberg
Ternopol
Kamenez-Podolski
Asowsches Meer
Grosny
SLOWAKEI
Tschernowitz
Bessarabien
Cherson
Krasnodar
Kischinjow
Transnistrien
Odessa
Kertsch
Krim
Noworossisk
Tiflis
Budapest
Cluj
Simferopol
Sotschi
Suchumi
Sewastopol
Jalta
UNGARN
RUMÄNIEN
Schwarzes Meer
Jerewan
Bukarest
Trabzon
Belgrad
SLAWIEN
Warna
Erzurum
Serbien
Sarajevo
BULGARIEN
Sofia
Istanbul
Skopje
Ankara
Malatya
Tirana
TÜRKEI
Saloniki
ALBANIEN
Tarent
GRIECHEN-LAND
Izmir
Adana
Haleb
Athen
Antalya
SYRIEN
Levkosia
Zypern
Tripoli
IRAK
Beirut
LIBANON
Damaskus
Heraklion
Kreta

rowohlt
BERLIN

März 05

Gewidmet von

Gabi

David

INHALT

VORWORT

Der Zweite Weltkrieg, für sich genommen das größte Ereignis in der Menschheitsgeschichte, wurde auf sechs der sieben Erdteile und auf allen Weltmeeren ausgefochten. Er forderte 50 Millionen Menschenleben, hinterließ viele hundert Millionen Opfer, die Schaden an Körper oder Seele nahmen, und verwüstete riesige Gebiete im Herzen der Zivilisation.

Kein Versuch, seine Ursachen, seinen Verlauf und seine Folgen im Rahmen eines einzigen Bandes darzustellen, kann zur Gänze gelingen. Statt die Geschichte des Krieges als stetige Ereignisfolge zu schildern, habe ich mich daher von Anfang dafür entschieden, sie in vier Themenkreise einzuteilen – Erzählung, Strategieanalyse, Schlachtbeschreibung und «Kriegsthema» –, um mit Hilfe dieser vier Komplexe die Geschichte jener sechs Hauptabschnitte zu beschreiben, in die der Krieg sich gliedern lässt: der Krieg im Westen 1939–1943, der Krieg im Osten 1941–1943, der Krieg im Pazifik 1941–1943, der Krieg im Westen 1943–1945, der Krieg im Osten 1943–1945 und der Krieg im Pazifik 1943–1945. Jeder Abschnitt wird durch eine strategische Analyse eingeführt, die sich auf jene Gestalt konzentriert, von der im fraglichen Zeitraum die Initiative in erster Linie ausging – in der Reihenfolge ihres Auftretens also Hitler, Tojo, Churchill, Stalin und Roosevelt. Daran schließt sich neben der erzählerischen Passage das entsprechende Kriegsthema und eine Schlachtbeschreibung an. Jede dieser Schlachtbeschreibungen wurde ausgewählt, um eine für den Konflikt charakteristische Art der Kriegführung zu illustrieren. Dabei handelt es sich um den Luftkrieg (die Schlacht um England), den Krieg der Luftlandetruppen (die Schlacht um Kreta), der Flugzeugträger (Midway), der Panzerwaffe (Falaise), den Straßen- und Häuserkampf (Berlin) sowie amphibische Operationen (Okinawa). Zum

«Kriegsthema» zählen Logistik und Nachschubwesen, Kriegsproduktion, Besetzung und Unterdrückung, strategischer Bombenkrieg, Widerstand, Spionage und Geheimwaffen.

Ich hoffe, dass ich mit dieser Darstellungsweise dem Leser das Chaos und die Tragik der Ereignisse, von denen ich hier berichte, etwas übersichtlicher mache.

PROLOG

1 · JEDER MANN EIN SOLDAT

«Der Erste [Welt-]Krieg erklärt den Zweiten und er bewirkte ihn tatsächlich, soweit eben ein Ereignis das nächste bewirken kann», schrieb A. J. P. Taylor in seinem Buch *Die Ursprünge des Zweiten Weltkrieges.* «Der Zusammenhang der beiden Kriege war noch enger. Im Zweiten Weltkrieg kämpfte Deutschland besonders darum, das Urteil des Ersten rückgängig und die ihm folgende Regelung nichtig zu machen.»

Nicht einmal die schärfsten Kritiker von Taylors Darstellung der Zwischenkriegszeit werden an dieser Beurteilung Anstoß nehmen. Ursprünge, Wesen und Verlauf des Zweiten Weltkriegs sind ohne Berücksichtigung des Ersten nicht zu erklären, und Deutschland – ob es an dessen Ausbruch schuld war oder nicht, jedenfalls gab es den ersten Schuss ab – zog 1939 zweifellos in den Krieg, um den Platz in der Welt zurückzuerobern, den es durch die Niederlage von 1918 eingebüßt hatte.

Wenn man jedoch den Zweiten Weltkrieg mit dem Ersten in Verbindung bringt, heißt das noch keinesfalls (auch wenn man diesen als Ursache für jenen gelten lassen will), dass damit beide erklärt wären. Ihre gemeinsamen Wurzeln sind in den Jahren vor 1914 zu suchen, und diese Suche hat die Kräfte vieler Wissenschaftler über weite Strecken des vorigen Jahrhunderts in Anspruch genommen. Ob sie die Ursachen nun in unmittelbaren oder weniger nahe liegenden Ereignissen ausmachten, ihre Schlussfolgerungen haben wenig miteinander gemein. Die Historiker der siegreichen Seite haben es generell vorgezogen, Deutschland, insbesondere seinem Streben nach Weltgeltung, die Schuld am Ausbruch des Krieges von 1914 zu geben und Deutschland deshalb auch den Krieg von 1939 anzulasten, unabhängig vom Versagen der um *Appeasement* bemühten Mächte. Bis Fritz Fischer in den 1960er Jahren die in

Deutschland vorherrschende Meinung ketzerisch in Frage stellte, versuchten deutsche Historiker im Allgemeinen, den Vorwurf der «Kriegsschuld» zurückzuweisen und diese anders aufzuteilen. Marxistische Historiker gleich welcher Nationalität haben sich über diese Debatte hinweggesetzt, indem sie den Ersten Weltkrieg als «Krise des Kapitalismus» in seiner imperialistischen Form darstellten und schilderten, wie die europäische Arbeiterklasse auf dem Altar eines Konkurrenzkampfs geopfert wurde, den sich die zum Untergang verurteilten kapitalistischen Systeme lieferten. Folgerichtig führen sie den Ausbruch des Zweiten Weltkrieges darauf zurück, dass die Demokratien des Westens darauf spekulierten, Hitler werde vor dem entscheidenden Schritt zurückschrecken, und dass sie nicht versuchten, ihn mit Hilfe der Sowjetunion daran zu hindern, diesen Schritt zu tun.

Diese Ansichten stehen einander unversöhnlich gegenüber. Bestenfalls belegen sie die Behauptung, dass «die Geschichtsschreibung die Projektion von Ideologie in die Vergangenheit ist». Solange Historiker sich über Logik und Ethik in der Politik streiten und sich die Frage stellen, ob zwischen beiden ein Unterschied besteht, kann es in der Tat keine allgemein gültige Erklärung dafür geben, weshalb sich die Welt zweimal der Tortur eines Massenkrieges anheim gegeben hat.

Ein ergiebigerer, wenn auch seltener gewählter Ansatz zur Klärung der Ursachen geht in eine andere Richtung: Er fragt, *wie* die beiden Weltkriege *möglich* wurden, und nicht, warum sie zustande kamen. Die Umstände des Ausbruchs sind nämlich in beiden Fällen nicht von ausschlaggebender Bedeutung. Die ungeheuerliche Wucht der Ereignisse, die auf die Geschehnisse vom August 1914 und September 1939 folgten, waren schuld daran, dass die Historiker so lange nach deren Gründen suchten. Kein vergleichbarer Impuls treibt die Suche nach den Ursachen des Österreichisch-Preußischen Kriegs von 1866 oder des Französisch-Preußischen Kriegs von 1870 an, so maßgeblich diese beiden Konflikte auch zur Verschiebung des europäischen Kräfteverhältnisses im 19. Jahrhundert beigetragen haben. Hätte Deutschland im Übrigen, was durchaus möglich gewesen wäre, die entscheidende Eröffnungsschlacht des Ersten Weltkriegs, die Marneschlacht im September 1914, gewonnen – und damit Europa nicht nur das unsägliche Leid der Schützengräben erspart, sondern auch all die soziale, ökonomische und diplomatische Verbitterung, die daraus folgte –, dann wären wohl kaum ganze Bibliotheken mit Büchern gefüllt worden, die den zwischenstaatlichen Beziehungen Deutschlands, Frankreichs, Britanniens, Österreich-Ungarns und Russlands in der Zeit vor 1914 gewidmet sind.

Da nun aber nicht Deutschland, sondern Frankreich, mit britischer Hilfe, die Marneschlacht gewann, entwickelte sich der Erste – und der Zweite – Weltkrieg anders als alle voraufgegangenen Kriege, anders in Bezug auf Ausmaß, Intensität, Umfang, Materialeinsatz und Zahl der Opfer. Aus diesem Grunde waren sich beide Kriege auch sehr ähnlich. Die Unterschiede und Ähnlichkeiten sind dafür verantwortlich, dass man die Frage nach den Ursachen für so bedeutsam hält. Das aber heißt, das Zufällige mit dem Wesentlichen zu verwechseln. Die Ursachen der Weltkriege lagen nicht tiefer und waren nicht komplexer als die Ursachen zweier beliebiger, miteinander in Zusammenhang stehender und kurz aufeinander folgender militärischer Konflikte. Ihr Charakter allerdings war beispiellos. Den Weltkriegen fielen mehr Menschen zum Opfer, sie verschlangen mehr Wohlstand und brachten mehr Leid über einen größeren Teil des Erdballs als jemals ein Krieg zuvor.

Die Menschheit war zwischen 1815, dem Ende des letzten großen Völkerstreits, und 1914 nicht schlechter geworden; ganz gewiss hätte sich damals kein vernünftiger erwachsener Europäer, wenn er die Zukunft hätte voraussehen können, die Verwüstungen und Not gewünscht, die mit der Krise jenes Augustmonats ihren Anfang nahmen. Hätte man gewusst, dass der folgende Krieg vier Jahre dauern, für zehn Millionen junge Männer den Tod bedeuten und Feuer und Vernichtung über Schlachtfelder bringen würde, die sich von Belgien bis Norditalien erstreckten, von Makedonien über die Ukraine, Transkaukasien, Palästina, Mesopotamien und Afrika bis nach China, und dass der nächste Krieg, 20 Jahre später von denselben Gegnern auf genau denselben Schlachtfeldern und einigen weiteren geführt, 50 Millionen Menschen das Leben kosten würde, dann wäre, so möchte man meinen, jeder individuelle und kollektive Wunsch nach Gewalt im Keim erstickt worden.

Diese Überlegung spricht für die menschliche Natur. Sie spricht aber auch gegen den Weg, den die Welt zwischen 1815 und 1914 genommen hatte. Ein vernünftiger erwachsener Europäer, der dies letztere Jahr erlebte, hätte mit jeder Faser seiner zivilisierten Natur die bevorstehenden Katastrophen beklagt, wären sie ihm prophezeit worden. Dazu hätte er jedoch die Politik, das Ethos und letztlich die menschliche und materielle Natur des Staates, dem er angehörte – ganz gleich, welcher es war –, verleugnen müssen. Er hätte sich sogar über die Bedingungen der Welt, die ihn umgaben, hinwegsetzen müssen. Denn die von Europa beherrschte Welt trug den Krieg bereits in sich.

Der enorme Zuwachs an Wohlstand, Energie und Bevölkerung, ausgelöst durch Europas industrielle Revolution im 19. Jahrhundert, hatte die Welt verwandelt. Er hatte Produktions- und Bergbauindustrien geschaffen – Gießereien, Maschinenbaubetriebe, Textilfabriken, Werften, Bergwerke –, die bei weitem größer waren als alles, was die geistigen Väter der industriellen Revolution, die Wirtschaftstheoretiker des 18. Jahrhunderts, vermutet hätten. Er hatte die produktiven Regionen der Erde durch ein Nachrichten- und Verkehrsnetz verbunden – Straßen, Eisenbahnen, Schifffahrtswege, Telegrafen- und Telefonkabel –, das dichter geknüpft war, als es der hellsichtigste Wissenschafts- und Technologieenthusiast hätte ahnen können. Er hatte Reichtümer geschaffen, die bewirkten, dass die Bevölkerungen historisch gewachsener Städte um das Zehnfache anstiegen, dass Ackerbauern und Viehzüchter auf Millionen von Hektar angesiedelt wurden, die noch nie zuvor bestellt oder beweidet worden waren. Er hatte die Infrastruktur – Schulen, Universitäten, Bibliotheken, Laboratorien, Kirchen und Missionsstationen – einer dynamischen, kreativen und optimistischen Weltzivilisation entstehen lassen. Vor allem aber hatte er, als dramatischen und bedrohlichen Kontrapunkt zu all den hoffnungs- und verheißungsvollen Werken dieses Jahrhunderts, *Armeen* hervorgebracht – die größten und potenziell zerstörerischsten Kriegsinstrumente, welche die Welt je gesehen hatte.

Die Militarisierung Europas

Das Ausmaß der Militarisierung Europas im 19. Jahrhundert lässt sich nur schwer vermitteln, wenn man versucht, ihre psychologischen und technologischen Dimensionen ebenso zu erfassen wie ihre Größenordnung. Schon diese allein ist unvorstellbar. Ein gewisser Eindruck von ihrem Umfang wird vielleicht erkennbar, wenn wir vergleichen, wie Friedrich Engels die militärische Organisation in den unabhängigen norddeutschen Stadtstaaten einschätzte, als er dort eine Handelslehre absolvierte, und welche Truppenstärken die entsprechenden Wehrbezirke dem Kaiser des vereinten Deutschen Reiches am Vorabend des Ersten Weltkrieges zur Verfügung stellten.

Engels' Aussage ist aufschlussreich. Als einer der Väter der marxistischen Theorie blieb er stets der Auffassung treu, die Revolution werde nur triumphieren, wenn es dem Proletariat gelänge, den staatlichen Streitkräften eine Niederlage zu bereiten. Als Jungrevolutionär erhoffte er diesen Triumph vom Sieg des Proletariats im Barrikadenkampf; als alter und zunehmend desillusionierter Ideologe versuchte er sich einzureden, dass sich das Proletariat von den Fesseln der europäischen Wehrpflichtgesetze befreien werde, indem es die staatlichen Armeen von innen her aushöhle. Engels' Weg von den Hoffnungen der Jugend zu den Zweifeln des Alters lässt sich am besten nachvollziehen, wenn wir betrachten, wie sich die Truppen der Hansestädte zu seinen Lebzeiten veränderten.

Im August 1840 musste Engels von seinem Bremer Kontor einen dreistündigen Ritt absolvieren, um die gemeinsamen Manöver der Soldaten der Freien Hansestädte Bremen, Hamburg und Lübeck und des Großherzogtums Oldenburg zu beobachten. Zusammen brachten es die Truppen auf eine Regimentsstärke von, großzügig gerechnet, 3000 Mann. In Engels' Todesjahr 1895 hingegen stellten diese Städte fast die gesamte 17. und Teile der 19. Division des deutschen Heeres, dazu je ein Kavallerie- und ein Artillerieregiment, was auf eine mindestens vierfache Zunahme hinausläuft. Das betrifft jedoch nur die Kampftruppe, das heißt, im Dienst und unter Waffen stehende Wehrpflichtige. Hinter den aktiven Divisionen standen die 17. und 19. Reservedivision, zu denen die Hansestädte im Mobilisierungsfalle die gleiche Anzahl Reservisten – gediente Wehrpflichtige früherer Jahrgänge – beisteuerten. Und hinter den Reservedivisionen stand die Landwehr, die sich aus älteren ehemaligen Wehrdienstleistenden rekrutierte und im Jahre 1914 eine weitere halbe Division stark war. Addiert man die Zahlen, stellt man fest, dass die Kräfte zwischen 1840 und 1895 um das Zehnfache angewachsen waren, eine Entwicklung, welche die Bevölkerungszunahme in diesem Zeitraum bei weitem übertraf.

Trotzdem lässt sich die enorme Vervielfachung der Truppenstärke in erster Linie auf den demographischen Wandel zurückführen. Die Einwohnerzahlen in den meisten Staaten, die in den Ersten Weltkrieg ziehen sollten, hatten sich im Laufe des 19. Jahrhunderts verdoppelt, in manchen Fällen gar verdreifacht. So wuchs die Bevölkerung Deutschlands in den Grenzen von 1871 von 24 Millionen im Jahre 1800 auf 57 Millionen im Jahre 1900 an. In Großbritannien war die Zahl der Einwohner zwischen 1800 und 1900 von 16 auf 42 Millionen angestiegen; stellt man in Rechnung, dass in Irland die Hungersnot sowie die Auswanderung nach Amerika und in die Kolonien einen Nettoverlust von acht Millionen bedeuteten, so ergibt sich für Großbritannien sogar eine Verdreifachung der Zahl.

Die Bevölkerung Österreich-Ungarns stieg unter Berücksichtigung der Grenzverschiebungen von 24 auf 46 Millionen an; die Italiens in den Grenzen von 1870 von 19 auf 29 Millionen – trotz einer Einbuße von sechs Millionen Auswanderern nach Nord- und Südamerika. Belgiens Bevölkerung nahm von 2,5 auf sieben Millionen zu und die des europäischen Teils Russlands, zwischen dem Ural und der Westgrenze von 1941, annähernd auf das Dreifache, von 36 auf 100 Millionen. Nur zwei der Krieg führenden Staaten, Frankreich und das Osmanische Reich, hatten keine ähnlichen Zuwächse zu verzeichnen. In Frankreich, früher einmal das bevölkerungsreichste Land Europas, erhöhte sich die Zahl der Einwohner von 30 auf 40 Millionen, in erster Linie aufgrund gestiegener Lebenserwartung; die Geburtenrate blieb beinahe konstant – nach William McNeills Auffassung, weil Napoleons Soldaten von ihren Feldzügen neue Techniken der Geburtenkontrolle mit nach Hause brachten. In der Türkei gab es ebenfalls kaum eine Veränderung; 1800 lebten 24 Millionen Menschen auf dem Gebiet der heutigen Türkei, 1900 waren es 25 Millionen.

Fallen die Beispiele Frankreichs und der Türkei auch aus dem demographischen Rahmen, so können sie doch zu dessen Erklärung beitragen. Die gestiegene Lebenserwartung der Franzosen war die Folge einer Verbesserung des Lebensstandards und der Volksgesundheit, die ihrerseits auf die Anwendung wissenschaftlicher Erkenntnisse in Landwirtschaft, Medizin und Hygiene zurückzuführen waren. In der Türkei hingegen nahm die Bevölkerung aus dem entgegengesetzten Grund nicht zu: Die geringen Erträge aus herkömmlicher Bodenbewirtschaftung und die Krankheitshäufigkeit in einer Gesellschaft ohne Ärzte sorgten dafür, dass die Einwohnerzahl trotz hoher Geburtenrate auf ihrem alten Niveau blieb. Immer wenn gestiegene landwirtschaftliche Erträge (oder erhöhter Mitteleinsatz) mit hohen Geburtenraten und verbesserter Hygiene zusammenfielen, wie es im Europa des 19. Jahrhunderts so gut wie überall der Fall war, zeigten sich enorme Auswirkungen auf die Bevölkerungsgröße.

Spektakulär waren sie in England, dem Zentrum des Wirtschaftswunders im 19. Jahrhundert. Obgleich die Menschen massenhaft vom Lande in die übervölkerten Städte abwanderten, die oft nur aus einer Ansammlung von provisorischen Behausungen bestanden, stieg die Zahl der Engländer in der ersten Hälfte des Jahrhunderts um 100 Prozent und in der zweiten um 75 Prozent. Durch den Bau von Kanalisationssystemen – eine Maßnahme, die nach 1866 für die Ausmerzung der Cholera sorgte und kurze Zeit später die meisten anderen durch Schmutzwasser übertragenen Krankheiten beseitigte – und durch Schutzimpfungen, mit denen man, als sie 1853 gesetzlich vorgeschrieben wurden, die Pocken besiegte, wurde die Kindersterblichkeit drastisch reduziert und die statistische Lebenserwartung entsprechend verlängert. Die Todesfälle durch Infektionskrankheiten gingen zwischen 1872 und 1900 um annähernd 60 Prozent zurück. Gestiegene landwirtschaftliche Erträge auf gedüngten Flächen, vor allem aber die Einfuhr von nordamerikanischem Getreide und australischem Gefrierfleisch waren dafür verantwortlich, dass eine wachsende Zahl von Menschen kräftiger und gesünder wurden. Sie nahmen mehr Kalorien zu sich, weil Luxusgüter wie Tee, Kaffee und insbesondere Zucker billiger geworden waren, mit dem Ergebnis, dass die Getreideprodukte schmackhafter und die Nahrung insgesamt abwechslungsreicher wurde.

Die Wirkung all dieser Fortschritte in Medizin und Ernährung auf die wachsende Bevölkerung bestand nicht nur darin, dass Jahr für Jahr die Kontingente junger Wehrpflichtiger (*classes*, wie die Franzosen sie nannten) größer wurden – in Frankreich zwischen 1891 und 1901 zum Beispiel um 50 Prozent –, sie erwiesen sich auch als immer tauglicher für den Militärdienst. Offenbar gibt es eine unabänderliche militärische Notwendigkeit, dass der Soldat auf dem Marsch etwa 50 Pfund körperfremdes Gewicht mit sich führt – Tornister, Gewehr und Munition. Je größer und kräftiger der Soldat, desto leichter ist er bei solcher Belastung zu der verlangten Tagesleistung von 30 Kilometern imstande. Im 18. Jahrhundert hatte die französische Armee Männer mit entsprechenden körperlichen Voraussetzungen eher in der städtischen Handwerkerschaft als auf dem Lande gefunden. Der Bauer, unterernährt und ungeschliffen, gab nur selten einen brauchbaren Soldaten ab. Er war undiszipliniert, krankheitsanfällig und grämte sich zu Tode, wenn er der heimatlichen Scholle entrissen wurde. Diese Schwächen veranlassten Marx noch 100 Jahre später, die Bauernschaft in Sachen Revolution als «hoffnungslos» einzustufen.

Mitte des 19. Jahrhunderts jedoch hatte sich in Deutschland, Frankreich, Österreich-Ungarn und Russland die physische Verfassung der Landbevölkerung so sehr verbessert, dass sie für die Heere ihrer jeweiligen Länder regelmäßig einen beträchtlichen Anteil der Wehrdienstjahrgänge oder *classes* stellen konnte, einen Anteil, der groß genug war, Marx Lügen zu strafen. Sein Urteil mag durch den Umstand getrübt worden sein, dass er sich in England aufhielt, wo die massive Landflucht nur die Trägsten unter dem Einfluss von Grundherrn und Pfarrern zurückließ. In Kontinentaleuropa, das sich langsamer als England industrialisierte – in Deutschland etwa betrug der Anteil der Landbevölkerung im Jahre 1900 immer noch 49 Prozent der Gesamtbevölkerung –, stellten die ländlichen Regionen die *classes* der großen, kräftigen jungen Männer, aus denen sich die gewaltigen Heere des 19. Jahrhunderts rekrutierten.

Wenn der neue Bevölkerungsüberschuss, hervorgerufen durch die Verbesserung der Ernährung, der medizinischen Versorgung und Kanalisation, den europäischen Heeren eine größere Rekrutierungsbasis verschaffte, dann waren es die verfeinerten Methoden der Volkszählung und Steuererhebung im 19. Jahrhundert, die dafür sorgten, dass Rekruten registriert, ernährt, besoldet, untergebracht, ausgerüstet und ins Feld geschickt werden konnten. Die Einführung regelmäßiger Volkszählungen – in Frankreich 1801, in Belgien 1829, in Deutschland 1853, in Österreich-Ungarn 1857 und in Italien 1861 – verschaffte den Wehrersatzbehörden die nötigen Daten, um potenzielle Rekruten zu erfassen und (nach Tauglichkeitsgrad) zu klassifizieren. Das beendete die herkömmlichen

Methoden – die willkürlichen Aushebungen, falschen Versprechungen, Bestechungsgelder und gewaltsamen Entführungen, mit denen all jene in die Heere des Ancien Régime gepresst wurden, deren Gedanken oder Füße nicht flink genug waren, um sie vor den Werbern in Sicherheit zu bringen. Steuerlisten, Wähler- und Schülerverzeichnisse belegten den Aufenthaltsort des Wehrpflichtigen – die Gewährung des Stimmrechts und das Recht auf Schulbildung für alle bedeutete nicht nur eine Ausweitung, sondern auch eine Einschränkung der persönlichen Freiheit. Um 1900 musste beispielsweise jeder deutsche Reservist einen Entlassungsschein besitzen, dem zu entnehmen war, in welchem Sammelzentrum er sich im Mobilmachungsfall zu melden hatte.

Das enorme Wirtschaftswachstum in Europa schuf unterdessen die steuerliche Grundlage für den Unterhalt der neuen Wehrpflichtigenarmeen. Die deutsche Wirtschaft etwa expandierte zwischen 1851 und 1855 um ein Viertel, zwischen 1855 und 1875 um die Hälfte und zwischen 1875 und 1914 um 70 Prozent. Von diesem neuen Wohlstand sicherte sich der Staat über indirekte und direkte Einkünfte, unter anderem die ungeliebte Institution der Einkommensteuer, einen immer größeren Teil des Bruttoinlandsprodukts. So stieg in Großbritannien der staatliche Anteil am Konsum von 4,8 Prozent in den Jahren zwischen 1860 und 1879 auf 7,1 Prozent im Zeitraum von 1900 bis 1914. In Deutschland war ein Anstieg von 4,0 auf 7,1 Prozent zu verzeichnen; in Frankreich und Österreich-Ungarn gab es ähnliche Zuwachsraten.

Der größte Teil der erhöhten Staatseinnahmen wurde für den Ankauf militärischer Ausrüstung im weitesten Sinne aufgewendet. Kanonen und Kriegsschiffe waren die kostspieligsten Anschaffungen, Kasernen aber die wichtigeren. Der Soldat des Ancien Régime war überall dort einquartiert worden, wo der Staat Platz für ihn fand, in Gasthöfen, Scheunen und Privathäusern. Der Wehrpflichtige des 19. Jahrhunderts wurde in eigens zu diesem Zweck errichteten Gebäuden untergebracht. Eingezäunte Kasernen waren ein wichtiges Instrument der sozialen Kontrolle; Engels prangerte sie als «Bastionen gegen das Volk» an. Ganz ähnlich sahen die Florentiner des 16. Jahrhunderts ihre Freiheit beschnitten, als die *Fortezza de Basso* innerhalb der Stadtmauern erbaut wurde. Die Errichtung von Kasernen war ganz gewiss eine wichtige Maßnahme, um eine rasch einsatzfähige Streitmacht zur Verfügung zu haben, mit deren Hilfe beispielsweise 1848 die Erhebung in Berlin und 1871 die Pariser Kommune niedergeschlagen wurden.* Allerdings waren die Kasernen nicht nur Bezirkswachen, in denen Polizeikräfte zur Bekämpfung von Aufständen untergebracht waren, es waren gleichzeitig «Verbindungshäuser» einer neuen Militärkultur, in denen die Wehrpflichtigen militärischen Gehorsam lernten und kameradschaftliche Bande knüpften, die sie für eine Feuerprobe von so schrecklicher Art wappnen sollten, wie sie noch kein Soldat zuvor erlebt hatte.

Der neu erworbene Wohlstand des Staates im 19. Jahrhundert schuf die Möglichkeit, den Wehrpflichtigen nicht nur unterzubringen und auszurüsten, sondern ihn auch aufs Schlachtfeld zu befördern und ihn dort bei seinem Eintreffen reichlich zu verpflegen. Ein Soldat des Ancien Régime war kaum besser mit Nahrung versorgt als ein römischer Legionär; seine Verpflegung bestand aus Mehl, das in den Handmühlen der Regimenter gemahlen wurde, und ein wenig Rindfleisch von Tieren, die man lebendig mitführte. Margarine und Büchsenfleisch waren das Ergebnis eines Wettbewerbs, den Napoleon III. ausgeschrieben hatte, um Rationen zu entwickeln, die im Soldatentornister nicht verdarben. Die Notwendigkeit, den eigenen Verpflegungsvorrat mit sich zu tragen, entfiel weitgehend, als man das entstehende Eisenbahnsystem für militärische Zwecke nutzte.

* Nicht nur den Kontinentaleuropäern ging der Kasernenbau gegen den Strich. Feldmarschall Wade, ein britischer General des 18. Jahrhunderts, beschrieb die Einstellung seiner Landsleute folgendermaßen: «Man hat die Menschen dieses Königreichs gelehrt, zwischen Kaserne und Sklaverei eine so enge Gedankenverbindung herzustellen wie zwischen Dunkelheit und dem Teufel, und obwohl es zwischen beiden nicht die geringste Gemeinsamkeit gibt, können sie sie nicht voneinander trennen.»

Bereits 1839 wurden in Deutschland Truppen mit der Bahn bewegt. 1859, als Frankreich in Norditalien gegen Österreich kämpfte, schienen Truppenverschiebungen auf der Schiene bereits der Normalfall zu sein. 1866 und 1870 schufen sie die Grundlage für die preußischen Siege über Österreich beziehungsweise Frankreich. Inzwischen war das deutsche Eisenbahnnetz, das sich 1840 nur über 469 Kilometer erstreckte, auf 17 215 Kilometer angewachsen. 1914 sollte es 61 749 Kilometer umfassen, wobei der größte Teil (56 000 Kilometer) staatlicher Kontrolle unterstand. Auf Drängen des Großen Generalstabes hatte die deutsche Reichsregierung schon früh erkannt, wie wichtig die Kontrolle des Eisenbahnsystems für defensive – und offensive – Zwecke war. Ein Großteil dieses Systems, insbesondere in Regionen wie Bayern und Ostpreußen, wo es nur geringen wirtschaftlichen Nutzen brachte, war mit Staatsanleihen finanziert und nach Vorgaben der Eisenbahnabteilung des Generalstabes angelegt worden.*

Im Dampfzeitalter sorgte die Eisenbahn für die Verpflegung und Beförderung des Soldaten (zumindest bis zum Ende des Schienenstrangs, von dort an musste er wieder marschieren und schleppen). Der technische Fortschritt, dem die Eisenbahn ihre Entstehung verdankte, lieferte auch die Waffen, mit denen sich die Soldaten der neuen Massenheere Massenverluste beibrachten. Dabei wurden diese Waffen nicht gezielt entwickelt, zumindest in der Frühphase nicht; später mag sich das geändert haben. Hiram Maxim, der Erfinder des ersten brauchbaren Maschinengewehrs, soll angeblich seine elektromechanischen Experimente 1883 eingestellt haben, als ihm ein Landsmann riet: «Zum Henker mit

* Welche Bedeutung der deutsche Staat und sein Heer der freien Nutzung der Eisenbahn beimaßen, zeigt der Umstand, dass es dem Personal der Reichsbahn untersagt war, sich gewerkschaftlich zu organisieren. Durchaus verständlich, rührt doch der Begriff «Sabotage» daher, dass die belgischen Eisenbahner während des großen Streiks von 1905 die Eisenbahnschienen aus ihren Unterlagenplatten (sabots) zu reißen pflegten.

deiner Elektrizität! Wenn du ein Vermögen machen willst, dann erfinde irgendwas, womit sich die europäischen Schwachköpfe noch schneller umbringen können.» Anfangs verdankten die rascher feuernden, weiter reichenden und genauer treffenden Waffen, mit denen man die Wehrpflichtigenheere zwischen 1850 und 1900 ausstattete, ihre Entstehung jedoch dem zufälligen Zusammentreffen von menschlichem Erfindungsgeist und industriellen Fertigungsmöglichkeiten.

Dabei waren vier Faktoren von besonderer Bedeutung. Erstens die Verbreitung der Dampfkraft, welche die für den industriellen Produktionsprozess erforderliche Energie lieferte. Zweitens die Entwicklung eines geeigneten Produktionsverfahrens, das man zunächst das «amerikanische» nannte, weil es in den 1820er Jahren im Connecticut Valley entstanden war, wo ein chronischer Mangel an Facharbeitern herrschte. Dieses Produktionsverfahren führte zur Verwendung «austauschbarer Teile», die mittels einer Verbesserung des alten pantographischen Prinzips maschinell hergestellt wurden, was einen enormen Anstieg der Produktionsmengen bewirkte. Dreyse, der preußische Hersteller und Erfinder des revolutionären Zündnadelgewehrs (in dem ein beweglicher Schlagbolzen auf den Boden einer metallenen Patronenhülse schlug), brachte es 1847 mit der traditionellen Fertigungsmethode lediglich auf eine Stückzahl von 10 000 – obwohl er sich gegenüber der preußischen Regierung vertraglich verpflichtet hatte, das ganze Heer umzurüsten. Im Gegensatz dazu stellte die britische Waffenfabrik in Enfield, die automatische Maschinen angeschafft hatte, 100 370 Gewehre im Jahr 1863 her. Als die französische Regierung die Waffenschmiede in Puteaux 1866 mit Maschinen zur Herstellung «austauschbarer Teile» umrüstete, erhöhte sich die Produktion des neuen Chassepot-Gewehrs auf jährlich 300 000 Stück.

Fortschritte auf dem Gebiet der Metallbearbeitung wären nutzlos gewesen, wenn man nicht gleichzeitig die Qualität des zu bearbeitenden Metalls verbessert hätte. Das erreichte man, indem man Schmelzverfahren für große Stahlmengen entwickelte, was nach 1857 vor allem dem britischen Ingenieur Bessemer gelang – auch ihn hatte ein von Napoleon III. ausgelobter Preis zu seiner Erfindung angeregt. Bessemers «Konverter» markierte den dritten wichtigen Fortschritt. Mit ähnlichen Öfen begann in Deutschland der Kanonengießer Alfred Krupp in den 1860er Jahren Gussstahlbarren zu produzieren, aus denen sich perfekte Geschützrohre fertigen ließen. Seine Hinterlader-Feldgeschütze, die größeren Ebenbilder jener Gewehre, mit denen damals die Infanteristen aller modernen Heere ausgerüstet waren, erwiesen sich im Französisch-Preußischen Krieg von 1870/71 als die entscheidende Waffe.

Das vierte Element in dieser Revolution der Feuerkraft wurde kurz darauf von europäischen Chemikern beigesteuert, vor allem dem Schweden Alfred Nobel. Er entwickelte Treib- und Sprengladungen, die ein Geschoss über weitere Entfernungen trugen und bei der Detonation eine größere Sprengwirkung entfalteten als je zuvor. Die Fortentwicklungen der Maschinentechnik und der Treibmittelchemie sorgten zu gleichen Teilen dafür, dass sich beispielsweise die effektive Schussweite von Infanteriewaffen zwischen 1850 und 1900 von knapp 100 auf gut neunhundert Meter erhöhte. Als man zwischen 1880 und 1900 dazu überging, den bei chemischen Entladungen in Handfeuer- und Artilleriewaffen freigesetzten Gasdruck wiederzuverwenden, entstanden mit Maschinengewehren und Schnellfeuergeschützen die perfekten Waffen zur Massentötung aus der Entfernung.

Überschüsse und die Fähigkeit zur Kriegführung

Weit tragende Schnellfeuerwaffen stellten eine Bedrohung dar, die alle Steigerungen der Offensivkraft, welche durch die industriellen und demographischen Umwälzungen des 19. Jahrhunderts zustande gekommen waren, wertlos machen konnte. Darin lag eine gewisse Ironie. Der materielle Triumph des 19. Jahrhunderts sollte dazu dienen, den scheinbar unabänderlichen Kreislauf der mageren und fetten Jahre zu durchbrechen, der das Leben selbst der reichsten Länder seit ewigen Zeiten bestimmte, und permanent Überschüsse zu erwirtschaften – Überschüsse an Nahrung, Energie und Rohstoffen (allerdings nicht an Kapital, Krediten oder Barmitteln). Marktschwankungen verewigten den Rhythmus von Aufschwung und Rezession im friedlichen Leben der Staaten, Überschüsse veränderten ihre Fähigkeit zur Kriegführung.

Kriege, die den primitiven Rahmen von Überfall und Hinterhalt sprengten, setzten schon immer das Vorhandensein von Überschüssen voraus. Allerdings waren akkumulierte Überschüsse in der Geschichte selten groß genug gewesen, um Kriege zu finanzieren, die in dem entscheidenden Sieg der einen Seite über die andere gipfelten. Sich selbst tragende Kriege, in denen die Beute des Eroberers die Grundlage für die Fortsetzung seines Feldzugs lieferte, waren noch seltener gewesen. Externe Faktoren – krasse Ungleichheit der aufeinander treffenden Kriegstechnologien, die Dynamik gegensätzlicher Ideologien oder, wie William McNeill meinte, Anfälligkeit gegenüber unbekannten Krankheitskeimen, die ein Angreifer einschleppte – hatten gewöhnlich den Triumph einer Gesellschaft über die andere erklärt. Und gewiss sind sie der Grund für viele frappante militärische Erfolge gewesen, etwa die Vernichtung des Azteken- und Inkareichs durch die Spanier, die islamischen Eroberungen im siebten Jahrhundert und die Ausrottung der Kriegerkultur der Ureinwohner Nordamerikas.

In den europäischen Kriegen von der Reformation bis zur Französischen Revolution, die zwischen Staaten auf etwa gleicher militärischer und kriegerischer Entwicklungsstufe ausgetragen wurden, hatten externe Faktoren wie Kriegsbereitschaft oder Widerstandsfähigkeit gegen Ansteckungskrankheiten keine ausschlaggebende Rolle gespielt, während die zur Offensive aufgewendeten Überschüsse die Ausgaben für Verteidigungsmaßnahmen, insbesondere den Festungsbau, bei weitem übertrafen. Dabei widmete man sich zunächst einmal der Zerstörung jener

Feudalsitze, von denen aus die örtlichen Machthaber der Zentralgewalt getrotzt hatten, als im 11. Jahrhundert die grundbesitzenden Klassen Europas ihre Leidenschaft für den Burgenbau entdeckten. Das war eine höchst kostspielige Angelegenheit, und dazu kamen dann noch jene Kosten, die im Verlauf des 16., 17. und 18. Jahrhunderts entstanden, als man in den grenznahen Gebieten lokale durch staatliche Befestigungsanlagen ersetzte.

Investitionen in den Festungsbau – destruktiver oder konstruktiver Art – hatten zur Folge, dass in die zivile Infrastruktur – Straßen, Brücken, Kanäle – kaum Mittel flossen, hätte man doch sonst einem angreifenden Heer den Vormarsch zu sehr erleichtert: Während 1826 das britische Straßennetz, das nach dem Jakobitenaufstand von 1745 in Schottland vorwiegend zu militärischen Zwecken angelegt worden war, mehr als 34 000 Kilometer umfasste, war das Straßennetz in Frankreich, einem Land von der dreifachen Größe Englands, keineswegs ausgedehnter, und Preußen, das sich über einen großen Teil des strategisch bedeutsamsten Gebietes in Mitteleuropa erstreckte, verfügte über ein Straßennetz von lediglich 5300 Kilometern, vor allem in den Rheinprovinzen. Bei Preußens östlichen Nachbarn gab es praktisch gar keine befestigten Wege, woran sich in Polen und Russland – sehr zum Leidwesen Napoleons und später Hitlers – bis weit ins 20. Jahrhundert hinein auch nichts ändern sollte.

Die Überschüsse des 19. Jahrhunderts, die dem Wirtschaftswunder in Europa zu verdanken waren, glichen die Auswirkungen von Minderinvestitionen in den Straßenbau und Überinvestitionen in die Grenzbefestigung aus. Massenheere wurden entlang der neu entstehenden Schienenstränge verlegt und versorgt und überschwemmten strategisch wichtige Gebiete wie Flutwellen nach einem Anstieg des Meeresspiegels. 1866 und 1870 fielen die preußischen Armeen in die Grenzregionen des österreichischen Böhmen beziehungsweise des französischen Elsass-Lothringen ein, ohne dass die aufwendigen, zum Schutz der Grenzen errichteten Befestigungsanlagen sie daran hätten hindern können. Truppenbewegungen in Europa erfolgten jetzt ähnlich rasch wie die Feldzüge während des Amerikanischen Bürgerkriegs, die von Massenheeren in einer Landschaft ohne künstliche Hindernisse vorgetragen wurden. Regionen, die zweihundert Jahre lang Zankapfel habsburgischer und bourbonischer Generale waren, in denen um jedes Erdloch und jede Felsspalte gekämpft worden war, sahen sich jetzt unter der Wucht der Dampfkraft in wenigen Wochen vollkommen umgestaltet. Es schien, als ob eine zweite «militärische Revolution» bevorstehe, durchaus zu vergleichen mit jener, die zu Beginn von Renaissance und Reformation durch das Schießpulver und das mobile Feldgeschütz herbeigeführt worden war. Blut, Eisen und Gold, in einem Übermaß verfügbar, wie es bislang auch den reichsten Potentaten nicht zu Gebote gestanden hatte, verhießen schnellere und «totalere» Siege, als sie Alexander der Große oder Dschingis Khan je errungen hatten.

Solche Siege wurden verheißen, aber nicht zwangsläufig erzielt; denn die größten materiellen Vorteile nützen nichts, wenn es an den menschlichen Eigenschaften fehlt, die erforderlich sind, um den richtigen Gebrauch davon zu machen. Doch auch auf diesem Gebiet hatte das 19. Jahrhundert tief greifende Umwälzungen bewirkt. Der Soldat des 18. Jahrhunderts war ein bemitleidenswertes Geschöpf gewesen: Er war Untertan seines Königs und gelegentlich – so in Russland und Preußen – noch ein Höriger oder Leibeigener, der von seinem Grundherrn in den Waffendienst des Staates gegeben wurde.

Die Uniformen des Soldaten bedeuteten oft die Kapitulation vor Not und Elend, den häufigsten Gründen für eine Anwerbung. Darüber hinaus zeigten sie oft an, dass jemand die Seiten gewechselt hatte (in den meisten Heeren stellten gefangene Überläufer einen Großteil der Truppe) oder dass er unter fremder Fahne in Söldnerdienste getreten war (wie es zur Zeit des Ancien Régime Zehntausende von Schweizern, Schotten, Iren, Slawen und anderen Gebirgsbewohnern taten). Die Uniform konnte auch bedeuten, dass sich der Träger, nachdem er wegen eines Bagatellvergehens im Gefängnis gelandet oder wegen privater Schulden gepfändet worden war, auf einen «Kuhhandel» mit der Obrigkeit eingelassen hatte – oder er war einfach nicht schnell genug gewesen, um den Werbern zu entkommen. Freiwillige waren geradezu eine Seltenheit, dafür gehörten sie zu den besten Soldaten. Da so viele ihrer Waffenbrüder wenig Lust zum Kriegsdienst hatten, wurde Desertion mit drakonischen Strafen belegt; die Disziplinarordnung war grausam. Für Dienstpflichtverletzungen wurde der Soldat des 18. Jahrhunderts geprügelt, bei Disziplinlosigkeit gehängt; beide Vergehen wurden großzügig ausgelegt.

Im Gegensatz dazu war der Soldat des 19. Jahrhunderts ein Mann, der genau das sein wollte, was er war: Ein williger, oft begeisterter Soldat, zumeist ein Wehrpflichtiger, allerdings einer, der seine (zugegebenermaßen kurze) Dienstzeit hinnahm als eine bloße Verringerung seiner Jahre in Freiheit, eine Zeit, die man so munter wie gehorsam hinter sich brachte. Zumindest war das seit der Jahrhundertmitte in den Heeren der fortgeschrittenen Länder der Fall – vor allem in Preußen, aber auch in Frankreich und Österreich; die kleineren, weniger fortschrittlichen Staaten bemühten sich, mit der Entwicklung Schritt zu halten. Die gewandelte Einstellung lässt sich zwar schwer belegen, sie ist jedoch durchaus real. Vielleicht zeigt sie sich am deutlichsten in der Beliebtheit der Regiments-Souvenirs, die man gegen Ende des 19. Jahrhunderts zu Zehntausenden herstellte. Ein solches Erinnerungsstück, in Deutschland meist ein Bierkrug mit Bildern aus dem Soldatenleben, trug gewöhnlich die Namen der Zug-Kameraden, ein paar neckische Verszeilen, einen Gruß ans Regiment – «Auf die 12. Grenadiere!» – und stets die Aufschrift «Zur Erinnerung an meine Dienstzeit». Der junge Mann, der von den Nachbarn mit Blumengirlanden geschmückt in die Kaserne aufgebrochen war – ein ganz anderer Abschied, als er dem russischen Leibeigenen im 18. Jahrhundert zuteil wurde, für den der Dorfpope eine Totenmesse las–, brachte nach Ende der Dienstzeit sein Erinnerungsstück heim und räumte ihm einen Ehrenplatz in der guten Stube ein.

Dieser bemerkenswerte Wandel in der Einstellung zum Wehrdienst war buchstäblich revolutionär. Seine Gründe sind vielfältiger Natur, doch die drei wichtigsten führen direkt zur Französischen Revolution und den zentralen Schlagwörtern ihrer Ideologie zurück: Freiheit, Gleichheit, Brüderlichkeit.

Seine Beliebtheit verdankte der Militärdienst im 19. Jahrhundert zunächst einmal der Erfahrung der *Gleichheit*. «Kochs Sohn – Herzogs Sohn – Sohn eines vornehmen Grafen», so beschrieb Rudyard Kipling einigermaßen zutreffend die Armee, die England 1900 in den Burenkrieg schickte. Die allgemeine Kriegsbegeisterung veranlasste Angehörige aller Schichten, sich als einfache Soldaten zum Militär zu melden, natürlich als Freiwillige. Und die allgemeine Wehrpflicht wurde von allen Schichten wohl oder übel hingenommen – in Preußen seit 1814, in Österreich seit 1867 und in Frankreich seit 1889. Sie dauerte zwei oder drei Jahre.

Der Anteil der gezogenen Jahrgänge schwankte ebenso wie die Dauer der Dienstzeit. Junge Männer mit gehobener Bildung erhielten Zugeständnisse; in Deutschland zum Beispiel dienten Absolventen der Untersekunda und Abiturienten nur ein Jahr lang und kamen danach als potenzielle Offiziere zur Reserve. Doch das generell gutgeheißene Prinzip der allgemeinen Dienstpflicht wurde auch als Dauerinstitution akzeptiert. In der ersten Zeit nach ihrer Entlassung kehrten die Reservisten alljährlich zu Übungen zurück; mit zunehmendem Alter wurden sie der nur für den Kriegsfall benötigten Reserve eingegliedert (in Preußen war dies die Landwehr, in Frankreich die Territorialarmee), und während der letzten Jahre ihrer körperlichen Leistungsfähigkeit standen die Männer der Heimatwehr (Landsturm) zur Verfügung. Reserveübungen ließ man gut gelaunt über sich ergehen und betrachtete sie als eine Art Urlaub unter Männern. Sigmund Freud, der im österreichischen Heer Sanitätsoffizier der Reserve war, schrieb 1886 einem Freund aus dem Manöver, es sei undankbar, nicht einzuräumen, dass das Soldatenleben mit seinem unentrinnbaren «Muss» gut gegen Neurasthenie sei: Bei ihm sei sie nach einer Woche verschwunden.

Auch in sozialer Hinsicht sorgte die Wehrpflicht für relative Gleichheit. Juden wie Freud zog man genauso ein wie Nichtjuden, und in der österreichisch-ungarischen Armee wurden sie bei entsprechendem Bildungsgrad automatisch zu Offizieren befördert. Im deutschen Heer konnten Juden Reserveoffizier werden, doch wegen des Antisemitismus in den Regimentern waren sie in regulären Offiziersstellen selten; zu den ganz wenigen Ausnahmen gehörte der Sohn von Bismarcks Finanzier Bleichröder, dem sein Vater ein reguläres Offizierspatent bei der Kavallerie verschaffen konnte. Der Offizier, der Hitler zur Verleihung des Eisernen Kreuzes Erster Klasse vorschlug, war ein jüdischer Reservist. Das war «Emanzipation» in ihrer militärischen Spielart, und sie betraf nicht nur die Juden. Die Universalität der Wehrpflicht scharte sämtliche Nationalitäten im Habsburgerreich zusammen, in Deutschland die Polen, Elsässer und Lothringer und in Frankreich die Basken, Bretonen und Savoyer. Dadurch, dass sie Soldaten waren, sollten sie Österreicher, Deutsche oder Franzosen sein.

Die Wehrpflicht war nicht nur ein Instrument der Gleichheit, sondern auch der *Brüderlichkeit*. Weil sie alle im selben Lebensalter erfasste und sie im Prinzip gleich behandelte, knüpfte sie brüderliche Bande, die junge Europäer so noch nie zuvor empfunden hatten. Die allgemeine Schulpflicht, ebenfalls eine Neuerung, nahm die Kinder aus ihren Familien heraus und vermittelte ihnen das Gemeinschaftserlebnis des Lernens, die Wehrpflicht entfernte die jungen Männer aus ihrer gewohnten Umgebung und vermittelte ihnen die Erfahrung des Erwachsenwerdens, indem sie sie mit einer Fülle neuer Anforderungen konfrontierte – die Trennung von Zuhause zu verarbeiten, neue Freundschaften zu schließen, sich in Autoritätsverhältnisse zu fügen, merkwürdige Kleidung zu tragen, ungewohnte Speisen zu essen (oft sehr viel bessere als daheim) und allein zurechtzukommen. Es war ein regelrechter Initiationsritus, in geistiger, emotionaler und nicht zuletzt in körperlicher Hinsicht.

Die Armeen des 19. Jahrhunderts, von denen es hieß, sie seien die «Schule der Nation», übernahmen viele Funktionen des damaligen Schulwesens, nicht nur die Überprüfung und Verbesserung von Lesen, Schreiben und Rechnen, sondern auch die Unterweisung in Schwimmen, Leichtathletik, Geländelauf, Schießen und Kampfsport. Turnvater Jahn, der Pionier der Körperertüchtigung in Deutschland, übte nachhaltigen Einfluss auf die militärische Ausbildung im preußischen Heer aus. In Frankreich wurden seine Ideen von den Trainern des Bataillon de Joinville umgesetzt, während in Italien Hauptmann Caprilli eine Militär-Reitschule gründete, die in der ganzen westlichen Welt die Reitkunst beeinflussen und verändern sollte. Später prägte das militärische Leben im Freien, das sich am Lagerfeuer und unter dem Zeltdach abspielte, die Ideale der deutschen Jugendbewegung und der Pfadfinder. Der Kreis schloss sich, als diese Ideale von dort den Weg wieder zurück ins gesellschaftliche und militärische Leben fanden.

Der Initiationsritus der allgemeinen Wehrpflicht war jedoch nicht für jeden eine befreiende Erfahrung. Wenn junge Männer aus einer Gesellschaft, die sich in einem Prozess rascher Urbanisierung und Industrialisierung unaufhaltsam von Pflug und Dorfbrunnen entfernte, zum Wehrdienst eingezogen wurden, fanden sie sich, wie William McNeill darlegt,

> in einer einfacheren Gesellschaft wieder, als sie ihnen aus dem Zivilleben vertraut war. Der gemeine Soldat verlor beinahe jede persönliche Verantwortung. Ritual und Routine beherrschten fast sämtliche Arbeitsstunden. Das schlichte Befolgen der Befehle, welche die Routine von Zeit zu Zeit unterbrachen und der Tätigkeit eine neue Richtung gaben, linderte die Ängste, die persönlichen Entscheidungen innewohnten – Ängste, die sich unübersehbar vervielfältigten in der städtischen Gesellschaft, in welcher konkurrierende Führergestalten, konkurrierende Loyalitäten und praktische Alternativen, wie man zumindest einen Teil seiner Zeit verbringen konnte, hartnäckig um die

> Aufmerksamkeit wetteiferten. So paradox es klingen mag, die Flucht vor der Freiheit war oftmals eine echte Befreiung, insbesondere für junge Männer, deren Lebensverhältnisse sich rasch veränderten und die noch nicht in der Lage waren, ihrer Erwachsenenrolle voll gerecht zu werden.

Doch selbst wenn man diese scharfsichtige Beobachtung in Rechnung stellt, war der wichtigste Wandel, den die allgemeine Wehrpflicht in der Einstellung zum Militärdienst hervorrief, der Umstand, dass ein solcher Dienst letztlich mit *Freiheit* in Verbindung gebracht wurde – wenn nicht im persönlichen, so doch im politischen Sinne. Die alten Armeen waren Instrumente gewesen, mit deren Hilfe Monarchen ihr Volk unterdrückt hatten; die neuen Heere sollten Instrumente sein, um das Volk von seinen Monarchen zu befreien, mochte sich die Befreiung in den Staaten, die die Monarchie beibehielten, auch in einem engen institutionellen Rahmen bewegten. Beide Ideen widersprachen einander nicht. Der französische Nationalkonvent hatte 1791 verfügt: «Das Bataillon eines jeden Bezirks hat sich unter einem Banner zu sammeln, das die Aufschrift trägt ‹Das französische Volk, gegen die Tyrannei vereint›.» Dieses Dekret brachte eine Idee zum Ausdruck, die in der Verfassung der Vereinigten Staaten ebenfalls enthalten ist, dass nämlich «das Recht, Waffen zu tragen», unmittelbare Freiheiten garantiere, sobald es für alle gelte. Zwei Jahre zuvor hatte der Revolutionsführer Dubois de Crancé einen ganz ähnlichen Vorschlag geäußert: «Jeder Bürger muss Soldat sein und jeder Soldat Bürger, sonst werden wir niemals eine Verfassung haben.»

Die Spannung zwischen dem Prinzip, Freiheiten durch revolutionären Umsturz zu gewinnen, und demjenigen, sie auf legale Weise durch Ableistung des Militärdienstes zu erwerben, sollte das politische Leben in Europa über weite Strecken des 19. Jahrhunderts lähmen. In Frankreich riefen die Auswüchse der mit Waffengewalt erstrittenen Freiheit die Reaktion des Thermidor hervor und lenkten den Eifer der extremistischen Sansculotten auf militärische Eroberungen. Die Siege der «revolutionären» Heere (nach 1795 fest in der Gewalt ihrer Offiziere, von denen ironischerweise viele wieder Monarchisten wurden) veranlassten ihre Feinde, vor allem die Monarchen von Preußen und Österreich, eine Spielart der *Levée en masse* anzuordnen, also der allgemeinen Wehrpflicht, in deren ursprünglicher Form sich die militärische Seite der Französischen Revolution manifestierte. Diese Konskription schuf Volksheere – Landwehr, Landsturm, Freiwillige Jäger –, um die Franzosen mit ihren eigenen Waffen zu schlagen.

Sobald sie ihre Pflicht getan hatten, wurden die Landwehr und die Freiwilligen Jäger lästig. Nachdem Napoleon auf St. Helena in sicherem Gewahrsam saß, verliehen Preußen und Österreich den Volksheeren mit ihren liberal gesinnten Offizieren den Status von Reservekontingenten und hatten nicht die Absicht, ihre Dienste jemals wieder in Anspruch zu nehmen. Trotzdem überlebten die Verbände bis zum «Revolutionsjahr» 1848, als ihre Angehörigen auf den Straßen von Wien und Berlin um die Verfassungsrechte kämpften; in Berlin wurde die Erhebung von den preußischen Gardetruppen niedergeschlagen, der stärksten Bastion der traditionellen Staatsmacht. Eine ganz ähnliche Rolle wie die Landwehr und die Freiwilligen Jäger spielte die Nationalgarde in Frankreich, in der während des Zweiten Kaiserreichs das «liberale» Prinzip des Soldatentums fortlebte. Als die Preußen sich 1871 aus Paris zurückgezogen hatten, unterstützte die Nationalgarde den blutigen Aufstand der Pariser Kommune gegen die reguläre Armee der konservativen Dritten Republik, der am Ende 20 000 Mitgliedern der Kommune das Leben kosten sollte.

«Keine Wehrpflicht ohne parlamentarische Vertretung»

Zwar endete der Kampf gegen die Armeen der Reaktion für die bürgerlichen Kräfte mit einer militärischen Niederlage, doch indirekt erzeugte er den Druck, der die konservativen europäischen

Regierungen zwang, Verfassungs- und Wahlrecht zu gewähren. Die Forderung nach diesen Rechten lag in der Luft, und der *impôt du sang* – der «Blutzoll», wie man die Wehrpflichtgesetze in Frankreich nannte – konnte nicht erhoben werden, solange man den Bürgern verfassungsmäßige Rechte verweigerte, insbesondere dann nicht, wenn Nachbarstaaten ihre Heere und Reservetruppen mittels der Wehrpflicht vergrößerten. Preußen, der militärische Schrittmacher, erließ 1849 unter dem Eindruck der Furcht, die ihm die bewaffneten Revolutionäre im Jahr zuvor eingejagt hatten, eine Verfassung. 1880 hatten sowohl Frankreich als auch das Deutsche Reich (seit 1871) das allgemeine Wahlrecht für Männer eingeführt, woraufhin Frankreich 1882 eine allgemeine dreijährige Dienstpflicht verfügte. Österreich dehnte 1907 das Wahlrecht auf alle Männer aus. Selbst Russland, das von allen Staaten der autokratischste und hinsichtlich seiner Wehrpflichtgesetze – sie sahen einen vierjährigen Dienst vor – der anspruchsvollste war, hatte nach der Niederlage gegen die Japaner in der Mandschurei und der darauf folgenden Revolution im Jahr 1905 ein Abgeordnetenhaus geschaffen.

Kurzum, *No conscription without representation* («Keine Wehrpflicht ohne parlamentarische Vertretung») wurde in dem halben Jahrhundert vor Ausbruch des Ersten Weltkrieges in Europa stillschweigend zur politischen Maxime. Da es sich bei der Wehrpflicht tatsächlich um eine Besteuerung handelt, eine der Zeit, nicht des Vermögens, bringt die Maxime genau die Forderung zum Ausdruck, die die amerikanischen Kolonisten 1776 gegenüber Georg III. erhoben. Ausgerechnet in den Staaten, in denen das Stimmrecht allen, zumindest jedoch den meisten freien Männern, gewährt wurde und in denen der Militärdienst auf jene beschränkt blieb, die «Not und Elend» dazu trieb – also in den Vereinigten Staaten und Großbritannien –, zeigten die Bürger, als sich die europäischen Heere im 19. Jahrhundert unter dem Einfluss der Wehrpflicht stark vergrößerten, eine seltsame Leidenschaft für den Militärdienst. In seinem Anfangsstadium hätte der amerikanische Bürgerkrieg nicht ohne die Freiwilligenverbände geführt werden können, die Namen trugen wie *Liberty Rifles of New Jersey*, *Mechanic Phalanx of Massachusetts*, *Republican Blues of Savannah* (Georgia) oder *Palmetto Guard of Charleston* (South Carolina). 1859 hatte die durch den Ausbau der französischen Kriegsflotte ausgelöste Furcht in Großbritannien ein ähnliches, wenn auch viel größeres Netzwerk entstehen lassen. Tennysons aufrüttelnde Verse *Form, Riflemen, form* («Formiert euch, Schützen, formiert euch») hatten dazu beigetragen, dass sich 200 000 Zivilisten zu solchen Freischaren organisierten. Den Staat brachte das in große Verlegenheit; die Regierung konnte sie zwar nicht daran hindern, sich Uniformen anzufertigen oder zu kaufen, aber sie war nicht bereit, die Bewaffnung seiner Bürger zu dulden oder zu unterstützen.

Letztlich aber blieb der Staatsmacht, die wie alle anderen in Europa seit der Einführung der öffentlichen Ordnung zu Beginn des 18. Jahrhunderts die Entwaffnung der eigenen Bevölkerung energisch durchgesetzt hatte, nichts anderes übrig, als die Freiwilligen mit Gewehren aus den staatlichen Zeughäusern auszurüsten. Dass es sich dabei um moderne Waffen und nicht um die veralteten Musketen handelte, war von entscheidender Bedeutung. Die Muskete war, wie die von den dynastischen Heeren getragene Livree-Uniform, ein Symbol der Knechtschaft. Ihre Reichweite war so gering, dass sie ihre volle Wirkung nur dann entfaltete, wenn man die Musketiere zu dichten Reihen zusammenfasste und sie eng zusammengerückt und gestaffelt hielt. Im Gegensatz dazu war das Gewehr eine Waffe, bei der es auf individuelle Geschicklichkeit ankam. Es war nicht schwer, damit einen Soldaten auf 500 Meter Entfernung zu erschießen, in den Händen eines Scharfschützen konnte es einen General aus einer Distanz von mehr als 1000 Metern töten. Daher waren die Pariser Kommunarden davon überzeugt, dass «das Gewehr alle Männer groß macht», wie Thomas Carlyle sagte.

Ein Gewehrschütze konnte es mit jedem aufnehmen. Um den Status zu betonen, den ihnen diese Waffe verlieh, kleideten sich die

British Rifle Volunteers nicht wie die Soldaten der Linientruppen, die sich aus «Not und Elend» heraus verpflichtet hatten, in den engen, scharlachroten Rock der Linientruppen, sondern in die lockeren Tweed-Jagdanzüge des Landadels. Diese Tracht ergänzten einige noch durch «Garibaldi-Hemden» oder die Schlapphüte der 1848er Revolutionäre. 1914 waren die Soldaten in allen europäischen Heeren (außer in Frankreich) mit derartigen Jagdanzügen ausgestattet, wenn auch mit Unterschieden in Schnitt und Farbe – feldgrau oder erdbraun –, und mit einem Hochgeschwindigkeitsgewehr mit großer Reichweite bewaffnet. Kein Militärabzeichen trug man stolzer zur Schau als das des Scharfschützen, und in den Einheiten, die sich als Erste der neuen Waffe bedienten – in Deutschland und in Österreich die Jäger, in Frankreich die *Chasseurs* und in England die *Greenjackets* –, herrschte ein besonderer Korpsgeist und das Bewusstsein, die modernste Form des Soldatentums zu verkörpern.

In Wahrheit jedoch waren alle Soldaten, die 1914 in den Krieg zogen, ein lebender Beweis für die Modernität ihrer Heimatländer. Sie waren diensttauglich, kräftig, hervorragend bekleidet und versorgt, mit hoch wirksamen tödlichen Waffen ausgerüstet und beseelt von dem Glauben, freie Männer zu sein, die sich frei auf dem Schlachtfeld entfalten und schnell entscheidende Siege erringen würden. Vor allem aber waren sie zahlreich. Keine Gesellschaft der Welt hatte, proportional gesehen, jemals so viele Soldaten hervorgebracht wie Europa im August 1914. Nach einer Faustregel der Nachrichtenabteilung im preußischen Großen Generalstab konnte eine Million Einwohner eines Landes je zwei Divisionen Soldaten, also rund 30 000 Mann, unterhalten.

Bei der Mobilmachung bestätigte sich dieses Verhältnis in etwa: Frankreich mit seiner Bevölkerung von 40 Millionen mobilisierte 75 Infanteriedivisionen (und weitere zehn Divisionen Kavallerie); in Deutschland, wo 57 Millionen Menschen lebten, waren es 87 Divisionen Infanterie (dazu elf Divisionen Kavallerie); Österreich-Ungarn besaß 46 Millionen Einwohner und stellte 49

Infanteriedivisionen sowie elf Divisionen Kavallerie auf, und die 100 Millionen Russen schickten 114 Divisionen Infanterie und 36 Divisionen Kavallerie ins Feld. Da sich jede Division aus einer bestimmten Region rekrutierte – die deutsche 9. und 10. Division zum Beispiel stammten aus Niederschlesien, die französische 19. und 20. kamen aus dem Pas de Calais, die österreichische 3. und 5. aus Linz und Oberösterreich, die ersten drei russischen Divisionen aus dem Baltikum –, wurden diese Gegenden durch das Ausrücken der Großverbände über Nacht ihrer jungen Männer beraubt. In den ersten beiden Augustwochen zogen mehr als 20 Millionen Europäer, annähernd zehn Prozent der Gesamtbevölkerung aller Krieg führenden Staaten, die Uniform an, schulterten ihr Gewehr und bestiegen den Zug, der sie ins Feld brachte. Die meisten von ihnen glaubten, was man ihnen gesagt hatte: dass sie wieder in der Heimat wären, «bevor das Herbstlaub fällt».

Es sollten vier Jahre und fünf Herbste verstreichen, bis die Überlebenden heimkehrten, rund zehn Millionen Tote ließen sie auf den Schlachtfeldern zurück. Diese ungeheure Zahl von tüchtigen und kräftigen jungen Männern, ein Ergebnis des europäischen Wirtschaftswunders im 19. Jahrhundert, war von eben jenen Kräften verschlungen worden, die ihnen zu Leben und Gesundheit verholfen hatten. Die 1914 ursprünglich mobilisierten Divisionen hatten ihr Personal mindestens zweimal, in manchen Fällen sogar dreimal «ausgewechselt». Im Krieg aufgestellte Divisionen hatten vergleichbare Verluste erlitten, denn die Aushebungsmaschinerie lief bis zum Schluss und verschlang nicht nur die *classes* derjenigen, die ins wehrfähige Alter gekommen waren, sondern auch die Älteren, die eigentlich noch zu Jungen und die weniger Tauglichen, die sie in Friedenszeiten verschmäht hätte. Zwischen 1914 und 1918 wurden zehn Millionen Franzosen von dieser Maschinerie erfasst, wobei von jeweils neun Rekruten vier ums Leben kamen.

Bei den Deutschen betrug die Zahl der Gefallenen mehr als drei Millionen, bei den Österreichern eine Million, bei den Briten starben ebenso viele und bei den Italienern, die erst im Mai 1915 in den Krieg getreten und an der schmalsten Front gekämpft hatten, mehr als 600 000 Mann. Die Toten der russischen Armee, deren Zusammenbruch den Bolschewiki 1917 die Übernahme der Macht ermöglichte, sind niemals genau gezählt worden. Ihre Gräber und die ihrer deutschen und österreichischen Gegner liegen weit verstreut zwischen den Karpaten und der Ostsee; die an der Westfront gefallenen Franzosen, Briten, Belgier und Deutschen sind auf einem schmalen Streifen Grenzland bestattet, wo solche Grabfelder zu beherrschenden und dauerhaften Wahrzeichen geworden sind. Die von den Briten angelegten Friedhöfe – deren Architektur der große Neoklassizist Edwin Lutyens schuf, während Rudyard Kipling, selbst Vater von Opfern des Großen Krieges, für die Grabinschriften verantwortlich ist: «Ihr Name lebe fort in Ewigkeit» und, auf den Gedenksteinen der unbekannten Toten, «Ein Soldat des Großen Krieges, nur Gott bekannt» – sind Orte von ergreifender Schönheit.

«Totenstädte» hat man sie genannt, obwohl «Totengärten» die Sache eher träfe. Die Friedhöfe sind höchste Zeugnisse jener romantischen Landschaftskunst, die einen Beitrag Englands zur Weltkultur darstellt. Doch diejenigen, die sie füllten, kamen direkt aus den – wie man es damals empfand – «Stätten des wahren Lebens», in denen sich das emotionale, geistige und materielle Geschehen der Zeit konzentrierte, intensiver und leidenschaftlicher als alles, was Europa seit der Französischen Revolution erlebt hatte. «Die Front muss zwangsläufig anziehend auf uns wirken», schrieb der französische Jesuit und Philosoph Teilhard de Chardin, «ist sie doch in gewisser Hinsicht die äußerste Grenze zwischen dem, dessen wir uns deutlich bewusst sind, und dem, was noch im Werden ist. Wir sehen nicht nur Dinge, die wir nirgendwo anders erfahren, sondern nehmen auch wahr, wie in uns selbst eine Flut von Klarheit, Energie und Freiheit aufsteigt, die im normalen Leben kaum zu finden sein dürfte.»

Teilhard de Chardin bedient sich der Rhetorik der Barrikadenkämpfe von 1871, 1848 und 1789, und das mit gutem Grund. Die Schützengräben an der Westfront waren tatsächlich Barrikaden. Alan Seeger, ein Dichter und Opfer dieser Schützengräben, nannte sie «umstrittene Barrikaden» – über die hinweg die emanzipierte Jugend Europas die Gewehre, Symbole ihres Status als freie Bürger, zur Verteidigung der Werte von Freiheit, Gleichheit, Brüderlichkeit in Anschlag brachte. Das 19. Jahrhundert hatte diese Werte allen geschenkt, doch der Nationalismus hatte dem einzelnen Bürger eingeredet, dass sie sich nur innerhalb der Grenzen des eigenen Staates sinnvoll entfalten könnten. Die Revolution, so hatten ihre Väter aufrichtig geglaubt, sei eine Gabe, an der alle teilhaben würden, ein Geschenk, das zur Brüderlichkeit unter den Völkern wie der Menschen beitragen werde. Aber sie hatte sich sämtlichen Versuchen, sie zu internationalisieren, widersetzt. In der Anfangsphase hatte sie ihre Dynamik nur in einem einzigen Land entfaltet, und als ihre Werte weitere Verbreitung fanden, führte das in einer merkwürdigen Pervertierung dazu, dass der *Amour propre* der Nationen, in denen sie heimisch wurden, sich verstärkte. Die Französische Revolution brachte die Franzosen zu der – noch heute bestehenden – Überzeugung, sie seien dem Gleichheitsprinzip wie keine andere Nation verpflichtet; unter dem Einfluss der Revolution verstärkte sich in Deutschland das Bekenntnis zur Brüderlichkeit; und die von der Revolution proklamierte Freiheit vermochte an der Gewissheit der Briten nichts zu ändern, dass sie dieses Ideal bereits weit gründlicher verwirklicht hätten, als irgendwelche Nachzügler jemals von sich behaupten könnten.

Die Früchte des Sieges

Die Staaten, denen der Erste Weltkrieg sowohl den Sieg als auch dessen Früchte brachte – in erster Linie Frankreich und Großbritannien –, konnten das erlittene Leid ohne ernstliche Beeinträchtigung des Nationalgefühls mit dem Glauben an die höheren

Werte vereinbaren, der ihre Kriegführung motiviert hatte. In beiden Ländern herrschte die reale, aber unausgesprochene Einstellung, die Opfer des Ersten Weltkriegs seien nicht umsonst gewesen. Trotz des hohen Preises – an Menschenleben und, im Falle Frankreichs, auch an materiellen Werten – hatte der Krieg der Volkswirtschaft Aufschwung und Expansion beschert, selbst wenn in seinem Verlauf ein großer Teil der überseeischen Investitionen hatte liquidiert werden müssen, um Rohstoffe und Fertigwaren zu bezahlen. Noch wichtiger jedoch war, dass der Krieg ihre überseeischen Besitzungen stark erweitert hatte.

Großbritannien und Frankreich waren – in dieser Reihenfolge – bis 1914 die wichtigsten imperialen Mächte der Erde gewesen (für Deutschland ein ausschlaggebender Faktor, die beiden Länder anzugreifen); 1920, als man die Kolonien der besiegten Mächte unter dem Mandat des Völkerbunds verteilt hatte, waren ihre Imperien noch größer geworden. Frankreich, in Nord- und Westafrika die dominierende Macht, fügte seinen Besitzungen Syrien und den Libanon hinzu. Großbritannien, das Mutterland des größten Kolonialreiches, das die Welt je gesehen hatte, schlug seinen ostafrikanischen Kolonien Deutsch-Ostafrika hinzu, womit sich der Traum eines britischen Afrika «vom Kap bis Kairo» erfüllte. Gleichzeitig erwarb es die Mandate über Palästina und den Irak, ehemals türkische Territorien, und festigte so seine Macht über den «fruchtbaren Halbmond», der von Ägypten bis ans obere Ende des Persischen Golfs reichte.

Brosamen vom Tische des deutschen und türkischen Reiches fielen auch andernorts nieder; Deutsch-Südwestafrika und Papua gingen an Südafrika und Australien; Rhodos wurde italienisch; die deutschen Inseln im Pazifik fielen an Japan – eine Beschwichtigungsgeste, die, wie sich später zeigen sollte, schlecht bedacht war. Italien und Japan glaubten, dass ihnen mehr zustünde, insbesondere, weil auch die größeren Verbündeten die Krümel nicht verschmähten. Das Gefühl, zu kurz gekommen zu sein, sollte in den folgenden Jahre einen gefährlichen Unmut schüren. Aber die

Verbitterung der benachteiligten Sieger war nichts im Vergleich zu derjenigen der Bezwungenen. Österreich und die Türkei, von alters her Konkurrenten um die Herrschaft über Mitteleuropa, fügten sich resignierend in die bescheidenen Rollen, die sie nun spielten. Anders Deutschland. Das Gefühl der Demütigung saß tief. Das Reich hatte nicht nur seinen Status als aufstrebende Kolonialmacht eingebüßt, sondern in Westpreußen und Oberschlesien auch seine historischen Vormarschstraßen nach Osteuropa. Außerdem hatte es die Herrschaft über ein strategisch bedeutsames Gebiet verloren, das so weitläufig und zentral gelegen war, dass dessen Besitz noch im Juli 1918 den Sieg und damit die Herrschaft über ein neues Reich im Herzen Europas verheißen hatte.

Am 13. Juli 1918, dem Vorabend der Zweiten Marneschlacht, hielten die deutschen Heere ganz Westrussland besetzt – bis zu einer Linie, die von der Ostsee westlich Petrograds (Sankt Petersburgs) bis ans Asowsche Meer bei Rostow am Don reichte. Mit der Ukraine einschließlich Kiew, Hauptstadt des Landes und ein historisches Zentrum der russischen Kultur, waren ein Drittel der russischen Bevölkerung, ein Drittel der landwirtschaftlichen Nutzfläche und mehr als die Hälfte der Industrie vom Rest des Landes abgeschnitten. Zu alledem markierte diese Linie keine vorläufigen Gebietseroberungen, sondern den in einem internationalen Vertrag vom März 1918 in Brest-Litowsk festgeschriebenen Grenzverlauf des annektierten Territoriums.

Die deutschen Truppen waren im Osten bis nach Georgien, im Süden bis zur bulgarisch-griechischen Grenze und zur Po-Ebene in Norditalien vorgedrungen. Mittels seiner österreichischen und bulgarischen Satelliten kontrollierte Deutschland den gesamten Balkan, und durch das Bündnis mit der Türkei reichte seine Macht bis zu den nördlichen Gebieten Arabiens und Persiens. In Skandinavien war Schweden wohlwollend neutral, während Deutschland den Finnen half, die Unabhängigkeit von den Bolschewiki zu erlangen – ein Ziel, das bald auch Litauen, Lettland und Estland anstreben sollten. Im fernen Südostafrika hielt ein deutsches Kolonialheer eine zehnmal so große alliierte Armee in Atem. Und im Westen, an der entscheidenden Front des Krieges, standen die deutschen Armeen keine 80 Kilometer vor Paris. In fünf Großoffensiven, deren erste im März 1917 begann, hatte die deutsche Oberste Heeresleitung das gesamte Territorium wiedergewonnen, um das es seit vier Jahren, seit der Ersten Marneschlacht, mit Frankreich kämpfte. In einer sechsten Offensive sollten die Angriffsspitzen bis Paris vordringen und den Krieg entscheiden.

Fünf Monate später war der Krieg tatsächlich entschieden, allerdings zugunsten der Franzosen, Briten und Amerikaner, nicht der Deutschen. Deren Soldaten, die von alliierten Gegenoffensiven im Juli, August und September an die belgische Grenze zurückgeworfen worden waren, erfuhren im November von dem Waffenstillstand, den ihre Truppenführer geschlossen hatten, und zogen über den Rhein zurück in die Heimat, wo sie sich selbst demobilisierten. Innerhalb weniger Tage nach ihrer Rückkehr hatte die größte Armee der Welt – sie zählte immer noch mehr als 200 Divisionen – ihre Gewehre und Stahlhelme abgegeben und sich heimwärts zerstreut. In Auflehnung gegen all die Zwänge, auf die sich das Deutsche Reich und das militärische System Europas in den voraufgegangenen 50 Jahren gegründet hatten, beschlossen Bayern, Sachsen, Hessen, Hannoveraner und Preußen, sogar die Angehörigen der Kaiserlichen Garde ganz spontan, sich den Befehlen ihrer Vorgesetzten zu verweigern und ins Zivilleben zurückzukehren. Städte und Dörfer, denen seit 1914 die jungen Männer fehlten, hatten sie plötzlich in hellen Scharen wieder. Die Berliner Regierung jedoch, die seit 100 Jahren ihre schier grenzenlose Militärmacht für selbstverständlich gehalten hatte, musste plötzlich auf alle ihre Soldaten verzichten.

Das Freikorps-Phänomen

In einem militärischen Vakuum können Staaten nicht überleben; ohne Streitkräfte existieren sie nicht. Schon bald offenbarte sich diese Wahrheit den nach dem Sturz des Kaisers an die Macht gekommenen Sozialisten, obwohl sie die autokratische durch eine Volksregierung ersetzen wollten. Angesichts bewaffneter kommunistischer Aufstände und russisch-bolschewistischer Interventionen – in Bayern, in den Ost- und Nordseehäfen und in Berlin selbst – nahm die sozialdemokratische deutsche Regierung jede Hilfe an, die sie bekommen konnte. Es war nicht der Augenblick, um wählerisch zu sein, und sie zeigte sich auch nicht heikel in der Wahl ihrer Mittel. Friedrich Ebert, Reichskanzler der neuen Republik und Sozialdemokrat, verkündete, für die Sozialrevolution empfinde er nichts als Abscheu. Doch auch die Soldaten, die ihm in der Krise beistanden, dürfte er kaum geliebt haben. «Der Krieg hatte sie im Griff», schrieb Ernst von Salomon über die ersten Beschützer der jungen Republik, «und ließ sie nie wieder los. Sie waren nie wieder wirklich zu Hause.»

Die Männer, von denen er sprach – er selbst war einer von ihnen – repräsentierten einen Typus, wie er nach jedem großen militärischen Konflikt in Erscheinung tritt. Nach den Kriegen der griechischen Stadtstaaten im fünften Jahrhundert v. Chr. hatten sich solche Männer bei Kap Tenaro auf dem Peloponnes versammelt und eine Gelegenheit gesucht, sich als Söldner zu verdingen. Während des Dreißigjährigen Krieges hatte es in Deutschland von ihnen gewimmelt, und nach dem Sturz Napoleons traf man sie in ganz Europa an; manche verdienten sich ihren Lebensunterhalt, indem sie sich am Unabhängigkeitskrieg der Griechen gegen die Türken beteiligten. Im November und Dezember 1918 nannten sie sich «Frontkämpfer», Männer, die in den Schützengräben eine Lebensweise kennen gelernt hatten, die sie mit Beginn des Friedens nicht einfach abschütteln konnten. General Ludwig Maercker, der Organisator des ersten Freikorps der Weimarer Republik, sprach von einer gewaltigen Bürger- und Bauernmiliz, die sich zur Wiederherstellung der Ordnung um die Fahne geschart habe. Seine Vorstellung orientierte sich an einem vorindustriellen Militärsystem, zu dem sich Handwerker und Bauern zusammenschlossen, um Anarchie und Aufruhr niederzuschlagen. In Wahrheit hatte es ein solches System nie gegeben. In den Freikorps manifestierte sich ein weitaus moderneres Prinzip – der nach 1789 aufgekommene Glaube, ein politischer Akteur sei ein Bürger mit einem Gewehr, in dessen Gebrauch unterwiesen, um sein Vaterland und die Ideologie, auf der es beruhte, zu verteidigen.

Bezeichnenderweise hieß Maerckers Freikorps das «Freiwillige Landesjägerkorps», hatte zwischen Offizieren und Mannschaften eine mittlere Ebene, die so genannten Vertrauensleute, und enthielt in seinen Disziplinarvorschriften die Bestimmung, dass der Führer eines Freikorps niemals eine Strafe verhängen dürfe, die eine Ehrverletzung des Untergebenen bedeuten könnte. Kurzum, das Landesjägerkorps verkörperte die Idee, staatliche Souveränität sei letztlich militärischen Ursprungs, und Bürgerrecht gründe sich auf den Militärdienst; Waffendienst solle freiwillig geleistet und die Gehorsamspflicht des Soldaten vergolten werden durch die Ehre, die ihm als Krieger gebühre. Das war die vollkommene Verwirklichung jener politischen Philosophie, die von den Vätern der Revolution 130 Jahre zuvor in Frankreich verkündet worden war.

Maerckers ursprüngliches Freikorps fand überall in der neuen deutsche Republik Nachahmer. Außerdem breiteten sich Freikorps in den Regionen aus, in denen das Deutschtum einen historischen Herrschaftsanspruch geltend machte – in den strittigen Grenzgebieten zwischen Deutschland und dem neu entstandenen Polen, im Baltikum, das seine Unabhängigkeit von Russland gewonnen hatte, und in den deutschsprachigen Resten des Habsburgerreiches. Die Namen, die sich diese Freikorps zulegten – das Wort selbst bezieht sich unmittelbar auf die Volksverbände, die 1813–14 in Preußen gegen Napoleon aufgestellt wurden –, lassen den Geist erkennen, aus dem sie geboren wurden: die Deutsche Schützendivision, das Landesjägerkorps, die Grenzschutzbrigade, die Gardekavallerie-Schützendivision, das Freiwillige Schützenkorps Yorck von Wartenburg. Es gab noch viele andere, und aus manchen gingen Brigaden, Regimenter und Bataillone des Hunderttausend-Mann-Heeres hervor, das Versailles der deutschen Republik schließlich zubilligte. Andere lösten sich offiziell auf, bestanden aber in der Weimarer Republik insgeheim fort als politische Milizen rechtsextremer Parteien. Aus den entsprechenden linken Kräften wurden nach ihrer Niederlage getarnte Rotfronttruppen für den Straßenkampf.

Allerdings war das Phänomen der Freikorps nicht auf Deutschland beschränkt. Überall dort, wo Völker durch Ideologien gespalten waren, etwa in Finnland und Ungarn – von Russland zur Zeit des Bürgerkrieges gar nicht zu reden –, trat es, oft genug hydraköpfig, in Erscheinung. In der Nachkriegswelt herrschte weder Mangel an Schusswaffen noch an entwurzelten, verbitterten Männern und bedenkenlosen Offizieren, die sie zu führen wussten. Doch nirgends nahm das Phänomen eine so entschlossene und zielgerichtete Gestalt an wie in Italien. Hier waren die Gemüter auf der diplomatischen wie der innenpolitischen Ebene auf das Äußerste erhitzt. Das Land hatte von den im Krieg erbrachten Opfern wenig profitiert; der Erwerb Triests, Südtirols und der Dodekanes-Inseln waren kaum eine Entschädigung für die 600 000 Toten. Die Überlebenden hatten von dem Sieg keinerlei Vorteile, da die Kriegskosten das Land in eine Wirtschaftskrise trieben, von der die traditionellen Parteien, die liberalen wie die religiösen, überfordert waren. Der einzige, der Rettung versprach, war Benito Mussolini, ein typischer Freikorps-Führer, der die Probleme des Landes auf militärische Art lösen wollte. Sein *Fascio di Combattimento* (Kampfbund) rekrutierte sich aus dem Kreis ehemaliger Soldaten, allen voran einstige *arditi* (Sturmsoldaten). Ihr Programm, verkündet am Vorabend des «Marschs auf Rom», durch den die Faschisten sich im Oktober 1922 der Regierungsgewalt bemächtigten, sah vor, «dem König und der Armee ein erneuertes Italien zu übergeben».

Die Idee, dass die Armee als Gesellschaftsmodell dienen könne – zentralistisch, hierarchisch und extrem nationalistisch –, war während der Nachkriegszeit in weiten Teilen Europas ein starker politischer Impuls. Zwar vermochte sie weder in den großen Siegernationen Frankreich und Großbritannien noch in den erprobten bürgerlichen Demokratien Nordeuropas und Skandinaviens Fuß zu fassen, bei den besiegten Völkern aber, in den Nachfolgestaaten der zerschlagenen Kaiserreiche und in den unterentwickelten Ländern Randeuropas, insbesondere in Portugal und Spanien, erwies sie sich als äußerst attraktiv. Dort glaubte man, die Probleme, die sich daraus ergaben, dass man sich auf Demokratie oder Selbstverwaltung und auf die ungewohnten Marktkräfte einer plötzlich instabil gewordenen internationalen Wirtschaft einstellen musste, am besten lösen zu können, indem man dem Konkurrenzkampf zwischen den Klassen, Regionen und Minderheiten Einhalt gebot und die Staatsgewalt einem militaristischen und oft uniformierten politischen Oberkommando übertrug. Der Widerstreit zwischen dem militärischen und dem politischen Prinzip zeigte sich sogar im bolschewistischen Russland, wo die siegreichen Revolutionäre nach der Niederlage der Weißen im Jahre 1920 einen Großteil ihrer bürokratischen Energien darauf verwandten, die Rote Armee als alternative politische Kraft zu entmachten.

Uniformträger und Inhaber militärischer Ränge wurden in Lenins und später Stalins Russland an den Rand des politischen Lebens gedrängt. In Italien beherrschten sie dessen Zentrum, in Österreich und Deutschland standen sie bereit, die Bühne zu betreten, sobald das dramatische Geschehen ihnen das rechte Stichwort lieferte. Andernorts – in Ungarn, Polen, Portugal und Spanien – hatten aktive Obristen und Generale die Macht übernommen und übten sie ohne jene Zurückhaltung aus, die ihre Amtskollegen in den Staaten mit liberalen Traditionen getreu den Gepflogenheiten des Parlamentarismus an den Tag legten. In diesen Ländern wurde das öffentliche Leben von einer merkwürdigen Umwertung des Ideals von 1789 erfasst. Der Militärdienst erschien nun nicht mehr als ein Aspekt, in dem sich das Bürgerrecht des Einzelnen Geltung verschaffte, sondern als die Form, in welcher der Bürger seiner Pflicht gegenüber dem Staat nachkam und an dessen Aufgaben teilnahm. Die Maxime «Jeder Bürger ein Soldat und jeder Soldat ein Bürger» besaß eine kreative und sogar nützliche Bedeutung in einer Gesellschaft wie der des vorrevolutionären Frankreich, wo die beiden Existenzweisen klar voneinander geschieden waren. In Gesellschaften aber, in denen dieser Unterschiede sich verwischten, wurden die Bürgerrechte allzu leicht durch soldatischen Gehorsam gegenüber der Regierung ersetzt. So geschah es nach 1922 in Italien, und so handhabte man es, gründlich und verhängnisvoll, nach 1933 in Deutschland.

Kein Europäer der Zeit hatte sich die soldatische Moral gründlicher zu Eigen gemacht als Adolf Hitler. Als Staatsbürger des Habsburgerreichs hatte er sich seiner Wehrpflicht in der k.u.k.-Armee entzogen, weil das den gemeinsamen Dienst mit Nichtdeutschen – den von ihm verachteten Slawen und Juden, die in Hitlers Augen generell nicht als Deutsche gelten konnten – bedeutet hätte. Der August 1914 bot ihm die Möglichkeit, sich als Kriegsfreiwilliger beim deutschen Heer zu melden, eine Gelegenheit, die er begierig ergriff. Er bewährte sich rasch als guter Soldat und erfüllte den ganzen Krieg hindurch tapfer seine Pflicht; später sprach er von «dem gewaltigen Eindruck … dieses größten Erlebnisses. Denn daß die Überwindung des einzelnen Interesses und des eigenen Ichs zugunsten einer Gemeinschaft möglich ist, hat in überwältigender Weise der große Heldenkampf unseres Volkes bewiesen.»

Hitler empörte die Niederlage vom November 1918 nicht weniger als all jene, die sich einem Freikorps anschlossen – was er möglicherweise ebenfalls getan hätte. Stattdessen fand er jedoch eine Aufgabe, die seiner Begabung besser entsprach und in der sich genau jene Durchdringung des politischen und des militärischen Prinzips manifestierte, das er einst wie kein anderer in die Praxis umsetzen sollte: Hitler, der eine Anstellung im Presse- und Nachrichtenbüro der Politischen Abteilung des VII. Armeekorps gefunden hatte, wurde im Frühjahr 1919 zum «Bildungsoffizier» ernannt. Er hatte den Soldaten der neuen Reichswehr in der Weimarer Republik ihre Gehorsamspflicht gegenüber dem Staat einzuschärfen. Das war eine Propagandatätigkeit, die vom Heer eingeführt worden war, um die Mannschaften gegen eine Ansteckung mit sozialistischem, pazifistischem oder demokratischem Gedankengut zu immunisieren.

Bekanntlich ist «Bildung» ein Wort mit vielen Bedeutungsebenen, die von «Unterweisung» und «Erziehung» bis hin zu «Kultur» und «Zivilisation» reichen. Der Autodidakt und verträumte Romantiker Hitler dürfte sich ihrer ebenso bewusst gewesen sein wie seiner Verantwortung, nicht nur vor gefährlichen Einflüssen zu warnen, sondern auch den Charakter und die Einstellung der Männer zu prägen. Es kann ihn kaum überrascht haben, dass er vom Generalkommando in München ermuntert wurde, sich einer winzigen nationalistischen Bewegung, der Deutschen Arbeiterpartei, anzuschließen, noch dass sein Vorgesetzter, Hauptmann Ernst Röhm, ihr Mitglieder aus den Reihen der Freikorps zuführte und ihr sogar selbst beitrat. Das taten auch andere Kriegsteilnehmer aus Hitlers altem Regiment, Leutnant Rudolf Heß und Vize-Feldwebel Max Amann. Röhm gelang es schnell, aus den robustesten alten Frontsoldaten und Freikorpskämpfern eine straßenkampftaugliche Parteitruppe zu bilden, die SA (Sturmabteilung). Im Jahr 1920 waren die Fundamente der NSDAP gelegt.

Wie ihr kommunistischer Widersacher, die Rotfront, und ihr italienisches Gegenstück, der *Fascio di Combattimento*, war die NSDAP von Anfang an in Ethos, Organisation und Erscheinungsbild militärisch geprägt. Man entschied sich für Braun als Farbe der Parteiuniform, trug militärische Schaftstiefel und formierte sich hinter Legionärsstandarten bei Paraden zu Kolonnen, deren Marschtritt von Trommelschlag begleitet wurde. Nur das

Fehlen der Gewehre unterschied die Parteisoldaten von einer regulären Truppe, doch, so Hitlers Vision, der politische Sieg würde auch die Waffen bringen. Der Triumph der nationalsozialistischen Revolution sollte den Unterschied zwischen Partei und Armee, zwischen Bürger und Soldat beseitigen und alles und jeden in Deutschland – Parlament, Verwaltung, Justiz, Schulen, Geschäftswelt, Industrie, Gewerkschaften und selbst die Kirchen – dem Prinzip des militärischen Kommandos, dem «Führerprinzip», unterwerfen.

2 · KRIEGSHETZE

Militärische Führung verlangt militärisches Handeln. Bei seinem ersten öffentlichen Auftritt präsentierte sich Hitler als Anführer eines Militärputschs gegen die verfassungsmäßige Regierung der deutschen Republik. Diesen Putsch plante er seit fünf Jahren; von 1919 bis 1923 habe er an nichts anderes als einen Staatsstreich gedacht, enthüllte er 1936 in München.

In jenen Jahren führte Hitler ein Doppelleben. Als Kopf einer Partei, die um Mitglieder und Unterstützung warb, hatte er fortwährend, unermüdlich – und mitreißend – vor jedem Publikum gesprochen, das er von seiner politischen Basis in Bayern aus erreichen konnte. Er ließ sich über die «Verbrecher von Versailles» aus, über Deutschlands Leiden im Weltkrieg, seine Gebietsverluste, die Ungerechtigkeit der Abrüstungsbestimmungen, die Anmaßung der neuen Staaten – vor allem Polens –, die auf historischem deutschem Boden gebildet worden waren, überzogene Reparationsforderungen, die nationale Schande, über die Rolle der Feinde im Innern – Juden, Bolschewiken, bolschewistische Juden und deren liberale republikanische Marionetten –, die Deutschland 1918 in die Niederlage getrieben hätten. Am 25. Januar 1923 verkündete er auf dem ersten Parteitag der Nationalsozialisten in München: «Wer ... will, daß endlich diese Glut auch den letzten Deutschen ergreift, muß wissen, daß die Todfeinde der deutschen Freiheit, die Verräter am deutschen Vaterlande zuerst zu beseitigen sind ... *Nieder mit den Novemberverbrechern.* Und da setzt die augenblickliche große Mission unserer Bewegung ein. In all dem Geflunker und Geschwätz von ‹Einheitsfront› usw. haben wir nicht zu vergessen, daß sich zwischen uns und den [!] Volksbetrügern [der republikanischen Regierung in Berlin] ... zwei Millionen Tote schieben.» Das war das zentrale Thema seiner Botschaft: Der deutsche

Mann hatte ehrenhaft gekämpft, gelitten und war gestorben in einem Krieg, der damit endete, dass der nachfolgenden Generation das Recht, Waffen zu tragen, genommen wurde. Im Endergebnis war das entwaffnete Deutschland in Hitlers Augen nichts als eine wehrlose Beute seiner räuberischen Nachbarn.

Zu diesen Nachbarn gehörten für Hitler die Polen, denen die Freikorps 1920 zur Verteidigung des Reichsgebiets zahlreiche Grenzgefechte geliefert hatten. Dazu kamen die bolschewistischen Russen und die neuen slawischen Staaten, Tschechoslowakei und Jugoslawien, sowie die instabilen Reste des Habsburgerreiches, Österreich und Ungarn; sie waren schon einmal kommunistischer Bedrohung ausgesetzt, und in der Zukunft konnte sich das wiederholen. Die Franzosen zählte er ebenfalls dazu, die habgierigsten unter den Siegern: Sie hatten sich nicht nur die Reichslande Elsass-Lothringen wiedergeholt, sondern standen auch noch mit Truppen im Rheinland und drohten unverhüllt mit militärischer Gewalt, um ihrer Forderung nach vollständiger Begleichung der Kriegskosten in Form von Reparationszahlungen, wie sie von den Alliierten in Versailles festgesetzt worden waren, Nachdruck zu verleihen. Diese Drohungen und Forderungen, so Hitler in endlosen Wiederholungen, ließen sich nur aus der Welt schaffen, wenn Deutschland statt seines erbärmlichen Hunderttausend-Mann-Heeres ohne Panzer und Flugzeuge und ohne schwere Artillerie, wie es der Versailler Vertrag vorschrieb, wieder über eine richtige Volksarmee verfügte, deren Umfang dem größten und bevölkerungsreichsten Lande auf dem Kontinent angemessen war.

Das war eine Botschaft, die Hitlers Zuhörer – ihre Zahl wuchs zwischen 1919 und 1923 stetig an – in ihren Bann schlug. Er hatte sich zu einem brillanten Redner entwickelt, und in dem Maße, in dem sich seine rhetorischen Fähigkeiten entfalteten, wuchs auch die Menge derer, die etwas auf seine Worte gaben. «Mein Blick geht zurück», sagte er im Jahre 1932, «auf die Zeit, als ich mit sechs andern unbekannten Männern diese Gemeinschaft gründete und vor elf, zwölf, dreizehn, vierzehn, zwanzig, dreißig, fünfzig Menschen sprach. Wenn ich bedenke, daß ich nach einem Jahr vierundsechzig Mitglieder für die Bewegung gewonnen hatte, so muß ich gestehen, daß das, was heute geschaffen ist, da Millionen unserer Bewegung zuströmen, etwas Einzigartiges in der deutschen Geschichte darstellt.» Der Zustrom von Millionen hatte 1923 noch nicht begonnen, damals zählte seine Gefolgschaft nach Tausenden. Sie reagierten jedoch begeistert auf sein Verlangen nach Rache. «Es kann nicht sein», sagte er im September 1922 auf einer Kundgebung in München, «daß zwei Millionen Deutsche umsonst gefallen sind und man sich mit Verrätern später an einem Tisch freundschaftlich zusammensetzt. Nein, wir verzeihen nicht, sondern fordern – Vergeltung!»

Manche seiner Anhänger hörten auf seine Aufrufe zur Gewalt. Denn außer als Politiker betätigte sich Hitler als Verschwörer gegen die Weimarer Republik und organisierte eine «Parallelarmee». Im Jahr 1923 zählte die «Sturmabteilung» (SA) 15 000 Uniformierte; sie hatte Zugang zu zahlreichen geheimen Waffenlagern, die auch Maschinengewehre enthielten. Darüber hinaus glaubte Hitler, eine Zusage vonseiten des regulären Heeres, des in Bayern liegenden Teils der Reichswehr, zu besitzen. Von vielen Offizieren der Division war Hitler in diesem Glauben bestärkt worden, nicht zuletzt von Hauptmann Ernst Röhm, dem künftigen Stabschef der SA, bis 1923 ebenfalls aktiver Soldat. Durch Röhm, aber auch wegen der Haltung des Infanterieführers in Bayern, des Generals Otto von Lossow, hatte Hitler den Eindruck gewonnen, dass die Reichswehr nicht eingreifen werde, wenn die SA und andere Milizverbände, die gemeinsam den rechtsextremen «Kampfbund» bildeten, einen Putsch anzetteln würden.

Ein solches Unternehmen brauchte einen Anführer und einen Vorwand zum Handeln. Die Führung wollte Hitler selbst übernehmen, die Rolle der Galionsfigur jedoch dem General a. D. Erich Ludendorff überlassen, der als Erster Generalquartiermeister im Weltkrieg de facto Generalstabschef gewesen war und nun die

Schirmherrschaft über den Kampfbund übernahm. Den Vorwand lieferten die Franzosen. Um die Forstsetzung der Reparationszahlungen zu erzwingen, zu denen sich die deutsche Regierung außerstande erklärte, hatte die französische Regierung im Januar 1923 Truppen in Marsch gesetzt, die das Ruhrgebiet, das Herz der deutschen Schwerindustrie, besetzen und das Geld direkt eintreiben sollten.

Diese Intervention verschärfte die Währungskrise in Deutschland, die das deutsche Finanzministerium zum Teil selbst angefacht hatte, um die Zahlungsschwierigkeiten zu begründen. Dadurch wurde eine Inflation beschleunigt, welche die Kaufkraft der arbeitenden Bevölkerung untergrub und die Ersparnisse der Mittelschicht vernichtete. Der Wert der Mark gegenüber dem Dollar, der im Juli bei 160 000 zu 1 gestanden hatte (1914 betrug er 4 zu 1) fiel im August auf 1 Million zu 1 und im November auf 130 Milliarden zu 1. Reichskanzler Gustav Stresemann rief zunächst zum passiven Widerstand an der Ruhr auf, doch der beeindruckte die Franzosen wenig, während das Beispiel der Gesetzwidrigkeit, das damit gegeben wurde, die Kommunisten in Sachsen und Hamburg, die Separatisten im Rheinland und die ehemaligen Freikorpskämpfer in Pommern und Preußen dazu ermunterte, mit zivilem Ungehorsam zu drohen.

Nachdem diese Unruhen erstickt waren und Stresemann das Ende des passiven Widerstands verkündet hatte, hielt Hitler den Augenblick für gekommen. Am 8. November war im Münchener Bürgerbräukeller eine öffentliche Versammlung geplant, für die General von Lossow und der Kommandeur der bayerischen Staatspolizei (Oberst von Seisser) unklugerweise ihr Kommen zugesagt hatten. Hitler erschien in Waffen, hatte draußen ebenfalls bewaffnete Kräfte postiert, stellte Lossow und die anderen Männer von Rang unter Arrest und verkündete die Bildung einer neuen deutschen Regierung: «Die Regierung der Novemberverbrecher in Berlin wird für abgesetzt erklärt. Eine neue deutsche nationale Regierung wird in Bayern, hier in München, heute noch ernannt. Es wird sofort gebildet eine deutsche nationale Armee … [Ich] übernehme … die Leitung der Politik der provisorischen nationalen Regierung. Exzellenz Ludendorff übernimmt die Leitung der deutschen nationalen Armee …»

Am nächsten Tag, dem 9. November 1923, machte sich der Kern dieser nationalen Armee, der Kampfbund, marschbereit, um mit Hitler und Ludendorff an der Spitze zum ehemaligen Bayerischen Kriegsministerium zu ziehen. Röhm und die SA hatten das Kriegsministerium in ihre Hand gebracht und erwarteten die Ankunft dieses Zuges, aber bewaffnete Polizeikräfte versperrten Hitler den Weg über den Odeonsplatz. Die erste Sperrkette überwand er auf dem Verhandlungswege, die zweite wich nicht, eröffnete das Feuer, traf den Mann an Hitlers Seite tödlich (der diesen mit sich zu Boden riss) und brachte Göring, dem künftigen Oberbefehlshaber der Luftwaffe, eine Schussverletzung bei. Ludendorff aber blieb unverletzt; er marschierte, von dem Blutbad um sich herum vollkommen unbeeindruckt, weiter, hatte allerdings, als er das Kriegsministerium erreichte, nur noch einen einzigen Mann an seiner Seite. Die deutsche nationale Armee hatte sich aufgelöst.

Die unmittelbaren Folgen des Hitlerputsches waren bedeutungslos: Neun der Verschwörer stellte man vor Gericht; Ludendorff wurde freigesprochen, während Hitler zu fünf Jahren Festungshaft verurteilt wurde, von denen er allerdings nur neun Monate verbüßte, gerade genug, um Rudolf Heß, seinem alten Regimentskameraden, den Text seines politischen Manifests *Mein Kampf* zu diktieren. Die langfristigen Folgen des Gerichtsverfahrens wogen schwerer. In seinem Schlusswort vor den Richtern, das in ganz Deutschland verbreitet wurde und Hitler zum ersten Mal in seiner Karriere als Demagoge zu einer nationalen Gestalt werden ließ, gab er seiner Erleichterung Ausdruck, dass es nicht die Reichswehr war, die auf ihn und den Kampfbund geschossen hatte: «Die Reichswehr steht makellos wie zuvor da. Einmal wird die Stunde kommen, daß die Reichswehr an unserer Seite stehen wird … Die Armee, die wir herangebildet haben, die wächst von Tag zu Tag, von Stunde zu Stunde schneller. Gerade in diesen Tagen habe ich die stolze Hoffnung, daß einmal die Stunde kommt, daß diese wilden Scharen zu Bataillonen, die Bataillone zu Regimentern, die Regimenter zu Divisionen werden, daß die alte Kokarde aus dem Schmutz hervorgeholt wird, daß die alten Fahnen wieder voranflattern, daß dann die Versöhnung kommt beim ewigen letzten Gottesgericht, zu dem anzutreten wir willens sind.»

Es war dies das öffentliche und das private Urteil Hitlers über seine Putschtaktik. «Wie dachten wir daran, eine Erhebung durchzuführen gegen die Wehrmacht unseres Volkes?», erklärte er 1933 in München. «Mit ihr, glaubten wir, mußte es gelingen.» Nach dem Münchener Putsch änderte Hitler seine Taktik grundlegend. Er unternahm keine illegalen Aktionen gegen den Staat mehr, sondern hielt sich an die Verfassung und strebte die Macht auf dem Weg über die Wahlurnen an. Ohne dass er es öffentlich bekannte, ging es ihm vor allem darum, die verfassungsgemäße Verfügung über Heer, Kriegsministerium und Staatsfinanzen zu bekommen und so Kredite für die militärische Wiederaufrüstung bewilligen zu können. In den zehn Jahren nach dem fehlgeschlagenen Putsch unternahm Hitler nichts, um ein weiteres Anwachsen der SA zu verhindern, die 1933, am Vorabend seiner Machtergreifung, eine Stärke von 400 000 Mann erreichen sollte; damit war sie viermal so groß wie die Reichswehr. Auch ließ er die SA-Männer in dem Glauben, sie würden, wenn die Stunde gekommen sei, die braune Uniform ausziehen, den feldgrauen Rock anlegen und zu den Soldaten jener «nationalen Armee» werden, die zu schaffen er 1923 in München versprochen hatte. Er achtete jedoch darauf, dass in der SA strenge Disziplin herrschte, dass sie auf ihre großspurigen Behauptungen verzichtete, sie sei zur gewaltsamen Machtübernahme bereit, dass sie den Anspruch, die Stelle der Reichswehr einzunehmen statt sie zu verstärken, fallen ließ und dass die SA-Führer aufhörten, sich in der Öffentlichkeit als Militärs und nicht als Politiker zu gebärden. Nach München war Hitler klar geworden, dass die Generalität mit ihrem Bekenntnis zur Überparteilichkeit eine Macht im Staate darstellte, die er nicht gegen sich aufbringen durfte.

Hitler und die nationalsozialistische Revolution

Eine Wirtschaftskrise hatte Hitler im Jahre 1923 eine trügerische Chance eröffnet, und durch eine Wirtschaftskrise erhielt er 1930 eine weitere Gelegenheit, die er in den Jahren bis zu seiner Ernennung zum Reichskanzler im Januar 1933 so unauffällig wie geschickt nutzte. In den sechs Jahren seit der katastrophalen Inflation von 1923 hatte sich Deutschland ökonomisch gut erholt. Man hatte die Währung stabilisiert, die Kreditwürdigkeit wiederhergestellt, die Industrieproduktion angekurbelt und die Arbeitslosigkeit erfolgreich bekämpft. Die plötzlich ausbrechende Weltwirtschaftskrise von 1929, die in ganz Mitteleuropa eine Bankrottwelle auslöste, machte diese Erfolge weitgehend zunichte. Bei einer Bevölkerung von 60 Millionen Menschen stieg in Deutschland die Arbeitslosenzahl von 1,32 Millionen im September 1929 innerhalb eines Jahres auf 3 Millionen; im Herbst 1931 waren es schon 4,5 Millionen, und in den ersten beiden Monaten des Jahres 1932 hatten mehr als 6 Millionen Menschen keine Arbeit.

Wieder einmal herrschte Not im ganzen Land, und die gemäßigten Parteien der Weimarer Republik, die sich der herkömmlichen, vorkeynesianischen Politik des Haushaltsausgleichs verpflichtet fühlten, fanden kein Mittel zur Lösung des Problems. Davon profitierten die Parteien der extremen Rechten und Linken bei den Parlamentswahlen, die immer wieder neu ausgeschrieben wurden, da eine Regierung nach der anderen unter dem Druck der Ereignisse aufgeben musste. In der Septemberwahl von 1930 errangen die Nationalsozialisten nur 18,3 Prozent der Stimmen, doch im Juli 1932 war ihr Anteil auf 37,3 Prozent gestiegen, was ihnen 230 Sitze brachte und sie zur stärksten Partei im Reichstag machte. «Mit 13,7 Millionen Wählerstimmen, mit einer Partei von mehr als einer Million Mitgliedern und mit einer Privatarmee von 400 000 SA- und SS-Leuten war Hitler der mächtigste politische Führer in Deutschland, und als Haupt dieser mächtigsten politischen Partei, die Deutschland je gesehen hatte, klopfte er an die Tür der Reichskanzlei», schreibt Alan Bullock in seiner Hitler-Biographie. Der gleichzeitige Erfolg der Kommunistischen Partei verlieh Hitlers Appellen an jene Wähler Nachdruck, die das Gespenst des Bolschewismus wieder schreckte, nachdem sie überzeugt gewesen waren, es wäre mit der blutigen Niederlage der Spartakisten im Jahre 1919 ein für allemal gebannt; die Kommunistische Partei hatte einen enormen Zulauf, erst 1930 und dann 1932, als sie mehr als sechs Millionen Stimmen und 100 Sitze gewann.

Auch die Kommunisten hatten ihre Privatarmee, die Rotfront; sie lieferte der SA Straßenschlachten mit häufig tödlichem Ausgang – allein im Juli 1932 kamen dabei 38 Nationalsozialisten und 30 Kommunisten ums Leben. Die Gewalttätigkeiten, die von den Nationalsozialisten auf der Straße verübt wurden, schadeten ihrem Ansehen; die Gewalttätigkeiten der Kommunisten weckten die Furcht vor einer bevorstehenden kommunistischen Revolution. Zwar konnte diese Aussicht Hitler keine parlamentarische Mehrheit verschaffen – selbst nach der Machtergreifung 1933 fehlten ihm noch 6,2 Prozent daran –, wohl aber die gemäßigten Politiker dazu veranlassen, Hitler als Gegenkraft zu akzeptieren, mit der sich möglicherweise der revolutionäre durch einen bloß radikalen Extremismus, für den man den Nationalsozialismus hielt, in die Schranken weisen ließ. Nachdem ein paar Übergangsregierungen gestürzt waren, wurde dem Kriegshelden und Reichspräsidenten Paul von Hindenburg von seinen Beratern im Januar 1933 nahe gelegt, Hitler die Reichskanzlerschaft anzubieten. Am 30. Januar 1933 übernahm dieser das Amt.

Was nun folgte, zählt zu den bemerkenswertesten und umfassendsten politischen, wirtschaftlichen und militärischen Umwälzungen, die jemals von einem Menschen in so kurzer Zeit vollzogen wurden. Zwischen dem 30. Januar 1933 und dem 7. März 1936 verhalf er Deutschland wieder zu Wohlstand, vernichtete nicht nur die Opposition, sondern auch jede Möglichkeit zur Opposition gegen seine Herrschaft, ließ mit einer spektakulären Vergrößerung des deutschen Heeres das wichtigste Symbol des Nationalstolzes in neuem Glanz erstrahlen und bediente sich seiner, um die drückenden Verträge zu annullieren, welche die Niederlage der Nation auferlegt hatte, als er selbst noch als einfacher Soldat gedient hatte. Hitler hatte Glück, insbesondere mit dem rechtzeitigen Tod Hindenburgs im August 1934 und dem Brandanschlag auf das Reichstagsgebäude im Februar 1933.

Der Reichstagsbrand gab ihm die Möglichkeit, mit der Fiktion einer Bedrohung der parlamentarischen Institutionen durch die Kommunisten die gemäßigten Kräfte so zu ängstigen, dass sie mit den Nationalsozialisten zusammen für die Aufhebung der parlamentarischen Rechte stimmten: Das Ermächtigungsgesetz, das sie billigten, übertrug Hitler das Recht, verbindliche Gesetze einfach dadurch zu erlassen, dass er die entsprechenden Dokumente mit seiner Unterschrift versah. Hindenburgs Tod eröffnete ihm die Möglichkeit, die Funktion des Reichspräsidenten mit der des Reichskanzlers in der Rolle des «Führers» zu vereinigen, einer Stellung, in der er fortan die Ämter des Staats- und Regierungschefs gleichzeitig ausübte. Doch Hitler verdankte seine Erfolge zwischen 1933 und 1936 nicht nur dem Glück. Seine Wirtschaftspolitik stützte sich nicht auf eine Theorie, schon gar nicht auf die keynesianische, doch lief sie auf eine defizitäre Haushaltspolitik, staatliche Investitionen in öffentliche Bauten und eine staatlich garantierte Förderung der Industrieproduktion hinaus, ein Programm, das Keynes durchaus gebilligt hätte. Gleichzeitig zerschlug Hitler die Gewerkschaftsbewegung. Die Auswirkungen dieser Maßnahme auf die Beschäftigungssituation waren verblüffend: Zwischen Januar 1933 und Dezember 1934 ging die Zahl der Arbeitslosen um mehr als die Hälfte zurück. Viele der drei Millionen neuen Arbeitsplätze entstanden beim Bau des hervorragenden Autobahnnetzes, dem ersten sichtbaren Symbol des nationalsozialistischen Wirtschaftswunders.

Ferner hatte Hitler Erfolg mit seinem Plan zur Wiederbewaffnung Deutschlands, weil er nicht blindwütig die entsprechenden Auflagen des Versailler Vertrags für null und nichtig erklärte, sondern wartete, bis ihm die Siegermächte einen Vorwand lieferten. So verkündete er die Wiedereinführung der allgemeinen Wehrpflicht erst 1935, als die Franzosen ihre Wehrdienstzeit verdoppelten, da ihnen zurückgehende Geburtenzahlen, wie schon vor dem Kriege, Sorge bereiteten. Hitler verstand es, diese Maßnahme der Franzosen als eine Gefahr für die Sicherheit Deutschlands darzustellen und damit eine Vergrößerung des Hunderttausend-Mann-Heeres zu rechtfertigen. Am 17. März kündigte er außerdem an, eine Luftwaffe zu schaffen – und beging damit einen weiteren Bruch des Versailler Vertrages. Selbst dann noch kaschierte er seine wahren Absichten, indem er Frankreich ein Abkommen anbot, das den Umfang des deutschen Heeres auf 300 000 Mann und den seiner neuen Luftwaffe auf 50 Prozent der französischen begrenzen sollte. Frankreichs Ablehnung gestattete es ihm, höhere Obergrenzen festzusetzen.

Hitler und die Generale

Durch die Wiedereinführung der Wehrpflicht verfügte Hitler 1936 über eine Armee mit 36 Divisionen – fünfmal so viel wie sie die frühere Reichswehr hatte, die nur sieben Divisionen besaß. Nur wenige jener Divisionen waren vollständig ausgerüstet und aufgefüllt, und Hitler hätte, wie seine Generale befürchteten, gewiss nicht die nötigen Kräfte einsetzen können, um Widerstand zu leisten, wenn das Ausland auf seine Anti-Versailles-Politik militärisch reagiert hätte. Daher stellte er auch den brennenden Wunsch, das Rheinland zu remilitarisieren, so lange zurück, bis sich ein scheinbar legaler Anlass fand. Als das französische Parlament im März 1936 einen gegenseitigen Beistandspakt mit der Sowjetunion ratifizierte, sah Hitler ihn gegeben: Frankreich hatte sich in diesem Abkommen zu militärischem Eingreifen verpflichtet, falls die UdSSR von Deutschland angegriffen würde, und Hitler konnte den Eindruck erwecken, als sei das ein Verstoß gegen die Bestimmung, dass Frankreich nie wieder Krieg gegen Deutschland führen dürfe, sofern nicht eine entsprechende Entschließung des Völkerbundes vorliege – ein Passus des Versailler Vertrages, den Hitler 1933 selbst aufgekündigt hatte. Hitler behauptete, eine solche Vertragsverletzung rechtfertige Deutschlands Bemühungen, die Grenze zu Frankreich besser zu schützen, und befahl am 7. März 1936 die militärische Besetzung des Rheinlands, wo seit November 1918 kein deutscher Soldat mehr stationiert gewesen war. Zu Recht vertraute er darauf, dass die Franzosen nichts unternehmen würden, um die deutschen Streitkräfte zu vertreiben, obwohl diese dort nicht einmal Divisionsstärke besaßen – sie bestanden nur aus drei Bataillonen.

Zwar hatten sich Hitlers Generale besorgt über das Rheinland-Abenteuer geäußert, sie waren aber nicht grundsätzlich geneigt, seine diplomatische oder strategische Urteilsfähigkeit anzuzweifeln, denn bislang hatten die Streitkräfte von allen Institutionen des Staates am stärksten von der nationalsozialistischen Revolution profitiert. Die Gleichschaltung, durch die jedes Organ des öffentlichen Lebens in Deutschland direkter nationalsozialistischer Kontrolle unterworfen wurde, war dem Militär erspart geblieben. Außerdem waren die Führer der SA, die dem Heer mit Gleichschaltung gedroht hatten, im Juni 1934 ausnahmslos und brutal umgebracht worden. Sein halbes Versprechen, die SA-Männer würden eines Tages die Soldaten des neuen Deutschland sein, hielt Hitler nur insofern, als die jüngeren Mitglieder der SA nach dem März 1935 ihre Einberufungsschreiben zugestellt bekamen und sich in der Wehrmacht unter Hunderttausenden anderer Wehrpflichtiger wiederfanden, die nie die braune Uniform getragen hatten. Darüber hinaus hatten die Streitkräfte in höherem Maße als andere Institutionen vom staatlichen Investitionsprogramm profitiert. Panzer und Flugzeuge – genug für sechs (dann zehn) Panzerdivisionen und eine Luftwaffe von 2000 Kampfflugzeugen – kamen nun in stetigem Strom aus den Rüstungsfabriken.

Die Planungs- und Entwicklungsarbeiten, die der Produktion zugrunde lagen, waren während der 1920er Jahre in einer kurzen Periode russisch-deutscher Freundschaft in der Sowjetunion durchgeführt worden. In einem unüberlegten Versuch, Hitler zu beschwichtigen, hatte die britische Admiralität sich 1935 einverstanden erklärt, auch die deutsche Kriegsmarine teilweise von den Auflagen des Versailler Vertrages zu befreien, die daraufhin begonnen hatte, sich mit Großkampfschiffen und U-Booten auszustatten, und zwar in einer Zahl, die 33 beziehungsweise 60 Prozent des Bestands der Royal Navy entsprach. Dieser Materialzuwachs stärkte das Selbstbewusstsein der Wehrmacht beträchtlich, zählte sie doch nach 15 Jahren des Mangels an Männern und Gerät plötzlich wieder zu den bedeutendsten Streitkräften Europas, beinahe so leistungsfähig wie die größten unter ihnen und besser ausgerüstet als alle anderen. Zudem hatte Hitlers Wiederbewaffnungsprogramm die Aufstiegschancen innerhalb der Wehrmacht erheblich verbessert; das Durchschnittsalter der höheren Offiziere war stark gesunken. Viele Angehörige der Reichswehr, die sich bereits mit dem Ruhestand abgefunden hatten, wurden reaktiviert und fanden sich als Regiments-, Brigade oder gar Divisionskommandeure wieder.

Hitler köderte seine Berufsoffiziere mit Bedacht, so wie allen anderen Teilen seines Programms Berechnung zugrunde lag, allerdings maß er diesem Aspekt zu Recht mehr Bedeutung bei als den übrigen. Mit der SA hatte er stets ein doppeltes Spiel getrieben; zwar hatte er sie gebraucht und als politische Streitmacht in der «Kampfzeit» vor 1933 gern in Anspruch genommen, aber er selbst war zu sehr Soldat, zu sehr erfahrener «Frontkämpfer», um sich einzubilden, dass man aus ihren Straßenschlägern fähige Soldaten hätte machen können. Hitler war in vielerlei Hinsicht ein militärischer Snob – und das mit gutem Grund: Er hatte im Ersten Weltkrieg vom ersten bis zum letzten Tage gekämpft, war verwundet worden und hatte eine hohe Tapferkeitsauszeichnung erhalten. Die Armee, die er neu erschaffen wollte, sollte ein Abbild derjenigen sein, in der er gedient hatte, keine undisziplinierte politische Miliz. Mit der «Nacht der langen Messer» im Juni 1934, als auf Hitlers Geheiß Röhm und andere paramilitärische Radikale ermordet wurden, die geglaubt hatten, sie könnten durch eine Art politisches «Himmel-und-Hölle-Spiel» in Generalsränge hüpfen, sorgte er dafür, dass ihm niemand mehr einen Strich durch die Rechnung machen konnte. Unter anderem hatte die Säuberung der SA den Aufstieg der rivalisierenden paramilitärischen Gliederung der NS-Partei zur Folge – der schwarz gekleideten «Schutzstaffel» (SS), einer höchst disziplinierten Elitetruppe unter Führung von Heinrich Himmler.

Obwohl die Generalität Wert darauf gelegt hatte, nicht in die Morde von 1934 eingeweiht zu werden, hatte Hitler dadurch in den Augen der Generale erheblich an Ansehen gewonnen; umgekehrt war das jedoch nicht der Fall. Hitlers militärischer Snobismus hatte klare Grenzen. Er war ein Snob des Schützengrabens, verachtete aber Ränge und Titel. Wie er sehr wohl wusste, hatten viele Angehörige der Wehrmachtelite, die jetzt hohe Kommandostellen bekleideten, als Offiziere im Generalstab des Feldheeres nicht an den Fronten des Weltkrieges gekämpft, weil man ihre Kenntnisse und Fertigkeiten für zu kostbar hielt, um sie außerhalb der Hauptquartiere aufs Spiel zu setzen. Ihre militärische und gesellschaftliche Arroganz war ihm zuwider.

Eine der zahllosen Feindschaften, die er hegte, reichte bis zum Münchener Prozess zurück, als General von Lossow, sein verzagter Verbündeter, ausgesagt hatte, er habe in Hitler nie etwas anderes als einen «politischen Trommler» gesehen. In diese Wunde hatte der Staatsanwalt noch Salz gestreut, indem er erklärte, der

Trommler habe «sich manches Mal über die Grenzen hinaustreiben lassen, die in seinem Wesen liegen». Inzwischen entschied Hitler auf sämtlichen Gebieten über die Besetzung der Positionen, nur in der Wehrmacht nicht; sie kontrollierte ihr Personalwesen weiterhin selbst. Da die Generale jedoch fortfuhren, Offiziere auszuwählen, die ebenso ängstlich waren, wie sie selbst sich bei der Remilitarisierung des Rheinlands erwiesen hatten, beschloss Hitler, diesem System ein Ende zu machen. Er wollte ein Kriegsheer, dessen Kommandeure entschlossen waren, Rache zu nehmen an den Siegern von 1918 und den Staaten von ihren Gnaden, die unter Ausnützung der deutschen Niederlage neu geschaffen worden waren.

Generaloberst Werner von Fritsch, der Oberbefehlshaber des Heeres, war Hitler in dieser Hinsicht ein besonderer Dorn im Auge; im November 1937 bat er Hitler um eine Privataudienz, um ihn vor einer Politik zu warnen, die einen Krieg provozieren könnte. Zwei Monate später lieferte eine etwas anrüchige Wiederverheiratung des Kriegsministers, Generalfeldmarschall Werner von Blomberg, Hitler einen willkommenen Vorwand, sich beider Männer zu entledigen: Wie sich herausstellte, war Blombergs junge Braut früher Prostituierte gewesen; dem unverheirateten Fritsch, Blombergs wahrscheinlichem Nachfolger, hingegen verschlug es die Sprache, als er mit dem frei erfundenen Vorwurf homosexuellen Verhaltens konfrontiert wurde.

Der erzwungene Rücktritt der beiden verhalf Hitler zwar noch nicht unmittelbar zu Generalen mit dem erwünschten kriegerischen Charakter, doch gab er ihm einen Vorwand, das Reichskriegsministerium abzuschaffen und an dessen Stelle eine neue militärische Behörde einzurichten, das Oberkommando der Wehrmacht (OKW), zu dessen Chef er den ihm ergebenen General Wilhelm Keitel ernannte und das fortan für die strategische Planung auf höchster Ebene zuständig war; den eigentlichen Oberbefehl über die Wehrmacht übernahm er selbst. Das war ein entscheidender Schritt, denn in diesem Jahr 1938 vollzog Hitler den Übergang von der Wiederbewaffnung zur diplomatischen Offensive. Bereits am 5. November 1937 hatte er den Oberbefehlshabern der drei Wehrmachtteile seine Absichten dargelegt und ihnen erläutert, dass Großbritannien und Frankreich wahrscheinlich keine militärischen Mittel anwenden würden, um Deutschland an dem Versuch zu hindern, seine militärische Position im Osten zu stärken. Höchste Priorität hatte für ihn der Plan, sich die Begeisterung der deutschen Nationalisten in Österreich für den «Anschluss» zunutze zu machen, die Eingliederung Österreichs ins Deutsche Reich; auf dem nächsten Rang stand die Absicht, das Sudetenland, die deutschsprachigen Teile der Tschechoslowakei, zu annektieren. Weiter hoffte er, dass er Italien, Österreichs Schutzmacht, bald durch ein offizielles Bündnis mit Mussolini, Diktator wie er, auf Deutschlands Seite ziehen könnte. Polen, mit dem er längerfristige Pläne hatte, würde seiner Ansicht nach vom Tempo des deutschen Vorgehens gelähmt sein.

Im November 1937 schloss Mussolini tatsächlich ein Bündnis mit Deutschland, den (bereits ein Jahr zuvor von Deutschland und Japan unterzeichneten) Antikominternpakt gegen die Sowjetunion, mit dem die im Oktober 1936 besiegelte «Achse Berlin-Rom» gestärkt wurde. Im März 1938 glaubte Hitler, ungehindert gegen Österreich vorgehen zu können. Zunächst verlangte er, Schlüsselpositionen in der dortigen Regierung mit österreichischen Nationalsozialisten zu besetzen. Als sich der Bundeskanzler Kurt von Schuschnigg weigerte, wurde Arthur Seyß-Inquart, der Führer der österreichischen NSDAP, angewiesen, sich zum Chef einer provisorischen Regierung zu erklären und um deutsche Intervention nachzusuchen. Am 12. März marschierten deutsche Truppen ein, am folgenden Tag wurde der «Anschluss» verkündet, und am 14. März zog Hitler als Triumphator in Wien ein, wo er seine freud- und ziellose Jugend verbracht hatte. Großbritannien und Frankreich beließen es bei Protesten. Die Tatenlosigkeit beider Länder bestärkte Hitler endgültig in der Überzeugung, dass er gefahrlos mit seiner diplomatischen Offensive gegen die Tschechoslowakei beginnen konnte. Im April befahl er dem OKW, Pläne für eine Militäroperation auszuarbeiten, gleichzeitig wurden NS-Gruppen unter den Sudetendeutschen angewiesen, Sezessionsforderungen zu erheben. Im August setzte er den Oktober als Datum für einen Militärschlag fest, und am 12. September, als er in Nürnberg die Tschechoslowakei in einer heftigen Rede angriff, rückten deutsche Truppen an die Grenze vor.

Während der «Sudetenkrise» drohte ein Krieg, obwohl nicht klar war, welche Parteien ihn führen würden. Die Tschechen waren zu schwach, um der aufgerüsteten Wehrmacht ohne fremde Hilfe Widerstand leisten zu können, doch die Rote Armee, die einzige Hilfe, die nahe genug war, konnte nur von Nutzen sein, wenn sie polnisches Territorium durchquerte (oder rumänisches, aber die Rumänen waren prodeutsch), eine Maßnahme, der die Polen, in ihrer abgrundtiefen Feindschaft und ihrem wohl begründeten Argwohn gegenüber den Russen, auf keinen Fall zustimmen wollten.

Die Briten und Franzosen waren ebenfalls nicht geneigt, die Russen in Mitteleuropa intervenieren zu lassen. Obwohl Frankreich ein Abkommen mit der Tschechoslowakei geschlossen hatte und sich ebenso wie Großbritannien sehr wohl bewusst war, dass Ehre und Klugheit verlangten, die Zerschlagung der Tschechoslowakei zu verhindern, sahen beide Länder keine andere Möglichkeit, die Tschechoslowakei zu schützen, als im Westen militärisch tätig zu werden, wovor allerdings Regierung und Bevölkerung in Frankreich wie in Großbritannien zurückschreckten. Beide hatten ihre Streitkräfte noch nicht modernisiert, obwohl eine zögerliche Nachrüstung in die Wege geleitet worden war; entscheidender war, dass sich beide noch nicht zu dem Entschluss durchgerungen hatten, diplomatischen Protesten durch die Androhung von Gewalt Nachdruck zu verleihen. Das zeigte sich auf beklagenswerte Weise in einer Reihe gescheiterter Versuche, im Rahmen des Völkerbundes ein gemeinsames Vorgehen gegen Aggressoren zu organisieren – gegen Japan wegen der Angriffe 1931 auf die Mandschurei und 1937 auf China; gegen Italien wegen des Angriffs auf Äthiopien im Jahr 1936. Edouard Daladier und Neville Chamberlain, die Regierungschefs von Frankreich und Großbritannien, rieten daher dem tschechoslowakischen Präsidenten Eduard Beneš, Hitlers Forderungen nachzugeben, obwohl mit der Abtretung des Sudetenlandes die Grenzbefestigungen der Tschechoslowakei verloren gingen; nach einer solchen Gebietsabtretung gab es nichts mehr, was das Land vor weiteren deutschen Forderungen hätte schützen können. Trotzdem sah sich Beneš zur Zustimmung gezwungen, da die westlichen Demokratien nicht bereit waren, ihm beizustehen.

Die Krise schien beigelegt, doch am 22. September beschloss Hitler, die Bedingungen zu verschärfen. Statt zu warten, bis eine internationale Kommission den neuen Grenzverlauf festlegte, verlangte er das Sudetenland sofort. Dieses erneute Anziehen der Schraube löste die Krise aus, für die der Name Münchens steht, denn dorthin begaben sich Chamberlain und Daladier, um am 29. und 30. September erneut mit Hitler zu verhandeln. Die Gespräche waren von der Feigheit der westlichen Seite geprägt – man machte Hitler sogar mehr Zugeständnisse, als er anfänglich verlangt hatte.

München, so heißt es im Allgemeinen, habe «das Ende des Appeasement» bedeutet. Sicherlich, als Daladier und Chamberlain nach Hause fuhren, waren sie zunächst einmal erleichtert, aber auch davon überzeugt – Chamberlain mehr als Daladier –, dass die Aufrüstung von nun an forciert werden müsse. Richtiger ist, dass München den Augenblick markiert, an dem Hitler bei der Durchsetzung seiner aggressiven Diplomatie alle Vorsicht fallen ließ und Risiken in Kauf nahm, die den Willen der westlichen Demokratien stärkten, in Zukunft auf solche Herausforderungen entschlossener zu reagieren und Gewalt mit Gewalt zu beantworten. Der Wendepunkt kam durch die Art, wie Hitler mit der eingeschüchterten Tschechoslowakei umsprang. Nachdem er nur sechs

Monate zuvor das Sudetenland annektiert hatte, sorgte er dafür, dass die prodeutsche Separistenpartei in der slowakischen Hälfte der verbliebenen Tschechoslowakei am 11. März 1939 ihre Loslösung von der Tschechei erklärte und das Deutsche Reich bat, die Rolle der Schutzmacht zu übernehmen. Als Emil Hacha, der neue tschechische Präsident, nach Berlin reiste, um seine Proteste vorzutragen, schüchterte man ihn dort auch physisch so ein, dass er sich gezwungen sah, Deutschland um Übernahme des Protektorats über die gesamte Tschechoslowakei zu bitten. Am folgenden Tag, dem 15. März, marschierten deutsche Truppen in Prag ein, gerade noch rechtzeitig, um für Hitler, der ihnen auf dem Fuße folgte, in der Stadt eine Ehrenformation und eine Schutztruppe bereitzustellen.

Die Vergewaltigung der Tschechoslowakei veranlasste die Demokratien zum Handeln. Das französische Kabinett einigte sich darauf, Hitler bei seinem nächsten Schritt Einhalt zu gebieten. Am 17. März erklärte Chamberlain öffentlich, wenn es weitere Aggressionen gegen kleine Staaten gebe, werde Großbritannien dagegen «mit allen ihm zu Gebote stehenden Mitteln» einschreiten, eine unmissverständliche Warnung, dass Hitler von nun an einen Krieg riskiere. Hitler nahm die Drohung nicht ernst, oder er fürchtete sich nicht vor ihr. Seit Januar versuchte er, Polen einzuschüchtern, zu dem das größte Stück des Gebietes gehörte, das vor 1918 deutsch gewesen war, vor allem der «Korridor», der Ostpreußen und die deutschsprachige Freie Stadt Danzig vom Kerngebiet des Reiches trennte. Standhaft widersetzten sich die Polen seinen Drohungen und blieben auch dann noch bei ihrer Haltung, als Hitler, um seine Entschlossenheit zu unterstreichen, am 23. März das Memelland besetzte, ein ehemals deutsches, nunmehr litauisches Gebiet, das an Ostpreußen grenzte. Die Polen zeigten sich nicht zuletzt deshalb so entschlossen, weil sie wussten, dass Großbritannien und Frankreich die Absicht hatten, ihr Land in eine bereits geleistete Schutzgarantie einzubeziehen: Acht Tage nach der Ankündigung, Belgien, Holland und die Schweiz würden gegen jeden Angriff verteidigt werden, veröffentlichten Großbritannien und Frankreich am 31. März eine gemeinsame Erklärung, in der sie die Unabhängigkeit Polens garantierten. Weitere zwei Wochen später, am 13. April, nachdem Mussolini, Hitlers Beispiel folgend, Albanien annektiert hatte, gaben sie ähnliche Garantien für Rumänien und Griechenland ab, um zu beweisen, dass sie es jetzt ernst meinten.

Polen jedoch war der Brennpunkt der sich verschärfenden Krise. Frankreich und Großbritannien hofften, die Situation am besten unter Kontrolle bringen zu können, indem sie die Sowjetunion in ein Schutzabkommen einbanden, obwohl sie wussten, dass die Polen nur ungern Hilfe von ihrem Erbfeind annehmen würden. Die Franzosen und Briten waren selbst voller Misstrauen gegen die Sowjets, ganz abgesehen davon, dass sie eine tiefe Abneigung gegen deren politisches System hegten, eine Einstellung, die ganz auf Gegenseitigkeit beruhte. Doch ohne den polnischen Widerstand wäre vielleicht ein Abkommen erzielt worden. Die polnische Regierung aber weigerte sich hartnäckig, irgendeine Operation der Roten Armee auf ihrem Boden in Betracht zu ziehen, argwöhnte sie doch zu Recht, dass es die Russen danach verlangte, große Teile polnischen Territoriums zu annektieren und als Lohn für ihre Intervention besetzt zu halten – die Briten und Franzosen konnten Stalin keine Entschädigung anbieten, um ihm die Zusage abzuringen, in einer eventuellen Krise mit ihnen gemeinsam zu handeln. Während des Sommers 1939 blieben die Verhandlungen zwischen den westlichen Demokratien und Stalin in der Schwebe.

Hitler dagegen konnte sehr verlockende Angebote machen. Auch er hatte das Frühjahr und den Sommer über halbherzig mit Stalin verhandelt, ermutigt durch Anzeichen, dass Russland nicht daran gelegen war, einen Krieg zu riskieren, nicht einmal, wenn es um die Zukunft eines Landes ging, das für die Sicherheit seiner Westgrenze so wichtig war wie Polen. Die Gespräche schienen nicht voranzukommen, denn keine Seite wollte ihre Karten aufdecken. Ende Juli beschloss Hitler dann, ein kaum verhülltes Angebot zu wagen: Stalin sollte einen Streifen Ostpolens erhalten, falls er einwilligte, eine deutsche Invasion des Landes von Westen her nicht zu behindern. Die Russen waren sehr interessiert, und am 22. August unterzeichneten die beiden Außenminister Molotow und von Ribbentrop in Moskau einen Nichtangriffspakt. Tatsächlich räumten die geheimen Zusätze dieses Vertrages der Sowjetunion das Recht ein, im Falle eines deutsch-polnischen Krieges Ostpolen bis an die Weichsel-Linie sowie die baltischen Staaten Litauen, Lettland und Estland zu annektieren.

Damit war Polen verloren. Am 15. Juni hatte der Generalstab des Heeres einen Plan entwickelt, der vorsah, dass die beiden Heeresgruppen Nord und Süd gleichzeitig auf Warschau vorstoßen sollten. Da Nordpolen von Ostpreußen beherrscht wurde, während Südpolen an die ehemalige Tschechoslowakei grenzte (jetzt eine Erweiterung des deutschen Reichsgebietes als Reichsprotektorat Böhmen und Mähren sowie als Marionettenstaat Slowakei), war Polen auf der ganzen Länge seiner beiden empfindlichsten Grenzen umfasst. Polens Befestigungsgürtel lag im Westen und deckte das schlesische Industriegebiet, und nach der deutschen Annexion der Tschechei war keine Zeit zum Bau neuer Befestigungsanlagen geblieben. Die polnische Regierung war naturgemäß bestrebt, die reichste und am dichtesten besiedelte Region des Landes zu schützen; sie wusste nichts vom Hitler-Stalin-Pakt und war sich daher auch nicht darüber im Klaren, dass die Sowjetunion die polnischen Streitkräfte im Rücken bedrohte. Polen rechnete damit, dass die Franzosen mit britischer Unterstützung die deutsche Westgrenze angreifen würden, um deutsche Divisionen vom Osten abzuziehen, sobald sich die Wehrmacht in Marsch setzte.

Hitler sah das anders. Er glaubte, und dies zu Recht, wie sich zeigen sollte, dass die Franzosen im Westen nichts unternehmen würden, zu dessen Verteidigung er lediglich 44 Divisionen stehen ließ – auf französischer Seite waren es nominell 100 –, und dass die Briten in der kurzen Zeitspanne, die er für den Polenfeldzug vorgesehen hatte, Deutschland nur wenig Schaden zufügen könnten. Er hatte bereits mobilgemacht, die Briten und Franzosen dagegen nicht, das war sein Vorteil; außerdem konnte er gegen die Polen zahlenmäßig stärkere und ungleich besser ausgerüstete Truppen ins Feld schicken. Die beiden deutschen Heeresgruppen zählten zusammen etwas mehr als 62 Divisionen, darunter sechs gepanzerte und zehn mechanisierte, die von 1300 modernen Kampfflugzeugen unterstützt wurden. Obwohl Polen im Juli, als der Krieg unabwendbar erschien, mit der Mobilmachung begonnen hatte, waren am 1. September noch nicht alle Truppen einsatzbereit. Insgesamt kamen 40 Divisionen zusammen – nicht eine davon war gepanzert. Bei den wenigen polnischen Panzern handelte es sich um alte, leichte Modelle, ihre Zahl reichte gerade einmal für eine Brigade, und die Hälfte der 935 Maschinen, über welche die polnische Luftwaffe verfügte, war veraltet.

Der Polenfeldzug

Trotzdem brauchte Hitler noch immer einen Vorwand zum Angriff. Am 25. August hatte ihn die Nachricht, dass Großbritannien mit Polen ein offizielles Beistandsabkommen geschlossen hatte, kurz zurückschrecken lassen; es folgten ein paar Tage ergebnisloser diplomatischer Gespräche. Bereits am 28. April hatte Hitler den Nichtangriffspakt mit Polen außer Kraft gesetzt, den er 1934 geschlossen hatte, als die Stärke der polnischen Armee die der deutschen Reichswehr noch weit übertraf. Am Abend des 31. August 1939 wurde Hitler darüber in Kenntnis gesetzt, dass polnische Truppen in die schlesischen Grenzstadt Gleiwitz eingedrungen und einen Überfall verübt hätten. Tatsächlich war der Vorfall von der eigenen SS sorgfältig inszeniert worden. Da Hitler vorgab, Deutschland sei von Polen angegriffen worden, übermittelte er keine Kriegserklärung.

Am Abend des 1. September existierte die polnische Luftwaffe praktisch nicht mehr; viele ihrer Maschinen waren von der deutschen Luftwaffe, die auch das polnische Hauptquartier, Verbindungslinien und Städte bombardierte, am Boden zerstört worden. Alle Bodentruppen der Wehrmacht machten schnelle Geländegewinne. Am 3. September übergaben die französische und britische Regierung je ein Ultimatum, das den sofortigen Rückzug der deutschen Truppen aus Polen verlangte. Beide Ultimaten liefen noch am selben Tage ab, und von da an befanden sich beide Länder im Kriegszustand mit Deutschland. Zu diesem Zeitpunkt hatten sich jedoch die 4. Armee von Pommern her und die 10. Armee von Ostpreußen her vereinigt, sodass der «Korridor» nach Danzig und Gdingen, Polens Ostseezugängen, abgeriegelt war.

Nachdem ein polnischer Versuch, westlich von Warschau entlang der Warthe die Stellungen zu halten, gescheitert war, hatte sich die 10. Armee am 7. September von Süden her bis auf knapp 60 Kilometer der Hauptstadt Warschau genähert, während die 3. Armee von Norden her bis an den Narew vorgedrungen war und nur noch 40 Kilometer vor Warschau stand. Nun musste jedoch der deutsche Vormarschplan geändert werden. Man war davon ausgegangen, dass der größte Teil der polnischen Streitkräfte westlich der Weichsel, also auf der Warschauer Seite des Flusses, eingeschlossen würde. Große Teile der Truppen konnten sich jedoch über den Fluss absetzen und zur Hauptstadt marschieren, um sich dort zu sammeln und eine Entscheidungsschlacht zu liefern. Die deutschen Oberbefehlshaber befahlen daraufhin eine zweite, tiefere Truppenentfaltung, die auf eine Linie entlang des Bug, gut 150 Kilometer östlich von Warschau, zielen sollte. Während die Truppenbewegung in Gang war, gerieten die Deutschen ein einziges Mal in eine kritische Lage. Die polnische Posener Armee, die zu den westlich der Weichsel eingeschlossenen Kräften zählte, machte kehrt und griff die deutsche 8. und 10. Armee ostwärts im Rücken an, wobei sie der überrumpelten 30. Infanteriedivision im ersten Ansturm schwere Verluste zufügte. Es entwickelte sich eine erbitterte Kesselschlacht, die am

19. September mit der Gefangennahme von 100 000 polnischen Soldaten endete.

Warschau war seit dem 17. September eingeschlossen. In der Absicht, den Widerstand der Garnison durch Terror zu brechen, wurde es bis zum 27. September, als die Verteidiger schließlich kapitulierten, heftig bombardiert. Alle Hoffnungen, sich ostwärts in die fernen und schwer zugänglichen Landesteile am Rande der Pripjetsümpfe abzusetzen, wurden zunichte gemacht, als die Rote Armee, am 3. und 10. September von den Deutschen um Unterstützung ersucht, am 17. September mit ihrer Weißrussischen und Ukrainischen Front (Heeresgruppe) die polnische Grenze überschritt. Etwa 217 000 der 910 000 Polen, die im Laufe des Feldzuges in Gefangenschaft gerieten, fielen in russische Hand. Am 6. Oktober war in ganz Polen jeglicher Widerstand zusammengebrochen. Ungefähr 100 000 Polen gelang die Flucht nach Litauen, Ungarn und Rumänien, von wo aus manche nach Frankreich und später weiter nach England gingen, um dort die Polnische Exilarmee zu bilden und den Kampf fortzusetzen – als Infanteristen in der Schlacht um Frankreich, als Flieger in der Luftschlacht um England und später an allen Fronten –, bis zum letzten Kriegstag.

Als der Feldzug beendet war, begann die deutsche Wehrmacht, die in Polen 13 981 Männer verloren hatte, unverzüglich, ihre siegreichen Truppen westwärts zu verlegen, um die Siegfried-Linie, den Westwall, zu bemannen und sich für einen Feldzug gegen die Briten und Franzosen bereitzumachen. Diese hatten – sieht man einmal von einigen kurzfristigen Kampfhandlungen zwischen dem 8. September und dem 1. Oktober ab, der so genannten Saar-Offensive – bislang keinerlei Versuch unternommen, deutsche Truppen zu binden. Das einzige unmittelbare militärische Resultat des Polenfeldzugs lag nicht im Westen, sondern im Osten. Dort schlug Russland sofort Kapital aus den Bestimmungen des Hitler-Stalin-Pakts und verlangte für seine Truppen Stationierungsrechte in Litauen, Lettland und Estland; ein Schachzug, der schließlich dazu führte, dass 1940 alle drei Länder von der Sowjetunion annektiert wurden.

Der Winterkrieg

Stalin hatte sich auch gegen Finnland gewandt, allerdings mit weit ungünstigerem Ausgang. Finnland war von 1809 bis 1917 russisches Territorium gewesen. Als es während des Russischen Bürgerkriegs im Kampf gegen russische und einheimische Bolschewiki seine Unabhängigkeit erstritt, hatte es einen Grenzverlauf durchgesetzt, der Leningrad und den sowjetischen Ostseehäfen nach Stalins Ansicht zu wenig strategischen Spielraum ließ. Am 12. Oktober 1939, eine Woche nachdem Lettland zur Vertragsunterzeichnung gezwungen worden war, verlangte die Sowjetunion von Finnland Flottenstützpunkte und die Abtretung eines großen Streifens finnischen Territoriums auf der Karelischen Landenge, der sich bis Leningrad erstreckte. Die Finnen zeigten sich zu keinen Zugeständnissen bereit, woraufhin die Sowjetunion am 30. November einen Grenzzwischenfall inszenierte und mit vier Armeen angriff, die insgesamt 30 Divisionen umfassten. Aufgrund dieser offenen Aggression wurde die Sowjetunion am 14. Dezember aus dem Völkerbund ausgeschlossen. Am Ende musste sie für ihren Feldzug eine Million Soldaten aufbieten.

Die Finnen, deren gesamte mobilisierte Streitmacht nie mehr als 175 000 Mann betrug, wehrten sich geschickt und erfolgreich. Die Soldaten dieses vermutlich kriegerischsten, auf jeden Fall aber zähesten aller europäischen Völker bildeten in den verschneiten Weiten ihrer heimischen Wälder Kreise um die russischen Angreifer – die so genannte Motti-Taktik, bei der die Feinde von ihren rückwärtigen Verbindungen abgeschnitten und eingekesselt werden. Diese Art der Kampfführung, auf die die Rotarmisten bei ihrer Ausbildung nicht vorbereitet worden waren, raubte ihnen immer wieder die Orientierung und demoralisierte sie. Während die Hauptstreitmacht des finnischen Heeres die Karelische

Landenge an der Mannerheim-Linie verteidigte (benannt nach dem finnischen Oberbefehlshaber, Feldmarschall Carl Gustaf von Mannerheim, der den Unabhängigkeitskrieg von 1918 gewonnen hatte), attackierten, umfassten und vernichteten unabhängig operierende Einheiten die sowjetischen Divisionen an der langen Ostflanke zwischen Weißem Meer und Ladogasee.

Im Dezember gingen die Finnen an der Karelischen Landenge sogar zum Gegenangriff über, nachdem die Sowjetunion eine Reihe von Operationen vorgetragen hatte, denen Mannerheim eine gewisse Ähnlichkeit «mit der Aufführung eines schlecht dirigierten Orchesters» bescheinigte. Im Januar hatten die Russen jedoch erkannt, mit wem sie es zu tun hatten; sie wussten nun, dass sie die militärische Tüchtigkeit der Finnen unterschätzt hatten, und boten genügend Truppen auf, um den Gegner in die Knie zu zwingen. Im Laufe des Februar durchbrachen sie die Mannerheim-Linie unter Aufbietung aller ihrer Kräfte und brachten den Finnen Verluste bei, die, wie die finnische Regierung einsah, der zahlenmäßig winzigen Bevölkerung nicht länger zugemutet werden konnten. Am 8. März bot sie Friedensverhandlungen an und unterzeichnete am 12. März einen Vertrag, in dem sie alles bewilligte, was die Russen im Oktober gefordert hatten. Die Finnen hatten im Verlauf des Krieges 25 000 Gefallene zu beklagen. Dagegen verlor die Rote Armee 200 000 Mann, von denen der größte Teil wahrscheinlich, eingekreist oder versprengt, äußeren Umständen zum Opfer fiel. Die Erfahrungen des so genannten Winterkriegs, der nach dem Juni 1941 als «Fortsetzungskrieg» wieder aufgenommen wurde, waren vermutlich verantwortlich für die moderate Finnlandpolitik der Sowjetunion, als das Thema Frieden wieder auf der Tagesordnung stand.

Finnland hatte für kurze Zeit allen Feinden der Achsenmächte, zu denen 1940 wegen des Hitler-Stalin-Pakts auch die Sowjetunion gerechnet wurde, als leuchtendes Beispiel gedient. Großbritannien und Frankreich hatten gar erwogen, dem Land militärischen Beistand zu leisten. Für den Winterkrieg geeignete

Einheiten standen schon bereit, um das finnische Heer zu verstärken. Zum Glück für die Zukunft der sowjetisch-westlichen Beziehungen suchten die Finnen um Frieden nach, bevor diese Truppen in Marsch gesetzt wurden.

Der Norwegenfeldzug

Das Ende des Winterkrieges bedeutete jedoch nicht, dass damit auch das militärische Engagement von England und Frankreich in Nordeuropa endete. Nach Auffassung der deutschen Kriegsmarine, die die Vorgänge in Skandinavien aufmerksam verfolgte, hätte westlicher Beistand für Finnland aller Wahrscheinlichkeit nach auf dem Weg über Norwegen erfolgen müssen. Dabei wäre nicht nur Norwegens Neutralität verletzt, sondern auch Deutschlands Zugang zu den Eisenerzgruben von Kiruna-Gällivare in Schweden gefährdet worden, welche die deutsche Kriegswirtschaft mit einem lebenswichtigen Rohstoff belieferten. Hitlers Großadmiral Erich Raeder jedenfalls war darauf bedacht, sich nordnorwegische Stützpunkte anzueignen, von denen aus er gegen die Royal Navy operieren konnte. Daher drängte er Hitler im Herbst und Winter 1939, den Alliierten zuvorzukommen und eine Intervention in Norwegen zu genehmigen. Hitler, der von seinen Plänen für den bevorstehenden Angriff im Westen in Anspruch genommen war, wollte davon zunächst nichts wissen, doch im Dezember, nachdem Raeder den Führer der norwegischen Faschisten, Vidkun Quisling, nach Berlin zitiert hatte, erlaubte er dem OKW zu prüfen, ob eine Besetzung Norwegens sich lohne. Mitte Februar war es mit seiner Gleichgültigkeit vorbei, denn sein Stolz hatte einen schweren Schlag erlitten.

Seit Ausbruch des Krieges operierte der Schwere Kreuzer *Admiral Graf Spee*, eines der deutschen «Westentaschen-Schlachtschiffe», als Handelsstörer im Südatlantik gegen die britische Schifffahrt, wurde aber schließlich von drei britischen Kreuzern vor der Küste Uruguays gestellt. Nach dem Gefecht vor dem Rio de la Plata sah sich der deutsche Kommandant gezwungen, sein Schiff am 17. Dezember 1939 vor Montevideo zu versenken. Die Begeisterung, welche die britische Bevölkerung darüber empfand, entsprach der Wut, die Hitler angesichts dieser Demütigung der deutschen Überwasserflotte packte. Sogar noch zorniger wurde er am 16. Februar 1940, als der britische Zerstörer HMS *Cossack* die *Altmark*, die zuvor die *Graf Spee* auf See versorgt hatte, in norwegischen Hoheitsgewässern aufbrachte und 300 britische Seeleute befreite, welche die *Altmark* von der *Graf Spee* übernommen hatte. Unverzüglich entschied Hitler, den Briten müsse der Zugang zu den Territorialgewässern Norwegens ein für allemal verwehrt werden, am besten durch Invasion und Okkupation des Landes, und beauftragte General Nikolaus von Falkenhorst, einen Experten der alpinen Kriegführung, mit der Ausarbeitung eines entsprechenden Planes.

Falkenhorst gelangte schnell zu dem Schluss, auch eine Besetzung Dänemarks als «Landbrücke» nach Norwegen sei erstrebenswert. Am 7. März hatte Hitler acht Divisionen für das Unternehmen bereitgestellt. Dann aber teilte der Nachrichtendienst mit, die Alliierten hätten ihre Pläne für eine Intervention in Norwegen fallen gelassen, womit der scheinbar legale Vorwand für die Aggression (auf dem Hitler normalerweise bestand) hinfällig geworden war. Dennoch konnte Raeder ihn von der strategischen Notwendigkeit des Unternehmens überzeugen, und am 7. April schifften die Truppen sich ein.

Dänemark, das auf einen Krieg nicht vorbereitet, fast waffenlos und auf keinerlei feindselige Absichten Deutschlands gefasst war, kapitulierte angesichts der Drohung, Kopenhagen zu bombardieren, nachdem die deutschen Truppen am Morgen des 9. April gelandet waren. Die Norweger wurden ebenfalls überrascht. Allerdings waren sie kampfbereit, und die alten Geschütze der Osloer Hafenfestung – sie versenkten den Schweren Kreuzer *Blücher* – hielten die Eindringlinge lange genug auf Distanz, um der Regierung und der königlichen Familie die Flucht nach England zu ermöglichen. Die Reste der kleinen norwegischen Armee sammelten sich, soweit die Lage es zuließ, um sich dem deutschen Vorstoß die Küste hinauf, auf die mittelnorwegischen Städte Åndalsnes, Trondheim und Namsos, entgegenzustellen und hoch im Norden, bei Narvik, die Landung deutscher Truppen zu vereiteln. Sie standen im Kampf jedoch nicht allein. Wegen der Vorbereitungen für eine Intervention in Finnland verfügten die Briten und Franzosen über marschbereite Truppenkontingente; zwischen dem 18. und 23. April landeten 12 000 Briten und Franzosen nördlich und südlich Trondheims und rückten den Deutschen entgegen, die sich von Oslo her über die großen Täler – Gudbrandsdal und Osterdal – nordwärts bewegten. Am 23. April schlugen die Deutschen eine britische Brigade im Gudbrandsdal und nötigten sie, bei Åndalsnes den Rückzug über See anzutreten. Dann nahmen sie mit ihren eigenen Landungstruppen bei Trondheim Fühlung auf und erzwangen am 3. Mai den Abzug der restlichen alliierten Truppen von Namsos aus.

Im Norden neigte sich das Kriegsglück der anderen Seite zu. Die deutsche Kriegsmarine musste am 10. und 13. April in den beiden Schlachten von Narvik zwischen einer überlegenen britischen Flotte und den Zerstörern mit General Eduard Dietls Gebirgsjägern an Bord eine schwere Niederlage hinnehmen. Zehn Zerstörer wurden im Ofotfjord vor Narvik versenkt, mit ihnen ging Dietl ein großer Teil seiner Truppe verloren. Dietl selbst rettete sich mit 2000 Gebirgsjägern und 2600 Marinesoldaten an Land, wo seine Einheiten sich 24 500 alliierten Soldaten, unter anderem denen der tapferen 6. norwegischen Division, zum Kampf stellten. Da er ab dem 14. April in Narvik eingeschlossen war, sah er sich gezwungen, auszubrechen und sich bis Ende Mai in Richtung auf die schwedische Grenze abzusetzen. Mit dem Zusammenbruch der alliierten Front in Frankreich endete dann allerdings der Feldzug, denn die Franzosen und Briten zogen ihre Truppen aus Narvik ab, um die Verluste auszugleichen, die ihnen seit dem 10. Mai in den Schlachten des «Blitzkriegs» von der Wehrmacht zugefügt worden waren.

Dietl, obgleich in Narvik angesichts seiner starken Unterlegenheit zunächst nicht sehr erfolgreich, wurde Hitlers Lieblingsgeneral. Als er im Juni 1944 bei einem Flugzeugabsturz ums Leben kam, empfand der «Führer» seinen Tod als eine schmerzliche persönliche Tragödie. Denn inzwischen hielt er Dietl für unersetzlich und war bemüht, den Finnen den Tod Dietls zu verheimlichen, der sich in den Jahren von 1941 bis 1944 als Oberbefehlshaber der deutschen Lapplandarmee im Fortsetzungskrieg einen hervorragenden Ruf erworben hatte; jetzt, da die Finnen vor einer erneuten Niederlage gegen die Russen standen, wollte Hitler sie nicht noch zusätzlich entmutigen. Hitler mochte Dietl, weil der mit ihm auf eine aufbrausende, soldatische Art stritt, was den «Führer» vielleicht an seine eigene Dienstzeit erinnerte. Zusätzliche Nahrung erhielt diese Sympathie dadurch, dass Dietl seinen obersten Kriegsherrn bei Narvik vor einer Demütigung bewahrt hatte. Die misslungene Landung hatte Hitler so zugesetzt, dass er Dietl schon befehlen wollte, nach Schweden zu fliehen und seine Soldaten dort internieren zu lassen, statt die Kapitulation vor den Briten zu riskieren. Schließlich hatte sich Hitler doch umstimmen lassen und den Befehl nicht abgeschickt; auf jeden Fall erübrigte sie sich angesichts der zähen Unnachgiebigkeit, die Dietl bei der Belagerung und seinem Absetzmanöver bewies.

Dietl verkörperte Hitlers Wunschvorstellung vom deutschen Soldaten, den Typus, von dem der «Führer» hoffte, dass ihn die neue Wehrmacht, die er schaffen wollte, zu Tausenden hervorbringen und ausbilden würde. Seine hohe Qualifikation stellte Dietl unter Beweis durch die Art, wie er in den Bergen Nordnorwegens im Mai 1940 die sicher scheinende Niederlage in einen Sieg verwandelte und so dafür sorgte, dass kein Makel auf die Bilanz deutscher Militärerfolge seit Kriegsbeginn fiel. Bei dem Feldzug allerdings, der zur gleichen Zeit im Westen geführt wurde, hätte nicht einmal ein Dietl zu einem noch glanzvolleren Sieg beitragen können. In dem «Blitzkrieg» dort schien sich eine Magie zu entfalten, welche die Wehrmacht selbst in ihren Bann schlug.

TEIL I · Der Krieg im Westen 1940–1943

3 · DER TRIUMPH DES «BLITZKRIEGS»

Obwohl «Blitzkrieg» ein deutsches Wort ist, war es der deutschen Wehrmacht vor 1939 nicht geläufig. Der Begriff wurde von Journalisten des westlichen Auslands geprägt, um den Lesern ein Bild von der Geschwindigkeit und Zerstörungskraft deutscher Boden-Luft-Operationen zu vermitteln, die sich in dem dreiwöchigen Feldzug gegen die schlecht gerüsteten und zahlenmäßig unterlegenen polnischen Streitkräfte offenbart hatte. Wie die deutschen Generale selbst zugaben, war der Polenfeldzug jedoch kein geeigneter Test für die Leistungsfähigkeit der Wehrmacht gewesen. Obwohl einige von ihnen andeuteten, die Wehrmacht hätte sich der alten Armee des Kaiserreiches nicht als ebenbürtig erwiesen – Anspielungen, durch die sich Hitler bei einer Unterredung in der Reichskanzlei am 5. November zu einem Wutanfall gegenüber Generaloberst Walther von Brauchitsch, dem Oberbefehlshaber des Heeres, hinreißen ließ –, hatte sich gezeigt, dass die schwerfälligen polnischen Infanteriedivisionen keine ernst zu nehmenden Gegner für die mechanisierten Angriffsspitzen der Generale Guderian und von Kleist waren. Die Bezeichnung «Blitzkrieg» traf das Unheil, das über die Polen gekommen war, sehr gut.

Würde Hitler der «Blitzkrieg» im Westen nützen? Bis in den Oktober hinein hegte er die Hoffnung, diese Demonstration würde Frankreich und Großbritannien veranlassen, den Sieg über Polen hinzunehmen. Doch als die beiden westlichen Länder am 10. beziehungsweise 12. Oktober die Friedensangebote ablehnten, die er am 6. Oktober in einer Rede vor dem Reichstag unterbreitet hatte, war er überzeugt, dass Deutschland noch einmal Krieg führen müsse. Sein Ehrgeiz verlangte zumindest die Niederlage Frankreichs, die Großbritannien vielleicht dazu bewegen würde, um einen Separatfrieden nachzusuchen und jenes Einvernehmen zwischen Großbritannien als maritimer Großmacht und seinem eigenen kontinentalen Großreich herbeizuführen, das er, als Spross der binnenländischen Donaumonarchie, unrealistischerweise für möglich hielt. Am 12. September hatte er seinem Adjutanten, General Rudolf Schmundt, erklärt, er glaube, Frankreich könne schnell besiegt und England dann an den Verhandlungstisch gebracht werden; am 27. September teilte er den Oberbefehlshabern der drei Wehrmachtteile mit, er beabsichtige, in Kürze im Westen anzugreifen; und am 9. Oktober, noch bevor Frankreich und England sein Friedensangebot zurückwiesen, gab er die Weisung Nr. 6 für eine Westoffensive aus.

In einer begleitenden Denkschrift, in der Hitler Frankreich und Großbritannien beschuldigte, Deutschland seit dem Westfälischen Frieden von 1648 schwach und geteilt gehalten zu haben, verkündete er, dass es um nichts Geringeres gehe als «die endgültige militärische Vernichtung dieser Gegner», denn nur so sei «die staatliche Konsolidierung und Weiterentwicklung des deutschen Volkes in Europa» möglich. Die Weisung Nr. 6 beschrieb, wie das erreicht werden sollte:

> … durch den luxemburgisch-belgischen und holländischen Raum [ist] eine Angriffsoperation vorzubereiten. Dieser Angriff muß so stark und frühzeitig als möglich geführt werden, [da] ein längeres Abwarten … zu einer Beseitigung der belgischen, vielleicht auch der holländischen Neutralität zugunsten der Westmächte [führt]. Zweck dieser Angriffsoperation ist es, möglichst starke Teile des französischen Operationsheeres und die an seiner Seite fechtenden Verbündeten zu schlagen, und gleichzeitig möglichst viel holländischen, belgischen und nordfranzösischen Raum als Basis für eine aussichtsreiche Luft- und Seekriegführung gegen England und als weites Vorfeld des lebenswichtigen Ruhrgebietes zu gewinnen.

Die Einzelheiten des Angriffsplans, der den Tarnnamen «Fall Gelb» erhielt, sollten vom Generalstab des Heeres ausgearbeitet werden. Zwar gab Hitler als Oberbefehlshaber der Wehrmacht in groben Zügen die strategischen Ziele vor, mischte sich aber zu dieser Zeit noch nicht in die technischen Angelegenheiten des Militärs ein. Dennoch hatte er feste, wenn auch keine klaren Vorstellungen darüber, was mit «Fall Gelb» erreicht werden sollte. Das war der Ursprung eines strategischen Hickhacks, aufgrund dessen es während der nächsten Monate immer wieder zu Zusammenstößen zwischen «Führer» und Wehrmacht kam.

In der Vergangenheit hatte das deutsche Heer, und vor ihm schon das preußische, stets die Fiktion aufrechterhalten, der Staatschef sei zugleich der Feldherr. Seit der Zeit, da Friedrich der Große seine Soldaten persönlich gegen die Truppen des Zaren und des Heiligen Römischen Reiches ins Feld geführt hatte, war es jedoch nicht mehr vorgekommen, dass sich ein Staatsoberhaupt tatsächlich in die Planungen seiner Generale eingemischt hatte. Die Kaiser Wilhelm I. und II. waren zwar 1870 und 1914 zu Beginn der Kriege mit Frankreich mit ihrem Hauptquartier ins Feld gezogen, aber die eigentliche operative Führung hatten sie ihren Generalstabschefs – den beiden Moltkes, Falkenhayn, Hindenburg und Ludendorff – überlassen. Hitler hätte es wohl ebenso gehalten, hätten die Nachfolger dieser Männer seine Vorstellung von dem geteilt, was das wiedererstandene deutsche Heer im Verein mit der Luftwaffe leisten konnte. Doch der Oberbefehlshaber des Heeres von Brauchitsch war ein Zweifler und sein Generalstabschef Franz Halder ein Nörgler.

Halder war ein kluger Kopf; er hatte die bayerische Kriegsakademie durchlaufen, deren Absolventen man größere geistige Regsamkeit nachsagte als denen der preußischen. Seine Kriegserfahrung jedoch hatte er als Generalstabsoffizier gewonnen, befasst mit der Schritt-für-Schritt-Taktik der Westfront. Halders Waffengattung war die Artillerie, in der ebenfalls ein Schritt-für-Schritt-Denken vorherrscht, und als gläubiger Lutheraner war er so erzogen, dass er vor Hitlers brutaler Herrschaftsphilosophie auf nationaler wie internationaler Ebene zwar zurückschreckte, aber keinen aktiven Widerstand gegen legitime staatliche Autorität leistete. Daher schlug er für «Fall Gelb» einen Plan vor, der, wie er an anderer Stelle einräumte, eine entscheidende Offensive gegen Frankreich bis 1942 hinausgeschoben hätte. Der am 19. Oktober skizzierte Plan sah vor, das Britische Expeditionskorps von den französischen Truppen zu trennen und in Belgien Geländegewinne zu erzielen, die zwar Flugplätze und Nordseehäfen für die Operationen der Luftwaffe und Kriegsmarine gegen England bereitgestellt, aber keinen eindeutigen Sieg gebracht hätten.

Damit wurde der Weisung Nr. 6 dem Buchstaben nach Genüge getan, ihr Geist jedoch wurde verraten. Durch diesen Kunstgriff ließ sich Hitler, dem es im militärischen Establishment an Verbündeten fehlte, die ihn gegen Halder hätten unterstützen können, eine Zeit lang verwirren. Am 22. Oktober brachte er seinen Generalstabschef mit der Forderung aus der Fassung, «Fall Gelb» habe bereits am 12. November zu beginnen; am 25. Oktober überraschte er Brauchitsch mit dem Vorschlag, den Angriff nicht gegen Nordbelgien zu führen, sondern direkt auf Frankreich zu richten; und am 30. Oktober schlug er General Alfred Jodl, dem Chef des Wehrmachtführungsstabes, vor, die Wehrmacht solle ihre Panzer in die Wälder der Ardennen werfen, wo die Franzosen sie am wenigsten erwarten würden. Ohne das gewichtige Urteil militärischer Experten, die seine Vorschläge unterstützt hätten, konnte er «Fall Gelb» jedoch nicht beschleunigen.

Der Widerstand des Generalstabes hatte gute Gründe. Der Spätherbst war keine geeignete Jahreszeit für offensive Operationen, schon gar nicht in den vom Regen durchweichten Ebenen Mitteleuropas. Und obwohl die engen Täler der Ardennen nördlich der befestigten Maginot-Linie unmittelbar ins offene Frankreich führten, waren sie zweifellos kein geeignetes Gelände zur Entfaltung von Panzerkräften. Hitlers Vorstellungen blieben Wunschdenken – bis ihm zu Ohren kam, Halders Plan sei bei der Prüfung durch Fachleute als zu begrenzt abgelehnt worden. Der Vorgang brauchte Zeit, Zeit, welche die Revision von «Fall Gelb» vor dem Scheitern bewahrte und letztlich zu einem erfolgreichen Ergebnis führte; denn Halder hatte mit Recht behauptet, der Herbst sei die falsche Jahreszeit für einen Angriff auf Frankreich, er irrte aber in der Annahme, dass eine kühne Strategie keine entscheidenden Erfolge bringen würde.

Die Fachleute, die für Hitler Partei ergriffen, waren der Oberbefehlshaber der Heeresgruppe A, Generaloberst Gerd von Rundstedt, und sein Chef des Generalstabes Erich von Manstein. Dass Rundstedt vom Plan des Generalstabes abrückte, war deshalb bedeutsam, weil Rundstedt als einer der ranghöchsten Heeresgenerale und Oberbefehlshaber der stärksten Truppenkonzentration an der Westfront großen Einfluss hatte. Und Mansteins Widerstand gegen Halders «Fall Gelb» kam besonderes Gewicht zu, weil Manstein Rundstedts Unterstützung besaß und zu den besten militärischen Köpfen der Wehrmacht zählte. Manstein hatte zunächst gar nicht gewusst, dass Hitler mit Halders Plan nicht zufrieden war. Ihm missfiel lediglich, dass der Plan halbherzig an ein Problem heranging, von dem er instinktiv wusste, dass es einer umfassenden Lösung zugänglich war. Als das Herbstwetter sich verschlechterte und es langsam Winter wurde, brachte er, seinem Instinkt folgend, immer neue Kritikpunkte gegen Halders Plan vor, die sich den von Hitler gewünschten Ergebnissen im «Fall Gelb» so annäherten, als hätte er sich in einer Art Blindekuhspiel schrittweise an sie herangetastet, und die nach und nach die Grundlage dessen lieferten, was später der «Manstein-Plan» genannt wurde.

Am 31. Oktober traf die erste von insgesamt sechs Denkschriften, die er abfasste, im OKH ein. Darin erklärte Manstein, Ziel von «Fall Gelb» müsse es sein, die alliierten Truppen durch einen schnellen Vorstoß entlang der Somme abzuschneiden; das stand im Einklang mit Hitlers Vorschlag vom 30. Oktober, dem Angriff quer durch die Ardennen. Brauchitsch, der Oberbefehlshaber des Heeres, lehnte dies ab, räumte jedoch ein, dass Rundstedts Heeresgruppe A weitere Panzerkräfte zugewiesen werden müssten. Inzwischen musste Halders Plan wegen des schlechten Wetters immer wieder hinausgeschoben werden, und Hitler ließ seiner Wut auf die Halbherzigkeit der Generale freien Lauf. Er sei zum Sieg entschlossen, sagte er am 23. November warnend in der Reichskanzlei, und jeder anders Denkende sei verantwortungslos. Manstein wandte sich an andere Fachleute der mittleren Generalität, insbesondere den Panzerexperten Guderian, um sich sein Konzept des vernichtenden Schlags in Nordfrankreich bestätigen zu lassen. Selbst wenn er nicht damit rechnete, dass ihm die Franzosen und Briten den Gefallen tun würden, zu starke Kräfte nach Belgien zu werfen – und genau dies wurde erwogen, obwohl er es nicht wissen konnte –, festigte sich seine Überzeugung, ein Vorstoß entlang der Somme zur Trennung der feindlichen Truppen sei genau die richtige Strategie. Guderians Zusicherung, dass ausreichend starke Panzerverbände die Ardennen überwinden, die Maas überqueren und den entscheidenden Schlag führen könnten, bestärkten ihn in seiner Auffassung.

Hitlers Verlangen nach einem Sieg war so groß, dass er trotz der Differenzen mit Halder die Bedenken gegen dessen Plan beiseite schob. Der «A-Tag», der den Beginn des Unternehmens markiert hätte, wurde allein im Dezember viermal festgesetzt und ein letztes Mal für den 17. Januar 1940. Am 10. Januar jedoch machten zwei Luftwaffenoffiziere in Belgien eine Bruchlandung; in ihren Aktenmappen befanden sich Teile des Plans «Gelb». Trotz ihrer Versuche, die Papiere zu verbrennen, blieb, wie der deutsche Militärattaché in Holland feststellte, genügend Material erhalten, um die Offensive zu gefährden und die Wehrmacht zu nötigen, Hitler die Panne zu gestehen. Nachdem dessen Wut sich gelegt hatte – sie führte dazu, dass der Oberbefehlshaber der Luftflotte 2 durch Albert Kesselring ersetzt wurde, der sich im Krieg als einer der talentiertesten deutschen Generale erweisen sollte –, schob Hitler «Gelb» für unbestimmte Zeit auf und verlangte einen neuen Plan, der sich «auf das strikte Prinzip der Geheimhaltung» gründen müsse. Ziel sei es, «den Gegner durch ein ‹Anspringen aus dem Stand› zu überraschen».

Damit schlug Mansteins Stunde. Seine sechs letzten Memoranden hatten Halders Geduld so strapaziert, dass dieser veranlasst hatte, dem Generalstabschef der Heeresgruppe A das Kommando über ein Armeekorps zu übertragen – theoretisch eine Beförderung, da das Korps aber in Ostpreußen lag, de facto die Entfernung seines querulantischen Untergebenen aus einer einflussreichen Position. Das Protokoll verlangte jedoch, dass Kommandierende Generale dem Staatschef nach ihrer Ernennung ihre Aufwartung machten. Normalerweise wäre das eine reine Formalität gewesen, doch der Zufall führte Hitlers Adjutanten, General Schmundt, zuvor ins Hauptquartier der Heeresgruppe A in Koblenz. Dort erhielt er Kenntnis von Mansteins Plan. Der deckte sich so unglaublich mit den Zielen Hitlers – obwohl in «deutlich präziserer Form abgefasst» –, dass Manstein auf Veranlassung Schmundts einen ganzen Vormittag beim «Führer» eingeräumt bekam. Hitler war hingerissen, bekehrt und gab danach nicht eher Ruhe, bis Brauchitsch und auch Halder den Manstein-Plan akzeptierten – Hitler gab ihn als seinen eigenen Entwurf aus.

Nun stellte der Generalstab des Heeres die ihm institutionell innewohnenden Vorzüge unter Beweis. Als direkter Nachfahre des alten preußischen Großen Generalstabes vermochte er sie nur als Handlager eines starken Herrn zu entfalten. Stärke aber hatte sich bei Hitler bisher nur als Willenskraft manifestiert und nicht in Form des intellektuellen Vermögens, das erforderlich war, um die Talente des Generalstabes zu wecken. Jetzt, da sich die Stimme seines Herrn deutlicher artikulierte, richtete der Generalstab des Heeres all seine Anstrengungen darauf, die Elemente des Manstein-Hitler-Konzepts – Angriff starker Panzerverbände durch die Ardennen in den Rücken des französisch-britischen Feldheeres nördlich der Somme – in detaillierte, wasserdichte Operationsbefehle umzuwandeln. Er arbeitete rasch: Nur eine Woche nach dem höchst aufschlussreichen Vormittag, den Hitler mit Manstein verbracht hatte, legte er einen Vorschlag mit dem Tarnnamen «Sichelschnitt» vor, dem Hitlers und Mansteins noch sehr vage Vorstellungen zugrunde lagen.

Gegenstand des Plans war eine Umkehrung des Schlieffen-Plans von 1914. Der große Generalstabschef – der zur Zeit, als sein Konzept auf dem Schlachtfeld getestet wurde, schon nicht mehr lebte – hatte seinen Siegesplan auf die Erwartung gegründet, dass die Franzosen südlich der Ardennen ins Reich vordringen würden, wodurch es den deutschen Armeen möglich würde, sie durch Belgien hindurch zu umfassen. Der «Sichelschnitt» jedoch beruhte auf der Erwartung, dass die Franzosen mit ihren britischen Verbündeten 1940 nach Belgien hineinstoßen würden, was den deutschen Armeen Gelegenheit gegeben hätte, sie von den Ardennen her zu umfassen. Der Plan war ein glänzendes Beispiel für einen Doppelbluff, zumal er einen Ausweg bot für den Fall, dass sich die in ihn gesetzte Erwartung nicht erfüllte. Denn selbst wenn die französisch-britische Armee nicht nach Belgien hineinstoßen sollte, würde der Vorstoß über die Ardennen sowie die Macht und Massierung der angreifenden Panzertruppen so überraschend wirken, dass sich eine hervorragende Chance böte, den Feind im Rücken zu fassen und ins Wanken zu bringen.

Der «Sichelschnitt» sah für die drei deutschen Heeresgruppen folgende Aufträge vor. Die Heeresgruppe B, die nördlichste, sollte unter dem Oberbefehl des Generalobersten Fedor von Bock Holland und Nordbelgien angreifen, das französisch-britische Feldheer so weit wie möglich nach Osten locken und durch Geländegewinne eine Umfassung von Norden her ermöglichen. Die Heeresgruppe C, die südlichste (Oberbefehlshaber Generaloberst Wilhelm Ritter von Leeb), sollte die Garnison der Maginot-Linie angreifen und die Befestigungen nach Möglichkeit durchbrechen. Rundstedts mittlere Heeresgruppe A sollte über die Ardennen vorrücken, zwischen Sedan und Dinant die Übergänge über die Maas, ein bedeutendes Wasserhindernis, unter Kontrolle bringen, dann nach Nordwesten entlang der Somme auf Amiens, Abbeville und die Kanalküste vorstoßen. Rundstedt verfügte über sieben der vorhandenen zehn Panzerdivisionen, während Leeb gar keine erhielt und für Bock nur die restlichen drei blieben.

Bock, der mit seiner zweitrangigen Rolle unzufrieden war, führte Halder mit einer brillanten, aber gnadenlosen Worst-Case-Analyse vor Augen, welche Risiken dem Plan innewohnten: Halder wolle mit seinem durchbrechenden Flügel in 15 Kilometer Entfernung an der Maginot-Linie entlangkriechen und erwarte, dass die Franzosen tatenlos zusehen; er quetsche die Masse der Panzerverbände auf den wenigen Straßen der bergigen Ardennen zusammen, als ob es nicht so etwas wie eine Luftwaffe gäbe; und dann hoffe er, eine solche Operation bis an die ferne Küste vortragen zu können – mit einer über 300 Kilometer langen offenen Südflanke, an der die Masse der französischen Armee stehe. Deutsche Offiziere der Generation Bocks und Halders erinnerte diese Warnung an das letzte Mal, als das deutsche Heer mit ungeschützter Flanke eine Operation nach Frankreich hineingetragen hatte, an das Jahr 1914: die langen, staubigen Straßen verstopft mit marschierenden Truppen; immer länger werdende ungeschützte Verbindungslinien; die große, umwallte Festung Paris, bis zum Rand gefüllt mit Truppen und Artillerie, als unverminderte Bedrohung im Rücken, bis mit Donnergetöse der französische Gegenschlag ausgelöst wurde; die erste Marneschlacht verloren, die deutschen Angriffsspitzen zurücktaumelnd, und die vorwärts drängenden Schritte einer beweglichen Kriegführung übertönt vom dumpfen Geräusch der Spaten, die an der Westfront die ersten Schützengräben aushoben.

Bock warnte zu Recht davor, dass die Wehrmacht eine erneute Erstarrung der Westfront erwarte, falls der «Sichelschnitt» scheitern sollte. Er irrte sich jedoch, wenn er befürchtete, die Operation könne fehlschlagen wie der Schlieffen-Plan 1914. Zum einen war die Maginot-Linie, anders als die Festung Paris 1914, kein großer Waffenplatz, von dem aus ein Gegenangriff den deutschen Heeren wie ein Panther in die Flanke fallen konnte. Im Gegenteil hielt die Gesamtanlage und Anordnung des Befestigungsgürtels die Garnison darin eingeschlossen, die Linie war nur zur Verteidigung gegen einen Frontalangriff auf breiter Front gedacht, doch dieser gehörte nicht zu Rundstedts Aufgaben. Zum anderen würde die Wehrmacht nicht an der Maginot-Linie «entlang kriechen», ihre Panzerspitzen würden, wenn sie die Ardennen überwinden und die Maas überqueren könnten, wie in Polen etwa 50 bis 60 Kilometer pro Tag schaffen, eine Leistung, mit der die französische Armee, egal, wo sie massiert war, aufgrund ihrer Organisation nicht mithalten konnte. Was nun «so etwas» wie eine alliierte Luftwaffe anbetraf – die gab es ganz gewiss, aber die deutsche Luftwaffe war ihr, was die Qualität der Flugzeuge und die Erdkampftaktik anging, überlegen; sie übertraf die *Armée de l'Air* und die *Advanced Air Striking Force* der Royal Air Force (RAF) zahlenmäßig beträchtlich und stellte sie in puncto Kampferfahrung sogar weit in den Schatten.

Hermann Görings Luftwaffe sollte ihre Mängel erst später im Krieg offenbaren, 1940 war ihre Stärke unübertroffen. Anders als die britische und französische Konkurrenz, die die Diversifizierung zu weit getrieben hatte – sie versuchte zu Hause zu viele verschiedene Typen zu produzieren und war dann gezwungen, in Amerika Ersatz für unbefriedigende Modelle zu kaufen –, hatte die deutsche Luftwaffe sich darauf konzentriert, einige wenige Flugzeugtypen in großer Zahl zu beschaffen, die jeweils für eine bestimmte Aufgabe hervorragend geeignet waren.

Die Messerschmitt Me 109 war ein vorzügliches Beispiel für das, was man heute einen «Luftüberlegenheitsjäger» nennen würde: schnell, wendig, schwer bewaffnet und von hoher Steigfähigkeit. Die Junkers Ju 87 war ein außerordentlich gefährlicher, zur Bekämpfung von Erdzielen bestimmter Sturzkampfbomber, besonders wirksam, wenn er von der Me 109 gesichert wurde und der Fliegerabwehr lediglich Geschütze mit visueller Zielerfassung zur Verfügung standen. Die Heinkel He 111 war ein leistungsfähiger mittlerer Bomber, zumindest im Tageinsatz. Einige andere Flugzeugtypen der Deutschen – so der Bomber Dornier Do 17 und der schwere Jäger Me 110 – sollten sich als Fehlkonstruktionen erweisen, doch 1940 war die deutsche Luftwaffe nicht mehr mit den veraltenden oder bereits veralteten Modellen belastet, mit denen die französischen und britischen Fliegerstaffeln ausgestattet waren. Hinzu kam, dass zu den ranghohen Luftwaffenoffizieren eine Reihe erstklassiger Männer zählte – Milch, Jeschonnek und Kesselring; dass sie vom Heer zur Luftwaffe wechselten, war ein Hinweis auf ihre Kompetenz. Im Gegensatz dazu hatten zu viele hohe Offiziere der französischen und britischen Luftstreitkräfte einen Karriereknick hinter sich; sie hofften dort auf einen Neubeginn, weil sie beim Heer versagt hatten.

Die gemeinsame Ausbildung der deutschen Luftwaffen- und Heeresoffiziere – Jeschonnek hatte die Kriegsakademie als Bester absolviert – sorgte dafür, dass die Taktik der Boden-Luft-Operationen in der Wehrmacht eine bruchlose Einheit bildete. Wenn die Stäbe der zehn Panzerdivisionen Luftunterstützung anforderten, dann wussten sie, dass diese rechtzeitig eintraf, wo und wie sie gebraucht wurde. Das steigerte die ohnehin schon enorme Kampfkraft der Panzer noch zusätzlich. Im Vergleich der einzelnen Modelle waren die deutschen Tanks denen der britischen und französischen Armee nicht erkennbar überlegen. Der Panzer IV, künftig der Hauptkampfwagen des Heeres, war gut gepanzert, aber zu schwach bewaffnet. Der Panzer III, das Arbeitspferd, war hinsichtlich seiner Panzerung sowohl dem britischen Infanteriepanzer Typ I als auch dem französischen *Somua* unterlegen; die fortschrittliche Konstruktion des Letzteren mit seinen Gussstahlschalen sollte die Bauweise des amerikanischen *Sherman* der Jahre 1942–45 beeinflussen. Allerdings waren die deutschen Panzer zu «reinrassigen» Panzerverbänden zusammengefasst, den Panzerdivisionen, die nicht nur unbehindert von Fußtruppen und Artillerie agieren konnten, sondern auch so ausgebildet waren, dass die besonderen Vorzüge des Panzers – Geschwindigkeit, Wendigkeit und Unabhängigkeit im Einsatz – optimal genutzt wurden.

Im Gegensatz dazu verfügten die Briten lediglich über eine einzige, erst im Entstehen begriffene gepanzerte Division, während die Franzosen zwar mehr Panzer als die Deutschen besaßen (3000 gegenüber 2400), die Hälfte (1500) aber auf die langsamen Infanteriedivisionen verteilt, weitere 700 den gemischten «Kavallerie-» und «mechanisierten» Divisionen zugewiesen und nur die restlichen 800 Wagen zu fünf Divisionen zusammengelegt hatten, von denen 1940 drei aktiv waren und eine – unter dem Kommando des eigenwilligen Charles de Gaulle – gerade erst entstand. Die zehn deutschen Panzerdivisionen waren, als Ergebnis der seit dem Polenfeldzug vorgenommenen Umgruppierung von «leichten» Divisionen zu echten Panzerdivisionen, nicht nur in ihrer Zusammensetzung homogen, sie waren auch höheren Befehlsstellen zugeordnet: dem XVI. Panzerkorps unter Hoepner, dem XV. unter Hoth, dem XIX. unter Guderian und dem XLI. unter Reinhardt. Guderians und Reinhardts Korps bildeten zusammen mit Wietersheims XIV. motorisierten Korps (einem Verband motorisierter Infanteriedivisionen mit integrierten Panzerbataillonen) einen separaten Großverband, die Panzergruppe von Kleist. Sie war, als sie eingerichtet wurde, eine revolutionäre Neuerung, der größte gepanzerte Verband, über den je ein Heer verfügt hatte, und Vorläufer der großen Panzerarmeen, die in den Jahren 1941–45 über die Schlachtfelder des Krieges rollten.

Die Maginot-Mentalität

Diese kompakte Panzerkonzentration machte die deutsche Wehrmacht zu einem höchst bedrohlichen Gegner für die Armeen der Westalliierten, doch im Frühjahr 1940 standen sich die Parteien beiderseits der deutsch-französischen Grenze noch abwartend und einander beobachtend gegenüber. Das französische Heer mit seinen 101 Divisionen unterschied sich seinem Wesen nach kaum von dem des Jahres 1914; man trug die gleichen Stiefel, bemannte das gleiche Geschütz – die ehrwürdige 7,5-cm-Feldkanone – und marschierte zu den gleichen Klängen wie unter «Papa» Joffre. Viele seiner Kommandeure hatten seinerzeit als Stabsoffiziere unter den Generalen gedient, die dieses Heer in jenem schrecklichen August, 26 Jahre zuvor, ins Feld geführt hatten. Zudem war es immer noch ein Heer zu Fuß, dessen Beweglichkeit bestimmt wurde vom altvertrauten Marschtritt der Soldaten und vom Rhythmus der Pferdehufe. Das galt allerdings für die Masse der deutschen Wehrmacht genauso, denn deren 120 Infanteriedivisionen waren wie der Feind auf feste Straßen angewiesen. Anders die zehn deutschen Panzerdivisionen und die zu ihrer Unterstützung bereitstehenden Fliegerstaffeln der Luftwaffe. Gemeinsam bedrohten sie die Erdtruppen des westlichen Bündnisses in der Tat mit einem «Blitzkrieg». Wie glaubten die Generale des Westens sie aufhalten zu können?

Die Strategie des Westens gründete sich natürlich vor allem auf die vermeintliche Unüberwindlichkeit der Maginot-Linie, jener «Ostfront aus Beton», die alle verfügbaren Mittel des französischen Verteidigungshaushalts aufgezehrt hatte, seit im Jahre 1930 die ersten Baugelder bewilligt worden waren. Doch noch ehe der Maginot-Linie diese Rolle zufiel, hatten die Franzosen sich schon auf eine «unüberwindliche» Militärgrenze festgelegt. Bereits 1922 hatte das französische Heer beschlossen, dass seine Soldaten nie wieder wie 1914 gezwungen sein sollten, das Land in offener Feldschlacht zu verteidigen. Seither hatte jede demographische und wirtschaftliche Entwicklung – die sinkende Geburtenrate, die Stagnation der Industrialisierung – sie in ihrem Entschluss bestärkt.

Ursprünglich waren für die Maginot-Linie drei Milliarden Franc bewilligt worden. 1935 hatte man 7 Milliarden investiert, ein Fünftel des jährlichen Militärhaushalts war in das Projekt geflossen, doch erst 140 Kilometer des Befestigungswerks waren vollendet. Die Experten waren zufrieden (zu Recht, wie die Ereignisse des Jahres 1940 zeigen sollten): Für die hohen Kosten hatte man auf ganzer Länge der Linie, also entlang der französisch-deutschen Grenze, wirksamen Schutz erhalten. Dort aber, wo Frankreich an Belgien stieß, blieb ein fast 400 Kilometer langer

Grenzstreifen vollkommen unbefestigt. Es hatte nicht nur an Geld zur Verlängerung des Befestigungsgürtels gefehlt: Der Wunsch, die guten Beziehungen zu Belgien nicht zu gefährden, hatte es ratsam erscheinen lassen, das Geld lieber nicht aufzubringen; denn als Hitler 1936 das Rheinland remilitarisierte, hatte Belgien seine Militärkonvention mit Frankreich aufgekündigt und sich für «unabhängig» – aber nicht neutral – erklärt, wobei es deutlich gemacht hatte, dass es sich einer Verlängerung der Maginot-Linie nach Norden widersetzen werde, falls man ihm die falsche Seite der Befestigungsanlagen zugedacht habe.

Im Falle einer deutschen Offensive, die sich wie 1914 wieder die Schwäche Belgiens zunutze machen würde, hätte das französische Oberkommando sein mobiles Feldheer auf belgisches Territorium schicken müssen, ohne dass es vorher in der Lage gewesen wäre, die Operationspläne mit dem belgischen Generalstab abzustimmen oder das voraussichtliche Schlachtfeld zu erkunden. Dennoch waren die Franzosen gezwungen, sich mit dieser höchst unbefriedigenden Vorbereitung für die Entscheidungsschlacht abzufinden. Am 24. Oktober 1939 erteilte General Maurice Gamelin, der französische Oberkommandierende, den Befehl, im Falle eines deutschen Angriffs an die von der Schelde in Belgien gebildete Linie vorzurücken. Drei Wochen später, am 15. November, gab Gamelin die Weisung Nr. 8 heraus. Sie sah vor, die Truppen an die Dyle vorzuschieben, um durch eine Verbindung zwischen dem Mündungsgebiet der Schelde und der Maas, den beiden großen Wasserhindernissen Belgiens, eine kürzere Front zu bilden. Von dort aus wollte man die Lücke zur Maginot-Linie von Truppen abdecken lassen, die auf dem Wasserwege verlagert werden konnten.

Die Weisung Nr. 8 hatte den Vorteil, dass sie die französisch-britischen Truppen näher hinter die angenommenen Stellungen der belgischen Armee führte, die es bei Mobilmachung auf 22 Divisionen brachte und einen ausgezeichneten militärischen Ruf genoss. Trotz allen Spotts, mit dem die Alliierten die Belgier später bedachten, sahen die Deutschen sie seit 1914 als ernst zu nehmende Gegner an, eine Einschätzung, an der sie auch nach dem späteren Debakel festhielten. Wie 1914 war die belgische Front, insbesondere entlang der Maas, von starken, mit großem Aufwand erbauten Festungen geschützt.

Konnten die Belgier, selbst wenn sie allein kämpften, die Deutschen an ihrer Grenze eine Zeit lang aufhalten? Die Weisung Nr. 8 versprach eine effiziente Strategie. Der Erfolg würde von der operativen Wirksamkeit der taktischen französisch-britischen Truppen abhängen. Dabei war das Britische Expeditionskorps durchaus homogen, wenn auch von unterschiedlicher Qualität. «Es hatte keinen Sinn», schrieb der britische Botschafter in Paris seinem Außenminister Lord Halifax im Januar 1940, «auf die Größe der britischen Kriegsmarine und Luftwaffe hinzuweisen ..., die öffentliche Meinung in Frankreich verlangte große Truppenstärken in Europa.» Die Briten hatten ihr Bestes getan; im Dezember 1939 hatten sie alle fünf aktiven, ausgezeichneten Divisionen, die im Mutterland stationiert waren, nach Frankreich entsandt. Da das britische Militärsystem aber – anders als die Wehrpflichtigenarmeen in Frankreich und Deutschland – durchgängig aus aktiven Truppen bestand und nur in sehr begrenzter Zahl über ausgebildete Reserven verfügte, waren mit der Entsendung beinahe sämtliche militärischen Ressourcen erschöpft. Zusätzliche Divisionen mussten in der Freiwilligenmiliz, dem Territorialheer, gefunden werden.

Diese «Wochenendsoldaten», wie sie in Großbritannien genannt wurden, zeichneten sich durch hohe Begeisterung, aber geringe Erfahrung und mangelnde Fertigkeiten aus. Die fünf zusätzlichen Divisionen, die man zwischen Januar und April nach Frankreich schickte, waren allesamt Territorialtruppen; die letzten drei, die im April noch ausrückten, waren so schlecht ausgebildet und ausgerüstet, dass selbst die Briten sie als «Arbeitseinheiten» einstuften. Obendrein handelte es sich bei allen 13 um Infanteriedivisionen; im Mai 1940 war der einzige britische Panzerverband, die

1. Panzerdivision, noch nicht einsatzbereit. Dennoch besaß das Britische Expeditionskorps eine eindrucksvolle Geschlossenheit der Organisation und großen Kampfgeist. Mit fröhlicher Gleichgültigkeit waren die aktiven Soldaten ins Feld gezogen, wie immer interessierte es den einfachen Soldaten nicht, wer eigentlich die Feinde seines Königs waren – oder die Verbündeten (er sei bereit, «gegen die verdammten Belgier zu kämpfen», hatte ein *Tommy* 1914 Siegfried Sassoon erklärt) –, und die «Territorialen» wollten ebenso kaltblütig sein.

Dagegen war die französische Armee ein Sammelsurium von Divisionen und sonstigen Einheiten; guten, mittelmäßigen und einfach schlechten. Zu den guten zählten die zehn «aktiven» Wehrpflicht-Infanteriedivisionen, die auch im Frieden volle Kriegsstärke besessen hatten, die sieben aktiven Divisionen des Kolonialheeres und jene nordafrikanischen Divisionen der *Armée d'Afrique*, die man nach Frankreich verlegt hatte. Weniger gut waren die Reservedivisionen der Kategorie A, die aus jüngeren Reservisten rekrutiert worden waren; manche der Divisionen der Kategorie B, zu denen man Reservisten gezogen hatte, die älter als 32 Jahre waren, machten einen militärisch kraftlosen und gar aufsässigen Eindruck. Generalleutnant Alan Brooke, der künftige britische Generalstabschef, erinnerte sich voller Widerwillen an einen Vorbeimarsch im November 1939: «... unrasierte Männer, Pferde und Kleidung ungepflegt, Sattelzeug, das nicht passte, dreckige Fuhrwerke und absoluter Mangel an Stolz auf sich selbst oder ihre Einheiten. Was mich jedoch am meisten erschütterte, war der Gesichtsausdruck der Leute, übellaunige, aufsässige Blicke ... obwohl ‹die Augen links› befohlen war, machte sich kaum einer die Mühe, dem nachzukommen.»

Die französischen Panzer- und motorisierten Divisionen verfügten zwar über besser qualifizierte Soldaten, waren jedoch zu keinem geschlossenen System zusammengefasst; in den fünf leichten Kavalleriedivisionen (DLC) gab es berittene und Panzerspähwagen-Einheiten, in den drei leichten motorisierten Divisionen (DLM) Spähwagen und leichte Panzer. Die vier gepanzerten Divisionen (DCR) besaßen ausschließlich Panzer, und die zehn motorisierten Divisionen bestanden aus aufgesessener Infanterie. Sie alle waren planlos auf die Armeen verteilt, sodass keiner der Oberbefehlshaber über solch kompakte Panzerverbände verfügen konnte, wie sie bei Rundstedts Heeresgruppe A an vorderster Front standen. Vielleicht die einzigen vernünftig ausgebildeten und für die zugedachte Aufgabe sinnvoll ausgerüsteten französischen Einheiten waren die Festungsdivisionen in der Maginot-Linie, zu denen auch Maschinengewehrschützen aus Indochina und Madagaskar gehörten, doch sie waren in ihren Stellungen gefangen und andernorts nicht einzusetzen.

Das deutsche Heer, das dieser bunt gemischten alliierten Streitmacht gegenüberstand, beeindruckte vor allem durch die Homogenität seines Aufbaus. Es umfasste nur Divisionen von dreierlei Art: Panzerdivisionen, motorisierte Divisionen, Infanteriedivisionen; die Fallschirmjäger gehörten zur Luftwaffe. Im Mai 1940 waren alle zehn Panzer- und alle sechs motorisierten Divisionen im Westen eingesetzt; Gleiches galt für 118 Infanteriedivisionen, die sich – ob aktive Vorkriegsdivisionen oder im Kriege aufgestellte Reserven – seit dem Polenfeldzug hinsichtlich ihrer Kampftüchtigkeit kaum voneinander unterschieden. Aus dem Rahmen fielen in der deutschen Schlachtordnung nur die 1. Kavalleriedivision (tatsächlich ein motorisierter Verband), die Elitedivisionen der Gebirgsjäger und die zwei motorisierten Divisionen der Waffen-SS. Die SS hatte schon in Polen einen Hang zu völkerrechtswidriger Brutalität bewiesen, der sich in Frankreich noch verstärken sollte. Ansonsten unterschieden sich die SS-Verbände von denen des Heeres nur dadurch, dass sie offenbar entschlossen waren, auf dem Schlachtfeld besondere Tapferkeit zu beweisen.

Der einfachen Organisation des deutschen Heeres entsprach auch dessen Kommandostruktur. Die Befehlslinie im Heer führte von Hitler abwärts über das ihm dirckt unterstehende Oberkommando der Wehrmacht (OKW), damals noch ein wenig entwickeltes Steuerungsinstrument, und das Oberkommando des Heeres (OKH) unmittelbar zu den Heeresgruppen. In der Praxis würde sich Hitler, wie es sich in Polen bereits angedeutet hatte, direkt mit dem Generalstab auseinander setzen – sein Hauptquartier befand sich daher in dessen Nähe –, die operative Führung jedoch seinen Fachleuten überlassen. Über den Verbindungsstab zwischen Luftwaffe und OKH wurden die Luftoperationen mit denen des Heeres koordiniert.

Im Gegensatz dazu lag auf alliierter Seite die operative Führung beim französischen Obersten Befehlshaber, General Maurice Gamelin. Sie wurde jedoch zunächst durch den Oberbefehlshaber der Landstreitkräfte, General Doumenc, wahrgenommen, dann durch den Oberbefehlshaber Nordost, General Alphonse Joseph Georges, dem nicht nur die französische 1., 2. und 3. Heeresgruppe unterstanden, sondern auch noch die Britischen Expeditionsstreitkräfte (BEF). Deren Oberbefehlshaber, General Lord Gort, war operativ Georges verantwortlich, politisch jedoch dem britischen Kabinett. Weil aber Gamelin politisch dem eigenen Kabinett gegenüber Rechenschaft ablegen musste, war er im Mai 1940 dazu übergegangen, sich direkt mit Gort in Verbindung zu setzen, ohne Georges einzuschalten, während Gort sich letztlich an die Befehle aus London hielt, statt sich nach La Ferté (dort hatte Georges sein Hauptquartier), Montry (wo Doumenc residierte) oder Vincennes (dem Sitz Gamelins, des Obersten Befehlshabers) zu wenden.

Ein weiterer Schwachpunkt des alliierten Kommandosystems bestand darin, dass Gamelins Hauptquartier sich in der Nähe von Paris befand und das von Doumenc auf halbem Wege zwischen Gamelin und Georges in Nordfrankreich lag. Gort hatte ein separates Hauptquartier, genauso wie die Oberbefehlshaber der britischen und französischen Luftstreitkräfte. Die Royal Air Force in Frankreich war tatsächlich zwei Hauptquartieren unterstellt: Gort befehligte diejenigen ihrer Verbände, die den BEF angegliedert waren, doch die viel größere *Advanced Air Striking Force* (ein Jagdbomberverband) stand unter dem Befehl des Bomberkommandos in England. Die französische Luftwaffe besaß drei Befehlsebenen oberhalb der operativen Staffeln, drei separate Staffelkommandos und Verbindungsstäbe mit beiden Teilen der RAF.

Strukturelle Mängel wurden noch durch persönliche Unzulänglichkeiten verstärkt. Gort war als tapferer Offizier bekannt, der sich im Ersten Weltkrieg das Victoriakreuz verdient hatte; er identifizierte sich jedoch zu sehr mit den Kommandeuren seiner Kampfbataillone. Georges hatte sich von einer Verwundung, die er 1934 beim Attentat auf den jugoslawischen König in Marseille erlitten hatte, nie wieder richtig erholt. Gamelin, früher einmal Joffres Stabschef, war einfach alt – 68 Jahre – und, was schlimmer war, entsprechend erschöpft. De Gaulle, der ihn in seinem «klösterlichen» Hauptquartier in Vincennes zur Zeit des Sitzkrieges besuchte, gewann den Eindruck, er habe es mit einem Forscher zu tun, der im Laborversuch die chemischen Reaktionen seiner Strategie untersuche. Luftmarschall Arthur Barratt, der Oberbefehlshaber der britischen Luftstreitkräfte in Frankreich, kam zu einer etwas schärferen Beurteilung: «Ein knopfäugiger, kugelbäuchiger kleiner Krämer in Knopfstiefeln.» Gamelins taktische Anweisungen lasen sich wie philosophische Traktate. Aus Vincennes kam kein Wort, weder schriftlich noch mündlich, das den Männern an der Front Mut gemacht hätte.

Vielleicht hätte das auch nur ein Prometheus vermocht – und Gamelin hatte so gar nichts Prometheisches an sich. Selbst die britische Armee, eine Bruderschaft aus Berufssoldaten und eifrigen Amateuren, stand dem Krieg mit einem Gefühl des Déjà-vu gegenüber – mit der Einstellung: «Schließlich haben wir die Deutschen schon mal geschlagen, warum also nicht wieder?» Das französische Heer, aus der Gesamtbevölkerung rekrutiert, die von den schrecklichen Leiden der Jahre 1914 bis 1918 gezeichnet und politisch in extremistische Lager gespalten war, wurde von einem ähnlichen Gefühl sinnloser Wiederholung heimgesucht, nur in weit schlimmerer Form. Albert Lebrun, der französische Staatspräsident, bemerkte bei seinem Frontbesuch eine «nachlassende Entschlossenheit, gelockerte Disziplin. Niemand dort atmete mehr die reine, belebende Luft der Schützengräben.» Winston Churchill, Erster Lord der Admiralität, war bei einem Besuch der französischen Front «erschüttert von der Gleichgültigkeit, die dort herrschte, von dem beklagenswerten Leistungsstand, dem Mangel an jeder erkennbaren Aktivität». Und General Edouard Ruby von der 2. Armee fand, dass «jede Übung als Schikane, jede Arbeit als Strapaze galt. Nach etlichen Monaten der Stagnation glaubte keiner mehr an den Krieg.»

Zum Teil glaubten die Franzosen nicht mehr daran, weil nicht nur die gemeinen Soldaten, sondern auch die Generale erwarteten, der kommende Krieg werde eine Wiederholung des Stellungskrieges sein – eine endlos sich hinziehende Pattsituation. Die einfachen Soldaten und Generale der deutschen Wehrmacht hatten in Polen ganz andere Erfahrungen gemacht; und falls sie nicht so recht daran glauben mochten, dass sie sich im Westen wiederholen ließen, so waren Hitler solche Zweifel fremd. Am Vortag von «Fall Gelb» erklärte er, der «größte Sieg aller Zeiten» stehe unmittelbar bevor. Nachdem Hitler abgefangene Dokumente der Alliierten über deren Interventionspläne in Norwegen gelesen hatte, war er zu der Überzeugung gelangt, man werde ihn nicht für eine Verletzung der holländischen und belgischen Neutralität verurteilen können, und verkündete Halder, der Angriff im Westen müsse in der ersten Maiwoche beginnen. Aufgrund der Wettervorhersage wurde der Termin zunächst vom 5. auf den 6., dann auf den 8. Mai verschoben. Am 7. Mai schließlich verlegte Hitler den Angriffsbeginn auf den 10. Mai, erklärte allerdings, eine weitere Verschiebung werde es nicht geben. Er blieb bei seinem Entschluss.

«Am Freitag, dem 9. Mai, spätabends», schrieb der Historiker Guy Chapman, «vernahmen die nach Deutschland ausgerichteten Vorposten von der holländischen Grenze bis nach Luxemburg ein gewaltiges Grollen auf deutscher Seite, als ob sich dort eine riesige Heerschar sammle.» Kurz vor Mitternacht ging in Brüssel eine Nachricht des belgischen Militärattachés in Berlin ein, die vor dem bevorstehenden Angriff warnte, aber sie wurde mit Verspätung dechiffriert. Sofort versetzte das belgische Oberkommando seine Armee in Alarmbereitschaft, doch die deutschen Vorausabteilungen griffen bereits an. Am Morgen des 10. Mai um 4.30 Uhr begannen Fallschirmjäger in Holland bei Den Haag und Leyden sowie in Belgien an den Maasübergängen zu landen. Die kühnste dieser Luftlandeattacken galt dem belgischen Fort Eben Emael, in dessen Nähe Maas und Albertkanal sich treffen, zwei Wasserstraßen, die von der belgischen Verteidigungsplanung als Schlüsselhindernisse angesehen wurden. Per Lastensegler herangeführte deutsche Infanterie landete unsanft auf dem Dach des Forts und überwältigte die Besatzung mit Hilfe betonbrechender Ladungen, wobei der ausschlaggebende Faktor des Erfolgs das Überraschungsmoment war.

Doch für niemanden war das Überraschungsmoment größer als für die in der Tat neutralen Holländer. Am Ersten Weltkrieg hatten sie sich nicht beteiligt, und auch aus dem Zweiten wollten sie sich heraushalten. Sie wurden nur deshalb als Kriegsgegner auserkoren, weil Teile ihres Territoriums, insbesondere der so genannte Maastricht-Zipfel, eine einfache Möglichkeit zur Umgehung der belgischen Wasserhindernisse boten. Die Mittel der holländischen Landesverteidigung waren äußerst bescheiden. Ihre lediglich zehn Divisionen umfassende Armee hatte seit 1830 keinen Krieg mehr geführt. Die Luftwaffe besaß 125 Flugzeuge, von denen die Hälfte durch einen Überraschungsangriff am Boden zerstört wurde. Die größte Hoffnung der Holländer, eine Niederlage zu verzögern, lag, wie sie 300 Jahre zuvor im Achtzigjährigen Krieg gegen die Spanier gelernt hatten, im Rückzug in die Tieflandgebiete um Amsterdam und Rotterdam und im Vertrauen darauf, das Netz ihrer Kanäle und Flüsse werde den Eindringling eine Weile aufhalten. Diese Strategie, welche die Spanier zu Jahrzehnte währenden Feldzügen gezwungen hatte, wurde von der deutschen Luftmacht in wenigen Stunden durchkreuzt.

Blitzkrieg im Westen
Grenze des Großdeutschen Reiches 1942
Maginot-Linie
Evakuierung alliierter Truppen, 26. Mai bis 4. Juni
Liverpool
Manchester
Hull
Sheffield
GROSSBRITANNIEN
Birmingham
Coventry
Nordsee
NIEDERLANDE
Amsterdam
London
Southampton
Plymouth
Brighton
Portsmouth
Dover
Rotterdam
10.–14.5.1940
Dünkirchen
Essen
10.–28.5. 1940
Antwerpen
Ärmelkanal
Brüssel
Köln
Cherbourg
BELGIEN
Rhein
Rouen
Amiens
Sedan
Mainz
Rethel
Compiègne
Luxemburg
Rennes
10. Mai bis 25. Juni 1940
Paris
Maas
Seine
St. Nazaire
Loire
Straßburg
Nantes
Orléans
Épinal
Tours
Langres
Dijon
Le Creusot
Zürich
Bern
FRANKREICH
SCHWEIZ
Vichy
Riom
Lyon
Bordeaux
«Etat Français» Vichy-Regierung seit 10.7.1940
Mailand
Garonne
Po
Rhône
ITALIEN
Toulouse
Genua
Juni 1942
ANDORRA
Marseille
Toulon
SPANIEN
Perpignan
0 40 80 120 160 200 km

Nachdem ein Strom von Junkers-Transportmaschinen des Typs Ju 52 die vom Wasser vorgegebenen Verteidigungslinien der «Festung Holland» überflogen hatte, setzten sie am Morgen des 10. Mai die gesamte 22. Luftlandedivision im Herzen dieser Festung ab, damit sie dort die Ankunft der Panzer der Heeresgruppe B erwarteten. Obwohl die holländische Armee tapfere Gegenwehr leistete, etliche strategisch wichtige Brücken bei gescheiterten deutschen Überraschungsangriffen gesprengt wurden und die französische 7. Armee eingriff, brauchten die deutschen Fallschirmtruppen nicht lange zu warten.

Am Morgen des 13. Mai, als die deutschen Panzerspitzen sich anschickten Verbindung herzustellen und kurz vor der Einnahme Rotterdams standen, deutete die Luftwaffe eine Erfolgsmeldung der Erdtruppen falsch und machte das Stadtzentrum Rotterdams dem Erdboden gleich. Es war das erste «Flächenbombardement» des Zweiten Weltkrieges, ein Luftangriff, dem 814 Zivilpersonen zum Opfer fielen. Doch damit brach der holländische Widerstand endgültig zusammen, was die Königin der Niederlande dazu zwang, sich von einem Schiff der Royal Navy in einen britischen Hafen bringen zu lassen – ursprünglich hatte sie gebeten, man möge sie in einen anderen Teil ihres Reiches bringen –, und das holländische Oberkommando am folgenden Tage zur Kapitulation nötigte. Als Königin Wilhelmina ihr Land verließ, prophezeite sie: «Zu gegebener Zeit und mit Gottes Hilfe werden die Niederlande ihre europäischen Gebiete wiedererlangen.» Die holländische Bevölkerung, die die grausamste deutsche Okkupation in Westeuropa über sich ergehen lassen musste, konnte nicht vorhersehen, dass das holländische Kolonialreich in Ostindien ebenfalls verloren gehen sollte, ehe endlich die Befreiung nahte.

An den Holländern wurde nach 1940 keinerlei Kritik geübt, seitens der Sieger nicht und auch nicht von den Besiegten. Anders verhielt es sich mit den Belgiern. Während die deutsche Wehrmacht in den belgischen Soldaten unerschütterliche Kämpfer sah – im offiziellen Kriegstagebuch der deutschen 18. Division ist die

Rede von «ungewöhnlicher Tapferkeit»; Hitlers deutscher Widersacher Ulrich von Hassell urteilte: «Von unseren Gegnern kämpften die Belgier am besten»; und Siegfried Westphal, der spätere Generalstabschef der deutschen Armeen, die Frankreich 1944 gegen die Invasion verteidigten, merkte an: «Es war erstaunlich zu sehen, daß die belgischen Truppen umso härter kämpften, je mehr es sichtbar dem Ende zuging» –, hielten Briten und Franzosen in der Krise von 1940 und danach hartnäckig an der Ansicht fest, an dem Debakel hätten Belgiens Heer, König und Regierung einen Großteil der Schuld getragen.

Man stellte General Robert van Overstraeten, König Leopolds obersten Militärberater, als «bösen Geist» des Feldzugs von 1940 hin, der sich vor dem deutschen Angriff einem gemeinsamen Vorgehen mit den Franzosen und Briten widersetzt und sich gleich nach Angriffsbeginn für den Defätismus entschieden habe. Beide Vorwürfe haben sicherlich eine gewisse Berechtigung, doch in Wahrheit befanden sich die Belgier in einer unhaltbaren Situation. Da sie den Franzosen und Briten nicht von Anfang an gestattet hatten, Truppen auf belgischem Territorium zu stationieren – was der Unabhängigkeit widersprochen hätte, in der sie noch immer die besten Aussichten sahen, eine Invasion abzuwenden –, blieb ihnen keine andere Wahl, als zu den Alliierten militärisch auf Distanz zu gehen, während sie gleichzeitig ihre Ostgrenze nach besten Kräften gegen die Wehrmacht befestigten. Trotzdem hatte van Overstraeten es britischen und französischen Offizieren gestattet, in Zivil die Stellungen zu erkunden, die sie im Falle eines deutschen Angriffs beziehen wollten. Obwohl er sich weigerte, die eigenen Verteidigungspläne mit denen der Alliierten abzustimmen, ließ er ihnen belgische Erkenntnisse über die deutschen Pläne zukommen, darunter Einzelheiten zum ursprünglichen «Fall Gelb», die am 9. Januar bei Mechelen in belgische Hand gefallen waren, und informierte sie auch, als spätere Hinweise darauf schließen ließen, dass die Deutschen die französisch-britische Armee an der Westfront umfassen und vernichten wollten.

Van Overstraetens militärischer Einwand gegen eine engere Zusammenarbeit mit den Alliierten beruhte auf der Einschätzung, dass diese wohl auf keinen Fall bereit wären, ganz Belgien zu verteidigen. Er ging (völlig zu Recht) davon aus, dass sie nicht die Absicht hatten, weiter als bis in die Mitte des Königreichs vorzurücken. Ebenso zutreffend, wenn auch erheblich unerfreulicher war die Vermutung, die Alliierten würden von der belgischen Armee erwarten, dass diese sich in ihren vordersten Stellungen am Albertkanal «opferte», während sie selbst im rückwärtigen Gebiet an der Dyle Stellung bezogen. Nicht einmal dazu jedoch ließen die Ereignisse ihnen Zeit. Die französische 7. Armee, obwohl von Henri Giraud geführt, einem echten Kampftruppengeneral und künftigen Rivalen de Gaulles um die Führung des Freien Frankreich, kam mit ihrem Auftrag – sie sollte an der Nordseeküste entlangmarschieren, um dann den holländischen und belgischen linken Flügel zu unterstützen – nicht recht voran. Sie hatte einen weiteren Weg zurückzulegen als die Deutschen, die mit ihrer Heeresgruppe B aus der Gegenrichtung vorrückten und sich bei der Überwindung der Wasserhindernisse, obwohl diese verteidigt wurden, geschickter anstellten als die Franzosen. Ihre motorisierten Aufklärungsabteilungen gerieten zudem in deutsche Luftangriffe. Am 12. Mai kam die Armee bei Breda, ihrem zugewiesenen Marschziel, zum Stehen; am folgenden Tag erhielt sie Befehl, zurückzuweichen und den linken Flügel der Dyle-Linie bei Antwerpen zu decken. Während sie dem Befehl nachkam, folgte ihr die Vorhut der 9. Panzerdivision auf dem Fuße.

Der alliierte Vorstoß an die Dyle missglückte ebenfalls. Es kam zu einem «Dominoeffekt». Dadurch, dass das holländische Heer sich aus seinen vordersten Stellungen auf die «Festung Holland» um Amsterdam und Rotterdam zurückzog, entblößte es den linken Flügel der Belgier am Albertkanal, dort, wo er von der 9. Panzerdivision umfasst wurde. Auf dem rechten Flügel wurden sie von der 3. und 4. Panzerdivision bedrängt, die beabsichtigten, mit Hilfe der in Eben Emael abgesetzten Luftlandetruppen die Maas mit ihren Steilufern zu überwinden – das schwierigste militärische Hindernis in ganz Nordwesteuropa. Während die Royal Air Force vergeblich versuchte, mit einer Reihe von selbstmörderischen Bombereinsätzen die Maasbrücken zu zerstören, um den deutschen Vormarsch aufzuhalten, begannen die Belgier den Rückzug in der Hoffnung, dass ihnen aus dem rückwärtigen Bereich, von der französischen 1. Armee und dem Britischen Expeditionskorps, die beide an die Dyle-Linie vorrückten, Unterstützung zuteil würde.

«Fußspuren aus einem Traum»

Beide Heere rückten vor. Die BEF passierten Brüssel, die französische 1. Armee zog an Maubeuge vorbei, auf ihrem rechten Flügel die 9. Armee des Generals André Corap. Für die Briten ging der Vormarsch über vertrautes Terrain. Er führte über Marlboroughs Gefechtsfeld hinweg, an Waterloo vorbei und über Ypern und Mons, die Schlachtfelder ihrer jüngeren Militärgeschichte. «Es war beinahe so», schrieb der amerikanische Kriegsberichterstatter Drew Middleton, «als folgten sie Fußspuren aus einem Traum. Sie sahen wieder die Gesichter längst gefallener Freunde und hörten die halb vergessenen Namen von Städten und Dörfern.» Bald darauf sollte der Traum zu einem Albtraum werden, für sie und ihre französischen Verbündeten gleichermaßen.

Die Dyle, der sie sich näherten, bildete kaum ein natürliches Hindernis; die künstlichen Hindernisse, die von den Belgiern, wie man glaubte, den Flusslauf entlang errichtet worden waren, gab es nur vereinzelt oder sie fehlten ganz. (Die Briten sollten diejenigen, die sie selbst aufgestellt hatten, ein paar Jahre später wiedersehen. Abgebaut, eingesammelt und in die Normandie transportiert, bildeten sie einen Hauptbestandteil der deutschen Befestigungen an den Stränden der Invasion.) Die Franzosen führten zwei «Kavallerie»- und eine motorisierte Division mit sich; die Briten hatten so gut wie keine gepanzerten Fahrzeuge. Sie sahen sich Hoepners

Panzerkorps mit über 600 Panzern gegenüber, deren Besatzungen nach dem Polenfeldzug kampferfahren waren und wussten, wie man einen schnellen Vorstoß vorzutragen hatte. Kein Wunder, dass Hitlers Erinnerung an dieses Stadium des Feldzugs von einem unheimlichen Zynismus geprägt war: «Als die Nachricht kam, daß der Feind auf der ganzen Front den Vormarsch gegen uns angetreten hatte, ich hätte weinen können vor Freude; er war uns in die Falle gegangen! ... Sie mußten glauben, wir hielten uns an den alten Schlieffen-Plan.» Seine ersten Kriegserfahrungen hatte Hitler auf einem Schlachtfeld gesammelt, das nur 80 Kilometer von der Dyle entfernt lag, während der Endphase des «alten Schlieffen-Plans» im Oktober 1914. Es war eine schmerzliche und blutige Feuertaufe gewesen. Nun aber: «Wie lieblich war das Felsennest [sein Hauptquartier beim «Sichelschnitt»]. Am Morgen die Vögel, der Blick auf die Straße, auf der die Kolonnen vorrückten, hoch in der Luft die Fliegerstaffeln. Dort war ich mir sicher, daß für mich alles gut ausgehen würde ... Ich hätte weinen können vor Freude.»

Im Hauptquartier seiner Gegner sollten bald Tränen der Verzweiflung fließen – allerdings nicht beim hart gesottenen Generalmajor Bernard Montgomery, Kommandeur der britischen 3. Division, deren Soldaten sich am 11. Mai gut gelaunt an der Dyle-Linie verschanzten; auch nicht bei Sir Edmund Ironside, dem britischen Chef des Stabes, aus dessen Tagebuch hervorgeht, dass er «insgesamt den Vorteil auf unserer Seite» vermutete und «den ganzen Sommer hindurch wirklich schwere Kämpfe» erwartete. Gamelin kamen ebenfalls nicht die Tränen; er «sorgte sich vor allem um Holland» und hatte demzufolge seine Befehlsgewalt in Belgien an Georges delegiert. Und selbst General Gaston Billottes Augen blieben trocken, dem Georges seinerseits die Kommandobefugnis über die Nordfront übertragen hatte und der mit seinen 30 Divisionen über mehr als ausreichende Kräfte verfügte, um auftragsgemäß die ihm zugewiesenen knapp 90 Frontkilometer zu decken. Obwohl sich die Situation an ihren Flanken besorgniserregend entwickelte und obwohl der belgische Widerstand vor ihnen erlahmte, hatten die Alliierten Grund zu der Annahme, sie würden in der «Hauptkampflinie» an der Dyle die vorrückenden Deutschen zahlenmäßig übertreffen – was auch der Fall war – und den Vormarsch zum Stehen bringen können.

Die alliierte Zufriedenheit mit der Lage in Belgien beruhte jedoch auf der Fehleinschätzung (Anlass zu Hitlers Frohlocken), die Hauptachse der deutschen Offensive vor sich zu haben und der konzentrierten Hauptstreitmacht gegenüberzustehen. Wie im Jahre 1914 war es ihren Nachrichtendiensten nicht gelungen, festzustellen, wo der deutsche Angriffsschwerpunkt lag. 1914 war es die französische Kavallerie gewesen, die die Ardennen durchkämmt hatte, statt ihr Augenmerk auf Flandern zu richten, und der auf diese Weise die deutschen Angriffsspitzen entgangen waren. 1940 waren es die alliierten Luftstreitkräfte, die wütende, aber vergebliche Angriffe gegen die deutschen Vorausabteilungen in Belgisch-Flandern vortrugen, statt die Ardennen zu überfliegen, wo sie die deutschen Truppen entdeckt hätten.

Vom 10. bis zum 14. Mai drängten die sieben Panzerdivisionen der Heeresgruppe A dicht geschlossen durch die engen Schluchten der Ardennen; wie General Günther Blumentritt ausrechnete, hätte das Schwanzende der Kolonne, wären die Panzer hintereinander aufgereiht worden, bis nach Ostpreußen gereicht. Sie sammelten sich vor dem schwächsten Punkt der alliierten Front, um dort eine Stoßmacht zu bilden, gegen die jeder Widerstand zwecklos war. In diesen sieben Panzerdivisionen – die 1., 2., 5., 6., 7., 8. und 10. – kamen insgesamt 1800 Panzer zum Einsatz. Sie trafen zunächst auf die belgischen Divisionen der *Chasseurs Ardennais*, eine altmodische Elitetruppe von Gebirgsjägern, deren Tapferkeit angesichts der Panzerung vergeblich war. Als sie beiseite gefegt waren, sahen sich die deutschen Panzer Coraps 9. und Huntzigers 2. Armee gegenüber. Obwohl beide in keiner Hinsicht zu den Eliteeinheiten zählten, hätten ihre Reservisten angesichts der vor ihnen liegenden Maas die Stellungen eigentlich halten müssen, zumindest in normalen Zeiten. Doch der Mai 1940 gehörte nicht zu den normalen Zeiten. Beinahe sofort, nachdem die deutschen Vorausabteilungen der Heeresgruppe A mit den Verteidigern der Maas in Feindberührung gekommen waren, hatten sie einen Weg über den Fluss gefunden. Coraps und Huntzigers Vorposten bekamen es mit der Angst zu tun, sie zogen sich vom Flussufer zurück, und die alliierte Verteidigungslinie war gebrochen.

General André Beaufre, seinerzeit als jüngerer Stabsoffizier im französischen Hauptquartier, beschrieb den Eindruck, den die Meldung am frühen Morgen des 14. Mai auf General Georges in seinem Gefechtsstand in La Ferté machte:

> Es herrschte eine Atmosphäre wie bei einem Trauerfall in der Familie. Georges … war furchtbar blass. «Unsere Front ist bei Sedan durchbrochen worden. Sie ist kollabiert …» Er warf sich in einen Stuhl und brach in Tränen aus. Leider folgten andere seinem Beispiel. Das machte auf mich einen fürchterlichen Eindruck. Äußerst bestürzt, reagierte Doumenc [Georges' Untergebener] augenblicklich. «Mein General, wir haben Krieg, und im Krieg soll dergleichen schon mal vorkommen!» Immer noch blass, erklärte Georges daraufhin, infolge eines furchtbaren Luftangriffs hätten die zwei schwächeren Divisionen [die 55. und die 71.] die Flucht ergriffen. Das X. Korps meldete, seine Stellungen seien durchbrochen worden und die deutschen Panzer hätten Bulson [drei Kilometer westlich der Maas und somit innerhalb des von den Franzosen verteidigten Gebiets] gegen Mitternacht erreicht. Dem folgte ein neuer Tränenstrom. Von den Geschehnissen überwältigt, schwiegen alle. «Nun, mein General», sagte Doumenc, «alle Kriege haben ihren Preis. Lassen Sie uns die Karte anschauen und sehen, was sich tun lässt.»

Beaufres Schilderung der Szene enthält manches, was der Klärung bedarf. Erstens, Sedan: Der Name der Stadt, in der Napoleon III. im September 1870 vor den Preußen kapituliert hatte, war in französischen Ohren gleichbedeutend mit «Katastrophe». Zweitens, die beiden «schwächeren Divisionen»: Die 55. und die 71. Division der 2. Armee Huntzigers rekrutierten sich aus älteren

Reservisten; sie waren beim Anrücken der deutschen Panzer tatsächlich davongelaufen. Drittens, welche möglichen Maßnahmen aus der Karte ersichtlich wurden: Der deutsche Durchbruch der französischen Linien war – Mansteins Absicht entsprechend – an einer so empfindlichen Stelle erfolgt, dass jede Gegenmaßnahme fast unverzüglich und in massivster Form ergriffen werden musste, wenn man eine Ausbreitung des Brandherds verhindern wollte. Daher ging es in den alliierten strategischen Beratungen der nächsten Woche um die Suche nach dem rettenden Gegenschlag.

Aus deutscher Sicht verhießen die Einzelheiten der Geschichte sogar noch Schlimmeres für Georges, als ihm bewusst war. Denn die Maas war nicht, wie Georges glaubte, am Tage vor seinem Nervenzusammenbruch überschritten worden, sondern schon einen Tag früher, am 12. Mai: Bei Einbruch der Dunkelheit hatten Motorradstreifen des Aufklärungsbataillons von Erwin Rommels 7. Panzerdivision bei Houx, nördlich von Sedan, ein unbewachtes Stauwehr in der Maas entdeckt. Als die Männer hinübergekrochen waren, befanden sie sich auf einer Insel in der Flussmitte, von der aus ein geschlossenes Schleusentor auf das Westufer hinüberführte. Im Laufe der Nacht erhielt die Patrouille Verstärkung, sodass am 13. Mai die Grundlagen von Gamelins Plan bereits erschüttert waren. Am Morgen bauten Rommels Pioniere eine Pontonbrücke über den Fluss, während die Panzer, die auf die Flussüberquerung warteten, mit ihrem Geschützfeuer die französischen Bunker am anderen Ufer zerstörten. Am Abend waren die Brücken fertig, und der erste Panzer rollte über die Maas, die an dieser Stelle nur 110 Meter breit war.

Die Franzosen hätten den Brückenkopf vielleicht vernichten können, denn bis zur Stunde war dessen Lage prekär. Sie unternahmen einen Gegenangriff mit Kräften, zu denen auch ein Panzerbataillon gehörte, und Gamelin wurde gemeldet, das Vorkommnis bei Houx sei unter Kontrolle. Nachdem man ein paar Gefangene gemacht hatte, zogen die Panzer sich jedoch zurück, sodass Rommels Brückenkopf unbeschadet fortbestand, sich sogar noch vergrößerte und zu einer echten Bedrohung wurde. Inzwischen hatte sich die Aufmerksamkeit der Franzosen schon auf den Süden gerichtet, wo die Hauptmacht der Heeresgruppe A ihren Angriff auf Sedan vortrug. Den ganzen Vormittag des 13. Mai hindurch hatten die deutschen Panzer sich in der offenen Flussniederung der Maas entfaltet, nachdem sie drei Tage lang eng aufgeschlossen durch die Schluchten der Ardennen vorgerückt waren. General P. P. J. Gransard sah «den Feind aus dem Wald hervorbrechen ... ein beinahe ununterbrochener Strom von Infanteristen, von gepanzerten oder motorisierten Fahrzeugen». Die französische Artillerie belegte sie mit Feuer, doch die Deutschen antworteten mit Bomben, zunächst abgeworfen von den hoch fliegenden Do 17, dann im Sturzflug von den Stukas.

Die Wirkung auf die französischen Infanterieregimenter war verheerend. «Das Geräusch, dieses entsetzliche Geräusch», murmelten die zum Feldverbandsplatz geschafften Verwundeten unablässig. Auch besseren Truppen sollte es bei Luftangriffen – ob in diesem oder einem späteren Krieg – nicht anders ergehen. «Fünf Stunden eines solchen Albtraums», schrieb General Edouard Ruby, stellvertretender Chef des Stabs der 2. Armee, «reichten aus, um die Nerven [der Truppe] zu zerrütten.» Kaum fielen die Bomben, da schleppten die Sturmpioniere der 1., 2. und 10. Panzerdivision schon ihre Schlauchboote ins Wasser. Doch beim Abstoßen gerieten sie plötzlich unter verstärkten Beschuss – als die Franzosen die drohende Gefahr erkannten, besetzten sie ihre Feuerstellungen. Die Besatzungen der Sturmboote erlitten schwere Verluste und wurden hier und da zurückgeschlagen, konnten jedoch auf der gesamten Länge der Angriffslinie, von Donchery bis nach Bazeilles, an zahlreichen Stellen des gegenüberliegenden Ufers Fuß fassen.

Bazeilles war ein Ort, der in der französischen Militärgeschichte eine legendäre Rolle spielte. Dort hatte die Elitetruppe der *Coloniales* im Jahre 1870 gegen die Deutschen im «Haus der letzten Patrone» bis zum bitteren Ende gekämpft. 1940 waren es die

Deutschen, die entschlossen waren, Bazeilles zu nehmen oder zu fallen. Hans Rubarth, ein Pionierunteroffizier der 10. Panzerdivision, befahl seinen Männern in dem überladenen Sturmboot, ihr Schanzzeug mitten im Fluss über Bord zu werfen. Noch vor dem Abend dieses Tages waren bereits neun seiner elf Männer gefallen, aber die Gruppe hatte ihr Ziel erreicht. Rubarth wurde vor dem Feind zum Leutnant befördert und erhielt das Ritterkreuz des Eisernen Kreuzes, Deutschlands höchste Tapferkeitsauszeichnung.

Eine Vielzahl solcher mutiger Taten brachten die Sturmtruppen aller drei Panzerdivisionen am Nachmittag des 13. Mai über die Maas. Vereinzelt hielten die Franzosen ihre vorgeschobenen Stellungen mit großer Tapferkeit, doch andere räumten sie schon beim bloßen Anblick von Panzern – oftmals auch der französischen. Gelegentlich genügte sogar das Gerücht, dass Panzer anrückten. Gegen Abend tauchten französische Panzer auf; sie gehörten zur 3. gepanzerten und 3. motorisierten Division. Doch der Gegenangriff, zu dem sie antraten, führte nicht zum Erfolg. Als sie sich vom Flussufer zurückzogen, verstärkten die Deutschen ihre eigenen Panzereinheiten, die über Pontonbrücken auf das französische Ufer gelangt waren, und bereiteten den bevorstehenden Ausbruch vor.

An diesem Tage erließ Gamelin, immer noch in Vincennes und damit 200 Kilometer vom kritischen Punkt entfernt, einen Tagesbefehl: «Dem Ansturm der mechanisierten und motorisierten Truppen des Feindes muss nun begegnet werden. Die Stunde ist gekommen, um in den vom Oberkommando zugewiesenen Stellungen mit allen Kräften zu kämpfen. Niemand hat mehr das Recht zum Rückzug. Gelingt dem Feind ein lokaler Durchbruch, ist dieser nicht nur sofort abzuriegeln, sondern ein Gegenangriff einzuleiten, um das Gelände zurückzugewinnen.»

Im Laufe des 14. Mai versuchten Gamelins Truppen – die viel zu weit auseinander gezogen waren, um «mit allen Kräften» kämpfen zu können – Gegenangriffe auf die deutschen Brückenköpfe. Keiner führte zum Erfolg, unter anderem weil das Angriffsziel zu diffus war. Die Klinge, die den «Sichelschnitt» ausführen sollte, hatte sich noch nicht gebildet. Ihre Teile kämpften sich noch aus ihren Brückenköpfen heraus: die 6. und 8. Panzerdivision nördlich von Sedan, die 2., 1. und 10. etwas südlich. Die Gefahr, die von der 5. und von Rommels 7. Panzerdivision bei Dinant ausging, war dem französischen Oberkommando noch nicht bewusst geworden. Rein militärisch gesehen, wäre es am besten gewesen, zu warten, bis sich die Panzerdivisionen vereinigt und landeinwärts gewandt hätten, und anzugreifen, ehe die zu ihrer Unterstützung nötige Infanterie den Fluss überquert hätte. Dann hätte man die Panzerkolonne vielleicht «in der Flanke» fassen und «köpfen» können. Die französische 3. Panzerdivision irrte am 14. Mai praktisch auf dem Schlachtfeld umher, auf der Suche nach einem Gegner, den sie vernichten konnte. Während die Panzer-Brückenköpfe vergrößert wurden, tankten und munitionierten die deutschen Panzer nach. Die Startlinie zum Einfall ins französische Kernland war gezogen.

Welche der deutschen Angriffsspitzen würde als erste antreten? Die um Sedan herum zusammengefassten Panzer waren der stärkere Stoßkeil, doch den weiter im Norden bei Dinant konzentrierten standen mit Coraps 9. Armee die schwächeren Truppen gegenüber. Hinzu kam, dass André Corap, der beleibte, joviale Kolonialoffizier mit der Gabe, seine Männer nach seinem Bilde zu formen, den drahtigen und asketischen Erwin Rommel zum direkten Gegner hatte, dessen Männer ihn vergötterten und den offenbar nichts anderes interessierte als die Frage, wie der Feind zu schlagen sei.

Rommel war als Oberleutnant im Ersten Weltkrieg 1917 der «Pour le Mérite», der höchste preußische Tapferkeitsorden, verliehen worden, weil er aus eigener Initiative einen brillanten Sturmangriff gegen eine italienische Division geführt und ihr große Verluste beigebracht hatte. Am 15. Mai 1940 bewies er eine ähnliche Eigeninitiative, als er Coraps vorläufige Auffanglinie durchbrach, bevor die Stellungen bemannt waren, und 27 Kilometer Gelände bei nur 15 eigenen Gefallenen überwand. Am Nachmittag beteiligte sich die 6. Panzerdivision – bei Monthermé nordwestlich von Sedan hatte sie den Fluss überquert – an der Vernichtung der französischen 9. Armee. Die indochinesischen Maschinengewehrschützen, die drei Tage lang die Flussübergänge mit hingebungsvoller Tapferkeit verteidigt hatten, waren umgangen worden. (Ihre soldatische Tüchtigkeit lieferte einen Vorgeschmack auf die Verbissenheit, mit der Ho Tschi Minhs Gefolgschaft in der Nachkriegszeit um Vietnam kämpfen sollte.) Ihre französischen Waffenbrüder, auf die die 6. Panzerdivision bei deren Vormarsch stieß, ließen solche Verbissenheit nicht erkennen – sondern nur klägliche Demoralisierung. Karl von Stackelberg, ein Kriegsberichterstatter, der die Panzer begleitete, beobachtete voller Verwunderung, dass sich ihnen ganze französische Truppenteile in Marschordnung ergaben:

> Schließlich waren es 20 000 Mann, die hier … an diesem einen Abschnitt und an diesem einen Tag als Gefangene nach hinten unterwegs waren. Unwillkürlich musste ich an Polen denken und die Szenen, die ich dort gesehen hatte. Wie war es möglich, dass es nach dieser ersten größeren Schlacht auf französischem Boden, nach diesem Sieg an der Maas zu Folgen von so riesigen Ausmaßen kommen konnte? Wie war es möglich, dass diese französischen Soldaten mit ihren Offizieren, so vollkommen mutlos, so vollkommen demoralisiert bereit waren, mehr oder weniger freiwillig in Gefangenschaft zu gehen?

Nicht alle französischen Soldaten gaben den Kampf so leichten Herzens auf. Im Norden leistete die 1. Armee noch immer unverminderten Widerstand; daran änderte sich nichts, bis ihre Reste bei Lille vollständig eingeschlossen waren. Am 15. Mai erhielt Charles de Gaulle – vier Tage zuvor war er zum Kommandeur der 4. Panzerdivision ernannt worden – von General Georges Befehl, bei Laon, das auf dem Vormarschweg der deutschen Panzer lag, anzugreifen und «Zeit zu gewinnen», damit im Norden von Paris eine neue Front gebildet werden konnte. De Gaulle, seit langem ein glühender Befürworter der Panzertaktik, stürzte sich mit Begeisterung auf diese Aufgabe. Sein Patriotismus wurde von der Demoralisierung des französischen Heeres nicht etwa geschwächt, sondern nur verstärkt. «Mich packte eine grenzenlose Wut», schrieb er später. «‹Ach, zu dumm! Der Krieg fängt denkbar schlecht an. Deshalb muss er weitergehen. Die Welt ist dazu groß genug. Wenn ich am Leben bleibe, werde ich kämpfen, wo immer ich muss, solange ich muss, bis der Feind besiegt und die nationale Schande getilgt ist.› Alles, was ich seither bewirkt habe, wurde an diesem Tage beschlossen.»

Als de Gaulle seine Division am 17. Mai endlich ins Gefecht führte, bewirkte er allerdings wenig. Seine Panzer unternahmen Vorstöße gegen die Stellungen der deutschen 1. Panzerdivision. Einer von deren Generalstabsoffizieren, Hauptmann Graf von Kielmannsegg, der 35 Jahre später die NATO-Truppen in Mitteleuropa befehligen sollte, beschloss, ihnen zu zeigen, dass Vorsicht besser als Nachsicht sei. Da die Zahl der Franzosen jedoch nicht ausreichte, um mehr zu tun, als den Deutschen einen Schrecken einzujagen, machten sie gegen Abend kehrt und zogen sich zum Nachtanken zurück.

Der Deutschen hatte sich an jenem Tage eine kollektive Nervosität bemächtigt – obwohl Guderian, der die 2. und 10. Panzerdivision befehligte, um jeden Preis vorstürmen wollte. Doch Hitler, so notierte Halder, «hat Angst vor dem eigenen Erfolg, möchte nichts riskieren und uns daher am liebsten anhalten.» Auch Halder war ängstlich bestrebt, die «Wände» des in der Entstehung begriffenen Panzerkorridors mit seiner Infanterie zu stabilisieren, die hinter den Panzern zurückblieb. Brauchitsch, der Oberbefehlshaber des Heeres, schloss sich dieser Meinung an. Die Panzer hatten, seit sie vier Tage zuvor die Maas überquert hatten, 65 Kilometer zurückgelegt, vereinigten sich zu einem kompakten Block von sieben Panzerdivisionen und hatten überall den deutlichen Beweis des Zusammenbruchs der französischen 9. und 2. Armee vor Augen. Die französische 1. Armee, die BEF und die Belgier wichen nordwärts zurück, während die Franzosen im Süden, innerhalb der Maginot-Linie, mangels Transportmöglichkeiten zur Bewegungsunfähigkeit verurteilt, nicht das Mindeste gegen die Panzer ausrichten konnten. Dennoch brachte das deutsche Oberkommando, um Hitlers Besorgnis Rechnung zu tragen, am 17. Mai den Vormarsch zum Stehen.

Allerdings standen die deutschen Ängste in keinem Vergleich zu denen der Alliierten. Die Belgier sahen zum zweiten Mal in einem Jahrhundert Niederlage und Besetzung entgegen. Die Briten mussten damit rechnen, ihre einzige Armee – und große Teile der Luftwaffe – zu verlieren, wenn sie an einer zerbröckelnden Front weiterhin zu ihren Verbündeten hielten. Die Franzosen sahen dem Auseinanderbrechen ihres Heeres entgegen, wobei der bessere Teil in Belgien Opfer einer Einkreisung zu werden drohte, während die Reste sich abmühen würden, eine neue und keinesfalls sicher erscheinende Front vor den Zugängen nach Paris zu errichten.

Die Katastrophe zeichnete sich ebenso deutlich ab wie 1914, doch die gegenwärtige Krise wog schwerer. Damals hatte das französische Heer in den Grenzschlachten eine Niederlage hinnehmen müssen, trat aber unter einem unerschütterlichen Befehlshaber den geordneten Rückzug an. 1940 erfolgte der Rückzug in voller Auflösung, einer Auflösung, die sich täglich verschlimmerte, weil ein General, der dem Druck der Ereignisse nicht standhielt, sein Kommando nur noch pro forma wahrnahm, statt wirksame und nützliche Befehle zu geben. Am 16. Mai schickte der französische Ministerpräsident Paul Reynaud nach neuen Männern: in die Madrider Botschaft nach Philippe Pétain, dem Helden von Verdun, den Reynaud zu seinem Stellvertreter auserkoren hatte, und in Syrien nach Maxime Weygand, dem Stabschef unter Foch bei dessen siegreichem Feldzug von 1918; er sollte Gamelin eretzen. Die beiden Auserwählten waren sehr alt – Weygand mit seinen 73 Jahren fünf Jahre älter als Gamelin, Pétain sogar noch älter –, doch in dieser aussichtslosen Lage schien der Ruhm früherer Heldentaten die Hoffnung zu wecken, dass sich die unvermeidlich scheinende Niederlage vielleicht doch noch abwenden lasse.

Gamelin war in Ungnade gefallen. In Paris beriet er sich am 16. Mai mit Reynaud und Winston Churchill – seit dem 10. Mai Premierminister, nachdem das Unterhaus Neville Chamberlain das Vertrauen entzogen hatte – und räumte ein, keine Truppen mehr zur Verfügung zu haben, die er dem deutschen Ansturm entgegenwerfen könnte. «Dann fragte ich: ‹Wo ist die strategische Reserve?›», schrieb Churchill später. «General Gamelin wandte sich mir zu, schüttelte den Kopf, zuckte die Achseln und sagte: ‹Aucune.› [‹Es gibt keine.›] ... Abermals trat eine lange Pause ein. Draußen im Garten des Quai d'Orsay stiegen aus großen Feuern Rauchwolken auf, und ich sah vom Fenster aus, wie ehrwürdige Beamte Schubkarren voll Archivakten heranfuhren.» (Das Verbrennen offizieller Dokumente sollte während des ganzen Zweiten Weltkriegs in Hauptstädten und Hauptquartieren zum Zeichen einer befürchteten Niederlage werden.) «Ich war wie betäubt ... Nie war es mir in den Sinn gekommen, daß ein Befehlshaber, der eine Front von 750 Kilometern zu verteidigen hatte, nicht für Reserven sorgen würde. ... Was war der Zweck der Maginot-Linie?»

Vor der Rückreise nach England versprach Churchill, sechs zusätzliche britische Jagdstaffeln nach Frankreich zu entsenden, um die wenigen, die bereits dort waren, zu verstärken. Die deutsche Luftüberlegenheit war in dem Stadium des Krieges allerdings so vollkommen, dass diese Maßnahme an der Situation nichts änderte. Benötigt wurde eine strategische Reserve; die aber, wie Churchill festgestellt hatte, existierte nicht. Weygand, der am 20. Mai von Gamelin das Kommando übernahm, versuchte sie durch Improvisation (den Weygand-Plan) bereitzustellen. Am 21. Mai schlug er vor, die Flanken des Panzerkorridors in einer koordinierten Aktion gleichzeitig und konvergierend anzugreifen, und zwar mit den nördlich des deutschen Durchbruchs eingeschlossenen alliierten Kräften und den französischen Armeen, die noch im Süden operierten. Dieser Plan, der den Gegebenheiten und

Erfordernissen des «Blitzkriegs» auf angemessene Weise Rechnung trug, war eigentlich schon zwei Tage früher von Gamelin angeregt worden, doch hatte der nicht die erforderliche Autorität, um sein Vorhaben durchzusetzen. Georges war jetzt ein gebrochener Mann, während Billotte, dem er die Befehlsgewalt übertragen hatte, am 21. Mai bei einem Autounfall ums Leben kam.

Auch die nötigen Truppen fehlten. De Gaulle hatte mit seiner erschöpften 4. Panzerdivision einen erfolglosen Gegenangriff unternommen, und am 21. Mai gelang es zwei britischen Divisionen mit der Unterstützung zweier Panzerbataillone, die Flanke des Panzerkorridors bei Arras einzudrücken, was Rommel, der dort das Kommando hatte, derart beunruhigte, dass er annahm, er sei von fünf Feinddivisionen angegriffen worden. Doch die genannten Verbände stellten annähernd die gesamte alliierte Streitmacht dar, die Weygand für das beabsichtigte Manöver zur Verfügung stand. Die 9. Armee hatte sich aufgelöst, die 1. Armee und die BEF waren zwischen der Nordsee und den vorrückenden Deutschen eingeschnürt, und den bis jetzt noch nicht am Kampfgeschehen beteiligten französischen Armeen südlich des Korridors fehlte es an Transportmöglichkeiten, Panzern und Artillerie. Inzwischen hatten die deutschen Panzer, nach dem vorübergehenden Zögern des Oberkommandos des Heeres am 17. Mai, den Vormarsch wieder aufgenommen. Am 18. Mai fuhren sie, den Flussläufen der Sambre an ihrer nördlichen und der Somme an der Südflanke folgend, über die Schlachtfelder des Ersten Weltkriegs hinweg. Am 20. Mai erreichten Guderians Divisionen Abbeville an der Sommemündung; damit waren die alliierten Armeen praktisch in zwei Teile aufgespalten.

Für Heinz Guderian waren es berauschende Tage. Er hatte sich der Entwicklung der Panzerwaffe verschrieben und war schon vor Hitlers Machtergreifung ein Befürworter des später so genannten Blitzkrieges gewesen. Von der Ängstlichkeit seines Oberkommandos enttäuscht – Brauchitsch und der ins gleiche Horn stoßende Halder erwiesen sich als kleinmütig –, hatte er zu einer List greifen müssen, um den strikten Befehl, nach dem Übergang über die Maas nur mit äußerster Vorsicht vorzurücken, zu unterlaufen. Sein kreativer Ungehorsam hatte bislang noch keinen großen Erfolg erzielt; er und mit ihm die gesamte deutsche Panzerwaffe hätten sich damit auch schwer getan.

Am 20. Mai revidierte Hitler die Pläne für den «Fall Rot», den Vormarsch ins französische Kernland, mit welchem «Sichelschnitt» vollendet und die Vernichtung des französischen Heeres besiegelt werden sollte, solange die Panzerwaffe noch intakt war. So kam es, dass der britische Gegenangriff bei Arras, der Rommel so beunruhigt hatte, auch Hitler wieder in Besorgnis versetzte. Rundstedt, der Oberbefehlshaber der Heeresgruppe A, war wie sein oberster Kriegsherr der Meinung, dass die Panzer sich zu weit vorgewagt hätten; sie könnten nicht mehr gesichert werden und sollten daher erst weiter vorrücken, wenn die schwerfälligere Infanterie die «Wände» des Panzerkorridors stabilisiert hätte, um eine Wiederholung des Überraschungsangriffs von Arras zu verhindern. Brauchitsch jedoch ließ nun, von Halder bestärkt, seine frühere Vorsicht fallen und drängte darauf, dass die Panzer ihre Angriffe auf die im Norden eingeschlossenen Alliierten bis zum endgültigen Erfolg fortsetzten. Er versuchte sogar, den Oberbefehl über einen Teil der Sturmtruppen von Rundstedt auf Bock zu übertragen, dessen Heeresgruppe B auf breiter Front durch Belgien vormarschierte und sich in einer Lage befand, die Hitler Sorgen bereitete. Als Hitler am 24. Mai von Brauchitschs Versuch erfuhr, schmetterte er ihn ab und wiederholte seine Weigerung, den Panzern das Vordringen ins Küstentiefland zu gestatten, von dem er aufgrund seiner Schützengrabenerfahrung aus dem Ersten Weltkrieg behauptete, es sei für Panzereinsätze völlig ungeeignet.

Hitlers «Haltebefehl» brachte den Vormarsch der Panzer zwei volle Tage lang zum Stehen, bis zum Nachmittag des 26. Mai – zwei Tage, die man rückblickend als strategisch entscheidend für den Ausgang des Zweiten Weltkriegs bewertet hat. Ohne Wissen der Deutschen hatte die britische Regierung am 20. Mai entschieden, dass möglicherweise ein Teil der BEF über die Kanalhäfen evakuiert werden müsse. Die Admiralität war daher angewiesen worden, kleinere Schiffe an der britischen Südküste zusammenzuziehen, um die britischen Soldaten aus Frankreich herauszuholen. Das Unternehmen bekam den Tarnnamen *Dynamo*. Es war zunächst keine vollständige Evakuierung vorgesehen, denn die Regierung hoffte immer noch, dass es den BEF gemeinsam mit der französischen 1. Armee gelingen werde, durch den Panzerkorridor hindurchzustoßen und sich mit dem Hauptkontingent der französischen Armeen zu vereinigen, das sich an der Somme und südlich von ihr behauptete – was im Wesentlichen dem Weygand-Plan entsprochen hätte.

Doch auch die BEF waren erschöpft von den Kämpfen in Belgien, die unter hinhaltendem Widerstand zum Rückzug von der Dyle an die Schelde geführt hatten, und Gort litt zunehmend unter dem Bewusstsein, für die einzige Armee Großbritanniens verantwortlich zu sein. Am 23. Mai war ihm vom Kriegsminister Anthony Eden zugesichert worden, dass die Regierung eine Unterstützung der Truppen zur See und aus der Luft veranlassen würde, sollte ein Rückzug an die Nordküste erforderlich werden. Am selben Tage kam er zu dem Schluss, dass zu wenig Truppen, Panzer und Flugzeuge zur Verfügung stünden, um den Weygand-Plan zu verwirklichen. Also zog er die beiden Divisionen, von denen Rommel am 21. Mai so wirkungsvoll angegriffen worden war, aus Arras ab. «Nur ein Wunder kann die BEF jetzt noch retten», schrieb Alan Brooke, der Gorts II. Korps befehligte, am 23. Mai, doch die tatsächliche Grundlage der Rettung schuf Gort an diesem Tage mit seinem Entschluss, die BEF herauszulösen und an die Küste zurückzuziehen.

Denn Hitler hatte den Ereignissen vorgegriffen. Seine Furcht, die Panzer würden wegen der Kanäle und Flüsse um Dünkirchen, in dessen Hafen Gort die BEF nun dirigierte, nicht vorankommen, war berechtigt. Falsch war es jedoch, den «Haltebefehl», wie er es getan hatte, zwei Tage zu früh zu geben: Zu dieser Zeit hatten die Briten – und die Masse der französischen 1. Armee – den Zufluchtsort der «Kanallinie» noch nicht erreicht. Als der Befehl am 26. Mai widerrufen wurde, war der Teil des alliierten Heeres, den Hitler am dringendsten vernichten wollte und musste, zumindest einstweilen in Sicherheit. Im Schutz des Aakanals und des Colmekanals konnten sich die ersten Soldaten des flüchtenden Feindes einschiffen, denn am gleichen Tage hatte Admiral Bertram Ramsay vom Hauptquartier der Operation *Dynamo* begonnen, ganze Flottillen von Zerstörern und kleinen Schiffen über den Ärmelkanal zu schicken. Göring hatte Hitler versichert, dass die Luftwaffe jede Evakuierung des Kessels von Dünkirchen verhindern würde. Zwischen dem 24. und 26. Mai richtete die Luftwaffe dort tatsächlich schwere Verwüstungen an und fuhr damit bis zum Ende der Evakuierungsmaßnahmen am 4. Juni fort. Sie konnte die Evakuierungsschiffe jedoch nicht davon abhalten, vor dem ganzen Küstenstreifen zu ankern – während der neuntägigen Luftangriffe wurden insgesamt nur sechs britische und zwei französische Zerstörer versenkt –, noch war sie in der Lage, den Widerstand der Verteidiger von Dünkirchen zu brechen, unter denen sich viele Franzosen und Angehörige der Kolonialarmee befanden; nur langsam wichen sie vor dem konzentrierten deutschen Angriff zurück.

Am 27. Mai um Mitternacht hatte das belgische Heer nördlich des Kessels von Dünkirchen kapitulieren müssen. Es streckte die Waffen fast genau dort, wo es ihm 1914 gelungen war, seine Verteidigungsstellungen zu festigen und den Kampf bis 1918 fortzusetzen. Damals hatten es jedoch französische und britische Armeen unterstützt, die intakt und von ungebrochener Kampfkraft waren. Nun aber blieb dem belgischen Heer, unverdienterweise von seinen Verbündeten, die selbst kurz vor dem Zusammenbruch standen, der Desertion bezichtigt, nichts anderes übrig, als um Waffenstillstand zu bitten. Das Gleiche stand auch den französischen Armeen bevor, die bei Lille eingeschlossen waren und denen die Munition ausging. Sie hatten sich so tapfer geschlagen, dass die Deutschen ihnen, als sie am 30. Mai in die Gefangenschaft marschierten, mit einer Militärkapelle die militärischen Ehren erwiesen. Bezeichnend für den Kampfgeist, der das französische Heer im Jahr 1940 beseelte, war der Umstand, dass es sich bei einem großen Teil dieser tapferen Soldaten nicht um Franzosen, sondern um nordafrikanische Untertanen des französischen Kolonialreichs handelte.

Die Evakuierung der BEF – und der französischen Truppen im Kessel von Dünkirchen, soweit sie an die Strände gelangen konnten – war nun in vollem Gange. Am 26. und 27. Mai konnten nur 8000 Mann herausgebracht werden, doch am 28. Mai, als die Flotte der Kriegsschiffe und kleinen Zivilfahrzeuge vor der Küste anwuchs, schiffte man 19 000 Soldaten ein. Am 29. Mai waren es 47 000 Mann und am 31. Mai, als Gort selbst nach England zurückkehrte, 68 000. Am 4. Juni, als das letzte Schiff ablegte, waren insgesamt 338 000 alliierte Soldaten gerettet worden: beinahe das gesamte britische Expeditionsheer (wenn auch ohne die kurzfristig nicht zu ersetzende Ausrüstung) sowie 110 000 französische Soldaten, von denen die meisten nach der Landung in England sofort auf andere Schiffe kamen und über die Häfen der Normandie und der Bretagne nach Frankreich zurückkehrten, um sich den noch im Feld stehenden Resten des französischen Heeres wieder anzuschließen.

Dieses bestand aus 60 Divisionen; einige davon hatten sich aus der Schlacht an der Maas retten können, andere waren aus der Maginot-Linie herausgezogen worden. Nur drei Divisionen waren gepanzert und alle durch Verluste erheblich verkleinert. Das galt ganz besonders für de Gaulles 4. Panzerdivision, die vom 28. bis 30. Mai, dieses Mal bei Abbeville, versucht hatte, die Flanke des Panzerkorridors einzudrücken, allerdings vergeblich. Zwei britische Divisionen blieben in Frankreich zurück: die 1. (und einzige) Panzerdivision und die 51. Hochland-Division, die die Küste westlich von Dünkirchen verteidigten (die mit der Verteidigung von Calais beauftragten britischen Schützenregimenter waren bereits überwunden). Den Alliierten gegenüber standen 89 Infanterie- und 15 Panzer- und motorisierte Divisionen; jeweils zwei Panzerdivisionen und eine motorisierte Division waren zu einer Gruppe zusammengefasst, sodass es deren fünf gab. Eine solche Bündelung von gepanzerten und motorisierten Verbänden schuf schlagkräftige Angriffsformationen und lieferte das Vorbild für das Zusammenwirken von Panzern und Panzergrenadieren, das man sich während des gesamten Zweiten Weltkriegs – und auch danach – bei Angriffen zunutze machen sollte. Die Luftwaffe brachte weiterhin 2500 Kampfflugzeuge zum Einsatz, Jäger und Bomber, die nun von besetzten Flugplätzen in Frontnähe operieren konnten. Dagegen vermochte die französische Luftwaffe nur etwa 980 Kampfflugzeuge einzusetzen, obwohl sie sich mit Maschinen verstärkt hatte, die sie in aller Eile von den Vereinigten Staaten erworben hatte, und durch 350 Maschinen der RAF unterstützt wurde.

Die Weygand-Linie

Weygand, der mit seinem Plan Schiffbruch erlitten hatte, setzte seine Hoffnungen nun auf eine Verteidigungsstellung, die man später die Weygand-Linie nannte. Der unverwüstliche alte General hatte die Hoffnung noch nicht aufgegeben; er hatte sogar ein Verteidigungskonzept entwickelt, dessen Modernität durchaus der des deutschen Angriffsplans entsprach. Die Weygand-Linie begann an der Kanalküste, folgte dem Lauf der Somme und der Aisne, stieß bei Montmédy auf die Maginot-Linie und sollte mittels eines «Schachbretts» von «Igeln» gehalten werden (die NATO entwarf in den 1970er Jahren einen ähnlichen Plan für die Verteidigung der Mittelfront in Deutschland). Diese «Igel» – Dörfer und Waldstücke – sollten mit Truppen und Panzerabwehrwaffen aufgefüllt werden und auch dann noch Widerstand leisten, wenn sie von den feindlichen Angriffsspitzen umgangen wurden.

Eine blendende Theorie, doch die Umsetzung in die Praxis

scheiterte kläglich. Die Weygand-Linie brach innerhalb kürzester Zeit zusammen, als am 5. Juni der rechte Flügel der zwischen Amiens und der Küste aufmarschierten Panzer angriff. Schuld daran war nicht der Kampfgeist der französischen Truppen, der zum großen Teil neu geweckt worden war, sondern ihre Materialschwäche. Ihnen fehlten Panzer, wirksame Panzerabwehrwaffen und Luftunterstützung. Kolonialsoldaten und Reservisten kämpften mit gleichem Wagemut. In den Ruinen dieser Dörfer, schrieb Karl von Stackelberg, hätten die Franzosen Widerstand bis zum letzten Mann geleistet; manche Igel hätten den Kampf noch fortgesetzt, als die deutsche Infanterie schon 30 Kilometer an ihnen vorbei war.

Am 5. und 6. Juni wurden die Deutschen an etlichen Stellen zum Stehen gebracht und erlitten sogar empfindliche Panzerverluste. Hätte die Weygand-Linie «Tiefe» gehabt, wäre der deutsche Vormarsch vielleicht an den äußeren Linien aufzuhalten gewesen, doch sobald die Schale geknackt war, fehlten den Verteidigern die Truppen, um den Einbruch abzuriegeln oder im Gegenstoß zu bereinigen. Rommel führte seine 7. Panzerdivision einfach querfeldein, wenn eine Igelstellung die Straße vor ihm blockierte; so fand er schnell einen Weg in den Rücken des Gegners. Er war inzwischen Bocks Heeresgruppe B unterstellt und von deren Generalstab angewiesen, zur Küste hin einzuschwenken und den linken Flügel der Weygand-Linie zu umfassen und einzuschließen. Im Zuge dieser Operation zwang er die letzte in Frankreich verbliebene britische Infanteriedivision, die 51. Hochland-Division, zur Kapitulation.

Rundstedts Heeresgruppe A trat am 9. Juni zum Angriff auf die Aisne an. Angeführt von Guderians Panzergruppe – vier Panzer- und zwei motorisierte Divisionen – wurde sie kurz aufgehalten, insbesondere durch den Widerstand der französischen 14. Division unter General Jean de Lattre de Tassigny, dem späteren Marschall von Frankreich, dessen Ruf, sich jeder Niederlage trotzig zu widersetzen, hier begründet wurde. Doch an der Aisne, wie an der Somme, waren die Deutschen jetzt zu stark, als dass sie durch französischen Mut allein noch hätten zum Stehen gebracht werden können. Am Abend zuvor hatte Pétain, der stellvertretende Ministerpräsident, seinem ehemaligen Stabschef Bernard Serrigny gegenüber erklärt, Weygand werde die Stellungen voraussichtlich höchstens drei Tage lang behaupten können; er selbst wolle die Regierung drängen, um Waffenstillstand nachzusuchen, und am nächsten Tag einen entsprechenden Vorschlag im Zentralausschuss vorlegen. Serrigny gab zu bedenken, dass es dann schon zu spät sein werde. «Wir sollten handeln, solange es noch den Anschein hat, als besäße Frankreich eine Armee, und solange Italien noch nicht einmarschiert ist. Suchen Sie einen Neutralen, der gegen Italiens Vorgehen interveniert. Roosevelt scheint der Richtige zu sein. Er kann seinen Einfluss auf Hitler geltend machen.»

Der Rat war aus Verzweiflung geboren. Roosevelt hatte Reynaud bereits mitgeteilt, dass er den Gang der Dinge in Europa weder durch die Lieferung weiteren Kriegsmaterials noch durch die Flotte der Vereinigten Staaten beeinflussen könne. Mussolini hingegen, der dem britischen Botschafter am 28. Mai mitgeteilt hatte, nicht einmal die Überlassung Französisch-Nordafrikas würde ihn zur Neutralität bewegen können, brannte nun darauf, Frankreich den Krieg zu erklären, bevor dessen Ende ihm die Möglichkeit nahm, einen Teil des Ruhms und der Beute für sich zu reklamieren. Am 10. Juni, dem Tag, an dem Pétain die Regierung drängen wollte, Waffenstillstandsverhandlungen aufzunehmen, verließ Reynaud mit ihr Paris. Während sie sich auf dem Weg nach Tours an der Loire befand, wohin Churchill am 11. Juni zur vierten Unterredung mit seinem Verbündeten flog, zogen die deutschen Panzergruppen westlich und östlich an Paris vorbei. Am Tag nach dem Auszug der Regierung wurde Paris zur «offenen Stadt» erklärt, um es vor Zerstörung zu bewahren. Hitler hatte sich allerdings gegen einen Angriff entschieden – vielleicht, weil er unnötigerweise einen neuen Kommune-Aufstand befürchtete. Bei seinem raschen Besuch in Tours erinnerte Churchill Reynaud daran, «welche Kräfte gebunden werden, wenn eine Weltstadt rund um die Uhr verteidigt wird». Doch die Pariser, die ein Auto besaßen, strömten bereits zu Zehntausenden südwärts, während jene, die in der Stadt blieben, ihre Geschäfte wie üblich öffneten, als die ersten deutschen Soldaten am 14. Juni einrückten; drei Tage später bevölkerten sie schon die Terrasse des Café de la Paix, froh darüber, die Sehenswürdigkeiten in der Welthauptstadt des Tourismus bestaunen zu können.

Die Franzosen in Uniform kämpften noch immer, oft bis zum letzten Atemzug. Wie die Belgier entwickelten auch sie, je näher die Niederlage rückte, eine ungeheuerliche Fähigkeit zur Selbstopferung. Bei Toul, hinter der Maginot-Linie, gab das 227. Infanterieregiment sich auch dann nicht geschlagen, als es längst eingeschlossen worden war. Bei Saumur hielten die Lehrgangsteilnehmer der Kavallerieschule die Loirebrücken am 19. und 20. Juni, bis ihnen die Munition ausging. Die Garnison der Maginot-Linie selbst, 400 000 Mann stark, wies alle Aufforderungen zur Kapitulation zurück; nur ein Teilstück mit Blockhäusern wurde bei einem deutschen Angriff genommen. Südlich der Loire sah ein Offizier von der 5. Armee am 17. Juni «eine kleine Gruppe Chasseurs Alpins von der 28. Division» vorüberziehen. Sie wurden «von einem staubbedeckten Unteroffizier angeführt, die Uniformen zerlumpt, marschierten sie in Reih und Glied, vorgebeugt und mit beiden Händen an den Gurten ihrer Ausrüstung zerrend. Einige waren verwundet, die Verbände voller Blut und Schmutz. Einige schliefen beim Marschieren, Gespenster, die sich unter dem Gewicht ihrer Tornister und Gewehre krümmten. Sie zogen schweigend vorüber, mit Mienen, in denen sich wilde Entschlossenheit spiegelte.»

Waffenbrüder dieser Gebirgssoldaten mussten derweil Mussolinis Angriff abwehren, der über die Seealpen an die französische Riviera vorrücken wollte, denn am 10. Juni hatte Italien Frankreich den Krieg erklärt. Vier französische standen 28 italienischen Divisionen gegenüber. Mühelos hielten sie ihre Stellungen, die

Front wich nirgends mehr als zwei Kilometer zurück, dabei hatten die Franzosen nur acht Gefallene zu beklagen, während die Italiener annähernd 5000 Mann verloren. In seiner Verzweiflung erbat das italienische Oberkommando schließlich deutsche Transportflugzeuge, um ein Bataillon im Rücken der französischen Linien landen zu können, das als Beweis für den italienischen Erfolg herhalten musste. «Das Ganze ist der übliche Schwindel», schrieb Halder. «Ich habe deutlich gemacht, dass ich meinen Namen nicht mit dieser Sache in Zusammenhang gebracht haben möchte.»

Die Demütigung Frankreichs

Angesichts des deutschen Triumphs im Kernland war der Widerstand in den Alpen und an der Maginot-Linie nutzlos. Bei Cherbourg landeten die Briten am 12. Juni die 52. Lowland und die Kanadische Division, die zurückkehrenden französischen Truppen bei der Errichtung einer neuen Front im Westen helfen sollten, doch beide Divisionen mussten fast unverzüglich wieder evakuiert werden, um nicht in Gefangenschaft zu geraten. Am Vortage hatte Churchill sich mit eigenen Augen von der hoffnungslosen Lage überzeugt, in der die Franzosen sich befanden. In Tours erklärte Weygand, der all seinen Kampfgeist verloren hatte, Churchill und den französischen Ministern: «Ich bin hilflos. Ich kann nicht eingreifen, denn ich habe keine Reserven … *C'est la dislocation* [Das ist die Auflösung].»

De Gaulle, den es nach einer «dramatischen Geste» verlangte, um die Soldaten zum Weiterkämpfen zu bewegen, meinte am 14. Juni in London zu Churchill, dass eine Proklamation der unauflöslichen Einheit des französischen und des britischen Volkes vielleicht dazu beitragen könnte. Daraufhin bot Churchill am 16. Juni Reynaud eine solche Deklaration an, doch dessen Minister lehnten den Vorschlag kategorisch ab. Staatssekretär Jean Ybarnegaray sprach zweifellos für viele, als er erklärte, er wolle nicht, dass Frankreich ein Dominion des Britischen Empire werde. Pétain war es nun vor allem darum zu tun, dass Frankreich nicht im Chaos versank; mehr als die Niederlage und weitere Verluste fürchtete er eine Machtübernahme der Linken. Sein Bestreben, einen Waffenstillstand auszuhandeln, nach dessen Abschluss die Konservativen im Amt bleiben würden, folgte wenigstens einer politischen Linie; Reynaud hatte gar keine. An dem Abend, an dem Churchills Angebot zurückgewiesen wurde, entschloss sich Staatspräsident Lebrun, den alten Marschall mit der Bildung einer Regierung zu betrauen. General Edward Spears, Churchills persönlicher Gesandter in Frankreich, begab sich sofort nach London; mit ihm reiste Charles de Gaulle, der am 25. Mai zum General befördert und am 10. Juni zum Unterstaatssekretär für Verteidigung ernannt worden war. Als beinahe einziges Regierungsmitglied war er entschlossen, den Widerstand fortzusetzen.

Am folgenden Tage, dem 18. Juni, appellierte de Gaulle von London aus in einer Rundfunkrede an das französische Volk: «Dieser Krieg ist mit der Schlacht um Frankreich nicht zu Ende. Dieser Krieg ist ein Weltkrieg ... was immer geschieht, die Flamme des Widerstands darf nicht und wird nicht erlöschen.» Er forderte alle Franzosen auf, sich ihm auf britischem Boden anzuschließen und den Kampf fortzuführen, wenn sie die Möglichkeit dazu hätten. Für diese Aufsässigkeit wurde de Gaulle wenig später von einem Kriegsgericht des Pétain-Regimes (in Abwesenheit) als Verräter angeklagt und verurteilt.

Pétain selbst hatte sich einen Tag früher als de Gaulle über den Rundfunk an das französische Volk gewandt: «Franzosen, auf Bitte des Präsidenten der Republik habe ich heute die Regierung Frankreichs übernommen ... Ich werde alle meine Kraft aufbieten, um Frankreichs Unglück zu mildern ... Schweren Herzens erkläre ich hiermit, dass wir den Kampf einstellen müssen. Gestern Abend habe ich mich an unseren Gegner gewandt und ihn gefragt, ob er bereit ist, mit mir zusammen, von Soldat zu Soldat, nach ehrenhaften Mitteln und Wegen zu suchen, die Feindseligkeiten einzustellen.» Hitler, der sich so viel auf den «Frontkämpfer» zugute hielt, war zwar bereit, «von Soldat zu Soldat» zu verhandeln, aber nicht «ehrenhaft», wie es sein besiegter Feind gerne gesehen hätte. Dazu hatte Versailles zu tiefe Wunden in seiner Seele hinterlassen. Als die von Pétain ausgeschickten Emissäre am 20. Juni ihren deutschen Verhandlungspartnern begegneten, wurden sie erst nach Paris und dann weiter nach Osten gebracht.

Bei Réthondes in der Nähe der Compiègne entstieg General Charles Huntziger, der mit seiner 2. Armee eines der ersten Opfer des Panzeransturms geworden war, am 21. Juni einem deutschen Militärkonvoi. Ein frohlockender Hitler beobachtete seine Ankunft. Die Verhandlungen fanden in eben jenem Eisenbahnwaggon statt, in dem die deutsche Delegation im November 1918 den Waffenstillstand unterzeichnet hatte. Generaloberst Wilhelm Keitel, der Chef des Oberkommandos der Wehrmacht, überreichte die Waffenstillstandsbedingungen, die den Franzosen keinen Spielraum für Verhandlungen ließen: Pétains Regierung blieb souverän, doch Paris und Nordfrankreich zwischen Belgien, der Schweiz und dem Atlantik wurde deutsches Besatzungsgebiet; Italien sollte unter Bedingungen, die mit Mussolini auszuhandeln waren, Südostfrankreich besetzen. Das französische Heer wurde auf 100 000 Mann reduziert, und Frankreich musste die «Besatzungskosten» unter Zugrundelegung eines exorbitanten Wechselkurses aus dem Staatshaushalt aufbringen. Das französische Kolonialreich – in Nord- und Westafrika und Indochina – würde unter der Kontrolle der französischen Regierung bleiben (die bald darauf ihren Sitz nach Vichy verlegte), desgleichen die Kriegsmarine, die jedoch zu entmilitarisieren war. Alle französischen Kriegsgefangenen – einschließlich der an der Maginot-Linie eingesetzten Soldaten – blieben in deutscher Hand. Kurzum, Frankreich sollte entmannt und erniedrigt werden, wie es nach Hitlers Meinung Deutschland 1918 widerfahren war.

In Wahrheit waren die Bedingungen viel härter als diejenigen, die 22 Jahre zuvor in Réthondes verhängt worden waren. Damals hatte Deutschland die Masse seines Staatsgebiets behalten, und seine Soldaten konnten ins Zivilleben zurückkehren. Jetzt sollten die produktivsten Teile des französischen Staatsgebiets besetzt werden und zwei Millionen Franzosen – zwar nur fünf Prozent der Gesamtbevölkerung, aber rund jeder Vierte der produktivsten männlichen Bewohner – in deutsche Gefangenschaft gehen, ohne dass eine zeitliche Begrenzung dieser Strafmaßnahmen festgelegt wurde. Während die Delegation diskutierte, setzte man, wie Léon Noël, der frühere Botschafter in Polen, schrieb, «die Kämpfe fort, trieb die Invasion voran und beschoss Flüchtlinge auf den Straßen mit Maschinengewehren». Huntziger ersuchte Pétain in Bordeaux, wohin sich die französische Regierung zurückgezogen hatte, um Instruktionen. Er erhielt die Anweisung, unverzüglich zu unterschreiben, was er am Abend des 22. Juni tat. Mittlerweile hatte eine von Noël geführte Delegation in Rom die Vereinbarungen mit der italienischen Regierung unterzeichnet, in denen festgelegt wurde, dass Italien einen 50 Kilometer breiten Streifen Frankreichs entlang der italienisch-französischen Grenze besetzte. Der Waffenstillstand sowohl mit Deutschland als auch mit Italien sollte am 25. Juni um 0.25 Uhr in Kraft treten.

Zu diesem Zeitpunkt waren die deutschen Angriffsspitzen schon tief in die «freie Zone» eingedrungen, die nach den Waffenstillstandsbedingungen zum Einflussbereich der neuen Vichy-Regierung gehörte. Deutsche Panzer standen südlich von Lyon, sie standen vor Bordeaux und eine Zeit lang sogar in Vichy. Als das Waffenstillstandsabkommen in Kraft trat, zogen sie sich unverzüglich zurück. Der Feldzug vom 10. Mai bis zum 25. Juni war für die Wehrmacht nicht sehr verlustreich gewesen; die Franzosen hatten in dem Konflikt, der auf den Kriegerdenkmälern in vielen ihrer Dörfer – unvereinbar mit britischer und amerikanischer Auffassung – als der «Krieg von 1939–40» bezeichnet wird, etwa 90 000 Gefallene zu beklagen. Auf deutscher Seite waren nur 27 000 Soldaten ums Leben gekommen. Aus deutscher Sicht war der Krieg in seinen letzten Wochen beinahe zu einem Spaziergang geworden. Sie seien ohne Schwierigkeiten angekommen, schrieb

Rommel seiner Frau am 21. Juni aus Rennes in der Bretagne. Der Krieg sei eine geschwinde Tour de France geworden, und in ein paar Tagen werde er endgültig vorbei sein; die Einheimischen seien erleichtert, dass alles so friedlich vonstatten gehe. Durchdrungen von der Großmut des Siegers, begegnete die deutsche Wehrmacht dem unterlegenen Feind mit der befohlenen «Korrektheit».

Die Franzosen, von der Katastrophe wie betäubt, nahmen gegenüber den Soldaten der Wehrmacht eine Haltung von fast dankbarer Gefügigkeit ein. Praktisch keinem Teil des Landes war der Anblick geschlagener französischer Soldaten erspart geblieben – junge Wehrpflichtige, ältere Rekruten, dunkelhäutige Senegalesen, arabische leichte Infanteristen, polnische und tschechische Freiwillige, Soldaten der Kavallerie, Artillerie, Panzerverbände – auf dem Rückzug, durstig, hungrig, müde, richtungs-, manchmal führerlos, über Felder und Obstwiesen, die der Ernte entgegenreiften, während der blaue Himmel Tag für Tag im Glanz einer Sonne erstrahlte, die für Sieger und Besiegte untrennbar mit ihren Erinnerungen an den «Sommer 1940» verbunden blieb. Inmitten der fortbestehenden Normalität des Daseins – Sonntagsessen, Erstkommunion, *Jours de fête* – griff das Gefühl eines vorherbestimmten nationalen Verhängnisses um sich, eines Verhängnisses, das 1918 noch einmal durch die Zähigkeit der britischen Verbündeten und das wunderbare Eingreifen der Amerikaner hatte abgewendet werden können, von dem sich die Nation jetzt aber überwältigt fühlte. So war es 1815 gewesen, als die Feinde Frankreichs den ersten Napoleon in Belgien geschlagen hatten; so war es 1870 gewesen, als die Deutschen den dritten Napoleon in Lothringen geschlagen hatten. Jetzt wirkte der Sieg von 1918 wie ein bloßes Zwischenspiel. Der Niedergang der *Grande Nation*, betrieben von Philistern und Barbaren, erschien unwiderruflich. Pétain, der Held von Verdun, verkörperte den Geist seiner Landsleute im Juni 1940 vor allem deshalb, weil er gezeichnet war von Verlust und Leid.

Im Gegensatz dazu fühlten die Deutschen sich erleichtert. Die große Schlacht um Frankreich sei vorüber, schrieb Karl Heinz

Mende, ein junger Pionieroffizier, der den Feldzug von Anfang bis Ende mitgemacht hatte. 26 Jahre habe sie gedauert. Auch die Briten waren auf eine merkwürdig verquere Art erleichtert. «Ich persönlich», schrieb König Georg VI. an seine Mutter, «fühle mich nun, da wir keine Verbündeten mehr hofieren und hätscheln müssen, glücklicher.» Mit Blick auf die Realitäten umriss Winston Churchill die Zukunft mit klareren Worten. «Die Schlacht um Frankreich ist vorüber», erklärte er am 18. Juni vor dem Unterhaus. «Ich erwarte, dass die Schlacht um England bald beginnt.»

4 · LUFTKRIEG: DIE SCHLACHT UM ENGLAND

Der Frankreichfeldzug war spektakulär durch seine Kürze und Tragweite, ansonsten aber eine konventionelle Operation. Da die Luftwaffe die deutschen Panzerspitzen unterstützte, hatte auch sie einen wesentlichen Anteil am Sieg, doch weder ihre Flugzeuge noch die Panzer, über denen sie operierten, hatten die alliierte Niederlage herbeigeführt. Die Niederlage war das Ergebnis von Mängeln in der Strategie, der Struktur der Streitkräfte und der psychologischen wie materiellen Kriegsbereitschaft, Mängeln, die sich aus der Reaktion der westlichen Demokratien auf die entsetzlichen Erfahrungen des Ersten Weltkriegs erklären.

Im Gegensatz dazu erwies sich die Luftschlacht um England als eine wahrhaft revolutionäre militärische Auseinandersetzung. Zum ersten Male, seit der Mensch sich in die Luft erhoben hatte, dienten Flugzeuge als Kampfmittel, um den Willen und die Widerstandskraft des Feindes ohne das Eingreifen oder die Unterstützung von Land- oder Seestreitkräften zu brechen. Seit langem schon zeichnete sich diese Entwicklung ab. Sobald die Flugzeuge sich als einigermaßen brauchbare Beförderungsmittel erwiesen hatten, wurden sie als Waffenträger eingesetzt, so zum Beispiel 1911 von den Italienern in Libyen. Über weite Strecken des Ersten Weltkrieges hatten sie den Land- und Seestreitkräften zur Unterstützung gedient. Doch ab 1915 verwendeten die Deutschen zeitweilig Luftschiffe als Bombenträger gegen England. Später flogen Bombenflugzeuge von Deutschland und Großbritannien aus Einsätze gegen die Städte des Feindes. In den 1930er Jahren machte man sich die Technik der Verkehrsflugzeuge zunutze, deren Zuverlässigkeit und Reichweite ständig zunahm, und baute Bomber, die den strategischen Aktionsradius deutlich vergrößerten. 1932 veranlasste diese Entwicklung Stanley Baldwin, damals Mitglied der Koalitionsregierung, zu der unvorsichtigen (und falschen) Vorhersage: «Der Bomber wird immer durchkommen.» Der Schrecken, den die deutschen und italienischen Bomber in den Jahren 1936 bis 1938 in Spanien unter der republikanischen Bevölkerung verbreiteten, schien Baldwins Behauptung zu bestätigen. So heißt es in Richard Overys Geschichte des Luftkriegs:

> 1939 wurde vielfach angenommen, die Luftwaffe sei den Kinderschuhen entwachsen. Die Erfahrung des Ersten Weltkriegs ... überzeugte viele, darunter auch Politiker und Generale, der nächste Krieg werde ein Luftkrieg sein. Die Auffassung beruhte teilweise auf der unkritischen Erwartung, der militärische Sektor mache sich die Wissenschaft so gründlich zunutze, dass eine Flut von neuen Waffen produziert würde, unter anderem geheime Flugapparate, über deren Beschaffenheit man nur Mutmaßungen anstellen könne. Zugleich gründete sich die Auffassung auf die etwas kritischere Analyse dessen, was Flugzeuge im Ersten Weltkrieg tatsächlich geleistet hatten. In puncto Aufklärung und Erkundung, Unterstützung der Landtruppen, bei gemeinsamen Operationen mit der Kriegsmarine von den ersten unbeholfenen Flugzeugträgern aus und vor allem in Hinblick auf die Fähigkeit, Bombardements unabhängig von Bodentruppen durchzuführen, drohte das Flugzeug den Beitrag anderer Waffengattungen einzuschränken oder gar zu ersetzen.

Die Überzeugung, die Luftwaffe könne Heere und Flotten als kriegsentscheidende militärische Mittel ersetzen, fand zuerst und am nachhaltigsten in drei Ländern mit völlig unterschiedlichen strategischen Bedürfnissen Beachtung: in den Vereinigten Staaten, in Großbritannien und in Italien. In den USA, die seit 1918 eine isolationistische Politik betrieben und nur von See her verwundbar waren, schenkte man der Fähigkeit der Luftwaffe, Schlachtflotten zu vernichten, große Aufmerksamkeit. Als Versuche, erbeutete deutsche Linienschiffe aus der Luft zu bombardieren, erfolgreich verliefen, bewog das den führenden amerikanischen Befürworter einer unabhängigen Luftmacht, General William Mitchell, dazu, sich so vehement und aufsässig für die Schaffung einer unabhängigen Luftwaffe einzusetzen, dass er seine Ansicht 1925 vor einem Kriegsgericht rechtfertigen musste.

Großbritannien, das neben dem Mutterland auch sein Kolonialreich zu verteidigen hatte und Ende des Ersten Weltkriegs erste Erfahrungen im «strategischen» Bombenkrieg gegen Deutschland sammeln konnte, hatte 1918 eine unabhängige Luftwaffe geschaffen, die in der Folgezeit ein eigenes empirisches Konzept entwarf: Durch unabhängige Luftoperationen wollte man den Feind von Angriffen abhalten. Seltsamerweise war es Italien, das die strategische Theorie des Luftkrieges in ihrer umfassendsten und vollkommensten Form hervorbrachte. Giulio Douhet, allgemein anerkannt als der Mahan* (wenn nicht der Clausewitz) der Luftwaffe, scheint seine Vorstellung vom «Sieg durch die Luftwaffe» entwickelt zu haben, als er sich mit der Artillerietaktik des Ersten Weltkriegs beschäftigte und deren Sinnlosigkeit erkannte. 1921 vertrat er in seinem Buch *Luftherrschaft* die Auffassung, statt die Randgebiete des feindlichen Territoriums mit hochexplosiven Waffen zu bombardieren, wobei nur so viel Kriegsmaterial zerstört werden könne, wie der Gegner dorthin verlagert habe, verlange die Logik des Luftfahrtzeitalters, die Bomben in die Zentren der Kriegsproduktion des Feindes zu fliegen und auf die Fabriken und Arbeiter abzuwerfen, welche die Kanonen herstellten. Douhets Auffassung war geprägt von Italiens Erfahrungen im Ersten Weltkrieg; damals zeichnete sich der italienische Kriegsschauplatz durch schmale, von der Artillerie dominierte Gebirgsfronten aus, wobei die feindlichen Geschütze ihren Nachschub aus Fabriken bezogen, die vor allem in Böhmen und in nicht allzu großer Entfernung von den italienischen Flugfeldern gelegen waren.

Douhets Theorie kulminierte in der Überzeugung, der Bom-

* Alfred Thayer M., 1840–1914, amerikanischer Admiral und Marineschriftsteller, Verfasser des erstmals 1890 erschienenen, einflussreichen Werkes *Der Einfluss der Seemacht auf die Geschichte.* (A.d.Ü.)

ber sei gegen alle Abwehrmaßnahmen gefeit, egal ob sie von Jagdflugzeugen oder Artillerie unternommen würden, und eine Bomberoffensive entfalte ihre Wirkung so schnell, dass das Ergebnis eines künftigen Krieges schon feststehe, ehe der Feind die Mobilmachung seiner Land- und Seestreitkräfte abgeschlossen habe. In dieser Hinsicht war Douhet wirklich ein Visionär, sah er doch damit die Logik des nuklearen «Erstschlags» voraus. Allerdings vertrat er die Ansicht, mit frei fallenden hochexplosiven Sprengkörpern ausgerüstete Langstreckenbomber könnten den vernichtenden Schlag führen – eine Ansicht, der sich nur wenige anschließen mochten. Als die *Army Air Force* der Vereinigten Staaten 1942 begann, ihre Bomber massenweise in den Zweiten Weltkrieg zu schicken, glaubte sie, ihre B-17 *Flying Fortresses* («Fliegenden Festungen») seien die Verkörperung des Douhet'schen Ideals und das Mittel zum «Sieg durch die Luftwaffe»; bei ihren tief in Feindesland vorgetragenen Bombenangriffen des Jahres 1943 mussten sie schmerzlich erkennen, dass sie einer Fehleinschätzung zum Opfer gefallen waren.

Die Royal Air Force, deren Einstellung zum strategischen Bombenkrieg eher pragmatisch als doktrinär war, erwartete von ihrer frühen Luftoffensive gegen Deutschland weniger (und erreichte noch weniger als erwartet). Und die deutsche Luftwaffe hatte sich in den Jahren 1939 und 1940 überhaupt keine Theorie des strategischen Bombenkriegs zu Eigen gemacht. 1933 hatte man geprüft, ob Deutschland die Kapazitäten zum Bau und zur Unterhaltung einer Langstreckenbomberflotte hätte, und war zu dem Schluss gekommen, dass sein Industriepotenzial dazu selbst mittelfristig nicht ausreiche. Die größtenteils aus Heeresoffizieren bestehende geheime Luftwaffenführung widmete sich daher dem Aufbau einer Luftwaffe, deren Aufgabe darin bestand, die Bodentruppen zu unterstützen, und diese Rolle nahm sie auch am Ende des Frankreichfeldzuges noch wahr, unbeschadet des Rufs, den sie sich als Instrument zur Massenvernichtung bei den Angriffen auf Warschau und Rotterdam erworben hatte.

Als Hitler am 16. Juli 1940 seine nächste Direktive (Weisung Nr. 16) zur «Vorbereitungen einer Landeoperation gegen England» ausgab, waren die sachkundigen Chefs der Luftwaffe daher befremdet von der Fülle der ihnen zugewiesenen Aufgaben: «das Eingreifen der feindlichen Luftwaffe zu verhindern», «feindliche Seestreitkräfte, die sich im Anmarsch befinden», aufzuhalten, «Küstenbefestigungen ... niederzukämpfen, den ersten Widerstand feindlicher Erdtruppen zu brechen und im Anmarsch befindliche Reserven zu zerschlagen». Damit verlangte er praktisch, dass die Luftwaffe die Voraussetzungen für den Sieg schuf, ehe Heer und Marine zum Einsatz kamen.

Hermann Göring, Reichsluftfahrtminister und Oberbefehlshaber der Luftwaffe – im Grunde seines Herzens war er das Jagdfliegerass geblieben, zu dem er im Ersten Weltkrieg geworden war – nahm die Schwierigkeiten auf die leichte Schulter. Am 1. August, die Vorbereitungen für die Luftschlacht um England waren schon angelaufen, teilte er seinen Generalen mit, der «Führer» habe ihm befohlen, England mit seiner Luftwaffe zu zerschmettern. Er, Göring, werde diesen Feind in nächster Zukunft in die Knie zwingen; die Besetzung der Insel stehe unmittelbar bevor. Den Generalen Milch, Kesselring und Sperrle (dem sachkundigen Staatssekretär Görings und den Chefs der Luftflotten 2 und 3), die zur Unterstützung des Unternehmens «Seelöwe» (so der Tarnname für die Invasion Großbritanniens) vorgesehen waren, erschienen die Schwierigkeiten und Risiken jener Luftoffensive, der Göring so unbedenklich zugestimmt hatte, weitaus größer, als dieser allem Anschein nach begriffen hatte.

Die größte Schwierigkeit bestand darin, dass die Luftwaffe sich mit einer improvisierten Operationsbasis begnügen musste. Die Luftflotten 2 und 3, die man in den Wochen nach dem Waffenstillstand mit Frankreich in aller Eile an die Küsten Belgiens, Nordfrankreichs und der Normandie verlegt hatte, verwendeten die eroberten Feindflugplätze; alle örtlichen Gegebenheiten – Versorgung, Wartung, Reparatur und Fernmeldewesen – mussten den

Bedürfnissen der Luftwaffe erst angepasst werden. Im Gegensatz dazu operierte die Royal Air Force von heimischen Basen aus, die sie seit Jahrzehnten benutzte. Außerdem hatte das *Fighter Command* (Jägerkommando) der RAF den Vorteil, dass es das eigene Land verteidigte. Während die Luftwaffe erst nach einem Anflug von mindestens 30, im Allgemeinen sogar 80 bis 150 Kilometern Feindberührung hatte, brauchten die Maschinen des *Fighter Command* nur auf taktische Höhe zu steigen, um den Kampf aufzunehmen. Das sparte nicht nur Treibstoff – von entscheidender Bedeutung für die Me 109, deren operative Reichweite gerade einmal 200 Kilometer betrug –, sondern bedeutete auch, dass die Piloten einer beschädigten Maschine über Freundesland abspringen oder ihr Flugzeug dort zu Boden bringen konnten. Die deutschen Piloten aber gingen der Luftwaffe auf jeden Fall verloren, ganz gleich, ob sie mit dem Fallschirm absprangen oder eine Bruchlandung versuchten. Viele deutsche Flieger, die am Fallschirm im Kanal landeten, waren zum Ertrinken verurteilt.

Außer über den Vorteil, seinen Kampfraum in der Nähe der Heimatbasen zu haben, verfügte das britische *Fighter Command* über ein hervorragend gerüstetes und integriertes Leit- und Warnsystem. Die vier Jäger-Gruppen – 13 (*Northern*), 12 (*Midlands*), 11 (*South-Eastern*) und 10 (*South-Western*) – wurden von einer Kommandozentrale in Uxbridge, westlich von London, befehligt, von wo aus den Gruppen, die am härtesten bedrängt wurden (normalerweise die 11., die London und den äußersten Teil Nordfrankreichs zu sichern hatte), Verstärkung aus den Reihen der gerade nicht im Einsatz stehenden Maschinen zugewiesen werden konnte. Zudem konnte das Hauptquartier des *Fighter Command* sich auf Informationen aus verschiedenen Quellen stützen – dem erdgebundenen Beobachterkorps und den eigenen Piloten –, um Staffeln gegen eine sich abzeichnende Bedrohung «per Alarmstart» in die Luft zu bringen und gegen den Feind zu dirigieren. Hauptsächlich jedoch verließ es sich auf die «Anflugkette», eine Reihe von 50 Radar-Warnstationen, die das *Air Mi-*

nistry seit 1937 entlang der Küste von den Orkneys bis Land's End installiert hatte.

Beim Radar wird ein gesendetes Funksignal von einem anfliegenden Feindflugzeug reflektiert, woraufhin man Verzögerung und Richtung des einkommenden Signals misst. Auf diese Weise lassen sich mittels aufeinander folgender Signale Entfernung, Position, Höhe und Geschwindigkeit bestimmen. Radar war eine britische Erfindung; Robert Watson-Watt vom *National Physical Laboratory* hatte es entwickelt. 1940 besaßen die Deutschen ebenfalls eigene Funkmessgeräte, ihre «Würzburg»- und «Freya»-Stationen gab es jedoch nur in geringer Anzahl. Sie waren den britischen Geräten auch technisch unterlegen und halfen der Luftwaffe nicht bei der Durchführung ihrer offensiven Operationen. Das Radar bot dem *Fighter Command* den entscheidenden Vorteil.

Das *Fighter Command* hatte noch einen weiteren Vorteil gegenüber der Luftwaffe: In den britischen Fabriken wurden mehr Jagdflugzeuge hergestellt. Im Sommer 1940 produzierten Vickers und Hawker monatlich 500 *Spitfires* und *Hurricanes*, während Messerschmitt nur 140 Me 109 und 90 Me 110 liefern konnte. Dafür verfügten die Deutschen über die größere Zahl an ausgebildeten Kampffliegern, insgesamt rund 10000, das *Fighter Command* hingegen nur über einen Grundstock von 1450 Piloten, zu denen wöchentlich 50 hinzukamen. Damit stand die RAF auf dem Höhepunkt der Luftschlacht vor dem paradoxen Problem, dass sie nicht genügend Piloten hatte, um ihre Flugzeuge zu bemannen; in keinem Stadium der bevorstehenden Luftschlacht fehlte es ihr jedoch an Flugzeugen. Tatsächlich kämpfte das *Fighter Command* in der Luftschlacht unter annähernd gleichen Bedingungen. Die ganze Zeit hindurch gelang es ihm, täglich 600 *Spitfires* und *Hurricanes* einsatzbereit zu halten, während die Luftwaffe nie mehr als 800 Me 109 gegen sie aufbieten konnte. Diese Jäger, gleichwertig, was Geschwindigkeit (etwa 550 Stundenkilometer) und Feuerkraft anging, waren die Hauptwaffen in einer Schlacht, die über Sieg oder Niederlage entschied.

Dennoch hätte die deutsche Luftwaffe jene Überlegenheit herstellen können, mit der es der mächtigen Bomberflotte – 1000 Dornier 17, Heinkel 111 und Junkers 88 sowie 300 Junkers 87 – möglich gewesen wäre, die britischen Verteidigungsstellungen zu verwüsten, wenn man sich gleich zu Anfang von der kühlen Logik hätte bestimmen lassen, wie sie 1940 dem Plan für den Angriff des deutschen Heeres auf Frankreich zugrunde gelegen hatte. Tatsächlich aber besaß die Luftwaffe keine durchdachte Strategie, nichts, was dem «Sichelschnitt» entsprochen hätte. Stattdessen bekämpfte sie das *Fighter Command* mit einer Reihe von improvisierten taktischen Maßnahmen, die allesamt auf Görings arroganter Annahme beruhten, Großbritannien sei durch jede Vorgehensweise in die Knie zu zwingen, die auch nur entfernte Ähnlichkeit mit einem «schweren Schlag» hätte.

Patt in den Lüften

In der Rückschau sind sich die Historiker einig, dass sich die Luftschlacht um England in fünf Phasen deutscher Improvisation gliedert: Zunächst den «Kanalkampf» vom 10. Juli bis Anfang August; anschließend Unternehmen «Adler», beginnend mit dem «Adlertag» am 13. August – die «klassische» Phase der Luftkämpfe zwischen Luftwaffe und Royal Air Force, die bis zum 18. August dauerte; als Nächstes das Bestreben der Luftwaffe zwischen dem 24. August und dem 6. September, ihre Offensivbemühungen gegen die Flugplätze des *Fighter Command* zu richten; dann die Schlacht über London vom 7. bis zum 30. September, als die Jäger der Luftwaffe ihren Bombern Tag für Tag bei immer verlustreicheren Tagangriffen auf die Hauptstadt Geleitschutz gaben; und schließlich eine Reihe weniger bedeutender Luftangriffe bis zum «offiziellen» Ende der Schlacht am 30. Oktober. Danach gingen die übel zugerichteten deutschen Bomberstaffeln zu Nachtangriffen über, die zwar Zerstörungen anrichteten, jedoch strategisch bedeutungslos waren, eine Phase, welche die Londoner einfach

«Blitz» nannten – in bequemer Übernahme jenes von der Weltpresse geprägten Begriffs, der die überwältigenden Bodenoffensiven gegen Polen und Frankreich kennzeichnete.

Der am 10. Juli einsetzende «Kanalkampf» begann mit Angriffen deutscher Bomber in einer Stärke von jeweils 20 bis 30 Maschinen auf die Städte an der englischen Südküste – Plymouth, Weymouth, Falmouth, Portsmouth und Dover – und auf abgefangene Konvois. Später bezog man die Themsemündung ins Einsatzgebiet ein. Es wurden einige materielle Schäden angerichtet und etwa 40 000 BRT Schiffsraum versenkt, doch die Royal Navy, welche von den Deutschen hätte überwunden werden müssen, damit die Flotte von Schleppern und Kähnen, die Hitler in den holländischen und belgischen Flussmündungen zur Kanalüberquerung zusammengezogen hatte, unbeschädigt über die Meerenge hätte gebracht werden können, blieb von den Luftangriffen unberührt. Zwischen dem 10. und dem 31. Juli wurden etwa 180 deutsche Flugzeuge abgeschossen, dem stand ein Verlust von 70 britischen Jägern gegenüber. Da zu den zerstörten deutschen Maschinen 100 Bomber gehörten, war die «Quote» bei den Jägern, denen die entscheidende Rolle in der Schlacht um England zufallen sollte, etwa ausgewogen.

Angesichts dieses Patts wurde Hitler ungeduldig. Er hatte sich eingeredet, die Briten wären schon geschlagen und müssten es nur noch einsehen. Daher scheute er sich, den Befehl zur Invasion zu geben – wegen der Risiken, die damit verbunden waren, und weil er hoffte, Großbritannien würde in Kürze seine Niederlage eingestehen. Da kein anderes Mittel blieb, war er fest entschlossen, die Briten durch die Luftwaffe an den Verhandlungstisch zu zwingen. Seinen Generalen erklärte er unentwegt, er sei nicht darauf aus, Großbritannien (wie Frankreich) zu demütigen, geschweige denn (wie Polen) zu vernichten. Er klammerte sich an die Illusion, sein neues europäisches Reich und das alte britische Reich der Weltmeere könnten nicht nur koexistieren, sondern auch zu ihrem gegenseitigen Vorteil kooperieren. «Nachdem er [Hitler] so lange und immer wieder den Engländern Vorschläge, die Ordnung in Europa betreffend, gemacht habe», erklärte er seiner norwegischen Marionette, Vidkun Quisling, am 18. August, «sähe er sich gegen seinen Willen gezwungen, diesen Krieg gegen England zu führen. Er befände sich nunmehr in derselben Lage wie Martin Luther, der auch nicht gegen Rom kämpfen wollte, dem aber dieser Kampf aufgezwungen worden sei.»

Am 1. August erließ er die Weisung Nr. 17, in der er die Luftwaffe anwies, «mit allen zur Verfügung stehenden Kräften die englische Luftwaffe möglichst bald niederzukämpfen». Angriffsziele waren «die fliegenden Einheiten, ihre Bodenorganisationen und ihre Nachschubeinrichtungen, ferner ... die Luftrüstungsindustrie einschließlich der Industrie zur Herstellung von Flakgerät.» Am selben Tage versammelte Göring seine Untergebenen in Den Haag, um ihnen in aller Deutlichkeit klar zu machen, was er vom Unternehmen «Adler» erwartete. Theo Osterkamp, ein hochdekorierter Flieger des Ersten Weltkriegs, den seine Erfahrungen in der Kanalschlacht schon vorsichtig gemacht hatten, brachte seine Vorbehalte zum Ausdruck: Er erklärte ihm, er habe allein in der Zeit, die er mit seiner Gruppe im Luftkampf über England verbracht hatte, etwa 500 bis 700 britische Jäger gezählt, die in dem Gebiet um London konzentriert seien. Deren Anzahl habe sich seit Beginn der Schlacht erheblich vergrößert. Alle neuen Einheiten seien mit Spitfires ausgerüstet, die es nach seinem Dafürhalten mit den deutschen Jägern aufnehmen könnten. Göring reagierte verärgert und geringschätzig. Er behauptete, die Briten seien feige, die genannten Zahlen viel zu hoch, und die Überlegenheit der Luftwaffe an Bombern nehme den britischen Abwehrmaßnahmen ihre Wirkung. Kurze Zeit später wurde der «Adlertag» auf den 7. August festgelegt.

Tatsächlich lief Unternehmen «Adler» des schlechten Wetters wegen erst am 8. August mühsam an; schließlich wurde der 13. August zum «Adlertag» erklärt. Zu diesem Zeitpunkt hatte die Luftwaffe bereits Rückschläge erlitten, vor allem weil ihre Operationen zu breit angelegt waren. Am 12. August, einem typischen Einsatztag, griff sie Flugplätze der RAF, den Hafen von Portsmouth, die Themseschifffahrt und – unbegreiflicherweise zum ersten und letzten Mal während der ganzen Luftschlacht um England – die Radarstationen der «Anflugkette» an. Die Luftwaffe verlor 31 Maschinen, die RAF 12. Am «Adlertag» selbst wurde, ebenfalls bei Dunkelheit, in der Nähe von Birmingham eine *Spitfire*-Fabrik angegriffen – Fazit: 45 deutsche und 13 britische Flugzeuge wurden zerstört (sechs der englischen Piloten, für die britische Luftverteidigung wichtiger als die Maschinen, konnten sich retten). Am 15. August hatte die Luftwaffe 75 Verluste zu verzeichnen, die RAF 34. Die ganze Woche über sprach die «Quote» für die Briten (aus Gründen der Gerechtigkeit ist zu erwähnen, dass die RAF bei der Schätzung der deutschen Flugzeugverluste nach Kräften übertrieb). Die Luftwaffe meldete Halder am 14. August: «Verluste der eigenen Jäger : englischen Jäger = 1:5 … Ersatz bei uns ohne Schwierigkeiten. Engländer können wahrscheinlich nicht ersetzen.»

Die deutschen Verluste, insbesondere an Sturzkampfbombern, waren so hoch, dass Göring sich bereits am 15. August dazu entschloss, den Angriffsplan – und seine Kommandeure – auszuwechseln. Zweifler wie Osterkamp wurden durch Beförderung aus ihren taktisch verantwortlichen Positionen entfernt und durch tatendurstige junge Kommandeure ersetzt (wie Adolf Galland, der kurz darauf von Hitler mit dem Ritterkreuz ausgezeichnet wurde – nur zögernd, denn er «sah jüdisch aus»). Göring erläuterte ihnen, welche Ziele in diesem dritten Stadium der Luftschlacht um England im Vordergrund stehen sollten: die Rollfelder der RAF-Jäger. Schlechtes Wetter verzögerte den Start der Operation, der ersten echten Kräftekonzentration, die der Generalstab der Luftwaffe seit Beginn der Schlacht vorgenommen hatte.

Die RAF bekam ihre Wirkungen nicht vor dem 24. August zu spüren, dann allerdings waren sie besorgniserregend. Der Stützpunkt Manston, der von allen Horsten der Jagdflieger am weitesten vorgeschoben war, wurde durch einen gezielten Luftschlag unbrauchbar gemacht, und North Weald, in einem der nordöstlichen Vororte Londons gelegen, erlitt erhebliche Schäden. In Manston war das Bodenpersonal demoralisiert; die Männer hatten in den Luftschutzbunkern Zuflucht gesucht und weigerten sich, wieder hervorzukommen. Die Luftwaffe flog an diesem Tage 1000 Einsätze und zerstörte 22 Jäger der RAF bei einem Verlust von 38 eigenen Maschinen. Es sollte noch schlimmer kommen: Am 30. August und 4. September wurden Flugzeugfabriken attackiert und erheblich beschädigt; Biggin Hill, einer der zum Schutz Londons wichtigeren Flugplätze, wurde in drei Tagen sechsmal angegriffen, dabei wurden das Stabsgebäude verwüstet und 70 Angehörige des Bodenpersonals getötet oder verwundet. Zwischen dem 24. August und dem 6. September verlor das *Fighter Command* 290 Jagdflugzeuge; die Luftwaffe büßte 380 Maschinen ein, von denen allerdings nur die Hälfte Jäger waren.

Die Krise

Die Luftwaffe war auf dem besten Wege, die Schlacht zu gewinnen – Hitler und Göring jedoch ging es nicht schnell genug. Die Herbststürme drohten. Wenn die Invasionskähne noch 1940 über die Kanalenge gebracht werden sollten, musste Großbritanniens Widerstand in den nächsten Wochen gebrochen werden: Es galt, das *Fighter Command* in der Luft zu besiegen, um die Royal Navy aus dem Kanal bomben zu können. Am 31. August entschied das Oberkommando der Luftwaffe (OKL), die Angriffsschwerpunkte von den Fliegerhorsten nach London zu verlagern. Bislang war die Stadt verschont geblieben, wie es in einem Befehl des OKW vom 24. August festgehalten ist: «Angriffe gegen den Stadtbezirk von London und Terrorangriffe unterliegen der Entscheidung des Führers.» Hitler hatte diese Entscheidung bisher vermieden, weil er immer noch gehofft hatte, Churchill an den Verhandlungstisch bringen zu können – und um Vergeltungsangriffe auf deutsche

Städte abzuwenden. Nun gelangte man, nach dem Zeugnis des Fliegerasses Adolf Galland, zu der Einschätzung, dass nur durch einen Angriff auf London «die englischen Jäger aus ihrer Reserve herauszutreten und sich uns wieder zum offenen Kampf zu stellen gezwungen sein würden».

So erreichte die Luftschlacht um England ihren Höhepunkt: Heinkel-, Dornier- und Junkers-Bomber, gesichert durch eine geschlossene Front von Me 109 und Me 110, in enger Angriffsformation gegen die, wie Galland schrieb, «Sieben-Millionen-Stadt an der Themse …, Gehirn und Nervenzentrum der englischen Kriegführung». Der Angriff sah sich gewaltigen Hindernissen gegenüber: einem Ring von 1500 Sperrballons, 2000 schweren und leichten Flugabwehrgeschützen und den immer wieder aufgefüllten Reihen der *Few*, der englischen Piloten, denen 750 *Spitfires* und *Hurricanes* zur Verfügung standen. An zehn Tagen Mitte September, zehn Tagen unter blauem Firmament und strahlender Sonne, die sich dem Gedächtnis aller Zeitzeugen eingeprägt hat, tauchten jeden Morgen am Himmel über Südostengland die deutschen Angreifer auf und zogen zu Hunderten gegen London, wo sie von britischen Jägern abgefangen wurden, die aufstiegen, um ihnen zu begegnen, angriffen und anschließend abdrehten, manchmal, um sich neu zu formieren – manches Mal aber auch nicht, weil sie dem Kampf zum Opfer gefallen waren. Desmond Flower, ein junger Rekrut aus dem Middlesex-Regiment, beschrieb das Schauspiel:

> Der Sonntag in Sevenoaks unterschied sich nicht vom Sonntag in ganz Kent, Surrey, Sussex und Essex. Die heiße Sommerluft dröhnte im Takt der Bomber, die man in dem gleißenden Blau nicht sehen konnte. Dann kam die RAF; das monotone Gedröhn wurde durchbrochen vom Knurren eines in hohem Tempo wendenden Jägers, und die Kondensstreifen fingen an, riesige Kreise zu bilden. Ich lag auf dem Rücken im Rosengarten und sah den sich formenden Kreisen zu, wie sie breiter wurden, sich auflösten und von einer Reihe neuer Kreise überlagert wurden. Dann, nicht größer als ein Steck-

> nadelkopf, öffnete sich ein Fallschirm und schwebte, langsam größer werdend, zur Erde nieder. Ich zählte acht, die gleichzeitig in der Luft hingen.

Etliche der Fallschirme dürften britische gewesen sein, denn am 9., 11. und 14. September erlitt das *Fighter Command* bei der Abwehr der deutschen Formationen starke Verluste. Doch sein erfolgreicher Versuch, London vor schweren Schäden zu bewahren – es traf nicht zu, was der deutsche Militärattaché aus Washington berichtete, dass nämlich die Auswirkungen im Herzen Londons einem Erdbeben geglichen hätten –, veranlasste die Luftwaffe nun zu höchsten Anstrengungen. Am 15. September befand sich die größte Bomberflotte, die sich bis dahin jemals in die Luft erhoben hatte – 200 Maschinen mit massiver Jägereskorte – im Anflug auf London. Das *Fighter Command* hatte eine Frühwarnung erhalten: Seit Beginn der Angriffe auf die Hauptstadt waren die ihr vorgelagerten Rollfelder ausgebessert worden, und Luftmarschall Sir Hugh Dowding, der Oberbefehlshaber des *Fighter Command*, genehmigte der 12. Jägergruppe (*Midlands*), ihre Staffeln zur Verteidigung zur Verfügung zu stellen.

Als Churchill an jenem Morgen dem Hauptquartier der 11. Gruppe in Uxbridge einen Besuch abstattete, erhielt er auf seine Frage «Welche Reserven haben wir?» vom Gruppen-Kommodore, Vizeluftmarschall Keith Park, die Antwort, die er drei Monate zuvor in Paris von Gamelin gehört hatte: «Es gibt keine.» Doch Dowdings Maßnahme war eine wohl erwogene Entscheidung, keine Fehlkalkulation. Er hatte Mittel und Zweck sorgfältig gegeneinander abgewogen, und die Folgen rechtfertigten seinen Entschluss. Etwa 250 *Spitfires* und *Hurricanes* fingen die deutschen Bomber weit östlich von London ab; am Ende des Tages, als auch eine zweite Welle angegriffen und zurückgeschlagen worden war, hatten sie fast 60 Abschüsse erzielt. Das war der spektakulärste Misserfolg der Luftwaffe in dieser Schlacht (wenngleich nicht der verlustreichste) und entscheidend wegen des Abschreckungseffekts, der von ihm ausging. Die Hoffnung, Großbritanniens Widerstand könne gebrochen werden, bevor der Wetterumschwung eine Invasion unmöglich machen würde, hatte sich zerschlagen: Am 17. September gab Hitler bekannt, die Operation «Seelöwe» sei bis auf weiteres ausgesetzt.

Die Verschiebung des Landeunternehmens hatte jedoch keineswegs die Beendigung der Operation «Adler» zur Folge. Zum einen hatte Göring die beiden Operationen stets als separate Unternehmen angesehen und sich in der Hoffnung gewiegt, seine eigene Offensive gegen England würde, unabhängig von den Anstrengungen des Heeres und der Kriegsmarine, zu einem strategisch bedeutsamen Ergebnis führen. Zum anderen wünschte Hitler den Druck auf Churchills Regierung aufrechtzuerhalten, hatte er sich doch eingeredet, den Engländern müsse ebenso klar sein wie ihm, dass eine Einigung unumgänglich sei. Tagangriffe auf London und auf andere Ziele wurden daher während des ganzen September fortgesetzt und führten in manchen Fällen zu schweren Schäden. Am 26. September zum Beispiel wurde durch einen Überraschungsangriff auf die *Spitfire*-Fabrik in Southampton die Produktion eine Zeit lang lahmgelegt. Ein Vergleich der Erfolge, die beide Seiten im Luftkrieg erzielten, sprach allerdings für sich selbst. Zur Belohnung für seinen 40. Luftsieg war Galland am 27. September beim Reichsmarschall zur Hirschjagd eingeladen. Dem unwilligen Göring versicherte er in dessen Jagdhaus, «daß trotz der schweren Verluste, die wir den englischen Jägern zufügten, ein entscheidendes Absinken ihrer Zahl und Kampfkraft nicht festzustellen sei». Offenbar sei England in der Lage, «in den friedlichen neun Zehnteln seines Territoriums die entstandenen Verluste unter Zusammenfassung aller Energie» wieder wettzumachen.

Das Eingeständnis ließ noch eine Weile auf sich warten: Die Tagangriffe wurden bei steigenden Verlusten bis in den Oktober hinein fortgesetzt, dann wurden die Nachtangriffe zur Norm, obwohl sie ungenauer und außerdem geeignet waren, sowohl

Vergeltungsangriffe als auch den Vorwurf der «Terror-Taktik» zu provozieren – und beides wollte Hitler unbedingt vermeiden. Im Oktober wurden an sechs Tagen bei Tag und Nacht Bomben abgeworfen, und im November, dem Monat des eigentlichen «Blitzes», gab es nur noch nächtliche Bombenangriffe. Zu dieser Zeit war die Luftschlacht im Grunde schon vorüber. Es war eine heroische Phase des Krieges gewesen. Die *Few* verdienten ihre Ehrenbezeichnung: Rund 2500 junge Flieger waren ganz allein dafür verantwortlich, dass Großbritannien die Invasion erspart blieb. In ihrer Mehrheit waren sie britische Bürger, doch gab es unter ihnen auch zahlreiche Kanadier, Australier, Neuseeländer und Südafrikaner (darunter den gnadenlosen «Sailor» Malan, der versuchte, deutsche Bomberpiloten mit toter Besatzung nach Hause zu schicken, als Warnung für alle anderen). Ein paar Flieger waren Ausländer, Iren und Amerikaner, die sich mit der Neutralität ihrer Länder nicht abfinden mochten, und eine starke Minderheit wurde von Flüchtlingen gestellt, Tschechen und Polen. Letztere, die lediglich fünf Prozent der *Few* ausmachten, waren für 15 Prozent der Verluste verantwortlich, welche die deutsche Luftwaffe nach britischen Angaben erlitten hatte.

Der Sieg der *Few* war knapp. In den kritischen Monaten August und September, als die Luftschlacht um England ihren Höhepunkt erreichte, verlor das *Fighter Command* 832 Maschinen, während die Luftwaffe nur 668 Jägerausfälle verzeichnete. Es war der Verlust von annähernd 600 Bombern, der für die negative Bilanz der Angreifer sorgte. Wäre Hitler und Göring das Ausmaß ihres Erfolges auf dem Höhepunkt der Schlacht bekannt gewesen, als ein Viertel der Piloten des *Fighter Command* ausfiel und die Verluste an Jägern eine Zeit lang (vom 11. August bis zum 7. September) die Neuproduktion übertrafen, hätte sich die deutsche Führung zweifellos zu noch größeren Anstrengungen aufgerafft. Dann wäre das vielleicht der erste entscheidende Sieg einer Luftwaffe als strategisch unabhängig eingesetzter Teilstreitkraft gewesen, womit sich die Vision erfüllt hätte, die Douhet und Mitchell am Anfang der militärischen Luftfahrt entworfen hatten. So aber war es dem Pragmatismus von Dowding und seinem Stab beim *Fighter Command*, dem Opfermut ihrer Piloten und der technischen Neuerung des Radars zu verdanken, dass NS-Deutschland seine erste Niederlage erlitt. Die Folgen dieser Niederlage ließen lange auf sich warten, doch sie garantierte den Fortbestand eines unabhängigen Großbritannien, und dies trug zweifellos entscheidend dazu bei, dass Hitler-Deutschland unterging.

5 · DIE VERSORGUNGSLAGE UND DIE SCHLACHT IM ATLANTIK

Ursprung des Krieges ist die Beschaffung von Nahrungsmitteln, Rohstoffen, Fertigwaren und Waffen selbst. Seit frühester Zeit ist der Mensch in den Krieg gezogen, um sich fehlende Ressourcen anzueignen, und er kämpfte, um seine Lebensgrundlagen zu sichern und sich gegen den Feind zu verteidigen. Der Zweite Weltkrieg war keine Ausnahme von dieser Regel. Nach Ansicht des Wirtschaftshistorikers Alan Milward lagen sein Ursachen «in der bewussten Entscheidung zweier wirtschaftlich hoch entwickelter Staaten für den Krieg als politisches Instrument. Weit entfernt davon, wirtschaftliche Bedenken gegen die Kriegführung als Politik zu hegen, wurde sowohl die deutsche wie die japanische Regierung bei ihrer Entscheidung für den Krieg von der Überzeugung geleitet, der Krieg könne ein Mittel zu wirtschaftlicher Gewinnerzielung sein.»

Milwards Ansicht, ökonomische Gründe könnten Japan in den Krieg getrieben haben, ist zweifellos richtig. Japan glaubte, seine rasch wachsende Bevölkerung auf den Mutterinseln, denen es an nahezu allen Ressourcen fehlte, könne nur unterhalten werden, wenn es die produktiven Regionen des benachbarten China in Besitz nehme. Der Einmarsch in China hatte zwischen 1937 und 1941 zu einem direkten diplomatischen Konflikt mit den Vereinigten Staaten geführt. Amerika verhängte Handelsembargos, die Japan bewegen sollten, auf strategische Abenteuer zu verzichten, was die Tokioter Regierung 1941 veranlasste, zur Wahrung der nationalen Interessen den Krieg anstelle eines begrenzten Friedens zu wählen. Im Jahr von Pearl Harbor mussten 40 Prozent des japanischen Stahlbedarfs importiert werden, dazu 60 Prozent des Aluminiums, 80 Prozent des Erdöls, 85 Prozent des Eisens und

100 Prozent des Bedarfs an Nickel. Amerikas Drohung, die Lieferung von Öl und Metallen einzustellen, wenn Japan nicht garantiere, was Washington als Wohlverhalten ansah, kam daher einer wirtschaftlichen Strangulation gleich. Die «Südoffensive» war eine fast vorhersagbare Folge.

Hitler konnte sein strategisches Abenteurertum nicht mit wirtschaftlichen Schwächen rechtfertigen. 1939, als noch ein Viertel der Bevölkerung in der Landwirtschaft tätig war, war Deutschland, was die Ernährung anging, fast autark; eingeführt werden musste nur ein Teil des Bedarfs an Eiern, Obst, Gemüse und Fetten. Deutschland verbrauchte nicht mehr Kohle, als in heimischen Gruben gefördert wurde, Ähnliches galt für Eisenerz, nur das hochwertige Erz für die Waffenproduktion bezog man aus Schweden. Für Gummi und Erdöl – Güter, für die während des Krieges mit Hilfe der Kohlechemie Ersatzstoffe gefunden wurden – war es vollkommen auf Importe angewiesen, ebenso wie für die meisten Nichteisenmetalle. Im friedlichen Handel jedoch erzielte Deutschland dank seinem hohen Exportniveau (insbesondere bei Fertigwaren wie Chemikalien, Maschinen und Anlagen) mühelos die nötigen Überschüsse, um diese Mängel auszugleichen. Wäre da nicht Hitlers sozialdarwinistische Fixierung auf die Autarkie – die absolute Unabhängigkeit der Volkswirtschaft – gewesen, hätte Deutschland keinen Grund gehabt, sich statt für den kommerziellen Verkehr mit seinen Nachbarn für den militärischen zu entscheiden.

Paradoxerweise hatten Deutschlands Gegner Großbritannien und Frankreich sowie sein halbherziger Verbündeter Italien bessere wirtschaftliche Gründe, in den Krieg zu ziehen. Italien musste einen großen Teil seines Energiebedarfs durch Importe decken, während seine Industrie, insbesondere die Rüstungsindustrie, fest in der Tradition des Handwerks stand, ein Anachronismus angesichts des unbarmherzigen Massenverschleißes auf dem modernen Schlachtfeld. Italienische Flugzeuge waren regelrechte Kunstwerke – dies war jedoch kein Trost für die Piloten der *Regia*

Aeronautica, da es den Fertigungsstätten nicht gelang, so rasch Ersatz zu liefern, wie die Maschinen über Malta und Benghasi verloren gingen. Auch in Frankreichs Rüstungsfabriken wurde nach handwerklichen Prinzipien produziert, und obwohl das Land sich mühelos selbst ernährte und Luxusgüter in großer Zahl exportierte, war es doch insofern von seinem Kolonialreich und seinen Handelspartnern abhängig, als es viele Rohstoffe und Fertigwaren importieren musste – beispielsweise moderne Flugzeuge während der Krise von 1940 aus den Vereinigten Staaten und Gummi aus den Kolonien in Indochina.

Besonders paradox war die Situation Großbritanniens. Bei voller Auslastung war seine Industrie in der Lage, an Waffen, Schiffen, Flugzeugen, Geschützen und Panzern alles zu produzieren, was die wehrfähige Bevölkerung bei einer Mobilmachung auf dem Schlachtfeld bemannen konnte. Wie der Erste Weltkrieg bewiesen hatte und wie die Ereignisse des Zweiten zeigen sollten, fand es selbst auf dem Tiefpunkt seines militärischen Schicksals noch Gelegenheit, überschüssiges Rüstungsmaterial zu exportieren (nach Russland) oder Exiltruppen (Polen, Tschechen, Freie Franzosen) neu auszustatten. Doch das war nur möglich, weil Großbritannien einen Großteil der Nichteisenmetalle, einige der von den Fabriken benötigten Maschinen und Anlagen, das gesamte Erdöl und – der heikelste Punkt auf der überbevölkerten Insel – die Hälfte aller Lebensmittel importierte. Die Japaner konnten zur Not von ungeschältem Reis leben, hart an der Grenze zum Verhungern. Hätte die britische Bevölkerung aber auf die Einfuhr nordamerikanischen Weizens verzichten müssen, wäre sie ein paar Monate nach dem Verzehr der strategischen Vorräte an Mehl und Milchpulver mit malthusischer Gesetzmäßigkeit auf die Hälfte geschrumpft.

Daher war Winston Churchills Bekenntnis unmittelbar nach dem siegreichen Ende des Krieges ganz ehrlich gemeint: «Das Einzige, was ich während des Krieges wirklich fürchtete, war die U-Boot-Gefahr … sie manifestierte sich nicht in heroischen Schlachten und spektakulären Leistungen, sondern in Gestalt von

Statistiken, Diagrammen und Kurven, die der Nation unbekannt und der Öffentlichkeit unverständlich waren.» Die wichtigsten statistischen Daten waren schnell genannt. 1939 benötigte Großbritannien 55 Millionen Tonnen an überseeischen Einfuhren, um seiner Bevölkerung das gewohnte Leben zu bieten. Deshalb unterhielt England die größte Handelsflotte der Welt; 3000 Seeschiffe und 1000 große Küstenschiffe mit einer Gesamttonnage von 21 Millionen BRT. Ständig waren rund 2500 Schiffe auf See: Die Besatzungen der Handelsmarine, eine fast ebenso wichtige Ressource wie die Schiffe selbst, zählten insgesamt 160 000 Mann. Zum Schutz dieser Flotte hatte die Royal Navy 220 Schiffe im Einsatz, die mit ASDIC ausgerüstet waren (einem 1917 vom *Allied Submarine Detection Investigation Committee* entwickelten Unterwasser-Ortungsgerät) – 165 Zerstörer, 35 Sloops und Korvetten sowie 20 Trawler. Folglich lag das Verhältnis zwischen Handels- und Begleitschiffen bei etwa 14 zu 1. Der Geleitzug, die Zusammenfassung von Handelsschiffen zu einer geordneten Formation unter dem Begleitschutz der Kriegsmarine, war nicht mehr Gegenstand einer Kontroverse wie noch im Ersten Weltkrieg; schon vor Kriegsbeginn hatte sich die Admiralität auf diese Taktik verständigt und setzte sie auf den Überseerouten sofort um, in den Küstengewässern, sobald das möglich war.

U-Boote und Handelsstörer über Wasser

Der Hauptfeind des Geleitzugs war das U-Boot. Wie 1914 setzten die Deutschen auch jetzt Überwasser-Handelsstörer ein, bei denen es sich zum Teil um herkömmliche Kriegsschiffe handelte, zum Teil um umgebaute Handelsschiffe; ihre Zahl war allerdings nicht groß. Zwischen September 1939 und Oktober 1942 waren weniger als ein Dutzend solcher Hilfskreuzer in See. Der erfolgreichste, die *Atlantis*, versenkte 22 Schiffe, bevor er im November 1941 von der HMS *Devonshire* gestellt und versenkt wurde. Deutschlands Schlachtschiffe und seine Schweren und Leichten

Kreuzer jagten gelegentlich auf den befahrenen Routen der Meere, aber auch davon gab es nicht viele, und sie galten als zu wertvoll, um leichtfertig aufs Spiel gesetzt zu werden, vor allem nach der demütigenden Niederlage des Schweren Kreuzers *Admiral Graf Spee* gegen drei britische Kreuzer vor Montevideo im Dezember 1939.

Die deutsche Luftwaffe konnte einige Erfolge verbuchen – im Mai 1941, einem besonders ergiebigen Monat, versenkte sie 150 000 BRT Schiffsraum (das durchschnittliche Handelsschiff zur Zeit des Zweiten Weltkriegs verdrängte 5000 Tonnen) –, während Minen, die von Flugzeugen, Überwasser- oder Unterwasserschiffen ausgelegt wurden, eine ständige Gefahr bedeuteten. Schnelle deutsche Küstenschiffe, von den Briten *E-boats* genannt, wurden von 1941 bis 1944 in großer Zahl als Minenleger in den Küstengewässern eingesetzt; von ihnen ging eine permanente Bedrohung für die Küstengeleitzüge aus. Sie unternahmen im April 1944 einen Angriff auf einen amerikanischen Truppenkonvoi, der bei Slapton Sands in Devon für den Tag der Invasion Landeübungen durchführte; dabei ertranken mehr GIs, als am 6. Juni vor der Normandie umkamen. Die Angriffe der Luftwaffe und der großen und kleinen Überwasserschiffe auf die Handelsschifffahrt hatten jedoch mit der eigentlichen Seeschlacht des Zweiten Weltkriegs in den europäischen Gewässern nichts zu tun. Diese Schlacht wurde, wie Winston Churchill zu Recht bemerkte, zwischen den Geleitzugeskorten und den U-Booten ausgetragen.

Im September 1939 hatte Admiral Karl Dönitz, der Befehlshaber der Unterseeboote, 57 U-Boote unter seinem Kommando, 30 davon kleine Küstenboote, 27 gehörten zu den hochseetüchtigen Typen. Das Programm der Vorkriegszeit zur Vergrößerung der Kriegsmarine, der so genannte Z-Plan, sah den Bau einer U-Boot-Flotte von 300 Einheiten vor, von denen Dönitz behauptete, sie reichten für eine tödliche Schlinge um Großbritannien mit Sicherheit aus. Diese Zahl stand ihm im Juli 1942 zur Verfügung. Damit war es möglich, ständig 140 Boote im Einsatz zu halten und jährlich sieben Millionen BRT Schiffsraum zu versenken – mehr als das Fünffache der Menge, welche die Briten hätten ersetzen können.

Zu diesem Zeitpunkt hatte jedoch die unentrinnbare Dynamik des Kriegsgeschehens fast jedes Glied der Gleichung, mit der Dönitz berechnet hatte, dass die U-Boot-Taktik zur unausweichlichen Strangulierung Großbritanniens führen müsse, zu seinen Ungunsten verändert. Requirierung und Charterung ausländischer Schiffe hatten die britische Handelsflotte um sieben Millionen BRT vergrößert, was dem Schiffsraum entsprach, der in einem Jahr durch Torpedierung verloren ging. Die durch ein Notprogramm enorm erhöhten Kapazitäten amerikanischer Werften sowie die britischen Eigenleistungen versprachen für 1943 eine Produktion von 1500 neuen Schiffen (darunter viele 10 000- und 15 000-Tonner), mehr als dreimal so viele, wie die U-Boote versenkten.

Der Schiffbau in den USA konnte der Flotte zwischen 1941 und 1945 jährlich 200 Begleitschiffe zur Verfügung stellen. Über 500 von ihnen sollten zur Sicherungsflotte der Royal Navy im Nordatlantik stoßen, die im März 1941 bereits 374 Einheiten umfasste und sich damit seit Kriegsbeginn fast verdoppelt hatte. In Nordamerika, auf Island und in Großbritannien stationierte Langstreckenflugzeuge engten das *air gap* (die «Luftlücke») immer weiter ein, innerhalb dessen die U-Boote gefahrlos über Wasser operieren konnten – ihre bevorzugte Methode, da sie getaucht zu langsam waren. Und eine eigene Luftunterstützung für Geleitzüge durch Flugzeuge, die von «Begleitträgern» aus starten konnten, brachte schon bald eine direkte Gefahr für angreifende U-Boote. Nur hinsichtlich der Stationierungsmöglichkeiten seiner Boote hatte sich Dönitz' Lage verbessert; der elektronische und kryptologische Krieg stand unentschieden, und das Versprechen geheimer Unterwasserwaffen, die Deutschland begünstigen sollten, konnte einige Jahre lang nicht eingelöst werden. Trotzdem hatten die U-Boote den alliierten und insbesondere den britischen Kriegsanstrengungen bereits schwere materielle und psychische Schäden zugefügt.

Mitte 1942 konnte niemand sagen, wie die Schlacht im Atlantik letztlich ausgehen würde. Die «Statistiken, Diagramme und Kurven» verhießen nichts Gutes.

Bis dahin hatte die Schlacht im Atlantik – Churchill hatte diesen Ausdruck geprägt – vier deutlich unterscheidbare Phasen durchlaufen. Von Kriegsausbruch bis zum Fall Frankreichs war die U-Boot-Flotte in ihrer Wirkungsmöglichkeit eingeschränkt, erstens durch geographische Zwänge und zweitens durch Hitlers Befürchtung, die Neutralen könnten Anstoß an Operationen in unmittelbarer Nähe der Britischen Inseln nehmen. Nach dem Juni 1940, als die französischen Atlantikhäfen (in denen Hitler im Januar 1941 mit bemerkenswerter Vorausschau den Bau bombensicherer U-Boot-Bunker in die Wege leitete) in deutsche Hand gefallen waren, operierte die Flotte im östlichen Atlantik, wobei sie sich insbesondere auf die Kap-Route nach West- und Südafrika konzentrierte und gelegentliche Vorstöße ins Mittelmeer unternahm, da die italienischen U-Boot-Besatzungen sich nicht als die geschicktesten erwiesen. Dank einer verbesserten Angriffstaktik gegen Geleitzüge erweiterten die U-Boot-Kommandanten ihr Einsatzgebiet zwischen April und Dezember 1941 allmählich in den Mittel- und Westatlantik, obwohl mit der Festlegung einer amerikanischen «Neutralitätszone» ein Gebiet umrissen worden war, in dem die United States Navy marodierende U-Boote angreifen wollte. Seit Juni 1941, nachdem Großbritannien begonnen hatte, Geleitzüge mit Kriegsmaterial in nordrussische Häfen zu bringen, wurden die U-Boote, unterstützt von deutschen Großkampfschiffen und in Küstennähe stationierten Flugzeugen, auch in arktischen Breiten eingesetzt. Schließlich, nach dem Dezember 1941, trugen Dönitz' Männer den U-Boot-Krieg bis an die Atlantikküste der Vereinigten Staaten und in den Golf von Mexiko. Im Zeitraum von einigen Monaten, die den grausigen Beinamen «Glückliche Zeit» erhielten, wurden in diesen Gewässern Hunderttausende von BRT Schiffsraum versenkt, weil die US Navy vorübergehend außerstande war, dort Geleitzüge zu organisieren.

Die deutschen U-Boote wurden bis Juni 1940 von denselben geographischen Gegebenheiten behindert, welche die deutsche Hochseeflotte zur Zeit des Ersten Weltkriegs in der Nähe ihrer Heimathäfen festgehalten hatten. Während die deutschen Boote die Ostsee für Übungszwecke nutzten (woran sich den ganzen Krieg hindurch nichts ändern sollte) und in der Nordsee britische Schiffe angriffen, sahen sie sich an der Einfahrt in den Atlantik durch Minensperre in der Straße von Dover gehindert. Sie konnten also lediglich auf dem weiten Weg um den Norden Schottlands herum in den Atlantik gelangen – falls sie denn über die nötige Reichweite verfügten, und die besaßen nur wenige. Lediglich acht Boote des Typs IX waren voll langstreckentauglich; ihr Aktionsradius betrug knapp 20 000 Kilometer. 18 konnten Gibraltar erreichen, und die restlichen 30 waren nicht in der Lage, die Nordsee zu verlassen. Trotz dieser Beschränkung konnten die U-Boote einige bemerkenswerte Erfolge verbuchen; so wurde im Oktober 1939 das Schlachtschiff *Royal Oak* in Scapa Flow versenkt, dem Hauptstützpunkt der Royal Navy, während den Flugzeugträger *Courageous*, der die Abwehrmaßnahmen gegen die U-Boot-Gefahr sträflich vernachlässigt hatte, dieses Schicksal in heimischen Gewässern ereilte. Im Nordatlantik gingen zwischen Kriegausbruch und der Kapitulation Frankreichs nur 141 Handelsschiffe mit einer Tonnage von insgesamt 750 000 BRT verloren.

Als im Juni 1940 die französischen Atlantikhäfen in Besitz genommen wurden, änderten sich jedoch die Voraussetzungen für die U-Boot-Einsätze. Mit den Stützpunkten in Brest, St. Nazaire, La Rochelle und Lorient hatten Dönitz' Männer die Routen des britischen Seehandels in unmittelbarer Reichweite. Dies hatte zur Folge, dass die Versenkungen, zu denen es bislang eher zufällig und sporadisch gekommen war, nun regelmäßig und gezielt erfolgten. Sobald die U-Boote den Golf von Biscaya hinter sich gelassen hatten, standen sie auf der Route von Großbritannien nach dem Kap der Guten Hoffnung, auf der nigerianisches Erdöl und südafrikanische Nichteisenerze befördert wurden; wagten sie sich etwas weiter auf den Atlantik hinaus, konnten sie die Geleitzüge angreifen, die mit Fleisch aus Argentinien und Getreide aus den USA unterwegs waren.

Allein fahrende Schiffe waren besonders leicht aufzubringen. Wie die Erfahrungen der Royal Navy im Ersten Weltkrieg gezeigt hatten, lieferten sie den U-Booten bequeme Ziele in loser Folge: Hatte ein Kommandant auf einer viel benutzten Handelsroute ein einzelnes Schiff verfehlt, konnte er damit rechnen, dass bald noch eines folgen würde, und auf diese Weise durch reinen Zufall beachtliche Erfolge erzielen. Der Geleitzug schuf ganz andere Wahrscheinlichkeitsverhältnisse. Da ein getauchtes U-Boot bestenfalls ebenso schnell war wie ein Handelsschiff, meist jedoch langsamer, musste ein U-Boot-Kommandant, der einen Geleitzug entdeckte, aber die falsche Position zum Angriff hatte, alle Schiffe passieren lassen und vielleicht tagelang auf den nächsten warten, ohne dass er sicher sein konnte, dann mehr Erfolg zu haben.

Dönitz, ein U-Boot-Kommandant des Ersten Weltkrieges, hatte diesen mathematischen Nachteil seiner Waffe erkannt und eine Methode ersonnen, ihn auszugleichen. In der Zeit, als Deutschland nach dem Versailler Vertrag keine U-Boote gestattet waren, experimentierte er mit Torpedobooten. Wie sich dabei zeigte, konnten Unterseeboote, wenn man sie zu «Rudeln» zusammenfasste und in langen Reihen an der Wasseroberfläche anordnete, wo sie höhere Geschwindigkeiten als Handelsschiffe entwickelten, die Annäherung eines Geleitzuges auf einem breiten Meeresstreifen ausmachen. Konzentrierte man sie nun per Funkbefehl von Land aus gegen einen solchen Konvoi und ließ sie mit zahlenmäßig überlegenen Kräften einen Angriff dagegen fahren, vermochte der Geleitzug nichts gegen sie auszurichten. Sobald Deutschland sich der französischen Atlantikhäfen bemächtigt hatte, war diese «Rudel»-Taktik dafür verantwortlich, dass die Schlacht im Atlantik auf des Messers Schneide stand und dass sie Churchill in der Zeit von Mitte 1940 bis Mitte 1943 große Sorgen bereitete, während er die britischen Kriegsanstrengungen organisierte.

Der Geleitzug, die Verteidigungsmaßnahme der Royal Navy gegen die «Rudel», schützte die atlantische Lebensader nur zum Teil. Die eskortierenden Schiffe selbst – in der Anfangszeit standen oft lediglich zwei oder drei Zerstörer und eine Korvette zur Verfügung, um 40 Frachter und Tanker über 3000 Seemeilen heil in den Zielhafen zu geleiten – stellten für einen entschlossenen U-Boot-Verband eine geringe Gefahr dar. ASDIC, das Sonargerät zum Aufspüren von getauchten U-Booten, reichte nicht weiter als eine halbe Seemeile und lieferte (bis 1944) ohnehin nur Entfernung und Kurs, nicht jedoch die Tiefe des Bootes. Daher musste bei den Wasserbomben, mit denen man die U-Boote bekämpfte und die durch Wasserdruck gezündet wurden, die Tiefen aufs Geratewohl eingestellt werden. Sie zerstörten den Druckkörper eines U-Bootes aber nur, wenn sie in allernächster Nähe detonierten. Die meisten U-Boot-Angriffe wurden überdies bei Nacht und aufgetaucht gefahren, unter Bedingungen also, unter denen Radar-Ortung nützlicher war als ASDIC, doch bis 1943 waren die Radargeräte zu primitiv, um als Frühwarnsystem zu dienen oder eine genaue Position zu liefern.

Funkaufklärung – der Krieg im Äther

Am ehesten ließ sich für die Sicherheit der Konvois sorgen, indem man den bekannten oder vermuteten Vorpostenstreifen der U-Boote auswich und die Geleitzüge durch zusätzliche Hilfsmaßnahmen – vor allem den Einsatz von Flugzeugen – unterstützte, durch die die U-Boote zum Abtauchen gezwungen wurden, während die Schiffe ungestört passierten. Bis zum Mai 1943 blieb allerdings aufgrund des Mangels an Flugzeugen und ihrer geringen Reichweite eine Lücke, ein *air gap*, zwischen Nordamerika, Island (das Großbritannien nach der deutschen Invasion in Dänemark seit April 1940 als Basis zur Verfügung stand) und Großbritannien selbst, in der die U-Boote, jeder Luftüberwachung entzogen, gefahrlos operieren konnten; diese Lücke wurde geschlossen, als der

Langstreckenbomber B-24 *Liberator*, der 18 Stunden lang in der Luft bleiben konnte, in Dienst gestellt wurde.

Das Umdirigieren von Geleitzügen und U-Booten hingegen war eine taktische Maßnahme, die seit Beginn der Atlantikschlacht angewendet wurde. Auf deutscher Seite entschlüsselten die Offiziere des B-Dienstes (Funkbeobachtungsdienstes) aufgefangene Funksprüche, um die Positionen der Konvois und deren Befehle in Erfahrung zu bringen, auf britischer (später anglo-amerikanischer) Seite überwachten die Kryptologen der *Government Code and Cipher School* in Bletchley Park und die Mitarbeiter des *Admiralty Operational Intelligence Centre* (Taktisches Aufklärungszentrum der Admiralität) den Funkverkehr zwischen den U-Booten und dem Hauptquartier von Dönitz in Kernevel bei Lorient (ab März 1942 in Berlin), um herauszufinden, wo Vorpostenstreifen gebildet und «Rudel» an ihre Ziele herangeführt wurden. Das Umleiten der Geleitzüge war die mit Abstand erfolgreichste Schutzmaßnahme. Zwischen Juli 1942 und Mai 1943 zum Beispiel entzogen die Aufklärungszentren der britischen Admiralität und des US-Marineministeriums durch geschicktes Umleiten 105 von 174 Geleitzügen der im Nordatlantik lauernden Gefahr, bei weiteren 53 konnten sie die Angriffe auf diese Weise auf ein Mindestmaß beschränken – nur 16 gingen den «Rudeln» direkt in die Falle und erlitten schwere Verluste.

Die von Kapitän Rodger Winn von der *Royal Navy Volunteer Reserve* und später von seinem amerikanischen Kollegen, Fregattenkapitän Kenneth Knowles, erzielten Erfolge waren letztlich den Fähigkeiten der Bletchley-Park-Kryptologen zu verdanken, die imstande waren, den Funkverkehr zwischen den U-Booten und Kernevel so schnell zu entziffern, dass sich die Erkenntnisse für die Operationen der Geleitzüge verwerten ließen. Selbstverständlich waren die Funksprüche auf der Chiffriermaschine Enigma codiert, und der Schlüssel «Hai», den die U-Boot-Waffe benutzte, widersetzte sich den Bemühungen in Bletchley besonders hartnäckig; erst im Dezember 1942 gelang es erstmals, ihn zu knacken, und bis 1943 bereitete er den Kryptologen immer wieder Kopfzerbrechen. Ein Großteil der lebenswichtigen Funkaufklärung jener Zeit, die das *Operational Intelligence Centre* betrieb, war freilich von geringerem Wert und betraf lediglich die Ermittlung von Standorten. Mit dem *High Frequency Direction Finder* (Hochfrequenz-Richtungssuchgerät HF/DF, kurz «Huff Duff» genannt) konnte ein Schiff U-Boote, die einen Geleitzug beschatteten, anhand der von ihnen an die Leitstelle abgesetzten Funksprüche aufspüren und lokalisieren, sodass der Konvoi einen neuen Kurs nehmen oder Flugzeuge zu seinem Schutz anfordern konnte. Da die Admiralität jedoch schlecht beraten war und an der Verwendung eines Verschlüsselungsbuchs festhielt, statt ein maschinelles Verfahren zu verwenden, war der B-Dienst in der Lage, den Funkverkehr des Geleitzugs mitzulesen und «Rudel» mit bisweilen katastrophalen Folgen an die gewählten Routen heranzuführen.

Im April 1941, als die U-Boote ihr Operationsgebiet vom östlichen Teil in den mittleren Atlantik ausdehnten, begann die kritische Phase dieses Kriegs im Äther. Durch Ersatzstoffe und Rationierung hatten die Briten ihren Importbedarf von 55 auf 43 Millionen Tonnen drosseln können, doch näherte man sich damit dem Existenzminimum, einer Situation, die es abzuwägen galt gegen eine drohende Verlustrate, bei der Schiffsraum schneller versenkt als ersetzt wurde. Im Februar 1941 hatten die Vereinigten Staaten ein Pacht- und Leihgesetz verabschiedet, das es Großbritannien erlaubte, kriegswichtige Güter gegen die Zusage zu leihen, sie nach dem Sieg zu bezahlen, und seit April 1941 hatten sie auf der Grundlage des Panamerikanischen Neutralitätsgesetzes von 1939 vor ihrer Ostküste Patrouillen eingerichtet, mit denen sie die U-Boote vom Seegebiet westlich der Bermudas fernhielten. Trotzdem stand der U-Boot-Flotte noch ein über 2000 Meilen breites Seegebiet zur Verfügung, in dem sie Geleitzüge abfangen konnte, und die Zahl ihrer neuen Boote erhöhte sich erheblich rascher, als sie alte im Einsatz verlor. Im Jahr 1941 lag die Produktionsrate über 200, während seit September 1939 nicht einmal 50 Boote versenkt worden waren.

Die acht Monate des erweiterten U-Boot-Krieges im Atlantik erwiesen sich daher für die deutsche Kriegsmarine als äußerst erfolgreich. Im Mai büßte sie zwar das große Schlachtschiff *Bismarck* ein, das man unklugerweise als Handelsstörer eingesetzt hatte, nachdem es lange von der britischen *Home Fleet* gejagt worden war, doch diese Schlappe wurde mehr als wettgemacht durch die Versenkung von 328 Handelsschiffen mit insgesamt 1,5 Millionen BRT Schiffsraum – zu einer Zeit, als auf den britischen Werften Neubauten von weniger als einer Million BRT jährlich vom Stapel liefen. Außerdem gingen mit den Schiffen Güter unter, auf die die Mutterinseln dringend angewiesen waren: Weizen, Rindfleisch, Butter, Kupfer, Sprengstoffe, Erdöl und militärische Ausrüstung.

Fürsprecher der britischen Kriegführung könnten jedoch darauf verweisen, dass zwei Drittel der verlorenen Schiffe außerhalb eines Konvois unterwegs waren und dass die U-Boot-Verluste des laufenden Jahres mit 28 Einheiten auf wachsende Erfolge des Geleitschutzes hindeuteten. Zweifellos teilte Dönitz diese Einschätzung: Sobald die United States Navy nicht länger den Status eines feindseligen Neutralen hatte (wie seit September 1941), sondern zum erklärten Feind geworden war, verlagerte er den Schwerpunkt seiner Aktionen an die nordamerikanische Küste. Seit Januar 1942 operierten bis zu zwölf U-Boote gleichzeitig vor der amerikanischen Ostküste und im Golf von Mexiko; zwischen Januar und März versenkten sie 1,25 Millionen BRT Schiffsraum, das entsprach einer Jahresrate, die viermal höher lag als diejenige, die während des Jahres 1941 im Nordatlantik erzielt worden war.

Im Mai jedoch wurde das Geleitzugsystem auch an der östlichen Seegrenze Amerikas eingeführt, woraufhin die Verluste in diesen Gewässern sofort zurückgingen. Hinzu kam, dass sich die Zahl der hergestellten Handels- und Eskortenschiffe spektakulär erhöhte, als man die amerikanischen Werften auf Kriegsproduktion umstellte. Besondere Bedeutung kam dem Bau des Standardtankers T 10 und des Standardfrachters *Liberty* zu, die beide größer (14000 beziehungsweise 10000 BRT) und schneller als Vergleichsmodelle der Vorkriegszeit waren und sich im Übrigen – besonders wichtig – schnell bauen ließen. Nach durchschnittlich drei Monaten waren sie einsatzbereit; im Oktober 1942 liefen auf den amerikanischen Werften täglich drei *Liberty*-Schiffe vom Stapel. Im November wurde die *Robert E. Peary* auf Kiel gelegt und innerhalb von vier Tagen und 15 Stunden fertig gestellt – eine Propagandaveranstaltung, die aber für Dönitz eine bittere Lektion war und ihm vor Augen führte, vor welch gewaltiger Aufgabe seine U-Boot-Kommandanten durch diese Fertigbauweise standen.

Der kritische Punkt

Obgleich keine der Kriegsparteien es bemerkte, näherte sich die Schlacht im Atlantik im Juli 1942 ihrer entscheidenden Phase. Es gab Ereignisse, die vom zentralen Problem ablenkten. Im März 1942 zerstörten die Briten in St. Nazaire die Hafenanlagen, die der *Tirpitz*, Deutschlands größtem Schlachtschiff, als Zuflucht an der Atlantikküste gedient hatten. Zu jener Zeit befand sich das Schiff in Nordnorwegen, wo im Februar die *Scharnhorst* und die *Gneisenau* zu ihr gestoßen waren, nachdem ihnen ein waghalsiger Durchbruch durch den Ärmelkanal geglückt war – die britische Admiralität und die RAF wiesen sich gegenseitig die Schuld dafür zu, dass es nicht gelungen war, die beiden Schlachtschiffe abzufangen. In den kommenden Monaten stellten die drei Großkampfschiffe eine ernstliche Bedrohung für die Konvois auf der Arktis-Route dar und zerschlugen im Juli den Geleitzug PQ 17. Im Dezember 1943 fuhr die *Scharnhorst* einen kurzen Angriff auf einen Arktis-Konvoi, der der britischen Admiralität einige Sorgen bereitete, doch schließlich erlitt sie das gleiche Schicksal wie die *Bismarck*. Die *Tirpitz* blieb bis November 1944 eine Gefahr, dann wurde sie durch Bombentreffer an ihrem Ankerplatz im Tromsö-Fjord versenkt.

Diese Episoden vermitteln einen treffenden Eindruck von dem Beitrag, den die deutsche Überwasserflotte zu den Kampfanstrengungen der deutschen Kriegsmarine leistete. Um im November 1942 die Landeoperation *Torch* in Nordafrika durchzuführen, mussten die Alliierten vorübergehend Handels- und Kriegsschiffe von der atlantischen Lebensader abziehen. Dann gab es im Februar 1942 eine schwer wiegende Unterbrechung bei der Dechiffrierung des U-Boot-Funkverkehrs. Sie dauerte den größten Teil des Jahres an; in dieser Zeit gelang es dem B-Dienst immer häufiger, nach dem Schlüsselbuch Nr. 3 der Royal Navy codierte Funkmeldungen zu entschlüsseln. Gleichzeitig fiel es den britischen, amerikanischen und kanadischen Geleitzugsleitsystemen schwer, sich auf ihre regelmäßige Zusammenarbeit einzustellen. Die Königlich Kanadische Kriegsmarine war im Begriff, die Zahl ihrer Kriegsschiffe von anfänglich sechs auf annähernd 400 zu erhöhen – die größte Verstärkung, die die Streitkräfte irgendeines Landes während des Zweiten Weltkriegs erlebten –, und hatte daher besondere Schwierigkeiten, den Kenntnisstand ihrer größeren Partner zu erreichen. Seit Kriegsbeginn stritten die britische Admiralität und die Royal Air Force über den Einsatz der Langstreckenbomber, wobei die Admiralität zu Recht, aber vergeblich geltend machte, dass der Schutz von Geleitzügen effizienter sei als das offensive Bombardieren deutscher Städte, das zwar spektakulär, oft aber wirkungslos sei.

Vor diesem Hintergrund war Dönitz bestrebt, den Aktionsradius seiner U-Boote zu vergrößern, indem er sie versuchsweise von U-Tankern, so genannten Milchkühen, auf See mit Treibstoff versorgen ließ. Außerdem begann er sie für die immer gefährlicher werdende Überwasserfahrt durch die Biskaya mit Geräten auszustatten, die vor den Angriffen der Langstreckenbomber warnen sollten, welche die Royal Air Force der Admiralität über das Küstenkommando zur Verfügung gestellt hatte. In der ersten Jahreshälfte 1942 setzten die Bomber dieses *Coastal Command* den neuen, hochleistungsfähigen *Leigh*-Suchscheinwerfer ein, um die U-Boote bei Nacht im Golf zu überraschen und mit Wasserbomben anzugreifen. Im Juli wurden zwei Boote vernichtet, obwohl Dönitz bereits befohlen hatte, die Durchfahrt unter Wasser zu absolvieren – selbst wenn sich ihr Eintreffen im atlantischen Operationsgebiet auf diese Weise verzögerte. Die Bedeutung des *Leigh*-Scheinwerfers lag darin, dass er den Flugzeugen auf den letzten 2000 Metern ihres Anflugs, auf denen das Radar nutzlos war, «Augen» verlieh. Im Auf und Ab des technischen Wettrüstens wurde der Nutzen des Scheinwerfers gemindert, weil die Deutschen passive Radarmelder entwickelten, welche die drohende Gefahr signalisierten, ehe die *Leigh*-Lampen eingeschaltet werden konnten. Im Laufe der Schlacht in der Biskaya, die sich bis ins Jahr 1944 hinzog, konnten die Alliierten den Vorteil jedoch immer wieder auf ihrer Seite verbuchen. Erst als Anfang 1944 die ersten mit einem Schnorchel ausgerüsteten U-Boote ausliefen (die Vorrichtung erlaubte es, bei der Unterwasserfahrt die Batterien aufzuladen), wurde die aus der Luft drohende Gefahr nach und nach entschärft.

Zu diesem Zeitpunkt aber hatte die Schlacht im Atlantik ihren Höhepunkt bereits überschritten. Seit Juli 1942, als Dönitz mit 300 Unterseebooten schließlich die Zahl erreichte, die seinen anfänglichen Zielvorstellungen entsprach, wandte er seine Anstrengungen wieder dem Mittelatlantik zu. Dort war die Geleitflotte der Alliierten geschwächt, weil britische Schiffe abgezogen worden waren, um den Amerikanern beim Aufbau eines Geleitzugsystems an der östlichen Seegrenze der USA zu helfen. Dönitz verstand es inzwischen besser, die Vorpostenstreifen zu organisieren und «Rudel» gegen die Geleitzüge zu konzentrieren, außerdem gelang es häufiger, Konvois auszumachen und zu lokalisieren, denn der B-Dienst hatte jetzt in der Kryptoanalyse einen Vorsprung gegenüber Bletchley Park. Die Briten reagierten mit zwei vorläufigen Maßnahmen, die erst später Früchte tragen sollten: der Einrichtung einer *Support Group* (Unterstützungsgruppe) von Geleitschiffen zur Rettung eines angegriffenen Geleitzuges einerseits und dem Umbau von Handelsschiffen zu Flugzeugträgern (*Merchant Aircraft Carriers*, MACs) andererseits. Die MACs waren jedoch nur schwerfällige Vorläufer der echten Geleit-Flugzeugträger, deren erster, die USS *Bogue*, allerdings nicht vor dem darauf folgenden März auf den Plan trat, während anhaltender Mangel an Begleitschiffen dazu führte, dass die 20. *Support Group* schon nach zwei Monaten aufgelöst wurde.

Infolgedessen verursachten die U-Boote im Nordatlantik im November 1942 einen Schaden von insgesamt 509 000 BRT. Bisher war diese Zahl nur ein einziges Mal übertroffen worden – in der «Glücklichen Zeit» im verflossenen Mai vor der amerikanischen Küste. Äußerst widrige Wetterverhältnisse im Nordatlantik halbierten die Erfolgsquote der U-Boote im Dezember und Januar, doch im Februar 1943 versenkten 120 U-Boote im Nordatlantik trotz anhaltend schlechten Wetters annähernd 300 000 BRT, offenbar mit steigender Tendenz. Im März lieferten sich 40 U-Boote eine längere Seeschlacht mit zwei hintereinander fahrenden Geleitzügen – HX 229 und SC 122 –, die von nordamerikanischen Häfen ostwärts nach Großbritannien unterwegs waren, und zerstörten dabei 22 der 90 Handelsschiffe und eines der 20 Begleitschiffe. Eine Tonnage von 146 000 BRT wurde versenkt, mehr als je zuvor in einer Geleitzugschlacht, und das brachte Dönitz und seine Besatzungen zu der Überzeugung, der Sieg sei bereits zum Greifen nah. Im März gingen im Nordatlantik 108 Schiffe mit einer Kapazität von insgesamt 476 000 BRT durch U-Boot-Einsätze verloren, meist bei Angriffen auf Geleitzüge. Die «Rudel»-Taktik, unterstützt von den Erfolgen, die der B-Dienst beim Orten und Dechiffrieren erzielte, schien sich gegen die Geleitzugmaßnahmen durchzusetzen.

Aber dieser Eindruck täuschte. Man erhöhte nicht nur die Werftproduktion, um den verlorenen Schiffsraum auszugleichen (im Oktober 1943 hatten Neubauten die Verluste seit 1939 mehr als wettgemacht), allmählich pendelte sich auch die U-Boot-Verlustrate auf die monatliche Produktionszahl von rund 15 Stück ein. Derartige Zahlen verhießen nichts Gutes für Dönitz' Anstrengungen. Der Umschwung hatte verschiedene Gründe. Im Mai 1943 hatte Bletchley Park im Wettstreit mit dem B-Dienst wieder die Nase vorn, deshalb wurden die Ausweichmanöver der Geleitzüge erfolgreicher. Außerdem erhöhte sich die Zahl der Geleitschiffe und gestattete die Bildung von permanenten *Support Groups*; fünf von ihnen gab es im April. Zu den bereits vorhandenen Geleitschiffen kamen zwei Flugzeugträger mit 20 U-Jagdflugzeugen an Bord hinzu, die alle U-Boote im Umfeld eines Konvois zum Tauchen zwingen und so ihr Angriffspotenzial ausschalten konnten. Verbessertes Radar-Gerät, ASDIC und Wasserbombenwerfer (*Hedgehog* und *Squid*) waren für das U-Boot beim Kampf auf kurze Distanz eine unmittelbare taktische Bedrohung. Doch vor allem der Umstand, dass in der Atlantikschlacht eine zunehmende Zahl von Langstrecken-Aufklärungsflugzeugen zur Verfügung stand, bewirkte eine Verlagerung des strategischen Vorteils zugunsten der Briten, Amerikaner und Kanadier.

Die Langstreckenmaschinen, insbesondere die mit Radar, *Leigh*-Scheinwerfer, Maschinenwaffen und Wasserbomben ausgerüsteten *Liberator*-Bomber, bedeuteten für ein aufgetauchtes U-Boot den geflügelten Tod. Im Golf von Biskaya – nach einer kurzen und katastrophalen Episode, in der Dönitz befohlen hatte, die Sache «auszukämpfen» – zwang die Luftsicherung alle U-Boote unter Wasser, die zu ihren nordatlantischen Jagdgründen unterwegs waren, wodurch sich ihre Fahrzeit vervierfachte. Und auf offener See brachte die U-Boot-Jagd aus der Luft Dönitz' «Rudel»-Taktik zum Erliegen, da Vorpostenstreifen auseinander gescheucht und Bootskonzentrationen sofort angegriffen wurden, wo immer sie in Erscheinung traten. Im Mai 1943 gingen 43 Unterseeboote verloren, ein Erfolg, den sich Flugzeuge und Geleitschiffe im Verhältnis drei zu zwei teilten. Somit wurde die Zahl der neu produzierten U-Boote um mehr als das Doppelte übertroffen. Dönitz fügte sich ins Unvermeidliche und zog seine Flotte aus dem Atlantik zurück. In seinen Erinnerungen räumte er später ein: «Wir waren in der Atlantikschlacht unterlegen.»

Das bedeutete nicht das Ende des U-Boot-Krieges. Im Mai 1944 ging das erste mit einem Schnorchel ausgerüstete Unterseeboot auf Testfahrt. Der Schnorchel, ein umklappbarer Luftmast mit zwei Rohren in seinem Innern, erlaubte dem U-Boot die Unterwasserfahrt per Dieselantrieb. Die Vorrichtung, 1927 von einem holländischen Marineoffizier erfunden, nahm das Prinzip des geschlossenen Wasserstoffperoxid-Systems, das die Deutschen 1945 zum Einsatz brachten, ebenso vorweg wie das des Nuklearantriebs, indem es das bisherige bloße Tauchboot zu einem echten Unterseeboot machte, das in der Lage war, während seines gesamten Kampfeinsatzes unter Wasser zu operieren. Bei falscher Handhabung drohte der Erstickungstod der ganzen Mannschaft; man nimmt an, dass zwei U-Boot-Besatzungen auf diese Weise ums Leben kamen. Richtig angewendet, gab das Gerät der U-Boot-Waffe seine alte Gefährlichkeit zurück. Wären die wichtigsten Atlantikhäfen der Deutschen nicht im August 1944 an die US Army verloren gegangen, hätten die Schnorchel-U-Boote die Atlantikschlacht wieder eröffnet, vermutlich mit hohen Verlusten für die Alliierten.

Legt man den Zeitraum der Atlantikschlacht zugrunde, die Jahre 1939 bis 1943, kommt man zu dem Ergebnis, dass Dönitz' U-Boot-Waffe den höchsten Preis zu zahlen hatte. Zwar haben die Alliierten 2452 Handelsschiffe mit einer Gesamttonnage von nahezu 13 Millionen BRT verloren, dazu 175 vorwiegend britische Kriegsschiffe (zu den britischen zählte man auch die kanadischen, polnischen, belgischen, norwegischen Schiffe sowie die des Freien Frankreich), aber die deutsche Kriegsmarine büßte von den 830 im Einsatz befindlichen U-Booten 696 Einheiten ein, fast alle im Atlantik. Von den insgesamt 40 900 Mann Besatzung kamen 25 870 um; weitere 5000, die man von den Wracks ihrer durch Wasserbomben zerstörten Boote auflas, gingen in Gefangenschaft. Diese Verlustrate – 63 Prozent Gefallene, 75 Prozent Gesamtausfälle – war bei weitem höher als die Einbußen irgendeiner Teilstreitkraft irgendeines anderen Krieg führenden Landes.

Gewiss waren diese Verluste nicht vergebens. Geht man davon aus, dass Deutschland von Anfang an wirtschaftlich die schlechteren Chancen hatte, dass seine Industrie «in die Breite» für einen kurzen Krieg und nicht «in die Tiefe» für einen langen organisiert war und dass Hitlers Eroberungsfeldzüge besonders erfolglos in dem Sinne waren, dass der Kriegswirtschaft des Reiches weder neue Produktionskapazitäten noch Rohstoffe zufielen – es gelang zum Beispiel kaum, größere Vorkommen an Erdöl oder Nichteisenerzen für die deutsche Kriegsmaschinerie in die Hand zu bekommen –, dann hat der U-Boot-Krieg sicherlich insofern große Bedeutung gehabt, als er die Umwandlung Großbritanniens in eine anglo-amerikanische Militärbasis zur Befreiung Europas verzögert hat. Hinzu kam, dass Deutschland seine Bevölkerung zwischen 1940 und 1944 ohne Mühe ernähren konnte, nicht nur mit den eigenen landwirtschaftlichen Erzeugnissen, sondern auch mit den Ernteerträgen, die in den besetzten Gebieten West- und Osteuropas beschlagnahmt wurden, während sich Großbritannien ständig am Rande des Existenzminimums bewegte, weil die U-Boote große Teile der Lebensmittelimporte vernichteten. Obwohl die Lebensmittel gerecht rationiert wurden und auch den Bevölkerungsschichten zugute kamen, die vor dem Kriege unter Nahrungsmangel gelitten hatten, entstand innerhalb der britischen Bevölkerung das Klima einer schwelenden Krise, welches die Fähigkeit des Landes beeinträchtigte, einen Gegenschlag zu führen. Im Zweiten Weltkrieg war Großbritannien für Deutschland militärisch längst nicht so gefährlich wie im Ersten, obwohl die Briten in den Jahren 1940 bis 1944, relativ betrachtet, nicht viel schwächer waren als in der Zeit von 1914 bis 1918. Für den Unterschied waren die U-Boote und, in weit geringerem Maße, die deutsche Luftwaffe verantwortlich.

Die U-Boote waren auch entscheidend an der Vernichtung und Verringerung der Hilfsgüter beteiligt, die von der britischen und vor allem der amerikanischen Industrie an die Verbündeten sowie die eigenen Nebenschauplätze geliefert wurden. 1941 war die russische Industrie durch die deutsche Invasion in Weißrussland und der Ukraine vernichtet worden, und die Widerstandsfähigkeit der Sowjetunion blieb nur erhalten, weil in dem fürchterlichen Winter 1941/42 ganze Fabriken in einem unglaublichen Tempo aus den westlichen Landesteilen in die Gebiete jenseits des Urals verlagert wurden. Von Juli bis Oktober wurden zum Beispiel 496 Fabriken mit der Eisenbahn von Moskau in den Osten transportiert, sodass von 75 000 Drehbänken nur 21 000 zurückblieben; insgesamt verlegten die russischen Eisenbahnen von Juni bis August 1523 Fabriken von West nach Ost; zwischen August und Oktober waren schätzungsweise 80 Prozent der russischen Rüstungsindustrie «auf Achse», unterwegs von den gefährdeten Gebieten in die Sicherheit West- oder Ostsibiriens.

Der Produktionsausfall, den diese beispiellose industrielle Migration bewirkte, ließ sich nur durch Ersatz aus westlichen Quellen ausgleichen, Ersatz für Waffen und Munition, besonders aber für all die Dinge, die zu einer kriegsgerechten Infrastruktur gehören: Kraftfahrzeuge, Lokomotiven und rollendes Material, Treibstoff, Essensrationen und selbst so einfache, aber ungeheuer wichtige Versorgungsgüter wie Stiefel, jene Filzstiefel, die im Winter 1941/42 Tausenden von deutschen Soldaten fehlten, was sie ihre Zehen kostete. Von März 1941 bis Oktober 1945 versorgten die USA die Sowjetunion mit 2000 Lokomotiven, 11 000 Eisenbahnwaggons, annähernd drei Millionen Tonnen Benzin, 540 000 Tonnen Eisenbahnschienen, 51 000 Jeeps, 375 000 Militärlastwagen und 15 Millionen Paar Stiefeln. Es waren amerikanische Stiefel und Lastwagen, in denen die Rote Armee gegen Berlin vorrückte. Ohne sie wäre der Vormarsch der Roten Armee 1944 schon in Westrussland zum Stehen gekommen.

Wie sich zeigte, waren Stiefel und Lastwagen weitaus wichtigere militärische Bedarfsgüter als die 15 000 Flugzeuge, 7000 Panzer und 350 000 Tonnen Sprengstoff, die im Zuge des Pacht- und Leihabkommens an die Sowjetunion geliefert wurden, viel wichtiger auch als die Hilfe, die Großbritannien während des gesamten

Krieges leistete: die 5000 Panzer, 7000 Flugzeuge und selbst die 114 000 Tonnen Gummi. So lebenswichtig diese Hilfsgüter auch waren, infolge der U-Boot-Operationen von Dönitz konnten sie Russland zwischen 1941 und 1944 nur auf höchst umständlichen und beschwerlichen Routen erreichen. Die «Nordrussland-Strecke» führte von Großbritannien nach Murmansk und Archangelsk und musste in den Sommermonaten der Jahre 1941 bis 1944 im Westen bis in die Nähe Grönlands, im Norden bis nach Spitzbergen verlegt werden (wo 1941/42 ein seltsamer Kleinkrieg um den Besitz der dortigen Wetterstationen stattfand), um den Angriffen der in Norwegen stationierten deutschen Luft- und Seestreitkräfte zu entgehen. Wenn im Winter das Eis die Geleitzüge ostwärts drängte, stiegen die Verluste so beängstigend an, dass Churchill sich gelegentlich gezwungen sah, die Transporte auszusetzen – worauf Stalin mit verletzender Verachtung reagierte. Die Alternativroute über den Persischen Golf war ein gewaltiger Umweg und endete am Schienenkopf eines langen, unzulänglichen Eisenbahnsystems. Die Pazifik-Route nach Wladiwostok war ebenfalls durch Eis und Feindangriffe gefährdet und führte zudem ans falsche Ende der Transsibirischen Eisenbahn, des längsten Schienenwegs der Erde.

Insofern waren Hitlers Investitionen in seine U-Boot-Flotte von der Kostenseite her mehr als gerechtfertigt. Die U-Boot-Waffe schnürte die Offensivbemühungen der unmittelbaren Feinde, besonders der Russen, aber auch der Briten, teilweise ein; sie verzögerte den Aufbau einer großen amerikanischen Expeditionsarmee vor Deutschlands Haustür und behinderte die Entwicklung einer «peripheren» Strategie im Mittelmeer; da dieses Seegebiet für den regelmäßigen britischen Geleitzugverkehr während der Jahre 1941/42 unzugänglich war – großenteils wegen der Bedrohung aus der Luft, aber auch wegen der U-Boot-Gefahr –, sah sich die Wüstenarmee gezwungen, den Nachschub über die 20 000 Kilometer lange Kap-Route zu transportieren, was ihre Kampfkraft stark einschränkte.

Wenn Hitler seine U-Boot-Flotte vor 1942 auf 300 Stück verstärkt hätte, wenn er sie in der Folgezeit noch beträchtlich vergrößert hätte oder wenn es ihm gelungen wäre, die verbesserten Schnorchelboote oder die revolutionären Wasserstoffperoxid-Typen vor 1944 einzusetzen, so wäre aus der partiellen wohl eine totale Strangulation geworden. Trotzdem schlug Deutschland größtmögliches Kapital aus dem Vorteil, vom Zentrum seines strategischen Gebiets aus operieren zu können, dem Vorteil der «inneren Verbindungslinien», die sich die Kontinentalmächte im europäischen Raum traditionell gegen Feinde von See her zunutze machten.

Dönitz war von allen militärischen Untergebenen, die Hitler bei seinen Eroberungsfeldzügen dienten, bei weitem der nützlichste – viel nützlicher als Göring, der Oberbefehlshaber der Luftwaffe, und selbst als Wernher von Braun, der Vater der unbemannten Raketen –, daher war es vollkommen angemessen, dass Dönitz in den letzten Tagen des Reichs zum Nachfolger des «Führers» ernannt wurde. Nirgendwo sonst in der deutschen Wehrmacht konnte der NS-Staat auf ein so mitleidloses, so opferbereites Bekenntnis zum totalen Krieg rechnen wie in der U-Boot-Waffe. Ihre «Asse» – Günther Prien, Otto Kretschmer, Manfred Kinzel, Joachim Schepke – verkörperten, egal, ob sie nun gläubige Nationalsozialisten waren oder nicht, das NS-Ethos vom Übermenschen, und trotz all der Grausamkeiten, für die sie verantwortlich waren, genossen sie wegen ihrer soldatischen Tugenden sogar die Achtung ihrer Feinde. Als Kinzel, das «Ass der Asse» mit einer Bilanz von 270 000 BRT versenkten Schiffsraums, von einem britischen Offizier vernommen wurde, brachte er reumütig die Hoffnung zum Ausdruck, dass es hoffentlich nicht allzu viele von seiner Sorte gegeben habe.

Der Atlantik war nicht der einzige Dornenweg des militärischen Nachschubs. Die Burma-Straße und der «Buckel», über die der Nachschub für Tschiang Kai-scheks Armee in Südchina gefahren oder (in mehr als 4000 Meter Höhe) geflogen wurde, gehörten ebenfalls dazu; die Takoradi-Route von West- nach Ostafrika versorgte die britische Wüsten-Luftwaffe mit Flugzeugen, die zerlegt von den Atlantik-Geleitzügen transportiert und an Land montiert wurden; und in den Wintern von 1941 bis 1943 bewahrte die «Eisstraße» über den Ladogasee Leningrad vor dem völligen Verhungern. Die Japaner, denen es 1942 gelungen war, die Inselwelten innerhalb ihrer pazifischen «Inselgrenze» in das Fundament einer «kontinentalen» Wasserstrategie umzuwandeln, vollbrachten wahre Wunder auf dem Gebiet des Nachschubs über See. Als die Amerikaner in den Jahren 1943/44 MacArthurs Plan umsetzten und durch «Insel-Hüpfen» die Panzerung von Japans ozeanischer Festung durchbrachen, gelang es den Japanern trotzdem, ihre weit auseinander gezogenen Garnisonen kampftüchtig halten. Nachdem die Japaner im Jahr 1945, gegen Ende ihrer «Schlacht im Pazifik», beinahe ihre ganze Handelsflotte durch amerikanische Unterseeboote verloren hatten, standen die Mutterinseln Mitte des Sommers kurz vor dem Verhungern – klägliches Ende der japanischen Eroberungsträume, die sich mit dem kosmischen «Urknall» über Hiroshima und Nagasaki endgültig verflüchtigten.

Doch keine dieser logistischen Anstrengungen ist in Hinblick auf Dauer, Umfang und Bedeutung mit der Schlacht im Atlantik zu vergleichen. In Wahrheit war sie nicht nur eine Schlacht, sie war tatsächlich kriegsentscheidend. Wäre sie verloren gegangen, hätten sich jene «Statistiken, Diagramme und Kurven», die in den Jahren 1940 bis 1942 Churchills Tage und Nächte überschatteten, in die falsche Richtung entwickelt: Hätte im Sommer 1942, als die Verluste bereits um 10 Prozent höher lagen als die Stapelläufe, jedes U-Boot bei seinem Einsatz nur ein Handelsschiff mehr versenkt, hätte der Verlauf, vielleicht sogar der Ausgang des Zweiten Weltkrieges ganz anders ausgesehen. Die 30 000 Männer der britischen Handelsmarine (ein Fünftel der gesamten Vorkriegszahl), die zwischen 1939 und 1945 den U-Booten zum Opfer fielen – überwiegend ertranken sie oder sie starben im erbarmungslosen Nordatlantik an Unterkühlung –, waren ganz gewiss ebenso Frontkämpfer wie die Gardesoldaten und Jagdflieger, denen sie die kriegsnotwendigen Güter zuführten. Weder sie noch ihre Kameraden in der amerikanischen, holländischen, norwegischen oder griechischen Handelsmarine trugen eine Uniform, und nur wenigen wurde ein Denkmal gesetzt. Trotzdem waren sie es, die zwischen der deutschen Wehrmacht und der Weltherrschaft standen.

TEIL II · Der Krieg im Osten 1941–1943

6 · HITLERS STRATEGISCHES DILEMMA

Am 19. Juli 1940 berief Hitler den Reichstag in die Kroll-Oper ein, um den Abgeordneten vorzuführen, wie er die 1936 erneuerte deutsche Marschallswürde auf großzügigste Weise vergab. Das war eine bewusste napoleonische Geste; wie der Staatsakt vom 9. Mai 1804, in dem Napoleon 18 seiner Generale zu Marschällen des Empire machte, sollte auch diese Veranstaltung weniger die militärischen Diener ehren als vielmehr das Staatsoberhaupt glorifizieren. Die 12 glücklichen neuen Generalfeldmarschälle waren die Oberbefehlshaber der drei Heeresgruppen: von Bock, Ritter von Leeb und von Rundstedt; Hitlers persönlicher Stabschef Keitel, Chef des Oberkommandos der Wehrmacht; von Brauchitsch, der Oberbefehlshaber des Heeres; außerdem vier der erfolgreichsten Truppenführer: von Kluge, von Witzleben, von Reichenau und List; sowie die drei Luftwaffengenerale Milch, Sperrle und Kesselring. Göring wurde zum Reichsmarschall ernannt – ein gänzlich neuer Rang, der ihn zu der Überzeugung brachte, eine so herausgehobene Stellung rechtfertige eine weitere großartige Uniform – und darüber hinaus mit dem fünften (und letzten) Großkreuz des Eisernen Kreuzes ausgezeichnet, eine Ehrung, die zuvor Blücher, Moltke und Hindenburg von den preußischen Königen empfangen hatten.

Zwar war die Verleihung der Marschallswürde die Sensation des Tages, doch die Einberufung des Reichstags hatte vor allem den Zweck, den Marionetten-Abgeordneten einen Rückblick auf den bisherigen Verlauf des Zweiten Weltkrieges zu geben und die Bedingungen zu nennen, unter denen er beendet werden könnte. Mit seiner Rede wollte Hitler über die Weltöffentlichkeit an Großbritannien appellieren, die hoffnungslose Lage des Inselstaats darlegen und ihn zum Friedensschluss auffordern. Der amerikanische Journalist William Shirer, ein Kenner der Hitlerreden, war anwesend und kam zu dem Ergebnis, die Rede sei sein bester Auftritt gewesen. «Der Hitler, den wir heute Abend im Reichstag erlebten, war der Eroberer, lebte ganz im Bewusstsein dieser Rolle und erwies sich dennoch als ein so großartiger Schauspieler, ein so glänzender Dompteur des deutschen Gemüts, dass er das ungebrochene Selbstbewusstsein des Eroberers mit einer Bescheidenheit verband, die niemals ihre Wirkung auf die Massen verfehlt, wenn sie wissen, dass einer ganz oben steht.» Hitlers Appell kam ganz am Schluss seiner langen Ansprache: «In dieser Stunde fühle ich mich verpflichtet vor meinem Gewissen, noch einmal einen Appell an die Vernunft auch in England zu richten. Ich glaube dies tun zu können, weil ich ja nicht als Besiegter um etwas bitte, sondern als Sieger nur für die Vernunft spreche. Ich sehe keinen Grund, der zur Fortsetzung dieses Krieges zwingen könnte.»

Wie der Krieg beendet werden könnte, sagte er jedoch nicht, und ließ auch nicht erkennen, dass er eine Vorstellung davon hatte. Seit der Waffenstillstandsvereinbarung mit Frankreich hatte sich Hitler geistig und emotional einen Urlaub von der Verantwortung gewährt, aus dem er nur ungern zurückkehrte. In Begleitung zweier alter Kriegskameraden hatte er die Schlachtfelder des Ersten Weltkriegs an der Westfront aufgesucht, wo er als einfacher Soldat mit großer Tapferkeit gekämpft hatte. Er hatte sich die Pariser Sehenswürdigkeiten angeschaut, sinnend an Napoleons Grab gestanden und die Oper besucht, die höchste Verkörperung seines architektonischen Geschmacks. Er hatte seine Lieblingsgegenden in Süddeutschland durchwandert, die klare Bergluft und die Bewunderung der einfachen Menschen genossen. In Freudenstadt im Schwarzwald hatte er in einem seiner vielen speziell eingerichteten Hauptquartiere lange auf Nachricht von Churchill – das Eingeständnis der englischen Niederlage – gewartet. Widerstrebend war er zu den Bürden seiner Führerrolle zurückgekehrt, die jetzt noch schwerer auf ihm lastete, weil er über die Zukunft entscheiden musste. Großbritannien oder Russland? Zwischen diesen beiden Gegnern hatte er nun an jenem Scheideweg zu wählen, an den ihn die vor zehn Monaten getroffene Entscheidung für den Krieg geführt hatte.

Jede der beiden Möglichkeiten war unangenehm und gefährlich. Von Großbritannien konnte er zwar nicht besiegt, wohl aber gedemütigt werden bei dem Versuch, es zu erobern. Im Übrigen träumte er nach wie vor davon, Großbritannien zur Zusammenarbeit zu bewegen, statt ihm seinen Willen aufzuzwingen. Andererseits hegte er seit langem den leidenschaftlichen Wunsch, Russland zu besiegen und zu unterwerfen, er wusste allerdings sehr wohl um die Gefahren eines solchen Versuchs. Russland war stark, seine Machtzentren weit entfernt, und nur die Furcht, dass es im Laufe der Zeit noch stärker würde, sowie das Verlangen, sich seine fruchtbaren und produktiven Westgebiete einzuverleiben, die Deutschland 1918 bereits kurzfristig besessen hatte, trieben ihn dazu, diese Risiken ins Auge zu fassen.

In den Tagen nach seiner Reichstagsrede erörterte Hitler das Dilemma mit seinen Kommandeuren. Großadmiral Erich Raeder gab er zu bedenken, die Pläne müssten umgeworfen werden, falls es nicht möglich sein sollte, die Vorbereitungen für Unternehmen «Seelöwe» bis Anfang September abzuschließen. Schon während seines «Urlaubs» nach dem Waffenstillstand mit Frankreich hatte Hitler zu Schmundt, seinem Chefadjutanten der Wehrmacht, gesagt, er ziehe einen Angriff auf Russland in Betracht. Daraufhin hatte Hitler Oberst Bernhard von Lossberg, einen der Generalsoffiziere des OKW, mit dem Entwurf einer entsprechenden Studie beauftragt (der Lossberg den Namen seines Sohnes, «Fritz», gab). Nun setzte Hitler das OKH auf dieselbe Aufgabe an.

Ende Juli rief er seine Kommandeure zu einer erneuten Lagebesprechung auf dem «Berghof», seinem bayerischen Refugium bei Berchtesgaden, zusammen. Am 31. Juli erklärte er Brauchitsch und Halder, er habe seinen Mitte Juni gefassten Entschluss, 35

Divisionen zu demobilisieren, um Arbeitskräfte für den Wirtschaftskrieg gegen Großbritannien zu gewinnen, revidiert; vielmehr werde er die Stärke des Heeres auf 180 Divisionen erhöhen (er hatte schon befohlen, die Zahl der Panzerdivisionen von zehn auf 20 anzuheben) und die bereits begonnenen Truppenverschiebungen nach Osten beschleunigen, sodass er im Frühjahr 1941 ganze 120 Divisionen in der Nähe der russischen Grenze stehen haben werde.

Diese Entscheidung könnte als Vorsichtsmaßnahme gedeutet werden. Hitler war beunruhigt darüber, dass die Russen Mitte Juni Lettland, Litauen und Estland besetzt und am 28. Juni Bessarabien sowie die Nordbukowina von Rumänien annektiert hatten – die Annexion musste Hitler hinnehmen, da Russlands Anspruch auf die Provinzen im Molotow-Ribbentrop-Abkommen vom 22. August 1939 anerkannt worden war. Die Gebietserwerbungen konnten als bedrohlich angesehen werden. Sie bedeuteten eine Westverschiebung der strategischen Grenze Russlands, das auf diese Weise seit September des Vorjahres 732 000 Quadratkilometer mit 20 Millionen Einwohnern geschluckt hatte. Hitler glaubte jedoch nicht, dass Russland die Absicht habe, anzugreifen. Ihn störte vielmehr, dass die Grenzverschiebungen Russlands Möglichkeiten zu weiterer strategischer Expansion erhöhten, während sie Deutschlands Chancen einengten. Die Besetzung der baltischen Staaten stellte eine Gefahr für Finnland dar (nahezu ein deutsches Protektorat) und erweiterte das russisch kontrollierte Seegebiet in der Ostsee (wo Deutschland unter anderem seine U-Boot-Besatzungen ausbildete). Die Annexion der rumänischen Donauprovinzen bedrohte das von Deutschland abhängige Bulgarien und verbesserte Russlands Aussichten, sich den Zugang vom Schwarzen Meer zum Mittelmeer zu sichern.

Diese «Vorstöße» schienen zu beweisen, dass Russland trotz der deutschen Militärmacht entschlossen war, seinen Vorteil zu suchen. Daher gewann Hitler die Überzeugung, er könne eine Machtprobe mit Russland nicht bis in alle Ewigkeit hinausschieben – und wenn sie schon stattfinden musste, dann lieber früher als später. «Fremde Heere Ost», die Abwehrabteilung im OKH, welche die sowjetischen Entwicklungen und Absichten beobachtete, hatte im Mai unter Berufung auf den Militärattaché in Moskau berichtet, die Rote Armee sei zwar in der Lage, 200 kriegsstarke Divisionen aufzustellen, seit den großen Säuberungen der Streitkräfte im Jahr 1938 aber so desorganisiert, dass es 20 Jahre dauern würde, «ehe sie wieder ihren alten Stand erreicht» hätte. Die Information über die russische Waffenproduktion, insbesondere die Panzerfabrikation, die als Warnung hätte dienen können, lieferte falsche Zahlen: Die Größe der russischen Panzerflotte wurde mit 10 000 Stück angegeben (gegenüber 3500 deutschen Panzern), belief sich in Wirklichkeit jedoch auf 24 000. Hitler war bereit, seine Panzer gegen die Russen in den Kampf zu schicken, selbst wenn das Kräfteverhältnis 3:1 betrug, und er zweifelte nicht daran, dass 120 deutsche Divisionen 200 russische überwinden könnten, falls es Stalin überhaupt gelingen sollte, so viele zu mobilisieren.

Als die neuen Feldmarschälle am 14. August in der Reichskanzlei erschienen, um ihre Marschallstäbe entgegenzunehmen, sprach Hitler daher von der aufkommenden Notwendigkeit eines Krieges gegen die Sowjetunion. Die Aufzeichnungen des Feldmarschalls Ritter von Leeb zeigen, in welche Richtungen Hitlers Überlegungen gingen:

> England vermutlich aus zwei Gründen nicht friedensbereit: 1. hofft es auf Unterstützung U.S.A. Diese können aber nicht vor [19]41 tatkräftige Waffenlieferungen im Großen leisten. 2. hofft es, Rußland gegen Deutschland ausspielen zu können. Deutschland ist Rußland militärisch weit überlegen ... Es gibt zwei Gefahrenpunkte, die zu einer Auseinandersetzung mit Rußland führen könnten: 1. Rußland steckt ganz Finnland ein. Dann ist Vorherrschaft Deutschlands auf der Ostsee verloren und ein Angriff Deutschlands auf Rußland erschwert. 2. weiteres Vordringen Rußlands gegen Rumänien. Dies kann wegen der Benzinlieferungen Rumäniens an Deutschland nicht zugelassen werden. Deutschland muß daher gerüstet bleiben. Bis zum Frühjahr

> 180 Div. ... Deutschland strebt keine Zertrümmerung von England an, denn die Nutznießer wären nicht Deutschland, sondern Japan im Osten, Rußland in Indien, Italien im Mittelmeer, Amerika im Welthandel. Aus diesem Grunde Friede mit England möglich.

Ausflüchte und Hinhaltetaktik

Am 27. August wurden Schmundt und Dr. Fritz Todt, der Chef des militärischen Bauwesens, von Hitler nach Ostpreußen geschickt, um dort einen passenden Bauplatz für ein neues Hauptquartier zu suchen, von dem aus der Ostfeldzug geleitet werden könnte. Am 6. September genehmigte Hitler die Verlegung von Bocks Heeresgruppe B aus dem Westen in den Osten, wo nun 35 Divisionen, darunter sechs Panzerdivisionen, bereitstanden. Als seine Befehlshaber am 14. September erneut in der Reichskanzlei zu einer Kriegskonferenz zusammenkamen, nannte er weitere Gründe für einen Aufschub des Unternehmens «Seelöwe» gegen England; drei Tage später verkündete er eine erneute Vertagung.

Noch konnte er sich jedoch nicht endgültig dazu entschließen, den «bolschewistischen Feind» anzugreifen. Lossberg legte Jodl am 15. September seinen Plan «Fritz» vor. Letztendlich sollte die Wehrmacht zwar nach diesem Plan gen Osten marschieren, doch als Vorlage eines Untergebenen an den Vorgesetzten in Hitlers persönlichem Stab hatte das Dokument einstweilen nur Vorschlagscharakter. Die Verlegung deutscher Divisionen nach Polen wurde fortgesetzt, getarnt als Maßnahme, mit der Deutschland die Einhaltung des «Wiener Schiedsspruchs» vom 30. August garantieren wollte, in dem beschlossen worden war, dass Rumänien die nördliche Hälfte Siebenbürgens an Ungarn abtreten musste. Außerdem schickte Hitler eine «Militärmission» von der ungewöhnlichen Stärke einer ganzen Heeresdivision nach Rumänien, begleitet von 1000 Mann Flakartillerie der Luftwaffe. Gleichzeitig nahmen Hitlers Diplomaten die Gespräche mit Rumänien, Ungarn und dem slowakischen Marionettenregime auf, die dazu führten, dass diese dem neuen Dreimächtepakt beitraten, der am 27. September von Deutschland, Italien und Japan unterzeichnet wurde und im Falle eines Angriffs auf einen der drei Staaten die beiden anderen zum Beistand verpflichtete. Das alles waren notwendige und nützliche Vorbereitungen für den Beginn einer Ostoffensive. Allerdings waren sie nicht als direkte Provokation der Sowjetunion gedacht – obwohl deren politische Führung finstere Vermutungen in Hinblick auf den Dreimächtepakt und seine verborgenen Absichten hegte (in Wirklichkeit sollte er Japan in dem verschärften Konflikt mit den Vereinigten Staaten unterstützen). Auch waren die Vorbereitungen nicht so weit reichend, dass sie Hitler auf die Entscheidung für eine solche Offensive festgelegt hätten.

Als sich dann die Notwendigkeit abzeichnete, eine Entscheidung für oder gegen den Russlandfeldzug zu treffen, zeigte Hitler ein charakteristisches Verhaltensmuster von Ausflüchten und Hinhaltetaktik. Nach dem Triumph über Polen hatte ihn diese Schwäche wochenlang gelähmt; immer wieder war er seinen Generalen in der Frage ausgewichen, welche Strategie beim Angriff auf die Westalliierten zu befolgen sei. Im Verlauf des Frankreichfeldzugs hatte sie ihn zweimal überwältigt, einmal vor und noch einmal während des Angriffs auf Dünkirchen. Nun äußerte sie sich bei der Suche nach Mitteln und Wegen, den Krieg auszuweiten, um ihn dadurch zu gewinnen. Wenn er die Briten weder zum Friedensschluss überreden noch durch eine Invasion in die Knie zwingen konnte – «Seelöwe» wurde am 12. Oktober endgültig aufgegeben –, dann würde er, wie er meinte, denselben Effekt erzielen, indem er die Zahl der Feinde und Fronten vermehrte, an denen sie kämpfen mussten: Am 13. September hatte Mussolini in Libyen eine Offensive gegen Ägypten begonnen, wo Großbritannien Truppen stationiert hatte. Er traf sich am 4. Oktober, als die Offensive noch erfolgversprechend zu verlaufen schien, mit Hitler am Brennerpass, ihrer gemeinsamen Grenze, um zu erörtern, wie man dem Krieg im Mittelmeer, seit zweihundert Jahren Großbritanniens wichtigste Basis außerhalb der Insel selbst, eine entscheidende Wende zum Nachteil des Feindes geben könne.

Hitler schlug dem italienischen Diktator vor, man solle Spanien auf die Seite der Achse locken – womit Deutschland vom britischen Felsen Gibraltar aus ungehindert hätte operieren können –, indem man Franco einen Teil von Französisch-Nordafrika offeriere; Frankreich lasse sich vielleicht zu diesem Zugeständnis überreden, wenn man ihm als Entschädigung Teile Britisch-Westafrikas anbiete. Mussolini war begeistert – verständlicherweise, sah der Plan doch vor, dass Italien Tunis, Korsika und Nizza (1860 durch Napoleon III. annektiert) von Frankreich erhielt. Eilig begab sich Hitler nach Berlin zurück, um die Besuche bei Franco und Pétain vorzubereiten. In der Hauptstadt angekommen, setzte er zusammen mit Ribbentrop einen Brief an Stalin auf, in dem der sowjetische Außenminister Molotow zu einem baldigen Besuch eingeladen wurde. Bei dieser Gelegenheit sollte erörtert werden, wie sich Deutschland und die Sowjetunion in Absprache miteinander Großbritanniens gegenwärtige Wehrlosigkeit zunutze machen könnten.

Eine Woche später, am 20. Oktober, brach Hitler mit seinem Sonderzug «Amerika» auf, um Franco und Pétain zu treffen. Die Unterredung mit Franco fand am 23. Oktober in Hendaye an der französisch-spanischen Grenze statt. Sie erlangte in der Geschichte der Diplomatie des Zweiten Weltkriegs Berühmtheit, weil Hitler zum Abschied wütend erklärte, er würde sich «lieber drei oder vier Zähne ziehen lassen, als das noch einmal durchzumachen». Während der stundenlangen Verhandlungen blockte Franco, unterstützt von seinem Außenminister Serrano Suñer (von Hitler, der eine tiefe Abneigung gegen die Gesellschaft Jesu hegte, als «Jesuitenschwein» bezeichnet), alle Ansinnen Hitlers hartnäckig ab. Als dieser um 2.00 Uhr nachts mit seinem Zug abfuhr, hatte er Franco nicht das geringste Zugeständnis abringen können, sich an irgendwelchen kriegerischen Aktivitäten zu beteiligen. Pétain, mit dem Hitler am 24. Oktober zusammenkam, erwies sich als ebenso unzugänglich, konnte seinem deutschen Gesprächspartner jedoch den Eindruck vermitteln, man habe Übereinstimmung erzielt. Des Marschalls Ruf, sein hohes Alter, sein soldatisches Auftreten und sein offensichtlicher Patriotismus waren ganz nach Hitlers Geschmack. Obwohl Pétain ihm nicht mehr zugestanden hatte als das Versprechen, seine Regierung zu konsultieren, die ihm bedingungslos gehorchte, redete sich Hitler ein, Pétain und er seien sich in einer konstruktiven Feindseligkeit gegen Großbritannien einig.

Trotz Francos Verzögerungstaktik war Hitler jetzt in der Lage, Molotow bei dessen bevorstehendem Besuch die Umrisse eines größeren Koalitionskrieges zu präsentieren. Während er die Ankunft des sowjetischen Außenministers erwartete, musste er sich allerdings zunächst einmal mit einem unbotmäßigen Alleingang Mussolinis befassen, der ausgerechnet diesen Augenblick gewählt hatte, um von Albanien aus (welches das italienische Heer im April 1939 besetzt hatte) in Griechenland einzumarschieren. Mussolini behauptete, er habe den Briten keine Gelegenheit geben wollen, dort Militärbasen anzulegen. Sicher hatte er legitime strategische Gründe für den Wunsch, Großbritannien daran zu hindern, an der Adria neue Marine- und Luftwaffenstützpunkte zu errichten, die den italienischen noch näher waren als die schon bestehenden auf Malta und in Ägypten. In Wirklichkeit stand hinter dem Angriff auf Griechenland jedoch der eitle Wunsch, es Hitler gleichzutun. Zunächst hatte dieser das politische Genie Mussolinis überschwänglich gelobt und den Aufstieg zur Macht im Kielwasser des italienischen Vorbilds vollzogen, dann mit der Remilitarisierung des Rheinlands um heimischen Beifall geworben, während Mussolini in Äthiopien ein Überseeimperium eroberte, schließlich aber hatte Hitler seinen italienischen Amtskollegen durch die Triumphe der «Blitzkriege» gegen Polen und Frankreich weit überflügelt. Mussolinis klägliche Beteiligung an der Schlacht um Frankreich (und an der Luftschlacht um England, mit einem kurzen und ruhmlosen Auftritt der *Regia Aeronautica*) hatte ihn zum Gespött der Neutralen wie der Feinde werden lassen. Daher war er entschlossen, sich in Griechenland seinen Anteil an den Lorbeeren zu holen, von denen die deutsche Wehrmacht schon so viel mehr geerntet hatte.

Das Scheitern der Invasion in Griechenland – die Geschichte dieses Fehlschlags gehört ins folgende Kapitel – verwirrte und erboste Hitler, während er auf Molotows Ankunft wartete. Die Invasion hatte nicht nur seinen Plan durchkreuzt, den Balkan durch friedfertige Diplomatie zu einem Satellitengebiet zu machen, sie provozierte auch die Sowjetunion zu einem Zeitpunkt und in einer Region, zu dem und in der er ihren Argwohn einzuschläfern suchte. Überdies hatte die Invasion den sofortigen unerwünschten Effekt, dass sie den Briten einen Vorwand zur Rückkehr auf den Kontinent lieferte. Am 31. Oktober besetzte Großbritannien Kreta und die Ägäisinsel Lemnos mit Truppen, die es aus Ägypten herbeigezogen hatte, und verlegte in den folgenden Tagen Luftwaffeneinheiten nach Südgriechenland, womit die rumänischen Ölfelder bei Ploesti, Hitlers wichtigste Versorgungsquelle, der Gefahr von Bombenangriffen ausgesetzt waren.

Diese Entwicklungen veranlassten Hitler zu einer hektischen Notplanung. Er befahl dem OKH, Pläne für die Einnahme Gibraltars, die Besetzung der französischen *zone libre* und die Invasion Griechenlands vorzubereiten. Seine Befehle fanden ihren Niederschlag in den Weisungen Nr. 18 («Felix»), Nr. 19 («Attila») und Nr. 20 («Marita») vom 12. November, 10. und 13. Dezember. Außerdem erteilte er Mussolinis Ersuchen um deutsche Hilfe bei der Offensive gegen die Briten in Ägypten eine Absage. «Keinen Mann und keinen Groschen für Afrika», sagte er ironischerweise ausgerechnet zu General Erwin Rommel. Die Panzerverbände, nach denen Mussolini verlangte, waren stattdessen für eine Intervention in Griechenland vorgesehen, die von Stellungen in Bulgarien aus vorgetragen werden sollte, einem Land, das im Ersten Weltkrieg Deutschlands Verbündeter gewesen war und das Hitler nun in den Dreimächtepakt locken wollte, während er es Mussolinis Armee überließ, sich so gut sie es vermochte im Wüstenkrieg gegen die Briten zu behaupten.

Obwohl von unwillkommenen Entwicklungen am Rande seines Reiches abgelenkt und augenscheinlich zwischen den strategischen Optionen hin- und hergerissen, änderte sich für Hitler im Oktober und November nichts an der grundsätzlichen Entscheidung zugunsten eines Ostfeldzuges. Zwar erklärte er Anfang November Bock, dem Oberbefehlshaber seiner in Polen stehenden Heeresgruppe, was im Osten geschehe, sei noch nicht endgültig entschieden, aber es blieb bei der Verlegung der Divisionen von West nach Ost, während OKW und OKH weiter an entsprechenden Plänen arbeiteten. «Politische Besprechungen mit dem Ziel, die Haltung Rußlands für die nächste Zeit zu klären, sind eingeleitet», teilte Hitler seinen Kommandeuren am Abend vor Molotows Besuch mit, der nun auf den 12. November festgesetzt war. «Gleichgültig welches Ergebnis diese Besprechungen haben werden, sind alle schon mündlich befohlenen Vorbereitungen für den Osten fortzuführen.» Am 11. November war daher klar, dass Hitler nur dann auf die Mobilmachung für die Ostoffensive verzichten würde, wenn Molotow garantieren konnte, dass Russland sich mit Hitlers Herrschaft über den Kontinent abfinden würde.

Doch Molotow kam nicht, um Zugeständnisse zu machen. Unbeeindruckt von Hitlers militärischen Triumphen und der Stärke seiner Streitkräfte, ließ er keinen Zweifel an der Position der Sowjetunion: Deutschland habe sich strikt an die Bestimmungen des Hitler-Stalin-Pakts zu halten (welche die Einflusssphären beider Staaten in Ost- und Südeuropa festlegten); die Sowjetunion verfolge als Großmacht ihre eigenen Interessen und verlange Aufklärung darüber, welche Absichten Deutschland in seinen Beziehungen zu Dritten umzusetzen suche. Auf einem vorbereitenden Treffen mit Molotow hatte Ribbentrop das deutsche Angebot auf den Tisch gelegt: Die Sowjetunion solle an der Plünderung des Britischen Empire beteiligt werden, wenn sie bereit sei, sich auf die Seite des Dreimächtepakts zu schlagen. Dafür erhalte sie freie

Hand für die Expansion in Richtung Indischer Ozean, während Japan seine Eroberungen in Asien abschließen und Deutschland sein Herrschaftsgebiet nach Afrika hinein ausdehnen könne.

Molotow zeigte sich nicht interessiert. Bei seinen anschließenden Zusammenkünften mit Hitler verlangte er die buchstabengetreue Einhaltung des Hitler-Stalin-Pakts und Russlands Recht, seine traditionellen Interessen im Schwarzmeerraum zu wahren. Außerdem wollte die Sowjetunion Finnland annektieren, das in dem Abkommen seiner Einflusssphäre zugewiesen worden war, und Bulgariens Grenzen garantieren (offenbar unabhängig davon, ob Bulgarien um eine solche Garantie nachsuchte oder nicht), womit Deutschlands Kontrolle über das Land in Frage gestellt war. Ferner wünschte Moskau eine Revision des Vertrages von Montreux aus dem Jahr 1936, um bessere Durchfahrtsrechte durch die türkischen Meerengen zwischen dem Schwarzen und dem Mittelmeer zu erhalten. Molotow wollte wissen, welche Einflussgebiete im Dreimächtepakt zwischen Deutschland, Italien und Japan ausgehandelt worden waren, wobei ihn besonders die Vereinbarungen mit Japan, Russlands altem Feind in Asien, interessierten.

Bei den abschließenden Gesprächen mit Ribbentrop, die wegen eines britischen Nachtangriffs im Luftschutzbunker des Außenministeriums stattfanden, gab er zu erkennen, dass sich Russlands Interessen im Ostseeraum nicht auf die Annexion Finnlands beschränkten (das von 1809 bis 1918 bereits russisch gewesen war), sondern auch die Fortdauer der schwedischen Neutralität sowie die Kontrolle über den Übergang der Ostsee in die Nordsee beträfen, Deutschlands verwundbarstes Gewässer. Als Ribbentrop ihn daran erinnern wollte, wie sehr Russland von einer Zusammenarbeit bei der Liquidation des britischen Weltreichs profitieren würde, dessen Niederlage praktisch schon besiegelt sei, antwortete Molotow mit einer boshaften Gegenfrage: «Wenn das so ist, warum sind wir dann in diesem Bunker, und wem gehören die Bomben, die da draußen fallen?»

Am nächsten Morgen reiste Molotow nach Moskau ab. Obwohl er nur 48 Stunden in Berlin gewesen war, hatte sein Besuch lange genug gedauert, um Hitler davon zu überzeugen, dass der «Entscheidungskampf» gegen den Bolschewismus – seit den frühesten Tagen seiner «Kampfzeit» ein Leitmotiv seines politischen Glaubensbekenntnisses – nun nicht länger aufgeschoben werden könne. Noch in seiner letzten Lebenswoche erinnerte er sich an die Wut, die Molotows Unnachgiebigkeit in ihm geweckt hatte: «Sollte ich weiter abwarten, um besser gerüstet zu sein? Nein, denn dadurch gaben wir das Gesetz des Handelns preis! Nochmals nein, denn wir hätten den ungewissen Aufschub zu teuer bezahlen müssen. Wir hätten nämlich den bolschewistischen Erpressungsversuchen nachgeben und Finnland, Rumänien, Bulgarien und die Türkei preisgeben müssen. Und das war für mich ausgeschlossen.» Die Erinnerung übertrieb die Wirklichkeit nur unwesentlich: Als der von Molotow abgefasste Vertragsentwurf am 25. November in Berlin eintraf, enthielt er Bestimmungen, die den Rückzug der deutschen Truppen aus Finnland verlangten (ein Abkommen, das ihre Stationierung auf finnischem Gebiet erlaubte, war am 12. September unterzeichnet worden) und die es der Sowjetunion gestatteten, sich Stützpunkte in Bulgarien zuzulegen. Hitler wies Ribbentrop an, nicht darauf zu antworten.

Muster für Kesselschlachten

Die Dokumente, mit denen Hitler sich in den ersten Dezemberwochen beschäftigte, waren nicht diplomatischer, sondern militärischer Natur. Seit Juni war das OKW, seit August auch das OKH damit befasst, Pläne für einen Russlandfeldzug auszuarbeiten. Am 5. Dezember waren beide Entwürfe in die Reichskanzlei gebracht worden, wo sie von den Generalstäben der drei Wehrmachtteile unter Vorsitz Hitlers erörtert werden sollten. Der Plan des OKW (von Lossberg ausgearbeitet und immer noch mit dem Decknamen «Fritz» versehen) stimmte mit dem vom OKH vorgelegten

Papier (angefertigt von General Friedrich Paulus, dem späteren Verteidiger von Stalingrad) darin überein, dass die Einkesselung der Roten Armee in der Nähe der russischen Grenzen als Grundvoraussetzung des Erfolges angesehen wurde.

Seit dem vorangegangenen Jahrhundert beherrschte die Gefahr, von den endlosen Weiten des inneren Russland verschlungen zu werden, das Denken des deutschen Generalstabs. Dieses Risiko hatte Graf Schlieffen, den Verfasser des deutschen Vormarschplans für 1914, bewogen, sich für einen Angriff gegen Frankreich zu entscheiden und die Möglichkeit eines ostwärts gerichteten Schlags gegen die Armee des Zaren auszuschließen – obwohl man damals meinte, sie sei dem deutschen Heer unterlegen, so wie Hitler jetzt die Rote Armee für schwächer als die Wehrmacht hielt. Schlieffen hatte sich an das Jahr 1812 erinnert, als es Napoleon nicht gelungen war, die Russen in ihren Grenzgebieten zu besiegen, sodass er zunächst nach Moskau gezogen und dann dazu verurteilt war, die Große Armee wieder durch den Winterschnee zurückzuführen. Jener Rückzug von Moskau, der mit dem Untergang der Großen Armee geendet hatte, war auch Hitler gegenwärtig, doch er glaubte, die Rote Armee könne vernichtet werden, wenn man einen Panzervorstoß durch und hinter die Grenzstellungen führe und «Kessel» bilde, in denen die Kampfverbände der Roten Armee sich in eine hilflose Masse verwandelt würden. Der Plan des Oberkommandos des Heeres kam einer Regieanweisung für solche Kesselschlachten gleich: Die drei Heeresgruppen, die im Westen triumphiert hatten (und nun die Bezeichnungen «Nord», «Mitte» und «Süd» erhielten), sollten sich gegen Leningrad, Moskau und Kiew wenden, dabei jedoch mit ihren jeweiligen Panzerspitzen die Rote Armee in drei Kesseln umfassen, welche die nachfolgende Infanterie dann Stück um Stück enger einschnüren würde.

Der Lossberg-Plan des OKW legte noch mehr Nachdruck auf diesen Punkt. Obwohl er am 5. Dezember offenbar nur mündlich von Jodl, dem Chef des Wehrmachtführungsstabes, referiert wurde, übte er großen Einfluss auf den Verlauf der Erörterungen aus. Halder befürwortete den Entwurf des OKH und unterstrich besonders die Notwendigkeit, Moskau schon in einem frühen Stadium anzugreifen und einzunehmen. In seinen Prioritäten äußerte sich ein gewisser Traditionalismus, doch Halder rechtfertigte ihn – mit guten Gründen – durch den Verweis auf den Zentralismus des Sowjetsystems. Unter Stalin war alle Staatsgewalt in Moskau konzentriert; zudem befand sich der Mittelpunkt des russischen Transportsystems – in dem weitgehend straßenlosen Land war es gleichbedeutend mit dem Eisenbahnnetz – ebenfalls in der Hauptstadt. Entsprechendes galt nach Einschätzung der deutschen Abwehr auch für einen großen Teil der sowjetischen Industrie. Aus Halders Kriegstagebuch geht hervor, dass der Generalstab annahm, 44 Prozent der Produktionsstätten der sowjetischen Kriegsindustrie seien in der Region Moskau-Leningrad angesiedelt, 32 Prozent in der Ukraine und nur 24 Prozent östlich des Urals.

Diese nachrichtendienstlichen Informationen über die Verteilung der Industrien waren zwar falsch, im Übrigen jedoch traf Halders Analyse zu. Daher war es besorgniserregend, dass Hitler schon am 5. Dezember 1940 mehr zu Lossbergs Plänen tendierte. Sie sahen vor, einen endgültigen Angriff auf Moskau so lange aufzuschieben, bis die Heeresgruppe Nord in ihrem Frontabschnitt die Russen an der Ostsee eingeschlossen und die Heeresgruppe Süd in der Ukraine einen großen Kessel gebildet hätte. «Der Russe», bemerkte Hitler, «ist uns waffenmäßig unterlegen wie der Franzose. Er hat wenige moderne Feldbatterien, alles andere ist nachgebautes altes Material …, die Masse der russischen Panzer ist schlecht gepanzert. Der russische Mensch ist minderwertig. Die Armee ist führerlos.» Hitler war bestens darüber im Bilde, wie sich Stalins monströse Säuberungen unter den erfahrenen Generalen auf das Oberkommando der Roten Armee ausgewirkt hatten. Der nationalsozialistische Sicherheitsdienst (SD) hatte dem NKWD, wie das KGB damals hieß, viel Material zugespielt, das die Generalität belastete. Im Gegensatz dazu war es der «Abwehr» (dem Nachrichtendienst der Wehrmacht) nicht gelungen, zu ermitteln, welche Fortschritte die sowjetische Rüstungsindustrie inzwischen bei der Entwicklung neuer und moderner Panzerfahrzeuge gemacht hatte, insbesondere des Kampfpanzers T-34, der sich in Kürze als der beste seiner Art erweisen sollte.

In den zwei Wochen nach der Besprechung in der Reichskanzlei bemühte sich das OKH, seinem Planentwurf die Form einer Führerweisung zu geben. Jodl beteiligte sich an der Aufgabe und steuerte einige Überlegungen des OKW bei, die aus Lossbergs «Fritz»-Plan stammten. Trotzdem hielt man an Moskau als Schwerpunkt des Angriffs fest, bis Hitler eine Revision des Plans anordnete: Die Heeresgruppe Mitte (deren Angriffsziel Moskau war) sollte Panzerkräfte zur Heeresgruppe Nord abkommandieren, um ihr dabei zu helfen, die russischen Armeen im Ostseeraum einzuschließen. «Erst nach Sicherstellung dieser vordringlichsten Aufgabe, welcher die Besetzung von Leningrad … folgen muß, sind die Angriffsoperationen zur Besitznahme des wichtigen Verkehrs- und Rüstungszentrums Moskau fortzuführen.» Als die Weisung Nr. 21 am 18. Dezember ausgegeben wurde, umfasste sie entsprechend klare Richtlinien für die Heeresgruppe Mitte: Sie sollte die Voraussetzungen schaffen «für das Eindrehen von starken Teilen der schnellen Truppen nach Norden, um im Zusammenwirken mit der … in allgemeiner Richtung Leningrad operierenden nördlichen Heeresgruppe die im Baltikum kämpfenden feindlichen Kräfte zu vernichten». In der Weisung wurde auch ein Deckname für das Russland-Unternehmen festgelegt. Nach dem mittelalterlichen Kaiser, welcher der Legende zufolge schlafend im Kyffhäuser ruht, bereit, Deutschland in der Stunde der Not zu Hilfe zu kommen, wurde es «Barbarossa» genannt.

Der Beginn des Unternehmens «Barbarossa» war für Juni 1941 geplant, lag also noch viele Monate in der Zukunft. Als Zeitvorgabe enthielt die Weisung Nr. 21 lediglich die Bestimmung, dass die den Angriff vorbereitenden Maßnahmen «bis zum 15. 5. 1941 abzuschließen» seien. Nach dem Dezember ergänzte Hitler den Plan jedoch geringfügig. Vom 7. bis 9. Januar versammelte er seine Kommandeure auf dem Berghof, um die Verlagerung der strategischen Anstrengungen nach Osten in allen Einzelheiten zu rechtfertigen. Dort deutete er an, seine Ziele seien viel weiter gesteckt, sie seien auf Baku am Kaspischen Meer gerichtet, das Zentrum der russischen Ölindustrie, das die deutschen Truppen 1918 schon einmal in Besitz genommen hatten.

Anfang März (vor dem 3.) erteilte er Jodl Anweisungen, laut denen sämtliche eroberten Gebiete mit Ausnahme der unmittelbaren Gefechtsräume der Wehrmacht unter die Verantwortung der SS und der von ihm persönlich zu ernennenden «Reichskommissare» gestellt würden. Dahinter stand die Absicht, wie er am 30. März in einer Rede vor 250 hohen Befehlshabern in der Reichskanzlei deutlich machte, «Sondermaßnahmen» (Exekutionen oder Deportationen) gegen Funktionäre der Kommunistischen Partei und feindselige Einheimische durchzuführen. Ansonsten standen die Ziele von «Barbarossa» unverrückbar fest – auch wenn Walter Warlimont, der stellvertretende Chef des Wehrmachtführungsstabes, meinte: «Erst von März an rückte der Ost-Feldzug für alle Teile des deutschen Hauptquartiers immer mehr in den Vordergrund ihrer Tätigkeit.» Der Entschluss, den Hitler im Dezember 1940 fasste, der seit dem Sieg über Frankreich, seit Juni also, sein Sinnen und Trachten beherrschte, der im Grunde genommen seine «Weltsicht» seit dem Tage bestimmte, an dem er sich beinahe 20 Jahre zuvor angeschickt hatte, die Macht in Deutschland zu ergreifen – dieser Entschluss sollte der Dreh- und Angelpunkt all dessen bleiben, was er in der ersten Jahreshälfte 1941 dachte und tat, ungeachtet aller Ereignisse, die dazwischentraten und ihn hätten umstimmen können.

Der «Faktor 1812»

Hitlers Entschlossenheit wurde in seiner Umgebung nicht geteilt. Viele seiner höheren Befehlshaber und Stabsoffiziere machten sich Sorgen wegen des «Faktors 1812». Bei der ersten Erörterung des Projekts am 30. Juli kamen Halder und Brauchitsch zu dem Schluss: «Die Frage, ob man, wenn gegen England eine Entscheidung nicht erzwungen werden kann und die Gefahr besteht, daß England sich mit Rußland liiert, den dann entstehenden Zweifrontenkrieg zuerst gegen Russland führen soll, ist dahin zu beantworten, daß man besser mit Rußland Freundschaft hält. Besuch bei Stalin wäre erwünscht ... [Wir] könnten ... die Engländer im Mittelmeerraum entscheidend treffen, von Asien abdrängen.» Doch obwohl Halder während des ganzen Herbstes vor den Gefahren warnte, äußerte er in dem entscheidenden Punkt keinen Widerspruch. Brauchitsch, dem seine einzige offene Meinungsverschiedenheit mit Hitler nach dem Polenfeldzug noch immer in den Knochen steckte, hatte nicht den Mut zum Widerstand. Jodl unterdrückte die Zweifel, die er zunächst gehabt hatte, als er bemerkte, wie hartnäckig Hitler an seinem Vorhaben festhielt, und nötigte am 29. Juli seinen Stellvertreter Warlimont sowie die Abteilungsleiter im Wehrmachtführungsstab, ihre Bedenken ebenfalls hintanzustellen. Manstein und Guderian, aufstrebende Befehlshaber, die in Russland Ruhm erwerben sollten, waren vom «Faktor 1812» beunruhigt, von den riesigen Räumen, die Truppenmassen einfach verschlingen konnten.

Eine ähnliche Auffassung brachte Generalfeldmarschall Bock zum Ausdruck, als der «Führer» ihn am 3. Dezember im Krankenhaus besuchte: Russland sei, so gab er zu bedenken, ein ungeheures Land; man kenne seine genaue militärische Stärke nicht, und ein solcher Krieg dürfte selbst für die Wehrmacht schwierig werden. Damit kränkte er Hitler zwar, brachte ihn aber nicht zur Einsicht. Ewald von Kleist, der hochrangige Panzerführer, erklärte (allerdings erst nach dem Krieg), den meisten Generalen sei von Beginn an klar gewesen, dass es ohne einen politischen Aufstand wenig Aussichten auf einen echten Sieg gab, falls die Rote Armee sich zum Rückzug entscheiden sollte. Vielleicht war das wirklich die Auffassung der führenden Militärs, doch sie hüllten sich in kollektives Schweigen. Das Heer mag von den technischen Schwierigkeiten eingeschüchtert worden sein, die der Vormarsch ans Weiße Meer, an die Küsten des Kaspischen Meers und die Ufer der Wolga bedeutete – also an die «AA» (Archangelsk-Astrachan)-Linie, mehr als 2500 Kilometer östlich von Warschau und annähernd 3200 Kilometer von Berlin gelegen; sie markierte das Gebiet, das es nach Hitlers Auffassung zu erobern galt, um den Zusammenbruch Russlands zu erzwingen. Ansonsten aber teilte man in der Wehrmacht grundsätzlich Hitlers Einschätzung, dass der Krieg mit Russland unvermeidlich sei, und begrüßte den kriegerischen Konflikt mit den bolschewistischen und slawischen Feinden Deutschlands nicht weniger als ihr oberster Kriegsherr (wenn auch vielleicht nicht mit ganz so heftigen Gefühlen).

Vernünftiger Widerspruch kam nicht von den Generalen des Heeres, sondern von den Vertretern der verwandten und (bis zu einem gewissen Grade) konkurrierenden Wehrmachtteile Kriegsmarine und Luftwaffe. Göring, nicht nur Oberbefehlshaber der Luftwaffe, sondern erstaunlicherweise auch Chef der staatlichen Wirtschaftsplanung (des «Vierjahresplanes»), machte sich Sorgen über die wirtschaftlichen Anstrengungen, die ein Krieg mit Russland erfordern würde. Außerdem glaubte er, dass die Fortsetzung der Luftoffensive gegen England nützlich wäre. Am 13. November, unmittelbar nach Molotows Berlinbesuch, hatte er Hitler seine Argumente entgegengehalten und prophezeit, der Kurs, den Russland offenbar einzuschlagen gedenke, werde zum Krieg mit England führen, eine Entwicklung, von der Deutschland zwangsläufig profitieren müsse. In der Zwischenzeit, so seine Empfehlung, solle Deutschland bei seiner gegenwärtigen Strategie bleiben. Als Hitler ihm jedoch die wirtschaftlichen Aspekte entgegenhielt und behauptete, die Eroberungen in Russland würden die Nahrungsmittel und das Erdöl liefern, die man benötige, um Großbritannien niederzuwerfen, zog Göring seine Einwände zurück und beteiligte sich anschließend loyal an den Vorbereitungen für «Barbarossa».

Raeder, Hitlers Großadmiral, war ein beharrlicherer Widersacher. Er hatte einen Tag nach Göring ein Gespräch mit Hitler, in dem er die Gefahr eines Zweifrontenkriegs unterstrich und besonders darauf hinwies, dass die politische und militärische Führung Deutschlands stets versucht habe, diese strategisch prekäre Situation zu vermeiden. Dringend bat er, kein neues militärisches Unternehmen in Angriff zu nehmen, solange Großbritannien nicht besiegt sei. Raeder verfügte über Einfluss auf Hitler. Dass er den Angriff auf Norwegen befürwortet hatte, verhalf ihm zu noch größerem Ansehen. Raeder war es auch, der Hitler zunächst bewogen hatte, Pläne für die Invasion Englands vorzubereiten, und dem «Führer» dann vom Unternehmen «Seelöwe» abgeraten hatte, weil er einen Fehlschlag für wahrscheinlich hielt. Er hatte bereits Alternativen zu «Barbarossa» entwickelt – vor allem den Plan «Felix», der vorsah, Gibraltar zu erobern und dadurch Großbritannien im Mittelmeer zu lähmen. Außerdem riet er zu zeitgleichen Initiativen auf dem Balkan und in Richtung Türkei, die am östlichen Rand des Mittelmeeres Druck auf England ausüben sollten.

Göring teilte Raeders strategische Einschätzung. Beide fanden Gefallen an den Möglichkeiten, die sich durch die Einnahme Französisch-Nordafrikas eröffneten; etwa dass man Italien in Libyen unterstützen und Großbritannien in Ägypten ausmanövrieren konnte. Raeder ging noch weiter: Er wollte die Atlantikinseln besetzen – die Azoren, Kanaren, Kapverden, die sich in spanischem und portugiesischem Besitz befanden – und Deutschland dadurch die Kontrolle über den westlichen Mittelatlantik verschaffen, denn ihn ärgerte vor allem die, wie er es sah, offensichtliche Neutralitätsverletzung der USA. Zwar war Hitler angetan von der Vorstellung, die Atlantikinseln in deutsche Gewalt zu bringen, er lehnte aber den Gedanken strikt ab, die Vereinigten Staaten auf die Liste seiner Feinde zu setzen. Trotzdem sollte sein seltsamer Begriff von Bündnistreue ihn schon binnen eines Jahres bewegen, Japan in den Krieg mit Amerika zu folgen. Im Herbst 1940 jedoch, als er den Gedanken verwarf, 36 der besten Wehrmachtdivisionen auf den stürmischen Wassern des Ärmelkanals einem ungewissen Schicksal auszusetzen, hielt er beinahe dogmatisch an dem Grundsatz fest, Großbritanniens natürlicher Bundesgenosse müsse um jeden Preis besänftigt werden, ganz gleich, welche Provokationen der sich einfallen ließ. Russland wollte Hitler in der Höhle des Löwen entgegentreten, doch den Vereinigten Staaten mochte er sich unter keinen Umständen stellen.

Hinter diesen disparaten politischen Ansätzen stand mehr als ein strategisches Kalkül. Für das amerikanische Volk hegte Hitler anders als für die Briten keine besondere Bewunderung und fürchtete für die nahe Zukunft auch nicht die militärische Stärke Amerikas; er hielt die USA überhaupt nicht für eine Militärmacht. Es war die wirtschaftliche und industrielle Macht, die er in seine «Wechselbeziehung der Kräfte» einrechnete und von der er glaubte, sie dürfe auf keinen Fall gegen Deutschland in die Waagschale geworfen werden, ehe sich der Krieg ein gutes Stück weiter entwickelt habe. Eben weil seine Einstellung gegenüber Amerika jeder ideologischen Grundlage entbehrte, entschied er sich, in den Monaten der Vorbereitung auf «Barbarossa» alle amerikanischen Provokationen hinzunehmen. Die Aufrechterhaltung diplomatischer, wenn schon nicht freundlicher Beziehungen zu den USA war eine notwendige Vereinfachung der strategischen Gesamtlage, die es ihm erlauben sollte, den geplanten Krieg mit der Sowjetunion bei kleinstmöglicher Zersplitterung der Kräfte vom Zaun zu brechen und durchzuführen.

Im Gegensatz dazu war Hitlers Haltung gegenüber Russland zutiefst geprägt von einer Ideologie, die sich aus vielen Quellen speiste – rassischen, wirtschaftlichen, historischen – und sich mit seinem persönlichen Groll und Ehrgeiz zu einem Vorstellungskomplex von selbstberauschender Wirkung verband. In erster Linie war er wohl besessen von den «Geschichten» aus der deutschen Geschichte: Wie die germanischen Stämme als Einzige unter den Völkern an den Westgrenzen Roms der Macht des Imperiums trotzten und es bezwangen; wie sie ihre eigenen Kriegerkönigreiche gründeten und sich dann ostwärts wandten, um ihre Standarten ins Slawenland zu tragen; wie sie in den Heldensagen der Germanen auftraten; wie sie als Waräger-Leibwächter in Diensten des byzantinischen Kaisers standen, als wagemutige Seeleute die nördlichen Meere befuhren und Fürstentümer an den Ufern der russischen Flüsse gründeten, die ersten Vorposten der «Zivilisation» im Osten; wie sie als Normannen England und Sizilien eroberten, als Ritter die Ostseeküste besiedelten – das waren Themen, zu denen er Abend für Abend in den Monologen zurückkehrte, die als seine «Tischgespräche» festgehalten wurden.

Dass deutsche Siedler östlich der Grenzen des geschlossenen Deutschtums in Mitteleuropa – in Polen, Ungarn, Rumänien, der Tschechoslowakei und sogar in Russland selbst, außerhalb der baltischen Staaten, wo noch 1914 1,8 Millionen deutsche Kolonisten lebten – hatten Fuß fassen und überleben können, weckte in Hitler das Gefühl einer besonderen «Bestimmung» der «germanischen Rasse», vermutlich nicht unähnlich den Empfindungen der Briten, wenn sie auf dem Höhepunkt des viktorianischen Zeitalters die Diaspora der englischsprachigen Völker betrachteten, die über die ozeanische Welt verstreut waren. Doch während es den Briten beschieden war, die Grenzen ihrer Welt immer weiter und weiter wachsen zu sehen, als schauten sie dem Wirken einer wohltätigen göttlichen Hand zu, war Hitler so obsessiv auf die Drangsale der Deutschen fixiert, dass sie als Volk in seinen Augen unter ständiger Bedrohung lebten, vor der sie nur durch unentwegten Kampf zu retten wären.

Die Bedrohung war vielfältig und verschwommen, kam aber aus dem Osten; ihre Werkzeuge waren die «Mischvölker der Tschechen, Polen, Ungarn, Serben und Kroaten usw.» (das «usw.»

schloss all die verschiedenen slawischen und nichtslawischen Völker Russlands ein). Und immer war der «Bazillus», der «Erreger der Rassentuberkulose ...», «der Jude». Alles arbeitete darauf hin, das Volk der Deutschen zu zersetzen und zu unterwerfen. Der Bolschewismus, der, nach Hitlers felsenfester Überzeugung, vom Judentum gesteuert wurde, bündelte diese Macht und verlieh ihr aggressive Stärke. Das «kosmopolitische» Judentum leugnete die Grundsätze rassischer Einzigartigkeit und Reinheit, die in Hitlers Wertsystem den höchsten Rang einnahmen; der Bolschewismus ergriff Partei für die «Massen» – an sich schon ein verächtlicher Begriff –, und indem er das Vertrauen in den starken Arm des Kriegers durch das in die wirtschaftlichen Kräfte ersetzte, lehnte er die Glaubensartikel jenes aristokratischen Populismus ab, dem Hitler seine Wirkung beim Volk verdankte. Daher galt es, den «jüdischen Bolschewismus» mit allen Mitteln zu bekämpfen, seinen Führern die Herrschaft mit roher Gewalt zu entreißen und den dadurch frei werdenden «Lebensraum» mit den «höherstehenden Völkern» zu besiedeln – Reichsdeutschen, Deutschen aus den östlichen Siedlungsgebieten und verwandten «germanischen» Völkern Nordeuropas –, denen, falls sie sich im Kriege nicht behaupten würden, Unterwerfung und Versklavung durch Horden von «Untermenschen» drohte.

«Die Entscheidung, die Adolf Hitler jetzt traf, unwiderruflich und furchtbar in ihrer Endgültigkeit», schrieb Hitlers Biograph David Irving über den Entschluss zur Durchführung von «Barbarossa», «hat er nie bereut, auch nicht angesichts seiner und seines Reiches Niederlage.» Obwohl der Entschluss sicherlich schon im Dezember 1940 gefasst wurde, vergingen noch sechs Monate, ehe die Truppen in Bewegung gesetzt wurden, die zu seiner Durchführung erforderlich waren. In der Zwischenzeit kam es auf dem Balkan, wo die deutsche und die sowjetische Machtpolitik am unmittelbarsten aufeinander prallten, zu einer Reihe von Ereignissen, die Hitlers Aufmerksamkeit vom Beginn des bevorstehenden Feldzugs ablenkten. Allen seinen schrecklichen Gefahren zum

Trotz war «Barbarossa» durch eine gewisse «nüchterne Einfachheit» gekennzeichnet: Wer würde sich auf dem Schlachtfeld als der Stärkere erweisen, die deutsche Wehrmacht oder die Rote Armee? Während die deutschen Heeresdivisionen im Laufe der nächsten Monate die Stellungen bezogen, von denen aus sie «Barbarossa» beginnen sollten, war Hitler auf dem Balkan tief in ein uraltes strategische Problem verstrickt: Wie sollte er seine Macht gegen Kleinstaaten einsetzen, die selbst zwar militärisch unbedeutend waren, aber stärkere Schutzmächte zu Hilfe rufen und so die ungestörte Umsetzung seiner gewählten Strategie behindern könnten?

7 · SICHERUNG DES SPRUNGBRETTS NACH OSTEN

«Kreuzungspunkt europäischer Heerstraßen» ist ein Schlagwort, das den Balkan charakterisieren soll, aber kaum mehr zum Ausdruck bringt, als dass der, der es benutzt, mit dieser Region wenig vertraut ist. Der Balkan wird in der Länge und Breite von einigen der höchsten Gebirgszüge des Kontinents durchzogen und weist nur wenige große Straßen auf, von denen keine die Bezeichnung Heerstraße verdient. Nie hat ein Staat, nicht einmal das Römische Reich auf dem Höhepunkt seiner Macht, die ganze Region beherrscht: Wenn irgend möglich, haben es vorsichtige Generale stets abgelehnt, dort zu kämpfen. Der Balkan ist ein Friedhof militärischer Operationen, seit Kaiser Valens hier im Jahre 378 den Goten bei Adrianopel unterlag.

Obwohl der Balkan Eroberern keinen einfachen Durchzug gewährt, gehört es zum Schicksal der einheimischen Bevölkerung, dass sie Feldzüge über sich ergehen lassen müssen. Denn eben weil die ganze Region nichts anderes ist als ein unübersichtliches Labyrinth von Bergketten und schwer zugänglichen Tälern, wo selbst die Flüsse Steilwände und Schluchten überwinden müssen, die weder Mensch noch Tier passieren können, stellt sie eine natürliche Grenze zwischen den europäischen und asiatischen Reichen dar. Als der Islam im 16. und 17. Jahrhundert auf dem Vormarsch war, trugen die Türken und die Habsburger ihre Schlachten auf dem Balkan aus, und als die Türkei im 19. Jahrhundert zum «kranken Mann» geworden war, verliefen dort die Fronten, an denen die Feinde – Österreich, Russland und deren Satelliten – die Osmanen auf ihre anatolischen Festungen zurückdrängten.

Um die Küsten des Balkans und seine vorgelagerten Inselgruppen – die Ionischen Inseln, den Dodekanes, die Kykladen – wurde von machthungrigen Staaten sogar noch länger und beharrlicher gekämpft. Wie Sizilien im Kleinen und Malta in noch bescheidenerem Maßstab beherrscht der Balkan die Seewege und Meere, von denen er umspült wird. Venedig, Italiens größter Stadtstaat, schwang sich nicht deshalb zur Herrin der Adria auf, weil es die eigene Lagune kontrollierte, sondern weil es die Macht über die befestigten Häfen entlang der balkanischen Küste – Zara, Cattaro, Valona – und die Ionischen Inseln am Ausgang der Adria ins Mittelmeer hatte. In seiner Blütezeit streckte Venedig seine mächtigen Arme auch ins östliche Mittelmeer aus und besetzte den griechischen Peloponnes sowie die zu ihm gehörigen Inseln Naxos, Kreta und Zypern. Die Türken sicherten sich trotz ihres wechselvollen militärischen Schicksals stets eine letzte Machtbasis auf dem Balkan, indem sie auf dem Besitz des Bosporus, der verbindenden Meerenge zwischen dem Schwarzen und dem Mittelländischen Meer, beharrten. Ungeachtet aller Bestechungsversuche, Drohungen und militärische Angriffe – der Russen im 19., der jungen Balkanstaaten Anfang des 20. Jahrhunderts und der Briten und Franzosen im Ersten Weltkrieg – hielt die Türkei eisern an Istanbul fest (dem Konstantinopel beziehungsweise Byzanz der Antike), da sie sehr wohl wusste, dass sie durch die Kontrolle von Bosporus und Dardanellen in den Augen der Europäer eine Macht war, die es zu berücksichtigen galt, während sie durch die Preisgabe dieses Unterpfands zu einem bloßen Anhängsel der Levante geworden wäre.

Weil der Balkan dort, wo Europa an Asien und das Mittelmeer ans Schwarze Meer stößt, sowohl eine Landbarriere als auch ein Seestützpunkt beziehungsweise eine Ansammlung solcher Stützpunkte darstellt, muss jeder militärische Befehlshaber, den es in die Region verschlägt, gleichzeitig eine «festländische» und «maritime» Strategie verfolgen, wobei die eine der anderen hinderlich ist. In genau diese Schwierigkeit sei Hitler Ende 1940 geraten, meint Martin van Creveld, der sich mit der deutschen Kriegführung in der Zeit zwischen dem Fall Frankreichs und dem Beginn des Unternehmens «Barbarossa» so eingehend wie kaum ein anderer Forscher befasst hat. Bis dahin hatte Hitlers Balkanpolitik darin bestanden, Italien zu gestatten, in seinen Beziehungen zur traditionell «italienischen» Einflusssphäre – den Küstenstaaten Albanien, Griechenland, Jugoslawien – die Großmacht zu spielen, während er die landeinwärts gelegene Region – Ungarn, Bulgarien, Rumänien – in das deutsche Einflussgebiet zog.

Ungarn und Rumänien hatten sich mit der Unterzeichnung des Dreimächtepakts freiwillig in ihr Schicksal gefügt und der Stationierung deutscher Truppen auf ihrem Territorium zugestimmt. Bulgarien hatte größeren Widerstand geleistet, allerdings aus Gründen einer verständlichen Vorsicht, nicht aus Feindseligkeit. Jugoslawien hatte mit Erfolg einen Mittelweg gewählt; es hatte auf seiner Neutralität beharrt, jedoch einen Bruch mit den Achsenmächten vermieden. Dann hatte Großbritanniens beharrlicher Kampfeswille Hitlers Balkan-Konzept durcheinander gebracht. Nachdem sein Versuch gescheitert war, die britische Luftverteidigung in der Schlacht um England auszuschalten – als Voraussetzung für eine Invasion, an die er selbst nicht so recht glaubte –, musste er widerwillig dem italienischen Angriff auf Griechenland zustimmen. Eine solche Offensive würde den strategischen Druck auf die Briten erhöhen, denn Griechenland war der einzige Verbündete, der Großbritannien auf dem Kontinent geblieben war. Außerdem hatte Hitler sich ausgerechnet, unter dem Angriff werde Englands Fähigkeit, den Krieg mit Italiens Libyenarmee in Ägypten fortzusetzen, leiden, und das wiederum hätte die «Zange» verstärkt, die Hitler bilden wollte, indem er Spanien und Vichy-Frankreich in sein antibritisches Bündnis einbezog.

Dieser komplizierte und sehr behutsame strategische Ansatz wurde nun durch den demütigenden Fehlschlag der italienischen Offensive aufs Spiel gesetzt. Vor dem Einmarsch vom 28. Oktober hatte Hitler erwogen, eine Eingreiftruppe nach Nordafrika zu entsenden, und einen hohen Offizier (Ritter von Thoma, den die Briten als Gegner noch kennen lernen sollten) vorgeschickt, um den möglichen Einsatz eines «Afrikakorps» zu sondieren. Sobald jedoch offenkundig wurde, dass Mussolinis Invasion in Griechenland gescheitert war, sah Hitler sich gezwungen, seinen Verbündeten vor einer Blamage zu bewahren – obwohl eine direkte deutsche Intervention in Griechenland, für die man Ausgangsstellungen in Bulgarien brauchte, die Russen genau zu dem Zeitpunkt beunruhigen musste, da Hitler größtes Interesse daran hatte, ihre Besorgnis zu zerstreuen. (Er hätte sogar bindende Nichtangriffsvereinbarungen mit ihnen geschlossen, hätte Molotow bei seinem Besuch am 12. November in Berlin zusichern können, dass die Sowjetunion bereit war, eine kontinentale Hegemonie Deutschlands zu dulden.) Mussolinis griechisches Abenteuer hatte so die unmittelbare Folge, dass Hitler zur Steigerung seiner Kriegsanstrengungen gegen Großbritannien veranlasst wurde, allerdings im britischen Herrschaftsgebiet am Mittelmeer und nicht an den britischen Küsten; ferner hatte es noch den indirekten Effekt, dass es Hitler auf die Besetzung eines – für die Einleitung von «Barbarossa» nützlichen, aber nicht entscheidenden – Territoriums festlegte und dadurch jede Einigung zwischen ihm und Stalin über «Einflusssphären» verhinderte. Insofern war der Griechenlandfeldzug bestimmend für den künftigen Verlauf des Zweiten Weltkriegs.

Mussolinis griechisches Wagnis

Zu Recht nahm Hitler an, dass Mussolinis Unternehmen gegen Griechenland hätte gelingen müssen. Die griechische Armee war zahlenmäßig weit unterlegen und musste ihre Kräfte teilen, um Thrakien – den Küstenstreifen am Nordrand der Ägäis – gegen Bulgarien zu sichern. Auf dem Papier hätte Griechenland schon in der Eröffnungsphase der Invasion überwunden werden müssen, doch Italiens Kräfte waren durch Stationierungen in Äthiopien und Libyen ebenfalls zersplittert, daher konnte nur ein Teil des viel größeren Heeres an der albanisch-griechischen Grenze zum Angriff antreten. Überdies war das italienische Heer nicht mehr das, was es 1915 gewesen war. Damals war es an einer einzigen, ebenfalls gebirgigen Front gegen Österreich im Einsatz; es hatte sich in einer Offensive nach der anderen tapfer geschlagen und dabei erhebliche Wirkung erzielt. 1917 hatten seine Leistungen die Österreicher genötigt, die Deutschen um Hilfe zu rufen, aus Furcht, Italien könnte bei seiner zwölften Offensive an der Isonzofront der Durchbruch gelingen.

Unter Mussolini war die Größe der Verbände verringert worden, um ihre Zahl zu erhöhen – ein typischer demagogischer Taschenspielertrick. Die Divisionen, die Mussolini am 28. Oktober in Griechenland einmarschieren ließ, waren infolgedessen bei allen Waffengattungen, insbesondere der Infanterie, schwächer als die ihrer griechischen Gegner, zudem waren sie auch weniger motiviert. Mussolinis Gründe für einen Krieg mit Griechenland gingen nicht über den Wunsch hinaus, den militärischen Triumphen des deutschen Verbündeten nachzueifern, ein paar bedeutungslose alte Rechnungen zu begleichen, Italiens Interessen auf dem Balkan in Erinnerung zu rufen (er war verärgert, dass Rumänien, ein italienischer Schutzbefohlener, Anfang Oktober deutschen Schutz für seine Ölfelder in Ploesti angenommen hatte) und sich Ausgangsbasen zu sichern, von denen aus er die Außenposten seines britischen Feindes im östlichen Mittelmeer angreifen konnte.

Keiner dieser Gründe war für seine Soldaten von Belang. Sie begannen ihren Angriff über die Berge von Epirus ohne Begeisterung, selbst die Regimenter der Alpini, Italiens Elitesoldaten, machten einen eher lustlosen Eindruck. Im Gegensatz dazu verteidigten ihre griechischen Kontrahenten sich mit großer Entschlossenheit. General Ioannis Metaxas, der Regierungschef, konnte schon zu Beginn des Feldzugs Truppen von Thrakien an die albanische Front verlegen, da die Türken Bulgarien warnend darauf hingewiesen hatten, sie würden von ihren 37 im europäischen Landesteil zusammengefassten Divisionen Gebrauch machen, falls Bulgarien versuchen sollte, von Griechenlands

Schwierigkeiten zu profitieren. In der Zwischenzeit warteten die Griechen in ihren Bergstellungen gelassen ab, dass sich die italienischen Angreifer in Frontalangriffen verschlissen. Als die eigenen Verstärkungen eintrafen, gingen die Griechen am 14. November zu einem Gegenangriff über, der die Eindringlinge in wildem Durcheinander zurücktrieb. In ganz Italien trommelte Mussolini Reserven zusammen, von denen einige mit deutschen Flugzeugen nach Albanien gebracht wurden, doch am 30. November gingen die Griechen mit elf ihrer Divisionen gegen 15 italienische vor. Mussolinis gesamte Invasionsarmee wurde ins Innere Albaniens zurückgeworfen, woraufhin der griechische Gegenangriff noch an Heftigkeit gewann.

Hitler, der schon am 4. November das OKW angewiesen hatte, einen Operationsplan für eine deutsche Offensive gegen Griechenland auszuarbeiten, sah sich jetzt gezwungen, ihn in die Tat umzusetzen. Trotz aller sich daraus ergebender diplomatischer Verwicklungen – die Brüskierung Jugoslawiens, des neutralistischen Nachbarn Griechenlands, die Ängste der Türkei, die sich noch entschlossener auf ihre neutrale Position zurückzog, die Bestürzung Bulgariens, das Russland nicht verärgern wollte, indem es Deutschland die für den Feldzug gegen Griechenland erforderlichen Stützpunkte gewährte – und trotz der militärischen Schwierigkeiten, die mit dem Unternehmen einhergingen, insbesondere des Problems, motorisierte Verbände im «panzeruntauglichsten» Gelände Europas einzusetzen, sah Hitler nun keine Möglichkeit mehr, das Heft aus der Hand zu geben, ohne seinen britischen Feinden strategische und propagandistische Vorteile zu überlassen, die er ihnen keinesfalls zugestehen konnte. Was auch geschehen mochte, Mussolini galt vor der Welt als Hitlers politischer und militärischer Verbündeter, und Hitler hielt eisern an seiner Treue zum Gründer des Faschismus fest. Der «Führer» war entschlossen, Mussolini vor einer Demütigung durch die Griechen zu bewahren; dies umso mehr, als er vor den soldatischen Tugenden der Griechen völlig zu Recht große Hochachtung hatte. Außerdem war er entschlossen, Großbritannien dauerhafte Stützpunkte auf griechischem Boden zu verwehren, von denen aus die Briten ihn hätten hindern können, die kriegswichtigen Ressourcen des Balkans zu nutzen – Nahrungsmittel, Erze, vor allem aber Öl.

Bis dahin hatten die Griechen Wert darauf gelegt, den Engländern nur taktische Einrichtungen für Kurzstreckeneinsätze zu gewähren. Die Stützpunkte, die die RAF seit dem 3. November benutzte, lagen auf dem Peloponnes, am Golf von Korinth und bei Athen, von wo aus die Flugzeuge bestenfalls die Front in Albanien erreichen konnten. Gesuche um größere Luftwaffenbasen in der Nähe von Saloniki hatte Griechenland bisher abgelehnt; damit wären die Ölfelder bei Ploesti in Rumänien in die Reichweite der Bomber gerückt. Deshalb hatte Hitler gute Gründe, von einem endgültigen griechischen Sieg über Mussolini das Schlimmste zu befürchten. Die Hälfte seines Getreide- und Schlachtviehbedarfs deckte Deutschland in Südosteuropa. Aus Jugoslawien und Griechenland bezog die deutsche Industrie 45 Prozent ihres Bauxits, während 90 Prozent des Zinns, 40 Prozent des Bleis und 10 Prozent des Kupfers aus Jugoslawien stammten. Die einzigen Öllieferungen, die Deutschland aus dem von ihm selbst kontrollierten strategischen Raum erhielt, kamen aus Rumänien und, in geringfügigen Mengen, aus Ungarn; den Rest bezog es gemäß den Bestimmungen des Hitler-Stalin-Pakts aus Russland. Wenn jene Ölfelder und die Eisenbahnen, welche die Erze und landwirtschaftlichen Produkte vom Balkan nach Deutschland schafften, britischen Bombenangriffen ausgesetzt gewesen wären, hätte das Hitlers Fähigkeit, den Krieg fortzusetzen, ernstlich beeinträchtigt. Außerdem war ihm bewusst, wie lange und wie gründlich die Briten das Mittelmeer schon als strategische Zone nutzten.

Britische Generale und Admirale kämpften seit 150 Jahren im östlichen Mittelmeer; Nelsons Ruf war 1798 durch seinen Sieg am Nil begründet worden. Von 1809 bis 1863 hatten die Ionischen Inseln unter britischer Herrschaft gestanden, Malta war seit 1800 britisch, Zypern seit 1878, und in Ägypten hatte Großbritannien seit 1882 eine Armee stehen. Im Jahre 1915 wäre einer britischen Armee beinahe die Eroberung der türkischen Meerengen gelungen, und zwischen 1916 und 1918 unterstützte England auf griechischem Boden eine offensive Front gegen Bulgarien (die Saloniki-Schlacht). Ein Beleg für die besondere Beziehung der Briten zu den Griechen ist der Umstand, dass sie ihnen als «freiheitsliebend» galten, ein Ehrentitel, den sich die Griechen in den 1820er Jahren erwarben, als sie (mit britischer Hilfe) ihren Unabhängigkeitskrieg gegen die Türkei führten. Dass Byron in beiden Ländern der Nimbus eines romantischen Freiheitshelden umgab, zeugte vom Hass beider Völker auf jede Art von Tyrannei.

Doch Großbritanniens militärischer Arm reichte noch weiter. Obgleich es im Ersten Weltkrieg gegen die Türkei gekämpft und nach 1918 in Palästina gegen den Willen der Muslime eine Heimstatt für die Juden geschaffen hatte, war es doch eine historische Schutzmacht der Türken gegen Russland – von 1854 bis 1856 hatte es im Krimkrieg an der Seite der Türkei gestanden – und hatte sich als Förderer des islamischen Nationalismus erwiesen, indem es die Staaten Irak und Transjordanien ins Leben rief. In Mittel- und Südosteuropa hatte sich England einen Ruf als Verfechter des Selbstbestimmungsrechts kleiner Völker erworben; insbesondere Jugoslawien verdankte seine Existenz nicht zuletzt Großbritannien, das sich auf den Friedenskonferenzen nach 1918 für die slawischen Unabhängigkeitsbestrebungen stark gemacht hatte. In einem Verhältnis offener Feindschaft befand sich Großbritannien auf dem Balkan nur mit Bulgarien, das im Ersten Weltkrieg sein Gegner gewesen war; allerdings wurde dieser Umstand dadurch aufgewogen, dass König Boris bestrebt war, Russland nicht zu reizen, dessen Interessen er nicht verletzen durfte, solange er nicht auf die hundertprozentige Unterstützung der Deutschen rechnen konnte.

Die Unübersichtlichkeit jeder Verstrickung auf dem Balkan

– die zur Folge hatte, dass eine eindringende Landmacht nicht nur automatisch in den Widerstreit zwischen den vitalen Interessen Mitteleuropas und Russlands hineingezogen wurde, sondern auch in die geographisch bedingte Vielschichtigkeit mediterraner Politik – führte deshalb dazu, dass Hitlers strategische Absichten im Winter 1940/41 verändert und zersplittert wurden. Das vorrangige Ziel, nämlich Russlands Streitmacht anzugreifen und in einem «Blitzkrieg» zu vernichten, hatte Hitler im Dezember 1940 festgelegt. Sein Wunsch, vor Beginn des Russlandfeldzugs dem angeschlagenen italienischen Verbündeten eine öffentliche Demütigung zu ersparen und die Aktivität des unbezähmbaren britischen Feindes einzuschränken, bevor er sich auf einen Krieg mit Russland einließ – beides in gewisser Weise Folgen seiner Unentschlossenheit im Herbst –, veranlasste ihn zu einer Reihe von Operationen, einige wohl überlegt, andere wagemutig, die darauf hinausliefen, dass sich seine Kämpfe auf dem Balkan und am Mittelmeer viel länger hinzogen, als er in seinem ursprünglichen Plan für einen Feldzug in den Süden vorgesehen hatte.

«Fuchs auf freiem Feld erlegt»

Als Hitler vom 7. bis 9. Januar 1941 seine Befehlshaber auf dem Berghof versammelte und ihnen die «Barbarossa»-Strategie im Überblick darstellte, schienen die Probleme im Süden weniger die Griechen als die Briten zu betreffen. Obwohl die Planungen für das Unternehmen «Marita» (die Invasion auf dem Balkan) in vollem Gange waren, zog Hitler eine unmittelbare Besetzung Griechenlands noch immer nicht in Betracht. Angesichts der strategischen Lage in diesem Abschnitt erschien es ausreichend, lediglich einige griechische Stützpunkte einzunehmen, von denen aus die Luftwaffe das östliche Mittelmeer beherrschen konnte.

Hitler begegnete Mussolinis Versprechen, die Griechen in einer Frühjahrsoffensive zu besiegen, mit Skepsis (zu Recht, wie sich zeigen sollte) und hegte sogar die Hoffnung, sie könnten die

Italiener durch ihren tapferen Widerstand zur Annahme eines bilateralen Friedensvertrages bewegen. Die Briten zeigten sich ihrerseits entschlossen, der militärischen Überlegenheit der Achse weiterhin zu trotzen. Sie hatten nicht nur Luftwaffeneinheiten auf dem griechischen Festland und Truppen auf Kreta sowie einigen der ägäischen Inseln stationiert, sondern den Italienern auch unmittelbare Niederlagen beigebracht. In der Nacht vom 11. auf den 12. November hatte eine Kampfgruppe der Royal Navy um den Flugzeugträger *Illustrious* die italienische Flotte in ihrem Kriegshafen (im Golf von Tarent) überrascht und drei Schlachtschiffe an ihren Liegeplätzen mit Lufttorpedos versenkt. Der Erfolg, dem im Juli einige Überwassergefechte voraufgegangen waren, bestätigte, dass die Royal Navy der italienischen Flotte überlegen war, obwohl diese in den heimischen Gewässern einen zahlenmäßigen Vorteil hatte.

Es sollte noch schlimmer kommen: Am 9. Dezember begann die britische Armee in Ägypten unter dem Oberbefehl des Generals Sir Archibald Wavell eine Gegenoffensive gegen die italienische Armee, die Marschall Rodolfo Graziani im September von der libyschen Grenze aus 100 Kilometer tief nach Ägypten hinein geführt hatte. Als «Fünf-Tage-Kampagne» geplant, war das Unternehmen derart erfolgreich, dass Wavell beschloss, den Vormarsch fortzusetzen. Innerhalb von drei Tagen hatte Generalleutnant Richard O'Connor, Wavells Truppenführer, 38 000 Italiener gefangen genommen – bei insgesamt 624 gefallenen oder verwundeten Briten und Indern – und eine große, befestigte Feindstellung überrannt, sodass seinem Vordringen nach Libyen nichts mehr im Wege stand. In Bardia, der ersten Stadt der italienischen Kolonie hinter der Grenze, setzte General Annibale Bergonzoli – die Briten nannten ihn «Electrical Whiskers» («Elektrobart») – nach Beginn des britischen Gegenangriffs einen Funkspruch an Mussolini ab: «Wir sind und bleiben in Bardia.» Doch am 5. Januar war Bardia der Nil-Armee, wie die 4. Indische und die 7. Panzerdivision von Churchill etwas vollmundig genannt wurden, in die Hände gefallen, und deren Panzerspitzen drängten entlang der Küstenstraße in Richtung der Hafenstadt Tobruk.

Mit dem Fall von Tobruk am 21. Januar gerieten nochmals 25 000 Italiener in Gefangenschaft; über den Hafen wurden O'Connors Truppen mit Nachschub für den weiteren Vormarsch versorgt. O'Connor teilte nun seine Kräfte: Die Reste der italienischen Verbände, die in Ägypten eingefallen waren, zogen sich zur libyschen Hauptstadt Tripolis zurück, und zwar über die Küstenstraße am Mittelmeer, die nördlich um die Cyrenaia herumführt; der Marsch direkt durch die Wüste bot die Chance, ihnen durch einen schnellen Vorstoß den Weg abzuschneiden. Also schickte O'Connor die 7. Panzerdivision durch die Wüste hinter den Italienern her, mit dem Erfolg, dass seine Panzer am 5. Februar bei Beda Fomm aus dem Sand vor den Fliehenden auftauchten. «Fuchs auf freiem Feld erlegt», funkte O'Connor an Wavell – im Klartext, um Mussolini zu ärgern. Mit der Metapher aus der Jägersprache skizzierte er einen Sieg, der den Briten im Zuge eines zweimonatigen Vormarsches 130 000 Gefangene und einen Geländegewinn von etwa 650 Kilometern eingetragen hatte.

Churchill bejubelte Wavells Triumph. «Wir sind begeistert, dass Sie sich diese Beute geholt haben», schrieb er Wavell. Doch so spektakulär der Sieg auch war, durch eine wirklich moderne Kriegführung war er nicht erzielt worden. Die Nil-Armee war kaum mehr als eine jener kolonialen «Marschsäulen», mit denen man im 19. Jahrhundert bei Militäraktionen die eingeborenen Gegner zur Räson gebracht hatte. Ihren Erfolg verdankten sie nicht dem Umstand, dass sie den italienischen Truppen überlegen gewesen wären – die verteidigten sich tapfer –, sondern der Inkompetenz der italienischen Führung. Außerdem litt die italienische Kriegsstärke hier wie in Griechenland darunter, dass Mussolini an mehr Fronten kämpfen wollte, als die Mittel des Landes erlaubten.

Hitlers Bemühungen, eine britische Offensive aufzuhalten, waren zuvor durch Mussolinis Zögern, fremde Hilfe anzunehmen, vereitelt worden; nun aber duldete er keine Weigerung. Das Verrückte an der Sache sei, beklagte er sich bei seinem Stab, dass die Italiener einerseits um Hilfe riefen und über ihre schlechten Waffen jammerten, es andererseits jedoch nicht ertrügen, wenn deutsche Soldaten ihnen tatsächlich zu Hilfe kämen. Am 3. Februar entschloss er sich wohl oder übel, ein «Afrikakorps» zu Grazianis Unterstützung zu entsenden, und wählte als Kommandierenden General nicht Manstein, sondern Rommel aus, weil er erwiesenermaßen die Fähigkeit besaß, seine Soldaten außerordentlich zu begeistern. Am 12. Februar trafen die Vorhuten des Afrikakorps, das aus der 15. Panzer- und der 5. leichten Division gebildet werden sollte, nach und nach in Tripolis ein; am 21. Februar hatte Rommel seine Truppen so weit aufgestellt, dass er mit den Vorbereitungen einer Gegenoffensive beginnen konnte.

Doch Hitler war wild entschlossen, das Prestige der Achse wiederherzustellen und Deutschlands strategische Lage auf dem Balkan zu festigen. Daher wollte er nicht auf einen künftigen Sieg in der Wüste warten. Die Briten nutzten die Überlegenheit ihrer Waffen in der einzigen strategischen Region, in der sie noch immer uneingeschränkte Handlungsfreiheit genossen, um die imperialen Ansprüche Mussolinis in demütigenden Einzelaktionen zunichte zu machen. Am 9. Februar war die britische Mittelmeerflotte vor Genua aufgetaucht und hatte ungestraft den Hafen bombardiert. Das war ein Vorgeschmack auf die Niederlage, die sie der italienischen Flotte am 28. März in der Schlacht von Kap Matapan (Tainaron) in griechischen Gewässern bereiten sollte. In Ostafrika – hier hatten die italienischen Truppen im August 1940 Britisch-Somaliland kampflos eingenommen, von wo aus sie Vorstöße in den Sudan und nach Kenia unternahmen – gingen die Briten zum Gegenangriff über.

Eine im Sudan stationierte britische Truppe war am 19. Januar in Nordäthiopien und in die Kolonie Eritrea, Italiens älteste Besitzung in der Region, eingefallen. Am 11. Februar begann eine weitere britische Armee, die in Kenia lag, eine Offensive gegen das südliche Äthiopien und Italienisch-Somaliland. Britisch-Somaliland wurde am 16. März kampflos zurückerobert. Schlimmeres sollte folgen. Im Laufe des Februar hatten die Briten mit der griechischen Regierung fortwährend in Klausur getagt, um sich über die Art des Beistandes zu einigen, den die Griechen als Garantie gegen eine deutsche Intervention akzeptieren würden. Metaxas, der griechische Diktator, war am 19. Januar verstorben. General Alexandros Papagos, der Oberbefehlshaber des Heeres, war weniger zurückhaltend beim Aushandeln von Maßnahmen, die Deutschland möglicherweise zum Eingreifen provozieren könnten. Am Ende einigte man sich auf vier britische Divisionen als angemessenen Beitrag zur Verstärkung der 18 an der Nordgrenze aufgestellten griechischen. Die Vorhuten, abgezogen von der Wüstenarmee, die dadurch gefährlich geschwächt wurde, begannen am 4. März mit der Ausschiffung. Das war der Anfang eines Unternehmens, dem ein schlimmes Ende bevorstand.

Diese Maßnahme veranlasste Hitler, eine Entscheidung zu treffen. Bulgarien, das am 17. Februar einen Nichtangriffspakt mit der Türkei geschlossen hatte, trat (im Gegensatz zu Griechenland von der deutschen Militärmacht eingeschüchtert) am 1. März dem Dreimächtepakt bei. Infolgedessen konnte die «Beobachtungsarmee» der Wehrmacht in Rumänien, die am 15. Februar auf die Stärke von sieben Divisionen angewachsen war, ungehindert über die Donau nach Bulgarien einrücken und dort ihre Ausgangsstellungen für das Unternehmen «Marita» einnehmen. Als nun die vier britischen Divisionen nach Griechenland entsandt wurden, entschied Hitler, «Maritas» operative Ziele sollten nicht darauf beschränkt bleiben, der Luftwaffe in Griechenland eine strategische Position zu sichern, von der aus sie die Ägäis und das östliche Mittelmeer beherrschen konnte, sondern die Besetzung ganz Griechenlands einschließen.

Er wollte die Neuauflage einer «Salonikifront» vermeiden, die Großbritannien (und Frankreich) in den Jahren 1916 bis 1918 dazu gedient hatte, die Südflanke des deutschen Operationsgebietes zu bedrängen. Hier wurden Hitlers strategische Überlegungen wie so häufig von seinen Erfahrungen und Erinnerungen an den Ersten Weltkrieg beeinflusst, in dem er als einfacher Soldat gekämpft hatte. Damals hatten die Briten ihre Beweglichkeit zur See genutzt, um Operationen durchzuführen, die Deutschlands Heere von ihrer eigentlichen Aufgabe – auf den großen Kriegsschauplätzen den Sieg zu erringen – abgelenkt hatten. Hitler war nicht gewillt, den Briten noch einmal eine solche Gelegenheit zu bieten.

Tatsächlich versuchte er im Frühjahr 1941, den Spieß umzudrehen. Nachdem es ihm nicht gelungen war, Franco zu überreden und Pétain zu nötigen, sich der antibritischen Allianz anzuschließen (Letzterer hatte den prodeutschen Laval am 13. Dezember aus seiner Regierung entfernt), war ihm das westliche Mittelmeer zur Entfaltung seiner Möglichkeiten versperrt. Im östlichen Mittelmeer und dessen Hinterland fand er jedoch Gelegenheit zu genau jener Art von sekundären Operationen und subversiven Aktivitäten, wie sie Deutschland 1915 bis 1918 mit und durch seinen damaligen türkischen Verbündeten gegen die britischen Interessen durchgeführt hatte. Beispielsweise hoffte Hitler, er könne die französischen Verwaltungen in Syrien und im Libanon überreden, militärischen Beistand von Deutschland zu akzeptieren, sodass er dort Luftwaffenverbände hätte stationieren können, um den Suezkanal und die irakischen Ölfelder anzugreifen. Im Irak selbst, einem ehemaligen britischen Mandatsgebiet, war die nationalistische Partei prodeutsch eingestellt. Hitler hatte zwar nur indirekte Kontakte mit ihr, die über den Großmufti von Jerusalem liefen, den Führer einer weiteren antibritischen arabischen Partei, doch der Widerstand dieser Gruppierung bedeutete eine zusätzliche Erschwernis für Großbritanniens Bemühungen, den Nahen Osten unter Kontrolle zu behalten. Letztlich stand Churchill in der Region vor ganz ähnlichen Problemen wie Mussolini in seinem afrikanischen Kolonialreich – er musste viel zu knappe Ressourcen auf viel zu breit gefächerte Verpflichtungen verteilen.

Die Folgen einer drohenden deutschen Einmischung in der Levante und im Irak nahmen bei der britischen Risikobewertung im Frühjahr 1941 einen so großen Raum ein, dass sich Großbritannien im weiteren Verlauf des Jahres veranlasst sah, diese Regionen in Besitz zu nehmen. Für Hitler dagegen hätte sich jeder Vorteil, den er sich in einer der beiden Regionen hätte verschaffen können, wahrscheinlich als vorübergehend erwiesen, der Einsatz größerer Kräfte hätte sich also nicht gelohnt. Anders verhielt es sich mit Griechenland, wo Großbritanniens Engagement die militärische Vorherrschaft Deutschlands auf dem Kontinent direkt und auf provozierende Weise in Frage stellte und – was die Gegner allerdings nicht ahnen konnten – die ungehinderte Vorbereitung seines Feldzuges gegen Russland bedrohte. Daher musste Griechenland sofort ausgeschaltet werden; Hitler konnte zum Beispiel nicht auf einen etwaigen Erfolg von Rommels (für Ende März geplante) Gegenoffensive in Libyen warten, welche die Briten möglicherweise dazu zwingen würde, die Divisionen zurückzubeordern, die sie gerade erst von Ägypten auf das griechische Festland verlegt hatten – mochte diese Konsequenz auch wahrscheinlich sein. Das Unternehmen «Marita» musste einen unmittelbaren, klaren Sieg bringen.

Im Laufe der ersten Märzwochen bemühte Hitler sich, die nötigen Vorbereitungen für die Durchführung des Planes abzuschließen. Dazu aber waren Zugeständnisse Jugoslawiens erforderlich. Aus militärischen Gründen, die ihm vom OKH unermüdlich dargelegt worden waren, boten weder Albanien noch Bulgarien die topographischen und logistischen Voraussetzungen dafür, die für «Marita» vorgesehenen Truppen von dort aus einzusetzen. In Albanien, wo sich die geschlagenen italienischen Truppen drängten, ließ sich Verstärkung lediglich über See oder aus der Luft herbeischaffen. In Bulgarien gab es nur eine unzulängliche Zahl von primitiven Straßen, Brücken und Eisenbahnen. Die deutsche Wehrmacht musste ihre Truppen deshalb über das Eisenbahnnetz in Jugoslawiens Süden in Stellung bringen und eine dritte Front bei Monastir sowie am Fluss Vardar eröffnen – den traditionellen Einfallsrouten –, wenn sie das griechische Heer und dessen britische Bundesgenossen rasch besiegen wollte.

Der jugoslawische Widerstand

Der deutsche Druck auf Jugoslawien, dem Dreimächtepakt beizutreten, wie es Rumänien, Ungarn und jüngst Bulgarien schon getan hatten, war seit dem verflossenen Oktober nicht geringer geworden. Mit großem Mut hatten die Jugoslawen sich ihm widersetzt. Bei ihren Verhandlungen mit Berlin beharrten sie darauf, dass es das Beste wäre, den Balkan in dem fortdauernden europäischen Krieg zur neutralen Zone zu erklären; der anglophile Prinzregent Paul, der in Oxford studiert hatte und sich, wie er sagte, «als Engländer fühlte», machte privat kein Hehl aus seinen Sympathien für die britische Sache. Da er zudem mit einer griechischen Prinzessin verheiratet war, verspürte er kein Verlangen, an der Niederlage seines südlichen Nachbarn mitzuwirken. Im Verlauf des Winters und Frühlings 1940/41, als Ungarn, Rumänien und schließlich Bulgarien sich mit deutschen Truppen füllten, hatte er dem deutschen Drängen immer weniger entgegenzusetzen. Trotzdem wies seine Regierung weiterhin jede an sie gerichtete Forderung Deutschlands zurück; doch am 17. März 1941 gab sie ihren diplomatischen Widerstand auf und stimmte dem Beitritt zu, als ihr die fadenscheinige Zusage gemacht wurde, man werde jugoslawisches Territorium nicht für deutsche Truppenbewegungen in Anspruch nehmen. Die Vertragsunterschriften wurden am 25. März in Wien geleistet.

Hitler frohlockte über das Ergebnis – aber er freute sich zu früh. Obwohl ehemaliger Untertan des Habsburgerreichs, das den Serben bekanntlich seinen Untergang verdankte, hatte er leichtsinnigerweise das Ungestüm der Serben vergessen. In der Nacht vom 26. auf den 27. März erklärte eine Gruppe von Offizieren unter Führung des Luftwaffengenerals Bora Mirković den Vertrag für ungültig, besetzte tags darauf die Hauptstadt Belgrad, zwang den Prinzregenten Paul zum Rücktritt und bestimmte den noch ungekrönten minderjährigen König Peter zum Monarchen. Paul hätte unter der kroatischen Bevölkerung des Königreichs, die sich schon aus Prinzip von der serbischen Politik distanzierte und in weiten Teilen mit den Achsenmächten sympathisierte, wohl Unterstützung finden können, doch nahm er den Putsch als *Fait accompli* hin und begab sich ins Exil. Unter der Führung des Luftwaffenstabschefs, General Dušan Simović, der später Chef der jugoslawischen Exilregierung wurde, bildete sich eine neue Regierung.

Noch immer erscheint der Mirković-Putsch in der Rückschau wie eine der realitätsfernsten, wenn auch romantischsten Widerstandshandlungen der neueren europäischen Geschichte. Er drohte nicht nur, ein oberflächlich geeintes Land wieder zu spalten, er war auch dazu angetan, die Deutschen zu einem feindseligen Akt herauszufordern, bei dem die Serben auf keinerlei Unterstützung von außen hoffen durften. Sie waren umgeben von Staaten, die entweder vollkommen passiv waren, wie Albanien, oder nicht weniger bedroht als sie selbst, wie Griechenland, oder sogar offen feindselig, wie Italien, Ungarn, Rumänien und Bulgarien, mit denen allen sie seit langem in erbittertem Territorialstreit lagen. Setzt man Kroatien, das in Kürze seine Unabhängigkeit unter italienischer Hegemonie erlangen sollte, auch noch auf die Liste der Feinde Serbiens, dann erscheint das Verhalten von General Mirković und seinen Mitverschwörern vom 27. März als das kollektive Äquivalent zu jenem Anschlag, mit dem Gavrilo Prinčip im Juni 1914 die österreichisch-ungarische Doppelmonarchie in Gestalt des Erzherzogs Franz Ferdinand mit so verhängnisvollen Folgen traf.

Die Tat der serbischen Offiziere führte fast umgehend zum Untergang der Serben als Nation; wie 1914 wurde Serbien zu Invasion, Niederlage und Besetzung verurteilt und mit ihm die Völker Jugoslawiens, deren Führung die Serben 1918 übernommen hatten. Es folgten die Leiden und Qualen eines vierjährigen

Bürger- und Guerillakrieges. Nichts von alledem scheinen Mirković, Simović und die anderen serbischen Patrioten – Reserveoffiziere, Kulturträger und dergleichen – bedacht zu haben, als sie den Staatsstreich vom 27. März inszenierten. Zweifellos sind sie in ihrem tollkühnen Vorhaben von den Briten und Amerikanern bestärkt wurden. Als Oberst William «Wild Bill» Donovan, der künftige Chef des *Office of Strategic Services* (OSS) und im Jahre 1941 Präsident Roosevelts persönlicher Gesandter in Belgrad, am 23. Januar in der jugoslawischen Hauptstadt erschien, mahnte er seine Gastgeber, ihre nationale Ehre zu verteidigen. Winston Churchill drängte derweil seinen Belgrader Botschafter, die jugoslawische Regierung «mit allen Mitteln unter Druck zu setzen», damit sie sich aus dem Dreimächtepakt heraushalte. Doch die Warnungen und die Ermunterungen des Westens gingen letztlich ins Leere. Der Staatsstreich vom 27. März war eine einsame Entscheidung der Serben, die in der Rückschau als der letzte entschlossene Ausdruck nationalen Widerstandswillens erscheint, zu dem sich eines der kleinen, zwischen die Mühlsteine der deutschen und russischen Militärmacht geratenen Völker aufraffte, seit Polen im August 1939 Hitlers Ultimatum zurückgewiesen hatte. Am Ende gerieten sie dann alle in die Fänge des Stalinismus.

Jugoslawien wurde dafür unverzüglich und rücksichtslos bestraft. Hitler kam zu dem Ergebnis, dass der Widerstand der Serben seine strategischen Optionen für «Marita» vereinfachte. Diplomatisch gesehen, setzte der Staatsstreich Jugoslawien ins Unrecht. Obwohl der Putsch mit allgemeiner Begeisterung begrüßt wurde – Menschenmengen in Belgrad bejubelten die alliierte Sache, die Straßen der Hauptstadt waren mit britischen und französischen Flaggen geschmückt –, machte man der neuen Regierung nicht ohne Grund den Vorwurf der Unrechtmäßigkeit. Militärisch gesehen, lieferte der Coup dem OKH eine Lösung seiner logistischen Probleme: Das vom Habsburgerreich übernommene Eisenbahnnetz Jugoslawiens war (im Gegensatz zum bulgarischen) mit dem österreichischen, ungarischen, rumänischen und griechischen

Schienennetz verbunden und eröffnete der Wehrmacht damit den direkten Zugang zu ihrem vorgesehenen Kampfgebiet in Makedonien.

Hitler zögerte nicht, den sich daraus ergebenen Vorteil zu nutzen. Nachdem er Göring, Brauchitsch und Ribbentrop gleich am 27. März eiligst in die Reichskanzlei bestellt hatte, verkündete er: «Ich habe mich entschlossen, Jugoslawien niederzuschlagen. Was brauchen Sie an Kräften? Was brauchen Sie an Zeit?» Die Antworten auf diese Fragen waren den Alternativplänen zu entnehmen, die in den Hauptquartieren des Heeres und der Luftwaffe ausgearbeitet worden waren. Am frühen Nachmittag traf er sich mit dem ungarischen Außenminister, um ihm für die Beteiligung seines Landes am bevorstehenden Feldzug einen Hafen an der Adria anzubieten; dem bulgarischen Außenminister versprach er die griechische Provinz Makedonien. «Die ewige Ungewißheit da unten ist jetzt vorbei», erklärte er dem Bulgaren. «Über Jugoslawien wird ein Sturm hereinbrechen, daß diesen Herren Hören und Sehen vergeht!» In etwas gemäßigterer Stimmung meinte er zu dem ungarischen Minister (dessen Staatschef, Reichsverweser Admiral Horthy, es abgelehnt hatte, sich mit einem Adriahafen bestechen zu lassen), wenn er über alles nachdenke, so komme er immer mehr zu dem Glauben an eine höhere Gerechtigkeit, und ihn erfasse Ehrfurcht vor der Vorsehung.

Die jugoslawischen Verschwörer hatten keine Ahnung, welch günstige Gelegenheit sie Deutschland aus Hitlers Perspektive boten. Sie glaubten, dass sie Deutschland versöhnlich stimmen könnten, wenn sie es ablehnten, militärische Operationen Großbritanniens auf jugoslawischem Boden zu akzeptieren, und meinten, ihr Staatsstreich könne nicht als Zurücknahme des jugoslawischen Beitritts zum Dreimächtepakt gedeutet werden, da der Vertrag niemals ratifiziert worden sei. In der Tat sahen die Bestimmungen vor, dass die Ratifizierung mit der Unterzeichnung zugesichert werde; in Hitlers Augen freilich hatten sich die Jugoslawen durch den Putsch auf jeden Fall ins feindliche Lager begeben. Noch am Tage des Putsches gab er die Weisung Nr. 25 aus: «Der Militärputsch in Jugoslawien hat die politische Lage auf dem Balkan geändert. Jugoslawien muß auch dann, wenn es zunächst Loyalitätserklärungen abgibt, als Feind betrachtet und daher so rasch als möglich zerschlagen werden ... Die innerpolitische Spannung in Jugoslawien wird durch politische Zusicherungen an die Kroaten verschärft werden ... Meine Absicht ist [von Norden und Süden] in Jugoslawien einzubrechen und die jugoslawische Wehrmacht vernichtend zu schlagen.»

Halder hatte den Generalstab des Heeres schon im vorangegangenen Oktober angewiesen, Pläne für eine solche Offensive auszuarbeiten. Die für das Unternehmen «Marita» abgestellten Truppen reichten auch für eine Invasion Jugoslawiens ohne weiteres aus: Die in Österreich stehende 2. Armee würde einfach auf direktem Wege nach Belgrad marschieren, während die 12. Armee, die so aufgestellt war, dass sie Griechenland auf dem Weg über Bulgarien angreifen konnte, nun zunächst ins südliche Jugoslawien vorstoßen sollte, ehe sie sich gegen die Griechen wenden würde. Eine italienische Armee sollte von Italien aus gegen Zagreb, die Hauptstadt der Kroaten, der Schutzbefohlenen Italiens, vorrücken, während die ungarische 3. Armee jenseits der Donau die Provinz Vojvodina einnahm, auf die Ungarn Anspruch erhob.

Jugoslawiens Schicksal

Die jugoslawische Armee zählte eine Million Mann und gliederte sich in 28 Infanterie- und drei Kavalleriedivisionen, sie verfügte jedoch nur über zwei Panzerbataillone mit 100 zumeist veralteten Panzern. Die ganze Armee gehörte eher in die Zeit der Balkankriege von 1911/12 als in die neuere Kriegsgeschichte; für ihre Mobilität war sie auf 900 000 Pferde, Ochsen und Mulis angewiesen. Und obendrein hatte das Heer noch nicht einmal mobilgemacht. Der Generalstab – dem General Sir John Dill, der Chef des britischen *Imperial General Staff*, am 1. April, unmittelbar nach dem Putsch, einen geheimen Besuch abstattete – benahm sich, so Sir John, «als hätte er Monate lang Zeit, einen Beschluss zu fassen, und noch einmal Monate, um ihn in die Tat umzusetzen». Obwohl sein stellvertretender Chef am 3. und 4. April mit Papagos, dem griechischen Oberbefehlshaber, in Athen konferierte, weigerte sich der jugoslawische Generalstab, die eigenen Truppen in Absprache mit den Partnern im Süden zusammenzuziehen und so die Griechen (sowie das britische Kontingent, das unterwegs war, um sich ihnen anzuschließen) zu unterstützen. Stattdessen bestand er darauf, seine Kräfte entlang der Grenzen (mit Italien, Deutschland, Ungarn und Bulgarien, insgesamt ein Abschnitt von 1600 Kilometer Länge) gegen eine drohende Invasion aufzustellen – was die Russen zeitgleich in ihrem Grenzgebiet taten.

Wer alles verteidigt, so ein nüchterner Aphorismus von Friedrich dem Großen, verteidigt nichts. Das war der Fehler, den die Polen im Jahre 1939 gemacht hatten, was allerdings bis zu einem gewissen Grade verständlich war, weil die wirtschaftlich wichtigen Teile des Landes in den Grenzregionen lagen. Auch die Griechen zeigten Ansätze zu diesem Fehler, da sie in dem Bestreben, das in Feindesland hineinragende Thrakien ebenso zu schützen wie die traditionellen Einfallsrouten in Makedonien, ihre Kräfte aufgeteilt hatten. Aber wohl kein Land hat seine Streitkräfte jemals so unsinnig zerstreut wie Jugoslawien im April 1941, als es versuchte, mit altertümlichen Gewehren und Gebirgsartillerie, auf Mulirücken in Stellung gebracht, eine der längsten Landesgrenzen Europas gegen Panzer und 2000 moderne Flugzeuge zu sichern.

Am 6. April war die jugoslawische Luftwaffe, die den Putsch vom 27. März angezettelt hatte, schon nach den ersten Stunden des deutschen Angriffs vernichtet. Die meisten ihrer 450 Maschinen – 200 davon veraltet – wurden beim ersten Luftangriff der Deutschen zerstört. Dem Bombenterror dieses Angriffs fielen in Belgrad auch 3000 Zivilisten zum Opfer. Die Pläne des deutschen Heeres, in welche die der italienischen 2. und die der ungarischen 3. Armee einbezogen waren, machten die jugoslawische Strategie von Anfang an zunichte. Sie sahen vor, mit Panzerkolonnen die Flusstäler der Donau, Save, Drau und March hinabzustoßen, die allesamt die Bergketten durchschneiden, von denen Jugoslawien sich den Schutz seines Kernlandes versprach. Mit einem zusammenlaufenden Schwenk sollten die an ihren Flanken umgangenen jugoslawischen Verbände dann eingeschlossen werden. Es wurde ein glänzender Erfolg. So gestand denn die offizielle jugoslawische Kriegsgeschichte nachträglich ein:

> Drei Eröffnungsangriffe besiegelten das Schicksal der jugoslawischen Armee: am 6. April in Makedonien, am 8. April in Serbien und am 10. April in Kroatien. In allen drei Fällen durchbrachen die Hitler-Verbände die Grenzverteidigung, stießen tief ins Landesinnere vor und warfen die jugoslawischen Verteidiger aus ihren Stellungen. Nachdem die Grenzverteidigung durchlöchert war, sahen sich die jugoslawischen Truppen schon bald ausmanövriert, zerschlagen, eingeschlossen, ohne Kontakt untereinander, ohne Nachschub, ohne Führung.

Die offizielle jugoslawische Geschichte versuchte, die direkte Verantwortung zu verheimlichen, die ein großer Teil der «jugoslawischen Führung» für das Debakel trug. Jugoslawien – in den Friedensverträgen der Alliierten mit Österreich und Ungarn von 1919 wird es eigentlich als «Königreich der Serben, Kroaten und Slowenen» bezeichnet – war alles andere als ein national einheitlicher Staat. Es hatte all die verderblichen Tendenzen geerbt, die bereits vor 1914 zum Niedergang der slawischen Herrschaftsgebiete im Habsburgerreich geführt hatten, und wusste ihnen nichts anderes entgegenzusetzen, als den Minderheiten, die Wien schon immer Belgrad vorgezogen hatten, die serbische Vorherrschaft aufzuzwingen.

Die Kroaten und Slowenen nutzten die Invasion vom 6. April als Gelegenheit, sich für selbständig zu erklären; am 10. April riefen die kroatischen Ustascha, eine nationalistische Gruppierung der extremen Rechten, einen unabhängigen Staat aus, und am 11. April taten die Slowenen das Gleiche. Beide begaben sich kurz darauf unter den Schutz der Achsenmächte. Einige der kroatischen Verbände im jugoslawischen Heer meuterten und liefen gleich zu Anfang des Feldzugs zum Feind über; der Chef des Stabes der 1. (kroatischen) Heeresgruppe konspirierte sogar mit der Führung der Ustascha, um am 10. April Sondierungsgespräche mit den Deutschen zu führen. Das waren die Vorboten einer Kollaboration, in deren Zeichen der grausamste Vernichtungskrieg der Hitlerjahre im besetzten Europa stattfinden sollte.

Trotzdem kann sich die serbische Mehrheit Jugoslawiens nicht aus der Mitverantwortung für die plötzliche Niederlage ihres Landes stehlen. Bis auf eine standen alle Heeresdivisionen unter serbischem Befehl, und die meisten der Divisionskommandeure gerieten in Panik, als sie sahen, wie rasch die Wehrmacht vorstieß. Der Widerstand des Heeres war so schwach, dass die deutschen Invasoren auf dem gesamten Feldzug nur 151 Gefallene zu verzeichnen hatten; beim XLI. Panzerkorps gab es nicht mehr als einen Toten, obwohl es in vorderster Front auf Belgrad vorrückte. Der einzige hohe serbische Offizier, der sich gegen den demoralisierenden Geist des Zusammenbruchs stemmte, war Draža Mihailović, der stellvertretende Generalstabschef der 2. Armee. Am 17. April, als der Waffenstillstand mit Deutschland unterzeichnet wurde, zog er sich in die Berge zurück und bildete dort mit einer Schar von 50 Getreuen den Kern der Tschetnik-Bewegung, die sich aus der Krone treu ergebenen serbischen Freiheitskämpfern rekrutierte. Bis Titos kommunistische Partisanen 1942 an Bedeutung gewannen, waren es vor allem die Tschetniks, die als Guerilleros den Widerstand gegen das den Jugoslawen aufgezwungene, aus Deutschen, Italienern, Bulgaren, Ungarn und kroatischen Marionetten gebildete Besatzungsregime aufrechterhielten.

In Griechenland, wo die Deutschen ebenfalls am 6. April einmarschierten, stieß die Wehrmacht auf hartnäckigeren Widerstand. Die griechische Armee war bereits mobilgemacht worden, hatte gegen die Italiener eine erfolgreiche Offensive geführt und stand unter dem Befehl von Generalen, deren Erfahrung bis zum

Griechisch-Türkischen Krieg von 1919 bis 1922 zurückreichte. Außerdem wurde sie von drei Divisionen eines britischen Expeditionskorps unterstützt, das moderne Panzer und Flugzeuge ins Land gebracht hatte. Hitler sah in den griechischen Soldaten die heldenhaften Nachfahren der Hopliten Alexanders des Großen und der Heiligen Schar Thebens – eine seltene Ausnahme angesichts seiner sonstigen Verachtung für alles Nichtgermanische – und bewunderte die Tapferkeit, die sie in ihrem Krieg mit Mussolini unter Beweis gestellt hatten, so sehr, dass er das OKW schon vor Beginn des Feldzugs angewiesen hatte, alle in Kriegsgefangenschaft geratenen Griechen nach Unterzeichnung eines Waffenstillstands unverzüglich in die Freiheit zu entlassen.

Doch weder griechischer Heldenmut noch britische Waffen vermochten diesen Waffenstillstand hinauszuzögern. Der griechische Plan wies Mängel auf, daher ließ sich die Niederlage nicht durch Ratschläge und nicht durch Soldaten aus Großbritannien verhindern. Papagos, der Oberbefehlshaber des griechischen Heeres, bestand darauf, vier seiner 18 Divisionen an der Metaxas-Linie entlang der bulgarischen Grenze stehen zu lassen; gut 150 Kilometer tief in deren Rücken, an der Aliachmon-Linie am Fuße des Olymp, stellte er drei weitere auf, verstärkt durch britische Verbände – der 6. Australischen, der 1. Neuseeländischen Division und der britischen 1. Panzerbrigade. Er rechnete damit, dass die Jugoslawen die linken Flanken beider Stellungen decken würden, und hatte mit ihnen sogar die Abrede getroffen, als Reaktion auf einen Angriff der Achsenmächte, mit dem Gros seines Heeres, 14 Divisionen, eine Offensive nach Albanien hinein gegen die Italiener vorzutragen, die am 20. März wieder einmal vergeblich versucht hatten, ihre eigene Balkan-Offensive fortzusetzen. Martin van Creveld nennt diese Art der Truppenaufstellung ohne jede Übertreibung «selbstmörderisch»: Die Verteidigungskräfte waren in drei voneinander unabhängigen Stellungen aufgereiht und zu ihrem Flankenschutz auf eine vierte, völlig fremde Macht, die Jugoslawen, angewiesen. Van Creveld: «Sollte es den Deutschen gelingen, [die jugoslawische Linie] zu durchbrechen, wäre eine augenblickliche und totale Katastrophe unabwendbar. Jugoslawien und Griechenland wären voneinander abgeschnitten, die Metaxas- und die Aliachmon-Linie umgangen, und die griechische Armee in Albanien sähe sich hinterrücks angegriffen. Danach wäre es nur noch eine Kleinigkeit, mit dem Rest der alliierten und jugoslawischen Truppen einzeln aufzuräumen.»

Der Zusammenbruch in Griechenland

Der Feldzug entwickelte sich genau so wie vorausgesagt. Am 6. und 7. April brachen die Deutschen in zwei Tagen den jugoslawischen Widerstand in Makedonien und zwangen die griechischen Verteidiger der Metaxas-Linie, die sich einem Frontalangriff zunächst beherzt widersetzt hatten, am 9. April zur Kapitulation. Damit hatten sie die Hände frei, um die linke Flanke der von den Neuseeländern gehaltenen Aliachmon-Linie aufzurollen und auf der klassischen Einfallsroute über das makedonische Vardartal ins Zentrum Griechenlands vorzustoßen. Zwischenzeitlich war ein Teil der deutschen Einheiten abgestellt worden, um das Gros des griechischen Heeres in Albanien auszuhebeln. Den Italienern bot sich nun die Gelegenheit, den entscheidenden Vormarsch anzutreten, zu dem sie in sechsmonatigen Kämpfen aus eigener Kraft nicht fähig gewesen waren.

Als der Oberbefehlshaber der griechischen 1. Armee an der albanischen Front, General Georgios Tsolakoglu, die Hoffnungslosigkeit seiner Lage erkannte, war er so fest entschlossen, den Italienern die Genugtuung eines unverdienten Sieges zu verweigern, dass er eigenmächtig mit Sepp Dietrich, dem Kommandeur der ihm gegenüberliegenden Waffen-SS-Division, Verhandlungen aufnahm, um eine Kapitulation nur vor den Deutschen zu erreichen. Mussolini musste persönlich bei Hitler intervenieren, damit Italien in den am 23. April geschlossenen Waffenstillstand einbezogen wurde.

An anderen Stellen fiel die griechisch-britische Front einfach in sich zusammen, als eine Stellung nach der anderen von den Invasoren umzingelt wurde. Der griechische Ministerpräsident Alexander Koryzis beging am 18. April Selbstmord. Er hinterließ eine Rumpfregierung, die sich mit General Sir Henry Wilson, dem Befehlshaber des Britischen Expeditionskorps, nicht darauf verständigen konnte, wie der Widerstand fortzusetzen sei. Tatsächlich befanden sich die Briten seit dem 16. April in vollständigem Rückzug von der Aliachmon-Linie. Zwar reichte ihre Zahl und Ausrüstung nicht aus, um die Deutschen aufzuhalten, aber ihnen standen immerhin Motorfahrzeuge für den Rückzug zur Verfügung; das griechische Heer aber gehörte, wie das jugoslawische, einem vergangenen Zeitalter der Kriegführung an, sodass den Deutschen infolge des britischen Rückzugs 20 000 griechische Soldaten in die Hände fielen.

Bei den Thermopylen, wo 2500 Jahre zuvor die Spartaner, den Persern trotzend, bis auf den letzten Mann gefallen waren, bildeten die Briten eine Auffangstellung, wurden aber von den deutschen Panzern schnell nach Süden getrieben. Wie immer machte ihnen dabei die Luftwaffe das Leben schwer, die, wie der Korrespondent der *Times* es formulierte, «jeden Winkel, jeden Flecken, jedes Dorf und jede Stadt bombardierte, die auf ihrem Weg lagen». Am ersten Kriegstag hatte sie gleich Piräus, den Hafen von Athen, so schwer beschädigt, dass sich die fliehenden Truppen auf ihrer Suche nach Häfen, von denen aus der weitere Rückzug nach Kreta und Ägypten möglich war, zum Peloponnes wenden musste. Ein deutscher Fallschirmjägereinsatz am 26. April auf dem Isthmus von Korinth erfolgte etwas zu spät, um ihnen noch den Weg zu versperren.

Zu diesem Zeitpunkt hatten die Briten – die meisten von ihnen waren Australier und Neuseeländer vom ANZAC-Korps (*Australia New Zealand Army Corps*), dessen Vorläufer nur 26 Jahre zuvor bei Gallipoli eine moderne Version der Leonidas-Legende begründet hatte – bereits Athen hinter sich gelassen und waren in Sicherheit. Obwohl sie sich auf dem Rückzug befanden, werde wohl keiner von denen, die damals die Stadt durchquerten, schrieb ein königlicher Artillerist, der Oberstleutnant R. P. Waller, die herzliche Verabschiedung vergessen, welche ihnen die Athener bereiteten. «Wir waren fast die letzten britischen Soldaten, die sie zu Gesicht bekamen, und die Deutschen konnten uns schon auf den Fersen sein; trotzdem säumte eine jubelnde, applaudierende Menschenmenge die Straßen, drängte gegen unsere Fahrzeuge, als ob sie uns überfallen wollten. Mädchen und Männer sprangen auf die Trittbretter, um die verdreckten, erschöpften Kanoniere abzuküssen oder ihnen die Hand zu schütteln. Sie warfen uns Blumen zu, liefen neben uns her und riefen: ‹Kommt zurück – ihr müsst wiederkommen – Wiedersehen – Viel Glück.›»

Es sollten dreieinhalb Jahre vergehen, bis britische Soldaten nach Athen zurückkehrten, dann jedoch, um sich an einem erbitterten, blutigen Bürgerkrieg zwischen den Parteien der Linken und der Rechten zu beteiligen, die die Politik der Gewalt als Guerillakämpfer gegen die deutsche Besetzung gelernt hatten. Als die Soldaten im jenem April 1941, der ihnen als von Sonnenlicht und Blütenduft erfüllt im Gedächtnis bleiben sollte, mit dem bitteren Geschmack der Niederlage das griechische Festland verließen, ahnten sie noch nichts von dem kalten und trostlosen Dezember 1944, dieser Spätfolge des erbitterten Gefechts, das sie den Deutschen geliefert hatten. Die drei britischen Divisionen, die gemeinsam mit den sechs nicht an der albanischen Front eingesetzten griechischen gegen 18 Feinddivisionen gekämpft hatten, glaubten zu Recht, sich tapfer geschlagen zu haben.

Der Griechenlandfeldzug war ein altmodischer Krieg gewesen, geführt von Gentlemen, die einander als mutige Gegner achteten. Später maßen Historiker seine Bedeutung an der Frage, ob «Marita» den Beginn von «Barbarossa» verzögert habe oder nicht – ein letztlich müßiges Unterfangen, denn der Zeitpunkt hing vom Wetter in Russland, nicht von eher zufälligen Geschehnissen auf Nebenschauplätzen ab. Die kämpfenden Soldaten hatten nicht das Gefühl gehabt, die Ereignisse, an denen sie beteiligt waren, seien in größere Zusammenhänge eingebunden. Die Griechen hatten Seite an Seite mit ihren britischen Helfern gekämpft, um ihre Heimat gegen die fremden Eroberer zu verteidigen. Die Deutschen hatten gekämpft, um sie zu überwinden, und gesiegt; zum Zeichen ihrer Hochachtung für die Tapferkeit des Feindes bestanden sie darauf, dass die griechischen Offiziere ihren Degen behielten. Doch das war fast die letzte ritterliche Geste in einem Krieg, der schon bald zur Barbarei verkommen sollte.

8 · KAMPF DER LUFTLANDE-TRUPPEN: KRETA

Von seiner kurzen Dauer abgesehen, war der Balkankrieg in jeder Hinsicht eine konventionelle militärische Operation. Selbst die halsbrecherische Geschwindigkeit des deutschen Vormarschs schien jetzt, da der «Blitzkrieg» in Polen und Frankreich die Welt mit den Methoden der Wehrmacht vertraut gemacht hatte, eher die typische Entfaltung der modernen Kriegführung zu demonstrieren als ein neues Stadium in der militärischen Revolution, die Hitlers Generale eingeleitet hatten. Eigentlich war der Balkanfeldzug weniger revolutionär als der Sieg im Jahre 1940. Allein das qualitative Missverhältnis zwischen der Wehrmacht und ihren Gegnern auf dem Balkan, die mit der absurden Unzulänglichkeit ihrer Verteidigungsstrategie überdies selbst zu ihrer Niederlage beigetragen hatten, würde zur Erklärung der Katastrophe genügen, die über sie hereingebrochen war.

Der Balkanfeldzug hätte damit enden können, dass die Hakenkreuzflagge am 7. April auf der Akropolis in Athen gehisst wurde, ein passendes Symbol für den Triumph des Stärkeren über den Schwächeren. Er tat es aber nicht. 12 000 Mann hatten die Briten verloren (9000 von ihnen gerieten in Gefangenschaft), ungezählte Jugoslawen und Griechen waren tot, auf deutscher Seite dagegen waren nur 5000 Soldaten gefallen, verwundet und vermisst; die jugoslawischen Gebiete Bosnien, Dalmatien und Montenegro fielen an Italien, Bulgarien erhielt Südserbien und das griechische Thrakien, Ungarn bekam die Vojvodina, und Kroatien wurde den der Ustascha-Bewegung überlassen – selbst als die Bilanz des Feldzugs gezogen und die Beute verteilt war, schenkte Hitler jenen in seiner Umgebung Gehör, die behaupteten, der Balkanfeldzug sei noch nicht abgeschlossen, Deutschlands Sieg müsse durch den

Einsatz des einzigen bislang weitgehend unerprobten Instruments des «Blitzkriegs» gekrönt werden, durch die Entsendung deutscher Luftlandetruppen nach Kreta.

Deutschland war nicht der erste moderne Staat, der Fallschirmeinheiten geschaffen hatte. Diese Ehre gebührt Italien, dem Land, in dem auch die Idee des strategischen Bombenkriegs geboren wurde. Schon 1927 hatten die Italiener mit Versuchen begonnen, deren Ziel es war, Infanteristen per Fallschirm direkt auf dem Schlachtfeld abzusetzen. Die Technik war von der Roten Armee aufgegriffen worden, die sie 1936 hinreichend vervollkommnet hatte, um westlichen Militärbeobachtern bei umfangreichen Manövern vorzuführen, dass man ein ganzes Fallschirmjägerregiment und anschließend eine komplette Brigade mit dem Schirm landen lassen kann; die spektakuläre Operation war möglich, weil die Rote Luftwaffe so große Transportflugzeuge entwickelt hatte, dass solche Einheiten mit voller Ausrüstung darin Platz fanden.

Der Vorsprung der Roten Armee auf dem Gebiet der Fallschirmjägertaktik sollte allerdings bald verloren gehen, denn Stalins Großer Säuberung in den Streitkräften fielen 1937/38 hauptsächlich Offiziere mit Weitblick zum Opfer. Trotzdem blieben die Fallschirmtruppen bestehen. Im Laufe des Zweiten Weltkrieges wurden sie mehrfach eingesetzt, vor allem im Herbst 1943 am Dnjepr; ihnen kam freilich nie die unabhängige und entscheidende Rolle zu, die sich ihre Befürworter von ihr erhofft hatten. In Deutschland jedoch wurde das Konzept der Luftlandeoperationen von der neuen Generation der Militärtaktiker in der Wehrmacht begeistert aufgegriffen. Wie in Frankreich, wo die Ausbildung von Fallschirmjägern der *Armée de l'Air* (Luftwaffe) überlassen blieb, so war auch in Deutschland die Luftwaffe der zuständige Wehrmachtteil. General Kurt Student, ein Fliegeroffizier des Ersten Weltkriegs, wurde 1938 zum Inspekteur der Fallschirmtruppen ernannt, kurz darauf wurde er Kommandeur der 1. Fallschirmjägerdivision, die den Namen 7. Fliegerdivision erhielt. Zu ihr gehörten die Einheiten, die 1940 über Norwegen und Holland absprangen. Durch Zusammenfassung mehrerer Luftlandeverbände wurde Students XI. Fliegerkorps gebildet, das 1941 bereitstand, die deutsche Eroberung des Balkans weiter in den Mittelmeerraum auszudehnen.

Hitlers engste Militärberater, die Generalstabsoffiziere des OKW, wollten das XI. Fliegerkorps unbedingt zur Eroberung Maltas einsetzen. Als die Frage erörtert wurde, «ob die Besetzung Kretas oder aber Maltas für die weitere Kriegführung im Mittelmeer wichtiger erschien», sprachen sich, so General Walter Warlimont, «einhellig, gleich ob Heer, Marine oder Luftwaffe zugehörig, ... die Offiziere der Abteilung [«Landesverteidigung» im OKW] ebenso wie der Chef L für die Wegnahme von Malta aus, da es nur auf diese Weise möglich schien, den Seeweg nach Nordafrika dauerhaft zu sichern». Keitel und Jodl, die Chefs, akzeptierten die Schlussfolgerung der Abteilung, doch als sie Student diese Auffassung am 15. April darlegten, stimmte der sie um. Er war zu der Überzeugung gelangt, Malta besitze eine zu starke Garnison und sei zu gut geschützt, als dass ein Angriff aus der Luft Erfolg haben könnte. Demgegenüber gebe Kreta mit seiner «wurstähnlichen Form» und seiner einzigen Hauptstraße ein ideales Ziel für seine Fallschirmjäger ab. Außerdem, so behauptete er, könnten sie von dort aus die anderen Mittelmeerinseln einnehmen, nach denen es die deutschen Strategen verlange – nicht nur Malta, sondern auch Zypern –, und auf diese Weise eine uneinnehmbare Land-See-Stellung auf halbem Wege zwischen der Festung Europa und Großbritanniens zunehmend schwächer werdenden Basen im Nahen Osten schaffen.

Göring sah in Students Plan eine Gelegenheit, den Ruf seiner Luftwaffe wiederherzustellen, der durch die Niederlage gegen die Royal Air Force in der Luftschlacht um England erheblich gelitten hatte. Er griff die Vorschläge seines Untergebenen begeistert auf und trug sie Hitler am 21. April vor. Da die Einnahme Kretas in seinen ursprünglichen Planungen nicht vorgesehen war, verhielt sich Hitler zunächst ablehnend, gab schließlich aber sein

Einverständnis und erließ am 25. April die Weisung Nr. 28, die unter dem Decknamen «Merkur» die Kreta-Operation zum Gegenstand hatte. Student, während der gesamten Operation die treibende Kraft, veranlasste augenblicklich die Verlegung der 7. Fliegerdivision vom Ausbildungszentrum in Braunschweig nach Griechenland. Er überzeugte den Generalstab des Heeres von der Notwendigkeit, ihm eine der zur Stationierung in Griechenland bestimmten Elitetruppen, die 5. Gebirgsdivision, und ein paar leichte Panzer der 5. Panzerdivision zu überlassen, die für «Barbarossa» nicht benötigt wurden. Die Gebirgsdivision sollte unter dem Schutz der italienischen Marine nach Kreta gebracht werden und den Nachstoß führen; die Fliegerdivision – drei Fallschirmjägerregimenter, ein Luftlanderegiment – war dazu ausersehen, die Insel zu stürmen. Eine Flotte von 600 Junkers Ju 52, von denen einige insgesamt 80 Lastensegler mit leichten Panzern und den Männern der ersten Welle – das I. Bataillon des Luftlande-Sturmregiments 1 – im Schlepp hatten, sollte die Einsatztruppe heranschaffen. Eine Luftflotte von 280 Bombern, 150 Stukas und 200 Jägern hatte die Aufgabe, das Unternehmen zu sichern und zu unterstützen. Alles in allem waren 22000 Soldaten für diesen Einsatz vorgesehen, General Alexander Löhr, Chef der Luftflotte 4, sollte das Unternehmen leiten.

Students Plan war denkbar einfach. Er hatte die Absicht, gegen jede der drei Städte an der Nordküste der Insel, die über Rollfelder verfügten – von West nach Ost Maleme, Rethymnon und Heraklion –, jeweils eines seiner drei Fallschirmjägerregimenter einzusetzen. Sobald die Flugplätze in deutscher Hand wären, sollte dort das schwere Gerät gelandet werden. Von diesen Basen aus wollte man die britischen Verteidigungsstellungen entlang der 270 Kilometer langen Inselstraße «aufrollen». Gegen Maleme, das Student als Angriffsschwerpunkt ausersehen hatte, sollte das Sturmregiment vorgehen und mit Lastenseglern direkt auf dem Flugplatz abgesetzt werden. Obwohl Student mit einer zahlenmäßigen Überlegenheit der Verteidiger rechnete, ging er davon aus, dass sie dank dem Überraschungsmoment, der hohen soldatischen Qualität seiner Truppe sowie der Luftherrschaft, für die die große Zahl eigener Maschinen sorgte, nach wenigen Tagen schwerer Kämpfe zu überwinden seien.

Students Einschätzung, dass seine Truppen der britischen Garnison qualitativ überlegen seien, traf zu. Deren Kommandeur, Generalmajor Bernard Freyberg, war ein Eisenfresser und legendärer Held des Ersten Weltkriegs. Als Bataillonskommandeur der *Royal Naval Division* war er an der Somme mit dem Victoria-Kreuz ausgezeichnet worden, nachdem er zuvor einen ebenso heroischen wie romantischen Waffengang bei Gallipoli geleitet hatte. Dort hatte er an der Beisetzung des Dichters Rupert Brooke auf der Insel Skyros teilgenommen, später war er als Ein-Mann-Spähtrupp über den Hellespont geschwommen, wie in der Sage einst Leander und in der Wirklichkeit, 100 Jahre vor Freyberg, Lord Byron. Weil er gegen alles Feuer gefeit zu sein schien, taufte Winston Churchill ihn «Salamander» (Feuergeist).

Im Sommer 1941 auf Kreta jedoch konnten es nur wenige seiner Soldaten an Robustheit mit Freyberg aufnehmen. Eine Brigade aktiver britischer Infanterie war von Ägypten aus auf der Insel stationiert worden; sie war das, was die Deutschen «kampfkräftig» nennen. Alle anderen Soldaten hatten sich erst nach dem Fiasko auf dem Festland auf die Insel gerettet. Zwei Brigaden der 2. Neuseeländischen Division – Freyberg hatte seine Jugend in Neuseeland verbracht und war dem Land daher besonders verbunden – waren intakt, desgleichen eine australische Brigade. Die übrigen der 40000 vielfach entmutigten Soldaten auf der Insel gehörten versprengten Truppenteilen an. Ihnen allen fehlte die erforderliche Kampfausrüstung. «Kreta», schrieb der Neuseeländer Charles Upham (bei Kriegsende Träger zweier Victoria-Kreuze), «war ein Arme-Leute-Krieg; Granatwerfer ohne Bodenplatten, Vickers-Maschinengewehre ohne Dreibein.» Eine Hand voll Panzer und eine gerade einmal für ein Regiment ausreichende Zahl an Geschützen hatte man auf die Insel gebracht, doch den Verteidigern fehlten schweres Gerät und vor allem Flugzeuge. Am 1. Mai befanden sich nur 17 *Hurricanes* und veraltete *Gladiator*-Doppeldecker auf der Insel, und selbst sie wurden, bevor die Deutschen kamen, abgezogen. Das Schlimmste war, dass die britischen Verteidiger nicht auf einheimische Hilfe rechnen konnten: Die 5. Kretische Division war gegen die Italiener eingesetzt worden und auf dem Festland in Gefangenschaft geraten. Die einzigen kretischen Soldaten auf der Insel waren Rekruten und Reservisten, von denen jeder Sechste ein Gewehr und fünf Schuss Munition besaß.

Die Rolle von Ultra

Trotzdem hätte Kreta gehalten werden können und vielleicht sogar müssen, denn die Absichten der Deutschen waren, ohne dass sie es wussten, schon lange vor dem Absprung des ersten Fallschirmjägers verraten worden. Damit war die ganze Logik der Luftlandeoperation von Anfang an hinfällig. Wie die Befürworter des Panzerkriegs oder des strategischen Bombenkriegs, so hatten auch die Vordenker der Fallschirmjägertaktik ihre operativen Theorien als Reaktion auf den Stellungskrieg entwickelt, den sie im Ersten Weltkrieg kennen gelernt hatten. Dabei störten sie vor allem die verräterischen Vorkehrungen, die getroffen werden mussten, um im Stellungskrieg einen Angriff durchführen zu können: die mühselige Konzentration von Menschen und Material, die schwerfällige und langwierige Vorbereitung durch die Artillerie, das langsame Vorrücken über die Stacheldrahtverhaue und Erdwälle des Niemandslands. Die passionierten Fürsprecher des Bombenkriegs hatten daher die Auffassung vertreten, es sei besser, Sprengstoff gegen die Produktionszentren einzusetzen, welche die Artillerie und Maschinengewehre des Feindes mit Nachschub versorgten; die Befürworter des Panzerkriegs hatten behauptet – und dies 1939/40 unter Beweis gestellt –, eine tief gestaffelte Verteidigung sei am ehesten dadurch zu überwinden, dass man eine Waffe einsetze, der die Feuerkraft der Verteidiger nichts anhaben könne.

Die Parteigänger der Fallschirmtruppen empfahlen einen Mittelweg, eine interessante Alternative: die Überwindung der Bodenverteidigung mittels einer Luftbrücke, über die eine kampfstarke Infanterie an empfindlichen Stellen unmittelbar hinter der feindlichen Front abgesetzt wird, an Befehlsstellen, Verbindungszentren und Versorgungspunkten. Das war, strategisch gesehen, ein brillanter und kühner Einfall, dessen Gelingen allerdings davon abhing, dass der Feind nichts von dem Schlag ahnte, der ihm drohte – sonst mochte es den Fallschirmjägern nicht besser (und möglicherweise sogar schlimmer) ergehen als den Infanteristen des Stellungskrieges, die gegen den durch die Artillerievorbereitung gewarnten Feind anstürmten. Die Hilflosigkeit der Soldaten in der Luft und die notwendigerweise leichte Ausrüstung, die ihnen zur Verfügung stand, falls sie den Erdboden lebend erreichten, verurteilte die Fallschirmjäger zu hohen Verlusten, wenn die Verteidiger vor ihrem Kommen gewarnt waren.

Und die britischen Verteidiger der Insel Kreta waren gewarnt. Ultra, die Nachrichtenquelle, welche die in der *Government Code and Cipher School* in Bletchley Park aufgefangenen und entschlüsselten Funkmeldungen des Feindes auswertete, hatte bis dahin nur wenige wertvolle Informationen über Landeoperationen der Deutschen erhalten. Bis zum Ende des Frankreichfeldzugs hatte Bletchley größte Mühe gehabt, die «Schlüssel» des Enigma-Geräts zu knacken, die von den verschiedenen Befehlsstellen der Wehrmacht für die Nachrichtenübermittlung verwendet wurden. Die Schwierigkeiten lagen zum Teil in der Sache selbst – Enigma war so konstruiert, dass ein Lauscher bei einer abgefangenen Meldung die Wahl unter mehreren Millionen möglichen Lösungen hatte –, zum anderen Teil in der experimentellen Methode begründet: In Bletchley häuften sich Verfahren, die das Entschlüsseln beschleunigten, doch niemand hatte sie systematisiert. Hinzu kam noch ein weiteres Problem: Bletchleys Erfolg hing im Wesentlichen davon ab, dass man sich Fehler zunutze machte, die den Deutschen beim Verschlüsseln mit Enigma unterliefen. Die Funker des Heeres und der Kriegsmarine machten allerdings nur selten Fehler, was vielleicht daran lag, dass sie von der bewährten Nachrichtentruppe kamen. Die ganz überwiegende Zahl ihrer Gelegenheiten verdankte Bletchley Park der jüngeren Luftwaffe. Doch obgleich das «Knacken» des Luftwaffenschlüssels der britischen Luftverteidigung wesentlich dabei half, im Winter 1941/42 anfliegende Bomber zu bekämpfen und abzudrängen, war der Nutzen bei der Schlacht im Atlantik und bei den Landfeldzügen in Griechenland und Nordafrika weitaus geringer.

Kreta war jedoch ein Unternehmen der Luftwaffe. Daher führte die Verwundbarkeit des Schlüssels «Rot», wie man ihn in Bletchley Park nannte, wo die Entschlüsselung nun regelmäßig, täglich und in Echtzeit erfolgte – genauso schnell also, wie die deutschen Empfänger die Meldungen dechiffrierten –, von Anfang an dazu, dass die Geheimhaltung des Luftlandeunternehmens aufgehoben war. Am 26. April, dem Tag nach Ausgabe der Weisung «Merkur», fand man in Bletchley zum Beispiel heraus, dass sich zwei abgefangene «Rot»-Meldungen auf Kreta bezogen. Die Luftflotte 4 erwähnte die Auswahl von Stützpunkten für eine «Operation Kreta», während das ihr unterstellte VIII. Fliegerkorps Karten und Fotos der Insel anforderte. Danach häuften sich die Warnungen beinahe täglich. Am 6. Mai teilte Ultra mit, die deutsche Einsatzleitung erwarte den Abschluss der Vorbereitungen für den 17. Mai, und beschrieb die geplanten Stadien und Ziele des deutschen Angriffs in allen Einzelheiten. Am 15. Mai entdeckte Ultra, dass der Invasionstermin vom 17. auf den 19. Mai verschoben worden war. Und am 19. Mai offenbarte Ultra, dass der 20. Mai für den Angriff ins Auge gefasst sei und dass die Kommandeure der Fallschirmjäger den Auftrag erhalten hätten, sich unverzüglich mit Karten und Photos von Maleme, Rethymnon und Heraklion zu versehen und an einem Sammelpunkt einzufinden. All diese Informationen, von denen es zur Tarnung hieß, sie seien von einem britischen Agenten in Athen beschafft worden, wurden in «Echtzeit» an Freyberg weitergeleitet, der folglich am Morgen des 20. Mai ganz genau wusste, wann, wo und in welcher Stärke Students Fallschirmjäger und die in Lastenseglern herbeigeschaffte Infanterie abgesetzt würden.

Doch wenn man sein Vorwissen nutzen will, muss man auch in der Lage sein, entsprechende Vorkehrungen zu treffen. Darin bestand Freybergs Problem. Gegen einen Angreifer, dessen besonderes Merkmal Mobilität und Schnelligkeit war, führte er Verteidiger ins Feld, denen nahezu jede Fortbewegungsmöglichkeit fehlte. Die britischen Truppen waren zwar gut postiert, wenn aber eine der Einheiten von den überaus wichtigen Rollbahnen verdrängt würde, war das nicht wettzumachen; die Deutschen würden Verstärkungen und schweres Gerät landen können, und damit wäre die Schlacht um die Insel wahrscheinlich verloren.

Zur Verteidigung des Rollfelds von Maleme waren das 21., 22. und 23. neuseeländische Bataillon eingesetzt. Rommel hielt die Neuseeländer, die er auf seinem Wüstenfeldzug kennen gelernt hatte, für die besten Soldaten, die ihm im Zweiten Weltkrieg begegnet waren: unverwüstlich, zäh und selbstbewusst, ließen sie sich von niemandem beeindrucken. Als sie sich am frühen Morgen des 20. Mai den Staub von den Kampfanzügen klopften, den der vorbereitende Bombenangriff der Luftwaffe aufgewirbelt hatte, und ihre Waffen spannten, um sich gegen die Angreifer zu wehren, die nun kommen mussten, ahnten sie nichts von der Härte des bevorstehenden Kampfes. Leutnant W. B. Thomas vom 23. Bataillon empfand die ersten deutschen Fallschirmjäger, die er erblickte, als «unwirklich; schwer zu begreifen, dass sie überhaupt eine Gefahr darstellten»:

> Durch das graugrüne Geäst der Olivenbäume betrachtet, sahen sie vor dem tiefblauen kretischen Morgenhimmel wie kleine zuckende Marionetten aus, deren bauschige grün, gelb, rot und weiß gescheckte Jacken sich irgendwie aufgebläht und in den Drähten, an denen sie bewegt

> wurden, verfangen hatten … Ich hatte Mühe zu begreifen, welche Bedeutung diese bunten Phantasiegebilde hatten, zu erkennen, dass diese hübschen, strampelnden Puppen die Neuauflage all jener Schrecken brachten, die wir jüngst in Griechenland kennen gelernt hatten.

Das Gefühl der Unwirklichkeit, das Leutnant Thomas empfand, war durchaus verständlich. Schließlich erlebte er die erste konzentrierte Fallschirmjägeroperation der Geschichte. Die früheren Absprünge der Deutschen, in Norwegen und Holland, erfolgten in kleinerem Maßstab, wenig geschützt, aber dennoch massiv unterstützt von konventionellen Bodentruppen. Der «Sprung nach Kreta» war ein wahrer Sprung ins Ungewisse, der Kampf von Wegbereitern einer militärischen Revolution gegen Truppen, die sie nur aus eigener Kraft überwinden konnten. In gewisser Weise lebten Students Männer noch im primitiven Zeitalter des Fallschirmspringens: Ihre britischen und amerikanischen Pendants, die schon für eigene Luftlandeoperationen übten, hätten ihre Technik und Ausrüstung mit ungläubigem Entsetzen betrachtet. Die Deutschen konnten ihren Schirm nicht beeinflussen; sie sprangen in Zwölfergruppen aus den Ju 52, der Fallschirm wurde von einer am Flugzeug befestigten Reißleine geöffnet, dann hingen sie an einem einfachen Gurt, der auf ihrem Rücken am Sprunggeschirr befestigt war. Sog und Wind schaukelten sie dann tatsächlich «wie Marionetten» der Landung entgegen; gepolsterter Kampfanzug, Helme und Gummisohlen sollten gegen den harten Aufschlag schützen. Diejenigen, die die Landung unbeschadet überstanden hatten – und Sprungverletzungen kamen häufig vor –, holten sich ihre Waffen aus einer ebenfalls per Fallschirm zu Boden geschwebten Kiste, vereinigten sich mit ihrer Gruppe und gingen zum Angriff über. Anschließend landete die Lastensegler-Infanterie mit schwererem Gerät

Students Theorie des Fallschirmjägerkampfes trug den besondern Bedingungen auf Kreta und der Hartnäckigkeit der Neuseeländer keine Rechnung: Wegen des rauen, zerklüfteten Geländes um Maleme ging ein großer Teil der Lastensegler in Trümmer, und viele seiner Fallschirmjäger verletzten sich bei der Landung; mit den übrigen machten die Neuseeländer nicht viel Federlesen. Sie erschossen den Feind in der Luft: «Du siehst einen schlaff werden, sich mit einem Zucken noch einmal strecken und wieder schlaff werden, und du weißt, den hat's ‹erwischt›.» Sie erschossen sie bei der Landung, sodass am nächsten Tage ein Besucher, ein Stabsoffizier vom 23. Bataillon, «überall Tote fand, alle zehn, zwölf Schritt. Man musste über sie hinwegtreten, während man durch die Olivenhaine ging.» 60 Neuseeländer, die man aus dem Militärgefängnis entlassen hatte, wo sie wegen kleinerer soldatischer Vergehen einsaßen, töteten in der ersten Stunde des Angriffs 110 Deutsche.

Die deutschen Fallschirmjägerbataillone erlitten in den ersten Stunden des 20. Mai wahrhaft entsetzliche Verluste. Eine Kompanie des III. Bataillons, 1. Sturmregiment verlor 112 ihrer 126 Mann; noch ehe der Tag vorbei war, waren 400 der 600 Mann des Bataillons gefallen. Nur 100 Mann des I. (Lastensegler-)Bataillons überstanden die Landung unversehrt; das II. Bataillon wurde ebenfalls schrecklich dezimiert. Einzig das IV. Bataillon, geführt von Hauptmann Walter Gericke (der überlebte und später als NATO-General die 1. Luftlandedivision der Bundeswehr befehligte), behielt den größten Teil seiner Mannschaft. Sie und die Überlebenden der anderen drei Bataillone mühten sich den ganzen Tag lang, die Reste ihrer Einheiten zusammenzufassen, sich die unerbittlichen Neuseeländer vom Leibe zu halten und gegen ihr Angriffsziel, den Flugplatz von Maleme, vorzurücken. Sie kamen nicht voran; im Gefechtsabschnitt des 21. Neuseeländischen Bataillons wurden Fallschirmjäger, die in den Straßen des Dorfes Modhion niedergingen, von der gesamten Bevölkerung der Gegend angegriffen, darunter Frauen und Kinder, mit allem, was sich als Waffe verwenden ließ, Steinschlossgewehren, die 100 Jahre zuvor von den Türken erbeutet worden waren, Äxten und selbst Spaten. Sie halfen mit, die Verluste des 1. Sturmregimentes zu erhöhen, zu denen am Ende des Tages die Bataillonskommandeure (zwei gefallen, zwei verwundet) und der Regimentskommandeur selbst zählten. Bei Einbruch der Nacht hatte das 1. Sturmregiment, das sich zur Elite der deutschen Wehrmacht zählte, einen hohen Preis gezahlt: Es hatte die Hälfte seiner Männer eingebüßt – und nichts erreicht.

Die Schwesterregimenter, die 1., 2. und 3. Fallschirmjäger, die gegen Heraklion beziehungsweise Rethymnon und Souda an der Nordküste eingesetzt waren, hatten am 20. Mai ebenfalls schwere Verluste zu beklagen. An ein oder zwei Stellen gelang dem Angreifer die beabsichtigte Überraschung. In der Nähe des kretischen Haupthafens Souda töteten zehn Infanteristen, die mit dem Lastensegler unweit eines Artillerieregiments gelandet waren, 180 Kanoniere, die keine Handfeuerwaffen hatten, um sich zu verteidigen.

An anderen Stellen waren es meist die Deutschen, die so extrem hohe Verluste hinnehmen mussten. Das 3. Fallschirmjägerregiment, das unmittelbar östlich des 1. Sturmregiments gelandet war, traf führerlos ein – der Kommandeur der 7. Fliegerdivision, General Wilhelm Süßmann (der mit dem Regiment abgesetzt werden sollte), war beim Absturz seines Lastenseglers ums Leben gekommen. Das I. Bataillon des Regiments, geführt vom Freiherrn von der Heydte, einem ganz untypischen Fallschirmjäger, was einerseits an seiner aristokratischen Geringschätzung des Nationalsozialismus lag und andererseits an seiner ungewöhnlichen Intelligenz – er schrieb später bemerkenswerte Erinnerungen an den Kreta-Einsatz und wurde Professor des Staats- und Verwaltungsrechts –, kam relativ glimpflich davon. Das III. Bataillon jedoch wurde bei den Kämpfen an diesem Tage beinahe völlig aufgerieben; nach Meinung der Neuseeländer zu Recht, denn Angehörige des Bataillons hatten den neuseeländischen Sanitätsoffizier und viele seiner Patienten beim ersten Ansturm erschossen. Das II. Bataillon griff ein Lager an, das von Soldaten des Versorgungsbataillons der Neuseeländischen Division verteidigt wurde. Später beschrieb Kompaniefeldwebel Neuhoff sein Zusammentreffen mit der Treibstoff-Kompanie: «Wir gingen zum Angriff auf den Hügel vor … wir kamen ohne jeden Widerstand etwa den halben Weg hinauf … plötzlich liefen wir in heftiges Gewehr- und Maschinengewehrfeuer. Der Feind hatte große Feuerdisziplin gewahrt und uns auf sichere Schussentfernung herankommen lassen, ehe er das Feuer eröffnete. Unsere Verluste waren außerordentlich hoch, sodass wir den Rückzug antreten und viele Tote zurücklassen mussten.» Doch ihre Gegner waren, wie die offizielle neuseeländische Kriegsgeschichte anmerkt, «größtenteils Kraftfahrer und Mechaniker und folglich für das Infanteriegefecht schlecht ausgebildet».

Student, der seinen rückwärtigen Gefechtsstand im Hotel Grande Bretagne in Athen noch nicht verlassen hatte, blieb den ganzen Tag lang im Unklaren über das Schicksal der Division, auf die er so große Stücke hielt. Bis spät in die Nacht vom 20. auf den 21. Mai saß er an seinem Kartentisch, wie von der Heydte in seinen Erinnerungen schreibt, «und wartete endlos auf die Nachricht, die ihm die Bestätigung bringen würde, dass er recht daran getan hatte, Göring einen Monat zuvor den Angriff auf die Insel vorzuschlagen. In der Vorausschau erschien alles so einfach, so machbar, so sicher. Er hatte geglaubt, jede Möglichkeit in Betracht gezogen zu haben – und dann waren alle Pläne und Erwartungen in ihr Gegenteil umgeschlagen.» In Wahrheit habe er seine Luftlandedivision «bei den Angriffen verheizt, die er über die ganze Insel verstreute», meinte später I. M. D. Stewart, der Feldarzt des 1. Walisischen Regiments, ein Veteran und penibler Historiker des Feldzugs:

> Tausende junger Männer lagen nun tot zwischen Olivenbäumen, Butterblumen und Gerste. Seine Lastensegler-Truppen und vier seiner Fallschirmjägerbataillone … waren vernichtet, innerhalb von fünfzehn Minuten zu ein paar Dutzend Flüchtlingen zusammengeschmolzen. Andere Bataillone hatten fast ebenso schwere Verluste erlitten. Trotzdem hatte er nicht einen einzigen Flugplatz in die Hand bekommen.

> Nun war ihm bloß noch seine winzige Luftlandereserve geblieben. Falls diese wenigen hundert Mann am morgigen Tag [dem 21. Mai] versagten, konnte eine Entlastung der Division nur mehr über See erfolgen.

Als der erste Tag der ersten großen Luftlandeoperation der Geschichte zur Neige ging, schien sich das Blatt endgültig zugunsten des alliierten Gegners gewendet zu haben, einer schlecht organisierten Streitmacht von mangelhaft ausgerüsteten Soldaten, beinahe ohne Luftsicherung und schwere Waffen. Aber trotz der starken Verluste der Deutschen und trotz der vielen Fehler, die er begangen hatte, konnte Student am nächsten Tag erneut die Initiative ergreifen und der Schlacht eine Wende zu seinen Gunsten geben. Wie war das möglich? Die Erklärung war, wie einer von Freybergs Stabsoffizieren im Nachhinein wehmütig meinte, dass «hundert Funkgeräte» fehlten, was dazu führte, dass die Verteidiger das Ausmaß des eigenen Erfolgs nicht erkannten; es war ihnen nicht gelungen, entsprechende Meldungen an Freybergs Gefechtsstand zu übermitteln, und diesem war es wiederum nicht gelungen, Funkbefehle zur Verstärkung und Umgruppierung seiner Kräfte zu senden. Am nächsten Morgen berichtete Winston Churchill vor dem Unterhaus, man setze dem Feind «den unnachgiebigsten und entschlossensten Widerstand» entgegen.

Inzwischen hatte Freyberg allerdings kein klares Bild mehr von der Schlacht, das ihm die Möglichkeit gegeben hätte, auf die Ereignisse zu reagieren. Er hatte mit den Neuseeländern, die den Flugplatz von Maleme, Students Schwerpunkt, verteidigten, über den Gefechtsstand der 5. Brigade Verbindung, die Brigade ihrerseits stand mit ihren Bataillonen auch nur indirekt in Kontakt, und Oberstleutnant L. W. Andrews, der Kommandeur des alles entscheidenden 22. Bataillons, glaubte irrtümlicherweise, sein Brigadekommandeur werde ihm zu Hilfe zu kommen. Der tapfere Soldat – im Ersten Weltkrieg war er mit dem Victoria-Kreuz ausgezeichnet worden – beschloss am Abend des 20. Mai, nachdem ein erster Gegenangriff, unterstützt von zwei der sechs auf Kreta stationierten schweren Panzer, gescheitert war, sein Bataillon auf eine Anhöhe über dem Flugplatz zu verlegen, um am nächsten Tage von dort aus einen konzentrierten Stoß zu führen. Mit diesem Stellungswechsel spielte er dem Feind, ohne es zu wollen, die entscheidende Trumpfkarte zu und rettete ihn so vor der fast unausweichlichen Katastrophe.

Während Andrews mit guten Gründen die falsche Entscheidung traf, gelangte Student aufgrund einer falschen Annahme zur richtigen Entscheidung. Er hatte keinen Anlass, zu glauben, dass es frischen Truppen besser ergehen würde als den Männern, die bereits gefallen waren. Eigentlich hätte ihn das militärische Grundprinzip «keine Verstärkung bei Misserfolg» davon abhalten müssen, seine Reserven gerade dorthin zu schicken. Trotzdem entschloss er sich dazu. Am Nachmittag des 21. Mai landeten seine letzten beiden Fallschirmjägerkompanien inmitten des Maori-Bataillons der Neuseeländischen Division und wurden niedergemacht – «nicht fair, ich weiß», schrieb einer ihrer Offiziere, «aber so war's nun mal». Zur gleichen Zeit begann Students Luftlandereserve, die Vorausabteilung des Gebirgsjägerregiments 100 der 5. Gebirgsdivision, mit ihren Ju 52 auf dem Rollfeld von Maleme, von dem Andrews am Abend zuvor sein 22. Bataillon abgezogen hatte, niederzugehen, oft genug per Bruchlandung. «Maschinengewehrgeschosse fetzen durch die rechte Tragfläche», schrieb ein an Bord befindlicher Kriegsberichterstatter. «Der Pilot beißt die Zähne zusammen. Wir müssen runter, koste es, was es wolle. Plötzlich taucht unter uns ein Weingarten auf. Wir schlagen auf den Boden auf. Dann gräbt sich eine Tragfläche in den Sand und reißt das Heck halb nach links herum. Männer, Sturmgepäck, Kisten, Munition, alles fliegt nach vorn ..., wir haben keine Gewalt mehr über unsere Leiber. Als wir schließlich zum Stillstand kommen, steht die Maschine fast auf dem Kopf.»

So landeten auf dem Rollfeld von Maleme annähernd 40 Ju 52, die 650 Mann vom II. Bataillon der 100. Gebirgsjäger an Bord hatten. Wie Students Fallschirmjäger betrachteten sich auch die Gebirgsjäger als Elitesoldaten, und das zu Recht. Während die Neuseeländer versuchten, sich auf die neue Gefahr einzustellen, befestigten die Gebirgsjäger die deutsche Stellung auf dem Flugplatz und weiteten sie tags darauf aus.

Einige Verstärkungskräfte der Gebirgsjäger wurden auf dem Seeweg nach Kreta gebracht. Sie erwartete ein trauriges Schicksal, doch den Schiffen der Royal Navy, die sie abfingen, erging es nicht besser. Zwar wurde das Alexandria-Geschwader mit dem italienischen Geleitzug aus Einmastern und Kähnen, die mit dem Rest des Gebirgsjägerregiments 100 nach Kreta unterwegs waren, mühelos fertig – 300 Soldaten ertranken –, aber am 22. Mai fügte die deutsche Luftwaffe den britischen Schiffen und Mannschaften weit größere Verluste zu. Das Schlachtschiff *Warspite* wurde beschädigt, die Kreuzer *Gloucester* und *Fiji* sanken ebenso wie die Zerstörer *Kashmir* und *Kelly* – Letzterer unter dem Kommando des späteren Earl Mountbatten of Burma. Damit war die Prüfung der Navy noch nicht zu Ende; bis zum 2. Juni wurden auch noch die Kreuzer *Juno* und *Calcutta* und die Zerstörer *Imperial* und *Greyhound* versenkt; mehr oder weniger schwer beschädigt wurden das Schlachtschiff *Valiant,* der Flugzeugträger *Formidable,* die Kreuzer *Perth, Orion, Ajax* und *Naiad* sowie die Zerstörer *Kelvin, Napier* und *Hereward.* Nüchtern betrachtet, erwies sich die Schlacht um Kreta als das verlustreichste Seegefecht der britischen Marine im Zweiten Weltkrieg, obwohl es die Moral der Briten nicht so stark erschütterte wie der spätere Verlust der *Prince of Wales* und der *Repulse.*

Student gewinnt die Oberhand

An der Inselküste begann die Schlacht sich mittlerweile unwiderruflich nach den Wünschen der Deutschen zu entwickeln. Der neuseeländische Gegenangriff zur Rückeroberung des Flugplatzes von Maleme war am frühen Morgen des 22. Mai gescheitert; den ganzen Tag lang schickte Student mit brutaler Unbekümmertheit einen nicht abreißenden Strom von Ju 52 auf die Landebahn. Maschinen, die beim Aufsetzen zu Bruch gingen, was oft genug geschah, wurden von der Landebahn geschoben, um für den nächsten Anflug Platz zu schaffen. Über Land operierte inzwischen die Luftwaffe mit überwältigender Macht, beschoss und bombardierte alles, was sich bewegte. «Es ist eine höchst seltsame und verbissene Schlacht, die da im Gange ist», erläuterte Churchill den Abgeordneten an jenem Nachmittag, «unsere Seite hat keine Flugzeuge ..., die andere Seite sehr wenige oder keine Panzer. Keine Seite hat irgendeine Rückzugsmöglichkeit.» In Wahrheit hatten auch die Briten keine Panzer, die zählten, und keine Bewegungsmöglichkeit, während die Deutschen frische, erstklassige Soldaten in wachsender Zahl gegen die Verteidiger in die Schlacht schickten.

Freyberg entschloss sich nun zum Rückzug nach Osten und zur Umgruppierung seiner Kräfte für einen Gegenangriff. Indes betraf diese Umgruppierung nicht eine einzelne Einheit, sondern die Masse seiner besten Truppen, die Neuseeländer und die regulären britischen Bataillone. Der Rückzug überließ den deutschen Fallschirm- und Gebirgsjägern um Maleme, deren Zahl stetig anwuchs, weiteres wertvolles Gelände. Am 24. Mai wurden die Deutschen aus dem Dorf Galatas vertrieben, nahmen es erneut ein und verloren es wieder bei dem Gegenstoß der Neuseeländer, den Freyberg als entscheidende Riposte geplant hatte. Doch seine Männer kamen nicht bis nach Maleme. Die Deutschen hatten dort beinahe die gesamte Gebirgsdivision zusammengezogen; als sie abermals zum Angriff übergingen, wurden die Briten unaufhaltsam nach Osten getrieben und verloren eine Stellung nach der anderen.

Am 26. Mai informierte Freyberg Wavell, den Oberbefehlshaber im Nahen Osten, dass der Verlust Kretas nur noch eine Frage der Zeit sei. Tags darauf beschloss Wavell die Evakuierung, bevor die Vorherrschaft der deutschen Luftwaffe dies unmöglich machte. Die Garnison von Heraklion, gegen die die Fallschirmjäger nichts hatten ausrichten können, wurde in der Nacht zum 28. Mai abgezogen. Die Garnison in Rethymnon, die ebenfalls allen Angriffen standgehalten hatte, konnte von der Navy nicht erreicht werden und musste deshalb aufgeben. Vom 28. bis zum 31. Mai verließ das Gros seine Stellungen ostwärts von Maleme und begab sich auf einen langen, strapaziösen Marsch südwärts über die Berge zu dem kleinen Hafen Sphakia an der Südküste. Die Minderheit der Soldaten, die wirklich gekämpft hatten, versuchten zusammenzubleiben, so gut es ging; bei jenen, die das griechische Festland bereits in Auflösung verlassen hatten, ging nun jeder Rest von Ordnung verloren. «Nie werde ich vergessen, wie ungeordnet sich diese Masse bewegte und wie unzugänglich sie für alle Befehle war», schrieb Freyberg, «als wir uns langsam einen Weg durch den endlosen Strom der dahintrottenden Männer bahnten.» In Sphakia angekommen, gingen er und der Rest seiner aufgeriebenen Armee unter den Klippen in Deckung und warteten darauf, dass die Navy sie im Schutz der Dunkelheit herausholte. Der Versuch kam die Navy teuer zu stehen, doch am 1. Juni war ihr die Evakuierung von 18 000 Mann gelungen; 12 000 blieben zurück und gerieten in deutsche Gefangenschaft, annähernd 2000 waren bei den Kämpfen gefallen.

Diese Zahlen bestätigten, falls es überhaupt eines Beweises bedurfte, dass Kreta eine Katastrophe für die Briten war. Es bedeutete den Verlust von zwei geschlossenen Divisionen, Neuseeländern, Australiern und Briten, die dringend benötigt wurden, um in dem expandierenden Wüstenkrieg gegen Rommels Expeditionskorps zu kämpfen. Außerdem war es ein weiterer Eintrag auf der Liste der Demütigungen, die Hitler dem Britischen Empire zugefügt hatte, zumal alle Beteiligten wussten, dass seine Fallschirmjäger nur um Haaresbreite einer Niederlage entgangen waren. Wäre Maleme nicht am zweiten Tag aufgegeben worden und hätte Freyberg 48 Stunden früher zu seinem Gegenstoß angesetzt, dann hätte man die deutschen Fallschirmjäger in ihrer Stellung vernichtet, die Insel gerettet und Hitler vor den Augen der Weltöffentlichkeit erstmals Einhalt geboten. So aber hatte die deutsche Kriegsmaschinerie wieder einmal triumphiert, und das auf eine neue und revolutionäre Weise: mitten in der angestammten strategischen Zone Großbritanniens und gegen eines der wichtigsten Instrumente seiner überseeischen Macht, die Mittelmeerflotte.

Doch nicht nur im Rückblick lässt sich Kreta auch als ein höchst fragwürdiger Sieg Hitlers ansehen. Dieser sei mit dem gesamten Unternehmen höchst unzufrieden gewesen, berichtete Student. Am 20. Juli erklärte Hitler seinem Fallschirmjägergeneral, Kreta beweise, dass die Tage der Fallschirmjäger vorüber seien. Die Fallschirmwaffe setze Überraschung voraus – und der Überraschungseffekt sei jetzt dahin. Er hatte sich geweigert, die deutsche Propagandamaschinerie über die Operation berichten zu lassen, solange sie noch im Gange war, und nun entschied er sich gegen jede Wiederholung von Unternehmen dieser Art.

Kreta hatte 4000 deutsche Soldaten das Leben gekostet, die meisten gehörten zur 7. Fliegerdivision; annähernd die Hälfte des Sturmregiments war gefallen. Gericke, der am 23. Mai das Landegebiet des III. Bataillons des Regiments durchquert hatte, war entsetzt, als er sah, was den Männern widerfahren war. «Mir bot sich ein furchtbarer Anblick ... In voller Montur hingen tote Fallschirmjäger in den Ästen [der Olivenbäume] und schaukelten in der leichten Brise hin und her – überall waren die Toten. Wer sich aus dem Geschirr hatte befreien können, war nach ein paar Schritten niedergeschossen und von den kretischen Freiwilligen erschlagen worden. An diesen Leichen ließ sich allzu deutlich ablesen, was in den ersten Minuten der Schlacht um Kreta passiert war.» Nicht nur die Männer, sondern auch die Ausrüstung der Luftlandetruppe hatte katastrophale Verluste erlitten: 220 von 600 Transportmaschinen waren zerstört worden; das stand in keinem Verhältnis zum materiellen Gewinn. Die Einnahme Kretas hatte weder jetzt noch später wesentliche Bedeutung für die deutsche Strategie. Im Gegensatz dazu wäre eine erfolgreiche Landung auf Malta, wie sie das OKW verlangt hatte, alle Verluste wert gewesen. Außerdem verstrickte die Eroberung Kretas die Deutschen in einen erbitterten Partisanenkrieg, der ihrem Ruf schadete und den Grundstein zu einem erbitterten Hass gegen sie legte – einem Hass, der auf der Insel noch heute zu spüren ist.

Die Briten und Amerikaner, die zügig eigene Luftlandedivisionen aufstellten, zogen aus Kreta einen anderen Schluss als Hitler: Nach ihrer Auffassung waren die hohen Verluste der besonderen Durchführung der Luftlandeoperation zuzuschreiben, nicht jedoch dem Prinzip dieser Kriegführung. Als sie später ihre großen Einsätze auf Sizilien, in der Normandie und in Holland durchführten, vermieden sie Students Methode, das heißt, sie setzten die Fallschirmjäger nicht direkt über einer Feindstellung ab, sondern ließen sie in einiger Entfernung von ihrem Angriffsziel landen und von dort aus konzentriert gegen die Stellungen vorgehen. Auf Sizilien und in der Normandie riskierten sie auch groß angelegte Luftlande-Offensiven nur in Verbindung mit größeren amphibischen Angriffen von See her, denn so wurde der Feind daran gehindert, seine Kräfte gegen die empfindlichen operativen Instrumente Fallschirm und Gleiter zu konzentrieren.

Auf Sizilien und in der Normandie zahlte sich diese Rückversicherung aus. Als man im September 1944 in Holland alle Vorsicht fallen ließ und sich zu einem Einsatz wie auf Kreta entschloss, war das Verhängnis, das Montgomerys Fallschirmjäger ereilte, noch schlimmer als die Katastrophe, der so viele von Students Männern zum Opfer gefallen waren. Insofern war Hitlers Einschätzung der Operation «Merkur» im weiteren, wenn auch nicht im engeren Sinne zutreffend: Wer am Fallschirm über einem Kriegsgebiet abspringt, lässt sich grundsätzlich auf ein gefährliches Spiel mit dem Tod ein, bei dem die Chancen gegen den Soldaten stehen, der sein Leben weißer Seide und einer Reißleine anvertraut. Es besteht die Möglichkeit, dass eine Kombination aus Glück und Urteilsvermögen ihn und seine Kameraden jenseits der unmittelbaren Gefahr niedergehen lässt und ihnen Gelegenheit gibt, sich zu sammeln und als geschlossene Fallschirmjägereinheit ins Gefecht zu gehen; doch die Wahrscheinlichkeit spricht dagegen. Bei den vier großen Fallschirmjägereinsätzen des Zweiten Weltkrieges gelang es zweimal – auf Sizilien und in der Normandie –, dieser Wahrscheinlichkeit ein Schnippchen zu schlagen. In den anderen beiden Fällen – Kreta und Arnheim – misslang der Versuch. Die unausweichliche Konsequenz aus einem derart ungünstigen Rechenexempel war der Verzicht auf unabhängige Luftlandetruppen nach 1945.

9 · «BARBAROSSA»

Während Hitler die Nachrichten von seinem verlustreichen Sieg auf Kreta empfing, waren seine Gedanken von Dingen in Anspruch genommen, die sich in weiter Entfernung von der Mittelmeerinsel zutrugen. Auf dem Höhepunkt der Schlacht beschäftigten ihn zwei Ereignisse weit intensiver, die nichts mit ihr zu tun hatten: der vergebliche Versuch seines «Wunderschlachtschiffes» *Bismarck*, in den Nordatlantik auszubrechen, und der Flug seines Stellvertreters Rudolf Heß, der den Briten am 10. Mai ein eigenmächtiges Friedensangebot überbrachte. Der Untergang der *Bismarck* ließ sich von Hitlers Propagandamaschinerie als eine Art Heldenepos darstellen; Heß' verrückte Initiative – welche die Briten nicht weniger verwirrte als seine nationalsozialistischen Parteigenossen – versetzte Hitler noch nach Wochen und Monaten in Wut. Er ließ den Flug von Goebbels als das Ergebnis von «Wahnvorstellungen» bezeichnen, doch der Treuebruch traf ihn tief. Heß war nicht nur ein «alter Kämpfer», sondern auch der Sekretär, dem Hitler nach dem Münchner Putsch von 1923, als er in Landsberg einsaß, *Mein Kampf* diktiert hatte. Außerdem war er ein Waffenbruder aus dem Infanterie-Regiment List, einer Gemeinschaft «junger Deutscher», deren Bruderschaft während des Ersten Weltkriegs für Hitler das einzige wirklich erfüllende Erlebnis seiner einsamen und verworrenen Jugend gewesen war.

Erinnerungen an die Opfer, die dem Regiment List im Verlauf des «Kindermords bei Ypern» abverlangt wurden – Erinnerungen, die vielleicht durch den Flug von Heß geweckt wurden –, dürften die schweren Verluste der 7. Fliegerdivision und die Vernichtung des 1. Sturmregiments in Hitlers Augen relativiert haben. Hitler selbst hatte 1914 ein schlimmeres Blutbad überlebt als dasjenige, das die Fallschirmjäger im Mai 1941 erlitten hatten. Die Verluste der anderen Wehrmachtdivisionen in Polen, Norwegen, den Niederlanden, Frankreich oder auf dem Balkan ließen sich zwar nicht annähernd mit denen von Students Elitesoldaten vergleichen, nach den Maßstäben des Ersten Weltkriegs aber waren sie nicht nur alltäglich, sie zählten auch wenig im Vergleich zur Stärke, die die Wehrmacht seit Kriegsbeginn erworben hatte. Gemessen an den Aderlässen des 20. Jahrhunderts waren ihre Verluste in den bisherigen 21 Kriegsmonaten unerheblich: in Polen 17 000 Gefallene und Vermisste, in Skandinavien 3600, in Frankreich und den Niederlanden 45 000, in Jugoslawien 151, in Griechenland und auf Kreta weniger als 5000. Demgegenüber war die Stärke des Heeres seit September 1939 von 3,75 Millionen auf 5,0 Millionen angewachsen, die Luftwaffe zählte 1,7 Millionen Soldaten einschließlich Flakartillerie und Fallschirmtruppen, die Kriegsmarine 400 000 Mann. Der Umfang der NS-Truppe, der Waffen-SS, war von 50 000 auf 150 000 Mann gestiegen.

Am auffälligsten aber war die Verstärkung des Heeres. Als es im September 1939 in den Krieg zog, besaß das Feldheer 106 Divisionen, darunter zehn Panzer- und sechs motorisierte Divisionen. Im Juni 1941, unmittelbar vor «Barbarossa», hatte sich der Bestand auf 180 Infanterie-, 12 motorisierte und 20 Panzerdivisionen erhöht. Die Zahl der Letzteren war dadurch verdoppelt worden, dass man die Zahl der Panzer halbiert hatte, die eine Division besaß. Trotzdem war das deutsche Heer mit den zu seiner Unterstützung bereitstehenden Luftflotten nicht nur größer, sondern auch in jeder Hinsicht stärker – an Waffen, an Reserven und vor allem an operativem Können – als im Jahre 1939. Während Hitlers Aufrüstungsprogramm in den Jahren 1935 bis 1939 nur dazu gedient hatte, seinen außenpolitischen Abenteuern militärisches Gewicht zu verleihen, erfasste seine Kriegführung jetzt die ganze deutsche Gesellschaft. Jeder vierte männliche Deutsche trug eine Uniform; die meisten von ihnen hatten erfahren, was es heißt, zu siegen, den Boden besetzter Gebiete zu betreten und zuzuschauen, wie die Soldaten der Siegernationen von 1918 in Gefangenschaft gingen. Die schwarz-weiß-rote Kriegsflagge mit dem Hakenkreuz war aufgezogen worden «von der Maas bis an die Memel, von der Etsch bis an den Belt», in dem Gebiet also, wo sie der deutschen Nationalhymne zufolge flattern sollte, und nun standen deutsche Soldaten bereit, sie weiter in ein Gebiet zu tragen, das es nach dem Willen Hitlers zu erobern galt: in Stalins Russland.

Häufig ist bei Historikern zu lesen, der Balkanfeldzug sei eine unwillkommene Störung gewesen, er habe Hitler daran gehindert, den Zeitplan für den lange festgelegten Angriff auf die Sowjetunion einzuhalten, und insofern eine Schwächung bedeutet. Nichts von alledem ist richtig. Der Feldzug war viel schneller zu einem erfolgreichen Abschluss gebracht worden, als selbst Hitlers militärische Berater voraussehen konnten. Dabei war der Beginn von «Barbarossa» nie von einer Folge zufälliger militärischer Ereignisse abhängig gemacht worden, sondern immer nur vom Wetter und von objektiven militärischen Faktoren. Dem deutschen Heer fiel es schwerer als erwartet, die für «Barbarossa» vorgesehenen Verbände in Polen bereitzustellen. Da das Frühlingstauwetter verspätet eingesetzt hatte und die osteuropäischen Flüsse noch über die vorhergesagte Zeit hinaus Hochwasser führten, konnte «Barbarossa» nicht viel früher als in der dritten Juniwoche beginnen, egal wie Hitlers Absichten aussahen.

Allerdings kam in den Erwartungen bezüglich «Barbarossa» ein überzogener Optimismus zum Ausdruck. «Voraussichtlich heftige Grenzschlachten. Dauer bis zu 4 Wochen, dann aber nur mit geringem Widerstand zu rechnen», hatte Brauchitsch Ende April geschrieben. Hitler äußerte sich entschiedener: Man brauche nur gegen die Tür zu treten, erläuterte er Rundstedt, dem Oberbefehlshaber der Heeresgruppe Süd am Vorabend von «Barbarossa», und schon werde der ganze verrottete Bau in sich zusammenfallen. Hitlers Prognose war teilweise ideologisch bedingt; nach seiner Vorstellung war Sowjetrussland von den unterdrückten, verrohten Kreaturen eines bolschewistischen Tyrannen bevölkert, 200 Millionen Kalibanen, ängstlich geduckt unter dem Blick eines

Prospero, den die absolute Macht verdorben hatte. Diese spiegelbildliche Projektion entbehrte nicht der Ironie. Doch Hitlers Überzeugung, dass der Sowjetkommunismus eine hohle Attrappe sei, beruhte nicht nur auf Voreingenommenheit, sondern sie hatte auch eine reale Grundlage: Im Jahr 1939 hatte die riesige Rote Armee gegen das winzige Finnland eine erbärmliche Vorstellung abgeliefert, und diese Demütigung erklärte sich wiederum durch das Massaker unter hohen Offizieren, das Stalin 1937/38 veranlasst hatte – umfassender als ein Krieg es je vermocht hätte.

Nachdem Stalin zur Sicherung seiner politischen Vormachtstellung Partei und Geheimpolizei (NKWD) «gesäubert» hatte, ließ er über die Hälfte der Offiziere, die in der Roten Armee hohe Kommandeursränge bekleideten, wegen Verrats anklagen, vor Gericht stellen, verurteilen und hinrichten. Als Ersten traf es seinen Generalstabschef Marschall Tuchatschewski, den führenden Repräsentanten einer Gruppe ehemals zaristischer Offiziere, die im Bürgerkrieg von 1918/20 aus Überzeugung die Seiten gewechselt hatten und später die militärische Führung der Armee übernahmen, als diese in der Nachkriegszeit reformiert wurde und dringend erfahrene Offiziere brauchte. Tuchatschewski hatte seine Loyalität gegenüber dem neuen Russland überzeugend unter Beweis gestellt, als er 1920 den Angriff der Roten Armee gegen Warschau führte und 1921 den Kronstädter Matrosenaufstand niederschlug. Außerdem hatte er veranlasst, dass man die Panzerwaffe schuf und die großen motorisierten Korps bildete, durch welche die Rote Armee 1935 zu einer der modernsten Streitkräfte der Welt wurde. Vielleicht war eben dieser radikale strategische Ansatz der Grund, warum Tuchatschewski gleich zu Anfang der Säuberungen ins Blickfeld geriet und am 11. Juni 1937 mit sieben weiteren Generalen erschossen wurde.

Danach folgten die Hinrichtungen in rascher Folge. Im Herbst 1938 waren drei von ehemals fünf Marschällen der Sowjetunion tot, 13 von 15 Armeeoberbefehlshabern, 110 von 195 Divisions- und 186 von 406 Brigadekommandeuren. Noch schlimmer wütete die Säuberung unter den Leitern administrativ- und politisch-militärischer Einrichtungen: alle elf stellvertretenden Volkskommissare für Verteidigung wurden erschossen, 75 von 80 Mitgliedern des Militär-Sowjets und alle Kommandeure der Militärbezirke, dazu die Leiter der politischen Verwaltung – jene Parteikommissare, deren Aufgabe es war, dafür zu sorgen, dass Soldaten keine Entscheidungen oder Festlegungen trafen, die von der Partei missbilligt werden konnten.

Die Folgen der Säuberung

Es war schwierig, irgendein Muster zu erkennen, das Stalins Mordlust zugrunde lag. Sicherlich wurden bei den Säuberungen viele der ehemals zaristischen Offiziere liquidiert, die sich nach 1917 für die Bolschewiki entschieden hatten; doch blieb auch Generalstabschef Jegorow nicht verschont, der auf eine makellose proletarische Herkunft verweisen konnte – er wurde durch Schaposchnikow ersetzt, einen Absolventen der Kaiserlichen Generalstabs-Akademie. Es war auch nicht so, dass die Kommandeure mehr zu leiden hatten als die Kommissare, denn die «Politischen» wurden in noch größerer Zahl hingerichtet als die «Soldaten». Wenn es denn einen Hinweis auf Stalins mörderische Motive gab, dann war er wohl eher in seiner persönlichen Geschichte zu finden, in den noch aus dem Bürgerkrieg stammenden Hassgefühlen und Bündnissen.

Wie der Parteisäuberung vor allem Menschen zum Opfer gefallen waren, die sich nach Lenins Tod dagegen gewehrt (oder sich jedenfalls nicht dafür eingesetzt) hatten, Stalin in seiner Funktion als Erster Sekretär mit mehr Machtbefugnissen auszustatten, so wurden von der Säuberung des Militärs vorwiegend Offiziere erfasst, die enge Mitarbeiter Leo Trotzkis gewesen waren, als dieser die Rote Armee im Bürgerkrieg gegen die Weißen befehligt hatte. Die Anti-Trotzki-Fraktion hatte ihr Zentrum in der von S. M. Budjonny und K. E. Woroschilow kommandierten 1. Reiterarmee.

Bei den Kämpfen gegen die Weißen in Südrussland, wo Stalin Politkommissar war, hatten die beiden 1918/19 ihre eigene Strategie verfolgt und sich 1920 kategorisch geweigert, Tuchatschewski bei dem fehlgeschlagenen Angriff auf Warschau zu Hilfe zu kommen. Zwar hatte die 1. Reiterarmee sich in Trotzkis – und Tuchatschewskis – Krieg gegen die Weißen als abweichlerisches Element erwiesen, im Kampf gegen Trotzki aber war sie von Anfang an auf Stalins Seite, daher standen die alten Kameraden bei diesem in den Jahren seines Triumphs in hoher Gunst. Die vier Männer, die im Zuge der Säuberung innerhalb der sowjetischen Militärhierarchie in hohe Positionen gelangten – Budjonny, S. K. Timoschenko, L. Z. Mechlis, G. I. Kulik –, waren allesamt Offiziere der 1. Reiterarmee und Teilnehmer an der Kampagne in Südrussland. Woroschilow, schon vor 1937 Volkskommissar für Verteidigung und durch Tuchatschewskis Sturz noch erheblich mächtiger geworden, hatte ebenfalls in der 1. Reiterarmee gedient.

Ihre Beförderung brachte Russland keinen militärischen Vorteil. Budjonny hatte einen imposanten Schnurrbart, aber keinen militärischen Verstand. Mechlis, Chef der Politkommissare, schien, wie John Erickson meinte, «enorme Unfähigkeit mit grimmiger Abneigung gegen das Offizierskorps zu verbinden». Timoschenko war immerhin kompetent, aber nur als politischer, nicht als militärischer Befehlshaber. Kulik, der Oberkommandierende der Artillerie, war auf technischem Gebiet Reaktionär; er verweigerte die Ausgabe von automatischen Waffen an die Soldaten mit der Begründung, sie könnten damit sowieso nicht umgehen, und stoppte die Produktion von panzerbrechenden und Fliegerabwehrwaffen. Der Schlimmste von allen war Woroschilow; offenbar aus keinem andern Grund, als weil Tuchatschewski eine unabhängige Panzerwaffe befürwortet hatte, behauptete er 1934: «Es versteht sich beinahe von selbst, dass eine so gewaltige Truppe wie das Panzerkorps eine abwegige Idee ist, mit der wir deshalb nichts zu schaffen haben sollten.» Sobald Tuchatschewski ausgeschaltet war, löste er alle Panzerverbände oberhalb der Brigadeebene auf.

Woroschilows Ignoranz – und die anderer Veteranen der 1. Reiterarmee – wurde im Finnischen Krieg offenkundig. Die Blamage, die den Russen trotz ihrer zweihundertfachen Überlegenheit bereitet wurde, machte rasche Reformen nötig. Woroschilow, der am 8. Mai 1940 den vergleichsweise unbedeutenden Posten eines Vize-Ministerpräsidenten und Vorsitzenden des Verteidigungsausschusses erhielt, wurde von Timoschenko als Volkskommissar für Verteidigung abgelöst. Obwohl auch der sich im Feldzug gegen die Finnen nicht gerade als Meister seines Fachs erwiesen hatte, war ihm immerhin klar, dass die Rote Armee dringend reorganisiert werden musste. Unter seiner Führung schickte man sich an, Tuchatschewskis Panzergroßverbände – aus zwei Panzerdivisionen und einer motorisierten Division bestehende Panzerkorps – wieder einzuführen. Zugleich begann die Errichtung befestigter Verteidigungsstellungen an der neuen russischen Militärgrenze, die nun, nach der Annexion Ostpolens im Jahr zuvor, gut 300 Kilometer weiter westwärts verlief. Man schränkte die Kompetenz der Kommissare innerhalb der Kommandostruktur auf eine rein konsultative Rolle ein und beförderte Soldaten von erwiesener Tüchtigkeit, als einen der Ersten G. K. Schukow, der in Russlands unerklärtem Krieg gegen Japan 1939 die Schlacht von Khalkin-Gol an der umstrittenen Grenze zur Mongolei gewonnen hatte.

Nach Ansicht eines Kameraden, Generalleutnant P. L. Romanenko – er stützte sich bei seinem Urteil auf einen Vortrag, den Schukow im Dezember 1940 anlässlich einer Stabskonferenz auf höchster Ebene im Kreml hielt –, hatte Schukow noch nicht recht begriffen, wie dynamisch die deutschen Panzerverbände operierten, welches Ausmaß sie erreichten und wie sorgfältig ihre Angriffe mit denen der Luftwaffenstaffeln abgestimmt waren. Laut Romanenko erwartete Schukow «ein relativ geringes Sättigungsniveau bei der Ausstattung der Verbände» – mit anderen Worten: ein altmodisches Schlachtfeld, das von der Infanterie beherrscht wird und auf dem nur wenige Panzer operieren, keine dichten Panzerkonzentrationen, unter deren Schlägen die Infanterieverbände wie in Frankreich aufgewirbelt werden wie die Spreu beim Dreschen auf der Tenne. Trotzdem war Schukow ohne Frage ein Vertreter der modernen Militärtheorie.

Die Kampfkraft der russischen Armee – ob rot, ob kaiserlich – ist nie bezweifelt worden. Russische Soldaten hatten sich in der Vergangenheit gegen alle Feinde, die sich ihnen entgegengestellt hatten – die Türken, Österreicher, Franzosen und Briten ebenso wie die Deutschen – als tapfere, zähe und patriotische Kämpfer erwiesen. Als Artilleristen wichen sie nicht von ihren Kanonen – und russische Geschütze waren zu allen Zeiten von hervorragender Qualität gewesen. Als Infanteristen verteidigten sie sich zäh und verbissen und griffen den Gegner mutig und draufgängerisch an. Wenn russische Heere enttäuschten, dann nicht wegen schlechter Soldaten, sondern wegen unfähiger Generale. Zu viele russische Heere waren mit einer inkompetenten Führung gestraft, auf der Krim, in der Mandschurei, doch niemals schlimmer als im Ersten Weltkrieg. Die Revolution hatte die Rennenkampfs und Samsonows weggefegt, die 1914 in Ostpreußen das Kunststück fertig gebracht hatten, ihre haushoch überlegenen Armeen in eine Niederlage gegen zahlenmäßig weit schwächere deutsche Truppen zu führen. Sie und ihresgleichen waren seit dem Bürgerkrieg durch junge und dynamische Heerführer ersetzt worden, die die Kunst des Siegens vor dem Feind gelernt hatten. Nun stellte sich die Frage, ob die Überlebenden der Säuberungen innerhalb des Militärs – jüngere, selbstverständlich eher konformistische Offiziere – das nötige Selbstvertrauen hatten, auf dem Schlachtfeld entschlossen und energisch zu handeln.

Für die 479 Offiziere, die im Juni 1940 zu Generalmajoren befördert worden waren (in keiner Armee hatte es je zuvor eine größere Massenbeförderung gegeben), waren die Aussichten nicht gänzlich entmutigend. Die Säuberungen hatten den Nebeneffekt, die Disziplinarordnung der Roten Armee zu straffen, wodurch die sowjetischen Wehrpflichtigen einer ausgesprochen preußischen Form des militärischen Gehorsams unterworfen wurden.

Paradoxerweise bestand ein weiterer Nebeneffekt darin, dass die Kommissare entmachtet wurden: Die politischen Funktionäre, die der Armee zunächst aufgezwungen worden waren, um dem Verrat ehemals zaristischer Kommandeure vorzubeugen, konnten bis 1934 gegen militärische Befehle Einspruch erheben. Während der Säuberungen lebte dieses Recht wieder auf, um nach dem Debakel der Finnland-Kampagne erneut beschnitten zu werden. Die «politischen Stellvertreter» der neuen Divisionskommandeure hatten jetzt nur noch die Aufgabe, sich um die politische Erziehung der Soldaten und die Linientreue der Offiziere zu kümmern. Das nahm den gelernten Militärs einen Großteil ihrer Sorge.

Ermutigend war weiterhin die bessere Ausrüstung mit Waffen und Gerät. Trotz aller Bemühungen Kuliks, die Modernisierung der Roten Armee zu verzögern, war das Material, das die Truppe erhielt, von guter Qualität. Stalins Industrialisierungsprogramm hatte unter anderem die Entwicklung moderner Panzer gefördert. Man hatte sie nach Plänen konstruiert, die man einfach Walter Christie, dem amerikanischen Pionier des Panzerbaus, abgekauft hatte. Mit dessen revolutionären Antriebs- und Federungssystemen entwickelten die sowjetischen Panzerbauer über eine Reihe von Entwicklungsstufen schließlich den T-34, der sich als der beste Allzweckpanzer des Zweiten Weltkrieges erweisen sollte. Die sowjetische Industrie produzierte auch brauchbare Funkgeräte und den Prototyp eines Radargeräts, während die Flugzeugindustrie mit einem jährlichen Ausstoß von 5000 Maschinen eine Luftflotte entstehen ließ, die 1941 die größte der Welt sein sollte – das Gleiche galt für den Panzerbestand.

Da Stalin auch kreative Wissenschaftler und Ingenieure dem willkürlichen Terror der Säuberungen aussetzte, verzögerte sich die Umwandlung der sowjetischen Streitkräfte in ein modernes Kriegsinstrument erheblich. Und wenn er die Neuerer nicht unmittelbar verfolgte, unterstützte er sie oft genug nur halbherzig und doppelzüngig. So verspottete er bei der wichtigen Kreml-Konferenz im Dezember 1940 den ihm sklavisch ergebenen Kulik, weil der eine Rückkehr zu großen Infanteriedivisionen und bespanntem Nachschubtransport empfahl, indem Stalin ihn mit einem Bauern verglich, der den Holzpflug einem Traktor vorzog – dennoch ließ er die Auflösung der motorisierten Transportabteilung zu und enthielt der Armee Lastwagen vor (die später über das Leih-Pacht-Abkommen aus Detroit beschafft werden mussten). Sein Einfluss war jedoch nicht ausschließlich negativ. Nachdem er seinen Groll in den Säuberungen ausgetobt hatte, sah er später ein, dass Reformen notwendig waren, wie das katastrophale Abschneiden der Armee im Winterkrieg gegen die Finnen gezeigt hatte; er akzeptierte den vernünftigen Rat von Männern wie Timoschenko, erkannte die Befähigung von Militärs an, die sich ausgezeichnet hatten, wie Schukow und Rokossowski im Mongoleifeldzug gegen Japan und wie Kirponos im Krieg gegen Finnland, und beförderte junge Leute von gutem militärischem Ruf wie Konjew, Watutin, Jeremenko, Sokolowski und Tschuikow. Vor allem aber sorgte er dafür, dass die Rote Armee weiter vergrößert wurde.

Stalin und mit ihm das russische Volk waren stolz darauf, die größte Armee der Welt zu besitzen, und auf eben diese Größe gründete sich sein Vertrauen in Russlands Fähigkeit, sich zu verteidigen und über seine Grenzen hinaus Einfluss auszuüben. Im Frühjahr 1941 verfügte die Armee über 230 bis 240 Schützendivisionen (etwa 110 davon lagen im Westen) – jeweils 14 000 Mann stark, beim Nachschub allerdings waren sie weitgehend auf Pferdetransport angewiesen – sowie vollständig ausgerüstete 50 Panzer- und 25 motorisierte Divisionen. Der sowjetische Panzerbestand umfasste 24 000 Fahrzeuge, wenn auch von unterschiedlicher Qualität; jährlich 2000 neue Fahrzeuge standen zu seiner Ergänzung und Erweiterung zur Verfügung, wobei der Anteil des T-34 ständig stieg. Ende 1941 schließlich lagen die sowjetischen Produktionsnormen für Panzer zwischen 20 000 und 25 000 Stück, während Deutschland zu keiner Zeit mehr als 18 000 im Jahr herstellen konnte. Die Rote Luftwaffe, die 1941 auf eine Jahresproduktion von 10 000 Maschinen zurückgreifen konnte, besaß

1940 mindestens 10 000 Flugzeuge. Auch wenn sich keines davon mit den besten deutschen Modellen messen konnte und sie der Roten Armee an Bedeutung weit unterlegen war, so war sie doch die größte Luftwaffe der Welt.

In rein materiellem Sinne stand Stalin daher als Kriegsherr Hitler in nichts nach, vielleicht war er ihm sogar überlegen. Als Stratege allerdings war er ihm zu diesem Zeitpunkt keineswegs gewachsen. Hitlers Entscheidung, 1939 einen Krieg zu provozieren, sollte sich zwar als katastrophale Fehlkalkulation erweisen, doch zeigte er sich hier bei der Bewertung von Motiven und der Ausnutzung von Schwächen als ebenso zynisch und rücksichtslos wie in den Jahren 1936 bis 1939, als er seine spektakulären diplomatischen Erfolge erzielte.

Stalin ging nicht weniger rücksichtslos und zynisch zu Werke, doch seine Fähigkeit, Beweggründe einzuschätzen und die Realität zu bewerten, wurde durch seinen ausgeprägten, verschlagenen Solipsismus getrübt. Er unterstellte seinen Gegnern, dass sie genauso brutal und habgierig dachten wie er selbst. Und da ihn die Gebiete, die er der Sowjetunion seit 1939 hinzugefügt hatte, mit maßloser Befriedigung erfüllten, glaubte er offenbar, im Kriegsfalle wäre es das vorrangige deutsche Ziel, ihm diese wieder abzujagen. Jedenfalls war es Stalins vordringliches Anliegen, festzuhalten, was er besaß. Infolgedessen galten die sowjetischen Kriegsanstrengungen im Frühjahr 1941 hauptsächlich dem Bau neuer Grenzbefestigungen, um die Anlagen zu ersetzen, die durch die zwei Jahre zuvor erfolgte Grenzverschiebung hinfällig geworden waren. Gleichzeitig wurde die Rote Armee so aufgestellt, als sollte sie jede Krümmung und Wendung der Grenzlinie verteidigen, in krassem Widerspruch zur traditionellen militärischen Weisheit von der «Verteidigung in der Tiefe des Raums» und von der Bereitstellung ausreichender Gegenstoßreserven. Die Verteidigungsanlagen von 1939 wurden weitgehend geplündert, um Waffen für die neuen zur Verfügung zu haben, und die Panzerverbände, die man hinter dem befestigten Gürtel hätte in Stellung bringen müssen, verteilte man unsystematisch über alle fünf westlichen Militärbezirke, statt sie an irgendeiner Stelle für einen Gegenstoß oder als tief gestaffelte Auffanglinie zu konzentrieren.

Während Stalin seine militärischen Kräfte dergestalt verzettelte, missachtete er gleichzeitig alle Warnungen vor der drohenden Gefahr. Obwohl er vollkommen kaltschnäuzig in seinem Umgang mit Hitler war, versteifte er sich darauf, alle Berichte über die aggressiven Absichten des deutschen Diktators als «Provokationen» abzutun. Ab März 1941 erhielt er solche Berichte in Hülle und Fülle – von seinen eigenen Botschaftern und Militärattachés, von russischen und nichtrussischen Sowjetagenten, von fremden Regierungen, die mit Deutschland bereits im Krieg lagen, vornehmlich von der britischen, aber auch von neutralen Ländern wie den USA. Deutlichste Anzeichen der deutschen Absichten waren die systematischen Erkundungs- und Aufklärungsflüge deutscher Maschinen über sowjetischem Territorium – von derselben unter Theodor Rowehls Kommando stehenden Staffel, die 1939 Großbritannien überflogen hatte – und die Verletzung des sowjetischen Grenzgebiets durch deutsche Streifen in russischen Uniformen. Derartige Hinweise wurden ergänzt durch die Berichte von Richard Sorge, dem Spion der Komintern in Tokio, der die Meldungen des dortigen deutschen Botschafters kannte (half er ihm doch, sie abzufassen). Laut Sorge waren die Kriegsvorbereitungen abgeschlossen. Am 3. April übermittelte Winston Churchill eine Nachricht, deren Quelle Ultra war (was er den Russen natürlich verschwieg): Die Deutschen hätten die Panzerkräfte, die durch Jugoslawiens Beitritt zum Dreimächtepakt entbehrlich geworden seien, direkt nach Südpolen verlegt.

Infolge eines merkwürdigen Pflichtversäumnisses wartete Stafford Cripps, der ausgesprochen prosowjetische britische Botschafter in Moskau, bis zum 19. April, bevor er die Nachricht weitergab. Allerdings verfügte Stalin schon Wochen vorher über ebenso gute Erkenntnisse der westlichen Nachrichtendienste, was die deutschen Absichten anging. Anfang März hatte Sumner Welles, der stellvertretende amerikanische Außenminister, dem russischen Botschafter in Washington die wichtigsten Punkte einer regierungsinternen Denkschrift zugänglich gemacht, deren Originaltext in deutscher Übersetzung lautet: «In ihrem Bemühen, die Entwicklung der Weltlage einzuschätzen, ist die Regierung der Vereinigten Staaten in den Besitz von Informationen gelangt, die als authentisch eingestuft werden und eindeutig darauf hinweisen, dass Deutschland beabsichtigt, die Sowjetunion anzugreifen.»

Mochte diese gewichtige Warnung noch einigermaßen vage bleiben, so erhärtete sich der Verdacht im Laufe des Frühjahrs durch Meldungen des Komintern-Agenten Alexander Foote und die geheimnisvolle, aber rasch als zuverlässig bewertete Quelle «Lucy», die beide in der Schweiz operierten. «Lucy», dessen Identität im Dunkeln blieb – vielleicht ein Mitglied des im Exil tätigen tschechischen Geheimdienstes, der während des Krieges erfolgreicher arbeitete als irgendein anderer Dienst, vielleicht eine Zelle des schweizerischen Nachrichtendienstes oder eine Außenstelle von Bletchley Park – übermittelte Moskau Mitte Juni eine Liste mit den strategischen Zielen der deutschen Wehrmacht, die Schlachtordnung für «Barbarossa» und sogar das aktuelle Angriffsdatum, den 22. Juni. Etwa zur gleichen Zeit (am 13. Juni) eröffnete der britische Außenminister dem sowjetischen Botschafter, dass sich die Hinweise auf einen unmittelbar bevorstehenden deutschen Angriff häuften, und bot ihm die Entsendung einer Militärmission nach Moskau an.

Stalins Wunschdenken

Zu diesem Zeitpunkt verfügte Stalin also über eine Fülle an Belegen dafür, dass Millionen deutscher (sowie rumänischer und finnischer) Soldaten bereitstanden, um die Westgrenze Russlands anzugreifen. Trotzdem klammerte er sich an den Glauben und die Hoffnung, bei jeder ihm nicht genehmen Deutung der Fakten handle es sich um eine Desinformation des Westens. Cripps scheint von Stalins Wunschdenken so verblüfft gewesen zu sein, dass er London gegenüber wiederholt die Auffassung vertrat, es sei ein Beweis für die Absicht Russlands, auf ein deutsches Ultimatum einzugehen. Mit dieser Einschätzung hatte er freilich bis zu einem gewissen Grade Recht. Seit Russlands diplomatische Offensive gegen Bulgarien, Jugoslawien und die Türkei vier Monate zuvor gescheitert war, hatte eine gedrückte Stimmung Stalin ergriffen. Auch Heß' Flug, den Stalin beharrlich als einen Versuch Hitlers wertete, mit den Briten Frieden zu schließen, um Russland angreifen zu können, hatte ihn zutiefst beunruhigt. Daher kehrte er zu der Politik zurück, die er im August 1939 eingeschlagen hatte: Er machte Deutschland Zugeständnisse und war ängstlich darauf bedacht, Hitler versöhnlich zu stimmen, indem er sich peinlich genau an die wirtschaftlichen Abmachungen des Hitler-Stalin-Paktes hielt. Unter strikter Befolgung der vereinbarten Quoten rollten den ganzen Juni hindurch Eisenbahnzüge mit Erdöl, Getreide und Metallen über die Grenze; der – wie sich zeigen sollte – letzte noch in den frühen Morgenstunden des 22. Juni.

Die Kommandeure der Roten Armee, denen der Zugriff auf zuverlässige nachrichtendienstliche Informationen verwehrt wurde («zuverlässig» galt in Stalins verkehrter Welt, wie John Erickson dargelegt hat, automatisch als «unzuverlässig») und die bestrebt waren, ihren furchtsamen obersten Kriegsherrn nicht gegen sich aufzubringen, sahen sich in diesem Klima der Beschwichtigung daran gehindert, irgendwelche Präventivmaßnahmen zu ergreifen. M. P. Kirponos, der Befehlshaber des Kiewer Militärbezirks, welcher sich in den Wochen vor «Barbarossa» als der unabhängigste von allen sowjetischen Generalen erwies (er fiel im September in der großen Kesselschlacht bei Kiew, dem schlimmsten Ergebnis Stalin'scher Blindheit), brachte einen Teil seiner Truppen Anfang Juni an der Grenze in Stellung, wurde jedoch vom örtlichen NKWD bei Berija, Stalins oberstem Geheimpolizisten, der «Provokation» beschuldigt und musste den Befehl zurückziehen. Mitte Juni, als er seine Verteidigungsstellungen erneut besetzen wollte, wurde ihm kurzerhand erklärt, es gebe keinen Krieg. Eine solche Mitteilung erging nicht nur an ihn persönlich. Am 14. Juni, acht Tage vor «Barbarossa», druckten die staatlichen sowjetischen Zeitungen eine regierungsamtliche Erklärung, in der es hieß: «Gerüchte über die Absicht Deutschlands, den [Hitler-Stalin-]Pakt zu brechen, sind vollkommen unbegründet. Der Umstand, dass deutsche Truppen, die ihre Operationen auf dem Balkan beendet haben, vor kurzem in die östlichen und nördlichen Landesteile Deutschlands verlegt wurden, hat vermutlich andere Gründe, die mit den sowjetisch-deutschen Beziehungen in keinem Zusammenhang stehen.»

Am 14. Juni standen in den «östlichen und nördlichen Landesteilen Deutschlands», womit jene Teile Polens und der Tschechoslowakei gemeint waren, die Hitler 1938/39 besetzt oder annektiert hatte, 180 deutsche Divisionen mit annähernd 4 Millionen Mann, 3350 Panzern und 7200 Geschützen sowie 2000 Kampfflugzeuge zum Angriff bereit. Zu ihrer Unterstützung waren 14 rumänische Divisionen aufgeboten, zu denen wenig später die Armeen der Finnen, Ungarn und Slowaken hinzukamen, ergänzt um eine spanische (die «Blaue») und etliche italienische Divisionen. Die russischen Kommandeure an vorderster Front, denen der Aufmarsch dieses mächtigen Heeres nicht verborgen blieb und die um Befehle, Rat oder auch Beruhigung von oben baten, erhielten, wie Kiltsch, der Artillerieführer in Minsk (einem vorrangigen Ziel der Wehrmacht), später bitter schrieb, «stets die gleiche Antwort – ‹Keine Panik. Ruhe bewahren. Der Chef weiß über alles Bescheid.›»

In Wirklichkeit wurde Stalin vom Beginn «Barbarossas» ebenso überrascht wie alle seine Untergebenen und verschloss sich den Tatsachen auch dann noch beharrlich, als die deutschen Angriffsverbände in ihre Ausgangsstellungen vorrückten. Als Timoschenko, der Volkskommissar für Verteidigung, und Schukow, der Generalstabschef, am Sonnabend, dem 21. Juni, abends im Kreml mit der Neuigkeit eintrafen, die Deutschen hätten die Telefonleitungen nach Russland gekappt und ein deutscher Deserteur habe berichtet, am folgenden Morgen um 4.00 Uhr sei Angriffsbeginn, erwiderte Stalin, Alarm zu geben sei verfrüht. «Vielleicht lässt die Frage sich noch auf friedliche Weise beilegen ... Die Truppen in den Grenzgebieten dürfen durch keinerlei Provokation gereizt werden, damit Komplikationen vermieden werden», meinte er nachdenklich. Unbeeindruckt legte Schukow ihm den Entwurf einer Weisung vor, durch die Verteidigungsmaßnahmen eingeleitet werden sollten, und nachdem kleinere Änderungen vorgenommen wurden, unterzeichnete Stalin denn auch.

Allerdings sah die Direktive weder die Mobilisierung vor, noch wurden die Grenztruppen in vollem Umfang auf die Gefahr hingewiesen, in der sie sich befanden. Auf jeden Fall kam sie zu spät. Als man in den Militärbezirken Leningrad, Ostsee, Westen, Kiew und Odessa endlich begann, die Verteidigungsstellungen zu bemannen, war die deutsche Offensive bereits in Gang gekommen. Massierte Fliegerangriffe und ein gewaltiges Artilleriefeuer richteten sich gegen Flugplätze und Befestigungsanlagen. Hinter dieser Feuerwand trug das deutsche Ostheer seinen Angriff vor.

Seine drei Truppenkörper – die Heeresgruppen Nord (Leeb), Mitte (Bock) und Süd (Rundstedt) – zogen jeweils auf einer der historischen Vormarschstraßen ins europäische Russland, in Richtung Leningrad, Moskau und Kiew. «Nord» folgte der Ostseeküste durch ein Gebiet, das vor mehr als 500 Jahren vom Deutschen Orden und hanseatischen Kaufleuten germanisiert worden war; viele der Familien, die im Laufe der Geschichte in den preußischen und deutschen Heeren die Offiziere gestellt hatten, kamen von hier. Manstein und Guderian, denen Hitler seine größten Siege im Osten verdanken sollte, stammten aus dem Osten; Stauffenberg, dem es am 20. Juli 1944 um Haaresbreite gelungen wäre, Hitler zu töten, war mit einer Frau aus baltischem Adel verheiratet. Die zweite Route, der Napoleon 1812 gefolgt war, verlief durch die alten, vor langer Zeit einmal polnisch-litauischen Städte Minsk und Smolensk. Die dritte Einfallstraße wurde vom Kamm der Karpaten im Süden begrenzt und von der mittleren und nördlichen Route durch die riesigen Pripjetsümpfe geschieden – «das Wehrmachtsloch», wie die deutschen Soldaten sagten, weil in dem hunderttausend Quadratkilometer großen Gebiet keine militärischen Operationen möglich waren. Diese Südroute führte ins Schwarzerdegebiet der Ukraine, Russlands Kornkammer, weiter zu den großen Industrie- und Bergbauregionen an Donez und Wolga und zu den Ölfeldern des Kaukasus.

Von den Pripjetsümpfen abgesehen, lag auf den drei Einfallschneisen kein einziges natürliches Hindernis zwischen den Deutschen und ihren Angriffszielen. Zwar werden die Heerstraßen von einigen der gewaltigen Ströme Russlands gekreuzt, vor allem Düna und Dnjepr, aber solche Flüsse sind, wie die Franzosen im Jahr zuvor in ihrem weit besser zu verteidigenden Land erkennen mussten, für entschlossen geführte Heere nur ein geringes Hindernis, besonders dann, wenn die Truppen motorisiert sind und aus der Luft unterstützt werden. In den ungeheuren Weiten der Steppe waren die russischen Flüsse lediglich unerhebliche Einschnitte in einem für den gepanzerten Vormarsch ideal geeigneten Land. Das weitmaschige Straßen- und Eisenbahnnetz und die Hochwasser im Frühjahr und im Herbst, die die unbefestigten russischen Straßen zur Unpassierbarkeit aufweichen, boten schon einen besseren Schutz. Mit Bedacht hatte man für den Angriff jedoch den trockenen Hochsommer gewählt, und da die Russen die Masse ihres stehenden Heeres in das enge Grenzgebiet hinter dem schmalen und noch unvollständigen Befestigungsgürtel der so genannten Stalin-Linie gepresst hatten, waren die Deutschen nicht auf ein Straßennetz angewiesen, um mit einer raschen Vorwärtsbewegung in den Rücken des Feindes zu gelangen. Mit ihren Panzern brauchten sie nur die dünnen Linien zu durchstoßen, dann konnten sie die russischen «Fronten» (so bezeichneten die Russen ihre Heeresgruppen) in die Zange nehmen; für die nachrückenden Infanteriekolonnen war es ein Leichtes, die eingeschlossenen Verbände zu zerschlagen.

Unternehmen Barbarossa,
Juni bis September 1941
0 40 80 120 160 200 km
FINNLAND
Onega-see
FINNISCHE STREITKRÄFTE
Ladoga-see
SCHWEDEN
Helsinki
Wyborg
Finnischer Meerbusen
Leningrad
Wolchow
Tallinn/Reval
Narwa
Estland
Luga
Peipus-see
Wolchow
Rigaischer Meerbusen
Nowgorod
Ilmen-see
Nordwestfront
(Woroschilow)
Wolga
Ostsee
Riga
Lettland
Pleskau (Pskow)
Cholm
Kalinin
Düna
Memel (Njemen)
Litauen
Welikije Luki
Rschew
Moskau
Palozk
HEERESGRUPPE NORD (Leeb)
Kaunas
Wilna
Wjasma
Witebsk
Smolensk
Jelnja
Kaluga
Straße nach Moskau
HEERES-GRUPPE MITTE (Bock)
Bialystok
Minsk
Mogilew
Tula
Wolkowysk
Bobrujsk
Roslawl
Westfront
(Timoschenko)
Weichsel
Weißrussland
Soth
Brjansk
Orel
Warschau
Brest-Litowsk
Gomel
SOWJETUNION
General-gouvernement (Polen)
Pripjet-Sümpfe
Pripjet
Kursk
Südwestfront
(Budjonny)
Rowno
Bjelgorod
Kiew
Lemberg/Lwow
Charkow
Slowakei
Dnjestr
Dnjepr
Donez
HEERES-GRUPPE SÜD (Rundstedt)
Pruth
Winniza
Bug
Ukraine
Dnjepropetrowsk
UNGARN
Saporoschje
3. RUMÄNISCHE ARMEE
Moldawien
Kriwoj Rog
Kischinjow
11. ARMEE
Odessa
4. RUMÄNISCHE ARMEE
Asowsches Meer
Donau
Krim
Schwarzes Meer
Konstanza
Sewastopol
Frontverlauf
am 21. Juni 1941
am 9. Juli 1941
am 1. September 1941
am 30. September 1941
russische Gegenangriffe
eingekesselte russische Verbände

Die Heeresgruppe Mitte war mit dem größten Umfassungsmanöver betraut und besaß die stärksten Panzerkräfte. Ihre Angriffsspitzen, die Panzergruppen 3 und 2, wurden von Hoth und Guderian befehligt. Sie hatten Befehl, einen möglichst großen Teil der Roten Armee in Weißrussland einzukesseln, zu zerschlagen oder zu erdrücken. Danach sollten sie weiter vordringen, um die «Landbrücke» zwischen den Oberläufen von Düna und Dnjepr zu sichern, über die die Straße Minsk–Smolensk nach Moskau führt. Der Angriff wurde von der Luftflotte 2 vorbereitet, die am Morgen des 22. Juni 528 russische Flugzeuge am Boden und 210 in der Luft vernichtete. Am Abend hatte die Rote Luftwaffe auf der ganzen Breite der Angriffsfront 1200 Maschinen verloren, ein Viertel ihrer in vorderer Linie verfügbaren Kräfte.

Gleichzeitig durchbrachen Hoths und Guderians Panzer die Stalin-Linie. Die Grenzfestung Brest-Litowsk, wo die Deutschen 23 Jahre zuvor ihren Friedensvertrag diktiert hatten, war schon am ersten Tage isoliert. W. S. Popow, der Kommandierende General des XXVIII. Schützenkorps, berichtete, sie sei «mit unaufhörlichem Artillerie- und Granatwerferfeuer buchstäblich zugedeckt worden». Eine Woche lang wurde sie heldenhaft verteidigt, doch dieses Opfer war ohne Bedeutung. Als die Festung fiel, hatten die deutschen Panzerspitzen sie längst umgangen und standen bereits weit im Osten.

Bock, der Oberbefehlshaber der Heeresgruppe Mitte, wurde dennoch von dem hartnäckigen Widerstand in Brest-Litowsk zu der falschen Annahme verleitet, dass die Verteidiger den Rückzug benachbarter russischer Kräfte in Richtung Dnjepr-Düna-Landbrücke deckten. Daher vertrat er am 24. Juni gegenüber dem Generalstab des Heeres die Ansicht, seine Panzergruppen sollten, statt wie geplant den Ring um das 300 Kilometer vom Ausgangspunkt entfernte Minsk zu schließen, weiter gegen Smolensk vorstoßen. Halder, der mit dem kopflosen Verhalten der russischen Truppen in diesem – auf russischer Seite – fast führerlosen Stadium des Kriegs noch nicht vertraut war und befürchtete, Hoths

Panzergruppe 3 könnte nach einem zu tiefen Vorstoß abgeschnitten werden, verweigerte Bock die Erlaubnis. Daher drehte Hoth am 24. Juni nach innen ein; Guderians Panzergruppe 2 bekam den Druck der russischen Truppen zu spüren, die von Hoth südwärts gegen seine Flanke gedrängt wurden und offenbar in die Pripjetsümpfe zu entkommen suchten. Dort hätten sie sich nach Halders Einschätzung zu einem Heer im Verborgenen formieren und die nachstoßenden deutschen Truppen bedrohen können, deren Aufgabe es war, den Geländegewinn der Panzer zu sichern. Folglich befahl er der 4. und 9. Armee, ihre Infanterie schnellstmöglich vorzuziehen, um die fliehenden russischen Verbände zu vernichten, die zwischen Hoth und Guderian in der Falle saßen.

So schlug die Heeresgruppe Mitte am 25. Juni nicht weniger als drei Kesselschlachten gleichzeitig: die eine, die zahlenmäßig unbedeutendste, um Brest-Litowsk, die andere im Gebiet um Bialystok, einem Vorsprung der mäandernden Grenze, wo Stalin die Rote Armee am unsinnigsten exponiert hatte, und die dritte bei Wolkowysk. Bei Bialystok und Wolkowysk wurden zwölf Divisionen eingeschlossen; am 29. Juni, als die Panzergruppen durch die nachgerückte Infanterie der Heeresgruppe Nord freie Hand für einen weiteren Vorstoß hatten, kam es in der Umgebung von Minsk zu einer vierten Kesselschlacht – in der die Vernichtung weiterer 15 Divisionen drohte.

Die Kämpfe wurden zudem mit einer Brutalität und Rücksichtslosigkeit ausgetragen, wie man sie im Zweiten Weltkrieg noch gar nicht und in Europa vielleicht zum letzten Mal in den Kämpfen zwischen Christen und Muslimen während der Türkenkriege des 16. Jahrhunderts erlebt hatte. Nicht nur dass die Russen im Gegensatz zu den Franzosen, ausgenommen deren hartnäckigste Truppen, mit dem Mut der Verzweiflung kämpften, sie wurden von den Deutschen auch mit einer so gnadenlosen Härte attackiert, wie sie den norwegischen, belgischen, griechischen und sogar den jugoslawischen Soldaten erspart geblieben war. Hitler selbst hatte die Gangart für diesen Feldzug vorgegeben. Wie Ministerialrat Helmut Greiner (er führte damals das Kriegstagebuch des Wehrmachtführungsstabes) berichtet, hatte Hitler am 30. März 1941 seine Generale in einer Rede ermahnt,

> daß dieser Kampf nicht nach den allgemeinen militärischen Grundsätzen geführt werden dürfe, es sich vielmehr um den Zusammenstoß zweier entgegengesetzter Weltanschauungen handele, der rücksichtslose Härte verlange. Die Wehrmacht müsse sich daher von den überkommenen Auffassungen und Maßstäben völlig frei machen. Es gelte die Ausrottung des Bolschewismus. Träger der bolschewistischen Idee seien die politischen Funktionäre und die Kommissare in der Wehrmacht … [Daher] seien sie … den Einsatzgruppen des SD zu übergeben … Wo die Übergabe an den SD wegen der Kampfverhältnisse nicht möglich sei, müßten die Funktionäre und Kommissare von der Truppe erschossen werden. Hitler begründete diesen Befehl … damit, daß die Sowjetunion der Genfer Konvention nicht beigetreten sei.

Die Sowjetunion hatte am 20. August 1940 ihr Interesse signalisiert, der Haager Konvention beizutreten – durch sie war seit 1907 die Behandlung von Gefangenen und Nichtkombattanten im Krieg geregelt –, doch das war nur ein Vorfühlen gewesen. Nach dem 22. Juni unterlag daher keiner ihrer Soldaten der Haager oder Genfer Konvention, die die Truppen der Signatarmächte vor Misshandlung schützen. Infolgedessen wurden nicht nur die Kommissare einer «Sonderbehandlung» unterzogen; wie Omer Bartov gezeigt hat, führte die antibolschewistische Indoktrination der Wehrmachtsangehörigen, von denen viele im NS-Staat groß geworden waren, von Anfang an zu willkürlichen Massakern an Kriegsgefangenen. Der Kommandierende General des XLVII. Panzerkorps zum Beispiel sah sich veranlasst, seinen Soldaten nur drei Tage nach Beginn des Feldzuges mitzuteilen, dass «in sinnloser Form Erschießungen stattgefunden haben, sowohl von Gefangenen wie von Zivilisten. Der russische Soldat, der in Uniform gefangen genommen wird und tapfer gekämpft hat, hat Anspruch auf ehrenvolle Behandlung.»

Fünf Tage später erging erneut eine Bekanntmachung an seine Truppen: «Trotz meiner Verfügung vom 25. 6. 41 ... werden immer wieder Erschießungen von Gefangenen, Überläufern und Deserteuren festgestellt, die in unverantwortlicher, sinnloser und verbrecherischer Weise stattfinden. Das ist Mord!» Doch seine Vorhaltungen blieben erfolglos. Die Misshandlung russischer Kriegsgefangener war seit Beginn des Unternehmens «Barbarossa» so alltäglich geworden, dass ein anderer deutscher Verband, die 18. Panzerdivision, Anfang 1942 die Soldaten darauf hinwies, bei den Rotarmisten sei «die Angst vor der Gefangenschaft ... größer ... als die Angst, im Kampfe fallen zu können»; es seien «seit dem November vorigen Jahres ... nur wenige Überläufer» gekommen und «in den Gefechten bei erbittertem Widerstand nur wenige Gefangene gemacht» worden. Das war nicht überraschend; in jeder Armee spricht sich in Windeseile herum, wie der Feind seine Gefangenen behandelt. Derartige Informationen sind in ihrer Wirkung auf die kämpfende Truppe nur mit den Überlebenschancen zu vergleichen, die Verwundete in den eigenen Lazaretten haben – allerdings mit einem Unterschied: Schlechte Prognosen für Verwundete beeinträchtigen den Kampfeswillen von Soldaten, während Misshandlungen von Gefangenen das Gegenteil bewirken. Im Laufe des Zweiten Weltkriegs fielen der Wehrmacht 5,7 Millionen Russen in die Hände; 3,3 Millionen von ihnen starben in Gefangenschaft, überwiegend im ersten Kriegsjahr; ihr Tod war vor allem dem Umstand zuzuschreiben, dass die Wehrmacht keine Vorkehrungen getroffen hatte, solche Menschenmassen zu verpflegen, unterzubringen und zu transportieren. Die Folge sei, wie es im April 1943 in einem internen Dokument der Division Großdeutschland treffend hieß, ein Erstarken des feindlichen Widerstands gewesen, weil jeder Rotarmist die deutsche Gefangenschaft fürchte.

Doch von den systematischen Misshandlungen wussten im Juni und Juli 1941 nur die Deutschen. Ihre russischen Gegner kämpften zwar verbissen, machten aber wenig Anstalten, den Ausbruch aus einem Kessel zu erzwingen und mit Gewalt zurückzuweichen. Zum Teil, weil ihre Kommandeure die Folgen eines Rückzugsbefehls fürchteten – ihre tief sitzende Angst vor Stalin war nur allzu berechtigt, wie wenig später die pauschalen Erschießungen bei Preisgabe von Stellungen zeigten –, zum Teil aber auch, weil es gar kein Entkommen gab: Selbst die deutschen Infanteriedivisionen hatten große Mühe, die Angriffsspitzen einzuholen, nachdem diese ins Ungewisse vorgestoßen waren. Die Panzerdivisionen drangen täglich etwa 80 Kilometer vor und machten nur Halt, um örtlichen Widerstand zu brechen oder Nachschub zu fassen, während ihnen die Infanterie mit Tagesleistungen von höchstens 30 Kilometern mühsam durch die Steppe folgte. In der Zeit zwischen dem 22. Juni und 28. Juli marschierte zum Beispiel die 12. Infanteriedivision 900 Kilometer, im Durchschnitt also 25 Kilometer am Tag, in glühender Hitze und mit etwa 50 Pfund Ausrüstung, Munition und Verpflegung pro Mann. Dieser Marathon führte über eine bei weitem größere Distanz als der Marsch auf Paris, den Klucks Infanterie im August 1914 zurückgelegt hatte. Wahrscheinlich hielten die erschöpften Landser, mit blutenden Füßen und aufgescheuerten Schultern, sich auf dem qualvollen Zug nur deshalb auf den Beinen, weil sie wussten, dass die Panzer vor ihnen dabei waren, die Schlacht zu gewinnen.

Den eingeschlossenen Soldaten der Roten Armee fehlte ein solcher Ansporn. Unter dem Befehl von Kommandeuren, die von der Furcht gelähmt waren, bei Stalin in Ungnade oder den Erschießungskommandos des NKWD zum Opfer zu fallen, und ohne die Aussicht, am Leben zu bleiben, um weiterkämpfen zu können, kauerten sich die Rotarmisten gewöhnlich nieder, wenn sie von Panzern umzingelt waren, und erwarteten ihr Ende, das unausweichlich schien, sobald sie die letzte Patrone verschossen hatten.

Am 9. Juli hatten die bei Minsk eingeschlossenen Rotarmisten vor der Heeresgruppe Mitte kapituliert, doch deren beide Panzergruppen, inzwischen unter dem energischen (und anfangs überzeugten Nationalsozialisten) Hans Günther von Kluge zur 4. Panzerarmee zusammengefasst, waren schon weit über Minsk hinaus vorgedrungen und im Begriff, den Kessel von Smolensk zu schließen. Dieser Kessel auf der Düna-Dnjepr-Landbrücke, in dem sich am 17. Juli etwa 25 russische Divisionen befanden, umfasste Witebsk, Mogiljew und Smolensk selbst und damit die größte russische Truppenkonzentration, welche die Deutschen bis dahin eingekreist hatten. Da die Infanterieverbände der Heeresgruppe Mitte auf der Achse Minsk–Smolensk zu diesem Zeitpunkt bis zu 300 Kilometer hinter den Panzerspitzen zurückhingen, entschied Bock nun, seine kostbaren Panzer- und motorisierten Divisionen (die bald in Panzergrenadierdivisionen umbenannt werden sollten) ins Infanteriegefecht zu schicken, um seine Front schnellstmöglich zu «bereinigen». So schloss sich also zwischen dem 17. und 25. Juli ein Kordon von Panzern, Halbkettenfahrzeugen und motorisierten Infanterieverbänden, die man vom weiteren Panzervorstoß auf Moskau abgezogen hatte, immer enger und enger um Smolensk und die dort in der Falle sitzenden Russen, bis deren Widerstand am 5. August zusammenbrach.

Inzwischen hatte Bock begriffen, dass seine Schwierigkeiten, den Ring zu schließen, nicht allein auf den Widerstand der Eingekesselten zurückzuführen waren, sondern auch auf einen beherzten Versuch, den russischen Divisionen von außen Verstärkung und Nachschub zuzuführen. Solange es die Lücke zwischen Düna und Dnjepr noch gab, war sie als «Landbrücke» in umgekehrter Richtung genutzt worden, das heißt, das russische Oberkommando hatte dort Truppen und Munition so weit wie möglich westwärts transportieren lassen.

Das sowjetische Oberkommando war am 10. Juli umstrukturiert worden, als Stalin nach der anfänglichen Lähmung, in die ihn der «Blitzkrieg» versetzt hatte, erkannte, wie untauglich der vorhandene Apparat für eine angemessene Kriegführung war. Er hatte sich gerade erst den offiziellen Titel eines Staatsoberhauptes zugelegt; am 10. Juli schuf er den Posten eines Obersten Befehlshabers, nachdem der Oberste Sowjet ihn auf sein Verlangen schon am 7. Juli mit dieser Funktion betraut hatte. Das Staatliche Verteidigungskomitee (GKO) mit seinen Mitgliedern Stalin, Woroschilow, Berija, Molotow (Volkskommissar des Äußeren) und Malenkow (Stalins Stellvertreter im Parteiamt) war am 30. Juni gebildet worden; dem Komitee unmittelbar unterstellt war die Stawka, das Oberkommando, dem nach der Reorganisation am 10. Juli Stalin, Molotow und Woroschilow als Parteivertreter und Timoschenko, Budjonny und Schaposchnikow als Militärs angehörten. Der erweiterte Generalstab, in dem nun die Oberbefehlshaber aller Teilstreitkräfte vertreten waren, unterstand seit dem 8. August der Stawka. Damit vereinigte Stalin als Vorsitzender des GKO, Volkskommissar für Verteidigung und Oberster Befehlshaber die höchsten Staatsämter auf sich, während er alle übrigen Funktionen direkt kontrollierte. Eine solche Selbsterhöhung war nicht ungefährlich: Das Odium der Niederlage drohte nun an ihm haften zu bleiben. Doch offenbar war Russlands Lage nach nicht einmal zwei Kriegsmonaten so verzweifelt, dass Stalin wohl zu der Überzeugung gelangt war, er würde weitere Katastrophen dieser Art nicht überstehen. Nur noch der Sieg konnte ihn retten.

Zuckerbrot und Peitsche

Es gab wohl kaum eine Notmaßnahme oder Hilfsaktion, zu der sich Stalin in dieser extremen Krise nicht entschlossen hätte, um das Überleben des Sowjetstaates – und der eigenen Person – zu sichern. Im September ordnete er die Bildung neuer «Gardeverbände» an. Einst waren sie der Inbegriff des Ancien Régime gewesen; den Gardeoffizieren hatte man 1917, getrieben vom revolutionären Hass auf ihre weißen Handschuhe, die Haut von den Händen gezogen. Nun verfügte Stalin, dass die Regimenter, Divisionen und sogar Armeen, die den Deutschen den tapfersten Widerstand entgegensetzten, ihrem Namen das Beiwort «Garde» hinzufügen sollten. Für Helden und Sieger wurden neue Auszeichnungen geschaffen, benannt nach Generalen, die gegen Napoleon gekämpft hatten: der Kutusow- und der Suworow-Orden. Alte Rangabzeichen wurden wieder eingeführt, beispielsweise die Schulterstücke, die man den Offizieren 1917 von den Uniformen gerissen hatte. Selbst die orthodoxe Kirche, zwei Jahrzehnte lang verunglimpft und verfolgt, kam plötzlich wieder zu Ehren – um «Mütterchen Russland» zu dienen: Ausgerechnet jener Autokrat erweckte ihr Matriarchat zu neuem Leben, der ihre Kinder in der Ära der Zwangskollektivierung und Säuberungen erbarmungslos geschändet hatte.

Doch zum Zuckerbrot gehörte auch die Peitsche. Die «Doppelfunktion» der Kommissare wurde am 16. Juli wieder eingeführt. Am 27. Juli las man allen Offizieren und Soldaten den Befehl vor, in dem die Erschießung von neun höheren Offizieren angeordnet wurde. Zu den Verurteilten gehörten der verantwortliche Fernmeldeoffizier der Westfront, die Oberbefehlshaber der 3. und 4. Armee sowie die Kommandeure der 30. und 60. Schützendivision. Andere wurden heimlich erschossen oder zogen den Selbstmord den Erschießungskommandos des NKWD vor. Dessen «Sonderabteilungen» (die Vorsilbe «Sonder-» gewann im Zweiten Weltkrieg schreckliche Bedeutung – «Sonderführer», «Sonderkommando», «Sonderbehandlung» bedeuteten alle den Tod von wehrlosen und missliebigen Menschen) standen im Rücken der kämpfenden Truppe, um Deserteure zu erschießen und mit Maschinengewehren jeden zu bedrohen, der auch nur daran dachte, seinen Posten zu verlassen.

Es wurde jedoch von Tag zu Tag schwieriger, aktiven Widerstand zu leisten. Am 10. Juli waren drei Fronten gebildet worden – die Nordwestfront, nominell von Woroschilow befehligt, die Westfront unter Timoschenko und die Südwestfront unter Budjonny –, um den drei deutschen Heeresgruppen zu begegnen, die den Angriff führten; so konnte man die vom GKO mobilisierten Verstärkungen und den Nachschub sinnvoll organisieren. Im Juli 1941 waren neue Männer und Ausrüstung allerdings kaum noch zu finden, während die vorhandenen Einheiten und Waffen im Feuerofen der Schlacht verheizt wurden. Am 8. Juli ging das OKH davon aus, dass 89 der 164 identifizierten russischen Divisionen vernichtet waren; zum Beleg konnte die Heeresgruppe Mitte auf 300 000 Gefangene, 2500 erbeutete Panzer und 1400 eingenommene Geschütze verweisen (Letztere waren in den meisten Fällen von den toten Soldaten umgeben, die sie bedient hatten, so verbissen kämpften die russischen Kanoniere). Nach Stalins Rechnung standen 180 von 240 mobilisierten Divisionen im Kampf; er hoffte, falls Hitler ihm Zeit dazu ließe, schließlich 350 Divisionen aufbieten zu können. Gegenwärtig aber wurde Ersatz ebenso schnell aufgerieben wie gefunden: Im Zusammenhang mit der Kesselschlacht von Smolensk wurden weitere 310 000 Gefangene gemacht sowie 3200 Panzer und 3100 Geschütze erbeutet. Die russische Industrie, die plötzlich zu Höchstleistungen angetrieben wurde, stellte im Monat 1000 Panzer (und 1800 Kampfflugzeuge) her, doch selbst diese Zahlen blieben hinter den Verlusten zurück.

Während die Heeresgruppe Mitte im Kessel von Smolensk die sowjetische 16., 19. und 20. Armee aufrieb, beschleunigte die Heeresgruppe Nord entlang der Ostseeküste ihren Vormarsch auf Leningrad. Anfänglich hatten Seen, Wälder und Flüsse das Vordringen von Leebs Panzerspitzen verzögert. Obgleich ihm nur drei Panzerdivisionen zur Verfügung standen und ihm keine so spektakulären Einkreisungen gelangen wie Bock, hatte die Heeresgruppe Nord am 30. Juni Litauen besetzt und sicherte Brückenköpfe jenseits der Düna, wo man den Verlauf der Stalin-Linie vermutete. Rasch überwand die Panzergruppe 4 den Fluss, erreichte Ostrow an Lettlands Vorkriegsgrenze mit Russland und stand zehn Tage später an der Luga, dem letzten größeren Wasserhindernis 100 Kilometer vor Leningrad.

Die Heeresgruppe Süd war anfänglich langsamer als die beiden anderen vorangekommen. Sie gliederte sich unter dem Oberbefehl von Rundstedt, der 13 Monate zuvor den großen Durchbruch über die Maas erzwungen hatte, in zwei höchst unterschiedliche

Blöcke: eine nördliche *Masse de Manœuvre*, bestehend aus deutscher Infanterie, der die fünf gepanzerten Divisionen der Panzergruppe 1 vorausfuhren, und einen südlichen Flügel, auf dem die Kontingente der Verbündeten operierten, rumänische und ungarische Divisionen mit minderwertigen französischen Waffen, die sie zur Zeit der Kleinen Entente erhalten hatten. Die Divisionen der Verbündeten hatten den Auftrag, Dnjestr und Bug zu überqueren und Odessa sowie die Schwarzmeerhäfen zu nehmen, während die deutschen Infanteristen und Panzer tief in die Steppe vorstoßen und auf Kiew zuhalten sollten, die Hauptstadt der Ukraine und Wiege der russischen Kultur.

Rundstedts Vorausabteilungen durchbrachen die sowjetischen Grenzbefestigungen ohne Mühe, indem sie die Festung Przemysl überrannten, die 1914/15 der Belagerung 194 Tage standgehalten hatte. Dann wandten sie sich gegen eine größere Truppenkonzentration der Südwestfront, deren Befehlshaber Kirponos, einer der besten Generale Stalins, und deren Politkommissar Nikita Chruschtschow war, der spätere Erste Sekretär der Kommunistischen Partei; zu den Panzerführern zählte der überragende General K. K. Rokossowski. Mit sechs motorisierten Korps verfügte die Südwestfront über besonders starke gepanzerte Verbände, in denen zum großen Teil T-34 eingesetzt wurden. Kirponos hatte eigentlich die richtige Antwort auf Rundstedts «Blitzkrieg»: Er wollte die Spitzen von Kleists Panzergruppe 1 zwischen zwei konzentrisch angreifenden Armeen in die Zange nehmen. Die 5. Armee, die ihren Stoß aus den undurchdringlichen Pripjetsümpfen heraus führte, besaß eine sichere Ausgangsbasis; die in der offenen Steppe aufgestellte 6. nicht. Obwohl beide Armeen ihre Angriffe entschlossen vortrugen, konnten sie die Zange nicht schließen, und Kleist stieß zwischen ihnen hindurch, um am 30. Juni Lwow einzunehmen (unter dem deutschen Namen Lemberg bis 1918 die Hauptstadt des österreichischen Galizien, anschließend bis 1939 polnisch). Kommandeur der dortigen Garnison war General A. A. Wlassow, der sich diesmal noch kämpfend zurückziehen konnte.

Ein Jahr später jedoch fiel er bei Leningrad den Deutschen in die Hände; er wechselte die Seiten und stellte mit Stalingegnern unter den Gefangenen die «Wlassow-Armee» auf. Vielleicht wurde seine Regimetreue während der Evakuierung Lembergs erschüttert, als das örtliche NKWD die politischen Gefangenen aus der Ukraine abschlachtete, damit sie nicht von den Deutschen befreit werden konnten.

Kirponos setzte seine Zangenoperation gegen Kleists Panzer vom 29. Juni bis zum 6. Juli fort, aber mit der Feuerkraft seiner Panzer und unter den Keulenschlägen der Luftwaffe konnte Rundstedt seine Angriffsspitzen voranbringen, wenn auch nur innerhalb des schmalen, so genannten Schitomir-Korridors, der sich allerdings unaufhaltsam an Kiew heranschob. Für den 11. Juli hatte Kirponos eine Kommandeursbesprechung in Browari, etwa 15 Kilometer ostwärts der Stadt, einberufen. Dort wurde beschlossen, dass die 5. und 6. Armee – trotz fortwährender Verstärkungen nur noch ein Schatten ihrer selbst – die vorrückenden Deutschen weiter angreifen sollten. Kirponos rechnete mit dem Eintreffen zweier neuer Korps, des LXIV. und XXVII., die seinen Bemühungen mehr Nachdruck verleihen sollten, doch beunruhigte ihn, wie Erickson schreibt, was er von den beiden Großverbänden hörte: «Mangel an Waffen, bespannte Geschütze, desorganisierte Stäbe, kein Funkgeräte; es hatte [beim XXVII. Korps] nur eine Division noch einen Kommandeur.» Als der Militärrat der Südwestfront nach der Besprechung auseinander ging, wurde ein schwerer deutscher Luftangriff gegen das Hauptquartier geflogen. Kirponos hatte bereits erkannt, in welcher Gefahr Kiew und sein eigener Verband schwebten, da es ihm nicht gelungen war, Kleists Durchbruch zu verhindern: Die vormarschierende Panzergruppe 1 bildete nun den einen Arm einer gegnerischen Zange. Wenn es den Deutschen gelingen würde, von Norden her, von Bocks Heeresgruppe Mitte, Panzer heranzuführen, wäre der andere Zangenarm gebildet; Kirponos, seine Männer und die ganze Ukraine wären eingeschlossen.

Die Moskau-Frage

Zur gleichen Zeit beschäftigte dieser Gedanke auch Hitler. Seit Beginn der Planungen im Vorjahr waren er und das Oberkommando des Heeres unterschiedlicher Ansicht, wie der Feldzug zu führen sei. Die Meinungsverschiedenheiten waren mit der «Barbarossa»-Weisung vom Dezember 1940 weitgehend bereinigt worden, doch das OKH, insbesondere Halder, glaubte immer noch, dass man der Kampfkraft der Russen am besten Herr würde, indem man geradenwegs auf Moskau zustieß; Hitler hingegen ging es hauptsächlich darum, so viel russisches Gebiet wie möglich zu schlucken und die russischen Verteidiger dabei in gewaltigen Kesselschlachten zu vernichten. Sein Selbstvertrauen als Feldherr wuchs schnell. Den Polenfeldzug hatte er seinen Generalen überlassen, und zur Invasion der skandinavischen Länder hatte vor allem Großadmiral Raeder ihn gedrängt. Vor und während des Westfeldzuges hatte er zwar seinen Generalen die Befehle erteilt, aber auch unter schweren Anfällen von Unentschlossenheit und Zweifeln gelitten, insbesondere als seine Truppen vor Dünkirchen standen. Seit Beginn des Russlandfeldzuges jedoch wurde er sich seiner Sache immer sicherer. Dies war sein Krieg, in des Wortes vollster Bedeutung. Nach dem triumphalen Anfang nahmen Hitlers anmaßende Eingriffe in die operative Planung mehr und mehr zu. «Das ewige Hereinreden des Führers in Dinge, deren Zusammenhang er nicht kennt, wächst sich zu einer Plage aus, die unerträglich wird», schrieb Halder am 14. Juli. Ein wenig später führte er das Thema etwas weiter aus:

> «Man» macht wieder in Feldherr und verbiestert sich auf so ausgefallene Ideen, daß damit der ganze Ertrag der bisher schön verlaufenden Operation in Frage gestellt wird. Der Russe geht nicht von selbst weg, wie der Franzose, wenn er operativ geschlagen wird, sondern läßt sich einzeln totschlagen in einem Lande, das zur Hälfte aus Wald und Sumpf besteht … Alle paar Tage bin ich dort [die in der Nähe von

> Rastenburg in Ostpreußen gelegenenen Hauptquartiere Hitlers und des OKH waren getrennte, wenn auch benachbarte Komplexe]. Stundenlanges Gerede mit dem Ergebnis, daß es eben nur einen Menschen gibt, der etwas vom Kriegführen versteht … Hätte ich nicht mein Gottvertrauen … so ginge es mir wohl wie Brauchitsch [dem OB des Heeres], der völlig fertig ist mit seiner Spannkraft und sich hinter einer eisernen Herrenmiene versteckt, um seine innere Hilflosigkeit nicht nach außen merken zu lassen.

Hitlers Differenzen mit Halder und dem OKH traten offen zutage, als er am 19. Juli die Weisung Nr. 33 ausgab, in der er seine Vorstellungen vom nächsten Stadium der Operationen umriss. Darin legte er fest, dass die beiden Panzergruppen der Heeresgruppe Mitte, Hoths 3. und Guderians 2., von dem Vormarsch gegen Moskau abgezogen werden sollten, um Leeb und Rundstedt beim Vorrücken auf Leningrad beziehungsweise Kiew zu unterstützen. Ein Nachtrag vom 23. Juli schuf endgültig Klarheit. Der Vormarsch auf Moskau wurde verschoben, bis der Raum um Smolensk vom Feind gesäubert wäre. Ergänzend dazu erließ Brauchitsch neue Befehle an die Heeresgruppe Mitte, für deren Empfang Guderian sich am 26. Juni zu einer Besprechung in Nowi Borisow einzufinden hatte. Dort wurde er angewiesen, seine Panzer von der Moskau-Route abzuziehen und sie nach Süden zu dirigieren, um die sowjetische 5. Armee am Rande der Pripjetsümpfe zu vernichten.

Guderian war außer sich. Seine Divisionen hatten nach schweren Kämpfen und der Durchquerung eines ausgedehnten, straßenlosen Gebiets die Hälfte ihrer Panzer verloren. Andererseits standen seine Vorausabteilungen, die in sechs Wochen 700 Kilometer tief vorgedrungen waren, nur 350 Kilometer vor Moskau. Und da vor dem Einsetzen des Herbstregens ein Anhalten des trockenen Wetters praktisch garantiert war, hätten sie sicherlich an die Hauptstadt herangeführt werden können. Als Panzergruppen-Befehlshaber unterstand er nicht Kluge (mit dem ihn eine auf Gegenseitigkeit beruhende Antipathie verband), sondern unmittelbar Bock, dessen Auffassungen sich mit den eigenen deckten. Mit

Bocks Einwilligung, der sich das OKH stillschweigend anschloss, verfolgte er daher eine Verzögerungstaktik, um Hitlers Änderung der «Barbarossa»-Strategie zu unterlaufen. Er schickte seine Panzergruppe (sie hieß jetzt zeitweise «Armeegruppe Guderian») in ein Gefecht um die Stadt Roslawl, etwa 115 Kilometer östlich von Smolensk, wo die Straßen nach Moskau, Kiew und Leningrad aufeinander treffen. Auf diese Weise wollte er seine Truppen so lange in eine Auseinandersetzung mit den russischen Verteidigern verwickeln, bis der Grund, sie zu Rundstedts Unterstützung abzuziehen, durch die Ereignisse hinfällig war und er, wie ursprünglich befohlen, weiter in Richtung Moskau vorrücken konnte.

Beinahe hätte Guderian mit seiner verdeckten Auflehnung Erfolg gehabt. Sein Argument dafür, den Druck auf Roslawl zu erhöhen, wurde dadurch untermauert, dass in diesem Abschnitt russische Reserven auftauchten, die Stalin aus Ausbildungseinheiten und rasch aufgestellten Milizen – inzwischen seine einzige Möglichkeit, noch frische Truppen auszuheben – zusammengezogen und Timoschenko zu Hilfe geschickt hatte. Hitler waren inzwischen Bedenken gekommen. Mit der Weisung Nr. 34 vom 30. Juli vertagte er die Entscheidung, Panzergruppen der Heeresgruppe Mitte zugunsten der an Panzern schwachen Nachbarn abzuziehen, und um sich selbst ein Bild von der Lage zu machen, kündigte er für den 4. August einen Besuch der Heeresgruppe Mitte an (ein Ausflug, von dem er gar nicht wusste, wie gefährlich er war, denn das Hauptquartier dieser Heeresgruppe war das Zentrum des «militärischen Widerstands», der im Juli 1944 einen Anschlag auf ihn unternahm). Hoth, Befehlshaber der Panzergruppe 3, akzeptierte die Argumente, mit denen der «Führer» für eine Unterstützung Leebs in der Hauptstoßrichtung Leningrad plädierte. Bock und Guderian dagegen, die sich mit den Kräften von Rundstedt vereinigen sollten, widersprachen Hitler. Es folgte das so genannte Neunzehn-Tage-Interregnum, eine Zeit, in der Guderian südwärts drängte, gleichzeitig aber versuchte, das Gros seiner Sturmtruppen auf dem Weg nach Moskau zu halten.

Dieses «Interregnum» vom 4. bis 24. August, das Stalin 1941 durchaus vor der Niederlage bewahrt haben könnte, zeichnete sich nicht nur dadurch aus, dass die Deutschen an allen Fronten nur langsam vorrückten, sondern auch dadurch, dass der oberste deutsche Kriegsherr seine Meinung mehrfach änderte. Auf einer Besprechung von OKW und OKH am 7. August gelang es Jodl und Halder, Hitler von der Notwendigkeit zu überzeugen, den Vormarsch auf Moskau wieder aufzunehmen; das kam in der Weisung Nr. 34A zum Ausdruck. Drei Tage später versetzte der verstärkte Widerstand an der Leningradfront Hitler in solchen Schrecken, dass er verlangte, Hoth solle mit seinen Panzern unverzüglich abrücken und Leeb zu Hilfe eilen. Jodl meinte zu Adolf Heusinger, dem Chef der Operationsabteilung des Heeres, Hitler scheue «sich instinktiv, den gleichen Weg wie Napoleon zu gehen. Moskau hat etwas Unheimliches für ihn.» Als sich die ganze Befehlskette – Brauchitsch, Halder und Heusinger im OKH, Bock bei der Heeresgruppe Mitte, Guderian als Bocks wichtigster Truppenführer – weiterhin ausweichend verhielt, verlor Hitler, der inzwischen wieder ein klares Bild vom Verlauf des Feldzuges gewonnen hatte, die Geduld. Er erneuerte seinen Befehl, die Heeresgruppen Nord und Süd auf ihre Angriffsziele vorrücken zu lassen, und diktierte einen Brief an Brauchitsch, in dem er ihm Mangel am «notwendigen Verständnis» vorwarf.

Brauchitsch erlitt einen leichten Herzanfall. Halder, der ihn nach Erhalt des Briefes zum Rücktritt gedrängt hatte, bot selbst seine Entlassung an, «um einen Unsinn zu verhüten». Sein Gesuch wurde abgelehnt. Damals wie später wertete Hitler Rücktrittsangebote als Gehorsamsverweigerung. Trotzdem blieb Halder bei seiner Ansicht: «Der schwerste Vorwurf, der einer Führung gemacht werden kann, daß sie aus Scheu vor Risiko den Angriffschwung ihrer Truppe nicht nutzt, wird uns von der Geschichte gemacht werden.» In seinem Tagebuch stellte Bock ähnlich enttäuscht fest: «Ich will gar nicht Moskau nehmen! Ich will das feindliche Heer zerschlagen, und die Masse dieses Heeres steht vor meiner Front.»

Trotzdem überließen es beide ihrem Untergebenen Guderian, dem «Führer» ihre Befürchtungen mit der erforderlichen Deutlichkeit darzulegen. Guderian hatte Bock von der Strategie überzeugt, die er für die richtige hielt. Als Halder am 23. August Bocks Hauptquartier besuchte, rief dieser Hitlers Adjutanten Schmundt an und bat ihn, Guderian eine Unterredung mit Hitler zu verschaffen; Halder nahm Guderian auf dem Rückflug zum Führerhauptquartier in seinem Verbindungsflugzeug mit.

Als Guderian in Rastenburg zeitig genug eintraf, um sich zur Abendbesprechung zu begeben (Hitler hatte neuerdings einen Zeitplan aufgestellt, in dem Mittag und Mitternacht für Besprechungen mit seinen Generalstabsoffizieren vorgesehen waren), empfing ihn Brauchitsch mit der Nachricht: «Ich verbiete Ihnen, mit dem Führer die Frage Moskau zu erörtern. Der Ansatz nach Süden [der Angriff auf Kiew] ist befohlen, es handelt sich nur noch um das Wie. Jede Erörterung ist nutzlos.» Guderian gehorchte widerwillig, ließ im Laufe der Begegnung aber so viele Hinweise auf das «Hauptziel» am Frontabschnitt der Heeresgruppe Mitte fallen, dass Hitler das Thema schließlich selbst zur Sprache brachte. Da Guderian nun Gelegenheit dazu hatte, plädierte er leidenschaftlich für eine Fortsetzung des Vormarschs auf Moskau. Hitler ließ ihn ausreden, denn er hielt viel von diesem Pionier der Panzerwaffe, besonders seit Guderian ihn vor der unvermuteten Stärke der russischen Panzer gewarnt hatte. Doch dann ging Hitler in die Offensive. «Meine Generale verstehen nichts von Kriegswirtschaft.» Er erläuterte die Notwendigkeit, sich des südrussischen Wirtschaftsraums von Kiew bis Charkow zu bemächtigen, und unterstrich, wie wichtig die Eroberung der Krim sei, von der aus die Rote Luftwaffe die rumänische Region um Ploesti bedrohe; noch immer deckte Deutschland seinen Erdölbedarf hauptsächlich dort.

Da die anderen anwesenden Offiziere deutlich erkennen ließen, dass sie die Position des «Führers» teilten, und Brauchitsch und Halder demonstrativ darauf verzichtet hatten, ihm beizustehen, sah Guderian sich genötigt, den Widerstand aufzugeben. Er konnte lediglich das Zugeständnis erreichen, dass seine Panzergruppe zur Unterstützung Rundstedts nicht aufgeteilt werden solle und geschlossen zur Hauptstoßrichtung Moskau zurückkehren könne, sobald die Schlacht um Kiew gewonnen wäre. Als Guderian wieder beim OKH eintraf, bekam er von Halder und Brauchitsch die heftigsten Vorwürfe zu hören, und während er sich auf dem Rückflug nach Nowi Borisow befand, schwärzte Halder ihn bei Bock telefonisch an. Aber die Würfel waren gefallen. Nach beinahe dreiwöchiger Untätigkeit nahm das Ostheer den Angriff mit einer entschlossenen Offensive in das südrussische Schwarzerdegebiet wieder auf. Ob danach der Stoß gegen Moskau zu Ende geführt werden konnte, hing von der Jahreszeit ab. Bis zum Beginn des Frostwetters waren es nur noch zweieinhalb Monate, und von da an würden zwei Generale namens Januar und Februar auf Stalins Seite kämpfen.

Stalin plante jedoch schon eine Gegenoffensive. Am 16. August hatte er die Brjanskfront unter A. I. Jeremenko geschaffen, um die Lücke zu schließen, die sich zwischen dem Zentralkommando und dem Südwestkommando (vorübergehende Befehlsstellen oberhalb der Frontebene) aufgetan hatte. Dieser Front teilte Stalin so viel neues sowjetisches Gerät zu, wie er erübrigen konnte, etliche T-34-Panzerbataillone und einige Batterien *Katjuscha*-Werfer («Stalinorgeln» im Landser-Jargon), die Salven von jeweils acht flugstabilisierten Raketen mit großen Gefechtsköpfen abfeuern konnten. Mit solchen Waffen und zwei neuen Armeen, der 13. und der 21., versuchte Jeremenko einen Gegenangriff in die Lücke zwischen Rundstedts Panzerspitzen (Kleists Panzergruppe 1 und Guderians von Norden her anrückender Panzergruppe 2).

Doch Jeremenko geriet damit in eine Falle. Am 8. August hatte Kleist bereits 100 000 Russen in der Kesselschlacht bei Uman bezwungen. In einer weit ausholenden Zangenbewegung schlossen die Panzergruppen nun die viel größere Truppenkonzentration im

Raum Kiew ein. Guderian, der sich von der Stoßrichtung Moskau südwärts wandte, war in Gefahr, durch einen russischen Angriff auf seine (am Ende 240 Kilometer lange) offene Flanke von seinen rückwärtigen Truppen abgeschnitten zu werden, doch seine 3. und 17. Panzerdivision, die von zwei energischen jungen Generalen geführt wurden (Walter Model, dem künftigen Oberbefehlshaber einer Heeresgruppe, und Ritter von Thoma, der sich im Wüstenfeldzug gegen die Briten einen Namen machen sollte), überwanden jeden Widerstand. Am 16. September vereinigten sie sich bei Lochwiza, etwa 160 Kilometer östlich von Kiew, mit Kleists Panzergruppe. Bis alle Schlupflöcher verschlossen waren, durch die noch eine Hand voll Russen entkamen, vergingen acht Tage, in denen die Luftflotten 2 und 4 den Kessel mit einem dichten Bombardement belegten. Am 26. September wurde der Kessel endgültig geschlossen; 665 000 russische Soldaten saßen fest – bis heute die größte Anzahl feindlicher Soldaten, die je im Zuge einer Einzeloperation gefangen genommen wurde. Fünf russische Armeen mit 50 Divisionen waren vernichtet, viele tausend Soldaten gefallen, unter ihnen auch Kirponos, der am 20. September in der Nähe seines letzten Gefechtsstands bei Lochwiza in einen Hinterhalt geraten und tödlich verwundet worden war.

Als die Gefangenen nach der Kesselschlacht von Kiew durch die Steppe zu den völlig unzulänglichen Gefangenenlagern im rückwärtigen Gebiet marschierten, bot sich den deutschen Eroberern ein Anblick, der selbst die Hartgesottensten unter ihnen entsetzte. «Plötzlich sahen wir ein breites, erdbraunes Krokodil, das sich auf der Straße in unsere Richtung wälzte», berichtete ein Augenzeuge. «Ihm entstieg ein unterdrücktes Summen, wie aus einem Bienenkorb. Kriegsgefangene, Russen, in Sechserreihen … Eilig wichen wir der Wolke verpesteter Luft aus, die sie umgab. Was wir dann sahen, ließ uns gebannt verharren, wo wir gerade standen, und unseren Ekel vergessen. Waren das wirklich noch Menschen, diese graubraunen Gestalten, diese Schatten, die auf uns zu wankten, die taumelten und stolperten, diese Geschöpfe, dem Tode nahe und nur dank einem letzten Aufflackern ihres Lebenswillens fähig, weiter zu marschieren? Alles Elend dieser Welt schien sich in ihnen konzentriert zu haben.» Annähernd drei Millionen Russen waren in Gefangenschaft geraten; eine halbe Million von ihnen sollte aus Mangel an Unterkünften oder Nahrung in den ersten drei Monaten des bevorstehenden Winters ums Leben kommen.

«General Winter»

Den nahenden Winter bekam das ganze Ostheer bereits Ende September zu spüren; zunächst drohten regendurchweichte Rollbahnen und angeschwollene Flüsse, dann Schneestürme und schwere Schneetreiben, auf die Männer und Material gleichermaßen unvorbereitet waren. Guderian nahm seine Panzergruppe in aller Eile auf den Mittelabschnitt der Front zurück, weil er den endgültigen Vorstoß auf Moskau noch unbedingt vor dem Wetterumschwung einleiten wollte. Im Süden belagerten die Rumänen Odessa, das von einer hastig aufgestellten Marine-Sonderarmee von 100 000 Mann gehalten wurde und erst am 16. Oktober fiel. Die 11. Armee unter Erich von Manstein drängte durch das Mündungsgebiet des Dnjepr und erreichte den Ansatz der Krim am 29. September. Dieser gelungene Vorstoß nahm Hitler die Furcht, die Krim könnte gewissermaßen zu einem unsinkbaren Flugzeugträger werden, von dem aus die rumänischen Ölfelder bombardiert würden. Durch Mansteins Vorrücken waren auch die küstennahen Industriegebiete an Donez und Don bedroht. Das war jedoch noch keine vollständige Lösung im Sinne der «Barbarossa»-Strategie, da die Rote Armee die Südprovinzen Russlands nach wie vor fest im Griff hatte und Bock seine Angriffsverbände am Mittelabschnitt der Front für den erneuten Vorstoß auf Moskau erst wieder zusammenfasste. Um die Eroberungspläne erfolgreich umzusetzen, musste man wieder Bewegung in die Nordfront bringen, Leningrad belagern und schließlich einnehmen.

Die Heeresgruppe Nord hatte ihre konzertierten Anstrengungen zur Einnahme Leningrads am 8. August mit einem energischen Angriff auf die Luga begonnen, an der sich die vordersten Verteidigungsstellungen der Stadt befanden. Parallel dazu war eine deutsch-finnische Offensive über die Karelische Landenge – von Stalin nach der finnischen Niederlage im Vorjahr annektiert – geplant, die bis weit hinauf an den Polarkreis führen sollte. Leebs Offensive wurde durch drei Faktoren erschwert. Erstens wurde Leningrad im Rücken vom Ladogasee, einer riesigen Wasserfläche, geschützt, wodurch jeder nördliche Umfassungsversuch unmöglich war. Zweitens hatte das Leningrader Truppenkommando die Stadtbevölkerung mobilisiert, um konzentrische Verteidigungsringe um die Stadt zu legen. Dazu gehörten tausend Kilometer Erdwälle, 650 Kilometer Panzergräben, 600 Kilometer Stacheldrahtverhau und 5000 Bunker – eine ungeheure Arbeitsleistung, zu der 300 000 Komsomolzen und 200 000 Zivilisten, Frauen wie Männer, herangezogen worden waren. Als dritter erschwerender Faktor trat hinzu, dass Marschall Carl Gustaf Mannerheim, der finnische Heerführer, selbst in dieser für die Sowjetunion denkbar ungünstigen Situation entschlossen war, den Gegner nicht dadurch zu reizen, dass er mehr Gebiet besetzte, als Finnland zustand. Während Leeb sich an der Ostseeküste vorarbeitete, blieben die finnischen Verbände deshalb am 5. September oberhalb des Ladogasees abwartend stehen, als Hoths Panzergruppe wieder zu ihrem Stammverband zurückkehrte, von dem sie nach dem Treffen Hitlers mit Guderian abgezogen worden war. Daher war Hoepners Panzergruppe 4 bei dem Versuch, die Befestigungsanlagen zu durchbrechen und die Stadt einzunehmen, auf sich allein gestellt.

Ein vierter Faktor, der sich hinderlich auf Leebs Leningrader «Blitzkrieg» auswirkte, machte sich Mitte September bemerkbar. Schukow, der Stalin geraten hatte, Kiew bereits vor der Einschließung aufzugeben, und zum Dank für seine Offenheit seines Postens als Generalstabschef enthoben worden war, traf am 13.

September an der Nordwestfront ein, um die Verteidigungsmaßnahmen zu intensivieren. Zu diesem Zeitpunkt befanden sich die Deutschen bereits in den Randbezirken der alten Zarenhauptstadt. Zarskoje Selo (das jetzt Puschkin hieß), das russische Versailles, war am 10. September gefallen (seine wundervollen Prachtbauten und Pavillons, wie die des Pekinger Sommerpalasts von westlichen Architekten erbaut, wurden durch einen wahrscheinlich von den Eindringlingen verursachten Großbrand zerstört). Kurz darauf erreichten Leebs Vorausabteilungen den Finnischen Meerbusen bei Strelna. Leningrad war nun durch den finnischen Vorstoß an die Grenze von 1939 und Leebs Besetzung der Ostseeküste vom Rest Russlands praktisch abgeschnitten; mit dem Landesinneren war die Stadt nur noch durch den Wasserweg über den Ladogasee verbunden. Diese Lebensader aber war dünn und unzuverlässig. Die Leningrader bekamen die Einschließung schon bald zu spüren und litten in der Folge unter einer schrecklichen Hungersnot, der etwa eine Million Menschen zum Opfer fielen, ehe die Belagerung im Frühjahr 1944 aufgehoben wurde.

Schukows Erscheinen zeigte unmittelbare Wirkung. Sein erster Befehl lautete: «Den Feind mit Artillerie- und Granatwerferfeuer eindecken und ihm keine Gelegenheit geben, die Verteidigungslinie zu durchbrechen.» Unter seinem entschlossenen Kommando kamen Hoepners Panzerangriffe in den Gräben und Betonanlagen, die die Leningrader angelegt hatten, zum Stillstand. Die Lage habe sich erheblich verschlechtert, berichtete Leeb am 24. September ins Führerhauptquartier. Der finnische Druck in Karelien habe völlig aufgehört; das Stadtgebiet mit seinen drei Millionen Einwohnern sei unangetastet. Deutsche Luftangriffe forderten täglich etwa 4000 Todesopfer und lösten 200 Brände aus, doch die Panzervorstöße erreichten das große Stadtgebiet der Kanäle und klassizistischen Paläste nicht. Am letzten Sturmangriff waren nur noch 20 Panzer beteiligt. Hitler hatte entschieden, die Masse von Hoepners Panzergruppe 4 abzuziehen und der kriegsentscheidenden Operation «Taifun» zur Einnahme Moskaus zuzuführen.

Die Weisung Nr. 35 vom 6. September beseitigte die Unklarheit, die der «Barbarossa»-Strategie innewohnte, seit OKW und OKH ein Jahr zuvor ihre eigenen Operationspläne vorgelegt hatten. Darin ordnete Hitler an, dass Bock nach Einkesselung und Vernichtung der russischen Armee, die der Heeresgruppe Mitte gegenüberstand, «zur Verfolgung Richtung Moskau – rechts angelehnt an die Oka, links angelehnt an die obere Wolga – anzutreten» habe. Die Panzergruppen 2 und 3 sollten durch Hoepners von Leningrad kommende Panzergruppe 4 verstärkt werden, damit sie in Hauptstoßrichtung Moskau über eine möglichst große Durchbruchsenergie verfügten. Hauptziel des Unternehmens war es, die russischen Kräfte zu überwinden und zu vernichten, die den Zugang nach Moskau blockierten, und zwar «in der bis zum Einbruch des Winterwetters verfügbaren befristeten Zeit».

Das Heer, das zum letzten Abschnitt des Weges nach Moskau antrat, unterschied sich erheblich von dem, das zehn Wochen zuvor die Grenze überschritten hatte. Durch Tod, Verwundung und Krankheit war seine Stärke um eine halbe Million Mann verringert worden; diese Ausfälle waren zwar nicht mit den fürchterlichen Verlusten der Roten Armee zu vergleichen, aber sie reichten aus, um die Moral der Frontsoldaten zu beeinträchtigen und in den Familien daheim im Reich eine Atmosphäre der Trauer und Sorge zu verbreiten. Der Verfasser des Kriegstagebuchs der 98. Infanteriedivision, die von Kiew nordwärts an die Moskaufront verlegt wurde, hielt die Tortur eines 650-Kilometer-Marsches fest:

> Die modernen Feldwagen mit Gummireifen und kugelgelagerten Rädern waren schon lange unter den Belastungen der fürchterlichen Wege zusammengebrochen und durch russische Bauernkarren ersetzt worden. Die leistungsfähigen deutschen Pferde [600 000 von ihnen hatten den Feldzug begonnen] brachen täglich infolge von Erschöpfung und Futtermangel zusammen, doch die struppigen russischen Panjepferde, obwohl eigentlich zu leicht für die schweren Zugdienste, die sie leisten, fressen Birkenzweige und das Stroh von den Dächern

> der Katen. Ausrüstung, darunter viele Tonnen der Divisionsreserve an Munition, mussten wegen mangelnder Transportmöglichkeit am Straßenrand liegen bleiben. Nach und nach verschwanden die einfachsten Lebensnotwendigkeiten, Rasierklingen, Seife, Zahnpasta, Schuhflickzeug, Nadel und Faden. Selbst im September, vor Anbruch des Winters, regnete es unaufhörlich und ein kalter Nordostwind blies, sodass jeden Abend das Gerangel um die Unterkünfte begann, so verwahrlost und verwanzt sie gewöhnlich auch waren. Wenn kein Quartier gefunden werden konnte, fiel die Stimmung der Soldaten auf den absoluten Tiefpunkt. Der Regen, die Kälte und fehlende Ruhe ließen die Zahl von Erkrankungen ansteigen, die unter normalen Umständen die Einlieferung ins Lazarett bedeutet hätten; doch die Kranken mussten mit der Kolonne weiter marschieren, bis zu vierzig Kilometer pro Tag, denn es gab keine Transportmöglichkeit, und in den Wäldern, die von Banditen unsicher gemacht wurden, konnte man sie nicht zurücklassen. Das vorgeschriebene Schuhwerk, der Kommissstiefel, fiel auseinander [im kommenden Winter beschleunigten die genagelten Sohlen dieser Stiefel Erfrierungen der Füße]. Alle Dienstgrade waren verdreckt und bärtig, in schmutziger, verrotteter und verlauster Unterwäsche; schon bald stellte sich Typhus ein.

Die Wirklichkeit von Eroberungszügen dürfte selten viel anders ausgesehen haben. Alexanders Hopliten gelangten beinahe barfuß nach Persepolis; Wellingtons Rotröcke erreichten Paris in Lumpen. Aber keine dieser siegreichen Armeen war vom arktischen Winter bedroht. Zudem hatten sie die Hauptmacht des Feindes schon geschlagen, als sie in dessen Hauptstadt einzogen. Das Ostheer dagegen hatte noch eine große Schlacht vor sich, ehe es sicher sein konnte, in Moskau Unterkunft zu finden. Der Auftakt war durchaus verheißungsvoll. In einer Zangenbewegung, die derjenigen der Heeresgruppe Süd bei Kiew in nichts nachstand, umfassten Hoths und Hoepners (von Leningrad abgezogene) Panzergruppen der Heeresgruppe Mitte 650 000 Russen zwischen Smolensk und Wjasma. Viele dieser hastig zusammengefassten Milizionäre der *Osowjachin*, der Vorkriegs-Bürgerwehr, die Stalin als Reserve mobilisiert hatte, ergaben sich kampflos. Andere wehrten sich verbissen. Guderian, der die 4. Panzerdivision besuchte, fand «Beschreibungen … der taktischen Führung der russischen Panzer sehr beunruhigend.» (Die Division war kurz zuvor erstmals mit T-34 in Berührung gekommen.)

> Gegen den T 34 hatten unsere damaligen Abwehrwaffen nur unter besonders günstigen Umständen Wirkung. Mit der kurzen 7,5-cm-Kanone des Panzers IV mußte man den T 34 von rückwärts angreifen, um ihn durch die Gratings [die Abdeckung] über dem Motor zu erledigen. Ihn schußgerecht vor das Rohr zu bekommen, war ein Kunststück. Die Russen griffen uns frontal mit Schützen an und setzten die Panzer gegen unsere Flanken an, und zwar in Massen. Sie hatten etwas gelernt.

Als noch fataler schilderte er in seinem Kriegstagebuch am 6. Oktober den ersten Schnee des nahenden Winters. Er schmolz so schnell, dass die Straßen blieben, was sie waren: breiige Schlammmassen. Es ließ sich kaum sagen, worauf man hoffen sollte – auf einen sich hinziehenden Herbst mit all den Schwierigkeiten der Fortbewegung, die diese verregnete Jahreszeit mit sich brachte, oder einen frühen Winter, der zwar für einen frostharten Straßenzustand sorgen würde, dafür aber mit Schneestürmen drohte, bevor das endgültige Angriffsziel erreicht war.

Auch Stalin konnte nicht unbedingt auf den Jahreszeitenwechsel hoffen. Möglicherweise würde der Winter Moskau retten, möglicherweise allerdings auch nicht. Dass die Überreste der Roten Armee im europäischen Teil Russlands dazu imstande sein würden, war entschieden zu bezweifeln. Inzwischen war sie auf eine Stärke von 800 000 Mann geschrumpft; sie gliederte sich in 90 Divisionen und verfügte über 770 Panzer sowie 364 Kampfflugzeuge. Neun der Divisionen waren Kavallerieverbände, es gab nur eine Panzerdivision – und 13 unabhängige Panzerbrigaden. Ein großes Heer war im Fernen Osten der Sowjetunion stationiert, konnte jedoch nicht abgezogen werden, solange immer noch ein Krieg mit Japan drohte, schließlich hatten die Russen erst zwei Jahre zuvor in der Mongolei mit den Japanern gekämpft. Hitler dagegen hatte die Stärke der Heeresgruppe Mitte auf 80 Divisionen erhöht, darunter 14 Panzer- und acht motorisierte Divisionen, unterstützt von 1400 Flugzeugen. Die anderen beiden Heeresgruppen waren zwar durch die Verlegung der Panzer an die Moskaufront ein wenig geschwächt, bewahrten aber die Masse ihrer Infanterie und hielten den Druck auf Leningrad und in die südliche Steppe hinein unvermindert aufrecht.

In dieser extremen Krise kam Stalin wieder auf Schukow zurück. Obwohl ihre Meinungsverschiedenheit im Sommer zu dessen Entlassung als Generalstabschef geführt hatte, erkannte Stalin Schukows außerordentliche Fähigkeiten an, die er erst kürzlich bei der glänzenden, wenn auch vielleicht nur vorläufigen Rettung Leningrads unter Beweis gestellt hatte. Jetzt, am 10. Oktober, wurde Schukow nach Süden beordert, um der Verteidigung Moskaus mehr Nachdruck zu verleihen. Es gab bereits Gerüchte von einer Panik in der Stadt; Piloten der Roten Luftwaffe, die am 5. Oktober berichteten, sie hätten nur 25 Kilometer von der Stadt entfernt deutsche Kolonnen entdeckt, wurden vom NKWD als «Panikmacher» bezeichnet und mit Gefängnis bedroht. Doch am 15. Oktober machte sich wirklich Furcht in der Bevölkerung der Stadt breit. Die «Moskauer Panik» brach aus, als Molotow den britischen und amerikanischen Botschaften empfahl, sich auf eine Evakuierung ins 800 Kilometer östlich der Wolga gelegene Kuibyschew einzurichten. Die echte Krise aber braute sich, John Erickson zufolge, «auf den Straßen, in den Fabriken und den Büros zusammen; eine spontane Flucht der Bevölkerung kam zu den übereilten und begrenzten Evakuierungen hinzu, begleitet von einem Zusammenbruch der öffentlichen Ordnung und der Parteidisziplin. Es fand ein Ansturm auf die Bahnhöfe statt, Amtsträger fuhren mit ihren Autos nach Osten; Büros und Fabriken wurden verlassen und stellten den Betrieb ein.» Die Panik ergriff auch offizielle Stellen. «Eisenbahnertrupps wurden angewiesen, Schienenstränge und Anschlussstellen zu verminen … 16 Brücken tief im

Stadtinnern wurden zur Sprengung vorbereitet und das Personal anderer verminter Objekte erhielt Befehl, die Ladungen zu zünden, ‹sobald der Feind sich sehen lässt›.»

Schukow jedoch behielt die Nerven. Wie in Leningrad mobilisierte er auch hier die Bürger; 250000 Moskowiter (75 Prozent Frauen) hoben Panzergräben außerhalb der Stadt aus. Er brachte bewährte Kommandeure, darunter Rokossowski und Watutin, an die Front und konzentrierte sämtliche Reserven, die Stalin aufbieten konnte, auf die Zufahrtswege nach Moskau. Stalin fand ebenfalls zu einer publikumswirksamen Entschlossenheit zurück, die er in früheren Stadien des Krieges bei den Sitzungen des Politbüros und der Stawka hinter verschlossenen Türen nicht immer hatte erkennen lassen. Als am 7. November, dem Jahrestag der Oktoberrevolution, die traditionelle Parade auf dem Roten Platz stattfand, obwohl Bocks Panzer nur gut 50 Kilometer vom Kreml entfernt standen, prangerte Stalin all jene an, die glaubten, «die Deutschen seien nicht zu besiegen». 1918 habe sich der Sowjetstaat in größerer Gefahr befunden, behauptete er und beschwor die Namen sämtlicher russischer Helden, egal, ob prä-, post- oder sogar antirevolutionär, um den Widerstandswillen seiner Zuhörer zu stärken. Wenn sich die Rote Armee jene «großen Gestalten» der russischen Geschichte zum Vorbild nehme, fuhr er fort, und unter «dem siegreichen Banner des großen Lenin» kämpfe, werde sie, gleichgültig ob die von den Briten versprochene «zweite Front» eröffnet werde oder nicht, am Ende triumphieren.

Die ersten Winterfröste ließen den Boden hart werden, sodass die feindlichen Panzergruppen besser als im Oktober gegen Moskau vorankamen. Ihre Panzerstärke war jedoch auf 65 Prozent zurückgegangen, daher fragten sich Guderian, Hoth und Hoepner besorgt, ob ihre Panzerspitzen den Stoß bis zum endgültigen Ziel würden vortragen können. Am 13. November hatte sich Halder aus dem gleichen Grunde vom OKH ins Hauptquartier der Heeresgruppe Mitte in Orscha begeben, um die Generalstabschefs der drei Heeresgruppen – für Süd von Sodenstern, für Nord von

Greiffenberg und für Mitte Brennecke – nach ihren Ansichten über den weiteren Verlauf des Feldzuges zu befragen. Sollte das Ostheer, wollte er von ihnen wissen, zu einem endgültigen Sturm ansetzen oder sich zur Überwinterung eingraben und auf besseres Wetter für den Sieg im nächsten Jahr warten? Sodenstern und Greiffenberg sprachen sich wegen ihrer überdehnten beziehungsweise erstarrten Fronten für eine Unterbrechung aus. Brennecke erwiderte, die Gefahr, keinen Erfolg zu haben, müsse in Betracht gezogen werden; noch schlimmer aber wäre es, im offenen Gelände in Schnee und Kälte liegen zu bleiben, nur 50 Kilometer vom lockenden Ziel entfernt – Moskau. Da Halder (der seinerseits schon über Moskau hinausblickte) längst wusste, dass Hitler diese Antwort hören wollte, wurde die Sache auf der Stelle entschieden.

Die Flucht nach vorn

Die letzte Phase der Operation «Taifun» begann am 16. November. Sie war als doppelte Umfassung der Moskauer Verteidigungslinien angelegt, wobei die Panzergruppen 3 und 4 sich nordwärts auf Kalinin zu und die Panzergruppe 2 sich südwärts in Richtung Tula bewegen sollten. Im Ostheer sprach man von der «Flucht nach vorn»; wie schon Napoleon im Jahre 1812 wollte man versuchen, Moskau einzunehmen und dort Winterquartier zu finden. Doch zwischen dem Ostheer und der Stadt befand sich Schukows letzte Verteidigungslinie, die Moschaisk-Stellung, die sich vom Moskauer Meer, einem Wolga-Stausee im Norden der Stadt, bis an die Oka im Süden erstreckte.

Obwohl einige Verstärkungen herangeführt worden waren, konnte die Moschaisk-Stellung zunächst nicht gehalten werden. Guderian, der bei Tula blockiert war, umging mit seinen Panzern kurzerhand die Stadt und wählte für seinen Vormarsch auf Moskau eine neue Stoßrichtung. Im Norden brach die deutsche 9. Armee am 27. November ans Moskauer Meer und den Wolgakanal durch und stellte so die Verbindung mit der Panzergruppe 3 her; die 7. Panzerdivision, Rommels alter Verband, überquerte den Kanal am 28. November.

Damit hatten die deutschen Anstrengungen ihren kritischen Punkt erreicht. Die Panzergruppe 3 stand bei Krasnaja Poljana, nur 30 Kilometer vor Moskau. Die 4. Armee war mit ihren Vorpostenstellungen bei Burzewo bis auf 40 Kilometer an die Stadt herangerückt. Guderians Panzergruppe 2 befand sich noch 100 Kilometer weit entfernt im Süden. Es heißt, eine deutsche Vorausabteilung habe in den Tagen danach die goldenen Kuppeln des Kreml im Schein der Abendsonne aufleuchten sehen und eine Patrouille sei gar in einen der äußeren Vororte Moskaus eingedrungen. Falls das stimmt, war es das letzte Aufbäumen eines Heers, dessen Vormarsch nunmehr zum Erliegen kam. Jetzt schlug der russische Winter mit all seiner für Mitteleuropäer unbekannten und unvorstellbaren Grausamkeit zu. Es brach die Zeit an, in der die Temperaturen weit unter minus 20 Grad fielen; im Ostheer kam es zu 100 000 Ausfällen durch Erfrierungen, 2000 Amputationen mussten vorgenommen werden. Ab dem 25. November machte Guderians Panzergruppe 2 keinen Geländegewinn mehr, die Einnahme Kaschiras an der Eisenbahn-Hauptstrecke im Süden scheiterte. Am 27. November ließ er die Truppe anhalten. Nach dem 29. November bewegte sich auch am nördlichen Hebelarm der Zange nichts mehr; die 9. Armee und die Panzergruppe 3 waren unfähig, weiter vorzurücken. In einem Schreiben an Halder erläuterte Bock am 1. Dezember die prekäre Lage der Heeresgruppe Mitte:

> Nach weiteren blutigen Kämpfen wird die Offensive zu begrenztem Geländegewinn führen und einen Teil der feindlichen Kräfte vernichten, ein strategischer Erfolg ist jedoch höchst unwahrscheinlich. Die Vorstellung, der Feind, welcher der Heeresgruppe gegenübersteht, sei am Rande des Zusammenbruchs, war, wie die Kämpfe der letzten vierzehn Tage beweisen, nur eine Illusion. Vor den Toren Moskaus

> liegen zu bleiben, wo fast das ganze Straßen- und Eisenbahnnetz des östlichen Russlands zusammenläuft, bedeutet schwere Abwehrkämpfe... Weiteres offensives Vorgehen erscheint daher sinn- und zwecklos, insbesondere, da die Zeit naht, wo die physischen Kräfte der Truppe vollkommen erschöpft sind.

In der ersten Dezemberwoche waren die einfachen deutschen Soldaten der kämpfenden Truppe beinahe bewegungsunfähig. Hitler hatte das Sammeln von Winterbekleidung untersagt, weil er befürchtete, dass dadurch Zweifel an seiner Zusicherung geweckt würden, Russland werde vor dem ersten Schneefall zusammenbrechen. Zum Schutz vor der Kälte stopften sich die Männer an der vordersten Front zerrissene Zeitungen unter die Uniformen. Solche Maßnahmen halfen kaum. Die Russen dagegen waren an die Kälte gewöhnt und wussten sich vor ihr zu schützen; jeder Russe, ob Soldat oder Zivilist, besaß ein Paar Filzstiefel, die erfahrungsgemäß am besten vor Erfrierungen schützten (Amerika sollte im Lauf des Krieges 13 Millionen Paar liefern). Kurz, die Rote Armee behielt ihre Beweglichkeit, während das Ostheer festfror.

Inzwischen hatte die Heeresgruppe Süd im November die Krim (bis auf Sewastopol) besetzt. Später im Monat stieß Timoschenkos Front bei Rostow am Don (das «Tor zum Kaukasus» und damit zu Russlands Erdöl) frontal auf Rundstedts Panzer, eroberte die Stadt zurück, die nur eine Woche lang in deutscher Hand gewesen war, und zwang Rundstedt an den Mius, 80 Kilometer hinter Rostow, zurück; dort gruben sich Rundstedts Männer für den Winter ein. Die Heeresgruppe Nord stand mittlerweile vor Leningrad; nach dem 6. Dezember wurde sie von Tichwin, dem äußersten Punkt ihres Vormarschs am Südufers des Ladogasees entlang, zurückgedrängt. Durch ihre Winterstellungen wurde Leningrad zur bittersten Hungersnot verurteilt – während der dreijährigen Belagerung verhungerten eine Million Menschen, überwiegend im ersten Winter. Allerdings konnten die Belagerer nicht ganz verhindern, dass Versorgungsgüter über den Ladogasee herbeigeschafft wurden, im Winter auf der Eisstraße, sommers zu Schiff.

Der Großangriff der Roten Armee jedoch begann am 5. Dezember vor Moskau. Verstärkung hatten neue Wehrpflichtige und die Produktion der verlegten Fabriken gebracht; sogar einige Panzer waren auf der Arktis-Route aus Großbritannien eingetroffen, Vorboten eines Zuflusses von Versorgungs- und Nachschubgütern, der zu einem wahren Strom – an Militärlastwagen, Lebensmitteln und Treibstoff – anschwellen sollte, als sich die Hilfslieferungen des Westens ausweiteten. Schukows wichtigste Nachschubbasis aber gab es schon: die sibirischen Truppen, von denen Stalin, der ihnen zuvor nur geringe Kräfte entzogen hatte, im Oktober und November 1000 Panzer und 1000 Kampfflugzeuge nach Westen überführte. Dass er dazu in der Lage war, verdankte er in erster Linie einem der bemerkenswertesten Spione der Weltgeschichte, Richard Sorge. Als Vertrauter des deutschen Botschafters in Tokio hatte Sorge Zugang zu streng geheimen Informationen über die deutsch-japanischen Beziehungen und konnte daher Moskau (wahrscheinlich schon am 3. Oktober) zusichern, dass Japan zum Krieg gegen die USA entschlossen war und deswegen seine mandschurische Armee nicht einsetzen werde, um die Sowjetunion in Sibirien anzugreifen.

Hätte Japan sich anders entschieden – aufgrund der historischen Streitigkeiten, wenn auch nicht seiner strategischen Ambitionen, wäre der nahe liegende Gegner eigentlich Russland und nicht Amerika gewesen –, hätte die russische Seite die Schlacht um Moskau im Dezember 1941 nicht offensiv, sondern defensiv führen müssen, was mit ziemlicher Sicherheit den Sieg für die Deutschen bedeutet hätte. So aber bewirkten Stalins Maßnahmen, dass sich Schukows Westfront zahlenmäßig, wenn auch nicht hinsichtlich der Ausrüstung, mit der Heeresgruppe Mitte messen konnte, woraus sich schließlich der erste russische Sieg des Krieges ergab. Der Plan, nach dem die Stawka am Morgen des 5. Dezember vorging, war ein Spiegelbild jener strategischen

Entwürfe, mit deren Hilfe Hitlers Feldmarschälle der Roten Armee im Sommer so tiefe Wunden beigebracht hatten. Schukow sollte vor Moskau frontal gegen die Deutschen vorgehen, während Konjews Kalininfront und Timoschenkos Südwestfront den Auftrag hatten, von Süden her vorzustoßen. Kluge und Hoepner, die Oberbefehlshaber der 4. Armee und der 4. Panzerarmee (wie die Panzergruppe 4 nun hieß), waren zu dem Schluss gekommen, dass sie ihre Truppen nicht weiter voranzwingen konnten, und daher zur Verteidigung übergegangen. Entsprechend unbeweglich waren sie, als die Russen zuschlugen.

Im Norden gelang Leljuschenkos 30. Armee der tiefste Einbruch – sie drang bis an die Fernstraße Moskau-Leningrad vor und bedrohte die Verbindungen der 3. Panzerarmee mit der 4. Armee. Am 9. Dezember war Klin erreicht, und gemeinsam mit der benachbarten 1. Stoßarmee schien die 30. Armee in der Lage zu sein, einen Kessel zu bilden. Die 16. und die 20. Armee, die unter Befehl von Rokossowski und Wlassow näher an Moskau operierten, stimmten ihr Vordringen untereinander ab und eroberten am 13. Dezember Istra am Rande der Fernstraße Moskau-Smolensk zurück, wo seit dem Überschreiten der Grenze das Angriffsziel der Heeresgruppe Mitte gelegen hatte.

Im Süden der Stadt griffen die 30. und 40. Armee Guderians 2. Panzerarmee an, und am 9. Dezember bedrohten sie dessen Hauptnachschublinie, die Eisenbahnstrecke Orel-Tula. Guderians Stellungen bei Tula lagen in einem Frontvorsprung; der sowjetischen 50. und 10. Armee auf der anderen Seite der Front gelang es, Guderians Verbindung mit Kluges 4. Armee zu durchbrechen und beide Großverbände von den Zufahrtswegen nach Moskau abzudrängen – die Lücke weitete sich noch aus, als ab dem 16. Dezember die sowjetische 33. und 43. Armee eingriffen.

Am Weihnachstag 1941 hatten die russischen Armeen beinahe das gesamte Territorium zurückerobert, das den Deutschen auf dem Höhepunkt des Vormarsches auf Moskau in die Hände gefallen war. Nicht nur, dass das Ostheer Gelände verloren hatte, seine Feldmarschälle und Generale hatten auch das Vertrauen des «Führers» eingebüßt; er entließ ganze Scharen von ihnen. Am 30. November hatte Rundstedt aus Protest gegen seine Behandlung durch das OKH die Entbindung von der Position des Oberbefehlshabers verlangt; Hitler, der dem Hauptquartier der Heeresgruppe Süd einen Besuch abstattete, erkannte den Protest zwar als berechtigt an, gab dem Gesuch aber trotzdem statt. (Reichenau, sein Nachfolger, erlag beinahe unmittelbar darauf einem Herzinfarkt.) Bei der Heeresgruppe Mitte wurde Bock durch Kluge ersetzt, und am 20. Dezember entließ Hitler Guderian, weil der seine Panzergruppe aus ihrer exponierten Stellung ein wenig zurückzunehmen versuchte. Auch Hoepner von der 4. Panzerarmee (im Oktober 1941 waren alle Panzergruppen in «Panzerarmeen» umbenannt worden) wurde wegen nicht genehmigten Rückzugs entlassen, dazu die Oberbefehlshaber der 9. und 17. Armee. Theatralischer Höhepunkt war die Entlassung Brauchitschs als Oberbefehlshaber des Heeres, die am 19. Dezember erfolgte. Wie Bock war auch Brauchitsch schwer krank, was aber nicht der Grund seiner Amtsenthebung war. Hitler war zu der Überzeugung gelangt, nur sein eigener unbeugsamer Wille könne das Ostheer noch vor der Vernichtung bewahren. Daher verkündete er, Brauchitsch werde keinen Nachfolger haben, vielmehr werde er, der «Führer» selbst, von nun an unmittelbarer Oberbefehlshaber des Heeres sein.

In dieser Rolle versuchte er, seine Generale durch Predigten und Einschüchterungen zum Standhalten zu bewegen. Bei seinem finnischen Verbündeten Mannerheim, dessen Soldaten parallel zu Leebs Verbänden bis vor die Tore Leningrads marschiert (und weiter nördlich auch ins arktische Russland vorgedrungen) waren, vermochte er mit seinen Appellen nichts auszurichten; der Marschall, ein ehemaliger Zarenoffizier, war klugerweise fest entschlossen, nicht mehr Territorium in Besitz zu nehmen, als sein Land vor dem Winterkrieg besessen hatte. Seinen eigenen Kommandeuren gegenüber schlug Hitler eine andere Tonart an, indem er ihnen mehr oder weniger unverhüllt Unfähigkeit und Feigheit vorwarf. In der Weisung Nr. 39 vom 8. Dezember hatte es geheißen, das Ostheer werde zur Verteidigung übergehen, was etliche seiner Verbände ohnehin bereits getan hatten; doch zu entscheiden, wo verteidigt werde, bleibe allein dem «Führer» überlassen. Wie er sich später erinnerte, hatte er seine Generale gefragt: «Wollen Sie 50 km zurückgehen; glauben Sie, daß es dort weniger kalt ist? ... Gehen Sie für Ihre Person so schnell wie möglich nach Deutschland zurück, aber die Armee überlassen Sie meiner Führung, und die bleibt vorn.»

In den Tagen von Mitte Dezember bis Anfang Januar wurde Hitler vom Schreckgespenst eines «napoleonischen Rückzugs» heimgesucht – der Angst, nicht nur das gewonnene Gelände zu verlieren, sondern auf dem Weg zurück auch Hunderttausende von Männern und, was die Kampfkraft am meisten beeinträchtigt hätte, das schwere Gerät des Heeres. Wie Hitler später berichtete, habe ihn einer seiner entmutigten Generale angefleht: «Retten Sie wenigstens die Armee, ohne Rücksicht auf das Material.» Fest davon überzeugt, im Falle eines Rückzugs beides zu verlieren, habe er geantwortet: «Wie wollen Sie sich weiter rückwärts ohne schwere Waffen schlagen?» So drangsalierte und terrorisierte er von Rastenburg aus (das Hauptquartier wurde erst im folgenden Jahr für kurze Zeit auf russisches Gebiet verlegt) seine Militärs per Telefon, bis er sie kraft seiner Persönlichkeit und durch die Androhung ihres beruflichen Endes dazu brachte, der Roten Armee und dem russischen Winter mit der gleichen Entschlossenheit zu trotzen wie er selbst.

Mitte Januar 1942 war das Schlimmste überstanden: Die Heeresgruppe Süd hielt feindlichen Angriffen stand; der Frontabschnitt der Heeresgruppe Mitte war, trotz eines großen Einbruchs nördlich von Moskau, stabilisiert; und die Heeresgruppe Nord hatte sich am Rande Leningrads eingegraben, von wo aus sie die Stadt mit Artilleriefeuer langsam in Trümmer schoss. Die Reserven, die der Roten Armee im Winter zugeführt worden waren, hatten sporadische Angriffe erlaubt. Da sie jedoch zu oft als menschliche Wellen in die Schlacht geworfen wurden, waren sie an Zahl und Kampfkraft dahingeschmolzen. Hitler dachte schon ans Frühjahr und an die Schlacht, die er dann liefern wollte, um Stalins Russland endgültig zu vernichten.

10 · KRIEGSPRODUKTION

Die deutschen Panzerverbände, die im Juni, Juli und August 1941 die sowjetischen Armeen in Westrussland umfassten und vernichteten, waren siegreiche Kampfinstrumente, wie sie die Welt noch nicht gesehen hatte, aber sie konnten den Endsieg nicht erzwingen. Obwohl sie eines der wichtigsten sowjetischen Mittel zur Kriegführung vernichteten, das zur Verteidigung mobilisierte Feldheer, gelang es ihnen nicht, die industriellen Ressourcen in den europäischen Provinzen Russlands zu zerschlagen. Als die Panzer schon auf dem Vormarsch waren, sorgte ein Evakuierungsrat unter Leitung des Wirtschaftsfachmannes A. I. Mikojan dafür, dass alle Fabriken, die auf ihrem Weg lagen, demontiert wurden. Man lud Maschinen, Lagerbestände und Arbeitskräfte auf die überlasteten Züge und brachte sie nach Osten, sodass sie außerhalb der Reichweite der Panzer waren. Die strategische Verlagerung der Industrie hatte schon lange vor dem Krieg begonnen: Die Produktion der neuen Industriereviere und Rohstoffgebiete jenseits des Urals und andernorts sollten auf den Stand der traditionellen Zentren um Moskau, Leningrad, Kiew sowie im Donbas-Becken gebracht werden. Zwischen 1930 und 1940 waren in Magnitogorsk, Kusnezk und Nowo-Tagil neue Metall verarbeitende Betriebe entstanden, dazu Industriekomplexe in Tscheljabinsk und Nowosibirsk, Aluminiumhütten in Wolchow und Dnjepropetrowsk, Kohlebergwerke bei Kusnezk und Karaganda, ein «zweites Baku» (ein Ölfördergebiet in der Region Ural-Wolga) und nicht weniger als 30 Chemiewerke jenseits des Urals. Die Angleichung kam nur langsam voran, doch 1940, als im Donbas 94,3 Millionen Tonnen Kohle gefördert wurden, lieferten die Kohlefelder am Ural und in Karaganda immerhin 18,3 Millionen Tonnen jährlich.

Allerdings löste «Barbarossa» nichts Geringeres aus als eine, wie

John Erickson feststellte, «zweite industrielle Revolution in der Sowjetunion». Von August bis Oktober 1941 waren 80 Prozent der russischen Kriegsindustrie nach Osten unterwegs. Auf ihrem Vormarsch hatten die Deutschen 300 kriegswichtige sowjetische Fabriken überrannt und brachten am Ende sämtliche nicht transportablen Förderanlagen Westrusslands, insbesondere die Kohle- und Erzbergwerke des Donbas-Beckens, unter ihre Kontrolle. Gleichwohl konnten sie nicht verhindern, dass der größere Teil der sowjetischen Maschinenbauindustrie aus Leningrad, Kiew und der Region westlich von Moskau weit nach Osten evakuiert wurde. In den ersten drei Kriegsmonaten beförderte das sowjetische Eisenbahnsystem zweieinhalb Millionen Soldaten westwärts, gleichzeitig jedoch schaffte es den Maschinenpark von 1523 Fabriken zur Neuinstallation nach Osten, davon 455 in den Ural, 210 nach Westsibirien, 200 ins Wolgagebiet und mehr als 250 nach Kasachstan und Mittelasien. Diese Anstrengungen waren ebenso ungewöhnlich wie gefährlich. Am 29. September 1941 erhielt das Schwermaschinenwerk in Nowo-Kramatorsk Befehl, seine Anlagen zu demontieren; innerhalb von fünf Tagen war der komplette Maschinenpark, darunter die einzigen 10 000-Tonnen-Pressen der Sowjetunion, trotz deutscher Bombenangriffe verladen, während die gesamte Belegschaft, 2500 Leute, am letzten Tag 30 Kilometer zu Fuß zum nächsten intakten Bahnhof marschieren musste.

Aus Leningrad wurden 90 Fabriken evakuiert, darunter die Produktionsanlagen für schwere Panzer; die letzten Ladungen wurden auf Kähnen über den Ladogasee befördert, nachdem die Stadt vom übrigen Russland abgeschnitten war. Als deutsche Panzervorstöße die weitere Industrieevakuierung aus dem Donbas verhinderten, wurde der noch funktionstüchtige Maschinenpark der Fabriken ebenso wie der gewaltige Dnjepr-Staudamm gesprengt. Wie schnell es den sowjetischen Wirtschaftsführern trotz all dieser unermesslichen Schwierigkeiten gelang, die umgesiedelten Fabriken und Industrieanlagen wieder in Betrieb zu nehmen, grenzt an ein Wunder. Laut Erickson «stellten die Charkower Panzerwerke bereits am 8. Dezember ihre ersten 25 T-34-Panzer [in Tscheljabinsk im Ural] fertig; kaum zehn Wochen, nachdem die letzten Mechaniker sich in Charkow entlang der Eisenbahntrasse auf den Weg gemacht hatten.»

Die Nachricht vom Ausbruch der «zweiten industriellen Revolution» in Russland war schlimme Kunde für die Wehrmacht, auch wenn sie Deutschland erst nach Monaten erreichte. Hitlers spektakuläre Feldzüge von 1939 bis 1941 hatten von Anfang an den entscheidenden Nachteil, dass sie eine viel zu schmale wirtschaftliche Basis für einen langen Krieg und fatale Auswirkungen auf den Durchhaltewillen der Feinde hatten. Wenn Hitler sie nicht mit einem schnellen, alles entscheidenden Sieg krönen konnte, mussten sie sich zwangläufig zu einem langwierigen Krieg entwickeln, einem Kampf um Sein oder Nichtsein. Der Glanz der Nürnberger Reichsparteitage und die dichten Reihen der Wehrmacht waren bloße Fassade. Als Erzeuger von Kapitalgütern lag Deutschland 1939 gleichauf mit Großbritannien, beide brachten es auf jeweils 14 Prozent der Weltproduktion; auf Frankreich entfielen 5 Prozent und auf die Vereinigten Staaten 42 Prozent, obwohl sie nach wie vor unter den Folgen der Depression zu leiden hatten. Rechnet man zum britischen Bruttosozialprodukt jedoch die Einnahmen aus unsichtbaren Leistungen hinzu, fällt Deutschland auf den dritten Platz hinter Großbritannien und die USA zurück (ohne Berücksichtigung der Sowjetunion). Und noch bescheidener erscheint die Leistungsfähigkeit der deutschen Wirtschaft, wenn man in den Vergleich den Zugang zu wichtigen Rohstoffen wie Nichteisenmetallen und das unentbehrliche Erdöl mit einbezieht.

Daher war Deutschlands wirtschaftliche Strategie nicht weniger als die militärische auf das Konzept des «Blitzkriegs» ausgerichtet. Man brauchte einen schnellen Sieg, damit die deutsche Industrie nicht in die Lage geriet, Waffen und Munition in Massen herstellen zu müssen. Als sich der Krieg dann in die Länge zog und Hitler sich zum Angriff auf Russland entschloss, änderte sich Deutschlands Wirtschaftsstrategie. An der Materialfront war man nun bestrebt, die Rohstoffquellen des Feindes einschließlich derer des Balkans, besonders die Kohle, Erze und vor allem Erdöl fördernden Gebiete Südrusslands (zusammen mit dem ungeheuren landwirtschaftlichen Reichtum der Ukraine) in die Hände zu bekommen. An der Industriefront verlagerten die Schwerpunkte sich. Bis 1942 hatte Hitler verlangt, die militärischen Anstrengungen dürften den Lebensstandard der Bevölkerung und die Produktion von Konsumgütern nicht beeinträchtigen. Zwischen Januar und Mai 1942 aber wurde er vom Reichsminister für Bewaffnung und Munition – zunächst Fritz Todt, nach dessen Unfalltod dann Albert Speer – gedrängt, den Anteil von Rüstungsgütern am Bruttosozialprodukt zu erhöhen, und schließlich gab er nach. Zwar führten Todt und Speer Maßnahmen zur zentralen Steuerung der Wirtschaft ein, die in der Tat spektakuläre Zuwachsraten brachten (zum Beispiel stieg der Anteil der Rüstungsgüter an der Industrieproduktion von 16 Prozent im Jahre 1941 auf 22 Prozent 1942, 31 Prozent 1943 und 40 Prozent 1944), es gab jedoch keinen Versuch, was Stückzahlen angeht, mit den feindlichen Volkswirtschaften gleichzuziehen. Die Philosophie der deutschen Kriegswirtschaft beruhte auf der Vorstellung, die eigenen Waffen müssten und könnten die des Feindes in qualitativer Hinsicht übertreffen.

Der «Qualitätskrieg»

Wie sich zeigte, war dieser Anspruch innerhalb der Flugzeugproduktion kaum einzulösen; bei den Propellermaschinen blieben nach 1942 sowohl die Typen als auch die einzelnen Modelle immer mehr hinter der britischen und amerikanischen Konkurrenz zurück. Der deutschen Luftfahrtindustrie gelang es nie, einen zufrieden stellenden strategischen Bomber zu produzieren. Bereits 1934 hatte die Luftwaffe entschieden, keine Mühen in den Bau eines derartigen Flugzeugs zu investieren. Die Fortentwicklung ihrer Jagdeinsitzer war 1943 an Grenzen gestoßen, und sämtliche schweren Jäger erwiesen sich als Fehlkonstruktionen. Im Gegensatz dazu war der erste Jäger mit Strahltriebwerk, die Me 262, ein grandioser Erfolg; hätte Hitler frühzeitig ihre Massenproduktion veranlasst, wäre der strategische Bombenkrieg der Alliierten in große Schwierigkeiten geraten. Die deutschen Panzer waren ebenfalls von hervorragender Qualität. Gleiches gilt für die deutschen Handfeuerwaffen. Die Schmeisser-Maschinenpistole MP 40 etwa war nicht nur die beste Waffe ihrer Art, sondern auch denkbar einfach herzustellen. Ihre Konstrukteure hatten die Einzelteile so weit vereinfacht, dass diese durch wiederholtes Stanzen gefertigt werden konnten; nur die Verschlussteile und der Lauf mussten maschinell nachbearbeitet werden.

Die deutschen «Geheimwaffen» zeugten ebenfalls vom Erfolg der «Qualitätsphilosophie». Obwohl sich Deutschlands Elektronikindustrie nicht mit den Leistungen der britischen messen konnte, die durchgehend bessere Radarausrüstungen aller Art entwickelte und den Amerikanern die wissenschaftlichen und technologischen Voraussetzungen für weitere Fortschritte auf diesem Gebiet lieferte, und sein Nuklearwaffenprogramm kläglich scheitern sollte, waren die deutschen Erfolge auf dem Gebiet der unbemannten Flugwaffen und der modernen U-Boote beeindruckend. Zwar erfolgte die Vervollkommnung des Schnorchelsystems zu spät, um den U-Boot-Krieg noch einmal aufleben zu lassen, doch nach dem Krieg wurde es von allen Kriegsmarinen (bis zum Aufkommen des Nuklearantriebes) eingesetzt, während die Entwicklung des Antriebssystems auf Wasserstoffperoxidbasis wiederum, das dem U-Boot eine Unterwasseroperation von theoretisch unbegrenzter Dauer ermöglichte, in gewisser Weise das Prinzip des Atom-U-Boots vorwegnahm. Deutschlands unbemannte Waffen, die «fliegende Bombe» V 1 und die V 2-Rakete, waren die ersten Marschflugkörper beziehungsweise ballistischen Raketen. Alle heutigen Waffen dieser Art sind aus den beiden Modellen entwickelt worden, vor allem weil ihre deutschen Konstrukteure nach dem Krieg für die eine oder die andere Supermacht arbeiteten.

Deutschlands begrenzte Erfolge in dem Bemühen, eine «qualitative» Kriegswirtschaft zu betreiben, muss jedoch auch an anderen Faktoren gemessen werden. Zunächst einmal war Hitlers Forderung, das Konsumniveau müsse trotz Rüstungsproduktion gleich bleiben, ab Mitte 1944 nicht mehr einzuhalten. Danach sank der deutsche Lebensstandard rapide, sowohl absolut – weil die Importe zurückgingen und der strategische Bombenkrieg stärker zu Buche schlug – als auch in Prozent eines schrumpfenden Bruttosozialprodukts. Während des Krieges war dieses trotz größter Anstrengugen ohnehin nur langsam angestiegen, von 129 Milliarden Reichsmark im Jahre 1939 auf 150 Milliarden 1943. Man verlängerte die Arbeitszeit, bezog aus den Besatzungsgebieten Rohstoffe, Fertigwaren oder Kredite, indem man sie kurzerhand requirierte oder Zahlungsbedingungen festlegte, die Deutschland außerordentlich begünstigten. Durch Anwerbung, Dienstverpflichtung oder Zwangsmaßnahmen erhöhte sich die Zahl der ausländischen Arbeitskräfte in einem Umfang, der einem Viertel der Vorkriegsbeschäftigten entsprach: fast sieben Millionen Menschen. Da Deutschland vor dem Krieg nicht völlig autark war, ernährte man die Arbeitskräfte zunächst mit importierten landwirtschaftlichen Produkten, doch als die Lebensmitteleinfuhren nach 1944 dramatisch sanken, war die hohe Zahl von Arbeitskräften plötzlich kein Vorteil für die Kriegswirtschaft mehr, sondern eine Belastung.

Als in den vier Monaten von Juni bis September 1944 alle besetzten Gebiete im Westen und die Reste der östlichen Eroberungen verloren gegangen waren, äußerte sich Deutschlands wirtschaftliche Einschnürung darin, dass der Index der Kriegsproduktion eine steile und verhängnisvolle Abwärtstendenz zeigte. Der Gesamtindex (1941/42 = 100) fiel in den Monaten Juni bis November von 330 auf 310; der Index der Munitionsproduktion von 330 auf 270, der Index der Explosivstoffe von 230 auf 180. Die Produktion des Treibstoffs, ohne den die Panzer nicht rollen und die Flugzeuge nicht fliegen konnten, erlebte einen noch katastrophaleren Einbruch. Im Mai, als zum letzten Mal Importe zur Bedarfsdeckung beitrugen, überstieg die Zufuhr erstmals während des Krieges den Verbrauch; im September produzierten die Hydrierwerke infolge der «Öl-Offensive» der alliierten Bomber nur noch 10 000 Tonnen synthetisches Öl, ein Sechstel des Verbrauchs, der durch strenge Sparmaßnahmen gegenüber den 195 000 Tonnen im Mai ohnehin schon drastisch verringert worden war. Lediglich der Beginn des schlechten Flugwetters und die Uneinigkeit unter den Befehlshabern der Bombergeschwader bewahrten die Hydrierwerke vor weiteren Angriffen und verhinderten die völlige Unterbrechung der Ölversorgung vor Weihnachten 1944. Nur knapp entging Deutschland 1944 der Niederlage durch wirtschaftlichen Kollaps; so aber konnte durch die Wiederaufnahme der Produktion in Pölitz, dem wichtigsten Hydrierwerk, genügend Treibstoff erzeugt werden, um Deutschlands Armeen im folgenden Frühjahr die Möglichkeit zu geben, sich kämpfend an den Rhein und nach Berlin zurückzuziehen.

Japan war für eine wirtschaftliche Einschnürung noch anfälliger als Deutschland, und in den letzten Kriegswochen wäre es dort beinahe zum vollständigen wirtschaftlichen Kollaps gekommen. Damals hatte sich der verfügbare Schiffsraum des Landes durch Versenkungen, für die vor allem amerikanische U-Boote verantwortlich waren, auf zwölf Prozent seines Vorkriegsvolumens verringert, eine verzweifelte Lage für ein Land, das nicht nur auf Importe angewiesen war, um seine Bevölkerung zu ernähren, sondern auch auf den Schiffsverkehr zwischen seinen Inseln, um als organisiertes Gemeinwesen existieren zu können. Japan hatte sich freilich weitgehend aus wirtschaftlichen Erwägungen zum Krieg entschlossen, zumindest was seine objektiven Beweggründe betraf. Die einheimische Bevölkerung (Korea und die Mandschurei nicht eingerechnet) war mit ihren rund 60 Millionen Menschen so groß, dass die eigene Landwirtschaft nicht in der Lage war, sie zu ernähren (sie konnte nur 80 Prozent des Bedarfs decken); daher war es nicht zuletzt der chinesische Reis, der das japanische Heer 1937 zu einer groß angelegten Offensive gegen Festlandchina veranlasste. Nachdem Tschiang Kai-schek 1938 endgültig besiegt war, nahmen die japanischen Militäraktionen in China zumeist die Form einer «Reis-Offensive» an, das heißt, man führte zur Erntezeit Raubzüge in die ländlichen Gebiete durch, um Nahrungsmittel zu erbeuten, eine Praxis, die bis zum Beginn der großen *Ichi-Go*-Operation im Jahre 1944 beibehalten wurde.

Da Japan aber ein Land mit rasch wachsender Industriekapazität war, benötigte es nicht nur Reis, sondern auch Eisen und Nichteisenmetalle (in Form von Erz und Schrott), Gummi, Kohle und vor allem Erdöl. Im Jahre 1940 deckten eigene Vorkommen den Bedarf an Eisenerz lediglich zu 16,7 Prozent, an Stahl zu 62,2 Prozent, an Aluminium zu 40,6 Prozent, an Mangan zu 66 Prozent, an Kupfer zu 40 Prozent. Was das Land an Nickel, Gummi und Erdöl brauchte, musste vollständig eingeführt werden, und obwohl Japan 90 Prozent der benötigten Kohle selbst förderte, besaß es keine Vorkommen an Kokskohle, die für die Stahlerzeugung unerlässlich ist. Die Regierung hätte sich natürlich auch für einen Güteraustausch durch Handel entscheiden können, doch die Weltwirtschaftskrise und der daraus resultierende Protektionismus der westlichen Importländer veränderten das Austauschverhältnis sehr zum Nachteil Japans. Dessen zunehmend militaristisch gesinnte Kabinette setzten alles daran, die Senkung des heimischen Lebensstandards zu verhindern, zu der es zwangsläufig gekommen wäre, wenn man versucht hätte, die nötigen Rohstoffe auf kommerziellem Wege zu beschaffen. Als die Vereinigten Staaten im Laufe des Jahres 1940 begannen, den Export strategisch wichtiger Güter nach Japan mit Embargos zu belegen, und die Briten und Holländer aufforderten, ihrem Beispiel zu folgen, entschied sich das vom Militär beherrschte Kabinett sehr bald zu einem Überraschungsangriff.

In der Praxis trug die Eroberung des «Südgebietes» – Malaya, Burma und Ostindien – wirtschaftlich weit weniger ein, als sich das Tojo-Kabinett davon versprochen hatte. Die Rohgummi-Importe beispielsweise, die 1941 bei 68 000 Tonnen lagen, gingen

1942 auf 31 000 Tonnen zurück, stiegen 1943 noch einmal auf 42 000 Tonnen an, um 1944 wieder auf 31 000 Tonnen zu sinken, was weitgehend eine Folge des amerikanischen Unterwasserkrieges war, der auch die Kohle-, Eisenerz- und Bauxitimporte zunehmend drosselte. Das wirkte sich direkt und proportional auf die japanische Industrieproduktion aus. Zwar konnte die japanische Flugzeugindustrie zwischen 1941 (= 100) und 1944 (= 465) bemerkenswerte Zuwachsraten erzielen – Gleiches gilt für die Produktion von Schiffsgeschützen (1941 = 100, 1944 = 512) –, aber in demselben Zeitraum ging die Fertigung von Kraftfahrzeugen um zwei Drittel zurück. Auch im Schiffbau ergaben sich beträchtliche Steigerungen: Am Ende des betrachteten Zeitraums liefen doppelt so viele Kriegsschiffe und viermal so viele Handelsschiffe vom Stapel wie am Anfang, doch als die Zahl der Versenkungen die der Neubauten übertraf, waren die Anstrengungen vergeblich. Das japanische Bruttosozialprodukt wuchs zwischen 1940 und 1944 um ein Viertel, während die Kriegsaufwendungen der Regierung sich verfünffachten; schließlich beanspruchten sie 50 Prozent des Bruttosozialprodukts, sodass die Produktion ziviler Güter zum Erliegen kam und die Versorgung der Bevölkerung zusammenbrach. Zum Schluss brachte diese Kriegführung die Japaner an den Rand des Hungertods, erhöhte allerdings auch die Zahl qualifizierter technischer Arbeitskräfte erheblich. Beim Wirtschaftsaufschwung der Nachkriegszeit eroberten dann diese Arbeitskräfte jene überseeischen Märkte für japanische Produkte, die man Japan einst verweigert hatte, wodurch man es zum Angriff provozierte.

Großbritanniens Kriegsanstrengungen

Großbritannien, der andere große Inselstaat unter den Kriegsparteien, war ebenfalls durch den Angriff einer feindlichen U-Boot-Flotte von wirtschaftlicher Einschnürung bedroht. Es war jedoch in noch höherem Maße als Japan von Nahrungsmittelimporten abhängig. Da es seit Jahrhunderten billige Lieferungen aus Amerika, Kanada, Australasien und Argentinien bezog, war die eigene Landwirtschaft so geschrumpft, dass nur die Hälfte des Bedarfs mit heimischen Produkten gedeckt werden konnte. Bei Kohle war Großbritannien ganz und bei Eisenerzen teilweise autark, bei Erdöl, Gummi und den meisten Nichteisenmetallen dagegen vollkommen importabhängig. Obwohl Großbritannien (gleichauf mit Deutschland) der zweitgrößte Industriestaat der kapitalistischen Welt war, musste es einige wichtige Erzeugnisse wie Chemieprodukte und Werkzeugmaschinen einführen. Hinzu kam, dass die Kriegsanstrengungen, die sich das Land auferlegt hatte, nicht aus dem Staatshaushalt finanziert werden konnten, insbesondere nicht in den Jahren 1940/41, als es die militärische Auseinandersetzung mit den Achsenmächten ganz allein führen musste. Um die notwendigen Kosten zu bestreiten – für die Jäger, die die Schlacht um England gewannen, die Begleitschiffe, die die Schlacht im Atlantik austrugen, die Handelsschiffe, die in deren Verlauf versenkt wurden, und die Panzer, die in der Libyschen Wüste gegen Rommels Truppen kämpften –, war Großbritannien gezwungen, beinahe seinen gesamten überseeischen Kapitalbesitz zu liquidieren, ein ökonomisches Opfer, von dem sich das Land erst 50 Jahre später erholte.

Hätte Deutschland zu Beginn des Krieges die Flotte von 300 U-Booten besessen, die – so Dönitz gegenüber Hitler – notwendig war, um die Schlacht im Atlantik zu gewinnen, wäre Großbritannien als Gegner gewiss längst ausgefallen, ehe die Ereignisse im Pazifik zum Kriegseintritt der Vereinigten Staaten führten. Zum Glück verfügte Dönitz nicht vor 1943 über eine entsprechende Anzahl von Booten, aber da hatte sich das Kräfteverhältnis zwischen der Achse und ihren Feinden bereits entscheidend zu Hitlers Ungunsten verschoben. Inzwischen hatte in Großbritannien die wohl rücksichtsloseste Durchsetzung einer zentralisierten Wirtschaft außerhalb der Sowjetunion stattgefunden, mit dem Erfolg, dass sich die Rüstungsproduktion bemerkenswert erhöhte.

Zum Beispiel stieg die Zahl neuer Panzer von 969 im Jahr 1939 auf 8611 im Jahr 1942, die der Bomber von 758 im Jahr 1939 auf 7903 im Jahr 1943 und die der Bomben von 51 903 im Jahr 1940 auf 309 366 im Jahr 1944.

Großbritannien gelangen auch beachtliche Fortschritte auf dem Gebiet der militärischen Ausrüstung, und zwar qualitativer wie quantitativer Art. Die britischen Erfolge auf dem Sektor der elektronischen Kriegführung waren weltweit einmalig, während eine andere britische Entwicklung, ein Strahlantriebssystem für Flugzeuge, die Voraussetzung dafür schuf, dass in den letzten Kriegswochen in Europa zwei Frontstaffeln mit einem Düsenjäger, dem Gloster *Meteor*, ausgerüstet wurden (ohne dass es allerdings zu einem direkten Kräftemessen mit ihrem deutschen Gegenstück, der Me 262, kam). Britische Konstrukteure bauten das Triebwerk, das die amerikanische P-51 *Mustang* zum leistungsfähigsten Langstreckenjäger des Krieges machte. Die de Havilland *Mosquito* erwies sich als das eleganteste und vielseitigste Kampfflugzeug des Krieges, das sich als Bomber, als Tag- und als Nachtjäger ebenso bewährte wie als Aufklärungs- und Störflugzeug. Die Avro *Lancaster*, ein Nachtbomber, war zwar 1945 schon ziemlich veraltet, aber trotzdem die wichtigste Maschine im strategischen Bombenkrieg der RAF. Es besteht jedoch kaum ein Zweifel daran, dass der Nachdruck, mit dem der strategische Bombenkrieg geführt wurde, ein starkes strukturelles Ungleichgewicht innerhalb der britischen Kriegswirtschaft hervorrief: Ein volles Drittel der britischen Kriegsanstrengungen und die besten Wissenschaftler und Ingenieure wurden davon in Anspruch genommen. Der Bombenkrieg lastete so stark auf der britischen Industrie, dass Großbritannien alle seine Transportflugzeuge, viele Landungsboote, ungeheure Mengen an Munition und einen großen Teil seiner Panzer von den USA beziehen musste. Obwohl die britische Industrie den ersten Panzer des Ersten Weltkrieges produziert hatte, waren ihre Modelle in den Jahren 1939 bis 1945 nicht nur den deutschen Panzern, sondern auch den amerikanischen deutlich unterlegen.

Seit 1944 waren daher alle britischen Panzerdivisionen mit amerikanischen *Sherman* ausgerüstet.

Die britische Wirtschaft wuchs während des Krieges um über 60 Prozent an. Aber obwohl die Militärausgaben in den Jahren 1939 bis 1943, als sich die britische Kriegsproduktion auf ihrem Höhepunkt befand, die Hälfte des Bruttosozialprodukts aufzehrten, ging der private Verbrauch in diesem Zeitraum nur um 21 Prozent zurück. In der Bevölkerung machte sich die Knappheit vor allem dadurch bemerkbar, dass alle Luxusartikel und Genussmittel fortfielen, dass die Lebensmittelzuteilungen immer weniger wichtige Nährstoffe wie Fett und Eiweiß enthielten und dass kaum Bekleidung zu bekommen war. Trotzdem blieben die Auswirkungen des Mangels unauffällig. Hätte Großbritannien versucht, die militärischen Aufwendungen aus eigenen Mitteln zu bestreiten, wäre die Wirtschaft zusammengebrochen; dasselbe galt für die Sowjetunion. Trotz aller Opfer – obwohl man die Arbeitszeit verlängerte, in- und ausländisches Kapital liquidierte, den Lebensstandard verringerte, kleinste Flächen bebaubaren Landes nutzte, gewohnte Bedarfsartikel durch Surrogate ersetzte, Frauen dienstverpflichtete (in Großbritannien zog man sie sogar zum Militär ein, sodass sie dort anteilig stärker vertreten waren als in irgendeinem anderen Krieg führenden Land) und ein Dutzend weiterer Notmaßnahmen durchführte – hätte weder die britische noch die sowjetische Wirtschaft die Anstrengungen des Krieges ohne fremde Hilfe überstehen können. Diese Hilfe kam von den Vereinigten Staaten.

Schon zu Anfang des Russlandfeldzuges erklärte Hitler gegenüber Generaloberst Guderian, er bedaure, dessen warnenden Hinweis missachtet zu haben, dass in der Sowjetunion weit mehr Panzer produziert würden als in Deutschland. Die russische Panzerproduktion – 29 000 Stück im Jahr 1944, als die deutsche Produktion mit 17 800 Panzern bereits ihren Höhepunkt erreicht hatte – war nur eines von vielen Beispielen dafür, wie sehr die alliierte Kriegswirtschaft die deutsche übertraf. Entscheidend war die Überlegenheit der USA – als Industriemacht stellten sie Deutschland auf jeder Ebene in den Schatten, in Hinblick auf Rohstoffe ebenso wie auf Fertigwaren. Die Mängel der britischen Kriegsproduktion wurden seit 1941 durch amerikanische Hilfslieferungen auf der Grundlage des Pacht-Leih-Gesetzes ausgeglichen, das es dem Empfänger erlaubte, Kriegsmaterial gegen die Zusage zu erwerben, es nach Kriegsende zu bezahlen. Das Pacht-Leih-Abkommen ermöglichte es Großbritannien, der Sowjetunion zwischen Juni und Dezember 1941 Militärhilfe zu gewähren. Nachdem Deutschland den Vereinigten Staaten am 11. Dezember 1941 den Krieg erklärt hatte, trafen die ersten Lieferungen aus Amerika über Wladiwostok, Murmansk und den Persischen Golf in der Sowjetunion ein.

Diese Lieferungen nahmen einen enormen Umfang an. In die Sowjetunion ergoss sich eine wahre Flut von Hilfsgütern; manche von ihnen, zum Beispiel Panzer, waren überflüssig, andere, etwa Flugzeuge, wurden zwar gebraucht – die sowjetischen waren von schlechterer Qualität –, aber unzweckmäßig eingesetzt. Zwar zogen die sowjetischen Streitkräfte es vor, mit ihren eigenen Waffen zu kämpfen, doch die sonstigen Lieferungen verhalfen der Sowjetunion nicht nur zu vielen Gütern, auf welche die Kriegsindustrie angewiesen war, sondern auch zu dem, was man zur Kriegführung brauchte. «Bedenken Sie», sagte Nikita Chruschtschow später einmal, «wie wir [ohne amerikanische Transportmittel] von Stalingrad nach Berlin hätten kommen sollen.» Bei Kriegsende verfügten die sowjetischen Streitkräfte über 665 000 Kraftfahrzeuge, von denen 427 000 aus dem Westen stammten, die meisten aus Amerika, darunter die wunderbaren Dodge-Zweieinhalbtonner, auf denen die Rote Armee so ziemlich alles beförderte, was im Feld benötigt wurde. Außerdem erhielten die sowjetischen Soldaten von der amerikanischen Industrie 13 Millionen Paar Winterstiefel und von der amerikanischen Landwirtschaft fünf Millionen Tonnen Lebensmittel, eine Menge, die ausreichte, um jeden Sowjetsoldaten an jedem Kriegstag mit einem halben Pfund Nahrungskonzentrat zu versorgen. Die amerikanische Eisenbahnindustrie lieferte 2000 Lokomotiven, 11 000 Güterwagen und 540 000 Tonnen Schienen, mit denen die Russen mehr Gleiskilometer verlegten, als zwischen 1928 und 1939 errichtet worden waren. Zur Herstellung von Flugbenzin war die Sowjetunion auf das hochwertige amerikanische Erdöl angewiesen, und drei Viertel des sowjetischen Kupferbedarfs in den Jahren 1941 bis 1944 wurde aus amerikanischen Quellen gedeckt.

Im Krieg überlebte und kämpfte Russland dank amerikanischer Hilfe. Mit Großbritannien verhielt es sich nicht anders. Während britische Geleitzüge Ausrüstung und Rohstoffe im Wert von 77 Millionen Pfund (das entspricht nach heutigem Geldwert dem gesamten britischen Verteidigungshaushalt des Jahres 1989) nach Osten schafften, brachten andere britische Konvois, in denen der Anteil amerikanischer Schiffe immer größer wurde, nicht nur all die Versorgungsgüter über den Atlantik, die man zum Unterhalt der Zivilbevölkerung und der Streitkräfte brauchte, sondern auch die komplette Ausrüstung der amerikanischen Expeditionsarmeen, die sich auf die Invasion von Hitlers Europa vorbereiteten. Der Prozentsatz der militärischen Ausrüstung, welche die britischen Streitkräfte aus amerikanischen Quellen erhielten, lag 1941 bei 11,5, 1942 bei 16,9, 1943 bei 26,9 und 1944 bei 28,7. 1941 betrug der amerikanische Beitrag zur Lebensmittelversorgung der britischen Bevölkerung 29,1 Prozent, ein Stand, der während des ganzen Kriegs konstant blieb.

Der ständige Strom von Hilfslieferungen sowie die Ausrüstung und der Unterhalt von Streitkräften, deren Umfang sich zwischen 1939 und 1945 verdreißigfachte, fügte der amerikanischen Wirtschaft nicht den geringsten Schaden zu. Im Gegenteil, obwohl das Haushaltsbudget von 13 Milliarden Dollar im Jahr 1939 auf 71 Milliarden in 1944 stieg, ließ sich die Inflation durch Steuererhöhungen und erfolgreiche Kriegsanleihen ohne weiteres eindämmen. Im selben Zeitraum wuchs das Bruttosozialprodukt um mehr als 100 Prozent an, und auch die Industrieproduktion verdoppelte sich annähernd.

Diese Entwicklung hatte eine einfache Ursache. Die amerikanische Volkswirtschaft befand sich seit der Weltwirtschaftskrise und den Bankenpleiten der Jahre 1929 bis 1931 in einer Depression, und trotz einer staatlich finanzierten Deflation im Zuge von Roosevelts *New Deal* hatte sie sich nicht in dem Maße erholt wie die Wirtschaft in Deutschland, wo Hitler ein absolut keynesianisches Kreditprogramm in Kraft gesetzt hatte, oder in Großbritannien, wo man mit einer orthodoxeren Haushaltspolitik ebenfalls einen leichten Aufschwung erreicht hatte. Infolgedessen befand sich die amerikanische Wirtschaft im Jahre 1939 immer noch in einem Tief. Es gab 8,9 Millionen registrierte Arbeitslose, und die durchschnittliche wöchentliche Maschinenlaufzeit lag bei 40 Stunden. 1944 war die Auslastung auf 90 Wochenstunden gestiegen, es gab 18,7 Millionen mehr Beschäftigte als 1939 (neben den wieder eingegliederten Arbeitslosen weitere zehn Millionen Arbeitskräfte, überwiegend Frauen), und der Wert der Industrieproduktion belief sich auf 38 Prozent des Sozialprodukts gegenüber 29 Prozent im Jahr 1939.

Absolut gesehen zeugen diese Zahlen von einem außerordentlichen Wirtschaftsaufschwung, relativ gesehen bedeuteten sie den Untergang für Deutschland und Japan, wo die Produktivität einer Arbeitsstunde lediglich bei 50 beziehungsweise 20 Prozent des amerikanischen Wertes lag. Kurzum, die amerikanische Wirtschaft hatte nicht nur ein viel größeres Volumen als die der beiden Feinde, sie war auch wesentlich effizienter. Infolgedessen produzierte das Land, das 1939 noch eine unbedeutende Rüstungsindustrie besessen hatte, fünf Jahre später 40 Prozent des gesamten Kriegsmaterials der Welt. So stieg die Produktion bei Panzern von 346 im Jahr 1940 auf 17 565 im Jahr 1944, beim Schiffbau von 1,5 Millionen BRT 1940 auf 16,3 Millionen BRT 1944 und im Bereich des Flugzeugbaus – dem Sektor der amerikanischen Kriegsindustrie mit den spektakulärsten Wachstumswerten – von 2141 Maschinen 1940 auf 96 318 Maschinen 1944.

1945 waren die USA nicht nur das reichste Land der Welt, das waren sie schon 1939, sondern der reichste Staat, den es jemals gegeben hatte; die Produktivität seiner Volkswirtschaft entsprach beinahe der der restlichen Welt. Auch die amerikanische Bevölkerung profitierte davon. Die bemitleidenswerten «Okies», die John Steinbeck in seinem berühmten sozialkritischen Roman «Die Früchte des Zorns» beschrieben hat, genossen 1944 den Lebensstandard der Mittelschicht, dank den Löhnen in den kalifornischen Flugzeugfabriken; dorthin waren sie von ihren unfruchtbaren Feldern in der *Dust-Bowl*, der «Staubschüssel» Oklahomas, gezogen. Wer die Depression auf besserem Land überstanden hatte, wurde ebenfalls belohnt. Während die amerikanischen Fabriken die Waffen herstellten, mit denen Hitler geschlagen wurde, brachten die amerikanischen Farmer die Ernten ein, die seine Feinde ernährten. Paul Edwards, der vor dem Kriege bei der Durchführung des New-Deal-Programms mitwirkte, schrieb: «Der Krieg war eine verteufelt gute Zeit. Die Farmer in South Dakota, die ich mit Sozialhilfe versorgte – vier Dollar die Woche und Rindfleisch in Dosen, damit sie ihre Familie ernähren konnten –, hatten eine Viertelmillion Dollar verdient, als ich wieder nach Hause kam ... Was hier galt, traf auf ganz Amerika zu ... Und der Rest der Welt darbte und hungerte. Aber das ist jetzt vergessen. Weltkrieg zwei? Ein Krieg, in den ich jederzeit wieder ziehen würde.»

Wollte man die Fehler, die Hitler im Zweiten Weltkrieg begangen hat, in eine Rangfolge bringen, könnte sein Entschluss, es mit der Leistungsfähigkeit der amerikanischen Wirtschaft aufzunehmen, durchaus an erster Stelle stehen.

11 · SOMMER AUF DER KRIM, WINTER IN STALINGRAD

Wer in Russland Krieg führt, sieht sich dem Paradox gegenüber, dass der Winter zwar Armeen vernichtet, das folgende Frühjahr aber alle Operationen zum Stillstand bringt. Das Tauwetter tränkt den plötzlich vom Frost befreiten Boden mit 75 Zentimeter Schneematsch, verwandelt die unbefestigten Straßen in Brei und die Steppe in einen Sumpf; die *Rasputiza,* «Binnenmeere» aus Schlamm, ersticken jede Bewegung. Motorisierte Transportfahrzeuge wühlen sich bis über die Achsen in die aufgeweichte Erde, selbst die zähen einheimischen Ponys vor den leichten Panjewagen straucheln im bodenlosen Morast. Mitte März 1942 musste sowohl die Rote Armee wie das deutsche Ostheer vor der Jahreszeit kapitulieren. Bis Anfang Mai herrschte an der russischen Front ein Waffenstillstand durch höhere Gewalt.

Beide Heere nutzten die Zeit, um die Winterschäden zu beheben und die Verluste auszugleichen, die sie in den Kämpfen erlitten hatten. Die Stawka rechnete überschlägig mit 16 Millionen Russen im waffenfähigen Alter und glaubte, die Rote Armee im Jahre 1942 auf eine Stärke von 9 Millionen Mann aufstocken zu können; auch wenn bereits drei Millionen Mann in Gefangenschaft geraten und eine Million gefallen waren, blieben immer noch genügend Soldaten, um 400 Divisionen aufzufüllen. Viele Divisionen waren äußerst schwach, doch ergab sich auf diese Weise ein Überschuss, mit dem sich eine zentrale Reserve einrichten ließ, während die hinter den Ural verlegten Fabriken im Laufe der Wintermonate 4500 Panzer, 3000 Kampfflugzeuge, 14 000 Geschütze und 50 000 Granatwerfer produziert hatten.

Auch die Deutschen vergrößerten ihr Heer. Im Januar stellte das *Ersatzheer* 13 Divisionen aus neu rekrutierten und «ausgesiebten» Soldaten auf, kurz darauf folgten weitere neun. Im Januar 1942 kamen erstmals weibliche Freiwillige, so genannte Stabshelferinnen, zum Einsatz, damit man die männlichen Schreiber und Fahrer der Infanterie zuteilen konnte; außerdem fanden sich unter den russischen Kriegsgefangenen «Hilfsfreiwillige», von denen die meisten die Seiten wechselten, weil sie dem Hungertod entgehen wollten. Mit solchen Maßnahmen wurde der Verlust von 900 000 Mann ausgeglichen, den das Ostheer im Winter erlitten hatte, und dennoch gab es im April ein Defizit von 600 000 Mann. Es wurde bemäntelt, indem Infanteriedivisionen im Einsatz blieben, deren Stärke um ein Drittel zurückgegangen war; die Anzahl der Panzer, Artilleriegeschütze und Pferde war ebenfalls gesunken. Im April fehlten dem Ostheer 1600 Panzer III und IV, 2000 Geschütze und 7000 Panzerabwehrkanonen. Die Hälfte der 500 000 Pferde, die man nach Russland mitgenommen hatte, war im April 1942 bereits tot.

Trotzdem war Hitler überzeugt, die verbliebenen Kräfte müssten ausreichen, um mit Russland fertig zu werden; sobald der Erdboden fest genug war, sollte der entscheidende Angriff beginnen. Während sich Stalin jedoch eingeredet hatte, die Deutschen würden wieder Moskau attackieren – geschwächt zudem durch eine «zweite Front» im Westen, mit der Stalin fest rechnete –, hatte Hitler ganz andere Pläne. 1918 hatte der Kaiser mit seiner letzten Offensive in Russland den Zweck verfolgt, die natürlichen Reichtümer des Landes in Besitz zu nehmen. Die Weizengebiete, Bergwerke und die Ölfelder, die nun wichtiger denn je waren, lagen schon immer im Süden. Dorthin, in die Regionen jenseits der Krim, an die Wolga und in den Kaukasus, wollte Hitler seine Panzer im Verlauf des Sommerfeldzugs 1942 schicken, um die wirtschaftlich bedeutsamen Gebietsgewinne, die Deutschland 24 Jahre zuvor durch den Frieden von Brest-Litowsk zugesprochen worden waren, zu erneuern und zu erweitern.

Die Front, die das Ostheer im November unmittelbar vor dem Beginn der «endgültigen» Offensive gegen Moskau quer durch

Westrussland gezogen hatte, verlief beinahe genau in Nord-Süd-Richtung und zog sich vom Finnischen Meerbusen bis zum Schwarzen Meer, wobei sie zwischen Demjansk im Norden Moskaus und Kursk im Süden der Hauptstadt eine Ausbuchtung nach Osten aufwies. Im Mai war sie längst nicht mehr so wohlgeordnet. Stalins Winteroffensive hatte bewirkt, dass die Front sich von den Außenbezirken Moskaus entfernt hatte und an drei Stellen eingedrückt war. Zwischen Demjansk und Rschew beschrieb sie eine gewaltige Einbuchtung nach Westen und reichte fast bis Smolensk an der Fernstraße nach Moskau heran, während eine entgegengesetzte Ausstülpung um Demjansk herum einen Kessel bildete, der aus der Luft versorgt werden musste. Eine Ausbuchtung südlich und westlich von Moskau schloss Rschew nahezu ein und reichte fast bis Roslawl an der Eisenbahnlinie Smolensk-Stalingrad. Bei Isjum, im Süden der großen Industriestadt Charkow, wölbte sich ein weiterer Frontbogen westwärts, durchschnitt die Bahnstrecke nach Kiew und blockierte den Zugang nach Rostow, das Tor zum Kaukasus. Die verlustreichen Angriffe der Roten Armee in den Monaten Januar bis März waren nicht ohne Erfolg geblieben.

Energisch bestritt Hitler, dass die beiden Vorsprünge bei Moskau eine Gefahr für seine Front bedeuten könnten; er glaubte, die Rote Armee würde mehr Kräfte dabei verlieren, die «Festung Demjansk» zu bewachen, als es seine Truppen koste, sich dort zu behaupten; und solange er die Einbuchtung bei Rschew nicht preisgebe, halte er die Bedrohung von Moskau aufrecht; die Ausbuchtung bei Roslawl schließlich sei unerheblich. Was die Lage bei Isjum betreffe, so werde sie sich automatisch klären, sobald die Heeresgruppe Rostow hinter sich gelassen habe und den Vormarsch in den Kaukasus antrete. Die Grundzüge dieser Offensive (mit dem Decknamen «Blau») waren Gegenstand einer Besprechung zwischen Hitler, Halder und dem gesamten OKH und fanden in detaillierter Form Eingang in die Weisung Nr. 41 vom 5. März 1942.

Der Plan umfasste mehrere voneinander unabhängige Operationen. Auf der Krim sollte Mansteins 11. Armee die russische Armee von der Halbinsel Kertsch vertreiben und dann Sewastopol, das sich nach fünfmonatiger Belagerung immer noch behaupten konnte, durch Beschießung zu Fall bringen. Bock, der nach seiner Genesung den Oberbefehl über die Heeresgruppe Süd übernommen hatte, erhielt den Auftrag, den Isjum-Kessel «abzuschneiden und zu vernichten» und Woronesch am Don mit seinen Panzern in die Zange zu nehmen; dafür standen ihm neun Panzer- und sechs motorisierte Divisionen zur Verfügung (dazu 52 weniger verlässliche rumänische, ungarische, italienische, slowakische und die spanische Division). Danach sollte die Heeresgruppe Mitte den Don abwärts und quer durch die Steppe auf Stalingrad an der Wolga vorstoßen, wobei von Charkow anrückende Verbände sie unterstützen sollten. Und schließlich sah der Plan vor, dass die Angriffsspitzen in den Kaukasus eindringen (wie es das deutsche Heer 1918 getan hatte), die Bergkette zwischen dem Schwarzen und dem Kaspischen Meer passieren und Baku, das Zentrum der sowjetischen Ölindustrie, erreichen sollten. Durch den Bau eines unüberwindlichen «Ostwalls» wollte Hitler die Eroberungen sichern. «Wir stehen dann dem übrig bleibenden Rußland gegenüber», sagte er zu Goebbels, «wie England Indien gegenübersteht.»

Für diese Operation sprachen wirtschaftliche Gründe von außerordentlichem Gewicht. Hitler erklärte seinen Heerführern, dass ein Erfolg im Süden Kräfte freisetzen werde, mit denen sich im Norden die Einschließung und Einnahme Leningrads vollenden lasse. Kern des Plans «Blau» war jedoch die Erbeutung des russischen Öls. Hitler brauchte es nicht nur für Deutschland (Vertrauten gestand er, in seinen Albträumen sehe er die Ölfelder von Ploesti in Flammen aufgehen), er wollte es auch Stalin entziehen.

«Barbarossa» hatte der Sowjetunion bereits einen ungeheuren wirtschaftlichen Schaden zugefügt. Mitte Oktober 1941 hatte das Ostheer ein Territorium besetzt (und hielt es bis Sommer 1944), in dem 45 Prozent der sowjetischen Bevölkerung lebten; hier wurden

64 Prozent der sowjetischen Kohle gefördert, 47 Prozent des Getreides angebaut, mehr als zwei Drittel des Roheisens, des Stahls und der gewalzten Metalle sowie 60 Prozent des Aluminiums erzeugt. Die Verlegung der Fertigungsanlagen (darunter allein 303 Munitionsfabriken) hinter den Ural hatte wichtige Industriekapazitäten davor bewahrt, in Feindeshand zu fallen, wenn auch um den Preis großer Produktionseinbußen, doch der Verlust, ja schon die Beeinträchtigung der Ölversorgung hätte katastrophale Folgen gehabt; das wusste Hitler nur zu gut, die «allgemeine Absicht» der Weisung Nr. 41 brachte es unmissverständlich zum Ausdruck: «Das Ziel ist, die den Sowjets noch verbliebene lebendige Wehrkraft endgültig zu vernichten und ihnen die wichtigsten kriegswirtschaftlichen Kraftquellen so weit als möglich zu entziehen ... Daher sind zunächst alle greifbaren Kräfte zu der Hauptoperation im Südabschnitt zu vereinigen mit dem Ziel, den Feind vorwärts des Don zu vernichten, um sodann die Ölgebiete im kaukasischen Raum und den Übergang über den Kaukasus selbst zu gewinnen.»

Am 8. Mai, als der Boden fest genug für den Einsatz von Panzern war, begann das Unternehmen «Blau» mit Mansteins Vorstoß in Richtung der Halbinsel Kertsch auf der Krim. Eine Woche später waren die Operationen abgeschlossen und 170000 Russen in Gefangenschaft. Nur noch Sewastopol konnte sich auf der Krim behaupten; es fiel erst am 2. Juli. Inzwischen war jedoch die Hauptphase des Unternehmens «Blau», die den Decknamen «Fridericus» erhalten hatte, ins Stocken geraten. Ein russischer Gegenstoß auf Charkow, ein wichtiges Industriezentrum und ein Schwerpunkt des Panzerbaus, setzte am 12. Mai ein, sodass Bock keine Gelegenheit bekam, den Isjum-Kessel «abzuschneiden und zu vernichten». Erschrocken riet er Hitler, Operation «Fridericus» abzublasen und stattdessen Charkow auf breiter Front zu verteidigen. Als Hitler die Störung seines Plans als «kleine Schönheitsfehler» abtat, erwiderte Bock: «Hier handelt es sich nicht um Schönheitsfehler, sondern ums Dasein.»

Hitler blieb ungerührt und wiederholte, das Problem werde

sich von selbst lösen, sobald «Fridericus» an Durchschlagskraft gewinne, und ließ den Beginn des Unternehmens lediglich um einen Tag vorverlegen. Die Ereignisse gaben ihm Recht. Ohne Mühe durchstieß Kleist mit seiner 1. Panzerarmee die feindlichen Linien im Norden des russischen Stoßkeils gegen Charkow, vereinigte sich am 22. Mai südlich der Stadt mit Paulus' 6. Armee, wodurch ein weiterer jener Kessel gebildet wurde, die im Vorjahr die Rote Armee dezimiert hatten. Anfang Juni waren auf dem Gefechtsfeld bei Charkow 239 000 Gefangene gemacht und 1240 Panzer zerstört worden. Zwei flankierende Operationen mit den Decknamen «Wilhelm» und «Fridericus II» zur Vernichtung des Isjum-Kessels beziehungsweise der russischen Truppen, die durch die Schlacht bei Charkow versprengt worden waren, wurden am 28. Juni erfolgreich abgeschlossen.

An diesem Tage begann das eigentliche Unternehmen «Blau». Zum Einsatz kamen vier nebeneinander aufmarschierte Armeen: die 6. Armee, die 4. Panzerarmee, die 1. Panzerarmee und die 17. Armee. Dabei waren die beiden Erst- beziehungsweise Letztgenannten zu jeweils einer Heeresgruppe zusammengefasst. Bock behielt den Oberbefehl über die Heeresgruppe Süd, während List, dessen Aufstieg mit dem Polenfeldzug eingesetzt hatte, die neu gebildete Heeresgruppe A am Schwarzmeerabschnitt befehligte. Ihnen standen mit der 40., 13., 21. und 28. vier russische Armeen gegenüber, denen Reserven fehlten, weil Stalin geglaubt hatte, das Hauptgewicht der deutschen Bedrohung würde sich gegen Moskau richten. Die 40. Armee war nach den ersten beiden Tagen zerschlagen, die anderen drei wurden zu ungeordnetem Rückzug gezwungen. Die südliche Steppe – ein baum-, straßen- und beinahe wasserloses «Grasmeer», das sich die vor der Zarenherrschaft zurückweichenden berittenen Kosaken zu Eigen gemacht hatten – bot der Roten Armee keinerlei natürliche Hindernisse, die sie zum Aufbau einer Verteidigungslinie hätte nutzen können. Über diese Steppe hinweg stießen Kleists und Hoths Panzerarmeen vor. Dazu Alan Clark:

> Der Vormarsch der deutschen Kolonnen [war] auf eine Entfernung von 50 bis 65 Kilometer [zu erkennen]. Eine gewaltige Staubwolke erhob sich in den Himmel, geschwärzt vom Rauch brennender Dörfer und feuernder Geschütze. Dieser Rauch, schwer und schwarz an der Spitze der Kolonne, hing als brauner, bis zum westlichen Horizont zurückreichender Dunstvorhang noch lange in der reglosen Sommerluft, als die Panzer längst vorbeigezogen waren. Die Kriegsberichterstatter, die den Vormarsch beobachteten, schwärmten von dem … motorisierten Karree, das die vorrückenden Kolonnen bildeten, indem sie Lastwagen und Artillerie von Panzern einrahmen ließen.

Da die Panzer von Charkow so unerwartet leicht über den Donez in den großen «Steppenkorridor» eingebrochen waren, der sich über mehr als 150 Kilometer bis an den Don erstreckt und südwärts in den Kaukasus führt, stimmte Hitler nun einer Änderung des ursprünglichen Plans zu – mit katastrophalen Folgen, wie sich zeigen sollte. Bock befürchtete, die Heeresgruppe Süd könnte auf ihrem Marsch durch den Don-Donez-Streifen einem Flankenangriff von russischen Kräften ausgesetzt sein, die sich aus dem Innern Russlands auf Woronesch am Don vorschoben. Deshalb wies er Hoths 4. Panzerarmee an, die Stadt anzugreifen und einzunehmen. Paulus' 6. Armee sollte ihren Vormarsch Richtung Stalingrad ohne Panzerunterstützung vom Don-Knie zur Wolga fortsetzen, die Stadt einnehmen und als Sperrriegel halten, um weitere russische Angriffe aus dem Landesinnern gegen die Flanken oder das Gros der Heeresgruppe zu verhindern, die auf dem Weg in den Kaukasus vorbeizog.

Hitler, der den Russlandfeldzug noch immer von Rastenburg aus führte und daher von der vordersten Front des Ostheeres durch fast 1200 Kilometer getrennt war, befürchtete nun, Bock könnte in den Kämpfen um Woronesch Zeit und Panzer vergeuden, und das zu einem Zeitpunkt, wo Mangel an beidem herrschte. Daher flog er am 3. Juli zu einem Treffen mit seinem Feldmarschall, der ihn aber offenbar mit der Zusicherung beruhigte, er werde seine Stoßtruppen nicht in Nahgefechte hineinziehen lassen. Am 7. Juli jedoch wurde deutlich, dass er diese Zusage nicht halten würde. Hoths Panzer hatten sich in Gefechte um die Einnahme Woroneschs verwickeln lassen, statt den Kampf abzubrechen und sich mit Paulus' Infanterie beim Marsch auf Stalingrad zu vereinigen; wie es schien, würden sie eine Weile gebunden bleiben. Entschlossen gab Hitler Befehl, Hoths 4. Panzerarmee herauszuziehen, und ersetzte Bock am 13. Juli als Oberbefehlshaber der Heeresgruppe Süd (die wenige Tage zuvor in «Heeresgruppe B» umbenannt worden war) durch Feldmarschall Freiherr von Weichs; allerdings ließ der Schaden sich, wie Hitler noch Monate später klagte, nicht mehr rückgängig machen.

Die Hoffnungen seiner Heerführer, die großen Geländegewinne des Vorjahres wiederholen zu können, waren im Mai durch den Erfolg bei Charkow neu geweckt worden. Aber im Streifen zwischen Donez und Don bewies die Rote Armee, die dort von Timoschenko befehligt wurde, dass sie hinzugelernt hatte. In der Stawka war es A. M. Wassilewski gelungen, Stalin davon zu überzeugen, dass «Durchhaltebefehle» kontraproduktiv seien, weil sie den Absichten des Ostheeres entgegenkämen. So erhielt er die Erlaubnis, bedrohte russische Verbände aus der Gefahrenzone zurückzunehmen. Das geschah dann auch, wobei den Russen zwischen dem 9. und 11. Juli eine kurzfristige Benzinknappheit bei der Heeresgruppe B entgegenkam, die Hoths Panzer zum Stillstand zwang. Zwischen dem 8. und 15. Juli, nach drei abgebrochenen Umfassungsversuchen zwischen Donez und Don, hatten die beiden Heeresgruppen A und B nur 90 000 Gefangene gemacht – nach den Maßstäben des Vorjahres nicht mehr als eine Hand voll.

Da sich die Krise an der Steppenfront zuspitzte, entschloss sich Hitler, sein Hauptquartier von Rastenburg näher an das Zentrum des Geschehens zu verlegen. Am 16. Juli wurde das Führerhauptquartier nach Winniza in der Ukraine vorgeschoben. Wie Rastenburg lag es in einem – wie sich herausstellte, malariaverseuchten – Kiefernwald und war noch immer 650 Kilometer vom Don entfernt. Dennoch fiel es dem «Führer» von hier aus wesentlich leichter, persönlich Einfluss auf die Durchführung der Operationen zu nehmen.

Aus dem Hauptquartier in Winniza erging am 23. Juli die Weisung Nr. 45, Tarnname «Braunschweig», zur Fortsetzung des Unternehmens «Blau». Die 17. Armee und die 1. Panzerarmee der Heeresgruppe A erhielten Befehl, den Russen über das große Don-Knie nachzusetzen und sie hinter Rostow zu vernichten. Inzwischen sollte die 6. Armee mit Unterstützung der 4. Panzerarmee weiter auf Stalingrad vorstoßen, «um die dort im Aufbau befindliche feindliche Kräftegruppe zu zerschlagen, die Stadt selbst zu besetzen und die Landbrücke zwischen Don und Wolga ... zu sperren. Im Anschluß hieran sind schnelle Verbände entlang der Wolga anzusetzen mit dem Auftrag, bis nach Astrachan vorzustoßen.» Astrachan lag im fernen Kaukasus, einem selbst für Russen sagenumwobenen Land; den ostwärts ziehenden deutschen Landsern, die jetzt schon 1500 Kilometer von der schlesischen oder fast 2500 Kilometer von der rheinischen Heimat entfernt waren, musste es wie das Ende der Welt erscheinen. In Hitlers Vorstellungswelt dagegen wurden solche Entfernungen mühelos übersprungen, und er erinnerte daran, dass deutsche Soldaten 1918 schon einmal in diese Gebiete vorgedrungen waren. Allerdings lag 1942 noch ein riesiger Raum, durchsetzt von einer nach wie vor nicht besiegten Roten Armee, zwischen seinen Infanteriekolonnen und dem Traum vom Weltreich.

«Sie dürfen dem Führer nie widersprechen»

List kam mit der Heeresgruppe A zunächst rascher und glatter als erwartet nach Süden voran. Nachdem sie den Don überschritten hatten, fegten Kleists Panzer durch die Steppe, erreichten Maikop, wo die ersten Bohrtürme am 9. August in den Blick gerieten. Das Ölfeld war verwüstet, doch der Luftwaffen-Befehlshaber Wolfram Freiherr von Richthofen, dessen Luftflotte 4 den Angriff unterstützte, war sicher, die Russen von den Kaukasuspässen vertreiben und den Weg über das Gebirge zu den Ölfeldern dahinter freimachen zu können. Ein Durchbruch war auch deshalb wichtig, weil es galt, den Schwarzmeerhafen Tuapse in die Hand zu bekommen, über den der Feind gegebenenfalls aus Bulgarien und Rumänien versorgt werden konnte. Am 21. August erhielt Hitler die Nachricht, bayerische Gebirgstruppen hätten auf dem Gipfel des Elbrus, dem höchsten Punkt des Kaukasus, die Hakenkreuzflagge aufgezogen, aber er fand keinen Gefallen an diesem Erfolg. Er wollte keine alpinistischen Glanzleistungen, sondern dass seine Panzer vorankamen. Als sie jedoch den Fuß des Kaukasus erreichten, verlangsamte sich ihr Vormarsch, und Hitler ließ seine Ungeduld an den Männern seiner Umgebung aus, zunächst an Halder, dann an Jodl. Halder war aus einem anderen Grunde in Ungnade gefallen: kleinere Unternehmen bei Moskau und Leningrad waren ebenfalls gescheitert; als Halder sich vor seine Soldaten stellte, denen seiner Ansicht nach undurchführbare Befehle erteilt worden waren, reizte er Hitler damit zur Wut auf «die einzige Loge, deren Auflösung ich vergessen habe», wie er sich ausdrückte.

Zwar war Jodl Halders Heeresgeneralstab gegenüber gewiss nicht freundschaftlich gesinnt, aber er teilte dessen Urteil über die Schwierigkeiten, vor denen die Landtruppen standen. Als der «Führer» sich von den Berichten zweier Emissäre, die Jodl an die Kaukasusfront geschickt hatte, nicht zu einer milderen Haltung gegenüber List bewegen ließ, stattete Jodl der Heeresgruppe A persönlich einen Besuch ab. Er stellte fest, dass die 4. Gebirgsdivision in einer so engen Schlucht festsaß, dass ein Durchbruch in den Transkaukasus und zu dessen Erdölfeldern unmöglich schien. Die gegen Tuapse vorrückenden Truppen waren durch russischen Widerstand gleichermaßen blockiert und hatten keinerlei Aussicht, den Hafen zu erreichen, bevor der Winter den Weg über die Pässe versperrte. Als Jodl dem «Führer» gegenüber darauf beharrte, List stecke in einer hoffnungslosen Klemme, und unvorsichtigerweise andeutete, Hitler selbst habe diese Situation herbeigeführt, beschwor er einen Wutanfall herauf. Hitler reagierte äußerst empfindlich auf jeden Anflug von Kritik an seinen Befehlen und war besessen von der Furcht, die Fehler des Ersten Weltkrieges könnten wiederholt werden. Daher erklärt er, Jodl benehme sich wie der Generalstabsoffizier Hentsch, der 1914 den Rückzug von der Marne empfohlen hatte. Er verbannte ihn und Keitel von seiner Tafel im Führerhauptquartier, bestellte Stenographen in seinen Befehlsstand, um seine Besprechungen wörtlich festzuhalten, sodass ihn niemand mehr falsch zitieren konnte, enthob List seines Kommandos und übernahm am 9. September selbst den Oberbefehl über die Heeresgruppe A. Gleichzeitig ließ er Halder eine unmissverständliche Warnung zukommen – durch Keitel, an dem er besonders dessen allgemein bekannten Charakter als Lakai und Schmeichler zu schätzen wusste.

Am 23. September schied der Chef des Generalstabes des Heeres unter Tränen von Hitler, um künftig durch General Kurt Zeitzler ersetzt zu werden. «Sie dürfen dem Führer nie widersprechen», beschwor Keitel Halders Nachfolger kurz vor dessen Amtsantritt. «Sie dürfen ihn nie daran erinnern, daß er vielleicht über eine bestimmte Sache früher mal eine andere Ansicht gehabt hat oder daß etwas, was Sie ihm vortragen, er aber abgelehnt hat, sich durch die Ereignisse bestätigt hat. Sie dürfen ihm auch nie die Verluste melden, denn Sie müssen die Nerven dieses Mannes schonen.» Zeitzler verdankte seinen Posten in erster Linie seiner Freundschaft mit Schmundt, Hitlers Chefadjutanten, doch war er auch ein zäher Infanterist mit einem beeindruckenden Ruf als kampferfahrener Soldat. Wer einen Krieg beginne, erwiderte er Keitel, müsse auch die Nerven haben, ihn durchzustehen. Während der 22 Monate, die er Hitler als Chef des Generalstabes des Heeres diente, kam es wiederholt zu heftigen Wortwechseln zwischen den beiden. Nach Halder, den Hitler abfällig als «Bürohengst» bezeichnete, brachte Zeitzler eine nüchterne Direktheit in die Stabsbesprechungen, die Hitler als vertrauenserweckend empfand, und selbst in den schlimmsten Krisen funktionierte die Zusammenarbeit zwischen den beiden.

Eine solche Krise entwickelte sich gerade. Hitlers Verweis auf die Marneschlacht entbehrte nicht einer gewissen Berechtigung. Als das deutsche Heer damals seine Fronten überdehnte, hatte die Oberste Heeresleitung zu wenig beachtet, welche Gefahr seinen Flanken von einer Stadt mit mächtiger Garnison drohte. Nun zeigte sich an der Wolga eine ähnliche Gefahr. Die Heeresgruppe A, die südwärts bis an den Kaukasus vorgedrungen war, hielt – mit Mühe – die 450 Kilometer lange Verbindungslinie aufrecht, besaß aber nicht die Kraft, sie gegen die ostwärts in der Steppe aufgestellten Russen zu sichern. Die Heeresgruppe B, die sich zuvor langsam den Donez-Don-Korridor hinabbewegt hatte, wurde nun in ein Gefecht in der Umgebung Stalingrads verwickelt; alle Anzeichen deuteten darauf hin, dass Stalin die Stadt zu einem mächtigen Widerstandszentrum ausbauen wollte. Eine Parallele zwischen 1914 und 1942 ließ sich jedoch nur bedingt ziehen. An der Marne waren die Deutschen besiegt worden, weil sie nicht die Kraft aufbrachten, das an ihrer Flanke liegende Paris einzunehmen. Im Jahre 1942 bestand die Gefahr darin, dass Hitler infolge einer Überreaktion zu viele Truppen bei Stalingrad zusammenfasste und damit den Armeen in den Bergen und in der offenen Steppe die Möglichkeit nahm, sich gegen einen feindlichen Gegenschlag zu wehren. Genau das war das operative Ziel, auf das Stalin und die Stawka sich nun vorsichtig zubewegten.

Den ersten Hinweis auf eine geplante russische Gegenoffensive hatte Stalin Winston Churchill gegeben, als der britische Premierminister vom 12. bis 17. August Moskau besuchte. Zu dieser Zeit waren die anglo-sowjetischen Beziehungen auf einem Tiefpunkt angelangt. Der Stein des Anstoßes – Russlands Umgang mit Polen – war zwar teilweise beseitigt worden, indem Stalin sich im vergangenen Dezember dazu bereit gefunden hatte, seine 180 000 polnischen Kriegsgefangenen zu entlassen und über Persien nach Ägypten zu schaffen, wo sie unter britischem Oberbefehl die «Armee Anders» bildeten; aber nun hatten die Russen Grund, den Briten Vorhaltungen zu machen: Nachdem der Geleitzug PQ 17 im Juni zusammengeschossen worden war, hatte Großbritannien beschlossen, die Konvois, die über die arktischen Häfen Nachschub für die Sowjetunion brachten, vorerst einzustellen.

Noch stärker schlug zu Buche, dass im Juli in Washington die Eröffnung einer «zweiten Front» definitiv von 1942 auf 1943 verschoben worden war. Nun musste sich Churchill zähneknirschend Stalins Vorwürfe anhören. Der reagierte auch misstrauisch auf das britische Angebot, Russland bei der Verteidigung des Kaukasus zu helfen, denn als die dort lebenden Muslime 1918 ihre Unabhängigkeit von Russland anstrebten, wurden sie von einem britischen Heer unterstützt, und selbst jetzt begegneten sie den deutschen Eindringlingen mit einem Wohlwollen, das Berija dazu veranlasste, Truppen des Innenministeriums in die Gegend zu entsenden. Doch am Tag vor Churchills Abreise gab Stalin seine harte Haltung auf. Da er dringend auf die Art von Nachschub angewiesen war, die nur die westliche Industrie zu liefern vermochte – keine Waffen, denn die produzierten die Fabriken im Ural allmählich massenweise (16000 Flugzeuge und 14000 Panzer in der zweiten Jahreshälfte 1942), sondern Lastwagen und Rohaluminium –, unterbreitete er Churchill seine Wünsche. Um einen bruchlosen Übergang vom Ankläger zum Bittsteller bemüht, weihte er den Premierminister in den streng geheimen Plan einer sehr breit angelegten Gegenoffensive ein.

Die Umrisse des Plans waren noch vage. Klare Formen nahm er erst am 13. September an, als die Schlacht um Stalingrad schon seit drei Wochen tobte. Nach russischer Rechnung hatte sie sogar schon früher begonnen. Am 24. Juli war mit Rostow am Don das «Wachhaus» Südrusslands an die deutsche 17. Armee gefallen. Deren Nachbarn, die 1. und die 4. Panzerarmee, stießen in den nächsten sechs Tagen ostwärts über den Don. Während die 1. südwärts in den Kaukasus rollte, wandte sich die 4. nach Nordost, um Paulus' 6. Armee beim Angriff auf Stalingrad zu unterstützen. Sie stieß auf so geringen Widerstand, dass, wie ein Unteroffizier der 14. Panzerdivision notierte, viele Soldaten Zeit fanden, ihre

Sachen abzuwerfen und im Don zu baden – genau so, wie sie es im Vorjahr im Dnjepr getan hatten. Am 19. August hatte die 6. Armee ihre Ausgangsstellungen zum Angriff auf Stalingrad bezogen. Hitlers 4. Panzerarmee rückte auf einer anderen Route näher. Stalingrad bestand im Wesentlichen aus mehreren modernen Fabriken inmitten zahlloser Holzhäuser, die sich über ein rund 30 Kilometer langes Gebiet am Westufer der an dieser Stelle etwa anderthalb Kilometer breiten Wolga hinzogen. Ein großer Teil der Stadt war am 23. August bei einem Tagangriff des VIII. Fliegerkorps zerbombt worden. Durch die schwelenden Trümmer drängte die 6. Armee vorwärts, um ihren Angriff mit dem Vorstoß zum Wolgaufer abzuschließen.

In dem Monat, der seit der Überquerung des Don verstrichen war, hatten Stalin und die Stawka bei Stalingrad provisorische Verteidigungsanlagen errichtet, die ebenso stark waren wie diejenigen, die sie im letzten Herbst vor Leningrad und im Dezember vor Moskau angelegt hatten. Alle drei Städte hatten für Hitler symbolische Bedeutung; Stalingrad lag dem sowjetischen Diktator besonders am Herzen. Es war nicht nur die größte der vielen russischen Städte, die nach ihm benannt worden waren, sondern auch der Ort, wo sich 1918 die «südliche Clique» – Stalin, Woroschilow, Budjonny und Timoschenko – gegen Trotzkis Führung im Krieg gegen die Weißen aufgelehnt hatten, ein Vorgang, mit dem Stalins Aufstieg zur Macht in der Partei begonnen hatte. Im August schickte er daher eiligst Männer und Material an die Stalingradfront, ließ einen Verteidigungsring anlegen, ernannte neue und tatkräftige Kommandeure und ließ keinen Zweifel daran aufkommen, dass seinem Befehl vom 28. Juli – «Keinen Schritt zurück!» –, der jedem sowjetischen Soldaten verlesen worden war, unbedingter Gehorsam zu leisten sei. Am 9. Oktober wurden die Politkommissare durch das «Einheitskommando» wieder um ihre Gleichstellung mit den Offizieren gebracht und auf eine rein beratende Funktion eingeschränkt. Inzwischen verließ sich Stalin darauf, dass seine Stalingrad-Generale sich so sehr gegen einen

Rückzug wehren würden, als ob er persönlich neben ihnen gestanden hätte. W. N. Gordow und Jeremenko befehligten die Stalingrad- beziehungsweise die Südwestfront, W. I. Tschuikow kommandierte die in der Stadt liegende 66. Armee, und Schukow war der Oberbefehlshaber auf diesem Kriegsschauplatz.

Als Schukow am 13. September im Kreml eine Unterredung mit Stalin hatte, ging es jedoch um den Vormarsch und nicht um den Rückzug. In kühner Vorwegnahme skizzierten er und Wassilewski – der den Posten des Generalstabschefs von Schukow übernommen hatte, als dieser zum Ersten Stellvertretenden Volkskommissar für Verteidigung ernannt worden war – einen Plan, der eine Umfassung der deutschen Truppen an der unteren Wolga und die Vernichtung von Paulus' 6. Armee im Innern der Stadt vorsah. Stalins Argumente für eine enge Umfassung wurden zurückgewiesen, da sie den Deutschen die Möglichkeit gegeben hätte, auszubrechen und zu entkommen. Auch seine Bedenken, dass die nötige Streitmacht gar nicht vorhanden sei, wurden zerstreut: Sie könne binnen 45 Tagen aufgestellt und ausgerüstet werden. Daraufhin gab Stalin alle Vorbehalte auf und fügte hinzu, die Hauptsache sei, dass Stalingrad nicht falle.

Dazu war es jedoch fast schon gekommen. Nachdem am 23. August die hölzernen Wohnquartiere der Stadt niedergebrannt waren, wurde die deutsche 6. Armee in ein erbittertes Gefecht verwickelt um die zerklüfteten Schluchten der Wolgaberge, mit ihren Hohlwegen und Büschen, in das Fabrikviertel Stalingrads hinein, das sich auf unebenem, hügeligem Gelände erstrecke und mit Eisen-, Beton- und Steinkonstruktionen übersät sei, wie einer von Paulus' Divisionskommandeuren das Gelände beschrieb. Um jedes Haus, jede Werkstatt, jeden Wasserturm, Bahndamm, jede Wand, jeden Keller und jeden Trümmerhaufen entbrannte ein erbitterter Kampf, der nicht einmal im Ersten Weltkrieg seinesgleichen hatte.

Am 13. September – Paulus war tags zuvor aus Winniza zurückgekehrt, wo er Hitler über den Verlauf der Schlacht informiert hatte – war die russische Front noch mindestens sechs, an manchen Stellen sogar mehr als 15 Kilometer von der Wolga entfernt. Die russische Hauptkampflinie wurde von drei Divisionen der 62. Armee gehalten, zu deren Oberbefehlshaber Tschuikow gerade ernannt worden war, und die Garnison hatte etwa 60 Panzer im Einsatz. A. I. Rodimzew, einer der Divisionskommandeure, hatte 1936 in Madrid bei der Internationalen Brigade Erfahrungen im Straßenkampf gesammelt. Im Gegensatz dazu hatten sich, so Tschuikows Notizen, drei seiner Stellvertreter unter dem Vorwand einer Erkrankung ans andere Wolgaufer abgesetzt. Zwischen dem 13. und 21. September waren die Deutschen an zwei Stellen, das eine Mal mit drei Infanteriedivisionen, im anderen Falle mit vier Infanterie- und Panzerdivisionen, ans Wolgaufer vorgedrungen, um den Kern der Verteidigungsstellungen zu umfassen – das Traktorenwerk sowie die Fabriken *Barrikade* und *Roter Oktober* – und die zentrale Pier, wo nachts vom Ostufer her Mannschaften und Versorgungsgüter angelandet wurden, mit Artilleriebeschuss zu belegen.

Die Gefechte hatten jedoch die Vorausabteilungen der 6. Armee so erschöpft, dass eine Pause erforderlich wurde, die man dazu benutzte, frische Truppen für den Straßenkampf zusammenzuziehen. Dieser begann am 4. Oktober. Tschuikow hatte seine Stützpunkte und seinen Gefechtsstand unter Tage verlegt, seine Stabsoffiziere und Spezialisten hausten in Tunnels und Bunkern, die sie ins Westufer der Zariza in der Nähe der Wolga-Landungsbrücke gegraben hatten. Es standen nur noch die massivsten Gebäude, die wegen der winzigen taktischen Vorteile, die sie gewährten, erbittert umkämpft wurden. Ein Offizier der 24. Panzerdivision schrieb während der Kämpfe im Oktober:

> Seit fünfzehn Tagen kämpfen wir mit Granatwerfern, Handgranaten, Maschinengewehren und Bajonetten um ein einzelnes Haus. Schon am dritten Tage lagen vierundfünfzig deutsche Gefallene in den Kellern, auf den Treppenabsätzen und Stufen. Die Front ist ein Flur zwischen ausgebrannten Zimmern, ist die dünne Decke zwischen zwei

> Stockwerken. Hilfe kommt aus Nachbarhäusern über Notausgänge und Schornsteine. Von mittags bis nachts wird unablässig gekämpft. Von Stockwerk zu Stockwerk, die Gesichter schwarz vom Schweiß, beharkten wir uns unter unablässigen Explosionen, Staub- und Rauchwolken mit Handgranaten … Man frage einen Soldaten, was in einer solchen Lage Nahkampf bedeutet. Und dann stelle man sich Stalingrad vor; achtzig Tage und achtzig Nächte Nahkampf … Stalingrad ist keine Stadt mehr. Bei Tag ist es eine riesige Wolke aus beißendem und blendendem Rauch; ein riesiger Schmelzofen, vom flackernden Widerschein der Flammen beleuchtet. Wenn die Nacht kommt, eine von diesen heißen, heulenden, verdammten Nächten, stürzen sich die Hunde in die Wolga und paddeln verzweifelt ans andere Ufer. Für sie sind die Nächte von Stalingrad ein Graus. Die Tiere flüchten aus dieser Hölle, die schlimmsten Unwetter können sich nicht lange behaupten, nur die Menschen halten aus.

Dieser Bericht vermittelt kein übertriebenes Bild von der Schlacht um Stalingrad. Tschuikow, der wahrlich nicht zu Pathos neigte und gerade erst den Kriegsschauplatz mit kühlem Kopf betreten hatte – zuvor war er russischer Militärattaché in China gewesen –, beschreibt ein späteres Stadium des Kampfes wie folgt:

> Am 14. Oktober griffen die Deutschen wieder an; dieser Tag wird als der blutigste und grausamste der ganzen Schlacht in die Geschichtsbücher eingehen. An einer schmalen Front von vier oder fünf Kilometern Breite warfen die Deutschen fünf Infanteriedivisionen und zwei Panzerdivisionen nach vorn, massiv unterstützt von Artillerie und Flugzeugen …, tagsüber flog die Luftwaffe über zweitausend Einsätze. An diesem Morgen hörte man keine einzelnen Schüsse oder Explosionen, vielmehr verschmolz das Ganze zu einem einzigen betäubenden Donner. Auf fünf Schritt Entfernung war nichts mehr zu erkennen, so dicht waren Staub und Qualm … An diesem Tage fielen in meinem Hauptquartier einundsechzig Mann. Nach vier oder fünf Stunden des betäubenden Sperrfeuers gingen die Deutschen mit Panzern und Infanterie zum Angriff über, kamen anderthalb Kilometer weit und brachen schließlich zum Traktorenwerk durch.

Das war der vorletzte Angriffsversuch der Deutschen. Am 18. Oktober herrschte Stille in der Stadt. Tschuikow: «Von nun an umklammerten sich die beiden Armeen in tödlicher Umarmung; die Front bewegte sich praktisch nicht mehr.» An manchen Stellen verlief sie keinen halben Kilometer von der Wolga entfernt. Die Fabrik *Roter Oktober* war an die Deutschen gefallen, das Traktorenwerk und die Fabrik *Barrikade* befanden sich nur noch teilweise in russischer Hand, und Tschuikows Front war in zwei Kessel aufgespalten. Doch die Garnison, beflügelt von seiner berühmten Parole, sie sollten kämpfen, als ob es «jenseits der Wolga kein Land» gäbe, hielt aus. Die Verwundeten (insgesamt 35 000 Mann) wurden mit den Booten fortgeschafft, die nachts Verstärkung (65 000 Mann) und Munition (24 000 Tonnen) vom anderen Ufer herüberbrachten. Zwar konnten die deutschen Soldaten der 6. Armee leichter mit Nachschub und Verstärkung versorgt werden, aber sie waren nicht weniger erschöpft als ihre Feinde. Im November notierte Richthofen, der Luftwaffenbefehlshaber vor Ort, in seinem Tagebuch: «Habe Zeitzler gegenüber betont, daß Führung und Kämpfer bei Stalingrad so unlustig sind, daß nur durch Einführung eines neuen Geistes etwas erreicht werden kann».

Von einem neuen Geist war jedoch nichts zu spüren. Hitler schien vergessen zu haben, weshalb er die 6. Armee überhaupt in die Schlacht um die Stadt geschickt hatte. Über den Kämpfen gerieten die strategischen Ziele des Unternehmens aus dem Blick: die Eroberung des Kaukasus und sogar die Festigung der «Steppenfront», die nördlich der Stadt am Rande des Don vor einem russischen Gegenangriff schützen sollte. Hitlers gefährliche Neigung, bei den zweimal täglich anberaumten Lagebesprechungen in Metern zu denken statt in Kilometern und in Kompanien statt in Armeen, nahm seinen Entscheidungen jede allgemeine Perspektive: Falls es seinen Soldaten jetzt noch gelingen sollte, Tschuikow und die Reste der 62. Armee über das Stalingrader Steilufer in die Wolga zu drängen, wäre das bestenfalls ein örtlich begrenzter Erfolg, für den ein völlig unverhältnismäßig hoher

Preis zu zahlen war (die 20 Divisionen der 6. Armee hatten bereits die Hälfte ihrer Kriegsstärke verloren); scheiterten sie allerdings, so wäre die größte offensive Truppenkonzentration des Ostheeres ergebnislos zugrunde gerichtet, und die Initiative ginge an die Rote Armee über.

Am 11. November, als das Wetter schon den Frost ankündigte, der die Wolga mit Eis überzog und Tschuikow die Überquerung des Flusses auf festem Grund ermöglichte, unternahm Paulus einen letzten Versuch. Am folgenden Tag brachte ein geglückter Vorstoß die 4. Panzerarmee im Süden an die Wolga, sodass die Stadt nun gänzlich eingeschlossen war. Das war der letzte Erfolg, der den Deutschen an diesem östlichsten Punkt ihres Vormarsches in Russland beschieden sein sollte. Sechs Tage lang flackerten hier und da örtliche Gefechte auf, die Soldaten beider Seiten das Leben kosteten, niemandem aber einen Geländegewinn eintrugen. Am 19. November, so schreibt Alan Clark, «überlagerte ein neues, schreckliches Geräusch» das Geknatter der Handfeuerwaffen – «das donnernde Sperrfeuer von Woronows zweitausend Geschützen im Norden». Der von Stalin, Schukow und Wassilewski geplante Gegenangriff hatte begonnen.

Die zerbrechliche Schale

Um ein möglichst großes Heer gegen Stalingrad zusammenzuziehen, hatte Hitler andernorts gespart, indem er die Flügel der Steppenfront, am Don nördlich und südlich der Stadt, mit Truppen seiner Verbündeten besetzt hatte – Rumänen, Ungarn und Italienern. Kurzum, der Kern der Truppenkonzentration bei Stalingrad war deutsch, die Schale nicht. Den ganzen Herbst über hatte Hitler vor dieser Schwachstelle in der Aufstellung des Ostheeres die Augen verschlossen. Nun entdeckten die Russen, dass sie nur jene zerbrechliche Schale zerschlagen mussten, um die 6. Armee zu umfassen und zu überwinden, ohne direkt gegen sie kämpfen zu müssen. Der Armee stand eine Einkesselung bevor, mit der Stalin sich wenigstens teilweise für die Kesselschlachten von Minsk, Smolensk und Kiew revanchieren konnte, die im Jahr zuvor die Rote Armee beinahe vernichtet hätten.

Nach Schukows Plan platzierte man zwei Fronten, Watutins Südwestfront und Rokossowskis Donfront, mit fünf Infanterie- und zwei Panzerarmeen westlich der Stadt und Jeremenkos Stalingradfront mit einer Panzer- und drei Infanteriearmeen im Süden. Die Südwest- und die Donfront griffen am 19. November an, die Stalingradfront am folgenden Tage. Beide Flügel der Zange schlossen sich am 23. November bei Kalatsch am Don westlich von Stalingrad. Die 3. und 4. rumänische Armee waren vernichtet, die 4. (deutsche) Panzerarmee setzte sich eiligst ab, und die 6. Armee war in den Ruinen an den Ufern der Wolga eingeschlossen.

Als das Unternehmen «Uranus» begann (so der russische Deckname der Gegenoffensive), befand Hitler sich in seinem Refugium in Berchtesgaden, um sich von den Mühen des Russlandkrieges zu erholen. Er nahm sofort den Zug nach Rastenburg, wo er am 23. November mit Zeitzler zusammenkam. Trotz des Ratschlags seines Generalstabschefs, die 6. Armee zurückzunehmen, um sie nicht der Vernichtung preiszugeben, beharrte Hitler unerbittlich auf seinem verhängnisvollen Standpunkt: «Ich gehe nicht von der Wolga fort!» Während der nächsten Woche improvisierte er eine Reihe von Maßnahmen, die es der 6. Armee ermöglichen sollten, die Stellung zu halten. Die Luftwaffe wollte sie versorgen. Paulus' Angabe, die Armee benötige pro Tag «700 Tonnen» Nachschub, wurde nach «realistischer» Bewertung auf 300 Tonnen heruntergeschraubt, und die 60 Tonnen, die derzeit mit 20 bis 30 Ju 52 in den Kessel gelangten, wurden mit der theoretisch verfügbaren Zahl an Flugzeugen hochgerechnet, sodass sich am Ende die richtige Menge ergab. Weiter sahen die Pläne vor: Manstein, der Magier des Panzerdurchbruchs, entsetzt den Kessel; die Reserven, die er dazu benötigt, stehen für den Beginn der Operation «Wintergewitter» Anfang Dezember bereit; in der Zwischenzeit macht Paulus keinen Ausfall; höchstens führt er (auf das Kennwort «Donnerschlag» hin) einen Gegenschlag, sobald Mansteins Angriff sich entfaltet, damit sich die Wolga-Brückenköpfe vereinigen können; dann wird die Rote Armee wieder so unter Druck gesetzt wie vor ihrem Gegenangriff vom 19./20. November.

Manstein, dem Oberbefehlshaber der neu gebildeten Heeresgruppe Don, standen für «Wintergewitter» vier Armeen zur Verfügung: die 3. und 4. rumänische, die 6. deutsche und die 4. Panzerarmee. Auf die ersten beiden, denen es schon immer an Gerät und Engagement gefehlt hatte, war jetzt wenig Verlass; die 6. Armee war eingeschlossen, die 4. Panzerarmee zwar manövrierfähig, besaß aber nur drei Panzerdivisionen, die 6., 17. und 23., die sich zu einem Stoßkeil formieren konnten. Der Durchbruchsversuch begann am 12. Dezember. Zwischen den Panzerdivisionen und Paulus' Linien lagen etwa 100 Kilometer verschneite Steppe.

Bis zum 14. Dezember kamen sie gut voran; das Überraschungsmoment war auf deutscher Seite, und die Russen hatten einmal mehr Schwierigkeiten, dem Anfangsschwung eines deutschen Angriffs standzuhalten. Mochte die Zeit auch für die Russen arbeiten, an militärischem Können waren sie der deutschen Wehrmacht nicht gewachsen. Den Truppen der deutschen Verbündeten allerdings waren sie ebenbürtig, wenn nicht gar überlegen. Am 16. Dezember wurde die italienische 8. Armee, der bislang das Schicksal der rumänischen erspart geblieben war, zerschlagen und überrannt, wodurch der Panzervorstoß direkt bedroht wurde. Am 17. Dezember kämpfte sich die 6. Panzerdivision bis auf knapp 60 Kilometer an Stalingrad heran, nahe genug, um das Geschützfeuer über der Stadt zu hören, doch der Vormarsch verlangsamte sich, die italienische Front gab nach, und von der 6. Armee kam kein Anzeichen eines Gegenschlags, der zu einer Vereinigung der deutschen Kräfte hätte führen können. Am 19. Dezember schickte Manstein seinen dritten Generalstabschef (I c) mit dem Flugzeug in die Stadt, um den Oberbefehlshaber zum Handeln zu bewegen. Der Bote kam mit der Nachricht zurück, Paulus sei von den Schwierigkeiten überwältigt und habe Angst, beim «Führer» in Ungnade zu fallen. Am 21. Dezember wandte Manstein sich mit der Bitte an Hitler, Paulus den Ausbruch zu befehlen. Der «Führer» weigerte sich. Am 24. Dezember kam Mansteins eigener Entsatzversuch im Schnee der Steppe zwischen Don und Wolga zum Stehen, sodass ihm nur der Rückzug blieb.

Der Rückzug war auch zwingend geboten für Kleists gefährlich überdehnte Heeresgruppe A im Kaukasus. Im letzten Herbst hatten seine motorisierten Patrouillen die Küste des Kaspischen Meeres, Hitlers strategisches Eldorado, erreicht, mussten aber wegen mangelnder Unterstützung an der Terekmündung wieder umkehren. Anfang Januar begannen die 1. Panzer- und die 17. Armee, sich von der Kaukasusfront zurückzuziehen und durch den 450 Kilometer langen Korridor nach hinten abzusetzen, den sie mit ihrem direkten Vorstoß nach Südosten im vergangenen Sommer gebildet hatten. Am 12. Januar hoffte Hitler noch immer, die Ölfelder bei Maikop halten zu können. Als sich die ungarische 2. Armee nördlich von Stalingrad unter dem russischen Druck auflöste, war Hitler gezwungen, die 1. Panzerarmee an Manstein abzugeben, um dessen Panzerkräfte zu verstärken. Obwohl Kleists Heeresgruppe nun nur mehr aus einer einzigen Armee bestand, der 17., erhielt sie von Hitler den Befehl, östlich der Krim eine Basis zu errichten; von dort aus wollte der «Führer» wieder zum Angriff übergehen, sobald sich die kritische Lage in Stalingrad entspannt hatte.

Diese Hoffnung war reine Illusion. Im Laufe des Januar erloschen in Stalingrad die Kräfte der deutschen Verteidiger unaufhaltsam. Die Luftwaffe konnte über die drei Flugplätze im Kessel täglich im Durchschnitt 70 Tonnen einfliegen; nur an drei Tagen der Belagerung (am 7., 21. und 31. Dezember) überstieg der Nachschub das zur Aufrechterhaltung des Widerstands nötige Minimum von 300 Tonnen. In der ersten Januarwoche 1943 wurde der Flugplatz bei Morosowskaja von russischen Panzern überrannt; danach mussten Richthofens Ju 52 – deren Zahl sich verringert hatte, weil einige Flugzeuge abgezogen worden waren, um Fallschirmtruppen nach Tunesien zu bringen – von Nowotscherkask aus operieren, 350 Kilometer von Stalingrad entfernt. Nach dem 10. Januar, als der wichtigste Flugplatz innerhalb des Kessels fiel, waren Landungen schwierig, die meisten Versorgungsgüter wurden abgeworfen, und die Verwundeten konnten nicht mehr regelmäßig ausgeflogen werden. Am 24. Januar lagen bei Außentemperaturen um 30 Grad unter Null annähernd 20 000 Mann, ein Fünftel der eingeschlossenen Armee, in provisorischen, oftmals ungeheizten Feldlazaretten.

Am 8. Januar forderten Woronow und Rokossowski Paulus zur ehrenvollen Kapitulation auf und versprachen ärztliche Hilfe und Truppenverpflegung. «Der grausame russische Winter hat noch kaum begonnen», warnten sie. Für Paulus, der drei Wochen zuvor Mansteins Appell zu einem Ausbruch aus Angst zurückgewiesen hatte, den Unwillen des «Führers» zu erregen, kam ein solcher Akt des Ungehorsams nicht in Frage. Der fürchterliche Kampf ging weiter. Am 10. Januar eröffneten die Russen das Feuer aus 7000 Geschützen, der größten Artilleriekonzentration der Geschichte, um die Widerstandslinie der 6. Armee zu zerschlagen. Am 17. Januar waren die Soldaten in die Ruinen der Stadt selbst zurückgedrängt, am 24. Januar war die Armee in zwei Hälften geteilt, am Tag darauf überquerten die russischen Truppen vom Ostufer der Wolga den Fluss und vereinigten sich mit den zähen Kämpfern von Tschuikows 62. Armee in den Widerstandsnestern um die Fabriken *Barrikade* und *Roter Oktober*.

In der Hoffnung auf ein Zeichen ehrenvoller Unbeugsamkeit beförderte Hitler Paulus per Funkspruch vom 30. Januar zum Generalfeldmarschall. Da bisher noch kein deutscher Feldmarschall vor dem Feind kapituliert hatte, drückte Hitler «damit Paulus die Pistole [zum Selbstmord] in die Hand». Doch zu diesem äußersten Akt des Gehorsams war Paulus nicht bereit: Am 30. Januar wurde sein Gefechtsstand überrannt, Paulus und sein Stab kapitulierten. Die letzten Überlebenden ergaben sich am 2. Februar, damit fielen den Russen 90000 unversehrte und 20000 verwundete deutsche Soldaten in die Hände. «Das ist der letzte Feldmarschall, den ich in diesem Kriege ernannt habe», ließ Hitler am 1. Februar Zeitzler und Jodl in Rastenburg wissen. «Man soll seine Hühner nicht zählen, bevor man sie im Stall hat.» Er sagte voraus, dass Paulus Zugeständnisse machen und Proklamationen unterzeichnen werde. (Und wirklich stellte sich Paulus für Stalins «Nationalkomitee Freies Deutschland» zur Verfügung, eine Organisation, die das Ostheer zur Aufgabe und zur Mitwirkung am russischen Sieg aufforderte.) «Wenn man sich vorstellt, daß eine Frau den Stolz hat, daß sie, weil sie nur ein paar beleidigende Worte hört, sich einsperrt und sich sofort totschießt, dann habe ich vor einem solchen Soldaten keine Achtung … Hier kann ein Mann sehen, wie 50–60000 seiner Soldaten sterben und mit Tapferkeit bis zum letzten sich verteidigen – wie kann er sich da den Bolschewiken ergeben!»

Die offizielle Reaktion auf die Stalingrad-Katastrophe war insgesamt maßvoller. Tatsächlich beliefen sich die deutschen Verluste zwischen dem 10. Januar und 2. Februar auf 100000 Gefallene, und die meisten der 110000 Überlebenden starben beim Abtransport oder während der Gefangenschaft. Drei Tage lang wurde das normale Radioprogramm des deutschen Reichssenders unterbrochen; stattdessen wurde getragene und feierliche Musik, Bruckners 7. Sinfonie, übertragen. Auf Goebbels' Rat hin nutzte Hitler die Vernichtung der 6. Armee und ihrer 22 deutschen Divisionen, um ein Heldenepos zu konstruieren. In Russland mussten keine Legenden erfunden werden. Als die Nachricht von Paulus' Kapitulation bekannt wurde, läuteten die Kremlglocken, um den ersten eindeutigen Sieg der Roten Armee in diesem Kriege zu feiern. Die 62. Armee wurde in 8. Gardearmee umbenannt, und Tschuikow, ein künftiger Marschall der Sowjetunion, setzte die siegreichen Soldaten im nächsten Monat in die Bahn, zum Einsatz am Donez. «Auf Wiedersehen, Wolga», so beschreibt er in seinen Erinnerungen den Abschied von Stalingrad, «auf Wiedersehen, du geschundene und verwüstete Stadt. Werden wir dich jemals wiedersehen, und wie wirst du dich dann präsentieren? Auf Wiedersehen, Freunde, möget ihr Frieden in dieser Erde finden, die mit dem Blut unseres Volkes getränkt ist. Wir ziehen nach Westen, denn wir haben die Pflicht, euren Tod zu rächen.» Die nächste Schlacht um eine Stadt, die Tschuikow und seine Männer austrugen, fand in den Straßen von Berlin statt.

TEIL III · Der Krieg im Pazifik 1941–1943

12 · TOJOS STRATEGISCHES DILEMMA

Im zweiten Jahr seines Russlandfeldzugs lud sich Hitler freiwillig eine weitere strategische Last auf: den Krieg mit Amerika. Am 11. Dezember 1941 um 14.00 Uhr, vier Tage nachdem in Tokio die Regierung des Generals Tojo den Überraschungsangriff auf Pearl Harbor befohlen hatte, las Reichsaußenminister Ribbentrop dem amerikanischen Geschäftsträger in Berlin den Text der deutschen Kriegserklärung an die Vereinigten Staaten vor. Mit dem verzweifelten Versuch, diesen Schritt zu verhindern, hatte Ribbentrop vielleicht seinen einzigen wirklich intelligenten Beitrag zur Politik des NS-Staates geleistet. Solange die USA neutral waren, hatte auch Hitler alles vermieden, was Amerika zu einem Krieg gegen Deutschland hätte provozieren können; aber nachdem sich Japan nun entschieden hatte, beeilte er sich, es dem Verbündeten gleichzutun. Vergeblich wies Ribbentrop darauf hin, dass die Klauseln des Dreimächtepakts Deutschland nur zum Beistand verpflichteten, wenn Japan direkt angegriffen würde.

Auf die Nachricht von Pearl Harbor hin informierte Hitler eiligst Jodl und Keitel. «Wir können den Krieg gar nicht verlieren», frohlockte er. «Wir haben jetzt einen Bundesgenossen, der in dreitausend Jahren nicht besiegt worden ist.» (Als Churchill dieselbe Nachricht erhielt, kam er zu einem ähnlichen, wenn auch entgegengesetzten Schluss: «Damit hatten wir ... gesiegt.») Am 11. Dezember berief Hitler den Reichstag ein und verkündete seinen Marionetten, erst hetze Roosevelt zum Krieg, dann stelle er willkürliche Behauptungen auf, hülle sich in eine Wolke christlicher Heuchelei und führe so langsam, aber sicher die Menschheit dem Krieg entgegen. «Daß die japanische Regierung es nach jahrelangem Verhandeln mit diesem Fälscher endlich satt hatte, sich noch weiter in so unwürdiger Weise verhöhnen zu lassen, erfüllt uns alle, das deutsche Volk und, ich glaube, auch die übrigen anständigen Menschen auf der ganzen Welt, mit einer tiefen Genugtuung.» Im weiteren Verlauf des Tages erneuerten Deutschland, Italien und Japan den Dreimächtepakt. Sie verpflichteten sich, keinen Separatfrieden zu schließen und «den ihnen von den Vereinigten Staaten von Amerika und England aufgezwungenen Krieg mit allen ihnen zu Gebote stehenden Machtmitteln gemeinsam bis zum siegreichen Ende zu führen». Privat gab Ribbentrop Hitler zu bedenken, dass Deutschland nur ein Jahr bleibe, um die Sowjetunion von ihrem Nachschub über Murmansk und den Persischen Golf abzuschneiden; Japan müsse sich um Wladiwostok kümmern. Anderenfalls würde die zahlenmäßig starke Sowjetarmee mehr und mehr von amerikanischen Rüstungslieferungen profitieren, und der deutsche Sieg wäre bedroht.

Das war nicht nur die Auffassung eines Mannes aus Hitlers Umgebung, dessen Ansehen beim «Führer» im Schwinden war; ähnlich dachte auch ein japanischer Befehlshaber, der dem politischen Machtzentren seines Landes zuzurechnen war. Ende September 1940 hatte Admiral Isoroku Yamamoto, der Oberbefehlshaber der Vereinten Flotte, dem damaligen Ministerpräsidenten, Fürst Fumimaro Konoye, mitgeteilt: «Wenn man mir den Auftrag erteilt, einen uneingeschränkten Krieg zu führen, kann ich vielleicht ein halbes oder ein Jahr aus dem Vollen schöpfen, aber in Hinblick auf das zweite oder dritte Jahr hege ich größte Bedenken. Der Dreimächtepakt ist geschlossen, daran können wir nichts ändern. Nachdem sich die Situation so zugespitzt hat [im japanischen Parlament wurde über die Frage eines Krieges mit den Vereinigten Staaten beraten], hoffe ich, dass Sie sich bemühen, den Krieg mit Amerika zu vermeiden.» Auch andere Japaner fürchteten den Krieg, unter ihnen Konoye selbst, doch keine Meinung zählte mehr als die des Oberbefehlshabers der japanischen Kriegsmarine. Wie kam es, dass Yamamotos Ansicht nicht nur übergangen wurde, sondern dass er sogar, kein Jahr nachdem er Konoye seine Befürchtungen mitgeteilt hatte, wider besseres Wissen die Planung dieses Angriffs vornahm und sein Land damit in einen Kampf um Sein oder Nichtsein mit einer Macht verstrickte, gegen die Japan, wie er wusste, unterliegen würde?

Japans selbstzerstörerischer Konflikt mit dem Westen hat Wurzeln, die weit in die Vergangenheit des Landes zurückreichen und vor allem mit der Furcht der herrschenden Kaste zusammenhängen, die «Verwestlichung» – ein Begriff, der natürlich noch nicht bekannt war, als die ersten portugiesischen, holländischen und britischen Seefahrer im 16. Jahrhundert vor den Küsten Japans aufkreuzten – könnte die komplexe Sozialstruktur zerstören, auf der die innere Ordnung des Landes beruhte. Daher schlossen die Japaner Anfang des 17. Jahrhunderts ihre Küsten gegen die Außenwelt ab und hielten diese Politik durch, bis Mitte des 19. Jahrhunderts westliche Seeleute auftauchten, die über eine neue Technologie, das Dampfschiff, verfügten und die Japaner zwangen, ihren bemerkenswerten – und bemerkenswert erfolgreichen – Entschluss zu revidieren. Mit einer der radikalsten politischen Kehrtwendungen der überlieferten Geschichte fanden sich die Japaner mit der Tatsache ab, dass sich das Land, wenn es japanisch bleiben wollte, für die moderne Welt öffnen musste, doch zu Bedingungen, die gewährleisteten, dass der Modernisierungsprozess der eigenen Kontrolle unterlag. Zwar wollte man westliche Technik erwerben, aber dabei weder sich noch seine Gesellschaftsordnung an den Westen verkaufen.

Ende des Ersten Weltkriegs hatte das reformierte Japan auf dem Weg zu diesem Ideal außerordentliche Fortschritte erzielt. In einem beliebten Kinderlied aus der Zeit nach der Meijireform von 1867/68, durch die die Macht der kaiserlichen Zentralregierung über den Landadel wieder hergestellt wurde, werden zehn erstrebenswerte Errungenschaften des Westens aufgezählt, unter anderem Dampfmaschine, Fotoapparat, Zeitung, Schule und Dampfschiff. In den 1920er Jahren verfügte Japan über ein allgemeines, sehr leistungsfähiges Schulsystem, dessen Absolventen in Fabriken arbeiteten, die nicht nur Textilien zu höchst wettbewerbsfähigen Preisen auf dem Weltmarkt anboten, sondern auch Produkte des Schwer- und Leichtmaschinenbaus, Stahl, chemische Erzeugnisse und Rüstungsgüter erzeugten – Schiffe, Flugzeuge und Geschütze –, die zu den modernsten der Welt gehörten. Japan hatte bereits zwei wichtige Kriege gewonnen, 1894 gegen China und 1905 gegen Russland, und sich damit die Herrschaft über die chinesische Provinz Mandschurei gesichert. Außerdem hatte das Land 1914 bis 1918 an der Seite des Westens gegen Deutschland gekämpft, und zwar mit Waffen, die weitgehend aus eigener Produktion stammten.

Japans Pläne mit China

Durch die Nachahmung des Westens gewann Japan bei den westlichen Siegermächten weder Anerkennung noch Hochachtung. Zwar hatten Großbritannien und später Amerika Japans Hilfe im Kampf gegen Deutschlands pazifische Kolonien dankbar in Anspruch genommen, doch nachdem sie ihrem fernöstlichen Verbündeten im Friedensvertrag einen Anteil an diesen Kolonien eingeräumt hatten – ein strategisch schlecht bedachtes Zugeständnis, das die britischen und amerikanischen Admirale nach 1941 bitter bereuen sollten –, sorgten die beiden westlichen Länder gemeinsam dafür, dass Japan keinen angemessenen Platz unter den Weltmächten erhielt.

Es hatte die Japaner schon verbittert, dass sie einen großen Teil der strategisch wichtigen Gebiete Chinas abtreten mussten, die sie von Russland im Russisch-Japanischen Krieg 1904/05 erobert hatten. Als sie 1922 im Washingtoner Flottenabkommen von den Briten und Amerikanern in der Hierarchie der Seestreitkräfte auf einen der hinteren Plätze verbannt wurden, schlug das dem nationalen Stolz eine tiefe Wunde. Vor allem die Samurai, die Angehörigen der traditionellen Kriegerkaste, die einen viel bewunderten

Sprung vom Feudalismus in die Neuzeit getan und auf diese Weise ihre gesellschaftliche Vormachtstellung bewahrt hatte, wollten eine solche Schmach nicht ohne weiteres vergessen. Sie wussten, dass ihre Kriegsmarine, was Besatzung, Material und möglicherweise auch Größe anging, es mit den britischen und amerikanischen Seestreitkräften in den pazifischen Gewässern durchaus aufnehmen konnte. Daher waren sie äußerst verbittert, als sie einen Vertrag unterzeichnen mussten, der die Zahl der japanischen Großkampfschiffe auf drei Fünftel derjenigen ihrer ehemaligen Verbündeten begrenzte.

Noch größer war der Groll des japanischen Heeres. Westlichen Einflüssen in geringerem Maße unterworfen als die Kriegsmarine, deren Offizierskorps in der Tradition der Royal Navy stand, war das Heer frühzeitig vom Geist jenes rassistischen Nationalismus ergriffen worden, der in der Zwischenkriegszeit das gesamte politische Leben Japans durchdrungen hatte. Japan, ein Land von annähernd 60 Millionen Einwohnern, war zu dieser Zeit nicht mehr imstande, den Lebensmittelbedarf seiner Bevölkerung aus eigener Produktion zu decken. In Hinblick auf Rohstoffe war Japan noch nie autark gewesen. Das galt insbesondere für Nichteisenmetalle, Gummi und vor allem Erdöl – Stoffe, die in einer industriellen Revolution, wie sie Japan nach wie vor durchlebte, außerordentlich wichtig waren. Die Lösung, die den japanischen Nationalisten selbstverständlich erschien, war einfach: Japan würde sich die benötigten Ressourcen von seinen Nachbarn holen und damit seine Versorgung auf direktestem Wege sicherstellen, durch imperiale Eroberung. China war das nächstliegende Objekt solcher Begierde. Das japanische Heer verachtete die Chinesen wegen ihres wirtschaftlichen und politischen Unvermögens – deutlichster Beleg dafür war der Zerfall der Monarchie zu einem Chaos, das sich seit 1912 lokale Kriegsherren zunutze machten – sowie wegen der Unfähigkeit, sich gegen westliche Einflussnahme und Ausbeutung zur Wehr zu setzen. Daher beschloss Japan, in China ein Wirtschaftsimperium zu gründen.

Der erste Schritt dazu wurde 1931 unternommen: Das Eisenbahnsystem der Mandschurei, das Japan brauchte, um Erze abzutransportieren, stand bereits unter dem Schutze Japans; nun aber nahm die japanische Garnison dem örtlichen Kriegsherrn die gesamte Mandschurei ab und setzte damit allen mühsamen Versuchen ein Ende, in dem Gebiet wieder eine chinesische Oberherrschaft zu etablieren. Der «Junge Marschall» auf chinesischer Seite war ein Verbündeter von Tschiang Kai-schek, der die Armee der nominell souveränen Nanking-Regierung befehligte; seine Soldaten wurden rasch in die Flucht geschlagen. Der «Mandschurische Zwischenfall» löste im Ausland, aber auch in Japan Verärgerung aus, wo die zivile Regierung zu Recht meinte, man habe sich über ihre Autorität hinweggesetzt. Doch niemand unternahm etwas, um die Armee zur Rechenschaft zu ziehen, obwohl die Amerikaner lautstark protestierten; sie fühlten sich als Schutzmacht Chinas, in erster Linie, weil viele Missionare aus den USA dort tätig waren.

Zu den Demütigungen, die China im 19. Jahrhundert von ausländischer Seite hatte hinnehmen müssen, gehörte die «Exterritorialität», das heißt die Abtretung der Souveränität an Handelsniederlassungen des Westens. Darin sahen die Japaner eine Bedrohung, denn die Handelsniederlassungen hatten das Recht, auf ihrem Gebiet Truppen zu stationieren, ein Recht, von dem auch die Japaner umgehend Gebrauch machten. Im Jahr 1937 geriet die japanische Einheit, die zur internationalen Schutztruppe der Botschaften in Peking gehörte, mit chinesischen Regierungstruppen in Konflikt und löste dadurch einen Feldzug aus, der sich rasch über das gesamte chinesische Küstengebiet ausbreitete. 1938 hatte Japan den größten Teil der landwirtschaftlich nutzbaren Gebiete Chinas besetzt, darunter die Flusstäler des Hoangho und des Jangtsekiang. Die neue Hauptstadt Nanking fiel den Invasoren ebenso in die Hände wie die alte Hauptstadt Peking, und Tschiang Kai-schek, inzwischen zum Regierungschef avanciert, zog sich ins Landesinnere nach Tschungking am Oberlauf des Jangtse zurück.

Japans Heer und, in geringerem Maße, seine Kriegsmarine hatten sich mittlerweile den Zorn fremder Mächte zugezogen, weil es bei Übergriffen auf die Schiffe der exterritorialen Flusspatrouillen zu britischen und amerikanischen Verlusten gekommen war und weil 1936 an der Grenze zwischen China und der Mongolei inoffizielle, aber erbitterte Kämpfe mit der Roten Armee ausgebrochen waren. 1939 hatte Japan bei einem weiteren Zusammenstoß mit der Roten Armee, an dem auch Panzertruppen beteiligt waren, gegen den späteren Marschall Schukow eine schmerzhafte Niederlage erlitten. (Schukow, der in Deutschland an einem Lehrgang teilgenommen hatte, meinte später, die deutsche Wehrmacht sei zwar besser gerüstet als die japanische, «insgesamt gesehen» aber fehle ihr der «echte Fanatismus» der Japaner.) Fortan hielt das japanische Heer sicheren Abstand zur Roten Armee – was 1941 von großem Vorteil für die Russen war und für Japan im August 1945 katastrophale Folgen hatte. Im Gegensatz dazu hatten die Japaner von den britischen und amerikanischen Streitkräften, deren Regierungen gegen die Angriffe auf die USS *Panay* und HMS *Ladybird* nur protestierten und keine Strafaktion einleiteten, eine weitaus geringere Meinung.

An der Spitze der Offiziere, die in den «China-Zwischenfall» verwickelt waren (so die in Japan übliche Bezeichnung für den 1937 von Schanghai ausgehenden Krieg), stand General Hideki Tojo. Er hatte auch am «Mandschurischen Zwischenfall» teilgenommen und trat 1938 als Stellvertretender Kriegsminister in die Regierung ein. Seine Stellung nutzte er, um eine bedingungslose Wiederaufrüstung zu betreiben, als Vorbereitung auf einen möglichen Krieg mit der Sowjetunion und zur Stärkung des aktuellen Konflikts mit der Guomindang-Regierung Chinas, die an die Stelle des abgesetzten Kaisers getreten war. Chef dieser Regierung war Tschiang Kai-schek.

Tojo war ein glühender, allerdings kein extremer Nationalist. Ende der 1930er Jahre aber begannen extreme Nationalisten im öffentlichen Leben Japans eine zunehmend verderbliche Rolle zu spielen. Eine Gruppe von Militärs der Tokioter Garnison – fanatische Gegner der in ihren Augen viel zu nachgiebigen alten Aristokratie, die den Ton in der Regierung angab – unternahm am 26. Februar einen Mordanschlag auf den Ministerpräsidenten, bei dem zwei seiner Vorgänger und der Großkämmerer ums Leben kamen. Dieser Vorfall brachte die gewaltbereiten Nationalisten vorübergehend in Misskredit, stärkte jedoch paradoxerweise die Macht der Armee, weil sie sich außerordentlich rasch von den Aufrührern distanzierte. Nach einer Reihe von gemäßigten Kabinetten übernahm Fürst Konoye, der schon einmal Ministerpräsident gewesen war und über breite Unterstützung verfügte, im Juli 1940 die Macht und überließ Tojo den Posten des Kriegsministers. Außerdem nahm er Yosuke Matsuoka, einen Anhänger der nationalistischen Militärs, als Außenminister in sein Kabinett auf. Die Präsenz dieser beiden hartgesottenen Imperialisten im Zentrum der Macht sollte Japan in den Krieg führen.

Matsuokas erste Tat war der Beitritt Japans zum Dreimächtepakt mit Deutschland und Italien am 27. September 1940. Das Abkommen verpflichtete die drei Länder zum gegenseitigen Beistand, falls eines von ihnen «von einer Macht angegriffen wird, die gegenwärtig nicht in den europäischen Krieg oder in den chinesisch-japanischen Konflikt verwickelt ist». Das bedeutete für Japan, dass es Deutschland im Falle eines russischen Angriffs zu helfen hatte, und Deutschland musste gegen die Vereinigten Staaten kämpfen, wenn diese Japan angriffen; darüber hinausgehende Verpflichtungen zu gemeinsamen Kriegshandlungen gab es nicht. In dem Vertrag wurde außerdem Deutschlands Primat bei einer «Neuordnung» Europas ebenso anerkannt wie Japans Vormachtstellung in einer «Interessengemeinschaft Groß-Ostasien» (*Greater Asian Co-Prosperity*). Unter diesem Deckmantel eignete sich Japan ab Dezember 1941 die asiatischen Besitzungen der europäischen Kolonialmächte an. Bereits 1936 hatte Japan mit dem Antikominternpakt gegen Russland ein Bündnis mit Deutschland geschlossen. Als Reaktion auf den Hitler-Stalin-Pakt handelte Ministerpräsident Matsuoka im April 1941 einen Nichtangriffsvertrag mit der Sowjetunion aus, doch die japanische Diplomatie wandte sich nun entschieden gegen eine Verständigung mit den Neutralen und den Gegnern der Achsenmächte, stattdessen suchte sie immer engeren Anschluss an die Sieger von 1940, deren Stern scheinbar unaufhaltsam stieg.

Hitlers Angriff auf Russland im Juni 1941 – der dem japanischen Kabinett nicht angekündigt worden war – brachte das Vertrauen darin zeitweilig ins Wanken. Am 16. Juli kam es zu einer Regierungsumbildung, in deren Verlauf Matsuoka als Außenminister von einem gemäßigteren Politiker abgelöst wurde. Tojo allerdings blieb Kriegsminister und setzte sich im Kabinett am entschiedensten für eine Konfrontation mit Hitlers Feinden ein: den Briten, der holländischen Exilregierung – und den Vereinigten Staaten. Diese Politik führte zu beeindruckenden Ergebnissen: Um die Japaner zu beschwichtigen, schlossen die Briten im Juli 1941 die Burma-Straße, über die Tschiang Kai-scheks Armeen in Südchina ihre Hilfsmittel bezogen. Die Holländer, die dem japanischen Druck noch weniger als die Briten gewachsen waren, hatten sich einschüchtern lassen und zugesagt, die Lieferungen von Erdöl, Gummi, Zinn und Bauxit aus Niederländisch-Indien fortzusetzen – nicht in dem von Japan geforderten, aber immerhin in einem annehmbaren Umfang. Im September 1940 waren die Franzosen, in Europa zwar geschlagen, nach wie vor jedoch eine Kolonialmacht, gezwungen worden, den Japanern Truppenstützpunkte und Durchmarschrechte im nördlichen Indochina einzuräumen; von dort aus konnten die japanischen Streitkräfte gegen Tschiang Kai-schek vorgehen und die holländische Armee und Flotte in Niederländisch-Indien bedrohen, ebenso wie die britische Armee und Flotte (Letztere hielt sich zwar in heimischen Gewässern auf, stand jedoch bereit, im Krisenfalle nach Singapur verlegt zu werden) in Malaya und Burma, und schließlich auch das britische Dominion Australien sowie die britischen Besitzungen an den Küsten des Indischen Ozeans von Ceylon bis Ostafrika.

Das waren verlockende Aussichten, zunächst jedoch sah sich Japan mit Amerikas Macht und, noch lästiger, Missbilligung konfrontiert. Die japanische Expansion nach Süden war nicht nur eine Gefahr für die unter amerikanischem Protektorat stehenden Philippinen, sondern vor allem für China, als dessen Schutzmacht, wenn nicht Schutzengel sich die Amerikaner fühlten. Generationen von amerikanischen Missionaren und Lehrern waren in den Städten und ländlichen Regionen Chinas tätig gewesen, um seiner Bevölkerung Christentum und westliches Wissen zu vermitteln; sie hatten keine dankbareren Schüler als Chinas Herrscher Tschiang Kai-schek und dessen Frau. Auch amerikanische Kaufleute hatten in China ein lohnendes Betätigungsfeld gefunden, während amerikanische Seeleute und Soldaten dort seit den unseligen Zeiten des Boxeraufstands als Friedensstifter unterwegs waren. Die «China-Lobby», die mächtigste außenpolitische Interessengruppe in den USA, war empört über den «China-Zwischenfall», den grausamen Krieg, der nun schon seit vier Jahren gegen die Guomindang-Regierung geführt wurde. Diese Gruppe verlangte nicht nur unnachgiebig, Japan an der weiteren Expansion seiner militärischen Macht im Pazifik zu hindern, sondern forderte darüber hinaus, es zum Rückzug aus den bereits eroberten Gebieten zu zwingen.

Kriegsvorbereitungen

Im April 1941 hatte der amerikanische Außenminister Cordell Hull vier Grundsätze richtigen zwischenstaatlichen Verhaltens für Japan aufgestellt, nach Meinung des amerikanischen Außenministeriums vollkommen harmlos und in bester Absicht; doch wurde Japan dadurch eine Politik der Mäßigung abverlangt, die seinen Expansionsabsichten einen Riegel vorschob, und die demütigend untergeordnete Rolle, die das Land nach dem Willen der Vereinigten Staaten im Pazifik spielen sollte, erneut unterstrich. Diese amerikanische Initiative bestärkte eine Gruppe innerhalb des japanischen Kabinetts in der Auffassung, den Interessen des Reiches sei besser gedient, wenn man Japans Vorteil auf Kosten der Sowjetunion suche. Das war das so genannte Nord-Programm. Trotzdem setzte sich auch weiterhin die «Süd-Fraktion» durch, die darauf beharrte, den japanischen Machtbereich auszuweiten, indem man zunächst einmal der Vichy-Regierung Stationierungsrechte im südlichen Indochina abnötigte. Cordell Hulls Forderungen hatten lediglich die Wirkung, dass sich das japanische Kabinett darauf verständigte, die Verhandlungen mit den Vereinigten Staaten fortzusetzen und gleichzeitig die militärischen Vorbereitungen voranzutreiben. Matsuoka wurde als einsamer Befürworter einer noch unnachgiebigeren Haltung am 16. Juli im Zuge der bereits erwähnten Kabinettsumbildung aus seinem Amt entfernt.

Die Japaner wussten nicht, dass die Vereinigten Staaten seit Anfang 1941 in der Lage waren, den Funkverkehr der japanischen Diplomatie zu verfolgen. Ermöglicht hatte das ein bemerkenswerter Decodierungserfolg, der in Washington als «Magic» bezeichnet wurde und durchaus mit dem britischen «Ultra»-Coup, der Entschlüsselung des deutschen Wehrmachtscodes, zu vergleichen war. Als Roosevelt erfuhr, dass der japanische Kronrat auf seiner Sitzung vom 24. Juli beschlossen hatte, eine diplomatische mit einer verdeckten militärischen Offensive zu verbinden, entschied der Präsident, den Wirtschaftskrieg gegen Tokio zu verschärfen. Am 24. Juli räumte Vichy den Japanern das Recht ein, ihre Truppen ins südliche Indochina einrücken zu lassen. Am 26. Juli verhängte Amerika im Einvernehmen mit den Briten und Holländern weitere Handelsembargos gegen Japan, wodurch sich der japanische Außenhandel um drei Viertel und die Erdölversorgung um neun Zehntel reduzierte.

In Washington amtierte inzwischen mit Admiral Nomura ein japanischer Botschafter, der ausgezeichnete Kontakte zu amerikanischen Regierungskreisen unterhielt und der den Standpunkt der Kriegsmarine vertrat, eine weitaus gemäßigtere und realistischere

Haltung als die des Heeres. Zu Hause jedoch drängte das Heer darauf, klare Fristen zu setzen. Am 6. September tagte der Kronrat in Anwesenheit von Kaiser Hirohito und stellte die Möglichkeiten noch einmal in ihrer krassesten Form gegenüber: 1. unverzüglich mit Kriegsvorbereitungen zu beginnen, 2. die Verhandlungen fortzusetzen oder 3. den amerikanischen Forderungen nachzugeben und alle strategisch wichtigen Aktivitäten einzustellen, womit unter anderem der Rückzug aus Indochina einhergehen würde. So war die Situation auf Betreiben von Kriegsminister Tojo dargestellt worden. Wie die anderen Teilnehmer geriet er in Verlegenheit, als der Kaiser seine Minister an die schrecklichen Folgen ihrer Entscheidung erinnerte. Trotzdem beschloss die Konferenz, die Verhandlungen weiterzuführen und gleichzeitig Kriegsvorbereitungen zu treffen. Die Frist für ein erfolgreiches Ergebnis wurde auf den 10. Oktober festgesetzt.

Als die Verhandlungen sich in den nächsten Wochen verzögerten, wurde deutlich, dass der gesetzte Termin hinausgeschoben werden musste; zugleich wurden in zivilen und Marinekreisen Zweifel laut, ob es richtig sei, einen Krieg als politische Option überhaupt in Betracht zu ziehen. Als Führer der Kriegsfraktion und unter dem Einfluss der Ungeduld, mit der die Öffentlichkeit auf das Zögern der Regierung reagierte, trat Tojo jedoch für die kriegerische Lösung ein. Am 5. Oktober kam man auf einer Konferenz, die er in seinem Amtssitz einberufen hatte, zu dem Ergebnis, dass auf diplomatischem Wege nichts zu erreichen sei und der Kaiser ersucht werden müsse, einer militärischen Offensive zuzustimmen. In der folgenden Woche verstärkte Tojo den Druck der Militärs auf Konoye und machte am 14. Oktober das Vertrauen der Armee in dessen Regierung von der Entscheidung für den Krieg abhängig. Drei Tage später trat Konoye zurück, und Tojo übernahm das Amt des Ministerpräsidenten.

Anders als von der alliierten Kriegspropaganda behauptet, war Tojo weder Faschist, noch stand er den Nationalsozialisten oder den Achsenmächten in ideologischer Hinsicht nahe; obwohl er später nach den Gesetzen der Nürnberger Prozesse als Kriegsverbrecher hingerichtet wurde, hatte er für Krieg und Eroberung ganz andere Motive als Hitler und dessen Anhänger. Es ging ihm nicht um Rache. Sein Rassismus war nicht gegen eine bestimmte ethnische Gruppe gerichtet und zielte nicht auf einen Völkermord. Tojo war ein vehementer Antikommunist und fürchtete die wachsende Macht Mao Tse-tungs in China, aber er plante nicht, Japans chinesische Feinde oder irgendeine andere Gruppe auszurotten, die Japan in Asien im Wege stand. Im Gegenteil, sein Chauvinismus war ausschließlich antiwestlich ausgerichtet. Die Beziehungen mit Deutschland pflegte Tojo aus vollkommen eigennützigen Gründen und gab sich nicht der Illusion hin, dass Deutschland sich, wäre es anstelle von Amerika oder Großbritannien eine dominierende Macht im Pazifik gewesen, den nationalen Ambitionen Japans gegenüber großzügiger erwiesen hätte.

Tojo verfolgte ein einfaches Programm: Er war entschlossen, Japans Vorherrschaft in der gewählten Einflusssphäre zu festigen, die westlichen Nationen (wenn nötig auch den Erbfeind Russland) zu besiegen, falls sie Japans Anspruch nicht akzeptierten, China zu unterwerfen und es dem japanischen Kaiserreich einzuverleiben, den anderen asiatischen Staaten dagegen (Indochina, Thailand, Malaya, Burma, Niederländisch-Indien) einen Platz innerhalb der «Interessengemeinschaft Groß-Ostasien» anzubieten – unter Japans Führung. Er träumte davon, Asien von westlicher Präsenz zu befreien und dafür zu sorgen, dass die asiatischen Völker Japans Vormachtstellung anerkannten und einsahen, welche außerordentliche Modernisierungsleistung sein Heimatland erbracht hatte.

Am 1. November leitete er eine Konferenz von Vertretern des Heeres, der Kriegsmarine und des zivilen Sektors, auf der es um Krieg, Frieden und die Frist für die Verhandlungen mit den Vereinigten Staaten ging. Es wurde beschlossen, den USA einen von zwei neuen Vorschlägen zu unterbreiten. Nach Vorschlag A wollte Japan anbieten, seine Truppen binnen 25 Jahren ganz aus China abzuziehen – wobei man realistischerweise davon ausging, dass die Amerikaner sich darauf nicht einlassen würden. Vorschlag B enthielt das Angebot, die Truppen aus dem südlichen Indochina abzuziehen, wo sie gerade erst eingerückt waren, falls die Amerikaner Japan eine Million Tonnen Flugbenzin verkauften. Beide Varianten sollten die Voraussetzungen für einen umfassenden Friedensplan im Pazifik schaffen.

Als Ministerpräsident und gleichzeitig Vertreter der Kriegsfraktion war Tojo vorübergehend schwankend geworden und hatte sich damit einverstanden erklärt, dass ein letzter Versuch unternommen würde, den Krieg zu vermeiden, indem man mit Amerika Vorschlag B erörterte, so unwahrscheinlich dessen Annahme durch Washington auch sein mochte. Am folgenden Tag legte er jedoch in Gegenwart des Kaisers dar, was seiner Meinung nach geschehen werde, sollte Japan seinen augenblicklichen Vorteil nicht nutzen: «Ich fürchte, in zwei oder drei Jahren werden wir eine drittrangige Nation sein ... Wenn wir im Übrigen Gerechtigkeit in den besetzten Gebieten walten lassen, wird die feindselige Haltung uns gegenüber wahrscheinlich nachlassen. Zunächst wird Amerika empört sein, dann aber Verständnis zeigen. Auf jeden Fall werde ich dafür Sorge tragen, dass dies kein Rassenkrieg wird.» Dieses Mal brachte der Kaiser die schrecklichen Konsequenzen der zur Debatte stehenden Fragen nicht in Erinnerung. Als die Amerikaner in der Folgezeit nicht erkennen ließen, dass sie die Konfrontation mit Japan beenden wollten, wurde am 5. November die Entscheidung für den Krieg getroffen, nachdem die Generale am Vortag der Admiralität das Einverständnis abgerungen hatten, dass der 30. November der letzte Tag sei, an dem man noch amerikanische Zugeständnisse akzeptieren werde. Am 25. November sollten die Angriffsverbände der japanischen Marine von ihren Heimathäfen aus in See stechen, um die Offensive gegen die amerikanischen Stützpunkte im Pazifik zu eröffnen; gleichzeitig sollten die in Indochina stehenden japanischen Heerestruppen ins südliche Thailand einrücken, um von dort aus die britische Kolonie Malaya einzunehmen, später dann Burma und Niederländisch-Indien.

Da die Amerikaner dank dem Magic-System den diplomatischen Nachrichtenverkehr der Japaner kannten, wussten sie schon am 7. November, dass der 25. November in ihren Verhandlungen mit Tokio ein entscheidendes Datum markierte. Die USA vermuteten, dass Japan den Krieg von diesem Tag an als unausweichlich betrachten würde. Zwar hatten die Amerikaner auch den Schlüssel der japanischen Kriegsmarine geknackt, die vorbereitenden militärischen Maßnahmen aber, die von Tojo und seinem Kabinett angeordnet wurden, hatten sie nicht in Erfahrung bringen können, weil das japanische Hauptquartier über die Bewegungen der Vereinten Flotte und der 25. Armee im Süden Indochinas strikte Funkstille verhängt hatte. Oftmals in geheimer Sitzung mit den Briten, Holländern und Chinesen erörterte das Außenministerium in Washington den Vorschlag B im Laufe der letzten beiden Novemberwochen eingehend mit den japanischen Vertretern. Diese Verhandlungen litten unter ihrer Doppelbödigkeit. Da Hull wusste, dass die Japaner ihre militärischen Vorbereitungen fortsetzten, während sie den Anschein ehrlicher diplomatischer Bemühungen aufrechterhielten, war er nicht geneigt, ihren Angeboten und Gegenangeboten irgendwelches Gewicht beizumessen. Nomura und der Berufsdiplomat Kurusu, den man zu Nomuras Unterstützung entsandt hatte, waren ehrenwerte Männer, und die peinliche Lage, in die Tokio sie durch sein unaufrichtiges Doppelspiel gebracht hatte, wirkte sich nachteilig auf die Art und Weise aus, in der sie die Verhandlung führten.

Am 26. November wurden alle Unklarheiten beseitigt. An diesem Tage legte Hull der japanischen Delegation unmissverständlich die endgültige Position der Vereinigten Staaten dar, in der sie ihre Ausgangsforderung bekräftigten: Japan sollte seine Truppen nicht nur aus Indochina, sondern auch aus China zurückziehen, die Regierung Tschiang Kai-scheks als legitim anerkennen und praktisch aus dem Dreimächtepakt austreten. Hulls

Note erreichte Tokio am 27. November und löste dort Bestürzung aus. Offenbar ging das Papier über alle Gegenvorschläge hinaus, die Amerika bislang unterbreitet hatte. Es machte die Lockerung des Wirtschaftsembargos nicht nur von einer demütigenden diplomatischen Kapitulation Japans abhängig, sondern verlangte nach japanischer Auffassung sogar den Rückzug aus allen Gebieten, die früher einmal von den chinesischen Kaisern beherrscht wurden – neben China selbst auch die Mandschurei. Da diese ethnisch betrachtet kein Teil Chinas war und da die Japaner glaubten, das Gebiet ein für allemal erobert zu haben, sah Tojo sich durch den entsprechenden Passus der Hull-Note in seiner Politik bestätigt.

Das Papier schien zum Ausdruck zu bringen, was er und seine Gefolgschaft schon lange behaupteten: Die Vereinigten Staaten billigten dem japanischen Kaiserreich keine gleichberechtigte Position in der Völkergemeinschaft zu, sie erwarteten, dass der Kaiser und seine Regierung dem amerikanischen Präsidenten gehorchten, wenn der es verlangte, und sie wollten die Realität der strategischen Macht Japans einfach nicht zur Kenntnis nehmen. Heer und Kriegsmarine waren sich sofort einig, dass die Note inakzeptabel sei. Während Tojo seine Washingtoner Emissäre anwies, die Gespräche unbeirrt fortzusetzen, erhielten Schiffe und Soldaten den Befehl, mit dem Aufmarsch fortzufahren. Der japanischen Botschaft in Washington wurde eine langatmige und irreführende Formulierung der japanischen Beschwerden übermittelt, die Cordell Hull am Morgen des 7. Dezember vorgelegt werden sollte und von Tojo als Kriegserklärung gedacht war. Zwar war der Funkspruch von Magic entschlüsselt worden, doch kam es bei der Übersetzung zu Verzögerungen, sodass der Text dem amerikanischen Außenministerium offiziell erst nach 14.00 Uhr vorgelegt wurde. Zu diesem Zeitpunkt war Hawaii bereits schweren Angriffen ausgesetzt, mit dem Ergebnis, dass sich Tojo in seiner Eigenschaft als militärischer Führer über einen der vernichtendsten Überraschungsangriffe der Geschichte freuen durfte, als japanischer Traditionalist aber die Schande auf sich lud, für den «Tag der Niedertracht» verantwortlich zu sein, wie Roosevelt den 7. Dezember nannte.

13 · VON PEARL HARBOR BIS MIDWAY

Am Sonntag, dem 7. Dezember 1941, lag die amerikanische Pazifik-Flotte friedlich in ihrem hawaiianischen Stützpunkt Pearl Harbor vor Anker. Bis zum April 1940 war San Diego in Kalifornien der ständige Liegeplatz der Flotte gewesen, doch als Deutschland, Japans europäischer Verbündeter, im Mai seinen Überraschungsangriff gegen Frankreich führte, hatte das amerikanische Marineministerium angeordnet, die Flotte solle ihre Frühlingsfahrt zum vorgeschobenen Stützpunkt Pearl Harbor so lange ausdehnen, bis in den westlichen Gewässern wieder Ruhe eingekehrt sei.

Im Pazifik unterhielten die Japaner eine Flotte, die ebenso viele Schlachtschiffe und sogar mehr Flugzeugträger besaß als die amerikanische. Gleichzeitig führte Japan einen umfangreichen Krieg in China und hatte trotzdem eine Reservestreitmacht von elf Divisionen bereitstehen – mehr als das gesamte amerikanische Heer zum damaligen Zeitpunkt. Die Pazifikflotte blieb während des ganzen Jahres 1940 in Pearl Harbor. Während der Schwesterverband, die Atlantikflotte, 1941 gemäß Roosevelts Entscheidung, keine U-Boote in diesen Gewässern zu dulden, aktiven Geleitschutz fuhr, setzte die Pazifikflotte ihr Programm von Übungs- und Ausbildungsfahrten fort. Seit Juni 1940 hatte sie drei größere Alarmübungen durchgeführt und zahlreiche Flieger- und U-Boot-Abwehrmaßnahmen geprobt, und seit Oktober 1941 befand sie sich in Dauerbereitschaft. Die unbefristete Ausdehnung des Voralarms hatte jedoch die allgemeine Aufmerksamkeit eingeschläfert. In Friedenszeiten galt der Sonntag bei der Pazifikflotte stets als Feiertag. Viele Offiziere übernachteten an Land, die Besatzungen schliefen bis zu einem späten Frühstück. So auch am

7. Dezember, dem Tag, der, wie Roosevelt kurz darauf vor dem Kongress erklärte, «in Schande fortleben wird».

Die japanische Kriegsmarine wusste sehr gut, wie anfällig die amerikanische Pazifikflotte für einen Überraschungsangriff war, und ging in ihren Plänen daher von der Annahme aus, dass die Überraschung gelingen könne. Nach diesen Plänen, die völlig unabhängig von der großen Strategiedebatte im Kabinett entwickelt worden waren, gliederte sich der Krieg Japans in drei Phasen. In der ersten sollte die Vereinte Flotte die Pazifikflotte der Vereinigten Staaten in Pearl Harbor angreifen, während nachgeordnete Marine- und Landstreitkräfte gleichzeitig den Auftrag hatten, andere feindliche Schiffe und Truppenverbände zu vernichten und in dem so genannten Südgebiet, zu dem Malaya, Niederländisch-Indien und die Philippinen zählten, strategisch wichtige Punkte zu besetzen. In Erweiterung dieser Operationen sollten Heer und Marine auf den größeren Inseln Japans und den Archipelen des westlichen Pazifik einen Verteidigungsring anlegen, um Amerika und dessen Verbündeten die Möglichkeit zu nehmen, in dem von Japan strategisch beherrschten Gebiet einen Gegenschlag zu führen.

Die Logik des japanischen Plans ging von der Überlegung aus, dass der östliche Pazifik zwischen Kalifornien und Hawaii eine leere Wasserfläche ist, die einer Flotte oder auf dem amerikanischen Festland stationierten amphibischen Kräften keine Stütz- und Versorgungspunkte bietet, während im westlichen Pazifik zahlreiche Inseln liegen. Der äußerste Rand dieser Inselzone konnte so befestigt werden, dass von außen her niemand in den Komplex einzudringen vermochte. Außerdem ließ sich ihre lang gezogene Ostflanke mit Eingreiftruppen der Luftwaffe und Marine besetzen, die einer feindlichen Flotte auf dem Weg zu den Basen der Westmächte in Australien und Neuseeland bei der Vorbeifahrt solche Verluste beibringen würden, dass von dort aus keine Gegenoffensive mehr eingeleitet werden könnte.

In der zweiten Phase sollte diesen strategischen Überlegungen

Rechnung getragen werden, indem man befestigte Stützpunkte auf einer Inselkette anlegte, die von den Kurilen vor der sibirischen Küste über Wake (eine amerikanische Besitzung), die Marshall-Inseln (ehemals deutsche Besitzungen, die – wie die Karolinen und Marianen – in Versailles Japan zugesprochen worden waren), die Gilbert-Inseln (britisch), den Bismarck-Archipel und Nord-Neuguinea (beide einst deutsch, jetzt australisch) sowie Niederländisch-Indien bis nach Britisch-Malaya reichte. Die dritte Phase sollte hauptsächlich der Konsolidierung dienen: Dazu gehörte, dass man alliierte Kräfte, die den Verteidigungsgürtel verletzten oder sich ihm näherten, abfing und vernichtete, dass man einen Abnutzungskrieg gegen die Vereinigten Staaten führte, mit dem Ziel, den amerikanischen Kriegswillen zu brechen, und dass man den Krieg, wenn nötig, in das britische Herrschaftsgebiet, nach Burma, in den Indischen Ozean und vielleicht sogar nach Indien selbst, hineintrug.

Die Strategie des Verteidigungsgürtels wurzelte tief in der Psyche und Geschichte der Japaner, die als Inselvolk seit langem daran gewöhnt waren, Land- und Seestreitkräfte gemeinsam einzusetzen, um die Sicherheit ihres Archipels zu wahren und den Machtbereich ihres Staates in die angrenzenden Regionen auszudehnen. Dreh- und Angelpunkt dieser Strategie war die Vernichtung der amerikanischen Flotte in Pearl Harbor. Ohne sie waren die zweite und dritte Phase des Plans von Anfang an zum Scheitern verurteilt. Mit seiner Ausarbeitung beauftragte man paradoxerweise Admiral Isoroku Yamamoto, der ein Gegner des Dreimächtepakts war, Amerika bewunderte und die Erfolgsaussichten eines japanisch-amerikanischen Krieges pessimistisch einschätzte. Doch als Patriot und Berufsoffizier hielt er es für seine Pflicht, ein praktikables Konzept zu entwickeln.

Yamamoto war von Haus aus ein Offizier der Überwasserflotte. Bei der entscheidenden Seeschlacht von Tsushima gegen die Russen im Mai 1905 war er auf einem Kreuzer verwundet worden. Später sah er jedoch ein, dass der Flugzeugträger das Kampfschiff der Zukunft war, und lernte fliegen. Allerdings zweifelte er, ob er die entscheidenden Kriterien von Luft-See-Operationen begriffen hatte, daher nahm er Anfang 1941, als er sich an die Ausarbeitung des Angriffsplans machte, die Hilfe von Minoru Genda, einem hervorragenden jüngeren Marineflieger, in Anspruch. Im Laufe von Frühjahr und Sommer wurden Planentwürfe von der Vereinten Flotte begutachtet und kritisiert und im September dem Admiralstab vorgelegt. Sie sahen fünf separate, aber gleichzeitig ablaufende Operationen vor.

Am «Tag Z» (den Signalstander «Z» ließ Admiral Togo im Mai 1905 setzen, um bei Tsushima den Beginn der Schlacht gegen die Russen anzuzeigen) sollten zwei kleine Landungstruppen gegen die amerikanischen Stützpunkte auf Wake und Guam vorgehen und sie ausschalten, da diese Basen innerhalb des Verteidigungsgürtels lagen, der das «Südgebiet» umgab. Eine weitere Landungstruppe sollte von den japanischen Stützpunkten auf Formosa (Taiwan), Okinawa und den Palau-Inseln aus starten, auf den Philippinen an Land gehen und die Hauptinseln Mindanao und Luzon in Besitz nehmen. Im südlichen Indochina und in Südchina stationierte Land-, See- und Luftstreitkräfte hatten den Auftrag, in Malaya (über einen Stützpunkt auf dem Isthmus von Kra in Thailand) und auf den Molukken in Niederländisch-Indien einzufallen.

Von entscheidender Bedeutung war jedoch jene Operation, von der das Gelingen der anderen vier abhing: Die Vereinte Flotte mit ihren vier großen (und später zwei kleinen) Flugzeugträgern sollte sich Pearl Harbor auf 200 Seemeilen nähern, ihre Flugzeuge ausschicken, sie wieder an Bord nehmen und den amerikanischen Pazifik verlassen, während die acht Schlachtschiffe und drei Flugzeugträger der amerikanischen Pazifikflotte brennend und sinkend an ihren Ankerplätzen zurückbleiben würden. Größeres Vertrauen in die Durchführbarkeit dieses Plans hatten die Japaner gewonnen, nachdem die Royal Navy im November 1940 Trägerflugzeuge gegen die italienische Flotte im Hafen von Tarent eingesetzt hatte, ein Unternehmen, das von Yamamotos Stabsoffizieren genauestens analysiert worden war.

Dem Erfolg des Plans standen zwei Hindernisse im Wege. Zum einen funktionierten die japanischen Torpedos im seichten Wasser der Schlachtschiff-Reede nicht, doch diesen Mangel beseitigte man bald durch entsprechende Veränderungen an den Waffen. Zum anderen bestand die Gefahr, dass die Vereinte Flotte bei der Annäherung entdeckt werden könnte, wodurch ihre Sicherheit gefährdet worden wäre – obwohl sie sich den Hawaii-Inseln auf einem beträchtlichen Umweg nähern sollte, zunächst durch die stürmischen Gewässer um die Kurilen zwischen Japan und Sibirien, dann südostwärts auf einem von allen Handelsschiffsrouten weit entfernten Kurs. Im Oktober 1941 wurde ein japanisches Handelsschiff auf eine entsprechende Testfahrt geschickt, und als es meldete, es habe kein anderes Schiff und kein Flugzeug gesichtet, schloss man die Gefahr einer Entdeckung aus.

Am 26. November ging die Trägerflotte in See; die nachgeordneten Angriffstruppen verließen ihre Häfen in den folgenden Tagen. Nagumo befehligte sechs Träger, zwei Schlachtschiffe und zwei Schwere Kreuzer, drei U-Boote, einen Schwarm Begleitschiffe und eine Flotte von Bunker- und Versorgungsschiffen, um die Kampfgruppe auf ihrer langen Reise zu unterstützen. Zusammen mit den Amerikanern waren die Japaner die Pioniere der Versorgung auf See, wodurch Aktionsradius und Verweilzeit operierender Flotten beträchtlich verlängert wurden. Im Mittelpunkt seines Kommandos standen jedoch die sechs Schiffe des Trägergeschwaders, die insgesamt 360 Flugzeuge mit sich führten, darunter 320 Torpedoflieger und Sturzkampfbomber sowie deren Jägereskorten für den Luftangriff auf Pearl Harbor. Wenn sie an ihren Startpunkt 200 Seemeilen nördlich von Oahu, wo die Schlachtschiffe auf Reede lagen, herangeführt werden konnten, waren die Chancen, sie an der Erledigung ihres Auftrags zu hindern, äußerst gering.

Der geplante japanische Angriff auf Pearl Harbor wurde weder von der strategischen noch der taktischen Aufklärung angemessen erfasst. Amerikanische Historiker haben sich jahrelang um die Frage gestritten, ob Roosevelt «Bescheid wusste»: Wer glaubt, der Präsident habe die japanischen Pläne gekannt, unterstellt, Roosevelt habe die «Niedertracht» geschehen lassen, weil er einen Vorwand suchte (und nun gefunden hatte), die Vereinigten Staaten an der Seite Großbritanniens in den Krieg zu führen. Dies ist eine Erweiterung des Vorwurfs, es habe ein geheimes Einvernehmen zwischen Roosevelt und Churchill gegeben – möglicherweise seit beide im August in der Placentia Bay, Neufundland, zusammengetroffen waren –, dem zufolge der Widerstand der amerikanischen Öffentlichkeit gegen den Kriegseintritt mit Hilfe der japanischen Niedertracht überwunden werden sollte.

Beide Vorwürfe sind unlogisch. Was den zweiten betrifft, so wollte Churchill ganz gewiss keinen Krieg mit Japan, für den Großbritannien nur höchst unzulänglich gerüstet war, sondern lediglich die amerikanische Unterstützung im Kampf gegen Hitler, die aber durch einen *Casus Belli* im Pazifik nicht unbedingt gewährleistet war. Wie wir gesehen haben, löste Hitlers unsinniger Entschluss, den Amerikanern unmittelbar nach Pearl Harbor den Krieg zu erklären, diplomatische Probleme, die sonst vielleicht monatelange Verhandlungen zwischen dem Weißen Haus und dem Kongress erfordert hätten. Was den ersten Vorwurf angeht, so lässt sich zeigen, dass Roosevelts Vorwissen sehr begrenzt war. Zwar hatten die amerikanischen Kryptologen sowohl den Schlüssel «Purple» der japanischen Diplomatie als auch den Marineschlüssel «JN 25b» decodiert, doch wurde Purple nur dazu benutzt, Anweisungen des japanischen Außenministeriums an seine auswärtigen Diplomaten zu übermitteln; zu solchen Instruktionen gehören ihrer Natur nach keine Einzelheiten von Kriegsplänen, und obwohl ihr Inhalt in den letzten Monaten vor Kriegsausbruch durchaus den Argwohn der amerikanischen Lauscher weckte, erhärtete sich der Verdacht nicht zur Gewissheit. Andererseits vertraute man Kriegspläne, die einen Beweis geliefert hätten, nicht dem Schlüsselsystem JN 25b an: Die japanische Funkdisziplin war in den Wochen vor Pearl Harbor so streng, dass alle Befehle und Anweisungen zwischen Tokio, der Flotte und dem Heer durch Kuriere überbracht wurden, und die Kampfgruppe nahm ihre Angriffsposition bei absoluter Funkstille ein. Als zusätzliche Sicherheitsvorkehrung näherte sich Nagumos Flotte Pearl Harbor inmitten einer jener gewaltigen Wetterfronten, die regelmäßig mit Kriegsschiffgeschwindigkeit über den Pazifik hinwegziehen. Diese Methode wurde von den Japanern seit langem angewendet und gewährleistete, dass Wolken und Regengüsse die Bewegungen der Flotte jeder systematischen Überwachung entzogen. Um die Schiffe trotzdem zu entdecken, bedurfte es schon eines besonders glücklichen Zufalls – oder des Radars.

Der Angriff auf Pearl Harbor

Pearl Harbor war allerdings radargesichert. Dass die Warnsignale des Geräts nicht zur Kenntnis genommen wurden, widerlegt am eindeutigsten die These, Amerika sei im Dezember 1941 auf einen Krieg im Pazifik vorbereitet gewesen. Eine britische Radaranlage, die im August an der Nordküste Oahus installiert worden war, überwachte regelmäßig den Meeresabschnitt, auf den sie ausgerichtet war. Kurz nach 7.00 Uhr am 7. Dezember, kurz vor Schluss der morgendlichen Beobachtungsphase, entdeckte der Mann, der es bediente, dass sich die größte Zahl von Flugzeugen näherte, die er jemals auf seinem Gerät gesehen hatte. Der Dienst habende Marineoffizier in Pearl Harbor wurde sofort alarmiert, wies aber den Gefreiten am Radargerät, einen Heeresfunker, an: «Machen Sie sich deswegen keine Sorgen», und der tat wie ihm geheißen. Irrtümlicherweise hatte der Dienst habende Offizier angenommen, ein Schwarm von *Flying Fortresses*, die aus Kalifornien kommend in Kürze auf Hickam Field landen sollten, habe das Echo auf dem Radarschirm erzeugt. Im Dezember 1941 wurde rund um Hawaii die Luftsicherung verstärkt. Die *Lexington* und die *Enterprise*, die beiden Flugzeugträger der Pazifikflotte (die *Saratoga* war zur Ausbesserung in den Staaten), brachten gerade

Flugzeuge auf Wake und die Midway-Inseln. Diesem harmlosen Vorgang schrieb man das Radarecho zu.

Tatsächlich jedoch stammte es vom ersten Schwarm der Fliegerkampfgruppe Nagumos, die 200 Seemeilen vor Oahu gestartet war und 137 Meilen – weniger als eine Flugstunde – vor ihrem Angriffsziel, der Schlachtschiff-Reede, entdeckt wurde. Es handelte sich um insgesamt 183 Torpedo- und Sturzkampfbomber und eine entsprechende Anzahl sichernder *Zeros* – damals und für weitere zwei Jahre das beste Träger-Jagdflugzeug der Welt. Die Besatzungen dieser Maschinen hatten zuvor fünf Monate lang zu Übungszwecken unaufhörlich Scheinangriffe auf ein exaktes Modell der Hafenanlagen von Pearl Harbor geflogen. Durch raffinierte Spionagemaßnahmen hatte man die genauen Liegeplätze aller Schlachtschiffe und Kreuzer in Erfahrung gebracht; jeder Fliegergruppe war ein bestimmtes Ziel zugewiesen worden. Nun blieb den Angreifern nichts mehr zu tun, als der Flugabwehr auszuweichen und ihre Bomben und Torpedos abzuladen.

Doch es gab keine Flugabwehr. Die Soldaten, die an diesem dienstfreien Sonntagmorgen schon auf den Beinen waren und die ersten japanischen Maschinen über der Schlachtschiff-Reede und über den anderen Angriffszielen, den Flugplätzen Hickam, Bellows und Wheeler, auftauchen sahen, glaubten, das gehörte zu einer routinemäßigen Luftschutzübung. Drei Viertel der 780 Flugabwehrgeschütze auf den Schiffen in Pearl Harbor waren nicht bemannt, nur vier der 31 Batterien des Heeres einsatzbereit. Vielen Geschützen fehlte die Munition, die man in sicheren Depots verwahrte. Der japanische Angriff begann um 7.49 Uhr, und um 8.12 Uhr, als versehentlich auch noch das alte Schlachtschiff *Utah* versenkt wurde, war die Pazifikflotte zerstört. Die *Arizona* war explodiert, die *Oklahoma* gekentert, die *California* im Sinken begriffen; vier andere Schlachtschiffe wiesen schwere Schäden auf.

Die zweite Welle von 168 Flugzeugen, die um 9.00 Uhr anflog, vollendete das Vernichtungswerk. Als sie abdrehten, gehörte auch die *West Virginia* zu den zerstörten Schlachtschiffen, die *Nevada* war auf Grund gesetzt – gerettet durch die Entschlussfreudigkeit ihres jungen Wachoffiziers –, während *Maryland, Tennessee* und *Pennsylvania* schwer beschädigt waren. Elf kleinere Schiffe waren ebenfalls getroffen worden. Außerdem wurden 188 Flugzeuge unbrauchbar gemacht, wobei die meisten von ihnen zur Verhinderung von Sabotageakten Flügelspitze an Flügelspitze im Freien gestanden hatten, als sie in Flammen aufgingen. Für die Amerikaner war es eine Demütigung, wie sie sie in ihrer Geschichte noch nie erlebt hatten, und für die Japaner ein strategischer Triumph, der offenbar ebenso überwältigend war wie der Sieg bei Tsushima, als die russischen Seestreitkräfte an einem einzigen Morgen aus dem Pazifik vertrieben wurden und Togo zum Nelson seines Landes aufstieg.

Aber Pearl Harbor war nicht Trafalgar. Während die japanischen Flugzeugträger noch damit beschäftigt waren, ihre Maschinen wieder an Bord zu nehmen, wandten sich die ersten zurückgekehrten Piloten an den Befehlshaber der Kampfgruppe, Vizeadmiral Chuichi Nagumo, und baten ihn, erneut starten zu dürfen, um Pearl Harbor dem Erdboden gleichzumachen. Alle waren sie enttäuscht und besorgt, weil sie die amerikanischen Flugzeugträger nicht vor Anker angetroffen hatten, und nun wollten sie wenigstens die Marinedocks und die Treiböltanks zerstören, sodass der Hafen bei der japanischen Invasion der Philippinen, Malayas und Niederländisch-Indiens nicht als vorgeschobener Stützpunkt für eine Gegenoffensive zur Verfügung gestanden hätte. Genda setzte sich ebenfalls für das Begehren der Flieger ein. Nagumo war zwar ein tapferer Krieger, aber kein Nelson; er ließ die Männer zu Wort kommen, lehnte das Ansinnen dann jedoch ab. Die «Operation Z» war erfolgreicher gewesen, als er und Yamamoto in ihren kühnsten Träumen erwartet hätten. Am vernünftigsten war es nun, die Flotte aus der Gefahrenzone zu entfernen – wer konnte wissen, wo sich die amerikanischen Träger aufhielten? – und sie in sicheren Gewässern für das nächste Stadium der Offensive, den Vorstoß nach Süden, in Bereitschaft zu halten. Der Rest der japanischen

Marine und der Marineflieger sowie ein Fünftel des japanischen Heeres wurden bei gefahrvollen Operationen gegen die kolonialen Besitzungen der Briten, Holländer und Amerikaner im südlichen Pazifik eingesetzt. Wer konnte sagen, wann und wo die Vereinte Flotte demnächst benötigt würde?

Die Zeit der japanischen Eroberungen

Die «südliche» Operation war bereits in vollem Gange, und die Royal Navy bekam schmerzhaft die Schlagkraft der japanischen Marineluftwaffe zu spüren. Die britischen Pläne zur Verteidigung der über Südostasien und den Pazifik verstreuten Besitzungen beruhten darauf, dass die Großkampfschiffe und die Flugzeugträger, die sie unterstützten, rechtzeitig zum schwer befestigten Stützpunkt Singapur (an der Spitze der Malaiischen Halbinsel zwischen den beiden größten Inseln Niederländisch-Indiens, Sumatra und Borneo) aufbrachen. Als vorsorgliche Maßnahme hatten das neue Schlachtschiff *Prince of Wales* und der alte Schlachtkreuzer *Repulse* Anfang Dezember die Reise nach Singapur angetreten. Ein Flugzeugträger hätte sie begleiten sollen, doch Verluste unter den Trägern in heimischen Gewässern und die Notwendigkeit, den einzigen ungebundenen Träger zur Bewachung des deutschen Schlachtschiffs *Tirpitz* in dessen norwegischem Fjord abzustellen, hatten dazu geführt, dass die beiden Großkampfschiffe ohne Begleitschutz in See stechen mussten. Die Nachricht, dass die Japaner auf dem Isthmus von Kra, der das südliche Thailand mit Malaya verbindet, begonnen hatten, Truppen zu landen, nötigte am 8. Dezember die *Prince of Wales* und die *Repulse*, mit ihrer kleinen Zerstörereskorte von Singapur auszulaufen, um den Japanern den Weg abzuschneiden. Die japanischen Landungstruppen hatten bereits den Flugplatz besetzt, von dem aus die beiden Großkampfschiffe sonst vielleicht Jagdschutz bekommen hätten, und obgleich der Befehlshaber der Kampfgruppe, Admiral Sir Tom Phillips, gewarnt worden war, dass im südlichen Indochina starke japanische Torpedobomberverbände stationiert waren, behielt er seinen Kurs bei.

Am frühen Morgen des 10. Dezember entdeckten ihn die japanischen Bomber und versenkten die beiden Großkampfschiffe in einem zweistündigen, unaufhörlichen Angriff. Der Verlust eines nagelneuen Schlachtschiffs und eines berühmten Schlachtkreuzers durch die landgestützte japanische Luftwaffe war eine Katastrophe, auf die in Großbritannien niemand vorbereitet war. Sie stellte nicht nur die verbreitete Überzeugung in Frage, Großbritannien könne mit seiner Seemacht selbst fernste Gewässer beherrschen, sondern traf auch auf grausame Weise den Seefahrerstolz der Nation. Über seine Verfassung, nachdem ihn der Chef des Admiralstabes telefonisch von dem Vorfall unterrichtet hatte, schrieb Churchill später: «Während des ganzen Krieges traf mich kein Schlag unerwarteter.»

Nicht weniger schlechte Nachrichten waren bereits unterwegs. Am 8. und 10. Dezember wurden die Inseln Wake und Guam angegriffen, amerikanische Stützpunkte in der lang gezogenen Kette ehemals deutscher Inseln, auf denen die Japaner ihren südwestpazifischen Verteidigungsgürtel errichten wollten. Guam fiel sofort; Wake, von der kleinen Garnison Marineinfanterie heroisch verteidigt, erlag einem zweiten Ansturm am 23. Dezember, nachdem ein amerikanischer Entsatzangriff furchtsam abgebrochen worden war. Die britische Kronkolonie Hongkong hielt der Belagerung, die am 8. Dezember einsetzte, zunächst tapfer stand, musste aber am ersten Weihnachtstag kapitulieren, obwohl die anglokanadische Garnison bis zum bitteren Ende kämpfte. Die zu den britischen Gilbert-Inseln zählenden Atolle Tarawa und Makin wurden im Dezember erobert, und am 10. dieses Monats leiteten die Japaner einige Landungsunternehmen ein, um Malaya und die Philippinen einzunehmen.

Der Zusammenbruch der britischen Verteidigung Malayas wird zu Recht als eine der schmachvollsten alliierten Niederlagen des ganzen Krieges angesehen. Die Japaner waren während der gesamten Dauer der Kämpfe im Verhältnis eins zu zwei unterlegen; sie begannen den Angriff mit einer Division, verstärkt durch Teile von zwei weiteren, gegen drei britische Divisionen und Teile von drei anderen. Gewiss, die Briten waren in der Luft qualitativ und quantitativ unterlegen, außerdem besaßen sie keine Panzer, während zu der japanischen Invasionstruppe auch 57 Kampfwagen gehörten. Mit Materialüberlegenheit lässt sich der rasche Erfolg der Japaner jedoch nicht erklären. Sie verdankten ihren Sieg einer Flexibilität und Dynamik der Methoden, die große Ähnlichkeit mit dem deutschen «Blitzkrieg» 1940 in Frankreich hatten.

Von Anfang an hatten die Briten sich das Heft aus der Hand nehmen lassen. Luftmarschall Sir Robert Brooke-Popham, der Oberbefehlshaber, und General Arthur Percival, sein Stabschef, hatten die Absicht gehabt, einem japanischen Angriff zuvorzukommen: Sie wollten über die Grenze nach Thailand eindringen und die potenziellen Landungsstellen der Japaner auf dem Isthmus von Kra unter ihre Kontrolle bringen, aber die gleiche Art von unklaren Warnungen, welche die Amerikaner daran hinderte, in geeigneter Weise auf japanische Überraschungsangriffe zu reagieren, vereitelte auch dieses Vorhaben. Als die Japaner im vorgeschobenen Verteidigungsraum der Briten auftauchten, stießen sie beim Vorrücken auf keinen Widerstand; vielmehr zogen ihre Gegner sich in rückwärtige Verteidigungsstellungen zurück, die sie für geeigneter hielten. Damit gaben sie wertvolles Gelände preis, unter anderem die drei nördlichsten Feldflugplätze in Malaya, die völlig intakt in die Hand der Japaner fielen und von ihnen sehr bald genutzt wurden. Vieles blieb zurück, was die Invasoren in Betrieb nahmen, beispielsweise Kraftfahrzeuge und Seeschiffe. Lange Kolonnen japanischer Infanteristen, den Sieg vor Augen, machten sich in erbeuteten Kraftfahrzeugen – PKWs und LKWs – auf den weiteren Vormarsch, während andere auf «organisierten» Fahrrädern hinter ihnen herradelten. Japanische Einheiten, die auf Fischereifahrzeugen herangeführt wurden, landeten hinter den britischen Linien, die sofort aufgegeben wurden, als die Briten erfuhren, dass man Japaner in ihrem Rücken gesichtet hatte. Am 14. Dezember war Nord-Malaya verloren, am 7. Januar 1942 überrannten die Japaner die Slim-River-Stellung in Zentral-Malaya und drängten die Verteidiger südwärts in Richtung Singapur.

Es waren zumeist indische Einheiten, die sich vor dem japanischen Ansturm so rasch auflösten – keine ausgebildeten Kampftruppen wie die Regimenter der indischen Vorkriegsarmee, die in der Libyschen Wüste gerade die Italiener besiegten, sondern rasch aufgestellte Verbände junger Rekruten, geführt von unerfahrenen britischen Offizieren, von denen die wenigsten Urdu sprachen, die Kommandosprache der indischen Armee. Infolgedessen fehlte es am nötigen Vertrauen zwischen Untergebenen und Vorgesetzten, und der Befehl zum geordneten Rückzug wurde nur zu oft als Vorwand zur regellosen Flucht genommen. Doch schlechte Kampfmoral war nicht die einzige Erklärung für den Zusammenbruch des *Malaya Command*. Kaum eine seiner Einheiten war für den Dschungelkrieg ausgebildet worden oder hatte versucht, sich die dafür nötigen Fähigkeiten anzueignen. Selbst die entschlossene 8. Australische Division war verdutzt und geriet in Unordnung, als plötzlich Japaner weit hinter den Stellungen auftauchten, wo man sie eigentlich erwartet hatte. Eine einzige Einheit, die *2nd Argyll and Sutherland Highlanders*, bewies, was in der Verteidigung hätte geleistet werden können. In den Monaten vor dem Krieg hatte der Kommandeur mit seinen Soldaten geübt, die Flügel eines Sperrriegels beiderseits der Straße in den Dschungel vorzuschieben, und gezeigt, dass man so der Umgehungstaktik des Feindes begegnen konnte. Diese Taktik hatte die Einheit mit großem Erfolg, wenn auch unter hohen Verlusten, in Zentral-Malaya angewendet; hätten alle anderen britischen Truppen sie übernommen, wäre die japanische Invasion zweifellos verlangsamt worden, vielleicht hätte man ihr sogar Einhalt geboten, bevor Singapur in Gefahr geriet.

Nun aber war die japanische 25. Armee, die bis zum 15. Januar in fünf Wochen knapp 650 Kilometer zurückgelegt hatte, nur noch 150 Kilometer von der Inselfestung entfernt und trieb die Australier und Inder während der nächsten zehn Tage in schweren Kämpfen aus den Stellungen, von denen aus Singapur gesichert wurde. Angeführt von den letzten beiden Sackpfeifern des *2nd Argyll and Sutherland*, verließen die Nachhuten am 31. Januar Malaya über den Damm zwischen Festland und Singapur und bezogen Stellung, um den Marinestützpunkt gegen Angriffe von der Nordküste zu verteidigen.

Die Tragödie des Malayafeldzugs näherte sich nun ihrem Höhepunkt. Singapur war gerade um die britische 18. Division verstärkt worden, die aus dem Mittleren Osten geholt worden war, sodass Percival nun trotz der hohen Verluste, die der Rückzug aus dem Norden gefordert hatte, über 45 Bataillone verfügte, um sich gegen die 31 Bataillone zu verteidigen, die zu General Tomoyuki Yamashitas 25. Armee gehörten. General Sir Archibald Wavell, Sieger im Krieg gegen Italien in Nordafrika und nun Oberbefehlshaber in Indien, rechnete außerdem mit Verstärkung durch Luft- und Seestreitkräfte und glaubte, dass die viel gerühmte Stärke der Festungsanlagen Singapurs einen monatelangen Widerstand ermöglichen würde. Wer sich auch nur flüchtig mit der Geschichte des Zweiten Weltkriegs beschäftigt hat, dürfte gelesen haben, dass sie «in die falsche Richtung zeigten». Diese Legende stimmt nicht: Die Befestigungswerke des Marinestützpunkts Singapur und das schwere Geschütz waren so ausgerichtet, dass sie einen vom Festland geführten Angriff abwehren konnten; allerdings fehlte die richtige Munition – die vorhandenen Granaten eigneten sich nicht zur Bekämpfung von Flächenzielen.

Zwischen Singapur und Johore liegt ein Kanal, der an seiner engsten Stelle etwa anderthalb Kilometer breit ist. Die Nordküste der Insel erstreckt sich zudem über gut 50 Kilometer, sodass Percival seine Bataillone – wenn er einige zur Bildung einer zentralen Reserve zusammenfasste und zurückhielt – so verteilen musste, dass jedes für einen etwa anderthalb Kilometer breiten Abschnitt zuständig war. «Wer alles verteidigt», hat Friedrich der Große geschrieben, «verteidigt gar nichts.» Das ist eine der unbarmherzigen Wahrheiten des Krieges. Yamashita konzentrierte seine Truppen (die inzwischen um die Kaiserliche Gardedivision verstärkt waren) gegen die sechs australischen Bataillone an der Nordwestecke der Insel und setzte am 8. Februar über die schmale Straße von Johore. Unter diesem machtvollen Angriff gaben die 22. und die 27. Australische Brigade rasch nach. Versuche, die Japaner durch Gegenangriffe der Zentralreserve ins Wasser zurückzudrängen, schlugen fehl. Am 15. Februar hatten die Japaner die Reservoirs im Zentrum der Insel erobert, die Singapur-Stadt und seine durch den Flüchtlingsstrom auf über eine Million Menschen angeschwollene Bevölkerung mit Wasser versorgten.

Percival sah eine Katastrophe auf die Stadt zukommen. Noch am späten Abend desselben Tages begab er sich zu den japanischen Stellungen, um die Kapitulation anzubieten. Eine Fotografie zeigt ihn, wie er den Union Jack geschultert hat, während der Stabsoffizier an seiner Seite die weiße Flagge trägt. Dem Historiker Basil Collier zufolge war das für die Briten «die größte militärische Katastrophe ihrer Geschichte»: Mehr als 130 000 britische, indische und australische Soldaten sowie einheimische Freiwillige kapitulierten vor einer nur halb so starken japanischen Truppe. Die meisten der gefangenen Inder liefen kurz darauf unter dem Einfluss des charismatischen Hindu-Nationalisten Subhas Chandra Bose zu den Japanern über und bildeten eine Indische Nationalarmee, die an der Seite der Japaner in Burma gegen die Briten und für die indische Unabhängigkeit kämpfte. Dies und die weiße Flagge waren zwei von vielen Gründen, weshalb Percival seine katastrophalen Fehler bei den Kämpfen um Malaya weder von der Regierung Churchill noch von ihrer Nachfolgerin jemals verziehen wurden. Nach der Befreiung 1945 wurde er zur «Unperson», von allen Vertretern des öffentlichen Lebens gemieden und von jeder Feier zum Gedenken an den verspäteten britischen Sieg in Asien ausgeschlossen.

Admiral H. E. Kimmel, der Marinebefehlshaber in Pearl Harbor, erlitt die gleiche offizielle Ächtung, wenn auch mit weniger Berechtigung. Wie die Ereignisse in Niederländisch-Indien zeigten, konnte kein westlicher Befehlshaber, der im Dezember 1941 vor der Aufgabe stand, einen japanischen Überraschungsangriff auf einem für die moderne Kriegführung erschreckend ungeeigneten Schauplatz abzuwehren, seine Berufsehre wahren, wenn er nicht vor dem Feind fiel. Admiral Karel Doorman, der ranghöchste holländische Marineoffizier in Niederländisch-Indien, ist als Held in die Geschichte eingegangen – aber nur, weil er auf der Brücke seines sinkenden Kreuzers in einem erschreckend aussichtslosen Kampf gegen die japanische Flotte gefallen ist. Niederländisch-Indien war noch weniger als Hawaii oder Pearl Harbor auf einen Angriff vorbereitet. Vielleicht hat Doorman den Tod als gnädige Erlösung von einer Katastrophe begrüßt, für die er auf seinem Teil des «Südgebiets» nicht mehr Verantwortung trug als Percival und Kimmel auf dem ihren.

Die ostindische Schatzkammer

Japan eröffnete seine Offensive in Ostindien am 16. Dezember mit einem Angriff auf die britische Enklave auf Borneo. Es war klar, dass die Angriffe in Kürze auch auf die ganze Inselkette ausgedehnt würden, die sich von Malaya ostwärts über Neuguinea bis an die australische Nordküste hinzieht. Australien war 1941 beinahe schutzlos, denn die Masse seines Heeres war in Übersee und kämpfte an der Seite der Briten im Nahen Osten und in Südostasien. Infolgedessen war man verzweifelt bemüht, die in der Region vorhandenen australischen, holländischen, britischen und amerikanischen Truppen unter einem Oberkommando zusammenzufassen, das schließlich die Bezeichnung ABDA (*American-British-Dutch-Australian*) erhielt und General Wavell unterstellt wurde. Zu seiner Verfügung standen damit die kleine amerikanische Asienflotte, die Royal Australian Navy und die Einheiten der Territorialverteidigung des australischen Heeres, die Reste der britischen Ostflotte, die in ostindischen Gewässern kreuzenden Schiffe der holländischen Marine und die Truppen der Niederländisch-Indischen Armee. Letztere zählten etwa 140 000 Mann, zumeist Einheimische, die für einen modernen Krieg weder ausgerüstet noch ausgebildet waren und im Gegensatz zu den besten Einheiten der hochprofessionellen britischen Indien-Armee zuvor nie einen Krieg geführt hatten. Zur See umfasste die ABDA-Streitmacht elf Kreuzer, 27 Zerstörer und 40 Unterseeboote. Die Vereinigten Staaten verlegten eiligst 100 moderne Kampfflugzeuge nach Java, die Holländer besaßen nur veraltete Modelle, während die Maschinen der Briten alle durch die Kämpfe in Malaya gebunden – und vernichtet – wurden.

Die japanische Strategie zur Eroberung Niederländisch-Indiens – für die Japaner eine Schatzkammer voller Öl, Gummi, Nichteisenmetalle, Reis, Hölzer und ähnlicher Reichtümer – war hervorragend durchdacht. Der Plan sah vor, mit den zahlreich vorhandenen Schiffs- und Landungseinheiten an weit auseinander liegenden Punkten des gut 3000 Kilometer langen Archipels kurz hintereinander anzugreifen: Borneo und Celebes im Januar, Timor und Sumatra im Februar, Java im März. Der Angriff auf das nur gut 300 Seemeilen, etwa 600 Kilometer, von Australiens nördlichstem Hafen Darwin entfernte Timor verfolgte das wichtige Nebenziel, die Flugverbindung zwischen Australien und Java zu unterbrechen. Nach Abschluss dieser Operationen sollten alle japanischen Kräfte zur gemeinsamen Eroberung Batavias (heute Jakarta), der Hauptstadt Niederländisch-Indiens, zusammengefasst werden.

Die japanischen Landungstruppen hatten wenig Mühe, die vor Ort eingesetzten Kräfte der Holländer (sie konnten von der Bevölkerung kaum Unterstützung erwarten) zu überwältigen, wo immer sie auf sie stießen. Die Australier – deren Kampfeswille sich noch verstärkt hatte, seit die Japaner am 19. Februar von vier der Flugzeugträger aus, die am Überfall auf Pearl Harbor beteiligt waren, einen Bombenangriff auf Darwin geflogen hatten – erwiesen sich als härtere Gegner. Doch sie waren zahlenmäßig zu unterlegen, um den Ereignissen eine Wende geben zu können. Die einzige Trumpfkarte, über die die ABDA verfügte, war die Flotte, eine eindrucksvolle Streitmacht, solange die Japaner sie nicht aus der Luft angriffen. Anfangs konnte sie einige Erfolge verzeichnen: Am 24. Januar versenkten amerikanische Zerstörer und ein holländisches U-Boot japanische Truppentransporter vor Borneo, und am 19. Februar bekämpften holländische und amerikanische Zerstörer vor Bali japanische Kriegsschiffe. Admiral Doormans Bewährungsprobe kam am 27. Februar, als das ABDA-Oberkommando eine gemeinsame Kampfgruppe gegen die japanische Invasionsflotte schickte, die in Richtung Java unterwegs war. Doormans Schiffe – zwei Schwere und drei Leichte Kreuzer und neun Zerstörer – stammten von der holländischen, britischen, australischen und amerikanischen Kriegsmarine. Auf japanischer Seite befehligte Admiral Takeo Takagi zwei Schwere und zwei Leichte Kreuzer und 14 Zerstörer. Rein rechnerisch schien es sich um eine ausgeglichene Partie zu handeln, und in puncto Entschlossenheit besaßen die Japaner, wie Doorman beweisen sollte, nicht den geringsten Vorteil. Sie verfügten allerdings über eine überlegene Waffe, ihren 60-cm-Torpedo «Langspeer», der technisch allen vergleichbaren Modellen der Alliierten weit voraus war.

Die Schlacht in der Javasee begann am späten Nachmittag des 27. Februar bei Anbruch der Dämmerung. Dieses größte Seegefecht seit der Skagerrakschlacht wurde auf große Distanz als Artillerieduell eröffnet. Als die Japaner auf Torpedoschussweite herankamen, erzielten sie schnell die ersten Treffer, und Doorman war zum Abdrehen gezwungen, um seine beschädigten Schiffe in Sicherheit zu bringen. Bei Anbruch der Nacht hatte er den Kontakt mit den Japanern verloren; kurz darauf musste er den größten Teil seiner Zerstörer zum Auftanken schicken. Trotzdem blieb Doorman entschlossen, die japanische Flotte daran zu hindern, ihre Truppen an Land zu setzen, und so wandte er sich aufs Geratewohl dorthin, wo er sie vermutete. Seine Kampfgruppe war nun auf einen Schweren, drei Leichte Kreuzer und einen Zerstörer zusammengeschmolzen, und der Mond schien hell. Um 22.30 Uhr hatte er die Japaner wieder gefunden, oder besser, sie ihn. Während Doorman mit einem Teil der japanischen Flotte in ein Gefecht verwickelt war, näherte sich ihm unbemerkt der andere Teil und schoss die todbringenden Torpedos ab. Die beiden noch verbliebenen holländischen Kreuzer gingen beinahe sofort unter, wobei die *De Ruyter* Doorman mit in die Tiefe nahm. Die USS *Houston* und die HMAS *Perth* entkamen, doch nur, um in der nächsten Nacht nach einem heldenhaften Widerstand versenkt zu werden; durch Torpedo-Irrläufer verloren dabei auch die Japaner vier ihrer Truppentransporter. Damit waren alle größeren Einheiten vernichtet, mit denen die ABDA gehofft hatte, die Japaner aus dem südlichen Pazifik vertreiben und von den Zufahrtswegen nach Australien fern halten zu können.

Nachdem sie auf See geschlagen waren, wurden die Holländer an Land ebenfalls rasch zur Kapitulation gezwungen. Am 12. März unterzeichneten die Alliierten in Bandung auf Java eine förmliche Kapitulation. Am selben Tage landete die Kaiserliche Gardedivision, die Singapur eingenommen hatte, auf Sumatra, der letzten der großen holländischen Inseln, die noch nicht unter japanischer Kontrolle war. Die Japaner waren in Niederländisch-Indien keinesfalls unwillkommen: Anders als die Franzosen hatten die Holländer es nie verstanden, der Kolonialherrschaft dadurch ihre Härte zu nehmen, dass sie der Oberschicht eines unterworfenen Volkes kulturelle und intellektuelle Gleichwertigkeit zugestanden. Gebildete junge Indonesier – wie sie sich bald nennen sollten – reagierten positiv auf den japanischen Plan von der «Interessengemeinschaft», denn die Japaner befreiten sie zweifellos von holländischer Abhängigkeit. Wie sich zeigen sollte, arbeiteten diese jungen Leute begeistert am Aufbau von Japans «Neuer Ordnung» mit.

Ein weiteres Volk, das sich stets über seine koloniale Abhängigkeit empört hatte, waren die Burmesen, deren Widerspenstigkeit im Gegensatz stand zu der weitaus komplizierteren Hassliebe, die ihre indischen Nachbarn für das Britische Empire empfanden. Großbritannien hatte schon immer Schwierigkeiten gehabt, Burma zu beherrschen, das erst 1886 endgültig unterworfen worden war (die *Tommies*, die auf der Straße nach Mandalay marschierten, hat der junge Rudyard Kipling treffend beschrieben). Nur wenige Burmesen hatten das Ergebnis von Krieg und Eroberung jemals akzeptiert. Anfang 1941 hatte sich eine Gruppe junger Dissidenten, die später als die «Dreißig» berühmt wurden, unter Führung von Aung San nach Japan begeben, wo sie sich im Widerstand gegen die britische Herrschaft ausbilden lassen wollten. Ihre Stunde sollte früher als erwartet kommen. Im Laufe des Dezember hatte die japanische 15. Armee, die zu Anfang des Monats in Thailand eingedrungen war, die burmesische Grenze überschritten, um die Flugplätze bei Tenasserim zu besetzen. Damit war klar, dass in Kürze eine größere Offensive bevorstand.

Burma wurde von einer einzigen, aus Einheimischen rekrutierten Division verteidigt; Teile der 17. Indischen Division stießen im Januar dazu. Sonst gab es an alliierten Truppen nur noch Tschiang Kai-scheks 66. Armee, die an der Burma-Straße lag und (wie die meisten chinesischen Verbände) von zweifelhaftem Wert war, sowie zwei chinesische Divisionen, die an der burmesisch-chinesischen Grenze von dem amerikanischen Haudegen «Vinegar Joe» (Essig-Joe) Stilwell befehligt wurden. Der Oberbefehlshaber der 15. Armee, General Shojira Iida, besaß lediglich zwei Divisionen, die 33. und die 55., doch die waren gut ausgebildet und wurden von 300 Kampfflugzeugen unterstützt; die britischen Truppen dagegen waren schlecht ausgebildet, und Luftunterstützung fehlte ihnen ganz und gar.

Für die Briten nahm der gesamte Feldzug von Anfang an einen unglücklichen Verlauf. Da die 17. Indische Division mit nur wenigen Truppen einen breiten Frontabschnitt zu verteidigen hatte, verlor sie ihre vordersten Stellungen am Saluen-Fluss schon am 14. Februar. Die Division zog sich an den Sittang-Fluss zurück, um die Hauptstadt Rangun zu sichern, hielt dort für kurze Zeit ihre Stellungen und sprengte dann infolge eines Missverständnisses die einzige Brücke über den Fluss, obwohl sich der größte Teil der kämpfenden Truppe noch auf der falschen Seite befand.

Doch es sollte noch schlimmer kommen. General Alexander, der am 5. März aus Großbritannien eingetroffen war, um dem Unfug ein Ende zu machen, entschied, dass die Reste des «Burcorps», wie seine Truppe genannt wurde, sich ins Irawadi-Tal in der Landesmitte zurückziehen und dort eine stabile Front errichten sollten. Die japanische 15. Armee, nun durch die 18. und 56. Division sowie 100 Flugzeuge verstärkt, heftete sich an seine Fersen. Alexander hoffte, südlich von Mandalay, der zweitgrößten Stadt Burmas, auf einer Linie zwischen Prome und Toungoo, wo zwischenzeitlich eine chinesische Division eingetroffen war, eine Auffangstellung bilden zu können. Am 21. März aber wurde er aus dieser Stellung geworfen und zu weiterem Rückzug gezwungen. Seine britischen und indischen Truppen waren nun erschöpft und ihre Vorräte gingen zu Ende, während bei seinen burmesischen Truppen eine Massendesertion eingesetzt hatte. Zudem lief er Gefahr, von Westen und Osten her umfasst zu werden, wo die Japaner im Begriff waren, die Chinesen entlang der chinesischen Grenze in die Berge zurückzutreiben.

Alexander boten sich zwei Möglichkeiten; beide waren wenig verlockend: Entweder folgte er der chinesischen 66. Armee (in Wirklichkeit hatte sie wenig mehr als Divisionsstärke) auf der Burma-Straße, die von Nordostburma nach China hinein führte und keine gesicherte Versorgung versprach, oder er machte sich auf den Marsch über die weglosen Berge Nordwestburmas nach Indien. Alexander entschied sich für die zweite Möglichkeit. Am 21. April einigte er sich mit Tschiang Kai-scheks Verbindungsoffizier in Burma darauf, dass die beiden geschlagenen Armeen auf getrennten Wegen marschierten, und führte seine Truppen, denen sich Tausende flüchtender Zivilisten anschlossen, auf den «längsten Rückzug der britischen Militärgeschichte». Am 19. Mai, nachdem sie in neun Wochen etwa tausend Kilometer quer durch Burma marschiert waren, überschritten die Reste des Burcorps bei Tamu in den Bergen von Chin die indische Grenze, gerade noch rechtzeitig, ehe der Monsun einen weiteren Rückzug unmöglich machte – aber glücklicherweise auch verhinderte, dass die Japaner bei ihrer Verfolgung nach Indien eindringen konnten.

Von den 30 000 britischen Soldaten, die ursprünglich die Kämpfe aufgenommen hatten, waren etwa 4000 gefallen; 9000 waren vermisst, überwiegend desertierte Burmesen. Nur ein burmesisches Bataillon, das sich hauptsächlich aus den Angehörigen einer ethnischen Minderheit des Landes rekrutierte, erreichte Indien. Viele der Flüchtlinge folgten Aung Sans Aufforderung und schlossen sich seiner Nationalen Burmesischen Armee an, die 1944 kurze Zeit unter japanischer Flagge kämpfte und nach dem Krieg den Kern seiner erfolgreichen Unabhängigkeitsbewegung bildete. Auch andere hatten Niederlage und Flucht überlebt. Stilwell marschierte wieder nach China und begab sich 1944 von dort aus erneut nach Burma; General Bill Slim, Alexanders Untergebener, erreichte Indien und kehrte ebenfalls 1944 nach Burma zurück, an der Spitze der siegreichen 14. Armee, die er aus den Resten der geschlagenen Truppen neu aufgestellt hatte, darunter die *4th Burma Rifles*, der einzige Verband, der von der ursprünglichen 1. Burmesischen Division übrig geblieben war.

Mit dem Sieg in Burma war die erste Phase der japanischen Offensive in das «Südgebiet» beinahe abgeschlossen. Auf glänzende Weise hatte Japan die Besetzung zentraler strategischer Positionen – in Indochina, auf Formosa, den Marianen, Marshall-Inseln und Karolinen – dazu benutzt, gegen die verstreuten Kolonialbesitzungen und die separaten Truppen seiner Feinde im Osten, Süden und Westen vorzugehen und sie nacheinander zu überwinden. Am 22. April, als Alexander seine Niederlage eingestand und über das Gebirge nach Indien floh, leistete nur noch eine einzige alliierte Militärbasis innerhalb des «Südgebietes» Widerstand gegen die Japaner – der amerikanische Stützpunkt auf den Philippinen.

Der Fall der Philippinen

Amerikas Präsenz auf den Philippinen, die niemals eine amerikanische Kolonie, aber 1941 auch noch nicht wirklich souverän waren, hatte seinen Ursprung in dem Sieg über Spanien im Jahr 1898 (die Philippinen waren seit dem 16. Jahrhundert spanisch gewesen). Die USA hatten die Inseln zum Protektorat erklärt, eine demokratische Regierungsform eingeführt, eine Filipino-Armee aufgestellt – die 1941 von dem alten Filipino-Kenner General Douglas MacArthur befehligt wurde – und den Archipel unter den Schutz der Pazifikflotte gestellt. Im Dezember 1941 hatten die Amerikaner 16 000 Mann Kampftruppen auf der Insel stationiert, aber nur zwei geschlossene Regimenter, etwa 150 taktische Flugzeuge, 16 Überwasserschiffe und 29 Unterseeboote. Nach den Bestimmungen eines 1934 vom Kongress verabschiedeten Gesetzes, das den Philippinen eine bedingte Unabhängigkeit gewährte, war am 26. Juli 1941 die Filipino-Armee von den Vereinigten Staaten in Dienst genommen worden, doch die zehn im Aufbau begriffenen Divisionen waren noch nicht einsatzfähig. Der einzige kampfbereite Filipino-Verband war die *Philippine Scouts Division*, die von den Amerikanern ausgebildet worden war und nur 12 000 Mann zählte.

Gegen diese Truppen, die MacArthur in der Nähe der Hauptstadt Manila auf Luzon konzentriert hatte, gedachten die Japaner ihre 14. Armee aus Formosa einzusetzen. Die Armee bestand aus zwei sehr starken Divisionen, der 16. und der 48., die in China gekämpft hatten; unterstützt wurde sie von der 3. Flotte, zu der fünf Kreuzer und 14 Zerstörer gehörten, von der 2. Flotte mit zwei Schlachtschiffen, drei Kreuzern und vier Zerstörern sowie von einer Kampfgruppe aus zwei Flugzeugträgern, fünf Kreuzern und 13 Zerstörern. Die Fliegergruppen der Träger wurden ergänzt durch die landgestützte 11. Luftflotte und die 5. Fliegerdivision.

Der erste schwere Schlag, der die Amerikaner traf, kam aus

der Luft. Wie auf Hawaii besaßen die amerikanischen Truppen zwar Radaranlagen, vermochten auf ihre Warnsignale aber nicht angemessen zu reagieren; wie auf Hawaii standen die Flugzeuge zum Schutz gegen Sabotage Tragfläche an Tragfläche aufgereiht und wurden fast alle vom ersten japanischen Luftschlag zerstört, der am 8. Dezember mittags erfolgte. Am 12. Dezember sah sich Admiral Thomas Hart, der die Asienflotte in den philippinischen Gewässern befehligte, wegen fehlender Luftsicherung gezwungen, seine Überwasserschiffe zur Sicherheit nach Niederländisch-Indien zu verlegen, wo sie dann unter ABDA-Befehl bei der Schlacht in der Java-See vernichtet wurden.

Zu diesem Zeitpunkt hatte das Landungsunternehmen der 14. Armee bereits begonnen. General Masaharu Homma, für den eine indirekte Annäherung über eine der anderen 7000 Inseln nicht in Frage kam, setzte seine Truppen am 10. Dezember auf Luzon an Land und rückte unmittelbar gegen die Hauptstadt vor. Er hatte gehofft, durch Landungen an verschiedenen Punkten der Insel MacArthurs Verbände von Manila weglocken zu können. Als die Verteidiger auf seinen Plan nicht eingingen, führte Homma am 22. Dezember ein weiteres umfangreiches Landungsmanöver in der Nähe der Hauptstadt durch und zwang MacArthur, sich in eine starke Verteidigungsstellung auf der Halbinsel Bataan zurückzuziehen, von wo aus er die Manila-Bucht und die vorgelagerte Insel Corregidor schützen konnte.

Bataan, etwa 50 Kilometer lang und 25 Kilometer breit, wird von zwei dschungelbedeckten Bergen beherrscht. Richtig verteidigt, hätte es einem Angriff unbegrenzt standhalten können, obwohl die Garnison nicht über genügend Proviant verfügte. Beim Besetzen der ersten Bergstellung begingen MacArthurs Truppen jedoch den gleichen Fehler wie die britischen Einheiten zur selben Zeit in Malaya. Sie unterließen es, ihre Flügel in den Dschungel der Berghänge hineinzuschieben; infolgedessen wurden ihre Flanken rasch aufgerollt. Nach dem Rückzug in die zweite Bergstellung vermieden sie diesen Fehler zwar, allerdings hatten sie die

Hälfte ihres Terrains aufgegeben und waren nun auf 25 Quadratkilometer zusammengedrängt. Zu den 83 000 Soldaten innerhalb der befestigten Linien kamen noch 26 000 Zivilisten. Zum großen Teil waren sie aus Manila geflüchtet, nachdem die Japaner einen schweren Bombenangriff geflogen hatten, obwohl Manila zur offenen Stadt erklärt worden war. Alle wurden auf halbe Rationen gesetzt, aber die Vorräte schwanden schnell, auch wenn es amerikanischen U-Booten vereinzelt gelang, die Blockade zu durchbrechen.

Am 12. März, als MacArthur sich auf Befehl Roosevelts (mit dem berühmten Versprechen «Ich komme wieder») nach Australien absetzte, musste sich die Garnison bereits mit Drittelrationen begnügen. Am 3. April, als Homma die Schlussoffensive eröffnete, litten die meisten Amerikaner und Filipinos im Bataan-Kessel an Beriberi oder anderen Mangelkrankheiten, und die Rationen waren auf ein Viertel gekürzt. Fünf Tage später bot General Jonathan Wainwright, MacArthurs Nachfolger, die Kapitulation an. Nach einem berüchtigten «Todesmarsch» trafen 9300 Amerikaner und 45 000 Filipinos im Gefangenenlager ein. Etwa 25 000 waren Verwundungen, Krankheiten oder schlechter Behandlung erlegen. Die letzten Überlebenden der Garnison auf den Philippinen, die die Insel Corregidor hielten, wurden zwischen dem 14. April und 6. Mai durch Artilleriebeschuss zur Aufgabe gezwungen; allein am 4. Mai schlugen mehr als 16 000 japanische Granaten auf dem winzigen Stützpunkt ein und machten jeden weiteren Widerstand unmöglich.

Mit der Kapitulation dieser Insel fielen die gesamten Philippinen an die Japaner. Anders als in Niederländisch-Indien und in Burma wurde der japanische Sieg von der Bevölkerung indes nicht mit Befriedigung aufgenommen. Zu Recht hatte sie dem Versprechen der Amerikaner vertraut, den Philippinen volle Unabhängigkeit zu gewähren, und ebenfalls zu Recht fürchtete sie, die japanische Besetzung werde Unterdrückung und Ausbeutung bedeuten. Das Commonwealth Philippinen wurde der einzige Teil der «Interessengemeinschaft Groß-Ostasien», in dem der japanische Herrschaftsanspruch auf Widerstand in der Bevölkerung stieß.

Die Sorge, dass die Filipinos Widerstand leisten könnten, verlor für die Japaner allerdings jegliche Bedeutung, als Corregidor am 6. Mai 1942 fiel. Ihr strategischer Horizont umfasste nun den gesamten westlichen Pazifik und reichte weit nach China und Südostasien hinein. Die historischen europäischen Kolonialreiche im Osten – Burma, Malaya, Niederländisch-Indien, die Philippinen und de facto auch Französisch-Indochina – gehörten jetzt zur japanischen Einflusssphäre. Zu den chinesischen Gebieten, in denen sie 1895 und 1931 Besatzungsrechte erkämpft hatten – Formosa, Korea und die Mandschurei –, hatten die Japaner seit 1937 ausgedehnte Landstriche des chinesischen Kernlandes hinzugewonnen. Alle Inselgruppen nördlich des Äquators waren in ihrer Hand, und einige der südlich gelegenen hatten sie ebenfalls in ihren Besitz gebracht. Zwischen der Westküste der Vereinigten Staaten und den britischen Dominions Australien und Neuseeland erstreckte sich ein uferloser Ozean, in dem nur wenige verstreute Inseln lagen, die allesamt zu klein oder zu abgelegen waren, um den Feinden Japans Stützpunkte für strategische Operationen zu bieten.

Vom Verteidigungsgürtel des «Südgebietes» aus trugen Japans Flotte und Marineluftwaffe ihre Angriffe weit in den Indischen Ozean hinein: auf die britischen Andamanen und Nikobaren (erobert im März 1942), nach Ceylon (im April fiel hier ein britischer Flugzeugträger einem Luftangriff zum Opfer), selbst bis zur fernen Küste Ostafrikas (das Auftauchen eines japanischen U-Boots vor Madagaskar im Mai veranlasste die Briten noch im selben Jahr, die Insel zu besetzen). Vor allem aber war die große amphibische – besser, triphibische – Flotte der Japaner intakt. Nicht eines ihrer elf Schlachtschiffe und keiner ihrer zehn Flugzeugträger, 18 Schweren und 20 Leichten Kreuzer hatte bisher ernsthafte Schäden erlitten, während die Pazifikflotte und die Asienflotte der Vereinigten Staaten all ihre Schlachtschiffe und eine große Anzahl ihrer Kreuzer und Zerstörer verloren hatten beziehungsweise außer Dienst stellen mussten; die Fernostflotten der Briten und Holländer waren vernichtet, und die Royal Australian Navy war in ihre Häfen zurückgetrieben worden.

Alles, was die Alliierten nun noch gegen Japans erstaunliche Triumphe und überwältigende Erfolge strategisch in die Waagschale zu werfen hatten, waren der erhalten gebliebene Marinestützpunkt Hawaii mit seinem abgelegenen Außenposten Midway und die wenigen – drei, höchstens vier – Flugzeugträger der amerikanischen Pazifikflotte. Kaum verwunderlich, dass sogar Zweifler wie Yamamoto von Hybris erfasst wurden: Anfang Mai 1942 schien der endgültige Sieg, den er lange Zeit für höchst unwahrscheinlich gehalten hatte, nur noch eine weitere Schlacht entfernt zu sein.

14 · DIE SCHLACHT DER FLUGZEUGTRÄGER: MIDWAY

Bezogen auf den Krieg im Pazifik, bedeutete im Mai 1942 «eine weitere Schlacht» ein Gefecht zwischen Flugzeugträgern. Eine solche Schlacht hatte es noch nie zuvor gegeben, doch der Sieg der japanischen Marine bei Pearl Harbor machte sie unvermeidlich, wenn die Vereinigten Staaten die Kontrolle über den Pazifik nicht gänzlich Japan überlassen wollten. Nach der Vernichtung der Schlachtschiffe in Pearl Harbor besaß die amerikanische Pazifikflotte an einsatzfähigen Großkampfschiffen nur mehr ihre Flugzeugträger. Sie musste also eine Möglichkeit finden, unter Einsatz dieser Träger die japanische Seestreitmacht von elf Schlachtschiffen, zehn Flugzeugträgern und 38 Kreuzern zu bekämpfen, egal wo sie sich das nächste Mal zeigten. Selbst wenn Schlachtschiffe in solcher Zahl eingesetzt wurden wie in der japanischen Flotte, konnten sie einer gut geführten Träger-Kampfgruppe nichts anhaben. «Seeherrschaft» hing nun, wie die Marinen beider Seiten längst erkannt hatten, davon ab, wer die Luftherrschaft errang. Irgendwo in den Weiten des Pazifiks, dem Raum mit der größten Ausdehnung auf der Erdoberfläche, mussten die japanischen und amerikanischen Trägerflotten einander begegnen und den Entscheidungskampf austragen. Fiel er zugunsten der Japaner aus, und dafür sprach die Wahrscheinlichkeit, war deren «Neue Ordnung» in Asien auf Jahre hinaus gesichert.

Das Zahlenverhältnis zwischen der japanischen und der amerikanischen Trägerflotte betrug zehn zu drei. Ließ man die leichten japanischen Flugzeugträger außer Acht, blieb immer noch eine Überlegenheit von sechs zu drei. Zudem waren die japanischen Flugzeugträger und – wichtiger noch – deren Fliegergruppen von höchster Qualität. Bis Dezember 1941 hatten die Amerikaner dic japanische Trägerflotte als minderwertige Nachahmung ihrer eigenen abgetan. Wie Pearl Harbor gezeigt hatte, führten die japanischen Admirale ihre Schiffe hervorragend, flogen die japanischen Marineflieger moderne Maschinen und brachten ihre Bombenlast mit tödlicher Sicherheit ins Ziel. Der *Zero*-Jäger hatte sich als das beste aller Trägerflugzeuge überhaupt erwiesen; die *Kate*-Torpedo- und *Val*-Sturzkampfbomber waren zwar langsamer als die amerikanischen Vergleichsmodelle, konnten jedoch Schwerlasten über große Entfernungen befördern.

Die Kaiserlich Japanische Marine betrachtete ihre Trägerflotte nicht als zweite Wahl gegenüber ihren Schlachtschiffverbänden. Im Gegenteil, die Trägerflotte gehörte zu den Eliteeinheiten des Landes, und daran waren die Amerikaner – und Briten – selber schuld: Auf der Washingtoner Flottenkonferenz von 1921 hatten sie die Japaner gezwungen, die Zahl ihrer Großkampfschiffe massiv einzuschränken. Damals wurde ein Verhältnis von drei japanischen Schiffen zu je fünf britischen oder amerikanischen Einheiten festgesetzt, mit dem Ziel, die Schlachtschiffe der Kaiserlich Japanischen Marine im Pazifik zu beschränken. Die beiden westlichen Seestreitkräfte sahen dieses Gewässer als zweitrangigen Schauplatz an, da sie damals stillschweigend um die Vorherrschaft im Atlantik wetteiferten. Zwar fielen auch Flugzeugträger unter das Abkommen, doch wurden sie nur mitgezählt, um der Gefahr vorzubeugen, dass eine Seemacht als Träger getarnte Schiffe vom Stapel ließ, die später in Schlachtschiffe umgebaut werden konnten. Japan schlug den entgegengesetzten Weg ein: Bereits frühzeitig zu der Überzeugung gelangt, dass der Flugzeugträger das entscheidende Kampfschiff der Zukunft sein werde, baute Japan nicht nur eine Anzahl von Schlachtschiffen und Schlachtkreuzern zu Flugzeugträgern um, was nach dem Abkommen von 1921 gestattet war (Großbritannien und die USA verfuhren ähnlich, um seetüchtige Schiffsrümpfe zu retten, die andernfalls hätten verschrottet werden müssen), es ließ auch eine Anzahl Wasserflugzeugträger vom Stapel (eine Kategorie, von der das Washingtoner

Abkommen keinerlei Notiz nahm), die später zu Flugzeugträgern umgewandelt werden sollten.

Durch Um- und Neubau hatten die Japaner bis 1941 die umfangreichste Trägerflotte der Welt geschaffen, die nicht nur die größte Marineluftwaffe, 500 Maschinen, mit sich führte, sondern außerdem – vergleichbar vielleicht mit den deutschen Panzerdivisionen – zu einer einzigen Kampfgruppe zusammengefasst war, der 1. Luftflotte. Die vier leichten Träger konnten für begleitende Operationen abgestellt werden, die sechs großen Träger – *Akagi* («Rotes Schloss»), *Kaga* («Gesteigertes Vergnügen»), *Hiryu* («Fliegender Drache»), *Soryu* («Grüner Drache»), *Shokaku* («Gleitender Kranich») und *Zuikaku* («Glücklicher Kranich») – blieben für strategische Offensiven zusammengefasst. Dieser Verband hatte den vernichtenden Angriff gegen Pearl Harbor geführt. Im Mai 1942 stand er bereit, den Kampf mit der amerikanischen Trägergruppe aufzunehmen und Japan den Endsieg im Pazifik zu sichern.

Auch in der amerikanischen Kriegsmarine waren die Flugzeugträger, obwohl an Zahl geringer, nicht die zweite Wahl. *Lexington* und *Saratoga* waren, als sie 1927 aus Schlachtkreuzern umgebaut wurden, die größten Kriegsschiffe der Welt und noch 1942 sehr beeindruckend. Die *Enterprise* war ein jüngerer Neubau, die *Yorktown* und die *Hornet*, die bald von der Atlantikflotte abgezogen und in den Pazifik verlegt wurden, waren Schwesterschiffe. Allerdings konnten die mitgeführten Flugzeuge sich mit denen der Japaner nicht messen. 1942 fehlte den Amerikanern vor allem ein gutes Träger-Jagdflugzeug. Dafür verfügten sie über hervorragende Piloten, die den Vergleich mit der Elite der 1. Luftflotte nicht zu scheuen brauchten. Immerhin war Amerika die Wiege der Luftfahrt; die amerikanische Jugend hatte von jeher leidenschaftliches Interesse für die Fliegerei gezeigt, und in der US-Marineluftwaffe dienten die allerbesten Flieger.

Für den Einsatz auf Flugzeugträgern kamen nur hervorragende Piloten in Betracht. Um auf Deck zu starten und zu landen, war äußerste Genauigkeit erforderlich: Beim Start ohne Katapult sackte die Maschine vor dem Schiffsbug ab und stürzte dabei häufig ins Meer; bei der Landung mussten die Piloten mit Vollgas auf die Fangseile zuhalten, damit der Haken sich verfing und sie nicht zu ungewolltem Durchstarten gezwungen waren, wobei die Alternative ein Sturz aufs Flugdeck oder ins Wasser war, ein Vorgang, der in der Regel tödlich endete. Das Fliegen selbst war kaum weniger gefährlich als Start und Landung.

Im Jahre 1942 gab es kein Bordradar. Der Bombenschütze eines «mehrsitzigen» Torpedo- oder Sturzkampfbombers konnte Kurs und Flugstrecke überschlägig kontrollieren und seinen Piloten so in eine Meeresregion zurückdirigieren, in der man das Mutterschiff – aus großer Höhe und bei klarer Sicht – möglicherweise entdecken konnte. Wenn der Jagdflieger es dagegen in seiner einsitzigen Maschine aus den Augen verloren hatte, irrte er in der Unendlichkeit umher und fand den Weg zurück nur durch Mutmaßungen oder großes Glück. Aus einer Flughöhe von 3000 Metern und bei wolkenlosem Himmel betrug die Sichtweite höchstens 150 Kilometer; bei Kampfeinsätzen konnte sich ein Flugzeug aber gut und gern 300 Kilometer vom Mutterschiff entfernen. Falls dieses auf Gegenkurs ging oder ein Pilot von einem Angriffsziel verleitet wurde, über den Umkehrpunkt hinauszufliegen, bestand die Gefahr, dass der Treibstoff auf dem Rückflug zur Neige ging und eine Notwasserung erforderlich wurde. Dann war das Schlauchboot mit der Besatzung nicht mehr als ein Pünktchen inmitten einer fast 60 Millionen Quadratkilometer großen Meeresfläche. Nur die Mutigsten bewarben sich als Flieger für den Einsatz auf Flugzeugträgern.

Zum Mut kam bei den Piloten der japanischen Flugzeugträger noch die Erfahrung hinzu. Bis zum Mai 1942 hatten sie nicht nur Pearl Harbor verwüstet, sondern auch Darwin in Nordaustralien bombardiert sowie Operationen gegen Küstenziele in Niederländisch-Indien durchgeführt. Auf der Suche nach der britischen Ostflotte vor Ceylon hatten sie im April den Indischen Ozean überquert, die Marinestützpunkte Colombo und Trincomalee angegriffen und die alten Schlachtschiffe der Flotte gezwungen, in den Häfen Ostafrikas Zuflucht zu suchen. Den amerikanischen Marinefliegern fehlte eine solche Kampferfahrung. Sie hatten einen vergeblichen Versuch unternommen, Wake zu entsetzen. Außerdem hatten sie Angriffe auf die Marshall-Inseln (Kwajalein), auf die Gilbert-Inseln, die Salomonen und Neuguinea geflogen. Ein paar Besatzungen waren auf japanische Jäger gestoßen oder unter Flak-Beschuss geraten, doch von der Versenkung eines Minenräumers abgesehen, hatten sie noch nicht den Zweck erfüllt, zu dem sie ausgebildet und in See gestochen waren – Bomben oder Torpedos gegen die feindliche Schlachtflotte einzusetzen.

Der Doolittle-Angriff

Plötzlich ergab sich im Mai die Gelegenheit dazu, und das gleich zweimal. Die Umstände, die das ermöglichten, waren höchst ungewöhnlich. Im März hatten die amerikanischen Stabschefs mit Präsident Roosevelt die Absicht erörtert, die Schmach von Pearl Harbor mit einem Gegenschlag zu beantworten und «den Japanern den Krieg zurückzubringen». Das bedeutete, dass die japanischen Mutterinseln angegriffen werden mussten, eine scheinbar unmögliche Aufgabe, denn die Inseln lagen weit außerhalb der Reichweite der Flugzeuge, die auf den pazifischen Stützpunkten der Vereinigten Staaten stationiert waren, während es für die Flugzeugträger ein tödliches Risiko bedeutete, ihre Bordflugzeuge so nahe an das Ziel zu bringen, dass diese den Einsatz fliegen konnten. Die einzige Lösung bestand darin, Langstreckenbomber auf einen Träger zu setzen und zu hoffen, dass sie von dort aus in die Luft zu bringen waren und ihre Bomben über einem Ziel abwerfen konnten, das dem japanischen Nationalstolz lieb und teuer war: Tokio. Ein solcher Einsatz war theoretisch zwar möglich, aber praktisch kaum durchführbar. Trotzdem beschloss Washington, den Versuch zu wagen. Am 2. April verließ die USS *Hornet* San Francisco mit 16 Mittelstreckenbombern B-25 auf ihrem Flugdeck, die unter dem Befehl des hervorragenden Fliegers Colonel James Doolittle standen.

Laut Plan sollte die *Hornet* sich Japan bis auf knapp 800 Kilometer nähern, die Flugzeuge starten lassen und sich dann zurückziehen, während die Maschinen Tokio bombardierten, um danach in einem Teil Chinas zu landen, der noch von Tschiang Kai-schek kontrolliert wurde. Dieser war informiert worden, dass die B-25 zu erwarten seien, er kannte jedoch ihren Auftrag nicht. Am 18. April hatte sich die *Hornet* mit ihren Begleitschiffen auf einem Kurs zwischen den Midway-Inseln und den nördlichen Alëuten der japanischen Hauptstadt bis auf 1000 Kilometer genähert, als ein japanisches Vorpostenboot gesichtet wurde. Admiral William Halsey, der Befehlshaber der Kampfgruppe, entschloss sich, die Bomber unverzüglich starten zu lassen – obwohl er sie dadurch zwang, an die äußerste Grenze ihrer Reichweite zu gehen – und sich mit seinen Schiffen in die sichere Weite des Pazifiks abzusetzen. Doolittles Bomber hoben alle unbeschadet, wenn auch mühsam vom Flugdeck ab. 13 bombardierten Tokio, die übrigen drei andere japanische Ziele; vier landeten in China, einer in der Sowjetunion, die restlichen wurden von ihren Besatzungen aufgegeben, die mit dem Fallschirm über China absprangen. Von den 80 Männern, die zu diesem verwegenen Einsatz gestartet waren, kamen 71 mit dem Leben davon und kehrten in die USA zurück.

Der Doolittle-Überfall wäre vielleicht trotz alledem als Fehlschlag eingestuft worden, wenn er nicht einen solchen Eindruck auf das japanische Oberkommando gemacht hätte. Die Einwohner Tokios, denen von der Regierung offiziell gar nicht mitgeteilt wurde, dass ein Luftangriff stattgefunden hatte, brachten die vereinzelten Detonationen nicht mit einem amerikanischen Angriff in Verbindung; die Generale und Admirale allerdings, die sich als Diener des Gottkaisers verstanden, waren entsetzt, hatte der Bombenangriff doch gezeigt, in welcher Gefahr ihr Herrscher schwebte. Zwischen Admiralstab und Vereinter Flotte war kurz zuvor eine hitzige Debatte über die weitere Entwicklung des Pazifikkrieges entbrannt. Die Stabsoffiziere der Bodentruppen waren der Ansicht, man müsse tiefer in das «Südgebiet» vordringen, um auf Neuguinea Gebiete zu erobern und sich auf den Salomonen sowie Neu-Kaledonien zusätzliche Stützpunkte zu verschaffen. Von dort aus könne man dann Australien angreifen und dessen Verbindungen mit der Westküste der Vereinigten Staaten bedrohen. Die von Yamamoto repräsentierte Vereinte Flotte dagegen wollte keine weiteren Territorialgewinne, so strategisch wertvoll sie auch sein mochten, sondern einen strategischen Sieg. Die Flotte glaubte, sie könne durch eine Offensive gegen die Midway-Inseln, Hawaiis Außenposten, eine Entscheidungsschlacht mit den verbliebenen Trägern der US Navy provozieren, weil die Amerikaner sicherlich um diesen Stützpunkt kämpfen würden.

Doolittles Luftangriff beendete den Streit. Die *Hornet* hatte ihre Bomber auf der Route über Midway, der «undichten Stelle» in Japans Verteidigungsgürtel, zu ihrer Startposition gebracht. Da kein ranghoher Offizier in Japan öffentlich gutheißen konnte, dass eine solche Gefahr bestehen blieb (hätte er damit doch seine Gleichgültigkeit gegenüber dem Wohlergehen des Kaisers bekundet), ließ der Admiralstab seine Einwände gegen den Plan der Vereinten Flotte augenblicklich fallen und akzeptierte Yamamotos Midway-Vorschlag. Eine für Anfang Mai angesetzte Operation zur Ausweitung der Stellungen auf Neuguinea, die zwischen dem 8. und 10. März gebildet worden war, sollte noch abgeschlossen werden: Japan wollte bei Port Moresby an der Südküste der großen Insel Truppen anlanden und so Darwin und das australische *Northern Territory* bedrohen. Sobald jedoch die Flugzeugträger, die das Unternehmen sicherten, dort nicht mehr gebraucht würden, wollte man sie im mittleren Pazifik für eine Offensive gegen Midway zusammenziehen.

Jetzt konnten die Amerikaner zum ersten Mal während des Pazifikkriegs wirklich von ihrem Magic-System profitieren. Sorglose Funksprüche der Japaner – ein Symptom der «Siegeskrankheit», die sie sich später selbst vorwarfen – wurden entschlüsselt und warnten die Pazifikflotte vor dem drohenden Angriff auf Port Moresby. Sofort entsandte die Flotte die Flugzeugträger *Lexington* und *Yorktown*, um die japanische Invasionsflotte abzufangen. Diese wurde von drei Trägern gesichert, dem neuen, aber kleinen *Shoho* und den beiden großen *Shokaku* und *Zuikaku.* Die *Shoho* wurde am 7. Mai nach einem glücklich verlaufenen Gefecht durch Bombentreffer versenkt. Am nächsten Tage fanden die Kampfflugzeuge der verbliebenen Flugzeugträger nach schwierigen Manövern die feindlichen Mutterschiffe – je zwei auf beiden Seiten –, zwischen denen fast 300 Kilometer offene See lagen, und flogen heftige Angriffe gegen sie. Die *Shokaku* wurde schwer beschädigt, die *Yorktown* nur leicht, während die *Lexington* durch Treffer ihrer Flugbenzinleitungen in Brand geriet und aufgegeben werden musste.

Auf die Amerikaner hatte diese Schlacht im Korallenmeer gleich in doppelter Hinsicht eine heilsame Wirkung. Zum einen verhinderte sie den Vorstoß des japanischen Heeres in Stellungen vor der australischen Küste und hielt es anschließend im nördlichen Neuguinea gebunden. Zum anderen zeigte sie den Besatzungen der amerikanischen Träger und Fliegergruppen, dass sie ihren Gegnern zumindest ebenbürtig waren; außerdem sammelte die *Yorktown* wertvolle Kampferfahrung. Nachdem der Flugzeugträger am 27. Mai in Pearl Harbor eingetroffen war, wurden seine Schäden in 45 Stunden behoben – der Kommandant hatte mit 90 Tagen gerechnet. Am 30. Mai lief er aus, um sich für die Schlacht vor Midway mit der *Enterprise* und der *Hornet* zu vereinigen, die noch kein reines Trägergefecht erlebt hatten.

Die schicksalhaften fünf Minuten

Alle Amerikaner, die mit der Schlacht zu tun hatten, wussten, wie verzweifelt die Situation war. Von den fünf in Dienst stehenden amerikanischen Flugzeugträgern war die *Wasp* auf der Heimfahrt aus dem Mittelmeer, wo sie an der Verlegung von Flugzeugen nach Malta beteiligt gewesen war, während die *Saratoga* nach dem Abschluss von Reparaturarbeiten noch nicht wieder eingesetzt werden konnte. Die drei restlichen Träger bildeten den Kern zweier Kampfgruppen, der 17. (*Yorktown*) und der 16. (*Enterprise* und *Hornet*), und gingen mit einer eindrucksvollen Eskorte von Kreuzern und Zerstörern in See. Doch die Kommandierenden Admirale, Frank John Fletcher (Kampfgruppe 17) und Raymond Spruance (Kampfgruppe 16), wussten, dass sie im Kampf stark benachteiligt sein würden. Die japanische 1. Luftflotte verfügte über sechs große Träger (von denen vier – *Akagi, Kaga, Hiryu* und *Soryu* – in Richtung Midway unterwegs waren) und wurde von Schlachtschiffen unterstützt. An Kampfflugzeugen waren die Japaner deutlich überlegen: Für die Midway-Operation hatten ihre Träger je 70 Maschinen an Bord, die amerikanischen nur je 60. Am Tage der Schlacht würden 272 japanische Bomber und Jäger gegen 180 amerikanische Maschinen antreten. Das sah nach einem extrem ungleichen Kampf aus.

Doch wie beim Gefecht im Korallenmeer wurden auch hier die ungleichen Voraussetzungen durch Magic etwas ausgeglichen. Vor der Midway-Operation hielten die Japaner strenge Funkdisziplin. Die Operation selbst trug den Namen «MI», was alles Mögliche bedeuten konnte, obwohl die Beziehung zu den Midway-Inseln auffällig war; das Ziel des Unternehmens hieß «AF». Die amerikanischen Magic-Kryptologen fingen viele Funksprüche mit diesen beiden Deckbezeichnungen auf, aber die Klartexte lieferten keinen Hinweis darauf, wo die 1. Luftflotte eingesetzt werden sollte. Einer der Kryptologen auf Hawaii gewann trotzdem die Überzeugung, dass der Angriff Midway gelten würde, und dachte sich eine Falle für die Japaner aus. Über eine sichere Telegraphenverbindung zwischen Hawaii und Midway forderte er die Garnison dort auf, im Klartext zu funken, bei ihnen werde das Trinkwasser knapp. Er glaubte, dass eine solche harmlose administrative Meldung bei den Japanern keinen Verdacht erregen würde. Seine Vermutung bewahrheitete sich. Eine australische

Station des Magic-Netzwerks fing kurz darauf eine verschlüsselte japanische Meldung auf, die besagte, dass «AF» eine Verknappung des Trinkwassers gemeldet habe. Der Trick hatte das japanische Angriffsziel enthüllt; nachfolgende Entschlüsselungen ergaben, dass das als «MI» bezeichnete Unternehmen für den 4. Juni angesetzt war. Also brachen die Kampfgruppen 16 und 17 auf, um rechtzeitig vor Ankunft der Japaner ihre Positionen im Nordosten von Midway zu beziehen.

Flugzeuge waren von Marineoffizieren zunächst als Hilfsmittel der Schlachtschiffflotte angesehen worden, allenfalls in der Lage, Feindaufklärung zu leisten und nach Gefechtsbeginn Treffer zu registrieren. Noch 1942 hielt die Royal Navy an einer solchen Position fest. Doch in der amerikanischen und der japanischen Flotte waren die Marineflieger so wichtig geworden, dass sie schließlich höher bewertet wurden als die Schlachtschiffe, das Lieblingskind der Traditionalisten. Hier war man zu Recht der Meinung, dass der Flugzeugträger mit seinen Fliegergruppen zum Herrscher des Meeres aufgestiegen war. Bislang hatte noch keine Schlacht diese Auffassung bestätigt, nicht einmal die im Korallenmeer, die in einem begrenzten Seegebiet zur Unterstützung von Landungstruppen geschlagen worden war; nun aber, in den Weiten des mittleren Pazifik, 3000 Kilometer vom nächsten Kontinent entfernt, sollte sich zeigen, ob sie richtig war.

Von den Schlachtschiffen und Kreuzern der Midway-Invasionstruppe begleitet, näherte sich die 1. Luftflotte der winzigen Inselbasis am 4. Juni auf Reichweite. Gleichzeitig waren andere Einheiten der japanischen Kriegsmarine unterwegs, einige hoch im Norden bei den Aleuten, um die Befehlshaber der amerikanischen Pazifikflotte zu verwirren und sie zur Aufteilung ihrer Kräfte zu verleiten. Das war übertriebenes Raffinement. Mitte 1942 waren die Vereinigten Staaten im Pazifik so schwach, dass sie ihre großen Kampfschiffe zusammenhalten mussten, wollten sie eine strategische Streitmacht bilden. Sie verfügten jedoch über eine Unterstützung, der Yamamotos Armada nichts Gleichwertiges entgegenzusetzen hatte: landgestützte Flugzeuge, die *Catalina*-Flugboote und *Flying Fortresses,* die auf dem Midway-Atoll stationiert waren. Sie konnten gegen die japanischen Träger operieren und zu ihrem Stützpunkt zurückfliegen, ohne befürchten zu müssen, dass ihr Landeplatz inzwischen außer Reichweite oder, schlimmer noch, versenkt worden war. Die landgestützten Flugzeuge sollten in der Schlacht bei Midway eine wichtige Rolle spielen.

Tatsächlich wurde die Operation gegen die japanischen Träger von einem *Catalina*-Flugboot eingeleitet, das am 3. Juni von Midway aus einen Aufklärungsflug unternahm. Es entdeckte die Invasionsflotte, die auf die Insel zuhielt, und bestätigte damit die Magic-Informationen. Am nächsten Morgen bombardierten *Flying Fortresses* die Flotte, trafen jedoch nicht, während es vier *Catalinas* gelang, eines der Invasionsschiffe zu versenken. Obwohl es sich nur um ein bescheidenes Bunkerschiff handelte, überzeugte der Vorfall den Befehlshaber der Träger, hier wie vor Pearl Harbor der äußerst fähige Nagumo, dass vor Beginn einer Landung die Verteidigungseinrichtungen der Insel ausgeschaltet werden müssten. Um 4.30 Uhr stiegen von seinen vier Trägern neun Bomberstaffeln auf, die für den Erdkampf mit Splitterbomben bestückt waren. Sie wurden von vier Staffeln *Zero*-Jägern eskortiert. Die Amerikaner wurden zwar durch ihr Radar gewarnt, das konnte aber die Unterlegenheit der auf dem Atoll stationierten alten Jäger nicht wettmachen. Zwei Drittel der amerikanischen Jagdflugzeuge wurden vernichtet, die militärischen Einrichtungen auf Midway erlitten schwere Schäden, und die japanischen Bomber kehrten ohne Verlust zu ihren Trägern zurück.

Trotzdem teilte der Einsatzleiter der Bomber bei seiner Rückkehr Nagumo mit, dass Midway ein zweites Mal bombardiert werden müsse – was eigentlich nicht in die Pläne des Admirals passte. Während er noch überlegte, schlug Midway zurück. Bei einem morgendlichen Patrouillenflug war die Position von Nagumos Trägern entdeckt und gemeldet worden. Das bewog Admiral Chester Nimitz, den Oberbefehlshaber der Pazifikflotte, Midway einen erneuten Startbefehl für seine Flugzeuge zu geben. Gleichzeitig erteilte Fletcher, der Befehlshaber der beiden Kampfgruppen, der *Enterprise* und der *Hornet* die Order, Angriffsposition zu beziehen; den gleichen Befehl bekam auch Spruances *Yorktown*. Als die zweite Welle der auf Midway stationierten Bomber auftauchte, fasste Nagumo einen Entschluss. Obwohl auf den Flugdecks seiner Träger schon die Torpedos bereitlagen, mit denen seine zurückgekehrten Bomber einen Angriff auf die amerikanischen Überwasserschiffe fliegen sollten – falls man diese in dem Seegebiet entdecken würde –, widerrief er nun seinen Befehl und ordnete an, die Flugzeuge wieder mit Splitterbomben für einen zweiten Angriff auf Midway zu versehen.

Das dauerte seine Zeit. Währenddessen hatten die *Hornet* und die *Enterprise* Positionen erreicht, aus denen sie ihre eigenen Torpedo- und Sturzkampfbomber starten konnten, was um 7.00 Uhr geschah. Die *Yorktown* brachte ihre Bomber eine Stunde später in die Luft. Gegen 9.00 Uhr waren im Nordosten von Midway 150 amerikanische Kampfflugzeuge am Himmel und flogen über 300 Kilometer offene See der feindlichen Flotte entgegen.

Nagumo wusste bereits, dass Gefahr drohte. Um 7.28 Uhr hatte eine seiner Aufklärungsmaschinen die Sichtung von Feindschiffen gemeldet. Ärgerlicherweise hatte sie nicht ausmachen können, um welche Schiffsart es sich handelte. Um 8.20 Uhr wurde gemeldet, dass sich unter den Schiffen ein Flugzeugträger befinden könnte. Und erst um 8.55 Uhr traf die Warnung ein, dass Torpedoflieger in der Luft seien und auf Nagumo zuhielten. Jetzt erkannte der japanische Admiral seinen schwer wiegenden Fehler und machte den Befehl, auf Bomben umzurüsten, schleunigst wieder rückgängig. Doch angesichts der zahlenmäßigen Überlegenheit seiner Maschinen war Nagumos Versehen vielleicht zu verschmerzen. Zunächst fielen die Flugzeuge, die Nimitz von Midway aus in die Luft geschickt hatte, den Bordwaffen der *Zeros* zum Opfer. Zwischen 8.40 Uhr und 9.00 Uhr kamen die Bomber, die Nagumo seinerseits als zweite Welle gegen Midway ausgesandt hatte, zurück und mussten an Bord genommen werden. Danach hantierten die Besatzungen hektisch mit Tankschläuchen und Handkarren voller Torpedos, um die Maschinen für den nächsten Einsatz zu präparieren, der sich nun gegen feindliche Schiffe richten sollte.

Während auf den Flugdecks alle damit beschäftigt waren, die Bomber nachzutanken und mit Munition zu bestücken, entdeckten die ersten von der *Enterprise* und *Hornet* anfliegenden Maschinen kurz vor 9.30 Uhr die vier japanischen Flugzeugträger, die in dichter Formation fuhren; die *Zeros* über ihnen sicherten den Luftraum. Nagumo hatte kurz zuvor den Kurs geändert, fast hätten ihn die Amerikaner nicht gefunden, insofern war das Glück zunächst auf ihrer Seite. Das hielt jedoch nicht lange an. Gegen 9.36 Uhr hatte die *Hornet* alle und die *Enterprise* zehn ihrer Torpedobomber verloren. Die amerikanischen Sturzkampfbomber waren von Nagumos Kurswechsel genarrt worden. Da sie kein Ziel ausmachen konnten, kehrten sie zu ihren Trägern zurück, wenn sie genügend Treibstoff hatten, wenn nicht, landeten sie auf Midway oder sie versanken im Meer. Den Maschinen der Jägereskorte ging das Benzin aus, sodass sie alle über dem Ozean abstürzten.

Nagumo war mit viel Glück davongekommen. Er hatte darauf gebaut, dass er aufgrund seiner zahlenmäßigen Überlegenheit auch in benachteiligter Position einen Angriff abwehren könnte, und hatte sich durch eine kluge Kursänderung der Gefahr entzogen. Das Angriffspotenzial des Feindes war zu zwei Dritteln zurückgeschlagen oder vernichtet. Es war höchst unwahrscheinlich, dass der Rest ihn jetzt noch finden würde.

Aber die Torpedobomber der *Yorktown* entdeckten ihn, zunächst ihrer Eingebung folgend und dann vom Dunst des Gefechts zwischen Nagumos Trägern und den Maschinen der Kampfgruppe 16 angelockt. Da sie allerdings geradeaus und in konstanter, geringer Höhe fliegen mussten, um ihre Torpedos wassern zu können, fielen sieben von zwölf Bombern Nagumos Luftsicherung zum Opfer; keiner der gewasserten Torpedos fand ein Ziel. Gegen 10.00 Uhr hatte Nagumo den, wie er glaubte,

letzten amerikanischen Angriff abgewehrt. Nun schickte er sich an, seine eigenen Maschinen starten zu lassen, die seinen entwaffneten Gegner irgendwo jenseits von Midway suchen und vernichten sollten. Seine eigene Formation hatte sich ein wenig gelockert, doch keines seiner Schiffe war beschädigt, und seine Jägergruppen waren intakt.

Unglücklicherweise befanden sich die Jäger gerade auf der falschen Höhe: Um die Torpedobomber der *Yorktown* abzuwehren, waren sie auf Meereshöhe heruntergegangen und hatten somit den Himmel für Sturzkampfbomber geöffnet, die sich möglicherweise nähern konnten. Eine solche Staffel der *Enterprise* hatte 300 Kilometer See überflogen, den Kontakt mit den übrigen Maschinen ihres Mutterschiffs verloren, einen falschen Kurs eingeschlagen und war durch Glück und scharfsinnige Schlussfolgerungen dennoch an ihr Ziel gelangt. Am Morgen des 4. Juni 1942 um 10.25 Uhr war sie genau in der richtigen Position, um den überraschendsten und folgenreichsten Angriff in der Geschichte der Seekriegführung vorzutragen. Der Gruppenführer, Korvettenkapitän Wade McClusky, führte seine 37 *Dauntless*-Bomber aus mehr als 4000 Meter Höhe im Sturzflug seewärts gegen die Flugdecks der japanischen Träger.

Überall auf den Decks befanden sich Flugzeuge und die Utensilien zum Nachtanken und Aufmunitionieren; Benzinschläuche liefen zwischen Stapeln bereitgestellter Bomben hindurch, daneben warteten Flugzeuge mit laufenden Motoren auf den Start. Alles war bereit für eine Katastrophe. Nagumos Flaggschiff *Akagi* traf es als Erstes. Eine Bombe entzündete ein Torpedodepot, und nach 20 Minuten wütete ein so verheerendes Feuer, dass der Admiral seine Flagge auf einem Zerstörer hissen musste. Die *Kaga*, von vier Bomben getroffen, wurde vom eigenen Flugbenzin in lodernde Flammen gehüllt und musste noch schneller verlassen werden. *Soryu* erhielt drei Treffer, einer davon setzte die auf Deck abgestellten Flugzeuge in Brand, brachte die Antriebsmaschinen zum Stehen und ließ das Schiff zum Opfer eines beschattenden amerikanischen U-Boots werden, von dem es um die Mittagsstunde versenkt wurde.

In exakt fünf Minuten, zwischen 10.25 Uhr und 10.30 Uhr, war der gesamte bisherige Verlauf des Pazifikkrieges umgekehrt worden. Die 1. Luftflotte, ihre prachtvollen Schiffe, modernen Flugzeuge und fabelhaften Piloten waren vernichtet. Und damit nicht genug. Die *Hiryu* war dem Angriff entgangen und davongekommen – doch nur vorübergehend. Nachmittags um fünf, während sie sich mit Höchstfahrt von Midway entfernte, wurde sie von Sturzkampfbombern der *Enterprise* entdeckt, von vier Bomben getroffen, fing Feuer und musste, vom Bug bis zum Heck lichterloh brennend, von der Besatzung aufgegeben werden.

Nagumos gesamte Flotte war untergegangen, und mit ihr der Traum vom japanischen Großreich. Yamamotos Prophezeiung, dass man ein halbes Jahr «aus dem Vollen schöpfen» könne, hatte sich fast auf den Tag genau erfüllt. Im Pazifik hielten sich die Trägerflotten nun die Waage (die *Yorktown* wurde am 6. Juni von einem U-Boot getroffen und sank bald darauf); aber die Überlegenheit, die die Japaner verloren hatten, war unwiederbringlich dahin. Das wusste Yamamoto sehr wohl, da er die amerikanische Industrie aus eigener Anschauung kannte. Von 1942 bis 1944 konnte die japanische Kriegsmarine noch sechs weitere Flugzeugträger in Dienst nehmen; die USA brachten 14 zu Wasser, dazu neun leichte Träger und 66 Begleitträger, und schufen damit eine Flotte, der Japan nicht standhalten konnte. Es war nun in die Defensive gedrängt, allerdings führte es diesen Defensivkrieg so erbittert, dass die Vereinigten Staaten und ihre Verbündeten all ihren Mut, all ihre Mittel und Fähigkeiten aufbieten mussten, um den Sieg davonzutragen.

15 · BESETZUNG UND UNTERDRÜCKUNG

Trotz der katastrophalen Niederlage vor Midway hatte Japan keinen Fußbreit seines Territoriums verloren, und auch die Grenzen seines neuen Imperiums hatten sich nicht im Geringsten verändert. Die eigentlichen Folgen von Midway lagen in ferner Zukunft. Sie zeigten sich erst, als die Amerikaner Ende 1943 den japanischen Verteidigungsgürtel im südlichen und mittleren Pazifik durchbrachen und die Japaner noch einmal zu einer beweglichen Kriegführung zwangen. Zu diesem Zeitpunkt hatte Japans Marineluftwaffe ihre Überlegenheit eingebüßt. Doch bis dahin behielt das Land sein riesiges Eroberungsgebiet – Ostchina und die Mandschurei, die Philippinen, Französisch-Indochina, Britisch-Burma und Malaya, Niederländisch-Indien und das mit Japan verbündete Thailand – und schaltete darin, ohne dass die Westalliierten etwas daran ändern konnten.

Eroberungen schaffen Probleme, die ebenso schwierig und möglicherweise ebenso dringend sind wie diejenigen, die durch die Organisation des Sieges aufgeworfen werden. Man muss die Ordnung aufrechterhalten, Regierungen ablösen, Währungen stützen, Märkte neu beleben, Volkswirtschaften ankurbeln und sie zum eigenen Nutzen ausbeuten. Die Japaner waren jedoch nicht unvorbereitet auf ihre Rolle als imperiale Macht. In der Mandschurei hatten sie schon eine zehnjährige Erfahrung in der Verwaltung eines eroberten Gebietes gesammelt. Noch wichtiger, ihre imperiale Philosophie sorgte dafür, dass sie sich die vielen Völker, die sie von den früheren Kolonialmächten «übernahmen», nicht zu Feinden machten. Die Idee der «Interessengemeinschaft Groß-Ostasien», die schon vor dem Krieg im Heer, in der Marine und in nationalistischen Kreisen Japans viele Anhänger gefunden hatte, diente einerseits zur Bemäntelung imperialistischer Ambitionen, andererseits manifestierte sich darin aber auch der aufrichtige Glaube an die Sendung Japans als erster asiatischer Großmacht, deren Aufgabe es war, andere asiatische Völker in die Unabhängigkeit von Fremdherrschaft zu führen. 1942 waren viele Asiaten von den japanischen Triumphen begeistert und beflügelt, daher waren sie bereit, ja begierig danach, mit Japan zusammenzuarbeiten.

Im Juli 1940 hatte sich das zweite Kabinett Konoye das Ziel gesetzt, eine «Neue Ordnung» in Asien zu etablieren. Im Februar 1942 richtete das Kabinett Tojo einen Großasiatischen Rat ein; ein Ministerium für Großasien wurde im November geschaffen. Die panasiatische Politik Japans erreichte ihren Höhepunkt im November 1943, als in Tokio die erste – und einzige – Großostasien-Konferenz tagte. Die Teilnehmerliste zeigte, dass Japan der Interessengemeinschaft eine andere Verwaltungsstruktur aufgenötigt hatte.

Zu den Teilnehmern an der Konferenz gehörten der Ministerpräsident der Mandschurei (Mandschukuo), Chang Chung-hui, und des japanisch kontrollierten China, Wang Ching-wei; ein Vertreter der Thai-Regierung, Fürst Wan Waithayakon; der Präsident der besetzten Philippinen, José Laurel; das Staatsoberhaupt des besetzten Burma, Ba Maw, und Subhas Chandra Bose, der Führer der «Freien Indischen Regierung».

Die Ministerpräsidenten der Mandschurei und «Chinas» waren japanische Marionetten ohne Macht und leisteten Handlangerdienste bei der Ausbeutung der annektierten Gebiete durch die Japaner. Subhas Chandra Bose, ein messianischer indischer Nationalist, hatte Britisch-Indien aus freien Stücken verlassen und sich ins Exil begeben, um von dort zum Widerstand aufzurufen. Mitte 1943 war er mit einem deutschen U-Boot in Japan eingetroffen. In den offiziellen nationalistischen Kreisen Indiens wurde er zwar nicht anerkannt, weil er mit Gandhi und dem Indischen Volkskongress gebrochen hatte, aber er besaß eine nicht unbeträchtliche Gefolgschaft im Volk und auch in den Reihen der Indischen Nationalarmee. Diese rekrutierte sich aus Landsleuten, die in Malaya in Gefangenschaft geraten waren, und war unter seinem Einfluss zu einer beachtlichen Streitmacht angewachsen – die allerdings nicht unter seinem, sondern japanischem Befehl stand.

Ba Maw war ein überzeugter Anhänger der ostasiatischen Interessengemeinschaft; als Oberhaupt eines Staates, der seine Unabhängigkeit am 1. August 1942 unter Japans Schirmherrschaft verkündet hatte, erklärte er noch am selben Tag Großbritannien und den Vereinigten Staaten den Krieg. Die Burmesische Unabhängigkeitsarmee (die spätere Volksarmee) wurde von jungen Nationalisten geführt, die an Japans Seite kämpfen wollten. Der Thai-Fürst vertrat einen unabhängigen Staat, der sich aus eigenem Antrieb mit Japan verbündet hatte (unter Umständen freilich, die eine andere Politik kaum zuließen) und zum Lohn dafür benachbarte burmesische und laotische Gebiete erhielt. Und José Laurel schließlich war ein politischer Gefährte des legitimen exilierten Präsidenten der Philippinen, Manuel Quezón, der ihn damit betraut hatte, den Japanern gegenüber Kooperationsbereitschaft zu heucheln. Laurel war in der Folgezeit jedoch zum Panasiatismus konvertiert. Unter seiner Präsidentschaft hatten die Philippinen am 14. Oktober 1942 ihre Unabhängigkeit erklärt – die ihnen die Vereinigten Staaten schon bedingt zugestanden hatten.

Vertreter Indochinas, Malayas und Niederländisch-Indiens waren von der Konferenz ausgeschlossen. Indochina – Vietnam, Laos und Kambodscha – war zwar japanisch besetzt, blieb aber unter Vichy-französischer Kolonialverwaltung, bis die Japaner im März 1945 zu Recht argwöhnten, die Kolonie habe sich auf die Seite des Freien Frankreich geschlagen, und die Verwaltung absetzten. Aufgrund seines großen chinesischen Bevölkerungsanteils, in dem sich auch eine kleine kommunistische Guerillabewegung gebildet hatte, eignete sich Malaya nicht für ein Experiment mit Selbstverwaltung – obwohl ein großer malaiisch-muslimischer Bevölkerungsteil den

Japanern, die ihnen die spätere Unabhängigkeit zugesagt hatten, nicht feindselig gesinnt war. Den Muslimen in Niederländisch-Indien hatte man eine ähnliche Zusage gemacht; wegen der anhaltenden Kämpfe mit den Amerikanern und Australiern auf Neuguinea empfahl es sich jedoch nicht, ihnen die Unabhängigkeit zu gewähren. Dennoch waren zahlreiche nationalistische Führer, darunter der künftige Präsident Sukarno, im September 1943 bereit, einem Zentralen Konsultativausschuss, also einer Quasi-Regierung, beizutreten. Andere Territorien, darunter Hongkong, Singapur und Timor, Borneo und der besetzte Teil Neuguineas, waren strategisch so wichtig, dass sie von Japan kurzerhand annektiert und unter Militärverwaltung gestellt wurden.

Obwohl Japan mit seiner Delegation von Macht anfänglich Erfolg hatte, nahmen die Filipinos, die nichts gegen die Amerikaner hatten und auf ihre westlich geprägte Kultur stolz waren, die Besetzung nur widerwillig hin und brachten innerhalb der «Interessengemeinschaft» die einzige antijapanische Guerillabewegung hervor, die eine breite Unterstützung in der Bevölkerung fand. In Teilen Burmas und Thailands wurden einheimische Arbeitskräfte zwangsverpflichtet und mussten gemeinsam mit alliierten Kriegsgefangenen unter harten Bedingungen arbeiten. 12 000 von 61 000 Gefangenen und 90 000 der 270 000 asiatischen Arbeitskräfte starben beim Bau der burmesischen Eisenbahn. In anderen besetzten Gebieten hatte die Bevölkerung jedoch wenig Anlass, sich über die Ablösung der Kolonialverwaltung zu beklagen. Die gebildeten Schichten begrüßten sie zunächst und waren nur leicht befremdet, als sie entdeckten, dass die Japaner nicht weniger Rassenvorurteile hatten als die einstigen europäischen Herren des Landes.

In China war das anders. Ganz gleich, wie unfähig die Regierung vor 1937 auch gewesen sein mochte, das Land war ein souveräner Staat, und Japan hatte ihn überall dort, wo seine Armee dazu in der Lage war, grundlos angegriffen, besetzt und ausgebeutet. Die gebildeten Schichten, die sich der einstigen Größe und Bedeutung ihres untergegangenen Kaisertums schmerzlich bewusst waren und dem Westen den Wirtschaftsimperialismus und die diplomatischen Erpressungen des vergangenen Jahrhunderts bitter nachtrugen, begegneten der japanischen Kultur mit der gleichen Verachtung, die sie allen anderen fremden Kulturen entgegenbrachten. Das noch von der Guomindang kontrollierte Gebiet litt unter einer Inflation, die bis 1945 auf 125 000 Prozent anwachsen sollte, und verlor durch die permanenten Truppenaushebungen einen wichtigen Teil seiner Bevölkerung. Im kommunistischen Nordosten wurde eine Strenge der Lebensführung verordnet, die in krassem Gegensatz zur dortigen Kultur stand, während die ländlichen Regionen des japanischen Besatzungsgebiets – rund 40 Prozent der landwirtschaftlichen Nutzfläche Chinas – durch ständige «Reis-Offensiven» geplündert wurden.

Angesichts des herrschenden Chaos arrangierten sich viele Chinesen mit dem Feind. 1942 gaben die chinesischen Kommunisten bekannt, dass 27 Guomindang-Generale zu den Japanern übergelaufen seien. Viel wichtiger jedoch war, dass sich ein riesiges System örtlichen Handels zwischen Besatzern und Besetzten gebildet hatte. Da die japanischen Armeen im Allgemeinen nur die Städte kontrollierten und sich alles, was sie zum Leben brauchten, gewaltsam im Umland beschaffen mussten – eine mühselige und unergiebige Methode –, kamen Landbesitzer und Händler sehr schnell mit den örtlichen japanischen Kommandanten ins Geschäft. Diese Handelsbeziehungen erwiesen sich für beide Seiten als vorteilhaft und blieben im größten Teil Westchinas bestehen, bis im Frühjahr 1944 auf Tokios Geheiß die *Ichi-Go*-Offensive begann.

Hitlers «Neue Ordnung»

Das Ethos von Japans «Neuer Ordnung» war eigentlich kooperativ, doch beruhte ihre Theorie auf einer unaufrichtigen Selbsttäuschung, und ihre Praxis war häufig herrisch und erpresserisch.

Japanische Exzesse und Gräuel indes blieben vereinzelt und unsystematisch. Genau umgekehrt verhielt es sich mit der Besatzungspolitik des deutschen Verbündeten. Hitlers «Neue Ordnung» sollte ausschließlich den Interessen Großdeutschlands dienen, und das Zwangssystem, das man zu ihrer Verwirklichung verwendete, war durchdacht und methodisch, das heißt, die Anwendung von Strafe, Vergeltung und Terror beruhte auf Regeln und Verfahrensweisen, die zentral gesteuert wurden.

Bis Ende 1942 hatten deutsche Truppen 14 souveräne Staaten Europas besetzt: Frankreich, Belgien, Holland, Luxemburg, Dänemark, Norwegen, Österreich, die Tschechoslowakei, Polen, Griechenland, Jugoslawien und die drei baltischen Staaten Estland, Litauen und Lettland. Österreich war seit 1938 mit dem Reich vereinigt, ebenso das früher tschechische Sudetenland und, seit 1939, die ehemals deutschen Landesteile Polens. Luxemburg, das französische Elsass-Lothringen sowie die jugoslawischen Landesteile Südsteiermark und Südkärnten, die 1940/41 besetzt worden waren, galten als Gebiete, deren «Eingliederung ins Reich» in naher Zukunft zu erwarten war und die unter Sonderverwaltung des Innenministeriums standen. Dänemark behielt seine gewählte Regierung und seine Monarchie, wurde allerdings vom deutschen Außenministerium kontrolliert. Norwegen und Holland waren Reichskommissaren unterstellt, die Hitler unmittelbar verantwortlich waren. Die Monarchen und Regierungen dieser Länder waren ins Exil gegangen, doch die jeweiligen Behörden blieben im Amt. In Belgien wurde eine Militärregierung der Wehrmacht eingesetzt, ebenso in Nordostfrankreich. Die Zivilverwaltung im ganzen Lande unterstand jedoch der französischen Vichy-Regierung – sogar dann noch, als die Wehrmacht im November 1942 in die «Freie Zone» einrückte.

In Ost- und Südeuropa delegierte die deutsche Besatzungsmacht ihre Macht nicht, abgesehen von der Slowakei, die man von der Tschechei abtrennte und zum Marionettenstaat machte. Im schwer geplagten jugoslawischen Landesteil Serbien herrschte eine Militärverwaltung, in Griechenland desgleichen (obwohl Teile Griechenlands und Jugoslawiens bis September 1943 italienisch besetzt waren), während einige jugoslawische Grenzprovinzen ihren Nachbarn zugeschlagen wurden. Ostpolen, Weißrussland, die baltischen Länder und die Ukraine wurden als «Ostland» von Reichskommissaren mehr oder weniger wie Kolonien verwaltet. Die Tschechei wurde als «Reichsprotektorat Böhmen und Mähren» unmittelbar von Deutschland regiert, ebenso Rumpfpolen als «Generalgouvernement». Russische Gebiete direkt hinter der Front standen unter Militärverwaltung.

Für die Wirtschaft Belgiens und der nördlichen Departements Frankreichs galten wie schon im Ersten Weltkrieg Sonderregelungen: Die Kohle- und Eisenindustrien erhielten eine einheitliche Leitung, und ihre Produktion wurde mit dem Ausstoß an der Ruhr und im besetzten Lothringen abgestimmt (aus dieser militärischen «Gemeinschaft für Kohle und Stahl» entstand in der Nachkriegszeit die Keimzelle der Europäischen Wirtschaftsgemeinschaft). In weiterem Sinne diente jedoch die gesamte Verwaltung von Hitlers europäischem Großreich der wirtschaftlichen Nutzung. Im industrialisierten Westen trafen Delegationen des Wirtschafts- und Rüstungsministeriums Abkommen mit den örtlichen Betriebs- und Unternehmensleitungen, in denen Produktionsquoten und Handelsbedingungen vereinbart wurden. Ähnliche Vereinbarungen wurden mit landwirtschaftlichen Absatzgenossenschaften und deren Ministerien geschlossen. Die intensive Landwirtschaft Westeuropas war von größtem Interesse für die Wirtschaftsplaner in Deutschland. Obwohl dort 1939 noch 26 Prozent der Bevölkerung in der Landwirtschaft tätig waren, gelang es nicht, den Nahrungsmittelbedarf zu decken.

Man hoffte, sich im unterbevölkerten Frankreich, das vor dem Kriege eines der großen Exportländer gewesen war, einen großen Teil der Fehlmenge zu beschaffen, vor allem da nach der Mobilmachung ein Drittel der männlichen Bevölkerung Deutschlands auf dem Arbeitsmarkt fehlte. Die dänische Landwirtschaft, für ihre Leistungsfähigkeit berühmt, wurde ebenfalls als wichtiger Lieferant von Agrarprodukten betrachtet, besonders von Schweinefleisch und Molkereierzeugnissen. Dänemark kam den deutschen Forderungen getreulich nach, nicht zuletzt, da man ihm viel Freiraum ließ. Während des größten Teils der Kriegsjahre produzierten die vier Millionen Dänen den Lebensmittelbedarf für 8,2 Millionen Deutsche. Frankreich ernährte zwar 60 deutsche Besatzungsdivisionen und produzierte noch Überschüsse für den Export, war dazu aber nur in der Lage, weil es die Lebensmittel für die eigene Bevölkerung rationierte. Die französische Agrarproduktivität sank im Laufe des Krieges sogar, vor allem durch den Mangel an Kunstdünger, unter dem die Landwirtschaft in allen Teilen des nationalsozialistischen Imperiums litt.

Warenkäufe in Frankreich wurden den gesamten Krieg hindurch zu einem großen Teil über Kredite finanziert, die dem Lande als «Besatzungskosten» auferlegt waren, eine willkürliche jährliche Abgabe, die aus den französischen Staatseinkünften bestritten werden musste. Die Höhe wurde von Deutschland zu einem künstlichen Wechselkurs festgesetzt, der die Reichsmark um bis zu 63 Prozent begünstigte. Ähnliche Regelungen galten auch für andere besetzte Gebiete, doch Frankreich war am stärksten industrialisiert und am größten, daher litt es unter den schwersten Auflagen und höchsten Abgaben – von 1940 bis 1944 mindestens 16 Prozent der Einnahmen, die das Reichsfinanzministerium erzielte. Zu einem gewissen Teil wurden die «Besatzungskosten» durch deutsche Direktinvestitionen in die französische Kriegsindustrie ausgeglichen, häufig von Privatunternehmen wie Krupp oder IG Farben. Solche Investitionen waren vollkommen eigennützig und wurden nur getätigt, um die Wirtschaft anzukurbeln, damit die französischen Industriellen in der Lage waren, ihre Erzeugnisse für einen einzigen Markt herzustellen, auf dem die Preise letztlich von den deutschen Käufern diktiert wurden.

Die deutschen Käufe von französischen, holländischen und belgischen Industrieerzeugnissen – darunter militärische Produkte wie Flugzeugmotoren und Funkgeräte, Erzeugnisse aus Stahl und unbearbeitete Rohstoffe – wurden auf einem manipulierten Markt getätigt, aber es war immerhin ein Markt, und die deutschen Einkäufer, etwa die Vertreter der Französisch-Deutschen Waffenstillstandskommission, waren sorgfältig darauf bedacht, die Unabhängigkeit ihrer Geschäftspartner zu wahren. Bei den Eingriffen der Deutschen auf dem westeuropäischen Arbeitsmarkt sah das ganz anders aus. Während des Krieges entwickelten die deutsche Industrie und Landwirtschaft einen unersättlichen Bedarf an ausländischen Arbeitskräften. Da der Wehrdienst dem heimischen Arbeitsmarkt, wie gesagt, ein Drittel seines Potenzials entzogen hatte und da die NS-Politik Frauenarbeit in großem Maßstab nicht zuließ, mussten die fehlenden Arbeitskräfte jenseits der Reichsgrenzen beschafft werden.

Einen Teil stellten die Kriegsgefangenen. Zwischen 1940 und 1945 waren über eine Million Franzosen in der Landwirtschaft, im Bergbau und in den Fabriken Deutschlands beschäftigt, doch selbst die militärischen Gefangenen konnten den Bedarf nicht decken. Bereits Mitte 1940 wurden wirtschaftliche Anreize geschaffen, um gelernte Arbeitskräfte aus ihren Heimatländern fortzulocken, und im Dezember waren 220 000 westeuropäische Arbeiter in Deutschland tätig. Als sich allerdings die heimischen Volkswirtschaften nach der Katastrophe von 1940 wieder erholten, widerstanden viele Arbeiter der Verlockung. Im Oktober 1941 waren nicht mehr als 300 000 ausländische Arbeitnehmer aus westlichen Ländern in Deutschland beschäftigt, von denen 272 000 aus dem verbündeten Italien kamen.

Daher führten die Deutschen Zwangsverpflichtungen ein. Fritz Sauckel, der Generalbevollmächtigte für den Arbeitseinsatz, forderte die Behörden der besetzten westlichen Länder auf, ihm eine bestimmte Anzahl von Arbeitskräften zur Verfügung zu stellen; infolgedessen stieg die Zahl der ausländischen Arbeiter in Deutschland zwischen Januar und Oktober 1942 um 2,6 Millionen. (In Frankreich wurde der Zwangsarbeitsdienst ein wichtiger Grund für junge Leute, in den Widerstand zu gehen.) Die Zuwachsrate blieb bis 1943 erhalten, nicht zuletzt, weil Italien im September von der Achse abfiel und es daher möglich war, auch dort Zwangsverpflichtungen vorzunehmen. Dadurch wurden weitere anderthalb Millionen junge Männer verfügbar.

Trotzdem konnte die Rekrutierung von Arbeitskräften im Westen – durch wirtschaftliche Anreize oder durch Zwang – den Bedarf in Deutschland letztlich nicht decken. Westliche Arbeitskräfte mussten nach europäischen Standards bezahlt, ernährt und untergebracht werden, und das wurde für die deutsche Kriegswirtschaft zu einer wachsenden Belastung. Sauckels Lösung waren Zwangsverpflichtungen im Osten. Ein direktes Reservoir von Arbeitskräften aus dem Osten hatte sich 1942 in Form der Millionen Rotarmisten ergeben, die in den Kesselschlachten von Minsk, Smolensk und Kiew in Gefangenschaft geraten waren. Von den insgesamt 5 160 000 sowjetischen Soldaten, die den Deutschen im Laufe des Krieges in die Hände fielen, starben 3 300 000 durch Vernachlässigung oder Mord in deutscher Gefangenschaft. Im Mai 1944 waren nur 875 000 von ihnen als «arbeitend» registriert. Die meisten wurden wie Sklaven gehalten.

Dasselbe galt für die 2,8 Millionen russischen Zivilisten, zumeist Ukrainer, die die Deutschen zwischen März 1942 und Sommer 1944, als die Wehrmacht aus Russland hinausgedrängt wurde, ins Reich brachten. Ursprünglich als «Freiwillige» angeworben, wurden die ersten Arbeiter, die diesem Ruf folgten, so schlecht behandelt, dass andere abgeschreckt wurden, ihrem Beispiel zu folgen. Es sprach sich herum, dass diese Arbeitskräfte praktisch Sklavendienste leisten mussten. Sauckel griff also zum Mittel der Zwangsverpflichtung, um die erforderlichen Zahlen zu erreichen. Eine ähnliche Politik wurde im polnischen Generalgouvernement praktiziert. Die SS wurde zum Werkzeug der Versklavung. Heinrich Himmler, der Reichsführer-SS, umriss in seiner berüchtigten Posener Rede vom Oktober 1943 die Grundsätze, nach denen dies geschah: «Ob die anderen Völker in Wohlstand leben oder ob sie

Während des Überfalls auf Polen zerstören deutsche Soldaten am 1. September 1939 einen Schlagbaum.

Den schnell in Richtung Warschau vorrückenden Panzern folgt die deutsche Infanterie, September 1939.

Im Laufe des Zweiten Weltkriegs erlangte die Kombination von Luft- und Seestreitkräften immer größere Bedeutung. Hier B-26 *Marauders* vor der Küste der Normandie, Juni 1944.

Klar zum Auslaufen liegt ein deutsches U-Boot in einem bombensicheren Bunker an der Atlantikküste, 1942.

Sowjetische Infanteristen beim Kampf in den Ruinen Stalingrads, Herbst 1942.

Überlebende der deutschen 6. Armee beim Marsch in die Gefangenschaft, Februar 1943.

Zerstörte Schiffe nach dem Angriff auf Pearl Harbor
am 7. Dezember 1941.

verrecken vor Hunger, das interessiert mich nur soweit, als wir sie als Sklaven für unsere Kultur brauchen, anders interessiert mich das nicht ...»

Die Ausbeutung des Ostens

Die Reichskommissare Ukraine und Ostland und der Generalgouverneur von Polen gingen nach ähnlichen Grundsätzen vor, als sie die von ihnen beherrschten Volkswirtschaften ausbeuteten. In Polen wurden Privatunternehmen entweder von deutschen Unternehmern übernommen oder deutscher Kontrolle unterstellt. In der Sowjetunion, wo alle Produktionsmittel schon vor dem Einmarsch Staatseigentum waren, hatte die Beseitigung der kriegsbedingten Schäden höchste Priorität – jener Schäden, die in einigen Fällen zufällig, doch in den meisten vorsätzlich waren. Beispielsweise hatte man im besetzten Gebiet drei Viertel aller Elektrizitätswerke unbrauchbar gemacht. Sobald die Schäden behoben waren, wurde die Leitung der gesamten industriellen Infrastruktur einschließlich Kohle- und Ölförderung, Hüttenwerken und Fabriken von staatlichen Unternehmen übernommen, vor allem der Berg- und Hüttenwerksgesellschaft, der Kontinentalen Ölgesellschaft und anderen Ablegern der deutschen Staatsbetriebe. Als sich später herausstellte, dass die staatlichen Unternehmen mit der Leitung der erbeuteten Betriebe überfordert waren, wurden diese in Privatunternehmen eingegliedert, unter anderem Krupp, Flick und Mannesmann.

Der einzige Bereich des sowjetischen Wirtschaftssystems, den die Deutschen unangetastet ließen, waren die Kolchosen. Sie wurden zwar ineffizient bewirtschaftet, aber trotz langfristiger, vor allem von Himmler begünstigter Pläne, das Schwarzerdegebiet mit deutschen «Wehrbauern» zu besiedeln, waren nicht genügend Reichs- und «Volksdeutsche» bereit, sich in der besetzten Region niederzulassen, daher ließ sich eine allgemeine Privatisierung der Landwirtschaft nicht durchführen. In Westpolen und anderen

Gebieten am Rande des Großdeutschen Reiches wurden einheimische Landwirte enteignet und durch deutsche Bauern ersetzt; überall im Ostland und in der Ukraine bemühte man sich um Privatisierung der Landwirtschaft, doch generell gelangte man zu der Auffassung, das Kolchossystem sei zu fest etabliert, um es entflechten zu können.

Die Veränderungen, welche die Deutschen vornahmen, waren lediglich kosmetischer Natur. Mit dem «Agrarerlass» von 1942 wurden die Kolchosen zu Landgemeinden gemacht, die angeblich den Dorfgemeinschaften vor der Revolution entsprechen sollten; den Bauern wurden Eigentumsrechte an Parzellen übertragen, und die deutschen Besatzer übernahmen die Rolle des Großgrundbesitzers, an den ein Teil der Ernte als Pacht abzuführen war. In der Praxis verlangten die Deutschen, wie die Bauern rasch bemerkten, keine geringeren Abgaben als die Kommissare. Jedem, der diese Abgaben nicht leisten konnte, drohte Entzug des Pachtlands, Enteignung und Zwangsarbeit.

Kurz, die deutsche Agrarpolitik im Osten stützte sich genauso auf Zwangsmaßnahmen wie die gesamte Ostpolitik. Am guten Willen oder gar der Kooperation von Völkern, die nach den Maßstäben der Ideologie als «minderwertig» und deren Angehörige als «Untermenschen» galten, war NS-Deutschland nicht gelegen. Was für den Osten zutraf, galt im Übrigen für Hitlers gesamtes Großreich. Zwang, Unterdrückung, Strafen, Repressalien, Terror, physische Vernichtung – die Reihe der Maßnahmen, auf die NS-Deutschland bei der Machtausübung im besetzten Europa zurückgriff – wurden westlich des Rheins nur vorsichtiger gehandhabt als östlich der Oder. Dennoch waren sie überall, wo die Hakenkreuzflagge wehte, die gängige Herrschaftsmethode, durch kein bürgerliches Recht eingeschränkt und erbarmungslos angewendet, wann immer der «Führer» seinen Schergen freie Hand ließ.

Dies hatte sich zuallererst in Deutschland selbst gezeigt. Unmittelbar nachdem Hitler im Januar 1933 zum Reichskanzler ernannt worden war, hatte er die bereits bestehende Rechtsvorschrift der Schutzhaft – vorsorgliche Ingewahrsamnahme von Personen, um sie beispielsweise vor Ausschreitungen zu schützen – so ausgeweitet, dass sie auch die «Polizeihaft» für politische Betätigung einschloss. Um «Polizeihäftlinge» in Verwahrung zu nehmen, wurden im März 1933 in Dachau bei München und in Oranienburg, später auch in anderen Teilen Deutschlands spezielle Haftzentren – «Konzentrationslager» – eingerichtet; der Begriff «Konzentrationslager» wurde bei der spanischen Befriedung Kubas in den 1890er Jahren geprägt und von den Briten im Burenkrieg übernommen. Die ersten Insassen der deutschen Konzentrationslager waren Kommunisten, deren Haftdauer allein vom Gutdünken des «Führers» abhing. Später inhaftierte man dort aktive oder auch nur verdächtige Regimegegner, die politische oder Gewissensgründe hatten, und schließlich auch «Asoziale», zu denen man Homosexuelle, Bettler und «Zigeuner» zählte. Bei Kriegsbeginn belief sich die Zahl der KZ-Insassen auf etwa 25 000.

Noch war keines der KZs ein Vernichtungslager, sie dienten alle nur zur Aufnahme willkürlicher Inhaftierungen. Allerdings wurden sie von einer besonderen Gliederung der SS, den Totenkopf-Verbänden, verwaltet; der Reichsführer-SS Heinrich Himmler war seit 1936 zugleich «Chef der Deutschen Polizei». In einem Akt der Gleichschaltung wurden die Sicherheitspolizei, die Geheime Staatspolizei (Gestapo) und die Kriminalpolizei, die Ordnungspolizei und der Sicherheitsdienst (SD, eine reine Parteiorganisation) in der Hand eines NS-Funktionärs zusammengefasst. Danach lief ein deutscher Staatsbürger Gefahr, von der Gestapo verhaftet, vom SD vernommen und von Wachmännern der SS-Totenkopf-Verbände eingesperrt zu werden, ohne dass eine Justizbehörde eingeschaltet wurde.

Mit den großen Eroberungen der Jahre 1939 bis 1941 weitete sich die Machtsphäre von SS und Gestapo aus, wobei sie sich diese Befugnisse in den besetzten Gebieten mit der Feldgendarmerie teilten. Die Auswirkungen wurden zunächst in Polen spürbar, wo es unmittelbar nach der Besetzung zu Übergriffen gegen Vertreter der höheren Gesellschaftsschichten kam: Ärzte, Juristen, Professoren, Lehrer und Priester wurden nach den Bestimmungen der Polizeihaft festgenommen und in Konzentrationslager geschafft. Nur wenige kehrten von dort wieder zurück. Dem System der Konzentrationslager lag das Prinzip der Zwangsarbeit zugrunde: «Arbeit macht frei» war die zynische Nazi-Parole, unter der die Häftlinge geschunden wurden. Als die Zahl der Konzentrationslager in den besetzten Gebieten anwuchs und mit ihr die Zahl ihrer Häftlinge, schrumpften die Essensrationen und breiteten sich Krankheiten aus, sodass die Zwangsarbeit schließlich gleichbedeutend mit einem Todesurteil war.

Zuerst traf es, wie gesagt, die Polen. Diejenigen, die diese «Schutzhaft» nicht überlebten, stellten einen großen Teil jenes Viertels der polnischen Bevölkerung, das während des Kriegs ums Leben kam. Danach blieben nur wenige Völker verschont. Tschechen, Jugoslawen, Dänen, Norweger, Belgier, Holländer und Franzosen wurden wegen Widerstands oder auch nur Kritik nicht etwa verhaftet und zu Gefängnis verurteilt, sondern ohne Verfahren deportiert und damit oft genug in den Tod geschickt. Das ergreifendste aller Denkmäler auf dem großen mittelalterlichen Schlachtfeld von Agincourt ist nicht das Monument über den Massengräbern der französischen Ritter, die dort in der Schlacht von 1415 gefallen sind, es ist der bescheidene Kalvarienberg vor den Toren des Château d'Agincourt, mit dem des Schlossherrn und seiner beiden Söhne gedacht wird: «Morts en transportation à Natzweiler en 1944.»

Natzweiler war eines von 18 Hauptkonzentrationslagern, die die SS innerhalb und außerhalb Deutschlands unterhielt. Zehntausende starben in den Lagern westlich der Oder, arbeiteten oder hungerten sich zu Tode, erlagen Mangelkrankheiten oder wurden in einzelnen Fällen hingerichtet. Die westlichen Konzentrationslager waren jedoch keine Vernichtungslager; die Toten, deren Anblick die britische Armee im April 1945 in Bergen-Belsen so entsetzte, waren nicht die Opfer eines Massakers, sondern einer Epidemie, die unter den chronisch unterernährten Lagerinsassen plötzlich ausgebrochen war. Doch auch systematische Massaker wurden in Konzentrationslagern verübt, der schlimmste Gräuel, den dieses System hervorgebracht hat. Die Lager jenseits der Oder, vor allem Cholm (Chelm), Belzec, Treblinka, Sobibór und Majdanek, wurden ausschließlich zu diesem Zweck gebaut und betrieben.

Massaker sind häufige Begleiterscheinungen von Eroberungszügen. Die Mongolen verübten sie, die Römer an den Galliern und die Spanier in Südamerika. Ein Anhaltspunkt für die fortschreitende Zivilisierung des Westens ist der Umstand, dass Massaker in Europa seit dem 17. Jahrhundert zunehmend geächtet wurden.

Entsprechend offenbarte sich der Rückfall NS-Deutschlands in die Barbarei darin, dass es in den eroberten Ländern das Massaker zum Prinzip seines Imperialismus erhob. Diesem Rückgriff auf das Massaker als Instrument der Unterdrückung fielen jedoch nicht in erster Linie die Menschen zum Opfer, die Widerstand gegen die deutschen Besatzer leisteten – die grausamen Exzesse früherer Eroberer waren meist durch Auflehnung provoziert worden –, sondern ein ganzes Volk, die Juden, deren bloße Existenz von der nationalsozialistischen Ideologie als Skandal, Bedrohung und Hindernis auf dem Wege zum Triumph begriffen wurde.

Das Schicksal der Juden

In Deutschland wurden die Juden unmittelbar nach der Machtergreifung der Nationalsozialisten einer rechtlichen Diskriminierung ausgesetzt. Ab dem 15. September 1935 wurde ihnen durch die so genannten Nürnberger Gesetze die vollständige deutsche Staatsbürgerschaft aberkannt. Im November 1938 war etwa 150 000 der gut 500 000 deutschen Juden die Emigration gelungen, viele kamen jedoch nur bis in Länder, die schon bald von der deutschen Wehrmacht erobert wurden. Der größte Teil der europäischen Juden, die bis dahin noch keinen Anlass zur Flucht sahen, lebte ebenfalls in Hitlers zukünftigem Machtbereich. Dazu gehörten die Juden in ihren historischen Siedlungsgebieten in Ostpolen und Westrussland, insgesamt rund neun Millionen, sowie die großen jüdischen Bevölkerungsgruppen in Warschau, Budapest, Prag, Saloniki und Wilna, dem Zentrum jüdischer Gelehrsamkeit.

Die diplomatischen und militärischen Erfolge des Zeitraums 1938/39 brachten viele europäische Juden unter die Herrschaft der Nationalsozialisten. Im Zuge von «Barbarossa» ereilte die meisten der Übrigen dasselbe Schicksal. Zwar versuchte Himmler weiterhin, sich eine pseudorechtliche Grundlage für seine Maßnahmen zu verschaffen, doch ohne das Ergebnis abzuwarten, begann er unverzüglich, die Juden umzubringen. Vier «Einsatzgruppen», in Sonderkommandos untergliedert, die sich aus deutschen SS-Leuten und Polizisten sowie vor Ort angeworbenen Milizen rekrutierten, hatten in den eroberten Gebieten zwischen Juni und November 1941 bereits eine Million Juden ermordet. Überwiegend war das durch Massenerschießungen geschehen.

Dieses Verfahren war Himmler nicht effizient genug. Im Januar 1942, auf einer Konferenz in Berlin-Wannsee, regte sein Stellvertreter Heydrich an, den Mord an den Juden zu institutionalisieren, eine Maßnahme, die als «Endlösung» bezeichnet wurde. Man stimmte Heydrich zu. Seit Beginn der Besatzungszeit mussten die Juden in Polen in abgesperrten Ghettos leben; später wurde diese Regelung auch auf die übrigen Besatzungsgebiete ausgedehnt. Es war daher nicht schwer, die Juden zusammenzuziehen und zur «Neuansiedlung» im Osten «abzutransportieren». Wer in ein Lager kam, zu dem ein von der SS betriebenes Industrieunternehmen gehörte, hatte gewöhnlich bis zur völligen Entkräftung zu arbeiten, ehe er in die Gaskammer geschickt wurde, während man die Alten, Schwachen und Kinder meist sofort vergaste. Auschwitz, das große Lager im Südosten Polens, diente beiden Zwecken. Wer in Vernichtungslager wie Treblinka und Sobibór kam, wurde gleich nach der Ankunft vergast. Auf diese Weise waren bis Ende 1943 rund sechs Millionen Menschen, etwa 40 Prozent der jüdischen Weltbevölkerung, umgebracht worden. Von der letzten größeren jüdischen Gemeinde, die in Europa überlebte, den 800 000 ungarischen Juden, wurden 450 000 zwischen März und Juni 1944 der SS übergeben und in Auschwitz vergast.

Zu dieser Zeit gab es, wie Himmler am 5. April vom Chef des SS-Wirtschafts- und Verwaltungshauptamts unterrichtet wurde, 20 Konzentrationslager und 165 angegliederte Arbeitslager; im August 1944 wurden dort 524 286 Häftlinge gezählt, davon 145 119 Frauen. Im Januar 1945 war die Zahl auf 714 211 angestiegen, davon 202 674 Frauen. Unter ihnen befanden sich nur wenige Juden, aus dem einfachen und fürchterlichen Grunde, dass die «Endlösung» fast vollständig durchgeführt worden war. Es ist jedoch möglich, dass die Juden fast nie die Mehrheit der Insassen stellten, denn normalerweise mussten sie damit rechnen, gleich bei oder kurz nach der Ankunft im Lager umgebracht zu werden. Die nichtjüdischen Zwangsarbeiter, die so lange am Leben gelassen wurden, wie sie arbeiten konnten, könnten also zumeist den größeren Prozentsatz der Lagerinsassen gestellt haben. Darin manifestierte sich der grauenhafte Aberwitz der NS-Rassenpolitik. Denn die Verhaftung und Deportation der europäischen Juden war eine Tatsache, die in den Jahren zwischen 1942 und 1945 jedem Kontinentaleuropäer bekannt war. Ihr Verschwinden dokumentierte die barbarische Erbarmungslosigkeit der nationalsozialistischen Herrschaft und stellte für jeden, der der Autorität der Nationalsozialisten trotzte oder sie nicht anerkannte, eine unausgesprochene Drohung dar: Das, was einem Volk angetan wurde, konnte jederzeit auch einem anderen widerfahren. In einem tieferen Sinne bildeten der Apparat der «Endlösung» und das nationalsozialistische Imperium eine untrennbare Einheit: Da der systematische Mord die Herrschaft des Nationalsozialismus überall charakterisierte, brauchte Hitler keine umfangreichen Vorkehrungen zu treffen, um die Menschen in den eroberten Gebieten seinem Willen zu unterwerfen. Das Wissen um das System der Konzentrationslager genügte, um sein Terrorregime über Jahre – von einigen wenigen heldenhaften Widerstandskämpfern abgesehen unangefochten – aufrechtzuerhalten.

16 · DER KRIEG UM DIE INSELN

Der Sieg vor Midway hatte das Klima des Pazifikkrieges nicht nur objektiv, sondern auch subjektiv verändert. Die amerikanischen Stabschefs fassten neuen Mut und erkannten, dass sie von nun an in die Offensive gehen konnten. Aber welche Stoßrichtung sollte man wählen? Fernziel waren die japanischen Mutterinseln, es sei denn, Tojo und seine Regierung konnten dazu gebracht werden, die Niederlage einzugestehen, ehe eine Invasion erforderlich wurde. Die Mutterinseln lagen allerdings 3000 Kilometer von den verbliebenen Stützpunkten Amerikas im Pazifik entfernt, und auf dem Wege dorthin erstreckte sich als Sperre gegen ein amerikanisches Landungsunternehmen eine gewaltige Kette japanischer Inselfestungen. Der Raum, der zwischen Dezember 1941 und Mai 1942 so schnell verloren worden war, weil die Garnisonen unvorbereitet – oder gar nicht vorhanden – gewesen waren, musste nun unter schmerzlichen Opfern schrittweise wieder zurückgewonnen werden. War es besser, den Weg über die großen Inseln Ostindiens zu nehmen, oder sollte man die winzigen, isolierten Atolle des Nordpazifiks als Trittsteine verwenden?

Von der Wahl der Vorgehensweise hing auch die Wahl des Befehlshabers und der einzusetzenden Teilstreitkraft ab. Am 30. März 1942 hatten sich die Vereinigten Stabschefs, General Marshall und Admiral King, auf eine Teilung der strategischen Kompetenzen im Pazifik verständigt. Aufgrund der neuen Absprache wurde die ABDA aufgelöst und Nimitz, der Oberbefehlshaber der Pazifikflotte mit Hauptquartier auf Hawaii, mit dem Oberkommando über den Pazifischen Ozean betraut, während MacArthur, der Oberbefehlshaber der regionalen Heerestruppen mit Hauptquartier in Australien, zum Oberbefehlshaber im südwestpazifischen Raum ernannt wurde. Wählte man die nördliche Route, so bedeutete dies, Nimitz und der Marine den Vorzug zu geben – eigentlich ein logischer Schritt, fiel doch der Pazifik von jeher in die Zuständigkeit der Marine. Allerdings war das kleine Marinekorps die einzige Infanterie, über die sie verfügte. Bislang fehlte es ihr auch an Transportschiffen, Kriegsschiffen und Truppen, um über die Atolle gegen Japan vorzurücken.

Im Gegensatz dazu gab es im Heer die erforderlichen Soldaten, die in zunehmender Zahl von den Ausbildungslagern nach Australien verschifft wurden. Zudem bot die Route über den südwestpazifischen Raum, die etwa bei Australien begann und über die großen Inseln führte, zumindest einen Teil der Ressourcen, die ein angreifendes Heer benötigte, und kam daher proportional mit weniger Schiffsraum aus. Aber die Entscheidung für diese Alternative wäre nicht nur eine Entscheidung für das Heer, sondern auch für dessen Oberbefehlshaber gewesen, und obwohl MacArthur durch die Verteidigung von Bataan in den Augen der Amerikaner zum Helden geworden war, erfreute er sich in Admiralskreisen keiner besonderen Beliebtheit. Falls man den südwestpazifischen Raum für die Gegenoffensive auswählte, so fürchteten die Admirale, würde MacArthur, der sich Untergebenen gegenüber gern als Primadonna aufspielte und niemanden neben sich duldete, die strategische Weisungsbefugnis an sich reißen, indem er die Operationen der Marine denen des Heeres unterordnete.

In hitzigen Debatten zwischen den Teilstreitkräften erzielte man einen Kompromiss. Zwar entschied man sich für die südliche Route, doch wurde der Schauplatz noch einmal unterteilt zwischen Nimitz und der Kriegsmarine einerseits und MacArthur und dem Heer andererseits, dem nur ein begrenzter Rückgriff auf die Transportschiffe, Flugzeugträger und Bomber der Marine zugestanden wurde. Im Rahmen dieses Kompromisses, der am 2. Juli 1942 gefunden wurde, fiel der Auftrag 1, die Eroberung der im Osten Neuguineas gelegenen Insel Guadalcanal, der Marine zu. Auftrag 2, einen Vorstoß ins Innere Neuguineas und der vorgelagerten Insel New Britain, wo Japan mit Rabaul einen wichtigen Stützpunkt hielt, sollte MacArthur übernehmen, genauso wie Auftrag 3, den abschließenden Sturm auf Rabaul selbst.

Guadalcanal, eine der Salomonen, wurde für die Marine und das Marinekorps der Vereinigten Staaten zu einer harten Bewährungsprobe. Von Neuseeland aus, von wo aus das Unternehmen starten sollte, war die Insel zwar gefahrlos zu erreichen, aber sie war auf den übrigen drei Seiten von anderen Inseln der Salomonen so umgeben, dass nur ein schmaler Kanal offen blieb, der von den amerikanischen Seeleuten bald den Namen «Schlitz» erhielt. Sobald Truppen angelandet waren, musste die Marine sie durch diese engen Gewässer versorgen – unter Bedingungen, die ihre eigenen Manöver erschwerten und dem Feind Gelegenheit zu Überraschungsangriffen boten.

Die 1. Marinedivision, ein hervorragender Verband, wurde am 7. August ohne Schwierigkeiten an Land gesetzt und nahm auch die vorgelagerten Inseln Tulagi, Ghavutu und Tanambogo. Die japanische Garnison zählte nur 2200 Mann und war schnell überwunden. Doch das japanische Oberkommando war außer sich über das Erscheinen der amerikanischen Marineinfanteristen auf Guadalcanal. «Erfolg oder Misserfolg bei der Rückeroberung von Guadalcanal», hieß es in einem später erbeuteten japanischen Papier, «ist der Scheideweg, der sie oder uns zum Sieg führt.» Da die Japaner erkannt hatten, dass ein Einbruch in ihren Verteidigungsgürtel bei Guadalcanal ihr ganzes südliches Gebiet gefährdete, entschlossen sie sich, die Insel unter allen Umständen zurückzuerobern. In der Nacht vom 8. auf den 9. August überraschten sie die amerikanische Flotte, die das Landeunternehmen sicherte, vor der Insel Savo und versenkten vier Kreuzer; ein weiterer Kreuzer und zwei Zerstörer wurden beschädigt. Unter dem Schutz von Schiffsartillerie und Flugzeugen, die den örtlichen Flugplatz unaufhörlich bombardierten (er war zu Ehren eines vor Midway gefallenen Marinefliegers in *Henderson Field* umbenannt worden), schafften sie vom 18. August an Verstärkung auf die Insel. Am 24. August fing die amerikanische Marine ostwärts von Guadalcanal den bislang größten Truppentransport ab, und es entwickelte sich die zweite von insgesamt fünf Schlachten in den dortigen Gewässern. Diese Schlacht vor den östlichen Salomonen endete mit einem amerikanischen Sieg, obwohl die *Enterprise* beschädigt wurde; die Japaner verloren einen Träger, einen Kreuzer und einen Zerstörer sowie rund 60 Kampfflugzeuge, die Amerikaner nur 20.

Auf See zurückgeschlagen, führten die Japaner an Land einen erbitterten Kampf. Die Marineinfanteristen, selbst eine Elitetruppe, lernten auf Guadalcanal sowohl den Respekt vor den soldatischen Fähigkeiten der Japaner als auch den ethnisch motivierten Hass auf sie, den sie während des gesamten Pazifikkrieges empfinden sollten. Ein Hügelkette bei *Henderson Field* wurde zum Brennpunkt eines besonders wilden Gefechts; die Marineinfanteristen gaben ihm den Namen «Bloody Ridge». Die nächtlichen Konvois japanischer Zerstörer, die Verstärkungen auf der Insel absetzten, bezeichnete die amerikanische Marine inzwischen als «Tokio-Express». Sie versuchte regelmäßig, die Transporte abzufangen, und überraschte in der Nacht vom 11. auf den 12. Oktober tatsächlich eine nichts ahnende japanische Kreuzerflottille. Diese Schlacht vor Kap Esperanza konnten die Amerikaner für sich entscheiden. Am 26. Oktober jedoch trafen zwei viel größere Flotten in der Schlacht von Santa Cruz aufeinander – mit umgekehrtem Ausgang. Die Japaner, die mit vier Trägern beteiligt waren, büßten 100 Flugzeuge ein. Aber aufseiten der Amerikaner, die lediglich zwei Träger eingesetzt und nur halb so viele Maschinen verloren hatten wie die Japaner, wurde die *Enterprise* beschädigt, während die *Hornet*, der ruhmreiche Flugzeugträger des Doolittle-Angriffs gegen Tokio, unterging.

Der heroische Kampf um Guadalcanal

Vor der Schlacht von Santa Cruz hatten die Japaner vom 23. bis zum 26. Oktober eine heftige Offensive gegen die amerikanischen Verteidiger auf Guadalcanal geführt – bei wolkenbruchartigen Regenfällen, die die auf *Henderson Field* stationierten amerikanischen Flugzeuge am Boden festhielten, wohingegen die japanischen Maschinen von ihren weiter entfernten Standorten aus pausenlos Angriffe fliegen konnten. Die Marineinfanterie behauptete sich, trug Gegenangriffe vor und erhielt sogar Verstärkung, obwohl die Japaner sich bemühten, die Gewässer um Guadalcanal für amerikanische Transportschiffe zu sperren.

Zwischen dem 12. und 15. November kam es im «Schlitz» zu schweren Kämpfen, die heute als die Schlacht von Guadalcanal bezeichnet werden: Drei Tage lang stießen Schlachtschiffe beider Seiten aufeinander, im ersten klassischen Duell zwischen Großkampfschiffen seit der Skagerrakschlacht – das jetzt allerdings auch nachts fortgeführt wurde und in dem sich das Radar als ausschlaggebender Faktor erwies. In der Nacht zum 13. November wurde das japanische Flaggschiff *Hiei* so schwer beschädigt, dass es am nächsten Morgen von den Flugzeugen der *Enterprise* versenkt werden konnte. In der Nacht vom 14. auf den 15. November erhielt das Schlachtschiff *South Dakota* von der *Kirishima* 42 Treffer, doch die *South Dakota* war nagelneu und die *Kirishima* alt. Die *South Dakota* überstand das Gefecht, während die *Washington* die *Kirishima*, mit neun Treffern ihrer 40-cm-Geschütze innerhalb von sieben Minuten auf den Meeresgrund schickte. 14 Tage später, am 30. November in der Schlacht von Tassafaronga, kam eine amerikanische Kreuzerflottille weniger gut davon, doch wie beim Gefecht im «Schlitz» (der wegen der Vielzahl der dort versenkten Schiffe auch als «Ironbottomed Sound», als «Eisengrund-Sund», bezeichnet wurde) gelang es der japanischen Bedeckung nicht, ihre Truppen anzulanden. Bei den Seeschlachten um die Beherrschung der Gewässer um Guadalcanal ertranken Tausende japanische Soldaten.

Da Verstärkungen und Nachschub ausblieben, ließ die japanische Garnison auf Guadalcanal erste Anzeichen von Schwäche erkennen. Auf der Insel wimmelte es von Blutegeln, tropischen Wespen und Malariamücken, und als die Lebensmittel rationiert wurden, stieg bei den japanischen Truppen die Zahl der Erkrankungen. Auch die Amerikaner wurden krank – nur 30 Tage hielten die Flieger auf *Henderson Field* durch, bevor sie die erforderliche Sicherheit von Hand und Auge einbüßten – doch das Kriegsglück war auf ihrer Seite. Im Januar 1943 verlegte der japanische Kommandeur seinen Gefechtsstand auf die Nachbarinsel Bougainville. Ende Februar begann der «Tokio-Express» in Gegenrichtung zu verkehren; die kranken und erschöpften Verteidiger wurden nach Neuguinea evakuiert. Am 9. Februar kam der japanische Widerstand auf Guadalcanal endgültig zum Erliegen.

Für die Marineinfanteristen wurde Guadalcanal zum Denkmal eines heldenhaften Kampfes. Männer, die dort gefochten hatten, umgab die Aura eines unbedingten Siegeswillens, den die Teilnehmer an fast allen anderen Kämpfen im Pazifik nicht hatten erkennen lassen. Gemessen an den Verlusten, war es trotzdem ein vergleichsweise günstiger Sieg. Während auf japanischer Seite 22 000 Gefallene oder Vermisste zu Buche standen, hatten die 1. und 2. Marineinfanteriedivision, die die Hauptlast der Kämpfe trugen, nur wenig mehr als tausend Gefallene zu beklagen. Auf Guadalcanal hatten die amerikanischen Truppen die Taktik angewendet, von der sie beim Kampf gegen die Japaner im ganzen Pazifik nicht abrückten. Sie landeten Elitetruppen, unterstützten sie massiv durch Erdkampfflugzeuge und Schiffsartillerie, eroberten und hielten so Schlüsselinseln des japanischen Verteidigungsgürtels und benutzten diese als Trittsteine auf dem Weg zu den Mutterinseln. In der Art und Weise, wie die Taktik ersonnen und angewandt wurde, lief sie auf eine Auseinandersetzung zwischen Mut und Material hinaus. Zwar bewiesen beide Seiten ein Höchstmaß an Tapferkeit, doch während der anhaltende Widerstand der Soldaten des Tenno letztlich auf ihrem Ehrbegriff beruhte, konnten die Amerikaner eine überwältigende Feuerkraft in die Waagschale werfen und ihre Feinde zu Tausenden töten. Es war ein ungleicher Kampf, den die Amerikaner auf lange Sicht gewinnen mussten.

Zunächst einmal aber waren sie im Begriff, einen weiteren Pazifiksieg zu erringen, fern der feuchtheißen Ufer Guadalcanals. Im Juni 1942 war eine japanische Truppe im Zuge der einzigen erfolgreichen Nebenoffensive des Midway-Unternehmens auf den zwei westlichsten Inseln der amerikanischen Alëuten gelandet, die sich von Alaska aus kettenförmig in Richtung Japan erstrecken. Die Amerikaner, denen damals andere Kriegsschauplätze wichtiger waren, ließen die Japaner dort gewähren, doch im Mai 1943 zog Nimitz eine Truppe zusammen, die auf Attu landete und gegen die Besatzer vorrückte. Zu ihrer Unterstützung schickte Nimitz drei Schlachtschiffe, denn in einem heftigen Gefecht vor der Inselkette hatten die Japaner im März Schwere Kreuzer eingesetzt. Die wenigen Besatzer (2500 Mann) brachten den Amerikanern einen Verlust von tausend Gefallenen bei, ehe ihnen die Munition ausging und sie einen selbstmörderischen Bajonettangriff vortrugen. Im August eroberte eine noch größere Truppe Kiska zurück, doch dort setzten die Japaner sich wohlweislich ab, ehe sie angegriffen wurden.

Im Gegensatz dazu hatten die Japaner sich auf Neuguinea in einem Gelände, das die Verteidigung erheblich begünstigte, eingegraben, um auszuharren. Sie waren am 22. Juli 1942 am «Schwanz» des «Vogels» von Neuguinea gelandet, nachdem der amerikanische Sieg in der Schlacht im Korallenmeer sie daran gehindert hatte, die Landzunge von Norden her zu umschiffen und Port Moresby zu erreichen. Australische Truppen unterbanden den japanischen Versuch, Port Moresby über die Pässe des Owen-Stanley-Gebirges von der Landseite her zu erobern, sodass sich die Japaner wieder in ihre Ausgangsstellungen bei Buna und Gona zurückziehen mussten. Als die Australier mit amerikanischer Unterstützung zum Angriff übergingen, erwies sich jener Gebirgszug für den alliierten Vormarsch als sehr hinderlich, denn der einzige Weg durch die Berge führte über den gewundenen Kokoda-Pfad. Nur unter größten Schwierigkeiten gelang es einer Sturmtruppe, außerhalb von Buna und Gona, wo sich die Japaner fest verschanzt hatten, Stellungen zu beziehen. Die schweren, blutigen Kämpfe zogen sich über November und Dezember 1942 hin. Obwohl die Japaner dem Verhungern nahe waren, verloren die Australier und Amerikaner angesichts der entsetzlichen Kampfbedingungen den Mut. Am 2. Dezember jedoch traf mit Robert Eichelberger ein neuer amerikanischer General ein und gab dem Angriff frischen Schwung. Am 2. Januar 1943 war Buna eingenommen; die australische 7. und die amerikanische 32. Division hatten mittlerweile, am 9. Dezember, auch Gona erobert. Abermals erlitten die Japaner mit 12 000 Gefallenen wesentlich höhere Verluste als die Alliierten, von deren Soldaten 2850 starben, zumeist Australier.

Unternehmen *Cartwheel*

Der Sieg in Papua beendete die unmittelbare Bedrohung Australiens, auch wenn die Japaner auf dem übrigen Gebiet Neuguineas noch Stützpunkte besaßen, und MacArthur konnte seine Kräfte nun ganz darauf konzentrieren, über die Salomonen und den Bismarck-Archipel zu den Philippinen vorzudringen. Sein strategisches Konzept beruhte auf der Taktik des «Insel-Hüpfens», dessen wichtiger Nebeneffekt darin bestand, dass man viele Flugplätze eroberte und so einander überschneidende Luftherrschaftsräume einrichten konnte. Doch obwohl man beim «Insel-Hüpfen» japanische Garnisonen unangefochten passierte, um sie im rückwärtigen Raum «austrocknen» zu lassen, drohten die zahlreichen Landungsunternehmen, für die entsprechende Mengen an Soldaten, Schiffen und vor allem Flugzeugen benötigt wurden, die verfügbaren Ressourcen aufzuzehren.

MacArthurs Ziel war Rabaul, Japans mächtige Garnison auf Neu-Britannien, der größten Insel des Bismarck-Archipels; um es zu erreichen, waren allerdings fünf zusätzliche Divisionen und 45 Fliegergeschwader erforderlich, also etwa 1800 Maschinen. Wie die Teilnehmer an der Konferenz von Casablanca im Januar 1943 feststellten, standen zu dieser Zeit 460 000 Mann amerikanischer Truppen im Pazifik, aber nur 380 000 auf dem europäischen

Kriegsschauplatz, wo man mit der Invasion in Nordafrika bereits die Bildung der zweiten Front vorbereitet hatte. MacArthurs Forderungen waren in Washington Anlass zu einer heftigen Auseinandersetzung zwischen den Teilstreitkräften, die sich bis März 1943 hinzog. Während auf Guadalcanal und Neuguinea amerikanische und australische Heeressoldaten Seite an Seite mit Marineinfanteristen in schwere Gefechte verwickelt waren, zankten sich die Heeres- und Heeresfliegergenerale bei der Entscheidung über die weitere Entwicklung des pazifischen Krieges mit den Admiralen um die Interessen ihrer rivalisierenden Waffengattungen.

Ende April 1943 zeichnete sich schließlich ein Plan ab. Er erhielt den Decknamen *Cartwheel* («Wagenrad») und brachte eine bedeutsame Veränderung, obwohl Sinn und Geist der Übereinkunft vom 2. Juli 1942 gewahrt blieben. Nimitz wurde nun zum Oberbefehlshaber des gesamten pazifischen Kriegsschauplatzes ernannt. MacArthur behielt seine Funktion als Oberbefehlshaber im südwestpazifischen Raum, und Admiral William Halsey wurde mit den Operationen im Südpazifik betraut, zu denen auch der Vorstoß an MacArthurs Flanke zählte. Kurz gesagt, MacArthur sollte Rabaul von Süden her umfassen, Halsey von Norden her. Diesem waren die Salomonen, jenem Neuguinea und die südlichen Bismarck-Inseln als Operationsgebiet zugewiesen. Sobald MacArthur die Nordküste von Neuguinea und das Hinterland von Neu-Britannien um Rabaul in seine Hand gebracht hatte und Halsey über die Inselkette der Salomonen nach Bougainville gelangt war, sollten beide in koordiniertem Vorgehen Rabaul in die Zange nehmen.

Während die Vereinigten Stabschefs und die ihnen untergeordneten Stäbe der Teilstreitkräfte in Washington über die Strategie im Pazifik konferierten, hatten die Japaner erkannt, dass sie im südlichen Pazifik in die Defensive gedrängt worden waren, und bemühten sich deshalb eifrig, ihre Garnisonen dort zu verstärken und neu zu gliedern, um dem erwarteten Angriff standzuhalten. Oberbefehlshaber in diesem Abschnitt mit Hauptquartier in Ra-

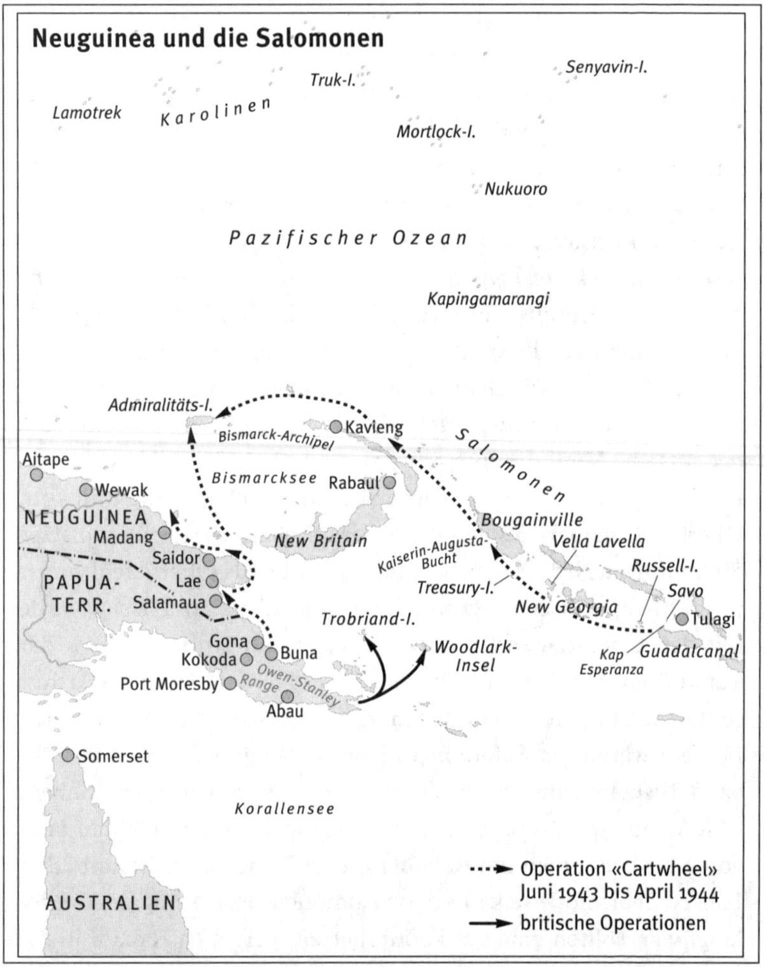

baul war General Hitoshi Imamura; unter seinem Befehl stand die 17. Armee auf den Salomonen. Das Kaiserliche Hauptquartier beschloss nun, zur Verteidigung des nördlichen Neuguinea eine weitere Armee, die 18., abzustellen. General Hatazo Adachi, ihr Oberbefehlshaber, brachte zwei Divisionen aus Korea und Nordchina heran. Nachdem sie zunächst bei Rabaul gelandet war, schiffte sich eine dieser Divisionen, die 51., mit Adachis Hauptquartier nach Lae auf Neuguinea, ihrem neuen Standort, ein. Unterwegs geriet sie in einen amerikanischen Fliegerangriff, der zu dem ersten der beiden spektakulären Luftkriegserfolge dieses Frühjahrs führte.

Im August 1942 hatte MacArthur mit General George Kenney einen neuen Fliegerkommandeur bekommen, der die Taktik der Schiffsbekämpfung der USAAF (*United States Army Air Force*; «Heeresluftwaffe») grundlegend verändert hatte. Zuvor hatten die Heeresflieger zwar zahlreiche Erfolge gegen die japanische Kriegsmarine gemeldet, doch die Analyse bei den Nachbesprechungen der Einsätze hatte gezeigt, dass insgesamt nur sehr wenige Ziele getroffen worden waren. Kenney änderte die Angriffstaktik. Wie er erkannt hatte, lag die Ursache der Fehlwürfe darin, dass Sprengbomben aus großer Höhe auf Punktziele geworfen wurden, daher übte er mit den Piloten seiner Mittelstreckenbomber den Angriff mit Bordkanonen und Splitterbomben aus geringer Höhe. Als die japanische 51. Division am 2. März 1943 von Rabaul aus nach Lae in See ging, wurde sie zunächst von *Flying Fortresses* nach herkömmlicher Art aus großer Höhe angegriffen, wobei nur ein Schiff versenkt wurde. Am nächsten Tag jedoch griffen 100 Mittelstreckenbomber – B-25, A-20 und australische *Beaufighter* – erneut an. Sie glitten im Tiefflug heran, entgingen der Aufmerksamkeit der *Zeros*, die weitere *Flying Fortresses* in großer Höhe erwarteten, und versenkten alle Truppentransporter sowie vier der acht Begleitzerstörer.

Die Schlacht in der Bismarcksee war ein wichtiger materieller Sieg. Im Monat darauf errangen MacArthurs Luftstreitkräfte einen psychologischen Erfolg von vielleicht noch größerer Bedeutung. Sie hatten kurz zuvor Verstärkung in Gestalt des zweimotorigen Langstreckenjägers P-38 *Lightning* erhalten. Da die *Lightning* dem *Zero*-Jäger im direkten Luftkampf nicht gewachsen war, hatte sie vor allem die Aufgabe, strategische Angriffe gegen größere japanische Fliegerverbände zu führen, indem sie aus großer Höhe auf ihre Ziele hinabstieß. Die P-38 verbreitete Furcht und Schrecken, und mit dem Klang ihrer Motoren waren die japanischen Flieger im Südpazifik schnell vertraut. Um die Erfolge der *Lightnings* und B-25 wettzumachen, zog Yamamoto alle verfügbaren Flugzeuge zusammen und setzte sie Anfang April 1943 gegen Guadalcanal und die vorgelagerte Insel Tulagi ein. Diese *I-Go*-Operation war ein Fehlschlag – sie hatte das Ziel gehabt, möglichst viel Schiffsraum zu vernichten –, die japanischen Piloten hingegen meldeten, das Unternehmen sei gelungen: Wie die Piloten der *Flying Fortresses* vor ihnen wähnten sie, Schiffe versenkt zu haben, obwohl diese nur von den Wassermassen getroffen worden waren, die durch die Bomben hochgeschleudert wurden. Yamamoto aber glaubte den Erfolgsmeldungen und entschloss sich, seine Männer durch einen persönlichen Besuch zusätzlich zu motivieren.

Unklugerweise avisierte Rabaul der 8. Armee Yamamotos Ankunft durch eine chiffrierte Meldung, die von den amerikanischen Kryptologen in Pearl Harbor schnell entschlüsselt wurde. Nimitz wollte versuchen, «ihn zu schnappen». Eine Staffel *Lightnings* wurde rasch mit Abwurftanks versehen, um ihnen den Aktionsradius zu geben, den sie für einen erfolgreichen Angriff aus dem Hinterhalt brauchten. Als Yamamoto am Morgen des 18. April den Flugplatz Kahili auf Bougainville anflog, wurde seine Maschine vom Feuerstoß einer 2-cm-Bordkanone getroffen und stürzte brennend in den Dschungel.

Yamamotos Asche wurde am 5. Juni in Tokio beigesetzt. Noch im selben Monat begann der große Zangenangriff über die Salomonen und Neuguinea auf Rabaul, den zu unterbinden eines der Ziele der *I-Go*-Operation gewesen war. Ende Juni waren Woodlark und die übrigen Trobriand-Inseln eingenommen und damit die seewärtigen Zugänge zum «Schwanz» des «Vogels» Neuguinea gesichert. Im Juni landeten die Amerikaner auch noch an der Nordküste Neuguineas, und nachdem sie Lae am 16. September erobert hatten, zogen sie über Finschhafen weiter, um Saidor gegenüber Cape Gloucester auf Neu-Britannien zu nehmen. Der

Angriff erfolgte am 26. Dezember 1943, nachdem schon am 15. Dezember bei Arawe in der Nähe von Rabaul eine kleinere Landeunternehmung stattgefunden hatte.

Inzwischen hatte Halsey bei seinem Vorrücken über die Salomonen mit MacArthur Schritt gehalten. Die Guadalcanal benachbarten Russell-Inseln waren im Februar eingenommen worden, die Neu-Georgia-Gruppe im Juni und Juli, Vella Lavella im August. Bei den Neu-Georgia-Inseln und bei Vella Lavella hatten die Japaner zu Lande und zur See Gegenoffensiven unternommen, in beiden Fällen allerdings erfolglos. Im Oktober 1943 war Halsey bereit zum Angriff auf Bougainville, die westlichste und größte der Salomonen-Inseln, nur 300 Kilometer von Rabaul entfernt. Den Landungen ging eine wilde Luftschlacht voraus, ein verzweifelter, aber missglückter Versuch, den amerikanischen Vormarsch zu verhindern. Admiral Mineichi Koga, Yamamotos Nachfolger als Oberbefehlshaber der Vereinten Flotte, hatte den Schlachtplan entwickelt.

Sobald der Kampf vorüber war, startete Halsey am 27. Oktober ein Landungsunternehmen auf die kleinen, der Südküste von Bougainville vorgelagerten Treasury Islands, dem am 1. November der Hauptangriff in der Kaiserin-Augusta-Bucht folgte. Koga schickte ihm – in der Hoffnung, er könne der amerikanischen Flotte wie vor der Savo-Insel während der Schlacht von Guadalcanal empfindliche Schäden zufügen – eine starke Flottille von zwei Schweren und zwei Leichten Kreuzern entgegen, um die Landungen zu stören, womit er Halsey zweimal zwang, Flugzeugträger ohne Hilfsschiffe aufs Spiel zu setzen. Doch das Risiko zahlte sich aus; die Japaner hatten gravierende Flugzeugverluste zu beklagen (55 Maschinen gegenüber 12 amerikanischen), und drei ihrer Kreuzer wurden beschädigt. Bis zum 21. November hatten sich die 3. Marineinfanterie- und die 37. Division auf Bougainville dauerhaft festgesetzt. Angesichts von MacArthurs Vormarsch auf Neuguinea drohte die Zange sich nun um Rabaul zu schließen.

Mit der Bedrohung Rabauls eröffnete sich die Aussicht, von

See her an der Nordküste Neuguineas vorzurücken, von wo aus MacArthurs und Halseys Truppen auf die holländischen Molukken und weiter auf die Philippinen springen konnten. Doch noch während sich die Falle um Rabaul schloss, nahm der Krieg im Pazifik eine neue Wendung. Auf der Konferenz von Casablanca im Januar 1943 hatten Roosevelt, Churchill und die Vereinigten Stabschefs dem von der amerikanischen Marine bevorzugten und von ihrem Admiralstabschef Admiral King vorgestellten Plan zugestimmt, die Karolinen und die Marshall-Inseln anzugreifen, um über den mittleren Pazifik auf die Philippinen vorzurücken.

Die Entscheidung vom 2. Juli 1942, bei der MacArthur für seinen Vorstoß gegen Rabaul Marineunterstützung zugesagt wurde, war zu einer Zeit gefasst worden, als die amerikanische Marine noch verzweifelt bemüht war, ihre in Pearl Harbor und bei den siegreichen Schlachten im Korallenmeer und vor Midway erlittenen Verluste wettzumachen. Damals hatten nur wenige Träger und keine Schlachtschiffe zur Verfügung gestanden. Anfang 1943 hatten amerikanische Werften damit begonnen, die Lücken zu schließen. Mitte 1943 waren weitere Kriegsschiffe in Dienst gestellt oder doch in großer Zahl versprochen worden: neue Schlachtschiffe, die von besonderer Bedeutung für die Artillerievorbereitung und Unterstützung von Landungsunternehmen sowie für die Flugabwehr bei der Sicherung von Flugzeugträgern waren, und neue Flugzeugträger, schwere für die Trägerflotte und leichte als Begleitträger. Auf der Washingtoner Konferenz vom Mai 1943 waren die Briten und Amerikaner übereingekommen, dass die Offensive gegen Japan ausgeweitet werden könne, solange die rasch zunehmende Produktion von alliiertem Kriegsmaterial in erster Linie der bevorstehenden Invasion Europas zugute komme. Unter Berufung auf den Geist dieser Vereinbarung erhielt Nimitz daher am 20. Juli von den Vereinigten Stabschefs die Genehmigung, ein Landungsunternehmen gegen die von den Japanern besetzten Gilbert-Inseln vorzubereiten und Pläne für nachfolgende Landungen auf den Marshall-Inseln auszuarbeiten.

Das waren dramatische Aussichten. MacArthurs und Halseys Operationen im Südpazifik waren zwar amphibischer Art, eigentlich jedoch herkömmliche Vorwärtsbewegungen zu Lande und zu Wasser. Bei einer Reihe von vergleichsweise kurzen Sprüngen unterstützte die Marine das Heer und umgekehrt. Der weiteste Satz, den MacArthur bislang getan hatte, war der von Buna nach Salamaua, eine Strecke von 240 Kilometer; Halsey brachte es zwischen Guadalcanal und Neu-Georgia nur auf 150 Kilometer. Im Mittelpazifik hingegen galt es ganz andere Entfernungen zurückzulegen. Zwischen Tarawa, einer der Gilbert-Inseln, und Luzon, der Hauptinsel der Philippinen, liegen 3000 Kilometer offene See. Sie ist nicht gänzlich leer; es gibt mehr als tausend Atolle im Mittelpazifik. Doch während es sich bei MacArthurs und Halseys Inseln um große, festlandähnliche Erhebungen handelt – Neuguinea hat fast die gleiche Ausdehnung wie Alaska und ist doppelt so groß wie Frankreich –, sind die pazifischen Atolle nichts als Sandbänke und Korallenstöcke, die eine Lagune umrahmen und knapp oberhalb der Hochwassermarke ein paar Palmenhainen einen kargen Lebensraum bieten. In früheren Jahrhunderten hatte es viele Feldzüge wie den von MacArthur gegeben, vor allem im Mittelmeer und in den japanischen Inlandsgewässern. Noch niemals aber hatte jemand eine Operation gewagt, wie sie jetzt Nimitz erwog – Riesenschritte über Trittsteine hinweg, die so weit auseinander lagen, dass die United States Navy sich bis zum Zerreißen strecken musste.

Verantwortlich dafür, dass sich diese Offensive im mittleren Pazifik durchführen ließ, war die Umgestaltung der Pazifikflotte, die in den zwei Jahren seit der Katastrophe von Pearl Harbor stattgefunden hatte. Die alte «Streitwagen-Marine», die geschützbeladenen Schiffe, die wie einst vor dem Skagerrak langsam dahindampften und darauf warteten, sich auf zehn Seemeilen Entfernung mit dem Feind ein Artillerieduell zu liefern, gab es nicht mehr. Selbst die Schlachtschiffe waren neu, schneller und weitaus kampfstärker als jene, die in Pearl Harbor noch immer auf Grund lagen oder schon gehoben und überholt worden waren. Auch bei den Trägern, die nun das Rückgrat der Flotte bildeten, handelte es sich um Schiffe neuen Typs. Die leichten Träger der *Independence*-Klasse, durch Umbau aus schnellen Kreuzern entstanden, hatten 50 Kampfflugzeuge an Bord und machten über 30 Knoten, fast 60 Stundenkilometer; die neuen Träger der *Essex*-Klasse erreichten ebenso hohe Geschwindigkeiten, führten 100 Maschinen mit sich und waren schwer bestückt mit Flugabwehrgeschützen der Kaliber 127, 40 und 20 Millimeter. Bis Oktober 1943 lagen sechs *Essex*-Träger im Hafen von Pearl Harbor und warteten darauf, an der Spitze von Nimitz' Pazifikflotte in den Kampf zu ziehen. Diese Schiffe bildeten den Kern der «Schnellen Träger-Kampfgruppen» und schirmten die neu erbauten schnellen Landungsschiffe samt den sie eskortierenden Zerstörern, Kreuzern und Schlachtschiffen aus der Luft ab – insgesamt bei neun Landungen auf Atollen, die auf dem Weg zu den Philippinen lagen.

Makin und Tarawa, Atolle der britischen Gilbert-Inseln am äußersten Rand des japanischen Verteidigungsgürtels, wurden als Erste erobert. Makin, lediglich durch eine kleine japanische Garnison geschützt, fiel rasch, nachdem Admiral Charles Pownalls Kampfgruppe 30 dort am 21. November 1943 Marineinfanterie- und Heereseinheiten gelandet hatte. Mit Tarawa verhielt es sich schon anders. Die Insel war nicht nur stärker bemannt (von 5000 Japanern), sondern auch von einem hohen Riff umgeben, über das die neuen Schwimmpanzerwagen der Marine zwar mühelos hinwegkamen, an dem die Landungsschiffe mit der Masse der Sturmtruppen jedoch hängen blieben. Die Marineinfanterie erlitt schwere Verluste, als sie am 21. November an Land ging: Am Strand versperrten Hindernisse ihnen den Weg, die ihnen die einzige Deckung boten. Etwa 5000 Mann waren gelandet; als die Nacht anbrach, waren 500 von ihnen gefallen und 1000 verwundet. Sogar Volltreffer der Schiffsartillerie konnten die japanischen Befestigungsanlagen nicht zerstören, und deren Verteidiger wehrten sich bis zum letzten Atemzug. Erst am nächsten Tage, als an einem unverteidigten Strandabschnitt eine zweite Truppe mit Panzern landete und die Japaner im Rücken angriff, gab es Fortschritte – wenn auch unter entsetzlichen Umständen. Das Gefecht um Tarawa lehrte das Marinekorps, wie schwer der Kampf selbst um die kleinste Insel unter japanischer Kontrolle sein konnte. Dazu Robert Sherrod, ein Kriegsberichterstatter:

> Ein Marineinfanterist sprang über den Deich und warf TNT-Blöcke in einen Bunker aus Kokospalmstämmen. Zwei andere Marines bestrichen den Deich [mit einem Flammenwerfer]. Als eine weitere Ladung TNT im Bunker hochging und Qualm und Staub nach außen drangen, stürzte eine khakifarbene Gestalt aus dem Seiteneingang hervor. Der Mann mit dem Flammenwerfer, der nur darauf gewartet hatte, erwischte sie mit dem tödlichen Feuerstrahl. Kaum getroffen, loderte der Japs auf wie ein Stück Zelluloid. Er war auf der Stelle tot, aber die Patronen in seinem Gurt gingen noch sechzig Sekunden lang hoch, während von ihrem Besitzer nicht mehr als ein Häufchen Asche übrig war.

Trotz solcher Beweise für die Materialüberlegenheit der Marineinfanterie – oder vielleicht gerade wegen der offenkundigen Aussichtslosigkeit ihrer Lage –, führten die Japaner nachts einen «Todesangriff», wie schon auf den Alëuten, und stürmten gegen die amerikanischen Batterien; am nächsten Morgen fand man auf nur wenigen hundert Quadratmetern 325 Tote. Um die Mittagszeit waren die Kämpfe beendet und 1000 Marineinfanteristen gefallen, 2000 verwundet; die Japaner hatten beinahe ausnahmslos den Tod gefunden. Um ihren Männern beim nächsten Gefecht ein solches Grauen zu ersparen, setzten die Verantwortlichen ein Eilprogramm zum Bau von Schwimmpanzerwagen durch, stellten Einheiten der Marine ab, die die Aufgabe hatten, als schwimmende Kommandozentralen Bomber und Schiffsartillerie mit den eigentlichen Landungen zu koordinieren, und ließen die Befestigungsanlagen von Tarawa exakt nachbauen, sodass die Ausbilder sich mit ihnen vertraut machen und ihren Marineinfanteristen beibringen konnten, wie sie in geeigneter Form zu überwinden waren.

Tarawa hatte noch einen weiteren unmittelbaren, positiven Einfluss auf die Entwicklung des zentralpazifischen Feldzugs. Da die japanische Flotte im Kampfgebiet nicht eingegriffen, ja, sich nicht einmal gezeigt hatte und weil die auf anderen Inseln stationierten japanischen Kampfflugzeuge ebenfalls nichts unternommen hatten, gelangte Nimitz zu dem Schluss, er könne die japanischen Garnisonen auf den übrigen Marshall-Inseln gefahrlos sich selbst überlassen und stattdessen die westlichsten Inseln der Gruppe, Kwajalein und Eniwetok, angreifen. Bevor die Marineinfanterie dort am 1. Februar 1944 landete, wurde Kwajalein mit Schiffsartillerie und Bomben so massiv eingedeckt, dass die kleinen im Norden gelegenen Inseln nach zwei Tagen in amerikanischer Hand waren; die 7. Heeresdivision hatte das südliche Atoll nach vier Tagen genommen, in beiden Fällen ohne schwere Verluste.

Als Auftakt der Invasion auf Eniwetok und zur vollständigen Neutralisierung der japanischen Luftmacht im Kampfgebiet beschloss Nimitz, die Kampfgruppe 58 gegen das weiter entfernte Atoll Truk einzusetzen, einen vorgeschobenen Ankerplatz der japanischen Vereinten Flotte, die bis zu 400 Flugzeuge mit sich führen konnte. Die Kampfgruppe 58 bestand aus vier eigentlich unabhängigen Kampfgruppen, die über je drei Flugzeugträger und insgesamt 650 Maschinen verfügten. Bei einem Blitzangriff auf Truk am 17./18. Februar ließ der Befehlshaber, Vizeadmiral Marc Mitscher, 30 Luftangriffe fliegen, jeder davon zerstörerischer als die japanischen Luftschläge auf Pearl Harbor; am Ende waren 275 japanische Flugzeuge vernichtet und 39 Handels- und Kriegsschiffe so schwer getroffen, dass sie sanken. Dieser Angriff begründete Mitschers Ruf als Meister blitzschneller Trägeroperationen und stellte zugleich sicher, dass Eniwetok am 21. Februar fiel – auch wenn es fünf Tage dauerte, den selbstmörderischen Widerstand der Japaner zu brechen.

Mit dem Fall der Marshall-Inseln war der Weg zu den Marianen frei, deren größere Inseln, Saipan und Guam, sich für eine Landung anboten. Nimitz war in Eile. Weit im Süden, auf Neuguinea, hatte MacArthur das Tempo seines Vormarsches erhöht. Auf der anglo-amerikanischen Konferenz von Quebec im August 1943 war man zu dem Schluss gekommen, dass der beabsichtigte Vormarsch auf die Philippinen zu lange dauern würde, und hatte sich darauf geeinigt, Rabaul nicht anzugreifen, sondern durch Luftangriffe auszuschalten; MacArthur sollte sich durch eine Folge von Landungsunternehmen an der Nordküste Neuguineas entlangkämpfen. Da man sich auf der Konferenz von Kairo im November besonders anerkennend über Nimitz' Vorstoß auf die Marshall-Inseln äußerte, gewann MacArthur den Eindruck, sein eigener Feldzug werde abgewertet. Als sein Stab im Februar meldete, es sei möglich, Rabaul weit hinter sich zu lassen und nördlich Neuguineas auf den offenbar kaum verteidigten Admiralitäts-Inseln zu landen, nutzte er diese Chance begeistert.

Nachdem MacArthur die Inseln zwischen dem 29. Februar und dem 18. März 1944 in seine Hand gebracht hatte, entschloss er sich sogleich zu seinem bislang weitesten Satz – über knapp 900 Kilometer – nach Hollandia (Jayapura), in der Mitte der Nordküste Neuguineas gelegen. Als er die Japaner dort am 22. April überraschte, gerieten sie, ganz untypisch, in Panik und ergriffen die Flucht. Von Hollandia aus drängte MacArthur im Laufe des Mai weiter nach Wakde und Biak vor der Nordwestküste von Neuguinea. Um Biak kämpften die Japaner so verbissen, dass die Schlacht Ende Juni noch nicht beendet war und MacArthur erst im folgenden Monat sein strategisches Vorhaben abschließen konnte: Am 30. Juli nahm er die Vogelkop-Halbinsel in Besitz, die ihm als Ausgangsbasis für seine Rückkehr auf die Philippinen dienen sollte.

Dass MacArthur die Offensive im Süden derart beschleunigte, hatte eine unbeabsichtigte und mittelbare, aber entscheidende Auswirkung auf die mittelpazifische Operation. Die Japaner waren über die Landung auf Biak so bestürzt, dass sie sich entschlossen, die Operation zu stoppen, indem sie die Vereinte Flotte in den Gewässern Ostindiens zusammenzogen, um die Insel zurückzuerobern. Ende Mai waren die Schiffe, darunter die neuen Riesenschlachtschiffe *Yamato* und *Musashi*, bereits in See. Deutliche Anzeichen dafür, dass Nimitz Vorbereitungen traf, sich durch einen Sprung von den Marshall-Inseln auf die Marianen den Philippinen zu nähern, nötigten die Japaner, ihr Unternehmen abzubrechen. Die Vereinte Flotte richtete sich darauf ein, im Mittelpazifik eine Entscheidungsschlacht auf offener See zu erzwingen.

Doch bevor sie ihr Ziel erreichte, waren Nimitz' Marineinfanteristen und die 27. Heeresdivision schon auf Saipan, einer der Marianen, gelandet. Saipan war eine große Insel mit einer Garnison von 32 000 Mann. Entsprechend umfassend war das amerikanische Landungsunternehmen konzipiert. Sieben Schlachtschiffe belegten den Landungssektor mit 2400 40-cm-Granaten, ehe die Truppen am 15. Juni an Land gingen, wobei acht ältere Schlachtschiffe unentwegt Sperrfeuer schossen und Kampfflugzeuge sie nach Kräften unterstützten. Am ersten Tag stürmten über 20 000 amerikanische Soldaten auf die Insel, bei weitem die stärkste Truppe, die bis dahin eine Landeoperation im Pazifik durchgeführt hatte, vergleichbar mit der Größe der Streitmacht, die 1943 im Mittelmeerraum an Land gesetzt wurde. Die japanischen Verteidiger leisteten jedoch heftigen Widerstand, während gleichzeitig die 1. Bewegliche Flotte – die zur Vereinten Flotte gehörenden Flugzeugträger – anrückte, um die Kampfgruppe 58 anzugreifen. Glücklicherweise konnte das amerikanische U-Boot *Flying Fish*, das vor den Philippinen Patrouille fuhr, die Flotte beim Verlassen der San-Bernardino-Straße beobachten und Mitscher warnen.

Mitscher wandte sich sofort zum Angriff; mit 15 amerikanischen Flugzeugträgern gegen neun japanische bereitete er eine Luftoffensive vor. Schließlich machten die Japaner als Erste die Position des Feindes aus, doch aufgrund der Überlegenheit von Mitschers Radar, der Luftraumsicherung seiner Jäger und nun auch der Flugzeuge selbst – die neuen *Hellcats* waren schneller und besser bewaffnet als die *Zeros* – scheiterten alle vier Angriffe von Admiral Jisaburo Ozawa, entweder aufgrund der Luftkämpfe über den Trägern oder im Feuer der Schiffsgeschütze. Nach dem Ende des «Großen Truthahnschießens bei den Marianen», am Abend des 19. Juni, waren 243 von 373 japanischen Kampfflugzeugen abgeschossen, dagegen nur 29 amerikanische Maschinen. Außerdem hatten amerikanische Unterseeboote im Laufe des Gefechts die alte *Shokaku* und die neue *Taiho*, Ozawas Flaggschiff und zugleich der größte Träger der japanischen Marine, torpediert und versenkt.

Damit war die Schlacht noch nicht beendet. Am nächsten Tag überraschte die Kampfgruppe 58 die 1. Bewegliche Flotte beim Nachtanken, versenkte den Flugzeugträger *Hiyo* durch Bombentreffer und beschädigte zwei weitere Träger sowie zwei Schwere Kreuzer. Diese Schlacht im Philippinengraben, wie die Amerikaner die zweitägigen Kampfhandlungen nannten (die Japaner sprachen von der *A-Go*-Offensive), halbierte die operative Stärke der japanischen Trägerflotte und reduzierte die Kampfkraft der Trägerluftwaffe um zwei Drittel, was vielleicht ein noch folgenschwererer Schlag war, denn es dauerte lange, bis neue Piloten das japanische Ausbildungssystem durchlaufen hatten. Dagegen blieb die Kampfgruppe 58 fast vollkommen unbeschädigt.

Der japanischen Katastrophe auf See folgte das Desaster an Land. Als den Verteidigern auf Saipan nach einem erbitterten Gefecht die Munition ausging, nahmen sie sich lieber das Leben, als zu kapitulieren. Unter den Japanern auf der Insel befanden sich auch 22000 Zivilisten, von denen viele den verbliebenen Soldaten in den Freitod folgten. Am 9. Juli wurde Saipan offiziell für erobert erklärt. Die Nachbarinsel Tinian, auf der weitaus geringerer Widerstand geleistet wurde, fiel am 1. August. Und Guam, das trotz verbissener Gegenwehr von überlegenen amerikanischen Kräften mit Bomben und Granaten in die Knie gezwungen wurde, kapitulierte am 11. August. Damit war das Territorium der Marianen erobert, soweit es die Amerikaner interessierte. Von dort aus konnte der neue Bomber B-29 *Superfortress* die japanischen Mutterinseln im Direktflug angreifen. Noch wichtiger, die Pazifikflotte war jetzt in der Lage, von den Marianen aus den Angriff auf die nördlichen Inseln der Philippinen vorzubereiten, deren südliche Inseln gleichzeitig durch MacArthurs Vormarsch in Niederländisch-Indien bedroht waren.

TEIL IV · Der Krieg im Westen 1943–1945

17 · CHURCHILLS STRATEGISCHES DILEMMA

Der Pazifikkrieg hatte die Dimensionen von Winston Churchills Strategie verändert. Befürchtungen einer möglichen Niederlage waren der Siegesgewissheit gewichen. In seinen Erinnerungen schildert er seine Gefühle nach der Nachricht von Pearl Harbor: «Damit hatten wir dennoch gesiegt! Jawohl, nach Dünkirchen, nach dem Zusammenbruch Frankreichs, nach der schrecklichen Episode von Oran, nach der Bedrohung durch eine Invasion, als wir – von unserer Flotten- und Luftstreitmacht abgesehen – ein beinahe waffenloses Volk waren, nach dem würgenden U-Boot-Krieg – der ersten Schlacht um den Atlantik – in der wir nur um Haaresbreite Sieger blieben, nach 17 Monaten eines Kampfes ohne Waffengefährten und 19 Monaten, in denen ich in bitterster Notzeit die Verantwortung trug! Der Sieg war uns gewiß.»

Neben der Kunde vom Sieg bei El Alamein, vom Rückzug der Dönitz'schen U-Boote im Mai 1943 aus dem Atlantik und von der sicheren Landung der Alliierten in Frankreich gehörte die Nachricht vom japanischen Angriff auf Pearl Harbor zu den Höhepunkten in Churchills Krieg. Viele Tiefpunkte sollten noch folgen, unter anderem der Verlust der *Prince of Wales* und der *Repulse* vor Malayas Küste, die Kapitulation Singapurs und der Fall Tobruks. Doch nach Pearl Harbor hegte Churchill nie wieder Zweifel daran, dass die westliche Allianz zunächst Hitler und dann Japan besiegen werde. Womöglich formten sich schon am Abend des 7. Dezember 1941 die ersten Sätze seiner denkwürdigen Radioansprache vom 8. Mai 1945, dem Tag des Sieges.

Doch einen Krieg zu führen, ist nie leicht, das gilt ganz besonders, wenn man dabei in eine Koalition eingebunden ist. Das Anti-Achsen-Bündnis im Zweiten Weltkrieg war, wie Hitler nicht müde wurde, sich und seiner Umgebung tröstlich zu versichern, in sich so gegensätzlich, dass es kaum auf einen Nenner zu bringen war: zwei kapitalistische Demokratien, zwar durch die Sprache verbunden, aber durch grundverschiedene Einstellungen zu den Prinzipien internationaler Beziehungen getrennt, waren durch den Druck der Ereignisse in ein ungeliebtes Waffenbündnis mit einem marxistischen Staat getrieben worden, der nicht nur den unvermeidlichen, zwangsläufigen und wünschenswerten Zusammenbruch des kapitalistischen Systems predigte, sondern bis Juni 1941 auch noch freiwillig durch einen Nichtangriffspakt und einen Vertrag zur wirtschaftlichen Zusammenarbeit mit dem gemeinsamen Feind verbunden war. Die Abstimmung einer für alle Bündnispartner gültigen Strategie, die neben den Mitteln auch die Ziele der Kriegführung umfasste, musste sich daher schwierig gestalten. Wie schwierig, konnte Churchill im Dezember 1941 nicht vorhersehen.

Anfangs wurden der anglo-amerikanischen Seite ihre strategischen Entscheidungen durch die schwere Krise erleichtert, in der sich die Sowjetunion befand. Während die deutsche Armee vor Moskaus Toren stand, vermochte keine der Westmächte Russland direkte Militärhilfe zu leisten. Großbritannien hatte einen Großteil seiner Streitkräfte verloren, und die Vereinigten Staaten hatten gerade zwei Jahrzehnte Abrüstung hinter sich. Als die Deutschen im Juni 1941 die Sowjetunion angriffen, sicherte Churchill, getreu dem Grundsatz «Der Feind meines Feindes ist mein Freund», Stalin zu, man werde alle Waffen und Ausrüstungen, die Großbritannien entbehren könne, nach Russland schicken, woraufhin die nordrussischen Geleitzüge sofort in Bewegung gesetzt wurden. Auf der Konferenz im August in der Placentia Bay, Neufundland, bei der die Atlantikcharta über demokratische Freiheiten beschlossen wurde, bekräftigten Churchill und Roosevelt dieses Angebot, mit dem Ergebnis, dass im September das Pacht-Leih-System der Vereinigten Staaten unter großzügigen Bedingungen auf Russland ausgedehnt wurde. Stalin jedoch verlangte nicht weniger als die Eröffnung einer zweiten Front, eine Forderung, die er am 19. Juli zunächst gegenüber Churchill erhob und im Laufe der nächsten drei Jahre mit steigendem Nachdruck wiederholte. 1941 bestand keine Aussicht auf eine zweite Front. Großbritannien und die Vereinigten Staaten konnten nur auf Russlands Überleben hoffen, während sie überlegten, wie sie Hitler am besten von seinem Eroberungszug im Osten ablenken und die Wehrmacht an den Rändern des deutschen Großreichs schwächen konnten.

Die Überlegung, wo und wie sich Vorstöße an der Peripherie von Hitlers Reich vornehmen ließen, beschäftigte Churchill die nächsten zwei Jahre hindurch. Einen derartigen Feldzug führte er gerade in der Libyschen Wüste; in einem weiteren war es ihm gelungen, Mussolinis ostafrikanisches Reich zu zerschmettern, und obwohl er mit einem dritten, der Intervention in Griechenland, gescheitert war, blieben ihm genügend Streitkräfte, um erneut zuzuschlagen. Norwegen war ein Gebiet, das er in diesem Zusammenhang nie aus dem Auge verlor. Nach Amerikas Kriegseintritt war es nur noch eine Frage der Zeit, bis eine gemeinsame zweite Front eröffnet wurde. Wäre Deutschland der einzige Feind der USA gewesen, hätte man vielleicht weniger lange mit einem Angriff auf den Atlantikwall gewartet, den Hitler an der Nordküste Frankreichs errichtete. Doch für die meisten Amerikaner war Japan der Feind, gegen den am raschesten Vergeltung geübt werden musste. Die US Navy, der die höchste Befehlsgewalt im Pazifik zugestanden worden war, richtete den Großteil ihrer Anstrengungen auf dieses Seegebiet. Außerdem fand sie in der japanischen Kriegsmarine einen gleichwertigen Gegner und brannte darauf, ihn in einer groß angelegten Flottenoperation zu besiegen. Viele amerikanische Soldaten, auch der gefeierte MacArthur, teilten den Wunsch der Navy, die Rechnung mit den Japanern zu begleichen, sich für die Niederlagen bei Wake, Guam und auf den Philippinen zu rächen und auf schnellstem Weg nach Tokio vorzurücken.

Im ersten Jahr des Pazifikkriegs befand sich Churchill daher in einer ungewohnten Situation. Einerseits war ihm die Furcht vor einer Niederlage genommen, andererseits war er nicht mehr Herr über die Strategie seines Landes. Da Großbritannien nur im Zusammenwirken mit den Vereinigten Staaten siegen konnte, musste er sich den Wünschen der Strategen im Weißen Haus und im Militärausschuss der Vereinigten Stabschefs beugen. Roosevelt war nach wie vor geneigt, Churchill die Führung zu überlassen. General Marshall und Admiral King sahen dazu keinen Grund. King interessierte sich ausschließlich für den Pazifik; Marshall hielt Europa zwar die Treue, aber er glaubte, man müsse die zweite Front so schnell wie möglich bilden und sie auf dem kürzesten Weg nach Deutschland hineintreiben, daher begegnete er allen Versuchen, dieses Ziel hinauszuschieben oder von ihm abzulenken, mit tiefem Misstrauen.

Churchill scheute ein derartiges Risiko. «Denken Sie daran, dass an meine Brust die Orden für die Dardanellen, Antwerpen, Dakar und Griechenland geheftet sind», rief er am 5. Juli 1941 gegenüber Anthony Eden aus und bezog sich damit auf die vier katastrophalen Landeoperationen des Ersten und Zweiten Weltkriegs, die er geleitet hatte. Das Jahr 1942 ließ sich gut an für die Amerikaner. Sie setzten das Marinekorps und eine Hand voll Heeresdivisionen mit gutem Erfolg im pazifischen Inselkampf ein und planten weitere Landungsunternehmen für das Jahr 1943. Aber bislang kämpften sie gegen winzige, mehrere tausend Seemeilen von ihren Heimatstandorten entfernte Garnisonen. Für eine zweite Front hätte man alle britischen und amerikanischen Expeditionstruppen, die im Falle eines Verlustes nicht leicht zu ersetzen gewesen wären, zum Angriff auf die befestigte Grenze eines Erdteils zusammenziehen müssen, auf dem sie ein Heer mit 300 Divisionen und einer in der Welt einmaligen Kriegsmaschinerie erwartete.

Der Pfad, auf dem Churchill sich bewegte, wurde im Laufe des Jahres 1942 also immer schmaler und unsicherer. Einerseits wagte er nicht, mangelndes britisches Interesse an einer zweiten Front zu zeigen, damit die Amerikaner nicht zu dem Schluss gelangten, ihre Streitkräfte seien im Pazifik besser aufgehoben (wo 1942 ohnehin der Großteil der amerikanischen Truppen zum Einsatz kam). Andererseits hütete er sich, das britische Interesse an der zweiten Front zu stark in den Vordergrund zu stellen, damit Großbritannien nicht in eine Invasion hineingerissen wurde, bevor für solch ein Unternehmen Aussicht auf Erfolg bestand. Vier Monate vor Pearl Harbor war er bei dem Treffen in der Placentia Bay mit Roosevelt übereingekommen, dass im Falle eines amerikanischen Kriegseintritts die gemeinsame Strategie der Demokratien «Deutschland zuerst» heißen müsse. In den 18 Monaten nach Pearl Harbor war er bemüht, Roosevelt, aber vor allem Marshall und die amerikanische Generalität zu überzeugen, dass die Strategie der Alliierten lauten müsse: «Deutschland zuerst – allerdings noch nicht gleich».

Gegenüber Militärs vorsichtig zu taktieren, war eine neue Erfahrung für Churchill. Bisher war er mit Generalen und Admiralen – eigentlich mit allen Regierungsmitgliedern – autokratisch umgesprungen und hatte Kommandeure mit einer Unbedenklichkeit entlassen, die sogar Hitler als extrem empfand und seinen hohen Offizieren ins Gedächtnis rief, um ihnen klar zu machen, wie viel vernünftiger er doch als «Führer» sei, verglichen mit Churchill als Premierminister. «Zwischen 1939 und 1943», schrieb der offizielle Chronist der Royal Navy, «gab es nicht einen Admiral in bedeutender Dienststellung ... bei dem Churchill nicht versucht hätte, ihn seines Postens zu entheben – was ihm in etlichen Fällen gelang.» Für die Entlassungen von Generalen war er berüchtigt. Im Juni 1941 entzog er Wavell den Oberbefehl in Nahost, 14 Monate später auch dessen Nachfolger Auchinleck – in beiden Fällen auf sehr herrische Weise. Außerdem billigte er die Entlassung dreier Oberbefehlshaber der 8. Armee – Cunningham, Leese und Ritchie. Für diejenigen, die er im Amt beließ, war er ein schwieriger und anspruchsvoller Vorgesetzter, vor allem für Alan Brooke, seinen Generalstabschef, mit dem er während des ganzen Kriegs in täglichem Kontakt stand, aber auch für Montgomery, obwohl Churchill bei dieser Primadonna damit rechnen musste, dass er Kritik mit gleicher Münze heimgezahlt bekam. Nur General Sir Harold Alexander war in seinen Augen ohne Fehl und Tadel. Dessen bekannt mutiges und ritterliches Verhalten bewahrte ihn selbst dann vor Vorwürfen, wenn ihn eindeutig die Schuld traf – etwa als er 1944 den Feldzug in Italien viel zu zögerlich führte.

Doch mit den Amerikanern konnte Churchill nicht so umspringen, schon gar nicht mit King oder Marshall. King war zäh wie Leder, Marshall wirkte unempfindlich wie eine Marmorstatue; sogar Roosevelt war von ihm eingeschüchtert (was beabsichtigt war – Marshall hatte sich geschworen, nie über einen Scherz des Präsidenten zu lachen). Als Gast am reich gedeckten Tisch des Pacht-Leih-Abkommens hatte Churchill im Übrigen nicht nur diplomatische Gründe, zu taktieren, zu argumentieren und nach Ausflüchten zu suchen, wo er im eigenen Haus verlangt und befohlen hätte. Leicht hätten die Erzeugnisse der amerikanischen Kriegsindustrie einen anderen Weg nehmen können – wie es bei den Landungsschiffen und -fahrzeugen, die in Admiral Kings Zuständigkeitsbereich fielen, 1942/43 der Fall war –, wenn es Churchill im Laufe des Jahres 1942 nicht gelungen wäre, Marshall einzureden, das britische Kriegskabinett wünsche mit der gleichen Inbrunst wie die Vereinigten Stabschefs der USA, die zweite Front so bald wie möglich zu eröffnen. Churchill musste also im diplomatischen Umgang mit den Alliierten ein ganz anderes Verhalten an den Tag legen als bei der Gängelung seines Kabinetts und der Generalstabschefs in Großbritannien. Zu diesem Zweck übernahm er äußerst hellsichtig die Methoden, die seine eigenen Generalstabsoffiziere gegen ihn anwandten, wenn sie eines seiner Lieblingsvorhaben hinauszögern oder ihn von einem Plan abbringen wollten, den sie für undurchführbar hielten – er stimmte zunächst zu, um die Idee dann in einer Flut vernünftiger Einwände zu ertränken.

Churchill fürchtete die zweite Front, weil sie nur Erfolg haben konnte, falls sie mit so überwältigender Macht, unter so verheerendem Beschuss von See und aus der Luft eröffnet wurde, dass der Atlantikwall und seine Verteidiger davon förmlich erschlagen wurden; und er wusste, dass dazu 1942 weder die nötigen Kräfte noch die erforderlichen Reserven vorhanden waren. Im Dezember 1941 reiste er zur Arcadia-Konferenz nach Washington, wo sich Briten und Amerikaner zum ersten Mal als Kampfgefährten trafen, um ihre strategischen Ziele abzustimmen. Dem Ton des Treffens entnahm der britische Premier, dass Marshall nichts von Churchills Plänen hielt, im Mittelmeerraum weiter Druck auf Deutschland auszuüben (dem einzigen Schauplatz, auf dem die Briten bislang Erfolge vorzuweisen hatten), und viel eher geneigt war, eine starke alliierte Militärpräsenz im Pazifik aufrechtzuerhalten (mittels des unglückseligen ABDA), für die er sogar einen britischen General, Wavell, als Oberbefehlshaber vorschlug.

Die Einrichtung des *Combined Chiefs of Staff* (CCS), des gemeinsamen anglo-amerikanischen Generalstabsausschusses, dem die Stabschefs aller Teilstreitkräfte der USA und Großbritanniens angehörten, war das erfreulichste Ergebnis der Arcadia-Konferenz; das unangenehmste hingegen war, paradoxerweise, dass die amerikanischen Militärs Churchills und Roosevelts private «Deutschland-zuerst-Vereinbarung» unterstützten, mit dem Erfolg, dass Marshall im April 1942 nach London kam und darauf brannte, einen entsprechenden Zeitplan festzulegen. Churchill und Alan Brooke, deprimiert von den deutschen Fortschritten in Nordafrika und pessimistisch, was Russlands Aussichten anging, den Verlust der Krim sowie des Donezbeckens zu verschmerzen, taktierten nach Kräften. Mit vernünftigen Argumenten brachten sie Marshall von der Operation *Sledgehammer* ab, der Invasion Frankreichs im Jahr 1942.

Um Marshall für *Bolero* zu gewinnen, die weitere Zusammenziehung amerikanischer Streitkräfte in Großbritannien, bedurfte es schon listigerer Überredungskünste. Aber trotz «gewinnenden

Charmes, kühler Überzeugungskraft, unhöflicher Beharrlichkeit, eleganter Beredsamkeit, kurzer Zornesausbrüche und Gefühlsanwandlungen, die fast in Tränen endeten» gelang es Churchill nicht, Marshall für die Operation zu begeistern, die später unter dem Namen *Torch* bekannt wurde, die Invasion Nordafrikas. Durch «Wiederholung, Druck und Entschlossenheit» brachte Marshall beide Seiten dazu, sich auf *Roundup* festzulegen, eine zweite Front im Jahre 1943.

Churchill und die Amerikaner

Churchill hatte Marshall im April große Zugeständnisse gemacht, konnte aber einiges davon rückgängig machen, als er im Juni nach Washington reiste. Da Deutschland den Alliierten damals noch militärisch überlegen war, hätte ein Invasionsversuch über den Ärmelkanal hinweg 1942 sicherlich in einer Katastrophe geendet, insofern wehrte sich Churchill zu Recht gegen ein solches Unternehmen. Mit einleuchtenden Argumenten ließ er *Sledgehammer* als leichtsinniges Wagestück erscheinen und konnte Roosevelt so für *Torch* interessieren (dessen Deckname damals noch *Gymnast* lautete). Wenn im Zuge von *Bolero* amerikanische Truppen in großer Zahl nach Großbritannien kämen, so legte Churchill dar, dann würden Roosevelts Wähler auch erwarten, dass sie eingesetzt werden; und da sie 1942 noch nicht an der Eröffnung einer zweiten Front teilnehmen könnten, warum dann nicht einstweilen an einer Operation in Nordafrika, bis 1943 der Zeitpunkt für *Roundup* gekommen sei.

Roosevelt war halbwegs überzeugt. Im Juli schickte er Marshall erneut nach London, um die Sache durchzusprechen. Der aber zeigte sich starrsinnig; der britische Widerstand gegen eine frühzeitige zweite Front hatte ihn so in Wut versetzt, dass er sogar davon sprach, sich mit all seinen Truppen an Kings und MacArthurs Engagement im Pazifik zu beteiligen. Während das bei Marshall nur ein Verhandlungsschachzug war, meinte King es ernst: Als er

Marshall am 16. Juli nach London begleitete, folgten für Churchill vier Tage, in denen er die womöglich schwierigste strategische Debatte des ganzen Krieges führte.

Das Gespräch geriet in eine Sackgasse, weil die Vereinigten Stabschefs der USA die zweite Front noch im selben Jahr verlangten, während die britischen Generalstabschefs und das Kriegskabinett sich weigerten, diesem Wunsch zu entsprechen. Beide Seiten einigten sich darauf, Roosevelt die Sache vorzulegen und damit den amerikanischen Präsidenten zu einer Entscheidung von jener Art zu zwingen, die er in der Regel nicht traf. In eindeutig militärischen Fragen folgte er normalerweise Marshalls Rat. Eigentlich hätte also Marshall den Sieg davontragen müssen.

Doch Churchill hatte ihn ausmanövriert. Er hatte nicht nur im Laufe seines Washingtonbesuchs beim Präsidenten Bedenken wachgerufen, sondern diese auch in der Folgezeit über den inoffiziellen Kommunikationskanal verstärkt, den ihm das ständige Kommen und Gehen von Roosevelts persönlichem Berater Harry Hopkins eröffnete. Ursprünglich hegte Hopkins fast ebenso starke Zweifel an der Entschlossenheit des britischen Bündnispartners wie Marshall, aber er war durch eine koordinierte politische Offensive überzeugt worden, die von Churchill, dem Kriegskabinett und den Generalstabschefs vorgetragen worden war. Unter dem Einfluss von Churchill und Hopkins entschloss sich Roosevelt nun, seinen Vereinigten Stabschefs eine Reihe von Optionen vorzulegen, unter denen die zweite Front nicht mehr vertreten und *Torch* die überzeugendste war. Als Marshall sich für die Landung in Nordafrika entschied, begrüßte Roosevelt diese Wahl voller Begeisterung und setzte als Termin den 30. Oktober fest (tatsächlich begann das Unternehmen am 8. November).

Die Casablanca-Konferenz

Auf diese Weise hatte Churchill seinen Willen durchgesetzt. Doch wie er sehr wohl wusste, war das nur ein Etappensieg. Er war noch immer auf eine zweite Front im Jahr 1943 festgelegt, und wenn die deutsche Kampfkraft nicht erheblich nachließ oder die der Alliierten nicht in einem unwahrscheinlichen Maße zunahm, dann musste er, wie ihm vollkommen klar war, einen Weg finden, um Großbritannien im nächsten Jahr von diesem Versprechen zu entbinden. Im Augenblick war die Frage entschärft, aber er wusste, dass sie sich in Kürze wieder zuspitzen würde, zumal das Kriegsgeschehen sich erstmals seit 1940 zugunsten der Alliierten entwickelte. Zwar stand die deutsche Wehrmacht tief in Südrussland, doch man hatte das Vordringen der Japaner zum Stillstand gebracht und sie bei den Midway-Inseln sogar besiegt. Die «Glückliche Zeit» der U-Boote vor der amerikanischen Küste war beendet worden, die Wüstenarmee hatte Rommel an der Grenze zu Ägypten gestoppt, und der Bombenkrieg gegen Deutschland begann, Wirkung zu zeigen. Diese Erfolgssträhne sollte sich fortsetzen. Im Oktober gewann General Bernard Montgomery – durchaus nicht Churchills Wunschbesetzung für den Oberbefehl über die 8. Armee – die Schlacht von El Alamein, im November landete die anglo-amerikanische Armee in Nordafrika, und im gleichen Monat wurde Paulus' 6. Armee in Stalingrad eingeschlossen. Als Churchill, Roosevelt und ihre Generalstabschefs erneut zusammenkamen, dieses Mal in Casablanca, auf einem Gebiet, das Eisenhower gerade erobert hatte, war die Schwächung Deutschlands, die, wie Churchill eingeräumt hatte, ein Anlass für die Errichtung einer zweiten Front im Jahr 1943 gewesen wäre, eine unumstößliche Tatsache.

Überdies war Churchill, seit er Roosevelt und Marshall zum letzten Mal getroffen hatte, im August in Moskau gewesen und hatte sich Stalin gegenüber verpflichtet; er hatte zwar nicht gerade eine Invasion in Frankreich versprochen, aber doch eine recht eindeutige Andeutung gemacht, dass das anglo-amerikanische Heer einen solchen Schritt unternehmen würde. Daher erwies sich die Konferenz in Casablanca, die den Decknamen *Symbol* trug, als fast ebenso schwierig wie das Treffen vom letzten Juli in London. Falls es gelang, King und die Pazifik-Lobby auszuschalten – und trotz des Mottos «Deutschland zuerst» war die Zahl der Truppen unter MacArthurs Befehl jetzt genauso groß wie die, die Eisenhower in Europa unterstanden, rund 350 000 auf jedem Kriegsschauplatz –, blieb ihm noch die Aufgabe, Marshall für eine Anschlussoperation zu *Torch* zu begeistern, am liebsten eine Invasion auf Sizilien. Damit ihm das jedoch gelingen konnte, musste er Marshall zunächst davon überzeugen, dass Sizilien die zweite Front nicht ausschließen würde und dass die Briten sich nach wie vor an ihr Versprechen vom letzten Jahr gebunden fühlten. Es war ein schier unlösbares diplomatisches Problem, da Churchill seinen Verbündeten die Befürchtung, eine Invasion über den Ärmelkanal könne auch 1943 noch fehlschlagen, nicht offen eingestehen konnte.

Dass das Problem nach fünftägiger Meinungsverschiedenheit gelöst war, war fast ausschließlich der überlegenen diplomatischen Gewandtheit der Briten zu verdanken. Die Briten waren gut vorbereitet erschienen. Sie hatten ein eigenes, vollständig ausgerüstetes schwimmendes Kommunikationszentrum mitgebracht, sodass sie in ständigem Kontakt mit dem Regierungsapparat in London standen. Die lange Erfahrung in der Verwaltung des Britischen Empire hatte sie gelehrt, welche Fallen auf Politiker, Regierungsvertreter und militärische Führer lauern, die sich von den Ereignissen überraschen lassen, statt sich im Vorhinein auf eine gemeinsame Position zu einigen. Im Gegensatz zu den Amerikanern mussten sie im Verlauf der Konferenz nicht ihre internen Meinungsverschiedenheiten klären. Und nicht zuletzt verstanden sie es meisterhaft, mit der Sprache umzugehen. Luftmarschall Sir Charles Portal, Stabschef der Luftwaffe und wahrscheinlich der Klügste unter den Stabschefs beider Seiten, fand schließlich eine

Formulierung, die scheinbar beiden Seiten zugestand, was sie verlangten. Da Portal wusste, was Churchill im Schild führte, und die Amerikaner noch immer keine rechte Klarheit gewonnen hatten, stürzten sich diese begierig auf Portals Formel und fuhren zufrieden nach Hause – wo ihnen genügend Zeit blieb, das Konferenzergebnis zu bedauern.

Die Formulierung gestattete den *Torch*-Armeen, sich Sizilien zuzuwenden, sobald der Nordafrikafeldzug abgeschlossen war. Das war fast die einzige Bestimmung, auf die Churchill Wert legte, weil ihm klar war, dass ein Engagement auf Sizilien die Errichtung einer zweiten Front im Jahr 1943 ausschließen würde. Die Amerikaner betrachteten den Einsatz auf Sizilien nur als einen unter vielen und lebten in der Illusion, dass eine Mittelmeeroperation sie nicht von einem Angriff auf den Atlantikwall abhalten würde. Es dauerte fast ein Jahr, bis sie bemerkten, dass selbst ihre gewaltige und expandierende Kriegsmaschinerie nicht genügend Ressourcen mobilisieren konnte, um beide Unternehmen durchzuführen.

Casablanca brachte noch weitere wichtige Entscheidungen, unter anderem auf Roosevelts Betreiben die Erklärung, dass die Alliierten nur die «bedingungslose Kapitulation» Deutschlands, Japans und Italiens akzeptieren würden. Doch die Entscheidung für die Invasion auf Sizilien war die bedeutsamste Bestimmung, dazu noch eine, deren Ausgestaltung sich im Jahr 1943 für die Amerikaner als zunehmend schwierig erwies. Schuld daran war der Gang der Ereignisse und nicht die Raffinesse der britischen Diplomatie.

Auf der *Trident*-Konferenz im Mai 1943 in Washington erschienen die Amerikaner «gerüstet, jedes denkbare Argument der Briten vorwegzunehmen und zu widerlegen, und unterstützt von einem Heer von Fachleuten, deren Aktentaschen zum Bersten gefüllt waren mit Studien und Statistiken», so General Albert Wedemeyer von der *US Army War Plans Division*. Wedemeyer, der bei der vorigen Konferenz dabei gewesen war, fasste die amerikanischen Erfahrungen in Casablanca wie folgt zusammen: «Sie haben uns das Fell über die Ohren gezogen ... Wir kamen, wir hörten zu und gaben klein bei.» Die Amerikaner waren entschlossen, sich nicht noch einmal über den Tisch ziehen zu lassen; in Zukunft wollten sie die Engländer in puncto Vorbereitung überbieten.

Präpariert, wie sie waren, hätten sie in *Trident* ein leichtes Spiel gehabt, wäre nicht während der Konferenz die Nachricht aus Tunis eingetroffen, dass die anglo-amerikanische Armee den Sieg errungen habe und dass ihre Soldaten die «Herren über Nordafrikas Küsten» seien. Diese euphorische Meldung und Churchills geschickt überzogener Verhandlungsvorschlag, den Mittelmeerfeldzug auf den Balkan auszudehnen, bewog die Amerikaner, sich für die sizilianische Expedition als die sicherere Alternative zu entscheiden. Der Sizilienfeldzug begann im Juli, und die Ereignisse dort sorgten dafür, dass sich Briten und Amerikaner anschließend auf eine Invasion des italienischen Festlands einigten.

Als Marshall und seine Kollegen im August auf der *Quadrant*-Konferenz erschienen, die in Quebec stattfand, verfolgten sie einen Kurs, den Marshall als «Geist des Sieges» definiert hatte: keine weitere Ablenkung von der zweiten Front, welcher Art auch immer. Doch im Verlauf von *Quadrant* traf aus Sizilien die Nachricht ein, Italiens Kapitulation stehe unmittelbar bevor. Diese erste vollständige Niederlage eines der Achsen-Partner und die daraus resultierende Aussicht, auf dem italienischen Festland eine Front in der Nähe der deutschen Grenzen zu eröffnen, untergrub abermals die amerikanische Entschlossenheit, am unverfälschten Prinzip der zweiten Front festzuhalten. Eisenhower erhielt den Auftrag, die Operation einzuleiten, die auf der *Trident*-Konferenz in Washington skizziert worden war und vorsah, eine anglo-amerikanische Armee in Italien landen zu lassen. Aber das Unternehmen sollte auf den Süden begrenzt bleiben und diente nur dem Zweck, Deutschland von dem Abschnitt abzulenken, der für die zweite Front vorgesehen war. Ihr Deckname lautete jetzt *Overlord*.

Die *Quadrant*-Entscheidung bedeutete allerdings noch nicht

das Ende für Churchills hartnäckige Versuche, die Landung an Frankreichs Nordküste so lange hinauszuschieben, bis er sicher war, dass sie ohne schlimme Verluste gelingen würde. Eisenhower rückte auf dem italienischen Festland weiter vor, als Marshall beabsichtigt hatte, bevor die Truppen schließlich abgezogen wurden, um an der Invasion Frankreichs von Süden her teilzunehmen. *Quadrant* war jedoch die letzte Gelegenheit, bei der Churchill vorschlagen konnte, der zweiten Front irgendwelche Kräfte vorzuenthalten. Gegen ein Balkan-Abenteuer hatten sich die Amerikaner völlig zu Recht gewehrt, und nicht nur die Geographie, sondern auch die Schwierigkeiten, die die deutsche Wehrmacht bei ihrem Kampf gegen Tito hatte, hätten Churchill eigentlich von derartigen Plänen abhalten müssen. Trotzdem hätten die Amerikaner dem Italienfeldzug engere Grenzen ziehen müssen, weil dieser letztlich den Zielen der Deutschen mehr diente als denen der Alliierten. Nach der *Quadrant*-Konferenz blockten sie alle Versuche Churchills ab, die Mittelmeerstrategie weiter zu verfolgen. Von nun an hieß es *Overlord* und immer wieder *Overlord*, daran konnte auch Churchill nichts ändern.

Auf der *Trident*-Konferenz hatte Churchill sich mit der Ernennung eines Chefs des Stabes beim Alliierten Oberbefehlshaber einverstanden erklärt, der mit der Ausarbeitung des *Overlord*-Plans beauftragt wurde. In Quebec hatte er eingewilligt, dass der Alliierte Oberbefehlshaber ein Amerikaner sein sollte. Die Ironie lag jedoch darin, dass Großbritanniens Zähne immer stumpfer wurden, je stärker sich Churchill durch die Ereignisse und das Drängen der Amerikaner genötigt sah, in den sauren Apfel zu beißen. Am 1. November 1943 erläuterte Churchill seinen Generalstabschefs: «Das Problem liegt nicht mehr darin, die Lücke zwischen Nachschubmöglichkeiten und Bedarf zu schließen. Unsere Kräfte sind jetzt für die Kriegsanstrengungen vollständig mobilisiert. Wir können der Gesamtmenge nichts mehr hinzufügen, im Gegenteil, sie nimmt bereits ab.» Obwohl Churchill dieses Gefühl des Niedergangs als bedrückend empfand, konnte er sich noch immer nicht dazu aufraffen, das Datum für ein Ereignis festzusetzen, das sich auch nach seiner eigenen Auffassung nicht länger aufschieben ließ. Bislang drängten ihn weder Roosevelt noch der unbewegte Marshall, sich mit dem Unvermeidlichen abzufinden. Das blieb dem unerbittlichen Stalin überlassen, mit dem sich alle drei im November in Teheran trafen.

18 · DREI KRIEGE IN AFRIKA

Der Erste Weltkrieg erreichte Afrika drei Tage nach seinem Ausbruch in Europa, als britische und französische Streitkräfte aus der Goldküste und aus dem Senegal in die deutsche Westküstenkolonie Togo einmarschierten und sie rasch besetzten. Bald darauf wurden auch die drei anderen Kolonien des deutschen Kaisers unter die Kontrolle der Entente gebracht, mit Ausnahme von Deutsch-Ostafrika, wo der verwegene Lettow-Vorbeck bis Kriegsende einen Kleinkrieg führte. Der Zweite Weltkrieg dagegen gelangte schrittweise und mit Verzögerung nach Afrika. Dafür gab es gute Gründe: Ein Ergebnis von Versailles hatte darin bestanden, die Kontrolle über Deutschlands ehemalige afrikanische Kolonien per Völkerbundmandat an Großbritannien, Frankreich und Südafrika zu übertragen; Italien hatte zwar umfangreiche afrikanische Besitzungen an den Küsten von Mittelmeer und Rotem Meer und war mit Deutschland verbündet, trat aber erst im Juni 1940 gegen Großbritannien und Frankreich in den Krieg, die beide wichtige Kolonialmächte auf dem afrikanischen Kontinent waren. Obwohl Hitler in der Parteibürokratie einen Kolonialminister im Wartestand beibehalten hatte, machte er in der Zwischenzeit keine Anstalten, den Krieg über das Mittelmeer hinaus weiter nach Süden zu tragen. Bevor sich Italien auf seine Seite schlug, hatte Hitler keine Möglichkeit, offensive Operationen in Afrika durchzuführen, und wäre Mussolini dort nicht mit seinen militärischen Abenteuern gescheitert, hätte Hitler dazu auch keinen Grund gehabt.

Deutschlands Sieg über Frankreich, in dem Italien nur die unrühmliche Rolle des Trittbrettfahrers gespielt hatte, wurde für Mussolini zum Anlass, sich in Afrika um Lorbeeren zu bemühen. Pétains Waffenstillstand mit Hitler ließ Vichy die Kontrolle über das französische Kolonialreich sowie die Kriegsmarine und die

Streitkräfte, was zur Folge hatte, dass die französischen Truppen an den Rändern von Mussolinis Kolonialreich neutralisiert waren – die *Troupes spéciales du Levant* in Syrien und im Libanon, die große *Armée d'Afrique* in Tunesien, Algerien und Marokko. Als dann der Waffenstillstand und die Weigerung der französischen Admirale, die Kriegsschiffe zu verlegen und sie so Pétains Kontrolle zu entziehen, die Briten veranlasste, das Gros der französischen Kriegsflotte an ihren Liegeplätzen vor Mers-el-Kebir anzugreifen und weitgehend zu vernichten, ein Ereignis, bei dem 1300 französische Seeleute den Tod fanden, ließen die verbitterten französischen Streitkräfte ihren einstigen Alliierten fortan keinerlei Unterstützung mehr zukommen. Im Juli ging Mussolini daher in der Region Afrikas gegen die Briten vor, in der die italienischen Kräfte am stärksten und die britischen am schwächsten waren: Am 4. Juli besetzten in Äthiopien stationierte italienische Einheiten Grenzorte im anglo-ägyptischen Kondominium Sudan, am 15. Juli drangen sie in die britische Kolonie Kenia ein, und zwischen dem 5. und 19. August okkupierten sie ganz Britisch-Somaliland am Golf von Aden.

Italiens Fähigkeit, so dreist gegen die ostafrikanischen Besitzungen des Staates vorzugehen, der immer noch die größte imperiale Macht der Welt war, beruhte auf einem ansonsten untypischen Missverhältnis der Kräfte in dieser Weltregion. Nachdem Italien erst kürzlich Äthiopien erobert und das Land nur oberflächlich befriedet hatte, hatte es dort und in seinen älteren Kolonien Eritrea und Somaliland eine Armee von 92 000 italienischen und 250 000 eingeborenen Soldaten stationiert, die von 323 Flugzeugen unterstützt wurden. Die Briten dagegen verfügten nur über 40 000 Mann, die meisten von ihnen Einheimische, und 100 Flugzeuge. Zu den Verbänden der Briten gehörten die disziplinierten und loyalen Einheiten des *Somaliland Camel Corps*, der *Sudan Defence Force* und die Kenia-Bataillone der *King's African Rifles*, doch sie waren dem Feind zahlenmäßig und in Hinblick auf ihre Ausrüstung hoffnungslos unterlegen. Die 10 000 Mann in der französischen Enklave Djibouti standen loyal zu Vichy (erst nach der Landung der Alliierten im November 1942 ließen sie sich überzeugen, die Seiten zu wechseln).

Großbritannien konnte seine ostafrikanischen Garnisonstruppen nur begrenzt von Ägypten aus verstärken – dort unterhielt es eine Armee, seit es 1882 das halbautonome Lehen des Osmanischen Reichs annektiert hatte –, denn es musste die ägyptische Westgrenze gegen die Armee von 200 000 Mann, zumeist Italiener, verteidigen, die Italien in Libyen stationiert hatte – auch das ein ehemaliger Besitz des Osmanischen Reichs; Italien herrschte hier seit 1912. Douglas Newbold, höchster Verwaltungsbeamter im Sudan, schrieb am 19. Mai 1940 einen Brief nach Hause, in dem er düster das Ergebnis des bevorstehenden Kriegs prophezeite: «Kassala kann von Italien ohne Mühe genommen werden. Port Sudan wahrscheinlich, Khartum vielleicht. Mit einem Schlag sind 40 Jahre geduldige Arbeit im Sudan verloren, und wir geben die vertrauensvollen Sudanesen einem totalitären Eroberer preis.»

Glücklicherweise erwiesen sich diese Befürchtungen, was Großbritanniens Position in all seinen ostafrikanischen Besitzungen anging, als zu pessimistisch. Obwohl Italiens äthiopische Armee im Grunde stark war, wies sie deutliche Schwachstellen auf. Sie wurde zaghaft geführt – auch wenn sich der Herzog von Aosta, der italienische Vizekönig, durch persönlichen Mut und Würde auszeichnete –, sie war vom Nachschub abgeschnitten und konnte nicht verstärkt werden. Die Briten dagegen waren in der Lage, ihre Kräfte in der Region nach Belieben aufzustocken, und zwar durch Truppenverlegungen von Indien und Südafrika über die Kette von Häfen, die an den Küsten des Indischen Ozeans ihrer Kontrolle unterstanden.

Im April 1940 hatte General Sir Archibald Wavell, der Oberbefehlshaber im Nahen Osten, Südafrikas Premierminister Jan Smuts besucht – das dortige Parlament hatte sich im vorangegangenen September mit knapper Mehrheit für den Kriegseintritt entschieden – und die Zusage mitgebracht, das Dominion werde eine Brigade und drei Fliegergeschwader für den Einsatz in Kenia aufstellen. Die Streitkräfte sollten unter dem Kommando von Dan Pienaar stehen, wie Smuts ehemals Teilnehmer des Burenkriegs gegen die Briten, aber jetzt wie dieser fest an der Seite des Empire. Im September ging Wavell das Risiko ein, die 5. Indische Division von Ägypten in den Sudan zu verlegen und sie dort mit einer britischen Brigade zu vereinigen. Im Herbst trafen zwei zusätzliche südafrikanische Brigaden in Kenia ein, wo sie die 1. Südafrikanische Division bildeten.

Nach dem Erfolg, den Wavells Gegenoffensive in Ägypten gegen die libysche Armee Italiens gehabt hatte, schickte er als zusätzliche Verstärkung die 4. Indische Division in den Sudan. Anfang Januar 1941 verfügte also der neue britische Oberbefehlshaber in Ostafrika, General Alan Cunningham – Bruder des Admirals, dem die Mittelmeerflotte unterstand –, über genügend Kräfte, um daran denken zu können, die Italiener von ihren Stützpunkten auf britischem Gebiet zu vertreiben und den Krieg in ihr äthiopisches Reich zu tragen.

Der äthiopische Feldzug

Die Briten waren schon einmal in Äthiopien gewesen – 1867/68 im Zuge einer Strafexpedition gegen Kaiser Theodorus II. Wegen der Schwierigkeiten, die der Feldzug zwischen den zerklüfteten Gebirgszügen mit sich brachte, hatten sie den klugen Entschluss gefasst, nicht dort zu bleiben. Die Italiener waren 1936/37 mit Fliegern, Panzern und einer weit überlegenen Truppenstärke angerückt, hatten die primitive Armee von Kaiser Haile Selassie besiegt und sich bei dieser Gelegenheit für die Niederlage gerächt, die ihnen Kaiser Menelik II. bei Adua beigebracht hatte, als sie 1896 einen ersten Versuch unternahmen, in Äthiopien ein Kolonialreich zu gründen. Der bevorstehende äthiopische Feldzug war von demselben Geist erfüllt wie die vorhergehenden, obwohl er zwischen europäischen Mächten ausgetragen wurde. Im Wesentlichen trug er koloniale Züge. Viele der beteiligten Soldaten waren Nichteuropäer. Das gebirgige Gelände und das Fehlen von Straßen, Schienenwegen und überhaupt sämtlicher Infrastruktur, auf die europäische Armeen für ihre Beweglichkeit und ihren Nachschub angewiesen sind, erlegten diesem Feldzug einen kolonialen Rhythmus auf.

Der britische Plan für die Gegenoffensive gegen die Truppen des Herzogs von Aosta war Ende Oktober 1940 in Khartum festgelegt worden. Dort hatte am 28. Oktober ein Treffen stattgefunden zwischen Anthony Eden, dem britischen Kriegsminister, Haile Selassie, der aus dem englischen Exil zurückgekehrt war, weil er wieder in den Besitz seines Kaiserreichs zu gelangen hoffte, Wavell, Cunningham, der den Befehl am 1. November übernehmen sollte, und Smuts, der aus Südafrika angereist war. Smuts und Eden hatten starke politische Motive, auf eine Offensive zu drängen. Smuts brauchte einen Sieg, um den Widerstand seiner antibritischen Nationalisten zu überwinden, die sich gegen eine Beteiligung Südafrikas am Krieg wehrten. Ihr Widerstand war zwar nicht so heftig wie 1914, als sich unversöhnliche Buren mit Waffengewalt aufgelehnt hatten, aber er stellte Smuts' Führungsanspruch in Frage. Eden wünschte sich einen britischen Erfolg an dieser Nahtstelle zwischen dem afrikanischen und dem arabischen Teil der islamischen Welt, weil er Deutschlands wachsendem Einfluss auf muslimische Führer wie den Großmufti von Jerusalem und Rashid Ali im Irak entgegenwirken wollte, denen Großbritanniens Not als günstige Gelegenheit erschien, sich für Zumutungen zu rächen wie den Fortbestand der Garnison in Bagdad und die Unterstützung zionistischer Siedlungstätigkeit in Palästina.

Haile Selassie, ein geschickter Diplomat, überzeugte Eden in Khartum davon, seine Rückkehr nach Äthiopien, wo sich der Widerstand gegen die italienische Besatzung wieder zu regen begann, biete trotz gegenteiliger Auffassung des britischen Außenministeriums die besten Aussichten, die Herrschaft des gemeinsamen Feindes über das Land zu untergraben. An der Grenze des Sudan standen bereits von den Briten bewaffnete «patriotische» äthiopische Einheiten. Zu einer Gattung sehr eigenwilliger britischer Offiziere, deren Tradition bis zur Eroberung Indiens zurückreicht und deren letzte Verkörperung T. E. Lawrence war, gehörte Orde Wingate, der am 6. November in Khartum mit einer Million Pfund und der unumstößlichen Überzeugung eintraf, er könne Haile Selassie, dem «Löwen von Juda», wieder zu seinem Thron verhelfen. Augenblicklich übernahm er den Befehl über die «patriotischen» Einheiten, flog nach Äthiopien, um Kontakt mit der inneren Widerstandsbewegung aufzunehmen, und traf nach seiner Rückkehr Vorbereitungen, den Kaiser über die Grenze zu geleiten.

Am 20. Januar 1941 schrieb ein offizieller kaiserlicher Berichterstatter: «In Begleitung des Kronprinzen … und zweier mächtiger äthiopischer und englischer Armeen überquerte Seine Majestät Kaiser Haile Selassie I. die Grenze zwischen Sudan und Äthiopien und betrat sein Reich.» Die Bedingungen des langen Exils entschuldigten die Übertreibung – Wingates Truppen, auf Kamelen reitend und fast ganz ohne moderne Ausrüstung, waren fast lächerlich schwach. Immerhin bewegten sie sich auf die Hauptstadt Addis Abeba zu. Gleiches galt nach einigen folgenlosen Grenzscharmützeln auch für die britische Hauptstreitmacht, die die eigentliche Bedrohung für Italiens abessinisches Kolonialreich darstellte. Am 19. Januar überquerten die 4. und die 5. Indische Division die Grenze nördlich des Blauen Nils und marschierten in Richtung der sagenumwobenen Stadt Gondar; ein Verband feindlicher äthiopischer Reiter, die Amharische Kavalleriegruppe unter Führung eines italienischen Offiziers auf einem Schimmel, ritt eine selbstmörderische Attacke gegen die britischen Maschinengewehre, ansonsten trafen sie nur auf geringen Widerstand. Die *Sudan Defence Force*, zu deren Offizieren der berühmte Anthropologe Edward Evans-Pritchard zählte (der nicht weniger berühmte Arabist Wilfred Thesiger gehörte Wingates *Gideon Force* an, die den Kaiser begleitete), betrat am 20. Januar südlich des Blauen Nils äthiopischen Boden. Am 11. Februar marschierten schließlich Cunninghams südafrikanische Truppen, die *King's African Rifles* und die *Royal West African Frontier Force* aus Kenia im südlichen Äthiopien und in Italienisch-Somaliland ein.

Zu Recht nahm der Herzog von Aosta an, dass die größte Gefahr von der 4. und 5. Indischen Division im Norden ausgehe, und zog daher seine besten Truppen bei Keren zusammen, einer kleinen Ortschaft in Eritrea, die von hohen Berggipfeln geschützt und nur durch eine tiefe und enge Schlucht zu erreichen war. Die indischen Divisionen griffen die Stadt am 10. Februar an und wurden zurückgeschlagen; sie wiederholten den Versuch am 15. März und sahen sich einem Gegenangriff ausgesetzt. Doch als ihre Pioniere sich anschickten, die Sperren systematisch niederzureißen, von denen die Zugänge nach Keren verlegt waren, gelangten die Italiener zu der Überzeugung, sie seien besiegt, und zogen sich ins Hinterland zurück. Am 2. April war ganz Eritrea besetzt. Zu diesem Zeitpunkt war auch die italienische Stellung im Süden gefallen. Bei ihrem Vormarsch von Kenia nach Italienisch-Somaliland vermochten General Cunninghams Streitkräfte kaum Schritt zu halten mit dem Feind, so eilig hatten es die einheimischen Truppen, ihre italienischen Offiziere im Stich zu lassen und mit den Gewehren und der Munition nach Hause zu eilen, kostbaren Beutestücken in einer Region, in der das Banditenunwesen weit verbreitet war.

Nachdem sich Cunningham Ende März nach Nordwesten gewandt hatte, von Somaliland nach Zentraläthiopien, musste er sich den Weg zu der alten, ummauerten Stadt Harar freikämpfen. Dieses Gefecht wurde von den schwarzen Nigerianern der *Royal West African Frontier Force* gewonnen – Soldaten, denen Cunningham zunächst wenig Vertrauen geschenkt hatte, zu Unrecht, wie sich jetzt herausstellte. Danach begann den Italienern die Kontrolle über ihre einheimischen Truppen unaufhaltsam zu entgleiten. Anfang April stand nur noch eine dünne Linie von Savoyischen Grenadieren zwischen Cunningham und Addis Abeba. Sie wurden beiseite gefegt, und am 5. April fiel die Stadt den Briten in die

Hände. Am 5. Mai hielt Haile Selassie in Begleitung von Wingates *Gideon Force* einen triumphalen Einzug in der Stadt. Inzwischen hatte sich der Herzog von Aosta auf die Bergfestung Amba Alagi zurückgezogen, wo er Ende Mai kapitulierte. Im Jahr darauf starb er in britischer Gefangenschaft an Tuberkulose.

Damit war der Krieg in Äthiopien praktisch vorüber. Britisch-Somaliland war am 16. März durch eine von Aden ausgehende Landeoperation wiedererobert worden. Der italienische Kommandant der Hauptstadt Berbera brach in Tränen aus, als er seinen Revolver einem britischen Offizier überreichte, der ihn mit den Worten tröstete: «Der Krieg kann sehr peinlich sein.» Eine Hand voll unentwegter Italiener entkam nach Westen, wo sie sich am 3. Juli den belgischen Truppen ergaben, die vom Kongo her näher rückten. Im Laufe des Feldzugs verlor Italien rund 289 000 Mann, überwiegend vor Ort rekrutierte Soldaten, wobei die Mehrheit in Gefangenschaft geriet. Die Sieger wurden sofort an andere Fronten geschickt, wo man sie dringender brauchte – die Inder und Südafrikaner in die Libysche Wüste, die West- und Ostafrikaner in ihre Heimatstandorte, von wo aus sie 1944 nach Burma kamen, um gegen die Japaner zu kämpfen, ein Krieg, in dem Wingate seinen legendären Ruf erwerben sollte. Eine Truppe des Freien Frankreich, die aus dem Nahen Osten angerückt war, kehrte wieder dorthin zurück. General Sir William Platt, der Kommandeur der *Sudan Defence Force*, sollte im November 1942 Madagaskar einnehmen, weil Churchill befürchtet hatte, die dort stationierten Vichy-Kräfte würden sich nicht gegen die Japaner verteidigen können oder wollen. Cunningham, der Eroberer von Äthiopien, begab sich nach Ägypten, wo er im Kampf gegen Rommel seinen Ruf als erfolgreicher Truppenführer einbüßen sollte.

Der Äthiopienfeldzug mutet, im Kontext des Zweiten Weltkriegs betrachtet, seltsam an: Strategisch war er eine Fußnote zum «Gerangel um Afrika», das im 19. Jahrhundert stattgefunden hatte, taktisch eine romantische Episode mit langen Kamelkarawanen und kurzen, erbitterten Gefechten um Gebirgsfestungen und Wüstenforts. In der bunten Vielfalt von Kolonialtruppen, die daran teilgenommen hatten – *Mahratta Light Infantry*, *Rajputana Rifles*, *Gold Coast Regiment*, *Gruppo Banda Frontiere* – durfte natürlich auch die Fremdenlegion nicht fehlen. Auf persönliches Betreiben von General de Gaulle, der damals verzweifelt nach Mitteln und Wegen suchte, seine angekündigte Revolte gegen Pétain und Vichy in die Tat umzusetzen, hatte die Legion tapfer und wirkungsvoll bei Keren gekämpft, bevor sie wieder in den Nahen Osten zurückkehrte, um an der Schlacht von Bir Hacheim teilzunehmen, wo sie weiteren militärischen Ruhm erwarb.

Äthiopien war nicht die einzige Front südlich des Mittelmeers, an der de Gaulle nach der Niederlage Frankreichs eine Alternative zum Vichy-Regime zu schaffen suchte. Im September 1940 hatte er eine Truppe des Freien Frankreich, die zusammen mit britischen Einheiten von der Royal Navy an Land gesetzt worden war, gegen Dakar im Senegal geführt, den Eckpfeiler französischer Präsenz in Westafrika. Sein Vorhaben, die Garnison für das Freie Frankreich zu gewinnen, scheiterte, genau wie das der Royal Navy, die Einheiten der französischen Flotte auszuschalten, welche eingetroffen waren, um den Hafen zu verteidigen. Zwar musste sich de Gaulle am 25. September unverrichteter Dinge zurückziehen, doch war der Versuch des Freien Frankreich, in Westafrika Fuß zu fassen, nicht gänzlich erfolglos. Am 27. August war es dem entschlossenen De-Gaulle-Anhänger Philippe Leclerc gelungen, die Kolonie Kamerun für die Sache des Freien Frankreich zu gewinnen. Als der schwarze Gouverneur des Tschad dies hörte, wechselte er ebenfalls die Seiten, und kurz darauf schloss sich Französisch-Kongo an. Mit Truppen aus Kamerun, dem Tschad, Kongo und teilweise auch Senegal marschierte Leclerc am 12. Oktober in Gabun ein und führte zusammen mit seinem Waffenbruder Pierre Koenig diese Truppen gegen die Hauptstadt Libreville, die am 12. November kapitulierte. Wie erbittert und ideologisch dieser Bruderkrieg zwischen den zerstrittenen französischen Lagern geführt wurde, beweist der Umstand, dass sich Gouverneur Masson lieber erhängte, als sich zu ergeben. Sein Nachfolger streckte noch am selben Tag die Waffen.

Der syrische Krieg

De Gaulle kontrollierte nun ein geschlossenes, keilförmiges Gebiet am Golf von Guinea und verfügte außerdem über vier unabhängige Truppenkörper auf dem Kontinent: eine Brigade in Ägypten und eine «Division» in Ostafrika (die beiden wurden schon bald zusammengefasst und der *British Western Desert Force* zugeteilt), eine Garnison in Westafrika und Leclercs *Groupe Nomade de Tibesti* im Tschad. Leclerc, bei weitem der energischste von de Gaulles Anhängern, führte im Frühjahr 1942 sein winziges Kommando nordwärts ins italienische Libyen, stellte mit der *British Long Range Desert Group* Verbindung her und eroberte am 1. März ganz auf sich gestellt die Oase Kufra. Das war der erste unabhängige Sieg von Kräften des Freien Frankreich gegen die Achse. Leclerc war sich der Bedeutung dieses Sieges bewusst, und er veranlasste seine kleine Schar von französischen Soldaten weißer und schwarzer Hautfarbe sogleich, den feierlichen Schwur zu leisten (den «Schwur von Kufra»), dass sie die Waffen nicht eher niederlegen würden, als bis die französische Fahne wieder über den von den Deutschen besetzten Städten Metz und Straßburg wehe; Leclerc hatte einst die Militärakademie Saint-Cyr besucht und dort zur Abschlussklasse «Metz und Straßburg» gehört. Im Frühjahr 1941 muss eine solche Geste sehr kühn gewirkt haben. Nicht einmal der unbezähmbare Leclerc dürfte zu diesem Zeitpunkt damit gerechnet haben, dass er drei Jahre später französische Soldaten die Champs-Élysées hinabführen würde, um in Notre-Dame de Paris ein feierliches Dankgebet für die Befreiung der Stadt zu sprechen, oder dass im November 1944 seine 2. Panzerdivision tatsächlich zusehen würde, wie die Trikolore über Metz und Straßburg aufgezogen wurde.

Weit mehr als die Aussicht auf Befreiung beschäftigte die Franzosen, die sich über der Frage des Waffenstillstands entzweit hatten, im Frühjahr 1941 das Schreckgespenst weiterer Bruderkriege. Die größte Konzentration von Vichy-Truppen, General Maxime Weygands große *Armée d'Afrique* in Marokko, Algerien und Tunis, befand sich noch nicht im strategischen Einzugsgebiet, doch General Henri Dentz' *Troupes spéciales du Levant* in Syrien und Libanon waren ein nahe liegendes Ziel für die Unterwanderung durch Agenten der Achse. Ihre Stützpunkte umfassten von Osten her die der Briten in Ägypten, wo deren Konflikt mit den Italienern sich seit Dezember 1940 zu einem echten Wüstenkrieg entwickelt hatte. Außerdem waren die französischen Stellungen ein Brückenkopf, über den Großbritanniens arabische Feinde Rashid Ali im Irak und der Großmufti von Jerusalem in Palästina unterstützt werden konnten. Dentz war wie Weygand durch die Bedingungen des Waffenstillstands zur Neutralität verpflichtet, aber wegen der relativen Schwäche seiner Streitkräfte (38 000 gegenüber Weygands 100 000 Mann), seiner Isolierung von Frankreich und der Nähe zu den Achsenmächten in Italien und auf dem Balkan konnte er in einer Weise unter Druck gesetzt werden, die bei Weygand ohne Wirkung bleiben musste.

Anfang April entschlüsselte der britische Nachrichtendienst Funksprüche, aus denen hervorging, dass die Deutschen und Italiener gemeinsam planten, Syrien als Basis zu benutzen, um Rashid Ali im Irak mit Nachschub zu versorgen, wo dieser General am 3. April den probritischen Regenten gestürzt hatte. Am 13. Mai offenbarten neue Entschlüsselungen, dass deutsche Flugzeuge mit irakischer Kokarde in Syrien eingetroffen waren. Am folgenden Tag begannen sie die britischen Streitkräfte zu bombardieren, die in den Irak eindrangen, um Rashid Alis Putsch niederzuschlagen. Rashid Ali hatte unüberlegt und übereilt gehandelt. Seine Armee war nicht stark und entschlossen genug – weder um die britische Garnison zu überwinden, die vertragsgemäß den großen Luftwaffenstützpunkt Habbaniya vor den Toren Bagdads besetzt hielt, noch um die britischen Truppen daran zu hindern, ihr Durchmarschrecht wahrzunehmen und den Irak vom Hafen Basra aus zu durchqueren.

Die Belagerung von Habbaniya, die am 30. April begann, wurde am 5. Mai von den Belagerten beendet, indem sie Rashids Truppen vom Flugplatz vertrieben. Verstärkt durch die eilig zusammengestellte *Habforce* – Einheiten aus Palästina, die quer durch die Wüste marschiert waren – und durch die 10. Indische Division, die in Basra landete, drangen die im Irak stationierten britischen Streitkräfte am 31. Mai in die Stadt ein und brachten den Regenten wieder an die Macht.

Indizien für Dentz' Mittäterschaft, wie unfreiwillig auch immer, an dem Irak-Zwischenfall gaben den Ausschlag für die britische Entscheidung, sich gegen die *Troupes du Levant* zu wenden (eine Entscheidung, auf die de Gaulle schon lange drängte). Die Gefahr, die sie im Rücken der in Libyen operierenden *Western Desert Force* darstellte, war zu groß, um sie einfach zu ignorieren. Daher rückten am 23. Juni vier britische Kolonnen gegen sie vor – die 10. Indische Division und die *Habforce* aus dem Irak gegen Palmyra und Aleppo, die britische 6. Division aus Nordpalästina gegen Damaskus und die 7. Australische Division aus Haifa gegen Beirut. Der kurze Krieg, der folgte, war nicht angenehm. An der Grenze zu Nordpalästina führte die Beteiligung der Freifranzösischen Division dazu, dass Franzosen gegen Franzosen kämpften, und zwar in den bis dahin heftigsten Schlachten zwischen den Anhängern Pétains und de Gaulles.

An allen Fronten herrschte Erbitterung: Die Briten glaubten, hier würde Blut vergossen, das sie besser für den Kampf gegen die Deutschen aufgespart hätten; die Vichy-Franzosen waren der Meinung, dass man ihnen den Krieg zu Unrecht aufgezwungen habe. Die französischen *Troupes du Levant* lieferten einen so tapferen Kampf, dass es lediglich der 7. Australischen Division gelang, die Verteidigungsanlagen zu überwinden, und das auch nur, weil sie südlich von Beirut durch Schiffsartillerie massiv unterstützt wurden. Sobald ihr jedoch am 9. Juli der Durchbruch geglückt war, sah Dentz ein, dass seine Stellung nicht zu halten war, und bat um Waffenstillstand. Der wurde am 11. Juli gewährt; wer de Gaulles Angebot ablehnte, in die Streitkräfte des Freien Frankreich einzutreten, durfte nach Hause zurückkehren: Nur 5700 der 38 000 Mann, die unter Dentz besiegt worden waren, schlossen sich de Gaulle an. Die Mehrheit, darunter Fremdenlegionäre, die in einer fast als Sakrileg empfundenen Zuspitzung der Ereignisse gegen Fremdenlegionäre gekämpft hatten, wurde nach Nordafrika verschifft, wo sie im November 1942 bei der Landeoperation *Torch* wieder auf alliierte Truppen stießen.

So bitter, verlustreich und bedauerlich der kleine syrische Krieg auch war – 3500 alliierte Soldaten fielen oder wurden verwundet –, sein Ergebnis wirkte sich durchaus positiv auf die britische Strategie in Afrika aus. Nach Italiens Niederlage in Äthiopien und dem Aus für die achsenfreundliche Partei im Irak sicherte er Großbritanniens Truppenpräsenz in Ägypten von der Landseite her und ermöglichte dem Oberbefehlshaber der *Western Desert Force*, sich ausschließlich auf seine vordringliche Aufgabe zu konzentrieren – die Achse in Libyen zu besiegen.

Begonnen hatte der libysch-ägyptische Krieg im September 1940. Er war der zweite von drei Kriegen, die zwischen 1939 und 1945 in Afrika geführt wurden, weil er erst kurz nach dem äthiopischen Feldzug ausbrach und dem tunesischen Krieg um mehr als zwei Jahre vorausging. Damals hatte er in den Augen der britischen Öffentlichkeit große Bedeutung, da er der einzige Kriegsschauplatz war, auf dem britische Streitkräfte zu Lande in Kampfhandlungen mit denen des Feindes verwickelt waren. In taktischer Hinsicht war es jedoch ein recht belangloser Krieg, und obwohl er von beträchtlicher strategischer Bedeutung war, konnte diese Dimension nicht zum Tragen kommen, solange die englische Schwäche vor Ort durch die militärische Unfähigkeit der Italiener wettgemacht wurde. Diese Bedingungen bestimmten den Charakter des Krieges während der ersten sechs Monate.

Sieg in Libyen

Die italienische Armee in Libyen unter dem Befehl von Marschall Rodolfo Graziani hatte eine Stärke von rund 200 000 Mann, war in zwölf Divisionen gegliedert und in Tripolis stationiert, nicht weit von Sizilien entfernt. General Archibald Wavell befehligte 63 000 Mann und hatte seinen Hauptstützpunkt in Alexandria, das zugleich als Basis für die Mittelmeerflotte diente, da Malta im Juni, unmittelbar nach Frankreichs Zusammenbruch und Italiens Kriegserklärung, praktisch zum reinen Luftstützpunkt erklärt worden war. Bis dahin war Italiens Libysche Armee von Frankreichs Afrika-Armee jenseits der tunesischen Grenze in Schach gehalten worden. Die französische Toulon-Flotte und die britische Malta-Flotte waren gemeinsam stark genug, um Italiens nicht unbeträchtliche Seemacht zur Bedeutungslosigkeit zu verurteilen. Doch als Pétain am 24. Juni 1940 einen Waffenstillstand mit Mussolini schloss, wurden Italiens sechs Schlachtschiffe plötzlich zur mächtigsten Flotte von Großkampfschiffen im Mittelmeer, der die Royal Navy nur deshalb Paroli bieten konnte, weil sie neben ihren eigenen fünf Schlachtschiffen über zwei Flugzeugträger verfügte, während in Grazianis Armee viermal so viele Soldaten dienten wie unter Wavell.

Ein scheinbares Kräftegleichgewicht zur See und unbestreitbare zahlenmäßige Überlegenheit an Land verleiteten Mussolini leichtsinnigerweise dazu, am 13. September eine Offensive gegen Ägypten zu befehlen. Drei Tage später und 100 Kilometer tief auf ägyptischem Gebiet ließ Graziani seine Streitkräfte halten, um einen festen Stützpunkt anzulegen. In den folgenden drei Monaten blieben sie dort und errichteten Feldbefestigungen.

Doch Mussolini hatte die Situation offensichtlich falsch eingeschätzt. Seine großspurige Offensive brachte die Royal Navy keineswegs aus der Fassung. Am 8. und 9. Juli hatten ihre (in Gibraltar stationierte) *Force H* und die (in Alexandria stationierte) Mittelmeerflotte die gesamte italienische Schlachtflotte zwischen

Sardinien und Kalabrien zum Kampf gestellt, ihr beträchtliche Schäden zugefügt und sie zum Rückzug gezwungen. Vier Monate später, am 11. November, überraschte das Fliegergeschwader des Trägers *Illustrious*, der zu Admiral Andrew Cunninghams Alexandria-Flotte gehörte, die italienischen Schlachtschiffe im Hafen von Tarent am «Absatz» des italienischen Stiefels und brachte vier von ihnen an ihren Liegeplätzen schwere Schäden bei. In diesen Kämpfen wurde die Überlegenheit der Royal Navy gegenüber der italienischen Überwasserflotte hergestellt. Sie sollte zu Beginn des Griechenlandfeldzugs noch zunehmen, als am 28. März 1941 in der nächtlichen Schlacht vor Kap Matapan (Tainaron) drei Schwere Kreuzer der Italiener versenkt wurden. Danach blieben Mussolinis Schlachtschiffe im Hafen, obwohl es der italienischen

Kriegsmarine noch hin und wieder gelang, Geleitzüge durch die Meerenge zwischen Sizilien und Tripolis zu schleusen und mit ihren leichten Kräften, Motortorpedobooten und Klein-U-Booten, einige waghalsige Erfolge gegen die Mittelmeerflotte zu erzielen.

Die Furcht der britischen Admiralität im Juni 1940, sie müsse das Mittelmeer aufgeben, wie es 1796, in der dunkelsten Stunde ihrer Geschichte, der Fall war, hatte sich also bald gelegt. Zwar schränkte die Luftmacht der Achse, die im Laufe des Jahres 1941 wirkungsvoll gegen die Notkonvois nach Malta und Alexandria eingesetzt wurde, die Handlungsfähigkeit der Flotte ein, das änderte aber nichts daran, dass die Briten das Mittelmeer beherrschten.

Durch die neue Lage wurde die italienische Armee, die als verlängerter Arm der italienischen Flotte in Libyen hätte operieren sollen, auf den Rang eines Expeditionsheeres – ähnlich wie die britische Armee in Ägypten – herabgestuft. Offensive Operationen konnte sie nur insoweit durchführen, als sie über ihren wichtigsten Stützpunkt Tripolis von Sizilien aus Nachschub und Verstärkung erhielt. Mit dem Einmarsch in Ägypten im September 1940 hatte sie ihre Nachschublinien überdehnt. Als die *Western Desert Force* unter General Richard O'Connor am 9. Dezember eine überraschende Gegenoffensive gegen die mangelhaft ausgebauten italienischen Vorpostenstellungen in Sidi Barrani führte, wurden die Verteidigungsanlagen überrannt und die Italiener zum ungeordneten Rückzug entlang der Küste in Richtung Tripolis gezwungen, eine Flucht, die erst 650 Kilometer weiter westlich endete, als sie Anfang Februar Beda Fomm erreichten.

Die «Wavell-Offensive», wie der Gegenangriff genannt wurde, zeigte ein Muster, das während der nächsten zwei Jahre typisch für die Kampfhandlungen in der Libyschen Wüste sein sollte. Ungewöhnlich war sie nur, was die Zahl der Gefangenen anging – mehr als 130 000, ein Resultat, das das Kräfteverhältnis zwischen Grazianis Armee (200 000) und Wavells Streitkräften (63 000) weitgehend ausglich. Charakteristisch war sie insofern, als die besiegten

Truppen einen ungeordneten Rückzug entlang der einzigen Küstenstraße antraten und von der Hauptmacht des Feindes erbittert verfolgt wurden, der unterdessen im Binnenland eine Reihe von Riegelstellungen anlegte, um die Verteidiger aus einem Hafen nach dem anderen zu vertreiben (von Ost nach West: Sollum, Bardia, Tobruk, Gazala, Derna, Benghasi, El Agheila, Tripolis) und den Feind, wenn möglich, zwischen den Wüstenstellungen und den entlang der Küste vorstoßenden Truppen in die Zange zu nehmen.

Am 7. Februar gelang der *Western Desert Force* dieses Kunststück in Beda Fomm. Ihre 7. Panzerdivision überholte die Italiener in einem Gewaltmarsch quer durch die Schmalstelle der Wüste, dort, wo die Cyrenaika tief in sie hineingreift, und schnitt der italienischen 10. Armee so den Rückzug ab, während deren Nachhut von der 6. Australischen Division die Küstenstraßen entlanggejagt wurde. Als die Italiener erkannten, dass sie von zwei Seiten beschossen wurden, ergaben sie sich – ein Ergebnis, das die kühne «Wavell-Offensive» mit einem überwältigenden Sieg krönte.

Er sollte sich allerdings aus zwei Gründen als kurzlebig erweisen. Zum einen sah sich Wavell durch Churchills Entschluss, in Griechenland zu intervenieren, um die Truppenstärke gebracht, die er für eine Fortsetzung des Vorstoßes bis nach Tripolis brauchte. Zum anderen schickte Hitler einen deutschen General und eine kleine Panzertruppe, um Grazianis Armee aus ihrer misslichen Lage zu befreien. Während sich die britischen, neuseeländischen und australischen Divisionen auf den Weg nach Athen machten, trafen Rommel und das Afrikakorps, das anfänglich aus der 5. leichten Division und der 15. Panzerdivision bestand, in Tripolis ein. Obwohl mit der Wüstenkriegführung überhaupt nicht vertraut, hatten Rommel und seine Truppen die Absicht, am 24. März, nur 40 Tage nach Eintreffen der Vorhut in Tripolis, eine Offensive einzuleiten. In der Eröffnungsphase wurden die Briten aus ihren schwach verteidigten Stellungen in Beda Fomm vertrieben. Am 3. April hatte Rommel Benghasi genommen, und

Bomber vom Typ B-24 *Liberator* im Sommer 1941 bei einem Einsatz in der Normandie.

Nach einem Bombentreffer brennt der Flugzeugträger USS *Franklin* am 19. März 1945 fast völlig aus.

Der britische Flugzeugträger HMS *Courageous* sinkt am 17. September 1939, von einem deutschen U-Boot torpediert.

Der leichte Träger *Belleau Wood* wird am 30. Oktober 1944 von einem Kamikaze-Flieger getroffen.

Amerikanischer Flottenstützpunkt auf Okinawa, April 1945. Von den rund 120 000 auf der Insel stationierten Japanern fielen 110 000.

Vorsichtig warten amerikanische Soldaten die Wirkung einer geballten Ladung ab, die sie in einen Stützpunkt auf dem heftig umkämpften Gelände von Okinawa geworfen haben.

Am 9. März 1945 griff das amerikanische *Bomber Command* Tokio mit 325 Flugzeugen an. Tags darauf hatten die Flammen mehr als 40 Quadratkilometer Stadtgebiet vernichtet.

Der japanische General Yoshigiro Umezu unterzeichnet an Bord der USS *Missouri* die Kapitulationsurkunde, 2. September 1945. Links im Vordergrund General Douglas MacArthur.

am 11. April war er nicht mehr weit von der Linie, von der aus O'Connor (der im Laufe der Kämpfe in Gefangenschaft geraten war) vier Monate zuvor die «Wavell-Offensive» begonnen hatte. Tobruk, das von der 9. Australischen Division als Festung gehalten wurde, war im rückwärtigen Raum von deutsch-italienischen Kräfte eingeschlossen.

Den plötzlich und brillant errungenen Vorteil konnte Rommel jedoch nicht nutzen. So dynamisch er seinen Feldzug auch führte – die geographischen und topographischen Bedingungen des Wüstenkriegs sorgten dafür, dass ihm die Hände gebunden blieben: Die Wüste lieferte nichts, und über weite Strecken war die Küstenebene landeinwärts durch hohe Hügel und steile Bodensenken begrenzt, sodass die Armeen sich praktisch nur innerhalb eines höchstens 65 Kilometer breiten Streifens bewegen konnten. Auf diesem Streifen, der sich über eine Länge von 2000 Kilometern zwischen Tripolis im Westen und Alexandria im Osten erstreckte, waren die aufgereihten kleinen Häfen die einzigen, aber entscheidenden Punkte von militärischer Bedeutung. Notwendigerweise sah die Kriegführung daher so aus, dass man versuchte, von einem Versorgungspunkt am Meer zum nächsten zu gelangen, in der Hoffnung, der eigene Angriffsschwung werde den Feind aus dem Gleichgewicht bringen und seine Vernichtung ermöglichen, wenn ihm Wasser, Brennstoff, Munition, Nahrung und Verstärkung vorenthalten wurden – die wichtigsten Elemente des Wüstenkriegs, in der Reihenfolge ihrer Bedeutung.

Rommels Vorstoß hatte seine Nachschublinie von Tripolis her gefährlich überdehnt. Die Verbindung dieses Hafens mit Sizilien war ihrerseits ständigen Angriffen der britischen Überwasserflotte, U-Boote und Luftwaffe ausgesetzt. Im April unternahm Rommel einen vergeblichen Versuch, Tobruk einzunehmen, um seine Nachschubwege zu verkürzen. Inzwischen war es der Royal Navy gelungen, einen Geleitzug mit dem Decknamen *Tiger* von Gibraltar an Malta vorbei, ihrem wichtigsten Stützpunkt im zentralen Mittelmeer, nach Alexandria zu schleusen und auf diesem Wege die *Western Desert Force* mit einer erheblichen Panzerverstärkung zu versehen. Derart aufgerüstet, ging Wavell zum Gegenangriff über und versuchte durch eine Operation mit dem Decknamen *Battleaxe*, Rommel aus seinen vorgeschobenen Stellungen zu vertreiben.

Battleaxe war ein verlustreicher Fehlschlag, in erster Linie, weil die Briten Panzer gegen wohl positionierte deutsche Panzerabwehrkanonen (Flakartillerie im Erdkampfeinsatz) in den Kampf schickten – auf den langen, freien Schussfeldern, die das Wüstengelände bot, entfaltete die überragende 8,8-cm-Kanone ihre ganze Wirksamkeit –, bis die gepanzerten Verbände so weit geschwächt waren, dass die deutschen Panzereinheiten zum Gegenangriff übergehen konnten. Das Scheitern von *Battleaxe* untergrub Wavells Stellung. Er wurde nach Indien versetzt. Am 5. Juli trat Claude Auchinleck, der ranghöchste Soldat der Indischen Armee, seine Nachfolge an.

Auchinleck leitet *Crusader* ein

Nun trat eine längere Pattsituation im Wüstenkrieg ein. Da Großbritannien noch nicht in den vollen Genuss des Pacht-Leih-Vertrags gekommen war, sah es sich außerstande, seine Wüstenarmee zu kriegsentscheidender Stärke aufzurüsten. Deutschland, seit Juni mit der Eroberung Russlands beschäftigt, konnte für das Afrikakorps nichts erübrigen. Die einzige klare Veränderung, die sich im Laufe des Sommers 1941 in der Chancenverteilung des Afrikakrieges ergab, vollzog sich weit entfernt vom eigentlichen Brennpunkt des Geschehens, im Iran, wo Deutschlands Versuche, den Erfolg zu wiederholen, den es im April im Irak beinahe erzielt hatte, am 17. August durch ein anglo-russisches Ultimatum an die Regierung des Schahs unterbunden wurden. Darin wurde das Recht beansprucht, Truppen, aber vor allem Nachschub, unter anderem die lebenswichtigen Pacht-Leih-Lieferungen, in und durch die Golfhäfen des Iran nach Südrussland und in den

Nahen Osten zu befördern. Als die Armee des Schahs den britischen Truppen, die am 25. August eintrafen, um dem Ultimatum Nachdruck zu verleihen, Widerstand entgegensetzte, wurde sie ausgeschaltet. Den Schah schickte man ins südafrikanische Exil. Sowjetische Truppen, die in den Nordiran eingedrungen waren, trafen sich mit den britischen Kräften am 17. September in Teheran, woraufhin das Land praktisch geteilt und bis 1946 von den beiden Staaten verwaltet wurde.

Während der Iran der Einflusssphäre der Anti-Achsen-Mächte fest eingefügt wurde, bereitete Auchinleck an der ägyptischen Grenze seine eigene Gegenoffensive gegen Rommel vor. Tobruk, wo die 9. Australische Division sich verschanzt hatte, hielt sich nach wie vor. Gleiches galt trotz unaufhörlicher Luftangriffe der Achse für Malta, das nur durch Konvois mit Kampfauftrag versorgt werden konnte; drei davon erreichten die Insel im Laufe des Jahres 1941 – *Excess* im Januar, *Substance* im Juli und *Halberd* im September. Jetzt wollte Auchinleck Tobruk entsetzen und die Cyrenaika zurückerobern, um Rommel und seine italienischen Verbündeten, welche die Masse seiner Truppen, wenn auch nicht seiner Kampfkraft stellten, aus Libyen zu vertreiben. *Crusader* – so der Deckname, unter dem diese Winteroffensive lief – begann am 18. November mit fast 700 britischen gegen 400 deutsche und italienische Panzer. Ein erster Versuch, die Belagerung von Tobruk aufzuheben, schlug fehl, doch am 10. Dezember, nachdem Auchinleck dem General Alan Cunningham das Kommando über die 8. Armee (wie die *Western Desert Force* seit dem 18. September wieder hieß) entzogen hatte, vereinigte sich diese mit den britisch-polnischen Kräften, welche die australischen Truppen in der Garnison abgelöst hatten. Zu den australischen Triumphen während der achtmonatigen Belagerung gehörte der Umstand, dass sie den Deutschen mit gleicher Münze heimzahlten, indem sie deren Panzerangriffe im vernichtenden Feuer panzerbrechender Waffen zum Stehen brachten.

Ihre Niederlage bei Tobruk zwang die Deutschen, sich bis El

Agheila zurückzuziehen, von wo aus Rommel seine Offensive im März zuvor begonnen hatte. Doch die Nachteile der «Überdehnung», die ihn im November so verwundbar gemacht hatten, wirkten sich jetzt gegen die Briten aus, die zudem Truppen nach Fernost verlegen mussten. Als Rommel am 21. Januar 1942 zum Gegenangriff ansetzte, konnten die Briten nicht umhin, einen Großteil des gerade erst gewonnenen Küstenstreifens preiszugeben und sich über die halbe Länge der Cyrenaika bis in die Gazala-Bir-Hacheim-Stellung zurückzuziehen, die sie am 28. Januar 1942 erreichten und befestigten.

Beide Seiten waren erschöpft und legten eine Erholungspause ein. Im Verlaufe von *Crusader* hatten die Briten etwa 18 000 Männer durch Tod oder Verwundung und 440 Panzer eingebüßt, die deutsch-italienischen Truppen 38 000 Mann und 340 Panzer. Die Verluste an Flugzeugen hielten sich ungefähr die Waage, rund 300 Maschinen auf beiden Seiten. Im Frühjahr wurde diese Verluste allmählich wieder aufgefüllt, und ab Mai setzte Churchill seinen Oberbefehlshaber unter Druck, erneut die Offensive aufzunehmen.

Während Auchinleck sich noch darauf vorbereitete, kam ihm Rommel zuvor und griff am 27. Mai an. Die folgende Schlacht, die Schlacht von Gazala, gehörte zu den rücksichtslosesten und verlustreichsten des Wüstenkrieges. Einmal führte Rommel persönlich einen starken Panzervorstoß in die britischen Linien, wobei er die Sicherung der Flanken und des rückwärtigen Raumes den Minenfeldern des Feindes überließ. Er hielt sich hartnäckig inmitten der britischen Stellung und wehrte alle Angriffe ab, die gegen ihn geführt wurden, wobei er den Panzerkräften des Gegners schwere Verluste beibrachte. Gleichzeitig überwanden seine 90. leichte und die italienische Panzerdivision Ariete den tapferen Widerstand des Verbands, dem Auchinleck die Sicherung seiner Wüstenflanke anvertraut hatte, Koenigs Freifranzösischer Brigade in Bir Hacheim. Am 10. Juni waren Koenigs verbliebene Soldaten zur Aufgabe gezwungen, worauf sich ihre Angreifer nach Norden wandten und Rommel in seinem «Kessel» zu Hilfe kamen. Am 14. Juni beschloss Auchinleck, Gazala aufzugeben und eine sicherere Position weiter östlich einzunehmen, in Alam Halfa bei El Alamein, wo die unpassierbare Kattarasenke dem Meer am nächsten kommt. Tobruk ließ er als bemannte Festung zurück und erwartete, dass es ein Stachel im Fleisch des Feindes bleiben werde.

Doch bereits nach einwöchiger Belagerung, am 21. Juni, kapitulierte die 2. Südafrikanische Division, und Tobruk fiel an den Feind. Die Kapitulation war ein schwerer Schock, vor allem für Churchill, der sich gerade in Washington aufhielt und mit Roosevelt über die Pläne für eine zweite Front beriet. «Ich versuchte gar nicht erst, mein Entsetzen vor dem Präsidenten zu verbergen. Der Augenblick war zu bitter. Niederlage ist eines, Schande ein anderes.» Obwohl diese Kapitulation abermals Churchills Zweifel am Kampfgeist seiner Soldaten weckte, Zweifel, die sich erstmals vier Monate zuvor gemeldet hatten, als Singapur gefallen war, nahm er den Amerikanern sofort das großzügige Versprechen ab, den eigenen Panzerdivisionen, die gerade im Entstehen waren, einen Teil der neuen *Sherman*-Panzer (der erste Panzer der Alliierten, der es an Feuerkraft mit dem Panzer IV aufnehmen konnte) zu entziehen und sie den Streitkräften in der Libyschen Wüste zur Verfügung zu stellen. So wurden 300 *Sherman*-Panzer und 100 Selbstfahrlafetten auf den Seeweg um das Kap gebracht. Im September trafen sie in Ägypten ein.

Noch immer waren die Luftstreitkräfte der Achsenmächte zu stark, um das Mittelmeer als Nachschubweg für die alliierte Wüstenarmee zu nutzen – wie das Schicksal des Geleitzugs *Pedestal* zeigte, der Malta im August mit Nachschub versorgen sollte. Bei diesem Versuch, die Garnison und die Bevölkerung der Insel (die Einwohner waren kollektiv mit dem Georgs-Kreuz ausgezeichnet worden, weil sie den pausenlosen Luftangriffen so gleichmütig standgehalten hatten) mit dem Allernötigsten wie Treibstoff und Lebensmitteln zu versorgen, verlor die Royal Navy einen Flugzeugträger und zwei Kreuzer, während von den 16 Handelsschiffen des Konvois elf versenkt wurden. Im Gegenzug griff die britische *Desert Air Force* drei von vier Konvois an, die sich auf dem Weg von Italien nach Tripolis befanden, und brachte ihnen so schwere Verluste bei, dass Rommel Gefahr lief, überhaupt keinen Nachschub an Treibstoff für seine Panzer und Flugzeuge zu erhalten.

Der Wüstenkrieg wurde jedoch nicht durch das Verhältnis der logistischen Vor- und Nachteile entschieden. Nach der Demütigung von Tobruk war Churchill entschlossen, einen Sieg im Feld zu erringen, den Großbritannien jetzt dringend brauchte, um seine Stellung als Verbündeter aufzuwerten – gegenüber den Vereinigten Staaten, die sich in ihrem Triumph von Midway sonnten, und gegenüber der Sowjetunion, die dem Vorstoß der deutschen Wehrmacht nach Südrussland noch immer hartnäckigen Widerstand entgegensetzte. Zwischen dem 4. und 10. August besuchte Churchill das britische Nahost-Hauptquartier in Kairo, um mit Smuts, dem südafrikanischen Premier, Wavell, dem Oberbefehlshaber in Indien, Alan Brooke, dem Chef des britischen Generalstabes, und Auchinleck zu konferieren. Der Premierminister fand, es sei Zeit für einen Personalwechsel. Am 15. August ersetzte er Auchinleck durch General Harold Alexander als Oberbefehlshaber im Nahen Osten. Gleichzeitig wurde General Bernard Montgomery zum Oberbefehlshaber der 8. Armee ernannt.

Auchinleck zu entlassen, so Churchill später, das sei gewesen, als hätte man «einen kapitalen Hirsch zu erlegen». Neben seinem großartigen Aussehen und Auftreten verfügte Auchinleck auch sonst über jede soldatische Tugend, ausgenommen eine einzige: den Killerinstinkt. Churchill aber war damals der Verzweiflung so nahe wie zu keinem anderen Zeitpunkt des Krieges. Am 1. Juli hatte er sich im Unterhaus eines Misstrauensantrags erwehren müssen und fürchtete, eine weitere Verlängerung des Patts in der Wüste würde seinen innen- und außenpolitischen Führungsanspruch noch mehr untergraben. Montgomery besaß zwar nicht Auchinlecks Format und Ruf, galt jedoch als rücksichtslos und tüchtig. Daher hoffte Churchill, der General werde seinen unbezweifelbaren Killerinstinkt gegen den Rommels auszuspielen wissen und den entscheidenden Sieg im Wüstenkrieg erringen.

Die Zahlen – der Soldaten, Panzer und Flugzeuge – entwickelten sich jetzt zum ersten Mal eindeutig zugunsten Großbritanniens. Noch im August hatte Rommel einen Vorteil, was die Zahl der Divisionen anging – zehn zu sieben. Damit begann er am 31. August eine örtlich begrenzte Offensive gegen die Stellung, die Montgomery in Alam Halfa von Auchinleck übernommen hatte. In den ersten Wochen seines Kommandos hatte Montgomery viel getan, um sie zu befestigen, und seinen Kommandeuren mit allem Nachdruck klar gemacht, dass er keinen Rückzug dulden werde. In der erbitterten, aber kurzen Schlacht um Alam Halfa gab es auch keinen: Am 2. September sah Rommel ein, dass er nicht durchbrechen konnte, und zog sich in seine Ausgangsposition zurück, nachdem er 50 Panzer verloren hatte, viele davon in den dichten englischen Minenfeldern.

Nun trat eine Pause ein, die Montgomery dazu nutzte, die Angriffsfähigkeit seiner altgedienten Divisionen wieder herzustellen und die neuen, darunter die 51. Hochland-Division, in das Organisationsgefüge der 8. Armee einzugliedern. Im Oktober unterstanden ihm alles in allem elf Divisionen, darunter vier Panzerdivisionen, die 1., 7., 8. und 10., die insgesamt mit 1030 Panzern aufwarteten (darunter 250 *Sherman*) und von 900 Geschützen sowie 530 Flugzeugen unterstützt wurden. Rommels «Panzerarmee Afrika» verfügte über 500 Geschütze und 350 Flugzeuge, aber von ihren zehn Divisionen waren nur vier (davon zwei Panzerdivisionen) deutsch. Den italienischen (auch darunter zwei Panzerdivisionen) schenkte Rommel wenig Vertrauen. Sie waren durch schwere Verluste und frühe Niederlagen entmutigt; ihr Glauben an die Sache der Achse hatte durch Amerikas Kriegseintritt gelitten; schlecht ausgerüstet und nur unregelmäßig mit Nachschub versorgt, waren sie sich im Klaren darüber, dass sie wegen ihres Mangels an Mannschaftstransportwagen als Kanonenfutter dienen würden. Ihre Bereitschaft, sich der von Rommel erwarteten britischen Großoffensive entgegenzustellen, war so zweifelhaft, dass er beschloss, sie mit deutschen Einheiten zu verstärken, damit kein längerer Abschnitt seiner Front von Italienern allein gehalten würde.

Noch anderes machte Rommel Sorge – militärisch die Überdehnung der Front am äußersten Ende seiner Nachschublinien, 2000 Kilometer von Tripolis entfernt, und persönlich seine Gesundheit. Trotz all seiner Charakterstärke war Rommel nicht robust. Er litt unter wiederkehrenden, möglicherweise psychosomatisch bedingten Magenproblemen und kam am 22. September zu einem Kuraufenthalt nach Deutschland. Georg Stumme, ein Panzergeneral aus Russland, löste ihn ab, während man Rommel sagte, er werde eine Heeresgruppe in der Ukraine übernehmen, sobald er wieder gesund wäre. Doch am 24. Oktober rief ihn Hitler an und teilte ihm mit, dass die Lage in Afrika sehr ernst sei. Rommel brach am folgenden Tag auf und traf am gleichen Abend, dem 25. Oktober, im Hauptquartier der Panzerarmee Afrika ein. Dort tobte bei El Alamein eine erbitterte Schlacht, in der die deutsch-italienische Front unter dem Druck der 8. Armee bereits nachzugeben begann.

«Nahkampf»

Montgomery hatte die Offensive ganz anders geplant als alle seine Vorgänger. Diese hatten sich immer wieder von der Bewegungsfreiheit, die das Wüstengelände bot, dazu verführen lassen, ihre Panzer als vorrangig taktisches Instrument einzusetzen, in der Hoffnung, so einen auf die Panzerwaffe gestützten «Blitzkrieg» führen zu können. Montgomery nahm zu Recht an, dass die britischen Panzerdivisionen nicht in der Lage wären, deutscher als die Deutschen zu operieren, und war im Übrigen nicht bereit, sich mit einem bloßen taktischen Vorteil zufrieden zu geben. Statt die deutsche Panzerarmee einfach aus ihrer Stellung in Richtung

Tripolis zurückzudrängen, wie es schon dreimal zuvor geschehen war, wollte er ihr eine vernichtende Niederlage in einer sorgfältig geplanten Operation beibringen, um ihre Offensivkraft ein für alle Mal zu zerstören.

Infolgedessen hatte er die Schlacht von El Alamein als einen von der Artillerie vorbereiteten Infanterieangriff geplant, unterstützt von einigen schweren Panzern, welche die festen Verteidigungsstellungen mitsamt ihrer Bemannung vernichten sollten. Erst nach einem «Nahkampf», den er grimmig prophezeite, wollte er die Hauptmasse seiner Panzer in und durch die Stellung schicken. Die Schlacht begann am 23. Oktober 1942 um Mitternacht mit einem Trommelfeuer aus 456 Rohren als Vorbereitung für einen Infanterievorstoß entlang der Küstenstraße. Zusätzliche Unterstützung sollte ein Ablenkungsangriff weiter südlich in der Wüste bringen. Doch dieses Ablenkungsmanöver schlug fehl, weil es nicht gelang, den Gegner zur Verlegung seiner Kräfte aus dem entscheidenden Frontabschnitt zu bewegen. Deshalb verstärkte Montgomery am 26. Oktober, dem Tag, an dem Rommel den Oberbefehl wieder übernommen hatte, den Hauptangriff mit Panzerkräften. Nach einer Woche erbitterter Kämpfe, in deren Verlauf die Zahl der deutschen Panzer auf 35 schrumpfte, hatte der britische Oberbefehlshaber zwei «Korridore» in die Küstenstellungen der Panzerarmee getrieben, sodass am 2. November der Durchbruch bevorstand. Rommel wollte sich nun zurückziehen, bekam dafür aber keine Erlaubnis von Hitler und warf daher seine letzten Kräfte in die Bresche, um den nördlichen der beiden Korridore an der Küste zu halten.

Montgomery, der von Enigma über das Hin und Her der deutschen Pläne ständig auf dem Laufenden gehalten wurde, beschloss am 4. November folgerichtig, die Masse seiner Panzer im südlichen Korridor einzusetzen. Bis zum Nachmittag hatten seine 7. und 10. Panzerdivision die italienische Panzerdivision Ariete vernichtet, deren veraltete Panzer denen des Gegners hoffnungslos unterlegen waren, und fluteten in den Rücken der Panzerarmee Afrika. Rommel, der, selbst wenn er es gewollt hätte, nicht in der Lage war, Hitlers «Durchhaltebefehl» zu erfüllen, wusste, dass die Schlacht verloren war, und wies alle noch beweglichen Einheiten an, augenblicklich auf der Küstenstraße nach Westen abzuziehen. Das war der Beginn eines qualvollen 3000 Kilometer langen Rückzugs.

Von Nachkriegskritikern wurde Montgomery vorgeworfen, er habe es versäumt, der deutschen Panzerarmee in den Tagen und Wochen nach El Alamein energisch genug nachzusetzen, um sie zu vernichten. Gewiss, die unmittelbare Verfolgung war vorsichtig, trotzdem unternahm er einen Versuch, und am Abend des 5. November hätte es die 2. Neuseeländische Division bei Fuka beinahe fertig gebracht, den zurückweichenden Feind zu umgehen und ihm den Weg abzuschneiden. Danach setzten jedoch heftige Regenfälle ein, die alle Bewegungen im Gelände erschwerten, sodass sich Rommels geschlagene Armee dem Zugriff ihrer Verfolger entziehen konnte. Jedenfalls ist zweifelhaft, ob ein Versuch, sie zu vernichten, möglich oder auch nur klug gewesen wäre. Immerhin war es keinem von Montgomerys Vorgängern, mit Ausnahme von O'Connor im Februar 1941, jemals gelungen, einen Feind zu überholen, der auf der einzigen Küstenstraße den Rückzug angetreten hatte. Im Übrigen hatte O'Connor seinen Erfolg gegen den letzten Rest einer vollkommen demoralisierten Armee erzielt – und zumindest Rommels Afrikakorps war nicht demoralisiert. Wichtiger noch, das Grundprinzip der Schlacht, die Montgomery geschlagen hatte, ließ den plötzlichen Übergang von verbissenem Angriff zu rascher Verfolgung nicht zu.

In seinen Befehlen vor Beginn der Kampfhandlungen hatte Montgomery warnend erklärt: «Diese Schlacht wird ein hartes und langwieriges Ringen werden. Unsere Truppen dürfen nicht glauben, dass der Feind sich ergeben wird, weil wir einen guten Panzer und sehr starke Artillerieunterstützung haben. Der Feind wird sich *nicht* ergeben, und es wird zu einem erbitterten Kampf kommen. Die Infanterie muss bereit sein, zu kämpfen und zu töten, und das über einen längeren Zeitraum.» Und in der Tat kam es zu langen Gefechten und vielen Gefallenen: Die Zahl der britischen Soldaten, die den Tod fanden oder verwundet wurden, belief sich auf 13500 (eine Zahl, die Montgomery fast exakt vorhergesagt hatte), bei weitem der größte Aderlass, den eine britische Armee in diesem Krieg bislang erlitten hatte – fünf Prozent der 8. Armee, aber rund ein Viertel seiner Infanterie. Solche Verluste können nur durch einen klaren Sieg gerechtfertigt werden. Hätte Montgomery sich auf eine übereilte und verlustreiche Verfolgung eingelassen, hätten Rommel und das Afrikakorps möglicherweise ihr Geschick in beweglicher Kampfführung dazu genutzt, das Ergebnis von El Alamein aufzubessern, und Montgomery hätte sich viel schärferer Kritik ausgesetzt als derjenigen, die er im Nachhinein aus den Federn literarischer Strategen erdulden musste.

Seine Strategie im Anschluss an El Alamein war – wohl zu Recht – die des 18. Jahrhunderts: dem geschlagenen Feind eine «goldene Brücke» zu lassen, die Küstenstraße nach Tripolis. Auf ihr kämpfte sich Rommel unter den ständigen Angriffen der *Desert Air Force* entlang. Am 20. November erreichte er Benghasi und am 23. Januar Tripolis, nachdem er in der Buerat-Stellung vom 26. Dezember bis 16. Januar Halt gemacht hatte. Unterwegs erhielt er keine Verstärkung und wenig Nachschub. 40000 seiner 100000 Männer (überwiegend Italiener) ließ er als Gefangene in britischer Hand zurück und hatte nur noch 80 einsatzfähige Panzer zu seiner Verfügung. Nach jedem militärischen Kriterium für Erfolg oder Niederlage war die Panzerarmee Afrika bei El Alamein besiegt worden. Montgomerys Debüt auf dem Schlachtfeld war eines der brillantesten, welches die Kriegsgeschichte kennt.

Was jetzt die Panzerarmee Afrika vor der sofortigen Vernichtung bewahrte, war eine Entwicklung, die eigentlich ihre Vernichtung hätte besiegeln sollen. Als in ihrem Rücken die anglo-amerikanische Armee auftauchte, die mit dem Unternehmen *Torch* gelandet war, wurde damit der dritte Krieg der Alliierten in Afrika eingeleitet.

Im Juli hatten sich die Amerikaner und Briten in London auf *Torch* geeinigt, als zweitbeste Möglichkeit nach der Invasion an der französischen Kanalküste, von der sie meinten, sie lasse sich 1942 noch nicht durchführen. Bis die zweite Front 1943 gebildet würde, wie die Amerikaner hofften, konnte *Torch* die amerikanische Armee beschäftigen, die seit dem Frühjahr in Großbritannien zusammengezogen wurde. Außerdem konnte bei dem Unternehmen jener Teil der britischen Heimatreserve eine Aufgabe erfüllen, der jetzt keine strategische Funktion mehr besaß, da die Gefahr einer deutschen Invasion gebannt war. Gleiches galt für die ersten der 90 in den USA mobilisierten Divisionen.

In ihrer endgültigen Gestalt bestand die *Torch*-Armee aus drei *Task Forces – Western*, *Central* und *Eastern* –, die für die Landung bei Casablanca an der Atlantikküste von Marokko beziehungsweise bei Oran und Algier im Mittelmeer vorgesehen waren. Die *Western Task Force* unter dem Befehl von General George Patton wurde von der 2. Panzer- sowie der 3. und 9. Division gebildet, die direkt aus den Vereinigten Staaten kamen. Die *Central Task Force* umfasste die amerikanische 1. Panzerdivision und Teile der künftigen 82. Luftlandedivision aus Großbritannien. Zur *Eastern Task Force* gehörten die britische 78. und die amerikanische 34. Division. Die gesamte Streitmacht wurde von einer alliierten Armada aus amerikanischen und britischen Schiffen befördert. Mit Höchstfahrt und unter starker Luftsicherung erreichten die Konvois ihre Bereitstellungsräume, ohne einem Angriff von U-Booten ausgesetzt zu sein. Bis zu dem Zeitpunkt, da die *Central* und die *Eastern Task Force* am 5. und 6. November die Straße von Gibraltar passierten, hatte der deutsche Marinenachrichtendienst Hitler versichert, die Flotte sei nur ein weiterer Geleitzug nach Art von *Pedestal*, der sich auf dem Weg nach Malta befinde. Danach gelangte der Dienst zu der Auffassung, die Flotte wolle Truppen in Tripolis anlanden.

Am 7. November ließen neue Hinweise darauf schließen, dass eine Landung in Nordafrika vorgesehen war, bis dahin das am wenigsten wahrscheinliche Zielgebiet, weil Hitler fest davon überzeugt war, die Amerikaner würden nichts unternehmen, um Vichy noch weiter in seine Arme zu treiben. Dem lag eine doppelte Fehleinschätzung zugrunde: Zum einen war den Amerikanern zwar Vichys Feindseligkeit gegenüber Großbritannien bewusst, aber sie waren auch davon überzeugt, dass die USA für einen Großteil der Anhänger Pétains in einem anderen Licht erschienen. Zum anderen waren viele Vichy-Franzosen nur so lange bereit, sich an die Bedingungen des Waffenstillstandes zu halten, wie Hitler unbestrittener Herr über Europa war. Sie warteten bloß darauf, beim leisesten Anzeichen für ein Schwinden seiner Macht die Seiten zu wechseln, um so die langfristigen Interessen Frankreichs zu wahren.

Die nordafrikanischen Landungen erzwangen einen solchen Seitenwechsel. Die Amerikaner hatten durch General Mark Clark, der am 21. Oktober mit einem britischen U-Boot in Cherchell, 150 Kilometer von Algier entfernt, an Land gesetzt worden war, Verbindung zu einheimischen Anti-Vichy-Kräften aufgenommen. Doch die Übervorsicht der Amerikaner in dem Bestreben, ihre Pläne nicht zu gefährden, veranlasste ihre dortigen Verbündeten zu voreiligem Handeln, sodass es den Vichy-Anhängern gelang, Algier und Casablanca wieder unter ihre Kontrolle zu bringen, wo die Kampfgruppen am 8. November mit der Landung begannen (in Oran scheiterte ein Angriff der britischen Marine). Dann aber kam den Alliierten ein Zufall zu Hilfe. Zu diesem Zeitpunkt hielt sich nämlich Admiral Darlan, Pétains Oberbefehlshaber, aus privaten Gründen zu einem Besuch in Algerien auf. Als sich herausstellte, dass der Franzose, den die Amerikaner für die Übernahme der Befehlsgewalt vor Ort vorgesehen hatten – General Henri Giraud –, nicht die nötige Autorität besaß, nahmen die Amerikaner direkte Verhandlungen mit Darlan auf.

Von der offenkundigen militärischen Stärke der Alliierten zum Wechsel der Seiten bewogen, unterzeichnete Darlan am Abend des 8. November einen Waffenstillstand. Das ermöglichte es den

Briten und Amerikanern, rasch die Kontrolle über die Küstenregionen von Marokko und Algerien zu übernehmen. Pétain distanzierte sich augenblicklich von Darlan. Pierre Laval, der Ministerpräsident der Vichy-Regierung, suchte Hitler am 10. November in seinem Hauptquartier auf und versicherte ihm, Darlan habe vollkommen eigenmächtig gehandelt. Aber seine Beteuerung nützte der Vichy-Regierung gar nichts. Hitler verlangte für seine Streitkräfte das Recht auf freien Zugang nach Tunis, nahm es sich unmittelbar darauf eigenmächtig und wies seine Truppen an, am nächsten Morgen in die «unbesetzte» Zone einzurücken (Operation «Attila»). Am Abend des 11. November war ganz Frankreich okkupiert, und Pétains Regierung in Vichy musste sich mit einer Statistenrolle begnügen. Der Marschall blieb als Staatsoberhaupt zwar noch im Amt, bis er im September 1944 ins deutsche Exil getrieben wurde. Doch ab November 1942 offenbarte sich der Anspruch, den er zwei Jahre lang erhoben hatte – Frankreichs Autonomie zu wahren –, als bloßer Schein.

Der deutsche Gegenschlag

In Nordafrika hätte sich nun das militärische Kräfteverhältnis zwischen der Achse und den Alliierten endgültig zugunsten der Letzteren entwickeln müssen. Zwei große alliierte Armeen beherrschten den größten Teil der Küste, Montgomerys 8. Armee in Libyen, Eisenhowers 1. Armee in Algerien und Marokko. Auch die *Armée d'Afrique* war inzwischen zu den Alliierten übergelaufen. Eine Woche nach der Landung war Rommels ramponierte Panzerarmee die einzige Streitmacht der Achse, die in Nordafrika operierte. Sie entfernte sich eiligst von El Alamein in Richtung Westen und war noch 1500 Kilometer von der tunesischen Grenze entfernt. Nun handelte Hitler unverzüglich, um den Alliierten ihren Vorteil zu nehmen. Am 12. November widerrief Pétain offiziell den nordafrikanischen Waffenstillstand und zwang damit die französischen Oberbefehlshaber in Tunesien, dem einzigen Abschnitt in Französsisch-Nordafrika, der noch nicht von den westlichen Alliierten besetzt worden war, die Häfen und Flugplätze des Landes für Vichys Achsen-Verbündete zu öffnen. Die ersten deutschen Kräfte trafen ab dem 16. November aus Frankreich ein und wurden sogleich im Westen aufgestellt, um die Linie des östlichen Atlasgebirges gegen Eisenhowers anrückende Truppen zu halten; am Jahresende bildeten die 10. Panzerdivision, die Division «Hermann Göring» und die 334. Infanteriedivision die 5. Panzerarmee.

Das Atlasgebirge stellt in Tunesien ein starkes militärisches Doppelhindernis dar, denn ein wenig südlich von Tunis verlieren sich die äußersten Ausläufer des Hohen Atlas in zwei westöstlich verlaufende Bergrücken. Auf der Karte sehen die Bergrücken wie ein auf dem Kopf stehendes Y aus, dessen «Schwanz» auf Tunis zeigt. Die 5. Panzerarmee von Hans-Jürgen von Arnim (die am 9. Dezember aus dem XC. Armeekorps unter Walther K. Nehring hervorging) war zunächst zu schwach und konnte den westlichen Rücken nicht halten. Am 17. November waren britische und amerikanische Truppen in Kampfgruppenstärke angerückt. Die deutsche Panzerarmee hatte auch Mühe, den mit französischer Unterstützung vorgetragenen Vorstoß der britischen 1. Armee auf Tunis und Biserta, die deutschen Zugangshäfen, zu stoppen. Das Eintreffen des amerikanischen II. Korps mit seinen Panzern ermöglichte es den Alliierten, ihre Front Ende Januar 1943 am Rande des Ostrückens zu stabilisieren. Ferner erhielten sie größere Verstärkungen von der *Armée d'Afrique*, die jetzt unter dem Befehl von Giraud stand. Auf der Casablanca-Konferenz im Januar hatte er eine mühsame Einigung mit de Gaulle erzielt, die bis zum April 1944 Bestand haben sollte.

In der Zwischenzeit hatten die Deutschen jedoch ihre Lage in Tunesien verbessert: Sie hatten weitere Truppen und Flugzeuge von Sizilien herübergeholt, und Rommel näherte sich der Mareth-Stellung über Tripolis. Die Mareth-Linie war ein Befestigungsgürtel an der libysch-tunesischen Grenze, den die Franzosen vor 1939 gegen die italienische Armee angelegt hatten. Als Rommels

Truppen sie im Februar besetzten, sicherten sie damit das rückwärtige Gebiet der Deutschen gegen Montgomery, während der Besitz des Ostrückens sie vor einem frontalen Angriff von Eisenhower schützte. Zumindest kurzfristig hatte sich die strategische Situation in Nordafrika wieder umgekehrt. Rommel wurde nicht von der Zangenbewegung der 1. und 8. Armee eingeschlossen, sondern er vereinigte durch seinen Rückzug seine Kräfte zu einer Armee, die jetzt aus einer starken Zentralstellung gegen eine oder gegen beide feindlichen Armeen vorgehen konnte. Dies nahm sie nun in Angriff.

Die 5. Panzerarmee hatte ihre Beweglichkeit und ihre Panzerkräfte dazu benutzt, die alliierten Kräfte entlang des Ostrückens in Schach zu halten, indem sie gegen das schwache französische XIX. und das unerfahrene amerikanische II. Korps vorging – am 2. Januar in Fondouk, am 18. Januar in Bou Arada und am 30. Januar in Faid. Diese Angriffe brachten Unordnung in die Reihen der Franzosen, bei denen es sich im Wesentlichen um Kolonialtruppen handelte, die ganz und gar nicht dafür gerüstet waren, in einem modernen Panzerkrieg zu bestehen, und erzwangen die Zersplitterung der amerikanischen Panzerkräfte. In Absprache mit Rommel gelangte Arnim Anfang Februar zu dem Schluss, dass die Situation in Südtunesien reif für einen Gegenschlag sei. Als sie sich nicht einigen konnten, wie die Offensive beginnen solle, wurde der Streit von ihrem Vorgesetzten Kesselring, dem Oberbefehlshaber Süd, geschlichtet.

Im Februar durchbrach je eine ihrer Panzerdivisionen, die 10. und die 21. (die seit El Alamein wieder aufgefüllt worden war), am Faid-Pass die Linien des amerikanischen II. Korps, überquerte dort den Ostrücken, stieß weiter nach Süden vor, versetzte die Verteidiger in Panik und überwand den Westrücken über den Kasserine-Pass. Die alliierte Stellung in Tunesien drohte von Süd nach Nord «aufgerollt» zu werden, eine Gefahr, die nur dadurch abgewendet wurde, dass die britische 6. Panzerdivision, unterstützt von der Artillerie der 9. US-Division, eingriff. Außerdem begünstigte das Gelände die Verteidiger, weil die deutschen Panzer sich bei ihrem Vorstoßversuch durch enge Täler zwängen mussten. Bei einem Treffen am 22. Januar gestand Rommel Kesselring, er habe die Situation falsch eingeschätzt, könne den Angriff nicht rasch genug ausweiten, um seinen Anfangsvorteil zu nutzen, und müsse nach Mareth zurückkehren, wo Montgomery in seinem Rücken eine Offensive vorbereitete.

Arnim und Rommel (der am 23. Februar zum Oberbefehlshaber der neuen Heeresgruppe Afrika ernannt wurde) führten nun Störangriffe gegen die 1. beziehungsweise 8. Armee, allerdings mit begrenztem Erfolg. Die Amerikaner hatten ihre Lektion bei Kasserine gelernt und standen jetzt unter dem Befehl von Patton, der keinen Dilettantismus duldete. Die beiden britischen Armeen waren schlachtenerprobt und wurden von erfahrenen Generalen befehligt. Während Patton aus dem rückwärtigen Raum gegen die Heeresgruppe Afrika vorging, versuchte Montgomery den Durchbruch durch die Mareth-Stellung; als sein direkter Angriff abgeschlagen wurde, fand er eine Möglichkeit, sie zu umgehen, und trieb die Überreste der alten Panzerarmee Afrika am 31. März zurück zum «Schwanz» des Oströckens.

Selbst nach diesem Rückschlag verfügten die Deutschen und Italiener immer noch über eine erhebliche Streitmacht in Tunesien, mehr als elf Divisionen, die Verstärkung durch die Reste der alten Panzerarmee Afrika mitgerechnet. Doch ihre Nachschubsituation war kritisch: 22 von 51 Schiffen waren im Laufe des Januar versenkt worden, und die Luftbrücke, die eingerichtet worden war, um die Geleitzüge zu ergänzen, hatte im Februar nur 25 000 der erforderlichen 80 000 Tonnen geliefert, obwohl die Motorsegler MC 323 «Gigant» eingesetzt wurden. Am 22. April schossen alliierte Jäger 16 von 22 Riesengleitern ab, die mit Treibstoff zu tunesischen Flugplätzen unterwegs waren. Nicht einmal Geheimwaffen konnten den deutschen Nachteil wettmachen. Viele der ersten Furcht einflößenden Panzer «Tiger», die eilig nach Tunesien verlegt worden waren, um dem Übergewicht der alliierten

Panzertruppen zu begegnen, gingen in dem sumpfigen Gelände verloren oder fielen sogar den panzerbrechenden Waffen der Alliierten zum Opfer. Hinzu kam, dass Hitlers Herz nicht an dieser Schlacht hing, weil sie beinahe unmittelbar auf Stalingrad folgte, eine zur Festung ausgebaute Stellung, bei der sich seine Hoffnung, sie über eine Luftbrücke halten zu können, ebenfalls zerschlagen hatte. Bereits am 4. März hielt er Tunesien für verloren. Obwohl er Rommel am 9. März nach Deutschland abberief, konnte Hitler sich charakteristischerweise nicht dazu aufraffen, die Front aufzulösen, bevor nichts mehr zu retten war. Vielmehr befahl er Arnim, durchzuhalten bis zum Schluss.

Ende April hatte Arnim nur noch 76 einsatzfähige Panzer und versuchte, den Brennstoff für ihre Motoren aus den einheimischen Weinen und Spirituosen zu destillieren. Als sich die deutsche Luftwaffe am 8. Mai 4500 alliierten Kampfflugzeugen gegenübersah, gab sie alle ihre tunesischen Stützpunkte auf. Die Heeresgruppe Afrika, die zwischen dem 7. und 13. April von der 8. Armee aus dem Ostrücken in die nördlichen Ausläufer des Gebirges abgedrängt wurde, sah sich schließlich in einem kleinen Gebiet um Tunis und Biserta eingeschnürt. Am 6. Mai wurde ihre Front durch einen sorgfältig vorbereiteten Angriff der 1. Armee bei Tunis durchbrochen. Am nächsten Tag fielen Tunis und Biserta. Die folgende Woche hindurch leisteten Nachhuten noch hinhaltenden Widerstand, während die Überreste der Heeresgruppe Afrika, ohne Munition und Treibstoff, versuchten, sich auf das Kap Bon als letzte Zuflucht zurückzuziehen. Doch am 13. Mai blieb ihnen kein Gelände mehr, das sie hätten verteidigen können, sodass auch sie sich ergaben. 275 000 Achsen-Soldaten, unter ihnen der deutsche und der italienische Heerführer, Arnim und Messe, gingen in alliierte Gefangenschaft. Das war die größte Kapitulation, zu der Achsen-Truppen bislang durch alliierte Kräfte gezwungen worden waren – eine tiefe Demütigung für Hitler und eine Katastrophe für Mussolini, der sein Schicksal mit der Schaffung und Erhaltung eines italienischen Großreichs in Afrika verknüpft hatte.

Jeder der drei Kriege auf dem Schwarzen Kontinent hatte mit einem Desaster geendet. Hitler, der an zwei von ihnen beteiligt gewesen war, konnte die Folgen verkraften. Er hatte nur so viele Kräfte riskiert, wie nötig waren, um seine Loyalität gegenüber dem verbündeten Diktator unter Beweis zu stellen und um von der strategischen Ablenkung zu profitieren, für die sein Eingreifen sorgte. Mussolini konnte die Folgen nicht so leicht nehmen. In Afrika hatte er neben dem größten Teil der italienischen Armee auch seinen Ruf verloren. Ob er und sein Regime überhaupt noch überleben konnten, hing nun von Hitler ab.

19 · ITALIEN UND DER BALKAN

«Bella gerant alii, tu, felix Austria, nube», lautete im 17. Jahrhundert ein bekannter Vers: «Kriege mögen andere führen, du, glückliches Österreich, heirate.» Den Habsburgern gelang es in der Tat, sich durch geschickte Heiratspolitik den größten Landbesitz aller europäischen Monarchien anzueignen. Italien, das in Teilen bis 1918 in habsburgischem Besitz blieb, war Österreichs genaues Gegenteil – glücklos in der Liebe und im Krieg. Sein Norden und sein Süden, erst 1866 unter dem Haus Savoyen vereinigt, brachten es nie zu einer wirklichen Ehe. Seine Kriege – um Unabhängigkeit Mitte des 19. Jahrhunderts und um afrikanische Kolonien später – erwiesen sich im besten Fall als sieglos, im schlimmsten als unrühmlich. Die italienischen Expeditionstruppen, die 1896 bei Adua auf das äthiopische Heer stießen, gehörten zu den wenigen europäischen Armeen, die während der imperialen Eroberung des Kontinents eine Niederlage gegen eine einheimische Streitmacht erlitten. Als die Italiener 1936 in dem erfolgreichen Feldzug gegen Haile Selassie für Adua Rache nahmen, brachten sie damit die internationale Gemeinschaft gegen sich auf.

Kein Krieg kam Italien teurer zu stehen als der Erste Weltkrieg, und aus dieser Erfahrung erklärt sich fast das gesamte innen- und außenpolitische Verhalten des Landes in den folgenden Jahren. Auch wenn ihre militärischen Leistungen herabgesetzt wurden, kämpften die Italiener zäh und tapfer gegen die Österreicher an einer der schwierigsten Fronten, die die Entente zwischen 1914 und 1918 überhaupt hatte. Ab Mai 1915, als das Land an der Seite Großbritanniens, Frankreichs und Russlands in den Krieg eintrat, führten die Italiener elf erfolgreiche Offensiven in den Julianischen Alpen, bei denen sie unter großen Verlusten kleine Geländegewinne erzielten. In einer zwölften Schlacht im November

1917 wurden sie von einer deutschen Eingreiftruppe überrascht, in welcher Rommel sich als einer der tatkräftigsten jungen Offiziere auszeichnete, und ins Tiefland von Venetien zurückgeworfen, aber die italienische Armee erholte sich genügend, um Ende 1918 wieder zum Angriff überzugehen und den Krieg mit wiederhergestellter Selbstachtung zu beenden.

Das eben war der Haken: Italien hatte sich einen Platz unter den Siegern verdient, doch obwohl 600 000 junge Italiener ihr Leben für die Sache der Entente gelassen hatten, wollten weder Großbritannien noch Frankreich den Italienern die Kriegsbeute zugestehen, auf die diese Anspruch zu haben glaubten. Frankreich und Großbritannien teilten die deutschen Kolonien und die türkischen Herrschaftsgebiete in Arabien – Syrien, den Libanon, Palästina, den Irak und Transjordanien – unter sich auf. Italien bekam lediglich einen kleinen Streifen des ehemaligen österreichischen Staatsgebietes und ein kleines Stückchen Land im Nahen Osten, das, wie sich zeigen sollte, nicht zu halten war. Doch damit nicht genug: Als die Vereinigten Staaten und Großbritannien 1921 beschlossen, die Flottengröße, die den Verbündeten der ehemaligen Entente zugestanden wurde, vertraglich festzusetzen, wurde Italien gezwungen, Einschränkungen hinzunehmen, die die Größe seiner Kriegsmarine auf diejenige der Royal Navy im Mittelmeer eingrenzten – einem Gewässer, in dem es mit guten Gründen die Vorherrschaft reklamierte.

Die Diskrepanz zwischen Italiens Anspruch, wie ihn die Italiener sahen, und dem, was dem Land nach dem Krieg tatsächlich zugestanden wurde, war der Ursprung der faschistischen Revolution, die 1922 die herrschende Ordnung des Königreichs umstürzte. Dass Mussolini einen solchen Anklang bei Arbeitern und Kleinbürgern fand, hatte nur zum Teil wirtschaftliche Gründe. Es hatte auch damit zu tun, dass sich hier ein Kriegsteilnehmer an Kriegsteilnehmer wandte. In einer Zeit der Rezession, Arbeitslosigkeit und finanziellen Turbulenzen bot er nicht nur Arbeit und Sicherheit für die Ersparnisse, sondern versprach auch den Veteranen Ehre und der Nation die Gebietsentschädigungen, die man ihr auf der Friedenskonferenz vorenthalten hatte. Auf die Umwandlung Libyens, das während der Balkankriege 1912/13 von der Türkei annektiert worden war, in ein überseeisches «Reich» folgte 1936 die Eroberung Abessiniens und 1939 die Annexion Albaniens. Mit Italiens Intervention im Spanischen Bürgerkrieg führte Mussolini den Italienern vor Augen, dass ihr Land künftig eine Rolle auf der politischen Weltbühne spielen werde. Letztlich war das auch sein Beweggrund, im Juni 1940 an Deutschlands Seite in den Zweiten Weltkrieg einzutreten. Seine Bemühungen, als Alternative zur italienisch-deutschen Achse ein Bündnissystem mit dem Zentrum Österreich zu bilden, wurden hinfällig, als Österreich dem Deutschen Reich 1938 durch den «Anschluss» einverleibt wurde, was Mussolinis bilaterale Verträge mit Ungarn und Jugoslawien automatisch entwertete. Mit dem «Anschluss» war entschieden, dass Mussolini Hitlers Partner im Zweiten Weltkrieg werden würde.

Doch die Umstände sorgten dafür, dass Italien nie ein gleichberechtigter Partner wurde, sosehr sich Mussolini auch darum bemühte. Das lag nicht nur daran, dass Italiens Wirtschaft lediglich ein Zehntel des Betrags aufbringen konnte, der in Deutschland für Militärausgaben zur Verfügung stand (im Jahr 1938 entsprach er in Italien 746 Millionen, in Deutschland 7415 Millionen Dollar), sondern auch daran, dass Italiens militärische Stärke in der Zwischenkriegszeit, selbst absolut gesehen, zurückgegangen war – 1940 war es für Großbritannien und Frankreich (solange der Krieg mit Frankreich dauerte) ein sehr viel weniger ernst zu nehmender Gegner als 1915 für Österreich. Italiens Divisionen waren an Infanterie und Artillerie schwächer als 25 Jahre zuvor, zum Teil, weil sie, um Mussolinis Eitelkeit zu befriedigen, in großer Zahl in die Schwarzhemden-Formationen der faschistischen Partei eingegliedert wurden, deren militärischer Wert eher zweifelhaft war. Italiens Potenzial an wehrfähigen Männern hatte durch die Auswanderungswelle in die Vereinigten Staaten kontinuierlich abgenommen, während Italiens Kriegsgerät zwar vorzüglich und ansprechend war, aber mit handwerklichen Fertigungsmethoden hergestellt wurde, sodass sich die Produktionsleistung nicht mit der britischer – und später amerikanischer – Fabriken und ihrer Massenfertigung messen konnte. Außerdem litten die Streitkräfte unter dem Nachteil, dass sie von Mussolinis nationalem Geltungsdrang zu früh in die Wiederbewaffnung getrieben wurden. Die italienischen Panzer und Flugzeuge waren eine ganze Generation hinter den entsprechenden britischen Modellen zurückgeblieben; geradezu vorsintflutlich erschienen sie im Vergleich mit der amerikanischen Ausrüstung, über die die Briten ab 1942 verfügten.

Es gab noch einen letzten und entscheidenden Grund, der Italiens Engagement als Bundesgenosse Deutschlands einschränkte: Die Italiener hegten wenig oder keine Feindseligkeit gegen die Gegner, die Hitler für sie ausgewählt hatte. Es mag in Italien eine gewisse Frankophobie geben, doch die italienische Oberschicht ist ausgesprochen anglophil, während die italienischen Bauern und Handwerker große Wertschätzung für die Vereinigten Staaten empfinden, deren allgemein bekannte Ablehnung des Nationalsozialismus die nationale Einstellung von Anfang an beeinflusste – und noch entschiedener nach dem amerikanischen Kriegseintritt. Infolgedessen war die italienische Armee, die 1940/41 in Ostafrika und der Libyschen Wüste mit den Briten die Klingen kreuzte, nicht sonderlich motiviert. Die klägliche Vorstellung, die sie in Oktober und November 1940 gegen die Griechen geboten hatte, war ihrem Selbstvertrauen nicht eben zuträglich gewesen. Einen schweren Schlag hatten die Italiener durch Wavells Gegenoffensive im Dezember erlitten, und trotz der Hilfe, die sie im Februar 1941 vom deutschen Afrikakorps bekamen, haben sie sich davon nie richtig erholt. So brillant Rommel als General auch war und so *simpatico* ihn die einfachen italienischen Soldaten fanden, deren Kommandeure hatten nicht vergessen, dass er sich seine ersten militärischen Sporen im November 1917 bei Caporetto verdient hatte, als er an der Spitze von 200 Württembergischen

Gebirgsjägern mehrere tausend Italiener gefangen genommen hatte.

Am Ende des Afrikafeldzugs im Mai 1943 belief sich die Gesamtzahl der Italiener, die in alliierte Gefangenschaft geraten waren – 1941 in Ostafrika, 1941/42 in Libyen und 1943 in Tunesien –, auf mehr als 350 000 und überstieg damit die Zahl der Soldaten, die vor Ausbruch des Krieges in Mussolinis Afrikaimperium stationiert gewesen waren. Selbst vor dem tunesischen Debakel besaß das italienische Heer, das Mussolini im Jahr zuvor auf die Stärke von 90 Divisionen hatte aufstocken wollen, nur die Ausrüstung für 31. Der Verlust so vieler seiner besten Divisionen in Afrika unmittelbar nach der Katastrophe, welche die italienische 8. Armee (220 000 Mann) bei Stalingrad erlitten hatte, ließ das italienische Heer zur Bedeutungslosigkeit schrumpfen. Angesichts dieser Doppelkrise fragte sich das italienische Oberkommando, ob es klug sei, Mussolini und das faschistische Regime weiterhin zu unterstützen. Innerhalb der italienischen Generalität war die norditalienische Gesellschaft Savoyen-Piemonts überproportional vertreten; hier befand sich der Stammsitz des Königshauses, dem die Loyalität der Generale letztlich gehörte. Sie hatten sich mit dem Faschismus abgefunden, solange er den Interessen der Monarchie und der Armee diente. Sobald klar wurde, dass das nicht mehr der Fall war, begannen sie, ihre Position zu überdenken. Im Sommer 1943, vor allem unter dem Eindruck der alliierten Luftangriffe gegen italienische Großstädte, planten sie einen Putsch gegen Mussolini. Den Zeitpunkt zum Handeln hielten sie für gekommen, als alliierte Truppen am 9. und 10. Juli 1943 an Siziliens Südküste landeten.

Die Entscheidung, nach der Vertreibung der Achse aus Tunesien eine Invasion auf Sizilien durchzuführen, war nicht ohne Meinungsverschiedenheiten zwischen den Briten und den Amerikanern getroffen worden. Für die Amerikaner bedeutete *Husky*, wie die Operation hieß, die Gefahr, der zweiten Front Kräfte zu entziehen oder sie sogar aufzuschieben. Die Briten versprachen sich davon äußerst willkommene, wenn auch wenig greifbare Vorteile: die Beherrschung des zentralen Mittelmeers, von wo aus der «weiche Unterleib» der Achse in Südfrankreich und auf dem Balkan bedroht werden konnte; Mussolinis Demütigung, die möglicherweise zu seinem Sturz führen würde; den Erwerb eines Sprungbretts, von dem aus die Invasion Italiens selbst in Angriff genommen werden konnte, falls sie sich danach als leicht durchführbar, wünschenswert oder notwendig erweisen sollte. Zwar setzten die Briten ihren Willen auf der *Trident*-Konferenz im Mai 1943 in Washington am Ende durch, doch nur weil die veränderten Bedingungen die Amerikaner davon überzeugten, dass sich in diesem Jahr keine zweite Front mehr eröffnen ließ. Tatsächlich wurde Hitler von der Invasion noch stärker überrascht als Mussolini – oder dessen italienische Feinde. Hitler machte sich keine Illusionen über die Sympathien der herrschenden Klasse Italiens. Am 14. Mai hatte er seinen Generalen gesagt:

> In Italien ist nur der Duce für uns zuverlässig. Seine Beseitigung oder Ausschaltung in irgendeiner Form ist sehr zu befürchten. Feindlich oder ablehnend uns gegenüber sind: Königshaus, das führende Offizier-Korps aller Wehrmachtsteile, Klerus, Juden [immer noch in Freiheit; bei allen Fehlern, die Mussolini hatte – er war kein Antisemit], weite Teile der Beamtenschaft ... Die breite Masse [ist] dumpf und ohne Impulse durch eine Führung. Der Duce sammelt jetzt seine Faschistengarde um sich. Die reale Macht ist aber in den Händen der anderen. Er ist außerdem in allen militärischen Dingen unsicher und stützt sich daher in dieser Beziehung auf die feindlichen oder unfähigen Generäle, wie die – jedenfalls vom Duce her – unverständliche ablehnende bzw. ausweichende Antwort auf das Truppenangebot ... gezeigt hat.

Hitler hatte Mussolini gerade fünf deutsche Divisionen angeboten, zur Verstärkung der vier, die auf Sizilien und in Süditalien aus der Etappe der in Tunesien verlorenen Einheiten aufgestellt worden waren, aber sein Angebot war abgelehnt worden. Als Vorsichtsmaßnahme hatte man Pläne zur Besetzung Italiens vorbereitet (Operation «Alarich», benannt nach dem germanischen Eroberer Roms aus dem 5. Jahrhundert). Doch ungeachtet Mussolinis Warnung, er erwarte, dass das alliierte Heer nach seinem Sieg in Tunesien Sizilien angreifen werde, vertrat Hitler beharrlich die Auffassung, die Insel sei zu gut befestigt, um ohne weiteres genommen werden zu können. Viel wahrscheinlicher sei, dass die anglo-amerikanischen Truppen versuchen würden, auf Sardinien, Korsika oder dem griechischen Peloponnes zu landen. Das Gespenst einer Landung in Griechenland weckte bei Hitler schlimmste Befürchtungen, drohte damit doch nicht nur die Eröffnung einer «dritten Front» im Rücken des Ostheers, sondern auch, dass Deutschland von seinen wichtigsten Rohstoffen abgeschnitten würde: Bauxit, Kupfer, Chrom vom Balkan und, wertvoller als alles andere, den rumänischen Ölquellen in Ploesti.

Operation *Husky*

Ein bemerkenswertes Täuschungsmanöver der Alliierten, bei dem den Deutschen unter anderem eine Leiche mit gefälschten Geheimpapieren in die Hände gespielt wurde, trug dazu bei, Hitler in seiner Auffassung zu bestärken, dass die Invasionsflotte, die im Mittelmeer entdeckt wurde, nach Griechenland, Korsika oder Sardinien unterwegs sei, aber nicht nach Italien. Selbst als eine erdbebenartige Bombardierung der Sizilien vorgelagerten Insel Pantelleria ihren Kommandanten am 11. Juni zwang, sich den Alliierten zu ergeben, weigerte Hitler sich noch immer, an die Möglichkeit einer Invasion in Italien zu glauben. Im Übrigen wurde er durch andere Ereignisse abgelenkt – die Verschärfung der Bombenangriffe auf das Deutsche Reich, Deutschlands angeschlagene Position in der Schlacht im Atlantik und durch die in letzter Minute getroffene Entscheidung, mit der Kursk-Offensive (Operation «Zitadelle») in Russland zu beginnen. Außerdem hatte er gerade wieder sein Hauptquartier verlegt. Seit März, nach einem längeren Aufenthalt in seinem Hauptquartier «Werwolf» in der Ukraine, befand er sich auf seinem Urlaubssitz, dem Berghof in Berchtesgaden. Erst Ende Juni begab er sich von dort in sein düsteres Waldquartier, die «Wolfsschanze» im ostpreußischen Rastenburg, und hatte sich dort gerade seit vier Tagen eingerichtet, als am 5. Juli «Zitadelle» in Gang gesetzt wurde. Da das Ergebnis von «Zitadelle», einer Operation, in der das Offensivpotenzial der Roten Armee vernichtet werden sollte und die Weichen für den weiteren Verlauf des Krieges an der Ostfront gestellt würden, war es verständlich, dass dem Mittelmeerraum nicht seine ungeteilte Aufmerksamkeit galt, als Pattons und Montgomerys Divisionen am 9. Juli westlich und östlich von Kap Passero mit ihren Landeoperationen begannen.

Die Alliierten setzten bei dem Angriff acht Divisionen Infanterie und zwei Luftlandedivisionen ein – eine Armada, die nicht nur die Erwartungen des OKW im Hinblick auf die Leistungsfähigkeit der alliierten Landetruppen bei weitem übertraf, sondern auch die Stärke der auf der Insel stationierten Achsenkräfte. General Alfredo Guzzoni, der italienische Oberbefehlshaber, verfügte über zwölf Divisionen, von denen allerdings sechs ortsfest und daher ohne großen Wert waren. Vier andere italienische Divisionen waren zwar beweglich, aber keine ernst zu nehmenden Gegner für die Alliierten. Nur bei der 15. Panzergrenadierdivision und der erst unlängst aufgestellten Panzerdivision «Hermann Göring» (der Eliteverband der Erdkampftruppen der Luftwaffe) handelte es sich um herausragende Einheiten.

Trotz des Kräfteunterschieds und des Umstands, dass die Überraschung aufseiten der Angreifer war, verlief die Operation *Husky*, dies der Deckname, den die sizilianische Landung trug, weniger glatt als geplant. Die alliierten Luftlandetruppen, die zur 82. US- und britischen 1. Luftlandedivision gehörten, erlitten enorme Verluste, als unerfahrene Piloten sie über See absetzten und nervöse Flugabwehrkanoniere ihre Flugzeuge abschossen. Eine Schlüsseloperation der britischen Fallschirmjäger, der Auf-

Italien 1943
DEUTSCHES REICH
ÖSTERREICH
UNGARN
Plattensee
Brenner-Pass
2. Aug. 1943 Einmarsch in Italien
Simplontunnel
Como
Mailand
Turin
Verona
Venedig
Triest
Piacenza
Po
Genua
1.–6. Aug. 1943
Modena
Bologna
Rimini
Pisa
Livorno
Florenz
Siena
ITALIEN
Ancona
SLOWENIEN
1941–1944 ungar.
1941–1944 dt.
Cilli
Drau
Laibach
Agram
Fiume
ISTRIEN
Save
KROATIEN
JUGOSLAWIEN
DALMATIEN
Split
Adria
Tiber
Spoleto
Korsika
Aleria
Pescara
10. Sept. Besetzung Roms
Gustav-Linie (Winterstellung) 4. Nov.
Dubrovnik (Ragusa)
Rom
Monte Cassino
Termoli
Anzio
Cassino
Foggia
Gaeta
23. Jan. 1944
Volturno-Linie
Benevent
Bari
Neapel
9.–16. Sept.
Salerno
Brindisi
Tarent
Sardinien
Tyrrhenisches Meer
9. Sept. 1943
9. Sept.
Cagliari
Trapani
Palermo
Messina
Reggio
3. Sept.
Bizerta
Sizilien
Catania
Beja
Tunis
Pantelleria 11. Juni 1943
Gela
Syrakus
9. Juli
Mittelmeer
TUNESIEN
Sousse
Malta
Frontverlauf am 15. Februar 1943
Sfax
ital. Flotte setzt sich nach Malta ab
alliierte Truppenbewegung
deutsche Truppenbewegung

trag, am vierten Invasionstag die Primosole-Brücke südlich des Ätna in Besitz zu nehmen, erwies sich als besonders verlustreich, da die deutsche 1. Fallschirmjägerdivision hier einen Gegenangriff einleitete.

Doch die Landeunternehmen der Marineinfanterie, die gegen Italiens «Küsteneinheiten» geführt wurden, waren durchgehend erfolgreich, und einige der «Verteidiger» waren den Invasoren sogar beim Entladen der Landungsboote behilflich. Am 15. Juli konnte Generalleutnant Sir Harold Alexander, der Vorgesetzte Pattons und Montgomerys, den Befehl zur endgültigen Ausschaltung der Achsen-Kräfte auf der Insel erteilen: Während Patton die Westhälfte unter seine Kontrolle brachte, sollte Montgomery zu beiden Seiten des Ätna vorrücken und Messina am nordöstlichen Zipfel der Insel einnehmen, um so den Truppen der Achse den Rückzug zur «Stiefelspitze» Italiens abzuschneiden. Tatsächlich kam Patton gegen leichten Widerstand rasch voran, doch Montgomery, der es mit der Division «Hermann Göring» zu tun bekam, fand keine Möglichkeit, im Osten des Ätna auf dem kürzesten Weg nach Messina vorzustoßen; er sah sich gezwungen, seine Divisionen umzudirigieren und den Berg im Westen zu passieren. Am 20. Juli gab Alexander deshalb Patton den Befehl, seinen Angriff auf Palermo und Trapani aufzuschieben, sich stattdessen ostwärts zu wenden und entlang der Küstenstraße nach Messina vorzurücken. Hitler hatte den deutschen Verbindungsoffizier Frido von Senger und Etterlin entsandt, der verfolgen sollte, wie Guzzoni die Schlacht führte. Von den fünf deutschen Divisionen, die Hitler zur Unterstützung der italienischen Armee abgestellt hatte, beorderte er jetzt zwei, die 1. Fallschirmjäger- und die 29. Panzergrenadierdivision, nach Sizilien, um die Verteidiger zu verstärken.

Als die Alliierten auf diese Kräfte trafen, verlangsamte sich ihr Vormarsch. Erst am 2. August gelang es Patton und Montgomery, eine Frontlinie zu bilden, die von Südost nach Nordwest zwischen dem Ätna und der Nordküste der Insel verlief. Und selbst dann kamen sie nur voran, indem sie mit Hilfe von Landeoperationen eine Reihe von Brückenköpfen bildeten (am 8., 11., 15. und 16. August), um den Feind aus seinen starken Verteidigungsstellungen zu vertreiben. Trotzdem hatte Guzzoni bereits am 3. August eingesehen, dass die Lage aussichtslos war, und begonnen, seine italienischen Einheiten über die Straße von Messina zu evakuieren. Die Deutschen fingen erst am 11. August mit den Evakuierungsmaßnahmen an. Da sie nur bei Nacht übersetzten, entgingen sie den alliierten Luftangriffen weitgehend und konnten einen Großteil ihres Geräts (9800 Fahrzeuge) retten. Die Alliierten hielten am 17. August einen triumphalen Einzug in Messina, doch der Feind war ihnen entwischt.

Zwar fügte die Operation *Husky* den feindlichen Truppen keinen großen Schaden zu, aber sie hatte die Nachschublinien der Alliierten durch das Mittelmeer bis zum Nahen Osten gesichert; da die Kriege dort und in Nordafrika inzwischen allerdings beendet waren, brachte sie keine wesentlichen Vorteile. Sie hatte die Türkei, soweit erkennbar, nicht in dem Entschluss bestärkt, sich den Alliierten anzuschließen. Sie hatte keine deutschen Divisionen aus Russland abgezogen, denn alle Verbände, die (nach dem 24. Juli) nach Italien entsandt worden waren, die 16. und 26. Panzer-, die 3. und 29. Panzergrenadier- und die 1. Fallschirmjägerdivision, waren aus dem Westen gekommen. Nun blieb abzuwarten, ob die Landung in Sizilien genügend Druck auf die antifaschistischen Kräfte in Italien ausüben würde, um das Land zu einem Seitenwechsel zu bewegen.

Die Amerikaner bezweifelten ohnehin, dass ein solcher Seitenwechsel großen Wert hätte – eine Meinung, die beispielsweise von General George Marshall, dem Generalstabschef, vertreten wurde. Sie waren nach wie vor der Auffassung, dass ein direkter Angriff auf die Nordwestküste Europas das einzige zuverlässige Mittel sei, um Hitler rasch zu stürzen. 1942 hatten sie sich aus praktischen Erwägungen von einem solchen Schritt abhalten, sich aber nie im Grundsatz umstimmen lassen. Vielmehr misstrauten sie (in der Rückschau zu Recht) der Logik von Churchills «peripherer» Strategie und hielten, was dieser Logik zufolge der «weiche Unterleib» des Hitler'schen Europa sein sollte, eher für dessen Doppelkinn. Hitler maß Italien einen gewissen Wert bei, weil sein Verlust ein Schlag für sein Prestige gewesen wäre und weil es Flankenschutz für den Balkan bot, wo er lebenswichtige wirtschaftliche und strategische Interessen hatte. Doch wenn er hätte mithören können, wie General Marshall Italien als zweitrangige Front beurteilte, an der militärische Operationen «ein Vakuum schaffen, in das man immer mehr Mittel stopfen muss», hätte er dem Amerikaner vorbehaltlos zugestimmt.

Dennoch sollten bald neue Bündnisse geschlossen werden. Das Eintreffen der Alliierten auf Sizilien und die unstrittigen Belege dafür, wie kraftlos der Widerstand der italienischen Streitkräfte auf der Insel gewesen war, überzeugte Italiens herrschende Klasse nun davon, dass sie die Seiten wechseln musste. Als Churchill auf der Konferenz mit Roosevelt in Quebec (*Quadrant*, 14. bis 23. August) hörte, dass Mussolinis Feinde erste Kontakte aufgenommen hätten, meinte er: «Badoglio [der neue Regierungschef] räumt ein, dass er ein falsches Spiel mit jemandem treibt ... wahrscheinlich ... ist es Hitler, der hinters Licht geführt wird.» Hitler selbst hatte am 19. Juli den gleichen Eindruck gewonnen. Noch während der Kämpfe um Sizilien und Kursk flog er nach Italien und stattete dem verbündeten Diktator einen Besuch ab, um ihm seine Unterstützung zuzusichern. Dabei suchte er durch seine Wortwahl zu kaschieren, dass er die Absicht hatte, beim ersten Anzeichen von Verrat die italienische Armee auszuschalten und den Teil der Halbinsel, der sich verteidigen ließ, mit eigenen Truppen zu besetzen. Am 25. Juli wurde auf einem Treffen des Faschistischen Großrats Mussolinis Rücktritt als Ministerpräsident gefordert. Der König bestellte ihn zu sich, und als Mussolini sich kleinlaut im Palast einfand, wurde er verhaftet und festgesetzt. König Viktor Emmanuel übernahm den Oberbefehl über die Streitkräfte, und Marschall Pietro Badoglio wurde Ministerpräsident.

Offiziell erklärte die neue Regierung, sie werde im Krieg an

Hitlers Seite bleiben, nahm aber heimlich direkte Verhandlungen mit den Alliierten auf. Das erste Treffen fand am 5. August auf Sizilien statt, einen Tag bevor Raffaele Guariglia, der neue italienische Außenminister, dem deutschen Botschafter sein Ehrenwort gab, dass Italien nicht mit den Alliierten verhandle. Bald darauf wurde Eisenhower von Roosevelt und Churchill ermächtigt, einen Waffenstillstand zu schließen, allerdings unter sehr viel härteren Bedingungen, als Badoglio erwartet hatte. Während die Italiener noch Ausflüchte machten, wurden alle Vorbereitungen für eine Landung auf dem italienischen Festland getroffen. Die Italiener hofften, die Alliierten würden im Norden von Rom landen, die Hauptstadt von Fallschirmjägern nehmen lassen und so verhindern, dass Hitler, wie befürchtet, eigene Maßnahmen ergreifen könnte, um die Halbinsel zu besetzen. Am 31. August wurde den Italienern schließlich ein Ultimatum gestellt: entweder auf die Forderungen der Alliierten einzugehen, die praktisch einer bedingungslosen Kapitulation gleichkamen – wie Churchill es am 28. Juli dem Unterhaus versprochen hatte –, oder die Konsequenzen in Kauf zu nehmen, das heißt, eine deutsche Besetzung. Am 3. September unterzeichneten die Italiener. Sie gingen davon aus, man werde ihnen genügend Zeit lassen, sich gegen die deutsche Intervention zu wappnen; ihnen war klar, dass sie erfolgen würde, sobald die Nachricht vom Waffenstillstand bekannt wurde. Doch Eisenhower verkündete die Neuigkeit bereits fünf Tage später, am 8. September, nur wenige Stunden bevor seine Truppen mit der Landung bei Salerno, südlich von Neapel, begannen.

Hitlers Gegenmaßnahmen

Die Landung bei Salerno (Operation *Avalanche*) war nicht die erste der Alliierten auf dem italienischen Festland. Am 3. September hatte Montgomerys 8. Armee die Straße von Messina überquert, um Reggio di Calabria als Vorbereitung auf die Besetzung der Stiefelspitze einzunehmen. Hitler hatte allerdings beschlossen, diese Unternehmung als unwichtig abzutun, eine Auffassung, die Montgomery, der verstimmt war, in eine zweitrangige Rolle gedrängt zu werden, teilte. Die Landung bei Salerno veranlasste Hitler indessen, den Beginn der Operation «Alarich» anzuordnen. Zwar gelang es ihm nicht, die von den Waffenstillstandsbedingungen verlangte Überführung der italienischen Flotte nach Malta zu verhindern, doch die deutsche Luftwaffe konnte das Schlachtschiff *Roma* auf dem Weg dorthin mit einer der neuen Waffen, einer ferngelenkte Gleitbombe, versenken. In fast jeder anderen Hinsicht lief die Operation «Alarich» (jetzt unter dem Decknamen «Achse») reibungslos ab.

Washington widerstrebte es, Kräfte nach Italien zu schicken. Die amerikanische Regierung war der festen Überzeugung, die Allianz müsse unverzüglich eine Invasion in Nordwesteuropa durchführen. Daher war es für Hitler äußerst vorteilhaft, dass Eisenhower aus Mangel an Landungsfahrzeugen und Truppen gezwungen war, so weit im Süden an Land zu gehen. Hitler war auf diese Weise in der Lage, die Divisionen, die er aus Sizilien hatte retten können, gegen die *Avalanche*-Kräfte zusammenzuziehen, während er die Kräfte, die er von Frankreich und anderswoher heranführte (die 1. SS-Panzer-Division wurde für diese Aufgabe vorübergehend aus Russland abgezogen), dazu benutzte, Rom zu besetzen und das italienische Heer in der Mitte und im Norden der Halbinsel auszuschalten. Vor der Invasion hatte er widersprüchliche Ratschläge erhalten: Rommel, einer seiner Favoriten, hatte ihn vor dem Versuch gewarnt, den Süden zu halten; Kesselring, der General vor Ort und ein scharfsinniger strategischer Analytiker, hatte ihm versichert, man könne unterhalb Roms eine stabile Auffanglinie bilden. Nun machte sich Hitler die Talente beider Männer zunutze. Während Rommel die beiden Divisionen befehligte, die im Eiltempo die Alpen überwunden hatten, um den militärischen und zivilen Widerstand in Mailand und Turin niederzuschlagen (und sich vieler Zehntausender alliierter Kriegsgefangener erneut zu bemächtigen, die nach Italiens Seitenwechsel freigelassen worden waren), organisierte Kesselring die 10. Armee im Süden mit dem Ziel, die Landung in Salerno zu verhindern oder abzuriegeln.

Auch in anderen Regionen gingen die deutschen Truppen rasch gegen die italienischen Verbände vor, um sie zu entwaffnen und gefangen zu nehmen oder möglichen Widerstand zu brechen. Das jugoslawische Gebiet, das von Italienern okkupiert war, brachten die Deutschen oder ihre kroatischen (Ustascha-)Marionetten unter Kontrolle; der italienisch besetzte Teil Frankreichs wurde ebenfalls von deutschen Truppen übernommen (mit tragischen Folgen für die Juden, die dort Zuflucht gefunden hatten); Sardinien und Korsika, von denen man glaubte, sie ließen sich nicht halten, wurden beide schnellstens evakuiert, Ersteres am 9. September, Letzteres am 1. Oktober, nachdem eine Invasionstruppe des Freien Frankreich einheimischen Aufständischen, die sich bei der Nachricht vom Waffenstillstand erhoben hatten, zu Hilfe gekommen war. In den von Italien kontrollierten Sektoren Griechenlands erzielten die Deutschen, entgegen der allgemeinen Tendenz der strategischen Ereignisse, einen bemerkenswerten Erfolg.

Ermutigt durch den Umstand, dass am 9. September Kämpfe zwischen den deutschen und den italienischen Besatzungstruppen der Ionischen Inseln ausbrachen (sie wurden von den Deutschen brutal beendet, indem sie viele italienische Offiziere erschossen, die in ihre Hände fielen), landeten die Briten, obwohl ihnen die Amerikaner nachdrücklich und zu Recht davon abrieten, am 12. September auf dem italienisch besetzten Dodekanes und nahmen mit italienischer Duldung Kos, Samos und Leros ein. Die Deutschen zogen, in Erwartung eines leichten Erfolgs aufgrund ihrer regionalen Luftherrschaft – von den Amerikanern wurde sie erkannt, die Briten aber hatten sie nicht wahrhaben wollen –, eine überlegene Truppe aus allen drei Wehrmachtteilen zusammen, eroberten Kos am 4. Oktober, erzwangen die Evakuierung von Samos und holten sich am 16. November Leros zurück. Anschließend wurde die Dodekanes-Operation, die für die Briten so schmerzlich demütigend war, auf die Kykladen ausgedehnt. Ende November hatten die Deutschen die Kontrolle über die gesamte Ägäis gewonnen, 40 000 italienische und mehrere tausend britische Kriegsgefangene gemacht und außerdem die Wahrscheinlichkeit verringert, dass die Türken auf alliierter Seite in den Krieg eintreten würden – mit dieser Aussicht hatte Churchill sein zweites griechisches Abenteuer ursprünglich gerechtfertigt.

Hitler holte noch andere Kastanien aus dem Feuer, das der italienische Seitenwechsel entfacht hatte. Am 12. September befreite ein Fallschirmjägerkommando unter Führung des SS-Offiziers Otto Skorzeny Mussolini auf dem Campo Imperatore im Gran-Sasso-Massiv, wo der «Duce» gefangen gehalten wurde. Sogleich rief Mussolini im Norden des Landes die *Republica Sociale Italiana* aus. Ab dem 9. Oktober verfügte er über eine eigene Armee, aufgestellt aus Soldaten, die ihm nach wie vor treu ergeben waren, und geführt von Marschall Rodolfo Graziani, einst Gouverneur in Libyen und Wavells Gegner in Ägypten. Dadurch, dass Mussolini einen Nachfolgestaat des faschistischen Italien schuf, sorgte er dafür, dass sich der wachsende Widerstand gegen die deutsche Besatzung des Nordens zu einem Bürgerkrieg mit blutigen und tragischen Folgen auswuchs. Diese Folgen waren Hitler vollkommen gleichgültig. Italiens Seitenwechsel entband ihn von der Verpflichtung, es mit der Steinkohle zu versorgen, auf die es zur Deckung seines Energiebedarfs angewiesen war. Die freiwilligen italienischen Arbeitskräfte in der deutschen Industrie konnte er jetzt durch italienische Zwangsarbeiter ergänzen. Außerdem hatte er nunmehr fast eine Million Kriegsgefangene zur Verfügung, deren Arbeitskraft ebenfalls für das Reich eingesetzt werden konnte.

Derweil entwickelten sich die strategischen Bemühungen, die Auswirkungen der alliierten Invasion so weit wie möglich einzuschränken, zu seiner Zufriedenheit. Wie sich herausstellte, hatte Rommel die Chancen unterschätzt, Italien südlich von Rom zu verteidigen. Kesselring, an sich zwar Luftwaffenoffizier, aber nach Ausbildung und Geisteshaltung ein Produkt des elitären Heeresgeneralstabes, hatte zu Recht die Auffassung vertreten, die italienischen Geländegegebenheiten eigneten sich hervorragend zur Verteidigung. Das Zentralmassiv der Halbinsel ragt stellenweise bis zu einer Höhe von fast 3000 Metern auf und reicht mit zahllosen Ausläufern im Osten an die Adria und im Westen ans Mittelmeer heran. Zwischen diesen Ausläufern streben Flüsse in tiefen Tälern rasch dem Meer zu. Flüsse, Ausläufer und der Gebirgszug selbst bieten insgesamt eine dichte Folge von Verteidigungslinien, die besonders schwer zu durchbrechen sind, weil die Kämme der Ausläufer nur in den Küstenstreifen Raum für Nord-Süd-Straßen lassen, deren Brücken von natürlichen Stützpunkten in den Berghängen überragt werden.

Salerno, der Ort, der vom Stab der *Central Mediterranean Force* für die Hauptlandung in Italien ausgewählt wurde, fügt sich exakt in dieses topographische Muster. Obwohl der Küstenstreifen hier ungewöhnlich breit und eben ist (der Umstand, der den Planern die Strände geeignet erscheinen ließ), wird er auf allen Seiten von Bodenerhebungen beherrscht, während der Ausgang nach Norden durch das Massiv des Vesuv versperrt ist. Hätte Kesselring am Anfang genügend Kräfte zur Verfügung gehabt, hätte er die Auffanglinie quer über die Halbinsel legen können, was, wie er Hitler versichert hatte, militärisch machbar war – vielleicht sogar auf der Höhe von Neapel. Da seine 10. Armee jedoch nur sieben Divisionen umfasste, von denen lediglich die 16. Panzerdivision volle Kriegsstärke hatte, war er gezwungen, all seine Truppen gegen den nördlichen Rand des Brückenkopfes zu werfen, um den Invasoren ein rasches Vorankommen in Richtung Neapel zu verwehren. Auf diese Weise wollte er Zeit gewinnen, damit er oberhalb der Stadt eine Front aufbauen konnte (die später als «Winterstellung» bezeichnet werden sollte).

Obwohl die Schwäche der 10. Armee von Anfang an bestand, machte sie den *Avalanche*-Kräften in den ersten Wochen der Invasion das Leben schwer. Mark Clark, der amerikanische General, der die 5. US-Armee kommandierte, hatte zwei Korps unter seinem Befehl, das britische X. und das amerikanische VI. Mit überwältigender Luft- und Artillerieunterstützung gingen beide am 9. September ohne Mühe an Land. Sie hatten es jedoch nicht eilig, ihre anfängliche Überlegenheit auszunutzen, und sahen sich am nächsten Tag einem schweren Gegenangriff der deutschen Reserven ausgesetzt, unter anderem der Truppen von der «Spitze» des italienischen Stiefels, die Montgomerys Armee entkommen waren. Besonders wirksam waren die Gegenangriffe der 16. Panzerdivision. Am 12. September nahm sie den Briten das Dorf Battipaglia wieder ab, eine strategische Schlüsselstellung in der Nähe des Punktes, an dem sich die britischen und die amerikanischen Linien berührten. Am nächsten Tag verdoppelte sie zusammen mit der 29. Panzergrenadierdivision den Druck und drohte, den Brückenkopf aufzuspalten, das heißt, die Briten von den Amerikanern zu trennen, die Altavilla und Persano verloren und sich anschickten, ihre Landungsdivisionen wieder einzuschiffen. Den Alliierten gelang es aber, ihren Brückenkopf zu stabilisieren, indem sie die vorrückenden Deutschen mit außerordentlich schwerem Artilleriefeuer belegten. Während die Infanteristen der amerikanischen 45. Division Fersengeld gaben, hielten die Artilleristen der Division bei ihren Geschützen aus und brachten die deutschen Panzergrenadiere schließlich mit Unterstützung durch Schiffsartillerie und die Luftwaffe zum Stehen.

Dank der Landung britischer Panzer- und amerikanischer Luftlandetruppen im Brückenkopf war die Krise am 15. September überstanden. Generaloberst Heinrich von Vietinghoff, der Oberbefehlshaber der 10. Armee, erkannte, dass sich das Kräfteverhältnis nun zu seinen Ungunsten verschoben hatte, woraufhin Kesselring einen hinhaltenden Rückzug bis zur ersten der von ihm ausgewählten Bergketten weiter im Norden genehmigte. Montgomerys 8. Armee war durch die britische 16. Luftlandedivision verstärkt worden, die am 9. September bei Tarent gelandet war. Am 16. September stießen die von Kalabrien vorrückenden Stoßkeile der 8. Armee auf die Amerikaner im Brückenkopf südlich von Salerno. Zwei Tage später begannen die Deutschen ihren Rückzug und deckten ihn, indem sie die Brücken hinter sich sprengten, während die 5. Armee sie verfolgte. Am 1. Oktober marschierten britische Truppen in Neapel ein. Inzwischen war die 8. Armee mit zwei Divisionen, darunter auch der 1. Kanadischen, an der Adriaküste vorgerückt, um den großen Flugplatz bei Foggia zu nehmen, von dem aus die Alliierten strategische Bombenangriffe gegen Süddeutschland fliegen wollten. Anfang Oktober bildeten die 5. und die 8. Armee quer über die Halbinsel eine 200 Kilometer lange durchgehende Front, die am Volturno im Norden von Neapel und am Biferno entlang verlief, der bei Termoli in die Adria mündet.

Kesselrings Winterstellung

Jetzt begann der unerbittliche und verlustreiche Winterfeldzug Lücken in die Auffanglinie zu reißen, mit der die Deutschen die Zufahrtsstraßen nach Rom verteidigten. Weil ein Vorstoß über den Apennin unmöglich war, beschränkten sich die Angriffsversuche der 8. und 5. Armee auf schmale Abschnitte an beiden Küsten, auf Fronten von höchstens 30 Kilometer Breite. Dieser Umstand – und die Tatsache, dass die Briten und Amerikaner ihre Offensiven nicht koordinierten – vereinfachte Kesselrings Strategie erheblich, erlaubte sie ihm doch, seinen Mittelabschnitt fast unverteidigt zu lassen, während er seine besten Divisionen auf die Flanken an Mittelmeer und Adria konzentrieren konnte. Da die deutschen Truppen in Italien aus den mobilen Verfügungstruppen des OKW zusammengezogen worden waren, besaßen sie einen hohen Kampfwert, woran sich im gesamten Verlauf des italienischen Krieges nichts ändern sollte. Im Oktober stellte Kesselring die 3. und 15. Panzergrenadierdivision, mit der Division «Hermann Göring» als Reserve, der 5. Armee entgegen. Auf der adriatischen Flanke hatte er die 16. und 26. Panzer-, die 29. Panzergrenadier-, die 1. Fallschirmjäger- und zwei Infanteriedivisionen stehen. Gegen diese neun Divisionen konnten die Alliierten ihrerseits ebenfalls nur neun Divisionen aufbieten, darunter eine einzige Panzerdivision.

Obwohl Clark und Montgomery mit selbständigen Einheiten über zusätzliche Panzerkräfte verfügten, besaßen sie weder die Materialüberlegenheit, noch konnten sie ihre totale Luftherrschaft dazu nutzen, die Deutschen aus ihren befestigten Stellungen zu vertreiben. Die Luftmacht hat ihre Grenzen, wie Italiens Topographie nur allzu deutlich zeigte. Die alliierten Luftstreitkräfte stellten keine Bedrohung für die Verteidiger dar: In Stellungen in und hinter steilen Felswänden bestand für sie keine Notwendigkeit zum Manövrieren. Sie mussten lediglich das Allernotwendigste tun, um sich darin zu halten.

Italien wurde in der Neuzeit nur zweimal durch eine rasche Offensive überrannt, das erste Mal 1494 vom französischen König Karl VIII. und das zweite Mal 1800 von Napoleon nach der Schlacht bei Marengo. Im ersten Fall hatten die Franzosen eine revolutionäre Waffe, das Feldgeschütz, auf ihrer Seite, im zweiten unfähige und zerstrittene Feinde gegen sich. Beides galt nicht für den Winter 1943. Die Alliierten brachten es bestenfalls zu einem ausgewogenen materiellen Kräfteverhältnis im Kampf mit einem entschlossenen und geschickten Feind, der nichts zu verlieren, aber viel zu gewinnen hatte, wenn er standhielt. Der Versuch, ihn von den Klippen und Vorsprüngen des Apennins zu vertreiben, geriet zur erbittertsten und blutigsten Auseinandersetzung, welche die Briten und Amerikaner an irgendeiner Front des Zweiten Weltkriegs mit der deutschen Wehrmacht führten.

Die Verluste der italienischen Kämpfe waren um so schmerzlicher für die *Allied Mediterranean Force*, als sich viele ihrer Divisionen zufällig aus benachbarten Bezirken rekrutierten. Die 36. und 45. US-Division waren Verbände der Nationalgarde aus Texas beziehungsweise Oklahoma, während die britische 56. und 46. Division aus London und dem Norden Mittelenglands stammten. Die beiden indischen Divisionen, die 4. und die 8., waren aus der

Minderheit der Raji, der «Kriegerkaste», aufgestellt worden, die 1. Kanadische Division bestand aus den Freiwilligen eines Dominions, das nach der Tragödie eines gescheiterten Angriffs auf Dieppe im August 1942 den kaum verhohlenen Verdacht hegte, dass britische Generale allzu unbedenklich bereit wären, das Blut kanadischer Soldaten zu vergießen. Drei andere Verbände unter Alexanders Befehl, die 2. Neuseeländische Division, das Französisch-Marokkanische und das II. Polnische Korps, waren für ihre Tapferkeit berühmt. Besonders die Polen zeigten sich grimmig entschlossen, dem Feind die Leiden heimzuzahlen, die er ihrem Land seit 1939 zugefügt hatte. Doch unter den gegebenen Umständen hatten die zuletzt genannten drei Divisionen so gut wie keine Möglichkeit, die Verluste zu ersetzen, die sie an der Front erlitten. Das Bewusstsein, dass ihnen mit dem Kommando über diese Soldaten eine außergewöhnlich schwere Verantwortung auferlegt war, bedrückte die alliierten Generale während der gesamten Schlacht um Italien und wirkte sich tief greifend auf ihre operativen Entscheidungen aus.

Eines der heftigsten Gefechte folgte unmittelbar nach dem Erfolg bei Salerno, als die Alliierten mit dem Ziel vorrückten, die Winterstellung anzugreifen, die Kesselring zwischen Gaeta und Pescara eilig zur Verteidigung ausbaute. Ihr westliches Ende, um den befestigten Abteiberg Monte Cassino – mit dem Kloster hatte Benedikt von Nursia im 6. Jahrhundert das europäische Mönchstum begründet –, hieß Gustav-Linie und war der stärkste Abschnitt der gesamten Stellung. Auch die Zugangswege waren fest in deutschen Händen, und die Alliierten erlitten bei den fünf Offensiven, die sie zwischen dem 12. und dem 17. Oktober vortrugen, um sich den Zugang zu verschaffen, schwere Verluste. Vom 12. bis 15. Oktober bildete die 5. Armee Brückenköpfe jenseits des Volturno, unmittelbar im Norden von Neapel. Inzwischen überquerte die 8. Armee an der Adriaküste den Fluss Trigno hinter Termoli, das am 6. Oktober eingenommen worden war, und kämpfte sich von dort bis zum Fluss Sangro vor. Die

Schlacht am Sangro (20. November bis 2. Dezember) erwies sich als besonders schwierig. Infolge des Winterregens führte der Fluss Hochwasser und zwang beide Seiten in der ersten Woche zur Untätigkeit. Nachdem Montgomery seine Armee übergesetzt hatte, konnte er seinen Erfolg nicht nutzen, weil die Deutschen den Küstenort Ortona hartnäckig verteidigten. Dort fielen zahlreiche Soldaten der 1. Kanadischen Division im Häuserkampf. Sangro war Montgomerys letzter Kriegsschauplatz im Mittelmeerraum, bevor er aufbrach, um den Oberbefehl über die *Overlord*-Streitkräfte zu übernehmen.

Während die Schlacht am Sangro in Gang war, hatte sich die 5. Armee durch zerklüftetes Gelände und ein Labyrinth von Trümmern Stück um Stück an den Fluss Garigliano herangeschoben, von wo aus das Tal des Liri am Massiv des Monte Cassino vorbei in Richtung Rom führt. Der Zugang zum Liri wird jedoch von den Gipfeln des Monte Camino, Rotondo und Sammucro beherrscht, die zwischen dem 29. November und 21. Dezember in einer Reihe von erbitterten Kämpfen erklettert und erobert werden mussten. Die winterlichen Schneestürme erzwangen eine Pause, die bis zum 5. Januar dauerte. Dann griffen die amerikanischen und französischen Divisionen der 5. Armee wieder an, um den Fluss Rapido zu erreichen, der am Fuße des Gebirgsmassivs des Cassino in den Liri mündet. Am 20. Januar 1944 befahl Clark der 36. (texanischen) Division, im Sturmangriff über den Rapido hinwegzusetzen, und zwar auf seiner seewärtigen Seite zwischen Cassino und seinem Zusammenfluss mit dem Liri.

Der amerikanische Pionierkommandeur, der für die Räumung der Minen, mit denen die Deutschen das Gefechtsfeld übersät hatten, und den Bau der Brücke über den Wasserlauf zuständig war, hatte vor den Risiken der Operation gewarnt: Ein Angriff durch ein schlammiges Tal, das keine geeigneten Zu- und Ausgänge besitze und durch gestaffelte Hindernisse hinter einem nicht zu durchfurtenden Fluss versperrt sei, werde eine unmögliche Situation schaffen und viele Menschenleben kosten. Seine Vorhersage ging auf entsetzliche Weise in Erfüllung. Drei Tage lang versuchten die Texaner, den Fluss zu überqueren. Einigen gelang es, doch da die Unterstützung ausblieb, schwammen die meisten wieder zurück. Als die Operation abgebrochen wurde, waren von den nur knapp 6000 Infanteristen 1000 gefallen. Der Tagebucheintrag der 15. Panzergrenadierdivision, die auf der anderen Seite kämpfte, ließ nicht erkennen, dass die deutschen Kommandeure ahnten, welche Tragödie sie verursacht hatten. Dort war lediglich vermerkt, dass man eine «Flussüberquerung feindlicher Truppen verhindert» habe. Nach der Abwehr des texanischen Angriffs begrub Mark Clark die Hoffnung auf einen baldigen Durchbruch nach Rom über die Fernstraße 6, die große Nord-Süd-Verbindung an der Mittelmeerküste. Trotzdem gab er die Absicht, Rom zu nehmen, nicht so rasch auf, denn seit dem 3. November war ein von Eisenhower favorisierter Plan im Gespräch, wonach die Winterstellung durch eine Landeoperation im Rücken der 5. Armee ausgehebelt werden sollte, und zwar bei Anzio in der Nähe Roms.

Der Plan war nicht nur aus militärischen Gründen entwickelt worden, sondern hatte auch politische Motive, die mit der zweiten Front zusammenhingen, insbesondere mit dem umstrittenen Vorhaben, *Overlord* in der Normandie durch eine weitere Landung (*Anvil*, später *Dragoon*) in Südfrankreich zu ergänzen. Persönlich hielt General Walter Bedell Smith, Eisenhowers Stabschef, *Anvil* für eine unnütze Zersplitterung der Kräfte. Trotzdem war es seine Pflicht, die Operation vorzubereiten. Wie er erkannte, musste die *Central Mediterranean Force* für dieses Unternehmen, das nur von Norditalien aus durchgeführt werden konnte, einen beträchtlichen Teil der Landungsflotte zurückhalten, die eigentlich von Italien nach England verlegt werden sollte. Man war der Ansicht, für die erfolgreiche Durchführung von *Anvil* sei es unerlässlich, die Linie Pisa-Rimini in Besitz zu nehmen. Um sie bis Mitte 1944 zu erreichen, musste die 5. Armee rasch in den Norden von Rom gelangen; und um über Rom hinaus vorzurücken, brauchte man die Landungsfahrzeuge für einen baldigen Einbruch im Rücken der Winterstellung – dies die Gründe für das Anzio-Unternehmen und die Operation *Shingle*.

Theoretisch war der Schlachtentwurf fehlerlos, in der operativen Praxis jedoch scheiterte er kläglich. Gemäß Bedell Smiths Plan sollten 60 Panzerlandungsschiffe bis zum 15. Januar im Mittelmeer zurückgehalten werden, eine Frist, die später bis zum 6. Februar verlängert wurde. Das VI. US-Korps, das neben der amerikanischen 1. Panzer- und der amerikanischen 3. Division auch ein starkes britisches Truppenkontingent enthielt und von General John P. Lucas befehligt wurde, ging in Anzio, 50 Kilometer südlich von Rom, an Land. Von ihrem Erscheinen wurden die Deutschen völlig überrascht. Weder die Abwehr noch Kesselrings Stab hatten irgendein Anzeichen für die Vorbereitung der Operation entdeckt. Hätte Lucas riskiert, auf Rom vorzustoßen, hätten seine Angriffsspitzen die Stadt wahrscheinlich erreicht, wären aber wohl bald vernichtet worden. Gleichwohl hätte er «Claims weit landeinwärts abstecken» können, wie Montgomery es später in der Normandie versuchte. Lucas jedoch tat keines von beidem, sondern gab sich damit zufrieden, eine große Zahl von Männern und Fahrzeugen zu landen und den Rand eines winzigen Brückenkopfes zu sichern. So schuf er eine denkbar nachteilige Situation, indem er seine Kräfte einerseits einer Gefahr aussetzte und andererseits keine für den Feind heraufbeschwor.

Die Deutschen, für die seine Untätigkeit die Rettung aus der Krise bedeutete, stellten aus Urlaubsrückkehrern eilig so genannte Alarmeinheiten zusammen und beförderten sie auf dem schnellsten Weg nach Anzio, während bestehende Einheiten aus dem Norden und aus ruhigen Abschnitten der Winterstellung zum Krisenherd verlegt wurden. Als Lucas am 30. Januar versuchte, landeinwärts vorzurücken, fand er den Weg verlegt. Am 15. Februar begann die neu gebildete 14. Armee mit einem Gegenangriff. Dieser Angriff, unter dem Decknamen «Fischgang», wurde auf Hitlers Befehl mit großer Wucht vorgetragen, um den Alliierten warnend vor Augen zu führen, dass ein anglo-amerikanisches Landeunternehmen durchaus ins Meer zurückgeworfen werden konnte, und um der deutschen Bevölkerung tröstlich zu versichern, dass ein solches Schicksal auch mögliche Invasoren Nordeuropas erwarte. «Fischgang» scheiterte zwar, führte aber zu einer Einschließung von Lucas' Männern, die sie in eine äußerst gefährlichen Situation brachte. Am 23. Februar wurde er abgelöst, und sein Nachfolger General Lucius Truscott musste die Stellung während der nächsten drei Monate halten.

Ein Krise in der alliierten Strategie

Nachdem es General Mark Clark weder über das Liri-Tal noch über Anzio gelungen war, Rom einzunehmen, sah er sich nun vor die Notwendigkeit gestellt, sich seinen Weg an dem großen Festungskloster Monte Cassino vorbei freizukämpfen, das die Fernstraße 6 beherrschte. 1400 Jahre zuvor hatte der heilige Benedikt es als sicheren Zufluchtsort für seine kontemplativen Mönche erwählt. Die Mönche waren geblieben, auf drei Seiten umtost vom Lärm des Krieges, und das Kloster war so uneinnehmbar wie je. In seiner unmittelbaren Umgebung hatte sich die 1. Fallschirmjägerdivision eingerichtet, eine der besten der Wehrmacht. Frido von Senger und Etterlin, Kommandeur der Division und Laienmitglied des Benediktinerordens, ließ nicht zu, dass die Klostergebäude als Verteidigungsanlagen genutzt wurden. Doch die Klippen und Felsnasen boten allen Schutz, den die deutschen Fallschirmjäger brauchten, um sich die Alliierten vom Leibe zu halten.

Viermal im Laufe der nächsten drei Monate, zwischen dem 12. Februar und dem 17. Mai, unternahmen die Alliierten einen Angriff, und dreimal wurden sie zurückgeschlagen. In der ersten Schlacht bei Monte Cassino lernte die 34. US-Division lediglich die bittere Lektion, welche natürlichen Vorteile die Cassino-Stellung hatte und wie stark sie verteidigt wurde. In der zweiten Schlacht griffen die 2. Neuseeländische und die 4. Indische Division unter dem Kreta-Kämpfer Bernard Freyberg zwischen dem 15. und 18. Februar das Kloster und die Ortschaft zu dessen Füßen an. Vorbereitet wurde ihre Attacke durch 135 *Flying Fortresses*, die das Kloster bombardierten und in Schutt und Asche legten, doch weder die Bomber noch die Truppen konnten die deutschen Fallschirmjäger aus ihren Stellungen vertreiben. In der dritten Schlacht, vom 15. bis 23. März, unternahmen Freybergs Divisionen einen erneuten Versuch und bekamen noch massivere Luftunterstützung. Wieder war der Angriff erfolglos; er machte die Cassino-Stellung sogar noch unangreifbarer als vorher: Das ständige Bombardement und Artilleriefeuer hatten das Kloster und die Ortschaft darunter in eine Trümmerlandschaft verwandelt, in die sich die deutschen Fallschirmjäger Tunnels und Bunker gruben.

Im April befand sich die alliierte Strategie fast in einer Krise. Churchill wurde in der Öffentlichkeit scharf kritisiert, weil die Fortschritte, die man erwartete, ausblieben. Hitler triumphierte ob des Erfolgs der 10. und der 14. Armee. Obwohl riesige Abschnitte der Ostfront unter dem russischen Angriff einbrachen und die deutschen Städte Nacht für Nacht unter der tödlichen Last des *Bomber Command* erbebten, waren seine anglo-amerikanischen Feinde in Italien während neun Monaten nur 110 Kilometer vorangekommen. Mark Clark, der so egozentrisch war wie vielleicht kein anderer alliierter General im Zweiten Weltkrieg, fürchtete um seine Karriere und sah sich in seiner wütenden Antipathie gegen die Briten durch den doppelten Misserfolg am Monte Cassino bestätigt. Alexander, der Oberbefehlshaber auf dem italienischen Schauplatz, seit Eisenhower im Januar das alliierte Oberkommando in Großbritannien übernommen hatte, sah keine Möglichkeit, voranzukommen, sodass selbst bei Churchill, der ihn als das Idealbild eines militärischen Aristokraten verehrte, Zweifel an seinem Willen und seiner Fähigkeit erwachten, die Pattsituation zu beenden. Was Not tat, waren ein Plan und ein neuer Anstoß, um die alliierten Armeen in Italien wieder auf die Siegerstraße zu bringen.

Hinter der festgefahrenen Front erfüllten die alliierten Luftwaffen ihre Aufgabe. Sie unterstanden dem Oberbefehl von Ira C. Eaker, der aus Großbritannien, wo er die erste (erfolglose) Phase der amerikanischen strategischen Bombenangriffe gegen Deutschland geführt hatte, hierher versetzt worden war. Seit März lief für die alliierte Luftwaffe die Operation *Strangle* an, deren Ziel es war, die logistische Infrastruktur zu zerstören, über die die 10. und 14. Armee bei Anzio und in der Winterstellung versorgt wurden. Zwar ließ das Gelände keine erfolgreichen Erdkämpfe gegen Fronteinheiten zu, doch boten die italienischen Straßen und Eisenbahnschienen lohnende strategische Ziele für die Luftwaffe. Eakers Plan zur Zerschlagung des Nachschub- und Nachrichtensystems des Feindes war ein Musterbeispiel für militärische Logik. Im April begann John Harding, Alexanders Generalstabschef, einen ebenso logischen Plan zu entwickeln, der sich die Fähigkeit der Alliierten zur beweglichen Landkriegführung zunutze machen sollte.

Seit dem Ende des Vorjahres waren die *Allied Armies Italy* beträchtlich vergrößert worden. Das II. Polnische Korps stand jetzt in voller Stärke zum Kampf bereit. Die 8. Armee (unter dem Oberbefehl von Oliver Leese, seit Montgomery Ende Dezember für *Overlord* nach England abgereist war) hatte man aufgestockt durch eine indische Division, eine südafrikanische Panzerdivision und einen weiteren kampfstarken kanadischen Verband, die 5. Panzerdivision. Im Anzio-Brückenkopf standen Truscott jetzt doppelt so viele Soldaten zur Verfügung. Weiterhin hatte eine französische Expeditionstruppe, vorwiegend Angehörige eines marokkanischen Bergstamms, dem der Gebirgskrieg zur zweiten Natur geworden war, den Abschnitt zwischen Monte Cassino und der Küstenebene übernommen. Diese Verstärkungen glichen den Abzug der sechs erfahrenen britischen und amerikanischen Divisionen größtenteils aus, die den italienischen Feldzug bislang geführt hatten und nun zur Vorbereitung von *Overlord* nach Großbritannien beordert worden waren. Ausgehend von den unterschiedlichen, aber einander ergänzenden Eigenschaften der Truppen, die jetzt zur Verfügung standen, entwickelte Harding einen neuen Operationsplan (*Diadem*). Er sollte dazu dienen, die Deutschen aus ihrer Stellung am Monte Cassino zu werfen, ins Liri-Tal vorzudringen und die Truppen bei Anzio ins Spiel zu bringen, um auf diese Weise die Deutschen südlich von Rom zu umfassen und die Stadt in alliierte Hand zu bringen.

Hardings Plan beinhaltet ein raffiniertes Täuschungsmanöver (*Dunton*), das den Deutschen die Gefahr eines weiteren Landungsunternehmens in ihrem Rücken vorgaukeln sollte, näher an der Pisa-Rimini-Stellung, die Kesselring als letzte Auffanglinie auf der Halbinsel vorgesehen hatte. Unterdessen würden die Polen Monte Cassino in einer vierten Schlacht von Norden angreifen und einnehmen, während die Franzosen von Süden her ins Gebirge einsickerten. Dieser Schachzug sollte das Liri-Tal für die kanadische und die südafrikanische Panzerdivision öffnen; die Amerikaner an der Westküste hatten den Auftrag, in der Zwischenzeit den Garigliano zu überqueren und Verbindung mit dem Korps in Anzio herzustellen, das aus seinem Brückenkopf ausbrechen und den Deutschen den Rückzugsweg nach Rom versperren sollte. Der Plan versprach einen groß angelegten Umfassungssieg.

Die Initiative zu diesem Plan ging im Wesentlichen von General Alphonse Juin aus, der die französischen Expeditionsstreitkräfte befehligte. Er hatte Harding und Alexander versprochen, seine Nordafrikaner seien in der Lage, Wege durchs Gebirge zu finden, für die die Angelsachsen blind seien. Als *Diadem* am 11. Mai eingeleitet wurde, gelang ihnen das in der Tat. Die Polen, die es mit der deutschen 1. Fallschirmjägerdivision zu tun hatten, kamen zunächst weniger gut voran als die Nordafrikaner. Doch sobald Juins Gebirgsjäger, geführt von seinen marokkanischen Irregulären, am 17. Mai einen Weg zum Eingang des Liri-Tals gefunden hatten, eroberten die Polen Monte Cassino mit einem letzten und aufopfernden Angriff. Nachdem auf diese Weise der Zugang zum Liri-Tal und der Küstenzone eröffnet war, traten die amerikanischen Infanterie- und die britischen Panzerdivisionen am 23. Mai den Vormarsch an, am selben Tag, an dem Truscotts VI. Korps aus dem Brückenkopf bei Anzio ausbrach.

Nun befanden sich die 10. Armee und die Hauptstadt in Reichweite der Alliierten, wobei der Besetzung Roms nach einer Einkreisung der deutschen Truppen nichts mehr im Wege gestanden hätte. Rom war zur «offenen Stadt» erklärt worden, dort wimmelte es von entflohenen alliierten Kriegsgefangenen, die sich unter den Augen der wenigen noch verbliebenen Deutschen bewegten – die Stadt wartete auf ihre Befreiung. Die Aussicht auf einen triumphalen Einzug vernebelte Clark den strategischen Verstand. Alexander, dessen Führungsstil eher beratend als entschlossen war, erregte, wie immer, seine Ungeduld und die Briten zunehmend seinen Argwohn: Clark unterstellte ihnen, sie wollten ihn um die Lorbeeren seines Sieges bringen. Also befahl er den amerikanischen Truppen am 26. Mai eigenmächtig, ihren Vormarsch nordwärts durch das rückwärtige Gebiet der zurückweichenden Deutschen einzustellen – und gab damit die Aussicht, den Feind einzukreisen, preis. Stattdessen ließ er sie direkt in Richtung der italienischen Hauptstadt vorstoßen. Dieser Kurswechsel kam Kesselring sehr gelegen. Während seine Nachhuten dem Gegner bei Valmontone und Velletri in den Albaner Bergen südlich von Rom erfolgreich hinhaltende Gefechte lieferten, setzte er mit den intakten Verbänden der 10. Armee eilig über den Tiber und bezog spornstreichs die erste einer Reihe von Verteidigungsstellungen in der Goten-Linie, die seine Pioniere zwischen Rom und Rimini ausgebaut hatten.

Als Clark am 4. Juni in Rom einmarschierte, erwies sich das daher nur als schaler Triumph. Sogar die jubelnde Menge fehlte. Da die Römer ein schweres Rückzugsgefecht der abziehenden Deutschen befürchteten, blieben sie hinter verschlossenen Türen und brachten auf diese Weise den extrem publicitysüchtigen (und photogenen) «amerikanischen Adler», wie Churchill ihn nannte, um seine Ehrenrunde.

Kesselrings 10. und 14. Armee hatten allerdings den Rückzug angetreten; unter hinhaltendem Widerstand bewegten sie sich fast 250 Kilometer nach Norden bis zur Auffangstellung Pisa-Rimini – nach Kesselrings Auffassung die nächstgelegene Riegelstellung quer über die italienische Halbinsel, die sich gut verteidigen ließ. Die *Allied Armies Italy* setzten ihnen so gut sie konnten nach. Doch da sieben Divisionen – vier der sieben französischen, die aus Nordafrika gekommen waren, und die amerikanische 3., 36. und 45. Division – für die auf Mitte August festgesetzte Landeoperation *Anvil/Dragoon* in Südfrankreich abgezogen worden waren, sah Clark sich außerstande, den zurückweichenden Deutschen mit dem nötigen Nachdruck zu folgen. Kesselring gelang es noch, den Vormarsch der Alliierten durch zwei Gefechte zu verzögern, das erste an der so genannten Viterbo-Linie und das zweite an der Trasimeno-Linie, ehe er Anfang August sicher die Zuflucht der Goten-Linie erreichte.

Der Brennpunkt der Geschehnisse in und am Mittelmeer verlagerte sich jetzt an die südfranzösische Küste, die von der deutschen 19. Armee der Heeresgruppe G verteidigt wurde. Sie war bereits geschwächt, weil man ihr Truppen für die Heeresgruppe B entzogen hatte, die in der Normandie kämpfte. Obwohl sie anfangs über vier gute Divisionen verfügt hatte, waren die acht verbliebenen so weiträumig zwischen Nizza und Marseille aufgeteilt, dass sie nicht in der Lage waren, den Alliierten die Landung zu verwehren.

Churchill hatte sich lange gegen die Operation gesträubt; er hielt sie für militärisch wertlos. Aber Marshalls Stab in Washington hatte darauf beharrt, Marseille sei für die logistische Unterstützung der anglo-amerikanischen Invasion in Nordfrankreich wichtig, während Roosevelt, immer um die Belange der Bündnispolitik bemüht, die Auffassung vertreten hatte, man könne die Operation nicht abblasen, ohne Stalin zu verärgern. Nach einem außerordentlich erfolgreichen Luftlandeunternehmen und unterstützt von Fliegerangriffen und Schiffsartillerie, ging daher am

15. August die neu aufgestellte amerikanische 7. Armee unter General Alexander Patch zwischen Cannes und Toulon an Land.

Die Armee, die aus so weit auseinander liegenden Häfen wie Tarent, Neapel, Korsika und Oran herangeführt worden war, gelangte ohne große Verluste an Land, wenn sie auch hart um Toulon und Marseille kämpfen musste. Anschließend stieß sie entlang des Rhonetals vor und trieb damit die schnellen Truppen der 19. Armee, einschließlich der 11. Panzerdivision, in ungeordnetem Rückzug vor sich her, vorbei an Avignon, Orange und Montélimar in Richtung Lyon und Dijon. Da sich die Heeresgruppe B Ende August ihrerseits in raschem Rückzug befand, zögerte auch die 19. Armee nicht lange. Die Panzerspitzen von Patchs 7. und Pattons 3., aus der Normandie kommender Armee trafen sich am 11. September im Norden von Dijon, doch am 14. September hatte etwa die Hälfte der 19. Armee Zuflucht im Südelsass gefunden, wo sie bereit stand, die Zugangswege zu Deutschlands Westwall zu verteidigen.

Nach Hitlers Ansicht war der Verlust Südfrankreichs an sich ohne Bedeutung. Der Verlauf des Feldzugs in Italien hatte zwar dazu geführt, dass ein größeres Gebiet aufgegeben werden musste, ließ sich aber tatsächlich als strategischer Vorteil für Deutschland werten, weil er das Gros der alliierten Kräfte in Italien vor der Goten-Linie festhielt, in sicherer Entfernung vom italienischen Industriegebiet und den alpinen Zugangswegen an die Grenzen des Großdeutschen Reiches, während *Anvil* die Landungsflotte der Alliierten und das Gros ihrer verfügbaren Reserve in einem operativen Leerraum band, weit entfernt vom Balkan, der immer noch vorrangige Bedeutung für Hitlers Kriegführung hatte.

Der Balkan

Die britische Unterstützung für den Widerstand in Jugoslawien hatte die deutsche Wehrmacht bislang wenig gestört. Zwar waren bis zu 30 Achsen-Divisionen, unter anderem italienische, bulgarische, ungarische und kroatische (Ustascha-)Verbände, in den jugoslawischen Gebirgen in Kampfhandlungen verwickelt, doch befanden sich nur zwölf deutsche Divisionen darunter, überwiegend von zu geringem militärischen Wert, um sie an den wichtigeren Fronten einzusetzen. Sogar nachdem die Briten im Dezember 1943 ihre Stärkung des jugoslawischen Widerstands endgültig von den royalistischen Tschetniks auf Titos kommunistische Partisanen übertragen hatten, deren Zahl sich zu diesem Zeitpunkt auf mehr als 100 000 belief, waren die Deutschen in der Lage, die Widerstandskämpfer ständig in Bewegung zu halten, und zwangen sie während der Kampagne im Jahr 1943, zwischen Bosnien und Montenegro zu rochieren. Dabei brachten sie den Partisanen einen Verlust von 20 000 Mann bei und fügten der ländlichen Bevölkerung unsägliches Leid zu.

Italiens Kapitulation im September 1943 erleichterte Titos Situation. Er kam so in den Besitz großer Mengen zurückgelassener Waffen und Ausrüstung und konnte sogar das von den Italienern kontrollierte Gebiet in Besitz nehmen, unter anderem die dalmatinische Küste und die adriatischen Inseln. Doch solange es den Deutschen gelang, die Partisanen am direkten Kontakt mit fremden regulären Truppen zu hindern, galten weiterhin die Regeln des Partisanenkrieges: Tito war zwar ein beträchtliches Ärgernis, seine Aktivitäten hatten aber nur unbedeutende strategische Auswirkungen auf die deutschen Nachschubverbindungen mit Griechenland und den Gebieten, aus denen es wichtige Mineralstoffe bezog.

Im Herbst 1944 allerdings begann die deutsche Position auf dem Balkan so sehr zu bröckeln, dass Tito vom Ärgernis zur Bedrohung wurde. Hitler hatte seine Satellitenstaaten auf dem Balkan – Bulgarien, Rumänien und Ungarn – durch eine Mischung von Einschüchterungen und Anreizen zum Kriegseintritt an seiner Seite bewogen. Anreize hatte Hitler nicht mehr zu bieten, während die eigentliche Gefahr für das Wohlergehen und die Souveränität dieser Staaten jetzt von der Roten Armee ausging, die zwischen

März und August die westliche Ukraine zurückeroberte und auf die Ausläufer der Karpaten vorstieß, Südeuropas natürliche Grenze zu Russland. Schon sehr viel früher im selben Jahr hatten die Satelliten begonnen, ihre Bündnistreue gegenüber Hitler zu überdenken. Rumäniens Machthaber Antonescu war seit März mit den Westalliierten in Kontakt. Sein Außenminister hatte sogar schon im Mai 1943 versucht, Mussolini in ein Komplott für einen Separatfrieden einzubeziehen. Bulgarien – dessen unbeirrt prodeutscher Zar Boris am 24. August vergiftet wurde – hatte im Januar 1944 Fühler nach London und Washington ausgestreckt und seine Hoffnungen dann auf eine Verständigung mit Stalin gesetzt. Ungarn, das durch den Wiener Schiedsspruch vom August 1940 so erheblich auf Rumäniens Kosten profitiert hatte, trieb mittlerweile sein eigenes Spiel: Ministerpräsident Kállay hatte im September 1943 Kontakt mit dem Westen aufgenommen, um durch dessen Vermittlung eine Kapitulation gegenüber den Russen in die Wege zu leiten, während der ungarische Generalstabschef an Keitel, den Chef des OKW, den Vorschlag richtete, die Karpaten nur von ungarischen Truppen verteidigen zu lassen – eine List, die weniger die deutschen als vielmehr die rumänischen Truppen von ungarischem Staatsgebiet fernhalten sollte.

Obwohl die deutschen Truppen in Italien auf dem Rückzug waren und die Russen sich unaufhaltsam den Karpaten näherten, wurde Hitler mit den Ungarn fertig. Mühelos hatte er in dem Marionettenstaat Slowakei einen Aufstand niedergeschlagen, den abtrünnige Soldaten im Juli 1944 angezettelt hatten, als sie allzu optimistisch mit dem unmittelbar bevorstehenden Eintreffen der Roten Armee rechneten. Im März hatte Hitler erste Unabhängigkeitsbestrebungen der Ungarn erstickt, indem er von Admiral Horthy, dem ungarischen Diktator, verlangte, Kállay zu entlassen und Deutschland die vorbehaltlose Kontrolle über die Wirtschaft und das Nachrichtenwesen des Landes einzuräumen sowie der deutschen Wehrmacht das Ein- und Durchmarschrecht zu gewähren. Als Horthy am 29. August sein prodeutsches Kabinett entließ, war Hitler gewarnt, dass ein neuer ungarischer Treuebruch bevorstand. Sobald Horthy am 15. Oktober der deutschen Botschaft in Budapest mitteilte, er habe einen Waffenstillstand mit Russland unterzeichnet, standen daher die Sympathisanten Deutschlands in Szálasis Pfeilkreuzlerpartei und in der Armee bereit, um die Regierungsgewalt zu übernehmen. Horthy wurde in seiner Residenz isoliert, bis er genötigt war, sich den Deutschen auszuliefern, nachdem Skorzeny, Mussolinis Befreier, Horthys Sohn entführt hatte.

Wenn Ungarns Besetzung auch glatt verlaufen war, sie konnte den allmählichen Abfall des Balkans nicht aufhalten. Letztlich war Ungarn zu Verhandlungen mit den Russen getrieben worden, weil es vollkommen zu Recht befürchtete, dass Rumänien sich sonst mit Stalin einigen und Siebenbürgen zurückerhalten könnte, das es laut dem Wiener Schiedsspruch an Ungarn hatte abtreten müssen. Doch Rumänien kam den Ungarn zuvor. Sobald die Rote Armee am 20. August aus der Ukraine kommend den Dnjestr überquerte, ließ König Michael den Diktator Antonescu verhaften, wodurch er Hitler veranlasste, am 23. August die Bombardierung von Bukarest zu befehlen und den Rumänen so Gelegenheit zu geben, Deutschland am folgenden Tage den Krieg zu erklären. Dieser Seitenwechsel zwang die (nach Stalingrad neu aufgestellte) deutsche 6. Armee zu einem überstürzten Rückzug in Richtung der Karpatenpässe. Nur wenige der 200 000 Mann entkamen. Bulgarien, wohin sie südwärts hätten fliehen können, war nun für sie verschlossen, weil die Regierung am 5. September Verhandlungen mit den Russen aufgenommen hatte (mit denen sie sich nie im Krieg befunden hatte) und ihr Heer unverzüglich gegen Hitler wandte. In Rumänien, so berichtete Johannes Frießner, der Oberbefehlshaber der 6. Armee der hier führenden Heeresgruppe Südukraine (später Süd), gebe es keinen Generalstab mehr und nichts als Chaos, jeder vom General bis zum Schreiber habe ein Gewehr und kämpfe bis zur letzten Patrone.

Rumäniens Abfall führte augenblicklich zum Verlust der Ölfelder von Ploesti – die Furcht davor hatte Hitlers strategische Entscheidungen während des gesamten Kriegsverlaufs tief gehend beeinflusst. Diese Furcht hatte den Ausschlag dafür gegeben, dass er den Balkan besetzt, den Angriff auf Russland ins Auge gefasst und die Krim länger gehalten hatte, als die militärische Vernunft es erlaubte. Da nun die Hydrierwerke, die in Deutschland nach und nach in Betrieb gegangen waren, durch Bombenangriffe der *US Eighth Air Force* (8. US-Luftflotte) weitgehend ausgeschaltet wurden, wirkte sich der Verlust von Ploesti doppelt verheerend aus. Aber Hitler konnte nicht darauf hoffen, die Ölfelder durch einen Gegenangriff wiederzugewinnen, denn er sah sich nicht nur der Tatsache gegenüber, dass die russischen Ukrainischen Fronten, die nach Rumäniens Abfall in das Land einrückten, seine eigenen Kräfte vor Ort zahlenmäßig gewaltig übertrafen, sondern auch, dass der gleichzeitige Seitenwechsel Bulgariens die deutschen Truppen in Griechenland in Gefahr brachte. Am 18. Oktober verließen sie das Land und begannen einen schwierigen Rückzug durch die mazedonischen Berge nach Südjugoslawien. Fjodor Iwanowitsch Tolbuchin, der die 3. Ukrainische Front befehligte, zog am 4. Oktober, nach dem Vormarsch durch Rumänien und Bulgarien, in die jugoslawische Hauptstadt ein. Die 350 000 Deutschen, die der Heeresgruppe E von Generaloberst Löhr unterstellt waren, mussten ihren Rückzug also unter äußerst erschwerten Bedingungen antreten: vorbei an der Flanke einer bedrohlichen sowjetischen Kräftekonzentration, durch Bergtäler, die von Titos Partisanen unsicher gemacht wurden, und unter den Angriffen der alliierten Luftwaffen, die von ihren italienischen Stützpunkten jenseits der Adria aus operierten.

Die Sicherheit der anderen deutschen Kräfte – der Heeresgruppe F –, die Hitler noch zur Verteidigung des besetzten Balkangebietes blieben, hing jetzt unmittelbar von Kesselrings Fähigkeit ab, Norditalien zu verteidigen. Falls es fiel, hätten die *Allied Armies Italy* die Hände frei, um einerseits nach Osten durch die «Breschen» vorzustoßen – vor allem durch die bei Ljubljana, die nach Nordjugoslawien und damit in Richtung Ungarn führte – und andererseits größere Landungsoperationen von den norditalienischen Häfen aus über die Adria vorzunehmen, wie sie die Befehlshaber der *Land Forces Adriatic* (unterstützt von der im Juni 1944 in Bari aufgestellten *Balkan Air Force*) bereits in kleinerem Maßstab begonnen hatten. Im Oktober 1944 schloss Churchill auf einem Treffen mit Stalin in Moskau ein bemerkenswertes, freilich kaum durchsetzbares Abkommen über die Frage, wie die Einflussbereiche auf dem Balkan zwischen Russland und Großbritannien aufgeteilt werden sollten.

Im Gegensatz zu den Amerikanern war Churchill auch weiterhin von den Möglichkeiten fasziniert, die eine Operation auf dem Balkan bot. Tatsächlich war es jedoch nicht alliiertes Intrigenspiel, sondern die deutsche Kräfteverteilung, die die Frage entschied. Zu dem Zeitpunkt, da die 5. und 8. Armee die Goten-Linie erreichten, wiesen sie eine Stärke von lediglich 21 Divisionen auf, während die deutsche 10. und 14., durch die Zuführung von fünf frischen und die Aufstellung von drei zusätzlichen Verbänden auf 26 Divisionen vergrößert worden waren. Zwar war die Goten-Linie 130 Kilometer länger als die Winterstellung, doch kam ihr die Tatsache zugute, dass sie eine ausgezeichnete Seitenstraße nutzen konnte, die antik-römische Via Aemilia von Bologna nach Rimini, auf der sich Verstärkungen rasch von einem Gefahrenpunkt zum anderen befördern ließen. Von weiterem Vorteil war es, dass an der Adriaküste nicht weniger als 13 Flüsse mündeten, von denen jeder ein beträchtliches militärisches Hindernis darstellte.

Dieses Gelände und das Einsetzen des italienischen Herbstregens sorgten nun dafür, dass Kesselrings Kontrolle, wenn schon nicht über die gesamte Goten-Linie, so doch über Norditalien, nicht gelockert werden konnte. Alexander, der richtig vermutet hatte, dass der Weg zur großen, offenen Ebene an den Ufern des Po leichter auf der rechten als auf der linken Seite zu bewältigen wäre, hatte im Laufe des August das Gros der 8. Armee unbemerkt an die Adriaküste verlegt. Am 25. August griff die Armee an, durchbrach die Goten-Linie und gelangte bei ihrem Vorstoß bis auf 15 Kilometer an Rimini heran, bevor sie am Fluss Couca zum Stillstand kam. Während sie innehielt, verlegte Vietinghoff, der Oberbefehlshaber der 14. Armee, in aller Eile Verstärkungen über die Via Aemilia, um dem Vordringen der Alliierten Einhalt zu gebieten. Am 12. September nahmen die Briten die Offensive wieder auf, trafen aber auf heftige Gegenwehr. Die 1. Panzerdivision verlor so viele Panzer, dass sie von der Front zurückgenommen werden musste.

Um Kräfte des Feindes von der britischen Front abzuziehen, erhielt Clark von Alexander den Befehl, am 17. September an der Westküste eine eigene Offensive einzuleiten, und zwar durch das weit weniger aussichtsreiche Gelände nördlich von Pisa. Dort ist die Küstenebene derart schmal und wird von Bergen, die an den Monte Cassino erinnern, so sehr dominiert, dass Clark nur sehr langsam vorankam. Während die Regenfälle das gesamte Schlachtfeld in einen Morast und die Flüsse in unüberwindbare, reißende Ströme verwandelten, schleppte sich der Feldzug von Anfang Oktober bis in den November dahin: die Geländegewinne wurden nach einzelnen Kilometern, die Gefallenen nach Tausenden gezählt. Die 8. Armee verlor in den Gefechten an der adriatischen Küste 14000 Mann durch Tod oder Verwundung, wobei es die Kanadier, die an vorderster Front kämpften, am schwersten traf. Das II. Kanadische Korps nahm Ravenna am 5. Dezember, drängte vorwärts und erreichte den Fluss Senio am 4. Januar 1945. Die 5. US-Armee, die über das Gebirge im Landesinneren angriff, rückte am 23. Oktober auf 15 Kilometer an Bologna heran, hatte aber ebenfalls schwere Verluste zu beklagen – mehr als 15000 Gefallene oder Verwundete – und musste mit den Gegebenheiten eines Geländes fertig werden, das noch schwieriger war als das an der Front der 8. Armee. Die 5. Armee war so geschwächt, dass die Deutschen mit einer Überraschungsoffensive im Dezember einen Teil des Gebiets zurückgewannen, das die Alliierten im September nördlich von Pisa erobert hatten.

Verluste, schwieriges Gelände und Winterwetter brachten den Italienfeldzug Weihnachten 1944 zum Stillstand. Es waren entsetzliche Gefechte gewesen, die 16 Monate zuvor begonnen hatten, fast unmittelbar nach den ersten optimistischen Wochen während der Landung und des mühelosen Vormarsches südlich von Rom. So faszinierend Italiens Schönheit auch war, die natürliche wie die von Menschenhand geschaffene – die wildromantische Landschaft und die hoch in den Bergen thronenden Dörfer, die Burgruinen und die rasch fließenden Wasserläufe – für die Soldaten, die auf Geländegewinn aus waren, brachte sie an jeder Wegbiegung neue Gefahren.

Die Maler, welche die europäischen Sammler mit ihren Gemälden begeisterten, hätten eigentlich jedem klarsichtigen General vor Augen führen können, wie schwierig in den abgebildeten Landschaften der Vormarsch einer Armee sein müsste, vor allem einer modernen Armee, die durch Artillerie, Rad- und Kettenfahrzeuge behindert wird. Salvator Rosas wilde Berglandschaften und Schlachtenbilder sprechen für sich. Auch in Claude Lorrains täuschend heiteren Ansichten von sanften Ebenen und blauen Fernen verbirgt sich die Gefahr. Meist wurden sie von beherrschenden Punkten aus gemalt, die ein Artillerieoffizier sofort zu seinem Beobachtungsposten auserkoren hätte, und zeigen auf den ersten Blick, wie leicht und nachhaltig das Gelände von einem Verteidiger in Italien beherrscht werden kann und welche Fülle von Hindernissen – Strömen, Seen, frei stehenden Hügeln, Bergausläufern und schroffen Engpässen – die Landschaft bietet.

Folglich waren die Pioniere 1943/44 die Helden des Italienfeldzugs. Sie bauten unter Feindbeschuss die gesprengten Brücken wieder auf, denen die alliierten Armeen bei ihrem Vormarsch die Halbinsel hinauf alle acht bis 15 Kilometer begegneten; sie entschärften die Sprengladungen und räumten die Minen, welche die Deutschen hinter sich zurückließen; sie bahnten einen Weg durch die Trümmer der Städte, welche die Nord-Süd-Straßen versperrten; sie räumten die Häfen, die von den Relikten der Schlachten blockiert waren. Auch die Infanterie bewies Heldenmut: Kein Feldzug im Westen war für die Infanterie verlustreicher als der in Italien, in keinem gab es so viele Gefallene und Verwundete wie in den erbitterten Gefechten um Bastionen der Winterstellung, des Verteidigungsgürtels von Anzio und der Goten-Linie. Diese Verluste trafen die Deutschen ebenso wie die Alliierten. Gleiches galt auch für die naturbedingten Strapazen des Feldzugs, vor allem für die Trostlosigkeit des italienischen Winters.

In ihrer Geschichte des Feldzugs schreiben S. Bidwell und D. Graham: «Ein Posten auf einem schmalen Felsvorsprung wurde von vier oder fünf Männern gehalten ... Wurde einer von ihnen verwundet, musste er bei der Gruppe bleiben oder selbst hinunter zu einem Verbandsplatz zu gelangen ..., blieb er, war er eine Last für seine Kameraden und ging an der Kälte oder dem Blutverlust zugrunde ... Versuchte er, den Berg hinunterzuklettern, geschah es allzu leicht ..., dass er an einer geschützten Stelle verharrte ... oder sich verirrte ... und vor Kälte oder Erschöpfung starb.» Zahlreiche Männer der deutschen 1. Fallschirmjägerdivision, die Cassino so zäh verteidigten, dürften auf diese Art gestorben sein. Ähnlich erging es vielen der Amerikaner, Briten, Inder, Südafrikaner, Kanadier, Neuseeländer, Polen, Franzosen und (später) Brasilianer, die ihnen dort und an der Goten-Linie gegenüberstanden.

Verluste und Strapazen waren, vor allem von den Alliierten, umso schwieriger zu ertragen, als der Feldzug nur noch von zweitrangiger Bedeutung war. Die Deutschen wussten immerhin, dass sie den Feind kurz vor den südlichen Grenzen des Reichs abwehrten. Dagegen konnten sich die Alliierten nach der Landung in der Normandie nicht mehr damit trösten, dass ihrem Feldzug entscheidendes Gewicht zukam. Bestenfalls hielten sie die Bedrohung gegen den «weichen Unterleib» (Churchill) von Hitlers Europa aufrecht, im schlimmsten Fall banden sie einfach feindliche Divisionen. Mark Clark, Oberbefehlshaber der 5. US-Armee und, unter Alexander, der *Allied Armies Italy*, verlor sein Sendungsbewusstsein während des ganzen Feldzugs nicht. Überzeugt von seiner Bedeutung als General, trieb er seine Untergebenen unerbittlich an. Seine Unzufriedenheit mit der Umständlichkeit der britischen Taktik vergiftete die Beziehungen zwischen den Stäben der 5. und der 8. Armee – ein beklagenswertes, aber unleugbares Element des Feldzugs.

Sobald der Geist des Widerstands gegen die deutsche Besatzung in der italienischen Bevölkerung um sich griff, beflügelte das Gefühl, einen Befreiungskrieg zu führen, die Offiziere der unteren Ränge und die einfachen Soldaten. Allerdings wurden sie nicht von der Vision eines großen Sieges vorangetrieben wie ihre Kameraden, die in Frankreich gelandet waren. Ihr Krieg war kein Kreuzzug, sondern fast in jeder Hinsicht altmodisch: ein strategisches Manöver zur Ablenkung eines kontinentalen Feindes an seiner maritimen Flanke, eine Neuauflage des *Peninsular War*, des Kampfes gegen die napoleonischen Truppen auf der Iberischen Halbinsel, nur dieses Mal eben in Italien. Dass sie ihren Krieg so unerbittlich fortführten, bis den Kampfhandlungen zu Weihnachten 1944 durch den Winter ein Ende gesetzt wurde, spricht für ihr Pflichtgefühl und ihre Tapferkeit.

20 · «OVERLORD»

Bis November 1943 wollte Hitler seinen Generalen und Generalstabsoffizieren nicht glauben, dass das Großdeutsche Reich durch die Eröffnung einer zweiten Front im Westen bedroht sei. Obwohl Stalin seit den ersten Wochen des Unternehmens «Barbarossa» darauf hoffte, dass Großbritannien die Sowjetunion vor einer Niederlage bewahrte, und ab Dezember 1941, dass in Westeuropa eine anglo-amerikanische Gegenoffensive stattfände, wollte Hitler nichts davon wissen. Im Juni 1942 teilte er dem Oberbefehlshaber West mit, nachdem er die Briten schon einmal vom Kontinent vertrieben habe, fürchte er sie nicht mehr, und was die Amerikaner angehe, so freue er sich darauf, ihnen bei passender Gelegenheit eine Lektion zu erteilen. Hinzu kam, dass am 19. August ein größeres alliiertes Aufklärungskommando den nordfranzösischen Hafen Dieppe überfiel und dass von den 6000 überwiegend kanadischen Soldaten, die an dem Unternehmen teilnahmen, nur 2500 nach Großbritannien zurückkehrten.

Diese Niederlage stärkte Hitlers Zuversicht. Obwohl das Stoßtruppunternehmen lediglich ein Experiment war, um festzustellen, wie schwierig es sein würde, einen Hafen zur Eröffnung einer zweiten Front zu nehmen, zog Hitler es verständlicherweise vor zu glauben, er habe den Briten und Amerikanern einen schweren Schlag zugefügt, der sie davon abhalten würde, eine Invasion in großem Maßstab durchzuführen. Im September, bei einer dreistündigen Rede vor Göring, seinem Rüstungsminister Albert Speer und Rundstedt, dem Oberbefehlshaber West (OB West), erklärte er, wenn eine Invasion sich bis über das Frühjahr 1943 hinaus verhindern lasse, bis zur Fertigstellung des Atlantikwalls, sei diese Gefahr gebannt. Die Lebensmittelversorgung werde sich bald verbessern, und durch die verstärkte Produktion von Flak-

Kanonen sei es möglich, weitere Luftangriffe abzuwehren. Im Frühjahr werde er die besten deutschen Divisionen in den Mittleren Osten schicken, und eines Tages werde er den Feinden des Deutschen Reiches die Bedingungen für einen Frieden diktieren können.

Im November 1943 war die Zuversicht verflogen. Die Geringschätzung, die er 1942 zum Ausdruck gebracht hatte, war durchaus berechtigt gewesen. Damals hatte sich das britische Heer noch nicht von dem Schock der Niederlage im Jahr 1940 erholt, und die Amerikaner hatten sich noch nicht an die Unerbittlichkeit gewöhnt, die der Krieg gegen die Wehrmacht verlangte. Hitlers Gespür für die Schwachstellen in der Position des Gegners überzeugten ihn zu Recht, mochten auch die Beweise für die Richtigkeit seiner Vermutung fehlen, dass es 1942 keine zweite Front geben werde, und vermutlich auch nicht 1943. Doch im Herbst dieses Jahres entbehrten seine blauäugigen Beschönigungen der deutschen Schwierigkeiten einer objektiven Grundlage. Die anglo-amerikanischen Luftangriffe gegen das Reich intensivierten sich. Die deutschen Armeen waren nicht nur weit von den Einfallstraßen in den Irak abgedrängt, sondern auch aus den fruchtbarsten Anbaugebieten Westrusslands vertrieben worden (Kiew, die Hauptstadt der «Schwarzerderegion», fiel am 6. November 1943 an die Rote Armee). Die Briten hatten das Vertrauen in ihre Kampfstärke wiedergewonnen, die Amerikaner es erworben. Am schlimmsten jedoch: Der Atlantikwall war nicht vollendet, in vielen Abschnitten nicht einmal begonnen worden.

Am 3. November gab Hitler daher die Weisung Nr. 51 aus, einer seiner fünf oder sechs wichtigsten Befehle an die Wehrmacht im Laufe des gesamten Krieges:

> Der harte und verlustreiche Kampf der letzten zweieinhalb Jahre gegen den Bolschewismus hat die Masse unserer militärischen Kräfte und Anstrengungen aufs Äußerste beansprucht … Die Gefahr im Osten ist geblieben, aber eine größere im Westen zeichnet sich ab: die

> angelsächsische Landung! Im Osten läßt die Größe des Raumes äußersten Falles einen Bodenverlust auch größeren Ausmaßes zu, ohne den deutschen Lebensnerv tödlich zu treffen. Anders der Westen! Gelingt dem Feind hier ein Einbruch in unsere Verteidigung in breiter Front, so sind die Folgen in kurzer Zeit unabsehbar. Alle Anzeichen sprechen dafür, daß der Feind spätestens im Frühjahr, vielleicht aber schon früher, zum Angriff gegen die Westfront Europas antreten wird. Ich kann daher nicht mehr verantworten, daß der Westen zu Gunsten anderer Kriegsschauplätze weiter geschwächt wird. Ich habe mich daher entschlossen, seine Abwehrkraft zu verstärken, insbesondere dort, von wo aus wir den Fernkampf [mit unbemannten Waffen] gegen England beginnen werden.

Weiter nannte die Weisung Nr. 51 alle konkreten Maßnahmen, die zur Stärkung der Kräfte des OB West getroffen werden sollten. Dazu gehörte die Aufstockung der Panzer- und Panzergrenadierdivisionen in seinem Operationsgebiet und die Garantie, dass dort kein Verband ohne Hitlers persönliche Genehmigung abgezogen werden durfte. Im November 1943 befehligte der OB West (Feldmarschall von Rundstedt) von seinem Hauptquartier in Saint-Germain bei Paris alle deutschen Heerestruppen in Belgien und Frankreich, die zur 15. und 7. Armee (Heeresgruppe B) und zur 1. und 19. Armee (Heeresgruppe G) zusammengefasst worden waren. Die Grenze zwischen den Heeresgruppen verlief in westöstlicher Richtung entlang der Loire, wobei die 1. Armee die Biskaya, die 19. die Mittelmeerküste, die 15. Belgien sowie Nordfrankreich und die 17. die Normandie zu verteidigen hatte. Niemand in Deutschland wusste, dass die Alliierten beschlossen hatten, in der Normandie zuzuschlagen.

Rundstedt verfügte zunächst über 46, bald darauf über 60 Divisionen, darunter zehn Panzer- und Panzergrenadierdivisionen. Sechs der gepanzerten Divisionen befanden sich im Norden der Loire, vier im Süden. Das reichte vollkommen aus. Alfred Jodl, Hitlers Chef des Wehrmachtführungsstabes, erklärte zu der Zeit, als die Weisung 51 ausgegeben wurde, auf einer Gauleiterversammlung, es sei unmöglich, eine Front von 2600 Kilometer Länge mit einem lückenlosen System von Festungsanlagen zu verstärken; daher sei es wichtig, im Westen starke, mobile und besonders gut ausgerüstete Reserven bereitzuhalten. Strategische Analysen zeigten, dass die Schwerpunkte der Alliierten gegen das Westheer, selbst bei Verstärkung vom Mittelmeer her, von Kräften gebildet werden mussten, die in Großbritannien zusammengezogen wurden und an der Kanalküste lagen. Daher die Panzerkonzentration nördlich der Loire.

Diese Panzerkonzentration war von entscheidender Bedeutung, weil die restlichen Divisionen des OB West kaum beweglich waren. Die beiden in der Bretagne stationierten Fallschirmjägerdivisionen und die Heeresdivisionen mit den Nummern 271 bis 278 und 349 bis 367 waren von ausgezeichneter beziehungsweise ausreichender Kampfkraft, besaßen aber nicht die erforderlichen Transportfahrzeuge. Die anderen waren nicht nur durchschnittlich bis mäßig, sondern auch ganz und gar auf das französische Eisenbahnsystem angewiesen, um von ihren festen Standorten an die Invasionsfront zu gelangen. Bei ihrer Artillerie und bei den Versorgungseinheiten wurden noch Pferde eingesetzt, und ihre Infanterieeinheiten kamen, von den Radfahrer-Aufklärungskompanien abgesehen, im Marschtempo voran, nicht schneller als einst die Truppen von Napoleon oder Karl dem Großen. Zudem waren sie auf dem Marsch von den Flugzeugen der Alliierten bedroht, die, wie bereits am 29. September eingestanden worden war, die absolute Lufthoheit besaßen. Bei Bewegungen auf der Schiene und sogar auf der Straße mussten sie mit erheblichen Behinderungen rechnen.

Aus diesen Gründen war es überlebenswichtig, dass die Panzerdivisionen, die ganz allein über die Fähigkeit zu rascher Bewegung im Gelände verfügten, nahe genug an der Invasionszone stationiert waren und die Front halten konnten, bis Infanterieverstärkung eintraf. Die Küste selbst sollte mit so genannten bodenständigen Divisionen besetzt werden, die zwar keine Manövriermasse hatten, aber vor alliierten Bomben und Schiffskanonen durch Betonbunker geschützt waren. Die Strände, die sie von ihren Stellungen aus einsehen konnten, sollten vermint und mit Stacheldraht und anderen Hindernissen versehen werden. Ein Großteil des Materials für diese Sperren wollte man aus dem Festungsgürtel Belgiens und der Maginotlinie beschaffen, die den Angriff der Wehrmacht im Jahr 1940 überstanden hatten.

In der Theorie war der Plan des Atlantikwalls ausgezeichnet. Einmal fertig gestellt, hätte er die Schwäche, die die Luftwaffe im Westen aufwies – Ende 1943 verfügte sie in Frankreich nur über 300 Jäger (gegenüber alliierten Luftstreitkräften, deren Stärke sich am Invasionstag auf insgesamt 12000 Flugzeuge aller Typen belief) – weitgehend aufgewogen. Doch an dem Tag, an dem die Weisung Nr. 51 ausgegeben wurde, war der Atlantikwall noch lange nicht vollendet. Während der zwei Jahre, in denen Hitler die Invasionsgefahr herunterspielte, hatte das Westheer ein idyllisches Leben geführt. Sein Oberbefehlshaber Gerd von Rundstedt war kein Feuerkopf. Nach seiner Ablösung an der Ostfront hatte er sich einen geruhsamen Lebensstil angewöhnt: Er las Kriminalromane und gestattete seinen Stabsoffizieren, sich in englischer Konversation zu üben, Kennzeichen jenes «aristokratischen» Stils, den die Traditionalisten in der Wehrmacht pflegten, um sich von den «Nazi-Generalen» zu unterscheiden, die Hitler im Ostheer bevorzugte. Entsprechend verhielten sich die niedrigeren Ränge.

Das Leben in Frankreich war angenehm. Leben und leben lassen, lautete die Devise, die das Verhältnis zur einheimischen Bevölkerung bestimmte. Diese betrieb zwar keine aktive Kollaboration, unterstützte aber auch die kleine Widerstandsbewegung kaum. Die Zwangsarbeit (*Service du travail obligatoire*), die 1942 eingeführt wurde, war unbeliebt, weil sie junge Franzosen in deutsche Fabriken nötigte, wo sie Seite an Seite mit jener einen Million französischen Kriegsgefangenen arbeiteten, die 1943 noch in Deutschland waren. Unbeliebt war auch *la Milice*, Vichys paramilitärische Polizeitruppe, die ihren Landsleuten die Verachtung durch Machtmissbrauch heimzahlte. Die Besatzungskosten taten weh. Die von den Deutschen verlangten Abgaben, berechnet auf der Grundlage einer 50-prozentigen Überbewertung der Mark, zwangen Frankreich nicht nur, für die Schmach zu bezahlen, ein deutsches Heer auf seinem Boden dulden zu müssen, sondern ermöglichte der Reichsbank zusätzlich, einen Gewinn aus der Transaktion zu erzielen. Doch das waren Aspekte der Niederlage, welche die französische Bevölkerung im Allgemeinen nicht direkt betrafen. Die meisten nahmen die Anwesenheit der («sehr korrekten») Deutschen als nicht zu ändern hin. Die Deutschen, die überaus zufrieden waren, im gesamten Operationsgebiet der Wehrmacht die einzigen Druckposten erwischt zu haben, genossen ihr Leben, solange es ging, taten sich an Butter und Sahne gütlich und zeigten nur so viel Eifer, wie ihre Offiziere von ihnen verlangten.

Mit der Gemütlichkeit war es vorbei, als Rommel im Dezember 1943 eintraf, zunächst um die Verteidigungsanlagen zu inspizieren, dann um den Oberbefehl der Heeresgruppe B zu übernehmen. Seit er im März als kranker Mann aus Tunesien zurückgekehrt war, hatte er einen ruhigen Posten in Norditalien bekleidet, doch mit der Weisung Nr. 51 wurde er von Hitler auserkoren, die westliche Verteidigung auf Vordermann zu bringen. Mit den Worten seines Biographen Desmond Young: «Es war, als ob ein eisiger Wind von der Nordsee wehte.» Rommel stellte fest, dass seit 1941 nur 1,7 Millionen Minen gelegt worden waren, obwohl es in Frankreich genügend Sprengstoff gab, um 11 Millionen Minen herzustellen. Bei dieser Gelegenheit rief er seinem Stab ins Gedächtnis, dass die Briten während des afrikanischen Feldzugs in zwei Monaten eine Million Minen gelegt hatten. Binnen weniger Wochen nach seiner Ankunft hatte sich die Leistung von 40 000 auf mehr als eine Million neue Minen pro Monat erhöht, und am 20. Mai waren über vier Millionen ausgelegt. Zwischen November und dem 11. Mai hatte Rommel ferner eine halbe Million Hindernisse an den Stränden und in den wahrscheinlichen Absprungräumen aufstellen lassen und die Lieferung von weiteren zwei Millionen Minen pro Monat aus Deutschland angeordnet. Am 5. Mai stellte er fest, er sei zuversichtlicher als je zuvor. Wenn die Briten ihm noch zwei Wochen gäben, habe er nicht mehr den geringsten Zweifel am Erfolg.

Für die Verteidigung der französischen Küste konnte jedoch nicht allein der Atlantikwall sorgen. Rommel, der ein Meister der beweglichen Kriegführung war, aber auch in einer Reihe von Schlachten den Respekt vor der Luftüberlegenheit der Alliierten gelernt hatte, wusste, dass er in dem Augenblick, in dem die Alliierten an Land gingen, Panzer ans Ufer heranführen musste, wenn er sie besiegen wollte. Dazu musste er zwei Probleme lösen; das erste bestand darin, herauszufinden, wo sie landen würden, das zweite darin, eine möglichst kurze Befehlskette zwischen sich und den Panzerverbänden herzustellen. Die Probleme waren miteinander verknüpft: Um zu rechtfertigen, dass er den direkten Befehl über die Panzerdivisionen des OB West übernehmen wollte, musste er beweisen, dass er den Ort kannte, an dem ihr Einsatz am wirksamsten war. Solange die Alliierten ihre Absichten jedoch hinter einer Nebelwand aus Desinformationen und Täuschungen verbargen, konnte Rommel seinen Anspruch auf die Panzerdivisionen nicht glaubhaft machen.

Krieg im Spiegel

Das Täuschungsmanöver für die Operation *Overlord* – so der Deckname für die Invasion in Nordwesteuropa, der auf der *Trident*-Konferenz im Mai 1943 gewählt wurde – war bewusst so angelegt, dass der Feind den Eindruck gewinnen musste, die Landung werde im Pas de Calais, der Straße von Dover, stattfinden, wo der Ärmelkanal am schmalsten ist, und nicht in der Normandie oder Bretagne (obwohl auch Hitlers Ängste, die Invasion könnte in Norwegen erfolgen, ein Gedanke, der ihm besondere Sorge bereitete, weiterhin geschürt wurden, mit dem erfreulichen

Ergebnis, dass dort im Zeitraum von 1944 bis 1945 elf deutsche Divisionen gebunden blieben).

Eine Landung im Pas de Calais wäre militärisch durchaus sinnvoll gewesen: eine rasche Überquerung des Ärmelkanals, ebene und sandige Strände, die vom Hinterland nicht durch hohe Steilufer getrennt waren, kurze Vormarschwege in die Niederlande und nach Deutschland. Operation *Fortitude*, wie der Deckname des Täuschungsmanövers lautete, beruhte darauf, dass man die deutschen Nachrichtendienste – die «Abwehr» des OKW und die Abteilung «Fremde Heere West» des OKH – von der Existenz einer vollkommen fiktiven *First US Army Group* (FUSAG) zu überzeugen versuchte, die angeblich gegenüber dem Pas de Calais in Kent und Sussex stationiert war. Fingierte Funksprüche der FUSAG wurden in den Äther geschickt. In authentischen dienstlichen Meldungen bezog man sich auf den erfundenen Großverband. General Patton, dessen Ruf als energischer Heerführer den Deutschen bekannt war, wurde als Oberbefehlshaber genannt. Um darüber hinaus den Eindruck zu verstärken, die FUSAG werde auf dem kürzesten Weg gegen das Deutsche Reich vorrücken, warfen die alliierten Fliegerstaffeln bei den planmäßigen Luftangriffen, die *Overlord* vorbereiteten, dreimal so viele Bomben östlich der Seine ab wie westlich.

Am 9. Januar 1944 zeigten sich erste Erfolge der Irreführung: Ultra entschlüsselte einen deutschen Funkspruch, der an diesem Tage FUSAG erwähnte; weitere folgten. Das war der Beweis, den die *Fortitude*-Verantwortlichen brauchten, um zu wissen, dass ihr Plan funktionierte. Natürlich konnten sie nicht erwarten, die Aufmerksamkeit der Deutschen ein für alle Mal von der Normandie, dem vorgesehenen Landungsort, ablenken zu können. Aber sie durften hoffen, die deutschen Vorbereitungen auf eine Landung in der Normandie so lange auf ein Minimum zu beschränken, bis die Operation tatsächlich angelaufen war, und auch danach noch die Furcht wach zu halten, die «eigentliche» Invasion würde in einer späteren Phase im Pas de Calais erfolgen.

Hitler ließ sich nur teilweise hinters Licht führen. Am 4. und 20. März sowie am 6. April deutete er an, dass die Wahrscheinlichkeit einer Landung in der Normandie bestehe; am 6. April befürwortete er eine Verlegung sämtlicher Kräfte dorthin. Und am 6. Mai führte Jodl auf Hitlers Wunsch ein Telefonat mit Günther Blumentritt, Rundstedts Generalstabschef, der aufgefordert wurde, der Normandie besondere Aufmerksamkeit zu schenken. Doch abgesehen davon, dass er Anfang des Frühjahrs die Panzerlehr- und die 116. Panzerdivision in die Normandie verlegte, nahm Hitler keine grundlegenden Änderungen an den Vorkehrungen des OB West vor. Tatsächlich blieb er während der entscheidenden Wochen der *Overlord*-Schlacht im Irrtum einer «zweiten» Invasion befangen und erlaubte daher den Divisionen am Pas de Calais erst in den letzten Julitagen, die Seine zu überqueren und in die Normandie einzurücken.

Doch Hitlers Bemühen, sich beide Optionen offen zu halten, brachte Rommel um die Möglichkeit, durch einen direkten Angriff den Nebel der Desinformation zu durchstoßen. Rommel vertrat die Ansicht, es sei besser, einige Panzer auf dem richtigen Strandabschnitt zu haben, selbst wenn der Rest falsch aufgestellt war, statt die Panzer als zentrale Reserve vorzuhalten und sie bei einem alliierten Luftangriff nicht mehr vom Fleck zu bekommen. Am 15. Januar 1944 wurde er als Oberbefehlshaber der Heeresgruppe B (7. und 15. Armee) unter Rundstedt operativ für die Verteidigung der Invasionszone verantwortlich. Umgehend geriet er in Streit mit seinem Vorgesetzten. Rundstedt hatte noch nie eine Schlacht erlebt, in der die deutsche Luftwaffe nicht überlegen gewesen war. Daher glaubte er, man würde selbst nach Eintreffen der feindlichen Landungsboote genügend Zeit haben, um eine sorgfältige Lagebeurteilung vorzunehmen und dann die Reserven für einen Gegenangriff zu mobilisieren. Rommel dagegen wusste, dass jeder Gegenangriff, der nicht unverzüglich erfolgte, von der feindlichen Luftwaffe erstickt würde. Aus eigener Erfahrung in Ägypten und Tunesien kannte er die Kampfkraft der alliierten

Luftwaffen und vertrat deshalb die Überzeugung, nur wenn die Panzer «vorn» aufgestellt und sofort eingesetzt würden, ließe sich die Invasion bekämpfen und zurückschlagen.

Schließlich kam die Meinungsverschiedenheit zwischen Rommel und Rundstedt, in der die persönliche Erfahrung für den einen sprach und die militärische Schulmeinung für den anderen, Hitler zu Ohren. Als die beiden ihn am 19. März in Berchtesgaden aufsuchten, fand er eine eigene Lösung, die keinem seiner Kommandeure zusagte. Die Panzergruppe West, in der die sechs Panzerdivisionen des OB West zusammengefasst waren, wurde aufgeteilt. Drei ihrer Divisionen wurden Rommel, die anderen drei Rundstedt zugewiesen, allerdings unter dem Vorbehalt, dass Rundstedts Divisionen (die 21., 116. und 2.) nicht ohne persönliche Genehmigung Hitlers in Bewegung gesetzt werden dürften, was die Gefahr heraufbeschwor, dass eine noch größere Verzögerung eintrat als von Rommel ursprünglich befürchtet.

Da die 21. Panzerdivision der einzige Panzerverband war, der sich in der Nähe der von den *Overlord*-Planern auserkorenen Strände befand, war Rommels Absicht, einen raschen Gegenstoß zu führen, von vornherein zum Scheitern verurteilt. Montgomery, sein alter Widersacher aus Wüstentagen, hatte am 15. Mai in seiner Lagebeurteilung im Vorfeld der Invasion warnend geschrieben:

> [Rommel] wird sein Möglichstes tun, um uns ein «Dünkirchen» zu bereiten: die Panzerschlacht nicht auf einem von ihm selbst gewählten Terrain zu schlagen, sondern sie ganz zu vermeiden, indem er seine Panzer in vorderster Linie einsetzt, um die unseren an der Landung zu hindern. Am Tag der Invasion wird er versuchen, (a) uns von den Stränden zurückzudrängen, (b) Caen, Bayeux, Carentan zu sichern ... Wir müssen uns unseren Weg an Land erkämpfen und festen Fuß fassen, bevor er genügend Reserven heranführen kann, um uns auszuschalten ... Während wir damit beschäftigt sind, muss die Luftwaffe die Stellung halten und alle Annäherungen der feindlichen Reserven auf Schiene oder Straße erschweren.

Hätte Montgomery zu dem Zeitpunkt, als er diese Beurteilung schrieb, gewusst, wie sehr der Streit zwischen Rommel, Rundstedt und Hitler die Aussichten des Westheeres auf wirksame Maßnahmen gegen die Landungstruppen beeinträchtigte, wäre seine Sorge um den erfolgreichen Ausgang der Invasion erheblich geringer gewesen.

Erst am 2. Januar 1944 wurde Montgomery zum Oberbefehlshaber der Landungstruppen ernannt. Bis zur Konferenz von Stalin, Roosevelt und Churchill im November 1943 in Teheran war noch offen, unter wessen Oberbefehl *Overlord* stehen würde. Sowohl dem amerikanischen wie dem britischen Generalstabschef – General George Marshall beziehungsweise Sir Alan Brooke – war die Ernennung von ihren jeweiligen Staatschefs versprochen worden, obwohl Brooke seit August wusste, dass der Oberbefehl aus außenpolitischen Gründen an einen Amerikaner vergeben werden musste. Doch erst in Teheran wurde diese Frage geklärt. Stalin hatte sie dort zum Testfall für die Bereitschaft des Bündnisses erhoben, mit *Overlord* Ernst zu machen. «Glauben die Briten wirklich an ‹Overlord›», hatte er gefragt, «oder sagen sie es nur, um die Sowjetunion zu beruhigen?» Auf Churchills Beteuerungen, wie ernst es Großbritannien damit sei, erwiderte Stalin, er verlange, dass spätestens eine Woche nach Ende der Konferenz ein Oberbefehlshaber ernannt werde. Churchill willigte ein, und Roosevelt erklärte sich bereit, die Wahl zu treffen. Am 5. Dezember, dem Ende der Frist, war Roosevelt klar geworden, dass er seinen Helfer Marshall in Washington brauchte. Daher ging der Oberbefehl der *Allied Expeditionary Force* an Eisenhower. Da aber dessen Begabung eher strategischer als operativer Natur war, sollte mit Montgomery ein Befehlshaber der Landstreitkräfte die operative Führung übernehmen, bis der «Trittstein» auf französischem Boden zu einer «Igelstellung» ausgebaut war, aus der die Wehrmacht die alliierte Befreiungsarmee nicht mehr vertreiben konnte.

In England stürzte sich Montgomery, direkt aus Italien kommend, wo er die 8. Armee befehligt hatte, mit jener Energie auf die detaillierte Ausarbeitung des Plans, die seinem Stab am Mittelmeer zwar vertraut war, den Mitarbeitern in seinem neuen Hauptquartier jedoch den Atem raubte. Seit dem Treffen zwischen Churchill und Roosevelt in Casablanca im Januar 1943 hatte General Sir Frederick Morgan als Stabschef des (noch zu benennenden) alliierten Oberbefehlshabers (*Chief of Staff to the Supreme Allied Commander* – COSSAC) einen Plan für eine Landung in Nordwesteuropa ausgearbeitet.

Die Vorgehensweise von COSSAC war nicht saumselig, aber sorgsam. Morgan hatte sich die Aufgabe gestellt, dem künftigen Oberbefehlshaber eine lückenlose Einschätzung der militärischen Lage vorlegen zu können. Sein anglo-amerikanischer Stab ging gründlich vor und stellte zunächst einmal fest, wo Landungen möglich waren. Ausgehend vom Aktionsradius einer *Spitfire*, des häufigsten alliierten Jägers, wurde das Gebiet abgesteckt, in dem die Alliierten die unbestrittene Luftherrschaft haben würden. Es reichte vom Pas de Calais bis zur Halbinsel Cotentin in der Normandie. Die weiter östlich beziehungsweise westlich gelegenen Küstenstriche wurden ausgeschlossen. Doch auch innerhalb der Zone waren lange Küstenabschnitte topographisch ungeeignet: die Kreidefelsen des Pays de Caux waren zu steil, die Seinemündung erschien zu zerklüftet, der Cotentin selbst ließ sich an seiner Basis zu leicht abriegeln. Nach diesem Ausschlussverfahren blieben nur noch zwei Küstenstriche übrig: der Pas de Calais mit seinen leicht abfallenden, sandigen Stränden und die Küste der Normandie zwischen der Seine und dem Cotentin. Der Pas de Calais hatte den Vorteil der Nähe zur englischen Küste und des «kurzen Wegs» nach Deutschland. Freilich konnte man eben deshalb davon ausgehen, dass die Deutschen den Angriff in diesem Abschnitt erwarten und dort ihre stärksten Vorkehrungen treffen würden. Daher entschied sich COSSAC für die Normandie.

Weil der ausgewählte Abschnitt der Normandie keine Häfen besaß, aber auch weil damit gerechnet werden konnte, dass die Deutschen die nahe gelegenen Häfen Cherbourg und Le Havre verteidigen würden, beschloss man, zwei künstliche schwimmende Häfen zu bauen (*Mulberries*, «Maulbeeeren») und sie mit Schlepperhilfe an die Strände zu bugsieren, sobald diese eingenommen wären. Für die Landung selbst waren drei Divisionen vorgesehen, die man unter massiver Unterstützung der Luftwaffe und Schiffsartillerie mit Landungsbooten an die Strände bringen wollte. Außerdem hatte man vor, Luftlandetruppen an beiden Enden des Brückenkopfes abzusetzen, um an den Flanken «Riegelstellungen» zu bilden. Nach der Befestigung des Brückenkopfes wollte man weitere Landungstruppen heranführen, um ihn in ein «Festungsgebiet» zu verwandeln, von dem aus sich der Ausbruch in die Bretagne und den Westen Frankreichs bewerkstelligen ließ. Am Ende sollten 100 Divisionen die Normandie durchqueren, wobei das Hauptkontingent des amerikanischen Heeres, das die Mehrheit der Divisionen stellen würde, direkt aus den Vereinigten Staaten herangeführt werden sollte.

Der Erfolg hing jedoch davon ab, dass man die Kräfte, welche die Deutschen gegen die Landung aufbieten konnten, auf ein Mindestmaß beschränkte. Obwohl für die Invasionsflotte absolute Funkstille befohlen wurde und deutsche Störmanöver aus der Luft oder auf See vernachlässigt werden konnten, war man sich bei COSSAC darüber einig, dass am *D-Day* (am Tag der Invasion) bei Caen, dem Schwerpunkt der Invasion, «nicht mehr als drei [deutsche Divisionen] vorhanden sein dürfen, an D + 2 höchstens fünf Divisionen und an D + 8 neun». Mit anderen Worten, die erste Woche der Landungen würde ein Wettstreit zwischen den Fähigkeiten der Alliierten und der Deutschen sein, Streitkräfte im beziehungsweise gegen den Brückenkopf zusammenzuziehen. Allerdings würden die Deutschen nicht in der Lage sein, die Truppenkonzentration der Alliierten zu verhindern, diese dagegen durchaus, etwas gegen die der Deutschen zu unternehmen. Daher war es entscheidend, die alliierte Luftwaffe gegen die Straßen, Schienen und Brücken einzusetzen, auf denen Rundstedts 60 Divisionen in Richtung Schlachtfeld vorrücken würden. Je größer die

Schäden, welche die alliierten Luftstreitkräfte dem französischen Transportsystem zufügen konnten – was auch immer das später für die Fähigkeit der Alliierten bedeuten mochte, ihre Armeen im Landesinnern Frankreichs mit Nachschub zu versorgen–, desto größer die Aussichten der Infanterie, die Landung und den Schock der ersten Kämpfe in ihrer Igelstellung zu überleben.

Als Montgomery im Januar 1944 in London eintraf, war er mit allen grundlegenden Kriterien der COSSAC-Leute einverstanden. Doch er und Eisenhower, der ihm später als Oberbefehlshaber der Landstreitkräfte nachfolgen sollte, hatten beide den Einsatzplan kurz zu Gesicht bekommen, als sie über Marrakesch (wo sich Churchill von einer Lungenentzündung erholte) nach England angereist waren, und waren beide zu dem Schluss gelangt, der Angriff müsse «nachdrücklicher und auf breiterer Front» erfolgen. Kurzum, sie wollten die amerikanische Landung von der britischen abtrennen und den Beitrag der Fallschirmjäger erheblich vergrößern. So wie die Dinge stünden, warnte Montgomery, «könnte es den [deutschen] Reserven gelingen, uns auf den nur spärlich geschützten Stränden unter ständigem Feuer festzuhalten». Er erinnerte an Salerno, wo ein gut geplanter Angriff beinahe an der Schnelligkeit der deutschen Reaktion gescheitert wäre.

Am 21. Januar schlug er daher eine erhebliche Ausweitung der Landungsoperation vor. Sie sollte von See her durch fünf nebeneinander landende Divisionen vorgetragen werden, zwei amerikanische im Westen sowie zwei britische und eine kanadische im Osten. Die ursprünglich vorgesehenen «zwei Luftlandebrigaden» wurden ebenfalls aufgestockt: Zwei amerikanische Luftlandedivisionen sollten zu beiden Seiten des Flusses Vire und an der Basis der Halbinsel Cotentin abgesetzt werden, der britischen 6. Luftlandedivision war ein Landegebiet zu beiden Seiten des Flusses Orne zwischen Caen und dem Meer zugewiesen. Dadurch, dass die Luftlandetruppen eigene Brückenköpfe an der Vire und der Orne bildeten, wollte man verhindern, dass die Deutschen den zwischen ihnen liegenden Brückenkopf der Landungstruppen «aufrollten». Darin sollten die fünf Landedivisionen, unterstützt von zwei weiteren Verbänden mit Landungsfahrzeugen, Gelände gewinnen für die der eigentlichen Invasion folgenden Verstärkungen, die man in Stellung bringen wollte. Spezialpanzer, darunter «schwimmende» *Sherman*-Panzer, würden die Sturmtruppen der Infanterie bei der Landung begleiten. Weiter war vorgesehen, dass die 79. (britische) Panzerdivision mit ihren Räumpanzern einen Weg durch die Hindernisse freimachte, auf dem die Sturmbataillone ins Binnenland gelangen konnten.

Eisenhower erklärte sich als Höchstkommandierender mit diesen Vorschlägen sofort einverstanden. Die einzige Schwierigkeit, die blieb, war die Frage, wie man die Fahrzeuge zusammenziehen sollte, die man für die erweiterte Landeoperation benötigte. Admiral King, dem Admiralstabschef der US Navy, einem Englandhasser und begeisterten Anhänger des amphibischen Krieges im Pazifik, unterstand der Löwenanteil der alliierten Produktion von Landungsfahrzeugen, da die weitaus überwiegende Zahl auf amerikanischen Werften gebaut wurde (während des Krieges 82 000 Stück). Fast eine Verdoppelung der am Invasionstag eingeplanten Landedivisionen erforderte eine entsprechende Aufstockung der Fahrzeuge, um die Truppen absetzen und unterstützen zu können. Dazu gehörten Panzerlandungsschiffe, Panzer-, Infanterie-, Fahrzeug- und Mannschaftslandungsboote sowie amphibische Allzwecklastwagen. Im Pazifik hatte King einen Überschuss an diesen Schiffen, vor allem an den wichtigen Panzerlandungsschiffen, war aber nicht bereit, sie von einem Weltmeer in das andere zu überstellen oder auch nur die Landungsboote herauszurücken, die im Mittelmeer nicht mehr benötigt wurden. Infolgedessen sah sich SHAEF, das *Supreme Headquarters Allied Expeditionary Force* (wie COSSAC nach Eisenhowers Ernennung umgetauft wurde), gezwungen, *Overlord* von Mai auf Juni zu verschieben, während man sich verzweifelt bemühte, Landungsfahrzeuge aufzutreiben. Im Übrigen wurde die Operation *Anvil*, die Landung in Südfrankreich, die ursprünglich zur gleichen Zeit wie *Overlord* stattfinden sollte, noch um einen Monat weiter hinausgeschoben.

Die spätere Forschung hat gezeigt, dass der Mangel an Landungsfahrzeugen ein scheinbares und kein echtes Problem war. 1943 hätte die britische Produktion an Panzerlandungsschiffen allein genügt, um die Divisionen am Invasionstag anzulanden; die amerikanischen waren eine bloße Dreingabe. Der COSSAC-Stab hatte sich selbst eingeredet, dass die amerikanische Fixierung auf das Feindbild Japan eine gerechte Verteilung der Mittel zwischen den Kriegsschauplätzen verhindere. In Wahrheit scheint der Mangel das Ergebnis einer falschen Mittelverteilung in Europa gewesen zu sein und nicht einer vorsätzlichen Verweigerungshaltung des pazifischen Konkurrenten von SHAEF. Darüber hinaus wurde die Verschiebung von *Anvil* zwar unzweifelhaft vom Mangel an Landungsfahrzeugen verursacht, aber sie dürfte dem Erfolg von *Overlord* eher zuträglich als hinderlich gewesen sein. Obwohl die Operation ursprünglich als Parallelschlag zum Landungsunternehmen im Norden gedacht war (daher *Anvil,* «Amboss»), mit dem das deutsche Westheer durch konzentrisches Vorgehen hätte zermalmt werden sollen, waren die für *Anvil* vorgesehenen Kräfte – vier französische und drei amerikanische Divisionen – nicht stark genug, um einen größeren Angriff in den Rücken des Westheeres zu führen. Die Stärke dieser Truppen ließ sich wegen der Erfordernisse des Italienfeldzugs auch nicht erhöhen, ganz gleich, wie viele Landungsboote man im Mittelmeer zusammenziehen mochte. *Anvils* wirklicher Vorteil lag in der Ablenkung: Wie wir sehen werden, reichte die bloße Drohung einer «dritten» Landung, wie die der «zweiten» im Pas de Calais, aus, um in der Provence deutsche Divisionen wochenlang zurückzuhalten, die zum Kampf gegen die wirkliche Landung in der Normandie dringend gebraucht worden wären.

Alliierte Stärke, deutsche Schwäche

Die Vorstellung, der Invasionsarmee, die während des Frühjahrs 1944 in Südengland zusammengezogen wurde, habe es an irgendetwas gefehlt, wurde durch den Augenschein widerlegt. Die großen natürlichen Ankerplätze, von denen es an der Kanalküste so viele gibt – Chichester, Portsmouth, Southampton, Poole, Portland, Plymouth, Falmouth –, füllten sich mit Kriegsschiffen und Truppentransportern. Die Armada, die sich hier versammelte – und nur vor der Normandie zusammengezogen werden konnte, weil der Ärmelkanal dort am breitesten ist –, war so riesig, dass zwei der sieben Landungsverbände, in die sie gegliedert war, an der Küste von Südwales beziehungsweise East Anglia untergebracht werden mussten. Am Tag vor der Invasion sollten diese beiden Verbände – B und L – in See stechen und sich nach Einbruch der Dunkelheit im «Gebiet Z», in der Mitte des Ärmelkanals, mit den anderen fünf vereinigen. Von da aus würden sie dann gemeinsam durch Fahrrinnen, die durch eine Vorhut von Räumbooten minenfrei gemacht worden waren, in parallelen Kolonnen auf die fünf Strände zuhalten, an denen die Sturmtruppen und die schwimmenden Panzer anlanden sollten. Die Strände trugen von West nach Ost die Decknamen *Utah, Omaha, Gold, Juno* und *Sword.*

Operation *Neptun*, das Marineunternehmen, sah 6483 Wasserfahrzeuge für den Transport vor, darunter 4000 Landungsboote, Hunderte von «Angriffsfrachtern» und die Feuerkraft von 7 Schlachtschiffen, 2 Panzerschiffen, 23 Kreuzern und 104 Zerstörern. Sie hatten die Aufgabe, die Küstenbatterien des Atlantikwalls zu beschäftigen und auszuschalten. Feuerschutz aus der Nähe sollten Geschwader von Landungsbooten mit Raketenwerfern geben, während andere Selbstfahrgeschütze anlanden sollten, die sich auf die deutschen Küstenstellungen «einschießen» und hinter der Infanterie den Strand hinaufrollen sollten. Den Artillerie- und Landungsgeschwadern wiederum sollten die Schiffe mit der In-

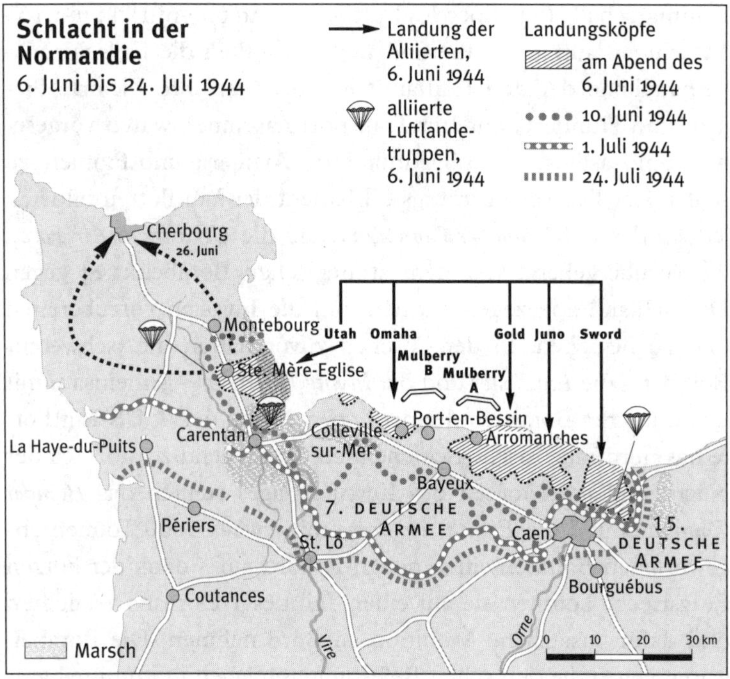

frastruktur folgen, auf die die Angriffswellen angewiesen waren – die «Beach Parties», die für Verkehrsüberwachungs- und Fernmeldestationen sorgen, die Räumung von Hindernissen organisieren und Verwundete oder Gefallene abtransportieren würden. Sturmpioniere zur Bemannung von Schwimmbulldozern, Abbruchpanzern und Mattenlegern sollten zwischen den Angriffswellen in regelmäßigen Abständen an Land gehen. In vorderster Linie würden Fliegerleitoffiziere landen, um Raketen, Bomben und Maschinengewehrfeuer von den Jägern und Erdkampfflugzeugen der insgesamt 12 000 Maschinen starken britischen und amerikanischen Luftflotten anzufordern, welche die Landung unterstützen sollten.

Von diesen 12 000 waren mehr als 5000 Jäger. Dagegen konnte

Feldmarschall Hugo Sperrles Luftflotte 3 am 6. Juni 1944 nur 169 Maschinen aufbieten. Tausend *Dakotas* sollten die Fallschirmjägerbataillone der drei Luftlandedivisionen an ihre Zielorte fliegen, und Hunderte anderer Transportmaschinen waren vorgesehen, um Lastensegler voller Infanterie, Artillerie und Pioniere zu schleppen. Das schlagkräftigste Element der Luftflotten bildeten jedoch das *RAF Bomber Command* und die *US Eighth Air Force*, die vorübergehend von dem strategischen Bombenkrieg gegen Deutschland abgezogen wurden, um die Invasion vorzubereiten und zu begleiten. In den Wochen zuvor hatten die «schweren» Bomber – die *Lancaster* und die *Flying Fortresses* – gemeinsam mit den mittleren Bombern der britischen 2. und der 9. US-Luftflotte das nordfranzösische Schienennetz weitgehend zerstört. In der Nacht und am Morgen des Invasionstages stellten das *Bomber Command* und die *Eighth Air Force* mit jeweils 5000 Tonnen abgeworfenen Bomben einen neuen Rekord auf – dank der kurzen Flugstrecke konnten sie auf einen Teil des Treibstoffs verzichten und dafür zusätzliche Munition an Bord nehmen. Die Bomben waren gegen die deutschen Befestigungsanlagen in unmittelbarer Nachbarschaft der Strände gerichtet.

Die überwältigende Luftüberlegenheit der Alliierten garantierte nicht nur Feuerschutz im Moment des Angriffs, sondern auch vorab schon Schutz vor Feindaufklärung. In den ersten sechs Monaten des Jahres 1944 wurden bei Tage lediglich 32 Patrouillenflüge der deutschen Luftwaffe über England registriert. In der ersten Juniwoche gab es einen – am 7. Juni, einen Tag zu spät –, und das in einer Zeit, wo die Alliierten sich im französischen Luftraum so selbstverständlich wie Schwalben bewegten.

Inzwischen verfolgte Ultra stündlich die Bewegung von Einheiten nach und in Frankreich, während die deutsche Abwehr nicht den geringsten Zugang zu den alliierten Funksprüchen hatte. Allerdings wurde der Umfang dieses Funkverkehrs sorgfältig eingeschränkt, um das Vorhandensein der Invasionsarmee im Westen Englands geheim zu halten und den Feind im Glauben an die fiktive Existenz der FUSAG in Kent zu bestärken. Im Gegenzug konnte die Abwehr auf die Berichte ihres Agentennetzes in Großbritannien zurückgreifen, die immer wieder nach Hinweisen auf Stärke, Zeitpunkt und, vor allem, Ziele der Invasion untersucht wurden. Da aber jeder einzelne dieser scheinbar in Freiheit befindlichen Agenten in Wahrheit von der britischen Gegenspionage «umgedreht» worden war (das «Doppelspiel-System»), waren ihre Berichte nicht nur wertlos, sondern sogar irreführend. Die Briten befürchteten, dass es Agenten außerhalb ihrer Reichweite, in Lissabon und Ankara, gelingen könnte, durch Spekulationen auf die Wahrheit zu kommen, doch die Furcht erwies sich als unbegründet. Der einzige bedeutsame Geheimnisverrat, die Dokumente, die der türkische Diener aus dem Safe des britischen Botschafters in Ankara an die Abwehr verkaufte, enthielt zwar Hinweise auf eine «Operation Overlord», aber keinerlei Einzelheiten (das war die gründlich missverstandene und weidlich aufgebauschte Affäre «Cicero»).

Westheer, OKW und Hitler bekamen also in den Wochen vor Beginn der Operation keine brauchbaren Informationen über *Overlord*. Feindaufklärung in letzter Minute wurde in der Nacht vom 5. auf den 6. Juni erschwert durch die Störung ausgewählter deutscher Radarstationen an der Küste und die Vortäuschung einer Invasionsflotte und einer Luftarmada an der engsten Stelle des Ärmelkanals, gegenüber dem Pas de Calais. Doch in den Wochen vor dem Invasionstag gelang es Hitler und dem Westheer, die zur Abwehr der Invasion bestimmten Kräfte, einschließlich derjenigen in der Normandie, materiell zu verstärken. Zwischen April und Juli wurde die ausgezeichnete Panzerlehrdivision von Ungarn nach Chartres verlegt, nur einen Tagesmarsch von den Stränden entfernt, während die 21. Panzerdivision aus der Bretagne nach Caen transportiert wurde. Die 352. und 91. Infanteriedivision, zwei Verbände von hohem Kampfwert, wurden in Küstenstellungen eingewiesen, die 352. über dem *Omaha Beach*, wo sie der amerikanischen 1. Division am Tag der Invasion große Verluste beibrachte. Nach Abschluss dieser Umgruppierungen wurden die ausgewählten Strände von drei statt von zwei Infanteriedivisionen verteidigt, wobei eine in der Nähe als Eingreifreserve bereit stand. Vier anstelle von drei Panzerdivisionen waren unweit der Küstenabschnitte stationiert, eine fast direkt hinter den britischen Stränden. Diese neue Aufstellung war von Vorsicht, nicht von Vorwissen diktiert. Im Endeffekt aber stärkte sie die Widerstandsfähigkeit des Westheeres in den Schlüsselbereichen genau so, als hätten zutreffende nachrichtendienstliche Informationen sie bestimmt.

Doch in der ersten Juniwoche konnte SHAEF nichts mehr tun, um die Widerstandsfähigkeit des Feindes bis zum Einsatz der Invasionsstreitmacht weiter zu schwächen. Über die Truppen war eine Woche Ausgangssperre verhängt worden, sie hatten keinen Kontakt mit der Zivilbevölkerung und wurden durch Kinovorführungen und Schallplattenkonzerte bei Laune gehalten. Man ging davon aus, dass die Verluste am Invasionstag hoch sein würden – nach Meinung der Truppenführer sogar sehr hoch. Die meisten Amerikaner und einige Briten hatten noch keine Gefechtserfahrung und sahen der bevorstehenden Feuertaufe kaltblütig entgegen.

Die britischen Divisionen, die schon drei Jahre Krieg in der Wüste und in Italien hinter sich hatten, blickten insgesamt weniger sorglos in die Zukunft. Sie wussten, wie verbissen die deutsche Wehrmacht kämpfte, und freuten sich nicht gerade darauf, mit ihr zu tun zu bekommen, wenn sie die Zugangswege zum Deutschen Reich verteidigte. Leutnant Edwin Bramall, ein neuer Subalternoffizier im kriegserfahrenen 2. *King's Royal Rifle Corps* (und künftiger britischer Generalstabschef), hielt das Bataillon für «ausgebrannt». «Sie hatten ihr Pulver verschossen. Jeder, der was taugte, war befördert worden oder ausgefallen.» Im Gegensatz dazu waren die jungen Offiziere, die noch keine Kampfhandlung erlebt hatten, in den Augen von Eisenhowers Marineadjutant, Harry C. Butcher, «so grün wie junger Mais», und er fragte sich: «Wie werden sie sich im Gefecht verhalten, und wie werden sie in drei Monaten aussehen?»

Butchers und Bramalls Befürchtungen erwiesen sich als unbegründet. Die meisten britischen Truppen wuchsen, egal, wie kriegsmüde sie waren, mit der Aufgabe in der Normandie über sich hinaus. Die Amerikaner fanden sich fast über Nacht in die erforderliche Rolle hinein, was wieder einmal die Weisheit bestätigte, dass drei Minuten Gefecht für die Entwicklung eines Soldaten mehr wert sind als drei Jahre Ausbildung. Kein militärischer Verband erwarb sich indessen einen fürchterlicheren Ruf als die 12. SS-Panzerdivision «Hitlerjugend», deren Soldaten 1943 im Alter von 16 Jahren direkt aus der NS-Jugendorganisation rekrutiert worden waren.

See und Himmel im Ärmelkanal wurden stürmisch gegen Ende der ersten Juniwoche. Das gute Wetter, von dem Eisenhower und Montgomery gehofft hatten, es werde mit dem günstigen Gezeitenstand Mitte des Monats zusammenfallen, blieb aus. Der 4. Juni, der Tag, der für den Beginn der Invasion vorgesehen war, brachte Wind und Wellen, die eine Landung von See her oder aus der Luft unmöglich machten. Die Luftlandedivisionen warteten ab, die eingeschifften Infanteriedivisionen, die bereits von den entfernteren Häfen aufgebrochen waren, kehrten wieder zurück, die Hauptarmada verließ die Häfen gar nicht. Erst am Abend des 5. Juni beruhigte sich die Wetterlage nach Ansicht der Verantwortlichen genügend, um die Invasion auf den folgenden Tag festzusetzen.

In der Morgendämmerung bot sich den Männern an Bord der Schiffe – und denen an Land – ein Anblick, der wahrscheinlich atemberaubender war als alles, was ein Soldat, ein Seemann oder ein Flieger vor Ausbruch einer Schlacht je vor Augen hatte. An der Küste der Normandie war die See im Osten, Westen und Norden bis zum Horizont buchstäblich mit Tausenden von Schiffen bedeckt. Am Himmel donnerten die Flugzeuge vorbei, und die Küstenlinie verschwand in Rauch und Staub, als die Bomben einzuschlagen begannen. Hauptmann Henry Bruce von der *Royal Artillery* berichtete: «Die Dörfer La Breche und Lion-sur-Mer erstickten in den Detonationen. Enorme Wolken von Dreck, Rauch und Ziegelstaub stiegen aus dem Zielgebiet auf und trieben auf See hinaus, sodass unser Ziel eine Zeit lang vollkommen verhüllt war.» Im Schutz dieser dichten Wolken sprangen die britischen, kanadischen und amerikanischen Infanteristen von ihren Landungsfahrzeugen, bahnten sich einen Weg zwischen den Küstenhindernissen, warfen sich Deckung suchend zu Boden und bemühten sich, in den Schutz der Klippen und Dünen am Rand der Strände zu gelangen.

Der Zeitpunkt (Stunde H) lag, je nach dem Gezeitenstand der einzelnen Strände, zwischen 6.00 und 7.30 Uhr, wobei die ersten Minuten der Landung für alle – abgesehen von den Amerikanern, die in die Hölle von *Omaha Beach* gerieten – am schlimmsten waren. Doch die durchnässten und verängstigten Infanteristen, die sich auf einer Breite von 90 Kilometern an der normannischen Küste durch die Brandung kämpften, waren nicht die ersten alliierten Soldaten, die an diesem Tag in Frankreich landeten. In der Dunkelheit der frühen Morgenstunden waren die Fallschirmjägereinheiten der drei Luftlandedivisionen – Angriffsspitzen der Lastenseglerbataillone, die noch folgen sollten – bereits über dem Mündungsgebiet der Vire beziehungsweise der Orne abgesprungen, welche die äußeren Flanken des Brückenkopfs markierten.

Die britische 6. Luftlandedivision wurde von erfahrenen Piloten geschlossen über offenem Weideland abgesetzt, kam gut auf dem Boden an, sammelte sich rasch und rückte augenblicklich gegen ihre Ziele vor, die Brücken über die Orne und ihre östliche Nachbarin, die Dives. Die Übergänge sollten entweder gehalten oder gesprengt werden, in letzterem Fall, um zu verhindern, dass die deutschen Panzereinheiten in einem Vorstoß entlang der Küste den Brückenkopf der britischen seewärtigen Landungstruppen «aufrollten». Die amerikanische 82. und 101. Luftlandedivision hatten weniger Glück. Ihre Piloten waren unerfahren, die schmale Basis der Halbinsel Cotentin war leicht zu verfehlen und das Tal der Vire stand weiträumig unter Wasser, weil die Verteidiger es absichtlich überflutet hatten. Einige amerikanische Fallschirmjäger landeten im Meer, viele ertranken, viele kamen, durch schlechte Navigation und die Angst vor der Flak verstreut, in großer Entfernung von ihren Zielen herunter. Die 101. Division war in einem Gebiet von 40 mal 25 Kilometer verteilt, wobei versprengte Grüppchen noch weiter abkamen. 24 Stunden später hatten sich erst 3000 Männer der *Screaming Eagles* («Schreiadler») am Sammelpunkt eingefunden, während sich einige ihrer Kameraden tagelang hinter den feindlichen Linien herumschlugen und sich nicht ergaben, solange sie noch Verpflegung und Munition hatten.

Verwirrung im deutschen Lager

Damals galt die Verzettelung der amerikanischen Fallschirmjäger als großes Unglück, vor allem bei ihren ordnungsliebenden Kommandeuren. In der Rückschau lässt sich durchaus die Ansicht vertreten, dass sie bei den Deutschen zusätzliche Verwirrung und Desorientierung gestiftet hat. Beispielsweise geriet der deutsche General, der die 91. Infanteriedivision befehligte, in einen Hinterhalt umherstreifender Fallschirmjäger und wurde getötet, als er in den frühen Morgenstunden des 6. Juni von einer Besprechung über Abwehrmaßnahmen gegen eine mögliche Invasion zurückkehrte – noch ehe ihm klar werden konnte, dass genau dieses Ereignis schon begonnen hatte.

Andernorts brauchten die deutschen Kommandeure teilweise Stunden, um zu begreifen, dass die Meldungen der Einheiten, die bereits von *Overlord*-Truppen angegriffen wurden, sich nicht auf Bombardements und Störangriffe bezogen, wie sie die Besetzer Frankreichs in den vergangenen drei Jahren immer wieder erlebt hatten. Am Vortag hatten die Meteorologen der deutschen Luftwaffe wegen der schlechten Wettervorhersagen die Möglichkeit einer unmittelbar bevorstehenden Invasion ausgeschlossen. Das

Unglück wollte es, dass Rommel gerade auf Urlaub in Deutschland weilte. Rundstedt lag in Saint-Germain im tiefen Schlaf des alten Soldaten (er war schon 1914 Erster Generalstabsoffizier einer der Divisionen gewesen, die für den Einmarsch nach Frankreich vorgesehen waren, und hatte sich in unzähligen Alarmen und Feuerüberfällen ein dickes Fell zugelegt), während Hitler in seiner Urlaubsresidenz auf dem Obersalzberg in Berchtesgaden gerade zu Bett gehen wollte; konkrete Beweise für den Beginn der Invasion erhielt er erst bei der Mittagsbesprechung, sechs Stunden nachdem die Angriffswellen an Land gegangen waren.

Trotzdem reagierten die Kommandeure an Ort und Stelle im Rahmen ihrer Kompetenzen, sobald sie klare Hinweise erhielten, dass die alliierte Landung begonnen hatte. Derartige Hinweise gingen schon bald ein. Da nur 18 von 92 Radarstationen arbeiteten – nämlich diejenigen, welche die alliierten Spezialisten der elektronischen Kriegführung im Pas de Calais nicht gestört hatten –, wurde die beklagenswert kleine Zahl von deutschen Nachtjägern, die zur Verfügung stand (die meisten waren ständig zur Verteidigung des Reiches eingesetzt), gegen die vorgetäuschte Luftflotte ausgeschickt, die sich dem Pas de Calais zu nähern schien. Die tatsächlich anfliegenden Fallschirmjäger wurden überhaupt nicht angegriffen, weil sie alle außer Reichweite der noch funktionierenden Radarstationen blieben. Die Flotte, die die Landungstruppen beförderte, wurde um 2.00 Uhr am Geräusch entdeckt, 20 Kilometer vor dem Cotentin. Um 4.00 Uhr morgens rief Blumentritt Jodl in Berchtesgaden an und bat um die Genehmigung, die Panzerlehrdivision an die Strände heranzuführen, erhielt aber den Bescheid, er solle warten, bis man sich bei Tageslicht Klarheit verschaffen könne. Noch um 6.00 Uhr, als das Feuer der Schiffsgeschütze bereits die Strände verwüstete, meldete das LXXXIV. Armee-Korps, das für den bedrohten Abschnitt zuständig war, der 7. Armee, es handle sich offenbar «um eine Sicherungsmaßnahme im Zusammenhang mit Angriffen, die später an anderen Punkten vorgesehen sind».

Drei deutsche Divisionen, die 709., 352. und 716., mussten folglich dem Angriff von acht alliierten Divisionen standhalten, ohne dass sie sofort Unterstützung von ihren übergeordneten Stellen bekamen. Besonders verzweifelt war die Lage der 709. und 716. Division. Keine verfügte über hohe Kampfkraft, und beiden fehlte jede Manövrierfähigkeit. Die erste verteidigte den Bereich, in dem die 82. und die 101. Luftlandedivision abgesetzt wurden, den *Utah Beach*, wo die amerikanische 4. Division von See aus angriff. Das stellte die deutschen Soldaten vor eine fast unlösbare Aufgabe. Die 4. US-Division war ein ausgezeichneter Verband, der neun kampfstarke Infanteriebataillone als erste Welle an den Strand schickte. Die 82. und die 101. gehörten zur Elite des amerikanischen Heeres, knallhart ausgebildet und hervorragend vorbereitet. Mochten ihre 18 Bataillone auch weit auseinander gezogen sein, sie wogen im Gefecht eine Einheit von doppelter Größe auf. Dagegen war die 709. Division bestenfalls durchschnittlich. Ihre sechs Bataillone leisteten kaum Widerstand, als sie sich umzingelt und in der Unterzahl sahen. Die drei Bataillone am Strand ergaben sich, nachdem sie ein paar Schüsse abgegeben hatten. Die Zahl der Gefallenen und Verwundeten belief sich am *Utah Beach* auf 197, die niedrigste Zahl am Invasionstag und unbedeutend, verglichen mit den 23 000 Mann, die dort insgesamt an Land gingen.

Die deutsche 716. Division, die der britischen 50., der 3. Kanadischen und der britischen 3. an den Stränden *Gold, Juno* und *Sword* am östlichen Ende des Brückenkopfes gegenüberstand, war nicht besser als die 709. und ebenfalls verwirrt durch die Landung der 6. Luftlandedivision in ihrem rückwärtigen Raum. Ferner besaßen die Briten zwei Kommandobrigaden und drei gepanzerte Sturmbrigaden. Die Landungsfahrzeuge mit den schwimmfähigen *Sherman*-Panzern an Bord hatten den Auftrag, so nahe wie möglich am Strand zu bleiben, damit die Infanterie Feuerschutz hatte, während sie die Küste betrat. Die Anlandung von Infanteristen in so großer Zahl und mit so guter Feuerunterstützung hatte bemerkenswerte Wirkung auf die dünn gesäten Verteidiger. Auf *Sword Beach* und *Juno Beach* erreichten die Briten und Kanadier das Ufer unter geringen Verlusten und rückten rasch landeinwärts vor. Die britische 3. Division stellte noch am selben Morgen Verbindung mit der 6. Luftlandedivision her. Auf *Gold Beach* erging es den Männern der 50. Division sehr unterschiedlich: Eine ihrer beiden Landebrigaden überquerte den von Dünen gesäumten Strand ohne große Schwierigkeiten. Die andere sah sich einem befestigten Dorf gegenüber, das von den Schiffsgeschützen verschont geblieben war. Infolge eines unglücklichen Zufalls trafen die Schwimm-*Shermans* auf ihren Landungsfahrzeugen verspätet ein, und in der Zwischenzeit erlitten die beiden Vorausbataillone, das 1. Hampshire und das 1. Dorset (das 185 Jahre zuvor das erste britische Bataillon gewesen war, das indischen Boden betreten hatte) schwere Verluste.

Einer der Artilleristen, welche die Brigade mit ihrem Feuer unterstützten, Kanonier Charles Wilson, vermittelt uns ein Bild von der Verwirrung in den letzten Augenblicken des Ansturms und den ersten Augenblicken nach dem Erreichen der Küste – ein Bericht, der mit seiner Mischung aus Tragik und glücklichem Entrinnen für das Geschehen am Invasionstag stehen kann. Wilsons Panzerlandungsboot trug vier 25-Pfünder auf Selbstfahrlafetten, die während der gesamten Anfahrt auf Ziele am Strand feuerten:

> Wir fuhren bei der Landung auf zwei Minen. Sie konnten uns nicht aufhalten, obwohl unsere Rampe beschädigt war und ein Offizier, der auf ihr stand, getötet wurde. Der erste Mann, der von Bord ging, war ein Sergeant der Kommandotruppe in voller Ausrüstung. Er versank wie ein Stein in dem ein Meter achtzig tiefen Wasser. Wir ergriffen die Taue des Netzes, über das die Geschütze an Land fahren sollten, und sprangen von der Rampe in das eiskalte Wasser. Das Netz war ziemlich unhandlich in der rauen See und zog uns in Richtung einiger Minen. Wir ließen die Taue los und krochen an Land. Dabei verlor ich meine Schuhe und mein Hemd, sodass ich nur noch meine Shorts anhatte. Jemand bot Zigaretten an, aber sie waren durchweicht. George fuhr

> seinen Maschinengewehrträger als erstes Fahrzeug vom LCT [*Landing Craft Tank;* «Panzerlandungsboot»]. Das Gefährt schwamm einen Augenblick, trieb auf eine Mine und sank. George sprang über Bord und schwamm an Land. Das Halbketten-Befehlsfahrzeug der Batterie verließ den LCT, von einem weiteren Fahrzeug gefolgt. Der Strand war mit Wracks übersät – ein brennender Panzer, Deckenbündel und Ausrüstungsgegenstände, Leichen und Leichenteile. Ein armer Kerl neben mir wurde von einer Granate in zwei Teile zerrissen, seine untere Hälfte sackte als blutiger Haufen zusammen. Das Halbkettenfahrzeug hielt, und es gelang mir, in meine Kleidung zu kommen.

Die 50. Division überwand ihre anfänglichen Schwierigkeiten Mitte des Vormittags und hatte bei Einbruch der Nacht fast die Außenbezirke von Bayeux erreicht. Damit war sie am Invasionstag näher an ihren vorgegebenen Zielen als irgendein anderer alliierter Verband, bei weitem näher jedenfalls als die amerikanische 1. Infanteriedivision, die am *Omaha Beach* das schlimmste Schicksal aller alliierten Invasionstruppen erlitten und fast so viele Gefallene zu beklagen hatte, wie sie die Planer eigentlich für alle beteiligten Einheiten befürchteten. Die 1. Division stand der 352. gegenüber, dem besten deutschen Verband, der am 6. Juni eine Küstenstellung besetzt hielt. Außerdem verteidigten diese deutschen Soldaten Strände, die zum Teil durch steile Kiesufer geschützt waren und an beiden Enden von steilen Klippen überragt wurden.

Der Strand war nur schwer zu überwinden, weil sich auf den Klippen beherrschende Stellungen befanden, von denen aus die Infanteristen schon bei Annäherung in den Landungsbooten, aber auch noch an Land unter Feuer genommen wurden. Ihre schwimmfähigen *Shermans* wurden zu weit vom Strand entfernt in rauer See entladen und gingen unter. Daher hatten die Angreifer keine unmittelbare Feuerunterstützung. Die Ergebnisse waren verheerend. Das Martyrium des 1. Bataillons des 116. Infanterieregiments vermittelt einen Eindruck vom Geschehen:

> Nachdem man die Rampen herabgelassen hatte, war die [vorangehende] Kompanie binnen zehn Minuten handlungsunfähig, führungslos. Alle Offiziere und Unteroffiziere waren gefallen oder verwundet … Die Männer im Wasser schoben die Verwundeten vor sich her an Land, und die, die bereits den Strand erreicht hatten, krochen wieder ins Wasser zurück, um andere zu packen und sie vor dem Ertrinken zu retten. Zwanzig Minuten nach Erreichen des Strands hatte die Kompanie A aufgehört, eine Sturmkompanie zu sein, und war zu einem verzweifelten kleinen Bergungstrupp geworden, der nur noch eines wollte: überleben und Leben retten.

Wären alle deutschen Verteidiger der Normandie so gut ausgebildet und entschlossen gewesen wie diejenigen der 352. Division und wären mehr der Schwimm-*Shermans* ausgefallen, dann hätte sich das Debakel vom *Omaha Beach* an allen fünf Stränden ereignen können – mit katastrophalen Folgen. Glücklicherweise blieb das Schicksal jenes Bataillons ein extremer Einzelfall. Gleichwohl war die Landung am *Omaha Beach* insgesamt sehr verlustreich. Die meisten der 4649 Ausfälle durch Tod oder Verwundung, die die amerikanischen Streitkräfte am Invasionstag erlitten, ereigneten sich dort. Doch einige der *Omaha*-Bataillone kamen unversehrt an Land; sogar denjenigen, die es am schwersten traf, gelang es schließlich, die Überlebenden zu sammeln und den Strand zu verlassen. Am Abend des Invasionstages befanden sich alle ausgewählten Landungsplätze in alliierter Hand, selbst wenn die Brückenköpfe stellenweise noch keine anderthalb Kilometer tief waren. Bei Einbruch der Nacht stellte sich die Frage, ob sich die einzelnen Igelstellungen vereinigen ließen und in welcher Stärke der deutsche Gegenangriff vorgetragen werden würde.

Die Schlacht um den Truppenaufmarsch

Infolge der Unbeweglichkeit der deutschen Infanteriedivisionen konnte die Gefahr eines Gegenstoßes nur vom Einsatz der Panzerdivisionen durch die Heeresgruppe B und das OKW ausgehen.

Von den vieren, die in der Nähe des Invasionsgebietes standen, war nur die 21. Panzerdivision, die bei Caen an der Ostflanke des britischen *Sword Beach* und des «Luftlande-Brückenkopfs» stationiert war, nahe genug am Ort des Geschehens, um entscheidend eingreifen zu können. Ihr Kommandeur war, wie Rommel, am Morgen des Invasionstages abwesend (Rommel traf nach einer halsbrecherischen Autofahrt von Ulm nach Nordfrankreich um 22.30 Uhr im Hauptquartier der Heeresgruppe B ein). Rommels Generalstabschef Hans Speidel gelang es, um 6.45 Uhr beim OKW die Genehmigung für den Einsatz der 21. Panzerdivision zu erwirken, doch es dauerte noch zwei Stunden, bis General Erich Marcks, das nächste Glied in der Befehlskette, einen taktischen Befehl ausgab: Er wies die Panzer an, in die Lücke zwischen den Stränden *Sword* und *Juno* zu stoßen, um dem britischen Vormarsch auf Caen Einhalt zu gebieten und den Brückenkopf aufzurollen.

Von *Sword Beach* aus rückte eine britische Infanteriebrigade auf Caen vor, die vom 2. Bataillon der *King's Shropshire Light Infantry* angeführt wurde. Sie hätte von den Panzern der *Staffordshire Yeomanry* begleitet werden sollen, doch die saßen in einem gigantischen Verkehrschaos am Strand fest. Daher mussten die *Shropshires* jede deutsche Verteidigungsstellung, auf die sie stießen, im herkömmlichen Sturmangriff nehmen. So kamen sie nur langsam voran. Am Nachmittag holten die Panzer sie ein, um 18.00 Uhr allerdings traf die Kolonne auf die Vorausabteilungen der 21. Panzerdivision, die auf ihrem Weg an die Front durch eine Reihe von zeitraubenden Aufträgen in Verzug geraten war. Ihre Geschütze zwangen die *Shropshires* sofort in Deckung – knapp fünf Kilometer vor Caen –, und ihr 22. Panzerregiment stieß vor, um den Brückenkopf anzugreifen. Wenn es ihm nicht gelinge, die Briten ins Meer zu werfen, hatte Marcks seinen Regimentskommandeur überaus hellsichtig gewarnt, habe Deutschland den Krieg verloren. Aber seine Panzer IV stießen auf die panzerbrechenden *Fireflies* der *Yeomanry* (*Sherman*-Panzer, die mit dem 17-Pfund-Langrohrgeschütz bestückt waren). Einige hatten Berührung mit der

Infanterie der 716. Division, die sich immer noch in Lion-sur-Mer hielt, als sie jedoch von 250 Lastenseglern der 6. Luftlandedivision überflogen wurden, die Verstärkung für die Fallschirmjäger jenseits der Orne heranführten, kamen sie zu dem Schluss, dass sie Gefahr liefen, abgeschnitten zu werden, und zogen sich zurück. Bei Einbruch der Nacht befand sich Caen zwar noch in deutscher Hand, aber der Verteidigungsgürtel des *Sword*-Brückenkopfes war intakt und die Krise des Invasionstages überwunden.

Obwohl die Deutschen das nicht wissen konnten – Marcks' düstere Prognose erwies sich als hellsichtige Vermutung –, war ihre Chance, die Invasion in ihrer Entstehungsphase zu ersticken, jetzt vorüber. Am 7. und 8. Juni traf die nächste Panzerdivision, die 12. SS «Hitlerjugend», ein, griff die Kanadier in ihrem Brückenkopf westlich von Caen an und fügte ihnen schwere Verluste zu, doch schaffte die Division «Hitlerjugend» es nicht, zum Meer durchzubrechen. Ein deutscher Heeresoffizier berichtet, einige hätten «vor Enttäuschung geweint». Inzwischen schlossen die Invasoren die Lücken, durch die *Sword* von *Juno* und *Gold* beziehungsweise die britischen von den amerikanischen Stränden getrennt waren (die Briten stellten am 10. Juni Verbindung zu *Omaha* her, *Omaha* am 13. Juni zu *Utah*) – es gelang ihrer Marine besser als dem Feind, Verstärkung an die Front zu bringen.

Warum die Alliierten «in der Schlacht um den Truppenaufmarsch» so erfolgreich waren, lässt sich einfach erklären. Der Ärmelkanal, ein breiter Zufahrtsweg, war ganz und gar unter alliierter Kontrolle; nur einige wenige Schiffe gingen durch Minen und Schnellboot-Angriffe verloren. Zwar konnten einige der neuen Schnorchel-U-Boote den Ärmelkanal von der Bretagne aus erreichen, aber dort wurden die meisten von ihnen versenkt, daher blieb ihre Wirkung minimal. Im Gegensatz dazu lag das gesamte Binnenland Nordfrankreichs, dessen Straßen und Schienenwege ohnehin eine viel geringere Transportkapazität besaßen als die alliierte Versorgungsflotte, in Reichweite der alliierten Luftwaffen. Vom 6. Juni an verdoppelten sie ihre schon im Vorfeld der Invasion eingeleiteten Bemühungen, die Transportwege zu zerstören, und schossen auf alles, was sich bei Tageslicht bewegte. Rommel selbst wurde am 17. Juli in seinem Befehlswagen durch einen britischen Tiefflieger schwer verwundet.

Auch wenn Hitler gestattet hätte, die 7. Armee konsequent mit Einheiten der 15., 1. und 19. zu verstärken, hätten diese große Schwierigkeiten gehabt, das Schlachtfeld ohne Verzögerung zu erreichen. Tatsächlich aber hielt er das Verbot, Einheiten der in nächster Nähe stehenden 15. Armee zu verlegen, bis Ende Juli aufrecht – aus Furcht, die «zweite Invasion» im Pas de Calais könnte doch noch stattfinden. Nur widerstrebend genehmigte er den Einsatz von Teilen der 1. und 19. Armee.

Als Erste setzten sich die Panzerdivisionen in Bewegung. Die 9. und die 10. SS-Panzerdivision, die von einer Gegenoffensive in Polen zurückkehrten, durchquerten Deutschland in lediglich vier Tagen, aber infolge der Luftangriffe brauchten sie ganze elf Tage, um die Normandie von der französischen Grenze aus zu erreichen. Der Marsch der nichtmotorisierten Divisionen war noch mühsamer. Beispielsweise benötigte die 275. Division drei Tage (vom 6. bis 8. Juni) für die 45 Kilometer von der Bretagne in die Normandie, und weitere drei Tage, um in ihre Gefechtsstellungen zu gelangen. Dagegen dauerte es keine 24 Stunden, die alliierten Verstärkungsdivisionen aus Südengland in die Normandie zu verlegen.

Der erste Monat der Schlacht in der Normandie lief auf ein Wettrennen zwischen den Alliierten und den Deutschen hinaus: Die Alliierten führten Verbände heran und kämpften um Geländegewinn, der ihnen unentbehrlich erschien, um eine erfolgreiche Offensive zu entwickeln und aus den Brückenköpfen auszubrechen, während die Deutschen mit ihren motorisierten Verbänden versuchten, sie festzunageln und aufzureiben. Das Territorium, um das die Amerikaner kämpften, der Cotentin und der Hafen von Cherbourg, lag innerhalb des Brückenkopfes (sie erreichten die Atlantikküste der Halbinsel am 18. Juni). Für die Briten war das entscheidende Gebiet Caen und Umgebung, von wo aus sie in das offene Gelände vorstoßen konnten, das direkt zum 150 Kilometer entfernten Paris führte.

Montgomery hatte gehofft, Caen am 6. Juni zu erobern. Als der Versuch scheiterte, unternahm er drei separate Angriffe, um die Stadt zu nehmen. Eine örtlich begrenzte Offensive durch die Kanadier wurde am 7. und 8. Juni von der 12. SS-Panzerdivision abgewehrt, ein Panzerangriff westlich von Caen am 13. Juni von einen der wenigen in der Normandie stehenden «Tiger»-Panzerabteilungen zusammengeschossen. Schließlich scheiterte eine groß angelegte Offensive der 15. Schottischen Division (26. bis 1. Juli), Deckname *Epsom*, am Widerstand der unlängst eingetroffenen 9. und 10. SS-Panzerdivision. Mit einem letzten Aufbäumen gelang es der Operation *Epsom*, etwas Gelände jenseits des Odon, eines bei Caen in die Orne mündenden Nebenflusses, zu gewinnen. Die am weitesten vorgeschobene Stellung, das Dorf Gavrus, wurde von den *2. Argyll and Sutherland Highlanders* genommen und gehalten. Doch ein Versuch der zu ihrer Unterstützung abgestellten 11. Panzerdivision, ins offene Gelände südlich des Odon auszubrechen, scheiterte, und nach fünf Tagen verlustreicher Kämpfe – 4020 Mann waren gefallen oder verwundet – wurde *Epsom* abgebrochen.

Die Kämpfe im Bocage

In der Zwischenzeit überwanden die Amerikaner die deutschen Verteidiger des Cotentin, die 243., 709., 91. und 77. Division. Zwei von ihnen, die 77. und die 91., waren Verbände von hohem Kampfwert. Die angreifenden amerikanischen Verbände, die 4., 9., 29. und 90. Division, waren unerfahren und auf die Schwierigkeiten des Geländes nicht eingestellt. Die Wallhecken oder Knicks, markantes Kennzeichen dieses bald unter seinem französischen Namen «Bocage» berüchtigten Landschaftstyps, waren Flurgrenzen, welche die keltischen Bauern 2000 Jahre zuvor angelegt hatten. In zwei Jahrtausenden hatten die knotigen Wurzeln der Knicks so viel Erde gesammelt, dass sich bis zu drei Meter dicke Wälle gebildet hatten. «Obwohl sie schon vor dem Invasionstag in Großbritannien zur Sprache kamen», schrieb General James Gavin von der 82. Luftlandedivision, «hatte keiner von uns vorhergesehen, welche Schwierigkeiten sie uns tatsächlich bereiten würden.» Später rüsteten die Amerikaner ihre *Shermans* mit «Knickräumern» aus, doch im Juni 1944 stellte jede dieser Wallhecken für die Panzer ein unüberwindliches Hindernis dar und beeinträchtigte Schussfeld und freie Sicht. Den Deutschen boten sie in Abständen von 100 bis 200 Metern nahezu uneinnehmbare Abwehrstellungen.

Für die angreifende amerikanische Infanterie waren es Todesfallen. Sie entmutigten die unerfahrene amerikanische Infanterie und zwangen Bradley, den Oberbefehlshaber der 1. US-Armee, viel zu oft, die übermüdeten Fallschirmjäger zum Angriff vorzuschicken. Ihre Verbände *All American* und *Screaming Eagles* scheuten nicht ein einziges Mal vor der Aufgabe zurück, aber die sich häufenden Verluste in ihren Reihen drohten diese hervorragenden Verbände aufzureiben. Leutnant Sidney Eichen von der neu anrückenden 30. Division traf eine Gruppe Fallschirmjäger auf dem Cotentin und berichtete, er habe gefragt: «‹Wo sind eure Offiziere?›, und sie antworteten: ‹Alle tot.› Ich fragte: ‹Wer hat dann das Kommando?› Ein Sergeant sagte: ‹Ich.› Ich betrachtete die unrasierten GIs mit ihren rot geränderten Augen, den schmutzigen Sachen, dem schleppenden Gang und fragte mich: Werden wir nach ein paar Tagen an der Front genauso aussehen?»

Doch Schritt für Schritt wurden die Deutschen in den Verteidigungsgürtel von Cherbourg zurückgedrängt. Hitler hatte vor, die französischen Häfen als Festungen zu halten – wie er es auf der Krim getan hatte und in den baltischen Staaten tun sollte –, damit sie dem Feind nicht in die Hände fielen, ganz gleich wie viel Gelände im Hinterland verloren ging. Am 21. Juni setzte er einen Funkspruch an General Karl Wilhelm von Schlieben, den Hafenkommandanten, ab: «Ich erwarte von Ihnen, daß Sie diesen

Kampf führen wie einst Gneisenau die Verteidigung Kolbergs.» (Eines der Heldenepen des preußischen Widerstands gegen Napoleon im Jahr 1807.) Fünf Tage später fiel Cherbourg. Der Festungskommandant verlangte von den Amerikanern, sie sollten mit ihrer Artillerie das Haupttor beschießen, damit er einen Vorwand zur Kapitulation habe. Unmittelbar darauf marschierte er mit all seinen Männern unter der weißen Fahne hinaus. Am 26. Juni verlangte Hitler von Rundstedt, Kriegsgerichtsverfahren gegen alle anzustrengen, die dafür verantwortlich gemacht werden konnten. Noch am gleichen Abend vergiftete sich Generaloberst Friedrich Dollmann, Oberbefehlshaber der 7. Armee, der die Schlacht in der Normandie befehligte. 1941 hatte es viele Selbstmorde in der Roten Armee gegeben, in der deutschen Wehrmacht bislang nur wenige. Ihre Zahl nahm zu, als sich die dunklen Schatten um das Reich verdichteten.

Die Junimitte 1944 war für Hitler die Zeit einer hoffnungslosen Krise, der schlimmsten, die er seit der Kapitulation von Stalingrad vor 17 Monaten erlebt hatte. Zwar setzte er ab dem 12. Juni endlich seine Geheimwaffe, die V1, gegen Großbritannien ein, doch in weit geringerer Zahl als erhofft – etwa 80 pro Tag; nur die Hälfte davon erreichte London, und viele der Bomben erwiesen sich als Blindgänger. Ein Irrläufer krachte am 17. Juni bei dem einzigen Besuch, den Hitler Frankreich während der Schlacht um die Normandie abstattete, auf seinen Befehlsbunker in Margival. Hinzu kam, dass sich seine wegen der Gefahr im Westen ohnehin großen strategischen Schwierigkeiten durch eine Krise an der Ostfront noch erheblich verschlimmerten. Am 22. Juni, dem dritten Jahrestag von «Barbarossa», hatte die Rote Armee die Operation *Bagration* eröffnet, die in einem sechswöchigen unablässigen Panzerangriff die Heeresgruppe Mitte vernichtete und die russische Front von Weißrussland 500 Kilometer westwärts bis an die Ufer der Weichsel vor den Toren Warschaus vorschob. Im Zuge dieser Katastrophe wurden 30 Divisionen – 350 000 deutsche Soldaten – getötet, verwundet oder gefangen genommen.

Während der entsetzlichen Wochen von *Bagration* verlor auch das Westheer in der Normandie Tausende von Männern, vermochte aber schließlich eine Verteidigungslinie zu halten. Diese trügerische Stabilität der Normandiefront nach dem Fall von Cherbourg brachte ein willkommenes Gefühl der Erleichterung in die zweimal täglich stattfindenden Lagebesprechungen in Rastenburg. Trotz fortdauernder Infanterieverluste der 7. Armee, deren Einheiten in den Bocage-Kämpfen verschlissen wurden, schienen die alliierten Truppen im Brückenkopf «festgenagelt» zu sein. Montgomery hatte sich zur Einnahme von Caen verpflichtet. Nachdem es ihm nicht gelungen war, die Stadt am 6. Juni zu erobern, entwickelte er jetzt den Plan, sie zum Brennpunkt einer Reihe von Angriffen zu machen, welche die mobilen Kräfte der Deutschen vernichten sollten, während die Alliierten Reserven für den Ausbruch zusammenzogen.

Vom 19. bis zum 21. Juni wurden die Verstärkungen des Brückenkopfes durch einen schweren Sturm im Ärmelkanal unterbrochen, der den amerikanischen *Mulberry*-Hafen zerstörte und den britischen beschädigte. Durch improvisierte Maßnahmen wurde der Ausfall rasch kompensiert, sodass am 26. Juni bereits 25 alliierte Divisionen an Land gesetzt und weitere 15 auf dem Weg in die Normandie waren, die gegen 14 deutsche antraten – nicht nur ein Viertel des gesamten Westheeres, sondern zwei Drittel seiner Panzerdivisionen, acht von zwölf. Hitler mag sich eingeredet haben, er habe die Invasion unter Kontrolle gebracht. Rundstedt war dazu nicht in der Lage. Am 5. Juli riet er Hitler, «Frieden zu schließen», woraufhin er sofort von seiner Funktion als OB West entbunden und durch Kluge ersetzt wurde. Montgomery, der von der Ultra-Aufklärung täglich über die zunehmenden Verluste des Westheeres informiert wurde, blieb entschlossen bei seinem Plan, Caen zur «Feuerprobe» der Normandieschlacht zu machen.

Nachdem die RAF am 7. Juli 2500 Tonnen Bomben auf Caen abgeworfen und damit die Zerstörung der alten Hauptstadt Wilhelms des Eroberers praktisch vollendet hatte, rückten die britische 3. und 59. sowie die 59. Kanadische Division gegen die Stadt vor. Zwar gelang es ihnen nicht, das Zentrum zu nehmen, aber sie besetzten alle Außenbezirke. Diese Operation, die den Decknamen *Charnwood* trug, isolierte Caen weitgehend vom Rest der deutschen Stellungen in der Normandie. Zudem gab es Indizien dafür, dass der anhaltende amerikanische Druck feindliche Panzer zur Cotentin-Basis abzog, wo der endgültige Ausbruch geplant war. Daher kam Montgomery zu dem Schluss, dass ein weiterer Schlag den gesuchten Entscheidungskampf mit den deutschen Panzern bringen und den Weg nach Paris frei machen würde. Diese neue Offensive hieß *Goodwood* und sollte vom «Luftlande-Brückenkopf» östlich der Orne zunächst in den Korridor zwischen diesem Fluss und der Dives vorstoßen. Nur eine Anhöhe, der Bourguébus-Kamm, versperrte den Ausgang aus diesem Korridor zur Hauptverkehrsstraße nach Paris.

Operation *Goodwood*, an der alle drei Panzerdivisionen in der Normandie teilnahmen, die *Guards Armoured Division*, die 7. und die 11., begann am 18. Juli. Ihr ging der schwerste «Bombenteppich» voraus, der bislang während des Feldzugs abgeworfen worden war, die Verteidiger völlig überraschte und die Überlebenden unter Schock setzte. Deutsche Panzer wurden von den Erschütterungen umgeworfen, und Gefangene, die in den Anfangsstadien des Vormarsches gemacht wurden, taumelten wie betrunken nach hinten. Mitte des Vormittags hatten die britischen Panzer bereits den halben Weg zu ihren Zielen zurückgelegt, und der Erfolg schien so gut wie sicher. Dann erwies sich einmal mehr die außerordentliche Widerstandskraft und Improvisationsfähigkeit des deutschen Heeres: Hans von Luck, ein Regimentskommandeur der 21. Panzerdivision, der direkt von einem Urlaub in Paris auf dem Schlachtfeld eintraf, fand dort Artillerie- und Panzernester vor, die dem Bombardement entgangen waren, und organisierte in aller Eile eine Verteidigung.

Während die Kanoniere, darunter auch die einer Flak-Batterie der Luftwaffe, die anrückenden britischen Panzer aufs Korn nahmen, gruben sich die Pionierabteilungen der 1. SS-Panzerdivision – deutsche Pioniere wurden im Notfall als Infanterie eingesetzt – eilig auf der Höhenlinie des Bourguébus-Kamms ein. Gleichzeitig wurden die Panzer der 1. SS- und der 12. SS-Panzerdivision nach vorn geschickt, um einen Schild zur Panzerabwehr zu bilden. Am späten Nachmittag hatte sich die britische 11. Panzerdivision bis zum Fuß der Hügelkette vorgekämpft. Als sich die britischen Panzer anschickten, die Anhöhe zu nehmen, wurden sie von Salven der 7,5-cm- und 8,8-cm-Geschütze empfangen, die oben Stellung bezogen hatten. Die vordersten Panzer der *Fife and Forfar Yeomanry* standen sofort in Flammen. Den 23. Husaren, die ihnen zur Hilfe kamen, erging es nicht besser. «Überall Verwundete und brennende Gestalten, die umherliefen und verzweifelt Deckung suchten», heißt es im Regimentsbericht, «während ein erbarmungsloser Regen von panzerbrechenden Geschossen auf die bereits hilflosen Shermans niederprasselte. Es lag auf der Hand, dass wir an diesem Tag nicht mehr ‹durchbrechen› würden … Von der großen Panzerphalanx, die am Morgen ins Gefecht gezogen war, lagen jetzt 106 Panzer zerschossen oder manövrierunfähig in den Kornfeldern.»

Die korrekten Zahlen lauteten: 126 allein von der 11. Panzerdivision, mehr als die Hälfte ihrer Kampfwagen; weitere 60 hatte die *Guards Armoured Division* in ihrer ersten Schlacht verloren. *Goodwood* war nahezu ein Desaster. Montgomerys nachträgliche Beteuerung, er habe nicht ernsthaft erwartet, einen Durchbruch zu schaffen, wurde von Churchill und Eisenhower mit Ungeduld aufgenommen. Churchills Geduld war ohnehin schon arg strapaziert, weil der Vormarsch ins Binnenland so langsam vorankam. Am 20. Juli, dem Tag D + 43, kamen die *Goodwood*-Kämpfe zum Erliegen. Nach den Tageslinien, welche die Planer vor dem D-Day, dem Invasionstag, in ihren Karten eingezeichnet hatten, hätten die Alliierten zu diesem Zeitpunkt auf dem halben Weg zur Loire sein müssen. In Wirklichkeit aber hatten sie noch nicht einmal die Linie erreicht, die für D + 17 vorgesehen war. Lange musste Montgomery auf Churchill einreden, um ihn davon zu überzeugen, dass die Logik des Gesamtplans nach wie vor Gültigkeit besaß und dass das erwünschte Ergebnis nicht länger auf sich warten lassen würde.

Wie zwanghaft Montgomerys Streben nach Selbstrechtfertigung auch gewesen sein mag, er hatte Recht in doppelter Hinsicht: erstens damit, dass er die Enttäuschung von *Goodwood* abschüttelte, und zweitens damit, dass er meinte, die Operation habe durchaus einen Zweck erfüllt. Denn tatsächlich hatte sie die Panzerreserven der Heeresgruppe B wieder an die britische Front gezogen, und zwar zu einem Zeitpunkt, da diese sich gesammelt hatten, um der großen amerikanischen Offensive zu begegnen, auf die alle Anzeichen hindeuteten. Den Juli hindurch hatten die Amerikaner eine schreckliche und verlustreiche Schlacht im Bocage des Süd-Cotentin geführt. Zwischen dem 18. und 20. Juli hatten ihre 29. und die 35. Division 2000 beziehungsweise 3000 Mann in der Schlacht um Saint-Lô verloren – fünfmal so viele Gefallene und Verwundete, wie die britischen Panzerdivisionen im gleichen Zeitraum östlich von Caen zu beklagen hatten.

Noch schlimmer hatte es die Deutschen getroffen: Die 352. Infanteriedivision, den Hauptgegner der Amerikaner, der nach der hartnäckigen Verteidigung von *Omaha Beach* weiter im Einsatz geblieben war, gab es nach Saint-Lô praktisch nicht mehr. Dadurch erhöhten sich die Gesamtverluste der 7. Armee seit dem 6. Juni auf 116 000 Mann, für die vom Ersatzheer in Deutschland nur 10 000 Mann gekommen waren. Genauso gravierend waren die Materialverluste: Den 2313 Panzern, die während der Monate Mai bis Juli in deutschen Fabriken hergestellt wurden, standen insgesamt 1730 zerstörte Panzer gegenüber; ein Drittel von ihnen fiel bei den Kämpfen in Frankreich aus, doch bis Ende Juni waren lediglich 17 Ersatzpanzer eingetroffen. Der Sperrgürtel, den die Deutschen um den alliierten Brückenkopf gelegt hatten, war zum Zerreißen gespannt. Gegen seinen schwächsten Punkt sollte schon bald ein schwerer Schlag geführt werden.

Am Morgen des 25. Juli – nach einem Fehlstart, bei dem die amerikanische Luftwaffe ihre eigene Infanterie bombardierte – setzten sich vier amerikanische Infanterie- und zwei Panzerdivisionen in Bewegung, um westlich von Saint-Lô hinter einem dichten Bombenteppich anzugreifen. Sie gehörten zu General «Lightning Joe» Collins' VII. Korps. Er stand in dem Ruf, seine Untergebenen erbarmungslos anzutreiben, ein Ruf, den die Ereignisse des Tages bestätigen sollten. General Fritz Bayerlein, Kommandeur der Panzerlehrdivision, die sich dem VII. Korps entgegenstellte, bezeugt die Wucht des Angriffs: Nach einer Stunde habe er überhaupt keine Verbindung mehr gehabt, nicht einmal über Funk. Mittags sah man nur noch Staub und Rauch. Seine Fronten hätten wie die Oberfläche des Mondes ausgesehen, und mindestens 70 Prozent seiner Truppen waren ausgeschaltet – tot, verwundet, durchgedreht oder betäubt.

Der folgende Tag begann mit einem neuen Bombenteppich. Die Angreifer, die am Vortag keine anderthalb Kilometer vorangekommen waren, stießen fast fünf Kilometer vor, und die amerikanische 2. Panzerdivision erreichte Stellungen, in denen sie zum Ausbruch bereit stand. Bayerlein schrieb, Kluge, der neue OB West und Oberbefehlshaber der Heeresgruppe B, habe Befehl gegeben, dass die Front entlang der Straße von Saint-Lô nach Périers um jeden Preis zu halten sei, aber sie war bereits durchstoßen. Kluge versprach ein SS-Panzerbataillon mit 60 Panzern «Tiger» als Verstärkung, tatsächlich trafen fünf ein. Bayerlein habe in dieser Nacht die Überreste seiner Division südwestlich von Canisy gesammelt. Mit den 14 Panzern, die er noch hatte, sei ihm nur der Rückzug geblieben. Einst war die Panzerlehrdivision vielleicht die beste, auf jeden Fall aber die stärkste Panzerdivision im deutschen Heer gewesen. Ihre Verfassung war bezeichnend für den Zustand, in dem sich das Westheer nach sechswöchigen Kämpfen in der Normandie befand. Trotzdem verlangte Hitler unnachgiebig, die bröckelnde Front zu stabilisieren und die Situation umzukehren.

Das Attentat vom 20. Juli

Fünf Tage vor *Cobra*, wie der Deckname für den amerikanischen Durchbruch lautete, hatte eine Gruppe von deutschen Offizieren versucht, Hitler in seinem Hauptquartier zu töten. Am 20. Juli stellte Oberst Claus Schenk Graf von Stauffenberg, ein Kriegsinvalide, der dennoch Chef des Generalstabs des Ersatzheeres war, eine Bombe unter den Lagetisch in Rastenburg, flog nach Berlin und leitete die Aktionen ein, die das Ziel hatten, den NS-Machtapparat in ganz Deutschland auszuschalten und durch vorher bestimmte Militärs und Zivilisten zu ersetzen.

Durch eine Reihe von unglücklichen Zufällen scheiterte die Verschwörung. Die Bombe verwundete Hitler nur und tötete ihn nicht. Der anfängliche Trugschluss, bei der Explosion handle es sich um einen Sabotageakt, wurde bald korrigiert. Der Fernmeldeoffizier, der in die Verschwörung eingeweiht war, wurde daran gehindert, die Verbindung mit der Außenwelt zu unterbrechen, daher war Goebbels in der Lage, hitlertreue Soldaten für einen militärischen Schlag gegen die Verschwörung in Berlin zu mobilisieren. Rasch wurden die Verschwörer verhaftet und einige von ihnen, darunter auch Stauffenberg, noch am selben Abend erschossen. Bei Einbruch der Nacht war die Gefahr eines Staatsstreichs gebannt, und Hitler, obwohl in seiner Rastenburger Festung isoliert, wieder unangefochten an der Macht. Aber das Attentat vom 20. Juli bestärkte Hitler verständlicherweise in seinen tief verwurzelten Vorurteilen gegen die höheren Ränge der Wehrmacht, die überwiegend den Kreisen entstammten, deren Inbegriff Stauffenberg war.

Als Aristokrat, gläubiger Christ und Kavallerist – Hitler hasste nicht nur die Kirche und den Adel, sondern auch Pferde, Reiten, Reitkleidung und alles, wofür sie standen – hatte sich Stauffenberg in die Verschwörung gegen Hitler hineinziehen lassen, weil er erkannte, dass der «Führer» das Vaterland in die tödliche Gefahr einer Niederlage geführt hatte, und voraussah, was seine Landsleute später infolge der nationalsozialistischen Untaten würden erleiden müssen. Kurzum, Stauffenbergs Motive waren eher patriotischer als moralischer Natur, wenn auch sein moralisches Empfinden durch die Verschwörung selbst auf eine harte Probe gestellt wurde.

Für beides – Stauffenbergs Patriotismus und dessen Moral – hatte Hitler nur Hass und Verachtung übrig, Gefühle, die er automatisch auf alle übertrug, von denen er meinte, sie gehörten zur gleichen gesellschaftlichen Schicht und Berufsgruppe wie Stauffenberg. Viel zu viele von ihnen, fand er, waren im Offizierkorps des Westheeres zu finden. General Carl-Heinrich von Stülpnagel, der Militärbefehlshaber in Frankreich, war mit Sicherheit an der Verschwörung beteiligt. Gleiches glaubte Hitler von Rommel, obwohl der nicht der «alten» Offizierskaste angehörte und seit dem 17. Juli schwer verletzt im Lazarett lag. Außerdem verdächtigte Hitler, allerdings ohne Beweis, Generalfeldmarschall von Kluge, der seit dem 4. Juli als OB West und Oberbefehlshaber der Heeresgruppe B Dreh- und Angelpunkt der Schlacht gegen die «Angelsachsen» war. Hitler wollte sich nur durch eine entschlossene – und erfolgreiche – Antwort auf den amerikanischen Durchbruch bei Saint-Lô davon überzeugen lassen, dass sein Verdacht unbegründet war und dass sich das Westheer dem Geist der nationalsozialistischen Revolution verpflichtet fühlte.

Als Test für die Loyalität des Westheeres – der gleichzeitig eine kriegswichtige Umkehrung der militärischen Lage im Westen bringen sollte – war ein Gegenangriff mit allen verfügbaren Panzerkräften in die Flanke der amerikanischen Angriffsspitze gedacht, die von Saint-Lô aus südlich zwischen Bocage und Meer hindurch ins Innere der Bretagne vorstieß. Am 2. August traf ein Abgesandter aus Rastenburg in Kluges Hauptquartier in La Roche-Guyon ein: General Walter Warlimont, der stellvertretende Chef des Wehrmachtführungsstabes, war der Meinung, er solle mit dem Feldmarschall erörtern, wie dessen Rückzug auf eine Verteidigungsposition im tiefen französischen Binnenland aussehen könnte. Bei seiner Ankunft allerdings erfuhr er, dass Hitler inzwischen Befehl gegeben hatte, so schnell wie möglich eine Gegenoffensive einzuleiten, die von Mortain ausgehen und bis ans Meer führen sollte. Hitler erwartete – wie Warlimont bei seiner Rückkehr nach Rastenburg feststellte – davon nicht weniger als «das Aufrollen der gesamten alliierten Stellungen in der Normandie».

Der Gegenstoß im Raum Mortain begann am 7. August. Von Anfang an waren vier Panzerdivisionen an ihm beteiligt, die 116., 2., 1. SS und 2. SS, die durch vier weitere unterstützt werden sollten, die 11. und 9. aus Südfrankreich, die Hitler Kluge schon am 27. Juli versprochen hatte, sowie die 9. und 10. SS aus dem Abschnitt Caen. Der Plan sah vor, dass diese acht Divisionen mit ihren über 1400 Panzern das Westheer in einer Operation anführen sollten, die den Decknamen «Lüttich» trug und eine groß angelegte Umfassung der Invasoren zum Ziel hatte, ein Unternehmen, dem eine ähnliche Bedeutung zugedacht war wie Ludendorffs Durchbruch in den Rücken der französischen Armeen bei Lüttich genau 30 Jahre zuvor. Am Vorabend seines Besuchs bei Kluge hatte Hitler zu Warlimont gesagt: «Es müsse … das Ziel bleiben, den Feind an der Küste eng umschlossen … zu halten, ihm dort schwere Verluste beizubringen, um ihn dadurch zu erschöpfen und schließlich niederzuringen.»

21 · PANZERSCHLACHT: FALAISE

Die Schlacht, die mit der Operation «Lüttich» begann, sollte sich zum gewaltigsten Panzerduell aller an der Westfront ausgetragenen Feldzüge entwickeln, vielleicht sogar zum größten des Krieges. Nur für die Schlacht von Kursk, die im Juli zuvor stattgefunden hatte, waren mehr deutsche Panzerdivisionen zusammengezogen worden – zwölf gegenüber zehn in der Normandie. Doch bei Kursk war die deutsche Offensive durch Minenfelder und Panzerabwehrwaffen zum Erliegen gebracht worden und nicht durch mobile Gegenangriffe. Die Schlacht von Falaise dagegen wurde beweglich geführt – 20 Panzerdivisionen (zehn deutsche, zehn alliierte) manövrierten in offener Landschaft hektisch auf einem riesigen, über 2000 Quadratkilometer großen Gefechtsfeld und lieferten sich zwei Wochen lang, Panzer gegen Panzer, erbitterte Kämpfe.

Im Sommer 1944 hatte der Mythos vom «Blitzkrieg» viel von seinem Glanz verloren. Im Sommer 1940 konnten Kleist und Guderian noch darauf zählen, dass das bloße Erscheinen ihrer Panzer – oder sogar das Gerücht ihres Nahens – genügte, um die feindliche Infanterie in die Flucht zu schlagen oder zur Aufgabe zu zwingen. Das durfte 1944 kein Kommandeur mehr erwarten. Auch in der Normandie liefen zwar nach wie vor unerfahrene oder erschreckte Infanteristen beim Anblick anrollender Panzer davon, aber ihre erfahrenen Kameraden hatten in der Praxis bestätigt gefunden, was ihnen beigebracht worden war: dass es angesichts eines Panzerangriffs noch gefährlicher war zu fliehen, als in den Stellungen zu bleiben. Denn 1944 operierten Panzer nicht mehr, wie in ihrer Blütezeit, als unabhängige Angriffsspitzen, sondern sie rückten in engem Verbund mit zugeordneter spezialisierter Infanterie, den Panzergrenadieren, und unter dem Feuerschutz der Artillerie vor. Die verteidigende Infanterie, die ihre Schützengräben verließ, um sich in Sicherheit zu bringen, setzte sich damit Beschuss von mehreren Seiten aus: dem der Panzer selbst, dem der Panzergrenadiere und dem der Kanoniere an den Geschützen. Angesichts dieses schrecklichsten aller Angriffe bemühten sich die Verteidiger deshalb, ihre Stellungen zu halten, verließen sich auf die eigenen panzerbrechenden Waffen, forderten – sofern vorhanden – Artillerieunterstützung oder Flieger an und hofften darauf, dass eigene Panzer nach vorne kämen, um die des Feindes zu bekämpfen. Kurz, 1944 war der Panzer kein eigenständiges strategisches Einsatzmittel mehr, sondern Element eines komplexen taktischen Zermürbungskriegs, der seine Wirkung durch eine gleichmäßige Schwächung des Widerstands erzielte und nicht dadurch, dass er die gegnerische Front wie ein Rapier durchstieß.

Die Degradierung des Panzers von einer revolutionären «kriegsentscheidenden» Waffe zu einem taktischen Alltagsgerät folgt einem Muster, das schon lange in der Geschichte der Waffenentwicklung zu beobachten ist. Das Panzerschiff, der Torpedo und das Maschinengewehr sind alle bei ihrem Erscheinen als Mittel gepriesen worden, die eine Verteidigung, ja, den Krieg selbst «unmöglich» machten. Stets aber fand man ein Gegenmittel, und die «revolutionäre» Waffe wurde Teil eines leicht veränderten, etwas komplexeren Kriegssystems. Doch obwohl der Panzer einen ähnlichen Bedeutungswandel erlebt hatte, war seine Autonomie von Anfang an bezweifelt worden und zum Gegenstand eines heftigen Streits zwischen den beiden großen Theoretikern geworden, deren Namen stets mit der Entwicklung der Panzerwaffe verbunden bleiben werden. Generalmajor J. F. C. Fuller, der 1917 den Plan für die erste konsequente Panzeroffensive in Cambrai entworfen hatte, glaubte, es werde künftig nur noch eine Waffe auf dem Schlachtfeld geben – den Panzer. Basil Liddell Hart, sein freundschaftlicher Opponent in ihren Zeitungsdebatten der 1920er und 1930er Jahre, vertrat die

Auffassung, der Panzer werde allein keine Schlachten gewinnen, vielmehr müssten alle Waffengattungen, auch die Infanterie und die Artillerie, in Zukunft motorisiert sein, um Armeen zu bilden, die Ähnlichkeit hätten mit Flotten aus gepanzerten und mobilen «Landschiffen» verschiedener Größe.

Liddell Hart blickte zu weit in die Zukunft. Erst nach dem Zweiten Weltkrieg verfügten die fortgeschrittensten Staaten über den Wohlstand und die industriellen Mittel, um ihre Feldheere vollständig zu motorisieren. Dennoch hatte er und nicht Fuller eine zutreffende Vorstellung von der Zukunft. In Ansätzen existierten seine «Landflotten» bereits 1944: Mit einer solchen Flotte aus Panzer- und Panzergrenadierdivisionen trat der OB West an, die alliierte Invasion zurückzuschlagen. Und mit einer solchen Flotte aus gepanzerten und motorisierten Divisionen gelang Montgomery und Bradley die Umfassung und Vernichtung der Heeresgruppe B. Alliierte Panzer trugen entscheidend dazu bei, dass der deutsche Angriff zum Erliegen kam, der die Schlacht von Falaise einleitete, und dass die alliierten Kräfte den Feind umfassen konnten. Doch das Gelände, das sie gewannen, wurde von begleitender Infanterie gesichert und gehalten, Artillerie und Luftwaffe vollendeten das Vernichtungswerk im Kessel von Falaise. Kurz, Falaise war eine Schlacht aller Waffengattungen. Ihr Charakter zeigte deutlich, in welchem Maße sich die Panzertaktik seit den Anfängen des Krieges weiterentwickelt hatte, als die Panzergenerale noch in dem Bewusstsein handelten, sie wären unbesiegbar.

Tatsächlich lässt sich der Bedeutungsverlust des Panzers bis in diese Anfänge zurückverfolgen. Bei aller Umständlichkeit seiner Entschlüsse hatte Gamelin durchaus erkannt, wie die richtige Antwort auf den Panzervorstoß unmittelbar nach der Überquerung der Maas am 13. Mai 1940 hätte aussehen müssen: ein Panzergegenstoß auf die Nahtstelle zwischen der gegnerischen Panzerspitze und der nachfolgenden Infanterie. Zwei solche Gegenstöße wurden von de Gaulles 4. Panzerdivision bei Laon am 18. Mai und von Kräften des britischen Expeditionskorps bei Arras am

21. Mai geführt. Doch da sie zeitlich schlecht abgestimmt waren und nicht auf eine ausreichende Infanterie- und Artilleriereserve zurückgreifen konnten, schlugen beide Gegenstöße fehl. Die Lehre aus diesen Gefechten zogen allerdings die Deutschen und nicht die Alliierten. In Arras befreite sich Rommel als Kommandeur der 7. Panzerdivision aus gefährlicher Lage, indem er die 8,8-cm-Geschütze der ihm unterstellten schweren Flak einsetzte, um den Angriff abzuriegeln und zu bereinigen, den das *Royal Tank Regiment* gegen sein Divisionszentrum führte, nachdem es der deutschen Panzerabwehr entkommen war. Die «Acht-acht» brachten die schweren britischen Tanks zum Stehen – was seinen leichter bestückten Panzern nicht gelungen war – und bewahrten Rommel vor einer Niederlage, die gut und gern das frühzeitige Ende seiner Karriere hätte bedeuten können.

Arras führte den Deutschen vor Augen, dass sich ein Panzerkrieg gegen einen gleichwertigen Gegner am wirksamsten führen lässt, indem man eine Kombination aus Panzern und Panzerabwehrwaffen verwendet. Im Wüstenkrieg gegen die Briten lernten sie, dass sich diese Taktik offensiv wie defensiv nutzen lässt. Bei der ersten Schlacht von Tobruk im April 1941 durchbrach das Afrikakorps den Verteidigungsgürtel des befestigten Hafens mit Panzern, aber viele von ihnen wurden rasch ein Opfer australischer Panzerabwehrtrupps, denn die Verteidiger riegelten hinter den Eindringlingen die Bresche ab und hinderten die Infanterie daran, den Panzern zu Hilfe zu kommen. Diese Taktik des Trennens und Siegens kehrte Rommel kurz darauf gegen die britische Wüstenarmee. In den offenen Wüstenschlachten von Sidi Rezegh und Gazala, November 1941 bis Juni 1942, vervollkommnete er eine Methode, bei der er die britischen Panzer in Gefechte mit seinen eigenen verwickelte, sich zurückzog, um den Feind vor die Rohre seiner Pak zu locken, und wieder vorstieß, sobald die erlittenen Verluste den Briten die Möglichkeit zu einer beweglichen Gegenwehr genommen hatten. Motorisierte Infanterie, Sturm- und Selbstfahrgeschütze begleiteten seine vorrückenden Panzer und sorgten dafür, dass die überrannten britischen Stellungen gehalten und gefestigt werden konnten.

Für Rommels Taktik erwies es sich als Vorteil, dass die Zahl der Tanks in den deutschen Panzerdivisionen seit 1940 aus ganz anderen Gründen halbiert worden war. Hitler hatte die Stärke der Panzerdivisionen Ende 1940 herabgesetzt, um Kampfwagen zur Verfügung zu haben, mit denen er neue Divisionen aufstellen konnte. Auf diese Weise wurde die Zahl der Panzerdivisionen zwischen Frankreichs Zusammenbruch und dem Beginn von «Barbarossa» verdoppelt. Die Halbierung der Divisionsstärke hatte den indirekten Effekt, dass die deutschen Oberbefehlshaber die übrigen Einheiten und Verbände ihrer Panzerdivisionen gezielter einsetzen mussten, vor allem die motorisierte Infanterie (Panzergrenadiere) und Panzerartillerie.

Aus dieser Notwendigkeit erwuchs eine eigene Theorie des Zusammenwirkens von Infanterie und Artillerie, welche die Panzerdivisionen 1943/44 zu hoher Perfektion entwickelten, als sie dem Feind gegenüber, besonders an der russischen Front, zunehmend in Unterzahl gerieten. Selbst als die Stärke der Divisionen auf weniger als 200 Panzer sank (1940 waren noch 400 die Norm gewesen), erwiesen sich die deutschen Panzerdivisionen gegenüber den alliierten Verbänden immer noch als gleichwertig oder überlegen – zum Beispiel im Februar 1943 in Tunesien, als die deutsche 10. Panzerdivision die amerikanische 1. bei Kasserine in die Flucht schlug.

Ab Mitte des Krieges übernahmen britische und amerikanische Panzerdivisionen die deutsche Organisationsform, indem sie Panzerbataillone ausgliederten und dafür größere Kontingente motorisierter Infanterie und selbstfahrender Pak einreihten, um eine bessere Ausgewogenheit der Waffen zu erreichen. Dank ihres großen Reservoirs an Motorfahrzeugen konnten die Amerikaner ihre «Panzergrenadiere» sogar mit Halbketten-Transportwagen ausrüsten, wodurch sich die Beweglichkeit beträchtlich erhöhte. Doch selbst unter diesen Umständen blieben die besten deutschen Panzerverbände – die der privilegierten SS und andere bevorzugte Einheiten wie die Panzerlehrdivision des Heeres und die Division «Hermann Göring» der Luftwaffe – ihren alliierten Gegnern überlegen, bis sich nach den Schlachten in der Normandie und in Weißrussland die Wirkung der pausenlosen Abnutzung bemerkbar machte (an der Front im Gefecht und dahinter durch Luftangriffe) und ihre Stärke so weit verringerte, dass die Verluste an Mannschaften und Material vom Ersatzheer und den Panzerfabriken nicht länger auszugleichen waren.

Technologie der Panzerkriegführung

Bessere Organisation und mehr Erfahrung allein konnten jedoch nicht erklären, warum die deutsche Panzerkriegführung unter gleichen Bedingungen von Anfang 1942 bis Ende 1944 gegen eine Koalition aus leistungsfähigeren Industrienationen erfolgreich war. In dem Kräfteverhältnis spielte auch die Qualität der deutschen Panzer eine wesentliche Rolle. Die gepanzerten Kampffahrzeuge der Deutschen waren, mit ein oder zwei Ausnahmen, besser als ihre Entsprechungen in den gegnerischen Armeen. Besonders die britischen Tanks waren den deutschen Modellen beklagenswert unterlegen. Zwar hatten die Briten den Panzer erfunden, ihn erstmals im September 1916 eingesetzt und weitgehend die theoretischen Grundlagen der Panzerkriegführung entwickelt, aber es war ihnen nicht gelungen, im Zweiten Weltkrieg ein schlagkräftiges Modell zu bauen. Sie konnten die entscheidende Ausgewogenheit von Feuerkraft, Schutzwirkung und Wendigkeit nie herstellen, die der Konstruktion erfolgreicher Panzer zugrunde liegt. Ihr Infanteriepanzer I, den nur die «Acht-acht» zu durchschlagen vermochte, wie Rommel in Arras feststellte, war stark, allerdings fast unbeweglich. Der *Churchill* war ähnlich robust, aber kaum schneller. Lediglich der *Cromwell*, der 1944 in den Aufklärungsbataillonen der britischen Panzerdivisionen zum Einsatz kam, war zugleich schnell und gut gepanzert – dafür war seine Bordkanone unangemessen schwach. Infolgedessen waren die britischen Divisionen überwiegend mit amerikanischen *Shermans* ausgerüstet. Und auch diese hatten Mängel: Zwar waren sie schnell, zuverlässig und gut zu warten, aber sie gerieten leicht in Brand und hatten Defizite in der Feuerkraft.

Großbritanniens erfolgreichster Beitrag zum Kampfwert der anglo-amerikanischen Panzer war die Bestückung speziell hergerichteter *Shermans* mit der fürchterlichen 17-Pfund-Panzerabwehrkanone – das Ergebnis hieß *Firefly* («Glühwürmchen») und war 1944/45 das wichtigste, wenn nicht das einzige Gegenmittel der britischen Panzerdivisionen gegen die schweren deutschen Panzer. Für den *Sherman* sprach nicht zuletzt, dass er in großen Mengen hergestellt werden konnte – ein Verdienst der leistungsfähigen amerikanischen Industrie. 1943/44 produzierten die Vereinigten Staaten 47 000 Panzer, fast ausschließlich *Shermans*, während Deutschland 29 600 Panzer und Sturmgeschütze herstellte. Großbritannien produzierte 1944 bloß 5000 Tanks.

Unter Deutschlands Feinden konnte nur Russland mit Deutschlands Panzerproduktion gleichziehen, was Qualität und Mengen betraf. 1944 belief sich die sowjetische Panzerproduktion insgesamt auf 29 000 Stück, wobei es sich überwiegend um den bemerkenswerten T-34 handelte. Dieser Panzer verdankte seine technische Beschaffenheit großenteils dem unabhängigen amerikanischen Konstrukteur Walter Christie, von dem die Sowjetunion Prototypen erwarb, und zwar zu einem Zeitpunkt, als das amerikanische Militär aufgrund der angespannten Haushaltslage auf Sparflamme gesetzt wurde. Zu Christies Chassis und Aufhängung fügten die Russen einen Allwettermotor, eine abgeschrägte Panzerung und ein wirksames Geschütz hinzu. Das ergab eine so ausgewogene Konstruktion, dass man im deutschen Heer, nachdem Albert Speer 1942 das Amt des Rüstungsministers übernommen hatte, mit dem Gedanken spielte, als Nachfolgemodell des veraltenden Panzer IV eine komplette Kopie des T-34 zu bauen.

Dieses demütigende Eingeständnis technischer Unterlegenheit

konnte schließlich durch die Produktion des Panzers V «Panther» vermieden werden. Obwohl der neue Panzer bei Kursk versagte – bis Ende Januar 1944 nannte Hitler ihn die «kriechende Heinkel 177» in Anspielung auf ein enttäuschendes Bombermodell –, rechtfertigte er die Mühe, die in seine Entwicklung investiert worden war, in der Normandie, wo viele Panzerabteilungen der SS-Divisionen mit ihm ausgerüstet waren. Doch noch 1944 blieb der Panzer IV die Hauptstütze der Panzerwaffe. Schon vor 1939 war er aus einer Entwicklungsreihe hervorgegangen, deren Modelle sich durch zunehmende Größe auszeichneten. Der Panzer IV hatte sich als besonders anpassungsfähig erwiesen und war immer mehr verbessert worden. Als er schließlich mit einer «langen» 7,5-cm-Kanone als Hauptwaffe bestückt wurde, konnte er sich fast mit dem T-34 messen.

Auch seine Vorgänger, vor allem der Panzer III, waren umrüstbar und hatten sich leicht zu Sturmgeschützen umbauen lassen. Ab Februar 1943, als der Pionier der Panzergattung Heinz Guderian Generalinspekteur der Panzerwaffe wurde, fasste man Jagdpanzer, Sturmgeschütze und Kampfpanzer zur neuen «Panzertruppe» zusammen. Jagdpanzer und Sturmgeschütze hatten den Nachteil, dass sie nur in Fahrtrichtung feuern konnten. Doch da sie ohne die komplizierte Geschützturmmechanik auskamen, waren sie kostengünstig herzustellen und in gut gewählten Verteidigungsstellungen auf dem Schlachtfeld dank ihrer flachen Kontur schwer auszumachen. Ihre Konstruktion war so überzeugend, dass sie von Russen, Amerikanern und Briten weitgehend nachgeahmt wurde. Auf Kampfwagen dieses Typs beruhte ein Großteil der beweglichen Feuerkraft von Panzergrenadierdivisionen wie etwa der 17. SS, die sich in Frankreich als beachtliche Gegner für die Alliierten erwiesen. Das deutsche Heer machte kaum einen Unterschied zwischen Panzern und Sturmgeschützen. Tatsächlich lag die Hauptschwierigkeit, auf die Guderian bei der Neuorganisation der Panzerwaffe im Jahr 1943 stieß, in dem Widerstreben der Artillerie, auf die Zuständigkeit für ihre Sturmgeschütze zu verzichten, die nach Auffassung der Artillerieführer den Kanonieren die einzige Gelegenheit boten, sich das Ritterkreuz zu verdienen, die höchste Tapferkeitsauszeichnung der deutschen Wehrmacht.

Das Instrument der Panzerkriegführung, von dem die deutsche Truppenführung meinte, es unterscheide sich qualitativ von den übrigen Panzern, war der Panzer VI «Tiger». Er wurde nicht den Divisionen zugewiesen, sondern zu unabhängigen Abteilungen zusammengefasst, zentral geführt und bei Offensiven und Gegenoffensiven im entscheidenden Moment eingesetzt. Der «Tiger» hatte Mängel – sein enormes Gewicht war symptomatisch für die schleichende «Gigantomanie» des deutschen Panzerbaus und beeinträchtigte seine Schnelligkeit, während sein Geschützturm mit schwerfälliger Bedächtigkeit schwenkte. Doch mit seinem 8,8-cm-Geschütz und der 10 Zentimeter starken Panzerung erwies er sich jedem anderen Panzer des Krieges im ortsfesten, wenn auch nicht im beweglichen Einsatz überlegen. Das Husten eines in der Ferne anspringenden «Tiger»-Motors war ein Geräusch, an das sich alle alliierten Soldaten mit Respekt erinnerten.

«Tiger», «Panther», Panzer IV und Sturmgeschütze – sie alle sollten in der großen Panzerschlacht in der Normandie eine Rolle spielen, in jener Schlacht, die in der Nacht vom 6. auf den 7. August im Raum Mortain begann und ihren Höhepunkt im Inferno von Falaise fand. Hitler, der sich am Kartentisch wie so häufig von einer bildlichen Vorstellung der Möglichkeiten leiten ließ, war zu dem Schluss gekommen, dass der Vorstoß der amerikanischen Truppen aus der Normandie in den schmalen Korridor zwischen Mortain und dem Meer sie für einen entscheidenden Gegenschlag verwundbar machte. «Blitzschnell muß hier ein Panzervorstoß erfolgen!», hatte er seinem Wehrmachtführungsstab am 2. August verkündet. «Und wenn er bis zum Meere durchdringt, schneidet er den amerikanischen Stoßkeil ab … Vielleicht ist es dann sogar möglich, den gesamten Landekopf des Gegners wieder zu bereinigen. Man darf sich dann nämlich nicht damit aufhalten, die durchgebrochenen Teile der Amerikaner zu verfolgen.

Ihre Vernichtung kommt später. Man muß dann ganz blitzschnell nach Norden einschwenken und die gesamte Front des Gegners vor unseren Armeen aufrollen.»

Aufgrund dieser Entscheidung standen die 116., 2., 1. SS- und 2. SS-Panzerdivision Seite an Seite bei Mortain, nur 30 Kilometer vom Atlantik entfernt, an der Flanke von General Omar Bradleys 1. US-Armee, die südwärts in die Bretagne strömte. Doch zum großen Unglück für sie, für Hitler und das Westheer waren die Funksprüche, die die Anweisungen für ihre Aufstellung enthielten, seit dem 5. August von Ultra entschlüsselt worden. Die Ziele der deutschen Panzerdivisionen, Brécey und Montigny, wurden an Montgomerys Hauptquartier weitergegeben, woraufhin vier amerikanische Divisionen, die 3. Panzer sowie die 30. und 4., unterstützt von der 2. Panzer, in Marsch gesetzt wurden, um das Flusstal der Sée zu blockieren, das Hitler zum Vormarschweg seiner Divisionen ans Meer bestimmt hatte.

Das bittere Schicksal des Westheeres

Rund 200 deutsche Panzer (in vorderster Linie) griffen in der Nacht vom 6. auf den 7. August ohne Artillerievorbereitung an, um das Überraschungsmoment zu verstärken, wobei sie in zwei Kolonnen zu beiden Seiten der Sée vorrückten. Die südliche Kolonne überrannte die Außenposten der 30. Division, wurde aber gestoppt, als die amerikanische Infanterie, die sich kaltblütig auf einer Anhöhe eingegraben hatte, das mit sturmgeschützähnlichen Waffen ausgerüstete Panzerjägerbataillon ihrer Division anforderten. Dieses Bataillon zerstörte 14 deutsche Panzer. Dann warteten die Infanteristen auf Tageslicht und bessere Wetterbedingungen, um die taktischen Flugzeuge zu rufen, die noch größeren Schaden anrichteten. So wurde eine durchschnittliche amerikanische Infanteriedivision mit der Vorhut der 2. SS-Panzerdivision fertig, dem fast unbesiegbaren Schwert der Panzerwaffe.

Am Nordufer wurden die 2. Panzer- und die 2. SS-Panzerdivision (die Division «Adolf Hitler», die den «Führer» bislang nie enttäuscht hatte) noch müheloser von der Infanterie der amerikanischen 9. Division aufgehalten. Der Kommandeur der deutschen 116. Panzerdivision weigerte sich einzugreifen und wurde abgelöst. Bei Tagesanbruch ging die amerikanische 2. Panzerdivision zum Gegenangriff über. Sie «schien aus dem Nichts aufzutauchen», schrieb der offizielle Chronist zu einer Zeit, als das Ultra-Geheimnis noch sorgfältig gehütet wurde. Diese Panzerdivision und die *Typhoon*-Raketenwerfer der *Second British Tactical Air Force*, die am 7. August 294 Einsätze flog, reduzierten die Stärke der deutschen 2. Panzerdivision auf 30 Kampffahrzeuge. Von Rastenburg aus forderte Hitler: «Äußerste Kühnheit, Entschlossenheit und Phantasie muß die Führung von oben bis zur untersten Einheit beflügeln ... Jeder Mann muß an den Sieg glauben.» Doch bei Einbruch der Dämmerung war jede an dem Unternehmen «Lüttich» beteiligte Einheit besiegt.

Weitere Ereignisse des 7. August trugen zum Desaster des Westheeres bei. An diesem Tag hatte Montgomery am anderen Ende des Brückenkopfes einen neuen Vorstoß in Richtung Falaise gegen die deutschen Linien eingeleitet (Operation *Totalise*), der auf zwei misslungene Angriffe jüngeren Datums folgte: Die Kanadier waren am 25. Juli auf den Spuren der *Goodwood*-Offensive vorgestoßen und die Briten am 2. August in Richtung Caumont (Operation *Bluecoat*). *Totalise* wurde nicht der überzeugende Erfolg, den sich Montgomery erhofft hatte, obwohl ihr ein ähnlich schwerer Bombenteppich voranging wie der amerikanischen Operation *Cobra* zwei Wochen zuvor. Auch *Totalise* wurde von den Kanadiern vorgetragen, die auf den energischen Widerstand ihres Todfeinds stießen, der 12. SS-Panzerdivision. (Nachdem die Division «Hitlerjugend» zu Beginn des Feldzugs ein Massaker an kanadischen Kriegsgefangenen verübt hatte, überlebten nur wenige ihrer Soldaten, wenn sie den Kanadiern in die Hände fielen.) Doch die Kanadier verfügten jetzt über mehr Kampfkraft als in irgendeinem anderen Stadium des Feldzugs. Erst unlängst hatten sie Ver-

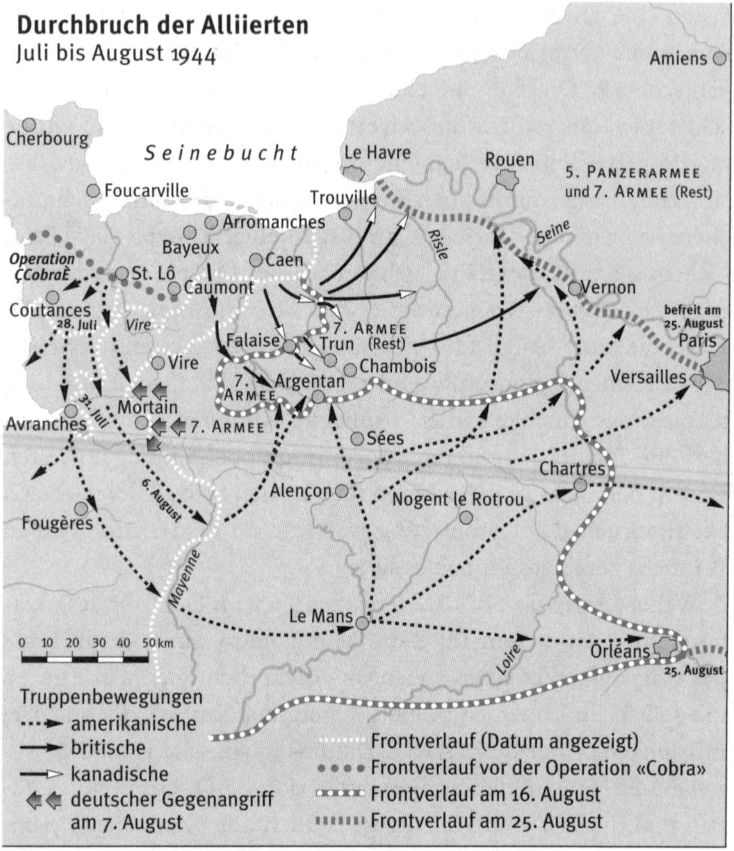

Durchbruch der Alliierten
Juli bis August 1944

stärkung erhalten durch ihre eigene 4. Panzerdivision und durch die exilpolnische Panzerdivision, die eine besondere Rechnung mit den Deutschen zu begleichen hatte. Da sie außerdem wussten, dass in Warschau gleichzeitig eine Schlacht zwischen Tadeusz Bór-Komorowskis Heimatarmee und den Sicherheitstruppen der deutschen Besatzungsmacht tobte, kämpften sie umso erbitterter. Operation *Totalise* erreichte die gesteckten Ziele nicht, brachte die beiden zuletzt genannten Panzerdivisionen aber in vorgeschobene Stellungen, von denen aus sie den rückwärtigen Raum der gesamten in der Normandie zusammengezogenen deutschen Panzerkräfte bedrohten.

Diese Kräfte (ohne die 12. SS-Division, die sich nach wie vor an der britischen Front befand) beliefen sich auf zehn Divisionen und standen – in unterschiedlichen Stadien der Auflösung – am westlichen Ende des Brückenkopfes. Die Panzerlehrdivision, ursprünglich die deutsche «Vorzeigedivision» und vor dem 6. Juni die kampfkräftigste der gesamten Panzerwaffe, war nur noch ein Schatten ihrer selbst. Alle vier SS-Panzerdivisionen, die 1., 2., 9. und 10., hatten in den Nahkämpfen seit Ende Juni schwere Verluste erlitten. Die 17. SS-Panzergrenadierdivision, die von Anfang an wenige Panzer besessen hatte, war praktisch kampfunfähig. Die 2., 21. und 116. Panzerdivision hatten einen Großteil ihrer Kampffahrzeuge verloren, zuletzt in der Schlacht bei Mortain. Lediglich die 9. Panzerdivision, die im August aus Südfrankreich kommend in der Normandie eingetroffen war, blieb weitgehend intakt. Doch selbst sie verfügte nicht über die volle Kriegsstärke von 176 Kampfwagen (zur Hälfte Panzer IV, zur anderen Hälfte «Panther»). Die durchschnittliche Ist-Stärke war nur halb so groß, und die Lehrdivision hatte praktisch keine Panzer mehr.

Hinzu kam, dass sich die Divisionen am falschen Ort befanden. Die Reste der deutschen Infanteriedivisionen, entsetzlich dezimiert, wurden zu drei Gruppen gebündelt: Eine Gruppe von sieben Divisionen verlegte den Briten und Kanadiern, die sich auf Falaise zubewegten, den Weg; eine Gruppe von fünf wurde über die Marschroute verteilt, welche die Amerikaner bei ihrem Ausbruch in die Bretagne nehmen mussten; die verbleibenden 19 hielten weiterhin an jenem stark bröckelnden Gürtel um den Brückenkopf fest, den sie seit dem 6. Juni so hartnäckig verteidigten. Ihnen allen drohte die Umfassung, als sich die 21. (britisch-kanadische) Heeresgruppe nach Süden wandte, um ihnen den Rückzug an die Seine abzuschneiden, während die amerikanische 12. Heeresgruppe einen Schwenk nach Osten machte, um im Rücken der Deutschen mit der 21. Heeresgruppe Verbindung herzustellen.

In der größten Gefahr aber schwebten die Panzerdivisionen, die zu dem Truppenverband zusammengefasst waren, der unlängst «5. Panzerarmee» getauft worden war. Hitlers wahnhafter Wunsch, den amerikanischen Ausbruch bei Mortain zu amputieren, hatte sie an das äußerste Ende der Normandiefront geführt, von wo aus sie den Weg in eine sichere Stellung nur finden konnte, wenn sie sich der schon fast vollständigen alliierten Umfassung unter mörderischen Verlusten kämpfend entzog.

Wie hoch diese Verluste waren, hatte die 12. SS-Panzerdivision bei der Operation *Totalise* erfahren müssen, wo die drei kanadischen Infanteriebataillone der 4. Panzerdivision, die zum ersten Mal gepanzerte Mannschaftstransportwagen verwendeten, bei ihrem Angriff nur sieben Gefallene zu beklagen hatten. Die Panzerdeckung war so dicht, dass sie auch der Karriere von Michael Wittmann, dem erfolgreichsten Panzerkommandanten, ein Ende setzte. Er hatte 117 russische Panzer zerstört, bevor er in die Normandie kam, und hier hatte er wesentlichen Anteil daran gehabt, dass am 13. Juni der britische Angriff bei Villers-Bocage zum Erliegen gebracht wurde. Doch am 8. August wurde sein «Tiger» von fünf *Shermans* gestellt und durch die Salven ihrer Geschütze außer Gefecht gesetzt. Angesichts der alliierten Verstärkung des Brückenkopfes und der gleichzeitigen deutschen Verluste in ihm wurde ein solches Ungleichgewicht der Kräfte nun zur Norm und sollte mit mathematischer Unausweichlichkeit über den Ausgang der Normandieschlacht entscheiden.

Das unausweichliche Ende wurde noch durch eine telefonische Besprechung beschleunigt, die am 8. August zwischen Bradley (mit Eisenhower an seiner Seite) und Montgomery stattfand. Der Vorschlag der Amerikaner lautete: Da die deutsche 7. Armee und die 5. Panzerarmee infolge der Verluste, die sie in den Operationen *Goodwood*, *Cobra* und *Totalise* erlitten hatten, nicht mehr manövrierfähig seien, spreche die strategische Vernunft dafür, den vor dem Invasionstag gefassten Plan einer «weiträumigen» – südlich bis an die Loire reichenden – Umfassung der deutschen Wehrmacht aufzugeben. Stattdessen schlugen die Amerikaner eine «kurze Klammer» vor, die sie selbst bilden wollten, um sich dann mit den britischen und kanadischen Kräften bei Falaise zu vereinigen. Montgomery war mit seinen amerikanischen Gesprächspartnern einer Meinung, dass «der zu erwartende Erfolg groß» sein würde, und überließ es Bradley, die notwendigen Weisungen an dessen Untergebenen George Patton zu übermitteln, der die für die «kurze Klammer» vorgesehenen Verbände befehligte.

Patton, das Phantom, mit dem die Urheber des Täuschungsmanövers vom Invasionstag im Frühjahr 1944 die Abwehr genarrt hatten, hatte sich auf dem Kriegsschauplatz der Normandie zu einem Wesen aus Fleisch und Blut von großer Wirksamkeit entwickelt. Seine 3. Armee war für den Durchbruch bei Saint-Lô verantwortlich gewesen, und seine Entschlossenheit hatte dafür gesorgt, dass die Truppen den deutschen Verteidigungsgürtel durchstoßen und ins offene Gelände gelangt waren. Später schrieb Patton: «Der Durchbruch der 3. Armee durch den Korridor von Avranches war eine unmögliche Operation. Zwei Straßen führten nach Avranches hinein und nur eine über die Brücke hinaus. Durch diesen Korridor schleusten wir in weniger als 24 Stunden zwei Infanterie- und zwei Panzerdivisionen. Einen Plan gab es nicht, weil es unmöglich war, einen zu entwerfen.» Wie immer übertrieb Patton seine Leistung. Die Logistik des Avranches-Manövers war chaotisch, und der taktische Erfolg der Operation *Cobra* war weit mehr den persönlichen Führungsqualitäten von Collins, dem Befehlshaber des VII. Korps, als Pattons Fähigkeiten zu verdanken. Dennoch, ohne Pattons unstillbaren Tatendrang hätte der «Blitzkrieg» der 3. Armee nicht stattgefunden.

Denn ein «Blitzkrieg» war es, auf den der Durchbruch der 3. Armee hinauslief. Es war die erste – und, wie sich herausstellen sollte, die letzte – wirkliche Anwendung dieses strategischen Konzepts, die einer westlichen Armee im Zweiten Weltkrieg gelang. Zum «Blitzkrieg» im engeren Sinne gehört nicht nur das plötzliche und brutale Durchbrechen der gegnerischen Front mit konzentrierten Panzerkräften und das rasche Ausnutzen eines derartigen Erfolgs, sondern auch die Umfassung und Vernichtung der feindlichen Kräfte, die sich jenseits der Durchbruchstelle befinden. Das war die operative Vorgehensweise, welche die deutsche Wehrmacht 1940 in Frankreich und von Juni bis Oktober 1941 in Westrussland entwickelt hatte. Danach war keines der Krieg führenden Heere mehr in der Lage, das Muster anzuwenden. Die großen Vorstöße, die der Wehrmacht im Frühjahr und Sommer 1942 in Südrussland gelangen, waren keine Umfassungsbewegungen von der Größenordnung, welche die Rote Armee im Jahr zuvor an den Rand der Vernichtung gebracht hatten, während die schweren Kämpfe im Osten zwischen 1943 und Anfang 1944 Abnutzungsschlachten waren, so etwa bei Kursk oder bei den Großoffensiven der Roten Armee.

Die blitzartigen Angriffe entlang der nordafrikanischen Küste, die Rommel und seine britischen Gegner von 1941 bis 1943 vortrugen, ähnelten eher altmodischen Kavallerieattacken als Entscheidungsschlachten. Wer kann sagen, wie lange sich dieses Spiel noch so fortgesetzt hätte, wäre nicht die anglo-amerikanische *Torch*-Armee im November 1942 in Algerien eingetroffen? In Italien, wo das Gelände keinen Durchbruch zuließ, wies keiner der Kämpfe die Dynamik des «Blitzkriegs» auf. Montgomerys Bemühungen, in den Anfangsphasen des Normandiefeldzugs die blitzartigen Operationen des Panzerdurchbruchs gegen die Deutschen zu inszenieren, waren alle an deren System von festen Verteidigungsstellungen und schnellen Gegenangriffen gescheitert. Das Unternehmen *Bagration*, mit der die Rote Armee im Juni 1944 die Heeresgruppe Mitte vernichtet hatte, war das einzige Unternehmen in den Kämpfen der verflossenen drei Jahre, das sich nach Art und Wirkung mit den spektakulären deutschen Triumphen von «Sichelschnitt» und «Barbarossa» vergleichen ließ.

Der betrogene Betrüger

Es gab einen ausgezeichneten Grund dafür, warum der «Blitzkrieg» nach dem Kessel von Kiew im September 1941 erlahmt war und warum sich die Möglichkeit seiner Neuauflage im August 1944 in Frankreich bot. Der «Blitzkrieg» war zu seinem Erfolg auf die Mitwirkung oder zuallermindest auf die Nachgiebigkeit des Gegners angewiesen. 1940 in Frankreich hatten die Alliierten sowohl nachgegeben wie auch mitgewirkt. Dadurch, dass sie an ihrer Front in den Ardennen keine angemessenen Panzerabwehrmaßnahmen getroffen hatten – Sperren, panzerbrechende Waffen, Vorhalten einer gepanzerten Gegenstoßreserve –, hatten sie die Deutschen an diesem Punkt zu einem Panzerangriff förmlich eingeladen. Dadurch, dass sie gleichzeitig in Belgien einrückten und so ihre besten schnellen Divisionen nach Osten an den deutschen Panzerdivisionen seitlich vorbeiführten, und zwar genau in dem Augenblick, als die deutschen Panzer nach Westen vorstießen, wirkten die alliierten Truppen aktiv an ihrer Isolierung und Umfassung mit.

Wie hart die Strafe ist, wenn man sich in den «Blitzkrieg» des Gegners fügt oder an ihm mitwirkt, lernte man schnell – zumindest die Feinde der Deutschen. Sowohl die Franzosen wie die Briten erkannten, wie wir sahen, während der ersten Wochen des deutschen «Blitzkriegs», dass die richtige Antwort auf einen solchen Angriff in einem Gegenangriff in die Flanke der Panzerkolonne bestand, die rasch gegen ihr Ziel vorstieß. Diese Lektion lernten die Russen schließlich ebenfalls, mit dem Erfolg, dass sie bei Kursk, in einem Abschnitt, in dem sie genügend Zeit hatten, das Gelände vorzubereiten, nicht nur die deutschen Angriffsspitzen kappten, sondern dann auch die angreifenden Truppen völlig aufrieben, sobald sie in den dichten Minenfeldern und dem engmaschigen Netz von Feuerstellungen eingeschlossen waren. Kursk darf als die erste Schlacht gelten, in der das Panzerabwehrgeschütz, eine Waffe, mit der die Infanterie bereits 1918 ausgerüstet worden war, tatsächlich die ihr zugedachte Funktion erfüllte – die angreifenden feindlichen Panzer, ohne Unterstützung durch eigene Panzer, abzudrängen und, wenn möglich, zu vernichten.

1944 besaß jede britische und amerikanische Infanteriedivision 60 bis 100 Panzerabwehrgeschütze, dazu mehrere hundert tragbare Panzerabwehrrohre. Diese waren nur ein letztes Mittel, jene aber echte panzerbrechende Waffen. Für die erhöhte Wirksamkeit des Panzerabwehrgeschützes sorgte außer seiner zunehmenden Verbreitung vor allem der Umstand, dass das Kaliber der Waffen, die der Infanterie Mitte des Krieges zur Verfügung standen, immer größer wurde – 5,7 Zentimeter war Standard, 7,5 Zentimeter häufig und die schwereren 8,0- und 9,0-cm-Rohre bei Spezialeinheiten in Gebrauch. Nach einer Faustregel lässt sich Panzerung lediglich durch Granaten brechen, deren Durchmesser mindestens der Dicke der Panzerung entspricht – und nur die stärksten Panzerungen von Kampffahrzeugen waren dicker als 10 Zentimeter. Daher mussten die an der Operation «Lüttich» beteiligten Panzerdivisionen bei ihrem Angriff gegen die amerikanische 30. Division im Raum Mortain feststellen, dass die Infanterie jetzt ihre Stellungen halten und dem Feind auch angesichts der Wucht eines konzentrierten Panzerangriffs Verluste beibringen konnte.

Die Lage der 5. Panzerarmee war nun extrem prekär, da sie sich überlegenen feindlichen Panzerkonzentrationen gegenübersah und auf Infanterieverbände stieß, die sich mit eigenen Mitteln verteidigen konnten. Bestenfalls konnte sie hoffen, schützende Flanken am südlichen wie nördlichen Rand des Frontvorsprungs zu bilden, den die 7. Armee besetzt hielt. Dahinter konnten sich die zerschlagenen deutschen Infanteriedivisionen in der Normandie möglicherweise an die Seine zurückziehen. Wäre Kluge, der die Heeresgruppe B mit der 5. Panzerarmee und der 7. Armee direkt befehligte, in seinen operativen Entscheidungen frei gewesen, hätte er seine Kräfte sicherlich in genau dieser Weise gruppiert. Doch Hitler dachte nicht daran, seinem OB West Entscheidungsfreiheit einzuräumen. Im Gegenteil, am 10. August wies er Kluge an, das Unternehmen «Lüttich» am folgenden Tag wiederaufzunehmen: «Der Angriff des XXXXVII. Panzerkorps ist zu früh und damit zu schwach und bei günstigem Wetter für die fdl. Luftwaffe angesetzt ohne Erfolg geblieben. Er muß an einer anderen Stelle mit starken Kräften aufgenommen werden.» Sechs Panzerdivisionen sollten ihn, weiter nach Südwesten ausgerichtet, unter dem Befehl von General Hans Eberbach vortragen.

Ein Angriff in Richtung Südwesten hieß, die Panzerdivisionen genau in den Kessel zu schicken, den Eisenhowers «kurze Klammer» um die 7. Armee legte. Hitler, der Impresario des «Blitzkriegs», inszenierte also genau das Manöver, das am besten geeignet war, seine gepanzerten Angriffstruppen ihrem Untergang preiszugeben. Trotz aller Beweise, welche ihre Gegner der deutschen Wehrmacht für die Gefahren geliefert hatten, die durch Duldung und Kooperation im «Blitzkrieg» erzeugt wurden, bevorzugte Hitler jetzt eine Taktik, die enger mit dem feindlichen «Blitzkrieg» kooperierte als irgendeine von seinen Feinden jemals angewandte Taktik.

Kluge, der ihm im Westen unmittelbar unterstand, hatte erkannt, wie unsinnig es war, mit einer Streitmacht von 20 Divisionen einen Angriff zu planen, während der Feind in deren Rücken darauf wartete, sie zu umfassen. Doch nach dem Attentat vom 20. Juli war er in noch höherem Maße als die meisten anderen deutschen Generale gehandikapt durch das Bewusstsein, dass er bei SS und Gestapo im begründeten Verdacht stand, ein Mitverschwörer zu sein. Kluge hatte gewusst, dass eine Verschwörung in Gang war, da viele der Verschwörer früher in seinem Stab der Heeresgruppe Mitte in Russland gedient hatten. Er hatte sich weder von ihnen distanziert noch hatte er Hitler gegenüber Loyalität bewiesen, aber das Angebot, sich zu beteiligen, hatte er abgelehnt. «Ja, wenn das Schwein tot wäre», waren seine Worte am Abend des 20. Juli. Nun erkannte er, dass er sich von dem Verdacht nur reinwaschen konnte, indem er seinem Oberbefehlshaber, den er für unfähig hielt, das Recht zubilligte, die Lage von Ostpreußen aus zu beurteilen. Seine beiden unmittelbaren Untergebenen, General Paul Hausser von der 7. und General Sepp Dietrich von der 5. Panzerarmee, zwei Waffen-SS-Offiziere, die von Hitler erst unlängst zur Ablösung von Heeresgeneralen benannt worden waren, nutzten gerade ein Schlupfloch in seinem Befehl zur Erneuerung des Angriffs, um ihre Divisionen aus der sich schließenden Klammer der Amerikaner nach Osten abzuziehen.

Obwohl Kluge die militärische Logik ihrer Umgruppierung einsah, fühlte er sich verpflichtet, alle nötigen Maßnahmen zur Wiederbelebung des von Hitler befohlenen Angriffs zu veranlassen. Um Hitler davon zu überzeugen, dass er seine Befehle ausführte, inspizierte Kluge am 15. August den Kessel, in dem seine beiden Armeen nun festsaßen. Doch ironischerweise riefen die Ereignisse den gegenteiligen Eindruck hervor. Als er in seinem Befehlswagen angegriffen wurde, genauso wie Rommel 29 Tage zuvor, verbrachte er den größten Teil des Tages damit, in Gräben Deckung zu suchen, und erreichte das Hauptquartier der 7. Armee erst um Mitternacht. Die Stunden, in denen er für den «Führer» nicht erreichbar war – nach dessen Bekunden war der 15. August «der schlimmste Tag meines Lebens» –, überzeugten Hitler davon, dass der Oberbefehlshaber West und der Heeresgruppe B die Absicht habe, das ganze Westheer in die Kapitulation zu führen. Am späten Abend beschloss er, Kluge seines Postens zu entheben, schickte Walter Model, des «Führers Feuerwehrmann», um den in Ungnade gefallenen Feldmarschall zu ersetzen, und beorderte diesen nach Deutschland zurück. Kluge, der zu Recht ahnte, dass ihn dort die Gestapo erwartete, nahm auf der Heimfahrt Gift.

Kluges Selbstmord konnte die Fehler nicht ungeschehen machen, welche die Heeresgruppe B in ihre missliche Lage gebracht hatten. Ebenso wenig vermochte Model trotz seiner ausgewiesenen Fähigkeit, zusammengebrochene Fronten zu flicken, die verfahrene Situation zu retten. Hitlers Mitwirkung am amerikanischen «Blitzkrieg» hatte die Truppen so tief in die Gefahr geführt, dass nichts als ein ungeordneter Rückzug ihre Reste vor der vollkommenen Vernichtung bewahren konnte. Und mehr als Reste waren von der Heeresgruppe B nicht übrig. Zwar waren rund 300 000 deutsche Soldaten im Kessel von Falaise eingeschlossen, doch acht der 21 eingekesselten Divisionen hatten sich aufgelöst, während die besten Panzerdivisionen – 1. SS, 2., 9. und 116. – nur noch über 30, 25, 15 beziehungsweise 12 Panzer verfügten. Die Neuauflage des Unternehmens «Lüttich» stand nicht mehr zur Debatte. Zum Glück für die Davongekommenen hatte Hitler mit dem Auswechseln der Oberbefehlshaber auch seine Einstellung geändert. Model, der am 17. August in Frankreich eintraf, hatte Befehl, die Front an der Seine umzubilden und genügend Terrain zu halten, um weiterhin Angriffe mit V-Waffen auf Großbritannien zu ermöglichen und die deutschen Grenzen vor einem direkten Ansturm zu schützen.

Sein Auftrag wurde von den Ereignissen überholt. Am 1. August erreichten Pattons Angriffsspitzen die Seine nordwestlich von Paris bei Mantes. Diese Erweiterung der Eisenhowerschen Klammer, von Bradley am 14. August angeordnet, gewährte den eingeschlossenen Deutschen eine kleine Atempause, weil sich danach die amerikanische Truppenkonzentration bei Argentan – die eine seitliche Begrenzung der Lücke, durch welche die Heeresgruppe B entweichen musste – nicht weiter nach Norden bewegte, um Verbindung mit der anglo-amerikanischen Konzentration bei Falaise herzustellen. Allerdings vernichtete der Vorstoß auf Mantes alle Hoffnungen der Deutschen, eine Auffanglinie an der Seine zu bilden. Der Fluss war nur noch das Hindernis, das die Heeresgruppe B bei ihrer Flucht aus der Normandie überqueren musste.

Inzwischen wurden die Deutschen im Kessel, aus dem alle Flak-Batterien evakuiert worden waren, weil man hoffte, sie später an anderer Stelle einsetzen zu können, von ständigen Luftangriffen aufgerieben, während die Briten und Kanadier sich jetzt rasch von Falaise in Richtung Argentan bewegten, um den Pfropfen in den Flaschenhals zu stecken. In diesem Engpass nahm ein neu eingetroffener alliierter Verband, die polnische 1. Panzerdivision, als westlicher Repräsentant des großen polnischen Exilheers, das noch immer seine Krieganstrengungen gegen Deutschland fortführte, den beherrschenden Höhenzug Chambois zwischen Falaise und Argentan und hielt ihn in einem drei Tage währenden verzweifelten Kampf vom 18. bis zum 21. August. Die polnischen Panzerbesatzungen und Infanteristen führten einen Angriff nach dem anderen gegen die tiefer gelegene Straße, auf der die Truppen der Heeresgruppe B in Richtung Seinebrücken und -fähren entlangflutete. Die deutsche Verteidigungslinie gegen diese Bedrohung wurde von der ebenso entschlossenen 12. SS-Panzerdivision «Hitlerjugend» gebildet, die dort den letzten ihrer vielen wichtigen Kampfaufträge in der Normandie erfüllte.

Die Befreiung von Paris

Der erfolgreiche Versuch der Division «Hitlerjugend», den Ausgang des Kessels von Falaise offen zu halten, ermöglichte in der Zeit vom 19. bis zum 29. August rund 300 000 Soldaten das Entkommen und bot, noch überraschender, Gelegenheit, 25 000 Fahrzeuge auf Pontonbrücken und Fähren, die im Schutze der Dunkelheit von deutschen Pionieren gebaut und betrieben wurden, über den Fluss zu schaffen. Hinter sich ließen die Fliehenden jedoch 200 000 Gefangene, 50 000 Gefallene und die Ausrüstung zweier Armeen zurück. Ständige Luftangriffe auf die verstopften Straßen und Felder des Kessels hatten ihn mit ausgebrannten und zerstörten Panzern, Lastwagen und Geschütztrümmern übersät. Rund 1300 Panzer gingen in der Normandie verloren. Von den Panzerdivisionen, die unter Aufrechterhaltung eines Rests von Ordnung entkamen, vermochte keine mehr als 15 Panzer vor der großen Vernichtung retten. Zwei Panzerdivisionen, die Lehrdivision und die 9., gab es nur noch dem Namen nach. 15 der 56 Infanteriedivisionen, die westlich der Seine gekämpft hatten, waren ausradiert.

Hitler wies einige der fliehenden Divisionen an, die Häfen an der Kanalküste zu erobern und als Festungen zu halten. Er hatte schon in den Atlantikhäfen Lorient, Saint-Nazaire und La Rochelle Truppen stationiert, doch der Grund dafür, diese Häfen zu halten, war fortgefallen, sobald Bradley am 3. August beschlossen hatte, seinen Vorstoß nach Süden zugunsten einer Umfassung der Heeresgruppe B von Westen her abzubrechen. Dagegen war der Entschluss, die Kanalhäfen zu besetzen, von höchster strategischer Bedeutung. Er entsprach zwar Hitlers Tendenz, die Häfen an der Ostsee und am Schwarzen Meer zu halten, auch wenn das Hinterland bereits an die Rote Armee gefallen war, aber in diesem Falle war die Entscheidung in weit höherem Maße durch die logistische Realität gerechtfertigt. Denn während die Rote Armee den Nachschub über See kaum brauchte, waren die anglo-amerikanischen Armeen fast vollständig darauf angewiesen. Dadurch, dass sie nicht über die Kanalhäfen Le Havre, Boulogne, Calais und Dünkirchen verfügten, war ihre Fähigkeit, die vorrückenden Kräfte zu versorgen, stark eingeschränkt – ein Umstand, der die Entwicklung des Befreiungsfeldzugs im Verlauf des kommenden Herbstes und Winters prägte.

Hitlers Entscheidung zur Besetzung der Kanalhäfen stellte einmal mehr seine unheimliche Fähigkeit unter Beweis, selbst in Augenblicken verzweifelter Krisen die schlimmsten Konsequenzen seiner taktischen Torheit zu vermeiden. Diese Entscheidung konnte zwar seine halsstarrige und egozentrische Mitwirkung an der Entfaltung von Pattons «Blitzkrieg» nicht wieder gutmachen, die zum Debakel des Westheeres im Kessel von Falaise geführt hatte, sie konnte auch ganz gewiss nicht die unersetzlichen Verluste an Panzern und erprobten Soldaten wettmachen, welche das deutsche Heer nach der Schließung des Kessels erlitten hatte, aber sie konnte die unmittelbaren Folgen mildern und mit dazu beitragen, dass bei Hitlers nächster – und letzter – großer Panzeroffensive im Westen die Bedingungen ausgeglichener waren, als nach dem Ausgang der Schlacht in der Normandie im August 1944 zu erwarten gewesen wäre.

Während sich die Kanalhäfen mit dem Tross der 15. Armee füllten und während deren verbliebene Einheiten sich den Resten der 7. und der 5. Panzerarmee auf ihrer Flucht zum Westwall anschlossen, gelangte der letzte Akt des Befreiungsdramas in Paris zur Aufführung. Als die Schlacht in der Normandie ihrem Höhepunkt entgegenging, hatte Hitler einen Plan ersonnen, um die französische Hauptstadt in einen riesigen verteidigten Brückenkopf zu verwandeln, durch den die 7. Armee einen geordneten Rückzug bis an die Somme und Marne antreten sollte. Dann wollte er die Stadt selbst zum Schlachtfeld machen und den alliierten Verfolgern empfindliche Verluste zufügen, auch auf die Gefahr hin, dass Paris «nur als Trümmerfeld» zurückblieb.

Zwei Entwicklungen sorgten dafür, dass es nicht ganz so schlimm kam. Die erste war die Tatsache, dass am 15. August ein zweites alliiertes Invasionsheer in Frankreich eintraf – nicht, wie lange Zeit angenommen, im Pas de Calais, auf dem «kurzen Weg» nach Deutschland, sondern im fernen Süden, zwischen Nizza und Marseille. Die 7. US-Armee, das Instrument der Operation *Anvil*, insgesamt drei amerikanische und vier französische Divisionen, überwand energisch den Widerstand von General Wieses 19. Armee, um anschließend rasch im Rhonetal bis nach Grenoble vorzustoßen. Ihr Auftauchen und der Umstand, dass sie mit der 11. Panzerdivision den einzigen einsatzfähigen Kampfverband ausschaltete, der Generaloberst Johannes Blaskowitz' Heeresgruppe G noch verblieben war, beschwor nicht nur die Gefahr herauf, dass der Westwall aus einer bislang unerwarteten Richtung angegriffen wurde, nämlich von Elsass-Lothringen aus, sondern machte auch allen Hoffnungen ein Ende, Paris halten zu können, bedrohte der neue alliierte Vorstoß doch die rückwärtigen Verbindungen der Hauptstadt mit Deutschland vom Süden Frankreichs her.

Die zweite Entwicklung ergab sich in Paris selbst. Die Bevölkerung der Stadt hatte keinen offenen Widerstand geleistet. Im März hatte sie Pétain mit begeisterten Kundgebungen empfangen. Noch am 13. August war Laval in die Stadt zurückgekehrt, weil er hoffte, er könne die Abgeordnetenkammer wieder einberufen, um sich Vollmacht geben zu lassen, als rechtmäßiger Regierungschef Verhandlungen mit den Befreiungsarmeen zu führen. Trotzdem schwelte der Geist des Widerstands gegen die deutsche Besatzungsmacht, und sobald klar war, dass deren Tage gezählt waren, brach auf den Straßen der Stadt der Widerstand aus. Am 18. August zog die Polizei – buchstäblich – die Revolutionsfahne über der Präfektur auf der Île de la Cité auf. Daraufhin sammelte sich unter ihr der Widerstand aus dem Untergrund; die größte Gruppe bildeten die linksgerichteten *Franc-Tireurs et Partisans* (FTP). Am 20. August hatte die deutsche Besatzungsmacht solche Mühe, die Straßen unter Kontrolle zu halten, dass Dietrich von Choltitz, der Wehrmachtbefehlshaber von Groß-Paris, einen Waffenstillstand anbot und erfolgreich aushandelte. Aber das Ausmaß, das die Kämpfe angenommen hatten, bewog die Alliierten nun, ihre Pläne zur Befreiung der Stadt zu ändern.

Während Hitler befahl, Paris in ein westliches Stalingrad zu verwandeln, wollten Eisenhower und Montgomery ihren Soldaten nicht erlauben, in die Stadt einzudringen, bevor es militärisch sinnvoll sei. Sobald jedoch bekannt wurde, dass die Stadt selbst um ihre Befreiung kämpfte, fühlten sich die alliierten Heerführer gedrängt, den Aufständischen zu Hilfe zu kommen. Das geeignete Mittel dazu lag auf der Hand. Seit dem 1. August stand die französische 2. Panzerdivision, die zu General de Gaulle hielt, in der Normandie. Am 20. August war auch der General selbst, dessen Anspruch auf die Führung Frankreichs die Alliierten noch nicht so recht anerkennen wollten, in Frankreich eingetroffen – ungebeten, nicht angekündigt und auf Umwegen. Am 22. August übermittelte Bradley den Befehl von Eisenhower, dass die französische 2. Panzerdivision unter General Leclerc nach Paris vorrücken sollte. De Gaulle, der sich im Landsitz des französischen Präsidenten in Rambouillet eingerichtet hatte, billigte den Befehl und bereitete sich darauf vor, der Truppe zu folgen.

Am 23. August legte die 2. Panzerdivision die 200 Kilometer zurück, die ihre Stellungen von den Pariser Außenbezirken trennten. Doch da ihr Vordringen von dem sich versteifenden deutschen Widerstand aufgehalten wurde, gab Leclerc die Hoffnung auf, noch am selben Tag in die Hauptstadt einmarschieren zu können. Dann aber war er so verärgert über amerikanische Sticheleien, denen zufolge die Franzosen «nach Paris tanzten» (zwischen den Gefechten hatte es spontane Jubelfeiern gegeben), dass er eine kleine Panzergrenadiereinheit über Nebenstraßen ins Stadtzentrum schleuste. Am Abend des 23. August um 21.30 Uhr standen drei Panzer der französischen 2. Panzerdivision – «Montmirail», «Champaubert» und «Romilly», benannt nach napoleonischen Siegen des Jahres 1814 – vor dem Rathaus der Stadt. Am folgenden Tag stieß das Gros der Division zu ihnen, nachdem es sich gegen den letzten Widerstand der Deutschen den Weg in den historischen Stadtkern freigekämpft hatte. Einen Tag später traf de Gaulle selbst ein. Er, der leidenschaftliche Fürsprecher der Panzerkriegführung im französischen Heer, dürfte besser als irgendjemand sonst verstanden haben, wie angemessen es war, dass die Hauptstadt des Landes, das zunächst dem deutschen «Blitzkrieg» erlegen war, nun von den Panzern des eigenen wiedererstehenden Heeres befreit wurde.

22 · STRATEGISCHER BOMBENKRIEG

Am 12. Januar 1944 schrieb Luftmarschall Arthur Harris, Chef des *RAF Bomber Command*, also des Oberkommandos der britischen Bomberverbände:

> Es steht außer Frage, dass die beste und tatsächlich einzige Unterstützung, welche das Bomber Command der [Operation] Overlord gewähren kann, in der Intensivierung der Angriffe auf geeignete Industrieziele in Deutschland besteht, wann immer sich die Gelegenheit dazu bietet. Wenn wir versuchen, stattdessen Angriffe auf Geschützstellungen, Küstenbefestigungen, Nachschublinien oder [Munitions-] Lager im besetzten Gebiet zu fliegen, begehen wir den nicht wieder gutzumachenden Fehler, unsere beste Waffengattung nicht mehr für die militärische Aufgabe einzusetzen, für die sie ausgerüstet und ausgebildet wurde, sondern für solche, die sie nicht erfolgreich ausführen kann. Ein derart geändertes Vorgehen mag zwar den täuschenden Eindruck hervorrufen, wir würden das Heer «unterstützen», tatsächlich aber wäre es der schlechteste Dienst, den wir ihm erweisen können.

«Bomber» Harris' Prognose bezüglich der Wirkung, die der veränderte Einsatz seiner Bomber – nicht mehr die «Flächenbombardierung» Deutschlands, sondern Präzisionsbombardements in Frankreich – hervorrufen würde, war, wie sich zeigen sollte, völlig falsch. Vor allem bewiesen seine Flugzeugbesatzungen, dass sie inzwischen gelernt hatten, Punktziele mit großer Genauigkeit zu treffen und diese Präzision trotz erbitterten deutschen Widerstands beizubehalten. Im März wurden die Einwände von Harris und General Carl Spaatz, dem Oberbefehlshaber der *Eighth Air Force*, des amerikanischen Pendants zum britischen *Bomber Command*, zurückgewiesen und beide Luftflotten dem Luftmarschall Sir Arthur Tedder, Eisenhowers Stellvertreter, unterstellt. Von da an flogen die strategischen Luftflotten Einsätze gegen das französische Eisenbahnsystem, eine Kampagne, die sie 2000 Flugzeuge und 12 000 Mann Besatzung in wenig mehr als zwei Monaten kostete. Im April und Mai kehrte das *Bomber Command*, das im März 70 Prozent seiner Bomben über Deutschland abgeworfen hatte, das zahlenmäßige Verhältnis seiner Ziele um: Im April warf es 14 000 Tonnen über Deutschland und 20 000 über Frankreich ab, im Mai flog es drei Viertel seiner Einsätze gegen Frankreich. Im Juni nahm die Intensität der Angriffe auf Frankreich noch einmal zu, als 52 000 Tonnen auf das Invasionsgebiet und die militärische Infrastruktur in seiner Umgebung niedergingen.

Darüber hinaus führten die RAF-Bomber ihre Aufgabe in direktem Widerspruch zu Harris' Vorhersage so erfolgreich aus, dass sie damit die Armee nicht nur sehr wirksam «unterstützten», sondern auch weitgehend für Deutschlands Niederlage in der Normandie sorgten. Im Vergleich zum britischen und amerikanischen Heer gehörte das deutsche noch einer früheren Stufe der militärischen Entwicklung an. Von seinen Panzer- und motorisierten Divisionen abgesehen, legte es kurze Entfernungen zu Fuß und längere auf der Schiene zurück. Der gesamte Nachschub und das schwere Gerät wurden selbst bei Verbänden, die über eigene motorisierte Transportmittel verfügten, ausschließlich per Bahn befördert. Die Unterbrechung des französischen Eisenbahnnetzes und die Zerstörung von Brücken schränkten daher nicht nur die Beweglichkeit des deutschen Heeres ein, sondern auch dessen Kampffähigkeit an sich. Von April bis Juni und danach im Laufe der Normandieschlacht wurde der französische Eisenbahnbetrieb praktisch zum Erliegen gebracht. Die meisten Brücken über die größeren Flüsse Nordfrankreichs waren zerstört oder zumindest so beschädigt, dass sie sich kurzfristig nicht instand setzen ließen.

Ein Großteil der Schäden wurde von den Mittelstrecken- und Jagdbombern der britischen 2. Taktischen und der amerikanischen 9. Luftflotte angerichtet. Die Erdkampfflugzeuge – die amerikanischen *Thunderbolts* und britischen *Typhoons* – flogen großräumige

Tageinsätze über Nordfrankreich und zerstörten allein zwischen dem 20. und 28. Mai 500 Lokomotiven. Doch die weit schlimmere Verwüstung der Infrastruktur – Brücken, Rangierbahnhöfe, Eisenbahnausbesserungswerke – ging auf das Konto der strategischen Bomber. Ende Mai war der französische Schienenverkehr gegenüber den Zahlen des Januar auf 55 Prozent zurückgegangen. Am 6. Juni hatte die Zerstörung der Seinebrücken ihn auf 30 Prozent reduziert, und danach fiel er auf 10 Prozent. Bereits am 3. Juni sendete ein verzweifelter Offizier aus Rundstedts Stab einen (von Ultra entschlüsselten) Bericht, demzufolge die Eisenbahnverwaltung ernsthaft erwäge, ob der Versuch weiterer Instandsetzungsarbeiten nicht sinnlos sei, so permanent war der Druck, den die alliierten Streitkräfte auf das Eisenbahnnetz ausübten.

Die Kapazität des Schienenverkehrs, die Deutschlands OB West im Juni und Juli 1944 aufrechtzuerhalten vermochte, reichte gerade aus, um der 7. Armee und der 5. Panzerarmee das absolute Minimum an Verpflegung, Treibstoff und Munition zuzuführen (sie genügte aber nicht, um Paris mit Lebensmitteln zu versorgen, dem kurz vor seiner Befreiung eine Hungersnot drohte). Doch dieser Nachschub konnte der kämpfenden Truppe nur so lange garantiert werden, wie sie nicht versuchte, zu manövrieren. So anfällig und so unflexibel war das provisorische Nachschubsystem, dass sich die Truppen an der Front darauf nur verlassen konnten, wenn sie in der Nähe der Umschlagbahnhöfe blieben. Sobald sie sich in Bewegung setzten, liefen sie Gefahr, dass auch die unbedingt erforderlichen Versorgungsgüter sie nicht mehr erreichten – daher ihre Unfähigkeit, in Frankreich hinhaltenden Widerstand zu leisten. Als ihr Befestigungsgürtel um den Brückenkopf von Pattons «Blitzkrieg» zerschlagen wurde, hatten die Deutschen keine andere Wahl, als sich schnellstmöglich in die nächste befestigte Stellung zurückzuziehen, die mit einem Nachschubsystem verbunden war: der Westwall an der französisch-deutschen Grenze.

Folglich widerlegte der Normandiefeldzug in seiner Vorbereitungs- wie in seiner Hauptphase Harris' Prognose. Der Einsatz der

Luftmacht zur direkten Unterstützung des Heeres hatte sich auf taktischer wie strategischer Ebene als außerordentlich erfolgreich erwiesen. Trotzdem war es unvermeidlich und auch verständlich, dass Harris sich dem Druck von oben widersetzte, seine Bomberstaffeln von den Angriffen auf die deutschen Städte abzuziehen. Schließlich rühmte sich das *Bomber Command* zu Recht, seit drei Jahren das einzige Machtinstrument der Westmächte zu sein, das den Krieg in das Reichsgebiet hineintrug (die amerikanische 8. Luftflotte beteiligte sich erst seit kurzem an den Angriffen). Im Übrigen sprach Harris für eine Waffengattung, deren alleinige Existenzberechtigung darin bestand, das Mutterland des Feindes zu bombardieren.

Die deutsche Luftwaffe dagegen hatte sich eine solche operative Doktrin nie zu Eigen gemacht. Ihre Befehlshaber hatten 1934 bei ihrer Gründung überlegt, ob es wünschenswert sei, sie als strategische Bomberstreitmacht zu konzipieren, diese Option aber verworfen, weil sie glaubten, die deutsche Flugzeugindustrie sei nicht ausreichend entwickelt, um die notwendige Zahl an großen Langstreckenmaschinen zu produzieren. Daher reifte sie, wie die Rote Luftwaffe, langsam als Handlanger des Heeres heran, eine Rolle, mit der sich ihre Befehlshaber, überwiegend ehemalige Heeresoffiziere, bereitwillig abfanden. Ihre «strategische» Kampagne gegen Großbritannien 1940/41 wurde folglich von Mittelstreckenbombern bestritten, die eigentlich für die Unterstützung von Erdtruppen bestimmt waren. Als Günther Korten im August 1943 seinen Vorgänger Hans Jeschonnek als Chef des Generalstabes der Luftwaffe ablöste, leitete er ein Sofortprogramm zur Schaffung einer strategischen Bomberwaffe ein, doch der Versuch scheiterte, weil es an einem geeigneten Flugzeug fehlte – ein direktes Ergebnis jener Entscheidungen über die Zukunft der Luftwaffe, die von seinem Vorgänger zehn Jahre zuvor getroffen worden waren.

Kortens verspäteter Versuch, der Luftwaffe die Möglichkeit zu strategischer Kriegführung zu verschaffen, gründete sich auf seine von Rüstungsminister Albert Speer geteilte Überzeugung, man könne der 1943 von der Roten Armee begonnenen Offensive dadurch begegnen, dass man eine Gegenoffensive in ihr industrielles Hinterland vortrage. Die Krise zwang ihn, in kurzer Zeit eine Entwicklung nachzuholen, die eine ganze Generation von britischen und amerikanischen Fliegern in aller Ruhe hatte ersinnen und perfektionieren können. Während er Mittelstreckenbomber und ihre Besatzungen in aller Eile für «Einflugoperationen» umrüsten beziehungsweise umschulen musste – Operationen, die so viele kurzfristige Probleme aufwarfen, dass sie sich letztlich als undurchführbar erwiesen –, verfügte Harris bereits über eine starke Flotte von tausend viermotorigen Bombern, die im Laufe vieler Jahre speziell für Einflugeinsätze entwickelt worden waren.

Luftherrschaft

Großbritanniens Entscheidung für das Konzept des strategischen Bombenkriegs lässt sich bis zu den letzten Jahren des Ersten Weltkrieges zurückverfolgen. Obwohl es der *Independent Air Force* von 1918 lediglich gelang, eine Bombenlast von insgesamt 534 Tonnen über deutschem Gebiet abzuwerfen, lag ihrer Strategie bereits die Vorstellung zugrunde, der unmittelbare Einfall in das Hinterland des Feindes sei die angemessene Aufgabe für eine Luftwaffe. Diesen Gedanken machte der italienische Flieger Giulio Douhet zur Grundlage einer schlüssigen Theorie der Luftmacht, ein Entwurf, der so umfassend und grundsätzlich war wie die Theorie der Seemacht, die Mahan in den 1890er Jahren entwickelt hatte. Derweil schuf die Royal Air Force, ohne sich auf eine explizite Theorie stützen zu können, die weltweit erste «Luftflotte» strategischer Bomber. Die Grundlagen ihrer operativen Funktion gingen zurück auf eine Studie, die Sir Hugh Trenchard, der «Vater» der Royal Air Force, in den letzten Monaten des Ersten Weltkriegs für den *Allied Supreme War Council* ausgearbeitet hatte. «Es gibt zwei Faktoren», schrieb er damals, «die moralische und die materielle Wirkung – wobei das Ziel ist, beide maximal zu nutzen. Das beste Mittel zu diesem Zweck besteht darin, die Industriezentren anzugreifen, wo man (a) militärische und nachhaltige Schäden anrichtet, weil man die Zentren der Kriegsproduktion trifft, und (b) in höchstem Maße auf die Moral einwirkt, indem man den empfindlichsten Teil der deutschen Bevölkerung trifft – nämlich die Arbeiterklasse.»

Damit, dass Trenchard diese einfache und brutale Strategie vorschlug – Fabriken zu bombardieren und Terror gegen die Menschen auszuüben, die dort arbeiteten und in der Nähe wohnten –, dehnte er ein Prinzip auf die allgemeine Kriegführung aus, das zivilisierte Nationen bislang nur für die Belagerung von Städten gelten ließen. Im Belagerungskrieg hatte schon immer der Kodex gegolten, dass Bürger, die innerhalb der Mauern einer Stadt verblieben, nach Beginn der Belagerung deren Härten zu erdulden hatten: Hunger, Artilleriebeschuss und – falls die Mauern erstürmt wurden und die Stadt ein Kapitulationsangebot zurückwies – Raub und Plünderung.

Dass die Moral des Belagerungskriegs fast ohne Widerspruch derart verallgemeinert werden konnte, beweist, wie ähnlich der Erste Weltkrieg einer Belagerung in kontinentalem Maßstab war und wie sehr diese vier Jahre das moralische Empfinden der militärischen und politischen Verantwortlichen abgestumpft hatten. Tatsächlich wurden Trenchards Vorschläge fast kritiklos hingenommen: Sie stießen damals bei den Westalliierten auf keine grundsätzlichen Einwände; sobald der Krieg vorüber war, veranlassten sie die Regierungen in Großbritannien und Frankreich, Maßnahmen zu ergreifen, die dazu dienen sollten, feindliche «Fliegerangriffe» abzuwehren oder ihre Auswirkungen zu minimieren und die eigene Fähigkeit zu maximieren, solche Angriffe gegen einen künftigen Feind vorzutragen. Daher legten die Alliierten in Versailles großen Wert darauf, die deutsche Luftwaffe auf Dauer abzuschaffen. Der Brite Stanley Baldwin, damals ein bekanntes Mitglied der Koalitionsregierung, verkündete jedoch 1932 düster: «Der Bomber würde immer durchkommen», während die Befehlshaber der Royal Air Force unablässig für den Ausbau der Bomberflotte plädierten, selbst wenn dafür die Heimatluftverteidigung auf Jagdgeschwader verzichten musste.

Der feste Glaube der RAF an den Bombenkrieg wurzelte in der Überzeugung, dass Angriff die beste Verteidigung sei. Luftmarschall John Slessor, der Planungschef des Generalstabes der britischen Luftwaffe Ende der 1930er Jahre, brachte die Ansicht seiner Waffengattung in klassischer Form zum Ausdruck, als er meinte, eine Offensive gegen feindliches Territorium hätte den direkten Effekt, den Feind in die Defensive zu drängen, und ferner die indirekte, aber letztlich ausschlaggebende Wirkung, dem Feind die Fähigkeit zur Kriegführung zu nehmen. In seinem Buch *Airpower and Armies* (1936) schrieb Slessor: «Man kann sich zumindest der Überlegung kaum verschließen, dass ein Luftbombardement größeren Ausmaßes, wenn es über längere Zeit, selbst in unregelmäßigen Abständen, aufrechterhalten werden könnte, heute die Produktion der Kriegsindustrie außerordentlich einschränken würde. Unter diesen Umständen wäre es unmöglich, den ungeheuren Bedarf an Waffen, Munition und kriegsmäßigen Versorgungsgütern aufzubringen, auf die ein Heer angewiesen ist, wie wir es 1918 hatten.»

Die Ängste angesichts der Möglichkeit eines strategischen Bombenkriegs, wie sie sich Anfang des Zweiten Weltkrieges abzeichneten, wurden noch verstärkt durch eine glänzende Inszenierung der internationalen Linken: die Verurteilung der Bombardierung republikanischer Ortschaften durch Francos Luftwaffe und die Expeditionsstaffeln seiner deutschen und italienischen Verbündeten während des Spanischen Bürgerkriegs, ein Ereignis, das seinen bekanntesten Ausdruck in Picassos *Guernica* fand. Jene Ängste waren so heftig und allgemein, dass sich paradoxerweise sogar Hitler dem stillschweigenden Einverständnis aller Krieg führenden großen Staaten anschloss, die moralische (und eigennützige) Ächtung des Bombenkriegs nicht als Erste zu verletzen.

Allerdings fasste Hitler dieses Verbot nicht so weit, dass es Angriffe gegen Länder einschloss, die keine Möglichkeit zur Vergeltung hatten – daher die Bombardierung Warschaus im September 1939 und Rotterdams im Mai 1940 –, oder dass es ihn an Fliegerangriffen auf militärische Ziele in Ländern gehindert hätte, die zu Gegenschlägen fähig waren. Die Bombardierung militärischer Ziele, unter anderem Flugplätze, Kriegshäfen und Eisenbahnknotenpunkte, war auch nach strenger Auslegung des herkömmlichen Kriegsrechts legitim. Aber bis Mitte des Sommers 1940 ließen alle Krieg führenden Nationen die feindlichen Großstädte unangetastet. Selbst bei Ausbruch der Schlacht um England bestand Hitler darauf, dass die Angriffe auf Flugplätze und Ziele eingeschränkt wurden, die als militärisch gelten konnten, wie etwa die Londoner Hafenanlagen. Solche Einschränkungen waren jedoch immer schwerer einzuhalten, je länger sich die Schlacht um England hinzog, ohne dass ein Ende abzusehen war. Als sich die Stimmen mehrten, die zu «einem Kampfeinsatz der RAF» aufriefen, eine Forderung, die den direkten Angriff auf Wohngebiete einschloss, suchte Hitler nach Mitteln, das Verbot zu unterlaufen.

Am 19. Juli hatte Hitler in seiner Siegesrede im Reichstag öffentlich den Eindruck erweckt, Freiburg im Breisgau sei bereits von der französischen oder britischen Luftwaffe angegriffen worden (Goebbels hatte beide beschuldigt); tatsächlich hatte ein fehlgeleiteter Schwarm der deutschen Luftwaffe die Stadt getroffen. Als am 24. August eine weitere auf Abwege geratene Maschine der Luftwaffe irrtümlich Ostlondon bombardierte und damit in der folgenden Nacht einen Vergeltungsangriff der RAF auf Berlin provozierte, nutzte Hitler die Gelegenheit, um zu verkünden, dass die Schonzeit nun vorbei sei. Am 4. September teilte er einer begeistert jubelnden Menge im Berliner Sportpalast mit: «Wenn sie [die Briten] erklären, sie werden unsere Städte in großem Ausmaß angreifen [Churchill hatte nichts dergleichen getan] – wir werden ihre Städte ausradieren! Wir werden diesen Nachtpiraten das Handwerk legen, so wahr uns Gott helfe. Es wird die Stunde kommen, da einer von uns beiden bricht, und das wird nicht das nationalsozialistische Deutschland sein.»

Krise im *Bomber Command*

Dem britischen *Bomber Command* fehlte, als es im Winter 1940 ernsthaft mit seinem Bombenkrieg begann, zunächst jede Möglichkeit, Deutschland zu «brechen». Als es München provozierenderweise am Jahrestag des Hitlerputsches vom 8. November 1923 bombardierte, übte die deutsche Luftwaffe Vergeltung, indem sie die Industriestadt Coventry angriff und 60 000 Gebäude zerstörte oder beschädigte. Im Gegenzug griff die RAF in der Nacht des 20. Dezember Mannheim an, verfehlte die Stadt aber weitgehend und verursachte nur ein Fünfundzwanzigstel des Schadens, den Coventry erlitten hatte, wenn wir das Ergebnis nach den Opfern unter der Zivilbevölkerung beurteilen – 23 Tote gegenüber 568 –, was makabrerweise fortan das Maß für den Erfolg des strategischen Bombenkriegs werden sollte.

Da der Überfall auf Mannheim in jeder Hinsicht – bis auf die Bezeichnung – ein erster Versuch des «Flächenbombardements» oder des Angriffs gegen die Zivilbevölkerung war, befand sich das *Bomber Command* nun in der wenig beneidenswerten Lage, dass es sich auf die gleiche moralische Ebene begeben hatte wie die deutsche Luftwaffe, ohne indessen die Mittel zu besitzen, um es mit ihr in der Flächenbombardierung aufnehmen oder sie darin sogar übertreffen zu können. Den ganzen «Blitz»-Winter 1940/41 hindurch brannten London und andere britische Städte großflächig. Am 29. Dezember legte die deutsche Luftwaffe allein in der City of London 1500 Brände und zerstörte damit die Reste des historischen Straßennetzes, das noch Samuel Pepys, Christopher Wren und Samuel Johnson vertraut gewesen war, fast vollständig. 1940 und selbst 1941 erlitt keine deutsche Stadt vergleichbare Schäden. Im Grunde war das *Bomber Command*, die Waffengattung, von der Churchill am 3. September 1940 vor dem Kriegskabinett behauptet hatte, sie müsse «gegenüber der Marine und dem Heer den ersten Rang beanspruchen», während der nächsten Monate «wenig mehr als ein behelfsmäßiger Luftfrachtdienst für den Bombenexport nach Deutschland».

Der blamabelste Anhaltspunkt für das Unvermögen des *Bomber Command* war die «Bilanz» zwischen Besatzungsmitgliedern und deutschen Zivilisten, die bei den Angriffen im Laufe des Jahres 1941 umkamen: Es starben in der Tat mehr Flieger als Einwohner der bombardierten Städte. Das Missverhältnis hatte mehrere Gründe. Einer davon war die schlechte Qualität der britischen Bomber, die noch nicht über die erforderliche Geschwindigkeit, Reichweite, Flughöhe und Leistung verfügten, um große Bombenlasten über weite Entfernungen ans Ziel zu bringen. Ein anderer betraf die Geographie: Um Deutschland zu erreichen – bislang nur Westdeutschland –, mussten die Bomber Frankreich, Belgien oder Holland überfliegen, wo die Deutschen bereits damit begonnen hatten, einen mächtigen Schutzschild in Gestalt von Jägern und Flak-Batterien zu errichten. Die dritte und wichtigste Erklärung war technischer Art: Die RAF besaß nicht die nötigen Langstreckenjäger, mit denen sie die Bomber bei Tagangriffen hätte abschirmen können, und war daher zu Nachteinsätzen gezwungen; dem *Bomber Command* fehlten aber die Navigationsgeräte, die es nicht nur gebraucht hätte, um die vorgegebenen Ziele – Fabriken, Rangierbahnhöfe, Kraftwerke – in den Städten auszumachen, gegen die es seine Angriffe flog, sondern auch, um diese Städte überhaupt zu finden. Der Verdacht, dass das *Bomber Command* «weiträumig», sogar planlos bombardierte, wurde umfassend durch eine Studie bestätigt, die auf Anraten von Lord Cherwell, Churchills Wissenschaftsberater, im August 1941 entstanden war. Die Hauptergebnisse des Butt-Berichts lauteten: «Von den Flugzeugen, die ihre Ziele angreifen, kam ihnen nur eines von dreien auf acht Kilometer nahe … über den französischen Häfen betrug das Verhältnis zwei zu drei; über Deutschland insgesamt … eins zu vier; über der Ruhr [dem Kernland der deutschen Industrie und dem Hauptzielgebiet des Bomber Command] lediglich eins zu zehn.»

1941, als 700 Flugzeuge von ihrem Einsatz nicht zurückkehrten, starben die Besatzungen des *Bomber Command* also in erster Linie, um die ländlichen Regionen Deutschlands mit Kratern zu übersäen. Verglichen mit den Hoffnungen, die Churchill und die britische Bevölkerung in das *Bomber Command* setzten, weil es die einzige Möglichkeit war, den Krieg vor Hitlers Tür zu tragen, musste diese Erkenntnis zu einer Krise führen. Ende 1941 war es so weit. Bereits am 8. Juli hatte Churchill geschrieben: «Es gibt nur eines, das [Hitler] in die Knie zwingen kann: ein absolut verheerender Vernichtungsangriff mit sehr schweren Bombern von unserem Boden aus gegen das Mutterland der Nazis.»

Von Churchill angestachelt, steckte die RAF sich zunächst das Ziel, das *Bomber Command* zu einer Stärke von 4000 Maschinen auszubauen (zu einem Zeitpunkt, als die Gesamtzahl der täglich einsatzbereiten Flugzeuge sich nur auf 700 belief). Nachdem man erkannt hatte, dass das unrealistisch war, rang man sich zu der Auffassung durch, das *Bomber Command* müsse es sich zur Aufgabe machen, deutsche Zivilisten zu töten, da die Fabriken, in denen sie arbeiteten, nicht präzise getroffen werden konnten. Am 14. Februar gab der Generalstab der RAF eine Weisung heraus, in der es hieß, fortan sollten die Operationen «sich gegen die Moral der Zivilbevölkerung, speziell der Industriearbeiter, richten». Um kein Missverständnis aufkommen zu lassen, schrieb Luftmarschall Sir Charles Portal am folgenden Tag: «Es dürfte wohl klar sein, dass es sich bei den neuen Zielpunkten um bebaute [Wohn-]Gebiete handelt, nicht etwa um Werften oder Flugzeugwerke ... Dies ist absolut deutlich zu machen, falls es noch nicht begriffen worden ist.»

Charakteristischerweise war es Portal, ein intellektueller Patrizier, der den Kerngedanken des Flächenbombardements aussprach, denn letztlich beruhte er auf einem Klassenvorurteil – der

Auffassung, die latente Unzufriedenheit des Proletariats sei die Achillesferse eines Industriestaates. Liddell Hart hatte 1925 prophezeit, «die Elendsviertel werden durch Bombenangriffe zu wütendem Aufruhr und Plünderungen getrieben werden», womit er Trenchards erste Formulierung der Theorie aus dem Jahr 1918 noch dramatisierte. Das Vorurteil aller drei war geprägt von der Furcht der herrschenden Klassen vor Aufständen oder gar Revolutionen, wie sie der Erfolg der Bolschewiki im kriegszerrissenen Russland nach 1917 in ganz Europa entfacht hatte. Die Ereignisse sollten zeigen, dass die Leidensfähigkeit des Proletariats, sein Vermögen, sich mit Entbehrungen abzufinden – vor allen der «Enthausung» (der Vernichtung von Wohnraum), die Cherwell in einer einflussreichen Schrift vom März 1942 propagierte – vom Flächenbombardement am stärksten gefördert wurde. Doch Anfang 1942 hegten die Klassenfeinde des Proletariats, wie Marx sie genannt hätte, genau die gegenteilige Erwartung. Die «Bomberbarone» organisierten ihren Krieg gegen die deutsche Arbeiterklasse in der festen Überzeugung, sie würden damit die gleiche Kluft zwischen ihr und der herrschenden Klasse aufreißen, die sich durch die Leiden des Ersten Weltkriegs im zaristischen Russland aufgetan hatte.

Klassenvorurteile spielten sicherlich auch eine Rolle bei der Wahl des Protagonisten, der die neue Politik umsetzen sollte. Arthur «Bomber» Harris war ein Oberfehlshaber von extremer Einseitigkeit. Er hatte weder intellektuelle Zweifel noch moralische Skrupel, was die Rechtmäßigkeit des Flächenbombardements und die Wahl der Mittel zur Maximierung seiner Wirkung anging – mehr Bomben, bessere Bombenzielgeräte, raffinierte Täuschungsmanöver. Am 22. Februar 1942, kurz nachdem er den Oberbefehl in High Wycombe, dem Hauptquartier der Bomberflotten, übernommen hatte, teilte er einem Interviewer mit: «Viele Menschen sagen, mit Bomben lässt sich der Krieg nicht gewinnen. Meine Antwort lautet, wir haben es noch nicht versucht. Warten wir es ab.»

Er hatte das Glück, den Oberbefehl zu übernehmen, als die erste Navigationshilfe «Gee» zur genaueren Zielsuche der Bomber eingeführt wurde. «Gee» ähnelte der Leitstrahltechnik, mit der die Maschinen der deutschen Luftwaffe 1940/41 zu ihren britischen Zielen geführt worden waren. Dabei wurden zwei Paare von Funksignalen ausgesendet, die es den empfangenden Flugzeugen ermöglichten, ihre genaue Position zu bestimmen und ihre Bomben genau an den vorher festgelegten Punkten abzuwerfen. Auf «Gee» folgte im Dezember das Präzisions-Bombenzielgerät «Oboe», mit dem anschließend die *Pathfinder-Mosquitos* ausgerüstet wurden. Im Januar 1943 wurde «H2S» eingeführt, ein Radargerät, das dem Navigator ein Bild des Geländes unter dem Flugzeug mit den markanten Orientierungspunkten vermittelte.

Alle drei Navigationshilfen erhöhten die Zielfindungsfähigkeit des *Bomber Command* beträchtlich, doch den entscheidenden Fortschritt brachte der spezialisierte Verband der *Pathfinder*-Staffeln im August 1942. Diese Staffeln waren mit verschiedenen Flugzeugtypen ausgerüstet, unter anderen auch den neuen leichten *Mosquito*-Bombern, die den Bomberwellen schnell und in großer Höhe voraus flogen, um die Ziele mit Brand- und Leuchtbomben zu «markieren» und «hervorzuheben», das heißt, sie legten Brände, in die die Hauptstreitmacht dann ihre Lasten ablud. Mit Nachdruck widersetzte sich Harris der Schaffung der *Pathfinder*-Einheiten. Er glaubte, damit beraube man die normalen Bomberstaffeln ihrer eigenen Führung (das gleiche Argument führten die britischen Generale gegen die Bildung von Kommandoeinheiten an) und verkleinere die eigentliche Bomberstreitmacht. Doch er sah sich rasch gezwungen, seine Einwände fallen zu lassen, als die *Pathfinder* unter Beweis stellten, wie viel besser sie in der Lage waren, ihre Ziele zu finden, als die nicht spezialisierten Mannschaften des *Bomber Command*.

Das Eingreifen der «Heavies»

Zusätzliche Glaubwürdigkeit gewann Harris' Eintreten für das Flächenbombardement dadurch, dass in dem Augenblick, als er das Kommando übernahm, ein neues und erheblich verbessertes Angriffsflugzeug eingesetzt wurde. Die britischen Bomber, die zu Beginn des Krieges zur Verfügung standen, die *Hampdens*, *Whitleys* und die eleganten *Wellingtons*, konnten keine ausreichenden Bombenlasten tragen. Ihre größeren Nachfolgemodelle, die *Stirlings* und *Manchesters*, hatten auch ihre Mängel: Ihnen fehlte es an Steigfähigkeit beziehungsweise Leistung. Doch die *Halifax* und besonders die *Lancaster*, Typen, die 1942 in Dienst gestellt wurden, waren Bomber der nächsten Generation. Die *Lancaster*, die ihre ersten Einsätze im März 1942 flog, war in der Lage, enorme Bombenlasten – schließlich sogar den «Grand Slam», zehn Tonnen – über große Entfernungen zu befördern, und robust genug, auch schwere Angriffe der deutschen Nachtjäger zu überstehen, ohne vom Himmel zu fallen.

Anfangs ging es Harris allerdings weniger um Qualität als um Quantität. Er wollte die größtmögliche Zahl von Bombern über einer deutschen Großstadt zusammenziehen, um Flak und Feuerwehr vor unlösbare Aufgaben zu stellen. Ein erfolgreicher Angriff auf die Pariser Renaultfabrik im März bewog ihn, in der Nacht vom 28. zum 29. März 1942 einen Einsatz gegen Lübeck, die historische Hansestadt an der Ostsee, fliegen zu lassen. Er machte aus seinem Herzen keine Mördergrube und aus seinen Absichten kein Geheimnis: «Mir erschien es sinnvoller, eine Industriestadt von zweitrangiger Bedeutung zu zerstören, als mit dem Angriff gegen eine große Industriestadt zu scheitern. Ich wollte meine Besatzungen Blut lecken lassen... Sie sollten zur Abwechslung mal ein Erfolgserlebnis haben.» Lübeck, ein Juwel mittelalterlicher Backsteinarchitektur, wurde in weiten Teilen bis auf die Grundmauern zerstört, während die Bombergeschwader zu 95 Prozent unversehrt zurückkehrten. Die «Bilanz» überzeugte Harris davon, dass er eine Formel für den Sieg gefunden hatte.

In vier Aprilnächten wiederholte das *Bomber Command* den erfolgreichen Brandbombenangriff, dieses Mal gegen Rostock, eine weitere mittelalterliche Hansestadt an der Ostsee. Harris: «Bei diesen beiden Angriffen auf Deutschland vernichteten die Bomben fast 315 Hektar und beglichen damit in Bezug auf die Bombardierung [Großbritanniens] unsere Rechnung.» Die deutsche Luftwaffe antwortete mit den so genannten Baedeker-Angriffen auf die historischen Ortschaften Bath, Norwich, Exeter, York und Canterbury. Doch ihr fehlten die Voraussetzungen, um Harris auf die nächste Eskalationsstufe zu folgen, die im Mai durch den Angriff mit 1000 Bombern auf Köln erreicht war. Dazu forderte das *Bomber Command* sogar Maschinen von Ausbildungseinheiten und Reparaturwerkstätten an, mit dem Erfolg, dass über dieser Stadt, der viertgrößten des Deutschen Reiches, die gewaltigste Bomberflotte erschien, die bis dahin am deutschen Himmel zu sehen gewesen war, und das gesamte Stadtzentrum mit Ausnahme des berühmten Doms in Brand setzte.

Die neue Taktik des *Bomber Command* verdankte ihren Erfolg nicht nur einer verbesserten Zielerkennung, sondern auch der bedenkenlosen Anwendung brandbeschleunigender Verfahren. Fortan bestanden die Bombenlasten zu zwei Dritteln aus kleinen Brandbomben und zu einem Drittel aus großen Luftminen. In Köln gingen 240 Hektar in Flammen auf. Ähnliche Wirkungen erzielten «1000-Bomber-Angriffe» im Juni auf Essen und Bremen. Essen war im März und April bereits achtmal angegriffen worden. Im Frühjahr und Sommer 1943 widmete das *Bomber Command* seine ganze Aufmerksamkeit der «Schlacht um die Ruhr», in der die bisherige Wirkung der Brandbomben um ein Vielfaches übertroffen wurde.

Inzwischen wurde der strategische Bombenkrieg gegen Deutschland von zwei Luftwaffen geführt. Im Frühjahr 1942 war die *US Eighth Air Force* in Großbritannien eingetroffen und hatte im August ihren ersten Einsatz geflogen. Das Ziel waren Rangierbahnhöfe im französischen Rouen gewesen. Gemäß der Theorie, die schon in der Vorkriegszeit über Jahre hinweg von den Offizieren der *Army Air Force* ausgearbeitet worden war, fand der Angriff bei Tage statt. Dabei kam ihnen ein technologischer Vorteil zugute: Um nötigenfalls feindliche Seestreitkräfte vernichten zu können, die in amerikanischen Gewässern operierten, hatte man ein Flugzeug und ein Bombenzielgerät entwickelt, mit denen man am Tage große Bombenlasten präzise auf kleine Ziele abwerfen konnte. Das Norden-Bombenzielgerät war die genaueste Zieloptik, mit der ein strategischer Bomber je ausgerüstet worden war.

Das Flugzeugmodell, das darüber verfügte, die B-17 *Flying Fortress*, zeichnete sich durch große Reichweite und schwere Abwehrwaffen aus, Letzteres eine Konsequenz aus der amerikanischen Überzeugung, dass ihre Bomber, solange es keine zufrieden stellenden Langstreckenjäger gab, in der Lage sein müssten, sich auf dem Weg zum und vom Ziel zu verteidigen, ohne zu hohe Verluste zu erleiden. Doch Reichweite und Bewaffnung schränkten die Bombenlast der B-17 erheblich ein. Unter normalen Umständen führte eine B-17 selten mehr als 1800 Kilogramm mit sich, bei vielen Einsätzen sogar nur 1200 Kilogramm. General Ira C. Eakers *Eighth Air Force*, die statt einer defensiv-maritimen nun eine offensiv-kontinentale Rolle übernehmen sollte, erhielt den Auftrag, Tageinsätze mit hohen Eindringtiefen zu fliegen, um die Nachtangriffe des *Bomber Command* gegen Deutschland und die von ihm besetzten Gebiete zu ergänzen. Im Januar 1943 standen Eaker 500 B-17 zur Verfügung.

Die kombinierte Bomberoffensive

Die Verzahnung der beginnenden amerikanischen mit den unvermindert anhaltenden britischen Bombenangriffen auf Deutschland wurde im Januar 1943 in einer «Casablanca-Direktive» offiziell bestätigt, mit der die Grundsätze einer «kombinierten

Bomberoffensive» (im Mai erhielt sie den Decknamen *Pointblank*) gegen Schlüsselziele fixiert wurden. Diese definierte man – in der Reihenfolge ihrer Bedeutung – wie folgt: deutsche U-Boot-Werften, deutsche Flugzeugindustrie, Transportwesen, Raffinerien und sonstige Ziele der feindlichen Kriegsindustrie. Die Festlegung der Bombenziele verschleierte allerdings eine krasse Meinungsverschiedenheit zwischen den Briten und Amerikanern über das taktische Vorgehen. Eaker wies die britischen Argumente für eine Einbindung der B-17 in das Flächenbombardement zurück. Er war nach wie vor davon überzeugt, sie ließen sich am besten gegen einzelne Punktziele einsetzen. Harris bezeichnete diese Taktik verächtlich als «Patentrezept» und weigerte sich, von dem einmal eingeschlagenen Weg abzuweichen. Infolgedessen teilten die beiden Luftwaffen das Casablanca-Programm praktisch unter sich auf: Die RAF setzte ihre Nachtangriffe auf «sonstige Ziele» fort, das heißt auf die Wohngebiete deutscher Großstädte, während die USAAF Tagangriffe gegen «Engpässe» der deutschen Wirtschaft flog.

Der erste «Engpass», den die Wirtschaftsanalytiker der USAAF auswählten, war die Kugellagerfabrik in Schweinfurt. Sie wurde am 17. August 1943 von der *Eighth Air Force* bombardiert. Den Analysen zufolge würde die Zerstörung der Fabrik, die unentbehrliche Teile für die Rüstungsindustrie lieferte, die deutsche Rüstungsproduktion lähmen. Doch die Operation ging von zum Teil falschen Voraussetzungen aus – Deutschland konnte auf andere Fabriken in Regensburg und Schweden zurückgreifen, das außerhalb des Zielgebiets der alliierten Bomber lag und vom NS-Staat abhing, weil es auf deutsche Kohlelieferungen angewiesen war –, und ihre Durchführung war fast in jeder Hinsicht eine Katastrophe. Gezwungen, Nordfrankreich und halb Deutschland bei Tag und ohne Jägereskorte zu überfliegen, erlitt der Verband der «verteidigungsfähigen» *Flying Fortresses* durch Jägerattacken drastische Verluste: Von den 229 B-17, die aufgebrochen waren, wurden 36 abgeschossen, eine «Verlustrate» von 16 Prozent, mehr als dreimal so hoch wie diejenige, die das britische *Bomber Command* für «vertretbar» erklärt hatte. Unter Berücksichtigung der 24 beim flankierenden Angriff auf Regensburg verloren gegangenen B-17 und der schweren Schäden an 100 der heimgekehrten Bomber wurde deutlich, dass der 17. August ein desaströser Tag gewesen war. Die Vorkriegstheorie des verteidigungsfähigen Bombers hatte sich als Fehleinschätzung erwiesen. Fünf Wochen lang setzte die *Eighth Air Force* die Einsätze mit hohen Eindringtiefen nach Deutschland aus. In vollem Umfang nahm sie sie erst wieder auf, als Langstreckenjäger entwickelt worden waren, welche die Tagbomber zu ihren Zielen begleiten konnten.

Die Angriffe auf Hamburg

Während die amerikanische Kampagne auf sich warten ließ, dehnten die Briten ihr Zerstörungswerk auf immer weitere Teile der Städte im Westen Deutschlands aus. Im Laufe der «Schlacht um die Ruhr», die von März bis Juli dauerte, flogen knapp 800 Flugzeuge 18 000 Einzeleinsätze und warfen 58 000 Tonnen Bomben über dem industriellen Kerngebiet des Deutschen Reiches ab. In der Zeit von Mai bis August war Harris außerdem gezwungen, zwei Aufträge nach dem «Patentrezept» auszuführen, beide mit glänzendem Erfolg. Beim ersten zerstörte eine speziell geschulte Staffel die Möhne- und Edertalsperren, auf deren Kapazität die Stromversorgung des Ruhrgebiets zu einem wesentlichen Teil beruhte. Im August verwüstete ein Großangriff die Entwicklungs- und Fertigungsstätten von Peenemünde an der Ostseeküste, wo nachrichtendienstlichen Quellen zufolge Deutschlands geheimes Raketenarsenal hergestellt wurde.

Weit mehr nach Harris' Geschmack waren da im Juli die vier Nachtangriffe auf Hamburg, die einen «Feuersturm» auslösten und den Kern der großen norddeutschen Hafenstadt, 2500 Hektar, in Asche legten. Der Feuersturm ist kein Effekt, den eine Bomberflotte nach Belieben hervorrufen kann. Dazu sind erstens besondere Wetterbedingungen nötig, und zweitens muss der Zivilschutz ausgeschaltet werden. Wenn jedoch diese Verhältnisse vorliegen, sind die Folgen katastrophal: Mit Hilfe von Winden, die Orkanstärke annehmen, saugt eine zentrale Feuersbrunst von allen Seiten Sauerstoff an, bewirkt dadurch den Erstickungstod der Insassen von Luftschutzkellern und -bunkern, zieht Trümmer in seinen Strudel und erreicht Temperaturen, bei der alle brennbaren Stoffe wie durch Selbstentzündung in Flammen aufgehen. Entsprechende Voraussetzungen waren vom 24. bis 30. Juli 1943 in Hamburg gegeben. Lange Zeit hatte heißes, trockenes Wetter geherrscht, die ersten Bombenabwürfe unterbrachen die Hauptwasserleitungen an 847 Stellen, und bald erreichte die Kerntemperatur des Feuers mehr als 800 Grad Celsius. Als es schließlich erlosch, waren nur noch 20 Prozent der Hamburger Gebäude intakt. 40 Millionen Tonnen Trümmer bedeckten die Innenstadt, und 30 000 Einwohner waren tot. In einigen Stadtgebieten kamen mehr als 30 Prozent der Einwohner durch die Angriffe um.

Als man die Zahl der Hamburger Bombenopfer während des gesamten Krieges errechnete, stellte sich heraus, dass sie nur um 13 Prozent niedriger lag als die der gefallenen Soldaten, die zwischen 1939 und 1945 in Hamburg eingezogen worden waren. Die Mehrheit dieser Bombenopfer war bei den großen Angriffen im Juli 1943 umgekommen. Hamburg war nicht der einzige Feuersturm, den die RAF bewirkte. Denselben Effekt erzielte sie, wenn auch mit einer geringeren Anzahl von Opfern, im Oktober in Kassel, wo die Feuer sieben Tage lang brannten. Das gleiche Schicksal ereilte später Würzburg (4000 Tote), Darmstadt (6000 Tote), Heilbronn (7000 Tote), Wuppertal (7000 Tote), Wesel (9000 Tote) und Magdeburg (12 000 Tote).

Durch Hamburg fühlte sich Harris jedoch ermutigt, seinen Blick über die westlichen Industriestädte und die hanseatischen Häfen hinauszurichten. Berlin war eines der ersten Ziele des *Bomber Command* gewesen, als es während des Londoner «Blitz» mit seinen Vergeltungsschlägen begann. Im November 1943 beschloss

Harris, in der bevorstehenden Jahreszeit der langen Nächte, die den besten Schutz gegen deutsche Jägerangriffe boten, Berlin zum Hauptziel seiner Bomberbesatzungen zu machen. Der letzte Angriff gegen die deutsche Hauptstadt hatte im Januar 1942 stattgefunden, danach war sie von der Liste der Ziele gestrichen worden, weil sie zu weit von den Stützpunkten des *Bomber Command* entfernt lag und eine starke Flugabwehr besaß, weshalb die «Ausfallrate» bei Einsätzen gegen Berlin außergewöhnlich hoch war. Sondierungsangriffe im August und September legten jedoch den Schluss nahe, dass Berlin inzwischen für Harris' erheblich leistungsfähigere Bomberflotte ein weicheres Ziel geworden war, daher nahm sie in der Nacht vom 18. auf den 19. November 1943 die «Schlacht um Berlin» auf.

Bis zum 2. März 1944 flog sie nun 16 Großangriffe gegen die Stadt. Bislang waren in allen Fliegerangriffen der RAF seit August 1940 lediglich 80 Hektar der Wohngebiete Berlins beschädigt worden, und seine Funktion als Hauptstadt nicht nur des Reichs, sondern auch von Hitlers Europa hatte darunter nicht gelitten. Nach wie vor war Berlin ein wichtiges industrielles, administratives und kulturelles Zentrum: Strahlend entfaltete sich das Leben in seinen prachtvollen Hotels, Restaurants und Theatern. Gleiches galt für die eleganten Wohngebiete wie Dahlem, in denen die großbürgerliche Opposition gegen Hitler zu Hause war. «Missie» Wassiltschikow, eine anglophile Exilrussin und enge Freundin von Adam von Trott, einem der Hauptverschwörer des 20. Juli, hatte bis Ende 1943 den Eindruck, das Vorkriegsleben in der Hauptstadt werde durch «Feindeinwirkung» kaum gestört (ein Ausdruck, mit dem in Großbritannien die Ursache der Bombenopfer bezeichnet wurde). Sie war weiterhin auf Diners und Bällen zu finden und drückte sich vor der Arbeit in Goebbels' Propagandaministerium unter Vorwänden wie dem, der letzten großen aristokratischen Hochzeit der Kriegsjahre im Hause Hohenzollern-Sigmaringen beiwohnen zu müssen. Das alles endete in dem Augenblick, als die Schlacht um Berlin begann.

Dann zogen sich die Kriegswolken rasch über der Hauptstadt zusammen. Als Gauleiter von Berlin überredete Goebbels eine Million der viereinhalb Millionen Einwohner, Berlin zu verlassen, bevor das *Bomber Command* seine Hauptangriffe begann. Wer blieb, sah sich den nachhaltigsten Fliegerangriffen ausgesetzt, welche die Bevölkerung irgendeiner Stadt während des Zweiten Weltkriegs zu erdulden hatte. Auch wenn Berlin keinen Feuersturm erlitt – da es überwiegend im 19. und 20. Jahrhundert erbaut wurde, besaß es breite Straßen und viele offene Plätze, sodass sich ein Großfeuer nicht ausbreiten konnte –, so hinterließ der pausenlose tödliche Regen aus Luftminen und Brandbomben, der allein im Januar sechs Mal auf die Stadt niederging, doch schreckliche Verwüstungen. Dank der stabilen Luftschutzbunker in elf enormen Flak-Türmen aus Beton starben zwar nur 6000 Berliner, aber anderthalb Millionen wurden ausgebombt und 800 Hektar der Stadt bis März 1944 in Schutt und Asche gelegt.

Als die Schlacht schließlich beendet wurde, geschah das nicht nur, weil Harris' Flugzeuge für die Vorbereitung des Invasionstags gebraucht wurden; Harris selbst hatte vielmehr einsehen müssen, dass die «Bilanz» zwischen dem Verlust von Berliner Bausubstanz und Flak und demjenigen seiner Bomberbesatzungen zugunsten der Stadt ausgefallen war. Obwohl Harris im März 1944 durchschnittlich über 1000 einsatzbereite Bomber verfügte, hatten die Verluste den «vertretbaren» Höchstwert von 5 Prozent überschritten, manchmal kletterten sie bis auf 10 Prozent (bei dem verlustreichsten Angriff überhaupt, ironischerweise nicht gegen Berlin, sondern am 30. März 1944 gegen Nürnberg, betrugen sie gar mehr als 11 Prozent). Da Bomberbesatzungen 30 Einsätze fliegen mussten, bis ihnen eine Ruhezeit zustand, war, statistisch gesehen, die Wahrscheinlichkeit hoch, dass sie abgeschossen wurden, bevor sie einen Zyklus vollendet hatten. In der Praxis wiesen jedoch Besatzungen, die schon mehr als fünf Einsätze absolviert hatten, weit höhere Überlebensraten auf als Neulinge, die überproportional häufig unter den «vertretbaren» 5 Prozent Ausfällen zu finden waren. Doch als die Verlustrate gegen 10 Prozent kletterte, wurden selbst erfahrene Besatzungen getötet. Das belastete die Überlebenden, deren Moral entsprechend schlechter wurde, was sich etwa darin äußerte, dass sie ihre Bomben verfrüht abwarfen und vorzeitig zum Stützpunkt zurückkehrten.

Im Anstieg der Verlustrate manifestierte sich der kurzfristige Erfolg der deutschen Abwehrmaßnahmen. Als die Bomber tiefer auf deutsches Gebiet eindrangen, sahen sie sich in höherem Maße den Angriffen der deutschen Flak-Batterien und Jäger ausgesetzt. In der Anfangsphase der Nachtangriffe hatte die deutsche Luftwaffe ebensolche Schwierigkeiten gehabt, die RAF abzufangen, wie die RAF bei der Bekämpfung des deutschen Nacht-«Blitz» 1940/41. Im Laufe des Jahres 1942 war ein steiler Anstieg der Erfolgsquote zu verzeichnen, was zum einen an einer wirksameren Einsatzleitung der Jäger lag, zum anderen an ihrer besseren Bewaffnung und Ausrüstung. Die Flak versetzte die Bomberbesatzungen zwar in Angst und Schrecken, war aber weniger wirksam. Die *Mosquitos* der *Pathfinder*-Staffel, die in 9000 Meter Höhe flogen, konnte das Flak-Feuer nicht erreichen; die Jäger allerdings griffen aus einer Entfernung von 120 Metern an, sobald sie zum Ziel geleitet worden waren.

Ab Oktober 1940 hatten die Deutschen in Holland, der natürlichen Einflugschneise des *Bomber Command* nach Deutschland, begonnen, entlang der so genannten Kammhuber-Linie eine Flotte von Nachtjägern mit Radarausrüstung zu stationieren, die vom Radar der «Würzburg»-Bodenstationen zu den Eindringlingen geleitet wurden. Im Gegenzug rüstete die RAF ihre Flugzeuge mit einem Radarortungsgerät aus, erhöhte die Dichte ihrer Bomberflotten, um den Jägern ein kleineres Ziel zu bieten, und warf schließlich (im Juli 1943) Stanniolstreifen zur Störung des Radars aus – solche so genannten Düppel wurden erstmals bei den Fliegerangriffen auf Hamburg eingesetzt. Am Ende jedoch wurden all diese Schutzmaßnahmen überwunden: Es gelang den Deutschen, die elektronischen Emissionen des *Bomber Command* zur Zielortung zu verwenden, ihre Radargeräte so zu verbessern, dass sie sich von Düppeln nicht mehr narren ließen, und die Dichte der eigenen Jägerformationen entsprechend derjenigen der Bomberflotten zu erhöhen. Ende 1943 wurden die «Zahme-Sau-Staffeln» der radargerüsteten Nachtjäger durch eine große Zahl von «Wilde-Sau-Tagjägern» ergänzt, die als Nachtjäger eingesetzt wurden. Diese Flugzeuge besaßen zwar keine Radargeräte, wurden aber durch Leitstrahlen zu den Bombern geleitet, die sie dann im Licht der Flak- und der Suchscheinwerfer angriffen.

Materialschlacht

Wäre das *Bomber Command* der einzige Feind am Himmel über Deutschland gewesen, hätte die britische Bomberflotte im Frühjahr 1944 wohl am Rande einer Niederlage gestanden. Doch die *Eighth Air Force* der *US Army*, die noch immer Punktzielbombardierungen bei Tag vornahm, hatte jetzt eine Luftflotte von 1000 B-17 und B-24 *Liberators* in Großbritannien zusammengezogen, um den Deutschen zu zeigen, «was Amerikaner unter einer echten Materialschlacht verstanden». Bislang hatte die amerikanische Luftwaffe, von ihren verlustreichen Abstechern nach Schweinfurt und Regenburg abgesehen, noch keine Massenangriffe tief nach Deutschland hinein unternommen. Ab Februar 1944 (der «Big Week» vom 20. bis 26. Februar) begann sie unter ihren neuen Befehlshabern Spaatz und James Doolittle, dem Helden des Luftangriffs auf Tokio im April 1942, bis zu Zielen innerhalb Deutschlands vorzudringen, welche die deutsche Luftwaffe unbedingt verteidigen musste: Flugzeugfabriken und die zwölf Hydrierwerke. Speer, Hitlers fähiger Rüstungsminister, hatte den feindlichen Luftwaffen 1943 einen Großteil ihrer Ziele genommen, indem er die Fertigung dezentralisiert und die einzelnen Produktionsbetriebe auf neue, kleine Standorte verteilt hatte, meist in Süddeutschland. Doch die Flugzeugfabriken und vor allem die Hydrierwerke eigneten sich nicht zur Dezentralisierung und boten sich deshalb der «Mighty Eighth» als vorrangige Ziele an.

Die *Eighth Air Force* war darüber hinaus mit den erforderlichen Mitteln ausgestattet worden, die es erlaubten, diese Bestimmungsorte zu erreichen. Tagangriffe setzten Jägereskorten voraus; deshalb hatte das *Bomber Command* sie 1941 aufgegeben, denn die Reichweite der *Spitfires* war zu gering, um in Deutschland eindringen zu können. Im Laufe des Jahres 1943 hatte der Aktionsradius der amerikanischen Jäger die Angriffe der *Eighth Air Force* durchweg ebenfalls auf Frankreich und die Niederlande beschränkt. Ab August jedoch wurden die P-47 *Thunderbolts* und P-38 *Lightnings* auf Veranlassung von Robert A. Lovett, Staatsekretär im amerikanischen Kriegsministerium, mit Abwurftanks versehen, außen angebrachten Zusatztreibstoffbehältern, die sich im Notfall ausklinken ließen. Damit konnten die Jäger über das Ruhrgebiet hinausgelangen. Im März 1944 kam ein neuer Jägertyp hinzu, die in hoher Stückzahl produzierte P-51 *Mustang*, die ebenfalls mit Abwurftanks ausgerüstet war und bis nach Berlin und weiter fliegen konnte, 1000 Kilometer von ihren britischen Stützpunkten entfernt. Die P-51 war eine absolute Neuheit: ein schwerer Langstreckenjäger mit den Eigenschaften eines Kurzstreckenabfangjägers. Seine Herstellung hatte sich verzögert, weil er eine anglo-amerikanisches Gemeinschaftsentwicklung ohne einflussreiche Fürsprecher war. In einen untermotorisierten amerikanischen Flugzeugrumpf bauten die Briten den berühmten Merlin-Motor ein. Als Spaatz und Doolittle die erhöhte Leistungsfähigkeit des neuen Modells erkannten, verlangten sie unverzüglich seine Massenproduktion, woraufhin insgesamt 14000 Stück hergestellt wurden. Ab März tauchte dieser Jäger in großer Zahl am deutschen Himmel auf und begann, die Kraft der deutschen Luftwaffe zu brechen.

Sobald die Aufträge erledigt waren, die zur Vorbereitung von *Overlord* verlangt wurden, und trotz einiger Einsätze gegen die Stellungen der deutschen Geheimwaffe in Nordfrankreich wurde *Pointblank* mit doppelter Kraft wieder aufgenommen. Die *Eighth*

Air Force hatte ihre Angriffe auf die deutschen Hydrierwerke sogar während der Schlacht in der Normandie fortgesetzt, und im September waren ihre Erfolge noch größer als erwartet. Zwischen März und September ging die Treibstoffproduktion von 316 000 auf 17 000 Tonnen zurück. Der Ausstoß an Flugbenzin fiel auf 5000 Tonnen. Danach zehrte die Luftwaffe von ihren Vorräten, die Anfang 1945 praktisch erschöpft waren. Inzwischen koordinierten die beiden alliierten Luftwaffen den rund um die Uhr geführten Bombenkrieg gegen deutsche Großstädte, wobei sie dem Transportwesen besondere Aufmerksamkeit schenkten. Ende Oktober hatten sie die Zahl der verfügbaren Eisenbahnwaggons von ursprünglich 900 000 auf 700 000 reduziert, im Dezember gar auf 214 000.

Unter den strategischen Tag- und Nachtangriffen der USAAF und RAF, die im Herbst, Winter und Frühjahr 1944/45 je 1000 Flugzeuge zur Verfügung hatten, wurde das deutsche Wirtschaftsleben gelähmt. Jetzt, da die feindlichen Heere an den Grenzen im Osten und im Westen standen, war das Deutsche Reich durch keinen *Cordon sanitaire* besetzter Gebiete mehr geschützt. Die Luftwaffe war den Taglichtbombereskorten qualitativ und zahlenmäßig unterlegen und konnte schließlich ihre wenigen verbliebenen Jäger nicht einmal mehr starten lassen. Obwohl das Luftschutzsystem zwei Millionen Männer und Frauen anderen Verwendungen entzog – vielleicht die beste Rechtfertigung des strategischen Bombenkriegs –, verlor die Flak zunehmend an Bedeutung, da die Bomberverbände immer dichter und schneller wurden, sodass sie dem Flak-Feuer nicht länger als wenige Minuten ausgesetzt waren. Als 1945 die Zahl der Bomber über Deutschland weiter anwuchs, ging ihre Verlustrate im umgekehrten Verhältnis zurück, auf weniger als ein Prozent pro Einsatz.

Die plötzliche Umkehr des Vorteils von der Seite der Verteidiger auf die der Angreifer ergab sich zweifellos aus dem unmittelbaren Einsatz der *Mustangs*, die als Begleitschutz für die amerikanischen *Flying Fortresses* und *Liberators*, später auch in offensiven Aufklärungseinheiten verwendet wurden. Ende 1943 waren die amerikanischen Luftangriffe an den Tagjägern der deutschen Luftwaffe gescheitert, Anfang 1944 die britischen an den Nachtjägern. Nun gaben die *Mustangs* der *Eighth Air Force* die Fähigkeit zurück, in den deutschen Luftraum einzudringen. Auf diese Weise unterband sie die Treibstoffversorgung der deutschen Luftwaffe, was wiederum deren Fähigkeit beschnitt, dem *Bomber Command* weiterhin so hohe Verluste beizubringen wie 1943/44. Damit erhielten die Briten Ende 1944 die Möglichkeit, wie die Amerikaner rund um die Uhr anzugreifen und ein gleiches Maß an Zerstörung anzurichten: Die deutsche Industrieproduktion kam Anfang 1945 zum Erliegen – sei es durch Vernichtung der Fertigungsstätten oder durch ausbleibende Zulieferungen.

Da der Höhepunkt der Bombererfolge zeitlich mit der Niederlage der deutschen Wehrmacht im Feld und mit der fortschreitenden Besetzung des Reichsgebiets durch die alliierten Heere zusammenfiel, ließ sich die Behauptung der Fürsprecher des strategischen Bombenkriegs, dieser sei der Vater des Sieges gewesen, weder damals noch später beweisen. Schon begründeter erscheinen solche Behauptungen in Bezug auf Japan, wenn man die Ergebnisse des Bombenkriegs betrachtet, den das XXI. *Bomber Command* der USAAF unter General Curtis LeMay dort führte: Zwischen Mai und August 1943 wurden 158 000 Tonnen Bomben, zwei Drittel davon Brandbomben, auf die 58 größten japanischen Städte abgeworfen, alle überwiegend aus Holz erbaut. Dabei wurden 60 Prozent der bebauten Flächen zerstört, mit dem Erfolg, dass Entsetzen und Verzweiflung unter den Einwohnern um sich griff. Bereits vor Abwurf der Atombomben auf Hiroshima und Nagasaki und vor Beginn des «Blitzkriegs» der Roten Armee in der Mandschurei, auf die Japans Kapitulation vielfach zurückgeführt wird, war auf den japanischen Mutterinseln der Widerstandswille der Bevölkerung von den amerikanischen Bombern zweifellos schon fast gebrochen worden.

Dagegen geriet die Moral der deutschen Zivilbevölkerung

durch die Bombardierungen nie ins Wanken. Die Bewohner einzelner Großstädte wurden durch die Angriffe schwer in Mitleidenschaft gezogen. In Dresden, das in der Nacht zum 14. Februar 1945 heimgesucht wurde, war die gesamte Infrastruktur zerstört. Doch in Berlin blieben die öffentlichen Verkehrsmittel und die Versorgungsunternehmen in der Zeit der Luftangriffe in Betrieb und funktionierten noch während der Erdkämpfe um die Stadt im April 1945. In Hamburg fielen fast 50 000 Einwohner dem Bombenkrieg zum Opfer, die meisten davon im Juli 1943, fast so viele wie in Großbritannien im Verlauf des gesamten Krieges (60 000), trotzdem erreichte die Industrieproduktion innerhalb von fünf Monaten wieder 80 Prozent ihrer normalen Leistung. Durch nichts bestätigten die Deutschen ihren Ruf, ein diszipliniertes und mutiges Volk zu sein, so überzeugend wie durch die Zähigkeit, mit der die Männer und Frauen in den heimgesuchten Städten 1943 bis 1945 die alliierten Luftangriffe ertrugen – die Frauen vielleicht in noch höherem Maße, weil ihnen in der Zeit des Krieges die Verantwortung für die Familien oblag.

Die Verluste, die der strategische Bombenkrieg unter der deutschen Zivilbevölkerung forderte, waren tragisch: 87 000 verloren in den Städten des Ruhrgebiets ihr Leben, 50 000 in Hamburg, 50 000 in Berlin, 20 000 in Köln, 15 000 in der vergleichsweise kleinen Stadt Magdeburg, 4000 in der mittelgroßen Barockperle Würzburg. Insgesamt starben rund 600 000 deutsche Zivilisten unter den alliierten Bomben, 800 000 wurden schwer verletzt. 20 Prozent der Toten waren Kinder, und unter den Opfern befanden sich in Hamburg 40 Prozent, in Darmstadt sogar 80 Prozent mehr Frauen als Männer – zwei Städte, in denen es zum Feuersturm kam. Im Anschluss gesellte sich zur Trauer und Obdachlosigkeit der Mangel: Die Produktionsleistung sank um 30 Prozent beim Stahl, um 25 Prozent im Motorenbau, um 15 Prozent in der Stromerzeugung sowie der chemischen Industrie und praktisch um 100 Prozent beim Öl. Rechnet man noch den fast vollkommenen Zusammenbruch des Transportwesens hinzu, so fehlten im

Mai 1945 der überlebenden Bevölkerung damit alle Mittel zum Wiederaufbau. Der Ausfall der Transportmittel bewirkte auch einen Mangel an Heizmaterial, sodass der Konsum auf das absolute Existenzminimum sank.

Doch da ganz Deutschland zum Zeitpunkt der Kapitulation besetzt war, blieb allen Bevölkerungsschichten eine Hungersnot erspart, wie sie wegen der andauernden Kriegsblockade der Entente nach November 1918 eintrat. Die Besatzungsheere, sogar die Rote Armee, sammelten Lebensmittel und kümmerten sich um deren Verteilung. Die Luftflotten, die sich in den Jahren von 1943 bis 1945 bemüht hatten, Deutschlands Wirtschaft zu vernichten, sahen sich, kaum war der Krieg vorüber, mit der Aufgabe betraut, wichtige Güter in die Städte zu schaffen, in die sie eben noch Luftminen und Brandbomben abgeworfen hatten.

Im Laufe des Krieges hatten auch die alliierten Luftflotten entsetzliche Verluste erlitten: 1944 hatte allein die *Eighth Air Force* 2400 Bomber verloren. Während des gesamten Krieges hatte das *Bomber Command* 55 000 Gefallene zu beklagen, eine Zahl, die diejenige der gefallenen britischen Offiziere im Ersten Weltkrieg übertrifft. Doch die toten Besatzungsmitglieder der Bomber lebten nicht im ehrenvollen Angedenken der Nation fort wie einst die «verlorene Generation». Ihre Einsätze verschafften der Mehrheit der britischen Bevölkerung zwar auf dem Tiefpunkt des Krieges gegen Hitler eine trotzige Befriedigung, fanden allerdings nie die Unterstützung der ganzen Nation.

Im Unterhaus stellte der Labourabgeordnete Richard Stokes die moralische Berechtigung des Bombenkrieges öffentlich in Frage. Noch entschiedener geschah dies im Oberhaus durch George Bell, den Bischof von Chichester, und in der Privatkorrespondenz des Marquess of Salisbury, Oberhaupt der führenden Familie der Konservativen Partei Großbritanniens. Alle vertraten sie die Ansicht, um Lord Salisbury zu zitieren, «dass die Deutschen natürlich damit angefangen haben, aber wir nehmen uns nicht den Teufel zum Vorbild». Das entsprach einem nagenden Selbstvorwurf des nationalen Gewissens, der nach Kriegsende dazu führte, dass man Harris die Peerswürde vorenthielt, die allen ranghohen britischen Oberbefehlshabern verliehen wurde, und seinen Flugzeugbesatzungen keine besondere Erinnerungsmedaille zugestand. Mit dem Rücken an der Wand hatte das britische Volk beschlossen, nicht zur Kenntnis zu nehmen, dass es sich auf das Niveau des Feindes begab. Nach dem Sieg erinnerte es sich daran, dass es an die Werte des Fair Play glaubte. Der strategische Bombenkrieg, der vielleicht noch nicht einmal als vernünftige Strategie gelten kann, war auf keinen Fall Fair Play. Über seinen Verlauf und Ausgang breiteten auch diejenigen den Schleier des Vergessens, die ihn am konsequentesten betrieben hatten.

23 · DIE ARDENNEN UND DER RHEIN

Das deutsche Heer, das seine Fähigkeit, Krisen zu überwinden, nicht verloren hatte, sorgte umgehend für einen möglichst großen Abstand zwischen sich und dem Desaster in der Normandie. Hitler war gezwungen, den Ausgang der Falaise-Schlacht anzuerkennen, hatte es aber zuvor abgelehnt, den Bau von Befestigungen an der Somme und Marne zu gestatten, die der Heeresgruppe B als vorübergehende Auffangstellung zwischen dem Atlantik- und dem Westwall dienen sollten. Als das Westheer die Seine zwischen dem 19. und 29. August überquerte, konnte und mochte es daher auf dem Rückzug nicht innehalten, bevor es in den ersten Septemberwochen verteidigungsfähige Stellungen an den großen nordwesteuropäischen Wasserstraßen erreichte – der Schelde, der Maas und den Rheinzuflüssen. Die Briten eroberten am 3. September unter dem frenetischen Jubel der Bevölkerung Brüssel und am folgenden Tag Antwerpen, Europas größten Hafen. Am 14. September waren ganz Belgien und Luxemburg in alliierter Hand, dazu ein Teil Hollands. Stoßtrupps der amerikanischen 1. Armee überquerten am 11. September erstmals die deutsche Grenze bei Aachen; am selben Tag stellte die Vorhut der franko-amerikanischen Streitmacht, die am 15. August in der Provence gelandet war, bei Dijon Verbindung mit Pattons 3. Armee her. Danach begab sie sich als 6. Heeresgruppe an die Front im Elsass. Ende der zweiten Septemberwoche gab es in Nordeuropa eine durchgehende Front, die sich von den Ufern der Schelde in Belgien bis zum Oberlauf des Rheins in Basel an der Schweizer Grenze erstreckte.

Doch Patton und Montgomery, Eisenhowers ehrgeizigste Oberbefehlshaber, erreichten die Vormarschwege zu den deutschen Grenzen in der Überzeugung, dass es bei einer entschlosseneren

Strategie und einer überlegteren Nachschubplanung gelungen wäre, Breschen in den Westwall zu schlagen. Die Wurzeln dieses Disputs, der später als die Auseinandersetzung über die «Strategie der breiten und der schmalen Front» bekannt wurde, reichten weit zurück in die Anfänge der Operation *Overlord*, als die Luftangriffe gegen das französische Eisenbahnsystem auf ihrem Höhepunkt angekommen waren. Die alliierten Streitkräfte hatten die französischen Eisenbahnbrücken, die Gleise und das rollende Material so gründlich zerstört, dass die alliierten Armeen, als sie im August endlich aus dem Brückenkopf ausbrachen, den Nachschub für ihren Vormarsch nur mit Lastwagen und auf der Straße transportieren konnten. Man hoffte, dass sich die Strecke für die Lastwagen in dem Maße verkürzen ließe, wie die Häfen an der Kanalküste erobert würden (was auch deshalb wünschenswert gewesen wäre, weil dort die Abschussrampen für Hitlers fliegende Bomben standen). Aber Hitlers Entscheidung, Le Havre, Boulogne, Calais, Dünkirchen und die Scheldemündung von Verbänden der abziehenden Heeresgruppe B halten zu lassen, machte diese Hoffnung zunichte. Zwar wurde Le Havre am 12. September eingenommen, Boulogne am 22. September und Calais am 30. September, doch Dünkirchen blieb bis Kriegsende in deutscher Hand, und was für die Alliierten von noch größerer Bedeutung war: auch die Verteidigungsstellungen an der Scheldemündung wurden bis Anfang November von den Deutschen gehalten.

In der Rückschau erweist sich das Versäumnis, die Scheldemündung zu erobern und damit der Flotte, die den Nachschub über den Ärmelkanal beförderte, den Weg nach Antwerpen zu eröffnen, direkt in den Rücken der kanadischen 1., der britischen 2. und der amerikanischen 1. Armee, als der verhängnisvollste Fehler dieser Phase. Darüber hinaus war er kaum entschuldbar, weil Ultra ab dem 5. September Montgomerys Hauptquartier Geheimdienstinformationen über Hitlers Entscheidung (vom 3. September) hatte zukommen lassen, den Alliierten die Nutzung der Häfen und Wasserstraßen an der Kanalküste zu verwehren.

Bereits am 12. September hatte Montgomerys eigener, zur 21. Heeresgruppe gehörender Nachrichtendienst berichtet, dass die Deutschen die Absicht hätten, «die Zugänge nach Antwerpen so lange wie möglich zu halten, ohne die die Hafenanlagen, obwohl kaum beschädigt, keinen Nutzen für uns haben».

Trotz aller Warnungen und gegen seine eigene militärische Vernunft machte Montgomery nicht kehrt, um die Scheldemündung in alliierte Hand zu bringen. Stattdessen war er entschlossen, mit Hilfe der alliierten 1. Luftlandearmee (der britischen 1. sowie der amerikanischen 82. und 101. Luftlandedivision) Maas und Niederrhein zu überwinden, in der Norddeutschen Tiefebene Fuß zu fassen und das Ruhrgebiet einzunehmen, das Kernland der deutschen Kriegsindustrie. Am 10. September – im August war der Oberbefehl über die Landstreitkräfte in Nordwesteuropa von ihm auf Eisenhower übergegangen, er selbst war in Anerkennung seiner Leistungen zum Feldmarschall befördert worden – holte Montgomery sich vom Alliierten Oberkommando die Genehmigung zu diesem Plan, und am 17. September begann die Operation, die den Decknamen *Market Garden* trug.

Market, die Einnahme der Brücken von Eindhoven und Nimwegen durch die amerikanischen Luftlandedivisionen, erwies sich als glänzender Erfolg; *Garden*, der Absprung der britischen 1. Luftlandedivision auf die weiter entfernten Rheinbrücken bei Arnheim, nicht. Wegen der Erfahrung der deutschen Fallschirmjäger auf Kreta, die noch in der Luft schwerste Verluste erlitten hatten, war für die alliierten Luftlandekräfte die Regel aufgestellt worden, dass Absprünge in einiger Entfernung zum gewählten Ziel stattzufinden hätten, auf das sich die Fallschirmjäger erst konzentrieren sollten, wenn sie sich gesammelt und ihre Ausrüstung aufgenommen hätten.

Zwar gelangte die 1. Luftlandedivision sicher auf die Erde, aber als sie zu den Brücken von Arnheim vorrückte, stellte sie fest, dass die Umgebung von den Resten der 9. und 10. SS-Panzerdivision gehalten wurde, die sich nach dem Debakel in der Normandie dort neu formierten. Die Deutschen verfügten nur über eine Panzerkompanie, einige Spähpanzer und Halbkettenfahrzeuge. Doch selbst die Reste einer Panzerdivision geboten über mehr Feuerkraft als die 1. Luftlandedivision, deren Artillerieunterstützung lediglich aus mitgeführten 7,5-cm-Haubitzen bestand, einer Waffe, die einer der eigenen Artillerieoffiziere als «ziemlich harmlos» bezeichnete. Nachdem die britischen Fallschirmjäger bei ihrer Annäherung eine der beiden Brücken von Arnheim in den Rhein hatten fallen sehen, gelang es ihnen, die andere zu erobern und zu halten. Eisern verteidigten sie sie bis zum 20. September, stündlich das Eintreffen der eigenen Panzer erwartend, doch die britische Gardepanzerdivision, die ihnen zu Hilfe kommen sollte, sah sich auf einer einzigen Straße zwischen überfluteten Feldern eingezwängt und konnte nicht so rasch vorankommen wie geplant. Um Arnheim waren jetzt deutsche Verstärkungen zusammengezogen worden, die sich immer enger um die Stadt schlossen, bis die Briten am 24. September den Befehl zum Rückzug erhielten. Einige entkamen über eine improvisierte Fähre, viele schwammen durch den Rhein zum Südufer. Wenig mehr als 2000 Mann gelang die Flucht. 1000 fielen im Verlauf der Schlacht, 6000 gingen in Gefangenschaft. Die 1. Luftlandedivision hatte praktisch aufgehört zu existieren.

Arnheim war der erste klare Erfolg des deutschen Heeres, seit es die Normandie aufgegeben hatte. Es hatte allerdings auch einen kaum zur Kenntnis genommenen erfolgreichen Verteidigungskampf um Aachen geführt und befestigte nun eifrig seine Stellungen entlang der Scheldemündung, offenbar unbemerkt, auf jeden Fall unbehindert von Montgomerys 21. Heeresgruppe. Bei ihrem überhasteten Vormarsch auf Brüssel hatte diese die nicht motorisierten Teile der deutschen 15. Armee umgangen, die in Nordfrankreich und entlang der südbelgischen Küste zurückgeblieben waren. General Gustav von Zangen, ihr neuer Oberbefehlshaber, machte sich die Entlastung, die Arnheim bedeutete, zunutze, indem er diese Reste, rund 65 000 Mann aus neun Divisionen, über die Scheldemündung auf die Insel Walcheren und in das Küstengebiet von Südbeveland evakuierte, wobei er einen Brückenkopf am Südufer in Breskens zurückließ. Die wieder aufgestellte 15. Armee wurde von Montgomery bis zum 6. Oktober unbehelligt gelassen, erst dann hatte er endlich begriffen, wie prekär die logistische Lage der alliierten Befreiungsarmeen blieb, solange Antwerpen nicht genutzt werden konnte, weil dessen Zugänge zum Meer in deutscher Hand waren. Also erteilte Montgomery seinen kanadischen Truppen den Auftrag, die sumpfigen Ufer der Schelde zu erobern und von Deutschen zu räumen, ein Auftrag, der sich zur schwierigsten und unangenehmsten Operation entwickelte, den eine der alliierten Armeen in jenem Winter des Jahres 1944 zu erfüllen hatte. Als die Schlacht am 8. November vorüber war, mussten noch zwei Minenfelder im Fluss geräumt werden, sodass es bis zum 29. November dauerte, ehe Antwerpen endlich von Schiffen angelaufen werden konnte, 85 Tage nach seiner Eroberung durch die Alliierten.

Logistische Improvisation, unter anderem eine Schnellstraße für Lastwagen, auf der täglich 20 000 Tonnen Nachschub über die mehr als 600 Kilometer zwischen den Stränden der Normandie und dem Operationsgebiet transportiert wurden, erlaubte inzwischen die Wiederaufnahme der Offensiven an allen Frontabschnitten. An der amerikanischen Front, neben Montgomerys Abschnitt, sah sich Bradleys 12. Heeresgruppe dem Westwall gegenüber, der seit 1939 baufällig geworden und hastig wieder instand gesetzt worden war. Eisenhower hoffte, dass ein koordinierter Vorstoß zu beiden Seiten von Aachen einen Durchbruch nach Köln ermöglichen würde, bevor der Winter dem Feldzug ein Ende machte. Doch der Westwall erwies sich noch immer als gewaltiges Hindernis, als die 1. und die 9. Armee am 16. November angriffen, und obwohl er überwunden wurde, trotzte das Gelände dahinter, vor allem das dichte Unterholz des Hürtgenwaldes, allen alliierten Durchbruchsversuchen. Am südlichen Ende der Front, in Lothringen, führte Patton, nach wie vor verärgert, weil Eisenhower im vergangenen August seinen Vorschlag abgelehnt hatte, von der Seine aus auf «schmaler Front» vorzurücken, einen Bewegungskrieg gegen Balcks Heeresgruppe G. Sie war aus den Divisionen, die aus Südfrankreich entkommen waren, sowie hastig zusammengezogenen Verstärkungen aus dem deutschen Ersatzheer gebildet worden.

Die Deutschen profitierten von den Verteidigungsmöglichkeiten, die sich durch eine Folge von Flussläufen – Mosel, Meurthe und Seille – und die alte französische Festungszone aus den Jahren 1870 bis 1914 ergaben. In einer erbitterten, vom 18. November bis zum 13. Dezember dauernden Schlacht zogen sie sich Schritt um Schritt zurück und verwehrten Pattons 3. US-Armee die Eroberung von Metz. Erst am 15. Dezember kam die amerikanische Armee mit den Ausläufern des Westwalls in Berührung, die hier dem Flusslauf der Saar folgten. Pattons Angriffsspitzen gelang es, einige kleine Brückenköpfe diesseits der Saar zu nehmen, als die ersten heftigen Schneefälle des Winters einsetzten. Devers' 6. Heeresgruppe, die aus der amerikanischen 7. und der französischen 1. Armee bestand, war erfolgreicher gewesen und hatte es geschafft, die Deutschen aus dem Elsass nach Süden abzudrängen, obwohl sie im schwierigen Bergland der Vogesen kämpfen musste. Am 23. November zogen amerikanische Truppen in Straßburg ein, doch ein Widerstandsnest um Colmar, das den Oberrhein und den Westwall dahinter schütze, hielt Mitte Dezember allen Angriffen der französischen Armee stand.

Deutschland erhält eine Atempause

Dass sich im Herbst und Frühwinter 1944 der Vormarsch der Alliierten gegen die äußeren Verteidigungsstellungen des Deutschen Reiches verlangsamte, war vor allem durch die logistischen Schwierigkeiten bedingt, unter denen ihr Feldzug litt. Sie wurden noch verstärkt durch den viel größeren Bedarf ihrer Truppen – 700 Tonnen pro Tag und Division auf alliierter Seite gegenüber

200 Tonnen auf deutscher. Auch die Kampfkraft des deutschen Heeres war gestiegen. Anfang September hatte Hitler Goebbels beauftragt, im Ersatzheer (das nach der Entlassung seines Befehlshabers Fromm im Zusammenhang mit dem 20. Juli jetzt von Himmler befehligt wurde) 25 neue Volksgrenadierdivisionen auszuheben, um die westlichen Verteidigungsstellen zu bemannen. Man fand die Männer, indem man die Kasernen und die in Deutschland stehenden Einheiten «durchkämmte». So verschaffte man sich auch Ersatz für die zerschlagenen Divisionen, die sich aus der Normandie zum Westwall zurückgezogen hatten.

Zwischen dem 1. September und 15. Oktober bot man dank dieser Methode weitere 150 000 Mann auf – eine Zahl, der die gleichzeitigen Verluste im Westen genau entsprachen –, dazu noch 90 000 Mann aus dem Zuständigkeitsbereich des OB West (zu dem Rundstedt am 2. September wieder ernannt worden war). Außerdem hatte die deutsche Industrie, obwohl die anglo-amerikanischen *Pointblank*-Bombenangriffe nach der Schlacht um die Normandie erneut aufgenommen worden waren, im September höhere Produktionsziffern erreicht als in irgendeinem anderen Kriegsmonat, ein Erfolg, der Speers Entscheidung zu verdanken war, die Fabrikations- und Montagestätten aus den traditionellen Industriezentren auszulagern und zu streuen. Infolgedessen wurden in Deutschland 1944 fast ebenso viele Panzer und Sturmgeschütze hergestellt wie in der Sowjetunion im selben Zeitraum. Die damals produzierten 11 000 mittleren Panzer und Sturmgeschütze, 16 000 Jagdpanzer und 5200 schweren Panzer reichten aus, um die vorhandenen Panzerdivisionen im Feld zu halten (trotz der entsetzlichen Verluste in der Normandie und Weißrussland) und das Material für 13 neue Panzerbrigaden zu liefern, von denen neun anschließend in schwache Panzerdivisionen umgewandelt wurden.

Viel Selbsttäuschung war in Hitlers Hauptquartier erforderlich, um diese Umgruppierungen und Umrüstungen als echten Ausgleich für die Verluste des desaströsen Sommers 1944 darzustellen. Doch Hitler verstand es meisterhaft, sich selbst zu täuschen und sich an Strohhalme zu klammern. Obwohl er allen seinen Befehlshabern unerbittlich untersagte, Gelände preiszugeben, aus welchen Gründen auch immer, tröstete er sich stets über die unvermeidlichen Gebietsverluste hinweg, indem er sich einredete, die feindlichen Linien seien dadurch so überdehnt, dass sich mit einem Gegenschlag der Schaden wieder gutmachen und das verlorene Terrain zurückgewinnen lasse. Dank einem solchen psychologischen Selbstschutzmechanismus vermochte er vor sich zu rechtfertigen, dass er Paulus im November 1942 die Erlaubnis verweigert hatte, aus Stalingrad auszubrechen; dass er Arnim im März 1943 verboten hatte, die Heeresgruppe Afrika aus Tunesien zu evakuieren, solange noch Zeit dazu gewesen wäre; und dass er vor kurzem im August die 5. Panzerarmee bei Mortain in einen selbstmörderischen Gegenangriff getrieben hatte. Im Anschluss an die Schlacht um die Normandie verzerrte das gleiche Muster von Selbsttäuschung Hitlers strategische Wahrnehmung. Am 19. August, während die 7. und die 5. Panzerarmee noch am Ausgang des Kessels von Falaise kämpften, bestellte er Keitel, Jodl und Speer zu sich und teilte ihnen mit, er werde unverzüglich mit der Wiederherstellung des Westheeres beginnen, da er im Westen eine große Gegenoffensive für den November plane. Nacht, Nebel und Schnee, so prophezeite er am 1. September, würden die alliierten Flugzeuge an den Boden fesseln und damit die Voraussetzungen für einen Sieg schaffen.

Seinen Wehrmachtführungsstab unterrichtete Hitler am 16. September in der «Wolfsschanze» von der Entscheidung zu dieser Offensive, nachdem er Jodl einige Tage zuvor angewiesen hatte, einen Plan zu entwerfen. Bei jener Gelegenheit offenbarte er auch zum erstenmal den Ort und das Ziel der «Wacht am Rhein», wie der Deckname des Unternehmens lautete: Er habe sich entschlossen, aus den Ardennen eine Offensive in Richtung Antwerpen vorzutragen. Als die Pläne Gestalt annahmen, wurden seine Überlegungen deutlicher: Antwerpen, das die Alliierten Mitte September noch immer nicht nutzen konnten, war potenziell ihr wichtigster Nachschubhafen für eine Offensive nach Deutschland; wenn die Deutschen wieder die Kontrolle über die Stadt bekämen, würde die alliierte Offensive um viele Monate zurückgeworfen. Inzwischen sollten Hitlers V-2-Raketen, deren Hauptabschussgebiete sich gleich hinter Antwerpen befanden, immer schwerere Schäden in London anrichten, mit demoralisierenden Auswirkungen auf die Bevölkerung. Beim Vorstoß auf Antwerpen, das nur 100 Kilometer von den Stellungen des Westheeres in den Ardennen entfernt lag, würden seine Truppen die britische 2. und die 1. Kanadische Armee von den weiter südlich stehenden Amerikanern abschneiden, sie umfassen und vernichten. Damit wäre das Kräfteverhältnis an der Westfront wieder ausgeglichen, wenn nicht sogar umgekehrt, und die wachsende Wirkung seines Geheimwaffenprogramms sollte es möglich machen, die strategische Initiative zurückzugewinnen. Anschließend obläge es dem Ostheer, an den Ostgrenzen gegen die Russen vorzugehen, sodass Deutschland unter Ausnutzung seiner zentralen Lage zwischen den Feinden seinen theoretischen Vorteil in einen Sieg ummünzen könnte.

Hitlers Glaube an die Phantasien, die er sich zurechtgelegt hatte, wurde verstärkt durch den Umstand, dass der naturgegebene Ausgangspunkt für seine bevorstehende Offensive in den Ardennen lag. Denn auf der deutschen Seite der Ardennen, in der Eifel, hatte er die Armee zusammengezogen, die 1940 die französische Front durchbrochen hatte, und die Ardennen waren es gewesen, durch die seine Panzerdivisionen zu ihrem Überraschungsangriff vorgerückt waren. 1944 boten die Eifel und die Ardennen seinen Soldaten, wie 1940, den Schutz dichter Wälder und enger Täler, die für die feindliche Luftaufklärung fast uneinsehbar waren. Im Inneren dieses Labyrinths aus zerklüftetem Gelände und dichter Vegetation konnten sich seine zu einer neuen Armee zusammengefassten Panzerdivisionen sammeln und in ihre Angriffsstellungen vorrücken, ohne befürchten zu müssen, ihre Gegenwart oder Absichten könnten vorzeitig entdeckt werden. Mehr noch, in unrühmlicher Wiederholung der strategischen Fehler, die das französische Oberkommando vier Jahre zuvor begangen hatte, stufte das Alliierte Oberkommando die Ardennen im Herbst 1944 als Front von zweitrangiger Bedeutung ein und konzentrierte das Gros seiner britischen und amerikanischen Streitkräfte im Norden und Süden. So wurden die Ardennen zum zweiten Mal genau die Schwachstelle, die sich Kleist und Guderian im Mai 1940 zunutze gemacht hatten.

Trotz alledem teilten die Generale, die Hitler mit der Ausführung der «Wacht am Rhein» betraut hatte, nicht seine Zuversicht bezüglich des Plans. Rundstedt und Model, Kluges Nachfolger als Oberbefehlshaber der Heeresgruppe B, waren sich Ende Oktober einig, dass der Plan kein «Standbein» habe. Gemeinsam entwickelten sie eine Alternative, die sie im Gegensatz zu Hitlers «Großer Lösung» die «Kleine Lösung» nannten und die das Ziel hatte, die feindlichen Kräfte hinter den Ardennen zu schwächen statt sie zu vernichten.

Davon wollte Hitler nichts wissen. Zunächst schickte er Jodl am 3. November mit der Nachricht zu Model, der Plan sei unabänderlich. Am 2. Dezember bestellte er dann Model und Rundstedt in die Reichskanzlei in Berlin – jetzt sein bevorzugtes Hauptquartier, seit er am 20. November Rastenburg endgültig verlassen hatte –, um ihnen diesen Punkt persönlich klar zu machen. Das einzige Zugeständnis ihnen gegenüber bestand darin, dass er den Beginn der Offensive noch einmal vertagte (er hatte ihn bereits vom 25. November hinausgeschoben) und ihr einen neuen Decknamen gab – «Herbstnebel», die Bezeichnung, die Model ursprünglich für die «Kleine Lösung» gewählt hatte. Sepp Dietrich, Oberbefehlshaber einer der beiden Armeen, die für diese Operation vorgesehen waren, klagte, dass Hitler von ihm verlange, über den Fluss zu setzen, Brüssel einzunehmen und dann vorzurücken, um Antwerpen zu erobern – in der schlimmsten Jahreszeit, wenn der Schnee hüfthoch liege und nicht genügend Platz für vier Panzer nebeneinander sei, von Panzerdivisionen gar nicht zu reden; wenn es nicht vor acht Uhr hell und um vier schon wieder dunkel werde, und mit neu aufgestellten Divisionen, die hauptsächlich aus Kindern und alten Männern bestünden – und das Ganze zu Weihnachten. Diese Lagebeurteilung durch einen von Hitlers treuesten Anhängern traf den Nagel auf den Kopf.

Auf dem Papier wirkte Deutschlands Schlachtordnung für «Herbstnebel» beeindruckend. Sie bestand aus zwei Panzerarmeen, der 5. und 6., die von Manteuffel, einem der fähigsten jüngeren deutschen Panzergenerale, und Dietrich befehligt wurden. Gemeinsam verfügten sie über acht Panzer-, eine Panzergrenadier- und zwei Fallschirmjägerdivisionen, die überwiegend in der Normandie gekämpft hatten, daher von erfahrenen Offizieren geführt wurden und seit ihrem Rückzug von Falaise wieder auf Kriegsstärke gebracht worden waren. Die Streitmacht umfasste die 1., 2., 9. und 12. SS-Panzer-, die 2., 9. 116. Panzer- und die Panzerlehrdivision, die 3. und 15. Panzergrenadierdivision (Letztere gehörte zur unterstützenden 7. Armee) sowie die 3. und 5. Fallschirmjägerdivision.

Allerdings klafften Schein und Wirklichkeit weit auseinander. Obwohl alle Anstrengungen unternommen worden waren, für diese Divisionen Männer und Ausrüstung aufzutreiben, sodass die 1. und 12. SS-Panzerdivision beispielsweise voll einsatzfähig waren, verfügten selbst Frontverbände wie die 2. und 116. Panzerdivision jeweils nur über 100 Panzer, während die Volksgrenadierdivisionen, die für die Unterstützung der Panzerspitzen sorgen sollten, schlecht ausgerüstet waren, keine Kriegsstärke besaßen und mit «ethnischen» Deutschen aufgefüllt worden waren, die ihre Staatsangehörigkeit Grenzverschiebungen verdankten. In der 62. Volksgrenadierdivision etwa dienten viele eingezogene Tschechen und Polen aus annektierten Gebieten, Männer, die kein Deutsch sprachen und deren Sympathien den alliierten Truppen gehörten; die 352. Volksgrenadierdivision, die auf den Resten ihrer Vorgängerin aufbaute, jener Einheit, die so tapfer am *Omaha Beach* gekämpft hatte, wurde mit Fliegern und Seeleuten aufgefüllt; und die 79. Volksgrenadierdivision war aus Soldaten gebildet worden, die man beim «Durchkämmen» der Etappe entdeckt hatte.

Ein weiterer Schwachpunkt des Plans war der Treibstoffmangel. Nur ein Viertel des erforderlichen Minimums stand bei Beginn der Offensive zur Verfügung, wobei der größte Teil östlich des Rheins gelagert wurde – man erwartete, dass sich die vorderen Stoßtruppen beim Vormarsch aus den Vorräten der Amerikaner versorgen würden. Trotzdem klammerte sich Hitler an die Überzeugung, dass das Unternehmen «Herbstnebel» Erfolg haben werde. Am 12. Dezember entwarf er in einer Rede vor den Generalen in Rundstedts Gefechtsstand das Bild einer feindlichen Allianz aus den «größten Extremen, die überhaupt auf der Erde denkbar sind: ultrakapitalistische Staaten auf der einen Seite und ultramarxistische Staaten auf der anderen Seite; auf der einen Seite ein absterbendes Weltreich, Britannien, auf der anderen Seite eine auf Erbschaft ausgehende Kolonie, die USA ... Wenn hier noch ein paar ganz schwere Schläge erfolgen, so kann es jeden Augenblick passieren, daß diese künstlich aufrechterhaltene gemeinsame Front plötzlich mit einem riesigen Donnerschlag zusammenfällt.»

Zum Teil weil die Heeresgruppe B während der Vorbereitungen für «Herbstnebel» sorgfältige Sicherheitsvorkehrungen traf, zum anderen Teil, weil die Aufmerksamkeit des Alliierten Oberkommandos von den eigenen Operationen bei Aachen, im Saarland und Elsass vollkommen in Anspruch genommen wurde, vermochten die warnenden Vorzeichen der Offensive, soweit es sie gab, die Alliierten nicht aus ihrer Sorglosigkeit aufzuschrecken. Am Morgen des 16. Dezember, dem für die Eröffnung der Offensive festgesetzten Datum, wurde der Frontabschnitt, an dem der Angriff erfolgte, nur von vier amerikanischen Divisionen gehalten, der 4., 28. und 106., die von der unerfahrenen 9. Panzerdivision unterstützt wurden und über eine Strecke von fast 150 Kilometern verteilt waren. Zwei der drei Infanteriedivisionen hatten bei der Schlacht im Hürtgenwald einen Verlust von insgesamt 9000 Mann erlitten und waren in die Ardennen geschickt worden, weil man ihnen eine Ruhepause gewähren wollte. Die dritte, die 106. Division, hatte noch gar keine Kampferfahrung.

Zwischen diese schlecht ausgerüsteten und unvorbereiteten amerikanischen Verteidiger der Ardennen fuhren am Morgen des 16. Dezember die deutsche 6. SS- und die 5. Panzerarmee wie ein Sturmwind. Die amerikanische 28. Division im Zentrum des Angriffs war rasch überrannt, während im Norden die vorgeschobenen Einheiten der 106. Division umfasst wurden. Nur im Süden, wo die 4. Division von der 9. Panzerdivision unterstützt wurde, kamen die Deutschen langsamer voran als erwartet. In den Wirren dieses Tages schätzte man zudem im Hauptquartier von Bradleys 12. Heeresgruppe, die für den Ardennen-Abschnitt zuständig war, die Größenordnung des Angriffs falsch ein: Ohne Luftaufklärung, weil das Winterwetter die Flugplätze außer Gefecht setzte, ging man dort davon aus, er sei örtlich begrenzt und habe nur eine Entlastungsfunktion. Daher reagierte man nicht mit der gebotenen Dringlichkeit auf die Krise, die sich da entwickelte.

Glücklicherweise vertrat Eisenhower, den Bradley an diesem Tag gerade zufällig besuchte, eine etwas vorsichtigere Auffassung. Er beschloss, zwei Panzerdivisionen von benachbarten Armeen abzuziehen, die 7. von der 9. und die 10. der 3. Armee, sodass sie in den Flanken des deutschen Angriffs stünden, falls dieser sich zu einer regelrechten Offensive entwickelte. Patton, der im Saarland kämpfte und immer noch der Überzeugung war, ihm werde der Durchbruch jeden Augenblick gelingen, erhob sofort Widerspruch. Doch wie sich zeigen sollte, war Eisenhowers Vorsicht nur zu angebracht. Am 17. Dezember, dem zweiten Tag der Offensive, gelangte die 1. SS-Panzerdivision an die strategisch entscheidende Straßenkreuzung von St. Vith, von wo aus ein Talweg zur Maas und damit in die Tiefebene Belgiens, den Zugang nach Antwerpen, führte. Der Durchbruch wurde ihr allerdings verwehrt, als die Spitzen der amerikanischen 7. Panzerdivision eintrafen. Durch einen blockierenden Vorstoß der Amerikaner nach dem anderen wurde den SS-Panzern der Weg in die Ebene verlegt – und zu den riesigen amerikanischen Treibstofflagern bei Stavelot, auf die sie gezählt hatten.

Während die 6. SS-Panzerarmee von der direkten nordwestlichen Route nach Antwerpen abgedrängt wurde und immer weiter nach Osten ausweichen musste, kam die 5. Panzerarmee im südlichen Abschnitt besser in Richtung Monthermé voran, wo Kleists Panzer 1940 die Maas überquert hatten. Die Schlüsselfunktion für den Durchbruch der 5. Armee besaß der Ort Bastogne, ein wichtiger Knotenpunkt des spärlichen Straßennetzes, das von der Eifel über die Ardennen ins französische Hinterland führt. Die Eroberung von Bastogne war für die erfolgreiche Fortsetzung von «Herbstnebel» von entscheidender Bedeutung. In der Morgendämmerung des 19. Dezember stand die Panzerlehrdivision nur noch drei Kilometer von der Stadt entfernt. Doch in den Nachtstunden war die amerikanische 101. Luftlandedivision auf Lastwagen eingetroffen, nachdem sie die 160 Kilometer von Reims in halsbrecherischem Tempo zurückgelegt hatte. Nun hatte sie Stellung bezogen, um den Deutschen die Einnahme der Stadt zu verwehren. Zwar verfügten die Fallschirmjäger über keine geeigneten Mittel zur Panzerbekämpfung, aber da sie die Straßen der kleinen Ortschaft entschlossen verteidigten, hinderten sie die Infanterie der Panzerlehrdivision am Eindringen und verwandelten Bastogne damit in eine noch wirksamere Straßensperre, als St. Vith (das am 23. Dezember schließlich fiel) es für die 6. SS-Panzerarmee war.

Am ersten Weihnachtstag war Bastogne von deutschen Truppen vollkommen eingeschlossen. Die deutsche 5. Panzerarmee war weiter vorgerückt, die Panzerlehrdivision seitlich ausgewichen; sie stand jetzt hinter Saint-Hubert, nur 30 Kilometer von der Maas entfernt. Doch an diesem 25. Dezember ging das Tempo des deutschen Vormarsches über die Breite der gesamten Angriffsfront zurück, sodass sich der Frontvorsprung, den die Panzerarmeen in die alliierten Linien getrieben hatten, allmählich abflachte. Alliierte Gegenmaßnahmen begannen sich auszuwirken. Trotz heftiger

Einwände Bradleys hatte Eisenhower den Oberbefehl über die Operationen gegen Dietrichs 6. SS-Panzerarmee an der Antwerpen zugekehrten Nordseite des «Frontvorsprungs» Montgomery anvertraut. Die Wirkung, die der britische Oberbefehlshaber mit seinen Gegenangriffen erzielte, wurde in der Zeit vom 17. bis zum 21. Dezember durch das Vorgehen der Divisionen von Pattons 3. Armee gegen die Südseite des Vorsprungs ergänzt. Montgomery, der ab dem 20. Dezember durch Ultra-Entschlüsselungen eingehend über die Absichten der deutschen 6. SS- ebenso wie der 5. Panzerarmee informiert war, traf augenblicklich Vorkehrungen zur Sicherung der Brücken über die Maas, auf die Dietrichs Panzerspitzen vorrückten, indem er britische Truppen aus Nordbelgien dorthin verlegte. Danach war er der Ansicht, die Angreifer, denen nun 19 amerikanische und britische Divisionen gegenüberstanden, darunter so kampferprobte Verbände wie die amerikanische 82. Luftlande- und die 2. Panzerdivision, würden sich beim Versuch, weiter vorzurücken, einfach aufreiben.

Montgomerys Lagebeurteilung erwies sich als absolut zutreffend. Damals allerdings nahm man nicht recht zur Kenntnis, wie sehr die amerikanischen Divisionen, besonders die 28. und 106., die dem ursprünglichen deutschen Vorstoß den Weg verlegt hatten, durch den entschlossenen und aufopfernden Widerstand vieler ihrer Schützenzüge und Panzerabwehrtrupps am ersten Tag der Offensive dazu beitrugen, den Schwung des deutschen Angriffs abzuschwächen. Sie hatten dem Feind schwere Verluste beigebracht, einen Großteil seines Geräts beschädigt, wenn nicht zerstört, und den Zeitplan durcheinander gebracht, von dessen Einhaltung der Erfolg der Offensive abhing.

Am 26. Dezember lagen Eisenhowers Hauptquartier Hinweise darauf vor, dass «Herbstnebel» den entscheidenden Angriffsschwung verloren hatte. Das Wetter klarte auf und gestattete den alliierten Luftstreitkräften erstmals, wirksam einzugreifen. Pattons 4. Panzerdivision brach durch die Südseite der «Beule» und entsetzte die in Bastogne eingeschlossene 101. Luftlandedivision, während die 2. Panzerdivision, die zu Hodges 1. US-Armee gehörte, die deutsche 2. Panzerdivision in Dinan bei Celles antraf – fünf Kilometer von der Maas entfernt und wegen Treibstoffmangels bewegungsunfähig –, woraufhin sie augenblicklich die vorderen Panzer des deutschen Verbands zerstörte. In dem einseitigen Gefecht mit der amerikanischen 2. Panzerdivision verlor die deutsche 2. Panzerdivision fast alle 88 Panzer und 28 Sturmgeschütze, mit denen sie die Offensive begonnen hatte.

Am 28. Dezember war sich Montgomery sicher, dass «Herbstnebel» gescheitert war, obwohl er erwartete, dass die Deutschen die Offensive nicht aufgeben und sogar noch einen weiteren Angriff versuchen würden. Der erfolgte schließlich außerhalb der «Ardennen-Beule», und zwar im Saargebiet, wo Blaskowitz' Heeresgruppe G gegen Patchs 7. Armee vorging und es schaffte, kurzzeitig ein kleines dreieckiges Geländestück am Westufer des Rheins in Besitz zu nehmen. Durch diesen kurzfristigen Erfolg fühlte sich Hitler in der Ansicht bestätigt, dass seine aggressive Strategie der richtige Weg sei, auch wenn er sie in einem Augenblick umsetzte, in dem die Ostfront mehr noch als die Westfront nach einer Verstärkung der Defensive verlangte. Tatsächlich jedoch verursachte «Nordwind» (wie der Deckname der zweiten Offensive lautete) eine gelinde politische, aber nur geringfügige militärische Besorgnis und leistete keinerlei Beitrag zu «Herbstnebel». Am 3. Januar 1945 begann Montgomery einen konvergierenden Gegenangriff gegen die Nord- und die Westseite der «Frontbeule»; dies zwang Hitler am 8. Januar dazu, den Rückzug seiner vier vorderen Panzerdivisionen aus ihrer exponierten Stellung zu befehlen. Am 13. Januar stellten die amerikanische 82. und die britische 1. Luftlandedivision in der Mitte dessen, was einmal der Ardennen-Frontvorsprung gewesen war, die Verbindung her, und am 16. Januar war die Front wieder begradigt.

Zwischen dem 16. Dezember und dem 16. Januar fielen den Angriffen der deutschen 6. SS- und der 5. Panzerarmee rund 19 000 amerikanische Soldaten der 12. Heeresgruppe zum Opfer;

rund 15 000 gerieten in Gefangenschaft. In den ersten Tagen hatte die Offensive die belgische Zivilbevölkerung in Panik versetzt und sogar bei den Militärs im fernen Paris Besorgnis ausgelöst, wo man sich gegen mögliche Sabotageakte wappnete. Die Befürchtungen galten den kleinen, verdeckt operierenden Einheiten, die Otto Skorzeny (in der Praxis ohne großen Erfolg) hinter die alliierten Linien einschleuste. Hitler sprach seinen Kommandeuren gegenüber von einer ungeheuren Entspannung der Situation; der Feind habe alle seine Angriffspläne fallen lassen müssen und sei gezwungen worden, seine Kräfte neu zu gruppieren, wobei abermals erschöpfte Verbände zum Einsatz gekommen seien. In den Feindländern werde die Kritik immer lauter; man habe dort bereits einräumen müssen, dass keine Aussicht bestehe, den Krieg vor August, vielleicht sogar vor Ende des nächsten Jahres, zu beenden. Das bedeute eine Umkehr der Lage, die vor vierzehn Tagen noch niemand für möglich gehalten hätte.

Hitler übertrieb. Er schätzte auch die wirkliche Bedeutung der Ardennenoffensive völlig falsch ein. Natürlich hatte er dem Feind Verluste zugefügt, aber die ließen sich verschmerzen und ausgleichen. Zwar war die britische Armee, was ihre Möglichkeiten betraf, Soldaten zu rekrutieren, an Grenzen gestoßen, die amerikanische jedoch noch lange nicht. Seit September hatte sie 21 Divisionen nach Frankreich befördert, darunter sechs Panzerdivisionen. Im Januar und Februar sollten weitere sieben folgen, drei davon Panzerdivisionen, alle voll ausgerüstet und in Kriegsstärke. Das Westheer dagegen hatte in den Ardennen 100 000 Mann verloren, durch Tod, Verwundung und Gefangenschaft, dazu 800 Panzer und 1000 Flugzeuge – viele davon am 1. Januar 1945 vergeudet in der letzten Offensive der deutschen Luftwaffe, dem Unternehmen «Bodenplatte» gegen alliierte Flugplätze in Belgien. Keiner dieser Verluste, ob an Menschen oder Material, ließ sich wettmachen. Die Reserven der Wehrmacht waren erschöpft, die Produktion der deutschen Kriegsindustrie konnte nicht mehr Schritt halten mit den normalen Verlusten, ganz zu schweigen von den Zerstörungsorgien, die durch leichtsinnige Offensiven heraufbeschworen wurden. Durch die Bombenangriffe von Oktober bis Dezember war allein die Stahlproduktion, die von grundlegender Bedeutung für die Waffenherstellung war, im Ruhrgebiet von 700 000 auf 400 000 Tonnen monatlich gesunken, und sie ging noch weiter zurück, während die Unterbrechung des Transportsystems es immer schwieriger machte, Waffenkomponenten von ihren Produktionsstätten zu ihren Montagefabriken zu schaffen.

«Herbstnebel» bewirkte lediglich ein kurzes Stocken in den Vorbereitungen der Alliierten für den Vormarsch nach Deutschland hinein, und das um den Preis, dass man der Ostfront Truppen entzog oder vorenthielt, die dort dringend benötigt worden wären, um dem ständigen Vorrücken der Roten Armee nach Südpolen und in die baltischen Staaten etwas entgegenzusetzen. Im November und Dezember waren für die Westfront 2299 Panzer und Sturmgeschütze sowie 18 neue Divisionen bereitgestellt worden, jedoch nur 921 Panzer und fünf Divisionen für die Ostfront, wo 225 sowjetische Infanteriedivisionen, 22 Panzerkorps und 29 weitere gepanzerte Verbände 133 deutschen Divisionen gegenüberstanden; 30 von ihnen drohte bereits die Einkreisung in den baltischen Staaten. Hitlers «letztes Spiel», wie man die Ardennen später nannte, war außerordentlich kurzsichtig. Damit gewann er ein wenig Zeit für einen hohen Preis, scheiterte an seinem Ziel, Montgomerys Armee zu vernichten, und erzielte keinen Geländegewinn.

Trotz des Eingreifens der Generale Januar und Februar, die 1945 auf deutscher Seite kämpften, erholten sich die westlichen Streitkräfte rasch vom Schock des Unternehmens «Herbstnebel», und wenn man bedenkt, wie viel besser die Region westlich des Rheins zu verteidigen war, machten sie ebenso beachtliche Fortschritte wie die Rote Armee zur gleichen Zeit in Polen, Ungarn und in Jugoslawien. Im Januar wurden die beiden deutschen Frontvorsprünge westlich des Westwalls, das Roermond-Dreieck nördlich von Aachen und die Colmar-Beule südlich von Straßburg, begradigt. Im Februar und März rückten Eisenhowers Armeen auf ganzer Breite der Front vor, erreichten den Rhein zwischen Wesel und Koblenz und eroberten das Nordufer der Mosel zwischen Koblenz und Trier. Am Ende der ersten Märzwoche trennte nur noch der Rhein die Alliierten vom deutschen Reichsgebiet.

TEIL V · Der Krieg im Osten 1943–1945

24 · STALINS STRATEGISCHES DILEMMA

Hitlers Entschluss, 1944 Deutschlands letzte Heeresreserven für eine Winteroffensive im Westen aufzubieten, statt sie für einen Gegenangriff im Osten zu nutzen, um dem Vordringen der Roten Armee Einhalt zu gebieten, mag in der Rückschau als eine der widersinnigsten Entscheidungen des Zweiten Weltkriegs erscheinen. Im Osten war Deutschland weder durch geographische noch durch künstliche Befestigungen geschützt. Im Westen lag sowohl die Siegfriedlinie (Westwall) als auch der Rhein zwischen den anglo-amerikanischen Streitkräften und dem Reichsgebiet. An diesen Hindernissen hätten vergleichsweise schwache Kräfte genügt, um Eisenhowers Truppen monatelang aufzuhalten, während die 6. SS- und die 5. Panzerarmee, in denen Hitlers letzte Panzerreserven zusammengefasst waren, möglicherweise ebenso viel Zeit gewonnen hätten, wenn sie an der Weichsel und den Karpaten Stellung bezogen hätten, statt für das Ardennen-Abenteuer vergeudet zu werden. Hitlers Rechtfertigung dieser Entscheidung ist allgemein bekannt: Im Westen waren die alliierten Heere offen für einen Gegenstoß in Richtung Antwerpen, der im Falle eines Gelingens Kräfte freigesetzt hätte, mit denen Hitler anschließend eine Offensive zur Destabilisierung der Roten Armee hätte durchführen können. Kurzum, er entschloss sich, auf Sieg zu setzen, statt sich damit zufrieden zu geben, den Beginn der Niederlage hinauszuschieben. Der Gang der Ereignisse beraubte ihn beider Möglichkeiten. Die Entscheidung für die Ardennenoffensive hat die Rheinüberquerung vielleicht ein wenig hinausgezögert, tatsächlich aber dafür gesorgt, dass im Osten die Offensive der Roten Armee ungehindert vorankommen konnte, an welchem Frontabschnitt auch immer sich Stalin zum Vorstoß entschloss.

Dabei bleibt in der Regel freilich unberücksichtigt, dass sich Hitler auf diese doppelte Gefahr einließ, weil er sich nicht einer zwei-, sondern einer dreifachen Bedrohung gegenübersah. Im Westen bestand die Gefahr eines alliierten Angriffs auf den Rhein. Im Osten bedrohte die Rote Armee zwei breite und weit auseinander liegende Frontabschnitte: Von Polen aus konnte sie durch Schlesien auf Berlin vorrücken, von Ostungarn in Richtung Budapest, Wien und Prag. Da Hitler unmöglich wissen konnte, auf welche dieser beiden Vormarschlinien Stalin sein Hauptaugenmerk richten würde, sprach die strategische Vernunft durchaus dafür, zunächst die Gefahr im Westen auszuschalten und dann die Kräfte nach Osten zu verlegen – immer vorausgesetzt, sie hätten die Schlacht erfolgreich überstanden –, um sie der Roten Armee an dem Frontabschnitt, nördlich oder südlich der Karpaten, entgegenzuwerfen, an dem der Feind in größerer Stärke antrat. Obschon Hitler das nur ahnen konnte, war Stalin bis November 1944 selbst unschlüssig, ob er direkt gegen Berlin vorrücken oder die Kampfkraft des Ostheeres besser dadurch aufsplittern und vernichten sollte, dass er den Vormarsch an anderer Stelle begann; in diesem Falle wäre die Stoßrichtung Budapest-Wien die nächstliegende Option gewesen.

Von dem Augenblick an, da die Rote Armee 1942 in Stalingrad zur Offensive übergehen konnte, sah sich Stalin durch eine Reihe von Faktoren – den schieren Umfang der Ostfront, das Verhältnis von Streitkräften und Räumen, den unregelmäßigen Nachschub und den Mangel an Straßen und Schienenverbindungen – immer wieder vor ähnliche Entscheidungen zwischen verschiedenen Frontabschnitten gestellt. Sogar das deutsche Heer war 1941 in den Sommermonaten von «Barbarossa» gezwungen, den Vormarsch der Heeresgruppe Mitte sechs Wochen lang zu unterbrechen, damit die Heeresgruppen Nord und Süd aufholen und auf gleicher Höhe gegen Leningrad und Kiew vorrücken konnten. Und das waren Armeen im Vollbesitz ihrer Kampfkraft, unter dem Befehl von Kommandeuren, die vom Siegen berauscht waren, Armeen, die über stoßkräftige Panzerspitzen und ausreichende Reserven verfügten. Die Rote Armee dagegen, die in Stalingrad zum ersten Mal zur Offensive überging, erlitt seit 18 Monaten Verluste in einer Größenordnung, wie es sie in der Geschichte noch nie gegeben hatte, wurde von Generalen befehligt, deren Selbstvertrauen durch eine Folge von Katastrophen erschüttert war, und musste auf Reserven zurückgreifen, in denen die allzu jungen und die überalterten Rekruten überproportional vertreten waren. Sie war eine Armee, die erst lernen musste, bewegliche Operationen durchzuführen. Bis es so weit war, musste sie sich notgedrungen darauf beschränken, auf deutsche Vorstöße zu reagieren und an den Frontabschnitten Geländegewinne zu erzielen, wo die Deutschen sich selber durch Überdehnung geschwächt hatten.

Im Übrigen beeinträchtigten diese Mängel das sowjetische Militärwesen auf allen Ebenen. Stalin selbst war als Kriegsherr unsicher, umgeben von zivilen und militärischen Untergebenen, die keine Erfahrung darin hatten, Streitkräfte unter dem Druck eines Krieges zu befehligen, und er war auf eine Kommandostruktur angewiesen, die er aus dem Nichts hatte organisieren müssen. Ferner hinderten Stalin die Natur des Sowjetregimes und sein eigener verschlagener Charakter daran, die öffentliche Unterstützung zu mobilisieren und auf seine Person zu vereinigen, die Churchill beispielsweise sehr dabei half, die Nation zur Bewältigung der Krise aufzurufen. Die Völker der Sowjetunion bildeten keine Nation. Die Erfahrung der Industrialisierung und Kollektivierung hatte Millionen der Kommunistischen Partei entfremdet. Zusätzlich hatte das Ansehen der Partei durch ihre exklusive und repressive Herrschaftsform gelitten, während Stalin selbst sie durch willkürlichen Terror gegen seine Genossen regierte, was umso schändlicher war, als er die Fiktion aufrechterhielt, er sei nur der Erste unter Gleichen in einer kollektiven Führungsriege.

In gewissem Umfang ließ sich der Geist des Patriotismus künstlich zum Leben erwecken. Die großen Epen der russischen Geschichte wurden beschworen, die Helden der Vergangenheit –

Iwan der Schreckliche, Alexander Newski, Peter der Große – aus der Versenkung geholt, Auszeichnungen und Orden geschaffen, die an siegreiche Generale der Zarenzeit erinnerten (Kutusow und Suworow), Rangabzeichen und prächtige Uniformen, die man während der Revolution abgeschafft hatte, wieder eingeführt. Sogar die orthodoxe Kirche, bislang geschmäht in einem offiziell atheistischen Staat, wurde eingespannt, um den Großen Vaterländischen Krieg zu predigen. Zur Belohnung wurde ihr erlaubt, im September 1943 den ersten Synod seit ihrer Unterdrückung nach der Revolution zu wählen. Das waren jedoch bloße Notbehelfe. Sie waren kein Ersatz für ein effektives strategisches Befehlsorgan, für das Stalin sorgen musste, wenn er nicht als Kriegsherr versagen wollte, was gleichbedeutend mit Russlands Niederlage und seinem eigenen Untergang gewesen wäre.

Tatsächlich scheint Stalin in den ersten Wochen von «Barbarossa» dem Zusammenbruch nahe gewesen zu sein. «Eine Woche lang», so schreibt John Erickson,

> herrschte die Anonymität der «Sowjetregierung», des «Zentralkomitees», des *Sownarkom*, das Gezeter der Organisation und die Gebetsmühle der Partei … Stalin, gegen seinen Willen unwiderruflich zum Krieg verpflichtet, zog sich nach dem ersten, katastrophalen Wochenende mindestens drei Tage «in seine Wohnräume zurück». Als er wieder auftauchte, wirkte er laut einem Offizier, der ihn erblickte, «niedergeschlagen und mutlos» … In diesen ersten Tagen ließ er sich nur selten in der Stawka blicken. Die militärische Hauptverwaltung war praktisch desorganisiert, und der Generalstab, dessen Fachleute an die Front abkommandiert worden waren, arbeitete nervtötend langsam … Die Stawka-Diskussionen fuhren sich in taktisch-administrativen Fragen fest. Während man versuchte, strategisch-operative Weisungen zu formulieren, beschäftigten sich Stalin und seine Offiziere immer wieder mit Einzelheiten, die sie wertvolle Zeit kosteten – was für ein Gewehr an die Infanterieeinheiten ausgegeben werden sollte (das Standard- oder das Kavalleriemodell), ob Bajonette erforderlich seien und wenn, ob sie dreischneidig sein sollten.

Gerechtigkeitshalber sei erwähnt, dass auch Hitler Zuflucht bei der Erörterung von militärischen Details suchte, um sich dem Druck von Krisen zu entziehen, und sich, wenn die Krisen anhielten, häufig weigerte, sich mit irgendetwas anderem zu befassen, wie die erhaltenen Fragmente seiner Lagebesprechungen während des Kampfes um Stalingrad beweisen. Stalin dagegen widmete sich rasch wieder den Realitäten.

Am 3. Juli 1941, dem elften Tag des Krieges, wandte Stalin sich in einer Radioansprache an die sowjetische Bevölkerung – ein höchst seltenes Ereignis – und nannte die «Genossen, Bürger, Brüder und Schwestern» seine «Freunde». Mehr noch, er passte die Regierung der Sowjetunion unverzüglich den Verhältnissen des Krieges an. Wie er das bewerkstelligte, ist für Bürger westlicher Staaten fast unbegreiflich, sind sie doch gewöhnt an die strikte Trennung von Staatsorganen und politischen Parteien, staatlicher Macht und militärischen Zuständigkeiten, Bürokraten und Militärs. Schon in Friedenszeiten verwischten sich diese Unterschiede im sowjetischen System. Beim kriegsbedingten Umbau verstärkte Stalin diese organisatorische Mehrdeutigkeit noch.

Seine erste Maßnahme bestand darin, dass er am 30. Juli einen nationalen Verteidigungsrat ins Leben rief, der für die politischen, wirtschaftlichen und militärischen Aspekte des Krieges zuständig war. Seine Mitglieder, deren Zahl später etwas erweitert wurde, waren außer ihm selbst Außenminister Molotow, Woroschilow, der von 1925 bis 1940 Volkskommissar für Verteidigung gewesen war, Malenkow, Stalins rechte Hand in der Parteiorganisation, und – bezeichnenderweise – Berija, der Leiter der Geheimpolizei (NKWD). Am 19. Juli ernannte sich Stalin selber zum Volkskommissar für Verteidigung und übernahm am 8. August insgeheim auch den Posten des Oberbefehlshabers. In dieser Funktion (obwohl er offiziell nur Verteidigungskommissar war) kontrollierte er die Stawka, die praktisch als Exekutivorgan des Staatlichen Verteidigungskomitees (GKO) fungierte, dem sowohl der Generalstab als auch die Oberbefehlshaber an der Front unterstanden.

Da die Handlungen und Entscheidungen des GKO automatisch mit der Autorität des Rats der Volkskommissare ausgestattet waren, dessen Vorsitz Stalin innehatte, und da er auch Offiziere des Generalstabes, bevorzugt und am häufigsten Schukow und Wassilewski, als Befehlshaber von Heeresgruppen oder Spezialoperationen abkommandieren konnte, war Stalin auf allen Ebenen für die Entscheidungen des Großen Vaterländischen Krieges verantwortlich. (Die Bezeichnung «vaterländisch» hatte er in seiner Radioansprache vom 3. Juli verwendet.) Obwohl er dem sowjetischen Volk sorgsam verheimlichte, dass er letztlich alle wesentlichen militärischen Entscheidungen fällte, und sich der Öffentlichkeit als Marschall, Generalissimus und der «große Stalin» erst präsentierte, nachdem eine Reihe wichtiger Siege errungen waren, bekleidete er den Posten des Oberbefehlshabers praktisch seit Anfang Juli 1941. In dieser Rolle war er unerbittlich.

Als die deutsche Heeresgruppe Mitte im Oktober ihren Vormarsch auf Moskau wieder aufnahm, war sein Selbstvertrauen fast ebenso erschüttert wie im Juni, trotzdem lockerte er zu keinem Zeitpunkt den eisernen Griff der Furcht, mit dem er seine Untergebenen umklammert hielt: Entlassung, Schande, sogar Hinrichtung waren die Strafen, die auf Misserfolg standen. General Ismay, Churchills Militärberater, der Moskau im Oktober besuchte, schilderte die Auswirkungen: «... als [Stalin] den Raum betrat, verfielen alle Russen in lähmendes Schweigen, und der gehetzte Blick in den Augen der Generale verriet nur allzu deutlich die ständige Furcht, in der sie lebten. Es war widerwärtig, diese tapferen Männer in einen Zustand solcher Unterwürfigkeit versetzt zu sehen.»

Nur wenige hielten dem Druck stand. Schukow, der bemerkenswert robust war, schien sich auch von Mechlis nicht beeindrucken zu lassen, dem obersten Politkommissar der Roten Armee, den Stalin benutzte, um andere einzuschüchtern. Schukow hatte den Vorteil, dass er seine Panzerverbände 1939 in einem kurzen und nicht erklärten russisch-japanischen Grenzkrieg in der

Mongolei erfolgreich gegen die Japaner geführt hatte. Wichtiger noch, er war von Natur aus widerstandsfähig und beispielsweise in der Lage, eine Entlassung durch Stalin vom Posten des Generalstabschefs wegzustecken und ein operatives Kommando zu übernehmen, ohne das Vertrauen in seine Fähigkeiten zu verlieren – sehr wohl wissend, dass auch Stalin diese Qualitäten kannte. Später traten weitere Oberbefehlshaber von Schukows Zuschnitt in Erscheinung, vor allem Rokossowski und Konjew. Als alle drei 1944 Heeresgruppen befehligten, waren Stalins Schwierigkeiten, fähige Untergebene zu finden, weitgehend gelöst.

Bis dahin aber ruhte die Führung des Großen Vaterländischen Krieges und der Oberbefehl über die Rote Armee vorwiegend auf seinen Schultern. In höherem Maße, als es für das Oberkommando irgendeiner anderen Krieg führenden Macht galt, beherrschte Stalin Russlands Kriegsanstrengungen. Zwischen Hitler und seinen Generalen herrschte ein angespanntes Gleichgewicht. Churchill setzte seinen Willen mittels Argumenten durch, die ihre Wirkung zunehmend einbüßten, als die Amerikaner einen immer größeren Anteil der Kriegsanstrengungen übernahmen. Roosevelt präsidierte dem Kreis seiner Generalstabschefs eher, als dass er ihn befehligte. Stalin jedoch diktierte. Alle Informationen liefen Tag und Nacht bei ihm zusammen, egal, wo er sich aufhielt, im Kreml, in seiner Datscha in Kunzewo und – als deutsche Bomben Moskau bedrohten – in einem improvisierten Hauptquartier auf einem Bahnsteig der Moskauer U-Bahn. Von ihm gingen auch sämtliche Befehle aus. Dreimal am Tag hielt er eine Lagebesprechung ab, wobei er einem Rhythmus folgte, der eine merkwürdige Ähnlichkeit mit Hitlers Gewohnheiten aufwies: Die ersten Berichte hörte er sich mittags um 12.00 Uhr an, die nächsten um 16.00 Uhr, und seine Befehle gab er zwischen Mitternacht und 3.00 oder 4.00 Uhr im Beisein des Politbüros direkt an den Generalstab aus.

Wassilewski, der praktisch Stalins Generalstabschef war und eine ähnliche Rolle spielte wie Jodl in Hitlers Hauptquartier, beobachtete die Befehlsmethoden des Diktators aufmerksam und beschrieb sie später. Danach hat Stalin seine Vormachtstellung gegenüber dem Militär im ersten Kriegsjahr befestigt, das heißt weit schneller als Hitler gegenüber der Wehrmacht, was vielleicht daran lag, dass Stalin während des Bürgerkriegs als Kommissar der 1. Reiterarmee tätig gewesen war. In den ersten Monaten übertrieb er das Selbstbewusstein: 1941 war er fast allein für das Debakel von Kiew verantwortlich, da er die Genehmigung zum Rückzug verweigert hatte, bis es für die Verteidiger zu spät war, sich der Umfassung zu entziehen. 1942 unterschätzte er die Gefahr einer erneuten deutschen Offensive nach Südrussland und ließ Timoschenkos Truppen zur Gegenoffensive bei Charkow antreten, eine vollkommen verfrühte Initiative, die mit der Gefangenschaft von mehr als 200 000 russischen Soldaten endete – fast eine Wiederholung der Einkesselungen des Vorjahres. Danach war er vorsichtiger. Beispielsweise waren es Schukow und Wassilewski, welche die doppelte Umfassung von Stalingrad vorschlugen. Am 13. September 1942 schilderten sie Stalin in seinem Büro den Plan und erhielten seine Zustimmung erst, nachdem sie all seine Bedenken entkräftet hatten.

Schukow, der Stalins militärische Fähigkeiten aus großem zeitlichem Abstand bewertete, gelangte zu dem Ergebnis, die Stärke des Diktators habe vor allem auf dem Gebiet der Kriegswirtschaft gelegen, in der Fähigkeit, Reserven selbst dann noch aufzutreiben, wenn die Front die Männer in unvorstellbaren Mengen verschlang. Seine Leistung in Stalingrad und in den beiden Jahren danach bestand zweifellos darin, stets Truppen zur Hand zu haben, sobald das Ostheer ihm Gelegenheit gab, einen strategischen Fehler auszunützen – den Briten gegenüber behauptete er, ständig rund 60 Divisionen mehr aufbieten zu können als die Deutschen, was sicherlich zu hoch gegriffen war. Solche Reserven setzte er in einem Gegenangriff ein, nachdem die Deutschen im Juli 1943 während der offensiven Phase der Kursk-Operation ihre Kräfte verschlissen hatten. Dann schlug er Kapital aus dem Erfolg bei

Kursk, indem er im August seine Reserven zur Rückeroberung von Charkow aufbot, der sowjetischen Stadt, die im Kriege am heftigsten umkämpft war. Im Oktober hatte seine Herbstoffensive, ebenfalls getragen von den Einheiten, die er in Reserve hielt, die wertvollsten Gebiete zurückgewonnen, die das deutsche Ostheer in den vergangenen beiden Jahren bei seinem Eroberungszug von Russland erobert hatte – eine Riesenfläche von 1000 Kilometer Breite und 240 Kilometer Tiefe, hinter der nur noch der Dnjepr als das letzte militärische Hindernis von militärischer Bedeutung den Vormarsch der Roten Armee aufhalten konnte. Ende November hatten Stalins Truppen drei gewaltige Brückenköpfe auf der europäischen Seite des Dnjepr angelegt, die Krim vom Ostheer abgeschnitten und schickten sich an, nach Polen und Rumänien einzurücken.

Ironischerweise brachte der Sieg Stalin in ein Dilemma. Bis Stalingrad hatte er der Niederlage auszuweichen vermocht, bis Kursk sah er sich immer noch dem Risiko einer verheerenden deutschen Initiative ausgesetzt. Bis zum Vorrücken an den Dnjepr sorgte er für die Verpflegung, den Nachschub und die personelle Ausstattung der Roten Armee durch kriegsbedingte Improvisation. Danach wusste er wie Churchill: «Damit hatten wir … gesiegt!» Deutschlands gepanzerte Manövriermasse hatte aufgehört zu existieren, während er die landwirtschaftlich und industriell produktivsten Regionen seines Landes wieder in seinen Besitz gebracht hatte. Mehr noch, er konnte jetzt damit rechnen, dass sich die Aufgabe, die deutsche Wehrmacht zu vernichten, zu erheblichen Teilen von der Roten Armee auf die Alliierten abwälzen ließ.

Im November 1943 meinte Brooke, Churchills Generalstabschef, was die Fähigkeit zur raschen und unfehlbaren Beurteilung der Lage und Gelegenheit angehe, «zeichnet sich Stalin gegenüber Churchill und Roosevelt aus». In einer der rücksichtslosesten öffentlichen Demütigungen, welche die diplomatische Geschichte kennt, zwang er Churchill, ein bedingungsloses Bekenntnis zu *Overlord* abzulegen und sowohl den Befehlshaber als auch das Datum der Operation zu nennen. Danach konnte Stalin sicher sein, dass Hitler ab Mitte 1944 zwischen zwei Feuer geraten würde. Während er dasjenige im Westen lodern ließ, konnte er sich in aller Ruhe überlegen, wo er das seine am wirkungsvollsten entfachen wollte.

Wie sich herausstellte, entschied er sich für einen Angriff an der Nordfront, er zerschlug die Heeresgruppe Mitte und trieb die Deutschen über die Weichsel zurück. Doch mit dieser Entscheidung legte er sich nicht fest. Er hielt sich noch immer die Möglichkeit offen, entweder (wie die Westalliierten) alle Kräfte für einen endgültigen Vorstoß zusammenzuziehen, um die Wehrmacht in einer Entscheidungsschlacht um Ostdeutschland und Berlin zu vernichten, oder einen Großteil der Roten Armee in Südeuropa einzusetzen, dort eine sowjetische Version des Hitler'schen Dreimächtepakts zu schaffen und die Sowjetunion so auf Jahrzehnte gegen Invasionen abzusichern.

Es war eine schwierige Entscheidung. Stalin war nicht aus freien Stücken in den Zweiten Weltkrieg eingetreten, aber er hatte noch vor seinem Beginn beschlossen, sich die dadurch hervorgerufenen Spannungen zunutze zu machen. In den 21 Monaten, in denen der Krieg gewütet hatte, während Stalin sich abseits hielt, hatte er von der Entwicklung der kriegerischen Ereignisse erheblich profitiert. Für sein Bündnis mit Hitler hatte er Ostpolen bekommen, dann Ostkarelien – dank der Freiheit, die der Hitler-Stalin-Pakt ihm gab, konnte er Finnland angreifen –, anschließend die baltischen Staaten, schließlich das rumänische Bessarabien und den Norden der Bukowina. «Barbarossa» hatte sein Land mit den schlimmsten Kämpfen des Zweiten Weltkriegs überzogen. Doch im Sommer 1944 begann er erneut zu überlegen, wie die Sowjetunion geopolitisch am meisten aus der Endphase des Krieges profitieren könnte. Noch mehr als Hitler sah Stalin im Krieg ein politisches Ereignis. Zwischen «Barbarossa» und Kursk stand das «Kräfteverhältnis» gegen ihn. Danach begann es, sich zu seinen Gunsten zu verschieben. Während Hitler die Vorbereitungen für seine letzte

Offensive im Westen traf, erwog Stalin, wie er die Gelegenheiten am besten nutzen könnte, die sich durch den Zusammenbruch der Hitler'schen Strategie im Osten ergaben.

25 · KURSK UND DIE RÜCK-EROBERUNG WESTRUSSLANDS

Nach dem desaströsen Verlauf des Stalingradfeldzuges 1942/43 wirkte Hitler mutlos und angeschlagen. Als Guderian am 21. Februar 1943, nach seiner unerwarteten Reaktivierung als Generalinspekteur der Panzertruppen, Hitler in seinem ukrainischen Hauptquartier aufsuchte, fand er ihn seit ihrem letzten Treffen im Dezember 1941 sehr verändert: «Er war in den verflossenen 14 Monaten sehr gealtert. Sein Auftreten war nicht mehr so sicher wie damals, seine Sprache zögernd; seine linke Hand zitterte.»

Auch seine Bereitschaft, Entscheidungen zu treffen, hatte gelitten. In dem Jahr vom Beginn der Schlacht um Moskau bis zum Einschluss und der Vernichtung der 6. Armee in Stalingrad hatte Hitler das Führerprinzip rückhaltlos angewandt. Selbstherrlich hatte er Generale entlassen, die Misserfolge erlitten oder ihm missfielen, und dem Rest der Generalität seinen Willen aufgezwungen. Abgesehen davon, dass es seinen Generalen im Juli nicht gelungen war, von Woronesch aus kühn nach Südwesten vorzustoßen – wofür Bock seines Postens enthoben worden war –, waren die Generale seinen Befehlen buchstabengetreu nachgekommen. Und genau darin lag das Problem. Die Triumphe des Feldzugs von 1942 gingen ausschließlich auf Hitlers Konto, das galt aber auch für die Katastrophen, für die Überdehnung in den Kaukasus hinein ebenso wie für die Niederlage in Stalingrad. Der daraus resultierende Verlust von 20 Divisionen des Ostheeres lastete so sehr auf seinem Gewissen, dass er noch zwei Jahre danach einem seiner Ärzte gestand, in seinen schlaflosen Nächten sehe er die Lagekarte mit den Stellungen vor sich, welche die deutschen Divisionen im Augenblick ihrer Vernichtung eingenommen hatten. Die unausgesprochenen Vorwürfe seiner militärischen Vertrauten Jodl und Keitel waren schon schwer genug zu ertragen, noch qualvoller jedoch waren die Selbstvorwürfe.

Daher ließ Hitler im Frühjahr 1943 seinen Untergebenen bei den strategischen Planungen für das Ostheer so viel Handlungsfreiheit, wie sie sie seit 1940 nicht mehr gehabt hatten und nie wieder haben sollten. Das galt allerdings nicht für andere militärische Führungsbereiche. Da es Rommel seiner Meinung nach an dem nötigen «Optimismus» und «Stehvermögen» fehlte, griff Hitler im Frühjahr 1943 massiv in die operativen Entscheidungen der Schlacht gegen die anglo-amerikanischen Streitkräfte in Nordafrika ein, indem er Panzerverbände aus seiner zentralen Reserve freigab und Göring veranlasste, Fliegerstaffeln von Sizilien auf tunesische Flugplätze zu verlegen. Inzwischen machte er Görings Untergebenen heftige Vorwürfe, weil sich die Lage des Luftkriegs über Deutschland verschlechterte – die alliierten Bombardements «rund um die Uhr» begannen am 25. Februar, und schwere britische oder amerikanische Fliegerangriffe auf Berlin, Nürnberg, Essen, Bremen, Kiel und die Möhne- und Edertalsperren folgten in den nächsten Wochen. Hitler verlangte und erreichte ein gewisses Maß an Vergeltung gegen Großbritannien, beauftragte Guderian, dic deutsche Panzerproduktion um ein Vielfaches zu erhöhen, und billigte Goebbels' Programm zur Verkündung des «totalen Kriegs», das dieser ihm am 7. Februar auf einer Gauleiterversammlung in Rastenburg vorstellte. Doch bei der direkten Einflussnahme auf die Operationen an der Ostfront, seinem wichtigsten Kriegsschauplatz, legte er eine merkwürdig zögerliche und unentschlossene Haltung an den Tag.

Das wirkte sich nicht unbedingt zum Nachteil des Ostheeres aus. In Feldmarschall Erich von Manstein, dem Oberbefehlshaber der Heeresgruppe Süd, hatte Hitler einen Feldherrn von höchstem Rang, mit einem außerordentlich wachen Sinn für die operativen Möglichkeiten, die sich durch den schwerfälligen Kampfstil der Roten Armee boten, und der ganz unempfänglich für die psychologischen Einschüchterungsmethoden war, mit denen Hitler die geistige Unabhängigkeit seiner unbedeutenderen Generale überwand. Doch im Februar, nach der Kapitulation in Stalingrad und seinem eigenen abgebrochenen Versuch, Paulus' 6. Armee zu entsetzen, wurde Manstein von einem unerwartet erfolgreichen sowjetischen Angriff auf die strategisch entscheidende Stadt Charkow westlich des Don überrascht.

Der Sieg der Roten Armee in Stalingrad und die Unordnung, die daraufhin in der gesamten deutschen Südfront entstand, eröffnete der Stawka zum ersten Mal die Aussicht, die Initiative zu ergreifen und das Ostheer ganz aus der Ukraine zu vertreiben, Deutschlands wertvollster Gebietseroberung in der Sowjetunion. Ende Januar wurde ein Plan für die Süd- und die Südwestfront entwickelt, bis zum Frühjahrstauwetter an den Dnjepr vorzustoßen, das dritte große Flusshindernis nach Don und Donez. Anschließend sollten die benachbarten Fronten ebenfalls vorrücken und nach Nordwesten schwenken, um die Heeresgruppe Mitte aus der Nordukraine zu vertreiben und sie bis Smolensk zurückzudrängen. Der erste und entscheidende Schritt der großen Offensive fiel einer Mobilen Frontgruppe unter Befehl von General M. M. Popow zu. Sie bestand aus vier Panzerkorps, die als Spitzen von Watutins Südwestfront angreifen und auf Charkow vorrücken sollten.

Oberflächlich betrachtet, war der Stawka-Plan gut konzipiert, denn der russische Sieg in Stalingrad hatte für die Deutschen drei Krisen geschaffen. Der Vorstoß der Roten Armee von Stalingrad aus hatte Mansteins Heeresgruppe Don (am 12. Februar in «Süd» umbenannt) bis nach Rostow, dem «Tor» der Südfront, zurückgeworfen. Der erzwungene Rückzug von Kleists Heeresgruppe A aus dem Kaukasus hatte sie an die Küste des Asowschen Meers verschlagen, sodass eine Lücke von 150 Kilometer Breite zwischen seinem und Mansteins Frontabschnitt klaffte. Außerdem drohten nach dem 14. Januar Watutins fortgesetzte Angriffe gegen die Ungarn, die Woronesch, nordwestlich von Stalingrad, verteidigten, die Verbindung von Mansteins Nordflanke mit Kluges

Heeresgruppe B (ab dem 12. Februar «Mitte») zu unterbrechen. Die Eröffnungsphase der Stawka-Offensive schien für ihren Erfolg zu sprechen. Zwischen dem 2. und 5. Februar war der russische Druck auf den Unterlauf des Don so stark, dass Hitler auf Mansteins Betreiben gezwungen war, der Preisgabe von Rostow zuzustimmen, während Watutins Südwestfront durch einen gleichzeitigen Vorstoß von Woronesch aus an den oberen Don am 14. Februar nach Charkow gelangte. Eine erbitterte Schlacht um die Stadt entwickelte sich, an der sich auch die Bevölkerung beteiligte. Trotz aller Bemühungen des Eliteverbands I. SS-Panzerkorps (mit den Divisionen «Leibstandarte Adolf Hitler» und «Das Reich») erlitten die Deutschen eine Niederlage und mussten sich am 16. Februar zurückziehen. Infolgedessen gähnte nun eine Lücke von mehr als 300 Kilometer Breite zwischen den Heeresgruppen Süd und Mitte.

Der Stawka waren jedoch zwei fatale Fehleinschätzungen unterlaufen. Zum einen hatte sie die Möglichkeiten der Roten Armee über- und zum anderen Manstein unterschätzt. Dazu John Erickson, der maßgebliche westliche Historiker des Großen Vaterländischen Krieges: «Sowohl die Woronesch- als auch die Südwestfront hatten bravourös gekämpft und große Geländegewinne erzielt, wobei sie auf einer Spur der Verwüstung vorrückten, denn die zurückweichenden deutschen Einheiten sprengten Brücken, Gebäude und Flugplätze, zerstörten die Eisenbahngleise und beschädigten die wenigen Straßen so weit wie möglich.» Doch Mitte Februar konnten Popows Angriffsspitzen, die die Offensive mit lediglich 137 Panzern begonnen hatten (nicht mehr, als eine deutsche Panzerdivision üblicherweise besaß), nur noch 53 in den Kampf schicken, während es bei der so genannten 3. Panzerarmee der Woroneschfront gerade einmal sechs waren.

Daher wäre Watutins Entscheidung vom 12. Februar, die Offensive gemäß einer allgemeinen Weisung der Stawka «auszuweiten», auch dann leichtsinnig gewesen, wenn ihm ein Befehlshaber von normaler Befähigung gegenübergestanden hätte, der einige

Panzerreserven zurückgehalten hätte. Gegen Manstein – einen Großmeister dessen, was sowohl die deutsche wie die russische Armee die «strategische» Kommandoebene nannte – war die Ausweitung der Offensive unverantwortlich. Noch bevor der Höhepunkt der Krise erreicht war, hatte Hitler sieben Divisionen von Frankreich an diesen Frontabschnitt beordert, wo er selbst am 17. Februar eintraf, um mit Manstein Rücksprache zu nehmen; offiziell diente die Reise dazu, den Beginn des Gegenschlags durch die Heeresgruppe Süd zu beaufsichtigen und das Ostheer auf das Konzept des «totalen Kriegs» einzuschwören, das Goebbels am folgenden Tag dem deutschen Volk in einer flammenden Rede im Berliner Sportpalast schmackhaft machen sollte. In einem Tagesbefehl schrieb Hitler, 1500 Kilometer von den Reichsgrenzen entfernt stehe Deutschlands gegenwärtiges und künftiges Geschick auf dem Spiel; die gesamte deutsche Heimatfront sei mobilisiert worden, die Jugend bemanne die Flak der deutschen Städte. Mehr und mehr Divisionen und einzigartige, bislang unbekannte Waffen seien auf dem Weg an die Front. Deshalb sei er selbst dorthin geflogen, um jedes Mittel zur Erleichterung der Abwehrschlacht zu nutzen und sie in den Endsieg zu verwandeln.

In Wirklichkeit stammte der Plan zum Gegenschlag nicht von Hitler, sondern von Manstein. Dieser hatte Hitler am 6. Februar bei einem Dringlichkeitsbesuch in Rastenburg die Genehmigung dazu abgerungen und sich zugleich die nötigen Panzerkräfte verschafft – neben denen diejenigen Popows bedeutungslos erschienen –, indem er in seiner neu gebildeten 4. Panzerarmee alle verfügbaren Panzerreserven zusammenzog und sie neben der deutschen 1. Panzerarmee aufstellte, und zwar auf der Landenge zwischen Donez und Dnjepr, über welche Watutins Südwestfront in das deutsche rückwärtige Gebiet durchbrechen wollte.

Watutins Manöver drohte die Heeresgruppe A in ihrem Brückenkopf am asiatischen Ufer des Asowschen Meeres abzuschneiden; so groß war die Gefahr, dass Hitler sogar die Genehmigung erteilte, Truppen auszufliegen und sie Manstein zu unterstellen.

Mehr als 100 000 Mann wurden auf diese Weise verlegt. Doch bevor sie oder eine der im Westen in Marsch gesetzten Divisionen eingetroffen waren, hatte Manstein schon zugeschlagen. Am 20. Februar führten seine beiden Panzerarmeen einen konzertierten Angriff gegen die Flanken von Popows Mobiler Frontgruppe, die immer noch auf die knapp 80 Kilometer entfernten Dnjepr-Übergänge vorrückte. Das russische Oberkommando begriff überhaupt nicht, wie fundamental die Lage sich verändert hatte. Es drängte Popow, weiter vorzustoßen, und beorderte am 21. Februar sogar Malinowskis Südfront an Watutins Flanke, um dessen Offensive aktiver zu unterstützen: «Watutins Truppen dringen mit außergewöhnlichem Tempo vor ... die Verzögerung an seiner linken Flanke liegt daran, dass von Ihrer Front keine aktiven Operationen erfolgen.» Tatsächlich lief Popow bereits Gefahr, eingekesselt zu werden, Treibstoffmangel machte sich bemerkbar, und Popow kam nicht mehr voran. Als ihm am 24. Februar trotz Verstärkung lediglich 50 Panzer blieben, gingen allein gegen seine linke Flanke über 400 deutsche Panzer vor. Am 28. Februar, als die deutschen Panzer die Ufer des Donez erreichten, wurden Popows Panzerspitzen und große Teile von Watutins restlicher Südwestfront umfasst. Den Einheiten, die entkamen, gelang dies nur, weil der Fluss noch immer zugefroren war.

Manstein erneuert die Offensive

Der Zusammenbruch der Popow'schen Offensive ermöglichte Manstein nun, die zweite Phase seines Plans in die Tat umzusetzen, die Wiedereroberung Charkows. Bei der deutschen 4. Panzerarmee trafen jetzt die Verstärkungen aus dem Westen ein, darunter die SS-Totenkopf-Division (ursprünglich aus Wachmannschaften der Konzentrationslager gebildet), die sich den Divisionen «Leibstandarte» und «Das Reich» des I. SS-Panzerkorps anschlossen. Diese ideologisch indoktrinierten Soldaten waren zutiefst erzürnt, dass sie im Vormonat Charkow verloren hatten, daher trugen sie ihren

Angriff zur Rückeroberung der Stadt am 7. März mit ungeheurer Entschlossenheit vor. Am 10. März tobten wütende Kämpfe in den nördlichen Vororten. Zwei Tage später war die Stadt praktisch umzingelt, zusammen mit zahlreichen sowjetischen Einheiten, die sie verteidigten. Nun drohten die Deutschen dem Zentrum der Roten Armee mit einer Einkesselung genau an der Stelle, an der die Russen eigentlich die Hitler'schen Truppen hatten umfassen wollen. Der Stawka erschien die Lage plötzlich so gefährlich, dass sie, statt den bedrohten Verbänden in Charkow Verstärkung zu schicken, diese zur benachbarten Woroneschfront, südlich von Kursk, abstellten, wo es ihnen gelang, einen Abschnitt zu halten, der später die Südseite des so genannten Kursker Bogens wurde. Dadurch, dass die frischen Truppen für die Defensive und nicht für die Offensive eingesetzt wurden, konnte die sowjetische Frühjahrsoffensive 1943 als gescheitert gelten, genauso wie jene, die im Jahr davor auf den Sieg in der Schlacht um Moskau gefolgt war. Einige Russen hatten das Ergebnis bereits vorhergesehen. Als die Bemühungen der Roten Armee ihren Höhepunkt erreichten, hatte Golikow, der Oberbefehlshaber der Woroneschfront, einem Untergebenen gefunkt: «Es sind 320 bis 370 Kilometer bis zum Dnjepr, und bis zur Frühlings-Rasputiza sind es noch 30 bis 35 Tage. Ziehen Sie selbst Ihre Schlüsse daraus!»

Die *Rasputiza* (Unwegsamkeit), die zweimal im Jahr – durch Herbstregen und Frühlingstauwetter – die unbefestigten Wege in Morast und die umgebende Steppe in Sumpf verwandelt, hatte sich 1941 und 1942 zum Nachteil der Deutschen ausgewirkt, indem sie den Vormarsch auf Moskau, in die Ukraine und auf Stalingrad verzögert hatte. Jetzt verschaffte sie ihnen eine willkommene Atempause. Da alle Reserven des Ostheeres im Süden konzentriert waren, konnte die Rote Armee wieder einen Landweg nach Leningrad eröffnen und gegen die Kräfte vorgehen, die seit der Schlacht um Moskau im nördlichen Demjansk-Kessel isoliert waren – wenn auch ihr Entkommen nicht verhindern. Ferner war sie in der Lage, so viel Druck auf den Frontvorsprung von Wjasma westlich von Moskau auszuüben, dass Hitler in ganz untypischer Weise einem Rückzug auf eine kurze Auffanglinie zustimmte, der schon vorbereitet worden war und «Büffel-Bewegung» hieß. Doch solange die nasse Jahreszeit anhielt und trotz der immensen Verluste, die der Feind erlitten hatte – 185 000 Mann bei den Italienern, 140 000 bei den Ungarn, 250 000 bei den Rumänen und, nach eigenem Bekunden der Wehrmacht, fast eine halbe Million auf deutscher Seite –, konnte die Rote Armee nicht die Kraft aufbringen, die Offensive an irgendeinem der wichtigen Frontabschnitte wieder aufzunehmen.

Unternehmen «Zitadelle»

Obwohl das Ostheer während des Stalingrad-Winters nur um Haaresbreite einer Katastrophe an der Südfront entgangen war, entschlossen sich Hitler und seine Generale genau in dem Moment zur Wiederaufnahme der Offensive, als die Rote Armee ihren Misserfolg eingestand. «Der wirkliche Kampf beginnt erst», warnte Stalin seine Soldaten in einer Botschaft zum Tag der Roten Armee, am 23. Februar 1943. Er und die Stawka wussten, dass sie im Augenblick am Ende ihrer Kräfte waren und dass sie nicht über die Reserven verfügen konnten, die es ihren Generalen ermöglicht hätten, zum Angriff überzugehen – nicht bevor die sehnlich erwarteten Lieferungen aus dem Pacht-und-Leih-Vertrag eingetroffen waren, bevor die umgesiedelten Uralfabriken ihre Produktion richtig aufgenommen hatten und bevor die nächste Welle von jungen Rekruten und älteren «Nacherfassten» ausgebildet war. Die deutschen Überlegungen gingen genau in die entgegengesetzte Richtung. Da die *Rasputiza* und die Erschöpfung der Roten Armee dem Ostheer eine Atempause gewährt hatten, musste der Angriff so rasch wie möglich erfolgen, bevor sich die Untätigkeit zum Nachteil der deutschen Streitkräfte auswirkte.

Die Frage lautete: Wo? Das war ein Problem, das die Generale so ziemlich zum letzten Mal während des Krieges unter sich ausmachen durften. Hitlers Selbstvertrauen und seine persönliche Glaubwürdigkeit in den Augen seiner Befehlshaber war durch die Sturheit, mit der er sich darauf versteift hatte, Stalingrad als «Festung» zu halten, so angeschlagen, dass er vorübergehend den Willen eingebüßt hatte, seinen Untergebenen strategische Vorgaben zu machen. Als er sich vom 17. bis zum 19. Februar vor dem Charkow-Gegenstoß zu Besuch in Mansteins Hauptquartier aufhielt, hatte er sich angehört, welche Möglichkeiten sich aus einem Erfolg ergeben könnten. Die Diskussion zwischen Kleist (Heeresgruppe A), Jodl, Zeitzler, dem neuen Chef des Generalstabs des Heeres, und Manstein war viel unabhängiger, als Hitler es auf heimatlichem Boden in Rastenburg geduldet hätte. Gegen Ende der dreitägigen Konferenz, die teilweise vom Klang russischen Geschützfeuers begleitet wurde, griff er allerdings entschieden ein, um einen Vorschlag abzuwürgen, der typischerweise von Manstein stammte und dessen kühne Handschrift trug. Die Operation – «einen Schritt zurück und zwei vor» nördlich der Krim – sah nämlich die zeitweilige Preisgabe von Gelände vor, etwas, was Hitler zutiefst widerstrebte. Den alternativen Vorschlag, einen konzentrischen Angriff auf den entstehenden Frontvorsprung von Kursk, lehnte er nicht ab, überließ aber Zeitzler und seinen Generalen des Ostheeres die Ausarbeitung der Einzelheiten.

In der Pause, die im März und April durch die *Rasputiza* entstand, die längste, die den Soldaten auf beiden Seiten der Ostfront während des Krieges vergönnt war, waren die Stäbe der deutschen wie der Roten Armee eifrig damit beschäftigt, die Einzelheiten der großen Schlacht zu planen, die der Sommer bringen musste, während ihre Oberbefehlshaber, durch eine unheimliche Koinzidenz gleichzeitig von schweren Zweifeln heimgesucht, bestrebt waren, die Vorschläge der Generalstäbe abzuändern, sogar den unvermeidlichen Augenblick des Handelns hinauszuzögern.

Stalin schien sich der Logik der strategischen Analysen seiner Generale nicht anschließen zu können, weil er glaubte, die gesamte russische Front sei bedroht, vor allem aber der Abschnitt gegenüber Moskau. Daher vertrat er die Ansicht, man müsse die zur Verfügung stehenden Kräfte für «Störangriffe» verwenden, die zumindest dafür sorgen würden, dass die Deutschen 1943 nicht ihren dritten Sommersieg erzielen würden. Am 12. April verständigte er sich in einer Konferenz mit seinen ranghöchsten Befehlshabern darauf, dass dem Bau tiefer Verteidigungsstellungen im Kursker Bogen Vorrang einzuräumen sei, bestand aber zugleich darauf, dass auf allen wichtigen Vormarschrouten, die den Deutschen offen standen, ebenfalls Verteidigungsstellungen angelegt werden sollten.

Anders als Stalin waren seine Generale wie Watutin und Schukow, die inzwischen viel Erfahrung gesammelt hatten, zu dem Schluss gekommen, dass Kursk mit Sicherheit der Abschnitt sei, an dem das Ostheer angreifen werde. Sie waren überzeugt, die richtige sowjetische Antwort bestehe darin, diese Front so stark wie möglich zu befestigen, um die deutsche Panzeroffensive abzufangen; die Reserven, über welche die Stawka verfügte, seien jedoch nicht ausschließlich bei Kursk zusammenzuziehen, sondern aufzuteilen, damit die Rote Armee über eine Manövriermasse verfüge, mit der sie in der Folge einen eigenen Gegenschlag durchführen könne. Am 8. April erklärte Schukow seinem Oberbefehlshaber: «Ich halte es für sinnlos, dem Feind in der nahen Zukunft mit einer Offensive unserer Truppen zuvorzukommen. Besser wäre es, den Feind an unseren Verteidigungsstellungen aufzureiben, seine Panzerkräfte zu vernichten und dann unter Einsatz frischer Reserven zu einer allgemeinen Offensive überzugehen und seine Hauptkräfte ein für alle Mal zu pulverisieren.»

Obwohl Hitler im Prinzip zum Angriff auf den Kursker Bogen entschlossen war, schwankte er noch, was das Datum anging, und war auch merkwürdig unentschieden in Bezug auf die Form der Offensive. Zwar unterzeichnete er am 15. April den Befehl, der die Heeresgruppen Süd und Mitte am 3. Mai zum Angriff auf den Kursker Bogen bestimmte, doch suchten ihn augenblicklich wieder Zweifel heim, sodass er Zeitzler vorschlug, den Angriff gegen die

Front des Bogens zu richten. Der Vorschlag stand im Widerspruch zu aller militärischen Orthodoxie, nach der man die Truppen in einem Frontvorsprung abschneiden muss und auf keinen Fall frontal angreifen darf. Zeitzler konnte ihm den Plan am 21. April ausreden. Model, der eine der beiden für die konvergierenden Angriffe vorgesehenen Armeen befehligte, überzeugte Hitler davon, dass angesichts der beobachteten Stärken der russischen Verteidigungsstellungen für den Durchbruch mehr Zeit erforderlich sein würde, als der Plan erlaube, wenn er keine zusätzlichen Panzer erhalte. Infolgedessen genehmigte Hitler eine Verschiebung um einige Tage, während Guderian, sein neuer Generalinspekteur der Panzertruppen, die zusätzlichen Panzer beschaffte. Durch die Einbeziehung Guderians (der seinem Titel nach einen bloßen Verwaltungsposten bekleidete) in die strategische Planung verschob sich der Beginn der Operation noch weiter.

Guderian war über Quantität und Qualität der sowjetischen Panzerproduktion gut unterrichtet und hatte sich zum Ziel gesetzt, die deutsche Panzerindustrie auf den gleichen Stand zu bringen. Am 2. Mai legte er Hitler einen Zeitplan für die Panzerlieferungen vor, der eine Terminverschiebung ratsam erscheinen ließ. Guderian versprach nicht nur mehr Panzer – über 1000 pro Monat mit steigender Tendenz, das Zehnfache der deutschen Jahresproduktion von 1939 –, sondern auch bessere Modelle, unter anderem den neuen Panzer V «Panther» und die Panzer-«Familie» mit der 8,8-cm-Kanone, die «Hornissen», «Tiger» und «Ferdinands», die man auf dem Schlachtfeld für unbesiegbar hielt. Allerdings wies Guderian – und nicht Speer – warnend darauf hin, dass der «Panther», in den Hitler für den Erfolg bei Kursk so große Hoffnungen setzte, noch nicht alle «Kinderkrankheiten» überwunden habe. Nach einer weiteren Besprechung mit seinen ranghöchsten Generalen am 4. Mai in München verschob Hitler daher die Kursker Offensive, die inzwischen den Decknamen «Zitadelle» bekommen hatte, auf Mitte Juni.

Die sowjetische Industrie stellte nicht nur weiterhin zweimal so viele Panzer her wie die deutsche, sondern produzierte neben dem herausragenden T-34 jetzt auch schwerere Modelle, darunter den KV-85 mit einem 8,5-cm-Geschütz, das erste Modell des superschweren «Josef Stalin», der am Ende mit einem 12,2-cm-Geschütz bestückt wurde, und verschiedene Varianten der bei den Deutschen so beliebten turmlosen Sturmgeschütze. Noch eindrucksvoller war die russische Produktion von Panzerabwehrwaffen. Man hatte mehr als 200 Panzerjäger-Reserveregimenter gebildet und mit den durchschlagkräftigen 7,6-cm-Geschützen ausgerüstet, während 21 000 leichtere Paks an Infanterieeinheiten ausgegeben wurden. John Erickson: «Im Sommer 1943 war die sowjetische Infanterie wie keine andere für die Panzerbekämpfung gerüstet.»

Neben Panzern und Panzerabwehrwaffen verfügte die Rote Armee jetzt auch über riesige Mengen an Geschützen. «Die Artillerie ist der Gott des Krieges», hatte Stalin gesagt. Sie war von jeher die wirksamste Waffengattung der russischen Streitkräfte gewesen. Im Sommer 1943 war die Artillerie der Roten Armee die stärkste der Welt, in Hinblick auf Qualität und Quantität der Ausrüstung. Ganze Artilleriedivisionen waren im Laufe des Jahres 1942 gebildet worden – ein bis dahin völlig unbekanntes militärisches Konzept. Man hatte sie mit den neuen 15,2-cm- und 20,3-cm-Geschützen ausgerüstet. Dazu gehörten vier Divisionen mit den Raketenwerfern *Katjuscha.* Mit dieser revolutionären Waffe konnte jede Division pro Salve 3840 Geschosse mit einem Gesamtgewicht von 230 Tonnen abfeuern. Die *Katjuscha* («Stalinorgel»), welche die Deutschen eiligst kopierten, wurde eine der meistgefürchteten Waffen an der Ostfront, die selbst dann, wenn sie die feindlichen Infanteristen nicht durch ihre enorme Druckwelle ausschaltete, Benommenheit und Desorientierung in deren Reihen hervorrief.

Diese Aufrüstung der Roten Armee war dadurch ermöglicht worden, dass die Fabriken, die in den schrecklichen «Barbarossa»-Monaten ostwärts hinter den Ural verlegt worden waren, ihre Produktion wieder aufgenommen hatten. Der Strom von neuen

Waffen brachte für das deutsche Ostheer große Gefahr. Noch verhängnisvoller wirkte sich aus, dass gemäß der Lagebeurteilung der Stawka vom 12. April in den Monaten April und Mai riesige Ausrüstungsmengen in den Kursker Bogen geschafft wurden, unter anderem 10 000 Geschütze, Paks und Raketenwerfer. Die Zivilbevölkerung in dem Frontvorsprung – eine Fläche von rund 100 mal 200 Kilometern – musste Schützen- und Panzergräben ausheben, während Heerespioniere Minen mit einer Dichte von mehr als 3000 Stück pro Frontkilometer verlegten. Die dort eingesetzten Truppen, die Zentralfront (Rokossowski) und die Woroneschfront (Watutin), errichteten eigene Verteidigungssysteme: jedes bestehend aus einer vorgeschobenen Linie und, fünf Kilometer dahinter, zwei Auffangstellungen. Schließlich umfasste der Kursker Bogen dank der Hilfe von 300 000 Zivilisten, die im rückwärtigen Raum arbeiteten, acht Verteidigungslinien, die auf einer Tiefe von 150 Kilometern gestaffelt waren. Nichts dergleichen hatte man jemals auf einem Schlachtfeld gesehen, noch nicht einmal auf dem Höhepunkt des Stellungskrieges an der Westfront.

Die Ausflüchte, die Hitler bei der Festlegung des Datums für das Unternehmen «Zitadelle» machte, spiegeln seine Zweifel am Gelingen der Operation wider – und diejenigen der Befehlshaber, die sie durchführen sollten, wie Model von der 9. Armee. Model hatte ursprünglich verlangt, man solle zwei Tage für den Durchbruch seiner Panzer an der Nordflanke des Vorsprungs ansetzen. Doch am 27. April traf er in Berchtesgaden ein, wo Hitler sich von der Rastenburger Walddüsternis erholte, legte Luftaufnahmen der russischen Verteidigungsstellungen im Kursker Bogen vor und verlangte mehr Panzer und mehr Zeit. Ein Jahr später meinte Hitler, als Model ihm mitgeteilt habe, dass es drei Tage dauern werde, habe er «kalte Füße» bekommen. Kalte Füße oder nicht, Hitler unternahm nichts, um «Zitadelle» abzublasen. Sein Selbstvertrauen blieb angeschlagen, während das von Zeitzler ungebrochen war. Der Chef des Generalstabs des Heeres, der im Ersten Weltkrieg als Offizier bei der kämpfenden Truppe gedient hatte, war entschlossen, 1943 «irgendetwas zu unternehmen» – und das bedeutete für ihn eine Schlacht an der Ostfront, seinem einzigen Zuständigkeitsbereich.

Auch Hitler war der Meinung, dass etwas zu geschehen habe, wenn man der Roten Armee nicht Gelegenheit geben wolle, ihre Kräfte unbehelligt für eine große Offensive im Jahr 1944 zu sammeln. Doch neben der durch Stalingrad bewirkten Dauerdepression bedrückten ihn noch andere Dinge: Nicht nur die Verschlechterung der Lage in Tunesien, die schließlich im Mai zur Kapitulation der deutsch-italienischen Armee führte, sondern auch die wachsenden Probleme Mussolinis, die Ungewissheit, an welcher Stelle die Alliierten im Mittelmeer das nächste Mal zuschlagen würden, und die sich verschärfende Krise des Luftschutzes in Deutschland, wo das *British Bomber Command* und die *US Army Air Force* jede Woche tiefere und schwerere Angriffe gegen Deutschland flogen. Im Juni verschob er «Zitadelle» noch dreimal: am 6. Juni, als Guderian mehr Zeit verlangte, um Panzerreserven zusammenzuziehen, am 18. Juni und erneut am 25. Juni, als Model weitere Einwände erhob. Am 29. Juni verkündete Hitler schließlich, er werde nach Rastenburg zurückkehren, und «Zitadelle» werde am 5. Juli beginnen. Seinem Stab teilte er bei der Ankunft am 1. Juli mit, die Russen warteten auf den rechten Augenblick; sie nutzten die Zeit, um sich für den Winter auszurüsten. Das dürfe nicht zugelassen werden, oder es werde neue Krisen geben. Also müsse man sie stören.

Die Aufforderung, den Feind zu «stören», war nur noch ein schwacher Abklatsch jenes stolzen Fanals, mit dem er 1941 und 1942 zum «Blitzkrieg» aufgerufen hatte. Darin zeigte sich, wie eng Hitlers Erwartungshorizont in den beiden Jahren des russischen Krieges geworden war, wie stark die Rote Armee trotz der verheerenden Verluste blieb, die er ihr beigebracht hatte, und wie geschwächt das Ostheer durch das pausenlose Programm von Offensiven und «Durchhaltebefehlen» war, das er ihm seit zwei Jahren verordnete. Anfang Juli 1943 verfügte die Rote Armee über 6,5 Millionen Mann, damit war ihre Stärke seit Ausbruch des Krieges angewachsen, obwohl allein drei Millionen ihrer Soldaten in Gefangenschaft geraten waren. Dagegen standen im Ostheer 3 100 000 Mann, ein Rückgang um insgesamt 200 000 seit dem 22. Juni 1941. Die Zahl seiner Divisionen lag unverändert bei 180, doch kein Verband (ausgenommen die bevorzugten SS-Divisionen) erreichte in Bezug auf Mannschaft und Material Sollstärke.

Auch in der Roten Armee lagen die Divisionsstärken niedrig, bei rund 5000 Mann, doch die Zahl der Divisionen entsprach derjenigen der Deutschen, stieg ständig und wurde ergänzt durch eine große Anzahl «divisionsfremder» Einheiten, darunter die spezialisierten Artillerieverbände. Hinzu kam, dass das deutsche Heer ausschließlich auf die Produktion der Heimatindustrie angewiesen war, während die Russen jetzt in den Genuss immer größerer Hilfslieferungen aus dem Pacht-und-Leih-Vertrag kamen, unter anderem einer riesigen Zahl von Transportfahrzeugen. Allein bis Mitte 1943 waren 183 000 moderne amerikanische LKW eingetroffen. Derweil vernichtete der Krieg das wichtigste Transportmittel des deutschen Ostheeres, das Pferd. Bereits im Frühjahr 1942 hatten die Deutschen eine Viertelmillion Pferde verloren, die Hälfte derjenigen, mit denen sie nach Russland gezogen waren, und die Verluste setzten sich unvermindert fort.

Doch für «Zitadelle» war nicht die Manövrierfähigkeit von entscheidender Bedeutung, sondern die Schlagkraft. Und die war auf deutscher Seite beträchtlich. Sie verteilte sich auf Models 9. Armee, welche die Nordseite des Kursker Bogens angreifen sollte, und auf Hoths 4. Panzerarmee, die den Auftrag hatte, gegen die Südseite vorzustoßen. Zusammen verfügten sie über 2700 Panzer, die von 1800 Flugzeugen unterstützt wurden, die größte Kräftekonzentration gegen ein so begrenztes Gebiet, die es an der Ostfront bisher gegeben hatte. Model befehligte acht Panzer- und Panzergrenadierdivisionen, denen sieben Infanteriedivisionen zur Seite standen, Hoth elf Panzer-, eine Panzergrenadier- und sieben

Infanteriedivisionen. Der Plan war denkbar einfach. Model und Hoth sollten den «Engpass» des Kursker Bogens zwischen Orel und Charkow durchstoßen und abtrennen, Verbindung herstellen und dann Watutins und Rokossowskis 60 Divisionen umfassen und vernichten.

Ins Inferno

Der Angriff begann um 4.30 Uhr am 5. Juli, ein Datum, das Stalin offenbar vorher von seinem Schweizer «Lucy-Ring» erfahren hatte. Erickson hat die Ereignisse folgendermaßen geschildert:

> Binnen zwölf Stunden schürten beide Seiten kräftig das glühende Feuer der Schlacht um Kursk. Immer mehr Panzer wurden zusammengezogen und bewegten sich in einer Größenordnung, die es in dem Krieg noch nicht gegeben hatte. Beide Führungsstäbe verfolgten diese furchterregende Eskalation mit grimmiger, dumpfer Befriedigung: Die deutschen Offiziere hatten noch nie so viele sowjetische Flugzeuge gesehen, während die sowjetischen Befehlshaber noch nie ... eine solch gewaltige Massierung deutscher Panzer erblickt hatten, alle in ihrem grüngelb gefleckten Tarnanstrich. Da waren Panzerflotten in Bewegung, die in großen Geschwadern von 100, 200 und mehr Kampfwagen eintrafen, viele Tiger und Jagdpanzer Ferdinand in der ersten Welle, Gruppen von 50 bis 60 mittleren Panzern in der zweiten und dann, im Schutz der Panzer, die Infanterie. Jetzt rückten die sowjetischen Panzer in ihre Hauptverteidigungsräume vor. Damit waren fast 4000 sowjetische und nahezu 3000 deutsche Panzer und Sturmgeschütze ständig in diese riesige Schlacht einbezogen, die Stunde um Stunde tobte, Gefallene und Sterbende zu Haufen türmte, Klumpen brennender oder kampfunfähiger Panzer verstreute, Mannschaftstransporter und Lastwagen zerschmetterte und dicke Rauchsäulen über der Steppe aufsteigen ließ.

Am 6. Juli führte Rokossowski einen Gegenangriff gegen Model und versuchte, die Geländeverluste des ersten Tages wettzumachen, aber seine Truppen wurden von den vorrückenden deutschen Divisionen zurückgeschlagen. Am 7. Juli näherten sich die deutsche 18., 19., 2. und 20. Panzerdivision der Anhöhe bei Olchowatka, 50 Kilometer von ihrer Ausgangsstellung entfernt. Dort konnten sie von Norden auf Kursk hinabblicken und beherrschten die sowjetischen Nachschubverbindungen innerhalb des Frontvorsprungs. Die sowjetischen Verteidiger wurden vernichtet, doch Reserven trafen gerade noch rechtzeitig ein, um den Deutschen ihre Beute zu verwehren. In der Zwischenzeit machte Hoth, der drei SS-Panzerdivisionen befehligte – «Leibstandarte», «Das Reich» und «Totenkopf» –, dazu die 3. und 11. Panzerdivision und die kampfstarke Panzergrenadierdivision «Großdeutschland», zähe Fortschritte im südlichen Abschnitt. Am 6. Juli erwog Watutin einen Gegenangriff, beschloss aber, angesichts der Stärke, welche die Deutschen entfalteten, in der Defensive zu bleiben. Am Abend des 7. Juli war Hoths «Panzerkeil» durch die sowjetischen Linien gestoßen und hatte sich Obojan, das zur südlichen Verteidigung von Kursk diente, auf 20 Kilometer genähert. Das Aufeinandertreffen des nördlichen und südlichen Panzervorstoßes, auf dem die Logik von «Zitadelle» beruhte, schien kurz vor seiner Verwirklichung zu stehen.

Es stellte sich jedoch heraus, dass sich die russischen Verteidigungsstellungen nur unter großen Verlusten überwinden ließen. Die gesamte Front war von Erdwällen durchzogen, während die sowjetischen Pak-Batterien, als selbständige Einheiten organisiert, ihre Salven auf einzelne Panzer in den deutschen Spitzen konzentrierten. Im Laufe des 10. Juli musste Hoth auf seine Panzerreserven, die 10. und die SS-Panzerdivision «Wiking», zurückgreifen, um den Vormarsch im Südabschnitt fortsetzen zu können, trotzdem begann sich das Tempo des Vorrückens zu verlangsamen. Schukow und Wassilewski, die am 11. Juli von Stalin und der Stawka mit der direkten Leitung der Schlacht betraut wurden, schickten sich jetzt an, die sowjetischen Reserven in einem allgemeinen Gegenangriff einzusetzen. Am 11. Juli befahlen sie der Brjanskfront (Popow), die an Rokossowskis rechter Seite operierte, gegen Models Flanke vorzurücken. Wichtiger noch, am 12. Juli brachten sie die Panzerreserven, die zu Konjews Steppenfront gehörten, nach vorne, um Hoths 4. Panzerarmee südlich von Kursk anzugreifen. Diese Entscheidung löste möglicherweise die größte Panzerschlacht des Zweiten Weltkriegs aus. Erickson: «Im Raum Prochorowka wurden zwei große Panzerheere, das sowjetische und das deutsche, in eine gewaltige, unübersichtliche Schlacht verwickelt, an der weit über 1000 Panzer beteiligt waren. Die beiden Gruppen deutscher Panzer … boten 600 beziehungsweise 300 Panzer auf, Rotmistrows 5. Gardearmee [aus Konjews Reserve] knapp unter 900 Panzer – also fast ein Gleichstand, nur dass die Deutschen über 100 Tiger verfügten.» Den ganzen Tag tobte die Schlacht

> auf kürzeste Entfernung, als die sowjetischen T-34 und einige [Panzer vom Typ] KW in den deutschen Verband rasten, dessen Tiger unbeweglich standen und feuerten. Als die Panzer massenweise in einzelne Nahkämpfe verwickelt waren, wurden Front- und Seitenpanzerung leichter durchschlagen. Die Bordmunition explodierte und schleuderte Geschütztürme meterweit durch die Luft oder ließ gewaltige Feuersäulen aufsteigen … Bei Einbruch der Nacht zogen sich Gewitterwolken über dem Schlachtfeld zusammen, das Geschützfeuer erstarb und die Panzer kamen langsam zum Stillstand. Schweigen senkte sich über die Panzer, die Geschütze und die Toten, auf die das flackernde Licht der Blitze und der Regen fiel. Im Nu war das *Prochorowskoje poboistsche*, das «Gemetzel von Prochorowka», vorüber: Mehr als 300 deutsche Panzer (darunter 70 Tiger) … lagen zerstört in der Steppe …, im gleichen Gebiet befanden sich die vernichteten Überreste von mehr als der Hälfte der sowjetischen 5. Gardepanzerarmee. Beide Seiten hatten fürchterliche Verluste verursacht und erlitten. Doch die sowjetischen Kräfte hatten dem deutschen Angriff aus Süden und Westen standgehalten. In Obojan war der Vormarsch zum Stillstand gebracht worden.

Nicht nur in Hoths südlichem Abschnitt hatte das Unternehmen «Zitadelle» seine Ziele nicht erreicht. «Auf den breiten Hängen der Hügel von Sredne-Russki, an Rokossowskis Zentralfront, war auch der Angriff [von Models 9. Armee] auf Kursk von Norden her zum Halten gebracht worden, und Rokossowski hatte noch beträchtliche Reserven zur Hand.»

Niemand gab die Niederlage bereitwilliger zu als Hitler. Das sei das letzte Mal gewesen, dass er den Rat seines Generalstabes beherzigt habe, teilte er seinen Adjutanten mit, nachdem er am 13. Juli mit Manstein und Kluge zusammengekommen war, um über die Zukunft des Unternehmens zu entscheiden. Und er befahl die Beendigung von «Zitadelle». Manstein war sich sicher, dass er den Frontvorsprung noch immer abschneiden könne, wenn man ihm die letzten Panzerreserven an der Ostfront überlasse. Doch Hitler wollte davon nichts wissen. Seine Generale hatte ihm eingeredet, die Verteidigungsanlagen im Kursker Bogen ließen sich trotz ihrer beispiellosen Tiefe und Stärke von einem Panzerangriff durchbrechen, und ihre Versprechungen hatten sich als falsch erwiesen.

«Zitadelle» schleppte sich noch bis zum 15. Juli hin, die Initiative aber war auf die Russen übergegangen, wenn auch um den Preis schrecklicher Verluste: Mehr als die Hälfte der Panzerflotte, die sie für die Schlacht aufgeboten hatten, war vernichtet. Die Ausfälle bei den Deutschen freilich waren ebenfalls immens; so verfügten die 3., 17. und 19. Panzerdivision nunmehr insgesamt über 100 Panzer anstelle der 450, mit denen sie angetreten waren. Obendrein waren das strategische Verluste: Deutschlands Panzerproduktion erreichte ungeachtet aller Anstrengungen, die Guderian – und Speer – unternahmen, nicht die 1000 Stück pro Monat, die für 1943 geplant waren. Der Durchschnittswert lag nur bei 330. Allein in den wenigen Tagen von «Zitadelle» waren mehr Panzer verloren gegangen; 160 Kampfwagen der 4. Panzerarmee waren auf dem Schlachtfeld einfach ausgefallen. Infolgedessen war jetzt die Panzerreserve, auf die das Ostheer bislang in Krisen immer hatte zurückgreifen können, aufgezehrt und ließ sich aus der laufenden Produktion nicht wieder auffüllen, weil die für den Ersatz normaler Verluste bestimmt war. Dagegen standen der

Roten Armee dank der rasant steigenden Leistungsfähigkeit der Schwerindustrie jenseits des Urals weit mehr neue Panzer – im Jahre 1944 fast 2500 im Monat – zur Verfügung, als verloren gingen, sodass sie ihren Nettobestand an Panzerverbänden erhöhen konnte. Die wichtigste Bedeutung von Kursk lag also darin, dass es Deutschland der Mittel beraubte, in Zukunft die Initiative zu ergreifen, die somit automatisch der Sowjetunion zufiel.

Zunächst aber nutzten die Russen ihren Kursker Sieg unbeholfen und zögerlich. Ein russischer Angriff auf Orel, nördlich des Kursker Bogens, führte zu einem erbitterten Gefecht der russischen Panzer mit vier deutschen Panzerdivisionen, die versuchten, den russischen Vormarsch zu stoppen, obwohl sie schwere Verluste erlitten. Einen ähnlichen Vorstoß auf Bjelgorod, südlich des Frontvorsprungs, unternahm der gerade neu eingetroffene Tolbuchin. Doch er sah sich umgehend einem deutschen Gegenangriff ausgesetzt und war am 1. August gezwungen, seine Truppen zurückzunehmen. Diese russischen Angriffe, die Kluges und Mansteins verbleibende Reserven abzogen, hatten allerdings Charkow entblößt, sodass Stalin am 22. Juli einer erneuten Offensive zustimmte. Sie wurde am 3. August eingeleitet und hatte durchschlagenden Erfolg. Eine einzelne, auf sich gestellte deutsche Infanteriedivision, die 167., wurde zunächst von der sowjetischen 6. Gardearmee, die zu Watutins Woroneschfront gehörte, mit massiertem Artilleriefeuer belegt. Nach mehreren Stunden, als der Abschnitt pulverisiert war, brach eine russische Panzerkolonne durch. Am 5. August nahm sie Bjelgorod, und am 8. August hatte sie eine Bresche in die Flanke der deutschen 4. Panzerarmee geschlagen, sodass der Weg zu den 150 Kilometer entfernten Übergängen über den Dnjepr frei war.

Manstein teilte jetzt Hitler mit, er brauche ein Verstärkung von 20 Divisionen aus dem Westen oder er müsse das Donez-Becken aufgeben und damit dessen gesamte natürliche und industrielle Ressourcen, die so wertvoll für die deutschen und die russischen Kriegsanstrengungen waren. Hitler antwortete auf Mansteins

Ultimatum, indem er, statt einer von beiden Alternativen zuzustimmen, eine dritte Möglichkeit vorschlug. Weit entfernt davon, Verstärkungen anbieten zu können, zog er sogar Divisionen, unter anderem den Eliteverband «Leibstandarte», aus Russland ab und verlegte sie nach Italien, um die dort immer prekärer werdende Lage zu festigen. Doch angesichts der wachsenden Krise im Osten räumte er nun den (bis dahin beharrlich bestrittenen) Nutzen des «Ostwalls» ein, der nach dem Vorbild des am Rhein gelegenen Westwalls erbaut werden sollte, damit das Ostheer in seinem Schutz das 1941/42 eroberte Gebiet verteidigen könnte. Dieser Befestigungsgürtel sollte sich von der Küste des Asowschen Meers über Saporoschje (wo sich das Hauptquartier der Heeresgruppe Süd befand), dem Lauf der Flüsse Dnjepr und Desna folgend, bis nach Kiew und Tschernigow erstrecken und dann weiter nach Norden bis Pskow (Pleskau) und dem Peipussee verlaufen, um bei Narwa die Ostsee zu erreichen.

Hitler befahl, die Arbeit an dieser Befestigungslinie aufzunehmen, die zugleich als Grenzlinie gedacht war, hinter die das Ostheer auf keinen Fall zurückweichen durfte. Tatsächlich fehlte es sowohl am Material wie an den Männern, die zum Bau notwendig gewesen wären, während die Rote Armee den Deutschen gar nicht die Zeit ließ, die sie für die Arbeiten gebraucht hätten. Durch Vorstöße, die alle gleichzeitig im Südabschnitt der Front durchgeführt wurden, eroberte die Rote Armee Charkow zurück, die am erbittertsten und längsten umkämpfte Stadt der Sowjetunion (sie sollte danach in russischer Hand bleiben), und überquerte gleichzeitig den Donez sowie seinen kurzen Nebenfluss, den Mius. Diese Vorstöße drohten Kleists Heeresgruppe A einzuschließen, die immer noch den Brückenkopf jenseits der Krim hielt, und gefährdeten die Stellung der 6. Armee, den südlichsten Großverband in Mansteins Heeresgruppe Süd, unmittelbar nördlich der Krim. Am 31. August genehmigte Hitler weitere Rückzüge im Süden. Doch auch die Verteidigungsstellungen der Heeresgruppe Mitte waren jetzt an drei Punkten durchbrochen worden, sodass der ganze südliche Frontabschnitt des Ostheeres unter dem Druck der Roten Armee zu bröckeln begann.

Am 8. September war die russische Vorhut auf 50 Kilometer an den Dnjepr herangerückt, und am 14. September bedrohte sie Kiew. Kluges Heeresgruppe Mitte war nicht in der Lage, die Desna weiterhin zu verteidigen, die erst einen Monat zuvor zu einem Teil des «Ostwalls» erklärt worden war. Am selben Tag begann Sokolowskis Westfront im Abschnitt der Heeresgruppe Mitte einen Vorstoß gegen Smolensk, Brennpunkt der großen Kesselschlacht im Jahr 1941, als das Ostheer in Russland einen Triumph nach dem anderen erlebt hatte. Einen Tag später erteilte Hitler die Genehmigung zum Rückzug bis zu den Flüssen Dnjepr, Sosch und Pronja, etwa auf die Linie, welche die deutschen Truppen im «Blitzkrieg» vom Juli 1941 erreicht hatten. Doch der Befehl kam zu spät; ein geordneter Rückzug war nicht mehr möglich. Vielmehr entspann sich ein Wettlauf um die Stellungen am Fluss, den viele deutsche Verbände verloren: Am 30. September hatte die Rote Armee fünf Brückenköpfe am anderen Ufer des Dnjepr errichtet – einige durch Fallschirmjägereinsatz –, einschließlich einer großen Riegelstellung unmittelbar südlich der Pripjetsümpfe.

Für das Ostheer war das ein katastrophales Ergebnis der Sommerkämpfe, weil der Dnjepr mit seinem hohen westlichen Steilufer die stärkste Verteidigungslinie in Südrussland darstellte. In fünf Wochen ununterbrochener Kämpfe war das Ostheer auf einer 1000 Kilometer breiten Front um 240 Kilometer zurückgedrängt worden. Obwohl Hitler einen Rückzug nach dem Prinzip der «verbrannten Erde» befohlen hatte, das heißt, nichts als zerstörte Fabriken, Bergwerke, Kraftwerke, Kolchosen und Schienenwege zurückzulassen, waren seine Sprengkommandos nicht in der Lage gewesen, das Straßennetz unbrauchbar zu machen, auf dem die Rote Armee vorrückte. Hinzu kam, dass die befohlenen Befestigungsanlagen überhaupt keine Fortschritte gemacht hatten. Der «Ostwall» blieb eine Linie auf der Karte, die nirgendwo – mit Ausnahme eines winzigen Abschnitts westlich von Leningrad – in Erdwälle, Minenfelder oder Drahtverhaue umgesetzt worden war.

Die wachsende Stärke der Roten Armee

Für die Rote Armee dagegen waren die Sommerkämpfe ein Triumph gewesen. Sie hatte alle Ziele erreicht, die ihr nach dem Sieg bei Kursk von Stalin und der Stawka vorgegeben worden waren, und obwohl ihre Verluste an Menschen und Material unvermindert hoch waren – im Juli und August hatte ihre Artillerie die erstaunliche Gesamtzahl von 42 Millionen Schuss abgefeuert –, wuchs ihre Stärke und damit ihre Offensivfähigkeit weiterhin an. Im Oktober verfügte sie über 126 Schützenkorps (mit je 2 oder 3 Divisionen), 72 unabhängige Schützendivisionen, 5 Panzerarmeen (mit je 3 bis 5 Divisionen), 24 Panzerkorps (mit 2 bis 3 Divisionen) 13 motorisierte Korps (mit 2 bis 3 Divisionen), 80 Panzerbrigaden, 106 unabhängige Panzerregimenter und eine riesige Vielfalt von Artillerieverbänden – 6 Artilleriekorps, 26 Artilleriedivisionen, 43 Regimenter mit Selbstfahrgeschützen, 20 Artilleriebrigaden und 7 Divisionen mit den Raketenwerfern *Katjuscha*. Um die Geländegewinne zu unterstreichen, welche die Rote Armee erzielt hatte, wurden ihre Fronten (Heeresgruppen) nun umbenannt. Aus der Woronesch-, Steppen-, Südwest- und Südfront wurden in den ersten Oktoberwochen die 1., 2., 3. und 4. Ukrainische Front, als die Truppen eine Pause einlegten, um sich für die nächste Phase ihrer Offensive neu zu ordnen. Die Fronten im Norden erhielten wenig später die Namen 1. und 2. Weißrussische sowie 1. und 2. Baltische Front. Die Rote Armee befand sich auf dem Vormarsch.

Der Winter war ihre bevorzugte Zeit für den Angriff. Er war die Jahreszeit, an die der russische Soldat eher gewöhnt und für die er besser gerüstet war als sein deutscher Gegner. Die Füße des deutschen Infanteristen erfroren in seinen «Knobelbechern», wie die deutschen Militärstiefel genannt wurden. Der Rotarmist war mit Filzstiefeln ausgerüstet, von denen während des Krieges nach sowjetischen Vorgaben 13 Millionen Paar in den Vereinigten Staaten hergestellt und unter den Bedingungen des Pacht-und-Leih-Vertrags in die Sowjetunion geliefert wurden. Sie boten ausreichenden Schutz vor Erfrierungen. Außerdem kannten die Rotarmisten die Tricks, mit denen man Motorfahrzeuge bei arktischen Temperaturen funktionsfähig erhält – die Beimischung von Schmieröl zum Treibstoff war einer von ihnen – und Zugtiere pflegt, wenn sich an ihren Nüstern Eiszapfen bilden; die deutsche Wehrmacht musste dies alles mühsam erlernen. Erst in diesem dritten Winter, als Hitler endlich zu dem Eingeständnis bereit war, dass der Sieg nicht unmittelbar bevorstehe, erhielt das Ostheer ausreichende Winterbekleidung. Dagegen gehörten zur normalen Ausrüstung der sowjetischen Soldaten schafsfell- und pelzgefütterte Mäntel.

Mit Einsetzen der ersten Winterfröste begannen die neu benannten Ukrainischen Fronten ihre Angriffe am Dnjepr. Die neuerlichen Verstärkungen der Roten Armee an Mannschaften und Material reichten nicht aus, um eine Offensive auf der ganzen Breite der Front durchzuführen, daher unternahm sie während der kommenden 18 Monate eine Folge von Angriffen, zunächst im südlichen Abschnitt der Front, dann im nördlichen. Dieses Herbstmanöver war der erste ihrer Vorstöße auf der linken Seite. Das Ziel bot sich an. Der bei weitem exponierteste Verband des deutschen Ostheeres war die 17. Armee, welche die Krim und ihre Zugänge besetzt hielt.

Hitler maß dem Besitz der Krim eine übertriebene Bedeutung bei, einerseits, weil er im Sommer 1942 sehr hart hatte kämpfen müssen, um sie in seine Hand zu bekommen, und andererseits, weil er besessen war von dem Gedanken, sie sei die beste Ausgangsbasis für sowjetische Luftangriffe auf die Ölfelder von Ploesti. Als die 4. Ukrainische Front (Tolbuchin) am 27. Oktober einen größeren Angriff gegen die Krim führte, war Hitlers erster Gedanke, Verstärkungen von den Rumänen anzufordern, von denen er meinte, sie würden diese Gefahr genauso sehen wie er. Nachdem der rumänische Diktator, Marschall Ion Antonescu, es ablehnte, sich stärker an der Ostfront zu engagieren, befahl Hitler schlicht und einfach, die 17. Armee müsse durchhalten und kämpfen. Unter massivem sowjetischem Druck wurde ihr nächster Nachbar, die 6. Armee, rasch von der Landenge verdrängt, welche die Krim mit dem Festland verbindet (die Landenge von Perekop), während gleichzeitig Landungsunternehmen von der asiatischen Küste aus an der Halbinsel Kertsch durchgeführt wurden. Am 30. November waren nicht nur 210 000 deutsche Soldaten auf der Krim isoliert, ihnen drohte auch eine Schlacht auf dem Gebiet, das sie verteidigten.

Inzwischen waren die anderen drei Ukrainischen Fronten auf der ganzen Länge des unteren Dnjepr zum Angriff übergegangen, mit dem Ergebnis, dass sie die Flanken von Mansteins Heeresgruppe Süd bedrohten. Die 3. und die 2. Ukrainische Front errichteten zunächst einen großen Brückenkopf bei Kriwoj Rog an Mansteins südlicher Flanke. Am 3. November setzte die 1. Ukrainische Front unterhalb des Pripjet über den Dnjepr, um Kiew zurückzuerobern – die schicksalhafteste Wende an der Ostfront seit der Einkesselung von Stalingrad.

Im Laufe des November griffen auch die Weißrussischen und Baltischen Fronten nördlich des Pripjet in das Geschehen ein, indem sie von Brjansk aus vorrückten, um Smolensk einzunehmen – 1941 Schauplatz einer bitteren Niederlage für die Rote Armee – und Witebsk zu bedrohen. Jetzt bewegten sie sich auf der Route, auf der Napoleon 1812 nach Moskau gezogen war, nur in umgekehrte Richtung, und gaben Hitler begründeten Anlass, um die Sicherheit der baltischen Staaten und der Zugänge zur Grenze Ostpolens von 1939 zu fürchten.

Ungewöhnlich mildes Wetter im Dezember sorgte dafür, dass das Netz von Wasserstraßen und kleinen Seen oberhalb des Pripjet nicht zufror, wodurch das Ostheer vorübergehend der Schwierigkeit enthoben war, die Route Smolensk-Minsk westwärts über den oberen Dnjepr zu verteidigen. Doch Hitler hatte in der Weisung Nr. 51 (vom 3. November) verkündet, er erwarte für die unmittelbare Zukunft die anglo-amerikanische Invasion im Westen, aus diesem Grunde könne er es nicht länger «verantworten, daß der Westen zu Gunsten anderer Kriegsschauplätze weiter geschwächt wird». Daher habe er sich «entschlossen, seine Abwehrkraft zu verstärken». Die Entscheidung bedeutete, dass das Ostheer nicht mehr damit rechnen konnte, Truppen von den ruhigeren, so genannten OKW-Abschnitten – Frankreich, Italien und Skandinavien – zu erhalten, sondern mit den Mitteln kämpfen musste, die ihm selbst zur Verfügung standen und die ihm das Ersatzheer liefern konnte.

In der Weisung Nr. 51 räumte Hitler ein: «Im Osten läßt die Größe des Raumes äußersten Falles einen Bodenverlust auch größeren Ausmaßes zu, ohne den deutschen Lebensnerv tödlich zu treffen.» Dieses Eingeständnis schien darauf hinzudeuten, dass er womöglich bereit war, die Behauptungen seiner Ostfrontmarschälle, Mansteins vor allem, zu akzeptieren, am ehesten lasse sich die Rote Armee durch eine Strategie bekämpfen, bei der man sich zunächst zurückziehe, um dann eine umso heftigere Offensive vorzutragen. Doch solche Überlegungen sollten nicht in die Tat umgesetzt werden. Im Winter 1943/44 griff die Rote Armee mit noch größerer Wucht an als zuvor. Aber an Hitlers Widerstreben gegen die Preisgabe von Gelände hatte sich nichts geändert – was sich nirgends so deutlich zeigte wie an der Südfront. Hitler klammerte sich nicht nur an die Hoffnung, die Minen bei Nikopol und Kriwoj Rog halten zu können, sondern beschwor ständig die Gefahr, dass die Krim ein sowjetischer Luftstützpunkt für Bombenangriffe auf die rumänischen Ölfelder werden könnte, und vertrat die Ansicht – eine besondere Obsession –, ihr Verlust könnte die Türkei ermutigen, auf alliierter Seite in den Krieg einzutreten.

Hitler befiehlt den Rückzug

Manstein, der seinen Gefechtsstand in Hitlers altes Sommerhauptquartier im ukrainischen Winniza zurückverlegt hatte, begab sich im Januar zweimal nach Rastenburg, um sich für einen Rückzug einzusetzen, erhielt jedoch in beiden Fällen eine Abfuhr. Seine Heeresgruppe Süd kämpfte zudem beherzt, um ihre Front gegen die pausenlosen Angriffe der 1. und 2. Ukrainischen Front zusammenzuhalten, die jetzt Schukows Oberbefehl unterstellt waren. Zunächst wich die Heeresgruppe Süd langsamer zurück als Kleists Heeresgruppe A. Als sich diese am 10. Januar den Angriffen der 3. und 4. Ukrainischen Front ausgesetzt sah, wurde sie bei ihrem Versuch, Nikopol und Kriwoj Rog zu halten, fast eingekesselt. Nachdem Hitler die offizielle Genehmigung für einen Rückzug erteilt hatte, der sich nicht länger vermeiden ließ, konnte sie im letzten Augenblick entkommen, musste aber den größten Teil ihrer Geschütze und Transportmittel zurücklassen.

Mitte Februar befand sich allerdings auch die Heeresgruppe Süd in großer Not. Zwei ihrer Korps wurden von Watutin zwischen dem Dnjepr und Winniza westlich von Tscherkassy umfasst und konnten am 17. Februar nur gerettet werden, weil alle verfügbaren Panzerkräfte zusammengezogen wurden, um den Eingekesselten bei ihrem Ausbruch zu helfen. Diese Operation der 1. und 4. Panzerarmee, die zuvor einen drohenden Vorstoß von Konjews 2. Ukrainischer Front auf Uman abgewehrt hatten, bewirkte jedoch, dass Mansteins Panzer zu ungünstig postiert waren, um einen anschließenden Angriff der 1. Ukrainischen Front südlich des Pripjet parieren zu können. Am 1. März hatte diese die polnische Grenze von 1939 überschritten, bedrohte Lwow (Lemberg) und stand keine 160 Kilometer mehr von den Karpaten entfernt, Südeuropas einziger Gebirgsbarriere gegen eine Invasion aus dem Osten.

Auch an der Nordfront gab es eine Krise, wo die Heeresgruppe Nord, jetzt von Generalfeldmarschall Georg von Küchler befehligt, am 15. Januar angegriffen wurde. In Windeseile waren die drei sowjetischen Heeresgruppen, die Leningrad-, Wolchow- und die Baltische Front, vorgerückt und hatten am 19. Januar die Abwehrstellungen der Heeresgruppe Nord an drei Punkten durchbrochen, den schmalen Korridor verbreitert, der Leningrad mit dem Rest der Sowjetunion verband, und die Stadt nach einer Belagerung von 1000 Tagen befreit. Die Blockade, bei der eine Million Leningrader verhungert waren, wurde am 26. Januar offiziell für beendet erklärt, woraufhin die gesamte Artillerie der Stadt 24 Schuss Salut abfeuerte. Hinter Leningrad verlief der einzige fertig gestellte Abschnitt des geplanten «Ostwalls». In den Anfangsstadien der Leningrader Offensive verweigerte Hitler die Genehmigung zu einem Rückzug in diese Stellungen und verlangte von Küchler, den er vorwurfsvoll daran erinnerte, dass er die stärkste Armee im Osten habe, er solle sich vorläufig am Fluss Luga verschanzen. Doch als sich herausstellte, dass es dazu an der Zeit und den Mitteln fehlte, musste Hitler am 13. Februar den Rückzug auf die «Pantherstellung», so die Bezeichnung des Ostwalls von Narwa bis zum Peipus- und Pskower See, genehmigen. Wie die Aussicht auf die Preisgabe der Krim weckte dieser Rückzug heftige politische Befürchtungen bei Hitler, denn er glaubte – nicht zu Unrecht –, dadurch werde Finnland ermutigt, mit den Russen geheime Verhandlungen über einen Separatfrieden aufzunehmen.

Hitlers Hauptsorgen aber waren militärischer, nicht politischer Natur. Sein Generalstabschef Zeitzler versicherte ihm Ende Februar, mittlerweile seien 18 Millionen Russen im wehrfähigen Alter ausgeschaltet und Stalin verfüge nur noch über eine Reserve von zwei Millionen Mann. Dagegen hatte Oberst Reinhard Gehlen, Chef der Abteilung «Fremde Heere Ost», Mitte Oktober gewarnt, die Rote Armee werde Deutschland in Zukunft an «Menschenmaterial», Ausrüstung und auf dem Gebiet der Propaganda übertreffen. Gehlen lag richtig mit seiner Einschätzung, Zeitzler falsch. Die Rote Armee hatte jetzt eine zentrale Panzerreserve von genau jener Art zusammengezogen, die das OKH mit Hitlers Genehmigung im Kessel von Kursk vergeudet hatte, und konnte sie an jedem Punkt der Front einsetzen, wo sich eine Gelegenheit zum Durchbruch ergab. Mitte Februar hatte die Stawka fünf ihrer Panzerarmeen gegenüber der Heeresgruppe Süd zusammengezogen. Eine sechste traf Ende des Monats ein. Am 18. Februar gab Stalin Befehl, Anfang März anzugreifen: Die 1. Ukrainische Front hatte den Auftrag, die Offensive am 4. März zu eröffnen. Am 5. und 6. März sollten die 2. und 3. folgen. Gemeinsam übertrafen sie, was die Infanterie anging, die Zahl der deutschen Gegner im Verhältnis zwei zu eins, bei den Panzern war das Verhältnis für die Russen sogar noch günstiger.

In letzter Minute kam es zu einer Komplikation. Ukrainische Separatisten – Partisanen in einem Schattenkrieg zwischen Russen, Deutschen und Polen um die Herrschaft über Grenzgebiete am Pripjet, einem Krieg, der durch den Vormarsch der Roten Armee bedeutungslos geworden war – legten am 29. Februar einen Hinterhalt und verletzten Watutin, den Oberbefehlshaber der 1. Ukrainischen Front, tödlich. Das war ein schwerer Verlust für das sowjetische Oberkommando. Doch Watutin wurde sofort durch Schukow ersetzt, der wie in Stalingrad die bevorstehende Offensive unmittelbar befehligte.

Sie wurde mit jenem verheerenden Trommelfeuer eröffnet, welches das Vorgehen der Roten Armee charakterisierte, seit sie ihre Artillerie kriegsbedingt so enorm verstärkt hatte. Die 1. Ukrainische Front schlug rasch eine Bresche in die Flanken der deutschen 1. und 4. Panzerarmee und rückte vor. Die deutsche 4. Panzerarmee wurde bei Kamenez in der Nähe des Ilmensees eingeschlossen und war gezwungen, auszubrechen. Noch schnellere Fortschritte erzielten die 2. und 3. Ukrainische Front gegen die schwächeren Kräfte der Heeresgruppe A. Am 15. April hatten sie an Bug, Dnjestr und Pruth alle drei Stellungslinien durchbrochen, von denen die Deutschen vermutlich dachten, sie ließen sich halten, hatten Odessa zurückerobert und die deutsche 17. Armee hinter sich auf der Krim isoliert. Am 8. April dann vergrößerte

Tolbuchins 4. Ukrainische Front plötzlich ihren Brückenkopf auf der Krimhalbinsel Kertsch, rückte vor und schloss die Reste der 17. Armee in einem kleinen Kessel um Sewastopol ein, genau so wie es die Franzosen und Briten 1854 mit den russischen Truppen – und Rundstedts Verbände 1941 mit der Roten Armee – getan hatten. Die russischen Verteidiger von Sewastopol hatten in der achtmonatigen Belagerung von November 1941 bis Juli 1942 heldenhaft ausgehalten. Hitler sah Anfang Mai 1944 ein, dass er die Stadt aufgeben musste, daher wurde sie vom 4. bis 8. Mai in vier Nächten geräumt. Trotzdem blieben mehr als 30 000 deutsche Soldaten innerhalb des Verteidigungsgürtels zurück und gerieten in Gefangenschaft, als die Russen die Stadt am 9. Mai befreiten.

Die Frühjahrsoffensive an der südlichen Front war ein Triumph für die Rote Armee gewesen. Von März bis Mitte April war sie 264 Kilometer vorgerückt, hatte drei potenzielle Verteidigungsstellungen überrannt, einige der produktivsten Gebiete der Sowjetunion, wenn auch extrem verwüstet, zurückgewonnen, Hitler seines geliebten strategischen Außenpostens beraubt und den Heeresgruppen A, Süd und Mitte irreparablen Schaden zugefügt. Die 17. Armee, die Besatzungstruppe der Krim, war vollkommen ausgelöscht, ein Verlust von mehr als 100 000 deutschen und rumänischen Soldaten.

Das Debakel im Süden hatte Hitler bereits bewogen, dort eine kosmetische Veränderung am Ostheer vorzunehmen. Am 30. März hatte er Manstein und Kleist nach Rastenburg zitiert und ihnen erklärt, «die Zeit der Operation größeren Stils» sei vorbei; die Südfront brauche eine neue Führung «der starren, unbeweglichen Verteidigung». Manstein wurde durch Model abgelöst, den General, der die Leningrader Front an der «Pantherstellung» stabilisiert hatte, und an die Stelle von Kleist trat General Ferdinand Schörner, ein noch fanatischerer Parteigänger des nationalsozialistischen Regimes und ein begnadeter Selbstdarsteller. So wurden mit einem Schlage zwei herausragende Experten des Panzerdurchbruchs entfernt und durch Männer ersetzt, deren Fähigkeiten eher darin lagen, von ihren Untergebenen absoluten Gehorsam zu verlangen und sich der Autorität des «Führers» zu beugen. Zeitzler, ein nicht weniger strenger Vorgesetzter, besaß immerhin genügend Anstand, um bei dieser Nachricht seinen Rücktritt anzubieten, den Hitler mit dem warnenden Hinweis ablehnte, ein General könne nicht abdanken.

Wenige Tage später ordnete Hitler an, die Heeresgruppen Süd und A in «Nord-» beziehungsweise «Südukraine» umzubenennen – eine absolut hohle Geste, die ein Zeichen seiner Entschlossenheit sein sollte, diese Gebiete, von denen nun keines mehr in seinem Besitz war, zurückzuerobern. Doch es fehlte ihm nicht allein an den Mitteln, eine Offensive durchzuführen oder auch nur die erforderlichen Reserven aufzutreiben, um seine Truppen für ihre Abwehrschlacht zu stärken; im Frühjahr 1944 sah er sich zudem mit der Gefahr einer Invasion in Frankreich sowie der Realität eines alliierten Durchbruchs in Italien konfrontiert. Im Osten blieb die strategische Initiative bei Stalin, der nach seinem ukrainischen Triumph eine weitere Offensive plante, die das Ostheer ein für alle Mal von russischer Erde vertreiben sollte.

Im Mai beauftragte Stalin zwei seiner ranghöchsten Stabsoffiziere, Generalstabschef S. M. Schtemenko und Timoschenko als Vertreter der Stawka, jeden Abschnitt der sowjetischen Front zu inspizieren – 3000 Kilometer zwischen der Ostsee und dem Schwarzen Meer – und ihm über die jeweiligen Möglichkeiten zu berichten. In ihrer Lagebeurteilung kamen sie zu folgendem Ergebnis: Ein weiteres Vorrücken in Richtung der Karpaten sei trotz der politischen Vorteile, die eine Erhöhung des Drucks auf Rumänien, Bulgarien, Ungarn und Jugoslawien biete, zu gefährlich, weil es die Flanke verlängere, die den Angriffen der deutschen Heeresgruppe Mitte preisgegeben sei. Ein Vorstoß von Leningrad aus entlang der Ostseeküste bedrohe zwar Ostpreußen, aber nicht das deutsche Kernland, und sei überdies ebenfalls der Gefahr eines Gegenschlags durch die Heeresgruppe Mitte ausgesetzt. Nach dem Ausschlussprinzip blieb also als empfehlenswerteste Strategie übrig, die Heeresgruppe Mitte selbst zu vernichten, die noch immer das wichtigste Gebiet des historischen Russland besetzt hielt und auch die Route nach Warschau und damit den direkten Weg nach Berlin blockierte. Dazu bedürfe es organisatorischer Veränderungen, vor allem einer Verstärkung und Teilung der Weißrussischen und Baltischen Fronten, die dieser Heeresgruppe gegenüberstanden. Doch da die Rote Armee seit kurzem über die Fähigkeit verfüge, Kräfte rasch einer veränderten Stoßrichtung entsprechend zu konzentrieren, sei eine solche Umgruppierung durchaus zu verwirklichen.

Operation *Bagration*

Im Laufe des April wurde der «westliche» Kriegsschauplatz reorganisiert. Aus den zwei Weißrussischen und zwei Baltischen Fronten machte man jeweils drei. Neue Generale wurden ernannt und erfahrene Generale – Wassilewski und Schukow – mit dem Oberbefehl betraut. In den Weißrussischen Fronten zog man Panzerverstärkungen und Artilleriereserven zusammen. Ganz im Süden und ganz im Norden koordinierte man Entlastungsoperationen, wobei man sich von der Sommeroffensive im äußersten Norden den zusätzlichen Effekt erhoffte, Finnland durch einen Überraschungsangriff zum Ausstieg aus dem Krieg zu bewegen. Schließlich wurde noch die 1. Ukrainische Front südlich des Pripjet, unter dem Befehl des erfahrenen Konjew, mit Panzerarmeen aufgefüllt, die man von den anderen Ukrainischen Fronten abzog; in einer weiträumigen Umfassungsbewegung sollte sie am Rande der Pripjetsümpfe entlang in die Flanke von Models Heeresgruppe Nord und dann auch gegen die der Heeresgruppe Mitte selbst vorstoßen. Das war die ehrgeizigste Operation, welche die Rote Armee jemals geplant hatte. Nur ein Name fehlte ihr noch. Am 20. Mai, als Stalin der detaillierte Plan vom Generalstab übergeben wurde, erklärte er, er werde das Unternehmen *Bagration* nennen, nach dem General, der während der napoleonischen Invasion im Jahr 1812 auf dem Weg von Weißrussland nach Moskau tödlich verwundet worden war.

Der Angriff auf Finnland durch die Leningrader Front begann am 9. Juni und zehrte, obwohl nur mit marginalen Kräften vorgetragen, die winzigen finnischen Heeresreserven rasch auf. Am 28. Juli bat der finnische Präsident um die Erlaubnis, sein Amt an Marschall Mannerheim abtreten zu können, den nationalen Führer, der augenblicklich um einen Separatfrieden nachsuchte. Seine Fühlungnahme wurde Ende August beantwortet.

Inzwischen legte Stalin ein Datum für den Beginn von *Bagration* fest. Im vergangenen November hatte er in Teheran Churchill und Roosevelt versichert, die Operation werde zeitlich mit dem Invasionstag zusammenfallen. Nun wählte Stalin den 22. Juni, den dritten Jahrestag von Hitlers unprovoziertem Überraschungsangriff auf die Sowjetunion. In den drei vorangehenden Nächten legten die russischen Partisanengruppen, die im Rücken der Heeresgruppe Mitte operierten, Sprengladungen an die Schienenwege, über welche die deutsche Heeresgruppe ihren Nachschubbedarf deckte. Mehr als 40 000 Sprengsätze explodierten am 19., 20. und 21. Juni. Trotzdem rechneten weder OKH noch OKW mit der Möglichkeit, dass diese Angriffe auf eine bevorstehende Offensive hinweisen könnten. Seit Anfang Mai herrschte Ruhe an der Ostfront, und Gehlens Abteilung «Fremde Heere Ost» beharrte nachdrücklich darauf, dass alle vorliegenden Anzeichen auf die Vorbereitung einer Offensive gegen die Heeresgruppe Nordukraine hindeuteten; genau diese Option – Gehlen nannte sie die «Balkanlösung» – hatte die Stawka abgelehnt. Die deutsche Luftwaffe vertrat aufgrund eigener nachrichtendienstlicher Informationen und ihrer Aufklärungsflüge eine andere Ansicht. Sie hatte nachgewiesen, dass 4500 sowjetische Flugzeuge gegen die Heeresgruppe Mitte zusammengezogen wurden. Als Hitler am 17. Juni derartige Warnungen zu Ohren kamen, veranlassten sie ihn, dem IV. Fliegerkorps, seinem letzten schlagkräftigen Verband im Osten, Störangriffe zu befehlen. Doch die russische Kräftekonzentration war viel zu groß, als dass solche Angriffe hätten wirksam werden können, und inzwischen war es zu spät, um Truppen in Bewegung zu setzen und hinter der Front der Heeresgruppe Mitte aufzustellen.

Um 4.00 Uhr am Morgen des 22. Juni wurde *Bagration* mit einem kurzen Artilleriebeschuss eröffnet, anschließend griffen Aufklärungseinheiten der Infanterie an. Schukow wollte sichergehen, dass nicht unnötig gegen verlassene Stellungen gestürmt wurde. Die eigentliche Offensive entfaltete sich am folgenden Tag, als massive Infanteriewellen, von dichten Fliegerverbänden unterstützt, gegen zentrale deutsche Verteidigungsstellungen vorgingen, um den Weg für die Panzer in ihrem Rücken frei zu machen. Sie waren die Vorhut von 166 Divisionen, die über 2700 Panzer und 1300 Sturmgeschütze verfügten und gegen die die deutsche Heeresgruppe auf einer 1300 Kilometer langen Front lediglich 36 Divisionen mit schwacher Panzerunterstützung aufbieten konnte.

Der erste deutsche Großverband, den das Unheil ereilte, war die 9. Armee, die den südlichen Frontabschnitt der Heeresgruppe verteidigte. Ihr drohte am zweiten Tag der Offensive die Umfassung durch die 1. und die 2. Weißrussische Front. Als Hitler am 26. Juni die Erlaubnis erteilte, östlich von Minsk an die Beresina zurückzuweichen (den Fluss, der 1812 Napoleons *Grande Armée* zum Verhängnis geworden war), war es zu spät. Als nächste wurde die benachbarte 4. Armee vom gleichen Schicksal ereilt: Sie geriet in einen größeren Kessel, den die 1. und die 3. Weißrussische Front bildeten, und wurde am 29. Juni östlich von Minsk vernichtet. Am Ende der ersten Woche von *Bagration* hatten die drei deutschen Armeen, die in der unmittelbaren Vormarschrichtung der Operation gestanden hatten, zusammen annähernd 200 000 Mann und 900 Panzer verloren. Die deutsche 9. Armee und die 3. Panzerarmee waren nur noch Schatten ihrer selbst, jede auf drei oder vier einsatzfähige Divisionen geschrumpft, und die gesamte 4. Armee befand sich auf dem Rückzug. Hitler musste nun damit rechnen, dass sich in der Ostfront eine Riesenlücke auftat, wäh-

Unternehmen Bagration,
Juni bis August 1944
Peipus-see
Ilmen-see
Pskow
HEERESGRUPPE NORD
(Lindemann, später Friessner, dann Schörner)
Ostsee
Lettland
Riga
1. Baltische Front
(Bagramjan)
Memel
Litauen
3. Weißrussische Front
(Tschernjachowski)
Witebsk
Memel
Kowno/Kaunas
13. Juli
Wilna
Königsberg
Smolensk
Ostpreußen
HEERES-GRUPPE MITTE
(Busch, später Model, dann Reinhardt)
Allenstein
Minsk
Mogilew
Johannisburg
2. Weißrussische Front (Sacharow)
Narew
Bialystok
Slutsk
Bobrujsk
Weißrussland
Bug
Pripjet-Sümpfe
Pripjet
Pruth
Gomel
Warschau
Brest-Litowsk
Pinsk
SOWJETUNION
1. Weißrussische Front
(Rokossowski)
Dnjepr
Ukraine
Kiew
Weichsel
Lemberg/Lwow
1. Ukrainische Front (Konjew)
Schitomir
Russisch-polnische Vorkriegsgrenze
Russisch-deutsche Grenze 1940
HEERESGRUPPE NORDUKRAINE
(Model)
Slowakei
Frontverlauf in Weißrussland
am 22. Juni 1944
am 4. Juli 1944
am 28. Juli 1944
am 29. August 1944
Dnjestr
UNGARN
Tschernowitz
RUMÄNIEN
Frontverlauf in der Ukraine
am 13. Juni 1944
am 28. Juli 1944
am 29. August 1944
deutsche Gegenangriffe
eingeschlossene deutsche Kräfte
0 40 80 120 160 200 km

rend er gleichzeitig mit einer Reihe anderer Krisen, großen und kleinen, fertig werden musste. Die alliierte Landung in Frankreich hatte Fuß gefasst, Finnland stand vor dem Zusammenbruch, und sein Lieblingsgeneral, Dietl, der 1940 die Lage in Nordnorwegen gerettet hatte, war am 23. Juni bei einem Flugzeugabsturz ums Leben gekommen. Am 28. Juni ersetzte Hitler bei der Heeresgruppe Mitte Feldmarschall Ernst Busch durch Model, den Feldmarschall, der immer mehr zu «des Führers Feuerwehrmann» wurde. Außerdem überließ er ihm die Heeresgruppe Nordukraine als Reserve.

Doch noch nicht einmal Model konnte den Brand löschen, der seine Heeresgruppe vernichtete. Am 2. Juli gelangte er zu dem Schluss, dass es keine Hoffnung gebe, die 4. Armee unversehrt zurück nach Minsk zu bringen, da sie jetzt gegen die Beresina gedrängt wurde, welche die 2. Weißrussische Front bei Lepel bereits überschritten hatte. Daher konzentrierte er seine Bemühungen darauf, Fluchtwege zu beiden Seiten der Stadt offen zu halten, doch der rasche Vormarsch der sowjetischen Panzer – Rotmistrows 5. Panzerarmee legte am 2. Juli auf der Schnellstraße von Minsk nach Moskau 50 Kilometer zurück – machte diesen Plan bald zunichte. Minsk fiel am 3. Juli; die deutsche 4. Armee war umzingelt. Bei dem Versuch, dem Kessel zu entkommen, starben 40 000 ihrer 105 000 Mann. Nach einem letzten Versuch, am 5. Juli Nachschub aus der Luft abzuwerfen, begannen die Überlebenden, sich zu ergeben. Am 8. Juli bot der Kommandierende General des XII. Armeekorps offiziell die Kapitulation an. Und am 11. Juli war der Widerstand im Kessel zum Erliegen gekommen.

Mit der Einkesselung der 4. Armee war die Schlacht um Weißrussland praktisch vorbei. Offiziell wurde der Sieg am 17. Juli gefeiert, als 57 000 deutsche Soldaten auf dem Weg in die Gefangenlager durch die schweigende Menschenmenge marschierten, die Moskaus Straßen säumte. Inzwischen standen Panzerspitzen der sowjetischen Fronten bereits weit im Westen jener Gebiete, in denen diese deutschen Soldaten in Gefangenschaft geraten waren.

Am 4. Juli hatte die Stawka allen Fronten neue Ziele gesteckt, und zwar auf einem großen Bogen, der von Riga in Lettland bis Lublin in Südpolen verlief und die Grenze von Ostpreußen berührte. Zum ersten Mal war damit das Reichsgebiet selbst in Gefahr. In der zweiten Juliwoche setzten die russischen Truppen ihren Weg fort. Am 10. Juli war Vilnius (Wilna), Litauens Hauptstadt, in sowjetischer Hand, und die 3. Weißrussische Front war auf deutsches Gebiet vorgedrungen. Am 13. Juli eröffnete Konjews 1. Ukrainische Front mit 1000 Panzern und 3000 Geschützen ihre Offensive, indem sie Lwow (Lemberg) angriff, die alte österreichisch-ungarische Bastion in Ostgalizien. Die Eroberung der massiv verteidigten Stadt erwies sich als überaus schwierig; sie gelang erst am 27. Juli. Inzwischen hatte Rokossowskis 1. Weißrussische Front die Pripjetsümpfe im Süden umgangen. Am Ende der ersten Augustwoche erreichten die beiden Fronten die Weichsel und deren Nebenfluss San, südlich von Warschau, während die 1. Baltische und die übrigen Weißrussischen Fronten über die Memel und den Bug, den nördlichen Nebenfluss der Weichsel, setzten, um Warschau von der anderen Seite zu bedrohen.

Hitler fühlte sich von allen Seiten verraten. Die einfachen deutschen Soldaten blieben ihm treu ergeben, doch unter seinen Offizieren, deren Kaste er nie getraut hatte, traten immer mehr «Verräter» in Erscheinung. Die Seydlitz-Gruppe, Offiziere, die in Stalingrad kapituliert und sich dem «antifaschistischen Kampf» verschrieben hatten, begann schon im Vorfeld von *Bagration* über Radio und Flugschriften die Heeresgruppe Mitte mit Propagandamaterial zu überschütten. 16 der Generale, die im Verlauf dieser Operation in Gefangenschaft gerieten, ließen sich von den Russen dazu bewegen, am 22. Juli einen «Appell» zu veröffentlichen, in dem es hieß, Hitler habe 350 000 Soldaten «in einem Glücksspiel geopfert». Zwei Tage zuvor hatte Claus von Stauffenberg versucht, Hitler in dessen eigenem Hauptquartier zu töten, ein Attentat, das als erster Akt in einer Verschwörung geplant war, die das NS-Regime durch eine für den Westen akzeptable Regierung ersetzen sollte. Bereits am 1. Juli war Generaloberst Zeitzler von Hitler im Unfrieden als Chef des Generalstabes entlassen worden. Und am 1. August schließlich besetzte die polnische Heimatarmee das Stadtzentrum von Warschau.

Die Beweggründe für den Aufstand der polnischen Heimatarmee in Warschau waren vielschichtig. Gleiches galt für die Ursachen dafür, dass die Rote Armee, die am 1. August unweit der polnischen Hauptstadt am Ostufer der Weichsel stand, den polnischen Patrioten nicht zu Hilfe kam. Am 29. Juli hatte Radio Kosciuszko, ein Sender, der unter sowjetischer Kontrolle von polnischen Kommunisten in der Sowjetunion betrieben wurde, einen Appell ausgestrahlt, in dem zu einem Aufstand aufgerufen und umgehende russische Hilfe versprochen wurde. Die Heimatarmee selbst befand sich in einem Dilemma. «Nicht zu handeln», schreibt John Erickson, «hätte bedeutet, sich praktisch der Kollaboration verdächtig zu machen oder tatsächlich in jener Bedeutungslosigkeit zu versinken, die Stalin dem polnischen Untergrund nachsagte.»

Stalin hatte seine eigene polnische Satellitenarmee, die Volksarmee, die am Unternehmen *Bagration* beteiligt war. Außerdem verfügte er über eine polnische Gegenregierung, die im Westen als «Lubliner Komitee» bezeichnet wurde, nach der unlängst wieder eroberten polnischen Grenzstadt, in der es sich konstituiert hatte. Am 3. August kam Stalin mit Stanislaus Mikolajczyk zusammen, dem Chef der polnischen Exilregierung, die nach Moskau gereist war, um Gespräche über die künftigen Beziehungen zum Sowjetregime zu führen. Zunächst behauptete Stalin, er wisse nichts von dem Aufstand, dann erklärte er warnend, er könne keine Zwietracht zwischen den «Londoner» und den «Lubliner» Polen dulden. Er weigerte sich hartnäckig, Stützpunkte für die in Großbritannien stationierten Flugzeuge zur Verfügung zu stellen, von denen aus die Aufständischen mit Waffen versorgt werden könnten, bedauerte, dass es deutsche Gegenangriffe bei Warschau der 1. Weißrussischen Front (die der Stadt am nächsten war) unmöglich machten, weiter vorzurücken, versicherte Mikolajczyk aber schließlich am 9. August: «Wir werden alles tun, was in unserer Macht steht, um zu helfen.»

Doch da war es schon zu spät. Model hatte genügend Panzer aufgetrieben, um am 29. Juli Rokossowskis 1. Weißrussische Front verhalten anzugreifen und sie auf diese Weise in Praga, dem Warschauer Vorort jenseits der Weichsel, festzuhalten. Dann zog Himmler, den Hitler damit betraut hatte, den Warschauer Aufstand niederzuschlagen, Truppen zusammen, unter anderem die Brigade Dirlewanger, die aus deutschen Kriminellen, und die Brigade Kaminski, die aus russischen Überläufern bestand – beide vor kurzem von der SS speziell für Einsätze aufgestellt, bei denen man besondere Rücksichtslosigkeit für erforderlich hielt. Sie entfesselten 24 Stunden nach Ausbruch des Aufstands eine Terrorherrschaft über die Einwohner der Stadt – ob Aufständische oder nicht. Durch Kampfhandlungen, Massaker und Flächenbombardement kamen während des Aufstands 200 000 Polen um.

26 · WIDERSTAND UND SPIONAGE

«Jetzt setzt Europa in Brand», lautete Winston Churchills Anweisung an Hugh Dalton, als er ihn zum Leiter der *Special Operations Executive* (SOE) ernannte, jener Sonderabteilung des britischen Geheimdienstes für Sabotage und subversive Kriegführung, die am 22. Juli 1940 auf Churchills ausdrücklichen Wunsch gegründet worden war, um den Widerstand gegen Hitlers Herrschaft im besetzten Europa zu schüren und zu fördern. In der Geschichte des besetzten Europa und seiner Auflehnung gegen Hitler entsprach kein Ereignis Churchills Vorstellungen vom «Brand», der gelegt werden sollte, besser als der Warschauer Aufstand vom August 1944. Er stellte Hitler vor das Problem einer akuten militärischen Krise innerhalb seines Herrschaftsbereichs. Außerdem war er ein Fanal für andere unterdrückte Völker im NS-Imperium, dem Beispiel der Polen zu folgen. Er verkörperte die Botschaft, die Churchill den englisch sprechenden Nationen den ganzen Krieg hindurch verkündet hatte: dass die Besiegten bereit seien, sich gegen die Tyrannei zu erheben, wenn der Augenblick gekommen sei; und er war eine Rechtfertigung für den «Parallelkrieg» der Subversion und Sabotage, den die britischen und amerikanischen «Sonderdienststellen» innerhalb des besetzten Europa förderten, während der konventionelle Krieg gegen die Ränder des Imperiums brandete.

So wirkte es oberflächlich betrachtet. Doch in der Rückschau müssen wir einsehen, dass der Warschauer Aufstand, trotz aller Tapferkeit und aller Leiden, welche die polnische Heimatarmee in dem siebenwöchigen Kampf gegen Hitlers Sicherungstruppen bewies und erduldete – 10 000 Kämpfer wurden getötet, vielleicht 200 000 Zivilisten kamen um –, keine spontane Reaktion auf die Brutalität der Besatzungsmacht war. Und sie hat auch, objektiv beurteilt, Hitlers Fähigkeit nicht ernsthaft beeinträchtigt, die Ordnung in ganz Polen aufrechtzuerhalten und sich gleichzeitig wirksam gegen die anrückende Rote Armee zu verteidigen, die in dem Augenblick am jenseitigen Ufer der Weichsel Halt machte, als der Aufstand ausbrach. Im Gegenteil: Der Aufstand wurde ausgelöst durch die Erwartung der Heimatarmee, die deutsche Niederlage in der Schlacht um Weißrussland biete die einmalige Chance, die polnische Hauptstadt für die Exilregierung zu erobern, bevor die Rote Armee einrücken und ein polnisches Marionettenregime von Stalins Gnaden in den Sattel heben würde. Doch diese Hoffnung wurde durch die Unfähigkeit der Heimatarmee zunichte gemacht, längeren Druck auf die Deutschen auszuüben. Diese konnten ihrerseits Kräfte mobilisieren, um die Aufständischen zu bekämpfen – und am Ende zu besiegen –, ohne auf Fronttruppen zurückgreifen zu müssen.

Statt also unter Beweis zu stellen, welchen Beitrag ein früheres Aufbäumen durch eine Reihe ähnlicher Aufstände zu Hitlers Niederlage hätte leisten können, wurde der Warschauer Aufstand vielmehr zu einer schrecklichen Warnung, die zeigte, wie gefährlich es selbst in der Spätphase des Kriegs für irgendeines der unterworfenen Völker war, in einem der Gebiete, die der Kontrolle der deutschen Wehrmacht unterstanden, die Waffen gegen Hitler zu erheben. Wäre Warschau noch kein ausreichender Beweis dafür gewesen, dann konnte das Schicksal, das der Maquis im Juni in Südfrankreich und das slowakische Volk im Juli erlitt, als ein solcher dienen.

Am Tag der Invasion in Nordfrankreich formierte sich der Maquis im Raum Grenoble auf der Hochebene des Vercors, von wo aus er begann, deutsche Truppen zu überfallen, wobei er das Rhonetal als Verbindungsweg benutzte. Im Juni hatten sich mehrere tausend Maquisards im Vercors eingefunden, meist junge Männer, die sich der Zwangsarbeit entzogen hatten. Die Heeresgruppe G fühlte sich von den Anschlägen überall in ihrem Zuständigkeitsbereich gestört und beschloss daraufhin, an diesem isolierten und exponierten Stützpunkt der Widerstandsbewegung ein Exempel zu statuieren. Sie riegelte das Gebiet ab und landete mit Lastenseglern SS-Truppen auf dem Plateau, die zwischen dem 18. und 23. Juli mit äußerster Brutalität jeden umbrachten, dem sie dort begegneten. In kleinem Maßstab nahmen diese Ereignisse das Schicksal der slowakischen Rebellen vorweg, die zur selben Zeit im Osten der Tschechoslowakei ihren Kampf gegen deutsche Sicherungstruppen aufgenommen hatten. In Erwartung einer unmittelbar bevorstehenden russischen Intervention erhoben sich Teile der auf deutscher Seite kämpfenden slowakischen Armee gegen die Besatzungstruppen, doch die Hilfe blieb aus, und sie wurden völlig vernichtet. Solange Hitlers Truppen noch auf erobertem Gebiet standen, brauchte er sich mit keinen weiteren Aufständen abzugeben – ausgenommen die zeitlich sehr genau berechnete Revolte in Paris während der Woche der Befreiung.

Für diejenigen, die an Churchills Politik eines Europa «in Brand» glaubten, war das Massaker von Vercors besonders entmutigend, weil die Maquisards von der *Special Operations Executive* logistische und materielle Hilfe erhielten. Ein Kommandotrupp der SOE (mit dem Decknamen *Jedburghs*) war mit dem Fallschirm zur Unterstützung der Widerständler abgesprungen, und am 14. Juli folgten auf demselben Wege 1000 Ladungen Waffen und Munition, eingeflogen von der USAAF. Diese Ausrüstung nutzte ihnen aber gar nichts. Obwohl die Widerstandskämpfer von einem französischen Berufsoffizier geführt wurden, fehlte es ihnen gänzlich an der nötigen Erfahrung und Ausbildung, um es mit regulären Truppen aufzunehmen – die überdies darauf gedrillt waren, jeden Widerstand mit erbarmungsloser Härte niederzuschlagen.

Warschau, die Slowakei und Vercors sind, so spät sie auch im Verlaufe des Zweiten Weltkriegs auftraten, in der Geschichte von Hitlers Europa Schlüsselereignisse, an denen alle anderen Widerstands- und Subversionsversuche in seinem Herrschaftsgebiet zwischen 1939 und 1945 zu messen sind. (Die Partisanenkriege hinter den deutschen Linien in Russland und Jugoslawien sind

Ausnahmen und gesondert zu betrachten.) Wenn die drei Aufstände stellvertretend für den Erfolg und die unbeabsichtigte Wirkung jenes Programms von Subversion, Sabotage und Widerstand stehen können, das Churchill, später von Roosevelt unterstützt, und die europäischen Exilregierungen so leidenschaftlich propagierten, ist dieses Programm als verlustreicher und irregeleiteter Misserfolg anzusehen. Alle scheiterten sie, alle brachten sie großes Leid über die tapferen Patrioten, die sich auflehnten, und alle fügten sie den deutschen Truppen, die sie niederschlugen, nur unbedeutenden Schaden zu. Infolgedessen sind alle kleineren und vorbereitenden Widerstandsaktivitäten, deren Krönung jene Aufstände darstellten, objektiv betrachtet als bedeutungs- und sinnlose Bravourstücke zu bewerten. Wenn das in Bezug auf den europäischen Widerstand und die alliierten Bemühungen, ihn zu planen und zu unterstützen, als gerechtes Urteil gelten kann, fragt sich, wie sich dieses Scheitern erklären lässt.

Churchills Missverständnis bezüglich dessen, was Widerstand gegen ideologische Tyrannei zu erreichen vermag, ein Missverständnis, das Hunderte von intelligenten Männern und Frauen unter seinen Landsleuten teilten, lag eine vollkommene Fehleinschätzung der Rolle zugrunde, welche die öffentliche Meinung für die Eroberungspolitik spielt. Die britische Geschichte ist geprägt von Eroberungen und dem Widerstand dagegen. Zu Churchills Lebzeiten wurden die Grenzen des britischen Weltreiches durch militärische Gewalt erheblich erweitert, in Süd-, West- und Ostafrika, im Nahen und Mittleren Osten, in Arabien und in Südostasien. Doch die Entwicklung des britischen Imperialismus wurde immer auch durch andere Faktoren gemäßigt, durch den fortwährenden Einfluss antiimperialistischer Kräfte, innen- wie außenpolitischer, und durch das eigene Ethos derer, die das Empire errichteten und für die Gerechtigkeit und Treuhänderschaft zentrale Werte waren. Auf die Rebellion und die Grausamkeiten des Großen Aufstands 1857/58 reagierten die Victorianer mit einer Rücksichtslosigkeit, die auch Hitlers Sicherheitskräften gut zu Gesicht gestanden hätte. Ihre Nachfolger wuchsen mit einer gerechteren imperialen Philosophie auf. «Angestrebte Selbständigkeit» war das Prinzip, das Ende des 19. und Anfang des 20. Jahrhunderts der Gründung von Kolonialregierungen in Afrika zugrunde gelegt wurde. Dann prägten die Briten den Begriff der «Treuhänderschaft» und orientierten sich an ihm, als sie ihre afrikanischen und arabischen Völkerbundmandate wahrnahmen. «Selbständigkeit zum frühestmöglichen Zeitpunkt» galt als Motto des Regimes, welches die Briten den Burenrepubliken nach dem Burenkrieg auferlegten. Der gleiche Geist bestimmte die britische Herrschaft in Indien nach dem Ersten Weltkrieg.

Dass Großbritannien im 20. Jahrhundert aus freien Stücken das Herrschaftsrecht über sein riesiges Kolonialreich einschränkte, hatte vor allem zwei Gründe: Erstens fühlte es sich den eigenen demokratischen Überzeugungen verpflichtet, zweitens war ihm an der Meinung anderer Völker gelegen, insbesondere der Amerikaner, die jene Überzeugungen mit ihm teilten. Mochte sich Churchill in den 1930er Jahren durch seinen Widerstand gegen eine Abtretung der Regierungsgewalt in Indien auch in der eigenen Partei isoliert haben, so war er doch emotional, wenn auch nicht geistig, dem Prinzip der Selbstbestimmung ebenso verpflichtet wie die meisten doktrinären Liberalen. Mehr noch, seine Erfahrungen im Burenkrieg hatten ihn gelehrt, wie tief der Freiheitsdrang verwurzelt und wie schwer es für eine Besatzungsmacht sein kann, einem Volk, das von dem Glauben an sein Recht auf Unabhängigkeit beseelt ist, eine Fremdherrschaft aufzuzwingen. Seine persönliche Erfahrung untermauerte Churchill durch umfangreiche Lektüre von Werken über die neuere Geschichte, die ihm in Hülle und Fülle Beispiele für den Erfolg von Volkserhebungen gegen Eroberer und Fremdherrschaft vor Augen führte – so den Widerstand der Spanier und Preußen gegen Napoleon oder den der Amerikaner gegen Georg III.

Hitlers imperiale Philosophie

Ein größerer Gegensatz als derjenige zwischen den imperialen Vorstellungen von Churchill und denen von Hitler lässt sich kaum denken. Obwohl Imperialist, glaubte Churchill an die Würde des Menschen; Hitler hielt die «Würde des Menschen» für eine bürgerliche Phrase. Wie jeder in der angelsächsischen Welt wusste, der *Mein Kampf* gelesen hatte – noch 1940 waren es nur eine Hand voll Menschen –, sprach er allen Völkern, die nicht zur germanischen Rasse gehörten, verächtlich das Recht auf Selbstbestimmung ab. Aus Gründen der Zweckdienlichkeit war er bereit, mit den Japanern gemeinsame Sache zu machen; aus Loyalität nahm er Mussolini («einen Nachfahren der Cäsaren») und die Italiener in die germanische «Schicksalsgemeinschaft» auf; er hatte eine ideologische Schwäche für die modernen Griechen, die er mit den antiken Verteidigern gegen die «asiatischen Horden» gleichsetzte, und schätzte sie als zähe Krieger; die Skandinavier erkannte er als rassische Vettern an, einen Titel, den er gar zu gerne auch den Briten verliehen hätte, wenn sie ihn denn akzeptiert hätten, und den er ebenfalls auf die Holländer und belgischen Flamen ausdehnte, die sich zu seiner Sache bekannten; zur Not war er bereit, die Finnen und Balten in den Kreis der willkommenen Minderheiten aufzunehmen, und solange sie auf seiner Seite kämpften, verzichtete er auf eine rassische Ausgrenzung der Ungarn, Rumänen, Slowaken oder Bulgaren. Für all die anderen Europäer, die er Ende 1941 seiner Herrschaft unterworfen hatte, hegte er nichts als Verachtung. In seinen Augen gehörten sie entweder, wie die Franzosen, zu jenen Gruppen, denen der Makel anhaftete, sich der römischen Herrschaft gebeugt zu haben (Hitlers historisches Gedächtnis reichte mitunter weit zurück), oder zum slawischen «Gesindel» – Polen, Serben, Tschechen und vor allem Russen, deren Geschichte laut Hitler nur aus der Unterwerfung unter überlegene Reiche bestand.

Folglich blieb Hitler vollkommen unberührt von all den moralischen Bedenken, welche die angelsächsischen Einstellungen zu imperialen Fragen so häufig charakterisierten. Rückhaltlos frohlockte er darüber, dass sich die autonomen Regierungen in Polen, der Tschechoslowakei und Jugoslawien mühelos hatten beseitigen lassen, und er maß die Berechtigung der Institutionen, durch die er diese legitimen Verfassungsorgane ersetzt hatte, an reinen Nützlichkeitserwägungen: Wenn die neuen Verwaltungen funktionierten und seinen Besatzungstruppen keine Schwierigkeiten bereiteten, ließ er sie unbehelligt im Amt. So übertrug er ab Februar 1942 die Regierungsgewalt in Norwegen dem Quisling-Regime (Vidkun Quisling war ein einheimischer Faschist), räumte den Dänen das Recht ein, ihre parlamentarische Demokratie beizubehalten – noch 1943 führten sie eine demokratische Wahl durch, in der 97 Prozent der gewählten Kandidaten Patrioten waren – und gestattete Pétain, selbst als Deutschland im November 1942 seine militärische Besetzung auf ganz Frankreich ausgedehnt hatte, weiterhin den Schein zu wahren, er sei das souveräne französische Staatsoberhaupt.

Die Vielschichtigkeit der Hitler'schen Okkupationspolitik spiegelte sich in den komplexen Formen des Widerstands gegen seine Besatzungsregime im Westen und Osten Europas wider. Allerdings wurden diese Widerstandsformen nicht allein durch die Art der Regime bestimmt, die Hitler in den verschiedenen Besatzungsgebieten einsetzte. Drei weitere Faktoren spielten eine Rolle: Der erste war die Haltung der Linken, der zweite der Umfang der Hilfe, welche die Briten (und ab Dezember 1941 die Amerikaner) den einheimischen Widerstandsorganisationen zukommen lassen konnten, und der dritte war die Topographie.

Da die Topographie eine Konstante ist, wollen wir sie zuerst betrachten. Wie erfolgreich eine Widerstandsbewegung gegen eine feindliche Besatzungsmacht vorgehen kann, hängt unmittelbar davon ab, wie schwierig das Gelände ist, in dem sie operiert. Mit einer Einschränkung: Schwieriges Gelände – Gebirge, Wald, Wüste oder Sumpf – bietet nicht die Ressourcen, die erforderlich sind, um eine irreguläre Streitmacht zu unterhalten; daher ist diese auf Hilfslieferungen von außen angewiesen. Der größte Teil des von Deutschland besetzten Europa war jedoch entweder topographisch ungeeignet für irreguläre Operationen oder zu weit von alliierten Stützpunkten entfernt, um mühelos und regelmäßig versorgt werden zu können. Beispielsweise sind in Dänemark, in dem der Widerstandswille sehr ausgeprägt war (wenn es auch militärische und politische Gruppierungen gab, die für Hitlers antibolschewistische Propaganda durchaus empfänglich waren), praktisch keine Partisanenaktivitäten möglich, da es flach, baumlos und dicht besiedelt ist. Die gleichen Verhältnisse finden wir in den größten Teilen Hollands, Belgiens und Nordfrankreichs. In all diesen Gebieten waren Untergrundtätigkeiten leicht von der Polizei zu kontrollieren – und überall im besetzten Europa erkannten die einheimischen Polizeikräfte von Anfang an die Autorität und Befehlsgewalt der Eroberer an. Ebenso leicht ließen sich Vergeltungsmaßnahmen durchführen. Die Unbedenklichkeit und Rücksichtslosigkeit, mit der solche Vergeltung geübt wurde, entweder durch die deutsche Besatzungsmacht oder durch willfährige einheimische Sicherheitskräfte, etwa die Vichy-Miliz, erwiesen sich über lange Strecken des Krieges als ausreichende Abschreckung. Mehr noch, die Angst vor Vergeltungsmaßnahmen – deren Spektrum von Sperrstunden und Verhaftungen über Geiselnahmen und Deportationen bis zu exemplarischen Hinrichtungen reichte – förderte das Denunziantentum, das wiederum die Wirksamkeit der deutschen Kontrollmaßnahmen erhöhte. Die meisten Widerstandsorganisationen waren vom Augenblick ihrer Gründung an gezwungen, einen Großteil ihrer Energie dem Kampf gegen Spitzel zu widmen, nirgends mit vollständigem Erfolg.

Die einzige Region im besetzten Westeuropa, in der das Gelände Widerstandsaktivitäten begünstigte, war Norwegen, nördlich von Oslo. Sie war aber so spärlich besiedelt und dort waren so viele deutsche Besatzungstruppen stationiert, dass alle Partisanenaktivitäten außerhalb des Landes organisiert werden mussten. Die

Einschleusung norwegischer Widerstandskämpfer von Schottland aus (im Februar 1943 zerstörten sie das Kraftwerk Vermork, in dem schweres Wasser erzeugt wurde, und lähmten auf diese Weise das deutsche Atomwaffenprogramm) wurde von der britischen Organisation für Kommandounternehmen gegen militärische Außenposten der Deutschen unterstützt und hatte den äußerst vorteilhaften Effekt, dass sie Hitler dazu bewog, während des gesamten Krieges viel zu viele Truppen in Norwegen zu stationieren. Doch der innere Widerstand an sich war von zu vernachlässigender Bedeutung.

Bestimmte Regionen in Ost- und Südosteuropa eigneten sich für Partisanentätigkeit, besonders die polnischen Karpaten, der Böhmerwald in der Tschechoslowakei, große Teile Jugoslawiens, die gebirgigen Landschaften des griechischen Festlands und seiner größeren Inseln sowie die italienischen Alpen und der Apennin. In Italien bildete sich allerdings erst nach Mussolinis Sturz im Juli 1943 eine nennenswerte Widerstandsbewegung, und die Tschechoslowakei lag zu weit von den Stützpunkten entfernt, von denen Hilfe hätte kommen können, daher konnte der Widerstand sich dort nie etablieren. Die tschechische Exilregierung unterhielt während des Krieges den Nachrichtendienst innerhalb Europas, der den Alliierten am wirksamsten zuarbeitete, doch die einzige ernsthafte Maßnahme der SOE zur Unterstützung des Widerstands vor Ort, das erfolgreiche Attentat auf Reinhard Heydrich, den «Stellvertretenden Reichsprotektor» in Böhmen und Mähren, im Mai 1942, rief eine so fürchterliche Vergeltungsmaßnahme hervor (alle Einwohner des Dorfes Lidice wurden ermordet), dass man Ähnliches nie wieder versuchte. Wie wirksam Hitlers Okkupationspolitik war, zeigt der Umstand, dass sich unter den Attentätern ein Verräter befand, der sich an die Gestapo wandte, sobald er mit dem Fallschirm über seiner Heimat abgesetzt worden war. In Griechenland organisierte die SOE bereits im Herbst 1942 ein breit gefächertes Agentennetz. Viele Agenten waren in Oxford und Cambridge ausgebildete Altphilologen und standen noch ganz im Bann jener Philhellenen (vor allem Byrons), die den Griechen in den 1820er Jahren in ihrem Freiheitskampf gegen die Türken geholfen hatten. Doch die Deutschen reagierten auf die Partisanenaktivitäten mit so unbarmherziger Grausamkeit, dass sich die britischen Offiziere schon bald gezwungen sahen, den Widerstandskämpfern Angriffe gegen die Besatzer auszureden.

In Polen – das 1939 abermals geteilt worden war, und zwar so, dass seine westlichen Provinzen Deutschland, seine östlichen Russland zugeschlagen wurden und nur die Mitte, das «Generalgouvernement», ein gesondert verwaltetes Gebiet blieb – verzichtete die «Heimatarmee», die dem Befehl der Exilregierung in London unterstand, auf alle provozierenden Aktionen gegen die Besatzungsmacht, bis sie im August 1944 den Warschauer Aufstand entfesselte. Obwohl die Polen ein Spionagenetz unterhielten, das in seiner Wirksamkeit nur dem tschechischen nachstand (einer seiner Triumphe war, dass es die britische Regierung mit wichtigen Teilen deutscher Raketenbomben versorgte, die bei Fehlversuchen abgestürzt waren), hatten sie von Anfang an beschlossen, dass es im nationalen Interesse liege, die Stärke der Heimatarmee bis zu dem Augenblick zu bewahren, wo der nahende Zusammenbruch Deutschlands ihr Gelegenheit gäbe, um die Unabhängigkeit zu kämpfen.

Die militärischen Möglichkeiten der Heimatarmee waren allerdings auch dadurch eingeschränkt, dass sie nur unter großen Schwierigkeiten an Waffen kommen konnte. Waffenmangel war einer der Gründe dafür, dass sie im April 1943 nicht eingriff, als die Deutschen das Warschauer Ghetto vernichteten. Damals wurden heldenhaft kämpfende jüdische Widerstandsgruppen in erbitterten Straßenkämpfen von Einheiten der SS und der Miliz unter dem Befehl von SS-General Jürgen Stroop aufgerieben. Bis 1944 fehlte es der SOE an Flugzeugen, deren Reichweite groß genug für Versorgungsflüge nach Zentralpolen gewesen wäre. Selbst als 1943 Stützpunkte in Italien zur Verfügung standen, waren solche Flüge lang und gefährlich. Die Sowjetunion, die den westlichen

Luftstreitkräften gelegentlich die Möglichkeit zum Nachtanken auf sowjetischem Gebiet einräumte, wenn es um Fliegerangriffe gegen Deutschland ging, verweigerte diese Hilfe, wenn Waffen über Polen abgeworfen werden sollten. Auch war sie nicht bereit, die Heimatarmee ihrerseits mit Waffen zu versorgen.

Russlands Haltung war geprägt von seinen politischen Meinungsverschiedenheiten mit der Exilregierung und der Heimatarmee, die selbst nach dem August 1941 noch fortbestanden; damals war ein Abkommen unterzeichnet worden, in dessen Folge Polen aus russischer Gefangenschaft entlassen wurden, damit sie sich den britischen Streitkräften im Nahen Osten anschließen konnten. Für Stalin war die Heimatarmee politisch ein potenzieller Gegner der Kommunistischen Partei Polens, durch die er ab Juni 1941 seine eigene Exilarmee in der Sowjetunion zu fördern begann. Das war der einzige negative Effekt von «Barbarossa» auf die Entwicklung des Widerstandes gegen die deutsche Besatzung in Hitlers Europa.

Die europäischen kommunistischen Parteien waren unter der fortwährenden Kontrolle der Komintern daran gehindert worden, sich dem Widerstand gegen die Besatzung anzuschließen, solange der Hitler-Stalin-Pakt in Kraft blieb. Sobald er gebrochen worden war, erhielten alle kommunistischen Parteien Europas die Anweisung, subversive Aktivitäten zu organisieren, was die Wirksamkeit der Widerstandsgruppen gleich welcher Couleur wesentlich erhöhte. Das lag entweder an der Zusammenarbeit der Kommunisten (die weit mehr Erfahrung im Untergrundkampf hatten als die gerade gebildeten Widerstandsgruppen) mit dem nichtkommunistischen Widerstand, wie vor allem in Holland, oder an einem kreativen Wettbewerb zwischen Links und Rechts, wie in Frankreich, wo es de Gaulle, beunruhigt von der Aussicht, das «Freie Frankreich» könnte in der Heimat unter kommunistische Führung geraten, gelungen war, eine alle Widerstandskräfte umfassende *Armée secrète* zu bilden, die von einem Nationalen Widerstandsrat unter seiner Führung geleitet wurde.

Die Zwangsehe zwischen kommunistischen und nichtkommunistischen Gruppen war von Zweckmäßigkeitserwägungen bestimmt; die Kommunistische Partei Frankreichs blieb insgeheim entschlossen, sich in ihrem Handeln wieder am eigenen politischen Vorteil zu orientieren, sobald sich die Gelegenheit dazu bot. Tatsächlich errichtete sie während des Interregnums nach der Befreiung 1944 örtliche Schreckensherrschaften gegen ihre erklärten Gegner. Doch von Juni 1941 bis Juli 1944 sorgte die Vernunftehe dafür, den Widerstand insgesamt zu einigen und zu stärken.

Objektiv ist jedoch festzustellen, dass die größte Wirkung des westeuropäischen Widerstands in den Jahren der ungebrochenen Herrschaft Hitlers eher psychologischer als materieller Art war. Das sichtbarste Symbol des Widerstands waren die Untergrundzeitungen (1941 zirkulierten in Holland 120 verschiedene Druckerzeugnisse), und die gefährlichste Aktivität war die Übermittlung nachrichtendienstlicher Informationen über geheime Netzwerke nach London. Einige dieser Netze fielen in Feindeshand und wurden «umgedreht». Das Netz «Nordpol» beispielsweise wurde von März 1942 bis April 1944 von Deutschen «betrieben». Solche Rückschläge schadeten den Kriegsanstrengungen der Alliierten nur wenig, führten aber dazu, dass zahlreiche tapfere Männer und Frauen (Frauen waren nach Ansicht der SOE bessere Agenten als Männer) mit dem Fallschirm direkt in die Hände der Gestapo absprangen. Die Veröffentlichung von Untergrundzeitungen und die Organisation von Spionagenetzen, zu deren erweitertem Aufgabenbereich es unter anderem gehörte, die Crewmitglieder abgestürzter Flugzeuge aus dem besetzten Gebiet zu schmuggeln, gelegentliche Sabotageakte zu begehen und in seltenen Fällen auch Attentate durchzuführen, trugen wesentlich dazu bei, den Nationalstolz während der Besatzungszeit aufrechtzuerhalten, vermochten allerdings das äußerst effektive deutsche Kontrollsystem in keiner Hinsicht zu erschüttern.

Historikern des Widerstands widerstrebt es verständlicherweise, die Stärke der deutschen Sicherheitskräfte zu beziffern (des zivilen Sicherheitsdienstes und der militärischen Feldgendarmerie), welche die Widerstandsgruppen bekämpften, doch wahrscheinlich hat ihre Gesamtstärke in Frankreich zu keinem Zeitpunkt des Krieges 6500 Mann überschritten. Im Jahr 1944 umfassten die deutschen Polizeikräfte von Lyon, der zweitgrößten Stadt Frankreichs, 100 Gestapo-Beamte und 400 Mann der Sicherheitskräfte. Die Divisionen des deutschen Heeres, die in Frankreich stationiert waren (60 im Juni 1944), beteiligten sich im Allgemeinen nicht an Sicherheitsaufgaben, und da sie fast ausschließlich in den Küstenregionen stationiert waren, wären sie dazu auch gar nicht in der Lage gewesen. Gegen die deutschen Sicherheitskräfte standen der Résistance im Höchstfalle 116 000 bewaffnete Männer zur Verfügung, ein Maximalwert, der im Juli 1944, nach dem Eintreffen der alliierten Befreiungsarmeen, erreicht wurde. Während der eigentlichen Besatzungszeit waren Zahl und Größe der bewaffneten Gruppen gering und ihre Aktivitäten entsprechend eingeschränkt. In den ersten neun Monaten des Jahres 1942 wurden 150 Attentate auf Angehörige des deutschen Sicherheitsdienstes verübt, im Verlauf des gesamten Krieges kam es indes nur zu fünf größeren Sabotageakten (Anschläge auf das Schienenetz wurden sehr häufig verübt, jedoch überwiegend in den Monaten vor und nach der Invasion).

Die verbreitete Vorstellung, Westeuropa sei unter deutscher Besatzung «in Brand» gesteckt worden, die zunächst in John Steinbecks aufrüttelndem Roman *Der Mond ging unter* (1942) verkündet und seither durch ein Heer von Autoren verbreitet wurde, ist daher als ein romantischer, wenn auch verständlicher Mythos zu betrachten. Die städtischen und ländlichen Regionen Westeuropas, deren Bevölkerungen Vergeltungsmaßnahmen hilflos ausgeliefert waren, eigneten sich so gar nicht für jene Art von permanenter Partisanenaktivität, die, wenn sie von außen durch reguläre Streitkräfte versorgt und unterstützt wird, die einzig wirksame Form des Guerillakriegs ist, weil sie einen Eroberer dazu zwingt, beträchtliche militärische Ressourcen von der Front abzuziehen. Den gesamten

Krieg hindurch sah sich Hitler nur in zwei Regionen einem derartigen Partisanenwiderstand gegenüber: im Rücken der Ostfront, wo Stalin nach anfänglichem Zögern Partisanenverbände unterstützte, mit Nachschub versorgte und schließlich auch verstärkte, die in den undurchdringlichen Pripjetsümpfen operierten; und in Jugoslawien.

Ursprünglich bildeten sich die sowjetischen Partisanenverbände aus versprengten Teilen regulärer Divisionen, die infolge des deutschen Vormarsches durch Weißrussland und die Ukraine im Sommer 1941 isoliert worden waren, Überlebende, die sich den Willen und einige der Mittel bewahrt hatten, um weiterzukämpfen, nachdem sie von ihren höheren Kommandostellen und der Versorgung abgeschnitten waren. Um Mitkämpfer zu gewinnen, waren sie jedoch auf Freiwillige aus der weißrussischen und ukrainischen Bevölkerung angewiesen, beide in Stalins Augen unzuverlässige Minderheiten und potenzielle Kollaborateure der Besatzungsbehörden. Von Anfang an unterstellte er die Partisanenverbände der Aufsicht des NKWD (der Geheimpolizei). Die Kommandostruktur, deren Mitglieder durch die deutschen Linien zu den Partisanengruppen geschleust wurden, hieß *Orgtroika* (Dreierorganisation), bestehend aus Vertretern des Staates, der Partei und des NKWD.

Noch im Sommer 1943 verfügten sie in der Ukraine über höchstens 17 000 Mitglieder. Im Januar 1944, als die Partisanen wieder dem Kommando der Roten Armee unterstellt wurden, brachten es die 13 Partisanenbrigaden in der Ukraine insgesamt auf 35 000 Kämpfer. Kurz vor der Operation *Bagration* im Juni 1944, als die Partisanen 40 000 Anschläge gegen das Eisenbahnnetz verübten, betrug ihre Zahl 140 000. Dank sowjetischer Unterstützung waren sie trotz grausamer deutscher Repression derart angewachsen. Ab Frühjahr 1944 führten spezialisierte SS-Einheiten zur Partisanenbekämpfung, regelmäßig durch Heeresverbände ergänzt, die sich vom Fronteinsatz «erholten», große Razzien in den «bandenverseuchten» Gebieten durch, wobei sie erbarmungslos brandschatzten und mordeten. Über «Tötungen» von bis zu 2000 Menschen, nicht nur Männern, sondern auch Frauen und Kindern, wurde nach diesen Einsätzen regelmäßig berichtet. Nachkriegsuntersuchungen von Historikern mit Zugang zu deutschen Dokumenten lassen darauf schließen, dass solche Razzien außerordentlich wirksam waren, dass sowjetische Angaben über die Leistungen der Partisanen enorm übertrieben sind und dass die deutsche Wehrmacht durch Partisanenaktivitäten nur einen Bruchteil der Verluste erlitten hat, die von sowjetischer Seite beziffert wurden. Die sowjetische Schätzung, dass im Raum Orel, westlich des Don, 147 835 deutsche Soldaten von Partisanen getötet wurden, hat der westliche Historiker J. A. Armstrong in Zweifel gezogen, der stattdessen von 35 000 verwundeten und getöteten Soldaten ausgeht.

Die jugoslawischen Partisanen

Wenn Historiker die Wirksamkeit des Partisanenkriegs unterstreichen und den Beitrag der Widerstandskräfte zur Niederlage der deutschen Wehrmacht in Europa und im Zweiten Weltkrieg gebührend würdigen wollen, verweisen sie in letzter Instanz gewöhnlich auf Jugoslawien. Jugoslawien ist zweifellos ein Sonderfall. Mit seiner gebirgigen Landschaft, den tiefen Tälern und einer langen Küste, die den Versorgungseinheiten der SOE aus der Luft und von See her gute Zugangsmöglichkeiten bot, war es für den Partisanenkrieg ideal geeignet. Seine serbische Bevölkerung war durch den Widerstand gegen die Türken und durch die österreichische Invasion von 1914/15 daran gewöhnt, auf ihrem Heimatgebiet zu kämpfen. Hitlers Aggression im April 1941 hatte den nationalen Stolz empört, und die überraschend schnelle Kapitulation hatte dafür gesorgt, dass Hunderte von militärischen Einheiten im Besitz von Waffen und Stützpunkten blieben, von denen aus sie Partisanenoperationen vornehmen konnten. Als Erste riefen die serbischen Monarchisten unter Befehl von Draža Mihailović zum Widerstand auf. Seine Tschetniks, benannt nach der serbischen

Bezeichnung für die Gegner der türkischen Besatzung, befanden sich von Anfang an im Widerstreit mit den kroatischen Ustaschi, die mit den italienischen Besatzungstruppen in Slowenien und Kroatien gemeinsame Sache machten. Verständlicherweise waren sie außerdem empört darüber, dass sich Ungarn, Bulgarien und Albanien jugoslawische Gebiete an den nördlichen und östlichen Grenzen des Königreichs angeeignet hatten. Vor allem aber galt ihr Kampf den Deutschen, die eine Marionettenregierung auf dem Gebiet des historischen Serbien eingesetzt hatten. Bereits im Mai 1941 brach hier der Partisanenkrieg aus.

Im September 1941 nahm die SOE Verbindung mit den Tschetniks auf und begann sie im Sommer 1942 mit Waffen und Geld zu unterstützen. Doch der Abgesandte, den die SOE ursprünglich zu Mihailović geschickt hatte, Hauptmann C. T. Hudson, war auch mit einer Gruppe von antimonarchistischen Guerilleros in Berührung gekommen, die sich selbst als «Partisanen» bezeichneten und von einem erfahrenen Komintern-Agenten befehligt wurden, Josip Broz, der den *Nom de Guerre* Tito führte. Hudson gewann rasch den Eindruck, Tito sei ein gefährlicherer Gegner für die Besatzungstruppen der Achse als Mihailović, dem er unterstellte, er wolle die Tschetniks zu einer serbischen «Heimatarmee» nach polnischem Vorbild organisieren und ihre Stärke für den Tag erhalten, an dem ihnen äußere Umstände erlaubten, das Land von innen zu befreien. Sein Verdacht tat Mihailović Unrecht, denn die Tschetniks führten 1942 durchaus einen Partisanenkrieg gegen die Deutschen, von denen sie (wie Ultra herausfand) noch 1943 als unangenehme Gegner eingestuft wurden. Richtig war jedoch zweifellos, dass Mihailović ein fanatischer serbischer Nationalist war, der sich weigerte, mit Tito in einer nationalen Widerstandsbewegung zusammenzuarbeiten, dass seine Guerilleros im November 1941 begonnen hatten, Titos Partisanen zu bekämpfen, um Westserbien unter ihre Kontrolle zu bringen, und dass er frühzeitig örtliche Waffenstillstände mit den Italienern vereinbart hatte, um Waffen für die Fortsetzung dieses erbitterten Bürgerkriegs zu erwerben.

Ein wichtiger Beweggrund für Mihailovićs Politik war der Wunsch, der serbischen Bevölkerung Vergeltungsmaßnahmen und Grausamkeit durch die Besatzer zu ersparen – ein achtbares Motiv angesichts der entsetzlichen Konsequenzen des inneren Krieges, die trotzdem folgten und fast zehn Prozent der Vorkriegsbevölkerung (1 400 000 Menschen) das Leben kosteten. Tito waren solche Bedenken fremd. In der klassischen Tradition der Revolution ließ er seine Partisanen die Besatzer bis zum bitteren Ende bekriegen. Ende 1943 hatte er sich in den Augen der SOE (in deren jugoslawischer Abteilung linksgerichtete Offiziere tonangebend waren) als der wirkungsvollste jugoslawische Guerillaführer profiliert. Ab Frühjahr 1943 wurde alle britische Hilfe an Titos Partisanen gerichtet und Mihailović entzogen. Obwohl einige Offiziere des amerikanischen *Office of Strategic Services* (OSS) nach wie vor Kontakt zu den Tschetniks hielten, bewirkte der Umstand, dass sie von den Briten fallen gelassen wurden, eine Annäherung an die Deutschen. Mit ihnen schloss Mihailović im November 1943 einen örtlichen Waffenstillstand, um den Bürgerkrieg gegen Tito weiterführen zu können, womit er das gleich zu Anfang von Hudson erhobene Vorurteil bestätigte.

In der Zwischenzeit hatte Tito seine Armee vergrößert und führte in Mittel- und Südjugoslawien immer ehrgeizigere Angriffe gegen die Deutschen. Als diese Anschläge begannen, den Abbau jugoslawischer Bodenschätze durch die Deutschen und deren Nachschubverbindungen mit Griechenland zu gefährden, war Hitler gezwungen, erhebliche Kräfte abzustellen und weiträumige Befriedungsoperationen durchzuführen. Bis zu Italiens Zusammenbruch im September 1943 waren 20 italienische Divisionen ständig in Jugoslawien und Albanien stationiert (wo die SOE ebenfalls eine kleinere Partisanenbewegung förderte), dazu noch sechs deutsche Divisionen. Nach der Auflösung der italienischen Besatzungstruppen wurden die Deutschen durch weitere sieben Divisionen verstärkt, hinzu kamen vier bulgarische Divisionen. Eine Partisanenoffensive an der Neretva in Bosnien im Februar

1943, die bei nicht unbeträchtlichen italienischen und deutschen Verlusten niedergeschlagen wurde, führte im Juni 1943 zum Unternehmen «Schwarz». Daran waren mehr als 100 000 deutsche und verbündete Soldaten beteiligt, mit dem Erfolg, dass Tito aus Montenegro vertrieben wurde, wohin er sich zurückgezogen hatte. Ähnliche Offensiven drängten im Dezember alle Partisanen aus Westbosnien hinaus, während im Juni 1944 das Unternehmen «Rösselsprung» in Südbosnien so erfolgreich war, dass Tito gezwungen war, bei den Briten Hilfe zu suchen, um sich nach Bari in Italien abzusetzen – obwohl ihm zur Zeit des Waffenstillstands im vergangenen September große Mengen italienischer Waffen in die Hände gefallen waren, die es ihm ermöglicht hatten, sein Partisanenheer auf eine Stärke von 120 000 Mann zu vergrößern.

Die Royal Navy brachte Tito rasch wieder nach Jugoslawien zurück, allerdings nur bis zur Insel Vis, wo sie eine Basis zur Unterstützung der Partisanenoperationen eingerichtet hatte. Derweil flog die britische Balkanluftflotte, die im Juni in Bari stationiert worden war, riesige Mengen von (größtenteils amerikanischen) Waffen zu den Partisanen im Landesinneren. Von Vis aus brach Tito im August zu einem Besuch bei Stalin auf, der bis Februar 1944 Titos Kampf nur zurückhaltend unterstützt hatte. In Moskau «genehmigte» Tito sowjetischen Truppen den Einmarsch nach Jugoslawien, woraufhin sie am 6. September begannen, die Grenze von Rumänien aus zu überschreiten. Ihre Ankunft und Hitlers Entscheidung, sich im Oktober aus Griechenland zurückzuziehen, veränderte die Stellung der Partisanen. Die Heeresgruppe F, an ihren Flanken von der Roten Armee auf dem Balkan und den *Allied Armies Italy* entlang der Adriaküste umfasst, erkämpfte sich augenblicklich einen hastigen Rückzug nach Zentraljugoslawien. Die Hauptstadt Belgrad wurde am 20. Oktober von einer gemeinsamen Streitmacht aus Einheiten der Roten Armee und Titos Partisanen erobert. Stalin, der bei seinem Augusttreffen mit Tito in Moskau versprochen hatte, die Rote Armee werde Jugoslawien räumen, sobald ihre Gegenwart militärisch nicht mehr erforderlich sei, erfüllte diese Zusage nach der deutschen Kapitulation im Mai 1945.

Mihailović beendete den Krieg als tragische Figur. Titos Vorherrschaft hatte ihn immer tiefer in die Arme der Deutschen getrieben. Seine verspäteten Anstrengungen, sich auf die Seite der Alliierten zu schlagen, scheiterten kläglich. Nachdem er sich mehr als ein Jahr lang vor Titos Truppen in den Bergen Zentralserbiens versteckt hatte, wurde er im März 1946 gefasst, in Belgrad vor Gericht gestellt und am 17. Juli von einem Exekutionskommando erschossen. Seine Entschuldigung – «Ich habe viel gewollt, viel begonnen, aber der Sturmwind der Welt hat mich und mein Werk fortgefegt» – gehört zu den Denkwürdigkeiten des Zweiten Weltkriegs. Das «Schicksal», sagte er, sei «gnadenlos» mit ihm umgesprungen, und in der Rückschau, aus der viele seiner Entscheidungen verständlicher erscheinen, spricht einiges für diese Auffassung. Seine Tragödie war die eines nationalistischen Führers in einem Vielvölkerstaat, dessen Interessenkonflikte sich Hitler zynisch zunutze machte, um zu teilen und zu herrschen.

Ferner nimmt sich in der Rückschau Titos Leistung relativ bescheiden aus. Am Ende des Krieges wurde er allgemein als der einzige Führer einer europäischen Widerstandsbewegung gepriesen, der sein Land durch Partisanenkampf befreit hatte. Viele strategische Kommentatoren sprachen ihm außerdem das Verdienst zu, eine so große Zahl von deutschen Truppen und Einheiten ihrer Verbündeten von den Schlachten im Osten und im Mittelmeer abgezogen zu haben, dass dadurch das Ergebnis des Krieges auf diesen Schauplätzen substanziell beeinflusst worden sei. In realistischer Einschätzung ist man sich heute einig, dass die Befreiung Jugoslawiens das unmittelbare Ergebnis des sowjetischen Einmarschs im September 1944 war.

Was an der Tito-Ära wirklich überrascht, ist der Umstand, dass Stalin so unklug war, sich mit dem Abzug der sowjetischen Truppen im Augenblick des Sieges einverstanden zu erklären – eine Fehleinschätzung, die von Anfang an eine Lücke in die sowjetische Nachkriegskontrolle über Osteuropa riss. Strategisch betrachtet, erscheinen frühere Schätzungen, was Titos Fähigkeit angeht, Kräfte aus Hitlers Hauptoperationsgebieten abzuziehen, übertrieben. Die Besatzungsarmee in Jugoslawien bestand stets vorwiegend aus italienischen Einheiten. Nach dem italienischen Zusammenbruch war Hitler in der Tat gezwungen, die Zahl der in Jugoslawien eingesetzten Divisionen zu verdoppeln – von sechs auf dreizehn. Von diesen eigneten sich aber nur wenige zum Einsatz gegen die Rote Armee oder die *Allied Armies Italy*. Lediglich eine, die 1. Gebirgsdivision, die im Frühjahr 1943 von Russland verlegt wurde, war ein wirklich erstklassiger Kampfverband. Der Rest, einschließlich der SS-Divisionen «Prinz Eugen» und «Handschar» sowie der 104., 117. und 118. Division, umfassten «Volksdeutsche» aus Mitteleuropa oder vor Ort rekrutierte nichtdeutsche Minderheiten, darunter einen gewissen Prozentsatz von Muslimen aus Bosnien und Albanien. Sie waren weitgehend untauglich für den Krieg gegen die motorisierten Verbände der Russen, Briten oder Amerikaner. Ihre Präsenz, ja, ihre Existenz an sich in Jugoslawien war ein Indiz dafür, dass die Kämpfe dort mehr den Charakter eines Bürger- als eines zwischenstaatlichen Krieges hatten.

Hitlers raffinierte Methode, die Serben gegen die Kroaten und die Monarchisten gegen die Kommunisten auszuspielen, fiel letztlich auf ihn selbst zurück; denn am Ende wurde er, der doch eigentlich nur an der ungehinderten Nutzung der jugoslawischen Ressourcen und der Nachschublinien nach Südeuropa interessiert war, in ihre inneren Kämpfe hineingezogen. In nüchternen militärischen Zahlen kostete ihn diese Beteiligung zwar wenig, allerdings hätte er seine politisch-militärische Situation erheblich vereinfachen können, wenn er nach seinem schnellen Sieg im April 1941 eine ihm ergebene panjugoslawische Verwaltung eingesetzt und damit beauftragt hätte, die Ordnung im Lande aufrechtzuerhalten, statt die Nachbarn Jugoslawiens zynisch mit einem Teil von dessen Staatsgebiet zu bestechen, deren Besatzungspolitik sich rasch als wirkungslos erwies.

Zwar wird die *Special Operation Executive* von einer Lobby einflussreicher Historiker, die teilweise zu deren Offizierkorps gehört haben, äußerst schmeichelhaft dargestellt, doch ist die Behauptung, sie habe wesentlich zu Hitlers Niederlage beigetragen, weitgehend unbegründet, da ihre Wirkung in Jugoslawien, ihrem vorwiegenden Einsatzgebiet, nicht eindeutig ist. Gleiches gilt für die Aktivitäten des amerikanischen *Office of Strategic Services* (OSS), das im Juni 1942 ins Leben gerufen wurde. Durch eine am 26. Juni 1942 unterzeichnete Vereinbarung, welche die Zuständigkeiten von SOE und OSS regelte, übernahm dieses die Hauptverantwortung für die Unterstützung der italienischen Partisanen und die in letzter Minute gegründeten Widerstandsbewegungen in Ungarn, Rumänien und Bulgarien. Die italienischen Widerstandsaktivitäten störten die Deutschen wenig, die ungarischen, rumänischen und bulgarischen so gut wie gar nicht.

Die gemeinsamen Anstrengungen von SOE und OSS auf dem Gebiet der psychologischen Kriegführung (die in Großbritannien von der Mutterorganisation der SOE, dem *Ministry of Economic Warfare* durch die ihr nachgeordnete *Political Warfare Executive* finanziert wurden) waren für die daran beteiligten Journalisten und Intellektuellen sicherlich sehr aufregend, für die öffentliche Meinung in den besetzten Ländern aber unbedeutend und für die Moral der deutschen Zivilbevölkerung irrelevant. «Schwarze Propaganda», die vorgeblich von Radiosendern innerhalb der Reichsgrenzen ausgestrahlt wurde, vermochte verständlicherweise keinen Deutschen hinters Licht zu führen, der tagtäglich miterlebte, wie absolut die Kontrolle der Gestapo über die deutsche Gesellschaft war. Die «Weiße Rose» in Bayern, eine der wenigen nichtmilitärischen Manifestationen inneren Widerstands gegen die Naziherrschaft, wurde im Februar 1943 gnadenlos liquidiert, kaum dass sie in Erscheinung getreten war. Ebenso vergeblich waren die alliierten Versuche, einen Wirtschaftskrieg zu führen. Der größte Erfolg, der Ankauf der künftigen Produktion schwedischer Kugellager, wurde so spät im Krieg ausgehandelt (Mitte 1944), dass der Sieg mit konventionellen militärischen Mitteln errungen war, bevor dieser Schachzug sich auswirken konnte.

Wir müssen also feststellen, dass die «indirekte» Offensive gegen Hitler, die von den Alliierten propagiert und unterstützt wurde – militärischer Beistand für Partisanen, Sabotage und Subversion –, substanziell wenig zu seiner Niederlage beigetragen hat. Von den 300 deutschen Divisionen, die am 6. Juni 1944 in Europa standen (dem letzten Zeitpunkt, da Hitler ungeschmälerte Kontrolle über den größten Teil des Gebiets ausübte, das er in den Jahren 1939 bis 1941 erobert hatte), waren genau betrachtet weniger als 20 mit der Wahrung der inneren Sicherheit betraut. Abgesehen von Zentraljugoslawien, Teilen Westrusslands weit hinter den Linien der deutschen Wehrmacht und winzigen Widerstandsnestern in den Gebirgen Griechenlands, Albaniens und Südfrankreichs, alles marginale Gebiete für Hitlers allgemeine Kriegführung, lag Europa wehrlos unter den Absätzen seiner Schaftstiefel. Die «Morgendämmerung der Befreiung», die von Churchill, Roosevelt und den Exilregierungen der eroberten Völker so verführerisch beschworen wurde, kündigte sich nur im Mündungsfeuer der Geschütze an, die an den Fronten auf die deutsche Wehrmacht gerichtet waren.

Das Gift der Spionage

Wenn Hitlers Imperium von Untergrundaktivitäten durchdrungen und durchzogen war, dann von solchen ganz anderer Form als dem «Brand», der nach Churchills optimistischer Forderung im Juli 1940 in ganz Europa gelegt werden sollte. Während der militärische Widerstand wohl nicht mehr als ein Dorn im Fleisch der Wehrmacht war, erwies sich die Spionage als ein Gift, das ihre lebenswichtigen Funktionen schwächte. In den Jahren von 1939 bis 1945 wurde der wirkliche Triumph des indirekten alliierten Krieges gegen Hitler nicht von dem tapferen und häufig tollkühnen Saboteur oder Guerillakämpfer errungen, sondern von dem anonymen Spion oder geruhsam an seinem Schreibtisch sitzenden Kryptographen.

Von diesen beiden hatte wiederum der Spion die geringere Bedeutung. In der allgemeinen Vorstellung spielt *Humint*, wie man im Fachjargon sagt (*Human Intelligence*, die Beschaffung von Geheiminformationen aus menschlichen Quellen), eine größere Rolle als der Widerstandskämpfer, mit Sicherheit eine weit größere als *Sigint* (*Signals Intelligence*, Informationsbeschaffung mit technischen Mitteln). Und Regierungen teilen in erheblichem Maße die öffentliche Meinung über den Wert von Spionen. Der Gedanke, dass die inneren Entscheidungsgremien des Feindes von einem «Agenten am Platze» unterwandert werden, der ihre Überlegungen und Beschlüsse seinem Führungsoffizier im eigenen Lager rasch und direkt übermittelt, ist für jeden Kriegsherrn von unwiderstehlichem Reiz.

Churchill, Roosevelt, Stalin und Hitler erlagen während des Zweiten Weltkriegs alle der Faszination dieser Vorstellung. Hitler etwa wurde durch den bekanntesten Nachrichtendienst der Wehrmacht, die Abwehr, zu dem Glauben verleitet, sie unterhalte ein weit gespanntes Agentennetz in Großbritannien, das ab Juni 1944 in der Lage wäre, über die Genauigkeit der Raketeneinschläge in London zu berichten. Churchill und später Roosevelt erhielten vom tschechischen Geheimdienst wichtige Berichte über die deutschen Fähigkeiten und Absichten, und zwar durch den Agenten A-54, vermutlich den Abwehroffizier Paul Thümmel. Stalin, der sich das Engagement der internationalen kommunistischen Bewegung für die Sache der Sowjetunion zunutze machte, bekam vom «Lucy-Ring» in der Schweiz Informationen über deutsche Aktivitäten im besetzten Europa, von Richard Sorges Netz in Japan über Deutschlands militärische Absichten, von der «Roten Kapelle» tägliche Nachrichten über Truppenbewegungen und -interna, in den Jahren 1941/42 vom Luftwaffennetz Schulze-Boysen (einem Ableger der Roten Kapelle) technische Daten, und durch die «Cambridge-Komintern», zu der die Nachrichtenoffiziere Anthony Blunt, Guy Burgess und Kim Philby gehörten, hatte Stalin auch immer wieder den Finger am Puls der strategischen Entscheidungen auf den höheren anglo-amerikanischen Kommandoebenen.

Doch alle diese Quellen waren bis zu einem gewissen Grade unbefriedigend, oder sie wurden enttarnt. Beispielsweise kamen die Nachrichten von Agent A-54 zu unregelmäßig, um ein geschlossenes Bild der deutschen Strategie zu vermitteln. Die Rote Kapelle hatte keinen Zugang zu wirklich wichtigen Informationen über deutsche Militäraktivitäten, das Schulze-Boysen-Netz war unsicher und rasch zerrissen (117 seiner Mitglieder wurden gehängt), Sorge hatte sich zu weit von der Komintern entfernt, um immer Glauben zu finden (obwohl er Stalins Entscheidung, im Winter 1941 Truppen aus Sibirien nach Moskau zu verlegen, zweifellos beeinflusst hat), während der Lucy-Ring wahrscheinlich Informationen übermittelte, die der Schweizer Nachrichtendienst für die eigenen Zwecke aufbereitet und ergänzt hatte. Nach einer anderen Auffassung erhielt der Lucy-Ring seine Informationen von Bletchley Park, entweder direkt oder über alliierte Agenten in der Schweizer Abwehr.

Vermutlich war die Cambridge-Komintern von allen Agentennetzen, die Stalin hatte, am einflussreichsten, wenn auch in umgekehrter Richtung: Dadurch, dass Philby vorsätzlich die Glaubwürdigkeit seiner Gruppe untergrub, trug er möglicherweise maßgeblich zu der Entscheidung der britischen Regierung bei, die Attentäter des 20. Juli nicht zu unterstützen, die zweifellos nicht in Stalins langfristige Pläne für die Nachkriegskontrolle über Deutschland passten, da sie bekennende Antikommunisten waren. Das unbefriedigendste Netz von allen war das der deutschen Abwehr in Großbritannien. Es wurde bereits 1939 nach der Enttarnung eines seiner Spione umgedreht, woraufhin alle Informationen, die nach Deutschland übermittelt wurden, von den britischen Offizieren der Double-Cross-Organisation aufgesetzt wurden, die die enttarnten deutschen Agenten steuerten. Unter anderem veranlassten diese Führungsoffiziere die Verantwortlichen des deutschen Raketenprogramms, die Reichweite ihrer unbemannten Waffen immer weiter zu verkürzen, bis sie überwiegend südlich von London niedergingen.

Die Wirkung von Ultra

Noch marginaler und unsystematischer wirkt der Einfluss von *Humint* auf die strategischen Entscheidungen des Zweiten Weltkriegs, vergleicht man ihn mit dem von *Sigint*. *Signals Intelligence* versucht, die verschlüsselten Nachrichten des Feindes aufzufangen, zu decodieren und zu interpretieren, ganz gleich, wie sie übermittelt werden, und die eigenen vor dem Zugriff feindlicher Abhördienste zu schützen. In der Praxis handelte es sich im Zweiten Weltkrieg bei dem abgehörten Material überwiegend um Funksprüche, die durch raffinierte mathematische Schlüssel geschützt wurden, obwohl ein Teil des Funkverkehrs auch mit Hilfe älterer Codierungssysteme, so genannter Buchcodes, übermittelt wurde. Ein Großteil der taktischen Aufklärung, in Großbritannien als «Y» bezeichnet, wurde Funksprüchen entnommen, die die Einheiten in der Hitze des Gefechts «getarnt» oder sogar *en clair* (unverschlüsselt) austauschten.

Die fünf wichtigsten Kriegsparteien – Deutschland, Großbritannien, die Vereinigten Staaten, die Sowjetunion und Japan – investierten viel Aufwand und Mühe, um den eigenen Funkverkehr zu schützen und in den des Feindes einzubrechen (die Nachrichtenübertragung per Telex, Telegraph und Telefon per Drahtverbindung, über die zum Beispiel die deutsche Marine 71 Prozent ihrer Nachrichtenübermittlung im Jahre 1943 abwickelte, erwies sich in der Regel als einbruchsicher, war aber nur begrenzt verwendbar). Kleinere Kriegsparteien, vor allem Polen, Frankreich und Italien (deren Codes und Schlüssel außerordentlich sicher waren) spielten in dem Funkkrieg durchaus eine große Rolle. Besonders wichtig war dabei der frühe Erfolg der Polen beim Angriff auf Deutschlands militärischen Maschinencode (Enigma). Nachdem diese Erkenntnisse den Franzosen mitgeteilt worden waren, ermöglichten sie schließlich den Briten den raschen und systematischen Einbruch in Enigma, womit die Grundlage für die Organisation Ultra geschaffen wurde. Ab Ende 1940 gelangte diese dergestalt in den Besitz von Informationen, die für die Alliierten wahrhaft kriegentscheidenden Wert hatten.

Der Erfolg von Ultra ist heute so bekannt (der ebenso wichtige amerikanische Einbruch von Magic in den Marineschlüssel und den diplomatischen Code Japans in geringerem Maße), dass man mit einer endgültigen Bewertung warten sollte, bis sich auch die kryptographischen Erfolge anderer Kriegsparteien beurteilen lassen, die von größerer Bedeutung waren als allgemein angenommen. Beispielsweise dürften die Russen eigene Erfolge gegen Enigma erzielt haben, worauf etwa der Historiker F. H. Hinsley, der Chronist von Ultra, mit allem Vorbehalt verweist. Die hohe Qualität von Russlands eigenen Verschlüsselungssystemen lässt auf die Fähigkeit schließen, in die Schlüssel anderer einzubrechen. Vor 1941 hatten sie einige Jahre lang allen Angriffen ausländischer Nachrichtendienste widerstanden (nach dem 22. Juni 1941 hatte Churchill der *Government Code and Cipher School* untersagt, weitere Versuche zu unternehmen). Die verschleierten und getarnten Funksprüche jedoch wurden 1941/42 und vielleicht auch später noch häufig von den Deutschen gelesen. Sie lieferten wichtige taktische Informationen. Den Deutschen gelang es ferner, Ende 1941 in den Code der amerikanischen Militärattachés einzubrechen, und den entschlüsselten Nachrichten, die von dem amerikanischen Verbindungsoffizier in Kairo stammten, entnahm Rommel Informationen über die 8. Armee in der Wüste.

Der wichtigste deutsche Erfolg aber war der Einbruch in den Buchcode der britischen Marine, an dem die Admiralität selbst dann noch festhielt, als das Heer und die Luftwaffe längst zu sicheren Verfahren übergegangen waren. Diese Schlüssel (Nr. 1, 2, 3 und 4) waren echte Buchcodes: Die Buchstaben der Nachrichten wurden mit Hilfe von Standardtabellen in Ziffern übersetzt und dann mit Hilfe von mathematischen Techniken, die in regelmäßigen Abständen verändert wurden, «überschlüsselt». Die Schwäche des Systems lag darin, dass das Buch sich unter Umständen rekonstruieren ließ, wenn der Feind genügend Funksprüche abfing und analysierte; die Überschlüsselung war dann mit Hilfe normaler mathematischer Wahrscheinlichkeitsberechnungen zu überwinden. Genau dies gelang dem Beobachtungs- oder B-Dienst der deutschen Marine. Im April 1940 war er in der Lage, 30 bis 50 Prozent des Funkverkehrs zu lesen, der im Marineschlüssel Nr. 1 encodiert war. Als man zu Schlüssel Nr. 2 wechselte, brach der B-Dienst zwischen September 1941 und Januar 1942 auch in diesen Funkverkehr massiv ein. Mit dem Ersatz, Nr. 4, hatte der Dienst weniger Erfolg, doch zwischen Februar 1942 und Juni 1943, von kurzen Unterbrechungen abgesehen, entschlüsselte er 80 Prozent von Nr. 3, häufig in «Echtzeit». Der kryptographische Begriff «Echtzeit» bedeutet, dass die übermittelten Nachrichten vom Feind mit dem gleichen Tempo aufgefangen und entschlüsselt werden wie vom Empfänger, für den sie bestimmt sind.

Der Erfolg des B-Dienstes gegen Marinecode Nr. 1 war für die Alliierten deshalb so katastrophal, weil es der Code war, mit dem London und Washington Informationen über transatlantische Geleitzüge austauschten. Infolgedessen erhielt der B-Dienst laut F. H. Hinsley «manchmal Nachrichten über Geleitzugbewegungen zehn bis zwanzig Stunden» bevor sie stattfanden. Diese Informationen waren entscheidend für den Erfolg der U-Boot-Rudel von Dönitz, die, entsprechend unterrichtet, so zahlreich quer zur Route eines einkommenden oder ausgehenden Geleitzugs aufgestellt werden konnten, dass sie die Eskorten häufig überwältigten. Erst als die Admiralität eine kombinierte Codiermaschine (CCM) akzeptierte, die schon von der amerikanischen und kanadischen Kriegsmarine verwendet worden war und 1943 allgemein eingeführt wurde, konnte die deutsche Kriegsmarine sich keine Vorteile mehr in der Schlacht im Atlantik verschaffen, indem sie in den Geleitschutzschlüssel einbrach. Bis dahin hatte sich jedoch das Kräfteverhältnis bereits durch konventionelle kriegerische Mittel zugunsten der Alliierten verlagert.

Im Land- und Luftkrieg räumten die alliierten Heere und Luftflotten dem Feind keine solchen Vorteile ein wie die britische Admiralität in ihrem arroganten Beharren auf der Verwendung von Buchcodes. Diese Teilstreitkräfte verwendeten die Maschinencodesysteme von Anfang an und widerstanden deshalb allen deutschen Angriffen auf ihre verschlüsselte Nachrichtenübermittlung. Auch die deutschen Teilstreitkräfte verwendeten eine Codiermaschine, hatten aber die ihre zehn Jahre vor den Briten und Amerikanern eingeführt und besaßen daher – ohne es zu wissen – bei Ausbruch des Krieges ein fast veraltetes System. So erklärt sich, warum es der britischen *Government Code and Cipher School* mit Sitz in Bletchley, zwischen Oxford und Cambridge gelegen (von wo sie viele ihrer begabten Mitarbeiter bezog), so erfolgreich gelang, in den deutschen Funkverkehr einzubrechen, der mit der Enigma-Maschine verschlüsselt worden war.

Äußerlich glich die Enigma-Maschine einer Reiseschreibmaschine, doch ein Tastendruck setzte ein inneres Räderwerk in Gang, das jedem eingegebenen Buchstaben von Mal zu Mal einen anderen zuordnete, eine Zuordnung, die sich logisch erst nach 200 Trillionen weiteren Anschlägen hätte wiederholen lassen. Aus diesem Grund hielten die Deutschen Enigma-Übermittlungen verständlicherweise für einbruchssicher, nicht nur in Echtzeit, sondern überhaupt in jeder menschlich vorstellbaren Zeit. Zu ihrem Pech täuschten sie sich: Weil dem Empfänger signalisiert werden musste, in welcher Weise die sendende Enigma-Maschine für die Übertragung eingestellt waren war, musste der Funker jeder Botschaft eine bestimmte Buchstabenfolge voranschicken. Dadurch entstand ein Muster, mit dessen Hilfe ein geschulter Mathematiker in die Nachricht und damit in ihre Bedeutung «einbrechen» konnte. Da zu den Mathematikern, die für die Mitarbeit in Bletchley gewonnen werden konnten, so außerordentlich fähige Köpfe gehörten wie Alan Turing, der Vater einer universellen Computertheorie, Gordon Welchman, der Wegbereiter des Operatorenkalküls, sowie Max Norman und Thomas Flowers, der Konstrukteur beziehungsweise Erbauer des ersten Elektronenrechners («Colossus», wie er wegen seiner gewaltigen Größe in Bletchley Park genannt wurde), konnten derartige «Einbrüche» schon bald dazu genutzt werden, die deutschen Nachrichten kurz nach ihrem Eingang und schließlich in Echtzeit zu entschlüsseln.

Allerdings blieben wichtige Bereiche Bletchleys Zugriff entzogen. Die Luftwaffenschlüssel – die verschiedenen Teilstreitkräfte chiffrierten ihre Nachrichten auf unterschiedliche Weise mit Enigma – ließen sich leichter knacken als die Schlüssel von Heer und Marine. In einige Marineschlüssel konnte sogar nie eingebrochen werden. Bezeichnenderweise auch nicht in den Gestaposchlüssel, obwohl er von 1939 bis Kriegsende nicht geändert wurde. Die Sicherheit von Enigma hing in hohem Maße von der Erfahrung und Fähigkeit der deutschen Fernmelder ab. Fehler, die unerfahrene, müde oder nachlässige Funker begingen, lieferten den Kryptologen in Bletchley die meisten Gelegenheiten zu ihren Einbrüchen in den deutschen Funkverkehr. Die Gestapofunker waren sorgfältig; Gleiches galt für die Marinefunker, die im Nordatlantik den U-Boot-Schlüssel «Triton» verwendeten (von den Alliierten «Shark» genannt). Den bei weitem größten Teil des Jahres 1942 hindurch war der B-Dienst in der Lage, die Marinechiffrierung Nr. 3 in Echtzeit zu entschlüsseln, während Triton allen Anstrengungen von Bletchley widerstand. In diesen Monaten (Februar bis Dezember) beherrschten die Deutschen in der Schlacht um den Atlantik den Funkverkehr, mit dem Ergebnis, dass viele hunderttausend Tonnen alliierten Schiffsraums versenkt wurden.

Die Triton-Episode war jedoch eine Ausnahme von der allgemeinen Regel, dass die Briten den Funkkrieg im Westen dominierten wie die Amerikaner den im Pazifik, wo sie es Bletchley

Park gleichtaten, indem sie noch vor Kriegsbeginn in die japanische Maschinenchiffrierung sowohl der Marine (JN 25b) wie des diplomatischen Dienstes (Purple) einbrachen. Dieser gemeinsame alliierte Triumph, der während des gesamten Krieges erfolgreich vor beiden Feinden geheim gehalten wurde, wirft natürlich die Frage auf, warum die Alliierten, wenn sie den direkten Zugang zu geheimsten Nachrichten ihrer Gegner hatten, dennoch gelegentlich durch groß angelegte Operationen des Feindes überrascht werden konnten – Pearl Harbor, Kreta und die Ardennenoffensive, um nur die augenfälligsten Beispiele zu nennen. Die Antwort lautet, dass der Nutzen selbst des besten Aufklärungssystems begrenzt ist, und genau das zeigen in unterschiedlicher Form all diese Ereignisse. So haben die Japaner vor Pearl Harbor ihre Absichten dadurch verborgen, dass sie ihre Flotte in den Weiten des Pazifiks versteckten und absolute Funkstille über ihre Einheiten verhängten, die nach einem vorher festgelegten Plan in ihre Angriffspositionen vorrückten. Obwohl die Amerikaner vorgewarnt waren, fehlte es ihnen deshalb an der Aufklärung, die sie gebraucht hätten, um dem Überfall zuvorzukommen. Auch die Deutschen verhängten vor der Ardennenoffensive Funkstille über ihre angriffsbereiten Truppen. Trotzdem gaben sie den Alliierten ungewollt – in erster Linie durch Truppenbewegungen – so viele verräterische Hinweise auf den bevorstehenden Angriff, dass eine wirklich aufmerksame Abwehr die Gefahr erkannt und die zuständigen Kommandostellen rechtzeitig in Kenntnis gesetzt hätte. Nun waren aber sowohl die alliierte Abwehr wie das Oberkommando davon überzeugt, dass die Deutschen zu schwach wären, um im Dezember 1944 eine Offensive an der Ardennenfront vortragen zu können. Daher missachteten sie alle anders lautenden Indizien und wurden überrascht.

Der Fall Kreta offenbart eine dritte und höchst ärgerliche Einschränkung bei der Verwendung von nachrichtendienstlichem Aufklärungsmaterial: die Unfähigkeit, trotz eindeutiger Warnungen geeignet zu reagieren, weil man zu schwach ist. Bevor die deutschen Fallschirmjäger im Mai 1941 landeten, hatte Ultra – die Organisation, welche die Rohentschlüsselungen aus Bletchley auswertete und verteilte – aus aufgefangenen Enigma-Meldungen sowohl die Beteiligung, Stärke und Bewegung der deutschen Verbände als auch deren Plan herausgefiltert. Doch Freyberg, dem britischen Inselkommandanten, fehlten nicht nur die Truppen, sondern (noch ironischer) die Transportmittel, um seine Kräfte rasch an Gefahrenpunkte zu verlegen, wo sie wirkungsvoll zum Gegenangriff hätten antreten können. Infolgedessen gelang es den Deutschen trotz schwerer Anfangsverluste, einen entscheidenden Flugplatz zu erobern, sodass es ihnen möglich war, Verstärkungen einzufliegen und die britischen Verteidigungsstellungen zu überwinden.

Es gibt noch eine vierte und universelle Einschränkung für die Verwertbarkeit von Aufklärungsmaterial: die Notwendigkeit, eine Quelle zu schützen. Beispielsweise ist vielfach darüber spekuliert worden, ob Churchill im November 1940 «zugelassen» habe, dass Coventry bombardiert wurde, weil er den Deutschen das «Ultra-Geheimnis» verraten hätte, wenn er umfassende Verteidigungsmaßnahmen gegen den Angriff angeordnet hätte. Heute weiß man, dass diese Auffassung falsch ist; zwar hat Churchill tatsächlich von Ultra Hinweise auf den Fliegerangriff auf Coventry erhalten, doch erfolgten sie so kurzfristig, dass sich keine Verteidigungsmaßnahmen mehr treffen ließen – was er, hätte die Zeit ausgereicht, sicherlich getan hätte, ob Ultra dadurch gefährdet worden wäre oder nicht. Eher begründet ist der Vorwurf, die Briten hätten in den Wochen vor «Barbarossa» den Warnungen, die sie den Russen bezüglich eines bevorstehenden deutschen Angriffs zukommen ließen, mehr Gewicht verleihen können, wenn sie die Zuverlässigkeit ihrer Quelle enthüllt hätten. Doch da Stalin durch sein Wunschdenken so unbeirrbar zur gegenteiligen Annahme getrieben wurde und Hitler um jeden Preis beschwichtigen wollte, wäre das Ultra-Geheimnis möglicherweise völlig umsonst aufs Spiel gesetzt worden. In diesem wie in allen anderen Fällen hatte

Churchill zweifelsohne Recht, die langfristige Sicherheit der Quelle über den unmittelbaren Vorteil zu stellen.

Dass die britische Ultra- und die amerikanische Magic-Organisation trotz aller immanenten und selbst verschuldeten Schwächen, die dem alliierten Zugriff auf den verschlüsselten Funkverkehr des Feindes innewohnten, beachtliche, ja entscheidende Erfolge erzielen konnten, steht außer Frage. Der erste und wesentlichste war der Midway-Sieg, wo die Amerikaner dank der Tatsache, dass sie im Voraus über die Absichten der Japaner informiert waren, ihre unterlegene Trägerflotte so aufstellen konnten, dass sie die weit stärkeren feindlichen Kräfte vernichtete. Midway, die wichtigste Seeschlacht des Zweiten Weltkriegs, kehrte die Lage im Pazifik um und schuf die Grundlage dafür, dass die Amerikaner am Ende den Sieg davontrugen. Auf dem europäischen Schauplatz versorgte Ultra Montgomery mit unentbehrlichen Informationen über Rommels Stärke und Absichten vor wie nach der Schlacht von El Alamein und ließ Alexander in Italien frühzeitige Warnungen zukommen, dass die Deutschen einen Gegenangriff auf den Brückenkopf in Anzio beabsichtigten – «eine der wichtigsten Entschlüsselungen des gesamten Krieges», so meint Ralph Bennett in seinem Bericht über die Rolle Ultras im Mittelmeer. Ultra-Material ermöglichte es Alexander ferner, für seinen anschließenden Ausbruch aus dem Brückenkopf Anzio den günstigsten Zeitpunkt zu bestimmen, und versetzte General Jacob Devers in die Lage, im August 1944 nach seiner Landung in der Provence die Verfolgung der Heeresgruppe G im Rhonetal so ungestüm aufnehmen zu können, wusste er doch, dass er auf keinen Widerstand treffen würde.

Seinen größten Beitrag zum Krieg im Westen lieferte Ultra allerdings während der Schlacht in der Normandie, als Bletchley Park Montgomery täglich Bericht erstattete über die deutschen Truppenstärken an der Front, über die Wirkung der alliierten Luftschläge – so auch den, der am 10. Juni das Hauptquartier der Panzergruppe West zerstörte – und schließlich über Hitlers Befehl zum Gegenangriff im Raum Mortain in die Flanke von Pattons Ausbruch in die Bretagne, eine Enthüllung, die zur Vernichtung der Panzerreserve der Heeresgruppe B und zur entscheidenden Einschließung des Westheeres im Kessel von Falaise führte. Die entschlüsselten Meldungen, die Mortain betrafen, waren sicherlich die wichtigsten, die je ein General an irgendeiner Front des Zweiten Weltkrieges erhielt.

Ob Ultra den Krieg tatsächlich «abgekürzt» hat, wie gelegentlich behauptet wird, oder sogar seinen Verlauf veränderte, ist eine schwierigere Frage. Es gibt keinen Ultra-Erfolg, der für sich genommen so bedeutsam war wie derjenige der amerikanischen Codebrecher, als sie herausfanden, dass Midway im Juni 1942 das Ziel der japanischen Flotte war; das war eine nachrichtendienstliche Operation, die den Kriegsverlauf grundlegend veränderte. Zwar hat der Einbruch in den Triton-Schlüssel im Dezember 1942 wesentlich dazu beigetragen, dass die Alliierten im folgenden Frühjahr die Schlacht im Atlantik gewannen, doch muss man hier die Verluste gegenrechnen, die dadurch entstanden, dass es dem B-Dienst gelang, die britischen Geleitzugcodes zu entschlüsseln. Ultra hatte keinen wesentlichen Einfluss auf den Verlauf des Luftkriegs, obwohl die Schlüssel der deutschen Luftwaffe nicht sehr sicher waren. Und vom Landkrieg zwischen den Deutschen und den Westalliierten lässt sich nicht sagen, dass es auf der Seite der Lauschenden einen ständigen Vorteil gegeben hätte. Das lag daran, dass auf dem Schlachtfeld auch bei dem bestinformierten General, wie schon Clausewitz wusste, immer die «Friktion» zwischen Absicht und Ergebnis tritt: Zufall, Missverständnis, Verzögerung, Ungehorsam – sie alle durchkreuzen unvermeidlich die Pläne eines Feindes, sodass sein Gegner, egal, wie gut er im Voraus über sie unterrichtet ist, seine eigenen Truppen und Reaktionen nie so vorbereiten kann, dass sie die Handlungen des Feindes mit Sicherheit vereiteln werden. Auch darf er nicht hoffen – da es ebenfalls Friktionen gibt, die gegen ihn arbeiten –, seine eigenen Gegenmaßnahmen exakt in der vorgesehenen Form auszuführen.

Ultra hat die Friktion für die alliierten Generale verringert, sie aber nicht beseitigt.

Wenn wir hingegen die Blickrichtung ändern und fragen, ob im gesamten Spektrum der geheimen Kriegführung die Kryptoanalyse für die Alliierten wertvoller war als Widerstandstätigkeit, so ist die Antwort einfach. Die Kryptoanalyse war durchgehend erheblich wertvoller. Der Zweite Weltkrieg hätte im Westen auch ohne den Widerstand oder Ultra gewonnen werden können. Doch Aufwand und Verluste des Widerstands waren gewaltig und sein substanzieller Nutzen, anders als seine psychologische Bedeutung, gering. Der Aufwand von Ultra dagegen war minimal – die gesamte Organisation beschäftigte lediglich 10000 Menschen, einschließlich der Büroangestellten und Kryptologen –, während sein substanzieller Wert beträchtlich und seine psychologische Bedeutung unschätzbar waren. Den Beweis dafür liefert sowohl die deutsche wie die alliierte Seite. Ultra genoss das beispiellose Vertrauen der wenigen westlichen Entscheidungsträger, die in sein Geheimnis eingeweiht waren. Als ihre deutschen Gegner 20 Jahre nach dem Krieg entdeckten, dass ihre geheimsten Nachrichten täglich von den Briten und Amerikanern gelesen wurden, waren sie sprachlos.

27 · WEICHSEL UND DONAU

Durch die Vernichtung der Heeresgruppe Mitte war die strategische Lage der Deutschen an der Ostfront hoffnungslos geworden. Die militärischen Folgen waren gravierend. Die Überreste der Heeresgruppe Mitte standen an der Weichsel, keine 650 Kilometer von Berlin entfernt, mit der großen polnischen Ebene im Rücken und keinem Hindernis außer der Oder zwischen sich und der Hauptstadt. An der Ostseeküste drohte der Heeresgruppe Nord, die jetzt von Ferdinand Schörner, einem von Hitlers auserwählten «Durchhaltegeneralen», befehligt wurde, durch den Vorstoß der Baltischen Fronten nach Riga die Einkesselung im Norden von Lettland und Estland – im Kurland-Kessel, wie er vom OKH genannt wurde. Dort konnte die Heeresgruppe nur von See her versorgt werden – trotzdem war Hitler nicht bereit, die Stellung aufzugeben; er wollte die Ostsee als Ausbildungsgebiet für die Mannschaften seiner neuen U-Boote nicht verlieren.

Die Verluste, die das deutsche Heer in den Sommerschlachten erlitten hatte, waren entsetzlich. Von Juni bis September stieg die Zahl der Gefallenen an der Ostfront auf 215 000 und die der Vermissten auf 627 000. Zählt man die Verluste im Westen und die Verwundeten hinzu, kommt man auf insgesamt fast zwei Millionen Mann, so viele Ausfälle, wie das Heer von Beginn des Krieges bis Februar 1943, einschließlich Stalingrad, zu verzeichnen hatte. Ende 1944 waren 106 Divisionen – ein Drittel der Gesamtzahl – aufgelöst oder neu aufgestellt worden, mehr als das Heer kurz vor der Ära seiner Siege im September 1939 zur Verfügung gehabt hatte.

Hitler ließ nicht zu, dass Divisionen aus dem Verbandsregister gestrichen wurden. Er reagierte daher auf das erlittene Blutbad mit dem Befehl, neu aufgestellte Divisionen mit Nummern der aufgelösten Divisionen zu versehen. Jene wurden jetzt allerdings als «Volksgrenadierdivisionen» bezeichnet. Trotz steigender Produktion der deutschen Rüstungsindustrie, die Speer im September 1944 in beispiellose Höhen führte, umfassten die Volksgrenadierdivisionen nur jeweils 10 000 Mann (1939 hatte die Divisionsstärke noch 17 000 betragen), sie besaßen keine Panzerabwehrgeschütze und mussten ihre Aufklärungsbataillone mit Fahrrädern ausrüsten. Selbst unter diesen Umständen ließen sich nicht mehr als 66 Volksgrenadierdivisionen bilden, um die 75 Infanteriedivisionen zu ersetzen, die 1944 im Westen und Osten verloren gegangen waren. Sie wurden aus dem Ersatzheer rekrutiert, das Hitler am 20. Juli dem Reichsführer-SS Heinrich Himmler unterstellt hatte. Am 23. Juli wurde auch der militärische Gruß abgeschafft, stattdessen war jeder Wehrmachtsangehörige zum Hitlergruß verpflichtet. Guderian, der Zeitzler nach dem 20. Juli als Chef des Generalstabes des Heeres ersetzte, akzeptierte diese Änderung genauso wie die Institution des «Ehrenhofs», der Verdächtige aus der Wehrmacht ausschloss, damit ihnen der Prozess vor dem Volksgerichtshof gemacht werden konnte.

Die politischen Folgen der Operation *Bagration* waren noch bedrohlicher als die militärischen. Der russische Triumph gefährdete die Geschlossenheit der vielschichtigen Balkanallianz, die Hitler von August 1940 bis März 1941 so mühselig mit Hilfe des Dreimächtepakts geschmiedet hatte. Am 20. August 1944 eröffnete die 2. und 3. Ukrainische Front eine Offensive gegen die Heeresgruppe Südukraine und stieß in nur fünf Tagen vom Pruth zum Donaudelta vor. Die Stoßrichtung des Angriffs traf vor allem die rumänische 3. und 4. Armee, woraufhin die Rumänen, von Panik erfasst, die Seiten wechselten. Am 23. August inszenierte König Michael eine Palastrevolution in Bukarest, verhaftete Antonescu, Hitlers rumänischen Kollaborateur, und ersetzte dessen Regierung durch eine der «nationalen Einheit», an der auch Kommunisten beteiligt waren. Als Hitler daraufhin am 24. August Bukarest bombardierte, erklärte der König Deutschland den Krieg. Um den Sinneswandel des Landes unter Beweis zu stellen, aber auch, um eine nationale Schande aus der Welt zu schaffen, marschierten die Reste der rumänischen Armee unverzüglich in Ungarn ein, das nach wie vor auf Hitlers Seite stand, und besetzten die Provinz Siebenbürgen, die den Bedingungen des Dreimächtepakts vom August 1940 gemäß noch immer im Besitz Ungarns war. Zunächst wollten die Russen diese Kampagne nicht als einen Akt der Waffenbrüderschaft anerkennen. Nachdem sie bereits Ploesti und seine Ölfelder, die Kronjuwelen in Hitlers Wirtschaftsimperium, überrannt hatten, zogen sie am 28. August als Eroberer in Bukarest ein. Erst am 12. September gewährten sie einen Waffenstillstand, ließen Rumänien Siebenbürgen, nahmen sich aber Bessarabien und die nördliche Bukowina, ihre einstigen Beutestücke aus dem Hitler-Stalin-Pakt.

Rumäniens Seitenwechsel rüttelte Bulgarien auf. Die Bulgaren, traditionell die russenfreundlichsten Slawen, hatten es im März 1941 vorsichtigerweise vermieden, dem Dreimächtebund beizutreten, der sie zum Krieg gegen Russland verpflichtet hätte. Sie hatten der deutschen Wehrmacht Stützpunkte und Durchmarschrechte gewährt, sie hatten jugoslawische Gebiete annektiert und Besatzungstruppen nach Griechenland entsandt, doch kein bulgarischer Soldat hatte gegen die Rote Armee gekämpft. Tatsächlich ließ sich der Seitenwechsel leichter vollziehen, da es seit 1943 eine kleine antideutsche Partisanenarmee im Lande gab. Mit dem Tod von Zar Boris im August 1943 hatte Hitler seinen verlässlichsten Gefolgsmann verloren. Die Nachfolgeregierung hatte von den Westalliierten zwar eine Abfuhr erhalten, als sie die Fühler ausgestreckt hatte, um die Möglichkeiten eines Seitenwechsels zu erkunden, dennoch war ihr klar, dass sie sich aus dem Bündnis mit Deutschland lösen musste. Beim Nahen der Roten Armee rief am 9. September eine «Vaterländische Front» zum nationalen Aufstand auf, stürzte die Regierung – welche die Russen bereits am 5. September um Waffenstillstand gebeten hatte – und übernahm die Macht. Am 18. Oktober marschierte die Rote Armee in Sofia ein, und das 150 000 Mann starke bulgarische Heer lief zu ihr über.

Durch den Zusammenbruch der deutschen Front im Norden hatte sich auch Finnland gezwungen gesehen, seine Haltung zu überdenken. Die Finnen waren nie ideologische Verbündete Hitlers gewesen. Sie waren überzeugte Demokraten – sogar unter der Zarenherrschaft war es ihnen gelungen, ihr Parlament zu behalten –, und ihre Streitigkeiten mit Russland hatten lediglich territoriale Gründe. Nachdem sie im Zuge der «Barbarossa»-Kampagne das Gebiet zurückerobert hatten, das sie Ende des Winterkrieges hatten abtreten müssen (zusammen mit dem Territorium östlich des Ladogasees, auf das sie einen historischen Anspruch erhoben), hatten sie ihren Vormarsch beendet. Bereits im Januar 1944 hatten sie sich über Washington mit den Alliierten in Verbindung gesetzt, waren jedoch warnend darauf hingewiesen worden, dass der russische Preis für einen Separatfrieden hoch wäre: die Rückkehr zu den Grenzen von 1940, die Abtretung von Petsamo, dem Zentrum der finnischen Erzvorkommen, der Zugang zum Nördlichen Eismeer und eine hohe finanzielle Entschädigung. Die Bedingungen schienen damals unannehmbar; im Verlauf von *Bagration* muteten sie dann aber immer akzeptabler an.

Im Juni sah sich der finnische Präsident Risto Ryti widersprüchlichen Forderungen von Hitler und Stalin gegenüber: Entweder verzichtete Finnland offiziell auf einen Separatfrieden mit Russland (das deutsche Ultimatum) oder es kapitulierte (das russische Ultimatum). Unter dem Druck von Marschall Mannerheim versicherte Ryti dem deutschen Außenminister Ribbentrop, Finnland werde keinen Separatfrieden schließen. Doch Mannerheim hatte insgeheim beschlossen, diese Versicherung nur abzugeben, um Zeit zu gewinnen. Den Juli über gelang es ihm, dem russischen Angriff auf Finnlands befestigte Grenze so lange standzuhalten, bis der Rückzug der Heeresgruppe Nord die russischen Nordfronten in die baltischen Staaten hineingetragen hatte. Am 4. August trat Mannerheim das Präsidentenamt an, widerrief Rytis Versprechen und nahm direkte Verhandlungen mit Moskau auf. Am 2. September brach er die diplomatischen Beziehungen zu Deutschland ab, und am 19. September unterzeichnete er einen Vertrag mit Russland, dessen Bedingungen im Wesentlichen denen vom Januar entsprachen. Die wichtigste Änderung war die Halbierung der Reparationszahlung, wofür Finnland der Sowjetunion einen Marinestützpunkt auf der Halbinsel Porkkala in der Nähe Helsinkis bewilligte und versprach, die deutsche 20. Gebirgsarmee in Lappland zu entwaffnen. Wie Mannerheim sehr wohl wusste, hatte das finnische Heer weder die Stärke noch die Absicht, die 20. Armee aus dem eigenen Land nach Norwegen zurückzutreiben, von wo die deutschen Truppen ihren Nachschub bezogen; erst im April 1945 wurde die Operation mit russischer Hilfe abgeschlossen.

Obwohl die Finnen ausgezeichnete Soldaten waren (als einzige Verbündete der deutschen Wehrmacht sahen sie sich selbst und galten auch bei anderen – Mann für Mann – als militärisch ebenbürtig mit den Deutschen, ja sogar als überlegen), trug Finnland Ende 1944 nur unwesentlich zu Hitlers strategischer Krise bei. Dagegen war Ungarn an der äußersten Südflanke und nach Rumänien und Bulgarien das nächste Land in der Schusslinie von zentraler Bedeutung für die Verteidigung der Bollwerke des Reichs.

Die Ungarn standen ebenfalls in dem Ruf, ausgezeichnete Soldaten zu sein, einem Ruf, den sie sich im Dienst der Habsburger-Kaiser – und in der Rebellion gegen sie – erworben hatten. Admiral Horthy, der ungarische Diktator, hatte allerdings den Fehler begangen, sich am Unternehmen «Barbarossa» zu beteiligen und seine Soldaten gegen die Rote Armee kämpfen zu lassen, wofür ihre Ausrüstung nicht ausreichte, sobald die deutsche Wehrmacht sie nicht mehr abschirmte. Der Zusammenbruch der Heeresgruppe Südukraine (Anfang September in Heeresgruppe Süd umbenannt) und der Seitenwechsel der Rumänen setzten sie nun einem sowjetischen Vorstoß aus, dem sie sich selbst in ihren starken Stellungen in den Karpaten nicht entgegenstemmen konnten. Horthy hoffte, ein anglo-amerikanischer Vorstoß von Italien nach Jugoslawien werde ihm die Wahl zwischen den Deutschen und den Russen ersparen. Aber zum einen wurden die Alliierten von einer solchen Vorgehensweise durch interne Meinungsverschiedenheiten abgehalten, zum anderen ließen die Amerikaner, mit denen Horthy über ihren Botschafter in der Schweiz Kontakt aufgenommen hatte, den ungarischen Diktator im August wissen, er müsse sich mit den Russen einigen. Sobald die Rumänen seine Truppen in Siebenbürgen attackierten, blieb ihm gar nichts anderes übrig. Ende September traf eine ungarische Delegation in Moskau ein, um die Bedingungen für einen Seitenwechsel auszuhandeln.

Doch Horthy hatte die Aussichten dafür einseitig untergraben, als er Hitler im März erlaubt hatte, Truppen auf ungarischem Gebiet zu stationieren. Als die Russen ihren Druck auf Horthys Delegierte in Moskau dadurch erhöhten, dass sie am 6. Oktober in Ostungarn einen Angriff auf Debrecen durchführten, antwortete die Besatzungsarmee – verstärkt durch drei Panzerdivisionen – mit einem Gegenangriff und brachte den russischen Vormarsch zum Stehen. Überdies hatte Hitler Wind von Horthys beabsichtigtem Verrat bekommen. Er wusste, dass Horthy seiner 1. und 2. Armee, die noch bei der Heeresgruppe Süd kämpften, den Rückzug befohlen hatte, außerdem vermutete er, dass Horthy im Begriff war, einen Seitenwechsel zu verkünden. Daher ermächtigte er Skorzeny, seinen Fachmann für solche Aktionen, Horthys Sohn zu entführen, und verlangte dann von dem Diktator, die Macht an eine prodeutsche Regierung abzutreten. Am Morgen des 16. Oktober dankte Horthy als Reichsverweser ab, und deutsche Truppen übernahmen die Kontrolle in ganz Budapest. Obwohl die 2. Ukrainische Front zu diesem Zeitpunkt bis auf 80 Kilometer an die ungarische Hauptstadt herangekommen war, sollte Budapest noch mehrere Monate fest in deutscher Hand bleiben.

Aufruhr auf dem Balkan

Hitler hatte inzwischen einen weiteren Übertrittsversuch eines östlichen Verbündeten verhindert. In der Slowakei, die seit der Zerschlagung der Tschechoslowakei im Oktober 1939 von Jozef Tiso regiert wurde, Mitunterzeichner des Dreimächtepakts und Verbündeter im Krieg gegen Russland, brodelten seit dem Frühjahr heftige innere Streitigkeiten. Während die «Londoner» Tschechen, die legitime Exilregierung, erwarteten, durch eine Nachkriegsregelung wieder an die Macht zu kommen, standen die dissidenten Slowaken über die im Untergrund operierende tschechische Kommunistische Partei in Kontakt mit Moskau, das eine kleine, auf russischem Gebiet stationierte Exilarmee förderte. Teile der Monsignore Tisos Marionettenstaat unterstellten slowakischen Armee blieben an der Ostfront unter deutschem Befehl. Der Rest, der im Lande stationiert war, geriet zunehmend unter patriotischen Einfluss. Außerdem war eine prosowjetische Partisanenbewegung in der östlichen Slowakei aktiv, in deren Nähe die 4. Ukrainische Front Anfang August im Zuge der Operation *Bagration* gelangt war.

Ende August ergriffen die prosowjetischen Partisanen die Initiative. In direkter Absprache mit der Roten Armee und unter Umgehung der Londoner Tschechen und der Dissidenten vom «Slowakischen Nationalrat» riefen sie am 25. August zu einem nationalen Aufstand auf, an dem sich die im Lande stationierte slowakische Armee beteiligte, und hofften auf die Unterstützung der Russen jenseits der Karpaten. Die reagierten auf das Ansinnen der Slowaken sehr viel positiver als seinerzeit auf das der polnischen Heimatarmee in Warschau. Sie schickten augenblicklich Verbindungsoffiziere und leiteten eine Offensive der 1. und 4. Ukrainischen Front ein, um den Aufständischen zu Hilfe zu eilen. Teile der tschechischen Exilarmee beförderten sie sogar auf dem Luftweg aus der Sowjetunion in die Slowakei; die Übrigen wurden in die Ukrainischen Fronten eingegliedert, die dabei waren, sich den Weg über die slowakischen Karpatenpässe zu erkämpfen. Doch der Druck von außen und innen war nicht groß genug, um den Maßnahmen standzuhalten, die Hitler zur Stabilisierung der Lage in der Slowakei ergriffen hatte. Das XXIV. Panzer- und das XI. Armeekorps wurden als Besatzung der Karpatenstellung, einschließlich des Duklapasses, abkommandiert. Ende September rannte die sowjetische 38. Armee, unterstützt vom tschechoslowakischen I. (Exil-)Korps, noch immer gegen den Pass an; sie eroberte ihn erst am 6. Oktober.

Inzwischen hatte man Sicherungstruppen abgestellt, die große Erfahrung in der Partisanenbekämpfung auf osteuropäischen Kriegsschauplätzen hatten. Zwei SS-Divisionen aus ethnischen Minderheiten, die 18. «Horst Wessel» (aus so genannten Volksdeutschen) und die 14. Galizische (aus Ukrainern), wurden zusammen mit fünf deutschen Heeresdivisionen zu einem Gegenangriff zusammengezogen. Am 18. Oktober verlegte man auch die Brigaden Dirlewanger und Kaminski von Warschau hierher, weil man ihre mörderische Brutalität gegen die Slowaken zu nutzen gedachte. Zwischen dem 18. und 20. Oktober wurde die «Freie Slowakei» an elf Punkten angegriffen, und am Ende des Monats war der Aufstand niedergeschlagen. Die sowjetische 38. Armee und das tschechoslowakische I. Korps (unter dem Kommando von General Ludvík Svoboda, den die Sowjets nach dem Prager Frühling von 1968 als Dubček-Nachfolger einsetzen sollten) hatten bei dem Versuch, den Aufständischen zu Hilfe zu kommen, 80 000 Gefallene und Verwundete zu beklagen. Fast alle Aufständischen, die nicht in die Berge entkamen, starben im Kampf oder in Konzentrationslagern.

Im extremen Süden des Balkanschauplatzes hatte Hitler mit seinen Bemühungen, eine Verteidigungsstellung aufzubauen, weniger Erfolg als in Ungarn und der Slowakei. Die Besetzung Griechenlands wurde zunehmend problematisch, seit mit der Kapitulation Italiens im September 1943 mindestens 12 000 italienische Waffen in die Hand des Widerstands gefallen waren. Die griechischen Partisanen kämpften tapfer und ausdauernd gegen die Besatzer, wie es ihre Vorfahren vor 120 Jahren getan hatten, als sie ihre Heimat von den Türken befreiten. Viele britische Verbindungsoffiziere, welche die SOE auf die Inseln und das Festland Griechenlands eingeschleust hatte, waren von einer spätbyronischen Begeisterung beflügelt und begriffen sich als Nachfahren der Philhellenen, die im Befreiungskrieg der 1820er Jahre auf der Seite der Patrioten kämpften. Doch die Vergeltungsmaßnahmen gegen die Dörfer, in deren Nähe die Angriffe des Widerstands stattgefunden hatten, waren grausam. Bei den Nürnberger Prozessen erklärte ein Vertreter der Anklage, in Griechenland habe es tausend Lidices gegeben, deren Namen unbekannt und deren Einwohner vergessen seien. (Lidice war das tschechische Dorf, das nach dem Attentat auf Heydrich ausgelöscht wurde.) Daher waren die Bemühungen der SOE großenteils darauf gerichtet, die Partisanen zu bremsen, statt sie zu ermutigen. Allerdings waren die britischen Verbindungsoffiziere nicht in der Lage, die Gewalt zwischen dem rechten und dem linken Flügel der Widerstandsbewegung zu verhindern, die wie in Jugoslawien unterschiedlichen Organisationen gehorchten – die ELAS der Kommunistischen Partei Griechenlands, die EDES der griechischen Exilregierung in Kairo.

Nach der Kapitulation der Italiener, die von ihren einstigen Verbündeten fast genauso brutal behandelt wurden wie gefangene Partisanen, stellten die deutschen Verbände die Ordnung wieder her und hielten sie aufrecht – doch als ihre Balkanstellungen ins Wanken gerieten, zogen sie sich ab dem 12. September von den griechischen Inseln zurück (ausgenommen Kreta und Rhodos) und ab dem 12. Oktober aus ganz Griechenland. Während sie das Land verließen und die Briten langsam eintrafen, begann der erste Abschnitt des Bürgerkriegs zwischen ELAS und EDES. Er wurde am ersten Weihnachtstag unter tragischen Verlusten an britischen Soldaten durch das Vorgehen der 2. Fallschirmjägerbrigade und anderer Verbände gegen ELAS erstickt.

Für die Heeresgruppe E, die deutschen Truppen in Griechenland und Albanien, gab es nur eine Hoffnung auf Rettung: den Weg durch die Täler von Ibar und Morava, um mit der Heeresgruppe F in Jugoslawien Verbindung aufzunehmen. Das plötzliche Vordringen der russischen 3. Ukrainischen Front, die jetzt vom bulgarischen Heer unterstützt wurde, zwang die deutsche Heeresgruppe zu einem verzweifelten Rückzugsgefecht. Inzwischen sah sich die Heeresgruppe F einem sowjetischen Angriff an ihrer Ostflanke ausgesetzt, dessen Stoßrichtung auf die jugoslawische Hauptstadt Belgrad zielte. Die 3. Ukrainische Front hatte die jugoslawische Grenze am 6. September überschritten. In einem bemerkenswerten Beispiel für eine Verhandlung aus einer Position der Schwäche gelang es Tito am 28. September, Stalin das Zugeständnis abzuringen, den Partisanen mit Truppen der 3. Ukrainischen Front für den gemeinsamen Angriff auf Belgrad auszuhelfen, diese aber wieder abzuziehen und Tito die Zivilverwaltung zu überlassen, sobald die militärische Aufgabe abgeschlossen sei. Die Schlacht um Belgrad begann am 14. und endete am 20. Oktober. Bei der Verteidigung der Stadt fielen 15000 deutsche Soldaten, 9000 gingen in Gefangenschaft. Tito hielt mit seinen Partisanen am 22. Oktober eine Siegesparade durch die Straßen der Stadt ab. (In den Reihen des «Belgrader Bataillons», das den Partisanenkampf drei Jahre lang geführt hatte, standen nur noch zwei seiner ursprünglichen Kämpfer.)

Damit war jetzt der Rest Jugoslawiens offen für eine Fortsetzung der sowjetischen Offensive. Die Heeresgruppe E, in der F aufgegangen war, besaß eine nicht zu verteidigende Nord-Süd-Flanke, die von den Außenbezirken Belgrads zur albanischen Grenze verlief. Doch Mitte Oktober hatte Stalin in Moskau mit Churchill eine merkwürdige Aufteilung der «Einflusssphären» auf dem Balkan vereinbart; danach sollte Großbritannien 50 Prozent von Jugoslawien erhalten. Ein eigenartiger Hang zum Legalismus in der sowjetischen Diplomatie verlieh diesem Abkommen Gültigkeit. Zudem hatte Stalin Wichtigeres zu tun. Hitlers erfolgreicher

Handstreich gegen Horthy in Budapest hatte die Aussichten auf einen Waffenstillstand und ein rasches Vorrücken in die Ungarische Tiefebene zunichte gemacht. Nun musste der Vormarsch in Richtung Wien, das Donautal aufwärts, erkämpft werden. Zur Erreichung dieses Ziels waren so starke Kräfte erforderlich, dass Stalin es sich nicht erlauben konnte, irgendwelche Einheiten in den Bergen von Zentraljugoslawien einzusetzen, wo die topographischen Verhältnisse selbst den arg mitgenommenen Truppen der Heeresgruppen E und F Chancengleichheit bescherten. Daher hatte die Stawka am 18. Oktober Tolbuchin angewiesen, die 3. Ukrainische Front westlich von Belgrad halten zu lassen und ihre Verbände an die Donau zurückzuziehen, damit sie an der bevorstehenden Schlacht um Ungarn teilnehmen konnten.

Ungarn war jedoch verstärkt worden, und Teile des ungarischen Heeres (die 1. und 2. Armee) wurden gezwungen, auf deutscher Seite zu kämpfen. Am 19. Oktober ging die Heeresgruppe Süd zum Gegenangriff über, und als Malinowskis 2. Ukrainische Front am 29. Oktober ihre Offensive begann, um auf Stalins ausdrücklichen Wunsch «Budapest so rasch wie möglich zu nehmen», fand sie den Weg von zwölf deutschen Divisionen versperrt. Am 4. November erreichte der russische Vormarsch die östlichen Vororte, wurde dort aber zum Stillstand gebracht. Nachdem der Angriff am 11. November wieder aufgenommen worden war, folgte eine 16-tägige Schlacht, die einen Großteil Budapests in Trümmer legte; dennoch blieb die Stadt in deutscher Hand. Zu diesem Zeitpunkt war die deutsche Front seit Mitte Oktober zwar um gut 150 Kilometer zurückgenommen worden, konnte sich jetzt allerdings von West nach Ost auf den starken Schutz der Drau, des Plattensees und der Karpatenausläufer stützen. Wien, die Beute, um die es Stalin ging, lag in sicherer Entfernung – 240 Kilometer donauaufwärts.

Die Kampagne in Ungarn entwickelte daraufhin ihre eigene Logik und verlief völlig isoliert von den Vorbereitungen, die die Rote Armee jenseits der Karpaten für den endgültigen Vormarsch nach

Deutschland traf. Am 5. Oktober begann Malinowskis 2. Ukrainische Front eine Offensive, die dazu bestimmt war, Budapest von Nordwesten zu umfassen, während Tolbuchins 3. Ukrainische Front einen Scheinangriff im Süden der Stadt zwischen Plattensee und Donau vortrug. Am 31. Januar war die 3. Ukrainische Front nur noch elf Kilometer vom Stadtzentrum entfernt, woraufhin Parlamentäre vorausgeschickt wurden, um ein Kapitulationsangebot zu unterbreiten. Budapest war vollständig eingeschlossen, die Not der Bewohner groß und die Lage der deutschen und ungarischen Verteidiger praktisch hoffnungslos. Hitler hatte sich jedoch zu einer Panzerunterstützung à la Stalingrad entschlossen. Den Oberbefehlshaber der 6. Armee an der Budapester Front, Maximilian Fretter-Pico, hatte er durch Hermann Balck, einen weitere «Durchhaltegeneral» nach Art von Model, ersetzt und Ende Dezember das IV. Panzerkorps von der Heeresgruppe Mitte abgezogen, damit es zusammen mit dem III. Panzerkorps, das sich schon an Ort und Stelle befand, einen Gegenangriff durchführte.

Am 18. Januar 1945 begann der Angriff. Während der nächsten drei Wochen lieferten das IV. und das III. Panzerkorps den Russen einen gnadenlosen Kampf, wobei sie mittels Straße und Schiene ständig ihre Stoßrichtung änderten und dabei Malinowski und Tolbuchin nachdrücklich vor Augen führten, wie viel Schaden erfahrene deutsche Panzersoldaten sowjetischen Verbänden noch immer beibringen konnten, wenn diese auf stereotypen und vorhersagbaren Vormarschlinien operierten. Am 24. Januar hatte sich das IV. Panzerkorps dem deutschen Verteidigungsgürtel in Budapest auf 24 Kilometer genähert, sodass sich die Verteidiger durch einen Ausbruch in Sicherheit hätten bringen können, wenn das Hitlers Wünschen entsprochen hätte. Doch wie einst bei Mansteins Wintervorstoß auf Stalingrad im Dezember 1942 wollte er die Stadt wiedererobern, nicht evakuieren. Diese vergebliche Hoffnung war endgültig gescheitert, als dem IV. Panzerkorps nach dreiwöchiger hektischer Operation die Luft ausging.

Innerhalb ihres Belagerungsgürtels hatten die Russen inzwischen eine große Zahl von 15,2-cm-Geschützen und 20,3-cm-Haubitzen zusammengezogen, um die deutschen Stellungen in Pest, der Nordhälfte der Stadt, Abschnitt für Abschnitt zu zerschlagen. Am 15. Januar begannen sich die Verteidiger hier massenweise zu ergeben, als sie mit dem Rücken zum Donauufer standen. In Buda, Pests Zwillingsstadt am Südufer, hielt sich grimmige Gegenwehr bis zum 5. Februar, als Malinowski den Angriff befahl. Eine Woche konnten die Deutschen sich noch behaupten, indem sie sich in die Kanalisation zurückzogen, doch am 13. Februar blieb ihnen überhaupt kein Spielraum mehr, und sie wurden überwältigt. Nach Angaben der Stawka waren seit dem 27. Oktober 50 000 deutsche und ungarische Soldaten gefallen und 138 000 in Gefangenschaft geraten. Man weiß, dass nur 785 Deutsche und etwa 1000 Ungarn aus Budapest entkamen. Die eigenen, nicht bekannt gegebenen Verluste der Roten Armee dürften denen des Feindes entsprochen haben.

Noch eine Schlacht wurde in Ungarn geschlagen, am Plattensee, von dem Hitler seine letzten Reserven an nicht synthetischem Öl bezog. Aber am 15. Februar, als sie begann, liefen schon die Vorbereitungen für eine weit größere Schlacht um das endgültige Kriegsziel: Berlin. Seit Anfang Februar standen Schukows 1. Weißrussische und Konjews 1. Ukrainische Front zu beiden Seiten der Oder, bereit, sich in die letzte Offensive zu stürzen, sobald die Stawka den Angriffsplan ausgearbeitet und die erforderlichen Kräfte aufgeboten hätte. Am 15. Januar hatte Hitler das westliche Hauptquartier in der Eifel (Amt 500) verlassen, von dem aus er die Ardennenoffensive überwacht hatte, und war in die Reichskanzlei zurückgekehrt. Trotz allem Gerede von Geheimwaffen, die doch noch den Sieg bringen würden, spürte er, dass der Endkampf nahte, und war entschlossen, persönlich auf dem Schlachtfeld anwesend zu sein.

Der Weg nach Berlin

Hitlers Hauptquartier Rastenburg in Ostpreußen, von dem aus er den größten Teil seines Krieges geleitet hatte, war nun in russischer Hand. Die Offensive der Roten Armee nördlich der Karpaten hatte am 15. September 1944 begonnen, als die drei Baltischen und die Leningrader Front einen Angriff auf Schörners Heeresgruppe Nord eröffnet hatten, um die Heeresgruppe in den baltischen Staaten von der Verbindung mit der Heeresgruppe Mitte und ihren Nachschublinien über Ostpreußen nach Deutschland abzuschneiden. Schörner befehligte etwa 30 Divisionen, die in gut befestigten Stellungen saßen, ihm fehlten jedoch die schnellen Truppen für einen Gegenangriff. Zwar war seine Heeresgruppe in der Lage, den russischen Vormarsch zu verlangsamen, aufhalten aber konnte sie ihn nicht, sodass Riga am 13. Oktober nach achttägiger Schlacht von Bagramjans 1. Baltischer Front erobert wurde. Dieser Durchbruch zur Küste vervollständigte die Umfassung der Heeresgruppe Nord (kurz darauf in «Kurland» umbenannt) im so genannten Kurland-Kessel, wo sie in sinnloser Isolation bis Kriegsende ausharrte. Sechs einzelne Schlachten schlug die Rote Armee gegen sie. Finnlands Abfall im September gestattete Schörner (bevor er im Januar abberufen wurde, um den Oberbefehl über die Heeresgruppe Mitte zu übernehmen), die Lage der Heeresgruppe Nord zu verbessern, indem er Estland aufgab und seine Kräfte in Lettland konzentrierte. Auch die vier ihm unterstellten Divisionen in der Hafenstand Memel zwischen Ostpreußen und Litauen wurden im Oktober eingeschlossen und hielten bis Januar 1945 aus.

Nach der Bereinigung der Ostseefront lagen nun die Zugänge nach Ostpreußen (in das erstmals eine Einheit der 3. Weißrussischen Front am 17. August eingedrungen war) für einen Vormarsch auf breiter Front offen. Pläne für die große Offensive wurden Anfang November von der Stawka vorgelegt und wiesen die Hauptaufgabe den beiden Fronten zu, die am nächsten an der Vormarschroute nach Berlin lagen, Konjews 1. Ukrainischer und der 1. Weißrussischen Front, deren Oberbefehl Stalin direkt an Schukow übertragen hatte, in Anerkennung seiner erwiesenen operativen Leistungen. Beide russische Fronten für sich genommen übertrafen jetzt jede beliebige deutsche Heeresgruppe bei weitem an Stärke. Gemeinsam verfügten sie über 163 Schützendivisionen, 32000 Geschütze, 6500 Panzer und 4700 Flugzeuge – ein Drittel der gesamten sowjetischen Infanterie und die Hälfte der Panzer, die sich im Besitz der Roten Armee befanden. Sie übertrafen die deutschen Verbände, die ihnen gegenüberstanden, die Heeresgruppen Mitte und A, um mehr als das Doppelte in Hinblick auf die Infanterie, um fast das Vierfache in Hinblick auf die Panzer, um das Siebenfache bei der Artillerie und das Sechsfache bei der Luftwaffe. Zum ersten Mal im Verlauf des Krieges hatte die Rote Armee damit die Überlegenheit an Mannschaftsstärke und Material erreicht, der sich die deutsche Wehrmacht bislang nur im Westen gegenübergesehen hatte. Die Heeresgruppen Mitte und A, jetzt unter dem Oberbefehl der Generalobersten Hans Reinhardt und Josef Harpe, verfügten über insgesamt 71 Divisionen, 1800 Panzer und 800 Flugzeuge. All ihre Verbände lagen unter der Sollstärke, und ihre Verteidigungsfähigkeit hing weitgehend von den «Festungen» ab, zu denen Hitler nun die preußischen und schlesischen Grenzstädte – Königsberg, Insterburg, Kolberg, Stettin, Küstrin, Breslau – erklärt hatte.

Der Stawka-Plan sah vor, dass Schukow der Stoßrichtung Warschau-Berlin folgte, während Konjew in Richtung Breslau vorrückte. Beide Offensiven sollten unter Verzicht auf alle taktischen Manöver energische Vorstöße gegen die deutschen Verteidigungsstellungen führen – in jener brutalen, furchterregenden Form der Kriegführung, die inzwischen zum Markenzeichen der Roten Armee geworden war. Mehr als eine Million Tonnen Nachschub wurden in den Tagen vor dem Angriff allein an Schukows Front geliefert. Herbeigeschafft wurden sie mit 1200 Zügen und 22000 der amerikanischen Allrad-Dreiachser, die zum Rückgrat des logistischen Systems der Roten Armee geworden waren. Fast die gleiche Menge wurde hinter Konjews Front gelagert. Der tägliche Bedarf jeder Front betrug 25 000 Tonnen, Treibstoff und Munition nicht mitgerechnet.

Konjew eröffnete die Offensive mit einem Trommelfeuer aus seinen Geschützen, die mit einer Dichte von 300 Stück pro Frontkilometer in Stellung gebracht worden waren und in ihrer Wirkung einem Erdbeben glichen. Am Abend des ersten Tages hatten seine Panzer die Front der deutschen 4. Panzerarmee durchbrochen und waren 30 Kilometer weit vorgedrungen, genau dort, wo die Deutschen und Österreicher 1915 in der Schlacht bei Gorlice-Tarnów ihren großen Durchbruch gegen die Armee des Zaren erzielt hatten – nur in umgekehrter Richtung. Damit geriet Krakau, die bedeutende polnische Stadt mit ihrem Burgberg, in Gefahr. Dahinter öffnete sich der Weg nach Breslau und in die Industrieregionen Schlesiens, wo Speer außer Reichweite der anglo-amerikanischen Bomberflotten eine Vielzahl deutscher Rüstungsbetriebe angesiedelt hatte.

Schukows Offensive in Stoßrichtung Warschau-Berlin begann zwei Tage später am Brückenkopf an der Weichsel südlich von Warschau, hinter einem Feuervorhang der Artillerie von ebenso vernichtender Wucht. Die Stadt war rasch eingekreist, wurde, wie nicht anders zu erwarten, von Hitler zur «Festung» erklärt und fiel am 17. Januar, bevor die Verstärkungen, die er in Marsch gesetzt hatte, die Verteidiger erreichten. Am 20. Januar verkündete er zur Verzweiflung seiner Befehlshaber in Ost und West, er werde die 6. SS-Panzerarmee, die gerade dem Debakel der Ardennenoffensive entkommen war, nach Osten verlegen: «Ich werde den Russen dort angreifen, wo er es nicht erwartet. Die 6. Panzerarmee kommt in den Raum Budapest! Wenn wir in Ungarn aktiv werden, muß der Russe auch dorthin!» Diese planlose Zersplitterung kostbarer Verteidigungskräfte zeigte, wie wenig er sich über die zunehmende Schwäche der deutschen Wehrmacht im Klaren war und wie sehr er sich über die Stärke der Russen täuschte, die durch solche Entlastungsmanöver längst nicht mehr aus der Ruhe zu bringen waren. Wie sich herausstellte, waren die Ukrainischen Fronten durchaus in der Lage, mit der 6. SS-Panzerarmee fertig zu werden, sodass Schukow und Konjew dadurch nicht im Mindesten von ihrem Vormarsch auf Berlin abgehalten wurden.

Am 21. Januar klammerte sich Hitler an einen anderen Strohhalm: Er befahl die Bildung einer neuen Heeresgruppe, «Weichsel», und unterstellte sie dem militärisch völlig unfähigen Himmler (der bereits Befehlshaber des Ersatzheeres war). Hitler ließ sich wohl von der Überzeugung leiten, dass Loyalität gegenüber dem «Führer» fehlende operative Begabungen wettmachen könne. Die Heeresgruppe Weichsel, die hinter der bedrohten Front Stellung bezog, hatte so gut wie keine Truppen außer Einheiten des Volkssturms, jener Miliz, die Hitler am 25. September unter dem Parteisekretär Martin Bormann aufgestellt hatte: eine Armee aus Soldaten, die zu jung oder zu alt für den Militärdienst waren.

Der Vormarsch an die Oder

Schon bald sollte der Volkssturm um deutsches Gebiet kämpfen. Am 22. Januar überquerte Konjews 1. Ukrainische Front die Oder bei Steinau. Rokossowskis 2. Weißrussische Front, die am 14. Januar jenseits des Narew angegriffen hatte, stand zu diesem Zeitpunkt bereits tief in Ostpreußen. Das Vorrücken großer Verbände der Roten Armee auf deutschen Boden löste eine wilde Flucht der dort ansässigen Deutschen aus. Es war, als wäre das unterdrückte Wissen um die Dinge, die die deutsche Wehrmacht im Osten angerichtet hatte, plötzlich an die Oberfläche gedrungen, hätte alle Bevölkerungsschichten in namenlosen Schrecken versetzt und sie in dem verzweifelten Bestreben, den anrückenden Kolonnen der Roten Armee zu entkommen, auf die verschneiten Straßen getrieben. In wenigen Tagen endeten 800 Jahre deutscher Ostsiedlung, als zwei Millionen Ostpreußen ihre Häuser, Höfe, Dörfer und

Städte verließen, um in überstürzt gebildeten Trecks westwärts oder zur Küste zu ziehen. 450 000 wurden über den Hafen Pillau evakuiert, weitere 900 000 suchten in Danzig Zuflucht, viele von ihnen über das Eis des Frischen Haffs. Viele entkamen, viele nicht. John Erickson, kein Feind der Roten Armee, hat diese schrecklichen Ereignisse beschrieben:

> Tempo, Wut und Grausamkeit charakterisierten den Vormarsch. Dörfer und kleine Ortschaften brannten, während sowjetische Soldaten nach Belieben vergewaltigten und atavistische Rache übten, sobald sie auf Wohnhäuser oder andere Gebäude stießen, die mit den Insignien oder Symbolen des Nazismus geschmückt waren … Irgendein lächerliches Naziporträt genügte als Anlass, um eine ganze Familie zwischen Tischen, Stühlen und Küchengeschirr niederzumähen. Lange Kolonnen von Flüchtlingen, von befreiten alliierten Kriegsgefangenen und von Zwangsarbeitern, die die Sklavenarbeit auf Bauernhöfen und in Fabriken endlich hinter sich hatten, waren zu Fuß oder auf Bauernwagen unterwegs, wobei einige von ihnen niedergeschossen oder von den vorwärts stürmenden riesigen sowjetischen Panzerkolonnen mit auf T-34 aufgesessener Sturminfanterie zu einem blutigen Brei aus Menschen und Pferden niedergewalzt wurden. Vergewaltigte Frauen wurden mit den Händen an die Bauernwagen genagelt, auf denen ihre Familien saßen. Unter dem niedrigen Januarhimmel und im düsteren Licht des Spätwinters kauerten Familien in Straßengräben, machten sich Väter bereit, die eigenen Kinder zu erschießen, oder warteten wimmernd darauf, dass vorüberging, was ihnen wie der Zorn Gottes erschien. Schließlich griff das sowjetische Frontkommando ein und versuchte, die militärische Disziplin wiederherzustellen, indem es die Einhaltung von «Verhaltensnormen» gegenüber der feindlichen Bevölkerung befahl. Doch diese elementare Flutwelle der Gewalt war nicht mehr einzudämmen, aufgestachelt durch die hasserfüllte Sprache der Plakate am Straßenrand und die Hetzparolen an den Häuserwänden, die verkündeten, dass man sich hier und auf dem Gebiet, das noch vor den Soldaten liege, «in der Höhle der faschistischen Bestie» befinde. So wurden sie auf ihrem Marsch durch die baltischen Staaten immer wieder aufgehetzt, die hasserfüllten ehemaligen Kriegsgefangenen, die sich jetzt in den Reihen der Roten Armee befanden, und die Klein-

bauern, die von der Roten Armee auf ihrem Marsch durch das Baltikum rekrutiert worden waren, Männer, die mit nichts und niemandem Mitleid hatten.

Keine der deutschen Heeresgruppen nördlich der Karpaten vermochte sich diesem rasanten Vordringen entgegenzustemmen. Die einzigen Hindernisse, mit denen Schukow und Konjew auf ihrem unaufhaltsamen Vormarsch nach Berlin zu kämpfen hatten, waren die schwindenden Vorräte (aufgrund der üblichen gewaltigen Artillerievorbereitung nahmen sie um 50 000 Tonnen je Million Schuss ab), die Verluste in den eigenen Reihen (Ende Januar betrug die durchschnittliche Divisionsstärke in den beiden Fronten nur noch 4000 Mann) und der Widerstand der Führerfestungen. An Rokossowskis Front hielt sich Memel bis zum 27. Januar, Thorn bis zum 9. Februar, Königsberg bis Mitte April. An Schukows und Konjews Front wurde Posen bis zum 22. Februar, Küstrin bis zum 29. März, Breslau bis einen Tag vor Kriegsende gehalten.

Der Fall anderer Ortschaften lieferte der Roten Armee spektakuläres Propagandamaterial: Am 21. Januar nahm Rokossowskis 2. Weißrussische Front Tannenberg, wo ein «Schlachtenwunder» 1914 Ostpreußen vor dem Zaren gerettet hatte und von wo die abziehenden deutschen Truppen nun die sterblichen Überreste des damaligen Siegers, Generalfeldmarschall von Hindenburg, sowie die Fahnen und Standarten der von ihm befehligten Regimenter bergen konnten, bevor sie das Denkmal mit der Gruft sprengten. Am 27. Januar stieß Konjews 1. Ukrainische Front auf das Vernichtungslager Auschwitz, den zentralen Schauplatz des Holocaust, wo es den Verantwortlichen nicht gelungen war, die erschütternden Habseligkeiten der Opfer zu beseitigen – Kleidung, Zahnprothesen, Brillen und Spielsachen. Die befestigten Orte an der deutschen Ostgrenze, viele von ihnen Bastionen des Deutschen Ritterordens, der einst das «Germanentum» weit in den Osten getragen hatte, hielten sich indessen, um den

Vormarsch der sowjetischen Fronten zu blockieren oder zu gefährden.

Doch als sich Anfang Februar die alliierten Führer zu ihrer letzten großen Konferenz des europäischen Krieges in Jalta auf der Krim versammelten, standen Schukows und Konjews Fronten sicher an der Oder und schickten sich an, ihren abschließenden Vorstoß auf Berlin zu beginnen. Die deutschen Heeresgruppen, denen sie sich gegenübersahen – jetzt neu gruppiert als «Weichsel» und «Mitte», Letztere unter dem Befehl des führertreuen Schörner – waren nur noch Schatten einstiger Größe. In Ostpreußen war die 3. Panzerarmee nach wie vor aktiv und führte am 15. Februar einen Angriff auf die Flanke der russischen Truppenkonzentration.

Am 17. Februar eröffnete die 6. SS-Panzerarmee Hitlers versprochene Entlastungsoffensive gegen Tolbuchins 3. Ukrainische Front östlich des Plattensees in Ungarn. Die Kräfte der deutschen Wehrmacht aber neigten sich rasch dem Ende zu. Am 13. Februar wurde Dresden, die letzte unversehrte Großstadt des Deutschen Reichs, zum Bersten gefüllt mit Flüchtlingen und gleichzeitig ihrer Flak beraubt, die zur Stärkung des Panzerabwehrschirms an der Oder verwendet wurde, zum Ziel eines britischen Fliegerangriffs, der die Stadt bis auf die Grundmauern niederbrannte und entsetzlich viele Todesopfer forderte. Zwar ist die gelegentlich kolportierte Zahl von 300 000 Opfern stark übertrieben, doch kamen bei dem Bombardement mindestens 30 000 Menschen ums Leben. Die Folgen dieses Angriffs, für den die Befürworter des strategischen Bombenkriegs nie eine überzeugende Rechtfertigung haben vorbringen können, sprachen sich rasch in ganz Deutschland herum und beeinträchtigten während der letzten Kriegsmonate die Moral der Zivilbevölkerung im Reich erheblich.

Die Offensive am Plattensee lief sich, obwohl mit den letzten 600 Panzern vorgetragen, über die Hitler noch frei verfügen konnte, bald an den soliden russischen Verteidigungsstellungen fest. Derweil nahm die Heeresgruppe E in Jugoslawien ihre Front bis zum Bollwerk des prodeutschen Kroatien zurück. Die Überreste der Heeresgruppe Süd sammelten alle Kräfte, die ihnen geblieben waren, um den Zugang nach Wien abzuriegeln. Die Entscheidung des Krieges allerdings bahnte sich zwischen Küstrin und Breslau an, wo Schukows und Konjews Fronten an Oder und Neiße bereitstanden, die letzten 70 Kilometer bis Berlin zurückzulegen.

28 · STRASSEN- UND HÄUSERKAMPF: STURM AUF BERLIN

Die Belagerung von Städten scheint einem früheren militärischen Zeitalter anzugehören als dem des Zweiten Weltkriegs, dessen Feldzüge offenbar ausnahmslos durch den Vorstoß von Panzerkolonnen, Landungsunternehmen von See her und den Angriff von Bomberflotten entschieden wurden. Städte bilden jedoch im Kriege einen ebenso festen Bestandteil der geographischen Gegebenheiten wie Flüsse oder Gebirgsketten. Ein Heer kann – und mag es noch so gut motorisiert sein, oder gerade weil es motorisiert ist – eine Stadt ebenso wenig ignorieren wie die Pripjetsümpfe oder den Flusslauf der Maas. An der Ostfront hatten die drei «Städte des Bolschewismus» (Leningrad, Moskau und Stalingrad), die Hitler als Vormarschziele des Ostheeres bestimmt hatte, jeweils einen seiner entscheidenden Feldzüge zum Scheitern gebracht. Umgekehrt hatte sein Entschluss, Städte zu Festungen zu erklären (Calais, Dünkirchen im Westen, Königsberg, Posen, Memel und Breslau im Osten), das Vordringen der feindlichen Heere ins Kernland des Deutschen Reiches erheblich behindert. Großstädte mit ihrem Straßengewirr, den Komplexen aus soliden öffentlichen Gebäuden, dem Labyrinth ihrer Kanalisation, Tunnels und unterirdischen Verkehrsanlagen, Vorratsspeichern voller Treibstoff und Lebensmitteln sind militärisch gesehen genauso starke Stellungen wie die Befestigungsanlagen, die ein Heer zur Verteidigung der Landesgrenzen bauen kann, ja, möglicherweise sogar stärker als Maginotlinie oder Westwall, die nur künstlich die natürlichen Merkmale einer Großstadt nachahmten.

Hitlers Rückkehr nach Berlin am 16. Januar 1945 und seine Entscheidung, die Stadt danach nicht mehr zu verlassen, sorgten dafür, dass die letzte große Belagerung des Krieges Berlin zum

Gegenstand hatte. Der späteste Zeitpunkt, zu dem Hitler Berlin hätte verlassen können und den er unter Ausflüchten verstreichen ließ, war sein Geburtstag am 20. April. «Ich muß hier in Berlin die Entscheidung suchen», teilte er seinen beiden verbliebenen Sekretärinnen am Abend dieses Tages mit, «oder untergehen.»

Berlin eignete sich gut für das letzte Gefecht. Unter den deutschen Städten nahm es eine Sonderstellung ein: Es war groß, modern und städteplanerisch gestaltet. Hamburg, dessen Häuser sich dicht um den Hafen an der Elbe drängten, war im Juli 1943 wie durch Selbstentzündung in Flammen aufgegangen. Die baufälligen und historischen Gassen Dresdens hatten im Februar 1945 wie Zunder gebrannt. Obwohl Berlin im Laufe des Krieges massiv und hartnäckig bombardiert worden war, hatte es sich als widerstandsfähiges Ziel erwiesen. Die Wohnblocks aus dem 19. und 20. Jahrhundert ruhten auf robusten und tiefen Kellern und standen an breiten Straßen und Boulevards, die als wirksame Feuerschneisen dienten. So hatte die Stadt während der Schlacht um Berlin von August 1943 bis Februar 1944 unter den Angriffen des *Bomber Command* zwar rund 25 Prozent ihrer Bausubstanz eingebüßt, aber nie einen Feuersturm erlitten wie Hamburg und Dresden. Die Strom-, Wasser- und Gasversorgung war nicht zusammengebrochen, und sogar neue Straßen waren gebaut worden. Und wenn die Zerstörung der Wohngebäude auch viele Berliner in Notunterkünfte oder aus der Stadt hinausgetrieben hatte, erwiesen sich die zurückbleibenden Trümmer doch als ebenso schwierige militärische Hindernisse wie die noch stehenden Gebäude.

Hinzu kam, dass sich im Herzen der Stadt der nationalsozialistische Widerstand konzentrierte. Hitlers Bunker war Ende 1944 unter der Reichskanzlei angelegt worden. Die Erweiterung und Vertiefung eines Luftschutzkellers, der 1936 gebaut worden war, enthielt 18 winzige Räume, lag 16 Meter unter dem Garten der Reichskanzlei und besaß eine unabhängige Wasser-, Strom- und Luftversorgung. Mit der Außenwelt stand der Bunker über eine Telefonvermittlung und eine eigene Funkverbindung in Kontakt.

Außerdem verfügte er über eine eigene Küche, Wohnräume und reich gefüllte Vorratsräume. Wer gern unter der Erde lebte, war hier vollkommen autark.

Obwohl Hitler große Zeiträume des Krieges in spartanischen und halb unterirdischen Räumen zugebracht hatte – in seinen Hauptquartieren in Rastenburg und Winniza –, verspürte er stets das Bedürfnis nach frischer Luft; seine Spaziergänge nach Tisch waren beliebte Gelegenheiten für seine Monologe. Doch am 16. Januar stieg er aus der Reichskanzlei hinab in den Bunker, um ihn in den nächsten 105 Tagen nicht mehr zu verlassen, abgesehen von zwei Ausflügen am 25. Februar und 15. März sowie gelegentlichen kurzen Abstechern in seine ehemaligen Wohnräume. Die letzten Schlachten des Reiches wurden vom Lageraum im Bunker aus befehligt, genau wie die Schlacht um Berlin.

Berlin besaß nur eine schwache Garnison. Während des gesamten Krieges, ausgenommen der kurze, unsichere Frieden zwischen dem Waffenstillstand mit Frankreich und «Barbarossa», hatte das deutsche Heer sich an der Front befunden. Die im Reichsgebiet verbliebenen Einheiten des Ersatzheeres dienten der Rekrutierung oder Ausbildung. Innerhalb der Hauptstadt war die einzige Truppe mit echtem Kampfwert das Berliner Wachbataillon. Es war wesentlich an der Niederschlagung des Aufstands vom 20. Juli beteiligt gewesen und kämpfte schließlich gegen die Belagerer Berlins. Doch das Gros der Berliner Verteidiger stellte die Heeresgruppe Weichsel bei ihrem Rückzug von der Oder in die Hauptstadt. Bei Beginn der Belagerung verfügte sie über rund 320 000 Mann, denen in Schukows, Konjews und Rokossowskis Fronten fast drei Millionen Soldaten gegenüberstanden, und sie umfasste die 3. Panzer- sowie die 9. Armee.

Die kampfstärksten Verbände innerhalb der Heeresgruppe Weichsel waren das LVI. Panzerkorps, zu dem die 18. Panzergrenadier- und die SS-Division «Nordland» gehörten, außerdem Reste der 20. Panzergrenadier- und der 9. Fallschirmjägerdivision sowie die kürzlich aufgestellte Division Müncheberg. Müncheberg gehörte zu einer Reihe von «Schattenverbänden», die aus Mitgliedern von Militärschulen und Ersatzeinheiten ohne Kampferfahrung gebildet worden waren. Zu ihnen gesellte sich noch eine bunte Schar aus Volkssturm, Hitlerjugend, Polizei, Flak-Helfern und SS-Einheiten, darunter das Sturmbataillon «Charlemagne» aus französischen SS-Männern und eine Abteilung SS-Division «Wallonien» aus pro-nationalsozialistischen Belgiern unter dem Befehl des fanatischen Faschisten Léon Degrelle, des Mannes, von dem Hitler gesagt haben soll, er hätte ihn gern als Sohn gehabt. Bis zum Schluss ließ Degrelle seine Truppen in den Ruinen der Reichskanzlei kämpfen.

In den letzten März- und den ersten Aprilwochen zogen Schukow und Konjew die Kräfte und den Nachschub zusammen, den sie für den Sturm auf die Stadt brauchten. Schukow häufte sieben Millionen Granaten für seine Artillerie auf, die 295 Geschütze auf jedem Frontkilometer konzentrierte. Konjew, der jenseits der Neiße Sturmausgangstellungen brauchte, um seine Offensive beginnen zu können, hatte 120 Pionier- und 13 Brückenbaubataillone zusammengezogen. Unterstützt wurde die Operation von 2150 Flugzeugen.

Während sich Schukow und Konjew auf den großen Sturm vorbereiteten, eröffneten Tolbuchin und Malinowski den Vorstoß aus Zentralungarn auf Wien. Am 1. April brachen ihre Panzerkolonnen zu einem rasanten Vormarsch quer durch die weite Donauebene auf und fegten die deutschen Panzerbrigaden, die nicht mehr als sieben bis zehn Panzer aufbieten konnten, beiseite. Am 6. April waren Tolbuchins Spitzen in die westlichen und südlichen Vororte von Wien eingedrungen, und am 8. April kam es zu heftigen Gefechten im Stadtzentrum. Die einheimischen SS-Einheiten kämpften mit fanatischer Verbissenheit; was aus den Baudenkmälern wurde, in denen sie sich verschanzten, war ihnen vollkommen gleichgültig. Um die Gebäude am Ring spielten sich auf kürzeste Entfernung Artillerieduelle ab, und der Graben und die Kärntner Straße im Herzen der Altstadt, die 1683 der Türkenbelagerung widerstanden hatte, waren erbittert umkämpft. Das Burgtheater und das Opernhaus brannten völlig aus. Wie durch ein Wunder blieben die Hofburg, die Albertina und das Kunsthistorische Museum verschont. Doch als die Reste der deutschen Truppen sich am 13. April schließlich über die Reichsbrücke ans nördliche Ufer der Donau schleppten, ließen sie eine der großen Schatzkammern europäischer Kultur verwüstet hinter sich zurück.

Rheinüberquerung

Im Westen vermochten nun auch die Großstädte des Reiches sich den Angriffen der Alliierten nicht länger zu widersetzen. Acht Armeen waren Anfang März am Westufer des Rheins aufgereiht – von Norden nach Süden die kanadische 1., die britische 1. Luftlande-, die britische 2., die amerikanische 9., 1., 3. und 7. sowie die französische 1., die als Letzte dem Schwarzwald auf dem anderen Flussufer gegenüberstand. Pattons 3. und Patchs 7. Armee wurden noch immer durch das schwierige Gelände der Eifel aufgehalten, doch beiden gelang es am 10. März, tiefe Korridore zum Rhein vorzutreiben. Eisenhowers Plan zur Rheinüberquerung sah einen wohl erwogenen Angriff auf breiter Front vor, wobei der Angriffsschwerpunkt im Norden bei der kanadischen, der britischen und der amerikanischen 9. und 1. Armee liegen sollte, um die große Industrieregion des Ruhrgebiets einzuschließen. Die Operationen der britischen 2. und der amerikanischen 9. Armee, die die Decknamen *Plunder* beziehungsweise *Grenade* trugen, waren weiträumige und spektakuläre Offensiven, bei denen eine große Anzahl von Landungsbooten zum Einsatz kamen, eine massive Bomber- und Artillerievorbereitung stattfand und zwei Divisionen der alliierten Luftlandearmee hinter den deutschen Verteidigungsstellungen am Ostufer des Flusses absprangen. Sie begannen am 23. März und stießen nur auf leichten Widerstand; das alliierte Befreiungsheer umfasste nun 85 Divisionen mit vier Millionen Mann, während die wahre Stärke des Westheeres lediglich 26 Divisionen betrug.

Die Entfaltung des Eisenhower-Plans war jedoch bereits durch ein Zufallsereignis verändert worden. Am 7. März hatten die Vorausabteilungen der amerikanischen 9. Panzerdivision, die zur 1. Armee gehörte, bei Remagen südlich von Köln eine unbewachte Eisenbahnbrücke über den Rhein entdeckt und eiligst einen Brückenkopf am anderen Flussufer errichtet. Er konnte zunächst nicht genutzt werden, aber am 22. März bildete Pattons 3. Armee durch einen Überraschungsangriff bei Oppenheim einen weiteren Brückenkopf. Damit waren die deutschen Verteidigungsstellungen am Rhein an zwei weit auseinander liegenden Stellen durchbrochen, in der Nähe des Ruhrgebiets und in der Nähe der Mainmündung. Nun drohte der gesamten Wehrmacht im Westen eine Umfassung größten Ausmaßes. Am 10. März hatte Hitler Rundstedt das Oberkommando auf diesem Kriegsschauplatz entzogen (es war die dritte und letzte Entlassung des alten Haudegens) und ihn durch Kesselring ersetzt, der aus Italien kam, wo er sich dem anglo-amerikanischen Vormarsch auf der Halbinsel erfolgreich entgegengestemmt hatte. Doch ein Wechsel der Oberbefehlshaber konnte die unabwendbare Eroberung Westdeutschlands durch die sieben alliierten Armeen nicht mehr verhindern. Während die britischen und kanadischen Armeen nach Norddeutschland vorrückten, in Richtung Hamburg, begannen die amerikanische 9. und 1. Armee mit der Einkesselung des Ruhrgebiets, die am 1. April abgeschlossen war, 325 000 deutsche Soldaten zur Kapitulation zwang und ihren Oberbefehlshaber Model in den Selbstmord trieb. Gleichzeitig unternahm Pattons 3. Armee einen energischen Vorstoß nach Süddeutschland, der ihn Anfang Mai auf 50 Kilometer sowohl an Prag als auch an Wien heranführte.

Am Abend des 11. April erreichte die amerikanische 9. Armee die Elbe, die im Jahr zuvor als Demarkationslinie zwischen der sowjetischen und den westlichen Besatzungszonen festgelegt worden war. In Magdeburg errichtete die amerikanische 2. Panzerdivision einen Brückenkopf am anderen Ufer des Flusses, und am folgenden Tag bildete die 83. Division einen zweiten bei Barby. Ihre Soldaten glaubten, sie würden weiter nach Berlin vorrücken, weil die Hauptstadt nur noch 80 Kilometer entfernt war, nachdem sie den Brückenkopf am 14. April vergrößert hatten. Schon bald aber erfuhren sie, dass sie sich irrten. Eisenhower war an ein Abkommen der Alliierten gebunden, nach dem die amerikanischen Kräfte in dem mittleren Abschnitt dort zu bleiben hatten, wo sie sich befanden, während die britischen und kanadischen Truppen Norddeutschland besetzen sollten. Ganz im Süden überrannten die amerikanischen und französischen Einheiten Bayern und okkupierten das Gebiet, in dem der alliierte Nachrichtendienst am ehesten einen «nationalen Widerstand» vermutete. Die Einnahme Berlins überließ man ganz der Roten Armee.

Doch die Eroberung der Hauptstadt erwies sich nicht als eine einfache Operation, sondern als ein Wettlauf zwischen militärischen Rivalen. Stalin hatte Schukow – als seinem persönlichen militärischen Berater, höchstem Generalstabsoffizier des Heeres und Hauptverantwortlichen für die Siege der Roten Armee – im November 1944 versprochen, ihm werde das Privileg zuteil, Berlin zu nehmen. Auf einer Stawka-Besprechung am 1. April in Moskau, auf der sichergestellt werden sollte, dass die Sowjets und nicht die Westmächte als Erste in der Reichshauptstadt sein würden, fragte General A. I. Antonow vom Generalstab, wie die Trennungslinie zwischen Schukows und Konjews Fronten zu ziehen sei; wenn man Konjew vom Vorstoß auf Berlin ausschließe, erschwere man dadurch die Operation unnötig. Stalin hörte sich die Argumente an und zog dann einen Bleistiftstrich auf der Lagekarte, der ihren Vormarsch bis auf 65 Kilometer an die Stadt bezeichnete. Danach sagte er: «Wer diese Linie zuerst überschreitet, soll Berlin einnehmen.»

Berlins Fall

Am 16. April setzten beide Fronten über die Oder. In Schukows Front fiel Tschuikows 8. Gardearmee (einst die 62. Armee, die Stalingrad verteidigt hatte) die Ehre zu, den Angriff anzuführen. Ihre Soldaten hatten geschworen, in der bevorstehenden Schlacht keinen Schritt zurückzuweichen. Der deutsche Widerstand war in ihrem Abschnitt jedoch besonders heftig, sodass am Abend dieses Tages Konjews Front die größeren Fortschritte gemacht hatte. Auch am 17. April kam Konjew rascher voran und machte erst an der Spree halt. Telefonisch überzeugte er Stalin, dass er nun in der besseren Ausgangsposition sei und den Angriff auf die Stadt von Süden her eröffnen könne. Jetzt verlor Schukow die Geduld mit seinen Kommandeuren. Er verlangte von ihnen, ihre Verbände persönlich gegen die deutschen Verteidigungsstellungen zu führen. Offiziere, die sich als «unfähig erwiesen, Aufträge auszuführen» oder denen es «an Entschlossenheit mangelte», drohte er mit sofortiger Entlassung. Diese Warnung bewirkte nach schweren Kämpfen die Überschreitung der Seelower Höhen am Westufer der Oder. Am Abend des 19. April hatten Schukows Männer alle drei Verteidigungslinien zwischen der Oder und Berlin durchbrochen und waren zum Sturm auf die Stadt bereit.

Rokossowskis 2. Weißrussische Front unterstützte Schukows Vormarsch, indem sie von Norden her Druck auf die stabilen deutschen Stellungen am Unterlauf der Oder ausübte. Schukow war jedoch besorgter über den raschen Vormarsch von Konjews Front durch Cottbus an der Spree nach Zossen, dem Hauptquartier des OKH, da nunmehr die Gefahr bestand, dass Konjew die vornehmen Vororte der Hauptstadt von Süden her eroberte. Am Abend des 20. April, als Konjew seiner führenden Armee «kategorisch befahl, noch am selben Abend in Berlin einzudringen», ließ Schukow die Geschütze der 6. Artilleriestoßdivision in Stellung bringen und begann, die Straßen der Hauptstadt des Dritten Reiches zu beschießen.

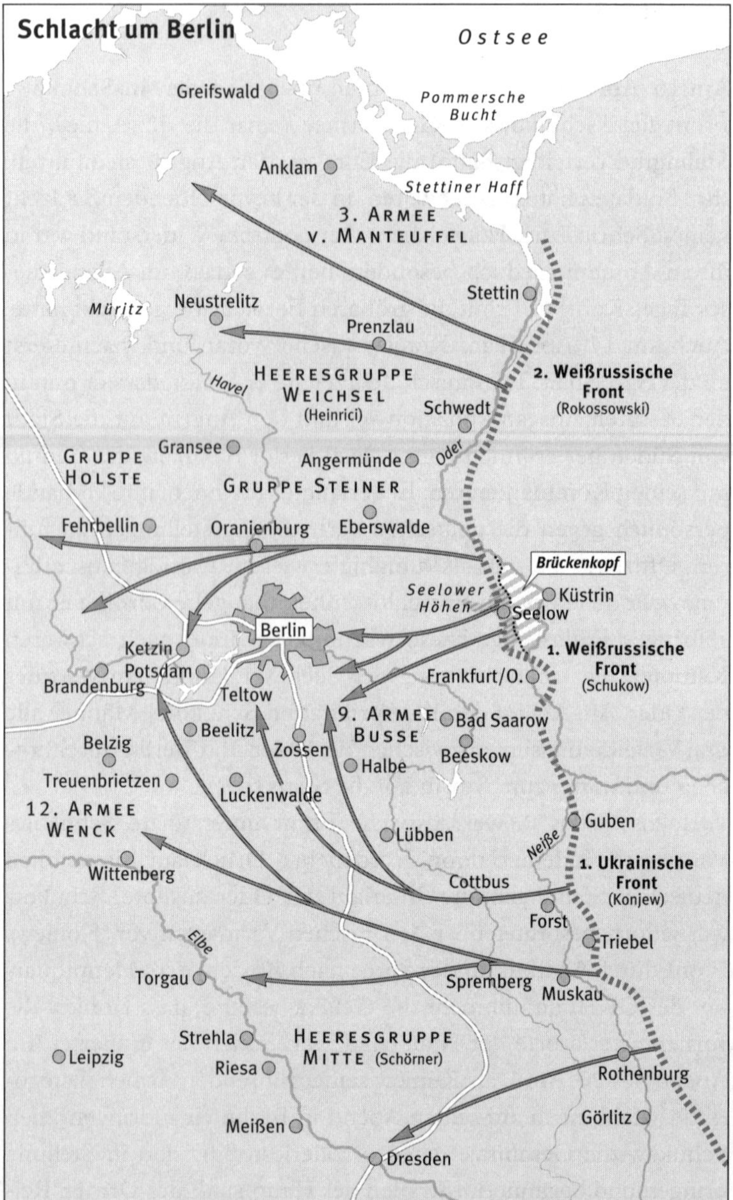
Schlacht um Berlin
Ostsee
Pommersche Bucht
Stettiner Haff
Greifswald
Anklam
3. Armee v. Manteuffel
Stettin
Müritz
Neustrelitz
Prenzlau
Havel
Heeresgruppe Weichsel (Heinrici)
Schwedt
2. Weißrussische Front (Rokossowski)
Oder
Gransee
Angermünde
Gruppe Holste
Gruppe Steiner
Eberswalde
Fehrbellin
Oranienburg
Brückenkopf
Seelower Höhen
Küstrin
Seelow
Berlin
Ketzin
Potsdam
Brandenburg
Teltow
Frankfurt/O.
1. Weißrussische Front (Schukow)
9. Armee Busse
Bad Saarow
Beelitz
Zossen
Belzig
Beeskow
Halbe
Treuenbrietzen
Luckenwalde
12. Armee Wenck
Guben
Lübben
Neiße
1. Ukrainische Front (Konjew)
Wittenberg
Cottbus
Forst
Elbe
Triebel
Torgau
Spremberg
Muskau
Strehla
Heeresgruppe Mitte (Schörner)
Leipzig
Riesa
Rothenburg
Görlitz
Meißen
Dresden

Am 20. April beging Hitler mit seltsamer Feierlichkeit seinen 56. Geburtstag im Bunker, den er nur kurz verließ, um eine SS-Einheit der Division «Frundsberg» zu inspizieren und eine Gruppe von Hitlerjungen auszuzeichnen, die bei dem alliierten Bombenangriff auf Dresden verwaist waren und nun die Hauptstadt verteidigten. Das war sein letzter öffentlicher Auftritt. Trotzdem war seine Macht über die Deutschen ungebrochen. Am 28. März hatte er Guderian als Chef des Generalstabes des deutschen Heeres entlassen und ihn durch General Hans Krebs ersetzt, der einst Militärattaché in Moskau gewesen war und jetzt neben Hitler im Bunker Quartier bezog. Schon bald sollte der «Führer» andere entlassen, denen es gelungen war, sich zum Bunker durchzuschlagen, um ihre Geburtstagsglückwünsche zu überbringen, unter ihnen Göring, den Oberbefehlshaber der Luftwaffe, und Himmler, den Reichsführer-SS. Es herrschte kein Mangel an Deutschen, die bereit waren, seine Befehle auszuführen. Und es herrschte kein Mangel an Deutschen, die bereit waren, den Kampf für das NS-Regime fortzusetzen – egal, ob sie von den fliegenden Standgerichten, die damit begonnen hatten, Deserteure an Laternenpfählen aufzuhängen, beeindruckt waren oder nicht.

Keitel und Jodl, die an jeder Führerbesprechung des Krieges teilgenommen hatten, verließen den Bunker am 22. April und suchten in Fürstenberg Zuflucht, 50 Kilometer nördlich von Berlin und in der Nähe des Konzentrationslagers Ravensbrück, wo eine Gruppe so genannter Prominenter, ausländische Gefangener mit guten Beziehungen, als Geiseln gehalten wurde. Großadmiral Dönitz begab sich unmittelbar nach dem letzten Gespräch mit dem «Führer» am 21. April nach Plön bei Kiel. Im März hatte er das Marinehauptquartier dorthin verlegt. Rüstungsminister Speer erschien am 23. April bei Hitler. Weitere Besucher waren Ribbentrop, noch immer Hitlers Außenminister, Julius Schaub, sein Adjutant, Admiral Karl-Jesko von Puttkamer, sein Vertreter der Kriegsmarine im OKW, und sein Leibarzt Dr. Theodor Morell, von dem viele im inneren Kreis glaubten, er habe sich seine privilegierte Stellung dadurch gesichert, dass er Hitler mit Hilfe von Rauschmitteln abhängig gemacht hatte.

Einige andere nahmen tatsächlich große Gefahren auf sich, um den Bunker zu erreichen, so General Ritter von Greim, Görings Nachfolger als Oberbefehlshaber der Luftwaffe. Der gefeierten Testpilotin Hanna Reitsch gelang es, mit Greim in einem Schulflugzeug auf der Ostwestachse zu landen. Währenddessen lieferten sich außerhalb des Bunkers die deutschen Truppen einen verzweifelten Kampf mit den vordringenden russischen Verbänden.

Schukows Panzer drangen am Morgen des 21. April in die nördlichen Vororte Berlins ein. Die nachfolgenden Einheiten wurden für den Stellungskrieg umgruppiert: Tschuikow, der an der Schlacht um Stalingrad teilgenommen hatte, wusste, was notwendig war. Er organisierte Sturmeinheiten der Infanterie, die um ein halbes Dutzend Panzerabwehrgeschütze, eine Anzahl Panzer oder Sturmgeschütze, zwei Pionierzüge und einen Flammenwerferzug verstärkt wurden. Nach der Theorie des Belagerungskrieges verwendete man die Offensivwaffen, um den Widerstand in den Straßenblocks durch Granaten oder Feuer zu brechen, sodass man die Infanterie zum Angriff vorschicken konnte. Über ihre Köpfe hinweg feuerten die schwere Artillerie und die Raketenwerfer ihre vernichtenden Salven ab, um die nächste Phase – den Häuserkampf – vorzubereiten. Sanitätspersonal wartete unmittelbar in ihrem Rücken. Straßenkämpfe fordern ungewöhnlich hohe Verluste, nicht nur durch Geschütz- und Gewehrfeuer aus kurzer Distanz, sondern auch durch Stürze zwischen den Stockwerken und zusammenfallende Ruinen.

Am 21. April nahm Konjews Front Zossen, in dessen hochtechnisierter Telefon- und Fernschreiberzentrale noch immer Nachrichten von den deutschen Verbänden in den bislang nicht eroberten Gebieten Deutschlands eintrafen. Am folgenden Tag bestimmte Stalin endgültig die Marschrichtung für den Sturm auf die Berliner Innenstadt: Konjews Abschnitt lief in direkter Linie auf den Anhalter Bahnhof zu, was sicherstellen sollte, dass seine

Vorhut 150 Meter von dem Gebiet entfernt blieb, auf dem der Reichstag und der Führerbunker lagen. Schukow, dessen Truppen bereits tief in die Straßen Berlins eingedrungen waren, sollte schließlich doch der «Eroberer von Berlin» werden, wie es ihm Stalin im November zuvor versprochen hatte.

Der Widerstand der Deutschen verhärtete sich allerdings. Von seinem Bunker aus verlangte Hitler ständige Informationen über den Verbleib der beiden noch existierenden militärischen Verbände in der Nähe der Stadt, der 12. Armee von General Walther Wenck und der 9. von General Theodor Busse. Zu Unrecht regte sich Hitler darüber auf, dass es ihnen nicht gelang, ihm zu Hilfe zu kommen, denn sie kämpften verbissen, um die sowjetischen Angreifer am Vormarsch zu hindern oder sie zurückzuwerfen. Trotzdem hatten Konjew und Schukow die Stadt am 25. April eingeschlossen, und nun zogen sie Kräfte von beispielloser Stärke zusammen, mit denen der Widerstand in Berlin gebrochen werden sollte. Für die Endphase des Sturms auf das Stadtzentrum hatte Konjew die Artillerie so massiert, dass 650 Geschütze auf einen Kilometer kamen und buchstäblich Rad an Rad standen. Auch die sowjetische 16. und die 18. Luftarmee waren im Einsatz, um die Reste der deutschen Luftwaffe zu vertreiben, die immer noch versuchte, Munition in den Verteidigungsgürtel zu fliegen, entweder über Tempelhof, den Stadtflughafen von Berlin, oder durch Landungen im Stadtzentrum auf der Ostwestachse (auf der Greim und Reitsch ihre spektakuläre An- und Abreise inszeniert hatten).

Am 26. April umzingelten 464 000 sowjetische Soldaten, unterstützt von 12 700 Geschützen, 21 000 Raketenwerfern und 1500 Panzern, die Innenstadt, bereit zum endgültigen Angriff. Die Situation der Einwohner war jetzt entsetzlich. Zehntausende hatten sich in den riesigen Flak-Türmen aus Stahlbeton zusammengedrängt, die vor den dicht fallenden Granaten im Stadtzentrum sicheren Schutz boten. Die Übrigen hatten sich fast ausnahmslos in die Keller zurückgezogen, wo die Lebensbedingungen rasch genauso unerträglich wurden. Die Lebensmittel gingen aus, das Wasser ebenfalls, während der pausenlose Beschuss Strom-, Gasversorgung und Kanalisation unterbrach. Hinter der kämpfenden Truppe kamen in zweiter Reihe viele entlassene Kriegsgefangene, die ihrem bitteren Groll auf alle Deutschen, gleich welchen Geschlechts und Alters, durch Vergewaltigung, Plünderung und Mord Luft machten.

Am 27. April, als die Stadt unter einer 300 Meter hohen, von brennenden Gebäuden und heftigen Feuergefechten herrührenden Dunstglocke lag, hatte sich das Stadtgebiet, das sich noch in deutscher Hand befand, auf einen in ostwestlicher Richtung verlaufenden Streifen von etwa 15 Kilometer Länge und fünf Kilometer Breite verringert. Hitler erkundigte sich nach Wencks Verbleib, aber diesem war der Durchbruch ebenso wenig gelungen wie Busses 9. Armee, während sich die Reste von Manteuffels 3. Panzerarmee nach Westen zurückzogen. Berlin wurde jetzt von versprengten Truppen verteidigt, unter anderem von Teilen ausländischer SS-Einheiten – Balten und Franzosen der Division Charlemagne sowie Degrelles Wallonen, die das Chaos der Kämpfe in die Umgebung des Bunkers verschlagen hatte. Am 28. April kämpften diese letzten Fanatiker der nationalsozialistischen Revolution um die Regierungsgebäude in der Wilhelmstraße, der Bendlerstraße und in der unmittelbaren Umgebung der Reichskanzlei selbst. Hören wir John Erickson:

> Berlins berühmter Zoo im Tiergarten war ein Alptraum aus flatternden, kreischenden Vögeln und verstörten, verletzten Tieren. Die «Kellergemeinschaften», die das Leben in der Stadt beherrschten, krochen im Schatten der Trümmer umher. Noch schlimmer wurden die Schrecken dieser tribalisierten Gruppen, die sich an das Leben klammerten, sich gegenseitig wärmten und ihr bisschen mühselig organisierte Nahrung teilten, wenn die Artillerie das Feuer einstellte und die Sturmtruppen durch die Häuserreihen und über die Plätze weiterzogen. Denn dann folgte ein brutaler, betrunkener und unberechenbarer Mob aus Vergewaltigern und teilnahmslosen Plünderern … Wo

> die Russen bislang nicht gewütet hatten, jagte die SS Deserteure und hängten Lynchkommandos einfache Soldaten auf den Befehl junger, scharfgesichtiger Offiziere, die weder Widerstand duldeten noch Entschuldigungen gelten ließen.

Am selben Tag versuchten die deutschen Verteidiger in der Stadtmitte um Reichskanzlei und Reichstag den Vorstoß der von Norden kommenden Russen gegen diese «Zitadelle» abzuwehren – den Namen hatte sie erhalten, nachdem die über die Spree führende Moltkebrücke gesprengt worden war. Die Sprengladungen hatten sie allerdings nur beschädigt, nicht zerstört. Am nächsten Morgen wurde sie im Schutz der Dunkelheit erobert. Dann folgte ein erbittertes Gefecht um das Gebäude des Innenministeriums, das «Himmler-Haus», wie die Russen es getauft hatten, und kurz darauf um den Reichstag. Früh am Morgen des 29. April tobten die Kämpfe kaum 400 Meter von der Reichskanzlei entfernt, die von schweren russischen Granaten in Schutt und Asche gelegt wurde, während Hitler, 16 Meter unter den Kratern im Garten, die letzten Entscheidungen seines Lebens traf.

Den ersten Teil des Tages verbrachte er damit, sein «politisches Testament» zu diktieren, das vor allem Anweisungen zur Fortsetzung des Kampfes gegen Bolschewismus und Judentum enthielt. Dann vertraute er Kopien dieses Dokuments verlässlichen Untergebenen an, die den Auftrag hatten, es durch die feindlichen Linien ins OKW-Hauptquartier zu Feldmarschall Schörner und Großadmiral Dönitz zu schmuggeln. Durch zwei gesonderte Amtshandlungen ernannte er Schörner zu seinem Nachfolger als Oberbefehlshaber des deutschen Heeres und Dönitz zum Staatsoberhaupt. So wurde Dönitz' Hauptquartier in Plön vorübergehend der Regierungssitz des Deutschen Reiches; am 2. Mai verlegte Dönitz ihn in die Marineschule in Flensburg-Mürwik. Speer weigerte sich, die Politik der «verbrannten Erde» umzusetzen. Hitler stieß Göring und Himmler aus der NSDAP aus, jenen, weil er es gewagt hatte, der versprochenen Ernennung zum Führernachfolger vorzugreifen, diesen, weil er dem Westen eigenmächtig Friedensangebote gemacht hatte. Zu Görings Nachfolger hatte Hitler bereits Ritter von Greim ernannt, weitere 18 militärische und politische Ernennungen schrieb er Dönitz in seinem politischen Testament vor. Dann heiratete er Eva Braun, die am 15. April in den Bunker gekommen war. Die Ziviltrauung wurde von einem Standesbeamten vollzogen, der kurzfristig von seinen Aufgaben im Volkssturm und bei der Verteidigung der «Zitadelle» entbunden worden war.

In der Nacht vom 28. auf den 29. April hatte Hitler nicht geschlafen. Bis zum Nachmittag des 29. April zog er sich in seine Privaträume zurück. An der Abendbesprechung, die um 22.00 Uhr begann, nahm er teil, aber sie war eine reine Formalität, weil der Ballon, der die Sendeantenne des Bunkers trug, am Morgen abgeschossen worden war und die Telefonzentrale ebenfalls keine Verbindung mehr zur Außenwelt hatte. General Helmuth Weidling, der «Festungskommandant» von Berlin, wies warnend darauf hin, dass die Russen zweifellos bis 1. Mai zur Kanzlei durchbrechen würden, und drang darauf, den noch einsatzfähigen deutschen Truppen den Befehl zum Ausbruch aus Berlin zu geben. Hitler wollte davon nichts wissen. Es war klar, dass er mit seinem Leben abgeschlossen hatte.

In der Nacht vom 29. auf den 30. April verabschiedete er sich zunächst von den Frauen – Sekretärinnen, Köchinnen –, die ihn in den vergangenen Wochen weiterhin umsorgt hatten, dann von den Männern – Generalen, Adjutanten, Parteifunktionären. Am Morgen des 30. April schlief er kurz, nahm an seiner letzten Lagebesprechung teil, auf der Wilhelm Mohnke, der SS-Kommandant der Reichskanzlei, vom Fortgang der Kämpfe in der Umgebung des Gebäudes berichtete, und begab sich dann mit seinen beiden Lieblingssekretärinnen Gerda Christian und Traudl Junge, die viele Monate mit ihm in Rastenburg und Winniza verbracht hatten, zum Mittagessen. Sie aßen Nudeln und Salat und sprachen beiläufig über Hunde. Hitler hatte gerade seine geliebte Schäferhündin Blondi und ihre vier Welpen mit dem Gift töten lassen, das er selbst nehmen wollte, und inspizierte die Kadaver, um sich davon zu überzeugen, dass es wirkte. Eva Braun, jetzt Frau Hitler, blieb in ihren Räumen. Gegen 15.00 Uhr erschien sie, um sich zusammen mit Hitler durch Handschlag von Bormann, Goebbels und anderen hohen Mitgliedern seines Gefolges, die im Bunker blieben, zu verabschieden. Anschließend zog sich Hitler in seine Privaträume zurück – wo Frau Goebbels kurz hineinplatzte, um ihn hysterisch anzuflehen, er möge doch nach Berchtesgaden fliehen – und nahm nach ein paar Minuten, die von der draußen wartenden Trauergesellschaft auf der Uhr verfolgt wurden, gemeinsam mit Eva Braun Zyankali, während er sich gleichzeitig mit seiner Dienstpistole erschoss.

Eine Stunde zuvor hatten Soldaten von Schukows Front – Angehörige des I. Bataillons des 756. Schützenregiments der 150. Division der 3. Stoßarmee – eines der neun Roten Siegesbanner, die unmittelbar zuvor vom Militärsowjet an das Heer ausgegeben worden waren, in der zweiten Etage des Reichstags aufgezogen, dem Punkt, dessen Einnahme das Ende des Kampfs um Berlin symbolisieren sollte. Das Gebäude war gerade von 89 russischen 15,2-cm- und 20,3-cm-Geschützen unter schweren direkten Beschuss genommen worden. Doch die deutschen Verteidiger leisteten noch immer heftigen Widerstand. Die Kämpfe im Innern des Gebäudes hielten den ganzen Nachmittag und Abend an, bis ein letzter Sturmangriff kurz nach 20.00 Uhr den beiden Rotarmisten Michail Jegorow und Meliton Kantaria ermöglichte, ihr Banner auf dem Dach des Reichstages zu hissen.

Zu diesem Zeitpunkt waren die Leichen von Hitler und seiner Frau von den Trauergästen in einem Granattrichter im Garten der Reichskanzlei angezündet worden. Sobald die Flammen, die mit Benzin aus der Garage der Kanzlei angefacht worden waren, über den verkohlten Resten der Leichen erloschen waren, wurden diese in einem anderen Granattrichter begraben (wo sie von den Russen am 5. Mai exhumiert wurden). Weitere Granaten schlugen in den Garten und in der nächsten Umgebung der Kanzlei ein, und Kämpfe tobten in allen Regierungsgebäuden der «Zitadelle». Goebbels, der Hitler im Amt des Reichskanzlers nachfolgte, während Dönitz gleichzeitig zum Staatschef ernannt wurde, fühlte sich in seiner neuen Position trotz der hoffnungslosen Situation von solcher Wichtigkeit durchdrungen, dass er Verbindung zu den Russen aufnahm, um eine Waffenruhe zur Vorbereitung von Friedensverhandlungen zu vereinbaren – was Goebbels in der wahnhaften Atmosphäre, die im Bunker herrschte, tatsächlich für möglich hielt. Spät am Abend des 30. April wurde ein Oberst als Parlamentär zum nächstgelegenen russischen Hauptquartier geschickt. Daraufhin suchte sich am frühen Morgen des 1. Mai General Krebs, seit dem 28. März Chef des Generalstabes des Heeres, als ehemaliger Militärattaché in Moskau und daher des Russischen mächtig, einen Weg durch die brennenden Trümmer, um mit dem ranghöchsten der anwesenden russischen Offiziere zu verhandeln. Das war Tschuikow.

Es kam zu einem merkwürdigen Gespräch zwischen vier Parteien. Tschuikow hörte sich an, was Krebs zu sagen hatte, wurde dann mit Schukow verbunden, der seinerseits mit Stalin in Moskau sprach. «Tschuikow hier», sagte der General, «General der Infanterie Krebs ist anwesend. Er sagt, er sei von den deutschen Stellen ermächtigt, mit uns zu verhandeln. Hitler habe sich das Leben genommen. Teilen Sie bitte Genosse Stalin mit, dass die Macht nun in den Händen von Goebbels, Bormann und Admiral Dönitz liegt … Krebs schlägt eine sofortige Einstellung der Kampfhandlungen vor.» Krebs blieb jedoch wie Bormann und Goebbels in dem Wahn befangen, die Alliierten seien bereit, mit Hitlers Nachfolgern zu verhandeln, als seien sie die legitimen Erben der Amtsgewalt einer souveränen Regierung. Stalin war des Geredes bald überdrüssig, erklärte unvermittelt, die einzige Möglichkeit sei die bedingungslose Kapitulation, und ging zu Bett. Schukow harrte noch etwas länger aus, verkündete dann aber, er werde seinen Stellvertreter General Sokolowski schicken, und unterbrach die Verbindung.

Sokolowski und Tschuikow führten endlose Verhandlungen mit Krebs, der Schwierigkeiten hatte, seine Befugnis glaubhaft zu machen, so unübersichtlich waren die letzten Entwicklungen im Bunker (mit dem er zweimal durch Melder Rücksprache hielt). Schließlich riss Tschuikow der Geduldsfaden. Am frühen Nachmittag des 1. Mai teilte er Krebs mit, die Macht der neuen Regierung beschränke sich darauf, «zu erklären, dass Hitler tot sei, dass Himmler ein Verräter sei, und mit den drei Regierungen – UdSSR, USA und Großbritannien – über eine vollständige Kapitulation zu verhandeln». Seinen Streitkräften erteilte Tschuikow den Befehl: «Schießt aus allen Rohren ... kein Gerede mehr. Stürmt das Gelände.» Am 1. Mai um 18.30 Uhr eröffneten alle sowjetischen Geschütze und alle Raketenwerfer, die sich in Berlin befanden, das Feuer auf das noch nicht eroberte Gebiet.

Die heftigen Erschütterungen verrieten denen, die im Bunker geblieben waren, dass jede Hoffnung, die Nachfolgeregierung könnte eine Vereinbarung erzielen, illusorisch waren. Etwa zwei Stunden später begingen Goebbels und seine Frau – die unmittelbar zuvor ihre eigenen sechs Kinder vergiftet hatte – dicht neben Hitlers Grab im Garten der Reichskanzlei Selbstmord. Ihre Leichen wurden ohne große Umstände verbrannt und in der Nähe begraben. Die anderen Insassen des Bunkers, Handlanger, aber auch Bonzen wie Bormann, bildeten jetzt Fluchtgruppen, die sich Wege durch die brennenden Ruinen in die, wie sie hofften, sicheren Vororte suchten. Die sowjetischen Truppen, die verständlicherweise nicht gewillt waren, noch Opfer zu riskieren, da es sich doch offenkundig um die letzten Minuten der Belagerung von Berlin handelte, rückten inzwischen langsam hinter den ständigen Geschützsalven ihrer Artillerie vor. Am frühen Morgen des 2. Mai übermittelte das deutsche LVI. Panzerkorps die Bitte um Feuereinstellung. Um 6.00 Uhr ergab sich Weidling, der Kommandant der Berliner «Zitadelle», den Russen und wurde in Tschuikows Hauptquartier gebracht, wo er den Wortlaut der Kapitulationsaufforderung diktierte: «Am 30. April hat der Führer Selbstmord begangen und damit alle, die ihm Treue geschworen hatten, im Stich gelassen. Getreu dem Befehl des Führers wart ihr, deutsche Soldaten, bereit, den Kampf um Berlin fortzusetzen, obwohl eure Munition zur Neige ging und die Gesamtlage den weiteren Widerstand sinnlos machte. Ich ordne die sofortige Einstellung jeglichen Widerstandes an.»

John Erickson schreibt dazu: «Um 15.00 Uhr am Nachmittag des 2. Mai schwiegen die sowjetischen Geschütze. Eine gewaltige Stille umfing die Stadt. Dann jubelten und schrien die sowjetischen Soldaten und holten Essen und Trinken hervor. Auf Hitlers einstiger Paradestraße fuhren sowjetische Panzer wie zur Inspektion auf, die Besatzungen sprangen von ihren Fahrzeugen und umarmten alle und jeden aus Freude über die Waffenruhe.» Die Ruhe, die sie umgab, war die des Grabes. Rund 125 000 Berliner waren während der Belagerung ums Leben gekommen, eine erhebliche Zahl davon durch Selbstmord. Zu den Selbstmördern gehörten Krebs und eine Reihe anderer Bunkerinsassen. Zehntausende starben vermutlich auf der großen Völkerwanderung der Deutschen von Ost nach West im April, als acht Millionen ihre Heimat in Preußen, Pommern und Schlesien verließen, um in den anglo-amerikanischen Besatzungszonen Zuflucht vor der Roten Armee zu suchen. Durch eine der seltsamsten Sicherheitslücken des gesamten Krieges war die Demarkationslinie, die zwischen Moskau, London und Washington vereinbart worden war, den Deutschen 1944 bekannt geworden, daher war das letzte Gefecht der deutschen Wehrmacht im Westen von dem Wunsch beseelt, den Rückzugsweg über die Elbe so lange wie möglich offen zu halten. Die Zivilisten wussten offenbar ebenfalls, wo die Sicherheit auf sie wartete, und versuchten, sie mit aller Kraft vor der Roten Armee zu erreichen – unter entsetzlichen Verlusten.

Auch die Rote Armee hatte für ihren Sieg bei der Belagerung Berlins einen schrecklichen Preis bezahlt. Vom 16. April bis zum 8. Mai hatten Schukows, Konjews und Rokossowskis Front 304 887 Männer verloren – gefallen, verwundet und vermisst –, zehn Prozent der Gesamtstärke und die höchste Verlustzahl, welche die Roten Armee in allen Schlachten des Krieges zu beklagen hatte (ausgenommen die ungeheure Zahl von Rotarmisten, die in den großen Kesselschlachten des Jahres 1941 in Gefangenschaft geraten waren). Damit waren die Belagerungen deutscher Städte allerdings noch nicht vorüber. Breslau hielt sich bis zum 6. Mai, seine Eroberung kostete die Russen 60 000 Gefallene und Verwundete. Als sich in Prag, der Hauptstadt des «Reichsprotektorats», die Widerstandsgruppe «Tschechische Nationalarmee» erhob, benutzte die «Wlassow-Armee» von deutschen Gnaden diese Gelegenheit, die Seiten zu wechseln und kleine Gefechte gegen die SS-Garnison zu führen, in der vergeblichen Hoffnung, die Stadt den Amerikanern übergeben zu können. Viele von Wlassows Männern büßten dafür mit dem Tod, als die Rote Armee am 9. Mai in die Stadt einzog.

Doch da war der Krieg in fast allen Teilen, die von Hitlers Reich geblieben waren, vorüber. In Italien war durch den SS-General Karl Wolff am 29. April ein örtlicher Waffenstillstand geschlossen worden, der am 2. Mai verkündet wurde. Am 3. Mai kapitulierte Generaladmiral Hans von Friedeburg mit den Streitkräften in Dänemark, Holland und Norddeutschland vor Montgomery. Am 7. Mai unterzeichnete Jodl, den Dönitz von seinem improvisierten Regierungssitz in Flensburg aus entsandt hatte, in Eisenhowers Hauptquartier im französischen Reims eine allgemeine Kapitulationsurkunde. Sie wurde auf einem Treffen der Alliierten am 10. Mai in Berlin bestätigt. Norwegen, in das die Russen im Oktober 1944, von Finnland aus, nur ganz im Norden ein winziges Stück weit eingedrungen waren, kapitulierte mit seiner intakten Besatzungsarmee am 8. Mai. Der Kurland-Kessel ergab sich am 9. Mai; die Verteidiger von Dünkirchen, La Pallice, La Rochelle sowie Rochefort, der letzten «Führerfestungen» in Westeuropa, streckten am selben Tag die Waffen; die Kanalinseln sowie Lorient und Saint-Nazaire folgten am 10. Mai. Die letzte Kapitulation im Westen fand am 11. Mai auf Helgoland statt.

Der Frieden brachte dem menschlichen Strandgut des Krieges noch keine Ruhe. In großen Scharen wurde es zwischen und hinter den siegreichen Heeren durcheinander gewirbelt. Zehn Millionen Soldaten der deutschen Wehrmacht in Gefangenschaft, acht Millionen deutsche Flüchtlinge, drei Millionen Balkanflüchtlinge, zwei Millionen russische Kriegsgefangene, Millionen von Sklaven- und Zwangsarbeitern, vom Krieg in alle Himmelsrichtungen zerstreut – die Tragödie der *Displaced Persons* sollte Europa noch zehn Jahre nach dem Krieg beschäftigen. In Großbritannien und Amerika feierten die Menschenmengen am 8. Mai den «VE Day» auf den Straßen. In dem Europa, dem ihre Soldaten den Sieg gebracht hatten, suchten die Besiegten und ihre Opfer in den Trümmern, die der Krieg hinterlassen hatte, verzweifelt nach Nahrung und Unterkunft.

TEIL VI · Der Krieg im Pazifik 1943–1945

29 · ROOSEVELTS STRATEGISCHES DILEMMA

Die Nachricht von Roosevelts Tod am 12. April 1945 ließ im Berliner Bunker noch einmal einen Funken Hoffnung aufkommen. Zwei Überzeugungen hatten Hitler während des letzten Kriegsjahres Mut gemacht: dass seine Geheimwaffen den Widerstandswillen der Briten brechen würden und dass die inneren Widersprüche einer Allianz zwischen einer dekadenten kapitalistischen Republik, einem todgeweihten Kolonialreich und einer marxistischen Diktatur unausweichlich zum Zerfall dieses Bündnisses führen müssten.

Im März 1945, als die Abschussrampen seiner V 2 aus den letzten Gebieten vertrieben worden waren, von denen aus Großbritannien erreicht werden konnte, wusste er, dass sein Geheimwaffenprogramm gescheitert war. Umso verzweifelter klammerte er sich danach an die Hoffnung auf Zwietracht unter den Alliierten. Goebbels, der politische Philosoph seines Hofstaats, hatte Anfang April einigen Vertrauten erklärt, wie es zu einem solchen Zerfall des Bündnisses kommen könnte. Laut dem Historiker Hugh Trevor-Roper hatte Goebbels «die These entwickelt, dass aus Gründen geschichtlicher Notwendigkeit und Gerechtigkeit eine Schicksalswende wie das Wunder des Hauses Brandenburg im Siebenjährigen Krieg unvermeidlich sei». Als Friedrich dem Großen im Siebenjährigen Krieg eine Niederlage durch die vereinigten Heere Russlands, Österreichs und Frankreichs drohte, starb plötzlich und unerwartet die Zarin Elisabeth, und ihr Nachfolger erwies sich als ein Bewunderer Friedrichs des Großen. Daraufhin fiel das Bündnis auseinander, und Friedrichs Preußen überlebte. Im April 1945 fühlte sich Goebbels, als er die Nachricht vom Tod des amerikanischen Präsidenten vernahm, zu dem Ausruf veranlasst, die Zarin sei tot. Er rief Hitler in einem Zustand der Verzückung an, um ihn zu beglückwünschen: «In den Sternen steht geschrieben, daß die zweite Aprilhälfte für uns den Wendepunkt bringen wird.»

Hitler ließ sich kurzzeitig von Goebbels' Begeisterung anstecken. In den letzten Kriegsjahren hatte er sich immer stärker mit Friedrich dem Großen identifiziert und neigte daher zu der Überzeugung, sein Geschick könnte den gleichen Verlauf nehmen wie das des Preußenkönigs. Insbesondere glaubte er nur zu gern, dass Roosevelts Tod jenen entscheidenden Bruch in der Allianz hervorrufen könne, den er prophezeit hatte, denn eine seiner fundamentalen Fehleinschätzungen bestand in der Auffassung, das amerikanische Volk sei nicht zum Krieg bereit und nur durch die Machenschaften des Präsidenten in den Konflikt gezogen worden. Einem spanischen Diplomaten hatte er im August 1941 gesagt, «der Hauptschuldige in diesem Kriege sei jedoch Amerika, sei Roosevelt mit seinen Freimaurern, Juden und dem gesamten jüdischen Bolschewismus». Er, Hitler, habe sogar Hinweise auf Roosevelts jüdische Abstammung. Zweifellos war Hitler besessen von der Vorstellung, dass in der amerikanischen Regierung zahllose Juden vertreten seien, zu denen auch Henry Morgenthau als Finanzminister gehörte. Dessen Plan, das besiegte Deutschland in ein Agrarland umzuwandeln, war durchgesickert und im September 1944 in der deutschen Presse veröffentlicht worden, was Goebbels' propagandistischen Bemühungen um den «totalen Krieg» sehr zustatten kam.

Hitlers Vorstellung von Amerikas Haltung zum Krieg stand in fast diametralem Gegensatz zur Wirklichkeit. Vor dem Dezember 1941 war der Isolationismus eine einflussreiche Kraft in der Politik der USA, während es den amerikanischen Eltern bis Pearl Harbor sicher widerstrebte, ihre Söhne in einen fremden Krieg ziehen zu lassen. Doch nur wenige Amerikaner hatten Einwände gegen die 1940 beschlossene Aufrüstung, in deren Verlauf die Größe der Flotte verdoppelt und Mittel für eine Luftwaffe mit 7800

Kampfflugzeugen – dreimal so viele, wie die deutsche Luftwaffe besaß – bewilligt wurden. Das Heer wurde durch Wehrpflichtige von 200 000 auf eine Million Mann vergrößert. Mehr noch, als der Kriegseintritt erfolgte, reagierte die Nation begeistert. Das Gefühl, «außen vor zu bleiben», hatte den Amerikanern in den 18 Monaten des Luftkriegs gegen Großbritannien und der Schlacht im Atlantik mächtig zugesetzt. Ebenso die Abneigung gegen Hitler, dieses Symbol für alles, was der amerikanischen Kultur verhasst war. Wie in Europa 1914 war der schließliche Ausbruch des Krieges fast eine Erleichterung, da auf den Amerikanern die Unentschlossenheit und Untätigkeit gelastet hatte und sie frei von jeglicher Furcht vor einer Niederlage waren.

Auch Roosevelt sah in Hitler den Tyrannen und Übeltäter. Doch Hitlers Überzeugung, Roosevelt habe sein Volk gegen dessen Willen in den Krieg hineingezogen, widerspricht den Tatsachen; genauer gesagt entzieht sich die Roosevelt'sche Kriegspolitik in den Monaten vor Pearl Harbor einer objektiven Einordnung oder Analyse. Roosevelts Einstellung zum Eintritt der Vereinigten Staaten in den Zweiten Weltkrieg bleibt zutiefst ambivalent, ebenso wie die Zwecke und Ziele seiner Kriegführung in den dreieinhalb Jahren, in denen er Oberbefehlshaber der US-Streitkräfte war.

Roosevelt ist die bei weitem rätselhafteste Hauptfigur der Jahre von 1939 bis 1945. Stalin, so verschlagen, betrügerisch und verräterisch er in seinen Methoden auch war, hat relativ unbeirrt an einer begrenzten Anzahl von Zielen festgehalten: Während er sich entschlossen zeigte, seine Position als Chef des Staates, der Partei und des Militärs zu behaupten, ganz gleich, wen er ausschalten oder gar umbringen musste, um seine Macht zu bewahren, so wollte er doch erstens die Sowjetunion vor einer Niederlage bewahren, zweitens die deutsche Wehrmacht von sowjetischem Boden vertreiben und drittens den größtmöglichen – territorialen, diplomatischen, militärischen und wirtschaftlichen – Nutzen aus dem Sieg der Roten Armee ziehen. Hitler, so unergründlich seine Psyche auch sein mochte, orientierte sich ebenfalls an einer klaren, freilich völlig überzogenen Strategie: Er wollte Rache für Versailles, er wollte die deutsche Vorherrschaft auf dem Kontinent, die Unterwerfung Russlands und das Ende aller angelsächsischen Einflüsse auf die europäischen Angelegenheiten. Churchill war unverkennbar ein Patriot, Romantiker und Imperialist: Er wünschte sich einzig und allein den Sieg; erst in zweiter Linie machte er sich Gedanken darum, wie dieser Sieg zur Sicherung der britischen Interessen in Europa und zur Bewahrung des Britischen Empire in Übersee beitragen könnte. Sein «von Natur aus offener und argloser Charakter», wie ihn seine Frau beschrieb, offenbarte seine Beweggründe allen, die während des Krieges mit ihm zu tun hatten. Zwar neigte er häufig zu Kritik und Widerspruch, vermochte sich aber nicht über längere Zeit zu verstellen, reagierte freudig auf jedes Anzeichen von Großzügigkeit in den Äußerungen anderer und wurde von der Kraft und dem Edelmut seiner Reden selber ebenso mitgerissen wie seine Zuhörer.

Auch Roosevelt war ein hervorragender Redner; er verfügte sogar über ein viel größeres Repertoire an Tonlagen als Churchill, denn er war nicht nur ein Meister der deklamatorischen Rhetorik – wie etwa die Verkündung der «Vier Freiheiten» vor dem Kongress im Januar 1941 und seine Rede zum «Tag der Niedertracht» nach Pearl Harbor bewiesen –, sondern auch der privaten Ansprache von Familien und der einzelnen Bürger in seinen «Kaminplaudereien» im Radio, eine Form der politischen Kommunikation, die er selbst erfunden hatte; der persönlichen Note in seinen Wahlreden; des kalkulierten Freimuts in Pressekonferenzen; des persönlichen Telefongesprächs; und vor allem des Dialogs von Angesicht zu Angesicht, in dem er die ganze Fülle seiner schmeichelnden, witzigen, weit ausholenden, betörenden und letztlich verwirrenden Redekunst vor dem Gesprächspartner entfaltete, der sich wie betäubt dem Strom der Worte hingab. Roosevelt wusste auf geradezu magische Weise mit der Sprache umzugehen. Laut seinem Biographen James McGregor Burns verließen ihn seine Besucher im Oval Office hingerissen von Roosevelts «Aufgeschlossenheit,

Offenheit, Genialität», doch meist ohne eine konkrete Antwort auf die Fragen und Probleme mitzunehmen, die sie ihm vorgetragen hatten. Denn Roosevelt redete vielleicht in erster Linie, «um Halt und Orientierung in den eigenen Erfahrungen und Erinnerungen zu finden». Er hatte Dutzende von Einstellungen und einige tief verwurzelte Werte, die sich exakt mit denen der Amerikaner seiner Schicht und seiner Zeit deckten: Er glaubte an die Menschenwürde und die Freiheit, an die wirtschaftliche Chancengleichheit und den politischen Kompromiss, hatte großes Mitgefühl mit der Not der Armen und hasste jede Form der Gewalt. Aber er hatte nur wenige politische Richtlinien, weder für den Frieden noch für den Krieg, wobei ihm der Krieg zutiefst zuwider war.

Daher seine äußerst ambivalente Haltung gegenüber Amerikas Kriegsbeteiligung. Churchill schöpfte auch in den dunkelsten Stunden der Jahre 1940 und 1941 Mut aus der Überzeugung, dass die Neue Welt am Ende eingreifen würde, um die Alte wieder ins Lot zu bringen. Und Roosevelt hatte ihm allen Grund gegeben, darauf zu vertrauen: Fast von dem Zeitpunkt an, da Hitler den Krieg begonnen hatte, war Roosevelt zu bewaffneter Neutralität gegen die Achse bereit gewesen, er verkaufte Waffen an Großbritannien und Frankreich, die er Deutschland sicherlich verweigert hätte, gestattete dann unbegrenzte Waffenlieferungen (nach der *Cash-and-Carry*-Klausel, die Barzahlung vor Ausfuhr und den Transport auf ausländischen Schiffen vorsah) und dehnte allmählich den Schutz der für Großbritannien bestimmten Geleitzüge auf dem Atlantik immer mehr aus. Zunächst legte er eine Neutralitätszone fest, die den deutschen U-Booten das Eindringen in amerikanische Gewässer verwehrte, erweiterte diese Zone im April 1941 bis zur Mitte des Ozeans und erlaubte amerikanischen Kriegsschiffen, die Geleitzüge zu eskortieren, während er im Juli die britischen Truppen auf Island, das Großbritannien 1940 nach dem Fall Dänemarks kurzerhand besetzt hatte, durch amerikanische Marineinfanteristen ablösen ließ. Am 11. März 1941 verabschiedete der Kongress auf sein Betreiben hin das Pacht-und-

Leih-Gesetz, das es den Briten ermöglichte, von den Amerikanern Hilfslieferungen gegen das Versprechen späterer Bezahlung zu beziehen. Im Februar hatte er anglo-amerikanische Stabsgespräche in Washington gefördert (die ABC-1-Konferenz), die Einigung in den meisten Grundfragen brachten, einschließlich des Punkts «Deutschland zuerst», ein Programm, das ab Dezember des Jahres in die Tat umgesetzt wurde.

Allen äußeren Anzeichen musste Churchill also entnehmen, dass der amerikanische Präsident im Begriff sei, seine Nation zu einem Kriegseintritt auf britischer Seite zu führen. Hitler war sich dieser Gefahr jedenfalls sehr bewusst, denn er befahl seinen U-Boot-Kommandanten, die Amerikaner in keiner Weise zu provozieren – selbst nachdem Roosevelt im Juni 1941 veranlasst hatte, alle deutschen Guthaben in den Vereinigten Staaten einzufrieren. In den telefonischen Privatgesprächen zwischen Churchill und dem amerikanischen Präsidenten meinte der britische Premier das aufrichtige Engagement seines amerikanischen Amtskollegen noch stärker zu verspüren, während er von dem Treffen in der Placentia Bay die Zusage nach Hause brachte, dass die US Navy alle Schiffe in einem Geleitzug schützen werde, sofern sich darunter auch nur ein amerikanisches Schiff befand, eine Maßnahme, die Dönitz praktisch zur Versenkung eines amerikanischen Kriegsschiffs herausforderte. Bei seiner Rückkehr von der Placentia Bay teilte Churchill seinem Kriegskabinett mit, Roosevelt sei «offenkundig zum Eintritt entschlossen». Abschließend habe er gesagt, «er werde Krieg führen, ihn aber nicht erklären, und sich immer provozierender verhalten». Wenn das den Deutschen «nicht gefalle», so habe Roosevelt gesagt, «könnten sie ja die amerikanischen Streitkräfte angreifen».

Churchills Stabschefs waren weniger optimistisch und gewannen einen anderen Eindruck. Ian Jacob, ein Offizier im Generalstabsdienst, notierte in seinem Tagebuch: Die US Navy «scheint zu denken, der Krieg lasse sich einfach dadurch gewinnen, dass man ihn nicht auf See verliert», während «das Heer keine Möglichkeit sieht, im Laufe der nächsten ein, zwei Jahre irgendetwas zu unternehmen». Weiter heißt es dort: «Nicht ein einziger amerikanischer Offizier hat die geringste Neigung erkennen lassen, auf unserer Seite am Krieg teilzunehmen. Das sind lauter nette Burschen, aber sie scheinen in einer anderen Welt als wir zu leben.» Als dann die Deutschen mit der Versenkung des amerikanischen Zerstörers *Reuben James*, bei der 115 amerikanische Seeleute ertranken, die Provokation auf die Spitze trieben, beschloss Roosevelt, den Vorfall nicht als *casus belli* zu betrachten – obwohl es sich um eine viel flagrantere Aggression handelte als beispielsweise der Tonkin-Zwischenfall, den Präsident Johnson 1964 zum Anlass nahm, die militärische Intervention Amerikas in Vietnam anzuordnen.

Die Tatenlosigkeit, mit der Roosevelt die Versenkung der *Reuben James* hinnahm, ist vielleicht ein Schlüssel zum «strategischen Rätsel», das der amerikanische Präsident nach der Charakterisierung seines Biographen James MacGregor Burns 1941 war.

> Roosevelt befolgte eine einfache Politik: alle Hilfe für Großbritannien, bis auf Krieg. Diese Politik war Teil eines weit zurückreichenden Erbes anglo-amerikanischer Freundschaft. Sie war ein praktisches Mittel, um Hitlers Ambitionen im Westen einen Riegel vorzuschieben, ließ sich von zwei Nationen, die daran gewöhnt waren zusammenzuarbeiten, leicht umsetzen, sie kam Roosevelts Temperament entgegen, entsprach den Bedürfnissen und Zwängen der Briten und entwickelte ihre eigene Dynamik. Doch sie war keine überragende Strategie ..., sie erwuchs nicht aus einer klaren Gegenüberstellung von politischen und militärischen Alternativen ... Vor allem handelte es sich insofern um eine negative Strategie, als sie ihre ganze Wirkung – das heißt, gemeinsames militärisches und politisches Handeln mit Großbritannien – nur entfalten konnte, wenn die Achse die Vereinigten Staaten durch ihr Handeln zum Kriegseintritt zwang ... [Roosevelt] wartete weiter auf eine größere Provokation durch Hitler, obwohl ihm klar war, dass sie möglicherweise nie erfolgen würde. Er vertraute auf sein Glück, sein altbewährtes Gespür für den richtigen Zeitpunkt ... Er hatte keine Pläne. «Ich warte, bis ich in die Situation hineingestoßen werde», teilte er Morgenthau im Mai mit – und augenscheinlich musste es ein starker Stoß sein.

Auf das Glück zu vertrauen und auf einen Anstoß zu warten, das blieb für Roosevelt auch als Oberbefehlshaber vom Zeitpunkt des Überfalls auf Pearl Harbor bis fast an sein Lebensende charakteristisch. Revisionistische Historiker haben die Auffassung vertreten, er habe vor dem Kriegseintritt der Vereinigten Staaten und in den Jahren danach ein hintergründiges Spiel getrieben, indem er in Großbritanniens Isolation und verzweifeltem Waffenbedarf eine Möglichkeit gesehen habe, die britischen Überseevermögen zu liquidieren (was durch die *Cash-and-Carry*-Käufe auch tatsächlich geschah) und auf diese Weise das Machtzentrum des größten Kolonialreichs – eine Institution, die Roosevelt fast ebenso verabscheute wie die einheimischen Industrietrusts und Finanzkartelle – auf die Dimensionen eines Staates zu stutzen, der dem amerikanischen Druck nachgeben und sich von seinen Kolonien trennen musste.

Zweifellos unterstellt man Roosevelt damit einen Machiavellismus, nach dem er nicht handelte. Der Krieg sei, sagt Machiavelli, das einzige würdige Studienobjekt für einen Fürsten. Allerdings wies Roosevelt durchaus fürstliche Züge auf: In der renaissancehaften Art, mit der er einen Großteil seiner Regierungsgeschäfte von seinem Höfling Harry Hopkins erledigen ließ; es nicht gestattete, dass sich ein offizieller Regierungsvertreter – nicht einmal der unerbittliche Marshall – unentbehrlich machte; Charme und leere Schmeicheleien mit aristokratischer Großzügigkeit verteilte; dafür sorgte, dass Menschen, die sein Missfallen erregt hatten, in der politischen Versenkung verschwanden; einen eigenen Landsitz unterhielt, in dem er sich von der Hektik und Langeweile Washingtons erholte; ganz offiziell eine Mätresse im Weißen Haus hatte und die Kusine, mit der er seit 30 Jahren verheiratet war, als geachtete Gemahlin einer dynastischen Vernunftehe behandelte. Dennoch war Roosevelt in seiner Strategie kein Machiavellist, aus dem einfachen Grund, weil der Wohlstand, die Macht und das Ethos der Neuen Welt ihre Herrscher der beengenden Notwendigkeit enthoben hatten, zu betrügen und zu verleumden. Die Vereinigten Staaten waren auf das Prinzip gegründet «Keine Allianzen, die zu Verwicklungen führen». Sie waren so reich geworden, dass sie nicht in Versuchung kamen, sich billige und kurzfristige Vorteile gegenüber schwächeren Staaten zu verschaffen.

So konnte sich Roosevelt von der unmittelbaren Führung des Krieges distanzieren, einer Tätigkeit, die seinem Naturell vollkommen widerstrebte. Den anderen Staatschefs war eine solch vornehme Distanz nicht möglich. Churchill widmete sich den Aufgaben des Oberkommandos selbstverständlich mit Begeisterung, verbrachte seine Tage (und Nächte) mit Fragen der Kriegführung, ließ Zimmer, Suiten, sogar ganze Häuser für seine Bedürfnisse als Krieg führender Premierminister anpassen, zog seinen «Siren Suit», einen bequemen Anzug, den er selbst entworfen hatte, jedem anderen Kleidungsstück vor (wenngleich er natürlich als Ehren-Fliegerkommodore und Ehrenoberst des *Cinque-Ports*-Bataillons seine Uniformen stets griffbereit hatte), verlangte von Ultra eine ständige Kost von entschlüsselten deutschen Meldungen und lebte 24 Stunden am Tag in engstem Kontakt mit seinen militärischen Beratern. Hitler verwandelte sich nach dem Beginn von «Barbarossa» in einen militärischen Eremiten, empfing kaum jemanden außer seinen Generalen, obwohl ihre Gesellschaft ihm unangenehm war. Stalins Kriegsroutine wies verblüffende Ähnlichkeit mit Hitlers Gewohnheiten auf – sie war verschwiegen, nächtlich, troglodytisch.

Roosevelt hingegen veränderte sein Leben nach Pearl Harbor kaum. Da er keine Angst vor Luftangriffen haben musste, lebte er weiterhin im Weißen Haus, machte gelegentlich Urlaub in Hyde Park im Staate New York und folgte einem Zeitplan, der jeden methodisch und rational organisierten Menschen in den Wahnsinn getrieben hätte. In Marshalls Tagesablauf etwa war jede Minute verplant: Seine einzige Entspannung war der Besuch bei seiner Frau in der Dienstwohnung zum Mittagessen, das aufgetragen wurde, wenn er aus dem Dienstauto stieg und die Veranda betrat.

Roosevelt aß von einem Tablett, das ihm ins Oval Office gebracht wurde, begann nie vor 10.00 Uhr morgens zu arbeiten und nahm abends ganz selten Anrufe entgegen. Laut Burns gab es nur wenige feste Termine in seiner Woche:

> Mit den Großen Vier des Kongresses – dem Vizepräsidenten, dem Sprecher und den Mehrheitsführern beider Kammern – traf er am Montag oder Dienstag zusammen, für die Presse war er am Dienstagnachmittag und Freitagmorgen zu sprechen und eine Kabinettssitzung leitete er am Freitagnachmittag. [Ansonsten] schien es überhaupt keine Regelmäßigkeit in der Art und Weise zu geben, wie Roosevelt seine Arbeit erledigte. Manchmal hetzte er durch die Besprechung grundlegender Fragen, dann wieder verweilte er endlos bei solchen von geringer Bedeutung. Und die meisten Briefe nahm er gar nicht erst zur Kenntnis … Viele Anrufe nahm er entgegen, andere verweigerte er, traf sich mit unwichtigen und uninteressanten Leuten und überging andere von offensichtlich größerem politischem oder geistigem Gewicht – das alles nach einem merkwürdigen Prioritätsmuster, das niemand durchschaute, vielleicht nicht einmal er selbst.

Dieses Muster, oder vielmehr dessen Fehlen, veränderte sich vom 7. Dezember 1941 bis zum 12. April 1945 nicht. Anders als Churchill, der ständig unterwegs war – nach Paris (vor dem Fall Frankreichs), nach Kairo, nach Moskau, nach Athen (wo er den ersten Weihnachtstag 1944 verbrachte, während das Geschützfeuer zwischen britischen Truppen und ELAS-Rebellen die Stadt erschütterte), nach Rom, Neapel, in die Normandie, zum Rhein –, reiste Roosevelt wenig. Seine Bewegungsfähigkeit war freilich durch seine körperliche Behinderung eingeschränkt, Folge einer Kinderlähmung, was eine diskrete Presse ihrer Leserschaft fast vollständig verheimlichte. Trotzdem reiste er, wenn er es für angebracht hielt; während des Krieges jedoch nur nach Casablanca (im Januar 1943), zweimal nach Quebec (im August 1943 und im September 1944), nach Hawaii und Alaska (im Sommer 1944), nach Kairo und nach Teheran (Ende 1944) und schließlich (im

Februar 1945) nach Jalta auf der russischen Krim. Vom Krieg sah er nichts aus eigener Anschauung, keine zerbombten Städte, keine Truppen an der Front, keine Gefängnisse, keine Nachwirkungen von Schlachten – und vermutlich wollte er es auch nicht sehen. Er dirigierte die amerikanische Strategie, wie er den New Deal dirigiert hatte: mit abgehobener Rhetorik und seltenen, aber wirksamen Eingriffen an zentralen Stellen.

Im Prinzip mischte er sich nur viermal auf ausschlaggebende Weise ein. Das erste Mal, als er die Entscheidung «Deutschland zuerst» unterstützte – Admiralstabschef Stark hatte sie im November 1940 vorgeschlagen, auf der anglo-amerikanischen ABC-1-Konferenz Februar/März 1941 war sie angenommen worden, Roosevelt und Churchill hatten sie im August in der Placentia Bay bestätigt, aber zur Maxime der nationalen Politik wurde sie erst nach Pearl Harbor erhoben, als Roosevelt, dessen politischer Instinkt wohl gerne der allgemeinen Forderung nach Rache an den Japanern nachgekommen wäre, sich von seinem strategischen Verstand sagen ließ, dass der größere Gegner vor dem kleineren besiegt werden müsse. Das zweite Mal, als er im Juli den Streit zwischen Marshall und den Briten in London beendete, indem er die *Torch*-Landung in Nordafrika genehmigte, mit all den fragwürdigen Konsequenzen, die sich aus der Expedition ergaben. Das dritte Mal, als er im Januar 1943 in Casablanca die «bedingungslose Kapitulation» zur Forderung erhob, ein hoch gesinnter Nachhall jener Bedingungen, unter denen die Vereinigten Staaten den Krieg gegen die Konföderation geführt hatten. Und das letzte Mal, als er auf der Jalta-Konferenz im Februar 1945 beschloss, sich von Churchill zu distanzieren und direkt mit Stalin über Europas Zukunft zu verhandeln.

Einen Vorgeschmack auf Roosevelts Jalta-Initiative gab es schon in der Placentia Bay, als Churchill widerwillig die liberalisierenden Bestimmungen der Atlantikcharta akzeptierte – die das Britische Empire praktisch dazu verpflichteten, seinen Kolonien Unabhängigkeit zu gewähren –, und auf der Kairo-Konferenz, wo Roosevelt jenes übergroße Entgegenkommen für Tschiang Kai-schek an den Tag legte, das für die «China-Lobby» charakteristisch war. In Kairo wurden die Briten veranlasst, ihre historischen Exterritorialrechte in China aufzugeben, als Zeichen dafür, dass sie prinzipiell bereit waren, die chinesische Führung als gleichberechtigt mit den Regierungen der westlichen Staaten anzuerkennen.

Doch Tschiang Kai-schek enttäuschte Roosevelt. Entgegen allen Erwartungen des Präsidenten machte er weder Anstalten, Chinas politische und wirtschaftliche Strukturen zu reformieren – wie hätte er das auch tun sollen, könnte man realistischerweise fragen, da sich die produktivere Hälfte des Landes in der Hand seines Feindes befand? –, noch nutzte er die amerikanische Hilfe und den amerikanischen Rat, der ihm zur Erhöhung der chinesischen Kampfkraft so reichlich gespendet wurde, zunächst von Stilwell und dann, als Tschiang genug von dessen Vorträgen hatte, von Wedemeyer.

Zur Zeit von Jalta hatte Roosevelt Tschiang daher insgeheim schon abgeschrieben. Der Form halber erhielt China einen ständigen Sitz im Sicherheitsrat der Vereinten Nationen, über deren Einrichtung und Organisation in Jalta entschieden wurde, aber Tschiang wurden keine Früchte des Sieges zugestanden, zu dem er so wenig beigetragen hatte, ganz gewiss nicht die Annexion Indochinas, die ihm in Kairo angeboten worden war. Auch Polen wurde in Jalta abgeschrieben, obwohl es seit dem 1. September 1939 an jedem Tag des Krieges gekämpft hatte und obwohl seine Exilarmee unter den Gegnern der Wehrmacht, der Größe nach, hinter den Russen, Amerikanern und Briten an vierter Stelle rangierte; seine östlichen Provinzen, 1920 allzu großzügig bemessen, wurden der Sowjetunion auf Dauer zugeschlagen. Dieser Handel zwischen Roosevelt und Stalin war weniger ein Akt des politischen Verrats als des politischen Realismus, schließlich hatte die Rote Armee zu diesem Zeitpunkt schon ganz Polen besetzt.

Die wichtigste Entscheidung freilich, die in Jalta getroffen wurde, und zwar direkt zwischen Roosevelt und Stalin, betraf die künftige Kriegführung im Pazifik. Roosevelts Bereitschaft, die Zukunft Polens preiszugeben und einer Teilung Deutschlands zuzustimmen, bei der die Sowjetunion ein übergroßes Besatzungsgebiet erhielt, war letztlich von seinem Bestreben bestimmt, die Rote Armee am Kampf gegen Japan zu beteiligen. Weder waren die Vereinigten Staaten zur Zeit von Jalta sicher, dass ihr nukleares Forschungsprogramm zur erfolgreichen Testexplosion einer Atombombe führen würde, noch waren ihre Streitkräfte bis zu einem Punkt vorgerückt, von dem aus die Invasion der japanischen Mutterinseln vorgenommen werden konnte – die Landungsoperation auf Iwo Jima war erst in Vorbereitung. Auch der verheerende Luftkrieg mit Brandbomben gegen Japan hatte noch nicht begonnen. Andererseits war klar, dass die Rote Armee nicht mehr lange in Europa gebunden sein würde, und aus dem Westen der Sowjetunion führte die Transsibirische Eisenbahn direkt an die Grenze der Mandschurei, wo das Heer des Zaren Nikolaus II. 1904/05 eine demütigende Niederlage erlitten hatte. Der Wunsch, dafür Rache zu nehmen, stand ganz oben auf Stalins Liste der Kriegsprioritäten. Wann er indessen die Gelegenheit hierzu ergreifen würde, war eine Frage, die den amerikanischen Präsidenten sehr beschäftigte.

Das Bestreben, Stalins diesbezüglichen Entschluss zu beschleunigen, lag fast allen Initiativen von Roosevelt in Jalta zugrunde. Am Ende diskreditierte er Churchill in den Augen ihres gemeinsamen polnischen Verbündeten und räumte Russland Territorialrechte im souveränen China ein, die Amerika gar nicht gewähren konnte, um zu erreichen, dass der Blutzoll für die Rückeroberung der Gebiete, die Japan im Pazifik annektiert hatte, nicht nur von amerikanischen Soldaten entrichtet werden musste. Einer Nation, die miterlebt hatte, unter welch heroischen Anstrengungen sich die US Navy, das Marinekorps und MacArthurs Heeresdivisionen von Neuguinea bis zu den Philippinen vorgekämpft hatten, erschien der diplomatische Preis, der in Jalta gezahlt wurde, durchaus vertretbar – galt es doch die Gebietsansprüche eines fernen europäischen Staates sowie Großbritanniens guten Namen auf der einen Seite gegen weitere amerikanische Opfer auf der anderen abzuwägen.

30 · JAPANS NIEDERLAGE IM SÜDEN

In den sechs Monaten zwischen Pearl Harbor und der Vertreibung der Briten aus Burma, also in der Zeit zwischen Dezember 1941 und Mai 1942, in der die Japaner «aus dem Vollen schöpfen» konnten, war ihnen gelungen, was fünf andere imperiale Mächte – die Spanier, Holländer, Briten, Franzosen und Russen – vor ihnen vergeblich versucht hatten: alle Anrainergebiete der chinesischen Meere in Besitz zu nehmen und diese Eroberungen mit einer starken Zentralposition zu verbinden. Zählen wir China zu den Mächten mit imperialen Ambitionen im Westpazifik hinzu, so hatte Japan auch dieses Land übertroffen. Die Chinesen hatten nie mehr als eine kulturelle Vorherrschaft in Vietnam erlangen können, und ihre Macht hatte erst recht nicht ausgereicht, um in den Rest von Indochina beziehungsweise nach Indonesien, Malaya oder Burma vorzudringen. Mitte 1942 hatten die Japaner all diese Gebiete unter ihre Kontrolle gebracht und schickten sich an, in den meisten von ihnen abhängige Regierungen einzusetzen; ferner herrschten sie über Tausende von Inseln, die in Peking *terrae incognitae* waren, und hatten ihre maritimen und peripheren Annexionen mit den großen Festlandsgebieten in der Mandschurei und China zusammengeschlossen, die sie seit 1931 erobert hatten.

Rein flächenmäßig war der japanische Machtbereich noch Mitte 1944 anderthalbmal so groß wie das Gebiet, das Hitler 1942, auf dem Höhepunkt seiner Eroberungen, kontrollierte – 15 Millionen gegenüber 10 Millionen Quadratkilometern. Doch Hitler hatte sein Imperium mit der rohen Gewalt militärischer Stärke fest im Griff: Mehr als 300 deutsche und verbündete Divisionen bot er an der Front und in den besetzten Gebieten auf. Japan dagegen hatte nur eine Armee von einem Sechstel dieser Größe im Einsatz, wobei lediglich elf Divisionen frei verfügbar waren. Die übrigen führten den ermüdenden und nicht enden wollenden Krieg gegen Tschiang Kai-schek im chinesischen Hinterland. Diese Lage der Dinge brachte Japan in eine fundamental unausgewogene strategische Position. Zwar sah seine Situation auf der Karte stark aus, da es jene «Zentralposition» auf dem Kriegsschauplatz einnahm, die nach Auffassung aller Militärtheoretiker die günstigste ist, doch legte die Logistik einen anderen Schluss nahe.

Von jeher war es schwierig, wenn nicht gar unmöglich, die Verbindung zwischen vielen der japanischen Stützpunkte zu halten, besonders in Südchina, Indochina und Burma, da hier die Grenzverläufe Gebirgsketten folgen. Der Verkehr über See war langwierig und wurde wegen der zunehmend kühneren und wirksameren Angriffe der amerikanischen U-Boot-Kommandanten immer gefährlicher. Zwischen den pazifischen und den ostindischen Inseln wurden die Seewege zudem durch die amerikanische land- oder trägergestützte Luftwaffe bedroht. Das japanische Heer in China schließlich war durch die Größe des Landes praktisch zur Bewegungslosigkeit verurteilt, denn die japanischen Einheiten hatten alle Hände voll mit der Befriedung oder Besetzung zu tun – wobei ihnen Tausende von chinesischen Soldaten halfen, die zur 1939 eingesetzten Scheinregierung von Wang Tsching-wei gehörten. Infolgedessen hatten die Japaner nur selten Gelegenheit zu offensiven Operationen gegen die eigentlichen chinesischen Truppen.

Diese Armeen gehörten zwei feindlichen Lagern an, dem Heer der legitimen Guomindang-Regierung unter Tschiang Kai-schek und dem kommunistischen Heer von Mao Tse-tung. Vor Kriegsbeginn hatten sie sich in einem Waffenstillstandsabkommen darauf geeinigt, die Japaner und nicht einander zu bekämpfen, doch die Vereinbarung wurde häufig gebrochen, wobei das kommunistische Heer sicherlich größeres Interesse daran hatte, zuzusehen, wie sich Tschiangs Truppen in den Gefechten mit dem ausländischen Feind aufrieben, als ihnen zum Sieg zu verhelfen. Jedenfalls waren ihre Aktionen wenig aufeinander abgestimmt, denn Maos

Stützpunkt lag weit im Nordwesten, bei Jenan (Yan'an) an der großen Biegung des Gelben Flusses (Hwangho) jenseits der Chinesischen Mauer, wo die Gegner der Zentralregierung immer schon Stellung bezogen hatten, während Tschiang in den tiefen Süden abgedrängt worden war und 800 Kilometer entfernt bei seiner provisorischen Hauptstadt Tschungking (Chongqing) stand. Zwischen den beiden operierten die Reste der Warlord-Armeen, die das Land nach dem Zusammenbruch des Reiches im Jahr 1911 unter sich aufgeteilt hatten. Die Japaner trafen Vereinbarungen mit ihnen und rekrutierten Soldaten aus diesen Truppen.

Sowohl den Warlord-Verbänden als auch den auf japanischer Seite kämpfenden chinesischen Armeen waren Tschiangs Streitkräfte überlegen – aber nur knapp. 1943 umfasste sein Heer theoretisch 324 Divisionen und wäre damit die größte Streitmacht der Welt gewesen, tatsächlich bestand es lediglich aus 23 angemessen ausgerüsteten Divisionen, und selbst die waren nur jeweils 10 000 Mann stark. Dazu blieben sie hinsichtlich Ausrüstung und Nachschub vollkommen von den Amerikanern abhängig, die ihrerseits gänzlich auf die Briten angewiesen waren, denn sie brauchten deren Stützpunkte, um Transportflugzeuge von Indien über den «Buckel», die 4200 Meter hohe Gebirgskette zwischen dem indischen Bengalen und der chinesischen Provinz Sichuan (Szetschuan), nach Südchina zu fliegen. Zuvor war der Nachschub über die Burma-Straße aus Mandalay geliefert worden. Doch seit Burma im Mai 1942 an die Japaner gefallen war, war dieser Weg versperrt.

Tschiang war von den Amerikanern nicht nur abhängig, was Waffen und Nachschubgüter anging, sondern auch in Bezug auf Ausbildung und Luftunterstützung. Für Letztere sorgten einige Dutzend Flugzeuge der *Flying Tigers*, eigentlich *American Volunteer Group*, von General Claire Chennault – Piloten und Maschinen, die die Vereinigten Staaten 1941 China zur Verfügung gestellt hatten. Außerdem sorgten die Amerikaner für die nötige Durchschlagskraft von Tschiangs Armeen, denn der kampfstärkste Verband unter seinem Befehl war das amerikanische 5307. *Provisional Regiment*, das unter der Bezeichnung *Merrill's Marauders* berühmt wurde. Der Mann, den er als nominellen Chef des Stabes akzeptiert hatte, «Vinegar Joe» Stilwell, zeichnete sich durch eine Ungeduld gegenüber den Chinesen aus, die nur noch von seiner Grobheit gegenüber den Briten übertroffen wurde, mit denen er zusammenarbeitete.

Dem japanischen Heer in China, 25 Divisionen stark, gelang es derart erfolgreich, Mao in seinem «befreiten Gebiet» im Nordwesten festzuhalten und Tschiang gegen die Gebirge von Burma im Süden zu drängen, dass es während der ersten zweieinhalb Jahre des Weltkriegs im Osten zu keinen mobilen Operationen gezwungen war. Japan kontrollierte bereits die produktivsten Gebiete des Landes, die Mandschurei sowie die Täler des Gelben Flusses und des Jangtse, dazu die Enklaven um die Häfen im Süden – Futschou (Fuzhou), Amoy (Xiamen), Hongkong, Kanton –, und die strategisch wichtige Insel Hainan im Südchinesischen Meer. So holte sich Japan in China, was es begehrte, besonders Reis, Kohle, Metalle und die Industrieerzeugnisse aus der Mandschurei, wobei es kaum behindert wurde, weder durch «Widerstand» – von dem jeder vernünftige Chinese Abstand nahm – noch durch die Operationen der Heere von Tschiang und Mao. Vor allem aber sorgte Japan durch seine Anwesenheit im Lande dafür, dass es auch weiterhin alle Vorteile der strategische «Mittellage» genoss.

Die *Ichi-Go-* und die *U-Go-*Offensive

Das plötzliche Vordringen der amerikanischen Pazifikflotte beendete die Phase japanischer Selbstgefälligkeit. Nimitz' Vorstoß war wie ein Pfeil auf das Herz der japanischen Zentralposition gerichtet. Letztlich gefährdete er die japanische Kontrolle des Südchinesischen Meers – des pazifischen «Mittelmeers», das die Küsten Chinas, Thailands, Malayas, Niderländisch-Indiens, Formosas und der Philippinen umspült –, eine Kontrolle, die entscheidend für Japans Herrschaft über das «Südgebiet» war. Daher gab das kaiserliche Hauptquartier in Tokio am 25. Januar 1944 General Iwane Matsui, dem Generalstabschef in China, den Befehl, einen weiträumigen Angriff durchzuführen. Die letzte Offensive in China hatte im Frühjahr 1943 stattgefunden, als die nordchinesische Armee das Gebiet westlich von Peking in den Provinzen Schansi (Shanxi) und Hopeh (Hebei) eingenommen hatte. Jetzt sah der Plan vor, weitere Gebiete im Süden zu besetzen, mit dem Ziel, eine direkte Nord-Süd-Eisenbahnverbindung zwischen Peking und Nanking einzurichten und zugleich die amerikanischen Flugplätze im Süden zu beseitigen, von denen aus Chennaults Luftwaffe, die inzwischen auf eine Stärke von 340 Maschinen angewachsen war und auch über strategische Bomber verfügte, dem japanischen Expeditionsheer in ganz China das Leben schwer machte.

Diese *Ichi-Go*-Offensive begann am 17. April 1944. Im selben Jahr war bereits die Paralleloffensive *U-Go* in Burma eröffnet worden. Merkwürdigerweise waren die japanischen Pläne weder in ihrem zeitlichen Ablauf noch in ihren Zwecken und Zielen aufeinander abgestimmt – abgesehen von der allgemeinen und bei den Japanern sehr beliebten Absicht, den Feind mit einer Vielfalt von Stoßrichtungen zu konfrontieren –, während die alliierten Feldzüge in Südchina und Burma durchaus miteinander verknüpft waren. Erstens waren Tschiangs Armeen, die in Tschungking standen, auf Nachschub über die «Buckel-Route» angewiesen. Zweitens kämpften chinesische Truppen unter der kundigen Führung von Stilwell in Südchina darum, die Burma-Straße wieder passierbar zu machen. Drittens wurden chinesische Soldaten in Indien ausgebildet, um die Qualität von Tschiangs Heer zu verbessern. Trotzdem erteilte das kaiserliche Hauptquartier General Renya Mutaguchi, der die 15. Armee in Burma kommandierte, nicht den Befehl, einen Angriff gegen die Burma-Straße zu führen und so die *Ichi-Go*-Offensive zu unterstützen. Stattdessen schickte es ihn in eine gänzlich andere Richtung: Er sollte eine groß angelegte Invasion Indiens vornehmen.

U-Go war eine Operation, hinter der Mutaguchi vorbehaltlos stand. Von November 1942 bis Februar 1943 hatte sein Vorgänger Iida eine britische Offensive nach Burma entlang der Küste des Arakan am Golf von Bengalen zurückgeschlagen. Eine nachfolgende irreguläre Operation der Chindit-Kräfte, einer weiträumig operierenden Stoßtruppe unter dem Kommando ihres Begründers, des messianischen Orde Wingate, war zwischen Februar und April 1943 ebenfalls abgewehrt worden. Doch Mutaguchi war zu Recht von Wingates Truppen beeindruckt gewesen, die in dem gebirgigen und straßenlosen Gelände der indisch-burmesischen Grenze die japanische Front so erfolgreich durchbrochen hatten. Er befürchtete, dass dort, wo Wingates winziger Stoßtrupp marschiert war, auch größere alliierte Armeen folgen könnten. Ferner hatte er festgestellt, dass die Route, die Wingate genommen hatte, von seinen eigenen zähen Soldaten in umgekehrter Richtung bewältigt werden konnte. Auf diese Weise konnte er Burma verteidigen, die alliierten Bemühungen zur Wiedereröffnung der Burma-Straße unterbinden (an ihr arbeiteten, von dem einen Ende der Straße im indischen Ledo aus, amerikanische Pioniere), Stilwells zunehmend weiter reichende Vorstöße aus Südchina beenden und so indirekt die *Ichi-Go*-Offensive im eigentlichen China unterstützen.

Mutaguchis Offensivgeist wurde vom Prinzip getragen, dass Angriff die beste Verteidigung ist. Währenddessen plante das *South-East Asia Command*, das am 15. November 1943 unter dem Oberbefehl des energischen Admirals Lord Louis Mountbatten ins Leben gerufen wurde, seinerseits Offensiven, um die alliierte Herrschaft über Burma wiederherzustellen. Zu den geplanten Operationen gehörte eine Großoffensive über die indisch-burmesische Grenze von Assam aus bis an den Fluss Chindwin, das Tor zu den zentralen Ebenen Burmas, und zwei Offensiven in den Nordosten Burmas; die eine davon sollten Stilwells chinesische Truppen mit Unterstützung der *Merrill's Marauders* durchführen, die andere die Chindit-Truppen im Rücken der Japaner bei Myitkyina, wo der Angriff der *Merrill's Marauders* geplant war.

Mutaguchis Unternehmen war also nicht nur eine Offensive, sondern auch ein Präventivschlag. Dafür war die gesamte Gebietsarmee Burma unter dem Befehl von General Hisaichi Terauchi teils mit Truppen aus Thailand, teils mit der 1. Division der indischen Nationalarmee verstärkt worden; Letztere hatte Subhas Chandra Bose aus 40 000 der 45 000 in Malaya und Singapur in Gefangenschaft geratenen Indern rekrutiert, die mit seiner Sache sympathisierten. Doch Mataguchis Angriff kam eine andere Operation zuvor: Im November 1943 hatten die Briten ihre Versuche wieder aufgenommen, in das feuchtheiße Arakan einzudringen. Daher ging am 4. Februar die japanische 55. Division gegen die dortige Front vor, um den britischen Vormarsch zum Stillstand zu bringen. Nur unter größten Schwierigkeiten wurde die 55. Division zerstreut und am Ende des Monats zu ihrem Ausgangspunkt zurückgedrängt. Inzwischen wehrte sich die japanische 18. Division erbittert gegen Stilwells Vorstoß auf Myitkyina, hinter dem im März Wingates zweite Chindit-Expedition mit Lastenseglern abgesetzt werden sollte.

In diesem äußerst unruhigen Nordteil Burmas eröffnete Mutaguchi am 6. März die *U-Go*-Offensive, indem er mit seinen drei Divisionen über den Chindwin setzte, um in Indien einzufallen, wobei die 31. in Richtung Kohima vorrückte und die 15. und 33. in Richtung Imphal marschierten. Diese winzigen Ortschaften im Hochland von Assam waren vor dem Krieg Zentren des Teeanbaus gewesen. Sie boten keine geeigneten Voraussetzungen, um die große britisch-indische Armee zu stationieren, die jetzt die Front bildete und über Straßen nur unzulänglich mit dem Rest Indiens verbunden war. Hinzu kam, dass General William Slim, Oberbefehlshaber der britischen 14. Armee, im Begriff stand, eine Offensive durchzuführen, und nicht darauf vorbereitet war, einen feindlichen Angriff abzuwehren. Unter seiner energischen Führung hatte die 14. Armee wieder Tritt gefasst, nachdem sie durch den strapaziösen Rückzug aus Burma im Frühjahr 1942 und die demütigende Niederlage in Arakan 18 Monate zuvor auf einem

Tiefpunkt angelangt war. Sie hatte aber noch kein richtiges Gefecht gegen japanische Truppen im Vollbesitz ihrer Schlagkraft geführt.

Allerdings hatte Slim geahnt, dass eine japanische Offensive bevorstand, und wurde daher nicht vollständig überrascht. Er überredete Mountbatten, den Amerikanern genügend Flugzeuge abzuhandeln, um die 5. Indische Division, eine der erfahrensten Einheiten der britisch-indischen Streitkräfte, in der Zeit vom 19. bis zum 29. März von der Arakanfront einzufliegen. Slim selbst schickte den Verteidigern der Grenze Nachschub und Verstärkung, die er für die eigene Offensive zusammengezogen hatte. Außerdem gab er seinen Kommandeuren den strikten Befehl, sich nicht ohne Erlaubnis von oben zurückzuziehen. Da die Briten Schlüsselstellungen an der gebirgigen Grenze zwischen Indien und Burma hielten, ohne den Versuch zu unternehmen, sie auf ganzer Länge zu verteidigen, gelang es den Japanern, ihr Vorhaben zu verwirklichen und Imphal und Kohima einzukesseln; die Grenzstraßen aber, die in die indische Ebene hinabführten, konnten sie nicht unter ihre Kontrolle bringen. Kohima wurde am 4. April eingeschlossen, Imphal am folgenden Tag. Die anschließenden Kämpfe gehörten zu den erbittertsten des Krieges, da beide Seiten oft nur um die Länge des Tennisplatzes in der verlassenen Residenz des Bezirkskommissars auseinander lagen, die sich jetzt im Niemandsland auf dem Gebirgskamm von Kohima befand.

In Kohima wurden die Briten sporadisch aus der Luft versorgt, in Imphal regelmäßiger. Die Japaner mussten ganz ohne Nachschub auskommen. Krank und ausgelaugt setzten sie ihre Angriffe auch nach Einbruch des Monsuns fort. Doch am 22. Juni, nach mehr als 80-tägiger Belagerung, wurde Imphal befreit. Vier Tage später musste Mutaguchi General Terauchi den Rückzug der 15. Armee vorschlagen. Anfang Juli erteilte das kaiserliche Hauptquartier seine Genehmigung, und die Überlebenden kämpften sich die Straßen hinab, die unter den tropischen Regenfällen aufgeweicht waren, überquerten den Chindwin und kehrten auf die burmesischen Ebenen zurück. Nur 20 000 der 85 000 japanischen

Soldaten, die die Invasion Indiens begonnen hatten, waren noch auf den Beinen; mehr als die Hälfte der Ausfälle waren durch Krankheiten verursacht worden. Die 1. Division der Indischen Nationalarmee, deren Männer bei den japanischen Befehlshabern als Überläufer verschrien waren und daher schikaniert wurden, gab es nicht mehr.

Die Kämpfe in Burma konzentrierten sich jetzt an der Nordostfront, wo die Japaner die eigenen Linien sowohl gegen Stilwell wie gegen die Chindits verbissen verteidigten. Inzwischen bereitete Slim die 14. Armee wieder auf die verzögerte Offensive vor, die über den Chindwin zur Rückeroberung von Mandalay und Rangun führen sollte. Doch mit dem Scheitern von Mutaguchis *U-Go*-Offensive erlosch auch das Interesse des kaiserlichen Hauptquartiers an Burma. Obwohl die *Ichi-Go*-Offensive in Südchina befriedigend verlief – so befriedigend, dass die amerikanische Regierung den unmittelbar bevorstehenden Zusammenbruch Tschiang Kai-scheks zu befürchten begann –, wurde die Situation im südlichen und (noch bedenklicher) im mittleren Pazifik immer schlechter. In Neuguinea folgte auf den Fall der Vogelkop-Halbinsel im Juli am 15. September die Einnahme der Insel Morotai, auf halber Strecke zwischen Neuguinea und der südlichen Philippineninsel Mindanao gelegen. An die Eroberung von Guam und Saipan schloss sich, ebenfalls am 15. September, die Invasion des zu den Palauinseln gehörigen Peleliu an. Damit waren die Amerikaner an der zentralpazifischen Front so nahe an die Philippinen herangekommen wie nie zuvor während des Krieges. Die Invasion der Philippinen, die den Zugang nach China, Indochina und Japan selbst eröffnete, rückte damit in den Bereich des Möglichen.

Ein Zeitplan für die Landungen auf Leyte

Ausmaß und Schnelligkeit von MacArthurs und Nimitz' Erfolg hatten die Vereinigten Stabschefs und ihre Strategen in Washington jedoch so überrascht, dass der genaue Ablauf der Invasion nun abermals heftig debattiert wurde. Wie auf dem europäischen Kriegsschauplatz, wo 1943 die Stabschefs des (noch zu benennenden) alliierten Oberbefehlshabers einen Zeitplan für den Vormarsch an die deutsche Grenze ausgearbeitet hatten, der dann von den Ereignissen mit unvorgesehener Geschwindigkeit überholt worden war, verblassten hier jetzt alle möglichen Operationen, die einst wichtig erschienen waren, zur Bedeutungslosigkeit. In Europa hatte der Lauf der Dinge die Eroberung der Atlantikhäfen überflüssig gemacht, von denen man geglaubt hatte, man brauche sie, um ein in Mittelfrankreich kämpfendes Heer aus den USA mit Nachschub zu versorgen. Gleiches galt für die Landung in Südfrankreich. Im Pazifik waren es die Einnahme der Häfen an der südchinesischen Küste als Nachschubbasen für Chennaults Luftstützpunkte, die Invasion von Formosa (Taiwan) und die Besetzung der südlichen Philippineninsel Mindanao, die jede Bedeutung verloren.

Zwei dieser Vorhaben erübrigten sich von selbst: Der Erfolg von *Ichi-Go* in Südchina hatte zum Verlust der meisten küstennahen Flugplätze geführt, wodurch die Einnahme nahe gelegener Häfen sinnlos wurde, und bei der Invasion auf der Insel Formosa – doppelt so groß wie Hawaii und von den höchsten Steilufern der Welt umgeben – rechnete man mit einem so hohen Truppenbedarf, dass man eine Invasion erst durchführen konnte, wenn der Krieg in Europa beendet war. Der Angriff auf Mindanao wurde am 13. September eingestellt, als Halseys Flugzeugträger in dem Seegebiet nur auf leichten Widerstand stießen. Stattdessen befürwortete Halsey eine Landung zunächst auf Leyte, im Zentrum der Inselgruppe, dann sollten die Truppen im Dezember die nördlichste Insel Luzon nehmen, zwei Monate früher als ursprünglich vorgesehen. Dieser Zeitplan gefiel MacArthur, der das Vorgehen von Admiralstabschef King für allzu vorsichtig und umständlich hielt, weshalb er Halseys Vorschlag unterstützte. Seit dem 26. Juli war die Frage zwischen dem Präsidenten, den Vereinigten Stabschefs und den beteiligten Truppenführern diskutiert worden. Am 15.

September endete die Debatte damit, dass die Vereinigten Stabschefs MacArthur die Genehmigung erteilten, am 20. Oktober mit der Landung auf Leyte zu beginnen.

Die Japaner auf den Philippinen waren schlecht darauf vorbereitet, sich einer Invasion zu widersetzen. Insgesamt gesehen litten die japanischen Streitkräfte jetzt nämlich unter den Folgen ihrer eigenen früheren Erfolge. Nachdem sie überschritten hatten, was Clausewitz den «Kulminationspunkt des Angriffs» nennt, besaßen sie mehr Gebiete, als sie wirksam verteidigen konnten, und sahen sich einem Feind gegenüber, der ungestüm vorwärts drängte und dessen Ressourcen mit jedem Monat größer wurden. Obwohl die Zahl der Soldaten, die der *US Army in the Pacific* und dem Marinekorps zur Verfügung standen, durch die Erfordernisse des europäischen Krieges begrenzt war, hatte die amerikanische Heeresluftwaffe (USAAF) im Laufe des Jahres 1944 immer mehr und bessere Flugzeuge erhalten, besonders die B-29 *Superfortress*, deren Reichweite es erlaubte, die japanischen Mutterinseln von den alten Stützpunkten in Südchina und den neuen auf Saipan aus zu bombardieren. Die US Navy, die bevorzugt im Pazifik operierte, war geradezu üppig ausgestattet – mit neuen Schlachtschiffen, Kreuzern und Zerstörern, schnellen Angriffstransportern, kleinen und großen Landungsbooten, vor allem aber mit neuen Flugzeugträgern: 21 Träger der *Essex*-Klasse waren seit 1941 in Dienst genommen worden oder standen kurz vor der Fertigstellung. Die gesamte Trägerflotte bot auf ihren Flugdecks Raum für mehr als 3000 Flugzeuge und verfügte über eine Marineluftwaffe, die dreimal so groß war die japanische zu ihren besten Zeiten.

Japan dagegen hatte bereits den Höhepunkt seiner Kriegsproduktion überschritten. Sein Heer war seit 1937 vollständig mobilisiert und kam nicht über eine Größe von rund 50 Divisionen hinaus. Seine Marine war seit 1941 ununterbrochen im Einsatz und hatte schwere Verluste erlitten, die sie mit dem Ausstoß ihrer Werften nicht wettmachen konnte. Nur fünf Schiffe für die Trägerflotte liefen zwischen 1941 und 1944 vom Stapel. Die Verluste in Japans Handelsflotte waren noch weit höher, und somit drohte der Zusammenbruch des gesamten japanischen Wirtschaftssystems. Da Japan weder in Bezug auf Nahrungsmittel noch auf Rohstoffe autark war, stellte der ungehinderte Zugang zu den westpazifischen Seegebieten eine unabdingbare Voraussetzung für seine Wirtschaft dar. Diese Gebiete waren auch notwenig für die Verpflegung, Verstärkung und Moblilität der im Südgebiet stationierten japanischen Truppen. 1942 hatten amerikanische U-Boote 180 japanische Handelsschiffe mit 725 000 BRT versenkt, von denen 635 000 BRT durch Neubauten ersetzt wurden; die Tankertonnage konnte sogar erhöht werden. Doch 1944 hatten die amerikanischen U-Boot-Kommandanten dazugelernt, außerdem operierten sie von viel weiter vorgeschobenen Stützpunkten in Neuguinea, auf den Admiralitätsinseln und den Marianen aus, daher erhöhte sich die Gesamtzahl der Versenkungen auf 600 Schiffe oder 2,7 Millionen BRT, mehr als in den beiden Jahren 1942 und 1943 zusammen versenkt worden waren. Ende 1944 waren die halbe japanische Handelsflotte und zwei Drittel ihrer Tanker zerstört, die Öllieferungen aus Indonesien fast zum Erliegen gekommen und die Importe auf die Mutterinseln um 40 Prozent zurückgegangen.

Die Vernichtung der Handelsflotte zwang die Kriegsmarine, Zerstörer anstelle von Handelsschiffen einzusetzen, um Kampfverbände zu transportieren und zu versorgen. Dadurch war die Fähigkeit, Truppen an bedrohte Punkte zu verlegen, erheblich eingeschränkt und damit auch Japans Möglichkeit, die Philippinen zu verteidigen. Zu Recht ging das kaiserliche Hauptquartier von der Annahme aus, die Amerikaner hätten zunächst vor, von Neuguinea aus Mindanao, die südlichste Insel der Gruppe, zu erobern und dann, als Sprungbrett nach Japan, Luzon, die nördlichste. Nicht gefasst waren sie darauf, dass die Amerikaner angesichts der Ereignisse ihre Pläne ändern würden. Folglich stationierte man auf Leyte noch weniger Truppen als auf Mindanao. Obwohl sich am 20. Oktober 1944 insgesamt 270 000 Mann auf den Philippinen befanden, hatte Tomoyuki Yamashita, der Eroberer von Singapur und Oberbefehlshaber des Nordgebietes, auf Leyte selbst nur die schwache 16. Division aufgestellt. Mit ihren lediglich 16000 Mann war sie kein gleichwertiger Gegner für General Walter Kruegers 6. Armee, die an jenem Morgen mit ihrer Landung im Golf von Leyte begann.

Zwar war das japanische Heer auf diese Landung nicht vorbereitet, wohl aber die Kriegsmarine. Sie war jetzt in zwei Hälften geteilt. Die verbliebenen Träger und ihre Eskorten behielt man in heimatlichen Gewässern, während die Schlachtschiffe – immer noch neun an der Zahl, darunter mit der *Yamato* und *Musashi* die größten der Welt: 70000 BRT und bestückt mit 45,7-cm-Geschützen – in Lingga Roads bei Singapur lagen, um in der Nähe ihrer Ölvorräte aus Niederländisch-Indien zu bleiben, die nicht an die Mutterinseln geliefert werden konnten. Beide Teile der Flotte waren vernünftigerweise nicht zur Abwehr der jüngsten der amerikanischen Insellandungen auf Peleliu eingesetzt worden – eine nicht ganz aufgegebene Operation der ursprünglichen zentralpazifischen Strategie, die ihren Sinn verloren hatte (obwohl sie für die kampferfahrene 1. Marineinfanteriedivision schwere Verluste brachte). Vor Leyte ging die Heimatflotte den Luftkämpfen über Formosa, Okinawa und Luzon zwar nicht aus dem Wege, mit dem Erfolg, dass die amerikanische 3. Flotte vom 10. bis zum 17. Oktober mehr als 500 japanische see- und landgestützte Flugzeuge vernichtete, doch Admiral Jisaburo Ozawas Trägerflotte riskierte keines ihrer Schiffe, während das Gros der Vereinten Flotte in Lingga unversehrt blieb.

Das waren die Gegebenheiten, unter denen das kaiserliche Hauptquartier beschloss, eine entscheidende Seeoffensive – unter dem Decknamen *Sho-1* – gegen die amerikanische 3. und 7. Flotte zu führen, die die Leyte-Landung sichern sollten. Sehr komplex angelegt, wie es große japanische Offensiven immer waren, hatte sie im Wesentlichen Ablenkungsfunktion: Ozawas Träger, die von der Japanischen Inlandsee herangeführt wurden, sollten Halseys

3. Flotte von den Leyte-Stränden fortlocken. Anschließend hatten die Schlachtschiffe und Schweren Kreuzer, aufgeteilt in die Kampfgruppen 1., 2. und C, den Auftrag, die Transportschiffe und Landungsboote im Golf von Leyte anzugreifen und zu zerstören. Die 1. Kampfgruppe sollte sich Leyte durch die San-Bernardino-Straße im Norden nähern, die Kampfgruppen 2. und C durch die Surigao-Straße im Süden.

Was folgte, war die größte Seeschlacht der Geschichte, noch gewaltiger als die Schlacht im Skagerrak, doch genau wie bei dieser führten Falschmeldungen und Missverständnisse zu Durcheinander und Verwirrung. Vizeadmiral Takeo Kuritas 1. Kampfgruppe, die von Lingga kam, eröffnete die Schlacht. Zwar wurde sie auf dem Weg von amerikanischen U-Booten abgefangen und beschädigt, erreichte aber am 24. Oktober die westliche Einfahrt der San-Bernardino-Straße. Die landgestützten Flugzeuge, die Kuritas Kampfgruppe halfen, richteten auf der *Princeton*, einem der amerikanischen Träger aus Halseys 3. Flotte, so starke Schäden an, dass das Schiff schließlich sank, erlitten allerdings ihrerseits unter den Angriffen der amerikanischen *Hellcat*-Jäger noch schwerere Verluste. Im Laufe des Tages wurde sogar Kuritas eigenes Schlachtschiff von amerikanischen Torpedobombern angegriffen. Am Nachmittag trafen 19 Torpedos die *Musashi*, mehr als selbst ihr enormer Rumpf überstehen konnte. Um 7.35 Uhr legte sie sich auf die Seite und sank. Kurita gelangte zu dem Schluss, dass er die *Yamato*, seine beiden anderen Schlachtschiffe und seine zehn Schweren Kreuzer in den beengten Gewässern der Straße von San Bernardino ohne die Gewissheit, durch Ozawas Träger (von denen er nichts gehört hatte) Unterstützung zu erhalten, nicht auch noch aufs Spiel setzen könne, und nahm wieder Kurs auf Lingga.

In dem Augenblick, als er das tat, stand der *Sho-1*-Plan jedoch kurz vor dem Erfolg, denn auf der *New Jersey*, dem Flaggschiff der 3. Flotte, das vor der Südspitze von Luzon lag, hatte Halsey gerade erfahren, dass Ozawas Träger 240 Kilometer weiter nördlich gesichtet worden waren. Halsey litt unter den hinter vorgehaltener Hand erhobenen Vorwürfen, er habe die Japaner in der Schlacht in der Philippinischen See vergangenen Juni allzu leicht entkommen lassen, und war daher entschlossen, Ozawa zum Kampf zu stellen. Deshalb entwickelte er aus dem Stegreif den Plan, einen Teil seiner Kräfte als «Kampfgruppe 34» zur Bewachung der Straße von San Bernardino zurückzulassen, während er sich mit seinen schweren Einheiten eiligst nordwärts aufmachen würde, um die japanischen Träger zu suchen und zu zerstören.

Zwei Meinungsänderungen veränderten in der Folge den Verlauf der Schlacht. Die erste betraf Kurita. Beschämt von den Vorwürfen der Vereinten Flotte, er verspiele durch seine Zaghaftigkeit die Chance auf den Sieg, ging er auf Gegenkurs. In der Nacht vom 24. zum 25. Oktober passierte er schließlich doch die San-Bernardino-Straße und hielt auf den Golf von Leyte zu. Die zweite betraf Halsey. Unter dem Eindruck der Nachricht, dass Ozawas Träger äußerst schutzlos seien, beschloss er, auch die Schiffe, die eigentlich die Kampfgruppe 34 bilden und die Straße von San Bernardino bewachen sollten, nach Norden zum Angriff auf Ozawas Träger mitzunehmen.

Dadurch zeichnete sich doch noch ein Erfolg für *Sho-1* ab. Kuritas 1. Kampfgruppe befand sich kurz vor dem Golf von Leyte, wo die Landungstruppen nur durch eine unzureichende Flotte von Zerstörern und Begleitträgern gesichert wurden. Inzwischen hielten Vizeadmiral Kiyohide Shimas 2. Kampfgruppe und Vizeadmiral Shoji Nishimuras Kampfgruppe C auf die Surigao-Straße zu, um die Leyte-Landungstruppen von Süden her im Rücken anzugreifen. Während Halsey weiter nordwärts fuhr, einer vermeintlichen Schlacht mit den japanischen Trägern entgegen, ahnte er nicht, dass den amerikanischen Invasionstruppen vor Leyte eine Katastrophe drohte.

Zwischen den anrückenden japanischen Kampfgruppen und dem vollkommenen Desaster standen nur drei winzige Begleitträger in der Straße von San Bernardino und Admiral Oldendorfs sechs Schlachtschiffe in der Surigao-Straße. Letztere waren Gespenster der Vergangenheit: Alle waren sie vor dem Zweiten Weltkrieg gebaut, fünf von ihnen sogar in Pearl Harbor wieder gehoben worden. Doch in den Jahren danach hatte man sie überholt und neu ausgerüstet, vor allem mit modernem Radar. In der Dunkelheit der Nacht vom 24. auf den 25. Oktober erschien die Formation von Nishimuras Schiffen deutlich auf Oldendorfs Radarschirmen. Seine Zerstörer schossen das Schlachtschiff *Fuso* kampfunfähig, während es sich näherte. Die Salven seines eigenen Schlachtschiffs gaben der *Fuso* den Rest und versenkten auch das andere japanische Schlachtschiff, die *Yamashiro*. Die übrig gebliebenen Schiffe der Kampfgruppe C zogen sich zurück, ohne die herankommende 2. Kampfgruppe vor der Gefahr zu warnen, die in der Surigao-Straße lauerte. Sie erlitt ebenfalls Schäden, machte hastig kehrt und folgte im Kielwasser von Nishimuras Gruppe.

Die Schlacht in der Surigao-Straße hatte aus Sicht der Amerikaner einen glücklichen Ausgang genommen. Bei dem zweiten Gefecht, das in der San-Bernardino-Straße folgte, deutete alles auf ein anderes Ergebnis hin. Kuritas 1. Kampfgruppe war allen amerikanischen Kräften, die zwischen ihm und der Landungsflotte lagen, an Feuerkraft deutlich überlegen, und die schweren Kaliber der US Navy waren weit entfernt. Während Halsey auf der Suche nach Ozawa umherkreuzte, erreichten ihn zahlreiche Nachrichten, darunter auch das berüchtigte: «Wo ist Kampfgruppe 34, fragt sich die ganze Welt.» Die letzten fünf Wörter waren zwar ein missverstandener Sicherheitseinschub, doch für Halsey blieben sie ein ewiges Ärgernis.

Inzwischen war Kurita über die Kriegsschiffe hergefallen, die die Landungsflotte sicherten. Zunächst traf er auf eine klägliche Gruppe von fünf Begleitträgern, umgebaute Handelsschiffe von geringer Geschwindigkeit und mit wenigen Flugzeugen, die eher für die Bekämpfung von U-Booten als für Torpedoangriffe ausgerüstet waren. Trotzdem stellten sich die fünf der Herausforderung ohne zu zögern und mit bewundernswerter Tapferkeit. Während

Admiral Clifton Sprague die Kampfgruppe 3 mit Höchstfahrt aus der Reichweite der 40,6- und 45,7-cm-Geschütze zu bringen suchte, starteten seine Piloten ihre Flugzeuge, um Wasserbomben auf die Schlachtschiffe abzuwerfen. Einer der Träger, die *Gambier Bay*, wurde getroffen und aufgegeben, als er Feuer fing. Den übrigen, unterstützt durch eine weitere Gruppe von «Miniträgern» der Kampfgruppe 2, gelang es, ihren Rückzug durch Luftschläge und Torpedoangriffe ihrer eigenen Begleitzerstörer zu decken. Angesichts des heldenhaften Widerstands dieser Winzlinge und entmutigt durch das Ausbleiben der Träger von Ozawa, beschloss Kurita, die Aktion abzubrechen und sich durch die Straße von San Bernardino zurückzuziehen. Das war um 10.30 Uhr am Morgen des 25. Oktober.

Im Süden rauschten Oldendorfs Schlachtschiffe von der Surigao-Straße heran, um Hilfe zu bringen; sie hatten allerdings noch drei Stunden Fahrt vor sich. Im Norden hatte Halsey Ozawas Verfolgung aufgegeben und gewendet, war jedoch noch viel weiter vom Schauplatz des Geschehens entfernt. Trotzdem hatten Halseys Flugzeuge ihre Wirkung nicht verfehlt. Durch einen Angriff in den frühen Morgenstunden hatten sie die leichten Träger *Chitose* und *Zuiho* zum Sinken gebracht. Ein zweiter Luftschlag zerstörte die Träger *Chiyoda* und Ozawas Flaggschiff *Zuikaku*, das bereits bei Pearl Harbor dabei gewesen war. Obwohl sie mit nur 180 Flugzeugen an Bord in die Schlacht gezogen waren, vervollständigte deren Verlust praktisch die Vernichtung der großen japanischen Marineluftwaffe. Zu diesen Einbußen kamen noch drei Schlachtschiffe, sechs Schwere Kreuzer, drei Leichte Kreuzer und zehn Zerstörer hinzu, insgesamt ein Viertel der Verluste, die die Kaiserlich Japanische Kriegsmarine seit Pearl Harbor erlitten hatte.

Im Golf von Leyte fand also nicht nur die größte, sondern zugleich eine der entscheidenden Schlachten der Seekriegsgeschichte statt, wobei der Sieg der Amerikaner überaus gefährdet war. Die Schlacht um Leyte zog sich länger hin. Die Japaner, die erkannten, dass ihre Stellung auf den Philippinen mit der Verteidigung von Leyte stand und fiel, führten mit Zerstörern eilig Verstärkungen von anderen Inseln der Gruppe heran – die 8., 26., 30. und 102. Division, dazu die 1. Division, einen Eliteverband aus der schwindenden allgemeinen Reserve in China. Auch die Amerikaner verstärkten die vier Divisionen, mit denen sie anfangs gelandet waren, sodass sie im November über sechs verfügten: die 1. Kavallerie-, die 7. und 11. Luftlande- sowie die 24., 32., 77. und 96. Division. Im nächsten Monat folgten erbitterte Kämpfe, und am 6. Dezember trugen die Japaner einen Gegenangriff vor, um den Hauptflugplatz der Amerikaner auf Leyte einzunehmen. Als der Versuch scheiterte, war der Kampf um die Insel so gut wie zu Ende. Er hatte 70 000 Japanern und 15 000 Amerikanern das Leben gekostet.

Am 9. Januar 1945 brach Kruegers 6. Armee von Leyte – und den nahen Inseln Mindoro und Samar, die ebenfalls erobert worden waren – auf, um auf Luzon zu landen. Weit im Süden räumte die australische 1. Armee mit dem letzten japanischen Widerstand in Neuguinea, Neu-Britannien und Bougainville auf. Während Slims 14. Armee am 2. Dezember durch die Einnahme von Kalewa am Chindwin ihre Offensive in die Ebenen von Burma eröffnete, erzielten auch Tschiangs Truppen mit amerikanischer Unterstützung an der nordöstlichen Front Geländegewinne. Sie wurden nicht mehr von dem unverträglichen Stilwell befehligt, der sich nacheinander mit den Briten, den Chinesen und schließlich mit Präsident Roosevelt überworfen hatte. Nach Stilwells Abberufung am 18. Oktober wurden seine Aufgaben aufgeteilt zwischen General Albert C. Wedemeyer, dem Architekten des amerikanischen «Victory Plan» von 1941, und Daniel Sultan. Jener war jetzt der amerikanische Oberbefehlshaber in China, dieser befehligte *Merill's Marauders* (inzwischen in *Mars Force* umbenannt) und die in Indien ausgebildeten chinesischen Streitkräfte in Burma.

Verstärkt durch zwei dieser Divisionen aus Burma gelang es Tschiangs Armeen in China endlich, der *Ichi-Go*-Offensive in

Kweijang Einhalt zu gebieten, die beinahe einen Korridor von den japanisch besetzten Küstenregionen bis zu Tschiangs Hauptstadt in Tschungking geöffnet hätte. *Ichi-Go* hatte zwar mit der Schaffung eines durchgehenden Korridors vom Norden Indochinas nach Peking ein Nebenziel erreicht, doch nicht zur Vernichtung von Tschiangs Heer geführt. Vielmehr schafften es dessen beste Truppen (unter Sultans Befehl) schließlich, über das Gebirge im Norden Burmas nach Myitkyina durchzubrechen, jener Stadt, die Stilwell im August erobert hatte, und sich mit den ebenfalls zu Tschiangs Heer gehörenden so genannten Y-Streitkräften zu vereinen, die von Yunnan vorrückten. Am 27. Januar gelang ihnen die Wiedereröffnung der Burma-Straße und damit die Sicherung des Nachschubs auf dem Landweg zwischen dem anglo-amerikanischen Stützpunkt in Indien und dem Kernland der Guomindang um Tschungking. Trotzdem behielten die Japaner die Vorherrschaft in Südchina. Die britischen Kräfte waren auf die Ebenen von Burma ausgerichtet, wohin die 14. Armee vorrückte, während weder Wedemeyers noch Sultans noch Tschiangs Truppen in der Lage waren, irgendwelchen entschlossenen Operationen der Japaner südlich des Jangtse Einhalt zu gebieten. Im Frühjahr 1945 war die Zukunft des Krieges in China, wie in jedem Jahr seit 1941, eng verknüpft mit dem Ausgang des Konflikts zwischen den Flotten der Kaiserlich Japanischen Marine und der US Navy sowie deren Landungstruppen im Westpazifik.

31 · LANDUNGSOPERATIONEN: OKINAWA

Mit dem Fall der Philippinen und der Eroberung der Marianen ging die amphibische Kriegführung im Pazifik ihrem Höhepunkt entgegen. Der Landkrieg setzte sich 1945 an vielen Stellen innerhalb oder in der Nähe des japanischen «Verteidigungsgürtels» von 1942 fort. In Burma und auf den nördlichen Philippinen, wo Manila zu einer Geisterstadt wurde, nicht weniger verwüstet als Warschau, tobten die Kämpfe mit größter Erbitterung. Doch erlebte der pazifische Krieg nun eine radikale Veränderung. In der amerikanischen Kriegführung gab es keine zwei getrennten und miteinander konkurrierenden Strategien mehr: auf der einen Seite die Navy, die mit überwältigender Übermacht die Landung einzelner Marineinfanteriedivisionen auf winzigen, entlegenen Atollen unterstützte, während das Heer in kürzeren Sprüngen und mit höheren Truppenstärken die Landmassen Ostindiens eroberte. Jetzt konnten Marine und Heer ihre Kräfte vereinigen, um groß angelegte Landungsoperationen auf den vorgeschobenen Inseln Japans selbst durchzuführen. Solche Unternehmen wurden vorgetragen von mehreren Divisionen, enormen Flottenverbänden, Marineluftstreitkräften und zusammengefassten Truppenmassen, die per Schiff herangeführt wurden. Ihr Erfolg hing ausschließlich vom Können und der Erfahrung ab, die diese Seeleute, Soldaten, Flieger und Marineinfanteristen im Zuge eines solchen amphibischen Einsatzes bewiesen.

Die Vereinigten Stabschefs sahen dem Ergebnis der geplanten Operationen, deren wichtigste die Landung auf der Ryukyu-Insel Okinawa war, voller Vertrauen entgegen. Kyushu, die südlichste der großen japanischen Mutterinseln, ist von Okinawa nur noch 600 Kilometer entfernt. Inzwischen hatten die Fähigkeiten der amerikanischen Landungstruppen einen hohen Stand erreicht, doch um es so weit zu bringen, hatten sie lange gebraucht – den ganzen bisherigen Pazifikfeldzug.

Das Konzept hatte das US-Marinekorps entwickelt, das 20 Jahre vor Beginn des Weltkriegs die Notwendigkeit erkannte, zu lernen, wie sich Truppen am besten vom Schiff an Land bringen lassen. Das Marinekorps hatte die Auffassung vertreten, eine solche Operation müsse im Wesentlichen als taktische Maßnahme durchgeführt werden. So verblüffend einfach diese Idee auch ist, bis dahin war noch keine der Seemächte auf sie verfallen. Obwohl die Briten und die Franzosen große Kolonialreiche errichtet hatten, indem sie ihre Streitkräfte über See verlegten, waren sie bisher nicht auf den Gedanken gekommen, dass zur Anlandung von Truppen mehr gehören könnte, als sie in Beiboote zu verfrachten und am Ufer auszuladen. Als sie 1915 gemeinsam auf der Halbinsel Gallipoli eine große Landungsoperation durchführten, war das Ergebnis eine Katastrophe. Eilig umgebaute Leichter, die mit Dampfpinassen an Land geschleppt wurden, sanken im türkischen Maschinengewehrfeuer, woraufhin die Soldaten im Wasser abgeschossen wurden.

Nach dem Ersten Weltkrieg war das US-Marinekorps entschlossen, seinen Männern dieses Schicksal zu ersparen. Für den Wunsch, sich auf die Landetaktik zu spezialisieren, hatte es zugegebenermaßen auch einen eigennützigen Grund, der seine Rolle als Waffengattung betraf, denn das Marinekorps fürchtete – wie alle kleinen Organisation, die zwischen zwei größeren stehen und von ihnen erdrückt zu werden drohen –, es könnte entweder von der Marine (zu der es formal gehörte) oder vom Heer vereinnahmt werden. Doch das war nicht der einzige Grund. Die Marineinfanterie sah den Pazifikkrieg mit Japan auf die Vereinigten Staaten zukommen, und es erkannte, dass er nur mit Spezialmethoden und Spezialausrüstung zu gewinnen war. Beides begann das Marinekorps zu entwickeln.

Die Grundsätze der amphibischen Kriegführung der Marineinfanterie wurde von Major Earl Ellis ausgearbeitet, der 1921 erstmals das Konzept einer «taktischen Bewegung vom Schiff an Land» vorlegte. Dabei betonte er die Notwendigkeit, dass die Landungstruppen beim Verlassen des Schiffs größtmögliche Feuerunterstützung durch die Schiffsartillerie erhalten, dass sie auf schnellstem Weg an Land gebracht werden und ihre erste Stellung nicht auf dem Strand, sondern landeinwärts auf trockenem Grund beziehen müssten. Mit anderen Worten, Meer und Strand seien als Niemandsland anzusehen. Die Kämpfe hätten in oder hinter der ersten Verteidigungsstellung des Feindes, weit jenseits der Hochwassermarke, zu beginnen.

Die Umsetzung eines solchen Konzepts verlangte neben einer Spezialausbildung auch eine auf diese Bedürfnisse zugeschnittene Ausrüstung. Dazu gehörten unter anderem Sturzkampfbomber, die von einem Flugzeugträger aus operierten, aber nach Möglichkeit von eigenen Piloten des Marinekorps geflogen wurden. Derartige Maschinen waren ein entscheidendes Mittel, um feindliche Strandbefestigungen unter Punktfeuer zu nehmen. Außerdem benötigte man ein eigens konstruiertes Landungsboot, das leistungsfähig genug war, um die Gefahrenzone zwischen Schiff und Strand mit hoher Geschwindigkeit zu überwinden, und das unabhängig von Ebbe und Flut landen, die Truppen absetzen und wieder ablegen konnte. Mit der Zeit erkannte das US-Marinekorps die Notwendigkeit, zwei und schließlich drei Arten von Landungsfahrzeugen zu entwickeln.

Das Erste war ein Amphibienfahrzeug oder *Amphtrac*, mit Ketten ausgestattet und nach Möglichkeit gepanzert, das aus dem Wasser und über den Strand fahren konnte, bevor es die Soldaten absetzte. Ein Prototyp wurde 1924 von Walter Christie konstruiert, dem erstaunlich produktiven amerikanischen Panzerpionier (der auch entscheidende Impulse für den T-34 lieferte). Das Zweite war ein größeres Landungsboot zum Absetzen der zweiten Welle, das auf einer zivilen Konstruktion der Higgins Company in New Orleans beruhte und ursprünglich für die Nutzung im

Mississippidelta gedacht war. Das Dritte war ein Schiff, das in der Lage war, Panzer an den Strand zu bringen. Den Entwurf für das erste von mehr als tausend Panzerlandungsschiffen, die während des Krieges gebaut wurden, hatte John Niedermair vom *Bureau of Ships* im November 1941 in wenigen Tagen zu Papier gebracht. Mit allen drei Bootstypen ließ sich natürlich auch der Nachschub transportieren, sobald die Landungstruppen am Ufer waren.

Anfang 1945 verfügte die Pazifikflotte über alle drei Typen und viele Spielarten in außerordentlicher Zahl; die Küstenwache der Vereinigten Staaten hatte sich darauf spezialisiert, die Landungsboote der Marineinfanterie zu bemannen. Außerdem verfügte sie über eine große Zahl von schnellen «Angriffstransportern», auf denen die Landungstruppen und -fahrzeuge befördert wurden und die mit den Zerstörern und Trägern einer amphibischen Kampfgruppe Schritt halten konnten. Sie besaß auch eine Anzahl spezieller Kommandoschiffe, von denen aus Admirale und Generale gemeinsam die Operationen leiten konnten.

Pläne zum Angriff auf die Ryukyu-Inseln waren bereits Anfang Juli 1944 entwickelt worden, schon vor der Landung auf Leyte, als Admiral Raymond Spruance, Oberbefehlshaber der 5. Flotte, vorgeschlagen hatte, Zwischenstellungen, vor allem Formosa, einfach zu überspringen und gleich mit einem Riesenschritt bis an Japans Türschwelle zu gelangen. Admiralstabschef King hielt den Plan zunächst für allzu waghalsig. Doch im September, als deutlich wurde, dass die Fortdauer des Krieges in Europa (durch Hitlers erkennbare Entschlossenheit, den Westwall zu verteidigen) und MacArthurs anhaltende Kämpfe auf den Philippinen die Verfügbarkeit weiterer Heeresverbände ausschloss, gab King nach. Mit sechs Marineinfanterie- und fünf Heeresdivisionen hatte Nimitz jetzt genügend unabhängige Streitkräfte unter seinem Kommando, um aus eigener Kraft weiträumige Operationen durchführen zu können. Und so kamen King, Nimitz und Spruance am 29. September 1944 auf einem Treffen in San Francisco überein, Okinawa bei den Landungsoperationen des folgenden Jahres als

Hauptziel ins Auge zu fassen. Da es beim Vorrücken auf die Ryukyu-Inseln vor allem darum ging, bessere Luftstützpunkte für die vorbereitende Bombardierung Japans zu gewinnen und einen «Luftkorridor» zwischen die Mutterinseln und die japanischen Flugplätze auf Formosa und Luzon zu treiben, einigte man sich auch darauf, einen Hilfsstützpunkt auf einer kleineren Insel in der Nähe einzunehmen, die sich leichter erobern ließ und als Start- und Notlandeplatz für die B-29 dienen konnte. Hier bot sich die Bonin-Insel Iwo Jima an. Am 3. Oktober gaben die Vereinigten Stabschefs die Weisung aus, Iwo Jima im Februar und Okinawa im April anzugreifen.

Der *Ten-Go*-Plan

Inzwischen revidierten die Japaner ihre eigenen Pläne für die künftige Kriegführung. Im September 1943 hatten sie eingesehen, dass sich der Verteidigungsgürtel von 1942 nicht halten ließ, und hatten eine neue Absolute Nationale Verteidigungszone festgelegt. Sie umfasste die Kurilen nördlich der Mutterinseln, die Bonin-Inseln, die Marianen und die Karolinen im Zentralpazifik sowie das westliche Neuguinea, Niederländisch-Indien und Burma im Südwesten. Doch bei ihrem Vormarsch im Jahr 1944 drangen die Amerikaner so tief in diese Zone ein, dass jene Pläne fallen gelassen wurden und sich die Planer, die für sie verantwortlich waren, aus der Regierung zurückzogen. Im Juli dankte Tojo als Ministerpräsident ab und wurde durch den gemäßigteren Kuniaki Koiso ersetzt, obwohl die Mitglieder des Kriegs- und Marineministeriums im Kabinett dafür sorgten, dass die Regierung unter militärischer Kontrolle blieb.

Im Frühjahr 1945 hatte sich die Situation überall, außer in China (wo die *Ichi-Go*-Offensive gute Fortschritte machte), so alarmierend verschlechtert, dass das kaiserliche Hauptquartier seine Situation abermals überdenken musste. Es entwarf einen Plan mit dem Decknamen *Ten-Go* zum Schutz seiner verwundbarsten

Punkte auf den Resten des japanischen Verteidigungsgürtels, zu denen die Insel Hainan zwischen China und Indochina, die chinesische Küste selbst, Formosa und die Ryukyu-Inseln gehörten. Der Teilplan zur Verteidigung der Ryukyu-Inseln, von denen Okinawa, wie man sehr wohl erkannte, am gefährdetsten war, trug den Decknamen *Ten-Ichigo*. Zu seiner Durchführung sollten 4800 auf Formosa und den Mutterinseln stationierte Flugzeuge abgestellt werden. Da der Treibstoffmangel die Zahl der Einsätze, die geflogen werden konnten, und auch die Ausbildungsstunden der Piloten erheblich einschränkte, wurde *Ten-Ichigo* als eine Offensive neuer Art geplant. Die Flugzeuge sollten mit Sprengstoff beladen werden, um von ihren Piloten dann in die amerikanischen Schiffe gelenkt zu werden – Kamikaze («göttlicher Wind») hießen diese Selbstmordeinsätze, wie die Amerikaner bald erfahren sollten.

Am letzten Tag der Schlacht im Golf von Leyte hatten die Amerikaner bereits eine Kostprobe der Kamikazetaktik erhalten, doch zum Glück waren diese Selbstmordaktionen nur eilig improvisiert. Die Vorbereitungen für *Ten-Ichigo* waren methodischer und daher noch nicht abgeschlossen, als die 3., 4. und 5. Marineinfanteriedivision am 19. Februar mit dem Angriff auf Iwo Jima begannen. Das war die einzige Gnade, die den Amerikanern bei diesem Unternehmen gewährt wurde. Das Eiland war mit schwerer Artillerie bestückt, durch starke Truppen bewacht, von zahllosen Tunneln durchzogen und sein Basaltgebirge mit einer tiefen Schicht Vulkanstaub bedeckt. All diese Faktoren sorgten dafür, dass die Marineinfanterie vor der schwierigsten Aufgabe des gesamten Pazifikkrieges stand. Die Amphibienpanzer fuhren sich an den Stränden fest und wurden auf kurze Entfernung von den Salven jener Geschütze zerstört, die dem dreitägigen Feuer der Schiffsartillerie nicht zum Opfer gefallen waren. Die Infanterie hob Gräben aus, die einstürzten, sobald sie tief genug waren, um Deckung zu geben. Die Verwundeten erlitten weitere Verwundungen, während sie auf den Stränden lagen und auf ihren Abtransport warteten. Robert Sherrod, der Korrespondent, der am Kampf um Tarawa und den meisten Insellandungen seither teilgenommen hatte, hielt Iwo Jima für das schlimmste Gefecht, das er erlebt hatte: Die Männer starben, sagte er, «auf brutalste Art und Weise». Als die Eroberung von Iwo Jima schließlich am 16. März abgeschlossen wurde, waren 6821 Amerikaner gefallen und 20000 verwundet, mehr als ein Drittel der an der Landung beteiligten Männer. Die 21000 japanischen Verteidiger starben fast bis auf den letzten Mann.

Okinawa, die letzte Schlacht

Iwo Jima war eine schreckliche Warnung für die amerikanischen Divisionen, die für den Einsatz auf Okinawa vorgesehen waren – die 1., 6. und 7. Marineinfanterie- sowie die 7., 27. 77., 81. und 96. Heeresdivision. Wegen der Verluste, die der erste Tag auf Iwo Jima gefordert hatte, beschloss man, den Angriff auf Okinawa mit dem schwersten Schiffsartilleriefeuer vorzubereiten, das bisher auf eine der Pazifikinseln niedergegangen war. Es dauerte vom 24. bis zum 31. März, und als es vorüber war, hatten annähernd 30000 großkalibrige Granaten den Landungsbereich erschüttert. Am 1. April wurden von einer Armada aus 1300 Schiffen, darunter 18 Schlachtschiffe, 40 Träger und 200 Zerstörer, die 1. und 6. Marineinfanteriedivision sowie die 7. und 96. Heeresdivision mit ihren Amphibienpanzern und Higgins-Booten in rasender Fahrt an Land gesetzt, um die Engstelle in der Inselmitte, wo sich die Flugplätze befanden, in ihre Hand zu bringen und den Widerstand auf beiden Inselhälften zu ersticken.

Okinawa ist eine große Insel von fast 140 Kilometer Länge. Der amerikanische Plan für die Eroberung beruhte auf der Annahme, dass die Japaner hier, wie bei allen Landungsunternehmen bis auf eines, am Ufer zähen Widerstand leisten, dann aber unter dem Druck der amerikanischen Luftwaffe und der Schiffsgeschütze ins Binnenland und in immer unhaltbarere Stellungen abgedrängt würden. In Vorwegnahme der amerikanischen Erwartungen hatten sich die Japaner bei der Verteidigung Okinawas für die entgegengesetzte Strategie entschieden. Sie beschlossen, die Marineinfanterie- und Heeresdivisionen widerstandslos landen zu lassen, sie dann in Gefechte um, wie sie meinten, uneinnehmbare Verteidigungsstellungen im Inneren der Insel zu verwickeln und in der Zwischenzeit einen geballten Kamikazeangriff gegen die auf Reede liegenden Schiffe zu fliegen. Letztlich sah der Plan vor, die Flotte zu vertreiben, sodass die Landungstruppen ohne Unterstützung zurückblieben und nach Belieben vernichtet werden konnten.

Die japanischen Streitkräfte hatten rund 120 000 Mann auf der Insel stationiert, denen nach den Landungen des ersten Tages 50 000 Amerikaner gegenüberstanden – eine Zahl, die nach der Ankunft der amerikanischen 10. Armee schließlich auf fast eine Viertelmillion anstieg. Die japanischen Truppen waren in die 24. und 62. Division gegliedert, die zusammen mit einer großen Zahl selbständiger Einheiten die 32. Armee unter dem Oberbefehl von General Mitsuru Ushijima bildeten. Er war realistischer als die kaiserlichen Generalstabsoffiziere im Hauptquartier, denn er erkannte, dass auf Okinawa kein Sieg zu erringen war. Trotzdem war er gewillt, den Invasoren größtmögliche Verluste beizubringen, und hatte entsprechende Vorkehrungen getroffen. Die Insel war gespickt mit Tunneln und Feuerstellungen, von denen viele großkalibrige Waffen verbargen. Die Gefechtsstellungen bildeten verschiedene Linien, die sich von den Strandabschnitten, an denen Ushijima die Landung der Amerikaner zu Recht erwartet hatte, bis zum Hochland im Süden und Norden der Insel hinzogen.

Am 1. April landeten die Amerikaner praktisch ohne Verluste. Die 1. und 6. Marineinfanteriedivision (zum ersten Mal während des Krieges kamen in Verbänden des Marinekorps neben Freiwilligen auch Wehrpflichtige zum Einsatz) wandten sich nach Norden, um den oberen Teil der Insel in Besitz zu nehmen, anschließend wollten sie der 7. und 96. Heeresdivision bei der Schlacht um den gebirgigeren Süden zu Hilfe kommen. Am 6. April – inzwischen häuften die Verluste sich – stießen sie auf die Machinato-Linie, die die südlichen Städte Shuri und Naha deckte. An diesem Tag begann die japanische Luft- und Seeoffensive gegen die amerikanische Flotte vor der Küste Okinawas.

Einen Vorgeschmack darauf, wie grimmig die Japaner Okinawa zu verteidigen gedachten, hatten die Amerikaner bereits bekommen, als die Kampfgruppe 58, die noch immer von dem energischen Admiral Mitscher befehligt wurde, am 18. und 19. März zur Vorbereitung der Landung einen Vorstoß in die Japanische Inlandsee unternommen hatte. Zwar schossen die amerikanischen Trägerflugzeuge rund 200 japanische Maschinen ab, doch die Kampfgruppe selbst erlitt ebenfalls schwere Verluste. Der Flugzeugträger *Wasp* wurde von einem Kamikazeflieger stark beschädigt und konnte nur durch rasche Feuerbekämpfung gerettet werden, eine Technik, in der die Amerikaner nun alle anderen Kriegsmarinen übertrafen. Die *Franklin*, ein anderer Träger, wurde von zwei Bomben getroffen, sodass sie fast völlig ausbrannte. 724 Besatzungsmitglieder kamen ums Leben, der höchste Verlust auf irgendeinem der Schiffe, die den Pazifikkrieg überstanden.

Am 6. April griffen die Kamikazeflieger in dichten Wellen an. Am gleichen Tag brach weit im Norden Japans letzte einsatzfähige Überwasserkampfgruppe auf, das riesige Schlachtschiff *Yamato* in Begleitung von einem Kreuzer und acht Zerstörern. Die *Yamato* hatte die letzten 2500 Tonnen Treibstoff, die in ihrem Heimathafen verfügbar waren, übernommen, um sich auf ihre Fahrt ohne Rückkehr zu machen. Ihr Auftrag lautete, den Abwehrschild um die Strände von Okinawa zu durchbrechen und der Landungsflotte einen irreparablen Schaden zuzufügen. Doch sie wurde entdeckt, lange bevor sie in Schussweite war, und am 7. April von 280 Flugzeugen der Kampfgruppe 58 angegriffen. Von 12.00 bis 14.00 Uhr bekam sie sechs Torpedotreffer. Mit Maschinen- und Ruderausfall wurde sie zu einer hilflosen Zielscheibe für die immer neuen Wellen amerikanischer Flugzeuge, bis sie sich um 14.23 Uhr auf die Seite legte und mit fast allen ihrer 2300 Besatzungsmitgliedern sank. Auch der Kreuzer und vier ihrer sieben Begleitzerstörer wurden versenkt. Diese «Überwasser-Sonderkampfgruppe» hatte den letzten Einsatz der Kaiserlich Japanischen Marine in diesem Krieg durchgeführt.

Die Kamikazeflieger waren weit schwerer abzuwehren. Rund 900 Flugzeuge, ein Drittel davon im Selbstmordeinsatz, griffen die Landungsflotte am 6. April an. Am Abend dieses Tages waren zwar 108 der japanischen Maschinen abgeschossen, aber auch drei Zerstörer, zwei Munitionstransporter und ein Panzerlandungsschiff versenkt worden. Am 7. April wurden die Angriffe wiederholt, mit dem Erfolg, dass ein Schlachtschiff, ein Flugzeugträger und zwei Zerstörer Kamikazetreffer erhielten. Die Amerikaner reagierten damit, dass sie den Schirm von Zerstörern verstärkten, die als Radarvorposten in einem Umkreis von bis zu 95 Seemeilen vor Okinawa lagen und frühzeitig vor Angriffen warnten. Schon bald waren 16 in Position, elf von ihnen in einem Halbkreis zwischen dem nordöstlichen und südwestlichen Azimut und damit am nächsten an Japan und Formosa. Wie die britische Kampfgruppe vor den Falklandinseln 40 Jahre später feststellen sollte, mag eine solche Kette von Radarvorposten zwar in der Lage sein, den großen Einheiten einer Flotte eine frühzeitige Warnung zu übermitteln, sie ist aber für die beteiligten Schiffe ein Himmelfahrtskommando, weil diese sich als leichte Ziele für feindliche Luftschläge anbieten. So erging es auch den amerikanischen Zerstörern. Vom 6. April bis zum 29. Juli wurden 14 von ihnen durch japanische Selbstmordpiloten versenkt, dazu weitere 17 Panzerlandungsschiffe, Munitionstransporter und eine Reihe von großen Landungsschiffen, die hinter diesem Schutzschirm lagen. Mehr als 5000 amerikanische Seeleute starben infolge der Kamikazeeinsätze vor Okinawa – die schwersten Verluste, die die US Navy in irgendeiner Phase des Krieges, einschließlich Pearl Harbor, erlitt.

Vom 6. April bis zum 10. Juni flog das Kamikazekorps neben vielen kleineren Einsätzen zehn Massenangriffe mit 30 bis 500 Maschinen, die neben Zerstörern auch Schlachtschiffe und Flugzeugträger beschädigten. Die ehrwürdige *Enterprise* wurde ebenso ein Kamikazeopfer wie die neueren Träger *Hancock* und *Bunker Hill*, Spruances Flaggschiff, auf dem 396 Besatzungsmitglieder durch einen solchen Angriff ihr Leben verloren. Amerikanische Träger, die zwar waagerecht über dem Maschinenraum, aber unterhalb des Flugdecks gepanzert waren, gerieten allzu leicht in Brand, wenn ein Kamikazeflieger einschlug. Ein grundlegender Vorteil der vier britischen Flugzeugträger der Kampfgruppe 57, die sich im März den amerikanischen Seestreitkräften vor Okinawa anschlossen, bestand darin, dass ihre Flugdecks gepanzert waren, weil in den engen europäischen Gewässern mit Granatfeuer gerechnet werden musste. Daher überstanden sie die Kamikazetreffer ohne ernsthafte Schäden.

Letztlich konnten die Kamikazeangriffe aber nicht unbegrenzt fortgesetzt werden, denn den Japanern begannen sowohl die Piloten als auch die Flugzeuge auszugehen. Die Zahl der Angriffe war im Mai kleiner als im April und im Juni viel kleiner als im Mai – nur vier Schiffe wurden im Juni versenkt. Doch solange die Truppen von Heer und Marineinfanterie noch an der Küste kämpften, mussten die Vorpostenschiffe an Ort und Stelle bleiben; damit setzten sie sich weiterhin der Gefahr aus, versenkt zu werden – für die Besatzungen eine fast unerträgliche nervliche Belastung. Als sich die Operation hinzog, verlor Nimitz zunehmend die Geduld mit General Simon Bolivar Buckner, dem Oberbefehlshaber der 10. Armee, und beklagte, dass er bei dem Tempo, mit dem die Front vorankomme, «anderthalb Schiff pro Tag» verliere.

Buckner, der Sohn des Generals, der 1862 im Amerikanischen Bürgerkrieg gegen Ulysses S. Grant gekämpft hatte, verteidigte seine systematische Taktik. Hintereinander liegende Gebirgskämme verzögerten jede Offensive. Die Höhenzüge waren durch ständigen Regen aufgeweicht, sodass sich die Panzer festfuhren, wenn sie den Vormarsch unterstützen wollten. Außerdem wehrten die Japaner sich mit fanatischer Entschlossenheit; sie kämpften – ob ausgebildete Infanteristen oder vollkommen unerfahrenes Landpersonal der Marine – buchstäblich bis zum letzten Atemzug. Erst als Ende Juni der Widerstand erlahmte, ergaben sich rund 4000 Japaner. Alle höheren japanischen Offiziere, einschließlich Ushijima, begingen Harakiri, desgleichen viele Untergebene und manche Zivilisten. Auch die Bevölkerung von Okinawa, 450 000 Einwohner bei Beginn der Kämpfe, hatte entsetzlich gelitten. Mindestens 70 000, vielleicht sogar 160 000 kamen im Laufe der Kämpfe ums Leben. Tausende suchten Schutz in den zahlreichen Höhlen der Insel, in denen die japanischen Truppen sich in der Folge verschanzten, und wurden getötet, als die amerikanische Infanterie diese Stellungen mit Flammenwerfern und geballten Ladungen angriffen.

Für die kämpfende Truppe war Okinawa die schlimmste aller Schlachten im Pazifik gewesen. Die amerikanischen Heeresdivisionen beklagten 4000 Gefallene, das Marinekorps 2938, 763 Flugzeuge wurden abgeschossen und 38 Schiffe versenkt. Die Japaner verloren 16 Schiffe und die kaum glaubliche Zahl von 7800 Flugzeugen, davon mehr als 1000 in Kamikazeeinsätzen. Die japanischen Militärangehörigen auf der Insel – Marine-Landpersonal, Frontsoldaten, Angestellte, Köche, einheimische Dienstverpflichtete – kämpften so aufopfernd, dass sie fast bis auf den letzten Mann fielen. Insgesamt machten die Amerikaner 7400 Gefangene, darunter auch die Männer, die zu schwer verwundet waren, um Selbstmord zu begehen. 110 000 Japaner starben, weil sie es ablehnten, sich zu ergeben.

32 · SUPERWAFFEN UND JAPANS NIEDERLAGE

Okinawa ließ ahnen, welch entsetzliche Kämpfe die amerikanischen Streitkräfte erwarteten, sobald der Krieg die japanischen Mutterinseln erreichen würde. Es war die erste Schlacht um eine große Insel bei Annäherung an das Kernland des Reiches. Verluste und Dauer ließen darauf schließen, dass der US Navy noch viel schlimmere Feuerproben bevorstanden, wenn sie weiter vorrückte, um Heeressoldaten und Marineinfanteristen an den Küsten der Japanischen Inlandsee anzulanden. Aus einer Quelle, die nie mit letzter Sicherheit identifiziert werden konnte, war unter den amerikanischen Strategen die Zahl von «einer Million Opfern», sogar «einer Million Gefallenen» in Umlauf gesetzt worden, mit der bei einer Invasion Japans gerechnet werden musste. Sie warf einen furchtbaren Schatten über ihre Erörterungen, wie der siegreiche Feldzug im Pazifik ohne eine nationale Tragödie zu Ende gebracht werden könnte.

Ohne den Mut, das Engagement und die Opferbereitschaft der amerikanischen Seeleute, Marineinfanteristen und Heeressoldaten schmälern zu wollen – bislang war der pazifische Krieg ein kleiner Krieg gewesen. Allerdings übertraf die Zahl der eingesetzten Großkampfschiffe die auf allen anderen Schauplätzen: Mit einem Dutzend Schlachtschiffen, 50 Flugzeugträgern, 50 Kreuzern, 300 Zerstörern und 200 U-Booten war die Pazifikflotte 1945 nicht nur die größte Seestreitmacht der Welt, sondern auch die größte, die es je gegeben hatte. Sie hatte die Kaiserlich Japanische Kriegsmarine vernichtet – die wenigen Schiffe, die noch schwammen, waren nicht einsatzfähig, weil ihnen der Treibstoff fehlte. Die amerikanische Marineluftwaffe besaß 3000 Maschinen und war damit ebenfalls die größte der Welt. Außerdem verfügten die

US Navy und die *Army Air Force* über zehntausende landgestützte Flugzeuge, darunter B-29 *Superfortresses*, von denen 250 seit März regelmäßig Einsätze gegen japanische Städte flogen – mit verheerender Wirkung.

Was seine geographischen Ausmaße betraf, war der Pazfikkrieg ein enormer Krieg, erstreckte er sich doch über mehr als 15 Millionen Quadratkilometer Land und Meer. Gemessen an der Zahl der beteiligten Menschen freilich, war er im Vergleich zu demjenigen, der in Europa ausgetragen wurde, recht bescheiden. Dort hatte die Sowjetunion 12 Millionen Mann mobilisiert, Deutschland 10 Millionen, darüber hinaus wurden die meisten der 5 Millionen britischen und ein Viertel der amerikanischen 12 Millionen Soldaten in Europa eingesetzt. Im Pazifik dagegen hatten die Japaner zwar 6 Millionen mobilisiert, aber von den außerhalb der Heimatinseln stationierten japanischen Soldaten befanden sich fünf Sechstel in China. Die Zahl derer, die auf den Inseln kämpften, übertraf möglicherweise nicht jene der in die Region entsandten amerikanischen Soldaten. Zwischen 1941 und 1945 taten 1,25 Millionen amerikanische Militärangehörige Dienst auf den pazifischen und chinesisch-burmesisch-indischen Kriegsschauplätzen. Davon gehörten lediglich 450 000 zu Heeres- oder Marineinfanteriedivisionen, und von diesen 29 Divisionen nahmen wiederum nur etwa sechs Divisionen des Heeres und vier der Marineinfanterie regelmäßig an längeren Kampfeinsätzen teil. Im Vergleich zum europäischen Kriegsschauplatz, wo Mitte 1944 den 300 Divisionen der deutschen Wehrmacht und der Verbündeten 300 russische sowie 70 britische und amerikanische Divisionen gegenüberstanden, war die Dimension des «Erdkampfs» im Pazifikkrieg tatsächlich klein – sieht man von den entsetzlichen Verlusten der japanischen Truppen ab, die auf den Inseln stationiert waren.

Nach Okinawa drohte die Größenordnung des Pazifikkrieges plötzlich exponentiell zu steigen. Deutschlands Kapitulation bedeutete, dass alle 90 Divisionen, welche die Vereinigten Staaten mobilisiert hatten, und die meisten der 60 des Britischen Empire für die Invasion Japans eingesetzt werden konnten, ergänzt um die Truppen, die Stalin bereit war aufzubieten, sobald er Japan den Krieg erklären würde, wie im November 1943 in Teheran versprochen. Nach den Erfahrungen auf Okinawa zu urteilen, konnten allerdings selbst Zahlen wie diese nicht garantieren, dass die Japaner auf ihrem Heimatgebiet rasch und ohne große Verluste bezwungen werden könnten. Okinawa und Japan wiesen ähnliche Geländeverhältnisse auf, doch Japan bot einem Verteidiger eine Vielzahl von Stellungen in Höhenzügen, Gebirgen und Wäldern, von denen aus ein Angreifer leicht in Schach zu halten war. Eine solche Aussicht entsetzte die Entscheidungsträger in den USA. Admiral William Leahy, der Stabschef des Präsidenten, erläuterte Truman bei einer Besprechung am 18. Juni, dass die Heeres- und Marineinfanteriedivisionen auf Okinawa Verluste in Höhe von 35 Prozent erlitten hatten und dass ein ähnlicher Prozentsatz auf Kyushu zu erwarten sei, der japanischen Mutterinsel, die als Erste für eine Invasion vorgesehen war; bei den 767 000 Mann, die an der Operation teilnehmen sollten, müsse man also mit 268 000 gefallenen oder verwundeten Soldaten rechnen, das heißt, mit ungefähr so vielen Toten, wie die Vereinigten Staaten bisher an allen Fronten des gesamten Krieges zu beklagen hatten.

Truman meinte daraufhin, er hoffe, «dass sich ein Okinawa von einem Ende Japans zum anderen» vermeiden lasse. Der Plan der Vereinigten Stabschefs, der Ende Mai in Washington ausgearbeitet worden war, sah eine Invasion Kyushus (Deckname *Olympic*) im Herbst 1945 und einen Angriff auf die Hauptinsel Honshu (Deckname *Coronet*) im März 1946 vor. Mühsam hatte man sich darauf geeinigt. Das Heer, dessen Auffassung im Wesentlichen von MacArthur bestimmt wurde, vertrat die Ansicht, nur eine Invasion könne den Krieg wirklich beenden. Die Vertreter der Kriegsmarine, von den Befehlshabern der *US Army Air Force* stillschweigend unterstützt, waren der Meinung, wenn es gelänge, die Luftstützpunkte an der chinesischen Küste zu erobern, von denen aus auf kurze Entfernung strategische Bombenangriffe geflogen werden konnten, lasse sich der japanische Widerstand brechen, ohne dass man durch ein Landungsunternehmen das Leben amerikanischer Soldaten aufs Spiel setzen müsse. Bislang hatte der strategische Bombenkrieg allerdings wenig Schaden auf den Mutterinseln angerichtet und offenbar den Kriegswillen der Regierung nicht geschwächt. MacArthurs Meinung setzte sich daher durch.

Die Zerstörung japanischer Städte

Bevor die Vereinigten Stabschefs jedoch ihre Weisung für *Olympic* und *Coronet* ausgaben, hatte der strategische Bombenkrieg eine neue Wendung genommen. Wie die britischen Chefs des *Bomber Command* im Jahre 1942 hatten die Amerikaner ihre Überzeugung, der Bomber sei ein Präzisionsinstrument – die sie viel dogmatischer vertreten hatten als die Briten –, aufgegeben und einsehen müssen, dass er als stumpfe Waffe zu verwenden sei. Zu dieser Änderung ihrer Doktrin sahen sie sich veranlasst, weil die Japaner (in Nachahmung des Programms, das Speer 1943/44 in Deutschland durchgeführt hatte) die Produktion von Waffenkomponenten aus den Hauptindustriegebieten in neue Fabriken ausgelagert hatten, die sich von der *Twentieth Air Force*, der 20. Luftflotte, nicht leicht lokalisieren oder treffen ließen. Im Februar 1945 traf General Curtis LeMay auf den Marianen ein, die zum Hauptstützpunkt der *Superfortresses* des XXI. *Bomber Command* geworden waren, um eine neue Taktik des Bombenkrieges einzuführen. Die Ziele sollten nicht mehr bei Tag mit aus großer Höhe gezielt abgeworfenen Luftminen angegriffen werden, sondern aus geringer Höhe mit dichten Teppichen von Brandbomben bei Nacht, genau der Methode also, mit der «Bomber» Harris 1942 seine «Tausend-Bomber-Angriffe» zu einem Terrorinstrument gemacht und Feuerstürme in den deutschen Städten entfacht hatte. Die Brandbomben, die LeMays Flieger verwendeten, waren jedoch mit eingedicktem Benzin gefüllt, einem weit wirksameren Brandbeschleuniger als der, den die RAF verwendete. Noch wichtiger, Japans leicht gebaute Städte aus Holz und Papier brannten viel schneller und heftiger als die europäischen Stein- und Ziegelhäuser.

Am 9. März griff das *Bomber Command* Tokio mit 325 Flugzeugen an, die ausschließlich Brandbomben geladen hatten und im Schutz der Dunkelheit im Tiefflug nahten. Nach wenigen Minuten fing die Stadt Feuer, und am Morgen hatten die Flammen mehr als 40 Quadratkilometer Stadtgebiet vernichtet. 267 000 Gebäude waren völlig niedergebrannt, und die Temperatur im Zentrum des Feuersturms hatte das Wasser in den Kanälen der Stadt zum Kochen gebracht. 89 000 Tote wurden gezählt, doppelt so viele Verletzte in den Krankenhäusern der Stadt behandelt. Die Verluste der Bomberflotte lagen unter zwei Prozent und gingen mit der Intensivierung des Bombenkrieges noch weiter zurück. Bald stieg die Stärke von LeMays Bomberflotte auf 600 Maschinen an, die eine japanische Stadt nach der anderen angriffen. Mitte Juni waren die fünf übrigen führenden Industriezentren Japans verwüstet – Nagoya, Kobe, Osaka, Yokohama und Kawasaki –, 260 000 Menschen getötet, zwei Millionen Gebäude zerstört und 9 bis 13 Millionen Menschen ausgebombt.

Unablässig nahm die Zerstörung ihren Fortgang, praktisch ohne Opfer unter den amerikanischen Bomberbesatzungen und mit entsetzlichen Verlusten unter den Bewohnern der japanischen Städte. Im Juli waren 60 Prozent des Stadtgebiets der 60 größten Ortschaften Japans niedergebrannt. MacArthur und andere nüchterne militärische Beobachter vertraten jedoch die Auffassung, all diese Verwüstungen könnten die japanische Regierung anscheinend nicht davon abbringen, den Krieg fortzusetzen. Anfang April, nachdem es Koiso nicht gelungen war, China zu einem Separatfrieden zu bewegen, wurde er als Ministerpräsident von einem moderaten Strohmann abgelöst, dem 78-jährigen Admiral Kantaro Suzuki. Tojo war zwar als Regierungschef abgesetzt worden, behielt aber durch seine Stellung im Heer auch weiterhin ein Vetorecht bei allen Kabinettsentscheidungen. Er und die anderen Militaristen waren entschlossen, bis zum bitteren Ende zu kämpfen.

Diese Entschlossenheit forderte von den Japanern Opfer, wie sie nicht einmal Hitler den Deutschen in den letzten Kriegsmonaten abverlangt hatte. Die Lebensmittelration wurde unter jene 1500 Kalorien gekürzt, die der Mensch täglich braucht, um am Leben zu bleiben, und mehr als eine Million Japaner wurden zum Ausgraben von Kiefernwurzeln abkommandiert, aus denen eine Art Flugzeugbenzin destilliert werden konnte. Nach dem Bericht eines Kabinettsausschusses, der im Auftrag von Suzuki die Lage an der Wirtschaftsfront untersuchen sollte, stand die Stahl- und Chemoindustrie unmittelbar vor dem Zusammenbruch, nur eine Million BRT Schiffsraum waren noch einsatzfähig, zu wenig, um die Verbindung zwischen den Mutterinseln aufrechtzuerhalten, und auch das Eisenbahnsystem war lahm gelegt. Trotzdem wagte niemand von Frieden zu sprechen. Eine Fühlungnahme durch den amerikanischen Bevollmächtigten Alan Dulles bei der japanischen Gesandtschaft in der Schweiz wurde ignoriert. 1945 wurden in Japan mehr als 400 Menschen festgenommen, nur weil sie im Verdacht standen, Verhandlungen zu befürworten.

Die Suche nach revolutionären Waffen

Mitte des Sommers begann die amerikanische Regierung die Geduld mit der japanischen Halsstarrigkeit zu verlieren und allmählich der Versuchung zu erliegen, den Krieg auf ganz besondere, spektakuläre und unzweifelhaft entscheidende Weise zu beenden. Durch Meldungen, die Magic aufgefangen und entschlüsselt hatte, wussten die Amerikaner, dass das Suzuki-Kabinett, wie Koiso zuvor, Geheimverhandlungen mit den Russen führte, von denen die Japaner hofften, sie könnten als Vermittler dienen. Den Amerikanern war außerdem bewusst, dass die Haltung der Japaner zur Beendigung des Krieges durch die 1943 verkündete Forderung nach «bedingungsloser Kapitulation» geprägt war, in der alle loyalen Japaner eine Bedrohung des kaiserlichen Systems sahen. Doch da die Russen gar nicht daran dachten, eine Vermittlerrolle zu übernehmen, und da die Potsdamer Konferenz hatte erkennen lassen, dass eine bedingungslose Kapitulation nicht unbedingt die Absetzung des Kaisers nach sich ziehen musste, ließ die amerikanische Bereitschaft, noch länger zu warten, im Laufe des Sommers deutlich nach.

Am 26. Juli strahlte man die Potsdamer Deklaration über Rundfunk in Japan aus, in der die «vollkommene Zerstörung des japanischen Heimatlandes» für den Fall angedroht wurde, dass die kaiserliche Regierung nicht bedingungslos kapitulierte. Seit dem 16. Juli wusste Präsident Truman, dass diese «vollkommene Zerstörung» in der Macht der USA lag, denn an jenem Tag war die erste Atombombe in Alamogordo, in der Wüste von New Mexico, erfolgreich gezündet worden. Am 21. Juli, während die Potsdamer Konferenz noch andauerte, einigten sich Truman und Churchill im Grundsatz darauf, die Bombe einzusetzen; am 25. Juli informierte der amerikanische Präsident Stalin darüber, dass Amerika «eine neue Waffe von ungewöhnlicher Zerstörungskraft» besitze. Einen Tag später erhielt General Carl Spaatz, der Oberbefehlshaber der Strategischen Luftflotte, den Befehl, «sobald das Wetter es erlaubt, seine erste Spezialbombe nach dem 3. August auf eines der folgenden Ziele abzuwerfen: Hiroshima, Kokura, Niigata und Nagasaki». Damit stand fest, dass man versuchen würde, den Zweiten Weltkrieg durch den Einsatz einer revolutionären Superwaffe zu beenden.

Die Suche nach einer revolutionären Waffe war eines der unmittelbarsten und dauerhaftesten Ergebnisse der Industrialisierung des Krieges Mitte des 19. Jahrhunderts und eine ebenso logische wie unvermeidliche Erweiterung der vorangegangenen Umwälzungen in der Kriegführung. Bis zum 15. Jahrhundert war der Krieg eine Frage der Muskelkraft, und die Entscheidung auf dem Schlachtfeld fiel der Seite zu, die diese Kraft länger mobilisieren konnte als die andere. Mit der Erfindung des Schießpulvers änderte sich das. Da sie die Möglichkeit schuf, Energie in chemischer Form zu speichern, räumte sie dem schwachen Mann die gleichen Chancen wie dem starken ein und verschaffte derjenigen Seite einen Vorteil, die über mehr geistige Fähigkeiten und Entschlossenheit verfügte. Die ersten Versuche, die Erzeugnisse der Industrialisierung für militärische Zwecke zu nutzen, bestanden deshalb darin, die Leistung der chemischen Energie zu verstärken, indem man die Frequenz erhöhte, mit der Geschosse abgefeuert werden konnten. Das Ergebnis waren Hinterlader, Repetiergewehre, Schnellfeuerwaffen und schließlich das Maschinengewehr. Sie alle hatten die Aufgabe, geistige Fähigkeiten und Entschlossenheit durch bloßes Metall aufzuwiegen.

Als die menschliche Widerstandskraft und Anpassungsfähigkeit unter Beweis stellte, dass der kämpfende Mensch des Industriezeitalters sogar Quantensprünge an Feuerkraft überleben konnte, schlugen die militärischen Erfinder eine neue Richtung ein. Sie beschäftigten ihren Erfindungsgeist nicht mehr mit dem Problem, wie eine möglichst große Zahl von Kriegern auszuschalten oder zu töten sei, sondern wie man die Schutzsysteme neutralisieren könne, in denen die Soldaten Zuflucht fanden – an Land die Festungen, auf See die gepanzerten Schiffe. Die menschliche Erfindungsgabe hatte schon vor Anbruch des Industriezeitalters nach Mitteln und Wegen gesucht, Schiffe aus dem Verborgenen zu zerstören, daher hatten U-Boot und Torpedo bereits in den Tagen der Segelschiffe primitive Vorläufer gehabt. Zwischen 1877 und 1897 wurden sowohl Torpedo wie U-Boot zu tauglichen Waffen entwickelt und veränderten das Wesen des Seekriegs. Der Panzer, der 1916 eingeführt wurde, versprach eine entsprechende Verwandlung des Landkriegs.

Das Versprechen erwies sich jedoch als trügerisch. Obwohl Panzer und U-Boot den Anschein erweckten, im Wesentlichen strategische Waffen zu sein, offenbarten sie mehr oder weniger rasch ihre taktische Natur, das heißt, sie waren während des Gefechts anfällig für Gegenmaßnahmen und ihre Wirkung richtete sich gegen die Produkte, nicht die Struktur des feindlichen Kriegssystems. Egal, wie hoch die Verluste an Menschen und wie groß die materiellen Schäden waren, die sie im Gefecht hervorriefen, der Feind konnte den Krieg fortsetzen, solange er in der Lage war, mit Hilfe der ihm zur Verfügung stehenden Mittel die Verluste zu ersetzen und die Schäden zu beheben. Und in dem Maße, in dem die eigenen Panzer und U-Boote zerstört wurden und aus der laufenden Produktion ersetzt werden mussten, erwies sich diese als Belastung für die industrielle Kapazität und erhöhte den Preis des Sieges, statt ihn zu verringern.

Diese Erkenntnis war eine der wichtigsten militärischen Hinterlassenschaften des Ersten Weltkriegs. Ihr verdankte die Theorie des strategischen Bombenkriegs ihre Entstehung. In den Jahren nach dem Krieg wurden die britische und die amerikanische Luftwaffe zu der Überzeugung bekehrt, die schweren Bomber könnten die Sprengstoffe, die sich gegen die Schützengräben als unwirksam erwiesen hatten, ins industrielle Kernland des Feindes tragen und dessen Mittel zur Kriegführung rasch und endgültig zerstören; auf diese Weise, hoffte man, könne man den Sieg erringen, ohne dass Heere oder Kriegsflotten noch gezwungen wären, «Entscheidungsschlachten» zu schlagen. Weiterhin gelangten die Briten zu der Auffassung, dass solche «strategischen» Bombeneinsätze, wenn sie bei Nacht geflogen würden, keine größeren Verluste für die Bomberflotte bringen würden, während die Amerikaner unter dem Einfluss des italienischen Dogmatikers Giulio Douhet glaubten, dass ein großer, schwer bewaffneter Tagbomber selbstverteidigungsfähig gemacht werden könnte: Das Ergebnis war die *Flying Fortress*.

Wie gesehen, deckte die Realität des Krieges die Schwäche in der Theorie des strategischen Bombenkrieges auf. Ein Hauptgrund war die Einführung einer der größten wissenschaftlichen Errungenschaften des Krieges, die Erfindung des Radars. Die

Briten hatten es schon vor Kriegsausbruch entwickelt, sodass sie 1940 über eine wirksame, wenn auch statische Kette von Frühwarnstationen verfügten, mit deren Hilfe sie ihre Jäger während der Schlacht um England rasch und genau gegen die angreifende deutsche Luftwaffe schicken konnten. Die britische Erfindung des Magnetrons, einer leistungsstarken Senderöhre, die 1942 zum Einsatz kam, ermöglichte eine sektorale Ortung auf der Zentimeterwelle. Diese Erfindung, die die Größe der Radargeräte erheblich verringerte, sorgte für den Empfang schärferer Bilder und machte es möglich, einen bestimmten Abschnitt des Luftraums abzusuchen. Außerdem konnten leistungsfähige Radarsuchgeräte in Nachtjäger eingebaut werden. Eine weitere Anwendung des Magnetrons waren die miniaturisierten Radar-Zielannäherungszünder, die im August 1944 eingeführt wurden. Sie brachten eine Flugabwehrgranate auf eine Entfernung zur Explosion, die für jedes Flugzeug tödlich war. Mit beträchtlichem Erfolg wurden sie gegen die V1 eingesetzt. Als jedoch die Deutschen ebenfalls ein «Zentimeterradar» entwickelten, brachten sie dem *Bomber Command* bei seinen Nachtangriffen schwere Verluste bei. Hätten die Deutschen für die Flak auch noch das Geheimnis der Miniaturisierung der Radar-Granatzünder gelüftet, hätten die amerikanischen Bomberverbände bei ihren Tagangriffen entsprechende Verluste erlitten.

1944 war allen Beteiligten, abgesehen von den Dogmatikern im *Bomber Command* und in der *US Eighth Air Force*, klar geworden, dass sich der Krieg durch das strategische Bombardement nicht gewinnen ließ (so wie Mitte 1945 offenkundig schien, dass Japan durch die Brandbombardierung der Mutterinseln nicht in die Knie zu zwingen war). Der strategische Bomber hatte sich, wie das U-Boot und der Panzer, als eine Waffe erwiesen, die für Gegenmaßnahmen anfällig war, ein Waffensystem, das spezielle Verteidigungsvorkehrungen zu seinem Schutz verlangte und das fortwährenden Abnutzungsverlusten unterworfen war, mit dem Ergebnis, dass es die Kriegsproduktion erheblich und ständig belastete. Wenn es denn wirklich eine revolutionäre, kriegsentscheidende Waffe gab, musste sie in einer anderen Richtung gesucht werden.

Hitlers «Vergeltungswaffen»

Auf einem Forschungsfeld hatten die Deutschen größere Fortschritte gemacht als irgendeine andere der Krieg führenden Mächte. Sie standen kurz davor, eine Fernrakete einzusetzen. Die deutsche Flugbomben-Forschung hatte eine lange Geschichte, die im Wesentlichen mit den Biographien zweier Menschen verknüpft ist – der von Wernher von Braun und Walter Dornberger.

Von Braun war ein Ingenieur, dessen in der Jugend geweckte Begeisterung für die Raumfahrt Ende der 1920er Jahre zu praktischen Experimenten mit Raketen führte. Dornberger hatte im Ersten Weltkrieg als Offizier bei der schweren Artillerie gedient und wurde 1930 am Heereswaffenamt mit der Entwicklung von Raketen beauftragt. Die Umstände brachten die beiden Männer in Kontakt, und 1932 begannen sie, mit Raketenabschüssen zu experimentieren. Den technischen Sachverstand lieferte von Braun, Dornberger die praktischen Kriterien, die eine erfolgreiche Rakete zu erfüllen hatte. Die größte Leistung des Schießwesens, schrieb Dornberger, sei bislang das ‹Pariser Geschütz› gewesen, das eine 21-cm-Granate von 119 Kilogramm Gewicht über eine Entfernung von 90 Kilometer abfeuern konnte. Die Rakete, die Dornberger sich erhoffte, sollte hingegen in der Lage sein, eine Tonne Sprengstoff über eine Entfernung von 250 Kilometer zu befördern. Außerdem legte er eine Anzahl militärischer Bedingungen fest, unter anderem, dass je 300 Meter Reichweite nur eine Abweichung von 60 oder 90 Zentimetern vom festgelegten Auftreffpunkt akzeptabel sei. Schließlich begrenzte er noch die Größe der Rakete, indem er darauf bestand, dass sie unzerlegt auf der Straße zu befördern sein müsse und dass ihre maximale Breite daher nicht die zulässige Größe von Straßenfahrzeugen überschreiten dürfe.

Dornbergers Beschreibung zeigte einerseits die artilleristischen Ursprünge seines Denkens und andererseits eine erstaunliche Hellsicht in Bezug auf die Möglichkeiten der Rakete. Dass er so nachdrücklich forderte, die Rakete müsse auf der Straße zu transportieren sein, ging auf seine Erfahrungen mit den 30,5-cm- und 42-cm-Geschützen zurück, mit denen die deutsche Artillerie 1914 die belgischen Forts zusammengeschossen hatte. Auf diese Weise sorgte er dafür, dass die künftigen Fernraketen Waffen der Artillerie sein würden. Seine Bedingungen für Reichweite, Genauigkeit und Größe der Gefechtsköpfe wiesen der Raketenforschung den Weg weit in die Zukunft. Was er verlangte, war nämlich ein Prototyp für die transportablen ballistischen Raketen, die zur wichtigsten strategischen Waffe der Supermächte Ende des 20. Jahrhunderts wurden. Und als er später darauf bestand, dass das erfolgreiche Produktionsmodell (von den Deutschen als «Aggregat 4», kurz A 4, den Alliierten als V 2 bezeichnet) einen fahrbaren Untersatz bekam, der zugleich als Startrampe diente (den «Meillerwagen»), zeichnete er damit die Entwicklung der modernen «Transport- und Werferfahrzeuge» vor, die in den 1980er Jahren den sowjetischen SS-20 und den amerikanischen Pershing 2 als strategischen Machtinstrumenten eine solche «Unanfechtbarkeit» verliehen haben, dass sie zu den ersten grundsätzlichen Abrüstungsvereinbarungen zwischen den Supermächten führten.

Die Entscheidung des deutschen Heeres, auf die Raketenentwicklung zu setzen, erklärte sich aus den Bestimmungen des Versailler Vertrags, der den Besitz schwerer Artillerie untersagte, aber Raketen nicht ausdrücklich verbot. Doch 1937, als von Braun und Dornberger hinreichende Fortschritte in ihrer Arbeit an den Vorläufern der V 2 erzielt hatten, um genügend Mittel zu erhalten und eine Versuchsstation in Peenemünde auf der Ostseeinsel Usedom einrichten zu können, hatte Hitler den Versailler Vertrag schon in jeder nur denkbaren Hinsicht gebrochen. Das Heer befürwortete das Raketenprogramm, weil die V 2 als Heereswaffe geplant war, und hatte Gelder zur Verfügung gestellt. Im Oktober 1942 fand ein erfolgreicher Teststart statt, im Dezember genehmigte Rüstungsminister Speer die Massenproduktion, und am 7. Juli 1943 erklärte Hitler die Rakete, nachdem er einen Film von einem solchen Start gesehen hatte, zur «kriegsentscheidenden Waffe» und verkündete, was immer von Braun und Dornberger an Arbeitskräften und Material bräuchten, sei ihnen umgehend zur Verfügung zu stellen.

Bereits 1943 war den Briten klar, dass das deutsche Fernraketenprogramm schon weit fortgeschritten war. Die Warnung eines noch immer nicht identifizierten wohlmeinenden Deutschen, die 1940 in Norwegen einging und unter der Bezeichnung «Oslo-Report» bekannt ist, hatte London auf die Existenz eines Raketenforschungsprogramms aufmerksam gemacht. Die Spur war zunächst erkaltet, im Dezember 1942 allerdings wieder interessant geworden, als neue Hinweise darauf schließen ließen, dass in Deutschland eine Fernrakete entwickelt wurde, und im April 1943, dass die Luftwaffe auch mit einer Flugbombe experimentierte. Beide Hinweise waren Geheimdienstinformationen aus menschlichen Quellen – einer der wenigen *Humint*-Erfolge während des Krieges. Im Juni war erwiesen, dass beide deutsche Programme in Peenemünde angesiedelt waren, wo am einen Ende die Luftwaffe an der Flugbombe V 1 (der Fi 103, die den Tarnnamen FZG-76 trug) und am anderen Dornberger und von Braun an der Fernrakete V 2 arbeiteten. Am 29. Juni wies Churchill persönlich das *Bomber Command* an, einen schweren Angriff gegen Peenemünde zu fliegen, woraufhin es in der Nacht vom 16. auf den 17. August von 330 Flugzeugen bombardiert und verwüstet wurde.

Durch das Bombardement wurde das deutsche Programm zur Entwicklung unbemannter Waffen so weit zurückgeworfen, dass die erste Flugbombe nicht vor dem 12. Juni 1944 in Großbritannien einschlug. Das Datum des ersten erfolgreichen V 2-Raketenangriffs war der 8. September. Zu diesem Zeitpunkt war das 155. Flakregiment der deutschen Luftwaffe aus den Stellungen vertrieben worden, von denen aus seine V 1-Bomben England erreichen konnten. Infolgedessen wurden von den 35 000 produzierten Flugbomben nur 9000 gegen England abgefeuert, und davon zerstörten Flak und Jäger mehr als 4000. Die V 2-Raketen konnten nie von den vorgesehenen Punkten in Nordfrankreich abgefeuert werden. Von Holland aus kamen sie gerade bis London, wo 1300 von ihnen einschlugen, und ab Oktober wurde die gleiche Anzahl gegen Antwerpen gerichtet, das inzwischen der logistische Hauptstützpunkt der *Allied Liberation Army* geworden war.

Vom 8. September 1944 bis zum 29. März 1945 tötete die V 2 2500 Londoner, dann wurden ihre Startstellungen endgültig von Montgomerys 21. Heeresgruppe überrannt. Großbritannien war noch einmal davongekommen – vielleicht auch Amerika, denn von Braun und Dornberger hatten bereits die Pläne für eine Rakete entwickelt, die als A10 bezeichnet wurde und die die V 2 (A 4) als zweite Stufe verwendete, eine Reichweite von 4500 Kilometer haben und den Atlantik überqueren sollte. Hinzu kam, dass diese Raketen, denen die Alliierten nicht einmal ansatzweise etwas Gleichwertiges und nicht die geringste Abwehrmaßnahme entgegenzusetzen hatten, unter anderen Umständen einen Gefechtskopf getragen hätten, der seiner Natur nach ebenso revolutionär wie die Raketen selbst gewesen wäre. Denn auch Deutschland hatte sein Atomwaffenprogramm.

Es war wohl der größte Segen des Zweiten Weltkriegs, dass dieses Programm erfolglos blieb. Das geschah aus vielerlei Gründen, unter anderem weil sich Hitlerdeutschland durch die Judenverfolgung um einen wichtigen Teil seiner wissenschaftlichen Elite brachte, aber auch durch die lähmende Aufsplitterung der Forschungsprogramme auf ein Dutzend Institutionen, die alle hofften, dadurch die Gunst des «Führers» gewinnen zu können, dass sie ihm die Nachricht von der erfolgreichen Entwicklung der Superwaffe überbrachten. Als im Mai 1945 die amerikanische Gruppe von Wissenschaftlern und Geheimdienstlern, die den Auftrag hatten, Informationen über das NS-Atomwaffenprogramm zu sammeln, Deutschland durchkämmten, lautete ihr Fazit: «Sie waren ungefähr so weit wie wir 1940, bevor wir richtig mit der Arbeit an der Bombe begonnen haben.»

In seinen letzten Lebensmonaten versuchte Hitler, der seine Begeisterung für Atomwaffen und Fernraketen zu spät im Kriege entdeckt hatte, um mit ihnen noch eine Wende herbeiführen zu können, den Menschen in seiner Umgebung durch das Versprechen Mut zu machen, er werde an seinen Feinden fürchterliche Vergeltung üben. Aber wie die Belege zeigten, «war er 1942 zwar auf die Möglichkeit von Atomwaffen hingewiesen worden, doch war es den Deutschen nicht gelungen, Uran 235 [das wesentliche spaltbare Element] abzutrennen. Während sie damit offenbar in kleinem Maßstab mit Hilfe einer Zentrifuge begannen und einen Uranreaktor konstruierten, hatten sie erst vor kurzem Uranmetall herstellen können …, und so waren sie im August 1944 mit ihren Experimenten nicht einmal an den Punkt gelangt, der ihnen gezeigt hätte, welche Schwierigkeiten sie noch überwinden mussten, bis der Reaktor funktionierte.»

Kurz, die Deutschen waren zu einem Zeitpunkt, als das alliierte Atomwaffenprogramm vor dem Abschluss stand, Jahre von der Herstellung einer Atombombe entfernt. Im Oktober 1939 hatte sich Albert Einstein, damals der berühmteste Naturwissenschaftler der Welt und in die Vereinigten Staaten emigriert, dennoch von zwei jüngeren Physikern bewegen lassen, einen Brief an Präsident Roosevelt zu schreiben, in dem er ihn warnend darauf hinwies, dass Deutschland ein Atomwaffenprogramm besitzen könnte und dass die USA sich ebenfalls mit dieser Möglichkeit befassen sollten; Roosevelt setzte ein «Uran-Komitee» ein, das ihm im Juli 1941 mitteilte, das Projekt sei machbar und im Falle eines Gelingens «entscheidend». 1942 fassten die Briten, die eigene Forschungsarbeiten mit ausgezeichneten Wissenschaftlern, aber unzureichenden Mitteln betrieben, den Entschluss, ihre Anstrengungen mit denen der Amerikaner in den USA zu vereinigen. 1945 waren 120 000 Menschen im *Manhattan Project* beschäftigt, in dessen

Rahmen es gelungen war, Uran 235 und das künstliche Element Plutonium abzutrennen sowie Mechanismen zu entwickeln, durch die sich beide Stoffe als Gefechtsköpfe bombenähnlicher Waffen zur Explosion bringen ließen.

Es war die U-235-Version dieser Atombombe, welche die B-29 *Enola Gay* am Morgen des 6. August 1945 über Hiroshima abwarf. Wenige Stunden später, als 78 000 Menschen tot oder sterbend in den Ruinen der Stadt lagen, rief das Weiße Haus die Japaner zur Kapitulation auf, oder es werde weiteres «Verderben aus der Luft regnen». Als keine Antwort erfolgte, brach am 9. August ein anderer B-29-Bomber von der Marianeninsel Tinian auf und warf eine zweite Bombe auf Nagasaki, wo 25 000 Menschen starben. Damit hatten die Vereinigten Staaten vorübergehend ihren Vorrat an Kernwaffen erschöpft und warteten ab, welche Wirkung der angerichtete Schaden zeitigen würde.

Nachdem die Sowjetunion im April bekannt gegeben hatte, sie kündige den Nichtangriffspakt aus dem Jahr 1941 auf, erklärte sie Japan am 8. August den Krieg und leitete am folgenden Tag eine umfangreiche Offensive in die Mandschurei ein. Diese Offensive war den Westalliierten versprochen worden, doch die Amerikaner hatten sich immer weniger dafür erwärmen können, je näher der Zeitpunkt ihres Atomschlags heranrückte. Stalin hatte sich wenig überrascht gezeigt, als ihn Truman in Potsdam über Amerikas «Geheimwaffe» informierte. Wie wir heute wissen, war den Sowjets durch den Verrat einiger westlicher Wissenschaftler, vor allem des deutsch-kommunistischen Emigranten Klaus Fuchs, die Existenz der Atombombe längst bekannt. Besonders der amerikanische Generalstabschef Marshall vertrat vehement die Auffassung, dass die russische Intervention für den Erfolg der Alliierten nicht mehr erforderlich sei und den Sowjets Vorteile in Fernost verschaffen würde, welche die Vereinigten Staaten eines Tages bereuen würden. Gleichzeitig räumte er ein, dass es keine Möglichkeit gebe, die Russen von ihrer Offensive abzuhalten, auf die sie sich seit der deutschen Kapitulation vorbereiteten.

Aus den bestausgerüsteten und erfahrensten Einheiten des europäischen Krieges waren drei fernöstliche Heeresgruppen gebildet worden, die dritte unter dem berühmten Marschall R. J. Malinowski. Sie waren hoch motorisiert, die japanischen Einheiten nicht; die Kwantung-Armee war zwar 750 000 Mann stark und galt als der beste Großverband der kaiserlichen Armee, hatte aber in letzter Zeit wenig Kampferfahrung gesammelt. Erbittert verteidigte sie die Zugänge zur zentralen Ebene der Mandschurei, doch als die sowjetische 6. Gardepanzerarmee am 13. August ins offene Land durchbrach, wurden großen Teile der Kwangtung-Armee rasch eingeschlossen. Die Reste wurden über den Fluss Yalu nach Nordkorea getrieben, wo die Kämpfe bis zum endgültigen Zusammenbruch Japans am 20. August fortdauerten.

Zu diesem Zeitpunkt hatten die japanischen Streitkräfte überall in der pazifischen Kriegszone kapituliert, egal, welchen alliierten Truppen sie gegenüberstanden. Am 15. August verkündete Kaiser Hirohito in der ersten öffentlichen Ansprache, die je ein japanischer Souverän gehalten hatte, seinen Soldaten, Seeleuten und Untertanen über den Rundfunk, seine Regierung habe beschlossen, mit dem Feind zu verhandeln. Nachdem er erklärt hatte, dass der Krieg sich «nicht unbedingt zu Japans Vorteil entwickelt» und dass der Feind damit begonnen habe, «eine neue und höchst grausame Bombe» zu verwenden, rief er sie in einer Reihe seltsamer und dunkler Wendungen, in denen das Wort «Kapitulation» nie wirklich ausgesprochen wurde, dazu auf, den kommenden Frieden zu akzeptieren. Einige Unverbesserliche verweigerten ihm den Gehorsam und versuchten kurze Zeit die Kämpfe fortzusetzen; einige Unversöhnliche begingen Harakiri. Die übrigen 70 Millionen Untertanen des Kaisers schickten sich augenblicklich in die Niederlage. Am 28. August traf MacArthur in Yokohama ein, um die amerikanische Besatzungsmacht und eine vorläufige staatliche Ordnung einzurichten. Am 2. September wurde in der Bucht von Tokio an Bord des Schlachtschiffes *Missouri* in Anwesenheit von Vertretern Großbritanniens, der Sowjetunion, Chinas,

Frankreichs, Australiens, Neuseelands und Kanadas von MacArthur und dem japanischen Außenminister, dem Generalstabschef und dem Admiralstabschef die Kapitulationsurkunde unterzeichnet. Der Zweite Weltkrieg war beendet.

EPILOG

33 · DAS VERMÄCHTNIS DES ZWEITEN WELTKRIEGS

Der Zweite Weltkrieg war beendet, doch für die Völker, die ihn geführt hatten, erwies sich die Rückkehr zum Frieden als schwierig. Einige Regionen, die der Krieg erfasst hatte – Griechenland, Palästina, Indonesien, Indochina, China selbst –, ließ er so bald nicht wieder los. In Griechenland, wo die ELAS-Partisanen trotz der Niederlage, die die Briten ihnen Weihnachten 1944 in Athen bereitet hatten, nach wie vor Stützpunkte in den nördlichen Bergen besaßen, nahmen die kommunistischen Führer den Bürgerkrieg im Februar 1946 erneut auf. Bis August 1949 zog er sich hin, und die Landbevölkerung hatte schrecklich unter ihm zu leiden – 700 000 flohen in die von der Regierung kontrollierten Städte und Ortschaften. Viele Familien verloren ihre Kinder, die zu Tausenden entführt wurden, um jenseits der Grenze in kommunistischen Staaten zu Guerillakämpfern erzogen zu werden.

In Palästina sahen sich die britischen Förderer der nationalen Heimstätte der Juden bald in einen Konflikt mit den zionistischen Siedlern verwickelt. Die Briten hatten ein Mandat des Völkerbunds (inzwischen der Vereinten Nationen) über das Gebiet übernommen, und aus Furcht, ihren Beziehungen zu den einheimischen Arabern zu schaden, weigerten sie sich, die Quote für jüdische Einwanderer anzuheben, die sie auf jährlich 75 000 festgesetzt hatten. Selbst als Washington sie bat, 100 000 Überlebenden der Konzentrationslager Zuflucht zu gewähren, blieben sie bei ihrer Haltung. So wurde die Haganah, die halb offizielle zionistische Miliz, für kurze Zeit veranlasst, gemeinsam mit radikalen jüdischen Terrororganisationen gegen die britische Mandatsregierung vorzugehen. Im Oktober 1945 organisierte sie eine Sabotagekampagne, in deren Verlauf 500 Sprengstoffanschläge verübt wurden, und im Frühjahr 1946, als 80000 britische Soldaten in Palästina stationiert waren, stand das Land kurz vor einem offenen Aufruhr; falls die palästinensischen Araber den Eindruck gewinnen sollten, dass die Briten eine jüdische Masseneinwanderung zulassen oder das Mandat aufgeben würden, drohte ein Bürgerkrieg.

Auch in Indonesien und Indochina gerieten die Briten zwischen die Fronten: In Indonesien, wie Niederländisch-Indien bald darauf heißen sollte, wandten sich die Javaner gegen ihre ehemaligen Kolonialherren, als die Internierten aus den Gefangenenlagern entlassen wurden. Nur unter Einsatz der gesamten 5. Indischen Division und nach einem 19-tägigen Kampf gelang es im November 1945, die Ordnung wieder herzustellen. Unterstützt wurden die einheimischen indischen Soldaten (*Sepoys*) und ihre britischen Offiziere von japanischen Truppen, die Generalmajor E. C. Mansbridge aus der Kriegsgefangenschaft entließ, bewaffnete und für die Dauer der Kämpfe gegen die (einst von Japan ausgebildete) indonesische Armee seinem Befehl unterstellte.

Freigelassene japanische Gefangene nahm auch der Oberbefehlshaber der 17. Indischen Division zu Hilfe, als diese im September 1945 den Auftrag erhielt, den Süden Indochinas zurückzuerobern. Die sich gerade entwickelnden Vietminh unter Ho Chi Minh und dessen Armee hatten die Macht in dem Vakuum übernommen, das dort nach Japans Kapitulation entstanden war. Im Norden, der nach einem Abkommen der Großmächte vorübergehend von nationalchinesischen Streitkräften kontrolliert werden sollte, einigte sich der chinesische General mit Ho Chi Minh auf eine Koexistenz; im Süden hielten die Briten es nach den Bestimmungen des Potsdamer Abkommens für ihre Pflicht, den Vietminh die Kontrolle über die Zivilverwaltung zu entreißen. Im Oktober traf eine französische Division unter Führung von Leclerc ein, dem gaullistischen Helden, der Paris im August 1944 befreit hatte. Sein Recht, die französische Autorität wieder herzustellen, wurde zwar bestritten, trotzdem tat er es und löste damit den «Krieg in den Reisfeldern» aus, der sich über die nächsten 30 Jahre hinziehen sollte.

In China war der Kampf zwischen Kommunisten und Nationalisten, der in den 1920er Jahren begonnen hatte, vom Zweiten Weltkrieg lediglich unterbrochen worden. Beide Seiten verfügten über stattliche Heere: Mao Tse-tung hatte fast eine halbe Million Mann unter Waffen, Tschiang Kai-schek mehr als zwei Millionen. Der Waffenstillstand, den sie 1937 vereinbart hatten, hielt, solange sie beide gegen die japanischen Invasoren kämpften. Nach der Niederlage Japans kamen 50 000 amerikanische Marineinfanteristen nach China. Mit ihnen traf General George C. Marshall ein, der während des Kriegs Generalstabschef gewesen war und nun den Auftrag hatte, die Waffenruhe zu verlängern.

Tatsächlich wurde im Januar 1946 eine entsprechende Vereinbarung getroffen, allerdings stand sie auf tönernen Füßen. Tschiang Kai-schek war in erster Linie daran gelegen, sich wieder in der Mandschurei zu etablieren. Nachdem die Russen diese Provinz, die reichste Chinas, im August zuvor überrannt hatten, waren sie jetzt dabei, die dortigen Industrieanlagen zu demontieren, mit dem Argument, sie stünden ihnen als japanische Reparationsleistung zu. Tschiang war zu schwach, um der Plünderung Einhalt zu gebieten, aber er wollte unbedingt verhindern, dass die Russen nach ihrem Abzug, der für den 1. Februar angekündigt war, Mao Tse-tungs Truppen als ihre Nachfolger einsetzen konnten.

Während noch über den Waffenstillstand verhandelt wurde, verlegte Tschiang daher eifrig Einheiten aus seinem Machtbereich in Südchina in die Mandschurei, obwohl das zu lokalen Auseinandersetzungen mit Maos Truppen führen musste. Trotz aller Anstrengungen der amerikanischen Vermittler wuchsen sich die vereinzelten Zusammenstöße zu größeren Konflikten aus, im Juli 1946 dann zu einem regelrechten Bürgerkrieg. Ein Versuch der Amerikaner, die Feindseligkeiten zu beenden, indem sie den Nationalchinesen die Militärhilfe verweigerten, verbesserte nur die Chancen der Kommunisten. Sobald General Marshall im Januar 1947 von Präsident Truman zurückgerufen wurde, ging Mao zur Offensive über. Kurz darauf trugen seine Soldaten den Krieg wieder ins Tal des Gelben Flusses und in die Mandschurei und erneuerten die Leiden der Bevölkerung – durch die japanische Besatzung waren bereits 50 Millionen Chinesen heimat- und zwei Millionen elternlos geworden.

Mehr als 5000 Japaner, die für den pazifischen Krieg und den «chinesischen Zwischenfall» verantwortlich waren, stellten die Alliierten vor Gericht, 900 erhielten die Todestrafe, in den meisten Fällen wegen Misshandlung alliierter Kriegsgefangener. Den 25 japanischen Militärs und Politikern im Tokioter Prozess dagegen warf man noch weitere Kriegsverbrechen vor; sieben der Angeklagten wurden zum Tode verurteilt. Dazu gehörten Hideki Tojo und Kuniaki Koiso (sein Nachfolger als Ministerpräsident). Fürst Fumimaro Konoye (Tojos Vorgänger) hätte wohl das gleiche Schicksal ereilt, hätte er sich der Verhaftung nicht durch Gift entzogen.

Der Tokioter Prozess richtete sich weitgehend nach dem Vorbild des viel stärker beachteten Nürnberger Hauptprozesses, in dem sich die NS-Führer von November 1945 bis Oktober 1946 hatten verantworten müssen. Außer gegen 21 anwesende Einzelangeklagte und einen (Martin Bormann), dem in Abwesenheit der Prozess gemacht wurde, erhob man ferner Anklage gegen fünf Gruppen und Organisationen: die Reichsregierung, das Führerkorps von NSDAP, SS und SD, die Gestapo sowie den Generalstab und das Oberkommando der Wehrmacht. Von den Anwesenden – denen man mindestens eine der folgenden Straftaten vorwarf: a) Verbrechen gegen den Frieden, b) Kriegsverbrechen, c) Verbrechen gegen die Menschlichkeit – wurden zwei freigesprochen, acht zu Haftstrafen zwischen zehn Jahren und lebenslänglich und elf zum Tode verurteilt. Dies waren Hermann Göring, dem es gelang, sich Gift zu besorgen und kurz vor seiner Hinrichtung Selbstmord zu begehen; Ernst Kaltenbrunner von der SS (Heinrich Himmler hatte sich bei der Verhaftung das Leben genommen); drei Reichskommissare besetzter Gebiete und der Generalbevollmächtigte für den Arbeitseinsatz (Zwangsarbeit): Hans Frank, Alfred Rosenberg, Arthur Seyß-Inquart und Fritz Sauckel; die Generale Wilhelm Keitel und Alfred Jodl aus Hitlers OKW, die durch ihre Unterstützung des «Kommandobefehls» von 1942, dem zufolge Kommando-Soldaten in Uniform sofort zu ermorden waren, für ihre Verurteilung sorgten; Außenminister Joachim von Ribbentrop; Wilhelm Frick, Urheber der Nürnberger Rassengesetze; und Julius Streicher, der schlimmste NS-Propagandist des Antisemitismus.

In einer Reihe von nachfolgenden Prozessen gegen Kriegsverbrecher von geringerer Bedeutung wurden weitere 24 Angeklagte hingerichtet, vor allem wegen der Verübung von Gräueltaten, 35 freigesprochen und 114 zu Haftstrafen verurteilt. Viele andere Kriegsverbrecher wurden später festgenommen und von Gerichtshöfen der Länder, in denen sie ihre Verbrechen begangen hatten, angeklagt und verurteilt.

Die den Nürnberger Prozessen zugrunde liegende Rechtsauffassung ist unter Juristen bis heute umstritten, doch zur Zeit der Prozesse und danach hat das Rechtsempfinden, das in den Prozessen und Urteilen zum Ausdruck kam, breite Zustimmung bei den Bürgern der Staaten gefunden, gegen die Deutschland und Japan Krieg geführt haben. Man schätzt, dass rund 50 Millionen Menschen infolge des Zweiten Weltkriegs ums Leben gekommen sind; es liegt im Wesen des Krieges, dass sich eine exakte Zahl niemals wird beziffern lassen.

Von allen Krieg führenden Staaten war die Sowjetunion bei weitem am schlimmsten betroffen – sie verlor sieben Millionen Soldaten und weitere sieben Millionen Zivilisten. Bei Letzteren handelte es sich in der Mehrzahl um Ukrainer und Weißrussen, die infolge von Entbehrungen, Repressalien und Zwangsarbeit starben. Relativ betrachtet, hat Polen unter den Krieg führenden Ländern die größten Verluste erlitten. Rund 20 Prozent seiner Vorkriegsbevölkerung, sechs Millionen Menschen, haben den Krieg nicht überlebt. Etwa die Hälfte der polnischen Kriegsopfer waren Juden. Auch unter den Opfern anderer europäischer Länder, darunter die baltischen Staaten, Ungarn und Rumänien, war ein hoher Anteil Juden. Bürger- und Partisanenkrieg kosteten einer Viertelmillion Griechen und einer Million Jugoslawen das Leben. Die Zahl der militärischen und zivilen Opfer war in Osteuropa weit höher als in Westeuropa – ein Indiz für die Heftigkeit und Grausamkeit des Krieges dort, wo Deutsche kämpften und Slawen unterdrückten.

Doch auch drei westeuropäische Länder hatten viele Opfer zu beklagen: Frankreich, Italien und die Niederlande. Vor Juni 1940 und nach November 1942 belief sich die Zahl der Gefallenen in der französischen Armee auf 200 000. 400 000 Franzosen kamen bei Fliegerangriffen oder in Konzentrationslagern ums Leben. In Italien starben 330 000 Menschen, davon die Hälfte Zivilisten. 200 000 holländische Staatsbürger, bis auf 10 000 alle Zivilisten, fielen Bombenangriffen oder Deportationen zum Opfer.

Die westlichen Sieger erlitten proportional und in absoluten Zahlen erheblich geringere Verluste als ihre wichtigsten Verbündeten. Die britischen Streitkräfte verloren 244 000 Mann. Bei ihren Waffenbrüdern aus dem Commonwealth gab es weitere 100 000 Gefallene (Australien 23 000, Kanada 37 000, Indien 24 000, Neuseeland 10 000, Südafrika 6000). Rund 60 000 britische Zivilisten kamen bei Bombenangriffen ums Leben, davon die Hälfte in London. Die Amerikaner hatten keine direkten Opfer in der Zivilbevölkerung (abgesehen von einer Frau und fünf Kindern beim Picknick einer Sonntagsschule in Oregon am 5. Mai 1945, die durch eine japanische Ballonbombe getötet wurden). Ihre militärischen Verluste betrugen 292 000 Gefallene, darunter 36 000 in der Navy und 19 000 im Marinekorps. Dagegen standen 1,2 Millionen gefallene japanische Soldaten.

Deutschland, das den Krieg begonnen und ihn fast bis zu Hitlers «fünf Minuten nach zwölf» geführt hatte, zahlte einen schrecklichen Preis für die Kriegsschuld. Materiell widerstanden die deutschen Städte und Ortschaften der Bombardierung besser als die leicht gebauten japanischen Ballungszentren. Trotzdem lagen Berlin, Hamburg, Köln und Dresden 1945 praktisch in Trümmern, auch viele kleinere Städte hatten schwere Schäden erlitten.

Betrachtet man die kulturellen Schäden des Zweiten Weltkriegs, so lässt sich feststellen, dass sie überwiegend deutsche Gebiete betrafen. Voraussicht hat die großen europäischen Bibliotheken und Kunstsammlungen vor der Zerstörung bewahrt. Die Schätze des Kaiser-Friedrich-Museums waren im Flak-Turm des Berliner Zoos verstaut worden, und die Bilder aus der britischen National Gallery überstanden den Krieg in walisischen Höhlen. Es lag in der Natur der Sache, dass sich architektonische Kulturschätze nicht schützen ließen.

Glücklicherweise verschonte der Krieg die meisten der wertvollen europäischen Baudenkmäler. Berlin wurde verwüstet, aber die Stadt stammte größtenteils aus dem 19. Jahrhundert. Große Teile des alten, vor dem 18. Jahrhundert erbauten Stadtgebiets von London verbrannten im «Blitz». Das klassizistische Leningrad litt unter den Bombardements, und Kleinode wie der nahe gelegene Ort Puschkin (Zarskoje Selo – heute dankenswerterweise vollständig restauriert) gingen in Flammen auf. Das barocke Dresden fiel ebenfalls einem Feuersturm zum Opfer. Die Warschauer Altstadt wurde Häuserblock um Häuserblock zerstört (auch sie seit 1945 wie durch ein Wunder nach den Gemälden von Bernardo Bellotto wiederaufgebaut), die Wiener Altstadt erlitt bei den Kämpfen im Jahr 1945 schwere Schäden, Budapest am Ufer der Donau wurde verwüstet, und die Renaissancebauten im Zentrum Rotterdams verbrannten. Das mittelalterliche Caen, die Stadt Wilhelms des Eroberers, wurde in Schutt und Asche gelegt. Doch andere historische Städte wie Paris, Rom, Athen, Florenz, Venedig, Brügge, Amsterdam, Oxford, Cambridge, Edinburgh und fast alle anderen großen Architekturtempel Europas blieben unversehrt.

In Deutschland dagegen wurden nicht nur die Großstädte zerstört, sondern auch kleinere historische Städte wie Potsdam, das

Versailles der preußischen Könige, Jülich, Freiburg im Breisgau, Heilbronn, Ulm, Freudenstadt, Würzburg und Bayreuth, die Stadt der Wagnerfestspiele. Im Westen wurden die 28 Städte des Ruhrgebiets ausnahmslos von schweren Angriffen heimgesucht. Die süddeutsche Großstadt Stuttgart wurde zerbombt, und Breslau, die größte deutsche Stadt im Osten, wurde bei dem Versuch, den russischen Vormarsch aufzuhalten, im Frühjahr 1945 verwüstet.

Größer als der materielle Preis waren die Verluste an Menschen, mit denen Deutschland dafür bezahlte, dass es den Krieg begonnen und ihn von 1939 bis 1945 gegen seine Nachbarn geführt hatte. Über vier Millionen deutsche Wehrmachtsangehörige fielen im Kampf, und 593 000 deutsche Zivilisten kamen bei Bombenangriffen der Alliierten ums Leben. Obwohl dabei mehr Frauen als Männer starben – im Verhältnis 60 zu 40 –, übertraf noch 1960 die Zahl der Frauen in der Bundesrepublik die der Männer im Verhältnis 126 zu 100. Noch krasser war das Missverhältnis zwischen Männern und Frauen der «verlorenen Generation» in der Sowjetunion, wo es nach dem Kriege ein Drittel mehr Frauen als Männer gab. Doch nicht einmal in der Sowjetunion erlitt die Bevölkerung die Schrecken der Zwangsvertreibung in dem Maße, wie die Deutschen sie nach 1945 erduldeten.

Die Entwurzelung der Deutschen aus dem Osten durchlief zwei Phasen, beide tragisch in ihren Auswirkungen: Die erste war eine panische Flucht vor der Roten Armee, die zweite eine vorsätzliche Vertreibung von Bevölkerungsgruppen aus Siedlungsgebieten, in denen Deutsche seit Generationen ansässig waren, in einigen Regionen sogar seit tausend Jahren. Die Flucht im Januar 1945 war eine Episode menschlichen Leids, die – von den Konzentrationslagern abgesehen – im Zweiten Weltkrieg fast ohne Beispiel war. Von namenlosem Schrecken ergriffen bei dem Gedanken an das, was die Rote Armee den ersten Deutschen antun würde, die sie auf dem Reichsgebiet anträfe, verließ die Bevölkerung Ostpreußens, nach der Operation *Bagration* durch Flüchtlinge aus den deutschen Siedlungsgebieten in Polen und den baltischen Staaten bereits erheblich angewachsen, massenhaft ihre Heimat und zog in langen Trecks bei bitterer Kälte an die Ostseeküste. Rund 450 000 wurden im Laufe des Januar aus dem Hafen Pillau evakuiert. 900 000 marschierten auf dem 65 Kilometer langen Deich nach Danzig weiter oder überquerten das Eis des Frischen Haffs, um die wartenden Schiffe zu erreichen – eines von ihnen, mit 8000 Flüchtlingen an Bord, erhielt einen Torpedotreffer von einem russischen U-Boot und wurde zum Grab für die größte Anzahl von Menschen, die jemals einem Schiffsunglück zum Opfer fielen. Die Wehrmacht lieferte einen Kampf von fast aberwitzigem Mut, um die Rettung der Flüchtlinge zu sichern. Richard von Weizsäcker, Sohn des Staatssekretärs in Hitlers Außenministerium und später Bundespräsident, wurde das Eiserne Kreuz in der Schlacht am Frischen Haff verliehen.

Es ist denkbar, dass in den ersten Monaten des Jahres 1945 eine Million Deutsche auf der Flucht aus dem Osten ums Leben gekommen sind, entweder durch Entbehrung und Kälte oder durch Misshandlungen. Im Winter 1945 wurden die meisten noch in Osteuropa verbliebenen Deutschen – insgesamt 14 Millionen, in Schlesien, im tschechischen Sudetenland, in Pommern und anderswo – systematisch zusammengetrieben und nach Westen befördert, vorwiegend in die britische Besatzungszone. Die Vertriebenen waren mittellos und häufig im letzten Stadium der Entkräftung. Man nimmt an, dass von denen, die diese schreckliche Vertreibung nicht überlebten, 250 000 auf dem Weg von der Tschechoslowakei, 1,25 Millionen von Polen und 600 000 von anderen Teilen Europas starben. 1946 hatte sich die deutsche Bevölkerung, die seit historischen Zeiten östlich der Oder ansässig war, von 17 Millionen auf 2,6 Millionen verringert.

Die Vertreibungen, häufig mit krimineller Brutalität durchgeführt, waren nach den Bestimmungen, auf die sich die Sieger auf der Potsdamer Konferenz im Juli 1945 geeinigt hatten, nicht illegal. In Artikel XIII der Potsdamer Beschlüsse heißt es, dass «die Überführung der deutschen Bevölkerung oder Bestandteile derselben, die in Polen, Tschechoslowakei und Ungarn zurückgeblieben ist, nach Deutschland durchgeführt werden muss». Ferner einigten sich die Westalliierten in Potsdam darauf, Deutschlands Grenzen neu zu bestimmen. Dabei erhielt Polen neben der Hälfte von Ostpreußen (die andere Hälfte ging an die Sowjetunion) Schlesien und den größten Teil Pommerns. Diese Neuordnung, die durch die erzwungene Abtretung der östlichen Provinzen Polens an Russland ausgeglichen wurde, hatte den kartographischen Effekt, dass Polen 150 Kilometer westwärts verschoben wurde. Demographisch sorgte sie dafür, dass Nachkriegspolen durch und durch polnisch war, um den Preis, dass die deutschen Bevölkerungsgruppen aus seinen neuen westlichen Grenzgebieten vertrieben wurden.

Das Potsdamer Abkommen bestimmte in weit höherem Maße als Jalta die Zukunft der europäischen Staaten in den Nachkriegsjahren. Die Zugeständnisse, welche der Sowjetunion von Großbritannien und den Vereinigten Staaten in Jalta gemacht wurden, haben westliche Politiker und Polemiker später als «Verrat», vor allem an den antikommunistischen Polen, gebrandmarkt. Wie Roosevelt und Churchill damals erkannten, war an Stalins Plänen für Polen durch den siegreichen Vormarsch der Roten Armee in diesem wichtigsten Land Osteuropas nicht zu rütteln. Damit war klar, dass in der Warschauer Nachkriegsregierung nicht die «Londoner Polen», sondern das kommunistische und von Moskau abhängige «Lubliner Komitee» die entscheidende Rolle spielen würde. Potsdam ging noch einen Schritt darüber hinaus. Dadurch, dass die Konferenz die Umsiedlung der osteuropäischen Deutschen nach Westen billigte – sowohl derer, die in geschlossenen Siedlungsgebieten des «Deutschtums» an den Rändern Polens und der Tschechoslowakei lebten, als auch jener aus verstreuteren Ansiedlungen in den slawischen und baltischen Staaten, in denen Deutsche als Händler, Landwirte und Akademiker tätig waren –, verlegte sie die ethnischen Grenzen in Europa etwa auf den Stand des Jahres 1000 n. Chr. zurück, beseitigte mit einem Schlag das größte «Minderheitenproblem» und schrieb auf zwei Generationen die sowjetische Herrschaft über Osteuropa fest.

Die anschließende Weigerung der Sowjetunion, sich an der Durchführung freier Wahlen in den Besatzungszonen Nachkriegsdeutschlands zu beteiligen, hatte den zusätzlichen Effekt, den «Eisernen Vorhang» zwischen dem kommunistischen und dem nichtkommunistischen Europa, den Churchill 1946 in seiner Fulton-Rede erstmals so bezeichnete, undurchdringlicher zu machen. Dass im Rahmen der Nachkriegsregelung von 1918 souveräne «Nachfolgestaaten» aus den zaristischen, Hohenzollern'schen und Habsburger Großreichen geschaffen worden waren, die vor 1914 die östliche Hälfte des Kontinents geprägt hatten, trug erheblich zu ihrer politischen Unübersichtlichkeit bei. Potsdam dagegen sorgte für eine rücksichtslose Vereinfachung. Im Westen wurde Europa eine Gemeinschaft demokratischer Staaten, östlich der Elbe verschmolz es zu einem autokratischen Einheitssystem, das vom stalinistischen Russland bestimmt und beherrscht wurde.

Die Durchsetzung des Stalinismus östlich der Elbe nach 1945 löste scheinbar das «deutsche Problem», das Europa seit 1870 in Atem gehalten hatte. Sie löste jedoch nicht das Problem, wie in Europa oder in der weiteren Welt ein dauerhafter Friede zu schaffen war. Die Vereinten Nationen, auf deren Gründung sich die USA, Großbritannien und die Sowjetunion 1943 in Teheran geeinigt hatten und die im April 1945 in San Francisco ins Leben gerufen wurden, waren als internationales Friedensinstrument gedacht, mit einem eigenen Generalstab und Streitkräften, die nach Maßgabe des Sicherheitsrates (aus Vertretern Großbritanniens, der Vereinigten Staaten, der Sowjetunion, Frankreichs und Chinas als ständiger Mitglieder) von den Mitgliedsstaaten gestellt werden sollten. Der Umstand, dass die Sowjetunion die Einrichtung des Generalstabes verhinderte und durch ihr Veto alle Resolutionen über Friedenseinsätze abblockte, nahm dem Sicherheitsrat bald jede Wirkungsmöglichkeit.

Stalins Außenpolitik, die sich entweder verstehen lässt als die

Fortsetzung des bolschewistischen Bestrebens, die Weltrevolution in die kapitalistische Welt zu tragen, oder, realistischer, als das Bemühen, die Früchte des sowjetischen Siegs von 1945 zu sichern, indem sie die militärische Bedrohung der antikommunistischen Staaten Westeuropas aufrechterhielt, stellte die Rolle der Vereinten Nationen nicht direkt in Frage. Sieht man davon ab, dass Stalin einen antidemokratischen Putsch in der Tschechoslowakei förderte und 1948 die Berlin-Blockade veranlasste, hat er in den Nachkriegsjahren nichts unternommen, was die Stabilität Europas in der Gestalt, die in Jalta und Potsdam beschlossen wurde, unmittelbar gefährdet hätte. Er machte dem Westen dessen Vorherrschaft in anderen Regionen der Welt streitig – auf den Philippinen, in Malaya und, vor allem, in Korea, wo er im Juni 1950 die Aggression des kommunistischen Nordens gegen den nichtkommunistischen Süden unterstützte.

Tatsächlich reduzierte die Sowjetunion ab August 1945 ihre Streitkräfte in Europa genauso schnell, wenn auch nicht so vollständig, wie die Vereinigten Staaten und Großbritannien. 1947 war die Größe der Roten Armee um zwei Drittel verringert worden. Ihre verbleibenden Kräfte übertrafen die der anderen Besatzungsmächte noch immer um ein Vielfaches – die britische Rheinarmee umfasste 1948 nur fünf Divisionen, die amerikanische Armee in Bayern lediglich eine –, doch obwohl das fortdauernde sowjetische Übergewicht die Nordamerikaner und Westeuropäer 1949 in ein nordatlantisches Bündnis trieb, ließ sich die sowjetische Führung durch das Ungleichgewicht nicht dazu verführen, ihren Machtbereich über die Elbe nach Westen auszudehnen.

Dafür gibt es viele Erklärungen. Die eine besagt, dass die sowjetische Außenpolitik trotz aller Grobheit und Brutalität von einem klaren Legalismus bestimmt war, der die Russen veranlasste, sich an die Einflusssphäre zu halten, die in Jalta und Potsdam festgelegt worden war. Eine andere, dass das amerikanische Kernwaffenmonopol, das in seiner unbedingten Form bis 1949, de facto aber noch weitere zehn Jahre gültig blieb, die Sowjetunion von al len außenpolitischen Abenteuern abhielt. Die dritte und vielleicht überzeugendste geht davon aus, dass das Trauma des Krieges dem sowjetischen Volk und seiner Führung jede Lust auf eine Wiederholung dieser Erfahrung genommen hatte.

Das Vermächtnis des Ersten Weltkriegs hatte darin bestanden, dass die Sieger, allerdings nicht die Besiegten, zu der Überzeugung gelangten, dass der Preis des Krieges seinen Lohn übersteigt. Das Vermächtnis des Zweiten Weltkriegs, so lässt sich behaupten, hat die gleiche Erkenntnis gebracht, nun aber auch den Besiegten. «Jeder Mann ein Soldat», das Prinzip, nach dem die fortgeschrittenen Staaten seit der Französischen Revolution ihre Heere und weitgehend auch ihre Gesellschaften organisiert hatten, erreichte in den Jahren 1939 bis 1945 seine höchste Geltung und brachte dabei über die Staaten, die es sich zu Eigen gemacht hatten, so entsetzliches Leid, dass sie das Konzept des Kriegführens aus ihrer politischen Philosophie strichen.

Die Vereinigten Staaten, die unter dem Krieg am wenigsten gelitten und am meisten von ihm profitiert hatten – hatte er doch bis 1945 ihre industrielle Produktivität so gesteigert, dass sie die der gesamten übrigen Welt übertraf –, konnten ihrer Nation noch einmal die Zustimmung zu zwei verlustreichen, wenn auch begrenzten Kriegen in Asien abringen – in Korea und Vietnam. Großbritannien, das den Krieg ebenfalls relativ unbeschadet überstanden hatte, was die Verluste an Menschen, nicht die materiellen Schäden anging, bewahrte den Willen, eine Reihe von kleinen Kolonialkriegen zu führen. Dasselbe gilt für Frankreich. Dagegen vermied die Sowjetunion, trotz ihres säbelrasselnden Auftretens gegenüber den vermeintlichen Feinden in der Nachkriegszeit, alle Konfrontationen, die ihre Soldaten in direkte Gefahr gebracht hätten. Das Abenteuer in Afghanistan, bei dem ein Viertel so viele Soldaten fielen, wie die Vereinigten Staaten in Vietnam verloren haben, scheint diese Einschätzung nicht zu widerlegen, sondern zu bestätigen. Obwohl die Bundesrepublik 1956 die allgemeine Wehrpflicht wieder eingeführt hat, ist seit Mai 1945 nicht ein einziger deutscher Soldat bei Kampfhandlungen umgekommen. Japan, im Zweiten Weltkrieg der rücksichtsloseste aller Krieg führenden Staaten, hat sich heute durch seine Verfassung verpflichtet, unter allen Umständen auf Gewalt als Mittel der nationalen Politik zu verzichten. Kein Staatsmann des Zweiten Weltkriegs war töricht genug, zu behaupten, wie die des Ersten Weltkriegs es noch taten, es sei «ein Krieg zur Beendigung aller Kriege». Dennoch schien das lange seine überdauernde Wirkung gewesen zu sein.

ANHANG

WEITERFÜHRENDE LITERATUR

Correlli Barnett, *The Desert Generals,* London 1983.

Joan Beaumont, *Comrades in Arms. British Aid to Russia 1941–1945*, London 1980.

Patrick Beesly, *Very Special Intelligence. Geheimdienstkrieg der britischen Admiralität 1939–1945*, Frankfurt/Main, Berlin 1978.

Ralph Bennett, *Ultra in the West. The Normandy Campaign 1944–45*, London 1979.

Christabel Bielenberg, *Als ich Deutsche war. 1934 bis 1945. Eine Engländerin erzählt*, München 1969, Taschenbuch München 2000.

Horst Boog (Hg.), *Luftkriegführung im Zweiten Weltkrieg. Ein internationaler Vergleich*, Herford, Bonn 1993.

Alan Bullock, *Hitler. Eine Studie über Tyrannei* [London 1952, Neubearbeitung 1964], Düsseldorf 1967.

Guy Chapman, *Why France Fell. The Defeat of the French Army in 1940*, New York u. a. 1968.

Winston S. Churchill, *Der Zweite Weltkrieg*, 6 Bde., Stuttgart 1950–54, Taschenbuch Frankfurt/Main 2003.

Martin van Creveld, *Hitler's Strategy. The Balkan Clue*, London 1973.

Alexander Dallin, *Deutsche Herrschaft in Russland 1941–1945. Eine Studie über Besatzungspolitik*, Düsseldorf 1958.

Frederick W. Deakin, *The Embattled Mountain*, London 1971.

M. Djilas, *Der Krieg der Partisanen. Memoiren 1941–1945*, Wien u. a. 1977.

John Erickson, *The Road to Berlin*, London 1983.

John Erickson, *The Road to Stalingrad*, London 1975.

John Erickson, *The Soviet High Command. A military-political History 1918–1941*, London 1962.

Vincent J. Esposito, *The West Point Atlas of American Wars*, 2 Bde., New York 1959.

Kent R. Greenfield (Hg.), *Command Decisions*, Washington 1960.

Lothar Gruchmann, *Der Zweite Weltkrieg. Kriegführung und Politik*, 7. Auflage München 1982.

Max Hastings, *Bomber Command*, London 1987.

Raul Hilberg, *Die Vernichtung der europäischen Juden*, 3 Bde., Frankfurt/Main 1999.

Andreas Hillgruber, *Der Zweite Weltkrieg 1939–1945. Kriegsziele und Strategie der großen Mächte*, 6. Auflage Stuttgart u. a. 1996.

Francis H. Hinsley, *British Intelligence in the Second World War. Its Influence on Strategy and Operations*, 4 Bde., London 1979–1988.

Peter Hoffmann, *Widerstand, Staatsstreich, Attentat. Der Kampf der Opposition gegen Hitler*, München 1969 u. ö.

Alistair Horne, *Über die Maas, über Schelde und Rhein. Frankreichs Niederlage 1940*, Wien u. a. 1969.

Michael Howard, *The Continental Commitment. The Dilemma of British Defence Policy in the Era of the two World Wars*, London 1972.

Michael Howard, *The Mediterranean Strategy in the Second World War*, London 1968.

Walther Hubatsch (Hg.), *Hitlers Weisungen für die Kriegführung 1939–1945*, 2. Auflage Koblenz 1983.

David Irving, *Hitlers Krieg. Die Siege 1939–1942*, Herrsching 1988.

David Irving, *Hitlers Krieg. Götterdämmerung 1942–1945*, Herrsching 1988.

Kriegstagebuch des Oberkommandos der Wehrmacht (Wehrmachtführungsstab), hg. von Percy Ernst Schramm, 4 Bde., Frankfurt/Main 1961–65.

Ronald Lewin, *Entschied Ultra den Krieg? Alliierte Funkaufklärung im 2. Weltkrieg*, Koblenz u. a. 1981.

Ronald Lewin, *The American Magic. Codes, Ciphers and the Defeat of Japan*, New York 1982.

Basil H. Liddell Hart, *Geschichte des Zweiten Weltkrieges*, 2 Bde., Düsseldorf 1972.

Maurice Matloff, *Strategic Planning for Coalition Warfare 1943–44*, Washington 1959.

Wolfgang Michalka (Hg.), *Der Zweite Weltkrieg. Analysen, Grundzüge, Forschungsbilanz*, hg. im Auftrag des Militärgeschichtlichen Forschungsamtes, München 1990, Neudruck 1997.

Henri Michel, *La guerre de l'ombre. La résistance en Europe*, Paris 1970.

Militärgeschichtliches Forschungsamt (Hg.), *Das Deutsche Reich und der Zweite Weltkrieg*, Stuttgart 1979ff.

Alan S. Milward, *Der Zweite Weltkrieg. Krieg, Wirtschaft und Gesellschaft 1939–1945*. München 1977.

Samuel Eliot Morison, *Coral Sea, Midway and Submarine Operations*, Boston 1949.

Rolf-Dieter Müller/Hans-Erich Volkmann (Hg.), *Die Wehrmacht. Mythos und Realität*, hg. im Auftrag des Militärgeschichtlichen Forschungsamtes, München 1999.

Robert O'Neill, *The German Army and the Nazi Party*, London 1966.

Richard Overy, *Die Wurzeln des Sieges. Warum die Allierten den Zweiten Weltkrieg gewannen*, Stuttgart, München 2000, Taschenbuch Reinbek 2002.

Richard Overy, Russlands Krieg 1941–1945, Reinbek 2003.

Peter Padfield, *Dönitz. Des Teufels Admiral*, Berlin u. a. 1984.

Robert Paxton, *Parades and Politics at Vichy. The French Officer Corps under Marshall Pétain*, Princeton 1966.

Moisei M. Postan u. a., *The Design and Development of Weapons. Studies in Government and Industrial Organisation*, London 1964.

Manfred Rauh, *Geschichte des Zweiten Weltkriegs*, 3 Bde., Berlin 1991–98.

Gerald R. Reitlinger, *Die Endlösung. Hitlers Versuch der Ausrottung der Juden Europas 1939–1945*, 7. Auflage Berlin 1992.

Werner Rings, *Leben mit dem Feind. Anpassung und Widerstand in Hitlers Europa 1939–1945*, München 1979.

Hans Rothfels, *Die deutsche Opposition gegen Hitler. Eine Würdigung*, hg. von Friedrich Frhr. Hiller v. Gaertringen, Zürich 1994.

Friedrich Ruge, *Der Seekrieg 1939–1945*, 3. Auflage Stuttgart 1962.

Albert Seaton, *Der russisch-deutsche Krieg 1941–1945*, Frankfurt/Main 1973.

E. B. Sledge, *With the Old Breed at Peleliu and Okinaw*, Novato, Kalifornien, 1981.

Edwin M. Snell, *Strategic Planning for Coalition Warfare 1941–2*, Washington 1953.

Ronald H. Spector, Eagle against the Sun. *The American War with Japan*, New York 1985.

Albert Speer, *Erinnerungen*, Berlin 1969 u.ö.

Ian M. G. Stewart, *The Struggle for Crete , 20 May–1 June 1941. A Story of Lost Opportunity*, London 1966.

Richard Storry, *Geschichte des modernen Japan*, München 1960.

Alan J. P. Taylor, *Die Ursprünge des Zweiten Weltkrieges*, 2. Auflage Gütersloh 1962.

Telford Taylor, *The Breaking Wave*, London 1967.

Hugh Thomas, *Armed Truce. The Beginnings of the Cold War 1945–46*, London 1986.

Christopher Thorne, *Allies of a Kind. The United States, Britain and the War against Japan 1941–1945*, London 1978.

Hugh R. Trevor-Roper, *Hitlers letzte Tage*, 3. Auflage Frankfurt/Main, Berlin 1965.

Walter Warlimont, *Im Hauptquartier der deutschen Wehrmacht 1939–1945*, Frankfurt/Main 1962.

Marie Wassiltschikow, *Die Berliner Tagebücher der «Missie» Wassiltschikow. 1940–1945*, 2. Auflage Berlin 1987.

Gerhard L. Weinberg, *Eine Welt in Waffen. Die globale Geschichte des Zweiten Weltkrieges*, Suttgart 1995.

Gordon Welchman, *The Hut Six Story. Breaking the Enigma Codes*, New York 1982.
Hedley P. Willmott, *Empires in the Balance. Japanese and Allied Pacific Strategies to April 1942*, London 1982.
Chester Wilmot, *Der Kampf um Europa*, Frankfurt/Main 1954.

(Ergänzt und aktualisiert von Dr. Reinhard Stumpf)

DANKSAGUNG

Mein Dank gilt in erster Linie allen meinen Kollegen und Schülern, in deren Kreis ich 26 Jahre an der Royal Military Academy in Sandhurst wirkte. Als ich mich 1960 dem akademischen Lehrkörper der Akademie anschloss, hatten die meisten Lehroffiziere noch am Zweiten Weltkrieg teilgenommen. In den Gesprächen mit diesen Männern entwickelte ich erstmals ein Verständnis für den Krieg als Menschheitsereignis. Viel lernte ich auch von meinen Schülern, denn die Lehrmethode in Sandhurst sieht vor, dass die Anwärter «Referate» von Schlachten und Feldzügen vorbereiten und vortragen. So war ich in den Hörsälen von Sandhurst oftmals eher Hörer als Lehrer und gewann manche Erkenntnis, wenn ich jene Episoden von angehenden Offizieren vorgetragen hörte, die zu jung waren, als dass sie an ihnen hätten teilnehmen können. Einige meiner Schüler wurden in der Folgezeit selbst hauptberufliche Militärhistoriker, so Charles Messenger, Michael Dewar, Anthony Beevor und Alex Danchev. Niemand in Sandhurst beeinflusste mich indes mehr als der Dozent für Militärgeschichte, Brigadegeneral Peter Young (Träger des Distinguished Service Order, Military Cross und FSA), hervorragender Kommandosoldat im Kriege, Begründer des War Studies Department und prägender Einfluss für Generationen von Offizieranwärtern.

Die Bibliothek in Sandhurst birgt eine der weltweit bedeutendsten Literatursammlungen zum Zweiten Weltkrieg, und ich schätze mich glücklich, dass ich viele Jahre lang beinahe täglich Gelegenheit fand, mich ihrer zu bedienen. Mein besonderer Dank gilt Andrew Orgill, dem Bibliothekar, und seinen Mitarbeitern. Nicht weniger dankbar bin ich Michael Sims und seinen Mitarbeitern von der Staff College Library, John Andrews und Mavis

Simpson von der Bibliothek des Verteidigungsministeriums sowie den Mitarbeitern der London Library.

Herzlich danke ich auch den Freunden und Kollegen aus Vergangenheit und Gegenwart, in Sandhurst wie beim Daily Telegraph, unter anderem Oberst Alan Shepperd, Bibliothekar em. von Sandhurst, sowie Conrad Black, James Allan, Dr. Anthony Clayton, Lord Deeds, Jeremy Deeds, Robert Fox und Trevor Grove. Weiterhin sind zu nennen Adela Gooch, Nigel Horne, Andrew Hutchinson, Andrew Knight, Michael Orr, Michael Wade, Dr. Christopher Duffy und Professor Ned Wilmott. Ganz besonderen Dank schulde ich Max Hastings, dem Herausgeber des Daily Telegraph und hervorragenden Historiker des Zweiten Weltkriegs. Auch Andrew Heritage und Paul Murphy möchte ich danken.

Das Manuskript wurde von Monica Alexander getippt und von Linden Stafford korrigiert; beiden danke ich wärmstens für ihre professionelle Hilfe. Zu großem Dank verpflichtet bin ich meinem Lektor Richard Cohen von Hutchinson und seinem Team, welches das Buch durch alle Stadien der Herstellung begleitete, vor allem Robin Cross, Jerry Goldie und Frau Anne-Marie Ehrlich. Wie immer stehe ich tief in der Schuld meines Agenten Anthony Sheil und meiner früheren amerikanischen Agentin Lois Wallace. Besonders verpflichtet bin ich den Wissenschaftlern, die das Manuskript gelesen haben: Dr. Duncan Anderson, John Bullen, Terry Charman, Terence Hughes, Norman Longmate, James Lucas, Bryan Perrett, Anthony Preston, Christopher Shores und Professor Norman Stone. Für die Fehler, die sich trotzdem eingeschlichen haben, bin ich allein verantwortlich.

Schließlich möchte ich allen Freunden in Kilmington danken, ganz besonders Honor Medlam, Michel Gray und Peter Stancombe, meinen Kindern Lucy Newmark und ihrem Mann Brooks, Thomas, Rose und Matthew sowie meiner geliebten Frau Susanne.

ANMERKUNG DES ÜBERSETZERS

Der Wortlaut sämtlicher deutschsprachiger Zitate ist nach Originalquellen wiedergegeben. Lediglich bei den folgenden Stellen handelt es sich um Rückübersetzungen aus dem Englischen: S. 116 (Mitte), 243, 245 (unten), 249 (unten), 287f., 291f., 297f., 335f.

REGISTER

VERZEICHNIS DER KARTEN

BILDNACHWEIS

1. Tafelteil

Deutsche Soldaten an einem polnischen Grenzübergang (UBD)
Deutsche Infanterie beim Vormarsch auf Warschau (BHB)
Panzer in den Ardennen (DIZ)
Evakuierung britischer Soldaten (UBD)
Hitlers «Siegesbesuch» in Paris (UBD)
He-111 über dem Londoner Hafen (UBD)
Junkers 52 über Kreta (UBD)
Brauchitsch vor der Akropolis (BHB)
Guderian an der Westfront (UBD)
Gefallene sowjetische Soldaten (AKG)
Schützengräben vor Leningrad (AKG)
Bombenangriff auf Leningrad (AKG)
Hitler und Mussolini in Brest-Litowsk (BHB)
Aufgeweichte Wege an der Ostfront (BHB)
Erhängte jugoslawische Partisanen (BHB)
Sowjetische Soldaten beim Sturm auf ein Dorf (BHB)
Formation von B-26-Bombern (BHB)
U-Boot-Bunker an der Atlantikküste (BHB)
Sowjetische Infanteristen in Stalingrad (UBD)
Deutsche Kriegsgefangene in Stalingrad (BHB)
Pearl Harbor (BHB)

2. Tafelteil

B-24-Bomber beim Einsatz in der Normandie (UBD)
Deutsche MG-Stellung im Kloster Monte Cassino (UBD)
Das zerstörte Kloster Monte Cassino (UBD)
Strandabschnitt in der Normandie (BHB)
US-Soldaten bei der Landung in der Normandie (BHB)
Vormarsch der Alliierten im Rurtal (BHB)
Churchill, Roosevelt und Stalin (BHB)
Sowjetische Panzer bei Heiligenbeil (BHB)
Hitler an seinem 50. Geburtstag (UBD)
Sowjetische Panzer an der Moltkebrücke (BHB)
Hissen der sowjetischen Flagge auf dem Reichstag (UBD)
KZ Buchenwald nach der Befreiung (UBD)
KZ-Lager bei Landsberg (UBD)
Amphtracs vor Angaur (UBD)
Kämpfe auf Iwo Jima (BHB)

Brennender Flugzeugträger USS *Franklin* (BHB)
Sinkender Flugzeugträger HMS *Courageous* (BHB)
Die *Belleau Wood* nach einem Kamikazetreffer (BHB)
Amerikanischer Flottenstützpunkt auf Okinawa (DIZ)
Kämpfe auf Okinawa (UBD)
Das bombardierte Tokio (UBD)
Japanische Kapitulation (UBD)

Abkürzungen
AKG – Archiv für Kunst und Geschichte
BHB – Bildarchiv Heinz Bergschicker
DIZ – Dokumentations- und InformationsZentrum München
UBD – Ullstein Bilderdienst

Der asiatisch-pazifische Raum im Herbst 1942